CURSO DE
DIREITO DO
CONSUMIDOR

Rizzatto Nunes

CURSO DE DIREITO DO CONSUMIDOR

16ª edição
2025

- O autor deste livro e a editora empenharam seus melhores esforços para assegurar que as informações e os procedimentos apresentados no texto estejam em acordo com os padrões aceitos à época da publicação, *e todos os dados foram atualizados pelo autor até a data da entrega dos originais à editora*. Entretanto, tendo em conta a evolução das ciências, as atualizações legislativas, as mudanças regulamentares governamentais e o constante fluxo de novas informações sobre os temas que constam do livro, recomendamos enfaticamente que os leitores consultem sempre outras fontes fidedignas, de modo a se certificarem de que as informações contidas no texto estão corretas e de que não houve alterações nas recomendações ou na legislação regulamentadora.

- Data do fechamento do livro: 08/10/2024.

- O autor e a editora se empenharam para citar adequadamente e dar o devido crédito a todos os detentores de direitos autorais de qualquer material utilizado neste livro, dispondo-se a possíveis acertos posteriores caso, inadvertida e involuntariamente, a identificação de algum deles tenha sido omitida.

- Direitos exclusivos para a língua portuguesa
  Copyright ©2025 by
  Saraiva Jur, um selo da SRV Editora Ltda.
  Uma editora integrante do GEN | Grupo Editorial Nacional
  Travessa do Ouvidor, 11
  Rio de Janeiro – RJ – 20040-040

- **Atendimento ao cliente:** https://www.editoradodireito.com.br/contato

- Reservados todos os direitos. É proibida a duplicação ou reprodução deste volume, no todo ou em parte, em quaisquer formas ou por quaisquer meios (eletrônico, mecânico, gravação, fotocópia, distribuição pela Internet ou outros), sem permissão, por escrito, da **SRV Editora Ltda.**

- Capa: Tiago Dela Rosa
  Diagramação: Lais Soriano

- DADOS INTERNACIONAIS DE CATALOGAÇÃO NA PUBLICAÇÃO (CIP)
  ODILIO HILARIO MOREIRA JUNIOR – CRB-8/9949

N972c   Nunes, Rizzatto
          Curso de direito do consumidor / Rizzatto Nunes. – 16. ed. – São Paulo: Saraiva Jur, 2025.

          984 p.
          ISBN 978-85-5362-601-4 (Impresso)

          1. Direito. 2. Direito do consumidor. 3. Princípios constitucionais. 4. Código de defesa do consumidor. 5. Consumidor. 6. Fornecedor. 7. Produto. 8. Publicidade. I. Título.

	CDD 342.5
2024-3223	CDU 347.451.031

Índices para catálogo sistemático:
1. Direito do consumidor   342.5
2. Direito do consumidor   347.451.031

PRINCIPAIS OBRAS DO AUTOR

1. *Simplesmente Si* (poesias). São Paulo: Artpress, 1986 (esgotado).
2. *Execução fiscal — jurisprudência*. São Paulo: Revista dos Tribunais, 1988 (esgotado).
3. *Código de Defesa do Consumidor anotado*. São Paulo: Artpress, 1991 (esgotado).
4. *Explicando o Código de Defesa do Consumidor*. São Paulo: Artpress, 1991 (esgotado).
5. *A lei, o poder e os regimes democráticos*. São Paulo: Revista dos Tribunais, 1991 (esgotado).
6. *A empresa e o Código de Defesa do Consumidor*. São Paulo: Artpress, 1991 (esgotado).
7. *Curso prático de direito do consumidor*. São Paulo: Revista dos Tribunais, 1992 (esgotado).
8. *ABC do parlamentarismo*. São Paulo: Artpress, 1992 (esgotado).
9. A ética, o Poder Judiciário e o papel do empresariado nacional (capítulo). In: *Uma nova ética para o juiz*. São Paulo: Revista dos Tribunais, 1994.
10. O poder carismático da tevê e Max Weber (capítulo). In: *Direito, cidadania e justiça*. São Paulo: Revista dos Tribunais, 1995.
11. *Liberdade — norma, consciência, existência*. São Paulo: Revista dos Tribunais, 1995 (esgotado).
12. *Manual de introdução ao estudo do direito*. Salvador: Juspovidm, 2022; 17. ed. rev. atual. ampl.
13. *O Código de Defesa do Consumidor e sua interpretação jurisprudencial*. São Paulo: Saraiva, 1997; 4. ed. rev. ampl. 2010.
14. *A intuição e o direito*. Belo Horizonte: Del Rey, 1997 (esgotado).
15. *Compre bem — manual de compras e garantias do consumidor*. São Paulo: Saraiva, 1997; 3. ed. rev. atual. ampl. 2000 (esgotado).
16. *Manual da monografia jurídica — como fazer uma monografia, uma dissertação e uma tese*. Salvador: Juspodivm, 2024; 15. ed. rev. atual. ampl.
17. *O dano moral e sua interpretação jurisprudencial*. São Paulo: Saraiva, 1999 (escrito em conjunto com Mirella D'Angelo Caldeira) (esgotado).
18. *Comentários à Lei de Plano e Seguro-Saúde*. São Paulo: Saraiva, 1999; 2. ed. rev. modif. ampl. atual. 2000 (esgotado).
19. O Poder Judiciário, a ética e o papel do empresariado (capítulo). In: *Ética na virada do milênio*. São Paulo: Atlas, 1999; 2. ed. rev. ampl. 1999.
20. *Comentários ao Código de Defesa do Consumidor*: direito material. São Paulo: Saraiva, 2000; 3. ed. 2004 (esgotado).

21. *Manual da monografia* (para áreas não jurídicas). São Paulo: Saraiva, 2000; 3. ed. mod. ampl. 2002 (esgotado).
22. *Intuição* (romance). São Paulo: Método, 2000 (esgotado).
23. *Um balão caindo perto de nós* (romance infantojuvenil). São Paulo: Saraiva, 2001; 2. tir. 2011.
24. *O princípio constitucional da dignidade da pessoa humana*. Salvador: Juspodivm, 2021; 5. ed. rev.
25. *Modelos jurídicos*: área cível. São Paulo: Saraiva, 2003 (CD-ROM).
26. *Curso de direito do consumidor*. São Paulo: Saraiva, 2004; 16. ed. rev. atual. 2025.
27. *Modelos jurídicos*: área trabalhista. São Paulo: Saraiva, 2004 (CD-ROM). Em coautoria com Flávio Secolin.
28. *Manual de filosofia do direito*. São Paulo: Saraiva, 2004; 7. ed. rev. e ampl. 2018.
29. *Aconteceu em Sampa* (contos). São Paulo: Método, 2004. Em coautoria com Rodrigo Ferrari Nunes (esgotado).
30. *Modelos jurídicos*: área criminal. São Paulo: Saraiva, 2005 (CD-ROM). Em coautoria com Luiz Antonio de Souza.
31. *Comentários ao Código de Defesa do Consumidor.* São Paulo: Saraiva. 8. ed. rev. atual. e ampl. 2015.
32. *As aventuras de Joãozinho Legal* (romance infantojuvenil). Rio de Janeiro: Nova Fronteira, 2005 (esgotado).
33. *Bê-á-bá do consumidor.* São Paulo: Método/Casa do Direito, 2006 (esgotado).
34. *Superdicas para comprar bem e defender seus direitos de consumidor.* São Paulo: Saraiva, 2008.
35. *O abismo* (romance). São Paulo: Editora da Praça, 2009 (esgotado).
36. *Tudo o que você precisa saber sobre Direito do Consumidor* (audiolivro). São Paulo: Saraiva, 2009.
37. *Turma da Mônica em superindividados*. São Paulo: Maurício de Sousa Editora, 2009 (em coautoria com Marli Aparecida Sampaio e em parceria com Maurício de Sousa).
38. *Tudo o que você precisa saber sobre Dano Moral* (audiolivro). São Paulo: Saraiva, 2010.
39. *Bê-á-bá do consumidor — proteja-se de forma prática e simples.* São Paulo: Cia. dos Livros, 2010.
40. *Manual de Monografia. Como se faz uma monografia, uma dissertação, uma tese* (Para áreas não jurídicas). Nova edição. São Paulo: Cia. Editora Nacional, 2010.
41. *Era do consumo*. Ribeirão Preto: Migalhas, 2016.
42. *Manual do direito do consumidor para concursos*. São Paulo: Saraiva, 2016.
43. *A visita* (romance). São Paulo: YK Editora, 2016.
44. *Diário de uma garota preocupada* (literatura infanto-juvenil). São Paulo: Pé de lima, 2019 (com as participações de Luana Nunes e Giulia Nassa).
45. *Quarentena: momentos de reflexão* (romance). São Paulo: Editora da Praça, 2020.
46. *Gisele* (romance). São Paulo: Garimpo e Editora da Praça, 2023; 2. ed.
47. *O assassinato da sogra* (romance). São Paulo: Editora da Praça, 2020.

Para Walter Ceneviva,
meu primeiro grande professor:
Esplêndido!
Inesquecível!

SUMÁRIO

1. Pressupostos fundamentais 1
   1.1. Aspectos históricos 2
   1.2. A Constituição Federal brasileira de 1988 6
2. Princípios e normas constitucionais 8
   2.1. Os princípios constitucionais 9
   2.2. As normas constitucionais 12
   2.3. A interpretação do sistema jurídico 12
   2.4. Exercícios 15
3. Os princípios constitucionais de proteção ao consumidor 16
   3.1. Soberania 17
      3.1.1. A autodeterminação 17
      3.1.2. Os tratados internacionais 19
         3.1.2.1. Elaboração 19
         3.1.2.2. Monismo e dualismo 21
         3.1.2.3. A recepção na ordem jurídica nacional 21
         3.1.2.4. A posição hierárquica no sistema jurídico 22
   3.2. Dignidade da pessoa humana 24
      3.2.1. Princípio fundamental 24
      3.2.2. Piso vital mínimo 25
      3.2.3. Dignidade: valor preenchido 26
   3.3. Liberdade 26
   3.4. Justiça 29
      3.4.1. Justiça real 29
      3.4.2. Justiça como fundamento do ordenamento jurídico e equidade 31
      3.4.3. Pobreza 32
   3.5. Solidariedade 33

IX

	3.6.	Isonomia	34
		3.6.1. Igualdade de todos	34
		3.6.2. O turista	37
	3.7.	Direito à vida	41
	3.8.	Direito à intimidade, vida privada, honra e imagem	42
		3.8.1. Intimidade e vida privada	42
		3.8.2. Honra	50
		3.8.3. Imagem	52
		3.8.4. Pessoa jurídica	55
	3.9.	Informação	56
		3.9.1. O direito de informar	57
		3.9.2. O direito de se informar	58
		3.9.3. O direito de ser informado	60
	3.10.	Princípios gerais da atividade econômica	61
	3.11.	Princípio da eficiência	68
	3.12.	Publicidade	69
		3.12.1. Publicidade ou propaganda?	69
		3.12.2. Publicidade e produção	71
		3.12.3. Publicidade e verdade	71
	3.13.	Exercícios	72
4.	O Código de Defesa do Consumidor		73
	4.1.	Lei principiológica	73
	4.2.	Pressupostos para a interpretação do CDC	75
	4.3.	Exercício	79
5.	A relação jurídica de consumo		80
	5.1.	Conceito de consumidor	80
		5.1.1. Questão preliminar	80
		5.1.2. Destinatário final	81
		5.1.3. Caso exemplar	87
		5.1.4. Pessoa jurídica — destinatária final	89
		5.1.5. Resumo e conclusão	92
		5.1.6. A coletividade de pessoas	93
		5.1.7. Vítimas do evento	93
		5.1.8. Todas as pessoas estão expostas às práticas comerciais	94
	5.2.	Conceito de fornecedor	95
		5.2.1. Sem exclusão	95
		5.2.2. A atividade e a relação jurídica de consumo	95

	5.2.3.	Qualquer pessoa jurídica.............................	96
	5.2.4.	Ente despersonalizado................................	97
	5.2.5.	Pessoa física...	98
	5.2.6.	Fornecedor é gênero..................................	99
5.3.	Conceito de produto		99
	5.3.1.	Produto móvel ou imóvel...........................	100
	5.3.2.	Produto material ou imaterial....................	100
	5.3.3.	Produto durável..	101
	5.3.4.	Produto "não durável"................................	102
	5.3.5.	Produto gratuito ou "amostra grátis"	103
5.4.	Conceito de serviço		104
	5.4.1.	Serviço bancário, financeiro, de crédito, securitário etc.	104
	5.4.2.	Atividade..	109
	5.4.3.	Serviço durável e não durável....................	109
	5.4.4.	Não se vende produto sem serviço.............	110
	5.4.5.	O serviço sem remuneração	110
5.5.	Os serviços públicos..		111
	5.5.1.	Serviço público prestado direta ou indiretamente..	112
	5.5.2.	Eficiência	112
	5.5.3.	Serviço essencial contínuo.........................	116
		5.5.3.1. Serviço essencial	116
		5.5.3.2. Serviço público: serviço ou produto?...	117
		5.5.3.3. Consumidor ou contribuinte?....	118
		5.5.3.4. Responsabilidade do prestador do serviço público	120
5.6.	A relação jurídica...		122
5.7.	Exercícios		123
6.	Os princípios da Lei n. 8.078/90 e os direitos básicos do consumidor		128
6.1.	Dignidade		128
6.2.	Proteção à vida, saúde e segurança		128
6.3.	Proteção e necessidade		129
6.4.	Transparência		130
6.5.	Harmonia		130
6.6.	Vulnerabilidade		130
6.7.	Liberdade de escolha...		131

6.8.	Intervenção do Estado		131
6.9.	A boa-fé		132
	6.9.1.	Boa-fé objetiva	132
	6.9.2.	Boa-fé como princípio	133
	6.9.3.	O equilíbrio	136
6.10.	Igualdade nas contratações		137
6.11.	Dever de informar		137
6.12.	Proteção contra publicidade enganosa ou abusiva		139
6.13.	Proibição de práticas abusivas		140
6.14.	Proibição de cláusulas abusivas		142
6.15.	Princípio da conservação		142
6.16.	Modificação das cláusulas que estabeleçam prestações desproporcionais		143
6.17.	Direito de revisão		143
6.18.	Prevenção e reparação de danos materiais e morais		145
	6.18.1.	Proibição do tarifamento	145
	6.18.2.	Prevenção	145
	6.18.3.	Reparação integral	146
	6.18.4.	Direitos individuais, coletivos e difusos	146
6.19.	Acesso à Justiça		146
	6.19.1.	A assistência judiciária	147
	6.19.2.	A confusão entre "assistência judiciária" e "assistência jurídica"	149
	6.19.3.	Dois dispositivos diversos	152
6.20.	Adequada e eficaz prestação de serviços públicos		152
6.21.	Superendividamento		153
6.22.	O mínimo existencial		153
6.23.	Responsabilidade solidária		159
6.24.	Exercícios		160
7.	Qualidade e segurança dos produtos e serviços		161
7.1.	Problemas com a redação da Lei Consumerista		161
7.2.	Riscos à saúde ou segurança		161
7.3.	Risco normal e previsível		162
7.4.	Informações necessárias e adequadas		163
7.5.	Proibição de fumar		164
7.6.	Impressos		166
7.7.	Potencialidade de nocividade e periculosidade		168
7.8.	Informações cabais		169

7.9.	Responsabilidade objetiva	170
7.10.	Exercícios	171
8. O "recall"		172
8.1.	Modos de efetuar o "recall"	172
8.2.	E se o consumidor não for encontrado?	173
8.3.	Exercícios	173
9. A teoria do risco do negócio: a base da responsabilidade objetiva		175
9.1.	Os negócios implicam risco	175
9.2.	Risco/custo/benefício	176
9.3.	Produção em série	177
9.4.	Característica da produção em série: vício e defeito	177
9.5.	O CDC controla o resultado da produção	178
9.6.	A receita e o patrimônio devem arcar com os prejuízos	179
9.7.	Ausência de culpa	180
9.8.	Fato do produto e do serviço	182
9.9.	Exercícios	182
10. A responsabilidade civil objetiva		184
10.1.	Reparação integral	184
10.2.	Os consumidores equiparados	186
10.3.	Exercício	187
11. Vício e defeito: distinção		188
11.1.	Vício	188
11.2.	Defeito	189
11.3.	Exemplo n. 1	190
11.4.	Exemplo n. 2	190
11.5.	Exercícios	190
12. Os vícios dos produtos		192
12.1.	Vício aparente	192
12.2.	Vício oculto	192
12.3.	Quem é o responsável	192
12.4.	Produtos duráveis e não duráveis	194
12.5.	Vício de qualidade	195
	12.5.1. Equívoco	195
	12.5.2. Solidariedade	195
	12.5.3. O vício de qualidade	195

12.5.4.	Rol exemplificativo....................................	195
12.5.5.	Publicidade e informação.........................	196
12.5.6.	Vício de qualidade: resumo.....................	196
12.5.7.	Exemplos relativos à letra "a"..................	197
12.5.8.	Exemplos relativos à letra "b"..................	197
12.5.9.	Exemplos relativos à letra "c"..................	198
12.5.10.	Exemplos relativos à letra "d".................	198
12.6. Uso e consumo		198
12.6.1.	Prazo de validade..	199
12.6.2.	Produto "alterado"	200
12.6.3.	Impropriedade...	200
12.6.4.	Qualquer motivo...	200
12.7. Variações decorrentes da natureza do produto		200
12.8. O problema do prazo para o saneamento do vício		201
12.8.1.	Prazo de 30 dias..	202
	12.8.1.1. Problemas com o prazo.............	203
	12.8.1.2. Como contar os 30 dias.............	205
12.8.2.	Prazo de garantia...	206
12.8.3.	Desgaste do produto...................................	207
12.8.4.	Direitos do consumidor após os 30 dias	207
	12.8.4.1. Proibição de oposição................	208
	12.8.4.2. Substituição do produto.............	208
	12.8.4.3. Medida judicial.........................	209
	12.8.4.4. Restituição da quantia paga mais perdas e danos	211
	12.8.4.5. Defesa do fornecedor.................	213
	12.8.4.6. Abatimento proporcional do preço..	214
	12.8.4.7. Cumulação de alternativas.........	215
12.8.5.	Escolha do fornecedor a ser acionado...........	215
12.9. Diminuição e aumento de prazo.................................		216
12.9.1.	O limite mínimo...	216
12.9.2.	O aumento do prazo.....................................	217
12.10. Garantias sem prazo		218
12.10.1.	Uso imediato das prerrogativas.................	218
12.10.2.	Quatro situações..	219
12.10.3.	Exemplos...	219
12.10.4.	Indenização	220
12.10.5.	Produto essencial	221

12.11. Substituição do produto 221
    12.11.1. Falta do produto 221
    12.11.2. Escolha de outro produto 222
    12.11.3. Pagamento a prazo 223
    12.11.4. Produto de espécie, marca ou modelo diversos. 224
    12.11.5. Restituição da quantia, abatimento proporcional do preço e indenização 225
12.12. Os produtos *in natura* 225
12.13. Os vícios de quantidade 227
    12.13.1. Quem é o responsável 228
    12.13.2. Solidariedade 228
    12.13.3. Defeito de quantidade 228
    12.13.4. Produto durável e não durável 230
    12.13.5. Equívoco 230
    12.13.6. Vício de quantidade: *minus* do direito 231
    12.13.7. Rol exemplificativo 231
    12.13.8. Definição do vício de quantidade 232
    12.13.9. Exemplos 232
    12.13.10. Conflito de fontes 234
    12.13.11. Menor quantidade, mas sem vício 235
    12.13.12. Sem prazo 236
    12.13.13. Escolha do consumidor 237
    12.13.14. Abatimento proporcional do preço 237
    12.13.15. Complementação do peso ou medida 237
    12.13.16. Substituição do produto 238
        12.13.16.1. Falta do produto 238
        12.13.16.2. Escolha de outro produto 239
        12.13.16.3. Pagamento a prazo 240
        12.13.16.4. Produto de espécie, marca ou modelo diversos 241
        12.13.16.5. Abatimento proporcional do preço 242
    12.13.17. Restituição da quantia paga e indenização 243
    12.13.18. Defesa do fornecedor 245
    12.13.19. Fornecedor imediato 247
12.14. Exercícios 248
13. Os vícios dos serviços 249
    13.1. Vícios de qualidade e também de quantidade 249
    13.2. Quem é o responsável 249

13.3.	Prestador do serviço	250
13.4.	Solidariedade	250
13.5.	Serviços duráveis e não duráveis	253
13.6.	Vícios de qualidade dos serviços	254
	13.6.1. Distinção entre impróprio ou inadequado	254
	13.6.2. Serviços "impróprios ou inadequados"	255
	13.6.3. Definição provisória	255
	13.6.3.1. Exemplos relativos à letra "a"	256
	13.6.3.2. Exemplos relativos à letra "b"	257
	13.6.3.3. Exemplos relativos à letra "c"	257
	13.6.3.4. Exemplos relativos à letra "d"	257
	13.6.4. Consumir e usar	258
	13.6.5. Definição	259
	13.6.6. Vício aparente	259
	13.6.7. Vício oculto	259
13.7.	Expectativa do consumidor	260
13.8.	Variações decorrentes da natureza do serviço	260
13.9.	A cessação do problema	261
13.10.	Escolha do consumidor	262
	13.10.1. Reexecução quando possível	262
	13.10.2. Reexecução parcial	263
	13.10.3. Restituição imediata da quantia paga	264
	13.10.4. Perdas e danos	265
	13.10.4.1. Resumo	266
	13.10.4.2. Ônus da prova e sua inversão	267
	13.10.4.3. Defesa do prestador do serviço	268
13.11.	Abatimento proporcional do preço	269
13.12.	Reexecução via terceiros	270
13.13.	Medidas judiciais	271
13.14.	Os vícios de quantidade dos serviços	272
	13.14.1. Definição de vício de quantidade do serviço	273
	13.14.2. Definição provisória	274
	13.14.3. Definição	274
13.15.	Fontes simultâneas dos vícios	275
13.16.	Garantia	275
13.17.	Perdas e danos	276
13.18.	Defesa do prestador do serviço	277
13.19.	Execução por terceiros	277
13.20.	Medidas judiciais	277
13.21.	Exercícios	277

14. O fato do produto: os acidentes de consumo/defeitos e sua responsabilidade 279
    14.1. Acidente de consumo e fato do produto: os defeitos... 279
    14.2. O fato do produto 280
    14.3. Quem é o responsável........................... 280
    14.4. O defeito........................... 281
        14.4.1. Oferta e publicidade causadoras do dano...... 282
        14.4.2. Informação causadora do dano 283
    14.5. Solidariedade........................... 284
    14.6. O comerciante........................... 286
    14.7. Produto nacional ou estrangeiro........................... 286
    14.8. O importador 286
    14.9. Autorização governamental........................... 287
    14.10. A impropriedade do § 1º do art. 12 do CDC 287
        14.10.1. Contradição........................... 287
        14.10.2. Uso e riscos razoáveis........................... 288
        14.10.3. Sem sentido........................... 288
    14.11. O § 2º está deslocado........................... 288
    14.12. Síntese gráfica 290
    14.13. Desconstituição do nexo de causalidade 290
    14.14. A prova do dano e do nexo de causalidade 290
    14.15. Excludentes do nexo de causalidade........................... 291
        14.15.1. O advérbio "só"........................... 292
        14.15.2. Caso fortuito e força maior não excluem responsabilidade 292
        14.15.3. Caso fortuito interno e externo 293
        14.15.4. Culpa exclusiva do consumidor..................... 293
        14.15.5. Culpa exclusiva de terceiro........................... 293
    14.16. Equívoco doutrinário........................... 294
    14.17. Desconstituição do direito do consumidor................ 295
    14.18. Ilegitimidade de parte........................... 295
    14.19. A responsabilidade do comerciante........................... 296
        14.19.1. Controle da qualidade........................... 296
        14.19.2. Solidariedade........................... 297
        14.19.3. Se fabricante, construtor, produtor ou importador "não puderem" ser identificados........... 297
        14.19.4. "Sem identificação" do fabricante, produtor, construtor ou importador........................... 298
        14.19.5. Consequências........................... 298

14.19.6. Conservação inadequada............................	298
14.19.7. Partição da indenização..............................	301
14.19.8. Norma autônoma...	301
14.19.9. Vedação da denunciação da lide	301
14.19.10.Síntese gráfica..	302
14.20. Exercícios	302
15. O fato do serviço: os acidentes de consumo/defeitos e sua responsabilidade	304
15.1. Acidente de consumo e fato do serviço: os defeitos ...	304
15.2. O fato do serviço	305
15.3. Prestador do serviço	305
15.4. Distinção entre vício e defeito.............................	305
15.4.1. Vícios..	306
15.4.2. Defeito..	307
15.4.3. Exemplo n. 1	307
15.4.4. Exemplo n. 2	309
15.5. O "fornecedor" do serviço é o responsável.................	310
15.6. Oferta e publicidade causadoras do dano.................	310
15.7. Informação causadora do dano............................	312
15.8. Solidariedade..	313
15.8.1. Exemplo n. 1	314
15.8.2. Exemplo n. 2	315
15.9. Autorização governamental..................................	317
15.10. Serviços com atenção normativa especial	317
15.11. A impropriedade do § 1º do art. 14.........................	317
15.11.1. Contradição...	318
15.11.2. Resultado e riscos razoáveis	318
15.11.3. Sem sentido...	318
15.12. O § 2º do art. 14 está deslocado	319
15.13. Síntese gráfica	320
15.14. A desconstituição da responsabilidade.....................	320
15.15. A prova do dano e do nexo de causalidade	321
15.16. Excludentes de responsabilização	322
15.16.1. O advérbio "só".....................................	322
15.16.2. Caso fortuito e força maior não excluem a responsabilidade...............................	322
15.16.3. Caso fortuito interno e caso fortuito externo	323
15.16.3.1. O caso fortuito externo	325
15.16.3.2. O caso fortuito interno	325

15.16.3.3.	O caso fortuito interno e externo na ação de terceiro	326
15.16.4.	Culpa exclusiva do consumidor	326
15.16.5.	Culpa exclusiva de terceiro	327
15.17.	Desconstituição do direito do consumidor	330
15.18.	Exercícios	330

16. Os danos materiais, morais, estéticos e à imagem e os critérios para a fixação da indenização correspondente 332

16.1.	Dano material.	
	Dano moral	332
16.2.	O dano moral	333
16.3.	Critérios para fixação da indenização do dano moral	336
16.4.	Apontamentos sobre indenização do dano estético	352
16.5.	O dano à imagem	355
16.6.	Pessoa jurídica	357
16.7.	Exercício	361

17. A responsabilidade dos Profissionais liberais: culpa 362

17.1.	Por que esse profissional foi excluído do sistema geral?	362
17.2.	*Intuitu personae*	363
17.3.	Atividade de meio	365
17.4.	Prestação de serviço de massa?	366
17.5.	Profissional liberal na pessoa jurídica	369
17.6.	O que caracteriza o profissional liberal	371
17.7.	Defeito e vício?	372
17.8.	Conclusão	372
17.9.	O ônus da prova	373
17.10.	Exercícios	374

18. A prestação dos serviços de reparação................................... 377

18.1.	Prestador de serviços	377
18.2.	Consertos	377
18.3.	Componentes originais	378
18.4.	Componente "original adequado" e novo	378
18.5.	Especificações técnicas	379
18.6.	Autorização em contrário do consumidor	379
18.7.	Exercício	384

19. A garantia dos produtos e serviços 385

19.1.	Prazo de garantia	385

XIX

		19.1.1.	Garantia legal	386
		19.1.2.	Produto ou serviço durável e não durável	386
		19.1.3.	Início da contagem do prazo	387
	19.2.	Vício de fácil constatação e vício oculto		388
	19.3.	Produtos usados		390
	19.4.	Oferta de garantia		393
	19.5.	O óbvio da qualidade, finalidade e adequação		393
	19.6.	"Vedada a exoneração do fornecedor"		394
	19.7.	A garantia contratual		395
		19.7.1.	Garantia complementar	395
		19.7.2.	Termo de garantia	398
		19.7.3.	Manual de instrução	398
	19.8.	Exercícios		399
20.	Os prazos para reclamar, a decadência e a prescrição			401
	20.1.	O regime tradicional		401
	20.2.	Novo modelo		402
	20.3.	Vício de fácil constatação		403
	20.4.	Produto ou serviço durável e não durável		403
	20.5.	Início da contagem do prazo		404
	20.6.	A garantia contratual		404
		20.6.1.	Prazos legais e contratuais	404
		20.6.2.	Garantia complementar	405
	20.7.	A obstaculização da decadência		406
	20.8.	A reclamação do consumidor		409
		20.8.1.	Reclamação verbal e pessoal (letras "a" e "b")	409
		20.8.2.	Reclamação feita na entidade de defesa do consumidor (letra "c")	414
		20.8.3.	Reclamação entregue a qual pessoa no fornecedor? (letra "d")	418
	20.9.	A instauração do inquérito civil		418
	20.10.	O vício oculto		419
	20.11.	A prescrição		420
	20.12.	Prazo de 5 anos ou mais		420
	20.13.	Início da contagem do prazo		422
	20.14.	As causas que impedem, suspendem ou interrompem a prescrição		423
	20.15.	Exercícios		426
21.	A oferta: regime jurídico vinculante			427

21.1.	Não confundir com o direito privado	427
21.2.	As características da oferta	428
21.3.	Informação e publicidade	429
21.4.	Suficientemente precisa	430
21.5.	Qualquer meio de comunicação	430
21.6.	Produtos e serviços oferecidos ou apresentados	430
21.7.	Integra o contrato: a vinculação	431
21.8.	O erro na oferta	431
21.9.	Oferta que não constou do contrato	435
21.10.	O rol exemplificativo do art. 31	438
21.11.	Elementos da oferta e apresentação	438
	21.11.1. Elementos obrigatórios	439
	21.11.2. Item "a.1": "informações corretas"	439
	21.11.3. Item "a.2": "informações claras"	440
	21.11.4. Item "a.3": "informações precisas"	440
	21.11.5. Item "a.4": "informações ostensivas"	441
	21.11.6. Destaque	441
	21.11.7. Item "a.5": "informações em língua portuguesa"	442
	21.11.8. Item "a.6": "de forma indelével"	445
	21.11.9. Item "b.1": "características"	445
	21.11.10. Item "b.2": "qualidade"	446
	21.11.11. Item "b.3": "quantidade"	446
	21.11.12. Item "b.4": "composição"	446
	21.11.13. Item "b.5": "preço"	447
	21.11.13.1. Preço é sempre "à vista"	447
	21.11.13.2. Preço visível	449
	21.11.13.3. A esdrúxula Lei n. 13.455, de 26-6-2017	450
	21.11.14. Item "b.6": "garantia"	451
	21.11.15. Item "b.7": "prazo de validade"	451
	21.11.16. Item "b.8": "origem"	452
21.12.	Não se deve confundir *diet* com *light*	453
21.13.	Oferta por telefone, mala-direta etc.	454
21.14.	Proibição de recusa do cumprimento da oferta	455
	21.14.1. Oferta, apresentação ou publicidade	456
	21.14.2. Alternativas do consumidor	456
	21.14.3. Cumprimento forçado da oferta	457
	21.14.4. Aceitação de outro produto ou serviço	458

	21.14.5.	Rescisão do contrato	459
21.15.	Exercícios		460
22. A publicidade			462
22.1.	Publicidade ou propaganda?		462
22.2.	Publicidade e produção		463
22.3.	Publicidade e verdade		464
22.4.	Publicidade de tabaco, bebidas alcoólicas, medicamentos e terapias		465
	22.4.1.	Produtos fumígenos	465
	22.4.2.	Bebidas alcoólicas	468
	22.4.3.	Medicamentos e terapias	469
22.5.	O Código Brasileiro de Autorregulamentação Publicitária		469
	22.5.1.	Vinculação legal	469
		22.5.1.1. Anúncio	470
		22.5.1.2. Produto e serviço	470
		22.5.1.3. Consumidor	470
	22.5.2.	Anúncio honesto e verdadeiro	470
		22.5.2.1. Honesto	471
		22.5.2.2. Verdadeiro	471
		22.5.2.3. Objetivo	473
		22.5.2.4. Transparência	473
	22.5.3.	Enganosidade	473
	22.5.4.	Respeitabilidade	474
		22.5.4.1. Discriminação	474
		22.5.4.2. Atividades ilegais	474
		22.5.4.3. Decência	474
		22.5.4.4. Intimidade	475
	22.5.5.	Medo, superstição e violência	475
	22.5.6.	Segurança e acidentes	475
	22.5.7.	Crianças e jovens	476
	22.5.8.	Meio ambiente	478
	22.5.9.	Patrimônio cultural	479
	22.5.10.	Linguagem	479
		22.5.10.1. Vernáculo	479
		22.5.10.2. Pronúncia	479
		22.5.10.3. Calão	479
	22.5.11.	Publicidade comparativa	480
	22.5.12.	Testemunhais	480

22.5.12.1.	Conceito	481
22.5.12.2.	Testemunhal de especialista/perito	482
22.5.12.3.	Testemunhal de pessoa famosa..	482
22.5.12.4.	Testemunhal de pessoa comum ou consumidor...........................	482
22.5.12.5.	Atestado ou endosso.................	482
22.5.12.6.	Normas relacionadas com a obtenção e validade dos testemunhais.	483
22.5.12.7.	Normas relacionadas com a divulgação de testemunhos e atestados	483

22.5.13. *Teaser* 483
22.5.14. *Merchandising* 483
22.5.15. Peça jornalística 484
22.5.16. Identificação publicitária 484
22.5.17. Reconhecimento da influência do anúncio ... 485
22.5.18. Responsabilidade pelo anúncio..................... 485

22.5.18.1.	Responsabilidade solidária do anunciante e da agência.............	485
22.5.18.2.	Responsabilidade solidária do veículo...	485
22.5.18.3.	Responsabilidade das pessoas físicas envolvidas	486
22.5.18.4.	Origem do anúncio...................	486

22.5.19. Categorias especiais de anúncios.................. 486

22.5.19.1.	Bebidas alcoólicas.....................	486
22.5.19.2.	Educação, cursos, ensino...........	492
22.5.19.3.	Venda e aluguel	493
22.5.19.4.	Investimentos, empréstimos e mercado de capitais	495
22.5.19.5.	Lojas e varejo	496
22.5.19.6.	Produtos alimentícios	497
22.5.19.7.	Médicos, dentistas, veterinários, parteiras, massagistas, enfermeiros, serviços hospitalares, paramédicos, para-hospitalares, produtos protéticos, dietéticos, tratamentos e dietas	499
22.5.19.8.	Produtos farmacêuticos populares	500
22.5.19.9.	Produtos de fumo	503

	22.5.19.10. Produtos inibidores do fumo	503
	22.5.19.11. Profissionais liberais	504
	22.5.19.12. Reembolso postal ou vendas pelo correio	504
	22.5.19.13. Turismo, viagens, excursões, hotelaria	505
	22.5.19.14. Veículos motorizados	505
	22.5.19.15. Armas de fogo	506
22.6.	Obrigação de fazer publicidade	507
22.7.	Exercícios	507
23.	**A publicidade clandestina**	508
23.1.	Proibição da publicidade clandestina	508
23.2.	A técnica do *merchandising*	508
	23.2.1. O tipo de *merchandising* proibido	509
	23.2.2. Enganosidade e abusividade	509
	23.2.3. Outras inserções indiretas, mas permitidas...	512
23.3.	Exercício	512
24.	**A publicidade enganosa**	513
24.1.	Publicidade enganosa: efeito sobre o consumidor	513
	24.1.1. Ampla garantia	514
	24.1.2. O "chamariz"	514
	24.1.3. Informação "distorcida"	515
24.2.	Enganosidade × consumidor real	516
24.3.	Parâmetros para a aferição da enganosidade	516
	24.3.1. Julgamento do anúncio em si	516
	24.3.2. Ambiguidade	517
	24.3.3. Exagero	518
	24.3.4. Licença publicitária	519
	24.3.5. Liberdade de expressão na publicidade	521
	24.3.6. Enganosidade × publicidade comparativa	522
	24.3.7. Normas autorregulamentares	526
24.4.	Publicidade enganosa por omissão	527
24.5.	Elemento subjetivo	529
24.6.	Responsabilidade do fornecedor-anunciante, das agências e do veículo	529
	24.6.1. Responsabilidade solidária	529
	24.6.2. Responsabilidade solidária do anunciante e da agência	529

24.6.3. Responsabilidade solidária do veículo com o anunciante e a agência 530
24.7. Supressão e impedimento do anúncio enganoso 531
24.8. Contrapropaganda 532
    24.8.1. Função 532
    24.8.2. Conteúdo 533
    24.8.3. Amplitude do meio 533
    24.8.4. "Astreintes" 533
24.9. Exercícios 534

25. A publicidade abusiva 536
    25.1. Publicidade abusiva: efeito sobre o consumidor 536
    25.2. Respeitabilidade 538
    25.3. Discriminação 538
    25.4. Atividades ilegais 538
    25.5. Decência 539
    25.6. Intimidade 539
    25.7. Medo, superstição e violência 539
    25.8. Segurança e acidentes 539
    25.9. Crianças e jovens 539
    25.10. Meio ambiente 542
    25.11. Patrimônio cultural 542
    25.12. Abusividade × consumidor real 543
    25.13. Parâmetros para a aferição da abusividade 544
        25.13.1. Julgamento do anúncio em si 544
        25.13.2. Ambiguidade 545
        25.13.3. Exagero 545
        25.13.4. Licença publicitária 546
    25.14. Liberdade de expressão na publicidade 547
    25.15. Abusividade × publicidade comparativa 549
    25.16. Elemento subjetivo 550
    25.17. Responsabilidade do fornecedor-anunciante, das agências e do veículo 550
        25.17.1. Responsabilidade solidária 550
        25.17.2. Responsabilidade solidária do anunciante e da agência 551
        25.17.3. Responsabilidade solidária do veículo com o anunciante e a agência 551
    25.18. Supressão e impedimento do anúncio abusivo 552
    25.19. Contrapropaganda 553

		25.19.1. Função...	553
		25.19.2. Conteúdo...	554
		25.19.3. Amplitude do meio	554
		25.19.4. "Astreintes"..	554
	25.20.	Exercícios	555
26.	A prova da verdade e correção da publicidade		556
	26.1.	Exercícios	557
27.	As práticas abusivas..		561
	27.1.	O abuso do direito	561
	27.2.	Práticas abusivas em geral.....................................	562
	27.3.	Práticas abusivas objetivamente consideradas	563
	27.4.	Práticas abusivas pré, pós e contratuais.................	563
	27.5.	Rol exemplificativo	565
	27.6.	Venda casada	566
	27.7.	Recusa de atendimento..	569
	27.8.	Entrega sem solicitação do consumidor	570
	27.9.	Excepcional vulnerabilidade	573
		27.9.1. Idoso..	574
		27.9.1.1. Prioridade no atendimento.........	574
		27.9.1.2. Direito à saúde..............................	576
		27.9.1.3. Descontos em ingressos	577
		27.9.1.4. Serviços de transporte	578
		27.9.1.5. Internação do idoso	579
		27.9.1.6. Conclusão	581
	27.10.	Vantagem excessiva...	581
	27.11.	Orçamento prévio	582
	27.12.	Informação depreciativa	583
	27.13.	Normas técnicas	584
	27.14.	Recusa da venda	586
	27.15.	Elevação de preços	588
	27.16.	Reajuste de preços..	589
	27.17.	Falta de prazo	590
	27.18.	Exercícios	591
28.	O orçamento..		593
	28.1.	O vocábulo "prévio"...	593
	28.2.	Itens obrigatórios...	594
		28.2.1. Valor da mão de obra	594
		28.2.2. Preço dos materiais e dos equipamentos a serem empregados...	594

	28.2.3.	Condições de pagamento	595
	28.2.4.	Datas do início e término do serviço	595
28.3.	Prazo de validade		596
28.4.	Vinculação do fornecedor		596
28.5.	Fechamento do contrato		597
28.6.	Serviços de terceiros		597
28.7.	Cobrança do orçamento ou taxa de visita		597
28.8.	Uso de peças originais e usadas		598
28.9.	Práticas anteriores		598
28.10.	Exercícios		598

29. A cobrança de dívidas 600
   29.1. Conexão com o art. 71 600
   29.2. Ação regular de cobrança 601
   29.3. As ações proibidas 603
      29.3.1. Ameaça 603
      29.3.2. Coação 604
      29.3.3. Constrangimento físico ou moral 604
      29.3.4. Afirmações falsas, incorretas ou enganosas.. 605
      29.3.5. Exposição ao ridículo 605
      29.3.6. Interferência com trabalho, descanso ou lazer 606
   29.4. Repetição do indébito 606
      29.4.1. Regra amena 607
      29.4.2. Caracterização do direito a repetir 607
      29.4.3. Engano justificável 608
      29.4.4. Indenização por danos materiais e morais 608
      29.4.5. O direito a repetição em dobro independe do meio de cobrança 609
      29.4.6. Dados do fornecedor 610
   29.5. Exercícios 611

30. Os bancos de dados e cadastros. Os serviços de proteção ao crédito. Cadastros negativo e positivo 612
   30.1. O cadastro negativo 612
      30.1.1. Amplitude da norma 613
      30.1.2. Os serviços de proteção ao crédito 614
         30.1.2.1. Requisitos para a negativação ... 614
         30.1.2.2. Caráter público 615
         30.1.2.3. O consumidor inadimplente 616

XXVII

	30.1.2.4.	O direito do consumidor inadimplente	618
30.1.3.	Linguagem e prazo		622
	30.1.3.1.	Linguagem compreensível	622
	30.1.3.2.	O prazo	623
30.1.4.	Comunicação ao consumidor		624
30.1.5.	O consumidor com deficiência		625
30.1.6.	Correção dos dados inexatos		625
30.1.7.	Caráter público		626
30.1.8.	Tipos penais		626
30.1.9.	Arquivo de reclamações contra o fornecedor		626
	30.1.9.1.	Lista de reclamações	627
	30.1.9.2.	Responsabilidade dos órgãos de defesa do consumidor	627
30.2. O cadastro positivo			628
30.2.1.	As definições legais		628
	30.2.1.1.	Banco de dados	628
	30.2.1.2.	Gestor	628
	30.2.1.3.	Cadastrado	629
	30.2.1.4.	Fonte	629
	30.2.1.5.	Consulente	629
	30.2.1.6.	Anotação	629
	30.2.1.7.	Histórico de crédito	629
30.2.2.	As informações a serem arquivadas		629
	30.2.2.1.	Objetivas	630
	30.2.2.2.	Claras	630
	30.2.2.3.	Verdadeiras	630
	30.2.2.4.	De fácil compreensão	630
30.2.3.	Vedações		630
	30.2.3.1.	Informações excessivas	630
	30.2.3.2.	Informações sensíveis	631
30.2.4.	Abertura do cadastro		631
30.2.5.	Os direitos dos cadastrados		631
	30.2.5.1.	Cancelamento ou reabertura do cadastro	632
	30.2.5.2.	Acesso às informações	632
	30.2.5.3.	Impugnação dos dados	632
	30.2.5.4.	Compreendendo o risco	632
	30.2.5.5.	Informação prévia sobre o armazenamento dos dados	632

	30.2.5.6.	Direito de revisão	632
	30.2.5.7.	Finalidade específica das informações	633
30.2.6.	As obrigações dos gestores		633
30.2.7.	As obrigações das fontes		634
30.2.8.	A questão do compartilhamento		634
	30.2.8.1.	Compartilhamento permitido ...	634
	30.2.8.2.	Responsabilidade pelo compartilhamento	634
	30.2.8.3.	Responsabilidade do gestor originário	635
	30.2.8.4.	Identificação da fonte	635
	30.2.8.5.	Proibição de exclusividade	635
30.2.9.	Clientes de bancos e demais instituições financeiras		635
30.2.10.	Prazo máximo de arquivamento das informações		635
30.2.11.	Acesso restrito aos dados arquivados		635
30.2.12.	Responsabilidade objetiva e solidária		636
30.2.13.	Fiscalização		636
30.3.	Exercícios		636
31. A proteção contratual			639
31.1.	Considerações iniciais		639
31.2.	Princípios basilares dos contratos de consumo		639
	31.2.1.	Ausência de manifestação de vontade	639
	31.2.2.	Princípio da conservação	640
		31.2.2.1. Modificação das cláusulas que estabeleçam prestações desproporcionais	640
		31.2.2.2. Direito de revisão	641
	31.2.3.	Princípio da boa-fé	642
		31.2.3.1. Boa-fé objetiva e subjetiva	643
		31.2.3.2. Boa-fé como princípio	645
		31.2.3.3. Boa-fé como cláusula geral	645
		31.2.3.4. Boa-fé e equidade	646
	31.2.4.	Princípio da equivalência	647
	31.2.5.	Princípio da igualdade	647
	31.2.6.	Dever de informar e princípio da transparência	648
		31.2.6.1. O dever de informar	648

XXIX

		31.2.6.2. O princípio da transparência......	648
		31.2.6.3. Conclusão...................................	649
	31.2.7.	Vulnerabilidade e hipossuficiência do consumidor..	649
	31.2.8.	Nenhuma forma de abuso do direito............	650
		31.2.8.1. Dever de cooperação................	651
		31.2.8.2. Dever de cuidado.....................	651
	31.2.9.	Protecionismo...	651
31.3.	Exercício...		652
32. As formas de contratação...			653
32.1.	Todas as formas...		653
32.2.	Contrato de adesão		653
32.3.	Comportamento socialmente típico.......................		654
32.4.	Condições gerais ou cláusulas gerais		654
32.5.	O comércio eletrônico...		656
	32.5.1.	Direitos básicos...	657
	32.5.2.	A oferta eletrônica.......................................	657
	32.5.3.	*Sites* de (vendas e) compras coletivas...........	657
	32.5.4.	Garantia de atendimento facilitado ao consumidor...	658
32.6.	Exercício...		659
33. Os contratos de adesão...			660
33.1.	Conceito de contrato de adesão		661
33.2.	Estipulações unilaterais do Poder Público..................		662
33.3.	Formulário e inserção de cláusula		663
33.4.	Resolução alternativa		663
33.5.	Redação do contrato		664
	33.5.1.	Termos claros..	665
	33.5.2.	Informações precisas...................................	665
	33.5.3.	Caracteres ostensivos...................................	665
	33.5.4.	Caracteres legíveis.......................................	668
33.6.	Destaque		669
33.7.	Contrato escrito ou verbal e comportamento socialmente típico		670
33.8.	Veto...		671
33.9.	Exercício...		672
34. Contratos: transparência, interpretação e vinculação pré-contratual...			676

34.1.	Princípio da transparência	676
34.2.	Conhecimento prévio	677
34.3.	Difícil compreensão	677
34.4.	A interpretação	682
34.5.	A vinculação pré-contratual	684
34.6.	Exercício	686

35. Compras feitas fora do estabelecimento comercial (via web/internet, telefone, correio etc.) 688
    - 35.1. "Telos" legal 688
    - 35.2. Prazo de reflexão ou arrependimento: garantias e problemas 690
    - 35.3. Prazo maior do que 7 dias 692
    - 35.4. Contagem do prazo 692
        - 35.4.1. A forma de pagamento não interfere no prazo 693
    - 35.5. A manifestação da desistência 693
    - 35.6. O sentido de produto, serviço e contrato 694
    - 35.7. Compra de imóveis 695
    - 35.8. Efeito *ex tunc* 697
    - 35.9. Sem despesas 698
    - 35.10. Devolução do que foi pago 698
    - 35.11. Solidariedade das administradoras de cartão de crédito, bancos e demais instituições financeiras 698
    - 35.12. Exercício 700

36. As cláusulas abusivas 702
    - 36.1. Nulidade absoluta 704
    - 36.2. Imprescritibilidade 708
    - 36.3. O conceito de "cláusula" 708
    - 36.4. Rol exemplificativo 709
    - 36.5. Cláusula de não indenizar 709
        - 36.5.1. Proibição absoluta 709
        - 36.5.2. Proibição relativa 710
    - 36.6. Reembolso de quantia paga 712
    - 36.7. Transferência de responsabilidade a terceiros 712
    - 36.8. Obrigações iníquas e desvantagem exagerada 713
        - 36.8.1. Presunção relativa 714
        - 36.8.2. Princípios fundamentais 715
        - 36.8.3. Ameaça do objeto ou do equilíbrio contratual 715
        - 36.8.4. Onerosidade excessiva para o consumidor ... 717

36.9. Cláusula geral da boa-fé e equidade 718
36.10. Ônus de prova: proibição da inversão 719
36.11. Arbitragem compulsória 720
36.12. Imposição de representante 722
36.13. Opção de conclusão do negócio 723
36.14. Alteração unilateral do preço 724
36.15. Cancelamento do contrato 725
36.16. Ressarcimento unilateral do custo da cobrança 726
36.17. Modificação unilateral do contrato 726
36.18. Violação de normas ambientais 727
36.19. Desacordo com o sistema de proteção ao consumidor 728
36.20. Renúncia à indenização por benfeitorias necessárias .. 729
36.21. Garantia de acesso ao Judiciário 729
36.22. Liquidação de prestações devidas 729
36.23. Conservação do contrato 730
36.24. Representação ao Ministério Público 730
36.25. Vetos 731
36.26. Exercícios 734

37. Empréstimos e financiamentos 736
    37.1. Todo tipo de contrato 741
    37.2. Complemento do art. 46 741
    37.3. Preço em moeda corrente nacional 741
    37.4. Juros de mora 742
        37.4.1. Lei da Usura revogada, em parte 742
        37.4.2. Os juros de mora 743
        37.4.3. A mora do pagamento de impostos devidos à Fazenda Nacional 744
        37.4.4. Que é Selic? 745
        37.4.5. Juros de mora, diz a lei, e não correção monetária 746
        37.4.6. A taxa Selic e a correção de alguns tributos . 747
        37.4.7. Conclusão 748
    37.5. Taxa efetiva 748
    37.6. Acréscimos legais 752
    37.7. Número e periodicidade das prestações 752
    37.8. Total a pagar com e sem financiamento 753
    37.9. Multa 753
    37.10. Liquidação antecipada 754

37.11.	O conceito de superendividamento	755
37.12.	Novas informações prévias	757
37.13.	Novos limites às ofertas de crédito	759
37.14.	Novas regulações da conduta do fornecedor e de seus parceiros	761
37.15.	Parceria entre o fornecedor vendedor ou prestador do serviço e o fornecedor do crédito para a realização da transação	762
37.16.	Novas práticas abusivas	764
37.17.	Exercícios	765

38. Compra e venda com pagamento do preço mediante prestações ... 768
    - 38.1. Cláusula abusiva ... 768
    - 38.2. Perda total das parcelas ... 769
        - 38.2.1. Fundamento ... 769
        - 38.2.2. Pagamento em prestações ... 769
        - 38.2.3. O regime do "Código Civil" de 1916 ... 769
        - 38.2.4. O problema da expressão "perda total das parcelas" ... 772
    - 38.3. Alienação fiduciária ... 773
    - 38.4. Sistema de consórcios ... 774
    - 38.5. Contratos em moeda corrente nacional ... 775
    - 38.6. Exercícios ... 776

39. A desconsideração da personalidade jurídica ... 778
    - 39.1. Origem da possibilidade da desconsideração da personalidade jurídica ... 778
    - 39.2. Dever do magistrado ... 780
    - 39.3. "Desconsideração" e não "dissolução" ... 780
    - 39.4. "Em detrimento do consumidor" ... 781
    - 39.5. Elenco exemplificativo ... 781
    - 39.6. Abuso "do" direito ... 781
    - 39.7. Excesso de poder ... 782
    - 39.8. Infração da lei e fato ou prática de ato ilícito ... 782
    - 39.9. Violação dos estatutos ou contrato social ... 783
    - 39.10. Má administração ... 783
    - 39.11. Outras espécies de abusos ... 783
    - 39.12. Os parceiros de negócios ... 785
    - 39.13. No Código Civil de 2002 ... 787
    - 39.14. Exercícios ... 788

40. Aspectos processuais — o caráter coletivo da proteção processual do CDC 790
    40.1. A defesa do consumidor em juízo 790
    40.2. A proteção coletiva 790
    40.3. Exercício 793
41. Os direitos difusos, coletivos e individuais homogêneos 794
    41.1. A Constituição Federal 794
    41.2. O Código de Defesa do Consumidor 794
    41.3. Direito ou interesse? 795
    41.4. Os direitos difusos 795
        41.4.1. Sujeito ativo indeterminado 795
        41.4.2. Sujeito passivo 797
        41.4.3. A relação jurídica 797
        41.4.4. Objeto indivisível 797
        41.4.5. Síntese gráfica 798
        41.4.6. Exemplos 798
    41.5. Os direitos coletivos 798
        41.5.1. Sujeito ativo indeterminado, mas determinável 798
        41.5.2. Sujeito passivo 799
        41.5.3. A relação jurídica 799
        41.5.4. Objeto indivisível 799
        41.5.5. Distinção dos direitos individuais homogêneos 799
        41.5.6. Síntese gráfica 800
        41.5.7. Exemplos 801
    41.6. Os direitos individuais homogêneos 801
        41.6.1. Sujeito ativo determinado e plural 801
        41.6.2. Sujeito passivo 801
        41.6.3. A relação jurídica 802
        41.6.4. Objeto divisível 802
        41.6.5. Espécie de direito coletivo 802
        41.6.6. Síntese gráfica 803
        41.6.7. Exemplos 803
    41.7. Exercício 803
42. A legitimidade ativa para propositura de ações coletivas 806
    42.1. A legitimação concorrente 806
    42.2. Legitimação disjuntiva 807
    42.3. Direitos difusos e coletivos: legitimação autônoma 807

42.4.	Direitos individuais homogêneos: legitimação extraordinária..	808
42.5.	Personalidade judiciária	808
42.6.	A legitimidade do Ministério Público	809
42.7.	A legitimidade das associações civis.........................	814
	42.7.1. Fins institucionais...	814
	42.7.2. Autorização da assembleia..........................	814
	42.7.3. Constituição há um ano...............................	815
	42.7.4. Dispensa do requisito de constituição há um ano...	816
42.8.	Intervenção obrigatória do Ministério Público...........	816
42.9.	Exercício...	817
43. As ações judiciais		821
43.1.	Garantia constitucional...	821
43.2.	Todas as espécies de ações	822
43.3.	Exercício...	822
44. Obrigações de fazer ou não fazer..		823
44.1.	Tutela específica ou providências que assegurem o resultado prático equivalente.....................................	824
44.2.	Liminar..	824
	44.2.1. Fundamento relevante..................................	824
	44.2.2. Ineficácia do provimento final.....................	825
	44.2.3. Momento da concessão da liminar...............	828
44.3.	"Astreinte"...	828
	44.3.1. O vocábulo..	828
	44.3.2. Função...	829
	44.3.3. Natureza..	829
	44.3.4. O caráter objetivo: confusão a ser evitada....	831
	44.3.5. O limite do *quantum*	831
	44.3.6. Previsão legal..	833
	44.3.7. Ação principal sem valor econômico...........	835
	44.3.8. Medida direta do juiz	835
	44.3.9. Modificação das "astreintes" não viola a coisa julgada...	837
	44.3.10. O que acontece se a ação é julgada improcedente ou extinta sem resolução de mérito	839
	44.3.11. Nas ações coletivas......................................	841

XXXV

	44.4. Perdas e danos	841
	44.5. Exercício	842
45.	Custas, despesas e honorários nas ações coletivas	843
	45.1. Acesso à Justiça	843
	45.2. Liberação automática	843
	45.3. Inversão do ônus da prova	843
	45.4. Má-fé	844
	45.4.1. Como caracterizar a má-fé	844
	45.4.2. Responsabilização dos diretores da associação-autora	845
	45.4.3. Não há má-fé exclusiva	846
	45.5. Exercício	846
46.	Inversão do ônus da prova	847
	46.1. Considerações iniciais	847
	46.2. Critério do juiz	848
	46.3. Verossimilhança das alegações	849
	46.4. Hipossuficiência	850
	46.5. Momento de inversão	851
	46.6. O ônus econômico	853
	46.7. Exercícios	855
47.	A competência	857
	47.1. Ações coletivas para defesa dos direitos individuais homogêneos, difusos e coletivos	857
	47.2. A competência da Justiça Federal	858
	47.3. Competência no dano de âmbito local	859
	47.3.1. O equívoco	859
	47.3.2. A solução do problema: local do dano ou domicílio do autor	860
	47.4. Competência no dano de âmbito nacional ou regional	861
	47.4.1. Capital do Estado ou Distrito Federal: como definir?	861
	47.4.2. Como definir o chamado âmbito regional?	865
	47.4.3. Competência no direito individual	867
	47.5. Exercício	867
48.	Da coisa julgada nas ações coletivas	868
	48.1. Coisa julgada nas ações coletivas de proteção aos direitos difusos	868

   48.1.1. Efeito *erga omnes* 868
   48.1.2. Efeito da improcedência por insuficiência de provas 869
   48.1.3. Relação com o direito individual do consumidor 869
  48.2. Coisa julgada nas ações coletivas de proteção aos direitos coletivos 870
   48.2.1. Efeito *ultra partes* 870
   48.2.2. Efeito da improcedência por insuficiência de provas 870
   48.2.3. Relação com o direito individual do consumidor 871
  48.3. Coisa julgada nas ações coletivas de proteção aos direitos individuais homogêneos 871
   48.3.1. Efeito "erga omnes" 871
   48.3.2. Efeito da improcedência por insuficiência de provas 872
   48.3.3. Exercício do direito individual pelo consumidor-vítima ou seus sucessores 872
   48.3.4. A amplitude da coisa julgada e o problema da extensão territorial 873
  48.4. Exercício 875
49. Aspectos da litispendência e continência da ação coletiva com a ação individual 876
  49.1. Litispendência 876
   49.1.1. Efeitos especiais da sentença 876
   49.1.2. Risco do consumidor depende da prova de sua ciência 877
  49.2. Continência 878
  49.3. Exercício 878
50. Denunciação da lide, chamamento do processo e assistência   879
  50.1. Responsabilidade do comerciante 879
  50.2. Denunciação da lide 879
  50.3. Chamamento ao processo 880
  50.4. Assistência 881
  50.5. Exercício 881

51. Liquidação de sentença nas ações coletivas 882
    51.1. Liquidação e execução individual 883
    51.2. Liquidação e execução pelos legitimados do art. 82 ... 884
    51.3. Ação individual: distribuição e custas 885
    51.4. Exercício 887
52. A conciliação judicial no superendividamento 888
    52.1. A recuperação judicial do consumidor superendividado – a conciliação 888
    52.2. A recuperação judicial do consumidor superendividado – o processo de revisão 889
    52.3. A competência concorrente para a fase conciliatória da recuperação judicial do consumidor superendividado ... 890
    52.4. Negativa de crédito ao idoso por conta do superendividamento 891
    52.5. Vigência das novas regras 892

Anexo A 893
Anexo B 903
Anexo C 904

Referências 905
Índice alfabético-remissivo 923

1. PRESSUPOSTOS FUNDAMENTAIS

Antes de buscar compreender a extensão da aplicação da Lei n. 8.078, de 11 de setembro de 1990, é importante fazer a apresentação dos fundamentos que lhe deram origem.

Temos dito que um dos maiores problemas para o aprendizado de tudo o que o Código de Defesa do Consumidor (CDC) significa está relacionado às lembranças. É que a maior parte dos estudiosos do direito e dos operadores em geral que atuam no mercado não foram educados investigando os fenômenos ocorrentes na sociedade de consumo. Precisamos, portanto, entender por que é que ainda existe uma certa, ou melhor, uma grande dificuldade de compreensão das regras da lei consumerista.

Por isso vamos aqui abordar algumas situações que são históricas e que, por sua vez, são fundamentos do CDC.

Entender a Lei n. 8.078 implica, portanto, considerar um problema de memória.

Na verdade, quase todos aqueles que operam o direito no Brasil — advogados, juízes, procuradores etc. — foram formados na tradição do direito privado, cuja estrutura remonta ao século XIX e que é baseada num sistema jurídico anterior à Constituição Federal atual e, claro, anterior à edição da Lei n. 8.078/90.

A grande dificuldade que existe hoje de compreensão das regras brasileiras instituídas pela lei de proteção ao consumidor reside nesse aspecto típico da nossa memória jurídica. Apesar de a lei ter vigência desde 11 de março de 1991, a maior parte dos estudantes ainda veio sendo formada tendo por base a tradição privatista, absolutamente inadequada para entender a sociedade de massa do século XX. É por isso que, se não apontarmos, ainda que sucintamente, os pressupostos formadores da legislação de consumo, acabaremos não entendendo adequadamente por que o CDC traz um regramento de alta proteção ao consumidor na sociedade capitalista contemporânea, com regras específicas muito bem colocadas e que acaba gerando toda a sorte de dificuldades de interpretação das questões contratuais, da responsabilidade, da informação, da publicidade, do controle *in abstrato* das cláusulas contratuais, das ações coletivas, enfim, literalmente de tudo o que está por ele estabelecido.

Examinemos, então, os pressupostos históricos, mesmo que pontuais, para que possamos entender o regramento que a Lei n. 8.078/90 trouxe.

1.1. Aspectos históricos

Inicie-se colocando um ponto: o CDC, como sabemos, foi editado em 11 de setembro de 1990; é, portanto, uma lei muito atrasada de proteção ao consumidor. Passamos o século inteiro aplicando às relações de consumo o Código Civil, lei que entrou em vigor em 1917, fundada na tradição do direito civil europeu do século anterior.

Pensemos num ponto de realce importante: em relação ao direito civil, pressupõe-se uma série de condições para contratar, que não vigem para relações de consumo. No entanto, durante praticamente o século inteiro, no Brasil, acabamos aplicando às relações de consumo a lei civil para resolver os problemas que surgiram e, por isso, o fizemos de forma equivocada. Esses equívocos remanesceram na nossa formação jurídica, ficaram na nossa memória influindo na maneira como enxergamos as relações de consumo, e, atualmente, temos toda sorte de dificuldades para interpretar e compreender um texto que é bastante enxuto, curto, que diz respeito a um novo corte feito no sistema jurídico, e que regula especificamente as relações que envolvem os consumidores e os fornecedores.

Anote-se essa observação: nos Estados Unidos, que hodiernamente é o país que domina o planeta do ponto de vista do capitalismo contemporâneo, que capitaneia o controle econômico mundial (cujo modelo de controle tem agora o nome de globalização), a proteção ao consumidor havia começado em 1890 com a Lei Shermann, que é a lei antitruste americana. Isto é, exatamente um século antes do nosso CDC, numa sociedade que se construía como sociedade capitalista de massa, já existia uma lei de proteção ao consumidor.

Sabe-se, é verdade, que a consciência social e cultural da defesa do consumidor mesmo nos Estados Unidos ganhou fôlego maior a partir dos anos 1960. Especialmente com o surgimento das associações dos consumidores com Ralf Nader. Ou seja, o verdadeiro movimento consumerista (como se costuma chamar) começou para valer na segunda metade do século XX. Mas é importante atentarmos para essa preocupação existente já no século XIX com a questão do mercado de consumo, no país mais poderoso do mundo.

É preciso que lembremos desses pressupostos para entender o porquê de uma lei que chega até nós no final do século XX trazer uma série de situações que importam em experiência que ainda não tínhamos vivenciado. Porém, apesar de atrasado no tempo, o CDC acabou tendo resultados altamente positivos, porque o legislador, isto é, aqueles que pensaram na sua elaboração — os professores que geraram o texto do anteprojeto que acabou virando a Lei n. 8.078 (a partir do projeto apresentado pelo, na época, Deputado Geraldo Alckmin) —, pensaram e trouxeram para o sistema legislativo brasileiro aquilo que existia e existe de mais moderno na proteção do consumidor. O resultado foi tão positivo que a lei brasileira já inspirou a lei de proteção ao consumidor na Argentina, reformas no Paraguai e no Uruguai e projetos em países da Europa.

Olhemos, então, um pouco para o passado. Uma lei de proteção ao consumidor pressupõe entender a sociedade a que nós pertencemos. E essa sociedade tem uma origem bastante remota que precisamos pontuar, especialmente naquilo que nos interessa, para entendermos a chamada sociedade de massa, com sua produção em série, na sociedade capitalista contemporânea.

Vamos partir do período pós-Revolução Industrial. Com o crescimento populacional nas metrópoles, que gerava aumento de demanda e, portanto, uma possibilidade de aumento da oferta, a indústria em geral passou a querer produzir mais, para vender para mais pessoas (o que era e é legítimo). Passou-se então a pensar num modelo capaz de entregar, para um maior número de pessoas, mais produtos e mais serviços. Para isso, criou-se a chamada produção em série, a "standartização" da produção, a homogeneização da produção.

Essa produção homogeneizada, "standartizada", em série, possibilitou uma diminuição profunda dos custos e um aumento enorme da oferta, indo atingir, então, uma mais larga camada de pessoas. Este modelo de produção é um modelo que deu certo; veio crescendo na passagem do século XIX para o século XX; a partir da Primeira Guerra Mundial houve um incremento na produção, que se solidificou e cresceu em níveis extraordinários a partir da Segunda Guerra Mundial com o surgimento da tecnologia de ponta, do fortalecimento da informática, do incremento das telecomunicações etc.

A partir da segunda metade do século XX, esse sistema passa a avançar sobre todo o globo terrestre, de tal modo que permitiu que nos últimos anos se pudesse implementar a ideia de globalização, a que já nos referimos.

Temos, assim, a sociedade de massa. Dentre as várias características desse modelo destaca-se uma que interessa: nele a produção é planejada unilateralmente pelo fabricante no seu gabinete, isto é, o produtor pensa e decide fazer uma larga oferta de produtos e serviços para serem adquiridos pelo maior número possível de pessoas. A ideia é ter um custo inicial para fabricar um único produto, e depois reproduzi-lo em série. Assim, por exemplo, planeja-se uma caneta esferográfica única e a partir desta reproduzem-se milhares, milhões de vezes em série.

Quando a montadora resolve produzir um automóvel, gasta uma quantia X de dinheiro na criação de um único modelo, e depois o reproduz milhares de vezes, o que baixa o custo final de cada veículo, permitindo que o preço de varejo possa ser acessível a um maior número de pessoas.

Esse modelo de produção industrial, que é o da sociedade capitalista contemporânea, pressupõe planejamento estratégico unilateral do fornecedor, do fabricante, do produtor, do prestador do serviço etc. Ora, esse planejamento unilateral tinha de vir acompanhado de um modelo contratual. E este acabou por ter as mesmas características da produção. Aliás, já no começo do século XX, o contrato era planejado da mesma forma que a produção.

Não tinha sentido fazer um automóvel, reproduzi-lo vinte mil vezes, e depois fazer vinte mil contratos diferentes para os vinte mil compradores. Na verdade, quem faz um produto e o reproduz vinte mil vezes também faz um único contrato e o reproduz vinte mil vezes. Ou, no exemplo das instituições financeiras, milhões de vezes. Quem planeja a oferta de um serviço ou um produto qualquer, por exemplo, financeiro, bancário, para ser reproduzido milhões de vezes, também planeja um único contrato e o imprime e distribui milhões de vezes.

Esse padrão é, então, o de um modelo contratual que supõe que aquele que produz um produto ou um serviço de massa planeja um contrato de massa que veio a ser chamado pela Lei n. 8.078 de contrato de adesão.

Lembre-se, por isso, que a primeira lei brasileira que tratou da questão foi exatamente o Código de Defesa do Consumidor: no seu art. 54 está regulado o contrato de adesão. E por que o contrato é de adesão? Ele é de adesão por uma característica evidente e lógica: o consumidor só pode aderir. Ele não discute cláusula alguma. Para comprar produtos e serviços o consumidor só pode examinar as condições previamente estabelecidas pelo fornecedor, e pagar o preço exigido, dentro das formas de pagamento também prefixadas.

Pois bem. Este é o modo de produção, de oferta de produtos e serviços de massa do século XX. Só que nós aplicamos, no caso brasileiro, até 10 de março de 1991, o Código Civil às relações jurídicas de consumo, e isto gerou problemas sérios para a compreensão da própria sociedade.

Passamos a interpretar as relações jurídicas de consumo e os contratos com base na lei civil, inadequada para tanto e, como isso se deu durante quase todo o século XX, ainda temos dificuldades em entender o CDC em todos os seus aspectos. Por exemplo, nessa questão contratual, nossa memória privatista pressupõe que, quando vemos o contrato, assistimos ao aforismo que diz *pacta sunt servanda*, posto que no direito civil essa é uma das características contratuais, com fundamento na autonomia da vontade.

Sabe-se que nas relações contratuais no direito civil, no direito privado, há um pressuposto de que aqueles que querem contratar sentam-se à mesa em igualdade de condições e transmitem o elemento subjetivo volitivo de dentro para fora, transformado em dado objetivo num pedaço de papel. São proposições que, organizadas em forma de cláusulas impressas num pedaço de papel, fazem surgir o contrato escrito. É a tentativa de delineamento objetivo de uma vontade, portanto elemento subjetivo. É a escrita — o tipo de contrato — que o direito civil tradicional pretende controlar[1].

Então, quando nos referimos às relações contratuais privatistas, o que se faz é uma interpretação objetiva de um pedaço de papel com palavras organizadas em proposições inteligíveis e que devem representar a vontade subjetiva das partes que estavam lá, na época do ato da contratação, transmitindo o elemento subjetivo para aquele mesmo pedaço de papel. E uma vez que tal foi feito, *pacta sunt servanda*, isto é, os pactos devem ser respeitados.

Acontece que isto não serve para as relações de consumo. Esse esquema legal privatista para interpretar contratos de consumo é completamente equivocado, porque o consumidor não senta à mesa para negociar cláusulas contratuais. Na verdade, o consumidor vai ao mercado e recebe produtos e serviços postos e ofertados segundo regramentos que o CDC agora pretende controlar, e de forma inteligente. O problema é que a aplicação da lei civil assim como a memória dos operadores do direito geram toda sorte de equívocos. Até a oferta, para ilustrarmos com mais um exemplo, é diferente nos dois regimes: no direito privado é um convite à oferta; no direito do consumidor, é uma oferta que vincula o ofertante.

---

1. Claro que não estamos esquecendo o contrato verbal, pois ele tem a mesma característica de tentativa de objetividade; só não foi escrito.

Então esta era, foi e ainda é, uma situação que acabou afetando o entendimento da lei. Se não atentarmos para esses pontos históricos do fundamento da sociedade contemporânea, teremos muita dificuldade de interpretar aquilo que o CDC regrou especificamente. Este é um ponto.

1.2. A Constituição Federal brasileira de 1988

O segundo ponto diz respeito ao nosso texto constitucional. As constituições federais do ocidente são documentos históricos políticos ideológicos que refletem o andamento do pensamento jurídico da humanidade. Tanto é verdade que a primeira Constituição do pós-guerra, da Segunda Grande Guerra, a Constituição alemã, traz exatamente, por força desse movimento, desse pensamento jurídico humanitário, no seu art. 1º, que a dignidade da pessoa humana é um bem intangível. Foi a experiência com o nazismo da Segunda Guerra Mundial que fez com que as nações escrevessem, produzissem textos constitucionais reconhecendo esse elemento da história. Não tem sentido que o direito não venha reconhecer esse avanço do pensamento humano.

Isto foi feito, como dito, logo pela Constituição Federal alemã. Agora, a Constituição Federal brasileira de 1988 também o fez no art. 1º, III: *a dignidade da pessoa humana é um bem intangível.*

Quando examinamos o texto da Constituição Federal brasileira de 1988, percebemos que ela inteligentemente aprendeu com a história e também com o modelo de produção industrial que acabamos de relatar. Podemos perceber que os fundamentos da República Federativa do Brasil são de um regime capitalista, mas de um tipo definido pela Carta Magna. Esta, em seu art. 1º, diz que a República Federativa é formada com alguns fundamentos, dentre eles a cidadania, a dignidade da pessoa humana e, como elencados no inc. IV do art. 1º, os valores sociais do trabalho e da livre iniciativa[2].

E sobre esse último aspecto, deve-se fazer um comentário específico. Tem-se dito, de forma equivocada, que esse fundamento da livre iniciativa na República Federativa do Brasil é o de uma livre iniciativa ampla, total e

---

2. "Art. 1º A República Federativa do Brasil, formada pela união indissolúvel dos Estados e Municípios e do Distrito Federal, constitui-se em Estado Democrático de Direito e tem como fundamentos: I — a soberania; II — a cidadania; III — a dignidade da pessoa humana; IV — os valores sociais do trabalho e da livre iniciativa; V — o pluralismo político. Parágrafo único. Todo o poder emana do povo, que o exerce por meio de representantes eleitos ou diretamente, nos termos desta Constituição."

irrestrita. Na verdade, é uma leitura errada e uma interpretação errônea do texto. O inciso IV do art. 1º é composto de duas proposições ligadas por uma conjuntiva "e": "os valores sociais do trabalho 'e' da livre iniciativa". Para interpretar o texto adequadamente basta lançar mão do primeiro critério de interpretação, qual seja, o gramatical. Ora, essas duas proposições ligadas pela conjuntiva fazem surgir duas dicotomias: trata-se dos valores sociais do trabalho "e" dos valores sociais da livre iniciativa. Logo, a interpretação somente pode ser que a República Federativa do Brasil está fundada nos valores sociais do trabalho e nos valores sociais da livre iniciativa, isto é, quando se fala em regime capitalista brasileiro, a livre iniciativa sempre gera responsabilidade social. Ela não é ilimitada.

Assim, quando chegarmos ao art. 170 da Constituição Federal, que trata dos princípios gerais da atividade econômica, com seus nove princípios, esses elementos iniciais têm de ser levados em conta. O regime é capitalista, logo há livre iniciativa, ela é possível, e aquele que tem patrimônio e/ou que tem condições de adquirir crédito no mercado pode, caso queira, empreender algum negócio[3].

---

3. Mais adiante comentaremos os Princípios Gerais da Atividade Econômica, no Capítulo 3, item 3.10.

2. PRINCÍPIOS E NORMAS CONSTITUCIONAIS

Veremos adiante que o sistema da Lei n. 8.078/90 é, ele próprio, formado por princípios que hão de ser respeitados pelo intérprete.

Porém, antes de ingressarmos no exame do arcabouço dogmático do CDC, é necessário que conheçamos as normas constitucionais às quais ele está ligado e que, portanto, devem dirigi-lo. Além disso, é forçoso que se reconheça, da mesma forma, os princípios constitucionais que conduzam à interpretação não só do próprio texto magno como também do CDC.

A Constituição, como se sabe, no Estado de Direito Democrático, é a lei máxima, que submete todas as pessoas, bem como os próprios Poderes Legislativo, Executivo e Judiciário.

As normas constitucionais, além de ocuparem o ápice da "pirâmide jurídica", caracterizam-se pela imperatividade de seus comandos, que obrigam não só as pessoas físicas ou jurídicas, de direito público ou de direito privado, como o próprio Estado.

O que se está procurando ressaltar é que a Carta Magna exprime um conjunto de normas supremas, que demandam incondicional observância, inclusive pelo legislador infraconstitucional. Não é por outro motivo que se diz que a Constituição é a *lei fundamental do Estado*.

A título de nota leia-se o que diz Canotilho a respeito. Para ele a superioridade hierárquica da Constituição revela-se em três perspectivas:

"(1) as normas do direito constitucional constituem uma 'lex superior' que recolhe o fundamento de validade em si própria ('autoprimazia normativa'); (2) as normas de direito constitucional são 'normas de normas' ('norma normarum'), afirmando-se como fontes de produção jurídica de outras normas (normas legais, normas regulamentares, normas estatutárias, etc.); (3) a superioridade normativa das normas constitucionais implica o princípio da conformidade de todos os actos dos poderes políticos com a constituição"[1].

---

1. *Direito constitucional*, p. 141.

Logo, não há como duvidar que as normas jurídicas mais importantes encontram-se na Constituição. É ela que indica quem detém os poderes estatais, quais são esses poderes, como devem ser exercidos e quais os direitos e garantias que as pessoas têm em relação a eles.

Mas mesmo na Constituição existem normas mais relevantes que outras. Essas, mais importantes, são as que veiculam *princípios*, verdadeiras diretrizes do ordenamento jurídico. É deles que nos ocuparemos.

Naturalmente, não vamos aqui fazer uma abordagem completa de todos os princípios constitucionais que norteiam a interpretação do texto constitucional. O que nos interessa são os princípios — e também as normas constitucionais — que afetam o sentido das normas e princípios estatuídos no CDC[2], na parte do direito material[3]. Por isso vamos intitulá-los princípios do direito material do consumidor na Constituição Federal.

2.1. Os princípios constitucionais

No dizer de Carlos Maximiliano, "todo conjunto harmônico de regras positivas é apenas o resumo, a síntese, o 'substratum' de um complexo de altos ditames, o índice materializado de um sistema orgânico, a concretização de uma doutrina, série de postulados que enfeixam princípios superiores. Constituem estes as 'diretivas', ideias do hermeneuta, os pressupostos científicos da ordem jurídica"[4]. É assim que esse cientista do direito define os chamados princípios gerais do direito.

Mas os princípios constitucionais são mais que isso. São verdadeiras vigas mestras, alicerces sobre os quais se constrói o sistema jurídico.

Os princípios constitucionais dão estrutura e coesão ao *edifício jurídico*. Assim, devem ser estritamente obedecidos, sob pena de todo o ordenamento jurídico se corromper.

O princípio jurídico é um enunciado lógico, implícito ou explícito, que, por sua grande generalidade, ocupa posição de preeminência nos horizontes do sistema jurídico e, por isso mesmo, vincula, de modo inexorável, o entendimento e a aplicação das normas jurídicas que com ele se conectam.

---

2. Para um exame de todos os princípios constitucionais ver Luiz Alberto David Araujo e Vidal Serrano Nunes Júnior, *Curso de direito constitucional*, Capítulo 2.

3. Logo, nos arts. 1º a 54.

4. *Hermenêutica e aplicação do direito*, p. 295.

O princípio jurídico influi na interpretação até mesmo das próprias normas magnas.

Se um mandamento constitucional tiver pluralidade de sentidos, a interpretação deverá ser feita com vistas a fixar o sentido que possibilitar uma sintonia com o princípio que lhe for mais próximo.

Da mesma maneira, se surgir uma aparente antinomia entre os textos normativos da Constituição, ela será resolvida pela aplicação do princípio mais relevante no contexto.

Na realidade o princípio funciona como um vetor para o intérprete. E o jurista, na análise de qualquer problema jurídico, por mais trivial que este possa ser, deve, preliminarmente, alçar-se ao nível dos grandes princípios, a fim de verificar em que direção eles apontam. Nenhuma interpretação será havida por jurídica se atritar com um princípio constitucional.

Afinado nesse diapasão, Geraldo Ataliba leciona:

"... princípios são linhas mestras, os grandes nortes, as diretrizes magnas do sistema jurídico. Apontam os rumos a serem seguidos por toda a sociedade e obrigatoriamente perseguidos pelos órgãos do governo (poderes constituídos).

Eles expressam a substância última do querer popular, seus objetivos e desígnios, as linhas mestras da legislação, da administração e da jurisdição. Por estas não podem ser contrariados; têm que ser prestigiados até as últimas consequências"[5].

Percebe-se, assim, que os princípios exercem uma função importantíssima dentro do ordenamento jurídico-positivo, já que orientam, condicionam e iluminam a interpretação das normas jurídicas em geral. Por serem normas qualificadas, os princípios dão coesão ao sistema jurídico, exercendo excepcional fator aglutinante.

Embora os princípios e as normas tenham a mesma estrutura lógica, aqueles têm maior pujança axiológica do que estas. São, pois, normas qualificadas, que ocupam posição de destaque no mundo jurídico, orientando e condicionando a aplicação de todas as demais normas.

A importância do respeito aos princípios constitucionais foi anotada por Konrad Hesse com base numa lição de Walter Burckhardt:

---

5. *República e Constituição*, p. 6-7.

"... aquilo que é identificado como vontade da Constituição deve ser honestamente preservado, mesmo que, para isso, tenhamos de renunciar a alguns benefícios, ou até a algumas vantagens justas. Quem se mostra disposto a sacrificar um interesse em favor da preservação de um princípio constitucional fortalece o respeito à Constituição e garante um bem da vida indispensável à essência do Estado democrático. Aquele que, ao contrário, não se dispõe a esse sacrifício, malbarata, pouco a pouco, um capital que significa muito mais do que todas as vantagens angariadas, e que, desperdiçado, não mais será recuperado"[6].

Pode-se dizer, portanto, que os princípios são "regras-mestras dentro do sistema positivo"[7], cabendo ao intérprete buscar identificar as estruturas básicas, os fundamentos, os alicerces do sistema em análise. Se se tratar da Constituição, falar-se-á em princípios constitucionais; se se referir ao CDC ou ao Código de Processo Civil, serão princípios legais daqueles sistemas normativos, de natureza infraconstitucional.

"Os princípios constitucionais são aqueles que guardam os valores fundamentais da ordem jurídica. Isto só é possível na medida em que estes não objetivam regular situações específicas, mas sim desejam lançar a sua força sobre todo o mundo jurídico. Alcançam os princípios esta meta à proporção que perdem o seu caráter de precisão de conteúdo, isto é, conforme vão perdendo densidade semântica, eles ascendem a uma posição que lhes permite sobressair, pairando sobre uma área muito mais ampla do que uma norma estabelecedora de preceitos. Portanto, o que o princípio perde em carga normativa ganha como força valorativa a espraiar-se por cima de um sem-número de outras normas"[8].

Assim, a partir dessas considerações, percebe-se que os princípios funcionam como verdadeiras supranormas, isto é, uma vez identificados, agem como regras hierarquicamente superiores às próprias normas positivadas no conjunto das proposições escritas[9].

---

6. *A força normativa da Constituição*, p. 22. A obra de Walter Burckhardt citada pelo jurista alemão é *Kommentar der Schweizerichen Bundesverfassung*, de 1931.

7. David Araujo e Vidal Serrano Nunes Júnior, *Curso de direito constitucional*, cit., Capítulo 2.

8. Celso Ribeiro Bastos, *Curso de direito constitucional*, p. 143-144.

9. Ver, no mesmo sentido, David Araujo e Vidal Serrano Nunes Júnior, *Curso de direito constitucional*, cit., Capítulo 2.

2.2. As normas constitucionais

No que respeita às normas constitucionais que tratam da questão dos direitos e garantias do consumidor, elas são várias, algumas explícitas, outras implícitas. A rigor, como a figura do consumidor, em larga medida, equipara-se à do cidadão[10], todos os princípios e normas constitucionais de salvaguarda dos direitos do cidadão são também, simultaneamente, extensivos ao consumidor pessoa física. Dessarte, por exemplo, os princípios fundamentais instituídos no art. 5º da Constituição Federal são, no que forem compatíveis com a figura do consumidor na relação de consumo[11], aplicáveis como comando normativo constitucional.

Lembre-se, como dissemos, que o motivo que deve levar todo estudioso de qualquer sistema dogmático infraconstitucional à análise, em primeiro lugar, dos princípios e normas da Constituição aplicáveis ao setor jurídico escolhido é simplesmente o fato irretorquível da hierarquia do sistema jurídico.

2.3. A interpretação do sistema jurídico

Como se sabe, o sistema jurídico brasileiro (como de resto os demais sistemas constitucionais contemporâneos) é interpretável a partir da ideia de sistema hierarquicamente organizado, no qual se tem no topo da hierarquia a Constituição Federal.

Qualquer exame de norma jurídica infraconstitucional deve ser iniciado, portanto, da norma máxima, daquela que irá iluminar todo o sistema normativo. A análise e o raciocínio do intérprete se dão, assim, dedutivamente, de cima para baixo. A partir disso o intérprete poderá ir verificando a adequação e constitucionalidade das normas infraconstitucionais que pretende estudar.

A inconstitucionalidade ele resolverá, como o próprio nome diz, apontando o vício fatal na norma infraconstitucional. A adequação será norteadora para o esclarecimento, ampliação e delimitação do texto escrito da norma infraconstitucional, bem como para a apresentação precisa de seus próprios princípios. É a Constituição Federal, repita-se, o órgão diretor.

---

10. Ver comentários ao art. 2º, *caput*, do CDC, *infra*, que cuida da definição de consumidor.

11. Sobre relação de consumo, ver comentários, *infra*, aos arts. 2º e 3º.

É um grave erro interpretativo, como ainda se faz, iniciar a análise dos textos a partir da norma infraconstitucional, subindo até o topo normativo e principiológico magno. Ainda que a norma infraconstitucional em análise seja bastante antiga, aceita e praticada, e mesmo diante do fato de que o texto constitucional seja muito novo[12], não se inicia de baixo. Em primeiro lugar vem o texto constitucional.

Vale assim, por isso, também, ainda antes de ingressar no tema dos princípios e normas constitucionais norteadores do direito material no CDC, abordar sucintamente a noção de sistema jurídico.

Com efeito, o ato interpretativo está ligado diretamente à noção de sistema jurídico. Na verdade, é da noção de sistema que depende grandemente o sucesso do ato interpretativo. A maneira pela qual o sistema jurídico é encarado, suas qualidades, suas características, são fundamentais para a elaboração do trabalho de interpretação.

A ideia de sistema, como se verá, está presente em todo o pensamento jurídico dogmático, nos princípios e valores dos quais ele parte e na gênese do processo interpretativo, quer o argumento da utilização do sistema seja apresentado, quer não.

Sua influência é tão profunda e constante que muitas vezes não aparece explicitamente no trabalho do operador do direito — qualquer que seja o trabalho e o operador —, mas está, pelo menos, sempre subentendido.

Diríamos também, aqui, que a noção de sistema é uma condição *a priori* do trabalho intelectual do operador do direito.

O sistema não é um dado real, concreto, encontrado na realidade empírica. É uma construção científica que tem como função explicar a realidade a que se refere.

Além de ser um objeto construído, o sistema é um objeto-modelo que funciona como intermediário entre o intérprete e o objeto científico que pertence à sua área de investigação. É uma espécie de tipo ideal, para usar da expressão cunhada por Max Weber[13].

O tipo ideal é construído a partir da concepção de sentido, como sendo aquilo que "faz sentido", como se, de repente, todas as conexões causais fossem uma totalidade.

---

12. Como é o caso brasileiro: a CF é de 5 de outubro de 1988 e a maior parte das normas infraconstitucionais é anterior a essa data.

13. *Economía y sociedad*, p. 706 e 1057.

Não surge o sentido como significação de acontecimentos particulares, mas como algo percebido em bloco: unidades que não se articulam são captadas em conjunto.

O tipo ideal é um produto racional que seleciona as conexões causais, removendo o que há de alheio. É uma espécie de modelo; o que não se encaixa não serve e é deixado de lado. Construído o modelo, capta-se o sentido.

Como produto, tipo-ideal, objeto-modelo, o sistema é uma espécie de mapa, que reduz a complexidade do mundo real, à qual se refere, mas é o objeto por meio do qual se pode compreender a realidade.

Tomemos um exemplo, ainda fora do direito: o do estudante de geografia que vai conhecer os rios brasileiros e seus afluentes.

Ele toma um mapa, produzido em escala reduzida, onde aparecem os principais rios e afluentes.

O mapa fluvial é o objeto-modelo por meio do qual o estudante vai conhecer os rios e seus afluentes e compreender seu funcionamento.

Num só golpe, o mapa apresenta em conjunto a realidade fluvial. Só que esta não se confunde com aquele.

Se o aluno for ver de perto, por exemplo, o Rio Amazonas, notará que é muito diferente do que está no mapa: apresenta curvas que lá não estão; espessura que varia continuamente, enquanto no mapa não há variação; descobre afluentes que não constam do mapa etc.

O mapa é, por isso, um redutor em relação à realidade, o qual permite que o investigador compreenda e capte o sentido da realidade que está a investigar.

E no direito, como esse objeto-modelo funciona?

Lembremos, primeiramente, quais são as características de um sistema: é uma construção científica composta por um conjunto de elementos que se inter-relacionam mediante regras. Essas regras, que determinam as relações entre os elementos do sistema, formam sua estrutura.

No sistema jurídico os elementos são as normas jurídicas, e sua estrutura é formada pela hierarquia, pela coesão e pela unidade.

A hierarquia vai permitir que a norma jurídica fundamental (a Constituição Federal) determine a validade de todas as demais normas jurídicas de hierarquia inferior.

A coesão demonstra a união íntima dos elementos (normas jurídicas) com o todo (o sistema jurídico), apontando, por exemplo, para ampla harmonia e importante em coerência.

A unidade dá um fechamento ao sistema jurídico como um todo que não pode ser dividido: qualquer elemento interno (norma jurídica) é sempre conhecido por referência ao todo unitário (o sistema jurídico).

Mas a construção do sistema jurídico, como objeto-modelo que possibilite a compreensão do ordenamento jurídico e seu funcionamento, ainda não está completa (na verdade, a história mostra que o objeto-modelo "sistema jurídico" está sempre sendo aperfeiçoado pelo pensamento jurídico como um todo).

Por isso se fala em completude, cuja definição remete ao conceito de lacuna. Esta, por sua vez, pressupõe ausência de norma, que se colmata pelo princípio da integração executada pelo intérprete[14] e que, no sistema jurídico brasileiro, tem regra de solução expressa: a do art. 4º da Lei de Introdução às Normas do Direito Civil Brasileiro[15].

Visto isso, passemos à identificação e análise dos princípios constitucionais que influenciam as normas e princípios do CDC.

2.4. Exercícios

2.4.1. Existe conflito entre normas e princípios constitucionais? Em caso positivo, como resolvê-lo? Não havendo, explique o porquê.

2.4.2. Pesquise na jurisprudência e apresente um caso que apresente discussão sobre o conflito de normas constitucionais entre si. Faça o mesmo com algum princípio.

---

14. Sobre o tema da completude e das lacunas ver o nosso *Manual de introdução ao estudo do direito*, Capítulo 6, subitem 6.7.

15. "Art. 4º Quando a lei for omissa, o juiz decidirá o caso de acordo com a analogia, os costumes e os princípios gerais de direito."

3. OS PRINCÍPIOS CONSTITUCIONAIS DE PROTEÇÃO AO CONSUMIDOR

Como já o dissemos, não vamos abordar neste texto todos os princípios constitucionais, mas tão somente aqueles que afetam mais diretamente o direito do consumidor, apesar de o fazermos de forma sucinta, no limite de um curso de direito do consumidor, que pressupõe que o estudante já analisou tais aspectos em outras disciplinas, especialmente no direito constitucional.

De qualquer forma, é preciso começar dizendo que a Constituição Federal, cronologicamente, declara que o regime político brasileiro é republicano do tipo federalista e o Estado brasileiro é Estado Democrático de Direito, sendo que a República brasileira tem como fundamentos:

a) a soberania;

b) a cidadania;

c) a dignidade da pessoa humana;

d) os valores sociais do trabalho e da livre iniciativa;

e) o pluralismo político (art. 1º, *caput*).

Do art. 3º da Carta Magna exsurgem os objetivos fundamentais da República:

a) a construção de uma sociedade livre, justa e solidária;

b) a garantia do desenvolvimento nacional;

c) a erradicação da pobreza e da marginalização e a redução das desigualdades sociais e regionais;

d) a promoção do bem de todos, sem preconceitos de origem, raça, sexo, cor, idade e quaisquer outras formas de discriminação.

Esses princípios, que serão ligados a outros relativos aos direitos e garantias fundamentais, como se verá, são necessários à correta interpretação de todas as normas constitucionais, bem como daquelas instituídas no CDC.

3.1. Soberania

3.1.1. A autodeterminação

A soberania é princípio fundamental do Estado brasileiro, que aparece estampado, como se viu, no inciso I do art. 1º. Encontra-se também no inciso I do art. 170 e está ligado ao art. 4º. Nasce com a própria Constituição, que dispõe em seu Preâmbulo:

"Nós, representantes do povo brasileiro, reunidos em Assembleia Nacional Constituinte para instituir um Estado Democrático, destinado a assegurar o exercício dos direitos sociais e individuais, a liberdade, a segurança, o bem-estar, o desenvolvimento, a igualdade e a justiça como valores supremos de uma sociedade fraterna, pluralista e sem preconceitos, fundada na harmonia social e comprometida, na ordem interna e internacional, com a solução pacífica das controvérsias, promulgamos, sob a proteção de Deus, a seguinte CONSTITUIÇÃO DA REPÚBLICA FEDERATIVA DO BRASIL".

A soberania de um Estado implica a sua autodeterminação com independência territorial, de modo que pode, por isso, pôr e impor normas jurídicas na órbita interna e relacionar-se com os demais Estados do Planeta, na ordem internacional. Nesta o Brasil se posicionou, a partir do estabelecido no *caput* do art. 4º do texto magno, que dispõe:

"Art. 4º A República Federativa do Brasil rege-se nas suas relações internacionais pelos seguintes princípios:

I — independência nacional;

II — prevalência dos direitos humanos;

III — autodeterminação dos povos;

IV — não intervenção;

V — igualdade entre os Estados;

VI — defesa da paz;

VII — solução pacífica dos conflitos;

VIII — repúdio ao terrorismo e ao racismo;

IX — cooperação entre os povos para o progresso da humanidade;

X — concessão de asilo político".

É muito importante realçar o aspecto de soberania, quanto mais quando se pretende, à guisa da implementação de uma "ordem globalizada", impor uma série de condutas sem que o sistema constitucional o permita.

E isso já se faz perceber até em textos jurídicos.

Tome-se por exemplo a discussão existente em torno do § 2º do art. 5º da Constituição Federal, a seguir transcrito:

"§ 2º Os direitos e garantias expressos nesta Constituição não excluem outros decorrentes do regime e dos princípios por ela adotados, ou dos tratados internacionais em que a República Federativa do Brasil seja parte".

A interpretação é singela de ser feita: o texto constitucional está dizendo que os direitos e garantias instituídos não impedem que o sistema jurídico nacional incorpore, mediante a assinatura de tratados internacionais, outros direitos não previstos, mas que, por óbvio, devem respeitar todos os princípios e normas constitucionais, dentre os quais o primeiro, que é exatamente o da soberania e que foi instaurado pelo povo em Assembleia Nacional Constituinte, como dito.

Como se poderia, agora, após a instituição do texto máximo, fundamental do povo brasileiro, admitir o ingresso em seus princípios fundamentais de outros advindos de meros tratados internacionais firmados sem essa participação fundamental?

Isso só serviria a interesses que não são o da população brasileira.

Mas há autores que, contrariando essa evidência, dizem que o § 2º do art. 5º trouxe um canal para a constitucionalização de direitos por via de tratado "internacional".

E pior: esse tipo de mentalidade acaba exercendo influência no meio jurídico. Pode-se perceber, por exemplo, o mesmo raciocínio nas defesas dos advogados de companhias aéreas acionadas por acidentes no transporte de passageiros e bagagens[1]. O argumento é o de que as normas estabelecidas nos tratados e convenções internacionais se sobrepõem ao texto constitucional. E o fundamento apresentado é a regra do *caput* do art. 178 da Constituição Federal, que estabelece, *verbis*:

"A lei disporá sobre a ordenação dos transportes aéreo, aquático e terrestre, devendo, quanto à ordenação do transporte internacional, observar os acordos firmados pela União, atendido o princípio da reciprocidade".

Ora, é claro no texto dessa norma que a Constituição manda que o legislador infraconstitucional considere, ao elaborar a lei, os tratados internacionais. Nada além disso.

---

1. Por exemplo no Processo n. 1.065/97 da 27ª Vara Cível do Foro Central da Capital de São Paulo, na contestação apresentada pela *British Airways* PLC (fls. 25).

Por conta desses pontos é importante, então, que se aborde o meio de ingresso dos tratados internacionais, bem como o *status* hierárquico que eles ocupam na "pirâmide jurídica", o que faremos na sequência.

3.1.2. Os tratados internacionais

3.1.2.1. Elaboração

Os tratados internacionais passam por diversas fases de celebração para poderem ter vigência internacional, bem como no território brasileiro. Em linhas gerais podem-se enumerar tais fases em: negociação, assinatura, ratificação, promulgação e publicação. Vejamos, sinteticamente, acompanhando a exposição de Celso D. de Albuquerque Mello[2], cada uma dessas fases.

a) *Negociação*

O processo que pretende concluir um tratado internacional inicia-se com a negociação. Ela é da competência do Poder Executivo dentro da ordem constitucional do Estado soberano.

"A competência geral é sempre do Chefe de Estado (o rei da Bélgica e Holanda; o Presidente da República na França, Alemanha e Itália). Entretanto, outros elementos do poder executivo passaram a ter uma competência limitada (Ministro do Exterior, os demais ministros em matéria técnica). Nesta etapa da conclusão dos tratados internacionais os representantes do chefe de Estado, isto é, os negociadores, se reúnem com a intenção de concluir um tratado"[3]. Em alguns lugares como "na Espanha o Parlamento não está totalmente afastado da negociação, vez que ele pode orientá-la"[4].

b) *Assinatura*

"A assinatura no período histórico em que predominou a teoria do mandato para os plenos poderes era da maior importância, uma vez que ela obrigava o soberano, que deveria obrigatoriamente ratificar o tratado, a não ser no caso em que o negociador excedesse os poderes recebidos. Todavia, com o desenvolvimento da ratificação como ato discricionário, a assinatura diminui consideravelmente de importância"[5].

---

2. *Curso de direito internacional público*.
3. *Curso de direito internacional público*, cit., p. 204.
4. *Curso de direito internacional público*, cit., p. 204.
5. *Curso de direito internacional público*, cit., p. 205.

c) *Ratificação*

A ratificação é o ato por meio do qual a autoridade competente do Estado soberano "informa às autoridades correspondentes dos Estados cujos plenipotenciários concluíram, com os seus, um projeto de tratado, a aprovação que dá a este projeto e que o faz doravante um tratado obrigatório para o Estado que esta autoridade encarna nas relações internacionais"[6].

d) *Promulgação*

"A promulgação ocorre normalmente após a troca ou o depósito dos instrumentos de ratificação." Ela é "o ato jurídico, de natureza interna, pelo qual o governo de um Estado afirma ou atesta a existência de um tratado por ele celebrado e o preenchimento das formalidades exigidas para sua conclusão, e, além disso, ordena sua execução dentro dos limites aos quais se estende a competência estatal"[7].

e) *Publicação*

"A publicação é condição essencial para o tratado ser aplicado no âmbito interno. A origem da publicação dos tratados pode ser encontrada na mais remota Antiguidade, como no Egito, onde eles 'eram gravados em tábuas de prata ou barro e expostos nos templos com as principais leis do Estado'. Na Grécia os tratados eram concluídos no Senado e na Assembleia, sendo gravados em bronze, mármore ou madeira e colocados em locais públicos, geralmente nos templos de Minerva, Delfos e no Aerópago...

A publicação é adotada por todos os países. Na França, Países-Baixos e Luxemburgo a eficácia do tratado no plano interno é subordinada à sua publicação. Na Alemanha Ocidental e Itália as Constituições não obrigam que o texto do tratado seja publicado e obrigam a publicação da autorização legislativa para ratificação, mas na prática o tratado também é publicado"[8].

No Brasil a publicação "data do Império. Publica-se, entre nós, atualmente, o decreto legislativo, em que o Congresso aprova o tratado, e o decreto do Poder Executivo, em que ele é promulgado. O texto do tratado acompanha o decreto de promulgação. A publicação é feita no Diário Oficial e incluída na 'Coleção de Leis do Brasil'. Também os textos dos tratados figuram no 'Relatório do Ministério das Relações Exteriores'"[9].

---

6. *Curso de direito internacional público*, cit., p. 206.
7. *Curso de direito internacional público*, cit., p. 219.
8. *Curso de direito internacional público*, cit., p. 220.
9. *Curso de direito internacional público*, cit., p. 220.

3.1.2.2. Monismo e dualismo

São duas as teorias nas quais se divide a doutrina que cuida do conflito entre as normas provenientes dos tratados e as normas do sistema jurídico interno dos Estados. Trata-se do monismo e do dualismo.

Para o monismo, uma vez firmado, o tratado internacional ingressa de imediato na ordem jurídica interna do Estado contratante. Mas o monismo subdivide-se em dois: o que afirma a supremacia do tratado internacional, em face do direito interno, e o que afirma valer o direito interno em caso de conflito.

No dualismo, por sua vez, a ordem interna e a ordem internacional têm coexistência independente, não podendo, em princípio, falar-se em conflito entre eles. Diz o dualismo que para que as normas internacionais possam valer na esfera interna é necessário que sofram um processo de recepção para transformar-se em normas jurídicas do sistema jurídico do Estado. Se houver conflito, portanto, ele se evitará a partir da internalização entre as normas jurídicas do sistema, e esse conflito tem de ser resolvido pelos métodos de interpretação e revogação adotados no Estado.

No Brasil vigem as regras da teoria dualista, de modo que, para ter vigência no território brasileiro, o tratado ou a convenção dependem de recepção pelo ordenamento jurídico, que, como se verá na sequência, tem tratamento pela tradição e por normas da Carta Magna.

3.1.2.3. A recepção na ordem jurídica nacional

No Brasil é o regime costumeiro que determina o processo de promulgação dos tratados já ratificados. É que nenhuma das Constituições do período republicano regulou expressamente o assunto, que continua seguindo a tradição lusitana:

"Consoante a praxe atual, a Divisão de Atos Internacionais do Ministério das Relações Exteriores redige o instrumento do decreto, que será acompanhado do texto e, eventualmente, de tradução oficial. Tal decreto é publicado no Diário Oficial da União, após assinatura do Presidente da República, referendada pelo Ministro das Relações Exteriores. Relativamente aos acordos em forma simplificada, não submetidos à aprovação do Congresso, a promulgação pelo Executivo é dispensada, respeitando-se apenas a formalidade da publicação"[10].

---

10. João Grandino Rodas, *Direito internacional privado*, p. 54-55.

Na Constituição Federal poucas são as normas que cuidam do assunto. Trata-se dos arts. 21, I, 49, I, e 84, VIII, que versam sobre o tema e que estão assim dispostos, *verbis*:

"Art. 21. Compete à União:

I — manter relações com Estados estrangeiros e participar de organizações internacionais".

"Art. 49. É da competência exclusiva do Congresso Nacional:

I — resolver definitivamente sobre tratados, acordos ou atos internacionais que acarretem encargos ou compromissos gravosos ao patrimônio nacional".

"Art. 84. Compete privativamente ao Presidente da República: (...)

VIII — celebrar tratados, convenções e atos internacionais, sujeitos a referendo do Congresso Nacional".

É importante chamar a atenção para o fato de que, pelas estipulações dos arts. 49, I, e 84, VIII, da Constituição, a aprovação do Congresso Nacional, por meio de decreto legislativo, é apenas uma fase de todo o processo, que se encerrará com a promulgação pelo Presidente da República, mediante decreto publicado no *Diário Oficial da União*.

"A intervenção do Legislativo, na conclusão de tratado, se opera, sobretudo, na função fiscalizadora que ele exerce sobre os atos do Executivo. E, embora, ao autorizar a ratificação esteja, também, dando sua aquiescência à matéria contida no ato internacional, não há, nessa aprovação, uma atividade legislativa capaz de gerar uma norma interna e, menos ainda, de transformar o tratado em direito interno a ser aplicado pelo Tribunal. Isso só acontece com a promulgação, data em que, geralmente, entra em vigor. (...) A aprovação do Legislativo é, apenas, uma etapa, uma fase do processo de formação do ato internacional. Ela é um requisito de validade, sem o qual a ratificação não produzirá o efeito de obrigar o Estado internacionalmente"[11].

3.1.2.4. A posição hierárquica no sistema jurídico

A norma advinda do tratado ou convenção internacional, uma vez internalizada, ocupa posição hierárquica de lei ordinária. E isso sempre foi

---

11. Mirtô Fraga, *O conflito entre tratado internacional e norma de direito interno*, p. 57.

assim no período republicano, com fundamento em todas as Constituições e repetindo-se na Carta Magna de 1988.

João Grandino Rodas, comentando o assunto, explica que as "Constituições Brasileiras Republicanas não estamparam regra específica sobre a questão. Sabe-se não ter vingado por ocasião da discussão do Anteprojeto da Constituição de 1934 a regra que, à moda da Constituição Espanhola de 1931, erigia as normas internacionais a uma hierarquia superior às leis federais ordinárias. A Emenda Constitucional 1/69, indiretamente, colocou o tratado e a lei federal no mesmo patamar e 'a fortiori', em situação ancilar à própria Constituição, ao declarar, no art. 119, III, *b*, competir a declaração de inconstitucionalidade de tratado ou de lei ao Supremo Tribunal Federal. É de se ter em mente, a propósito, o entendimento jurisprudencial esposado no RE 71.154 pelo STF, no sentido de que os tratados aprovados e promulgados integram a legislação interna, em pé de igualdade com as leis federais"[12].

E a Constituição Federal em vigor repetiu a regra da Emenda Constitucional n. 1/69, ao disciplinar a competência do Supremo Tribunal Federal:

"Art. 102. Compete ao Supremo Tribunal Federal, precipuamente, a guarda da Constituição, cabendo-lhe: (...)

III — julgar, mediante recurso extraordinário, as causas decididas em única ou última instância, quando a decisão recorrida: (...)

b) declarar a inconstitucionalidade de tratado ou lei federal".

Importante notar que não resta dúvida, inclusive pelas decisões da Corte Maior, que o tratado tem posição hierárquica de lei ordinária e que pode ser revogado por lei posterior que com ele conflite, por simples regra de interpretação das normas. Esse é o entendimento pacífico da atual composição do Supremo Tribunal Federal, que vem de longa data:

"No julgamento do RE 80.004, que se desenrolou de fins de setembro de 1975 a meados de 1977, o Plenário do Supremo Tribunal Federal teve a oportunidade de discutir de forma ampla a matéria, tendo concluído, a final, por maioria, que, em face do conflito entre tratado e lei posterior, vigeria esta última por representar a última vontade do legislador, embora o descumprimento no plano internacional pudesse acarretar consequências"[13].

---

12. *Direito internacional privado*, cit., p. 51-52.

13. RE 80.004-SE, rel. Min. Cunha Peixoto (*RTJ* 83/809), citado no comentário *supra* de João Grandino Rodas, *Direito internacional privado*, cit., p. 52-53.

E o Supremo Tribunal Federal, por maioria, com voto da lavra do Ministro Gilmar Mendes, decidiu que o Tratado Internacional internalizado no sistema jurídico nacional após a edição do Código de Defesa do Consumidor tem prevalência sobre este naquilo que o Tratado regulamentar[14]. O Tribunal, apreciando o Tema 210 da repercussão geral, deu provimento ao recurso extraordinário, para reduzir o valor da condenação por danos materiais, limitando-o ao patamar estabelecido no art. 22 da Convenção de Varsóvia, com as modificações efetuadas pelos acordos internacionais posteriores.

Em seguida, o Tribunal fixou a seguinte tese: "Nos termos do art. 178 da Constituição da República, as normas e os tratados internacionais limitadores da responsabilidade das transportadoras aéreas de passageiros, especialmente as Convenções de Varsóvia e Montreal, têm prevalência em relação ao Código de Defesa do Consumidor"[15].

E mais:

"A Constituição qualifica-se como o estatuto fundamental da República. Nessa condição, todas as leis e tratados celebrados pelo Brasil estão subordinados à autoridade normativa desse instrumento básico. Nenhum valor jurídico terá o tratado internacional que, incorporado ao sistema de direito positivo interno, transgredir, formal ou materialmente, o texto da Carta Política"[16].

"Inadmissível a prevalência de tratados e convenções internacionais contra o texto expresso da Lei Magna (...). Hierarquicamente, tratado e lei situam-se abaixo da Constituição Federal. Consagrar-se que um tratado deve ser respeitado, mesmo que colida com o texto constitucional, é imprimir-lhe situação superior à própria Carta Política"[17].

3.2. Dignidade da pessoa humana

3.2.1. Princípio fundamental

Existem autores que entendem que é a isonomia a principal garantia constitucional[18], e explicam como, efetivamente, ela é importante. Contudo,

---

14. Recurso Extraordinário n. 636.331.
15. Plenário, maioria de votos, j. 25-5-2017.
16. ADIn 1.480-3, despacho do Min. Celso de Mello no *DJU* de 2-8-1996.
17. RE 109.173-SP, rel. Min. Carlos Madeira, *RTJ* 121/270.
18. Por exemplo, José Souto Maior Borges, Sobre a atualização de créditos do sujeito passivo contra o Fisco, *Revista Dialética de Direito Tributário*, n. 32, p. 45.

no atual diploma constitucional, pensamos que o principal direito constitucionalmente garantido é o da dignidade da pessoa humana.

É ela, a dignidade, o último arcabouço da guarida dos direitos individuais e o primeiro fundamento de todo o sistema constitucional. A isonomia, como demonstraremos, servirá para gerar equilíbrio real, visando concretizar o direito à dignidade. Mas, antes, há que se fazer uma avaliação do sentido de dignidade.

Coloque-se, então, desde já, que, após a soberania, aparece no texto constitucional a dignidade como fundamento da República brasileira. Leiamos o art. 1º:

"Art. 1º A República Federativa do Brasil, formada pela união indissolúvel dos Estados e Municípios e do Distrito Federal, constitui-se em Estado Democrático de Direito e tem como fundamentos:

I — a soberania;

II — a cidadania;

III — a dignidade da pessoa humana".

E esse fundamento funciona como princípio maior para a interpretação de todos os direitos e garantias conferidos às pessoas no texto constitucional[19].

3.2.2. Piso vital mínimo

Foi o jusambientalista brasileiro Professor Celso Antonio Pacheco Fiorillo que usou a expressão "mínimo vital"[20], com cujo conteúdo concordamos.

Diz o professor que, para começar a respeitar a dignidade da pessoa humana, tem-se de assegurar concretamente os direitos sociais previstos no art. 6º da Carta Magna, que por sua vez está atrelado ao *caput* do art. 225.

Tais normas dispõem, *verbis*:

"Art. 6º São direitos sociais a educação, a saúde, o trabalho, o lazer, a segurança, a previdência social, a proteção à maternidade e à infância, a assistência aos desamparados, na forma desta Constituição".

---

19. O § 7º do art. 226 da CF também se refere expressamente à dignidade: "Art. 226. A família, base da sociedade, tem especial proteção do Estado. (...) § 7º Fundado nos princípios da dignidade da pessoa humana e da paternidade responsável, o planejamento familiar é livre decisão do casal, competindo ao Estado propiciar recursos educacionais e científicos para o exercício desse direito, vedada qualquer forma coercitiva por parte de instituições oficiais ou privadas".

20. *O direito de antena em face do direito ambiental no Brasil*, passim.

"Art. 225. Todos têm direito ao meio ambiente ecologicamente equilibrado, bem de uso comum do povo e essencial à sadia qualidade de vida, impondo-se ao Poder Público e à coletividade o dever de defendê-lo e preservá-lo para as presentes e futuras gerações".

De fato, não há como falar em dignidade se esse mínimo não estiver garantido e implementado concretamente na vida das pessoas.

Como é que se poderia imaginar que qualquer pessoa teria sua dignidade garantida se não lhe fosse assegurada saúde e educação? Se não lhe fosse garantida sadia qualidade de vida, como é que se poderia afirmar sua dignidade?

3.2.3. Dignidade: valor preenchido

A dignidade humana é um valor já preenchido *a priori*, isto é, todo ser humano tem dignidade só pelo fato já de ser pessoa.

Se — como se diz — é difícil a fixação semântica do sentido de dignidade, isso não implica que ela possa ser violada. Como dito, ela é a primeira garantia das pessoas e a última instância de guarida dos direitos fundamentais. Ainda que não seja definida, é visível sua violação, quando ocorre.

Ou, em outros termos, se não se define a dignidade, isso não impede que na prática social se possam apontar as violações reais que contra ela se realizem[21].

3.3. Liberdade

Para os fins do presente trabalho não iremos abordar o amplo sentido de liberdade garantido na Carta Magna. A nós interessa apenas alguns aspectos, especialmente os ligados à liberdade de ação: de o consumidor agir e escolher e de o fornecedor empreender.

A liberdade aparece estampada no texto constitucional como princípio, logo no art. 1º (inciso IV) e no art. 3º (inciso I), e é garantia fundamental do *caput* do art. 5º, especificando-se em alguns dos incisos lá elencados na forma de liberdade de manifestação do pensamento (inciso IV), liberdade de consciência e de crença (inciso VI), liberdade de expressão da atividade intelectual, artística, científica e de comunicação (inciso IX) etc., e está

---

21. Para uma completa análise do sentido de dignidade como garantia constitucional consulte-se o nosso *O princípio constitucional da dignidade humana*.

espalhada em várias outras normas (inclusive como garantia processual do devido processo legal — inciso LIV do art. 5º — e do *habeas corpus* — inciso LXVIII do mesmo artigo), e, em particular, aparece como princípio da atividade econômica (art. 170).

Como antecipamos, o princípio da liberdade garantido constitucionalmente que nos interessa é o que aponta para uma condição material — real — de ação. E, basicamente, para nossa hipótese, podemos ficar com as regras dos arts. 1º e 3º citados.

Com efeito, dispõem o inciso IV do art. 1º e o inciso I do art. 3º:

"Art. 1º A República Federativa do Brasil, formada pela união indissolúvel dos Estados e Municípios e do Distrito Federal, constitui-se em Estado Democrático de Direito e tem como fundamentos: (...)

IV — os valores sociais do trabalho e da livre iniciativa";

"Art. 3º Constituem objetivos fundamentais da República Federativa do Brasil:

I — construir uma sociedade livre, justa e solidária".

A liberdade de iniciativa é conferida a todos aqueles que decidam, *sponte propria*, tomando seus bens e constituindo-os em capital, ir ao mercado empreender alguma atividade — qualquer atividade permitida e/ou regulada constitucional e infraconstitucionalmente.

O sentido de "livre" iniciativa aí, então, significa o direito de escolher correr o risco do empreendimento[22]. A pessoa tem, portanto, o direito garantido de, caso queira, empreender um negócio.

Em relação ao consumidor, a liberdade que o texto lhe garante é objetivo da República, ou seja, o Estado brasileiro tem entre seus objetivos o de assegurar que a sociedade seja livre. Isso significa que, concretamente, no meio social, dentre as várias ações possíveis, a da pessoa designada como consumidora deve ser livre.

A consequência disso é que o Estado deverá intervir quer na produção, quer na distribuição de produtos e serviços, não só para garantir essa liberdade mas também para regular aqueles bens que, essenciais às pessoas, elas não possam adquirir por falta da capacidade de escolha. Explica-se.

---

22. Voltaremos ao assunto no subitem 3.10, *infra*, nos comentários ao art. 170 da Constituição Federal.

Primeiramente, como dissemos, o sentido de liberdade da pessoa consumidora, aqui, é o de "ação livre". Essa ação é livre sempre que a pessoa consegue acionar duas virtudes: querer + poder. Quando a pessoa quer e pode, diz-se, ela é livre; sua ação é livre.

Assim, a regra básica será a da escolha com possibilidade de aquisição: a pessoa quer algo, tem dinheiro ou crédito para adquiri-lo, então é livre para fazê-lo.

Contudo, haverá casos em que, justamente por não poder escolher, a ação da pessoa não será livre. E nessa hipótese a solução tem de ser outra. Estamo-nos referindo à necessidade. O conceito é clássico: liberdade é o oposto de necessidade. Nesta não se pode ser livre: ninguém tem ação livre para não comer, não beber, para voar etc. Aplicado o conceito à realidade social, o que se tem é o fato de que o objetivo constitucional da construção de uma sociedade livre significa que, sendo a situação real de necessidade, o Estado pode e deve intervir para garantir a dignidade humana.

Justifica-se, por exemplo, o controle pelo Estado da distribuição de produtos essenciais, do controle de seus preços, da garantia de acesso a hospitais e demais serviços públicos etc., bem como se verifica a obrigação do Estado em garantir esses mesmos direitos à pessoa. Ou, em outros termos, no estado de necessidade a própria pessoa pode exigir do Estado essa conduta de garantia a seus direitos.

Além disso, o tema da liberdade envolve a da possível opção do consumidor para adquirir produtos e serviços.

Acontece que, em larga medida, é impróprio falar que o consumidor age com "liberdade de escolha". Isso porque, como ele não tem acesso aos meios de produção, não é ele quem determina o quê nem como algo será produzido e levado ao mercado. As chamadas "escolhas" do consumidor, por isso, estão limitadas àquilo que é oferecido. São restritíssimas as chances de ele optar: pode, quando muito, escolher preço mais barato, condições de pagamento melhores etc., mas a restrição é dada pela própria condição material do mercado.

Examinemos um exemplo, com uma analogia, ainda que imperfeita, mas que permite a elucidação desse problema. Tomemos um desempregado, dentre as centenas de milhares do Estado de São Paulo. Suponhamos que, em um final de semana, esse desempregado, procurando emprego nos jornais, tenha tido a sorte de encontrar duas ofertas. Vamos supor que as tais duas ofertas de emprego estejam localizadas em indústrias perto de sua residência: uma à esquerda de sua casa, no quarteirão próximo, e outra à direita, também no quarteirão próximo: estão à mesma distância, em direções opostas. Duas alternativas para trabalhar. Na segunda-feira cedo ele procura a da esquerda, faz um teste e é aprovado: oferecem-lhe emprego com oito horas de trabalho por dia, décimo terceiro e décimo quarto salários mais os direitos legais, e sábados livres, pagando um salário de R$ 900,00 por mês. À tarde procura a da direita, faz um teste e é aprovado: oferecem-lhe emprego com oito horas de trabalho por dia, décimo terceiro e décimo quarto salários mais os direitos legais, e sábados livres, pagando um salário de R$ 1.000,00 por mês.

Agora, pergunta-se: qual dos dois empregos ele vai aceitar? Duas ofertas de emprego idênticas; a única diferença é o salário. Obviamente, ele vai escolher a que paga salário de R$ 1.000,00 por mês. É o máximo que ele tem de "opção", porque, aliás, o desempregado é não só vulnerável, como prisioneiro da impossibilidade de não trabalhar: ele não tem opção; tem de arrumar emprego e aceitar aquilo que lhe oferecem.

Com o consumidor acontece algo similar. Ele vai ao mercado procurar e adquirir produtos e serviços dos quais precisa. Se existir um fornecedor único (monopólio) o consumidor já está perdendo; o mesmo ocorrerá se se tratar de oligopólio; se existir mais de um fornecedor, ele pode escolher, mas, claro, a escolha é sempre limitada pela oferta. O consumidor não tem como inventar, criar oferta; só pode escolher dentro do que lhe oferecem.

O consumidor é sempre atraído pela oferta, às vezes de pagamentos menores, de prestações menores. Mesmo o consumidor mais esclarecido é vulnerável, como qualquer outro, pois não tem acesso nem determina o ciclo da produção.

3.4. Justiça

3.4.1. Justiça real

O art. 3º, I, da Constituição Federal, como se viu, estabelece ser objetivo fundamental da República Federativa do Brasil a construção de uma sociedade livre, justa e solidária.

O conceito de justiça espelhado no texto maior é aquele dirigido à realidade social concreta.

Não se trata de uma abstração da norma máxima. É objetivo a ser alcançado *realmente* no contexto histórico atual pela República. Isso dará ao intérprete, tanto das regras constitucionais quanto das infraconstitucionais, alternativas de resolução de problemas não só a partir dos princípios regulares da justiça, como daqueles tradicionalmente conhecidos como equidade na aplicação de cada caso concreto.

Com efeito, dada a "natureza social" do ser humano, sua vivência em grupos fez com que certos conflitos nascessem da natural relação surgida nesse agrupamento social.

O ajuntamento gerava conflitos interpessoais em função das capacidades, possibilidades e exigências próprias de cada indivíduo, como, também, por sua vez, necessidades próprias à sociedade que surgia, quer em relação a seus componentes, quer em relação a outras sociedades.

Em função da complexidade das relações nascentes, tornou-se necessário, então, que se estabelecessem normas para que, atendendo-as, os indivíduos e a própria sociedade pudessem caminhar rumo àquilo a que se haviam proposto: busca de harmonia e paz social.

Esse aspecto de normas sociais válidas, visando encontrar harmonia e paz social, impõe-se, na verdade, a qualquer sociedade, desde uma pequena sociedade comercial até a sociedade de consumo contemporânea, ainda que o objetivo da primeira seja apenas econômico ou financeiro.

Assim, numa sociedade comercial, o objetivo pretendido é, naturalmente, a obtenção do lucro, mediante o cumprimento de determinados requisitos preestabelecidos. Acreditam os componentes dessa sociedade que, cumpridas as normas fixadas, satisfeitas suas exigências, o objetivo será alcançado. Essas normas, por sua vez, podem e devem ir-se modificando na medida em que a sociedade se aproxime ou se afaste de sua finalidade, pois é próprio a qualquer sociedade o movimento contínuo, uniforme ou não, com a modificação de suas normas, visando ao atingimento do fim estabelecido.

Numa macrossociedade moderna, como as atuais, esses conceitos se aplicam da mesma forma. É sabido que o objetivo da sociedade, entendida como uma nação ou comunidade, é a busca da paz e harmonia social. As normas jurídicas são o instrumento para que tal fim seja atingido. E esse objetivo só será alcançado numa sociedade justa.

Pode-se aqui, a título de ilustração, apresentar uma dentre as várias posições doutrinárias que pretendem construir uma teoria da justiça, capaz de explicitar seu funcionamento.

Vejam-se, por exemplo, os dois princípios da justiça na teoria de John Raws[23]. Diz o autor, desenvolvendo sua estratégia contratualista, que as partes, estando numa posição original do contrato, perguntar-se-iam o que iriam escolher. A resposta estaria coberta por um véu de ignorância que as impediria de ver os próprios interesses.

E, assim, dentre várias concepções de justiça postas à sua disposição, as partes nessa posição original escolheriam os seguintes princípios de justiça:

a) cada pessoa deve ter um direito igual ao mais amplo sistema total de liberdades básicas iguais, que seja compatível com um sistema semelhante de liberdade para todos;

b) as desigualdades econômicas e sociais devem ser distribuídas de forma que, simultaneamente:

b.1) redundem nos maiores benefícios possíveis para os menos beneficiados, de forma compatível com o princípio da poupança justa;

b.2) sejam a consequência do exercício de cargos e funções abertos a todos, em circunstâncias de igualdade de oportunidades.

Não resta dúvida de que tais princípios abstratos são interessantes, mas necessitam de toda uma história real para se realizar, pois a justiça se faz concretamente, e é isso que espera o texto constitucional: realização social real e justa.

3.4.2. Justiça como fundamento do ordenamento jurídico e equidade

A justiça soma-se ao princípio da intangibilidade da dignidade humana, como fundamento de todas as normas jurídicas, na medida em que qualquer pretensão jurídica deve ter como base uma ordem justa.

Valem aqui as conhecidas palavras de Eduardo Couture no seu *Os mandamentos dos advogados*:

"Teu dever é lutar pelo direito, mas no dia em que encontrares o direito em conflito com a Justiça, luta pela justiça"[24].

A justiça é, assim, o objetivo da República e fundamento da ordem jurídica, como condição de sua possibilidade de realização histórica. Por

---

23. *Uma teoria da justiça*, p. 27 e s.
24. 4º Mandamento: "Lucha. — Tu deber es luchar por el derecho; pero el día que encuentres en conflicto el derecho con la justicia, lucha por la justicia" (*Los mandamientos del abogado* — nossa tradução).

isso, na aplicação das normas jurídicas aos casos concretos, muitas vezes tem-se de atenuar os rigores do texto normado, mitigando seu apelo formal: é necessário agir com equidade.

Cícero, tratando dessa questão, citou o adágio *summum jus, summa injuria*: supremo direito, suprema injustiça. Mas a equidade já aparecia antes em Aristóteles[25]. Ele diz que o equitativo é justo, mas é uma correção da justiça legal.

A razão disso, diz o filósofo, é que a lei é universal, mas, relativamente a certas coisas, não é possível fazer uma afirmação universal que seja correta.

Dessa forma, quando é necessário falar de modo universal, não sendo possível fazê-lo corretamente, a lei considera o caso mais usual, sem ignorar a possibilidade de erro.

Logo, quando surge um caso que não é abrangido pela declaração universal da lei, é justo corrigir a omissão. A essa correção dá-se o nome de equidade.

A equidade supre o erro proveniente do caráter absoluto da disposição legal. Ela é, portanto, a justiça levada a cabo no caso concreto.

3.4.3. Pobreza

Como vimos, dispõe a Carta Magna, no inciso III do art. 3º, que constitui objetivo fundamental da República brasileira a erradicação da pobreza.

Em matéria de Direito do Consumidor esse aspecto é importantíssimo: é a própria Constituição Federal — de maneira inteligente — que reconhece algo real, o de que a população brasileira é pobre! A pobreza é elemento a ser levado em conta para a análise do sistema jurídico nacional, sempre visando encontrar alternativas para suplantá-la.

E o texto maior é tão cioso deste problema que ao designar um piso vital mínimo de cidadania — conforme acima verificamos — estabelece que a assistência aos desamparados é direito social fundamental[26].

---

25. *Ética a Nicômaco*, Livro V, 10.
26. "Art. 6º São direitos sociais a educação, a saúde, o trabalho, o lazer, a segurança, a previdência social, a proteção à maternidade e à infância, a assistência aos desamparados, na forma desta Constituição."

Logo, quando se vai estudar o Código de Defesa do Consumidor, tem-se que levar em consideração esse dado real e fundamento constitucional: a população é pobre; o consumidor é pobre.

Estudar a Lei n. 8.078/90 não é, portanto, avaliar aspectos jurídicos de uma comunidade rica, mas ao contrário é compreendê-la na sua incidência num mercado constituído de pessoas pobres, para perceber por que é que a proteção deve ser bastante ampla.

3.5. Solidariedade

Também como decorrência do estabelecido no inciso I do art. 3º do texto constitucional, a República brasileira tem como objetivo a construção de uma sociedade solidária.

O sentido de solidariedade se pode extrair de dois tipos de concepções sistêmicas: mecânicas e orgânicas. As primeiras relacionando o funcionamento das partes ao todo e o deste àquelas, bem como das partes entre si para o próprio funcionamento do sistema total. E as segundas apontando para uma divisão do trabalho a indicar funções diversas a cada parte, mas que devido a sua solidariedade faz o todo funcionar.

São exemplos desses sistemas o mecanismo do relógio, do corpo humano etc. Mas interessa-nos a aplicação da solidariedade ao sistema social, formado da somatória dos indivíduos.

E, como é da forma organizada do grupamento social que se trata, e esta é composta de pessoas, cuja dignidade se garante e que têm para dirigi-las, orientá-las, norteá-las em suas condutas normas de ordem jurídica e moral, é de acrescer àqueles elementos sistêmicos — tidos como de fato — outro, ligado ao sistema social concretamente em funcionamento, elevado a uma categoria moral. Trata-se de um dever ético que se impõe a todos os membros da sociedade, de assistência entre seus membros, na medida em que compõem um único todo social.

Dessa maneira, podemos definir solidariedade com uma dupla condição, que designa:

a) relações concretamente concebidas, díspares nas condições reais de cada participante, mas ligadas por solidariedade entre si, com o todo, deste com eles, e também de cada situação individual na solidariedade com a relação e com o todo, e deste com aquela;

b) todas elas: situações individuais, relações entre essas situações, ligações de ambas com o todo e deste com cada uma, geridas por um dever maior, como norma que imputa solidariedade a todos.

3.6. Isonomia

3.6.1. Igualdade de todos

Continuando a análise, é preciso colocar agora a questão da igualdade de todos perante a lei, a partir da norma do *caput* do art. 5º da Constituição Federal.

Com efeito, dispõe o art. 5º, *caput*:

"Todos são iguais perante a lei, sem distinção de qualquer natureza, garantindo-se aos brasileiros e aos estrangeiros residentes no País a inviolabilidade do direito à vida, à liberdade, à igualdade, à segurança e à propriedade, nos termos seguintes:".

É fato conhecido que:

a) o princípio da igualdade ou isonomia é dirigido ao legislador e ao aplicador;

b) a interpretação adequada de tal princípio é tão antiga quanto Aristóteles, que já explicava que seu resultado adequado advinha da fórmula: dar tratamento igual aos iguais e desigual aos desiguais, na medida dessa desigualdade;

c) essa fórmula, que em abstrato é bastante adequada, é muito difícil de ser aplicada concretamente: a medida da desigualdade não surge tão facilmente. Mas, ainda assim, é determinação obrigatória ao intérprete e ao aplicador, que devem seguir todos os esforços possíveis a fim de obter a igualdade como resultado prático de seu mister.

Tratar com desigualdade seria discriminar, não manter uma igualização. Mas, como dito, não é tão simples definir quando há e quando não há discriminação.

Uma das funções da lei é discriminar situações, e isso não fere, por si só, o princípio da igualdade. Assim, é plenamente constitucional a lei dizer que a maioridade penal inicia-se aos 18 anos. Nenhum menor pode dizer que foi discriminado, uma vez que se trata de uma das funções da lei.

A constatação da existência de discriminações, portanto, não é suficiente para definir se o princípio constitucional de isonomia está ou não sendo respeitado, pois, como visto, em determinadas situações a discriminação empreendida está em consonância com o preceito constitucional. Ao contrário, é exatamente da discriminação que nasce o princípio.

Mas para aferição da adequação ao princípio da igualdade é necessário levar em conta outros aspectos. Todos eles têm de ser avaliados de maneira harmônica: se adotado o critério discriminatório, este tem de estar conectado logicamente com o tratamento jurídico atribuído em face da desigualdade apontada. Além disso, há que existir afinidade entre essa correlação lógica e os valores protegidos pelo ordenamento constitucional. Ou seja, nenhum elemento, isoladamente, poderá ser tido como válido ou inválido para verificação da isonomia. É o conjunto que poderá designar o cumprimento ou não da violação da norma constitucional.

Assim, resumidamente, afere-se a adequação ou não ao princípio da isonomia verificando-se a harmonização dos seguintes elementos:

a) discriminação;

b) correlação lógica da discriminação com o tratamento jurídico atribuído em face da desigualdade;

c) afinidade entre essa correlação e os valores protegidos no ordenamento constitucional.

Como bem o dizem os Professores David Araujo e Vidal Serrano Nunes, a "exigência de altura mínima de 1,50 metros para inscrição em concurso de advogado da Prefeitura, por exemplo, é claramente inconstitucional, pois o fator discriminatório adotado em nada se ajusta ao tratamento jurídico atribuído em face da desigualdade entre os que têm altura maior ou menor.

O mesmo critério, contudo, é absolutamente afinado à isonomia se adotado em concurso para ingresso na carreira policial. Aqui, o porte físico é essencial ao bom desempenho das funções. Logo, não implica qualquer inconstitucionalidade"[27].

Na questão do consumidor existem várias práticas que violam o princípio constitucional. Veja-se, por exemplo, um caso típico de discriminação ao consumidor: o sucesso do filme "Titanic", ganhador de vários Oscars, levou, durante semanas, milhares de pessoas (consumidores do serviço de diversão) às salas de cinema. A procura era tamanha que o público tinha de chegar mais de três horas antes do início de cada sessão (sendo que o próprio

---

27. *Curso de direito constitucional*, cit., cap. 2.1.

filme tem mais de três horas de exibição). Era um enorme esforço. Mas, ao que tudo indica, os consumidores não se importavam. Acontece que os exibidores firmaram um contrato com os administradores do cartão de crédito Diners Club, que permitia que seus usuários pudessem adquirir os ingressos para assistir ao filme sem pegar fila. Foi um verdadeiro "fura--fila". Esses consumidores privilegiados passaram a gozar de um direito não oferecido aos demais. Isso porque somente podiam comprar pelo telefone os portadores do indigitado cartão de crédito. Bem ao estilo de George Orwell, esses usuários do cartão eram "mais iguais que os outros iguais". Não resta dúvida de que aquela prática era ilegal, na medida em que feria o princípio de isonomia previsto na Carta Magna[28].

Com efeito, utilizando-se dos critérios acima elencados, percebe-se que a discriminação do exibidor não poderia ser efetuada, uma vez que não tem correspondência lógica com o tratamento jurídico oferecido de maneira diferenciada (o que os portadores do cartão têm para serem mais bem tratados que os demais que ficam na fila?), bem como não há afinidade dessa correlação com os valores protegidos pelo ordenamento constitucional (só se justifica o tratamento diferenciado em questões de consumo desse tipo quando o consumidor protegido merecer o tratamento favorável: p. ex., atendimento privilegiado para idosos e mulheres grávidas). O fato de alguns consumidores, dentre muitos, serem portadores de um cartão de crédito específico não pode ser motivo legitimador da discriminação.

Diga-se, também, que o poder constituinte, ao elaborar o texto magno, desde aquele instante tratou de deixar estabelecidos certos grupos de pessoas e certos indivíduos que merecem a proteção constitucional, isto é, a Constituição Federal reconhece de plano a vulnerabilidade de certas pessoas, que devem, então, ser tratadas pelo intérprete, pelo aplicador e pelo legislador infraconstitucional de maneira diferenciada, visando a busca de uma igualdade material. É o caso do trabalho da mulher (art. 7º, XX); da reserva de cargos e empregos públicos para as pessoas portadoras de deficiência (art. 37, VIII) etc.

Da mesma forma é de observar que a Constituição reconhece a vulnerabilidade do consumidor[29]. Isso porque, nas oportunidades em que a Carta Magna manda que o Estado regule as relações de consumo ou quando põe

---

28. E, como veremos, reproduzido no CDC (art. 6º, II).
29. O CDC, como se verá, o faz expressamente (arts. 4º, I, e 6º, VIII).

limites e parâmetros para a atividade econômica, não fala simplesmente em consumidor ou relações de consumo. O texto constitucional refere-se à "defesa do consumidor", o que pressupõe que este necessita mesmo de proteção. Assim está no art. 48 do Ato das Disposições Constitucionais Transitórias ("O Congresso Nacional, dentro de cento e vinte dias da promulgação da Constituição, elaborará código de *defesa* do consumidor" — grifamos), no art. 5º, XXXII ("O Estado promoverá, na forma da lei, a *defesa* do consumidor" — grifamos); e assim está no art. 170, V ("A ordem econômica, fundada na valorização do trabalho humano e na livre iniciativa, tem por fim assegurar a todos existência digna, conforme os ditames da justiça social, observados os seguintes princípios: (...) V — *defesa* do consumidor" — grifamos).

Lembre-se, também, que entre os objetivos da República está a promoção do bem de todos "sem preconceitos de origem, raça, sexo, cor, idade e quaisquer outras formas de discriminação" (inciso IV do art. 3º).

3.6.2. O turista

Lendo o *caput* do art. 5º da Constituição fica-se com uma dúvida: se a norma assegura direitos "aos brasileiros e estrangeiros residentes no País", isso significa que o estrangeiro visitante, o turista, não tem direitos assegurados?

Isso é relevante para qualquer direito garantido no sistema e ganha relevo na questão do consumidor.

É conhecida, de um lado, a importância do aporte de renda que os estrangeiros levam aos seus países e que trazem ao Brasil — o que precisa ser incentivado para crescer mais. Essa renda traz benefícios diretos ao País, com criação de empregos, pagamento de impostos etc.

Logo, é preciso resolver o problema. Mas como?

Em termos de garantias ao consumidor, os inúmeros exemplos exigem segura solução. Se um turista estrangeiro sofre intoxicação comendo a mesma comida que um brasileiro, estando ambos no mesmo restaurante, por que se daria guarida apenas ao consumidor brasileiro, que poderia pleitear indenização por danos materiais e morais ao dono do restaurante? A responsabilidade objetiva do fornecedor desapareceria só por tratar-se de estrangeiro?

Tentemos resolver a questão.

De início deve-se observar que ninguém duvidaria dos direitos do turista se a Constituição não tivesse usado a expressão "estrangeiro residente".

É que o argumento de que o turista estrangeiro consumidor goza de direitos enquanto de passagem pelo Brasil é convincente. Mas qual o fundamento jurídico para a validade dessa afirmação?

Não se pode desreconhecer um fato: o texto constitucional expressamente garante direitos "aos brasileiros e aos estrangeiros residentes no País...".

Alguns autores, como os Professores David Araujo e Vidal Serrano Nunes, resolvem o problema dizendo que a "interpretação sistemática e finalística do texto constitucional não deixa dúvidas de que os direitos fundamentais se destinam a todos os indivíduos, independentemente de sua nacionalidade ou da sua situação no Brasil. Assim, um turista (estrangeiro não residente) que seja vítima de uma arbitrariedade policial, por evidente, poderá se utilizar do *Habeas Corpus* para proteger o seu direito de locomoção"[30].

É uma saída possível. Porém não responde à questão: que pretendeu o constituinte?

Pode-se objetar simplesmente que o constituinte originário errou. Disse mais do que devia: não precisava citar brasileiros e estrangeiros residentes; bastava dizer "todos são iguais perante a lei". Mas não o fez.

De outra pauta, o erro — poder-se-ia bem dizer — veio da omissão. Não se fala do turista, embora se pudesse fazê-lo. Bem, então, nesse caso, nada se poderia argumentar. Como o constituinte não tratou, o turista foi excluído.

O que aflige o intérprete é o fato concreto de que pessoas estrangeiras compareçam ao País na qualidade de turistas e, aqui estando, gastam seu dinheiro realizando diversas operações jurídicas — de consumo ou não.

Como resolver as questões contratuais que envolvem essas pessoas? E os eventuais danos que elas possam sofrer por conta da relação de consumo? Afinal, como se disse, se o estrangeiro gasta seu dinheiro aqui, contribui para o desenvolvimento do mercado nacional, possibilitando distribuição de renda, pagamento de impostos e gerando empregos.

Àqueles que sustentam que os tratados internacionais dos quais o Brasil seja signatário garantem, eventualmente, direitos ao turista, é preciso lembrar, conforme já demonstramos no item 3.1.2, *retro*, que tratado internacional ingressa no sistema jurídico brasileiro como norma infraconstitucional.

---

30. *Curso de direito constitucional*, cit., cap. 16. Lembram os autores que os turistas estrangeiros ficam excluídos dos direitos que exigem traço característico próprio, como o de propor ação popular, deferido apenas ao cidadão brasileiro (CF, art. 5º, LXXIII).

Logo, não poderá contrariar a Constituição. Com isso, a discussão volta ao texto da Carta Magna.

E o pior de tudo é que o uso da expressão não surgiu na Constituição de 1988. O texto do *caput* do art. 5º, em relação a esse aspecto, é o mesmo, pelo menos desde a Constituição Federal de 1946. Vejamos.

Constituição Federal de 1946:

"TÍTULO IV
Da Declaração de Direitos

CAPÍTULO II
Dos Direitos e das Garantias Individuais

Art. 141. A Constituição assegura aos brasileiros e aos estrangeiros residentes no País a inviolabilidade dos direitos concernentes à vida, à liberdade, à segurança individual e à propriedade, nos termos seguintes: (...)

§ 1º Todos são iguais perante a lei".

Constituição Federal de 1967:

"TÍTULO II
Da Declaração de Direitos

CAPÍTULO IV
Dos Direitos e Garantias Individuais

Art. 150. A Constituição assegura aos brasileiros e aos estrangeiros residentes no País a inviolabilidade dos direitos concernentes à vida, à liberdade, à segurança e à propriedade, nos termos seguintes: (...)

§ 1º Todos são iguais perante a lei, sem distinção de sexo, raça, trabalho, credo religioso e convicções políticas. (...)".

Emenda Constitucional n. 1, de 1969:

"TÍTULO II
Da Declaração de Direitos

CAPÍTULO IV
Dos Direitos e Garantias Individuais

Art. 153. A Constituição assegura aos brasileiros e aos estrangeiros residentes no País a inviolabilidade dos direitos concernentes à vida, à liberdade, à segurança e à propriedade, nos termos seguintes: (...)

§ 1º Todos são iguais perante a lei, sem distinção de sexo, raça, trabalho, credo religioso e convicções políticas. (...)".

Constituição Federal de 1988:

"TÍTULO II
Dos Direitos e Garantias Fundamentais
CAPÍTULO I
Dos Direitos e Deveres Individuais e Coletivos

Art. 5º Todos são iguais perante a lei, sem distinção de qualquer natureza, garantindo-se aos brasileiros e aos estrangeiros residentes no País a inviolabilidade do direito à vida, à liberdade, à igualdade, à segurança e à propriedade, nos termos seguintes:

I — homens e mulheres são iguais em direitos e obrigações, nos termos desta Constituição".

A nós parece existir uma saída, que nos foi sugerida em conversa com o Professor Nelson Nery Junior. Equivocam-se aqueles que pensam que o conceito de "residência" do texto constitucional é o mesmo das normas inferiores. Quem assim afirma define um conceito constitucional — logo superior e do topo da "pirâmide" jurídica — com sentido posto por normas inferiores — do Código Civil, Código de Processo Civil etc. —, e isso é erro de interpretação.

O conteúdo semântico de "residência" do texto constitucional tem de ser buscado e definido apenas no topo do sistema, na própria Constituição Federal.

E a verdade é que o sentido de "residente" do texto magno é diferente do usualmente utilizado pelas normas inferiores. Ele significa o local dentro do território brasileiro no qual esteja o estrangeiro-turista. O princípio territorial da soberania é que assim o designa, e nem poderia ser diferente.

A Constituição somente pode conferir e garantir direitos no território nacional. Assim, o turista que está aqui, no território brasileiro, goza das garantias constitucionais, que não são exclusivas de brasileiros natos.

Seguindo essa mesma orientação diz Alexandre de Moraes que "a expressão 'residentes no Brasil' deve ser interpretada no sentido de que a Carta Federal só pode assegurar a validade e gozo dos direitos fundamentais dentro do território brasileiro, não excluindo, pois, o estrangeiro em trânsito pelo território nacional"[31].

3.7. Direito à vida

Outro princípio constitucional é o da garantia do direito à vida. Essa garantia é cláusula pétrea do *caput* do art. 5º, já transcrito, e possui limites expressos em outras regras contra sua violação. Assim, o inciso XLVII, *a*, do próprio art. 5º, que proíbe a pena de morte, exceto em caso de guerra ("não haverá penas: a) de morte, salvo em caso de guerra declarada, nos termos do art. 84, XIX"). Quando fala em garantia da vida, deve-se entender que a Constituição está falando em vida digna, já que a interpretação sistemática remete ao art. 1º, III, e, como o demonstramos no item 3.2, *retro*, a dignidade é o fundamento mais importante, como primeira e última garantia das pessoas. E o inciso III do art. 5º também proíbe a tortura e o tratamento desumano ou degradante ("ninguém será submetido a tortura nem a tratamento desumano ou degradante").

Mas não é só. A garantia da vida e dignidade, isto é, vida digna, é acrescida da garantia da qualidade de vida, conforme, também, o demonstramos no item 3.2. A saúde é outra das garantias constitucionais. É o que estabelece o *caput* do art. 225: "Todos têm direito ao meio ambiente ecologicamente equilibrado, bem de uso comum do povo e essencial à sadia qualidade de vida, impondo-se ao Poder Público e à coletividade o dever de defendê-lo e preservá-lo para as presentes e futuras gerações".

Queremos desde já ressaltar que essa garantia da sadia qualidade de vida, com imposição de sua implementação e respeito pelo Poder Público e por toda a coletividade, não é pouco. Há muito o que fazer para a amplitude de sua compreensão e sua efetiva aplicação. Basta lembrar o estranho debate sobre a proibição de fumar em recintos fechados, como restaurantes, para verificar o quanto de desrespeito e desconhecimento há. O ar que se respira num local público é típica questão de meio ambiente, que implica a possibilidade de afetar a saúde dos indivíduos. A proibição de fumar em restaurantes é obviamente legal, e está de acordo com o texto constitucional, que determina que tanto o Poder Público quanto a própria coletividade lutem pela preservação da sadia qualidade de vida. Qualquer outro argumento só

---

31. *Direito constitucional*, p. 60.

atende aos interesses dos fabricantes de cigarro, que estão interessados apenas e tão somente na obtenção de lucro.

3.8. Direito à intimidade, vida privada, honra e imagem

As garantias estabelecidas no inciso X do art. 5º da Constituição Federal são relevantes para uma reflexão sobre os direitos do consumidor, porquanto este poderá ser vítima de violações que a norma magna pretende evitar.

Vejamos o conteúdo expresso do inciso X:

"Art. 5º (...)

X — são invioláveis a intimidade, a vida privada, a honra e a imagem das pessoas, assegurado o direito a indenização pelo dano material ou moral decorrente de sua violação".

Como se observa, a Constituição Federal pretende dar guarida absoluta ("são invioláveis") à intimidade, à vida privada, à honra e à imagem. Tomemos cada um desses conceitos para compreender a extensão do preceito normativo.

3.8.1. Intimidade e vida privada

Os dois termos não podem ser dissociados, uma vez que, obviamente, o valor semântico de um lembra o outro. Porém, como a norma constitucional utiliza os dois, é preciso esclarecê-los. Aliás, de pronto, surge a indagação: são os dois conceitos designativos do mesmo sentido?

A doutrina que já analisou a questão respondeu que não, apesar da necessária imbricação de ambos[32].

Para entender o exato significado dos conceitos, tem-se de lembrar certos aspectos da vida social na qual estão presentes as pessoas, naquilo que diz respeito a sua individualidade na relação com o coletivo. É preciso distinguir o âmbito público do âmbito privado.

Com efeito, o público é sempre aquilo que, como o nome diz, aponta para a participação aberta a todos ou para a possibilidade de participação de todos. É o que pertence ao povo ou à coletividade; ou mesmo apenas os

---

32. Acompanhamos aqui os Professores David Araujo e Vidal Serrano Nunes Júnior (*Curso de direito constitucional*, cit., item 2.1.1).

atos vivenciados por poucas testemunhas, mas, assim, com caráter público. É ainda o formato real e abstrato dos atos do governo[33].

O privado é o oposto do público, e, embora o conceito seja da Antiguidade, ainda guarda o sentido de *privus*, "ser privado de", isto é, ser privado do público. É o que ocorre no domínio do lar, na órbita pessoal, no restrito âmbito doméstico, quer física, quer psiquicamente.

Dessa maneira, pode-se perceber que todo indivíduo tem uma esfera privada de direitos e interesses. Mas nem todos têm uma atuação no âmbito público.

O cidadão comum, vai-se dizer, é o exemplo daquele que tem apenas vida privada. O político é aquele que tem basicamente vida pública — mas tem, também, vida privada.

O cidadão comum, é verdade, poderá ter uma aparição ou reconhecimento público, quando, por exemplo, agir, ainda que esporadicamente, de forma pública: participando de um programa de televisão, cometendo um delito numa praça, enganando consumidores na venda de produtos falsificados.

A distinção entre as duas esferas pode ser feita a partir da hipótese do papel social.

Com efeito, a sociologia jurídica desenvolveu o conceito de papel social[34].

O surgimento dos papéis está ligado ao crescimento da sociedade, de maneira que o conceito atualmente utilizado é o de complexidade, ou melhor, alta complexidade social.

O sentido de complexidade social está relacionado ao dado concreto e real das ações possíveis do indivíduo. Ou, melhor dizendo, o mundo real se apresenta ao indivíduo oferecendo latentemente ações que ele pode realizar. Mas a quantidade de ações é tão grande que, de fato, real e historicamente, o mundo apresenta sempre muito mais possibilidades do que aquelas que o indivíduo vai realizar em toda a sua vida.

O indivíduo está, assim, fadado a escolher. Desde que entra no mundo, vai agindo a partir de escolhas; não há alternativa. A essas escolhas se dá o nome de seletividade. Esta é uma operação de seleção para optar diante da complexidade de ações possíveis.

---

33. Ressalvem-se os chamados "segredos de Estado", justificáveis apenas na exata medida em que são segredos para preservar o bem público: segurança, paz etc.

34. Assim, por exemplo e pelos demais: Niklas Luhmann, *Legitimação pelo procedimento*, especialmente, p. 71 e s.

A cada ato, a cada passo, o indivíduo age por seleção e vai compondo o quadro de seu destino. A inexorabilidade da seleção tem como função reduzir a complexidade do mundo: a cada escolha que a pessoa faz, opera-se a seleção e reduz-se a complexidade — escolheu algo entre muitos[35].

Mas, simultaneamente, enquanto se opera a seleção, vai-se produzindo um enorme contingente que ficou de lado: escolheu ser advogado; em compensação, não será juiz, promotor de justiça, procurador, delegado etc.

Para essa teoria dos papéis sociais, o que vale é o dado objetivo da escolha. Não se está — isso não importa para o papel social, pensando na motivação que levou à escolha (se foi consciente ou inconsciente, por desejo, vontade ou "sem querer") nem na capacidade ou condição da pessoa que escolheu (força física, inteligência, força intelectual, arranjo político ou familiar, ação entre amigos etc.), nem ainda nos interesses que geraram a seleção (econômicos, jurídicos, religiosos etc.). O que vale é a seleção objetivamente operada[36]. Assim, por exemplo, não interessa perguntar por que o candidato ao vestibular tornou-se estudante de Direito: se por vocação, ameação dos pais, acidente — "ele queria fazer Medicina mas não conseguia passar" — ou qualquer outro motivo. O que importa é a seleção: o indivíduo tornou-se estudante de Direito; e o contingente: logo, não é estudante de Medicina, Engenharia, Administração de Empresas etc.

Os papéis sociais foram-se criando por conta das inúmeras seleções operadas pelos indivíduos no mundo. A produção desses papéis tem sua explicação na exata medida em que as sociedades crescem em complexidade. O crescimento da complexidade oferece alternativas infindáveis; estas acabam sendo selecionadas, indo compor, pelos encontros de sentidos das opções operadas, os papéis sociais.

Na realidade, a complexidade da sociedade é tamanha que para o indivíduo as alternativas que lhe oferece o mundo não são ações puras, mas papéis sociais postos à sua disposição para serem selecionados. A escolha é de papéis e não de ações[37].

---

35. A escolha gera um alívio ao indivíduo. Como o mundo se apresenta com alta complexidade e milhões de possibilidades, isso por si só é fator gerador de angústia. A seleção a diminui.

36. Nem importa saber se a pessoa gostou ou não da escolha, apesar de tudo isso poder ter alguma validez na seleção "papel-indivíduo", de que trataremos mais à frente.

37. É muito raro que um indivíduo isolada e conscientemente "crie" um novo papel social. Este surge espontaneamente, da ilimitada e intrincada soma de ações e relações sociais preexistentes entre os demais papéis sociais.

Os papéis sociais podem ser, assim, definidos como repertórios formais de funções sociais — ações e comportamentos — preenchidos temporalmente por indivíduos.

Isso significa que, estando no papel, o indivíduo deve comportar-se de acordo com o figurino normativo para ele previsto. Para o comportamento socialmente adequado ao papel, basta agir como o esperado: todas as demais pessoas têm uma expectativa normativa de que o indivíduo, naquele papel, vai comportar-se como se espera que se comporte. Isso traz vantagens e desvantagens.

A vantagem está ligada à economia de ações: no papel, para o indivíduo estar bem socialmente, basta agir como se espera que vá agir. O comportamento já estava pronto e ele se enquadrou; amoldou-se à estrutura normativa reinante formalmente no papel. Ele passa, então, a participar da sociedade dentro de maior estabilidade.

A desvantagem está relacionada ao próprio indivíduo, à pessoa que existe "por detrás" do papel: ela deixa de ser vista como tal. Apresenta-se, comunica-se e é cobrada a partir do papel por ela assumido. Essa relação indivíduo-papel, do ponto de vista social, pode gerar conflitos. Não resta dúvida de que, apesar da fixidez do papel, o indivíduo real nele absorvido irradia, no comportamento resultante do exercício do papel, vários aspectos de sua personalidade, além de nele desempenhar suas aptidões pessoais, tais como habilidades manuais, inteligência, ponderação, discrição etc.

E a teoria dos papéis sociais pode, então, contribuir sobremaneira para a elucidação da questão do público e do privado no que diz respeito ao indivíduo.

É que, do ponto de vista da complexidade social, os papéis oferecidos à seleção são públicos e privados. O comportamento de um lado e a expectativa social — de todas as outras pessoas e papéis — de outro variam de acordo com o tipo de papel. Se é privado, a exigência pública é uma, digamos, mais liberal. Se é público, é outra, extremamente rigorosa em termos do controle das alternativas de ações e comportamentos possíveis.

E um problema resiste ligado à relação indivíduo-papel. Trata-se do fato de que na verdade o indivíduo real — psíquica e fisicamente considerado — é um centro de papéis; é um feixe de papéis que dispõe de inúmeras ações e comportamentos. Cada indivíduo é uma soma de papéis e por vezes esse indivíduo, enquanto ser real, confunde-se com os papéis que exerce. O indivíduo é simultaneamente pai, filho, irmão, estudante, profissional, político, torcedor etc., num composto de papéis sociais. E nesse todo podem estar papéis sociais públicos e privados, nem sempre sendo fácil distinguir quando o comportamento social real é de um ou de outro.

Há muito ainda o que dizer a respeito dos papéis sociais: a possibilidade de o indivíduo irradiar sua luz pessoal para o papel; a institucionalização dos papéis etc. Mas para o assunto que se está aqui estudando e que na sequência se desenvolverá o que apresentamos é o suficiente[38].

Visto isso e continuando nossa análise, diga-se que o campo da privacidade poderia ser definido ou, melhor dizendo, delimitado pelo âmbito público. Tudo que não puder ser pensado como público — difusamente falando — é de ser tido como privado.

É nessa restrita esfera que se desenvolve a outra, a da intimidade. A privacidade é o primeiro invólucro separador da esfera pública. A intimidade é o envoltório existente dentro da outra capa separadora.

Tudo se passa como se no público, que funciona como um grande círculo social, estivessem presentes círculos mais constritos que detivessem em seu interior o espaço mais limitado da intimidade.

Explica-se: há soluções jurídicas que se desenvolvem no plano público. Um anúncio publicitário de venda de apartamentos feito por uma construtora; o voto nas eleições municipais, estaduais etc.; o delito penal; o trabalho do magistrado etc. Há, também, as relações que se estabelecem na órbita privada: a vida em família; o amor e o sexo; as ações no domicílio civil etc.

É nesta última esfera que se vai verificar a garantia do direito à intimidade. Ela é o último círculo constrito, que se resguarda até contra aqueles outros que compõem o círculo um pouco mais amplo de esfera privada. A relação entre pai, mãe e filhos compõe a vida privada. A relação de resguardo do segredo juvenil em relação aos pais ou destes em relação aos filhos designa o limite da esfera íntima. É por isso que a questão da consciência é sempre de intimidade, porque comporta o limite psíquico e efetivo do indivíduo, enquanto pessoa real, concretamente destacada de qualquer âmbito social.

Queremos colocar outra explicação que seja capaz de lidar com problemas que os exemplos trazidos pelos autores que cuidam desse assunto (e que aqui foram repetidos) sugerem. Não é fácil distinguir o público do privado e este do aspecto íntimo pelos fatos concretos. Isso porque os atos do Presidente

---

38. Para mais informações ver Niklas Luhmann, *Legitimação pelo procedimento*, cit., e o nosso *O Poder Judiciário, a ética e o papel do empresariado nacional*.

da República, por exemplo, são primordialmente públicos. Porém, por certo ele vive em família, e nesse âmbito goza de uma experiência privada, tendo consciência e nesta experimentando sua intimidade. Na outra ponta, ainda como exemplo, há o cidadão comum, pai, mal-educado, que espanca o filho na esfera privada, cometendo assim um delito na esfera pública.

Pensamos que o vislumbre dessas instâncias e limitações se dá no entendimento do significado de papel social. Por essa perspectiva tem-se a possibilidade de não confundir público, privado e íntimo com as várias situações sociais apontadas, que geram dificuldade de apreensão por conta da vagueza ou abstração dos conceitos. Ou, dizendo de outra forma, a compreensão do fenômeno de intimidade, privacidade ou publicidade dos direitos, ações, interesses e fatos pode ser mais bem operada se a examinarmos na perspectiva dos papéis sociais.

Os conceitos são aqueles já transcritos acima. O que propomos é que, toda vez que tivermos necessidade de abordar qualquer fenômeno jurídico com vistas a definir se sua área de atuação, abrangência, limite e garantia é da intimidade ou da privacidade ou se caracteriza como pública, lancemos mão daqueles conceitos que definem o papel social. Dessa forma teremos condições de avaliar o fenômeno real, concretamente existente, sem correr o risco de nos perder na ausência de limites claros de termos abstratos e por demais genéricos[39].

Assim, tomemos o exemplo do Presidente da República: a pessoa real, isto é, o sujeito concreto, a pessoa física que exerce esse cargo público, tem impregnado em si, 24 horas por dia, 365 dias por ano, o papel social de Presidente da República. Dormindo ou acordado, às 4 horas da madrugada ou às 4 da tarde, ele é Presidente (é evidente que as esferas de sua vida privada e íntima sofrem o peso dessa "publicização" de sua personalidade).

Agora, perguntamos: o Presidente da República pode ir ao cinema e pode namorar? A resposta é sim. Mas dá um trabalho enorme (que o cidadão comum não tem). É conhecido o caso do ex-Presidente Itamar Franco, que, às vezes, ia com sua namorada para sua cidade, Juiz de Fora, e gostava de, com ela, ir ao cinema. Era um problema, pois ele saía de casa e era seguido pelos repórteres (e, como se sabe, ficava bravo e brigava com a imprensa). Pergunta-se: pratica alguma violação o repórter

---

39. É certo que temos consciência de que o conceito de papel social é por sua vez, também, abstrato e padece do problema da generalidade. Porém, a nosso ver, ele é bem controlável no nível do exemplo concreto, o que o torna mais preciso e, por isso, útil.

que corre atrás do Presidente da República, quando este vai ao cinema com a namorada?

A resposta é não. Não nos esqueçamos de que o Senhor Itamar Franco — e qualquer outro no cargo — era Presidente o tempo todo, 24 horas por dia. Ora, como ele estava saindo em público para ir a um lugar público (o cinema), não tinha como reclamar do repórter, que estava exercendo seu trabalho e, por sua vez, seu papel (um homem público pode ser mostrado ao público o tempo todo, naquilo que for de seu papel público).

Suponhamos, então, que o Presidente da República saia do cinema e vá para um hotel com sua namorada. Até onde o repórter pode mostrar? Ou, de outra forma, onde termina o público, onde começa o privado?

A resposta é que a imprensa pode ir até a porta do hotel (limite do público). Lá dentro, no quarto, com a namorada, ressurge o sujeito, a pessoa real, pessoa física, que, como homem, namora uma mulher. Tem o direito de namorar uma mulher, como qualquer outra pessoa. Nesse âmbito, não há público: a esfera é privada e resguardada constitucionalmente. Não é o Presidente da República quem namora, é o sujeito físico-psíquico. Quando muito pode-se definir a pessoa que namora como o "namorado", que é outro papel social. Contudo, é papel social privado, que tem resguardo constitucional. Do papel social de Presidente, namorar não faz parte[40].

E será nessa esfera privada que se desenvolverá a outra, íntima, que também é preservada constitucionalmente. É nela que a pessoa real que está no cargo de Presidente se revelará como homem, por exemplo, no ato de amor, nos carinhos, no ato sexual. Essa esfera está preservada contra os curiosos e, naturalmente, contra a imprensa, e também gera um interdito para a namorada, que não pode falar daquela intimidade. Mas aqui não há nenhuma novidade, uma vez que estamos na esfera íntima dentro do âmbito privado. Todo cidadão está preservado: a namorada do Presidente da República não pode falar de suas relações sexuais, mas também não pode a namorada de José da Silva, cidadão comum, nem ele dela.

---

40. Exatamente por isso é difícil separar o que é pessoal do que é do cargo público (ou papel social) nas declarações de certas pessoas que ocupam posições públicas de relevo. Lembre-se do episódio que gerou tanta polêmica na questão da aposentadoria dos magistrados. O Presidente do Supremo Tribunal Federal declarou-se publicamente contra a aposentadoria especial, o que gerou insatisfação na classe dos magistrados. Depois, o Ministro disse que não falara como juiz, mas como cidadão. Ora, esse é o problema: o Presidente do Supremo Tribunal Federal, quando fala publicamente, fala como juiz; não tem escapatória.

Há ainda outros pontos a ressaltar e que o exemplo do Presidente da República é muito bom para elucidar: o cargo público confere ao titular certos conhecimentos que pertencem ao cargo, e que, por vezes, não podem — ou não devem — tornar-se públicos. São conhecimentos de informações privilegiadas, como, por exemplo, mudanças previstas para a taxa de câmbio, que somente podem ser anunciadas publicamente quando for o caso de serem implementadas. Na realidade o exemplo demonstra a existência de uma esfera privada dentro do âmbito público governamental: os membros dos Ministérios que detêm essa informação devem preservá-la. Estão todos interligados nessa esfera privada. Ocorre que o sujeito real, enquanto ego concreto, também detém essa informação, e ela não pode sair de sua esfera íntima, nem para ser dita à namorada. Ou seja, o direito à intimidade é, por sua vez, uma interdição à anunciação pública ou mesmo privada dessa intimidade. O Presidente da República, o Ministro, o funcionário público não podem levar informações do âmbito privado do governo para o âmbito privado do lar, nem do âmbito privado do governo para o âmbito íntimo, dentro do privado familiar. São limites que se impõem. Logo, a garantia constitucional do direito à intimidade e à privacidade é também garantia desses próprios direitos quando relacionados ao âmbito público.

Pode-se por isso dizer que nem tudo que é público torna-se privado e nem tudo que é privado ou íntimo pode tornar-se público.

E, para concluir, aproveitemos uma vez mais o exemplo do Presidente da República que namora. Vamos voltar ao Presidente indo para o hotel com a namorada. Ele e ela ingressam no quarto. Já vimos que ali cessa o direito de a imprensa olhar e falar. Ele e ela namoram na intimidade do quarto, intimidade esta resguardada contra os olhos do público e que limita os próprios parceiros (ele não pode falar dela nem ela dele). Mas vamos supor que ele lhe dê um tapa. Nessa ação ilícita, há interesse público?

É possível até discutir se, quando José da Silva, cidadão comum, leva um tapa da esposa, há interesse público ou não na questão. Perguntar-se-á se, no caso, a vida privada de José da Silva e sua esposa poderá ser devassada pela imprensa. Nós entendemos que a vida privada ainda nessa hipótese tem de ser preservada, pois não se vislumbra interesse público algum nesse tipo de delito. Outros delitos haverá em que o aspecto público se realça, como no caso do psicopata assassino que diz ao seu psiquiatra que no dia seguinte irá matar seu vizinho: o psiquiatra não só não pode guardar esse segredo da intimidade de seu mister como tem o dever de denunciar seu cliente para salvar a vida da outra pessoa[41].

Porém, em se tratando do Presidente da República, que na privacidade de seu quarto de hotel dá um tapa na namorada, o interesse público ressurge. A confusão (no sentido de mistura dos papéis sociais) que se estabelece entre o papel de Presidente e o de namorado faz com que o papel público se sobreponha[42]. A imprensa terá todo o direito de explorar o assunto, já que a relação privada deixou de sê-lo quando o tapa foi desferido.

Essa circunstância da somatória de papéis sociais é inelutável, uma vez que, como vimos, cada um de nós, pessoas reais, é um centro aglutinante de papéis sociais; um amálgama de papéis. Papéis privados e papéis públicos. Toda vez que estiverem presentes, simultaneamente, num ato qualquer, dois ou mais papéis públicos ou privados, e sempre que do fenômeno não se puder claramente separar o que é privado e o que é público, ou melhor, o que é apenas privado, tem-se de interpretá-lo como relevante na órbita pública. Afinal, o direito é sempre público.

Em suma, pela perspectiva do papel social, temos mais elementos para diferenciar nos fenômenos ocorrentes o que é público, o que é privado e o que pertence à intimidade.

O público define-se pela ocupação do papel social exercido; da mesma maneira o privado. Em ambos os casos não há exercício isolado, pois necessariamente as ações envolvem o indivíduo. O íntimo é, então, o último invólucro, o último círculo constrito que envolve o sujeito real, concreto, o ser físico-psíquico, sua consciência, o ego vivo propriamente dito, que sempre está presente com um centro aglutinador que suporta a carga de todos os papéis sociais por ele experimentados e vivenciados. O sujeito concreto funciona como um átomo capaz de amalgamar todos os papéis sociais.

3.8.2. Honra

Honra é um desses conceitos de difícil delimitação semântica, e, colocado abstratamente, também demandará um exame do caso concreto para sua verificação.

---

41. Esse é um assunto que gera toda sorte de discussões, com várias posições possíveis de ser tomadas, e que não é o caso de abordar neste trabalho.

42. Problema que já tínhamos apontado acima, quando lembramos o caso das declarações do Presidente do Supremo Tribunal Federal.

Lembra dignidade, mas com esta não se confunde. Dignidade é uma garantia constitucional conferida a todos, como se viu. Toda pessoa humana tem dignidade a ser respeitada, independentemente de qualquer outro elemento valorativo ou normativo. Foi o que demonstramos no item 6, *retro*. Já honra é conceito variável segundo as circunstâncias sociais e, por isso, nem sempre verificável.

A honra é um valor social de que goza um indivíduo. Enquanto valor social, ela depende da contextualização no ambiente em que o sujeito vive. Isso não impede sua objetivação como sendo a manifestação de estima e consideração conferida a alguém pelas outras pessoas. Por isso é que honra remete a outros conceitos com os quais guarda analogia, tais como autoridade, prestígio e reputação. A honra, assim, é sempre apanágio das pessoas de bem, estando ligada, ainda, a outros conceitos, como coragem, honestidade, decoro etc.

Com isso, pode-se distinguir honra de intimidade ou honra de imagem. É possível ferir a intimidade sem atingir a honra. Por exemplo, mostrando a virilidade sexual do Presidente da República, atinge-se sua intimidade; sua honra continua intocada. É possível, da mesma maneira, ferir a imagem sem ferir a honra, o que acontece quando alguém não tem honra a preservar[43]. Por exemplo, um estuprador não é homem de bem, não tem coragem, decoro, enfim, não tem honra. Mas tem imagem. Esta está garantida nos limites da imagem privada, como se verá. A honra não, porque ele não goza de sua existência social, isto é, não tem honra.

Para ficarmos, então, localizados com o conceito de papel social[44], temos de dizer que honra é algo que a pessoa real, concreta, possui, independentemente do papel social por ela ocupado. É verdade que muitas vezes a honra é construída no exercício de um cargo ou papel social. Por exemplo, o diretor de escola José da Silva é um sujeito honrado, e essa reputação foi alcançada por ele a partir do austero trabalho desenvolvido como diretor. Depois, quando se aposenta, José da Silva continua sendo lembrado como alguém que tem honra. Apesar de não ser mais diretor de escola, aquele valor positivo fica impregnado em sua personalidade. O indivíduo real

---

43. O inverso não é verdadeiro, como veremos na sequência. Quem é ferido na honra é atingido simultaneamente na imagem.

44. Que é por nós abordado na obra *Comentários ao Código de Defesa do Consumidor*, cit., Parte I, Capítulo 12.

ganhou alguma coisa da sociedade por ter trabalhado num papel social público, exercido com majestade.

Realce-se que a honra é mesmo do indivíduo, tanto que, após a aposentadoria de José da Silva, nada garante que o próximo ocupante do cargo venha a ser honrado. A honra tem de ser construída pelo indivíduo, independentemente do papel social que ele ocupa. Por trás de um pai honrado, de um professor honrado, de um juiz honrado, há sempre um indivíduo honrado.

3.8.3. Imagem

No que tange à imagem, vamos acompanhar a mais atualizada posição sobre o assunto, que é a do Professor Luiz Alberto David Araujo[45]. Diz esse jurista que o direito à imagem possui duas vertentes:

a) a primeira delas é a relativa à reprodução gráfica, como o retrato (fotografia), o desenho, a filmagem. Esta tem o nome de "imagem-retrato"[46];

b) a segunda é a que revela as características do conjunto de atributos cultivados pelo indivíduo e que são reconhecidos pelo corpo social. Esta tem o nome de "imagem-atributo"[47].

Dessa maneira, é de perceber, então, que o texto constitucional trata do gênero "imagem", que comporta duas espécies: imagem-retrato e imagem-atributo. Dissequemos, pois, cada uma delas.

A imagem-retrato pertence exclusivamente ao indivíduo e não depende do papel social por ele desempenhado. Diz respeito aos aspectos: a) físico-mecânicos; b) fisionômicos; e c) estéticos. Compõe toda forma de exteriorização dos traços físicos e estéticos da pessoa.

Os aspectos físico-mecânicos compreendem a própria compleição física, com seus contornos, seu funcionamento, suas funções: o rosto, o tronco, os membros, os cabelos, a boca etc., quer possam ser considerados "normais" e funcionando "normalmente", quer não. Nesse aspecto está também protegida a voz. A fotografia é uma imagem, nesse sentido, que somente pode ser tirada com autorização do fotografado, tanto quanto o som da voz.

---

45. *A proteção constitucional da própria imagem:* pessoa física, pessoa jurídica e produto.
46. *A proteção constitucional da própria imagem*, cit., p. 27-30.
47. *A proteção constitucional da própria imagem*, cit., p. 31-32.

No fisionômico enquadra-se o semblante, o gesto, enfim, traços da personalidade que qualificam o aspecto físico: a timidez, o trejeito, a maneira de falar (com ganido, com a "língua presa", com sotaque etc.).

No elemento estético está o relacionado à beleza ou normalidade das características e compleição física. Se alguém perde um braço num acidente está fatalmente afetado do ponto de vista estético — e está garantido constitucionalmente.

A imagem-atributo, de seu lado, pertence ao indivíduo no e em função do papel social por ele exercido. Trata-se da imagem do chefe de família, do artista, do jurista, do jogador de futebol, do líder religioso, do Presidente da República. Compõe-se, portanto, pelo conjunto das características que o indivíduo demonstra no exercício do papel social e que pode ser diferente das características individuais da pessoa. Vejamos um exemplo na área artística, bastante conhecido.

Charles Chaplin de certa forma confunde-se com Carlitos. Este tem jeito de andar próprio, rosto e fisionomia próprios, vestimenta e símbolos próprios. Charles Chaplin era diferente. Quando se fala da proteção da imagem-atributo no exemplo, ela é dirigida à figura de Carlitos, criada pela genialidade de Chaplin. Carlitos tem a imagem do vagabundo que anda com as pernas abertas, chapéu na cabeça e bengala na mão direita. Chaplin tem a imagem do gênio do cinema. O rosto de Chaplin é diferente do rosto de Carlitos. Um remete ao outro, mas não se confundem. Por isso, pode-se violar a imagem de um sem que o outro seja atingido: por exemplo, mostrando-se uma montagem da foto de Chaplin andando como Carlitos. Este não é atingido; aquele pode ser.

Se prestarmos bastante atenção, veremos que no caso da imagem ressurge o aspecto relevante da privacidade (e intimidade) e publicidade dos atos sociais. Temos de perguntar: qual imagem está protegida? Ou, melhor dizendo, todo tipo de imagem é protegido contra, por exemplo, a publicação de fotos?

A questão, a nosso ver, envolve o conceito de imagem pública e imagem privada. Para resolvê-la, iremos mais uma vez nos servir da teoria dos papéis sociais e apresentar dois outros conceitos: vamos chamá-los exatamente de: a) imagem privada; e b) imagem pública.

Com efeito, se, a partir da ideia de papel social, pudermos definir uma imagem como sendo privada, ninguém poderá dela dispor, nem a imprensa, sem prévia autorização. Quando falamos aqui em disposição não estamos apenas nos referindo a colocar um retrato num jornal e chamar a pessoa de "otário", mas, pura e simplesmente, publicar o retrato no jornal, sem autorização, ainda que para enaltecer a pessoa. Se se puder caracterizar a função social como privada a imagem correspondente será privada. Não importará a espécie, se de imagem-retrato ou de imagem-atributo. Em ambos os casos há o interdito constitucional. Por exemplo, José da Silva, que é casado, pai de dois filhos, escriturário de uma indústria: cidadão comum, sem vida pública alguma. Ele tem garantida sua imagem privada nos dois sentidos: retrato e atributo. Sua foto não pode ser publicada sem sua autorização (imagem-retrato) e sua vida, enquanto pai de família, não pode ser devassada (imagem-atributo).

Já, de outro lado, se se puder identificar a função social como pública, a imagem decorrente será pública. E nesse caso é de verificar que quem tem imagem pública somente tem a proteção constitucional no que diz respeito à qualidade social dessa imagem pública (terá, é verdade, garantida a imagem privada que lhe resta, ao lado da imagem pública). Por exemplo, o Presidente da República pode ter sua foto estampada sem autorização, mesmo que a foto seja do período em que ele ainda não era ocupante daquele importante cargo. O que é vedado é a utilização da foto ou de qualquer relato que denigra a imagem do Presidente (e de sua pessoa enquanto indivíduo). Vê-se, portanto, que, por ser pessoa que exerce papel social público e daí ter imagem pública, o que lhe resta de imagem privada será aquela ligada ao âmbito restrito da privacidade e da intimidade.

Acresça-se, ainda, a proibição do uso comercial de toda imagem (privada, pública, retrato, atributo) sem a devida autorização. É fato óbvio, mas que merece ser ressaltado.

Concluindo, pode-se apresentar um quadro sinótico da imagem, embora sua classificação tenha de dar-se em duas dicotomias:

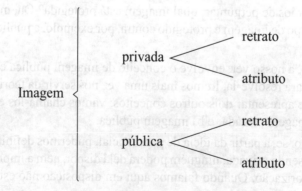

3.8.4. Pessoa jurídica

No quadro de proteção da norma constitucional em análise, é de perguntar se a pessoa jurídica está incluída. A resposta é sim[48]. Contudo, a pessoa jurídica não sofre dano estético, nem pode ser violada em sua honra. O primeiro por compor o aspecto físico, mecânico e fisionômico do corpo humano, e a segunda por dizer respeito a valor que só pode ser atribuído ao indivíduo[49]. Não sofre também, propriamente, dano moral, uma vez que sentir dor é uma exclusividade humana. Nem tem intimidade, essa esfera mais concêntrica dentro da órbita privada.

A pessoa jurídica, porém, goza de privacidade e tem imagem. Privacidade, que, oposta à publicidade, garante-lhe o direito a segredos comerciais, fórmulas e métodos que lhe pertencem reservadamente. Esses elementos compõem a esfera privada da pessoa jurídica.

De resto, a característica básica de atuação da pessoa jurídica é sempre pública, independentemente de sua natureza jurídica (pública, privada, sociedade civil, comercial etc.). Isto porque a ação da pessoa jurídica sempre se dá no meio social: no mercado ou na ação política governamental. Ela é, por isso, essencialmente pública[50].

A pessoa jurídica tem, também, imagem. Apesar da discussão que já se fez a respeito, atualmente não resta dúvida de que a pessoa jurídica tem imagem, e, como visto, protegida constitucionalmente.

A imagem da pessoa jurídica pode ser classificada nos moldes da imagem da pessoa física.

Ela tem imagem-retrato, representada por seu nome, sua marca, seu logotipo, seus produtos, seus serviços, enfim, por tipos, sinais, letras e símbolos que a representem.

É claro que, ao colocarmos aqui a pessoa jurídica como possuidora de uma imagem-retrato, o estamos fazendo de forma figurativa, por analogia ao conceito de imagem-retrato da pessoa física. Todavia, o tipo "imagem-retrato"

---

48. E nos interessa, porque a pessoa jurídica é também consumidora (ver comentários no subitem 5.2.1.).

49. Quando se fala em honra de uma instituição, tal conceito aparece em sentido meramente figurativo: estar-se-á referindo tecnicamente à imagem. É, na verdade, reputação, garantida constitucionalmente pela imagem-atributo, como se verá.

50. Não é possível falar aqui em papéis sociais. Mas, por analogia, pode-se pensar em "papel social público", apenas para ter uma ideia do resultado social dos "atos" jurídicos envolvidos.

encaixa-se como uma luva quando se quer entender o que está ocorrendo no uso sem autorização de uma marca ou na violação de um logotipo ou mesmo de um produto ou serviço.

Percebe-se que no caso do produto há várias circunstâncias que envolvem não só o nome do produto, mas também sua embalagem, seu conteúdo, a ligação de tudo isso ao nome do fabricante e sua respectiva imagem etc.

A pessoa jurídica tem, ainda, imagem-atributo. E é aqui que residirá certa confusão, no caso, não só para admitir a outra, a imagem-retrato, como para entender a distinção entre os dois tipos.

Com efeito, a imagem-atributo, conforme já visto, é construída pelo meio social. Ela é, pode-se dizer, mais o que os outros reconhecem na pessoa jurídica do que sua própria designação ou construção. Seria uma espécie de "reputação" da pessoa jurídica. É por isso que, embora a imagem-retrato guarde em alguns casos relação com a imagem-atributo, com ela não se confunde: é que a imagem-retrato é criada pela própria pessoa jurídica tão logo ela passe a existir. Por exemplo, o nome. Mas a imagem-atributo dependerá da atuação dessa pessoa jurídica — desse nome — no meio social. Quando se disser que esse nome ou essa marca tem alta credibilidade, estar-se-á diante da imagem-atributo.

E o texto constitucional protege a ambas:

a) a imagem-retrato de uma simples e inócua empresa de contabilidade, conhecida apenas por seu único cliente ou que ainda não tenha nenhum. Ninguém pode usar aquele nome sem autorização;

b) a imagem-atributo daquela mesma empresa, que formou a maior auditoria do País, com notável reputação ou credibilidade. Ninguém poderá usar seu nome sem autorização, nem poderá denegrir sua imagem e reputação.

Não nos esqueçamos de dizer, embora já o tenhamos adiantado, que a Constituição não faz distinção de pessoa jurídica: pode esta ser nacional ou estrangeira, pública ou privada, sociedade comercial ou civil, fundação, associação sem fins lucrativos, enfim, qualquer figura reconhecida como pessoa jurídica. Por extensão, garante-se a imagem do ente despersonalizado, como a "massa falida".

3.9. *Informação*

A informação, ou melhor, o direito de informação, na Constituição Federal pode ser contemplado sob três espécies:

a) o direito de informar;

b) o direito de se informar;

c) o direito de ser informado[51].

O direito de informar é basicamente uma prerrogativa conferida pela Carta Magna; os outros dois são obrigações, e bastante relevantes para a questão do consumidor. Examinemos cada um deles.

3.9.1. O direito de informar

É uma prerrogativa constitucional (uma permissão) concedida às pessoas físicas e jurídicas. Vale ler o texto magno. É o dispositivo do *caput* do art. 220 que dispõe, *in verbis*:

"A manifestação do pensamento, a criação, a expressão e a informação, sob qualquer forma, processo ou veículo não sofrerão qualquer restrição, observado o disposto nesta Constituição".

Essa norma é solidificada por outra pétrea das garantias fundamentais. A do inciso IX do art. 5º, que dispõe, *in verbis*: "é livre a expressão da atividade intelectual, artística, científica e de comunicação, independentemente de censura ou licença".

Esses dispositivos, todavia, não são absolutos, uma vez que o direito de informar encontra limites no próprio texto constitucional.

É no próprio art. 5º que esses limites aparecem. Inicie-se pelo inciso X, comentado no item anterior. Lembremos sua dicção: "são invioláveis a intimidade, a vida privada, a honra e a imagem das pessoas, assegurado o direito a indenização pelo dano material ou moral decorrente de sua violação".

"São invioláveis", diz o texto. Logo, o direito de informar não pode transpor os limites estabelecidos nessa norma. Não pode violar a intimidade, a vida privada, a honra e a imagem das pessoas[52].

Como decorrência do direito de informar, a norma fundamental deixou garantido o direito da informação jornalística, e já nesse aspecto até mesmo declarou certos limites. Leia-se a propósito o § 1º do citado art. 220, que dispõe:

---

51. Cf. Vidal Serrano Nunes Júnior, *A proteção constitucional da informação e o direito à crítica jornalística*, p. 31 e s.

52. Ver comentários completos sobre esses conceitos no item 3.8.

"§ 1º Nenhuma lei conterá dispositivo que possa constituir embaraço à plena liberdade de informação jornalística em qualquer veículo de comunicação social, *observado o disposto no art. 5º, IV, V, X, XIII e XIV*" (grifamos).

O inciso X acabamos de comentar. De fato, ele é um limite à informação em geral e à informação jornalística em particular.

Todavia, gostaríamos de recolocar nossa tese a respeito da informação jornalística e do interesse público que a norma envolve.

O direito de informação jornalística é, com efeito, simultaneamente um direito de receber informação jornalística. É o interesse público que está em jogo. Como a norma constitucional do direito de informar aparece com uma prerrogativa, isto é, está posta com o modal deôntico da permissão, tem-se uma espécie de paradoxo: permissão dos dois lados. O direito de informar tem relação com o direito de ser informado[53].

Dois direitos, nenhum dever. O ciclo normativo mandar-obedecer não se completa.

Todavia, é exatamente esse outro direito de ser informado que vai permitir, em nossa opinião, a construção da teoria capaz de fazer com que, também, os limites estabelecidos no inciso X do art. 5º não sejam absolutos.

Se há direito de se informar há, portanto, interesse público e é este que definirá a possibilidade de ser transmitida a informação jornalística[54].

3.9.2. O direito de se informar

O direito de se informar é uma prerrogativa concedida às pessoas. Decorre do fato da existência da informação. O texto constitucional, no inciso XIV do art. 5º, assegura primeiramente esse direito no que respeita à informação em geral, mas garante o sigilo da fonte, quando necessário ao exercício profissional. Esse é um limite. Mas há outros: o do inciso X, já estudado, e o do inciso XXXIII, que examinaremos.

Quando se trata de informação relativa à própria pessoa, a Constituição Federal garante-lhe inclusive um remédio processual específico: o

---

53. Veremos mais à frente que, para fins do cumprimento da Lei n. 8.078/90, o direito de ser informado é completo, por ser, também, simultaneamente obrigação (do fornecedor) dar a informação.

54. Para mais detalhes a respeito deste tema, ver nosso *Comentários ao Código de Defesa do Consumidor*, cit., Parte I, Capítulo 13.

habeas data, tratado no inciso LXXII do art. 5º. Mas vejamos cada um desses dispositivos.

Inciso XIV: "é assegurado a todos o acesso à informação e resguardado o sigilo da fonte, quando necessário ao exercício profissional".

Sabe-se que o exercício de um direito subjetivo significa a possibilidade da exigência de alguém. Isto é, a prerrogativa de um corresponde à obrigação de outro. Assim, quando a Constituição garante a todos o acesso à informação, tem-se de entender que essa informação deve estar com alguém que terá a obrigação de fornecê-la.

Já falamos do direito de informar no item anterior. Trata-se de uma garantia de comunicação social (com os limites também já abordados). Uma vez produzida essa informação, torna-se pública, social, pertencendo a toda a coletividade. É desse caráter difuso da informação que decorre o direito de todos receberem-na — e exigirem-na —, previsto no inciso em comento.

O acesso à informação, todavia, não é absoluto: encontra limites no próprio inciso XIV e no inciso X, já comentado.

Com efeito, é possível exigir a informação de quem a detém, desde que sejam respeitadas a intimidade, a vida privada, a honra e a imagem das pessoas, da maneira como se deve entender tais outras garantias.

Quanto ao sigilo profissional, dois aspectos devem ser abordados:

a) de um lado, a efetiva garantia do sigilo nos casos em que profissionalmente ela seja necessária ou signifique a garantia de outros direitos. Por exemplo, no caso do sigilo de fonte do jornalista, ela é necessária; na hipótese do psicanalista e seu cliente, ela é necessária e representa também a garantia do direito à intimidade;

b) de outro lado, o sigilo da fonte não pode significar o acobertamento de violações a garantias constitucionais, especialmente aquelas entendidas como princípios fundamentais ou supranormas, tais como a garantia do direito à vida e à dignidade da pessoa humana.

Dizendo em outros termos, ainda que o sigilo profissional esteja previsto como possibilidade de garantia, é necessário compreender sua correlação com as garantias constitucionais primeiras[55].

---

55. Para mais dados sobre este tema, consulte-se nosso *Comentários ao Código de Defesa do Consumidor*, cit., Parte I, Capítulo 13.

3.9.3. O direito de ser informado

No âmbito constitucional o direito de ser informado é menos amplo do que no sistema infraconstitucional de defesa do consumidor[56]. O direito de ser informado nasce, sempre, do dever que alguém tem de informar.

Basicamente, o texto magno estabelece o dever de informar que têm os órgãos públicos. No que tange ao dever de informar das pessoas em geral e das pessoas jurídicas com natureza jurídica privada, é o Código de Defesa do Consumidor que estabelece tal obrigatoriedade ao fornecedor. Tendo em vista que a Lei n. 8.078/90 nasce, como vimos, das determinações constitucionais que obrigam a que seja feita a defesa do consumidor, implantada em meio a uma série de princípios, todos interpretados e aplicáveis de forma harmônica, não resta dúvida de que o dever de informar só podia ser imposto ao fornecedor. Quando examinarmos mais à frente esse aspecto no CDC, veremos todas as suas nuanças.

Por ora, continuemos a análise dos dispositivos constitucionais que apontam o direito de ser informado.

Dizíamos que a Carta Magna regra o dever dos órgãos públicos. Essa obrigação nasce do estabelecido no inciso XXXIII do art. 5º, em consonância com o princípio da publicidade do *caput* do art. 37.

Com efeito, dispõem tais normas:

"Art. 5º (...)

XXXIII — todos têm direito a receber dos órgãos públicos informações de seu interesse particular, ou de interesse coletivo em geral, que serão prestadas no prazo da lei, sob pena de responsabilidade, ressalvadas aquelas cujo sigilo seja imprescindível à segurança da sociedade e do Estado".

"Art. 37. A administração pública direta e indireta de qualquer dos Poderes da União, dos Estados, do Distrito Federal e dos Municípios obedecerá aos princípios de legalidade, impessoalidade, moralidade, *publicidade* e eficiência e, também, ao seguinte:" (grifamos).

Vê-se, pela leitura dos dois dispositivos, que os órgãos públicos têm não só a obrigação de prestar informações como a de praticar seus atos de forma transparente, atendendo ao princípio da publicidade. A exceção fica por conta das hipóteses em que o sigilo seja necessário para o resguardo da

---

56. Conforme veremos no Capítulo 21.

segurança da sociedade e do Estado, como acontece nos casos em que a informação possa causar pânico.

A publicidade prevista no *caput* do art. 37 impõe ao Poder Público, nos seus atos regulares, que aja aberta e transparentemente. O Superior Tribunal de Justiça já se manifestou a esse respeito, dizendo que tal princípio impede que a Administração avalie, mediante procedimento secreto, os antecedentes e a conduta de candidato em concurso público, para alijá-lo da disputa[57].

Dessa maneira, no sistema constitucional, o dever de informar — donde decorre o direito de ser informado — está dirigido aos órgãos públicos.

Além disso, como a informação está ligada ao princípio da moralidade, é de extrair daí o conteúdo ético necessário que deve pautar a informação fornecida. E ele é o valor ético fundamental da verdade.

A informação não pode faltar com a verdade daquilo que informa de maneira alguma, quer seja por afirmação, quer por omissão. Nem mesmo manipulando frases, sons e imagens para, de maneira confusa ou ambígua, iludir o destinatário da informação.

É de notar que o § 1º desse art. 37 regula outra publicidade. Nós a avaliaremos, em conjunto com a publicidade comercial, no item 3.12, *infra*, que trata do princípio da publicidade.

3.10. Princípios gerais da atividade econômica

Antes de analisarmos os princípios indicados no título é importante lembrar que os princípios e normas constitucionais têm de ser interpretados de forma harmônica, ou seja, é necessário definir parâmetros para que um não exclua o outro e, simultaneamente, não se autoexcluam.

Isso, todavia, como já observamos, não impede que um princípio ou norma limite a abrangência de outro princípio ou norma. Assim, por exemplo, deve parecer evidente ao intérprete que "dignidade da pessoa humana" é um princípio excludente de qualquer outro que possa atingi-lo. E, também, essa constatação não elimina outros princípios e normas; apenas os delimita nos exatos termos em que devem ser interpretados.

Realcemos, então, alguns princípios estampados na Carta Magna para contrapô-los a outros que interessam diretamente à questão das relações de

---

57. *RDA* 184/124.

consumo. Guardemos em mente a garantia absoluta da "dignidade da pessoa humana", depois a dos "valores sociais do trabalho e valores sociais da livre iniciativa"; a da construção de "uma sociedade livre, justa e solidária"; a da erradicação da "pobreza e da marginalização e da redução das desigualdades sociais e regionais"; a da promoção do "bem de todos, sem preconceitos de origem, raça, sexo, cor, idade e quaisquer outras formas de discriminação", e ainda a da igualdade de todos "perante a lei, sem distinção de qualquer natureza", com a garantia da "inviolabilidade do direito à vida, à liberdade, à igualdade, à segurança e à propriedade".

Agora, remetamo-nos diretamente aos princípios gerais da atividade econômica, capítulo importante do título que cuida da ordem econômica e financeira. Vejamos o art. 170, seus incisos e parágrafo único — que terá de ser examinado à luz dos princípios acima mencionados (e em consonância com eles). Dispõe o art. 170, *in verbis*:

"Art. 170. A ordem econômica, fundada na valorização do trabalho humano e na livre iniciativa, tem por fim assegurar a todos existência digna, conforme os ditames da justiça social, observados os seguintes princípios:

I — soberania nacional;

II — propriedade privada;

III — função social da propriedade;

IV — livre concorrência;

V — defesa do consumidor;

VI — defesa do meio ambiente;

VII — redução das desigualdades regionais e sociais;

VIII — busca do pleno emprego;

IX — tratamento favorecido para as empresas de pequeno porte constituídas sob as leis brasileiras e que tenham sua sede e administração no País.

Parágrafo único. É assegurado a todos o livre exercício de qualquer atividade econômica, independentemente de autorização de órgãos públicos, salvo nos casos previstos em lei".

O art. 170 como um todo estabelece princípios gerais para a atividade econômica. Estes têm de ser interpretados, também, como já o dissemos, de modo a permitir uma harmonização de seus ditames. Acontece que não basta examinar os princípios estampados nos nove incisos dessa norma apenas entre si mesmos. É necessário adequá-los àqueles outros aos quais chamamos a atenção.

O *caput* do art. 170 está já em harmonia com aqueles outros princípios. Dos nove princípios instituídos nos incisos, quatro nos interessam em nosso exame. São eles: propriedade privada; função social da propriedade; livre concorrência; defesa do consumidor, e a possibilidade de exploração da atividade econômica — com seu natural risco — prevista no parágrafo único do art. 170.

Ora, a Constituição Federal garante a livre iniciativa? Sim. Estabelece garantia à propriedade privada? Sim. Significa isso que, sendo proprietário, qualquer um pode ir ao mercado de consumo praticar a "iniciativa privada" sem nenhuma preocupação de ordem ética no sentido da responsabilidade social? Pode qualquer um dispor de seus bens de forma destrutiva para si e para os demais partícipes do mercado? A resposta a essas duas questões é não.

Os demais princípios e normas colocam limites — aliás, bastante claros — à exploração do mercado. É verdade que a livre iniciativa está garantida. Porém, a leitura do texto constitucional define que:

a) o mercado de consumo aberto à exploração não pertence ao explorador; ele é da sociedade e em função dela, de seu benefício, é que se permite sua exploração;

b) como decorrência disso, o explorador tem responsabilidades a saldar no ato exploratório; tal ato não pode ser espoliativo;

c) se lucro é uma decorrência lógica e natural da exploração permitida, não pode ser ilimitado; encontrará resistência e terá de ser refreado toda vez que puder causar dano ao mercado e à sociedade;

d) excetuando os casos de monopólio do Estado (p. ex., do art. 177), o monopólio, o oligopólio e quaisquer outras práticas tendentes à dominação do mercado estão proibidos;

e) o lucro é legítimo, mas o risco é exclusivamente do empreendedor. Ele escolheu arriscar-se: não pode repassar esse ônus para o consumidor.

Essas considerações são decorrentes da interpretação dos princípios já expostos e que devem ser harmonizados.

Com efeito, a da letra *a* decorre das garantias constitucionais da função social da propriedade, da defesa do consumidor, da construção de uma sociedade livre, justa e solidária e da promoção do bem comum. Tudo fundado no princípio máximo da garantia da dignidade da pessoa humana.

Quanto ao estabelecido nas letras *b*, *c*, *d* e *e*, as bases são as mesmas. Contudo, reforce-se o aspecto da livre concorrência e da defesa do consumidor.

O estabelecimento de um princípio como o da livre concorrência tem uma destinação específica. Pretende que o explorador seja limitado pelo outro explorador e também pelo próprio mercado. Investiguemos de perto.

Que é o mercado? De que ele se compõe?

O mercado é uma ficção econômica, mas também é uma realidade concreta. Como dissemos, ele pertence à sociedade. Não é da propriedade, posse ou uso de ninguém em particular e também não é exclusividade de nenhum grupo específico. A existência do mercado é confirmada por sua exploração diuturna concreta e histórica. Mas essa exploração não pode ser tal que possa prejudicar o próprio mercado ou a sociedade.

O mercado é composto, como se sabe, não só pelos empreendedores da atividade econômica, mas também pelos consumidores. Não existe mercado sem consumidor.

Ao estipular como princípios a livre concorrência e a defesa do consumidor, o legislador constituinte está dizendo que nenhuma exploração poderá atingir os consumidores nos direitos a eles outorgados (que estão regrados na Constituição e também nas normas infraconstitucionais). Está também designando que o empreendedor tem de oferecer o melhor de sua exploração, independentemente de atingir ou não os direitos do consumidor. Ou, em outras palavras, mesmo respeitando os direitos do consumidor, o explorador tem de oferecer mais. A garantia dos direitos do consumidor é o mínimo. A regra constitucional exige mais. Essa ilação decorre do sentido de livre concorrência.

Quando se fala em regime capitalista fundado na dignidade da pessoa humana, nos valores sociais e na cidadania, como é o nosso caso, o que se está pressupondo é que esse regime capitalista é fundado num mercado, numa possibilidade de exploração econômica que vai gerar responsabilidade social, porque é da sociedade que se trata.

Livre mercado composto de consumidores e fornecedores tem, na ponta do consumo, o elemento fraco de sua formação, pois o consumidor é reconhecidamente vulnerável como receptor dos modelos de produção unilateralmente definidos e impostos pelo fornecedor. A questão não é, pois — como às vezes a doutrina apresenta —, de ordem econômica ou financeira, mas técnica: o consumidor é mero espectador no espetáculo da produção[58].

---

58. Há, claro, consumidores abastados, pessoas físicas ou jurídicas, o que não lhes retira a vulnerabilidade técnica.

O reconhecimento da fragilidade do consumidor no mercado está ligado à sua hipossuficiência técnica: ele não participa do ciclo de produção e, na medida em que não participa, não tem acesso aos meios de produção, não tendo como controlar aquilo que compra de produtos e serviços; não tem como fazê-lo e, na medida em que não tem como fazê-lo, precisa de proteção. É por isso que quando chegamos ao CDC há uma ampla proteção ao consumidor com o reconhecimento de sua vulnerabilidade (no art. 4º, I).

A livre concorrência é essencialmente uma garantia do consumidor e do mercado. Ela significa que o explorador tem de oferecer ao consumidor produtos e serviços melhores do que os de seu concorrente. Essa obrigação é posta *ad infinitum*, de forma que sempre haja melhora. Evidente que esse processo de concorrência se faz não só pela qualidade, mas também por seu parceiro necessário: o preço. O forte elemento concorrencial na luta pelo consumidor é o binômio "qualidade/preço"[59].

Dessa maneira, há sim uma meta na exploração: é a da produção e oferta de produtos e serviços com a melhor qualidade e o menor preço possíveis.

Além disso, como todo substrato dos princípios é o da garantia da dignidade da pessoa humana, mesmo atingindo esse nível de excelência constitucional o empreendedor ainda remanesce com uma imputabilidade ética: seu lucro, ainda que legítimo nos termos que apresentamos, deve contribuir para a construção de uma sociedade fundada nesse princípio. Todo explorador tem responsabilidade social para com todos os indivíduos, mesmo para com aqueles que não são seus clientes[60].

O outro aspecto fundamental para o entendimento do direito material do consumidor é o princípio que se extrai da harmonização dos demais princípios do art. 170 na relação com os outros mais relevantes (dignidade da pessoa humana, vida sadia, justiça etc.). É o do risco da atividade do empreendedor.

É que a garantia da livre iniciativa tem uma contrapartida: o empreendedor age porque quer. Cabe unicamente a ele decidir se vai explorar ou não o mercado.

---

59. O grande desenvolvimento da indústria japonesa deveu-se, em larga medida, à compreensão dessa dicotomia. Tornou-se conhecida a capacidade dos empreendedores japoneses de oferecer produtos de melhor qualidade que a concorrência a menores preços.

60. No caso brasileiro, infelizmente, há pessoas que não podem ser clientes de ninguém, por falta de condições mínimas de subsistência.

Não está ele obrigado a desenvolver qualquer negócio ou atividade. Se o fizer e obtiver lucro, é legítimo que tenha o ganho. Mas, se sofrer perdas, elas também serão suas.

Assim, aquele que quer promover algum negócio lícito, pode fazê-lo, mas deve saber que assume integralmente o risco de a empreitada dar certo ou não. E o Código de Defesa do Consumidor assimilou do texto constitucional corretamente essa imposição.

Repise-se, então, que, do ponto de vista do texto constitucional, a possibilidade de produção implica um sistema capitalista de proteção e livre concorrência, o que importa em risco para aquele que vai ao mercado explorá-lo.

A característica fundamental da produção na sociedade capitalista a partir do sistema jurídico constitucional brasileiro é esse do risco da atividade. Quem corre risco ao produzir produtos e serviços é o fornecedor, jamais o consumidor.

Examinemos um exemplo elucidativo: se o estudante de direito torna-se bacharel, inscreve-se na Ordem dos Advogados, e, no mês seguinte ao da inscrição, aluga um andar inteiro, digamos na Av. Paulista, na Capital de São Paulo — o metro quadrado mais caro do País — com 500 m², emprega cinco secretárias, adquire 20 linhas telefônicas, contrata 6 estagiários, estará assumindo risco da sua atividade de prestador de serviço público essencial — a advocacia. Pode fazê-lo, mas tudo indica que ele irá quebrar, porque acabará descobrindo que é difícil conseguir cliente quando se é recém-formado. Mas é direito dele montar o negócio de prestação de serviços, apesar do exagero do porte inicial.

Se esse advogado ficar dois meses sem receber a visita de um único cliente vai amargar altos custos sem poder repassá-los aos futuros clientes. É risco seu. Se, por um acaso, num belo dia, aparecer no escritório um casal jovem querendo se separar judicialmente — ele engenheiro com salário de R$ 3.000,00 mensais; ela médica com o mesmo salário, mensal; sem bens a partilhar — e o advogado quiser cobrar deles todo o custo de seu risco, por exemplo, R$ 50.000,00, com certeza não vai dar certo; o casal virará as costas e irá embora. É a prova de que o risco é só do empreendedor. E não é por outro motivo que, mesmo mediante cláusula contratual firmada com o consumidor, não pode o risco ser repassado.

Mas vamos supor que o advogado cobre do casal para fazer a separação judicial — que no caso deles é feita diretamente no Cartório de Notas — honorários de R$ 5.000,00 mais despesas.

Digamos que o casal pague R$ 2.000,00 no ato e o restante quando da lavratura de escritura e, por falta de documentos, demore mais de trinta dias.

Suponhamos também que aquele advogado novo, que acabara de montar o custoso escritório, tenha conseguido, naquele primeiro mês de abertura apenas aqueles dois clientes da separação judicial.

Chega o fim do mês, o custo do empreendimento é altíssimo e as expectativas dele, advogado, não foram preenchidas. O gasto fixo e crescente (aluguel, uso de linhas telefônicas, internet, despesas de materiais de escritório etc.) é muito superior à receita (ele recebeu apenas R$ 2.000,00 e receberá ainda mais R$ 3.000,00).

Perguntamos: poderia o advogado chamar o engenheiro e a médica e dizer: "Olha, vocês são meus primeiros clientes. Quando eu firmei o contrato de honorários e o preço com vocês, eu tinha uma expectativa de um alto faturamento que, infelizmente não se concretizou. Então, sou obrigado a mudar o valor dos honorários que eu cobrei de vocês. Não é mais R$ 5.000,00; é R$ 10.000,00".

Pode?

Claro que não!

Uma vez fixado o preço do serviço, ele não pode mais ser aumentado, nem por disposição contratual[61].

O preço fixado é risco do advogado, que o firmou com base nos cálculos de seu custo; esse risco não pode ser repassado ao consumidor.

Desse modo, é pelo mesmo motivo que um banco, uma operadora de plano de saúde, ou uma indústria de automóveis, uma prestadora de serviço público essencial, enfim, qualquer empreendedor está proibido de repassar o risco de seu negócio para o consumidor, assim como também não podem majorar o preço unilateralmente depois de este ter sido fixado.

Quem quiser, portanto, se estabelecer produzindo pneus, abrindo bancos, vendendo produtos e serviços, pode fazê-lo, mas corre o risco da atividade. É por isso que, quando se vai estudar responsabilidade civil objetiva na Lei n. 8.078, vê-se que ela foi estabelecida de forma clara e precisa, impedindo qualquer possibilidade daquele fabricante, produtor, prestador de serviço etc. se esquivar. Esse risco fará com que aquele que vai ao mercado

---

61. Ver nossos comentários ao inciso X do art. 51 à frente, que declara nula a cláusula que permite a variação unilateral do preço.

oferecer produtos e serviços assuma integralmente a responsabilidade por eventuais danos que seus produtos e seus serviços possam causar aos consumidores, assim como, repita-se, impede que, mediante cláusula contratual, ele seja repassado ao consumidor.

É preciso que se afirme esse princípio do risco com todas as letras: a decisão de empreender é livre; o lucro decorrente dessa exploração é legítimo; o risco é total do empreendedor. Isso implica que, da mesma forma como ele não repassa o lucro para o consumidor, não pode, de maneira alguma, passar-lhe o risco. Nenhum risco, mesmo parcial, pode ser repassado. Ressalte-se que esse risco não pode ser dividido quer por meio de cláusula contratual, quer por meio de ações concretas ou comportamentos reais. Nem por norma infraconstitucional — que seria viciada por inconstitucionalidade — poder-se-ia transferir o risco da atividade para o consumidor[62].

A outra previsão importante, como dissemos, é a da livre concorrência, estampada no inciso IX do art. 170 da Constituição Federal.

Por que é que a Constituição Federal brasileira assimilou da história essa ideia de livre concorrência? Na verdade, ela assimilou porque a livre concorrência implica proteção ao consumidor.

Pensar, então, essa questão constitucional é entender o que ela quer dizer com livre concorrência e isso só pode significar melhores produtos e serviços a iguais ou menores preços. "Melhor" produto ou serviço quer dizer mais segurança, mais eficiência, mais economia de uso, maior durabilidade, menor índice de quebra (vício) e menor possibilidade de acidente (defeito) etc.

3.11. Princípio da eficiência

Se para a iniciativa privada a Constituição Federal guardou os princípios gerais da atividade econômica, por meio dos quais, como se viu, o empreendedor está obrigado a assumir riscos e, pelo parâmetro da concorrência, oferecer produtos e serviços com melhor qualidade e preço mais baixo, para os serviços públicos o texto magno reservou a eficiência.

---

62. Ver as excludentes da responsabilidade na questão do fato do produto (Cap. 14, item 14.15) e fato de serviço (Cap. 15, item 15.16).

Com efeito, dispõe o *caput* do art. 37 da Constituição Federal, *verbis*:

"Art. 37. A administração pública direta e indireta de qualquer dos Poderes da União, dos Estados, do Distrito Federal e dos Municípios obedecerá aos princípios de legalidade, impessoalidade, moralidade, publicidade e eficiência e, também, ao seguinte:".

A redação do *caput* do art. 37 é a efetuada pela Emenda Constitucional n. 19, de 4 de junho de 1998, que exatamente incluiu o termo "eficiência" na norma.

Mas o inciso IV do parágrafo único do art. 175 já dispunha, *verbis*:

"IV — a obrigação de manter serviço adequado".

Assim, percebe-se a evolução do legislador constitucional. À obrigatoriedade da adequação do serviço público se acresceu a eficiência.

Isso significa que não basta haver adequação, nem estar à disposição das pessoas. O serviço tem de ser *realmente* eficiente; tem de cumprir sua finalidade na realidade concreta.

O sentido de eficiência remete ao resultado: é eficiente aquilo que funciona. Assim, por exemplo, o setor de saúde pública brasileiro, sabidamente, não tem cumprido o comando constitucional.

A eficiência é um *plus* necessário da adequação. O indivíduo recebe serviço público eficiente quando a necessidade para a qual este foi criado é suprida concretamente. É isso que o princípio constitucional pretende[63].

3.12. Publicidade

3.12.1. Publicidade ou propaganda?

A publicidade como meio de aproximação do produto e do serviço ao consumidor tem guarida constitucional, ingressando como princípio capaz de orientar a conduta do publicitário no que diz respeito aos limites da possibilidade de utilização desse instrumento.

É que todos os demais princípios constitucionais, em especial os aqui retratados anteriormente, devem ser respeitados, além, é claro, dos próprios limites impostos pelo princípio da publicidade da Carta Magna.

Mas, antes de prosseguirmos, é importante elucidar um problema muito comum do uso da linguagem sobre o assunto. Costuma-se usar o

---

63. Ver mais sobre o princípio da eficiência nos comentários ao art. 22 do CDC, item 5.5.

vocábulo "publicidade" algumas vezes como espécie de "propaganda"; noutras, a palavra "propaganda" é reservada para a ação política e religiosa, enquanto "publicidade" é utilizada para a atividade comercial etc. Mas não há razões para a distinção.

Tomado pela etiologia, vê-se que o termo "propaganda" tem origem no latim "*propaganda*, do gerundivo de 'propagare', 'coisas que devem ser propagadas'"[64]. Donde afirmar-se que a palavra comporta o sentido de propagação de princípios, ideias, conhecimentos ou teorias.

O vocábulo "publicidade", por sua vez, aponta para a qualidade daquilo que é público ou do que é feito em público[65].

Ambos os termos, portanto, seriam bastante adequados para expressar o sentido buscado pelo anunciante de produto ou serviço.

O mais importante, porém, é o fato de que a própria Constituição Federal não faz a distinção. Assim, por exemplo, ela fala em "propaganda" (art. 220, § 3º, II), "propaganda comercial" (art. 22, XXIX, e § 4º do art. 220), "publicidade dos atos processuais" (art. 5º, LX), "publicidade" (art. 37, *caput* e § 1º).

Poder-se-ia objetar que o tipo da "propaganda comercial" é aquele voltado para o meio utilizado pelos empreendedores para estabelecer contato com os consumidores, uma vez que quando fala em propaganda e propaganda comercial a Carta Magna está-se referindo a bebidas alcoólicas, medicamentos, terapias e agrotóxicos (§ 4º do art. 220) ou a produtos, "práticas e serviços" nocivos à saúde e ao meio ambiente (inciso II do § 3º do art. 220).

Acontece que os serviços públicos são também em parte dirigidos ao consumidor e a todos os indivíduos, e ao tratar desses serviços a norma constitucional usa o termo "publicidade" (§ 1º do art. 37).

Logo, os dois vocábulos podem ser usados como sinônimos[66].

---

64. *Novo dicionário Aurélio da língua portuguesa*, p. 1402.

65. *Novo dicionário Aurélio da língua portuguesa*, cit., p. 1414.

66. Do ponto de vista das normas infraconstitucionais somente o uso dos termos como sinônimos resolve a confusão. É que a situação nessa esfera é pior: A Lei n. 8.078 fala em "publicidade" (arts. 6º, IV, 30, 35, 36, 37, Seção III, arts. 67, 68 e 69) e "propaganda" (especificamente "contrapropaganda": arts. 56, XII, e 60, *caput* e § 1º). A Lei n. 4.137, de 10 de setembro de 1962, que regulou a repressão ao abuso do poder econômico, fala em "propaganda publicitária" (art. 2º, V, *a*). O Código Brasileiro de Autorregulamentação Publicitária, criado pelos *experts* no assunto, usa os dois termos: "publicidade" (art. 5º, 7º etc.); "publicidade comercial" (art. 8º, 10 etc.); "propaganda política" (art. 11); "publicidade governamental" (art. 12) etc. E a

3.12.2. Publicidade e produção

Não se deve confundir a publicidade com a produção, ainda que aquela represente a "produção" realizada pelo publicitário, agência etc., pois sua razão de existir funda-se em algum produto ou serviço que se pretenda mostrar e/ou vender.

Dessa maneira, é de ver que a publicidade não é produção primária, mas instrumento de apresentação e/ou venda dessa produção.

Já tivemos oportunidade de verificar que a exploração de qualquer atividade tem fundamento na Constituição Federal, que estabelece limites para harmonizá-la com as demais garantias fundamentais. E se, então, a própria exploração e produção primária são limitadas, por mais força de razão pode e deve haver controle da atividade publicitária, que, como se disse, é instrumental, ligada àquela de origem, uma vez que serve como meio de fala dos produtos e serviços: a publicidade anuncia, descreve, oferece, divulga, propaga etc.

Assim, tanto a atividade de exploração primária do mercado, visando a produção, tem limites estabelecidos na Carta Magna quanto, naturalmente, a publicidade que dela fala (da produção) é restringida.

3.12.3. Publicidade e verdade

Vimos no item anterior que a produção não pode violar os vários princípios garantidos na Carta Magna. A publicidade, que é dependente da produção, com mais força de razão sofre as mesmas restrições. Mas há mais.

A Constituição Federal cuidou da publicidade do serviço público no art. 37, que regula, entre outros, o princípio da moralidade (§ 1º desse art. 37). E tratou da publicidade de produtos, práticas e serviços no capítulo da comunicação social (inciso II do § 3º do art. 220), guardando regra especial para anúncios de bebidas alcoólicas, agrotóxicos, medicamentos e terapias (§ 4º do art. 220)[67].

Pois bem. O inciso II do § 3º do art. 220 referido estabelece que se

Lei n. 4.680, de 18 de junho de 1965, que regulamenta a profissão de publicitário e agenciador de propaganda, dispõe: "compreende-se por propaganda qualquer forma remunerada de difusão de ideias, mercadorias ou serviços por parte de um anunciante identificado" (art. 5º — a regra é repetida no regulamento da lei: Decreto n. 57.690, de 1º-2-1966, art. 2º).

67. Ver no Capítulo 22 comentários à Lei n. 9.294/96, elaborada com base na norma constitucional.

deve proteger a pessoa e a família contra a publicidade nociva à saúde e ao meio ambiente. A pessoa e a família, além de outras garantias, têm assegurado o respeito a valores éticos (inciso IV do art. 221).

Assim, tanto no art. 37 quanto no capítulo da comunicação social a Carta Magna protege a ética. E para fins de publicidade em matéria de relações de consumo, o valor ético fundamental é o da verdade.

O anúncio publicitário não pode faltar com a verdade daquilo que anuncia, de forma alguma, quer seja por afirmação quer por omissão. Nem mesmo manipulando frases, sons e imagens para, de maneira confusa ou ambígua, iludir o destinatário do anúncio.

3.13. Exercícios

3.13.1. O CDC, no art. 4º, que dita a Política Nacional das Relações de Consumo, giza alguns objetivos e princípios básicos que ganham corpo e aplicação em vários dispositivos dessa legislação. Aponte, para cada objetivo e princípio abaixo assinalado, os dispositivos constitucionais correspondentes, justificando a resposta.

    a. respeito à dignidade do consumidor;

    b. respeito à saúde e segurança;

    c. proteção dos interesses econômicos;

    d. harmonização das relações de consumo;

    e. reconhecimento da vulnerabilidade do consumidor;

    f. boa-fé e equilíbrio nas relações de consumo;

    g. educação e informação de fornecedores e consumidores.

3.13.2. Analise a questão da responsabilidade civil objetiva do transportador aéreo no caso do extravio de bagagem. A Convenção de Varsóvia estipula a responsabilidade objetiva com indenização tarifada de US$20.00 por quilo de bagagem extraviada. Responda ao seguinte:

    a. O CDC revogou a Convenção posta em vigor por decreto legislativo?

    b. Se sim ou não na resposta à questão anterior, ainda assim, aplicam-se os princípios do CDC no caso em exame?

    c. Se o consumidor conseguir provar que efetivamente sua perda foi maior do que o valor advindo da indenização tarifada, terá direito ao restante?

4. O CÓDIGO DE DEFESA DO CONSUMIDOR

4.1. Lei principiológica

Antes ainda de ingressarmos no exame das normas estabelecidas na Lei n. 8.078/90 é necessário colocar uma questão preliminar, que deve nortear o trabalho de todos aqueles que pretendem compreendê-la.

É preciso que se estabeleça claramente o fato de o CDC ter vida própria, tendo sido criado como subsistema autônomo e vigente dentro do sistema constitucional brasileiro.

Além disso, os vários princípios constitucionais que o embasam são elementos vitais ao entendimento de seus ditames.

Não será possível interpretar adequadamente a legislação consumerista se não se tiver em mente esse fato de que ela comporta um subsistema no ordenamento jurídico, que prevalece sobre os demais — exceto, claro, o próprio sistema da Constituição, como de resto qualquer norma jurídica de hierarquia inferior —, sendo aplicável às outras normas de forma supletiva e complementar[1].

Além disso, a edição do Código de Defesa do Consumidor inaugurou um novo modelo jurídico dentro do Sistema Constitucional Brasileiro, ainda pouco explorado pela Teoria do Direito.

Em primeiro lugar, a Lei n. 8.078/90 é Código por determinação constitucional (conforme art. 48 do ADCT/CF), o que mostra, desde logo, o primeiro elemento de ligação entre ele e a Carta Magna.

Ademais, o CDC é uma lei principiológica, modelo até então inexistente no Sistema Jurídico Nacional.

---

1. A designação do alcance específico da Lei n. 8.078/90 se dá pela explicitação do sentido de relação de consumo, fixada no estabelecimento da definição do conceito de consumidor, de fornecedor, de produto e de serviço. Leiam-se a respeito, à frente, os comentários feitos nos itens 5.1, 5.2, 5.3 e 5.4.

Como lei principiológica entende-se aquela que ingressa no sistema jurídico, fazendo, digamos assim, um corte horizontal, indo, no caso do CDC, atingir toda e qualquer relação jurídica que possa ser caracterizada como de consumo e que esteja também regrada por outra norma jurídica infraconstitucional. Assim, por exemplo, um contrato de seguro de automóvel continua regulado pelo Código Civil e pelas demais normas editadas pelos órgãos governamentais que regulamentem o setor (Susep, Instituto de Resseguros etc.), porém estão tangenciados por todos os princípios e regras da lei n. 8.078/90, de tal modo que, naquilo que com eles colidirem, perdem eficácia por tornarem-se nulos de pleno direito.

E mais e principalmente: o caráter principiológico específico do CDC é apenas e tão somente um momento de concretização dos princípios e garantias constitucionais vigentes desde 5 de outubro de 1988 como cláusulas pétreas, não podendo, pois, ser alterados.

Com efeito, o que a lei consumerista faz é tornar explícitos, para as relações de consumo, os comandos constitucionais. Dentre estes destacam-se os Princípios Fundamentais da República, que norteiam todo o regime constitucional e os direitos e garantias fundamentais.

Assim, e conforme já apontamos, à frente de todos está o superprincípio da dignidade da pessoa humana (CF, art. 1º, III), como especial luz a imantar todos os demais princípios e normas constitucionais e apresentando-se a estes como limite intransponível e, claro, a toda e qualquer norma de hierarquia inferior.

A seguir, no texto constitucional estão os demais princípios e garantias fundamentais que são reconhecidos no CDC e que aqui relembramos: o princípio da igualdade (CF, art. 5º, *caput* e inciso I); a garantia da imagem, da honra, da privacidade, da intimidade, da propriedade e da indenização por violação a tais direitos de modo material e também por dano moral (CF, art. 5º, V, c/c, os incisos X e XXII); ligado à dignidade e demais garantias está o piso vital mínimo insculpido como o direito à educação, à saúde, ao trabalho, ao lazer, à segurança, à previdência social, à maternidade etc. (CF, art. 6º); e unidos a todos esses direitos está o da prestação de serviços públicos essenciais com eficiência, publicidade, impessoalidade e moralidade (CF, art. 37, *caput*).

Não se pode olvidar que é também cláusula pétrea como dever absoluto para o Estado a defesa do consumidor (CF, art. 5º, XXXII).

Resta ainda lembrar que a Constituição Federal estabelece que o regime econômico brasileiro é capitalista, mas limitado (CF, art. 1º, IV, c/c arts.

170 e s.): são fundamentos da república os valores sociais do trabalho e os valores sociais da livre iniciativa (CF, art. 1º, IV), e a defesa do consumidor é princípio fundamental da ordem econômica (CF, art. 170, V).

Ora, o CDC nada mais fez do que concretizar numa norma infraconstitucional esses princípios e garantias constitucionais. Assim está previsto expressamente no seu art. 1º.

O respeito à dignidade, à saúde, à segurança, à proteção dos interesses econômicos, e à melhoria de qualidade de vida está também expressamente previsto no seu art. 4º, *caput*.

A característica de vulnerabilidade do consumidor prevista no inciso I do art. 4º decorre diretamente da aplicação do princípio da igualdade do texto magno.

O CDC é categórico no que respeita à prevenção e reparação dos danos patrimoniais e morais (art. 6º, VI), e o acesso à justiça e aos órgãos administrativos com vistas à prevenção e reparação de danos é também outra regra manifesta (art. 6º, VII). A adequada e eficaz prestação dos serviços públicos em geral é, da mesma forma, norma clara na lei (art. 6º, X) etc.

Logo, fica patente o caráter principiológico da Lei n. 8.078/90.

4.2. Pressupostos para a interpretação do CDC

Retomemos alguns pontos trazidos no início deste texto[2], explicitando alguns detalhes que são fundamentais para a compreensão das regras instituídas pela lei consumerista.

Lembre-se que as bases jurídicas existentes no século XIX estão ligadas ao liberalismo econômico e às grandes codificações, que se iniciam com o Código de Napoleão de 1804.

Os pressupostos do pensamento liberal aparecem no sistema jurídico codificado, como, por exemplo, foi estabelecido em nosso Código Civil de 1916 (e que entrou em vigor em 1917)[3]. Destaque-se, dentre os vários

---

2. No Capítulo 1, *retro*.

3. No novo Código Civil esses pressupostos do pensamento liberal, embora ainda presentes, sofreram mitigação pela inserção de outras de cunho social e ético. Assim, por exemplo, está assegurada a função social do contrato (art. 421), estabelecendo-se a boa-fé objetiva como o modelo de conduta (art. 422) etc.

pontos de influência do liberalismo, a chamada autonomia da vontade, a liberdade de contratar e fixar cláusulas, o *pacta sunt servanda* etc.

Nessa mesma época, ou seja, no começo do século XX, instaura-se definitivamente um modelo de produção, que terá seu auge nos dias atuais. Tal modelo é o da massificação: fabricação de produtos e oferta de serviços em série, de forma padronizada e uniforme, no intuito de diminuição do custo da produção, atingimento de maiores parcelas de população com o aumento da oferta etc.

Esse sistema de produção pressupõe a homogeneização dos produtos e serviços e a estandartização das relações jurídicas que são necessárias para a transação desses bens.

A partir da Segunda Guerra Mundial o projeto de produção capitalista passou a crescer numa enorme velocidade, e, com o advento da tecnologia de ponta, dos sistemas de automação, da robótica, da telefonia por satélite, das transações eletrônicas, da computação, da microcomputação etc., a velocidade tomou um grau jamais imaginado até meados do século XX.

A partir de 1989, com a queda dos regimes não capitalistas, o modelo de globalização, que já se havia iniciado, praticamente completou seu ciclo, atingindo quase todo o globo terrestre.

O direito não podia ficar à margem desse processo, e em alguma medida seguiu a tendência da produção em série, mormente de especialização (outra característica desta nossa sociedade). Mas, de início, a alteração observada foi a do lado do fornecedor, que passou a criar contratos-padrão e formulários (que depois vieram a ganhar o nome de contratos de adesão) de forma unilateral e a impingi-los aos consumidores.

A Lei n. 8.078/90 tinha de vir, pois já estava atrasada. O Código Civil de 1916, bem como as demais normas do regime privatista, já não dava conta de lidar com as situações tipicamente de massa.

É verdade que já dispúnhamos de algumas normas tratando da questão da economia popular[4], bem como, no campo adjetivo, tínhamos a Lei da Ação Civil Pública, que é de 27 de julho de 1985 (Lei n. 7.347). Contudo,

---

4. Por exemplo, a Lei n. 1.521, de 26 de dezembro de 1951, que regula crimes contra a economia popular; a Lei n. 4.137, de 10 de setembro de 1962, que trata da repressão ao abuso do poder econômico; a Lei Delegada n. 4, de 26 de setembro de 1962, que regulamenta a intervenção no domínio econômico para assegurar a distribuição de produtos necessários ao povo etc.

era necessário que tivéssemos uma lei capaz de dar conta das relações jurídicas materiais que haviam surgido e estavam em pleno vigor, porém sem um suporte legal que lhes explicitasse o conteúdo e que impedisse os abusos que vinham sendo praticados. Já dissemos, e é importante frisar, o regime privatista do Código Civil é inoperante em questões ligadas à sociedade de massa, como da mesma forma o é o sistema das ações judiciais individuais do Código de Processo Civil.

Assim, consigne-se que, para interpretar adequadamente o CDC, é preciso ter em mente que as relações jurídicas estabelecidas são atreladas ao sistema de produção massificado, o que faz com que se deva privilegiar o coletivo e o difuso, bem como que se leve em consideração que as relações jurídicas são fixadas de antemão e unilateralmente por uma das partes — o fornecedor —, vinculando de uma só vez milhares de consumidores. Há um claro rompimento com o direito privado tradicional.

O Código Civil de 2002 revela essa tendência ao atenuar o direito privado, que deixa de ser puramente individualista para considerar que em certas relações jurídicas as partes não estão em pé de igualdade, criando mecanismos de proteção aos direitos destas, como as hipóteses de responsabilidade objetiva, por exemplo. Conforme o art. 927, parágrafo único, "haverá obrigação de reparar o dano, independentemente de culpa, nos casos especificados em lei, ou quando a atividade normalmente desenvolvida pelo autor do dano implicar, por sua natureza, risco para os direitos de outrem".

É exatamente a hipótese de responsabilidade objetiva que têm aqueles que desenvolvem atividade de risco. O novo Código Civil, portanto, incorporou no seu regramento um dos aspectos marcantes das sociedades capitalistas contemporâneas, o de que o sistema de produção e a consequente exploração das reservas naturais, a criação, a produção e a distribuição de produtos e serviços com seus reflexos no modo de vida social, na alimentação, na saúde, na moradia, no transporte etc., implicam riscos à integridade das pessoas. E esse risco se põe independentemente da ação do produtor, vale dizer, há risco — e eventual dano — mesmo que não haja culpa. O modelo é, assim, o mesmo da lei consumerista.

Infelizmente existe ainda uma série de interpretações equivocadas da Lei n. 8.078/90, em função do desconhecimento do fato de que o CDC é um sistema próprio, que tem autonomia em relação às demais normas, funcionando como lei principiológica.

E, com efeito, a partir de 11 de março de 1991, com a entrada em vigor da lei consumerista, não se cogita mais em pensar as relações de consumo (as existentes entre fornecedores e consumidores) como reguladas por outra lei.

Conforme exposto, o Código de Defesa do Consumidor compõe um sistema autônomo dentro do quadro constitucional. Dir-se-á um subsistema próprio inserido no sistema constitucional brasileiro.

Dessa forma, de um lado as regras do CDC estão logicamente submetidas aos parâmetros normativos da Carta Magna, e, de outro, todas as demais normas do sistema somente terão incidência nas relações de consumo se e quando houver lacuna no sistema consumerista. Caso não haja, não há por que nem como pensar em aplicar outra lei diversa da de n. 8.078.

O CDC, como sistema próprio que é, comporta, assim, que o intérprete lance mão de seus instrumentos de trabalho a partir e tendo em vista os princípios e regras que estão nele estabelecidos e que interagem entre si. O uso da técnica de interpretação lógico-sistemática é tão fundamental para o entendimento das normas do CDC como a de base teleológica, que permitirá entender seus princípios e finalidades.

Assim, como a Lei n. 8.078 é norma de ordem pública e de interesse social, geral e principiológica, ela é prevalente sobre todas as demais normas anteriores, ainda que especiais, que com ela colidirem.

As normas gerais principiológicas, pelos motivos que apresentamos no início deste trabalho ao demonstrar o valor superior dos princípios[5], têm prevalência sobre as normas gerais e especiais anteriores. As regras básicas que justificam essa forma de interpretar são, em primeiro lugar, a preponderância dos princípios, e, depois, a estabelecida no § 1º do art. 2º da Lei de Introdução às Normas do Direito Brasileiro (cujo nome anterior e como ficou conhecida era Lei de Introdução ao Código Civil), que dispõe:

"A lei posterior revoga a anterior quando expressamente o declare, quando seja com ela incompatível ou quando regule inteiramente a matéria de que tratava a lei anterior".

Poder-se-ia objetar que a hipótese do conflito entre norma posterior e geral e norma anterior especial se resolveria pelo § 2º do mesmo artigo, que diz:

---

5. No Capítulo 2.

"A lei nova, que estabeleça disposições gerais ou especiais a par das já existentes, não revoga nem modifica a lei anterior".

Mas acontece que:

a) na ordem do art. 2º a primeira regra a ser utilizada é a do § 1º;

b) ela é suficiente para resolver a questão, pois a norma geral principiológica sempre tangencia para afastar as anteriores incompatíveis, quer estas sejam gerais ou especiais;

c) por isso, a hipótese do § 2º fica afastada.

Dito de outro modo: a norma jurídica principiológica, como é o caso do Código de Defesa do Consumidor, atinge para afastar toda e qualquer norma jurídica da mesma hierarquia que com ela conflite. A outra não é revogada, mas é deixada de lado da incidência do caso concreto, sendo substituída pelos princípios e regras da lei consumerista.

4.3. Exercício

4.3.1. Pesquise as medidas provisórias editadas para impor o racionamento de energia no Brasil, no primeiro semestre de 2001 e as avalie diante dos princípios e normas do CDC.

Para fundamentar o trabalho, busque artigos de doutrina (você encontrará, p. ex., no site www.saraivajur.com.br) e decisões judiciais.

5. A RELAÇÃO JURÍDICA DE CONSUMO

O CDC incide em toda relação que puder ser caracterizada como de consumo. Insta, portanto, que estabeleçamos em que hipóteses a relação jurídica pode ser assim definida.

Conforme se verá na sequência, haverá relação jurídica de consumo sempre que se puder identificar num dos polos da relação o consumidor, no outro, o fornecedor, ambos transacionando produtos e serviços.

Vejamos, então, como é que a Lei n. 8.078/90 define consumidor, fornecedor, produto e serviço.

5.1. Conceito de consumidor
5.1.1. Questão preliminar

O CDC resolveu definir consumidor. Sabe-se que a opção do legislador por definir os conceitos em vez de deixar tal tarefa à doutrina ou à jurisprudência pode gerar problemas na interpretação, especialmente porque corre o risco de delimitar o sentido do termo. No caso da Lei n. 8.078/90, as definições foram bem-elaboradas[1]. É verdade que na hipótese do conceito de "consumidor" restam alguns obstáculos a serem superados, para cuja suplantação vamos propor alternativas.

Apesar de algumas dificuldades, a definição de consumidor tem a grande virtude de colocar claramente o sentido querido na maior parte dos casos.

De qualquer maneira, antes de buscarmos a delimitação do conceito, é necessário dizer que ele está basicamente exposto no art. 2º, *caput* e seu

---

1. Há, como se verá, definições de fornecedor, produto, serviço, contrato de adesão etc.

parágrafo único[2], sendo completado por outros dois artigos. São eles os arts. 17 e 29[3].

5.1.2. Destinatário final

Para bem elucidar a definição de consumidor, parece-nos mais adequado começar a interpretar o *caput* do art. 2º, que é exatamente o que apresenta a maior oportunidade de problemas, especialmente pelo uso do termo "destinatário final".

Temos dito que a definição de consumidor do CDC começa no individual, mais concreto (art. 2º, *caput*), e termina no geral, mais abstrato (art. 29). Isto porque, logicamente falando, o *caput* do art. 2º aponta para aquele consumidor real que adquire concretamente um produto ou um serviço, e o art. 29 indica o consumidor do tipo ideal, um ente abstrato, uma espécie de conceito difuso, na medida em que a norma fala da potencialidade, do consumidor que presumivelmente exista, ainda que possa não ser determinado.

Entre um e outro, estão as outras formas de equiparação.

Comecemos, então, a tratar do *caput* do art. 2º.

A mera interpretação gramatical dos termos da cabeça do artigo não é capaz de resolver os problemas que surgem. Todavia, devemos lançar mão dela, porquanto permitirá a explicitação da maior parte das questões.

Diga-se, de início, o que decorre da obviedade da leitura. Consumidor é a pessoa física, a pessoa natural e também a pessoa jurídica. Quanto a esta última, como a norma não faz distinção, trata-se de toda e qualquer pessoa jurídica, quer seja uma microempresa, quer seja uma multinacional, pessoa jurídica civil ou comercial, associação, fundação etc.

A lei emprega o verbo "adquirir", que tem de ser interpretado em seu sentido mais lato, de obter, seja a título oneroso ou gratuito.

---

2. "Art. 2º Consumidor é toda pessoa física ou jurídica que adquire ou utiliza produto ou serviço como destinatário final. Parágrafo único. Equipara-se a consumidor a coletividade de pessoas, ainda que indetermináveis, que haja intervindo nas relações de consumo."

3. "Art. 17. Para os efeitos desta Seção, equiparam-se aos consumidores todas as vítimas do evento."

"Art. 29. Para os fins deste Capítulo e do seguinte, equiparam-se aos consumidores todas as pessoas determináveis ou não, expostas às práticas nele previstas."

Porém, como se percebe, não se trata apenas de adquirir, mas também de utilizar o produto ou o serviço, ainda quando quem o utiliza não o tenha adquirido. Isto é, a norma define como consumidor tanto quem efetivamente adquire (obtém) o produto ou o serviço como aquele que, não o tendo adquirido, utiliza-o ou o consome.

Assim, por exemplo, se uma pessoa compra cerveja para oferecer aos amigos numa festa, todos aqueles que a tomarem serão considerados consumidores[4].

A norma fala em "destinatário final". O uso desse termo facilitará, de um lado, a identificação da figura do consumidor, mas, por outro, trará um problema que tentaremos resolver.

Evidentemente, se alguém adquire produto não como destinatário final, mas como intermediário do ciclo de produção, não será considerado consumidor. Assim, por exemplo, se uma pessoa — física ou jurídica — adquire calças para revendê-las, a relação jurídica dessa transação não estará sob a égide da Lei n. 8.078/90.

O problema do uso do termo "destinatário final" está relacionado a um caso específico: o daquela pessoa que adquire produto ou serviço como destinatária final, mas que usará tal bem como típico de produção. Por exemplo, o usineiro que compra uma usina para a produção de álcool. Não resta dúvida de que ele será destinatário final do produto (a usina); contudo, pode ser considerado consumidor?

E a empresa de contabilidade que adquire num grande supermercado um microcomputador para desenvolver suas atividades, é considerada consumidora?

Para responder a essas questões e tentar elucidar todas as possíveis alternativas que o quadro interpretativo denota, examinaremos, detalhadamente, cada situação.

Não se duvida do fato de que, quando uma pessoa adquire um automóvel numa concessionária, estabelece-se uma típica relação regulada pelo CDC. De um lado, o consumidor; de outro, o fornecedor:

---

4. Bem como os que, não as tendo tomado, participarem de um acidente de consumo. Por exemplo, a garrafa de cerveja explode, atingindo os convivas. Comentaremos esse aspecto mais adiante.

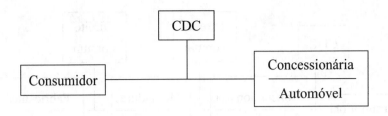

Em contrapartida, é evidente que não há relação protegida pelo Código quando a concessionária adquire o automóvel da montadora como intermediária para posterior venda ao consumidor.

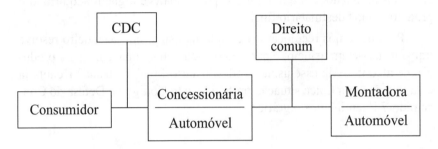

Nos dois quadros acima as situações jurídicas são simples e fáceis de ser entendidas. Numa ponta da relação está o consumidor (relação de consumo). Na outra estão fornecedores (relação de intermediação/distribuição/comercialização/produção). O Código de Defesa do Consumidor regula o primeiro caso; o direito comum, o outro.

Mas o que acontece se a concessionária se utiliza do veículo como "destinatária final", por exemplo, entregando-o para seu diretor usar?

A resposta a essa questão é fácil: para aquele veículo a concessionária não aparece como fornecedora, mas como consumidora, e a relação está tipicamente protegida pelo Código (o que será confirmado pela exposição que se segue).

Todavia, existem outras situações mais complexas.

Quando, por exemplo, a montadora adquire peças para montar o veículo, trata-se de situação na qual as regras aplicadas são as do direito comum. São típicas relações entre fornecedores partícipes do ciclo de produção, desde a obtenção dos insumos até a comercialização do produto final no mercado para o consumidor:

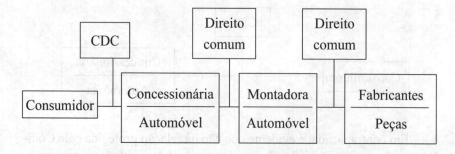

A visualização do quadro é simples. Estamos diante de situações cíclicas da produção, em que num dos polos aparece alguém adquirindo o produto como "destinatário final".

Porém, vamos recolocar o exemplo da usina: um fazendeiro resolve transformar-se em usineiro e para tanto encomenda uma usina para produção de álcool. Seria esse usineiro "destinatário final" da usina? Denotaria essa relação uma típica situação protegida pelo Código de Defesa do Consumidor? Examinemos o gráfico:

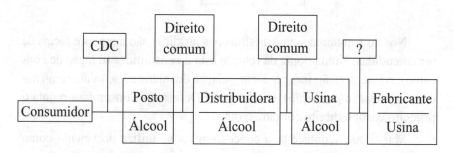

A situação parece diversa da anterior, porque, diferentemente da montadora, que envia as peças com o automóvel para o consumidor, na produção do álcool, este vai para o consumidor, mas a usina fica.

Contudo, há coisas na montadora que também não vão para o consumidor. Por exemplo, o prédio utilizado para a montagem do veículo. Nesse caso, a montadora é "destinatária final" do prédio e, portanto, consumidora?

Mas não serão simplesmente a usina e o prédio "bens de produção", e, assim, não se pode querer aplicar ali a lei consumerista?

O problema está em que o CDC não fala em bens de produção ou de consumo. Limitou-se a dizer "consumidor" como "destinatário final" e a definir o fornecedor (art. 3º). Há meios, porém, de solucionar a pendência.

Antes de tentar responder, analisemos um outro exemplo, o de uma pessoa que pretende constituir-se como despachante. Para isso vai a uma loja e compra uma máquina de escrever, que utilizará para o exercício de seu trabalho. É o despachante "destinatário final" da máquina e, portanto, consumidor? Examinemos um quadro em que aparece o ciclo de produção e consumo no caso do serviço de despachante:

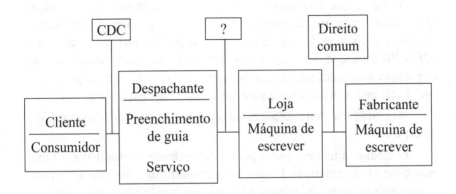

Passemos, agora, às respostas, segundo nosso ponto de vista.

Poderíamos responder no caso do álcool que o usineiro é "destinatário final" da usina e assim aquela relação estaria protegida pelo Código. Da mesma maneira, a montadora seria "consumidora" do prédio utilizado para montagem de veículos. E, assim, resolvido estaria o caso do despachante, que é "destinatário final" da máquina de escrever.

Contudo, todos esses bens não são típicos "bens de produção"? A máquina de escrever pode ser e pode não ser. Os outros dois são.

Seria adequado dizer, então, que o Código regula aquelas três situações? Sem dúvida que não. Em casos nos quais se negociam e adquirem bens típicos de produção, o CDC não pode ser aplicado por dois motivos óbvios: primeiro, porque não está dentro de seus princípios ou finalidades; segundo, porque, dado o alto grau de protecionismo e restrições para contratar e garantir, o CDC seria um entrave nas relações comerciais desse tipo, e que muitas vezes são de grande porte. A resposta para o caso da usina e da montadora é, portanto, a aplicação do direito comum:

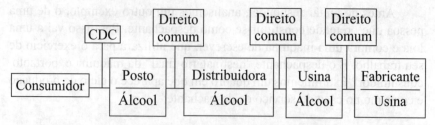

Acontece que essa resposta não resolve o problema do despachante. Quer dizer, então, que a máquina de escrever é um bem de produção, e quando ela tiver vício o despachante não poderá utilizar-se da Lei n. 8.078/90? Ora, que diferença existe entre o despachante pessoa jurídica, que utiliza a máquina para preencher guias, e o despachante enquanto pessoa física, que leva a máquina para casa e escreve uma carta de amor?

A solução não pode ser a mesma que a da usina e a da montadora. Tem de ser outra.

O Código ajuda em parte, pois o despachante é "destinatário final", mas o bem é de produção. Porém, para encontrarmos uma solução, precisamos utilizar certos princípios do Código e transferi-los para a noção de bens — aliás, conforme fizemos para falar de "bens de produção", excluindo-os de sua abrangência.

O Código de Defesa do Consumidor regula situações em que produtos e serviços são oferecidos ao mercado de consumo para que qualquer pessoa os adquira, como destinatária final. Há, por isso, uma clara preocupação com bens típicos de consumo, fabricados em série, levados ao mercado numa rede de distribuição, com ofertas sendo feitas por meio de dezenas de veículos de comunicação, para que alguém em certo momento os adquira.

Aí está o caminho indicativo para a solução. Dependendo do tipo de produto ou serviço, aplica-se ou não o Código, independentemente de o produto ou serviço estar sendo usado ou não para a "produção" de outros.

É claro o que estamos falando: não se compram "usinas" para produção de álcool em lojas de departamentos, ao contrário de máquinas de escrever. Para quem fabrica máquinas de escrever em série e as coloca no mercado de consumo não é importante o uso que o destinatário delas fará: pode muito bem empregá-las para a produção de seu serviço de despachante.

Não podemos esquecer que, no mesmo sentido, uma simples caneta esferográfica pode ser "bem de produção", como da mesma forma o serviço de energia elétrica é bem de produção para a montadora de automóveis.

Assim, podemos responder que, como o despachante adquiriu a máquina de escrever produzida e entregue ao mercado como um típico bem de consumo, a relação está protegida pelo CDC.

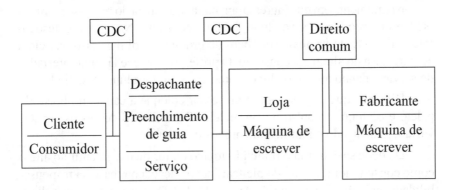

5.1.3. Caso exemplar

Suponhamos que um professor esteja dirigindo-se ao prédio de uma faculdade para dar aula no curso de especialização em Direito do Consumidor. Digamos que ao chegar ao prédio ele constate que esqueceu de levar caneta. Como sempre ele usa caneta durante as exposições para fazer marcações e, na parte do seminário, para anotar as questões dos alunos. Portanto, antes de ir para a sala, deve adquirir uma caneta.

Vamos supor, então, que, ao chegar à papelaria, ele se encontre com um aluno do mesmo curso que também estava em busca de uma caneta. Este por outro motivo: para anotar a aula. E que na papelaria haja para vender apenas um estojo com duas canetas esferográficas iguais. Constatando o problema, o professor e ele resolvem comprar o estojo e dividir o preço ao meio: 50% para cada um; uma caneta para cada um.

Note-se que as tais duas canetas foram fabricadas no mesmo dia, hora e minuto, na linha de montagem do mesmo fabricante, tendo a mesma classificação seriada: são idênticas.

Vamos supor também que ambas, exatamente por serem idênticas, produzidas na mesma série, tenham as mesmas características e, no caso, o mesmo vício de fabricação: se ficarem na posição vertical por mais de dez minutos a tinta vai sair pelo bico.

Bem. O professor e o aluno compraram as canetas, cada um pegou a sua e foram juntos para a sala.

Veja-se claramente: até aquele momento, ali na papelaria, eram, o professor e o aluno, dois consumidores típicos. Porém, ao ingressarem na sala, toma o professor posição atrás da mesa e o aluno se acomoda numa das cadeiras da sala.

No momento em que ingressaram na sala, a caneta do professor tornou-se bem de produção; a do aluno, bem de consumo. Na verdade, desde o início a caneta do professor era bem de produção (foi para isso que ele a adquiriu) e a do aluno, de consumo. O professor aparece lá como prestador do serviço, dando aula, e o aluno, como consumidor-aluno, assistindo.

Digamos que no intervalo o professor coloque a caneta no bolso do paletó e o aluno, no bolso do seu paletó. Dez minutos depois as canetas vazam, manchando e inutilizando ambos os paletós.

De onde se extrairia o princípio lógico ou jurídico a garantir ao aluno como consumidor o direito de pleitear indenização, com base na responsabilidade civil objetiva do fabricante (art. 12 do CDC), e ao professor o direito de pleitear também indenização fundado nas normas do Código Civil, que não dá a mesma proteção?

Isso não só seria ilógico como feriria o princípio de isonomia constitucional; além do mais, não está de acordo com o sistema do CDC.

Na realidade, o exemplo singelo que aqui relatamos tem a grande virtude de elucidar a questão: a Lei n. 8.078 regula o polo de consumo, isto é, pretende controlar os produtos e serviços oferecidos, postos à disposição, distribuídos e vendidos no mercado de consumo e que foram produzidos para ser vendidos, independentemente do uso que se vá deles fazer.

Quer se use o produto (ou o serviço) para fins de consumo (a caneta do aluno), quer para fins de produção (a caneta idêntica do professor), a relação estabelecida na compra foi de consumo, aplicando-se integralmente ao caso as regras do CDC[5].

Dessa maneira, repita-se, toda vez que o produto e/ou o serviço puderem ser utilizados como bem de consumo, incide na relação as regras do CDC. Vale para a caneta do exemplo supra, mas vale também para a água e a eletricidade que se fornece e para o dinheiro que é emprestado por um banco[6] porque tais bens são utilizados tanto por consumidores como por fornecedores.

---

5. Claro que na relação, do outro lado, tem de estar o fornecedor, como veremos no item 5.2.

6. Assim está, por exemplo, no REsp 57.974, da 4ª Turma do STJ, rel. Min. Ruy Rosado de Aguiar, j. 25-4-1995, v. u., *DJ* de 29-5-1995, p. 15524.

É verdade que se pode fazer uma objeção ao que até aqui apresentamos, relativa aos bens que, apesar de serem típicos de produção, sejam adquiridos por consumidores enquanto tal e destinatários finais.

Na argumentação acima apresentamos o exemplo do usineiro que adquire a usina — bem que não é de consumo — como destinatário final e dissemos que, claro, a relação jurídica dele com o fabricante da usina era tipicamente comercial.

No entanto, pode acontecer — e ocorre mesmo, na realidade — de um produto ser típico de produção e ser adquirido por um consumidor para seu uso pessoal. É o exemplo de um grande avião, digamos, um Boeing 737. Não há dúvida de que esse avião é típico de produção, (utilizado no transporte comercial de cargas e passageiros), porém há milionário que o adquire para seu uso pessoal. Nessa hipótese, temos de aplicar, pela via de exceção, a regra geral do destinatário final — consumidor. É que, no caso, atuando como comprador-consumidor que quer o bem para uso próprio, mesmo que ele não tenha sido planejado, projetado e montado para o fim de consumo, foi vendido e adquirido para tal. Daí, nessa relação jurídica específica também incidem as regras da Lei n. 8.078/90.

O problema, no caso, será apenas o da identificação da relação jurídica de consumo, que se dará pela pessoa do adquirente: surgindo disputa de direitos, lide, processo, caberá ao consumidor-comprador demonstrar que comprou o produto (no exemplo, o avião) como bem de consumo.

5.1.4. Pessoa jurídica — destinatária final

Além de tudo o que já demonstramos, existe ainda uma outra norma no CDC que justifica nossa teoria para explicar a definição de consumidor na relação de consumo.

É a do inciso I do art. 51, especificamente a segunda parte da proposição.

Mas, antes de analisá-la, desde já se acrescenta uma constatação: o *caput* do art. 2º coloca a pessoa jurídica como consumidora.

Ora, afinal o que é que uma pessoa jurídica pode consumir?

Pessoa jurídica não come, não bebe, não dorme, não viaja, não lê, não vai ao cinema, não assiste à aula, não vai a *shows*, não assiste a filmes, não vê publicidade etc.

Logo, para ser consumidora, ela somente poderia consumir produtos e serviços que fossem tecnicamente possíveis e lhe servissem como bens de produção e que fossem, simultaneamente, bens de consumo.

Com a análise do inciso I do art. 51 o ciclo de nossa explanação nesse aspecto se encerra.

Vejamos.

Destaque-se, então, e ademais, que a disposição normativa da segunda parte do inciso I do art. 51 foi feita exatamente pensando no consumidor-pessoa jurídica que adquire produto ou serviço de consumo para fins de produção.

Trata-se de previsão legal a permitir que o fornecedor em circunstâncias especiais justificáveis possa estabelecer cláusula contratual limitando seu dever de indenizar. Quando formos comentar esse inciso do art. 51 e antes, quando examinarmos o *caput* do art. 25, ao qual a norma citada do art. 51 está ligada, faremos uma avaliação completa da questão[7].

Por ora, interessa-nos especificamente a parte final da proposição da norma do inciso I do art. 51:

"Art. 51. São nulas de pleno direito, entre outras, as cláusulas contratuais relativas ao fornecimento de produtos e serviços que:

I — impossibilitem, exonerem ou atenuem a responsabilidade do fornecedor por vícios de qualquer natureza dos produtos e serviços ou impliquem renúncia ou disposição de direitos. *Nas relações de consumo entre o fornecedor e o consumidor-pessoa jurídica, a indenização poderá ser limitada, em situações justificáveis*".

Pergunta-se: por que é que a lei resolveu excetuar do amplo e expresso sistema de responsabilidade civil objetiva, no qual o fornecedor não pode, de maneira alguma, desonerar-se de seu dever de indenizar, exatamente um caso especial de aquisição de produto ou serviço quando o consumidor é pessoa jurídica?

Justamente porque *sabe* que é possível adquirir produto e serviço de consumo para *fins de produção*.

Explica-se.

A regra geral é a do dever de o fornecedor indenizar por vícios e defeitos (arts. 12 a 14 e 18 a 20). Não pode ele, mediante cláusula contratual,

---

7. Ver-se-á que, enquanto o *caput* do art. 25 veda a fixação de cláusula contratual que impossibilite, exonere ou atenue a obrigação de indenizar do fornecedor, a disposição inserta no inciso I do art. 51 abre uma exceção, permitindo a limitação da indenização em situação especial e justificada (conferir item 36.5).

exonerar-se dessa obrigação, mesmo que seja em parte, por expressa disposição do *caput* do art. 25, que dispõe, *verbis*:

"Art. 25. É vedada a estipulação contratual de cláusula que impossibilite, exonere ou atenue a obrigação de indenizar prevista nesta e nas Seções anteriores".

Logo, essa é a regra geral para todas as relações jurídicas de consumo regulares.

Mas a lei resolveu abrir uma exceção (a do citado inciso I do art. 51). E não foi para os casos comuns, mas apenas os que envolvam o consumidor-pessoa jurídica em "situações justificáveis". E quais seriam elas?

Conforme se verá quando de nossa análise do *caput* do art. 25, em necessária consonância com o inciso I do art. 51, a exceção legal de permissão para fixação de cláusula contratual limitadora do dever de indenizar pressupõe duas hipóteses para o atingimento de sua finalidade:

a) que o tipo de operação de venda e compra de produto ou serviço seja especial, fora do padrão regular de consumo;

b) que a qualidade de consumidor-pessoa jurídica, por sua vez, também justifique uma negociação prévia de cláusula contratual limitadora.

Para o fornecedor exercer a prerrogativa de negociar a inserção de cláusula contratual limitadora de seu dever de indenizar é necessário que estejam presentes as duas situações previstas nas letras "a" e "b", simultaneamente.

Examine-se a letra "a":

Não basta que a compra seja fora do padrão para que ele possa incluir a cláusula. Por exemplo, se um consumidor-pessoa física quiser adquirir vinte microcomputadores para distribuir a seus amigos e parentes[8], isso não é suficiente para a negociação e inclusão da cláusula. A compra está fora do padrão, mas não está presente o outro requisito.

E, quanto à letra "b", o mesmo ocorre com duas alternativas:

b.1) Não é suficiente que o consumidor seja pessoa jurídica fazendo uma aquisição dentro do regular. Por exemplo, a pessoa jurídica que adquire um microcomputador numa loja de departamentos ou diretamente do fabricante. Essa é uma aquisição comum, que recebe as garantias gerais das

---

8. Ou qualquer outro motivo, que é de sua exclusiva esfera privada.

disposições regulares do sistema de responsabilidade civil instituído no CDC. Não pode o fornecedor limitar sua responsabilidade.

b.2) Não é suficiente que a compra seja fora do padrão. É necessário que a pessoa jurídica consumidora seja também de porte razoável para que a cláusula limitadora possa ser negociada e inserida no contrato. Evidente que cada caso terá suas particularidades, na medida em que a norma se está utilizando de termos indeterminados, que remetem a situações concretas variáveis. Mas é possível desde já dizer que pessoa jurídica "de porte", para os fins instituídos no inciso I do art. 51, é aquela que tem corpo jurídico próprio ou pode pagar consultor jurídico, que negocie em nome dela a cláusula contratual limitadora. Sem isso, isto é, sem que se estabeleça um equilíbrio prévio para a negociação da cláusula, esta não poderá ser inserida no contrato.

Voltando, então, aos nossos argumentos para a definição de consumidor, percebe-se, pelo que se examinou do inciso I do art. 51, que o CDC abraça nossa tese no sentido de que há bens de consumo (produtos e serviços) que são adquiridos com o fim de produção, *sem* que a relação jurídica estabelecida *deixe* de ser de consumo, tanto que recebe ela o tratamento diferencial da norma do inciso I do art. 51 comentado.

5.1.5. Resumo e conclusão

Resumindo e concluindo esta parte:

a) o CDC regula situações em que haja "destinatário final" que adquire produto ou serviço para uso próprio sem finalidade de produção de outros produtos ou serviços;

b) regula também situações em que haja "destinatário final" que adquire produto ou serviço com finalidade de produção de outros produtos ou serviços, desde que estes, uma vez adquiridos, sejam oferecidos regularmente no mercado de consumo, independentemente do uso e destino que o adquirente lhes vai dar;

c) o CDC não regula situações nas quais, apesar de se poder identificar um "destinatário final", o produto ou serviço é entregue com a finalidade específica de servir de "bem de produção" para outro produto ou serviço e via de regra não está colocado no mercado de consumo como bem de consumo, mas como de produção; o consumidor comum não o adquire. Por via de exceção, contudo, haverá caso em que a aquisição do produto ou serviço típico de produção será feita pelo consumidor, e nessa relação incidirão as regras do CDC.

5.1.6. A coletividade de pessoas

Continuando nossa análise da definição de consumidor, temos agora de avaliar o parágrafo único do art. 2º e depois os arts. 17 e 29.

O parágrafo único do art. 2º amplia a definição, dada no *caput*, de consumidor que adquire ou utiliza produto ou serviço como destinatário final, nos moldes já apresentados, equiparando a ele a coletividade de pessoas, mesmo que não possam ser identificadas e desde que tenham, de alguma maneira, participado da relação de consumo.

A norma do parágrafo único do art. 2º pretende garantir a coletividade de pessoas que possam ser, de alguma maneira, afetadas pela relação de consumo.

Na realidade, a hipótese dessa norma diz respeito apenas ao atingimento da coletividade, indeterminável ou não, mas sem sofrer danos, já que neste caso o art. 17 — examinado na sequência — enquadra a questão.

Dessa maneira, a regra do parágrafo único permite o enquadramento de universalidade ou conjunto de pessoas, mesmo que não se constituam em pessoa jurídica. Por exemplo, a massa falida pode figurar na relação de consumo como consumidora ao adquirir produtos, ou, então, o condomínio, quando contrata serviços.

É essa regra que dá legitimidade para a propositura de ações coletivas para a defesa dos direitos coletivos e difusos, previstas no Título III da lei consumerista (arts. 81 a 107), e particularmente pela definição de direitos coletivos (inciso II do parágrafo único do art. 81) e direitos difusos (inciso III do parágrafo único do art. 81) e na apresentação das pessoas legitimadas para proporem as ações (art. 82).

Com isso, pode-se dizer que a completa designação do amplo sentido da definição de consumidor começa no *caput* do art. 2º, passa por seu parágrafo único, segue até o 17 e termina no 29. É o que ainda veremos.

5.1.7. Vítimas do evento

Com efeito, a dicção do art. 17 deixa patente a equiparação do consumidor às vítimas do acidente de consumo que, mesmo não tendo sido ainda consumidoras diretas, foram atingidas pelo evento danoso.

Exatamente a seção na qual o art. 17 está inserido é a que cuida da responsabilidade civil objetiva, pelo fato do produto ou do serviço causador do acidente de consumo (e que abordaremos na oportunidade própria).

Assim, por exemplo, na queda de um avião, todos os passageiros (consumidores do serviço) são atingidos pelo evento danoso (acidente de consumo) originado no fato do serviço da prestação do transporte aéreo. Se o avião cai em área residencial, atingindo a integridade física ou o patrimônio de outras pessoas (que não tinham participado da relação de consumo), estas são, então, equiparadas ao consumidor, recebendo todas as garantias legais instituídas no CDC.

5.1.8. Todas as pessoas estão expostas às práticas comerciais

No Capítulo V do CDC, que trata das práticas comerciais, o legislador inseriu o art. 29, para equiparar ao consumidor todas as pessoas, mesmo as que não puderem ser identificadas, que estão expostas às práticas comerciais.

A leitura adequada do art. 29 permite, inclusive, uma afirmação muito simples e clara: não se trata de equiparação eventual a consumidor das pessoas que foram expostas às práticas. É mais do que isso. O que a lei diz é que, uma vez existindo qualquer prática comercial, *toda* a coletividade de pessoas já está exposta a ela, ainda que em nenhum momento se possa identificar um único consumidor real que pretenda insurgir-se contra tal prática.

Dessa forma, por exemplo, se um fornecedor faz publicidade enganosa e se ninguém jamais reclama concretamente contra ela, ainda assim isso não significa que o anúncio não é enganoso, nem que não se possa — por exemplo, o Ministério Público — ir contra ele. O órgão de defesa do consumidor, agindo com base na legitimidade conferida pelos arts. 81 e s. do CDC, pode tomar toda e qualquer medida judicial que entender necessária para impedir a continuidade da transmissão do anúncio enganoso, para punir o anunciante etc., independentemente do aparecimento real de um consumidor contrariado.

Trata-se, portanto, praticamente de uma espécie de conceito difuso de consumidor, tendo em vista que desde já e desde sempre todas as pessoas são consumidoras por estarem potencialmente expostas a toda e qualquer prática comercial. É, como dissemos de início, o aspecto mais abstrato da definição, que, partindo do elemento mais concreto — daquele que adquire ou utiliza o produto ou o serviço como destinatário final —, acaba fixando de forma objetiva que se respeite o consumidor potencial. Daí ter-se de dizer que o consumidor protegido pela norma do art. 29 é uma potencialidade. Nem sequer precisa existir.

5.2. Conceito de fornecedor

5.2.1. Sem exclusão

O conceito de fornecedor está definido no *caput* do art. 3º do CDC[9].

A leitura pura e simples desse *caput* já é capaz de nos dar um panorama da extensão das pessoas enumeradas como fornecedoras. Na realidade são todas pessoas capazes, físicas ou jurídicas, além dos entes desprovidos de personalidade.

Não há exclusão alguma do tipo de pessoa jurídica, já que o CDC é genérico e busca atingir todo e qualquer modelo. São fornecedores as pessoas jurídicas públicas ou privadas, nacionais ou estrangeiras, com sede ou não no País, as sociedades anônimas, as por quotas de responsabilidade limitada, as sociedades civis, com ou sem fins lucrativos, as fundações, as sociedades de economia mista, as empresas públicas, as autarquias, os órgãos da Administração direta etc.

5.2.2. A atividade e a relação jurídica de consumo

O uso do termo "atividade" está ligado a seu sentido tradicional. Têm-se, então, atividade típica e atividade eventual. Assim, o comerciante estabelecido regularmente exerce a atividade típica descrita em seu estatuto. Mas é possível que o mesmo comerciante exerça uma atividade atípica, quando, por exemplo, age, de fato, em situação diversa da prevista, o que pode dar-se de maneira rotineira ou eventual. E a pessoa física vai exercer atividade atípica ou eventual quando praticar atos do comércio ou indústria. Por exemplo, uma estudante que, para pagar seus estudos, compra e depois revende *lingerie* entre seus colegas exerce atividade que a põe como fornecedora para o CDC. Se essa compra e venda for apenas em determinada e específica época, por exemplo, no período de festas natalinas, ainda assim ela é fornecedora, porque, apesar de eventual, trata-se de atividade comercial.

É importante centrar a atenção no conceito de atividade, porque, de um lado, ele designará se num dos polos da relação jurídica está o fornece-

---

9. "Art. 3º Fornecedor é toda pessoa física ou jurídica, pública ou privada, nacional ou estrangeira, bem como os entes despersonalizados, que desenvolvem atividades de produção, montagem, criação, construção, transformação, importação, exportação, distribuição ou comercialização de produtos ou prestação de serviços."

dor, com o que se poderá definir se há ou não relação de consumo (para tanto, terá de existir no outro polo o consumidor). E isto porque será possível que a relação de venda de um produto, ainda que feita por um comerciante, não implique estar-se diante de uma relação de consumo regulada pelo CDC. Por exemplo, se uma loja de roupas vende seu computador usado para poder adquirir um novo, ainda que se possa descobrir no comprador um "destinatário final", não se tem relação de consumo, porque essa loja não é considerada fornecedora. A simples venda de ativos sem caráter de atividade regular ou eventual não transforma a relação jurídica em relação jurídica de consumo. Será um ato jurídico regulado pela legislação comum civil ou comercial.

O mesmo se dá quando a pessoa física vende seu automóvel usado. Independentemente de quem o adquira, não se pode falar em relação de consumo, pois falta a figura do fornecedor. No exemplo a situação é daquelas reguladas pelo direito comum civil, inclusive quanto a garantias, vícios etc.

É por isso que a definição da relação de consumo é fundamental para se descobrir se é aplicável ou não o CDC.

Agora, é evidente que, conforme dissemos, basta que a venda tenha como base a atividade regular ou eventual para que surja a relação de consumo. Usando os mesmos exemplos, define-se como relação de consumo a venda do computador pela loja de roupas, se tal estabelecimento imprime uma regularidade a esse tipo de venda, visando a obtenção de lucro. Da mesma maneira, haverá relação de consumo se a pessoa física compra automóveis para revender, fazendo disso uma atividade regular.

Claro que, em casos assim, em eventual discussão judicial provocada pelo consumidor, haverá problemas de prova da atividade regular (ou eventual). Mas essa é uma questão processual, que não desfigura a definição do direito material ora tratado.

5.2.3. Qualquer pessoa jurídica

Já tivemos oportunidade de dizer que a pessoa jurídica pode ser consumidora, ao examinarmos o conceito de consumidor estabelecido no *caput* do art. 2º. Lá a norma apenas faz referência à "pessoa jurídica" sem qualificá-la. Aqui, no *caput* do art. 3º, como a lei trata de adjetivar a pessoa jurídica como "pública ou privada, nacional ou estrangeira", poder-se-ia indagar se no art. 2º não se estaria falando menos ou até o contrário, ou, em outros termos: se no *caput* do art. 3º a norma não estaria, de alguma maneira, cuidando apenas daquelas pessoas jurídicas indicadas.

Na realidade, a resposta é bastante simples. Tanto no caso do conceito de consumidor quanto no de fornecedor, a referência é a "toda pessoa jurídica", independentemente de sua condição ou personalidade jurídica. Isto é, toda e qualquer pessoa jurídica. O legislador poderia muito bem ter escrito no *caput* do art. 3º apenas a expressão "pessoa jurídica" que o resultado teria sido o mesmo. Não resta dúvida de que toda pessoa jurídica pode ser consumidora e, evidentemente, por maior força de razão, é fornecedora.

Ao que parece, o legislador, um tanto quanto inseguro[10], tratou a pessoa jurídica como consumidora sem se importar muito com o resultado de sua determinação, e quis garantir-se de que, no caso do fornecedor, nenhuma pessoa jurídica escapasse de se enquadrar na hipótese legal.

Assim, tem-se de definir como fornecedor toda e qualquer pessoa jurídica, pública ou privada, nacional ou estrangeira, bem como os entes despersonalizados que desenvolvem atividades de produção, montagem, criação, construção, transformação, importação, exportação, distribuição ou comercialização de produtos ou prestação de serviços.

A referência à pessoa jurídica estrangeira tem relevo na hipótese da pessoa jurídica admitida como estrangeira em território nacional e que, nessa qualidade, presta serviços ou vende produtos. Por exemplo, a companhia aérea que aqui faz escala ou a companhia teatral estrangeira que vem ao País para apresentações. Haverá em ambos os exemplos prestação de serviços, e pode haver venda de produtos: a empresa aérea que vende presentes a bordo; a companhia teatral que vende pequenos objetos: camisetas, bichos de pelúcia etc.

5.2.4. Ente despersonalizado

Ao lado da pessoa jurídica, a lei coloca a pessoa física e o ente despersonalizado. Da pessoa física trataremos a seguir. Já a colocação do termo "ente despersonalizado" leva-nos a pensar primeiramente na massa falida, o que é adequado. Importante notar que, apesar de uma pessoa jurídica falir, existirão no mercado produtos e, eventualmente, resultados dos serviços que ela ofereceu e efetivou, que continuarão sob a proteção da lei consumerista. Por exemplo, a quebra de um fabricante de televisores não

---

10. Aliás, como se verá, é característica do CDC. O uso de elementos tautológicos, repetições e exageros denota esse aspecto.

deve eliminar — nem pode — a garantia do funcionamento dos aparelhos: garantia contratual ou legal[11].

Há, também, a hipótese da quebra da pessoa jurídica com a continuidade das atividades, o que não gerará, então, a solução de continuidade do fornecimento de produtos e serviços.

Além disso, é de enquadrar no conceito de ente despersonalizado as chamadas "pessoas jurídicas de fato": aquelas que, sem constituir uma pessoa jurídica, desenvolvem, de fato, atividade industrial, comercial, de prestação de serviços etc. A figura do "camelô"[12] está aí inserida. O CDC não poderia deixar de incluir tais "pessoas" pelo simples fato de que elas formam um bom número de fornecedores, que suprem de maneira relevante o mercado de consumo.

5.2.5. Pessoa física

No que respeita à pessoa física, tem-se, em primeiro lugar, a figura do profissional liberal como prestador de serviço e que não escapou da égide da Lei n. 8.078. Apesar da proteção recebida da lei (o profissional liberal não responde por responsabilidade objetiva, mas por culpa — cf. o § 4º do art. 14)[13], não há dúvida de que o profissional liberal é fornecedor.

Há, ainda, outra situação em que a pessoa física será identificada como fornecedora. É aquela em que desenvolve atividade eventual ou rotineira de venda de produtos, sem ter-se estabelecido como pessoa jurídica. Por exemplo, o estudante que, para pagar a mensalidade da escola, compra joias para revender entre os colegas, ou o cidadão que compra e vende automóveis — um na sequência do outro — para auferir lucro. É verdade que em tais hipóteses poder-se-ia objetar que o caso é de "ente despersonalizado", uma vez que se trata de "comerciantes de fato". Do ponto de vista prático, a objeção não traz nenhum resultado, porque em ambos os casos identifica-se o fornecedor, e isso é o que realmente interessa.

Porém, diga-se que a pessoa física que vende produtos, especialmente aquela que o faz de forma eventual, não é exatamente comerciante de fato e muito menos sociedade de fato. Um "camelô" constitui-se como

---

11. Previstas estas nos arts. 26 e 50. Ver comentários no Capítulo 19.

12. É verdade que há "camelôs" constituídos em pessoas jurídicas. Nesse caso, obviamente, enquadram-se como fornecedores regulares do tipo pessoa jurídica.

13. Ver comentário específico no Capítulo 17.

verdadeira "sociedade de fato". Tem local ("sede") de atendimento, horário de funcionamento, até empregados etc. O aluno que vende joias não passa de pessoa física que desenvolve, de maneira rústica e eventual, uma atividade comercial, visando auferir certo lucro. Situa-se, então, entre a pessoa física que nada vende e a sociedade de fato. Mas, para fins de aplicação do CDC, essa pessoa física é fornecedora.

E, também, será fornecedora a pessoa física que presta serviços mesmo sem ser caracterizada como profissional liberal, tal como o eletricista, o encanador etc.[14].

5.2.6. Fornecedor é gênero

Finalmente, apresente-se desde já uma distinção feita pelo CDC, que detalharemos mais adiante[15], mas que diz respeito ao conceito de fornecedor. Este é gênero do qual o fabricante, o produtor, o construtor, o importador e o comerciante são espécies[16]. Ver-se-á que, quando a lei consumerista quer que todos sejam obrigados e/ou responsabilizados, usa o termo "fornecedor". Quando quer designar algum ente específico, utiliza-se de termo designativo particular: fabricante, produtor, comerciante etc.

5.3. Conceito de produto

O CDC definiu produto no § 1º do art. 3º[17]e, de maneira adequada, seguindo o conceito contemporâneo, em vez de falar em bem ou coisa, como fazia o Código Civil de 1916 e também o de 2002[18], emprega o termo "produto" (e depois vai falar em "serviço").

Esse conceito de produto é universal nos dias atuais e está estreitamente ligado à ideia do bem, resultado da produção no mercado de consumo das sociedades capitalistas contemporâneas. É vantajoso seu uso, pois o conceito passa a valer no meio jurídico e já era usado por todos os demais agentes do mercado (econômico, financeiro, de comunicações etc.).

---

14. Sobre o conceito de profissional liberal, ver nossos comentários no item 17.6.
15. Por exemplo, no parágrafo único do art. 8º, no art. 12 e no art. 13.
16. Veremos que o elenco é exemplificativo.
17. "Art. 3º (...) § 1º Produto é qualquer bem, móvel ou imóvel, material ou imaterial."
18. Código de 1916, arts. 43 e s.; Código de 2002, arts. 79 e s.

5.3.1. Produto móvel ou imóvel

Na definição de produto, o legislador coloca então "qualquer bem", e designa este como "móvel ou imóvel", e ainda "material ou imaterial". Da necessidade de interpretação sistemática do CDC nascerá também a hipótese de fixação do produto como durável e não durável, por previsão do art. 26 (acontecerá o mesmo no que tange aos serviços). Então vejamos.

A utilização dos vocábulos "móvel" e "imóvel" nos remete ao conceito tradicional advindo do direito civil. O sentido é o mesmo[19].

5.3.2. Produto material ou imaterial

No que respeita ao aspecto da materialidade do produto, vimos que ele pode ser material ou imaterial.

Mas, por conta do fato de o CDC ter definido produto como imaterial, é de perguntar que tipo de bem é esse que poderia ser oferecido no mercado de consumo. Afinal, o que seria um produto imaterial que o fornecedor poderia vender e o consumidor adquirir?

Diga-se em primeiro lugar que a preocupação da lei é garantir que a relação jurídica de consumo esteja assegurada para toda e qualquer compra e venda realizada. Por isso fixou conceitos os mais genéricos possíveis ("produto é *qualquer* bem, móvel ou imóvel, material ou imaterial"). Isso é que é importante. A pretensão é que nada se lhe escape.

---

19. Código Civil: "Art. 79. São bens imóveis o solo e tudo quanto se lhe incorporar natural ou artificialmente.

Art. 80. Consideram-se imóveis para os efeitos legais: I — os direitos reais sobre imóveis e as ações que os asseguram; II — o direito à sucessão aberta.

Art. 81. Não perdem o caráter de imóveis: I — as edificações que, separadas do solo, mas conservando a sua unidade, forem removidas para outro local; II — os materiais provisoriamente separados de um prédio, para nele se reempregarem.

Art. 82. São móveis os bens suscetíveis de movimento próprio, ou de remoção por força alheia, sem alteração da substância ou da destinação econômico-social.

Art. 83. Consideram-se móveis para os efeitos legais: I — as energias que tenham valor econômico; II — os direitos reais sobre objetos móveis e as ações correspondentes; III — os direitos pessoais de caráter patrimonial e respectivas ações.

Art. 84. Os materiais destinados a alguma construção, enquanto não forem empregados, conservam sua qualidade de móveis; readquirem essa qualidade os provenientes da demolição de algum prédio".

Assim, a designação "produto" é utilizada, por exemplo, nas atividades bancárias (mútuo, aplicação em renda fixa, caução de títulos etc.). Tais "produtos" encaixam-se, então, na definição de bens imateriais[20].

5.3.3. Produto durável

Outra novidade da lei consumerista, no que se refere aos produtos, é quanto a sua durabilidade. A divisão dos produtos em duráveis e não duráveis já era de há muito conhecida do mercado (o Código tratou também de dar o adjetivo aos serviços, como se verá). O direito só agora, tardiamente, incorporou tal divisão. Os conceitos de durável e não durável aparecem na seção que trata da decadência e da prescrição, mais especificamente no art. 26, I e II[21].

Produto durável é aquele que, como o próprio nome diz, não se extingue com o uso. Ele dura, leva tempo para se desgastar. Pode — e deve — ser utilizado muitas vezes. Contudo, é preciso chamar a atenção para o aspecto de "durabilidade" do bem durável. Nenhum produto é eterno. Todos tendem a um fim material. Até mesmo um imóvel construído se desgasta (o terreno é uma exceção, uma vez que dura na própria disposição do planeta). A duração de um imóvel, enquanto tal, comporta arrumações, reformas, reconstruções etc.; com idêntica razão, então, é claro que um terno se desgaste, uma geladeira se desgaste, um automóvel se desgaste etc.

Assim, é compreensível que qualquer produto durável acabe, com o tempo, perdendo sua função, isto é, deixe de atender à finalidade à qual se destina ou, pelo menos, tenha diminuída sua capacidade de funcionamento, sua eficiência. Por exemplo, o tubo do aparelho do televisor não funciona mais ou, então, as imagens transmitidas pelo tubo têm cores fracas.

Nesses casos de desgaste natural não se pode nem se falará em vício do produto. Não há proteção legal contra o desgaste, a não ser que o próprio fabricante tenha assumido certo prazo de funcionamento (conforme permite o CDC: arts. 30, 31, 37, 50 etc.). A norma protege o produto

---

20. São produtos, claro, que sempre estão acompanhados de serviços. Aliás, como acontece com qualquer produto.

21. Examinem-se nossos comentários sobre esse artigo mais à frente. Na legislação civil a classificação apresentada é de coisas fungíveis e consumíveis: Código Civil: "Art. 85. São fungíveis os móveis que podem substituir-se por outros da mesma espécie, qualidade e quantidade. Art. 86. São consumíveis os bens móveis cujo uso importa destruição imediata da própria substância, sendo também considerados tais os destinados à alienação".

durável, em certo prazo, por vício (arts. 18, 26, II, e 50), para garantir sua finalidade e qualidade.

Hodiernamente utiliza-se a expressão "produto descartável". "Descartável" não deve ser confundido com "não durável", que tem características diversas daquele termo.

Um produto "descartável" (termo não definido em lei) é o "durável" de baixa durabilidade, ou que somente pode ser utilizado uma vez. É uma invenção do mercado contemporâneo, que acaba aproximando o produto "durável" em sua forma de desgaste ao produto "não durável" em sua forma de extinção.

Um prato de papelão para comer um doce ou um copo de papelão para beber algo são exemplos de produtos "descartáveis". Usados, joga-se-os fora.

Surge, então, um problema: o produto descartável, do ponto de vista da garantia legal, segue os mesmos parâmetros fixados para os produtos "duráveis" ou "não duráveis"? O prazo para reclamação contra vícios num e noutro caso é diferente[22]. Qual deles seguir?

Voltaremos a esse assunto quando tratarmos dos vícios dos produtos e das garantias conferidas pela lei. Por ora, diga-se que, em nossa opinião, como a norma não cuida de produto "descartável" e como o produto "não durável" tem características diversas (como veremos a seguir), entendemos que tal produto deve ser entendido como durável, aplicando-se-lhe todos os parâmetros e garantias estabelecidos no CDC.

5.3.4. Produto "não durável"

O produto "não durável", por sua vez, é aquele que se acaba com o uso. Como o próprio nome também diz, não tem qualquer durabilidade. Usado, ele se extingue ou, pelo menos, vai-se extinguindo. Estão nessa condição os alimentos, os remédios, os cosméticos etc. Note-se que se fala em extinção imediata, como é o caso de uma bebida, pela ingestão ou extinção consumativa sequencial, como é o caso do sabonete: este se vai extinguindo enquanto é usado[23].

---

22. Fixados no art. 26. Ver nossos comentários no Capítulo 20.

23. O conceito remete a parte do significado de bem consumível do Código Civil (art. 81), como apresentamos acima.

Estão nessas condições também os chamados produtos *in natura*, ou seja, os que não passam pelo sistema de industrialização, tais como o simples empacotamento, engarrafamento, encaixotamento etc., ou mesmo transformação industrial por cozimento, fritura, mistura e o decorrente de processo de armazenamento em potes, latas, sacos etc.

O produto *in natura*, assim, é aquele que vai ao mercado consumidor diretamente do sítio ou fazenda, local de pesca, produção agrícola ou pecuária, em suas hortas, pomares, pastos, granjas etc. São os produtos hortifrutigranjeiros, os grãos, cereais, vegetais em geral, legumes, verduras, carnes, aves, peixes etc.[24].

A não durabilidade vai ocorrer também com os demais produtos alimentícios embalados, enlatados, engarrafados etc. O fato de todo o produto não se extinguir de uma só vez não lhe tira a condição de "não durável". O que caracteriza essa qualificação é sua maneira de extinção "enquanto" é utilizado[25].

É exatamente daí que surge a diferença específica do produto durável descartável. Enquanto este permanece quase tal como era após utilizado, o produto "não durável" perde totalmente sua existência com o uso ou, ao menos, vai perdendo-a aos poucos com sua utilização.

5.3.5. Produto gratuito ou "amostra grátis"

Ao examinarmos no próximo item os serviços, veremos que a lei faz referência àqueles "sem remuneração"[26]. Lembremos, por isso, aqui, a questão do produto gratuito ou a chamada "amostra grátis".

Há uma única referência à "amostra grátis", no CDC: a constante do parágrafo único do art. 39 e apenas para liberar o consumidor de qualquer pagamento. A amostra grátis diz respeito não só ao produto mas também ao serviço, posto que é sanção imposta ao fornecedor que descumpre as regras estabelecidas[27].

---

24. Os produtos ditos *in natura* não perdem essa característica quando são vendidos embalados em sacos plásticos após serem limpos, lavados e selecionados. Ver mais sobre esse tema nos comentários ao § 5º do art. 18, que se refere expressamente a produto *in natura* (art. 18, subitem 12.12).

25. Os serviços, como se verá, seguem disposição similar.

26. No subitem 5.4.5, *infra*.

27. Ver nossa análise sobre as práticas abusivas, capítulo no qual a amostra grátis aparece, Capítulo 27, *infra*.

Aqui, ao que nos interessa, refira-se que o produto entregue como amostra grátis está submetido a todas as exigências legais de qualidade, garantia, durabilidade, proteção contra vícios, defeitos etc.

5.4. Conceito de serviço

O CDC definiu serviço no § 2º do art. 3º[28] e buscou apresentá-lo de forma a mais completa possível. Porém, na mesma linha de princípios por nós já apresentada, é importante lembrar que a enumeração é exemplificativa, realçada pelo uso do pronome "qualquer". Dessa maneira, como bem a lei o diz, serviço é qualquer atividade fornecida ou, melhor dizendo, prestada no mercado de consumo[29].

5.4.1. Serviço bancário, financeiro, de crédito, securitário etc.

A norma faz uma enumeração específica, que tem razão de ser. Coloca expressamente os serviços de natureza bancária, financeira, de crédito e securitária, antecedidos do advérbio "inclusive". Tal designação não significa que existia alguma dúvida a respeito da natureza dos serviços desse tipo. Antes demonstra que o legislador foi precavido, em especial, no caso, preocupado com que os bancos, financeiras e empresas de seguro conseguissem, de alguma forma, escapar do âmbito de aplicação do CDC. Ninguém duvida que esse setor da economia presta serviços ao consumidor e que a natureza dessa prestação se estabelece tipicamente numa relação de consumo. Foi um reforço acautelatório do legislador, que, aliás, demonstrou-se depois, era mesmo necessário. Apesar da clareza do texto legal, que coloca, com todas as letras, que os bancos prestam serviços aos consumidores, houve tentativa judicial de se obter declaração em sentido oposto. Chegou-se, então, ao inusitado: o Poder Judiciário teve de declarar exatamente aquilo que a lei já dizia: que os bancos prestam serviços.

---

28. "Art. 3º (...) § 2º Serviço é qualquer atividade fornecida no mercado de consumo, mediante remuneração, inclusive as de natureza bancária, financeira, de crédito e securitária, salvo as decorrentes das relações de caráter trabalhista."

29. Os chamados serviços essenciais têm, também, regulação complementar no art. 22, e que examinaremos na sequência, no item 5.5.

Já em 1995 o Superior Tribunal de Justiça reconhecia a incidência do CDC[30] e, depois de muita disputa, editou em 2004 a Súmula 297 com o seguinte teor: "O Código de Defesa do Consumidor é aplicável às instituições financeiras".

Havia, é verdade, um risco de eventual declaração de inaplicabilidade da lei em função da ADIn proposta pela Confederação Nacional do Sistema Financeiro, mas que não existe mais, pois ela foi julgada improcedente por nove votos a dois, em junho de 2006.

Vale a pena tecer alguns comentários a respeito da tentativa desse setor empresarial representado na ação direta proposta no Supremo Tribunal Federal[31]. A pretensão era a de ver excluídas da incidência da Lei n. 8.078/90 as operações de "natureza bancária, financeira, de crédito e securitária" (previstas no § 2º do art. 3º da lei), sob o argumento de que tal dispositivo estaria viciado por inconstitucionalidade formal e material. Consigne-se que a derrota da autora, no caso, representa uma verdadeira vitória da cidadania brasileira. Desde dezembro de 2001, quando a ação foi proposta, as entidades que se preocupam com o Direito do Consumidor, assim como juristas de todo o país, fizeram o que puderam para demonstrar a invalidade da medida. A decisão do órgão máximo do Judiciário brasileiro veio enfim colocar uma pá de cal na estranha vontade desse grupo de empresários que queria se ver livre da legislação protecionista. Todos os consumeristas tinham, claro, esperança de que o direito e o bom-senso prevalecessem, inclusive, animados que estavam pela edição da já citada Súmula 297 do Superior Tribunal de Justiça, que já não dava margem à dúvida. Mas a preocupação remanescia.

É importante aproveitar o episódio para lembrar que os países cujo capitalismo é dito como dos mais avançados têm leis de proteção ao consumidor. A propósito, lembre-se que o CDC brasileiro é fundamental para o desenvolvimento do próprio regime capitalista estabelecido expressamente

---

30. A questão, que já estava pacificada na jurisprudência, foi definitivamente resolvida com a edição da Súmula 297 do STJ, que assim dispõe: "O Código de Defesa do Consumidor é aplicável às instituições financeiras". Foi uma evolução advinda de centenas de decisões, dentre as quais cite-se como exemplo o reconhecimento da aplicação do CDC nas operações bancárias no REsp 57.974-0, da 4ª T. do STJ, rel. Min. Ruy Rosado de Aguiar, j. 25-4-1995, v. u. (*DJU*, I, 29 maio 1995, p. 15524, e IOB 3/11001, ementário).

31. Para uma análise mais detalhada, ver artigo de nossa autoria, A ADIn dos bancos terminou: a vitória da cidadania, in www.saraivajur.com.br/doutrinaArtigos.cfm ou <www.beabadoconsumidor.com.br/artigos>.

no art. 1º da Constituição da República. Se a *ADIn*, por algum motivo, tivesse sido julgada procedente, talvez o Brasil fosse um dos únicos países capitalistas do mundo que teria um grupo de empresários fora da lei de proteção aos consumidores. Seria um verdadeiro retrocesso nos tempos atuais. Mais um caso de atraso social e político e um absurdo jurídico.

E mais: fica a convicção de que os agentes financeiros deveriam, ao invés de lamentar, comemorar o resultado da demanda. É que, em primeiro lugar — repita-se até que não se esqueçam —, a Lei n. 8.078/90 não é contra nenhum empresário. Ao contrário, ela está a favor exatamente daqueles que respeitam seus clientes. Em segundo lugar, ela é uma lei que cria a possibilidade de competição, pois a livre concorrência estabelecida no sistema constitucional brasileiro — garantia constitucional dos princípios gerais da atividade econômica: art. 170, IV — gera a alternativa de, respeitando os direitos dos consumidores, obter novos clientes.

Lembre-se também que o CDC está em pleno vigor há muitos anos com eficácia e muita eficiência, tendo influenciado diretamente a modernização das relações jurídicas estabelecidas no polo de consumo. E mais: é uma das raras leis brasileiras, respeitadas no exterior, tendo servido de inspiração para a criação e modificação de várias leis similares em muitos países. É, efetivamente, um produto nacional que enche de orgulho os brasileiros.

Uma das questões travadas na ADIn dizia respeito a suposta relação existente entre o art. 192 da Constituição da República e a lei complementar nele prevista e a Lei n. 8.078/90, com o argumento de que esta estaria subordinada àquela, do que se extrairia, então, sua parcial e vinculada inconstitucionalidade em relação ao setor financeiro.

Pois bem. Com a edição da Constituição Federal de 1988, inaugurou-se um novo modelo lógico-jurídico, no qual as leis complementares deixaram de ter a sobrevivência hierárquica sobre as leis ordinárias. A questão, inclusive, é bastante simples e implica apenas e tão somente o entendimento de uma questão lógica: a de hierarquia e a do desenvolvimento da noção de sistema, no caso, sistema jurídico[32].

Não havendo, pois, relação de sujeição hierárquica entre lei complementar e a lei ordinária, é por isso que, sempre que o Congresso Nacional aprovar uma lei ordinária que não invada esfera de competência substancial

---

32. Para análise pormenorizada desse tema, ver nosso artigo citado e também o nosso *Manual de introdução ao estudo do direito*, capítulos 5 e 6.

quanto ao tema especificamente determinado para lei complementar, não haverá, nesse aspecto, nenhum vício que se lhe possa apontar, pois ambas estão lado a lado no elevado patamar do sistema jurídico constitucional (logo abaixo da Constituição Federal). Só haverá vício se, eventualmente, a lei ordinária invadir seara de competência substancial (vale dizer, de conteúdo) da lei complementar.

Assim, tomando-se como exemplo o Código de Defesa do Consumidor (Lei n. 8.078/90), percebe-se que em nenhum aspecto de todo seu regramento há algum conflito com qualquer lei complementar que se possa apontar. E ainda que em alguma matéria a lei complementar não tenha sido editada, o CDC em nada fere o texto constitucional. Aliás, muito ao contrário. Como já tivemos oportunidade de demonstrar em outro artigo[33], a par de ser uma norma estabelecida por expressa determinação constitucional (CF, arts. 5º, XXXII, e 170, V; ADCT, art. 48), a edição do CDC inaugurou um novo modelo jurídico dentro do sistema constitucional brasileiro, ainda pouco explorado pela Teoria do Direito.

É que o CDC é uma lei principiológica, modelo até então inexistente no Sistema Jurídico Nacional, e como tal, ele ingressou no sistema jurídico, fazendo, digamos assim, um corte horizontal, indo atingir toda e qualquer relação jurídica que possa ser caracterizada como de consumo e que pode estar também regrada por outra norma jurídica infraconstitucional. Assim, por exemplo, os contratos de seguro de automóvel continuam regrados pelo Código Civil e pelas demais normas editadas pelos órgãos governamentais que regulamentam o setor (Susep, Instituto de Resseguros etc.), porém estão tangenciados por todos os princípios e regras da Lei n. 8.078/90, de tal modo que, naquilo que com eles colidirem, perdem eficácia por tornarem-se nulos de pleno direito.

Mas isso é apenas mais um aspecto que em nada interfere na relação entre a Lei n. 8.078/90 e a lei complementar. O importante mesmo aqui é destacar que o CDC, como lei ordinária, funciona como um subsistema próprio, dentro do modelo jurídico constitucional existente, e que ele não está submetido a nenhum comando hierárquico superior, com exceção, claro, do próprio texto constitucional, que lhe é superior, como está também acima de toda e qualquer outra norma jurídica não constitucional.

---

33. É inconstitucional qualquer medida provisória que pretenda afastar o Código de Defesa do Consumidor, publicado no site <www.saraivajur.com.br/doutrina>.

E, ainda que a Constituição Federal tenha alguma determinação para a edição de uma lei complementar, como, por exemplo, aquela do art. 192 que regula o sistema financeiro nacional, uma vez editada esta, ou mesmo antes, o tangenciamento existente entre a lei complementar e a Lei n. 8.078/90 se fará pelo elemento material dos temas postos. E, nesse aspecto, a matéria tratada em cada norma é muito diferente. Vejamos.

No art. 192 está posta claramente a regulação do sistema financeiro nacional, com autorização para o funcionamento de instituições financeiras, de companhias de seguro, condições para participação de capital estrangeiro, atribuições do Banco Central etc. De outra parte, no CDC estão estabelecidos princípios e regras, saídos diretamente do texto constitucional, que pretendem a proteção do consumidor na relação com seus fornecedores, quaisquer que sejam estes, industriais, prestadores de serviços de diversões públicas ou agentes financeiros, sempre agindo estritamente no polo de consumo, no regime capitalista estabelecido pela Constituição Federal.

Coloque-se em relevo este ponto: a Lei n. 8.078/90 regula as relações jurídicas no polo final de consumo; não estabelece normatização para as outras diversas relações existentes entre os vários agentes econômicos. Assim, por exemplo, o CDC não regula as relações entre o produtor rural e a indústria de alimentos, ou a existente entre a montadora de veículo e suas concessionárias, ou, ainda, as relações entre o Banco Central e os agentes financeiros, entre o Estado e o Banco Central etc.

Assim, claro está que a hipótese do art. 192 é a regulação de matéria bem diversa daquela estabelecida pelo CDC: a existente entre o Estado, o Banco Central, os agentes financeiros, as seguradoras etc. A matéria tratada pela Lei n. 8.078/90, repita-se, é outra muito diferente: ela regula as relações jurídicas estabelecidas no polo final de consumo entre consumidor, de um lado, e fornecedor, de outro, na transação de produtos e serviços.

Então, não se compreende por que é que se pretendia conectar o art. 192 da Constituição da República e a lei complementar por ele determinada com o CDC. São assuntos diversos que não têm nenhuma conexão lógica no sistema constitucional, quer pela via do modelo legislativo (lei complementar/lei ordinária), quer pela matéria de que se revestem (o art. 192 cuida do sistema financeiro nacional na relação entre Estado, seus órgãos e os agentes financeiros, de seguro etc.; o CDC regula as relações jurídicas do polo final de consumo no regime capitalista brasileiro). Portanto, não existe mesmo qualquer relação lógica ou jurídica entre o Código de Defesa do Consumidor e o art. 192 da Constituição Federal.

E, por fim, para concluir este item, anote-se em complemento que os bancos vendem produtos: os imateriais antes comentados e os materiais como o dinheiro[34].

5.4.2. Atividade

Serviço é, tipicamente, atividade. Esta é ação humana que tem em vista uma finalidade. Ora, toda ação se esgota tão logo praticada. A ação se exerce em si mesma. Daí somente poderia existir serviço não durável. Será uma espécie de contradição falar em serviço que dura. Todavia, o mercado acabou criando os chamados serviços tidos como duráveis, tais como os contínuos (p. ex., os serviços de convênio de saúde, os serviços educacionais regulares em geral etc.). Com isso, o CDC, incorporando essa invenção, trata de definir também os serviços como duráveis e não duráveis, no que andou bem.

5.4.3. Serviço durável e não durável

A hipótese dessa divisão, da mesma forma que quanto aos produtos, está tratada no art. 26, I e II. Mas, para encontrar o verdadeiro sentido da durabilidade e não durabilidade do serviço, será preciso ampliar o significado de serviço não durável. Assim, serviços não duráveis serão aqueles que, de fato, exercem-se uma vez prestados, tais como, por exemplo, os serviços de transporte, de diversões públicas, de hospedagem etc.

Serviços duráveis serão aqueles que:

a) tiverem continuidade no tempo em decorrência de uma estipulação contratual. São exemplos a prestação dos serviços escolares, os chamados planos de saúde etc., bem como todo e qualquer serviço que no contrato seja estabelecido como contínuo;

b) embora típicos de não durabilidade e sem estabelecimento contratual de continuidade, deixarem como resultado um produto. Por exemplo, a pintura de uma casa, a instalação de um carpete, o serviço de *buffet*, a colocação de um boxe, os serviços de assistência técnica e de consertos (o conserto de um veículo) etc. Nesses casos, embora se possa destacar o serviço do produto deixado (o que gerará diferenciais no aspecto de respon-

---

34. Nesse sentido, Nelson Nery Jr. e Rosa Maria Andrade Nery, *Código de Processo Civil comentado*, p. 1799.

sabilidade, como se verá), o produto faz parte do serviço — às vezes até com ele se confundindo, como acontece, por exemplo, com a pintura de uma parede.

5.4.4. Não se vende produto sem serviço

É preciso dizer que modernamente o serviço passou a ter uma importância excepcional no mercado. Os profissionais de *marketing*, por exemplo, dão hoje prevalência ao aspecto do atendimento ao consumidor no que respeita à oferta de produtos e serviços em geral. Ora, atendimento ao consumidor é prestação de serviços. Temos de lembrar, então, que qualquer venda de produto implica a simultânea prestação de serviço. O inverso não é verdadeiro: há serviços sem produtos. Assim, por exemplo, para vender um par de sapatos, o lojista tem de, ao mesmo tempo, prestar serviços: vai atender o consumidor, trazer os sapatos por ele escolhidos, colocá-los nos seus pés para que os experimente, dizer como pode ser feito o pagamento, passar o cartão de crédito na maquineta etc. Já na prestação do serviço de consulta médica, por exemplo, há apenas serviço.

5.4.5. O serviço sem remuneração

Voltando à leitura da redação do § 2º do art. 3º, tem-se ainda de tratar do aspecto da "remuneração" lá inserido e da exclusão do serviço de caráter trabalhista. Comecemos por este último, que não demanda qualquer dificuldade. A lei pura e simplesmente exclui de sua abrangência os serviços de caráter trabalhista, no que está certa, pois a relação instaurada nesse âmbito tem conotação diversa da instaurada nas relações de consumo. Já o aspecto da remuneração merece comentários mais cuidadosos.

O CDC define serviço como aquela atividade fornecida mediante "remuneração".

Antes de mais nada, consigne-se que praticamente nada é gratuito no mercado de consumo. Tudo tem, na pior das hipóteses, um custo, e este acaba, direta ou indiretamente, sendo repassado ao consumidor. Assim, se, por exemplo, um restaurante não cobra pelo cafezinho, por certo seu custo já está embutido no preço cobrado pelos demais produtos.

Logo, quando a lei fala em "remuneração" não está necessariamente se referindo a preço ou preço cobrado. Deve-se entender o aspecto "remuneração" no sentido estrito de qualquer tipo de cobrança ou repasse, direto ou indireto.

É preciso algum tipo de organização para entender o alcance da norma. Para estar diante de um serviço prestado sem remuneração, será necessário que, de fato, o prestador do serviço não tenha, de maneira alguma, se ressarcido de seus custos, ou que, em função da natureza da prestação do serviço, não tenha cobrado o preço. Por exemplo, o médico que atenda uma pessoa que está passando mal na rua e nada cobre por isso enquadra-se na hipótese legal de não recebimento de remuneração. Já o estacionamento de um *shopping*, no qual não se cobre pela guarda do veículo, disfarça o custo, que é cobrado de forma embutida no preço das mercadorias.

Por isso é que se pode e se deve classificar remuneração como repasse de custos direta ou indiretamente cobrados. No que respeita à cobrança indireta, inclusive, destaque-se que ela pode nem estar ligada ao consumidor beneficiário da suposta "gratuidade". No caso do cafezinho grátis, pode-se entender que seu custo está embutido na refeição haurida pelo próprio consumidor que dele se beneficiou. No do estacionamento grátis no *shopping*, o beneficiário pode não adquirir qualquer produto e ainda assim tem-se de falar em custo. Nesse caso é outro consumidor que paga, ou melhor, são todos os outros consumidores que pagam.

5.5. Os serviços públicos

Note-se, ainda, quanto aos serviços, que eles são privados e também públicos, por disposição do *caput* do art. 22 do CDC[35].

O CDC, no art. 3º, como dito, incluiu no rol dos fornecedores a pessoa jurídica pública (e, claro, por via de consequência, todos aqueles que em nome dela — direta ou indiretamente — prestam serviços públicos), bem como, ao definir "serviço" no § 2º do mesmo artigo, dispôs que é qualquer atividade fornecida ao mercado de consumo, excetuando apenas os serviços sem remuneração ou custo e os decorrentes das relações de caráter trabalhista.

No art. 22, a lei consumerista regrou especificamente os serviços públicos essenciais e sua existência, por si só, foi de fundamental importância para impedir que os prestadores de serviços públicos pudessem construir "teorias" para tentar dizer que não estariam submetidos às normas do CDC.

---

35. "Art. 22. Os órgãos públicos, por si ou suas empresas, concessionárias, permissionárias ou sob qualquer outra forma de empreendimento, são obrigados a fornecer serviços adequados, eficientes, seguros e, quanto aos essenciais, contínuos."

Aliás, mesmo com a expressa redação do art. 22, ainda assim há prestadores de serviços públicos que lutam na Justiça "fundamentados" no argumento de que não estão submetidos às regras da Lei n. 8.078/90. Para ficar só com um exemplo, veja-se o caso da decisão da 3ª Câmara Civil do Tribunal de Justiça de São Paulo no agravo de instrumento interposto pela Companhia de Saneamento Básico do Estado de São Paulo — Sabesp. Nas razões do recurso do feito, que envolve a discussão a respeito de valores cobrados pelo fornecimento de água e esgoto (que o consumidor alega foram cobrados exorbitantemente), a empresa fornecedora fundamenta sua resignação "na não subordinação da relação jurídica subjacente àquela legislação especial (o CDC)". O Tribunal, de maneira acertada, rejeitou a resistência da Sabesp: "indiscutível que a situação versada, mesmo envolvendo prestação de serviços públicos, se insere no conceito de relação jurídica de consumo. Resulta evidente subordinar-se ela, portanto, ao sistema do Código de Defesa do Consumidor"[36].

5.5.1. Serviço público prestado direta ou indiretamente

Diz a norma: "órgãos públicos, por si ou suas empresas, concessionárias, permissionárias ou sob qualquer outra forma de empreendimento", vale dizer, toda e qualquer empresa pública ou privada que por via de contratação com a Administração Pública forneça serviços públicos, assim como, também, as autarquias, fundações e sociedades de economia mista. O que caracteriza a pessoa jurídica responsável na relação jurídica de consumo estabelecida é o serviço público que ela está oferecendo e/ou prestando.

No mesmo artigo a lei estabelece a obrigatoriedade de que os serviços prestados sejam "adequados, eficientes, seguros e, quanto aos essenciais, contínuos". Examinemos o sentido de eficiência.

5.5.2. Eficiência

Em primeiro lugar diga-se que essa disposição da norma decorre do princípio constitucional estampado no *caput* do art. 37. É o chamado princípio da eficiência, que comentamos no início do presente livro[37].

É verdade que tal princípio somente passou a integrar explicitamente o corpo constitucional com a edição da Emenda n. 19, de 4 de junho de

---

36. AI 181.264-1/0, rel. Des. J. Roberto Bedran, j. 9-2-1993, v. u., *RTJE* 132/94.
37. No Capítulo 3, *retro*, item 3.11.

1998, data posterior à edição da Lei n. 8.078/90. Mas a emenda citada apenas tornou explícito o princípio outrora implícito em nosso sistema constitucional, como explicam os Professores Luiz Alberto David Araujo e Vidal Serrano Nunes Júnior[38]. Como expõem esses autores:

"O princípio da eficiência tem partes com as normas de 'boa administração', indicando que a Administração Pública, em todos os seus setores, deve concretizar atividade administrativa predisposta à extração do maior número possível de efeitos positivos ao administrado. Deve sopesar relação de custo-benefício, buscar a otimização de recursos, em suma, tem por obrigação dotar da maior eficácia possível todas as ações do Estado"[39].

Hely Lopes Meirelles disciplina que a eficiência é um dever imposto a todo e qualquer agente público no sentido de que ele realize suas atribuições com presteza, perfeição e rendimento funcional. Diz o administrativista:

"É o mais moderno princípio da função administrativa, que já não se contenta em ser desempenhada apenas com legalidade, exigindo resultados positivos para o serviço público e satisfatório atendimento das necessidades da comunidade e de seus membros"[40].

É fato que a lei designa outros adjetivos aos serviços prestados, além do relativo à eficiência: fala em *adequado*, *seguro* e *contínuo* (este último para os essenciais, tipo de serviço que ainda comentaremos).

Ora, adjetivos expõem a qualidade de alguma coisa, no caso o serviço público. Então, quando o princípio constitucional do art. 37 impõe que a Administração Pública forneça serviços eficientes, está especificando sua qualidade. Ou, em outros termos, o tão falado conceito de qualidade, do ponto de vista dos serviços públicos, está marcado pelo parâmetro constitucional da eficiência.

---

38. *Curso de direito constitucional*, cit., p. 235.

A redação do *caput* do art. 37 da Constituição Federal, antes da Emenda n. 19, era: "A administração pública direta, indireta ou fundacional, de qualquer dos Poderes da União, dos Estados, do Distrito Federal e dos Municípios obedecerá aos princípios de legalidade, impessoalidade, moralidade, publicidade e, também, ao seguinte...". Após a emenda, ficou: "A administração pública direta e indireta de qualquer dos Poderes da União, dos Estados, do Distrito Federal e dos Municípios obedecerá aos princípios de legalidade, impessoalidade, moralidade, publicidade e eficiência e, também, ao seguinte".

39. Idem, p. 235.
40. *Direito administrativo brasileiro*, cit., p. 90.

E essa eficiência tem, conforme vimos, ontologicamente a função de determinar que os serviços públicos ofereçam o "maior número possível de efeitos positivos" para o administrado.

Isso significa que não basta haver adequação, nem estar à disposição das pessoas. O serviço tem de ser *realmente* eficiente; tem de cumprir sua finalidade na realidade concreta. E, como dissemos no Capítulo 3, item 3.11, *retro*, o significado de eficiência remete ao resultado: é eficiente aquilo que funciona.

A eficiência é um *plus* necessário da adequação. O indivíduo recebe serviço público eficiente quando a necessidade para a qual ele foi criado é suprida concretamente. É isso que o princípio constitucional pretende.

Assim, pode-se concluir com uma classificação das qualidades dos serviços públicos, nos quais o gênero é a eficiência, tudo o mais decorrendo dessa característica principal. Logo, adequação, segurança e continuidade (no caso dos serviços essenciais) são características ligadas à necessária eficiência que devem ter os serviços públicos.

Realmente, o serviço público só é eficiente se for adequado (p. ex., coleta de lixo seletiva, quando o consumidor tem como separar por pacotes o tipo de material a ser jogado fora), se for seguro (p. ex., transporte de passageiros em veículos controlados, inspecionados, com todos os itens mecânicos, elétricos etc. checados: freios, válvulas, combustível etc.), e, ainda, se for contínuo (p. ex., a energia elétrica sem cessação de fornecimento, água e esgoto da mesma forma, gás etc.[41]).

Para uma classificação dos serviços públicos pelo aspecto da qualidade regulados pelo CDC, ter-se-ia, então, de dizer que no gênero eficiência estão os tipos adequado, seguro e contínuo.

Pode acontecer de o serviço ser adequado, mas não ser seguro. Ou ser seguro e descontínuo. Ou ser inadequado apesar de contínuo etc. No primeiro caso, cite-se como exemplo o serviço de gás encanado sem controle de inspeção das tubulações e/ou válvulas. No segundo cite-se o serviço de fornecimento de energia elétrica que é interrompido. No terceiro aponte-se o fornecimento contínuo de água contendo bactérias.

Em todos esses casos há vício do serviço e, dependendo do dano sofrido pelo consumidor, haverá também defeito. Tudo nos exatos termos do estabelecido nas regras dos arts. 14 e 20 da Lei n. 8.078/90.

---

41. Na sequência trataremos do aspecto da *continuidade* do serviço essencial.

E, claro, como os serviços públicos hão de ser eficientes, as variáveis reais possíveis da junção dos tipos não são apenas as dicotômicas apresentadas (adequado-inseguro; seguro-descontínuo; inadequado-contínuo etc.), mas também podem ocorrer pela conexão das três características: adequado--inseguro-descontínuo; inadequado-seguro-contínuo; adequado-seguro-descontínuo etc.

Foi isso o que ficou estabelecido na Lei n. 8.987, de 13 de fevereiro de 1995, que disciplinou o regime de concessão e permissão dos serviços públicos, como decorrência do estabelecido no art. 175 da Constituição Federal.

É que a Carta Magna dispõe que a lei deve regulamentar a obrigação da manutenção do serviço público de forma adequada. Leia-se a citada norma constitucional:

"Art. 175. Incumbe ao Poder Público, na forma da lei, diretamente ou sob regime de concessão ou permissão, sempre através de licitação, a prestação de serviços públicos.

Parágrafo único. A lei disporá sobre:

I — o regime das empresas concessionárias e permissionárias de serviços públicos, o caráter especial de seu contrato e de sua prorrogação, bem como as condições de caducidade, fiscalização e rescisão da concessão ou permissão;

II — os direitos dos usuários;

III — política tarifária;

IV — a obrigação de manter serviço adequado".

Os §§ 1º e 2º do art. 6º da Lei n. 8.987/95, então, dispõem:

"Art. 6º Toda concessão ou permissão pressupõe a prestação de serviço adequado ao pleno atendimento dos usuários, conforme estabelecido nesta Lei, nas normas pertinentes e no respectivo contrato.

§ 1º Serviço adequado é o que satisfaz as condições de regularidade, continuidade, eficiência, segurança, atualidade, generalidade, cortesia na sua prestação e modicidade das tarifas.

§ 2º A atualidade compreende a modernidade das técnicas, do equipamento e das instalações e a sua conservação, bem como a melhoria e expansão do serviço".

Vê-se, portanto, que há ampla determinação para que os serviços públicos sejam eficientes, adequados, seguros e contínuos.

5.5.3. Serviço essencial contínuo

Prosseguindo em nosso exame, chega-se ao aspecto da *essencialidade* do serviço que, na determinação da norma do *caput* art. 22, tem de ser *contínuo*.

Há que distinguir dois aspectos: o que se pode entender por *essencial* e o que pretende a norma quando designa que esse serviço essencial tem de ser *contínuo*.

5.5.3.1. Serviço essencial

Comecemos pelo sentido de "essencial". Em medida amplíssima todo serviço público, exatamente pelo fato de sê-lo (público), somente pode ser essencial. Não poderia a sociedade funcionar sem um mínimo de segurança pública, sem a existência dos serviços do Poder Judiciário, sem algum serviço de saúde etc. Nesse sentido então é que se diz que todo serviço público é essencial. Assim, também o são os serviços de fornecimento de energia elétrica, de água e esgoto, de coleta de lixo, de telefonia etc.

Mas, então, é de perguntar: se todo serviço público é essencial, por que é que a norma estipulou que somente nos essenciais eles são contínuos?

Para solucionar o problema, devem-se apontar dois aspectos:

a) o caráter não essencial de alguns serviços;

b) o aspecto de urgência.

Existem determinados serviços, entre os quais apontamos aqueles de ordem burocrática, que, de per si, não se revestem de essencialidade. São serviços auxiliares que:

a) servem para que a máquina estatal funcione;

b) fornecem documentos solicitados pelo administrado (p. ex., certidões).

Se se fosse levantar algum caráter de essencialidade nesses serviços, só muito longínqua e indiretamente poder-se-ia fazê-lo.

Claro que existirão até mesmo emissões de documentos cujo serviço de expedição se reveste de essencialidade, e não estamos olvidando isso. Por exemplo, o pedido de certidão para obter a soltura de alguém preso ilegalmente.

É o caso concreto, então, nessas hipóteses especiais, que designará a essencialidade do serviço requerido.

O outro aspecto, sim, é relevante. Há no serviço considerado essencial uma perspectiva real e concreta de urgência, isto é, necessidade concreta e efetiva de sua prestação. O serviço de fornecimento de água para uma residência não habitada não se reveste dessa urgência. Contudo, o fornecimento de água para uma família é essencial e absolutamente urgente, uma vez que as pessoas precisam de água para sobreviver. Essa é a preocupação da norma.

O serviço público essencial revestido, também, do caráter de urgente não pode ser descontinuado. E no sistema jurídico brasileiro há lei ordinária que define exatamente esse serviço público essencial e urgente.

Trata-se da Lei de Greve — Lei n. 7.783, de 28 de junho de 1989. Como essa norma obriga os sindicatos, trabalhadores e empregadores a garantir, durante a greve, a prestação dos serviços indispensáveis ao atendimento das necessidades inadiáveis da comunidade, acabou definindo o que entende por essencial. A regra está no art. 10, que dispõe, *verbis*:

"Art. 10. São considerados serviços ou atividades essenciais:

I — tratamento e abastecimento de água; produção e distribuição de energia elétrica, gás e combustíveis;

II — assistência médica e hospitalar;

III — distribuição e comercialização de medicamentos e alimentos;

IV — funerários;

V — transporte coletivo;

VI — captação e tratamento de esgoto e lixo;

VII — telecomunicações;

VIII — guarda, uso e controle de substâncias radioativas, equipamentos e materiais nucleares;

IX — processamento de dados ligados a serviços essenciais;

X — controle de tráfego aéreo;

XI — compensação bancária".

5.5.3.2. Serviço público: serviço ou produto?

Em relação aos serviços em geral há os puros (prestados por meio da própria atividade) e os que são prestados com produtos que compõem o próprio serviço (a tinta do serviço de pintura, a cola da instalação do carpete etc.). É importante frisar esse aspecto do serviço que se faz acompanhar do produto, para evitar dúvidas quanto ao serviço público, pois ainda que ele entregue algum produto (p. ex., água), continua sendo caracterizado como serviço.

Para elucidar a questão aproveitemos uma objeção feita por ocasião do famoso *black-out* ocorrido no País em abril de 1999.

A questão colocada foi: água é produto, eletricidade também. Então, a distribuidora de energia elétrica, como revendedora do produto "energia", não pode ser responsabilizada pelo acidente de consumo que vitimou centenas de pessoas, em função do *black-out*. É que, em sendo ela distribuidora (comerciante) do produto, simplesmente não fez a sua entrega, porque não o recebeu das linhas de transmissão.

O argumento, entretanto, é falacioso e desconhece a essência do significado do serviço. Como dissemos, há serviços que se prestam acompanhados de produtos. E os serviços públicos de fornecimento de água, energia elétrica, gás encanado etc. são típicos nesse caso.

Na realidade é o "fornecimento" o serviço prestado. A montagem de toda a rede de transmissão, encanamento, saneamento etc. é feita para que o serviço seja prestado, isto é, para que o "fornecimento" de água, energia elétrica, gás, seja realizado. É, repita-se, serviço essencial, que, por suas características, entrega produto, o que não o descaracteriza como serviço.

Assim, na hipótese do *black-out*, a distribuidora responde pelo enquadramento no art. 14 do CDC (defeito do serviço prestado) ou no art. 20 (vício) e em todas as demais regras do sistema legal que cuidam dos serviços.

5.5.3.3. Consumidor ou contribuinte?

O que interessa, na hipótese da previsão do art. 22, é o que seja serviço público essencial que está à disposição do consumidor, porque somente quando este comparece na condição de consumidor, de um lado, e, de outro, surge o prestador do serviço público é que se tem relação jurídica de consumo, protegida pela Lei n. 8.078/90.

E nesse ponto podem-se detectar pelo menos duas correntes: uma que entende que, posto o serviço público à disposição, o administrado que o recebe se confunde com a figura do consumidor. Logo, aplica-se sempre o CDC na relação que envolve prestação de serviço público[42]. Outra que afasta a figura do consumidor quando o administrado participa da relação

---

42. Nessa posição aparece a doutrina apresentada no *Código Brasileiro de Defesa do Consumidor comentado pelos autores do Anteprojeto*, cit., p. 177.

que envolve o serviço público como contribuinte. Isto é, o serviço está a sua disposição pela relação de justiça distributiva que o apanha na condição de contribuinte, no sentido fiscal, da pessoa que é cadastrada e/ou lançada a pagar impostos.

Instado a se manifestar exatamente sobre esse ponto, o Poder Judiciário, em decisão da 2ª Câmara Cível do Tribunal de Alçada do Paraná, entendeu que consumidor e contribuinte são figuras que não se confundem. A discussão surgiu numa ação civil pública proposta pelo Ministério Público daquele Estado, visando anular o aumento abusivo do IPTU praticado por um município daquela unidade federativa.

O feito foi extinto, tendo sido acolhida a preliminar de ilegitimidade ativa do Ministério Público, autor da ação, arguida pela Fazenda Pública Municipal, que alegou que aquele órgão está autorizado a defender os interesses dos consumidores, mas não os dos contribuintes. O Tribunal entendeu que as expressões "consumidor" e "contribuinte" "não se equivalem ou se confundem e o fato de estar autorizado o 'parquet' a defender os interesses do consumidor não importa que também o esteja no que pertine aos direitos dos contribuintes"[43].

De nossa parte temos de colocar que, da maneira como o CDC foi redigido e tendo em vista a amplitude dos conceitos por ele estabelecidos, somos pelo mesmo entendimento dos autores do Anteprojeto, no sentido de que a norma abrange praticamente todas as situações envolvendo os serviços públicos. Fazemos, no entanto, uma ressalva, conforme a seguir o diremos. Porém, antes justifiquemos esse posicionamento.

Já vimos que, na definição de fornecedor do *caput* do art. 3º, está expressamente estampada a pessoa jurídica pública. Estamos examinando o art. 22, que, também expressamente, deixa patente que os serviços públicos estão regulados pelo sistema do CDC.

Os serviços estão definidos no § 2º do art. 3º, e somente os decorrentes das relações de caráter trabalhista e os prestados sem remuneração ou custo estão excluídos.

A definição de "consumidor" foi dada no *caput* do art. 2º, e é complementada pelas disposições do parágrafo único do mesmo artigo, e pelos arts. 17 e 29.

---

43. AC 53.11-5, rel. Juiz Irlan Arco-Verde, j. 11-11-1992, v. u., *RT*, 691/170.

Logo, não há alternativa: se, na relação jurídica estabelecida, de um lado estiver o consumidor, que recebe um serviço (público ou privado), e de outro o fornecedor do serviço, que o presta, a relação é típica de consumo e está protegida pelas regras do CDC.

Pode-se, é verdade, objetar que, se o consumidor não paga diretamente pelo serviço, a lei está excluída da relação, porque o § 2º do art. 3º fala que o serviço é prestado mediante remuneração. Mas, como tivemos oportunidade de demonstrar quando da análise daquela norma, o fato de não existir pagamento direto (p. ex., estacionamento grátis do *shopping center*) não exclui a norma da relação, pois o que vale é o conceito de custo para a oferta do serviço e este é repassado direta ou indiretamente para o consumidor final[44].

Assim, quer o consumidor pague quer não pelo serviço público, não é esse fato que vai afastar a incidência da norma.

Nossa ressalva fica para a necessidade que existe, quando se trata de questão envolvendo o administrado-contribuinte, de levar em consideração as outras leis do sistema constitucional brasileiro aplicáveis no que for compatível com o subsistema da Lei n. 8.078.

5.5.3.4. Responsabilidade do prestador do serviço público

O parágrafo único do art. 22 do CDC traz regra totalmente dispensável[45]. Ela apenas repete o óbvio: que os prestadores dos serviços públicos são responsáveis pelos vícios dos serviços, bem como pelos danos ocasionados por defeitos.

Tal responsabilidade, que é objetiva, nasce em primeiro lugar do texto constitucional. É que o § 6º do art. 37 da Constituição Federal dispõe, *verbis*:

"§ 6º As pessoas jurídicas de direito público e as de direito privado prestadoras de serviços públicos responderão pelos danos que seus agentes, nessa qualidade, causarem a terceiros, assegurado o direito de regresso contra o responsável nos casos de dolo ou culpa".

Logo, a norma do parágrafo único referido apenas repete a garantia, naquilo que diz respeito ao consumidor lesado.

---

44. Ver nossos comentários e a exceção concreta, que explica o porquê de a norma falar em remuneração no subitem 5.4.5.

45. "Art. 22 (...) Parágrafo único. Nos casos de descumprimento, total ou parcial, das obrigações referidas neste artigo, serão as pessoas jurídicas compelidas a cumpri-las e a reparar os danos causados, na forma prevista neste Código."

O legislador inseriu a norma no contexto do art. 22 apenas, mais uma vez, para deixar patente a responsabilidade do prestador do serviço público. O intuito foi evitar que surgisse algum tipo de argumento pretendendo elidir a responsabilidade do prestador. Nesse aspecto, pode-se dizer, então, que fez bem o legislador, uma vez que, como vimos, mesmo com o texto expresso do *caput* do art. 22, existem fornecedores de serviços públicos que pretendem sustentar o insustentável: que não estão submetidos às regras da Lei n. 8.078[46].

Assim, apenas para declarar, consigne-se que o prestador do serviço público está submetido exatamente a todas as normas que recaem sobre o prestador do serviço privado.

Portanto, havendo vício de qualidade do serviço, entendido este conforme definido no art. 20 e da maneira como apresentaremos mais à frente, pode o consumidor exigir:

a) a restituição total ou parcial da quantia paga;

b) a reexecução total ou parcial dos serviços;

c) o abatimento proporcional do preço[47].

Da mesma maneira, havendo vício de quantidade do serviço, também conforme ainda abordaremos, assiste direito ao consumidor de pleitear:

a) a restituição parcial da quantia paga;

b) a execução do serviço na parte faltante;

c) o abatimento proporcional do preço[48].

Em ambos os casos, há aplicação dos arts. 19 e 20 do CDC, inclusive com direito a perdas e danos, direito de propor medida judicial com base no art. 84 do CDC etc., conforme demonstraremos.

Na hipótese de defeito, aplicam-se as normas estabelecidas no art. 14, da forma como o comentaremos[49]. Adiante-se que a indenização garantida ao consumidor é plena, incorporando todos os danos materiais (danos emergentes e lucros cessantes) e morais por ele sofridos.

---

46. Ver o início dos comentários, item 5.5, nos quais apontamos uma ação judicial na qual a Sabesp — Companhia de Saneamento Básico do Estado de São Paulo apresenta "razões" nesse sentido.

47. Para mais detalhes consultar Capítulo 14, *infra*.

48. Para mais detalhes consultar também Capítulo 14, *infra*.

49. Para mais detalhes consultar Capítulo 15, *infra*.

No que respeita à defesa do prestador do serviço público nos casos de defeito, diga-se que ele pode utilizar-se da previsão do § 3º do art. 14[50], para cujo comentário também remetemos.

Como já dissemos que se aplicam todas as normas instituídas no CDC nas relações jurídicas de consumo estabelecidas com o prestador do serviço público, é despiciendo repetir cada uma delas. Reforce-se, apenas para terminar, que o prestador de serviços está submetido a todas as obrigações estabelecidas, tais como o dever de informar, não praticar abusos, não fazer publicidade enganosa, dar orçamento, reparar todos os danos causados etc.

5.6. A relação jurídica

Por tudo o que examinamos neste capítulo, temos, então, de concluir que a Lei n. 8.078/90 incidirá, nas relações jurídicas chamadas de consumo, sempre que num dos polos estiver presente o consumidor e no outro o fornecedor.

Incidirá também quando a prática comercial puder desde logo, mesmo *in abstrato*, vir a tornar-se relação jurídica de consumo, pelo simples fato de poder expor e se impor a um consumidor em potencial. Traduzindo: a aplicação do CDC se dá mesmo antes que qualquer consumidor em concreto compre, contrate, tenhas seus direitos violados etc. Basta a potência, a possibilidade, a virtualidade de ocorrência da relação.

É isto que vai permitir, por exemplo, o controle da publicidade enganosa ou abusiva, ainda que nenhum consumidor real seja enganado; vai permitir o controle prévio e *in abstracto* de cláusula contratual abusiva antes da assinatura ou surgimento da relação contratual efetiva entre fornecedor e consumidor etc.

Esse último aspecto é de se ressaltar porque era inimaginável na vigência do Código Civil — controle prévio e abstrato de cláusula contratual —, pois contrato no direito privado só existe após firmado. E essa memória privatista — usemos a expressão mais uma vez — ainda remanesce gerando problemas de entendimento da lei consumerista.

No que respeita a relação jurídica de consumo, surgiram algumas controvérsias que acabaram chegando aos Tribunais. Cito duas Súmulas do Superior Tribunal de Justiça que trataram do tema:

---

50. Ver a respeito Capítulo 15, *infra*.

Súmula 602 — "O Código de Defesa do Consumidor é aplicável aos empreendimentos habitacionais promovidos pelas sociedades cooperativas"[51].

Súmula 608 — "Aplica-se o Código de Defesa do Consumidor aos contratos de plano de saúde, salvo os administrados por entidades de autogestão"[52].

5.7. Exercícios

5.7.1. Leia a seguinte decisão, depois responda às questões formuladas.

"LOCAÇÃO — RETENÇÃO OU INDENIZAÇÃO POR BENFEITORIAS — CLÁUSULA DE RENÚNCIA — VALIDADE; CÓDIGO DO CONSUMIDOR — CONTRATOS REGULADOS PELA LEI N. 8.245/91 — INAPLICABILIDADE.

(Acórdão da Quinta Turma do Superior Tribunal de Justiça)

Recurso Especial n. 38274-2-SP (Reg. 93.0024254-7)

Relator: Exmo. Sr. Ministro Edson Vidigal

Ementa

Locação — Retenção por benfeitorias — Código do Consumidor — Lei 8.078/90 — Inaplicabilidade. 1. Não é nula cláusula contratual de renúncia ao direito de retenção ou indenização por benfeitorias. 2. Não se aplica às locações prediais urbanas reguladas pela Lei 8.245/91, o Código do Consumidor. 3. Recurso não conhecido.

Acórdão

Vistos, relatados e discutidos estes autos, acordam os Ministros da Quinta Turma do Superior Tribunal de Justiça, na conformidade dos votos e das notas taquigráficas a seguir, por unanimidade, não conhecer do recurso. Votaram como o Relator os Srs. Ministros Jesus Costa Lima, José Dantas e Assis Toledo. Ausente, justificadamente, o Ministro Cid Flaquer Scartezzini.

Brasília — DF, 09 de novembro de 1994. (data do julgamento)

Ministro Jesus Costa Lima, Presidente

Ministro Edson Vidigal, Relator

---

51. STJ, 2ª Seção, aprovada em 22-2-2018, *DJe* 26-2-2018.
52. STJ, 2ª Seção, aprovada em 11-4-2018, *DJe* 17-4-2018.

Relatório

O Exmo. Sr. Ministro Edson Vidigal: Em ação de despejo, denúncia vazia em locação não residencial, precedida de notificação premonitória, proposta pelo recorrido, o pedido foi julgado procedente na sentença, e improcedente o do locatário na reconvenção apresentada com vistas ao direito à retenção por benfeitorias.

Confirmada a decisão no Segundo Tribunal de Alçada Cível de São Paulo, interpôs o locatário recurso especial com base na Constituição, art. 105, III, 'a', reputando contrariados o CPC — arts. 125-I, 332, 405-§ 3º - IV e a Lei 8.078/90, art. 51, XVI, increpando de nula a cláusula contratual e renúncia ao direito de retenção ou indenização por benfeitorias.

O recurso foi admitido na origem, ante a impossibilidade de se aplicar a Súmula 400 do STF. Sem as contrarrazões do recorrido, subiram os autos a esta Corte.

Relatei.

Voto

O Exmo. Sr. Ministro Edson Vidigal: Senhor Presidente, a alegada ofensa à Lei 8.078/90 — Código do Consumidor — é impertinente à hipótese aqui tratada, razão pela qual o Acórdão recorrido acertadamente afastou sua incidência, por não ter a mesma aplicação em questões oriundas de vínculo locatício, anotando que

'a lei inquilinária regulou toda a matéria de que trata, de sorte que a disposição do código especializado na defesa do consumidor, para modificá-la, haveria de a ela referir-se, especificamente. Mas tal não ocorreu'. (fl.77)

Ao invocar a proteção da Lei 8.078/90, o recorrente pretende anular a cláusula 5ª do contrato locatício, que diz, foi 'assinado por coação'. (fl. 82)

O julgado hostilizado, ao confirmar a sentença que afastara o direito de retenção por benfeitorias, consignou que

'não é nula a cláusula pela qual o locatário renunciou ao direito de retenção ou indenização por benfeitorias realizadas no imóvel, como acontece no presente caso (cláusula 5ª, fls. 5)'. (fl.76)

Com efeito, o pretenso direito à retenção por benfeitorias, inserido em cláusula contratual que o exclui, apresenta-se incabível como sede de recurso especial, consoante o teor da súmula 5, STJ. (...)

Assinado, outrossim, que a locação é hoje regulada pela Lei 8.245/91, que revogou a Lei 6.649/79 — é lei especial que trata especificamente das locações prediais urbanas e não pela Lei 8.078/90, que dispensa proteção ao consumidor, em hipóteses não abrangidas por leis especiais. (REsp 38.639-0/SP, 5ª Turma). (...)"

Pergunta-se:

a. Você concorda com a decisão? Sim/Não/Por quê?

b. Em que hipótese um inquilino poderia invocar a seu favor o CDC, alegando que, além de inquilino protegido pela atual lei do inquilinato (Lei n. 8.245/91), ele estaria também amparado pelo CDC?

5.7.2. Leia a seguinte decisão, depois responda às questões formuladas.

"CONSUMIDOR — Fornecimento de produto com defeito — Fato do produto — Ausência de prova de culpa do consumidor ou de terceiro (art. 12, §3º, do CDC) e de indicação dos cuidados necessários a serem tomados com o produto (art. 12, *caput*, do CDC) — Responsabilidade do fabricante.

ACÓRDÃO — Vistos, relatados e discutidos estes autos de Ap. 650.278-5, da comarca de São Paulo, sendo apelante I. Roupas e Confecções Ltda. e apelado Condomínio L.: Acordam, em 2ª Câm. do 1º TACivSP, por v. u., negar provimento ao recurso.

1. Condomínio L. ajuizou ação anulatória de título, precedida de cautelar de sustação de protesto, pretendendo a devolução da quantia paga e a declaração de inexigibilidade da duplicata decorrente de compra e venda de mercadoria devolvida por conter defeitos e levada a protesto. Pleiteia também perdas e danos.

A r. sentença de f. julgou procedente a cautelar de procedente em parte a ação (desacolhendo apenas o pedido de perdas e danos), declarando inexigível o título e definitiva a liminar, condenando a ré na devolução da quantia paga, devidamente atualizada, e ainda nas custas processuais e verba honorária de 10% sobre o valor da causa.

Apelou a ré (fls.), dizendo que o fato de estar ciente do ocorrido desbotamento de uniformes não implica assumir a responsabilidade, sendo necessário apurar-se a causa. Pretende a improcedência da ação e a inversão da sucumbência.

Contrarrazões a fls.

2. A ação não poderia deixar de ter sido julgada procedente.

A alegação da apelante, procurando refutar sua responsabilidade pelos defeitos constatados na mercadoria vendida ao autor, é a de que simplesmente reconheceu a existência do problema, sem proclamar-se responsável. Algumas considerações impõem-se a respeito.

A primeira observação é a de que, devolvidas as mercadoria, pôde a ré, sua fabricante, verificar que os uniformes fornecidos estavam precocemente desbotados (f.). Quer isto dizer que estavam defeituosos, impróprios para o consumo, sofrendo um desgaste anormal que recaiu sobre uma das principais características da mercadoria (sua cor).

Tratando-se de fato do produto, responsabilidade era mesmo do fabricante. E este apenas poderia eximir-se dessa responsabilidade se comprovasse um dos fatores apontados no art. 12, § 3º, do CDC (não ter colocado o produto no mercado, inexistência do defeito, culpa exclusiva do consumidor ou de terceiro). Os dois primeiros podem desde logo ser afastados, ante o reconhecimento da ocorrência do fato. Resta o último fundamento.

No mencionado documento de f., disse a ré que não se responsabilizaria pelo defeito 'se constatado o uso indevido, lavagem ou conservação' (inadequados). A assertiva conjuga-se com a excludente supraenunciada.

Ocorre, no entanto, que a ré não comprovou ter sido do consumidor, ou de algum terceiro, em caráter exclusivo, a culpa pelo resultado. Note-se que, segundo informaram as testemunhas ouvidas, amostra do produto foi encaminhada, para exames, ao fornecedor do tecido (f.). Não consta dos autos, entretanto, nenhum dado sobre esse exame, se é que foi feito. Cabe acentuar que o ônus de provar era da ré, por se cuidar de fato contrário ao afirmado pelo autor.

Não será demais consignar que, demandando produto cuidados especiais na lavagem (f.) tais informações deveriam ser obrigatoriamente prestadas ao consumidor, sob pena de responsabilidade do fabricante (cf. art. 12, *caput*, do CDC). Não consta que o tenham sido, o que igualmente compromete o atendimento do postulado pela ré.

O debate, nesta fase recursal, cinge-se ao acima abordado, não merecendo acolhida, portanto, a pretensão da apelante.

3. Ante o exposto, negam provimento ao recurso.

Presidiu o julgamento, com voto, o Juiz Alberto Tedesco, e dele participou o Juiz Morato de Andrade (revisor).

São Paulo, 27 de novembro de 1996 — SALLES DE TOLEDO — relator."

Pergunta-se:

a. A hipótese contida no acórdão configura negócio jurídico de consumo? Fundamente.

b. Em sendo positiva a resposta anterior, qual é a espécie de consumidor determinado (sentido amplo, estrito, coletivo)?

c. O Condomínio L. pode ser fornecedor na forma prevista no CDC? Fundamente.

5.7.3. Uma empresa da Capital, fabricante de *hardwares* e *softwares* para micros, e que emprega cerca de 200 empregados, é uma grande consumidora de energia elétrica, gastando milhares de reais mensais com ela. Certo dia, fruto da necessidade, a empresa adquiriu um aparelho sofisticadíssimo que se mostrou capaz de reproduzir os *softwares* com grande economia de escala (supondo-se para este exercício que isso seja possível), o que permitiu que a empresa, inclusive, demitisse cerca de 30 empregados.

A partir da utilização desse novo equipamento, passou a existir uma sobrecarga de energia, o que obrigou a empresa a solicitar que a Distribuidora de Energia Elétrica trocasse a fiação, o que foi feito. Alguns dias após essa operação (troca de fiação), no entanto, uma sobrecarga de energia acabou por queimar o equipamento, causando grave prejuízo à empresa.

a. Existe relação de consumo no caso apresentado?

b. Pode a empresa, alegando ser consumidora, pleitear direitos diante da Distribuidora, com base no CDC? É a Distribuidora responsável? Explique.

6. OS PRINCÍPIOS DA LEI N. 8.078/90 E OS DIREITOS BÁSICOS DO CONSUMIDOR

Tem-se dito que se a Lei n. 8.078/90 se tivesse limitado a seus primeiros sete artigos, ainda assim o consumidor poderia receber uma ampla proteção, pois eles refletem concretamente os princípios constitucionais de proteção ao consumidor e bastaria aos intérpretes compreender seus significados. Isso é verdade e mais: ver-se-á que as normas posteriormente estipuladas no CDC concretizam mais ainda esses princípios e direitos básicos.

Vejamos, então, quais são esses princípios legais e direitos básicos fundamentais.

6.1. Dignidade

A dignidade da pessoa humana — e do consumidor — é garantia fundamental que ilumina todos os demais princípios e normas e que, então, a ela devem respeito, dentro do sistema constitucional soberano brasileiro.

A dignidade garantida no *caput* do art. 4º da Lei n. 8.078/90 está, assim, ligada diretamente àquela maior, estampada no texto constitucional. Remetemos, pois, à leitura de nossos comentários ao princípio constitucional da dignidade da pessoa humana, aplicável tal e qual na órbita da Lei n. 8.078[1].

6.2. Proteção à vida, saúde e segurança

Proteção à vida, saúde e segurança são direitos que nascem atrelados ao princípio maior da dignidade, uma vez que, como dissemos, a dignidade da pessoa humana pressupõe um piso vital mínimo[2].

---

1. No Capítulo 3, *retro*, item 3.2.
2. Cf. nota anterior.

O CDC repete o princípio no art. 4º, *caput*, para assegurar expressamente a sadia qualidade de vida com saúde do consumidor e sua segurança, no inciso I do art. 6º.

Percebe-se então, que, consequentemente, a regra do *caput* do art. 4º descreve um quadro amplo de asseguramento de condições morais e materiais para o consumidor. Quando se refere à melhoria de qualidade de vida, está apontando não só o conforto material, resultado do direito de aquisição de produtos e serviços, especialmente os essenciais (serviços públicos de transporte, água e eletricidade, gás, os medicamentos e mesmo imóveis etc.), mas também o desfrute de prazeres ligados ao lazer (garantido no texto constitucional — art. 6º, *caput*) e ao bem-estar moral ou psicológico.

6.3. Proteção e necessidade

A Lei n. 8.078/90 estabelece, logo no seu art. 1º, seu caráter protecionista e de interesse social.

Uma das questões básicas que justificam a existência da lei, indo até a intervenção do Estado no domínio econômico, é a da necessidade de proteção do consumidor em relação a aquisição de certos produtos e serviços.

Assim, por exemplo, nos casos de medicamentos únicos para doenças graves, nos serviços públicos, no suprimento de alimentos básicos etc., justifica-se a intervenção direta para garantir o suprimento ao consumidor. Até no aumento exagerado de preços isso pode acontecer, desde que se trate de caso de necessidade.

Esse princípio da garantia do suprimento das necessidades do consumidor está em consonância com o princípio maior básico que lhe dá sentido, que é o da liberdade de agir e escolher, garantido no texto constitucional (art. 1º, III, art. 3º, I, art. 5º, *caput*, entre outros)[3].

Do mesmo modo como apontado no subitem anterior, vê-se que a norma do *caput* do art. 4º garante ampla proteção moral e material ao consumidor. E quando se refere à melhoria de qualidade de vida, está apontando não só o conforto material, resultado do direito de aquisição de produtos e serviços, especialmente os essenciais (imóveis, serviços públicos de transporte, água e eletricidade, gás etc.), mas também o desfrute de prazeres

---

3. Cf. nossa análise do Capítulo 3, *retro*, item 3.3.

ligados ao lazer (garantido no texto constitucional — art. 6º, *caput*) e ao bem-estar moral ou psicológico.

6.4. Transparência

O princípio da transparência, expresso no *caput* do art. 4º do CDC, se traduz na obrigação do fornecedor de dar ao consumidor a oportunidade de conhecer os produtos e serviços que são oferecidos e, também, gerará no contrato a obrigação de propiciar-lhe o conhecimento prévio de seu conteúdo.

O princípio da transparência será complementado pelo princípio do dever de informar, previsto no inciso III do art. 6º, e a obrigação de apresentar previamente o conteúdo do contrato está regrada no art. 46.

6.5. Harmonia

Outro princípio do *caput* do art. 4º aparece também no inciso III deste mesmo artigo. A harmonia das relações de consumo nasce dos princípios constitucionais da isonomia, da solidariedade e dos princípios gerais da atividade econômica[4].

A harmonia será explicitada, no contexto da Lei n. 8.078, pelos outros princípios da boa-fé e equilíbrio, que aparecem no inciso III do art. 4º, conforme adiante apresentaremos[5].

6.6. Vulnerabilidade

O inciso I do art. 4º reconhece: o consumidor é vulnerável.

Tal reconhecimento é uma primeira medida de realização da isonomia garantida na Constituição Federal[6]. Significa ele que o consumidor é a parte fraca da relação jurídica de consumo. Essa fraqueza, essa fragilidade, é real, concreta, e decorre de dois aspectos: um de ordem técnica e outro de cunho econômico.

O primeiro está ligado aos meios de produção, cujo conhecimento é monopólio do fornecedor. E quando se fala em meios de produção não se

---

4. Ver nossa análise no Capítulo 3, *retro*.
5. Nos itens 6.9 e 6.10.
6. Ver nossos comentários a respeito do princípio da isonomia no Capítulo 3, item 3.6.

está apenas referindo aos aspectos técnicos e administrativos para a fabricação e distribuição de produtos e prestação de serviços que o fornecedor detém, mas também ao elemento fundamental da decisão: é o fornecedor que escolhe o que, quando e de que maneira produzir, de sorte que o consumidor está à mercê daquilo que é produzido.

É por isso que, quando se fala em "escolha" do consumidor, ela já nasce reduzida. O consumidor só pode optar por aquilo que existe e foi oferecido no mercado. E essa oferta foi decidida unilateralmente pelo fornecedor, visando seus interesses empresariais, que são, por evidente, os da obtenção de lucro.

O segundo aspecto, o econômico, diz respeito à maior capacidade econômica que, por via de regra, o fornecedor tem em relação ao consumidor. É fato que haverá consumidores individuais com boa capacidade econômica e às vezes até superior à de pequenos fornecedores. Mas essa é a exceção da regra geral.

6.7. Liberdade de escolha

A liberdade de escolha garantida ao consumidor tem supedâneo no princípio da liberdade de ação e escolha da Constituição Federal (arts. 1º, III, 3º, I, 5º, *caput*, entre outros)[7].

Tem, também, relação indireta com o princípio da vulnerabilidade, previsto no inciso I do art. 4º.

6.8. Intervenção do Estado

O inciso II do art. 4º autoriza a intervenção direta do Estado para proteger efetivamente o consumidor, não só visando assegurar-lhe acesso aos produtos e serviços essenciais como para garantir qualidade e adequação dos produtos e serviços (segurança, durabilidade, desempenho). E volta no inciso VI deste mesmo art. 4º, pelo qual se verifica a estreita consonância com os maiores princípios constitucionais, especialmente os da dignidade da pessoa humana, isonomia e princípios gerais da atividade econômica.

---

7. Cf. nossa análise no Capítulo 3, *retro*, item 3.3.

6.9. A boa-fé

O inciso III do art. 4º do CDC aponta a harmonização dos interesses dos partícipes das relações de consumo, que, como vimos acima, tem fundamento nos princípios maiores da isonomia e solidariedade.

Essa harmonização nasce, então, fundada na boa-fé e no equilíbrio. Vejamos, na sequência, esses dois outros princípios.

6.9.1. Boa-fé objetiva

A boa-fé estampada no inciso III referido é princípio da Lei n. 8.078. Retornará no art. 51 como cláusula geral (inciso IV)[8].

A que a lei consumerista incorpora é a chamada boa-fé objetiva, diversa da subjetiva.

A boa-fé subjetiva diz respeito à ignorância de uma pessoa acerca de um fato modificador, impeditivo ou violador de seu direito. É, pois, a falsa crença sobre determinada situação pela qual o detentor do direito acredita em sua legitimidade, porque desconhece a verdadeira situação. Nesse sentido, a boa-fé pode ser encontrada em vários preceitos do Código Civil, como, por exemplo, no art. 1.567, quando trata dos efeitos do casamento putativo[9], nos arts. 1.201 e 1.202, que regulam a posse de boa-fé[10], no art. 879, que se refere à boa-fé do alienante do imóvel indevidamente recebido etc.[11].

---

8. Ver, a respeito, o Capítulo 31, *infra*, subitem 31.2.3.3 e Capítulo 36, item 36.9.

9. Código Civil: "Art. 1.561. Embora anulável, ou mesmo nulo, se contraído de boa-fé por ambos os cônjuges, o casamento, em relação a estes como aos filhos, produz todos os efeitos civis até ao dia da sentença anulatória. § 1º Se um só dos cônjuges estava de boa-fé ao celebrar o casamento, os seus efeitos civis só a ele e aos filhos aproveitarão. § 2º Se ambos os cônjuges estavam de má-fé ao celebrar o casamento, os seus efeitos civis só aos filhos aproveitarão".

10. Código Civil: "Art. 1.201. É de boa-fé a posse, se o possuidor ignora o vício, ou o obstáculo que lhe impede a aquisição da coisa.

Parágrafo único. O possuidor com justo título tem por si a presunção de boa-fé, salvo prova em contrário, ou quando a lei expressamente não admite esta presunção. Art. 1.202. A posse de boa-fé só perde este caráter no caso e desde o momento em que as circunstâncias façam presumir que o possuidor não ignora que possui indevidamente".

11. "Art. 879. Se aquele que indevidamente recebeu um imóvel o tiver alienado em boa-fé, por título oneroso, responde somente pela quantia recebida; mas, se agiu de má-fé, além do valor do imóvel, responde por perdas e danos. Parágrafo único. Se o imóvel foi

Já a boa-fé objetiva, que é a que está presente no CDC, pode ser definida, *grosso modo*, como sendo uma regra de conduta, isto é, o dever das partes de agir conforme certos parâmetros de honestidade e lealdade, a fim de se estabelecer o equilíbrio nas relações de consumo. Não o equilíbrio econômico, como pretendem alguns, mas o equilíbrio das posições contratuais, uma vez que, dentro do complexo de direitos e deveres das partes, em matéria de consumo, como regra, há um desequilíbrio de forças. Daí que, para chegar a um equilíbrio real, o intérprete deve fazer uma análise global do contrato, de uma cláusula em relação às demais[12].

A boa-fé objetiva funciona, então, como um modelo, um *standard*, que não depende de forma alguma da verificação da má-fé subjetiva do fornecedor ou mesmo do consumidor.

Deste modo, quando se fala em boa-fé objetiva, pensa-se em comportamento fiel, leal, na atuação de cada uma das partes contratantes a fim de garantir respeito à outra. É um princípio que visa garantir a ação sem abuso, sem obstrução, sem causar lesão a ninguém, cooperando sempre para atingir o fim colimado no contrato, realizando os interesses das partes.

A boa-fé objetiva é uma espécie de pré-condição abstrata de uma relação ideal. Toda vez que no caso concreto, por exemplo, o magistrado tiver de avaliar o caso para identificar algum tipo de abuso, deve levar em consideração essa condição ideal *a priori*, na qual as partes respeitam-se mutuamente, de forma adequada e justa.

6.9.2. Boa-fé como princípio

O princípio da boa-fé estampado no art. 4º da lei consumerista tem, então, como função viabilizar os ditames constitucionais da ordem econômica, compatibilizando interesses aparentemente contraditórios, como a proteção do consumidor e o desenvolvimento econômico e tecnológico. Com isso, tem-se que a boa-fé não serve somente para a defesa do débil, mas sim como fundamento para orientar a interpretação garantidora da

---

alienado por título gratuito, ou se, alienado por título oneroso, o terceiro adquirente agiu de má-fé, cabe ao que pagou por erro o direito de reivindicação."

12. O novo Código Civil também incorporou a boa-fé objetiva como base para as relações contratuais, como se pode ver do art. 422: "Os contratantes são obrigados a guardar, assim na conclusão do contrato, como em sua execução, os princípios de probidade e boa-fé" e do art. 113: "Os negócios jurídicos devem ser interpretados conforme a boa-fé e os usos do lugar de sua celebração".

ordem econômica, que, como vimos, tem na harmonia dos princípios constitucionais do art. 170 sua razão de ser.

Mas, não é só isso. Hodiernamente há de se levar em conta o princípio da boa-fé objetiva no papel que ele desempenha na construção do próprio sistema jurídico, assim como na aplicação efetiva dos demais princípios e normas jurídicas, todos suporte do modelo da sociedade capitalista contemporânea.

Com efeito, a hermenêutica jurídica tem apontado no transcurso da história os vários problemas com os quais se depara o intérprete, não só na análise da norma e seu drama, no que diz respeito à eficácia, mas também na do problema da compreensão do comportamento humano. Deste, dependendo da ideologia ou da escola à qual pertença o hermeneuta, há sempre uma maior ou menor disposição de se buscar uma adequação/inadequação na questão da incidência normativa: há os que atribuem o comportamento à incidência direta da norma jurídica; os que alegam que a norma jurídica é produzida por conta da pressão que o comportamento humano exerce sobre o legislador e logo sobre o sistema jurídico produzido; os que dizem que a norma tem caráter educador juntamente com os outros sistemas sociais de educação; os que atestam que, simplesmente, a norma jurídica é superestrutura de manutenção do *status quo*; os que veem na norma o instrumento de controle político e social; enfim, é possível detectar tantas variações das implicações existentes entre sistema jurídico e sociedade (ou norma jurídica e comportamento humano) quantas escolas puderem ser investigadas.

Realmente, são várias as teorias que pretendem dar conta do fenômeno produzido no seio social enquanto ação humana ou comportamento humano na sua correlação com as normas em geral e jurídica em particular. Pois bem. Acontece que, independentemente da escola, existem algumas fórmulas gerais que sempre se repetem como *topói*, isto é, como fórmulas de procura ou operações estruturantes a serem utilizadas pelo intérprete para resolver um problema de aplicação/interpretação normativa, no que diz respeito ao caso concreto[13]. Vale dizer, esse elemento tópico acaba por ser utilizado pelo intérprete com o intuito de persuadir o receptor de sua

---

13. *V.*, a respeito da Tópica, Theodor Viehweg, *Tópica e jurisprudência*, Brasília: UNB, 1980, *passim*.

mensagem, o que deve ser feito, portanto, de tal modo que cause uma impressão convincente no destinatário[14].

Ora, a decisão jurídica decorrente do ato interpretativo surge linguisticamente num texto (numa obra doutrinária, numa decisão judicial, num parecer e, num certo sentido, na própria norma jurídica escrita) como uma argumentação racional, advinda de uma discussão também racional, fruto de um sujeito pensante racional, que, por sua vez, conseguiu articular proposições racionais. O ciclo surge fechado num sistema racional. Acontece que, muitas vezes, fica difícil para o intérprete resolver o problema de modo racional lançando mão do repertório linguístico do sistema normativo escrito. Por vezes, faltam palavras capazes de dar conta dos fatos, dos valores, das disputas reais envolvidas, das justaposições de normas, dos conflitos de interesses, das contradições normativas, de suas antinomias e até de seus paradoxos. Nesse momento, então, para resolver racionalmente o problema estudado, ele lança mão dessas fórmulas, verdadeiros modelos capazes de apresentar um caminho para a solução do problema. Dentre as várias alternativas, chamamos atenção aqui para *standards*, tais como "fato notório", "regras ordinárias da experiência", "homem comum", "pensamento médio", "razoabilidade", "parcimônia", "equilíbrio", "justiça" (no sentido de equilíbrio), "bom-senso", "senso comum" etc.

É importante notar que essas fórmulas funcionam em sua capacidade de persuasão e convencimento, porque, de algum modo, elas, muitas vezes, apontam para verdades objetivas, traduzidas aqui como fatos concretos verificáveis. O destinatário do discurso racional preenchido com essas fórmulas o acata como verdadeiro, pois sabe, intuitivamente, que eles, em algum momento, corresponderam à realidade. Ou, em outras palavras, aceita o argumento estandartizado, porque reconhece nele, de forma inconsciente — intuitiva —, um foro de legitimidade, uma vez que produzidos na realidade como um fato inexorável.

Pois bem. O *standard* da boa-fé objetiva é um desses *topos* fundamentais que, inserido no contexto linguístico dos operadores do direito,

---

14. Como diz Tércio Sampaio Ferraz Jr. ao apresentar o funcionamento da tópica material: A tópica material, diz ele, proporciona, às partes, "um repertório de 'pontos de vista' que elas podem assumir (ou criar), no intuito de persuadir (ou dissuadir) o receptor da sua ação linguística. Os partícipes do discurso judicial, ao desejar influenciar o decurso do diálogo-contra (persuasivo), precisam produzir uma impressão convincente e confiante; as suas ações linguísticas devem ser dignas de crédito" (*Direito, retórica e comunicação*. São Paulo: Saraiva, 1973, p. 87).

estudiosos da sociedade capitalista contemporânea, no Brasil, por ser erigido a princípio na Lei n. 8.078/90, foi adotado pelo atual Código Civil e vem sendo reconhecido como elemento da base do próprio sistema jurídico constitucional.

Examine-se, pois, o funcionamento da boa-fé objetiva: o intérprete lança mão dela, utilizando-a como um modelo, um *standard* (um *topos*) a ser adotado na verificação do caso em si. Isto é, qualquer situação jurídica estabelecida para ser validamente legítima, de acordo com o sistema jurídico, deve poder ser submetida à verificação da boa-fé objetiva que lhe é subjacente, de maneira que todas as partes envolvidas (quer seja credora, devedora, interveniente, ofertante, adquirente, estipulante etc.) devem-na respeitar. A boa-fé objetiva é, assim, uma espécie de pré-condição abstrata de uma relação ideal (justa), disposta como um tipo ao qual o caso concreto deve se amoldar. Ela aponta, pois, para um comportamento fiel, leal, na atuação de cada uma das partes contratantes, a fim de garantir o respeito ao direito da outra. Ela é um modelo principiológico que visa garantir a ação e/ou conduta sem qualquer abuso ou nenhum tipo de obstrução ou, ainda, lesão à outra parte ou partes envolvidas na relação, tudo de modo a gerar uma atitude cooperativa que seja capaz de realizar o intento da relação jurídica legitimamente estabelecida.

Desse modo, pode-se afirmar que, na eventualidade de lide, sempre que o magistrado encontrar alguma dificuldade para analisar o caso concreto na verificação de algum tipo de abuso, deve levar em consideração essa condição ideal apriorística, pela qual as partes deveriam, desde logo, ter pautado suas ações e condutas, de forma adequada e justa. Ele deve, então, num esforço de construção, buscar identificar qual o modelo previsto para aquele caso concreto, qual seria o tipo ideal esperado para que aquele caso concreto pudesse estar adequado, pudesse fazer justiça às partes e, a partir desse *standart*, verificar se o caso concreto nele se enquadra, para daí extrair as consequências jurídicas exigidas.

6.9.3. O equilíbrio

Este é outro princípio que pretende, concretamente, a realização do princípio magno da justiça (art. 3º, I, da CF). Relações jurídicas equilibradas implicam a solução do tratamento equitativo. O equilíbrio se espraia, no plano contratual, na norma do inciso IV do art. 51, bem como no inciso III do § 1º do mesmo art. 51.

6.10. Igualdade nas contratações

O inc. II do art. 6º garante, ainda, igualdade nas contratações. É o asseguramento expresso do princípio da igualdade estampado no texto constitucional (art. 5º, *caput*, da CF).

Pela norma instituída nesse inciso fica estabelecido que o fornecedor não pode diferenciar os consumidores entre si. Ele está obrigado a oferecer as mesmas condições a todos os consumidores. Admitir-se-á apenas que se estabeleçam certos privilégios aos consumidores que necessitam de proteção especial, como, por exemplo, idosos, gestantes e crianças, exatamente em respeito à aplicação concreta do princípio da isonomia[15].

6.11. Dever de informar

O dever de informar é princípio fundamental na Lei n. 8.078, aparecendo inicialmente no inciso III do art. 6º, e, junto ao princípio da transparência estampado no *caput* do art. 4º, traz uma nova formatação aos produtos e serviços oferecidos no mercado.

Com efeito, na sistemática implantada pelo CDC, o fornecedor está obrigado a prestar todas as informações acerca do produto e do serviço, suas características, qualidades, riscos, preços etc., de maneira clara e precisa, não se admitindo falhas ou omissões[16].

Trata-se de um dever exigido mesmo antes do início de qualquer relação. A informação passou a ser componente necessário do produto e do serviço, que não podem ser oferecidos no mercado sem ela.

O princípio da transparência, como vimos, está já previsto no *caput* do art. 4º, e traduz a obrigação de o fornecedor dar ao consumidor a oportunidade de tomar conhecimento do conteúdo do contrato que está sendo apresentado[17].

Assim, da soma dos princípios, compostos de dois deveres — o da transparência e o da informação —, fica estabelecida a obrigação de o fornecedor

---

15. Ver nossos comentários ao princípio da igualdade no item 3.6.

16. Esse princípio volta no art. 31, mais detalhado. Leia-se: "A oferta e apresentação de produtos ou serviços devem assegurar informações corretas, claras, precisas, ostensivas e em língua portuguesa sobre suas características, qualidades, quantidade, composição, preço, garantia, prazos de validade e origem, entre outros dados, bem como sobre os riscos que apresentam à saúde e segurança dos consumidores" (ver nossos comentários no Cap. 21).

17. E que aparece como norma expressa do art. 46 (ver Capítulo 34, *infra*).

dar cabal informação sobre seus produtos e serviços oferecidos e colocados no mercado, bem como das cláusulas contratuais por ele estipuladas.

Com a entrada em vigor do Estatuto da Pessoa com Deficiência (na data de 3 de janeiro de 2016, Lei n. 13.146, de 6-8-2015), o artigo 6º do CDC ganhou um parágrafo único, assim disposto:

"Parágrafo único. A informação de que trata o inciso III do *caput* deste artigo deve ser acessível à pessoa com deficiência, observado o disposto em regulamento."

Como é possível ver do final da proposição, a regra depende de regulamentação para ter vigência. Ao que consta, o objetivo da norma é obrigar os fornecedores a oferecerem informações cabais também ao consumidor com deficiência. O regulamento terá que lidar com uma enormidade de situações que nem sempre serão de fácil solução, como, por exemplo, a do fornecimento de informações em embalagens de produtos industrializados e que tenham pouco espaço disponível para inserção dos dados. Já existe dificuldade e até descumprimento da norma existente no CDC: em alguns casos, os dados estão impressos em tipos tão miúdos que para lê-los o consumidor tem que usar lupa! Claro que, nesta hipótese, alei não está sendo respeitada. Quanto ao novo regramento que advirá, uma solução será oferecer a informação em Braile num formulário anexado a algumas embalagens (não haverá necessidade de estar em todas); outra saída será oferecer as informações via web no site do fornecedor por via sonora.

Aliás, oferecer as informações por sistema de som via web é uma alternativa para muitas situações e trará um *plus* de benefícios a muitos consumidores que, mesmo não se enquadrando na condição do Estatuto, têm alguma dificuldade para obter o dado, como na hipótese do uso da lupa acima citada.

O Estatuto postergou, portanto, a entrada em vigor dessa norma que cuida das informações sobre produtos e serviços no que respeita ao consumidor com deficiência. Entretanto, seu artigo 69 também cuidou desse aspecto, o que pode gerar alguma dúvida sobre a vigência da determinação. Leiamos, inicialmente, o que ficou estabelecido:

"Art. 69. O poder público deve assegurar a disponibilidade de informações corretas e claras sobre os diferentes produtos e serviços ofertados, por quaisquer meios de comunicação empregados, inclusive em ambiente virtual, contendo a especificação correta de quantidade, qualidade, características, composição e preço, bem como sobre os eventuais riscos à saúde e à segurança do consumidor com deficiência, em caso de sua utilização, aplicando-se, no que couber, os arts. 30 a 41 da Lei n. 8.078, de 11 de setembro de 1990.

§ 1º Os canais de comercialização virtual e os anúncios publicitários veiculados na imprensa escrita, na internet, no rádio, na televisão e nos demais veículos de comunicação abertos ou por assinatura devem disponibilizar, conforme a compatibilidade do meio, os recursos de acessibilidade de que trata o art. 67 desta Lei, a expensas do fornecedor do produto ou do serviço, sem prejuízo da observância do disposto nos arts. 36 a 38 da Lei n. 8.078, de 11 de setembro de 1990.

§ 2º Os fornecedores devem disponibilizar, mediante solicitação, exemplares de bulas, prospectos, textos ou qualquer outro tipo de material de divulgação em formato acessível."

É preciso, pois, fazer uma interpretação sistemática desse dispositivo na sua conexão com o CDC. Tendo em vista que a própria Lei n. 13.146 complementou a lei consumerista para incluir uma norma específica no artigo 6º, cuidando das informações a serem oferecidas ao consumidor com deficiência e dizendo que ela depende de regulamentação, penso que somente após o surgimento efetivo da regulamentação desse dispositivo poder-se-á dizer que os fornecedores estão sujeitos às designações previstas no artigo 69 referido. Caso contrário, ficaria sem sentido a inclusão do parágrafo único do art. 6º do CDC.

Ademais, é razoável que esse tipo de dispositivo deva ser regulamentado, o que permitirá melhor compreensão por aqueles que devem cumprir as determinações. Além disso, e acima de tudo, anoto que a norma do art. 69 é dirigida ao Poder Público, enquanto a do parágrafo único do art. 6º do CDC é imposta aos fornecedores. Logo, conclui-se que, após a regulamentação, os fornecedores estarão obrigados a cumprir as determinações, cabendo ao Poder Público, por sua vez, a incumbência de exercer eficaz fiscalização a respeito.

6.12. Proteção contra publicidade enganosa ou abusiva

O princípio da proteção contra publicidade enganosa ou abusiva previsto no inciso IV do art. 6º nasce como expressão do princípio maior estampado no texto constitucional relativo à publicidade.

Ele é também decorrente de toda a lógica do sistema da Lei n. 8.078. É que, pelos princípios já analisados, sabe-se que há um controle efetivo dos produtos e serviços no que diz respeito à qualidade, adequação e segurança.

A informação a respeito das características, qualidade, funcionamento, preço etc. é elemento essencial dos produtos e serviços. Os contratos têm de ser apresentados previamente ao consumidor de forma clara.

Ora, produção e publicidade não se confundem. Ainda que se saiba que a publicidade representa a "produção" realizada pelo publicitário, agência etc., sua razão de existir funda-se em algum produto ou serviço que se pretenda mostrar e/ou vender.

Dessa maneira, é de ver que a publicidade não é produção primária, mas instrumento de apresentação e/ou venda dessa produção.

Já tivemos oportunidade de verificar que a exploração de qualquer atividade tem fundamento na Constituição Federal, que estabelece limites para harmonizá-la com as demais garantias fundamentais. Vimos — e veremos ainda mais — que a Lei n. 8.078, como decorrência do comando constitucional, detalha bastante o controle dessa produção. E se, então, a própria exploração e a produção primária são limitadas, por mais força de razão pode e deve haver controle da atividade publicitária, que, como se disse, é instrumental, ligada àquela de origem, porquanto serve como "meio de fala" dos produtos e serviços: a publicidade anuncia, descreve, oferece, divulga, propaga etc.

Assim, como a atividade de exploração primária do mercado, visando a produção, tem limites estabelecidos, a publicidade que dela fala (da produção) deve ser restringida.

Aqui, nesses princípios, a lei aponta o controle da publicidade enganosa e abusiva, e este é exercido por meio das normas estabelecidas nos arts. 36 a 38, nos tipos penais dos arts. 67 a 69, bem como, de forma indireta, em outros dispositivos, tal como o art. 30[18].

6.13. Proibição de práticas abusivas

A norma do inciso IV do mesmo art. 6º proíbe incondicionalmente as práticas e as cláusulas abusivas.

A ideia da abusividade tem relação com a doutrina do abuso do direito. Foi a constatação de que o titular de um direito subjetivo pode dele

---

18. Ver nossos comentários sobre os artigos citados, especialmente 36 a 38 e 30, nos Capítulos 21 a 26.

abusar no seu exercício que acabou por levar o legislador a tipificar certas ações como abusivas.

Com efeito, avalie-se a doutrina do abuso do direito.

Preliminarmente, diga-se, a expressão é abuso "do" direito e não abuso "de" direito, porquanto se abusa de certo direito que se tem. O uso do "do" como contração da preposição "de" e do artigo "o" é designativo do direito do qual se abusa.

Muito atacada, aos poucos a teoria do abuso do direito foi-se firmando, sendo hoje aceita pela doutrina e pela jurisprudência.

Anteriormente dizia-se que a expressão "abuso do direito" era logomáquica, isto é, continha palavreado inútil, pois, se se tem direito, não se tem abuso. Este seria já o não direito, o antidireito ou o ato ilícito. Logo, abuso não seria direito, e, em contrapartida, quem tem direito exerce-o, e não pode estar abusando ao exercê-lo.

Acontece que a prática real do exercício dos vários direitos subjetivos acabou por demonstrar que, em alguns casos, não havia ato ilícito, mas era o próprio exercício do direito em si que se caracterizava como abusivo.

A teoria do abuso do direito, então, ganhou força e passou a preponderar.

Pode-se definir o abuso do direito como o resultado do excesso de exercício de um direito, capaz de causar dano a outrem. Ou, em outras palavras, o abuso do direito se caracteriza pelo uso irregular e desviante do direito em seu exercício, por parte do titular.

Na realidade, a doutrina do abuso do direito tem sido muito importante, como se disse, especialmente pela influência que exerceu e exerce sobre os legisladores.

Muitas normas jurídicas acabaram por incorporar em seus diplomas legais as práticas abusivas, para proibi-las.

Aliás, ainda que não abertamente, o próprio Código Civil brasileiro de 1916 já admitia de forma indireta a possibilidade da existência do abuso do direito. Isto porque, no art. 160, I, havia o reconhecimento de que o exercício regular de um direito não constitui ato ilícito. Leia-se seu teor:

"Art. 160. Não constituem atos ilícitos:

I — os praticados em legítima defesa ou no exercício regular de um direito reconhecido".

Logo, a *contrario sensu*, o exercício irregular — isto é, abusivo — poderia caracterizar-se como ilícito no sistema do Código Civil de 1916.

O Código Civil de 2002, em seu art. 187, trouxe expressamente a proibição ao abuso de direito, dispondo que "também comete ao ato ilícito o titular de um direito que, ao exercê-lo, excede manifestamente os limites impostos pelo seu fim econômico ou social, pela boa-fé ou pelos bons costumes".

E o art. 188, I, repetiu a regra do vetusto código:

"Art. 188. Não constituem atos ilícitos:

I — os praticados em legítima defesa ou no exercício regular de um direito reconhecido".

Antes do novo Código Civil, o CDC proibiu explicitamente o abuso do direito, ao nulificar as cláusulas contratuais abusivas, tornando-as ilícitas.

A legislação brasileira, adotando a doutrina do abuso do direito, acabou por regular uma série de ações e condutas que outrora eram tidas como meras práticas abusivas, tornando-as ilícitas.

E o exemplo mais atual disso são as normas do CDC que proíbem o abuso e nulificam as cláusulas contratuais abusivas, como veremos[19].

Assim, a proibição das práticas abusivas é absoluta, e o contexto normativo da lei consumerista apresenta rol exemplificativo delas nos arts. 39, 40, 41, 42, etc.

6.14. Proibição de cláusulas abusivas

Na esteira da proibição das práticas abusivas, no mesmo inciso IV do art. 6º, como não poderia deixar de ser, a Lei n. 8.078 veda a elaboração de cláusulas contratuais abusivas.

Nessa linha de conduta, então, o CDC tacha de nulas todas as cláusulas abusivas (arts. 51 a 53).

6.15. Princípio da conservação

As garantias instituídas no inciso V do art. 6º trazem implícito o princípio da conservação do contrato de consumo.

É que, como se verá na sequência, a instituição do direito à modificação das cláusulas contratuais que estabeleçam prestações desproporcionais e do direito à revisão de cláusulas em razão de fatos supervenientes que as

---

19. Nos Capítulos 25 e 36, *infra*.

tornem excessivamente onerosas tem na sua teleologia o sentido de conservação do pacto.

A lei quer modificar e rever as cláusulas, mas manter o contrato em vigência.

O princípio de conservação, implícito na norma do inciso V do art. 6º, está explícito no § 2º do art. 51.

6.16. Modificação das cláusulas que estabeleçam prestações desproporcionais

A Lei n. 8.078, com supedâneo nos princípios da boa-fé e do equilíbrio (art. 4º, III), da vulnerabilidade do consumidor (art. 4º, I), que decorre da necessidade de aplicação concreta do princípio constitucional da isonomia (art. 5º, *caput*, da CF), garante o direito de modificação das cláusulas contratuais que estabeleçam prestações desproporcionais, bem como assegura o direito à revisão das cláusulas em função de fatos supervenientes que as tornem excessivamente onerosas, como se verá na sequência.

O princípio do inciso V do art. 6º volta como norma de declaração de nulidade da cláusula desproporcional no art. 51 (inciso IV e § 1º), mas a nulidade não significa que o contrato será extinto. Como essa regra garante a modificação do contrato, pelo princípio da conservação o magistrado que reconhecer a nulidade deve fazer a integração das demais cláusulas e do sentido estabelecido no contrato em função de seu objeto, no esforço de mantê-lo em vigor. Esse princípio da conservação, que é implícito na hipótese da regra do inciso V do art. 6º, está explicitado no § 2º do art. 51.

6.17. Direito de revisão

A garantia de revisão das cláusulas contratuais em razão dos fatos supervenientes que as tornem excessivamente onerosas tem, também, fundamento nos outros princípios instituídos no CDC citados no item anterior: boa-fé e equilíbrio (art. 4º, III), vulnerabilidade do consumidor (art. 4º, I), que decorre do princípio maior constitucional da isonomia (art. 5º, *caput*, da CF).

Entenda-se, então, claramente o sentido de revisão trazido pela lei consumerista.

Não se trata da cláusula *rebus sic stantibus*, mas, sim, de revisão pura, decorrente de fatos posteriores ao pacto, independentemente de ter havido ou não previsão ou possibilidade de previsão dos acontecimentos.

Explique-se bem. A teoria da imprevisão prevista na regra da cláusula *rebus sic stantibus* tem como pressuposto o fato de que, na oportunidade da assinatura do contrato, as partes não tinham condições de prever aqueles acontecimentos, que acabaram surgindo.

Por isso se fala em imprevisão. A alteração do contrato em época futura tem como base certos fatos que no passado, quando do fechamento do negócio, as partes não tinham condições de prever.

Na sistemática do CDC não há necessidade desse exercício todo. Para que se faça a revisão do contrato basta que, *após* ter ele sido firmado, surjam fatos que o tornem excessivamente oneroso. Não se pergunta, nem interessa saber, se, na data de seu fechamento, as partes podiam ou não prever os acontecimentos futuros. Basta ter havido alteração substancial capaz de tornar o contrato excessivo para o consumidor.

Esse princípio, que é fundamental, tem por base as características da relação de consumo, fruto da proposta do fornecedor, que assume integralmente o risco de seu negócio e que detém o conhecimento técnico para implementá-lo e oferecê-lo no mercado. Além disso, o princípio decorre de uma das características do contrato, que é típico de adesão, e, claro, fundado naqueles princípios apresentados acima.

Tomemos como exemplo um caso grave ocorrido no País, que, tendo atingido milhares de consumidores, demonstra a importância desse preceito. Quando da implantação do real, houve certa estabilização econômica e a nossa moeda caminhava *pari passu* com o dólar. Isto levou várias pessoas a firmarem contratos em moeda estrangeira ou a adquirirem veículos com financiamento pela variação cambial do dólar. No entanto, essas pessoas foram surpreendidas com a liberação do câmbio ocorrida em janeiro de 1999. Com o "pulo" do câmbio e a perda do valor de nossa moeda, o real, os contratos sofreram acréscimos muito acima do que os consumidores podiam suportar. Este foi um caso típico que exigia revisão da cláusula de reajuste pela variação cambial, trocando-se tal reajuste por outro índice, por exemplo, o IGP, da Fundação Getulio Vargas[20].

---

20. Tivemos oportunidade de sustentar, em artigo publicado pela Revista *BIS* da Saraiva (ano 8, n. 1, mar. 1999), que tais cláusulas de reajuste dos contratos de *leasing* pela variação cambial eram nulas, e, na pior das hipóteses, caberia a revisão.

6.18. Prevenção e reparação de danos materiais e morais

No Capítulo 15, *infra*, avaliaremos a garantia da indenização por danos materiais e morais, bem como os sentidos de cada uma, a possibilidade de cumulação, os critérios para a determinação do *quantum* em cada caso etc.

Realcemos aqui, no contexto da garantia estabelecida no inciso VI do art. 6º, alguns aspectos.

6.18.1. Proibição do tarifamento

O valor da indenização por danos materiais há de ser tal que possibilite a reabilitação *integral* do dano (emergente ou dos lucros cessantes), de forma que está proibido o tarifamento.

Mas, se dúvidas ainda persistiam, o preceito do CDC as espancou definitivamente.

Com efeito, a utilização do adjetivo "efetivo", ligado à prevenção (e depois à reparação) do dano, tem o sentido de manter estável, permanente, fixo, o patrimônio do consumidor[21].

Ora, se o patrimônio do consumidor é, digamos, avaliado em R$ 10.000,00 antes de o dano surgir, e a norma quer que ele se previna de modo a mantê-lo nesse mesmo patamar, o tarifamento está proibido, porque este implicaria a diminuição do patrimônio caso houvesse dano.

6.18.2. Prevenção

A prevenção ao dano material ou moral significa que está garantido ao consumidor o direito de ir a juízo requerer medidas cautelares com pedido de liminar a fim de evitá-lo. E, dando especificidade a essa garantia, a Lei n. 8.078 firmou regras processuais importantes nos arts. 83 e 84[22].

---

21. "Efetivo": que se manifesta por um efeito real, permanente, estável, fixo (Aurélio Buarque de Holanda, *Novo dicionário Aurélio da língua portuguesa*, cit., p. 620).

22. "Art. 83. Para a defesa dos direitos e interesses protegidos por este Código são admissíveis todas as espécies de ações capazes de propiciar sua adequada e efetiva tutela. Art. 84. Na ação que tenha por objeto o cumprimento da obrigação de fazer ou não fazer, o juiz concederá a tutela específica da obrigação ou determinará providências que assegurem o resultado prático equivalente ao do adimplemento. § 1º A conversão da obrigação em perdas e danos somente será admissível se por elas optar o autor ou se impossível a tutela

6.18.3. Reparação integral

De todo modo, havendo dano material representado por perdas emergentes ou relativas a lucros cessantes, ou dano moral, sua reparação tem de ser integral.

6.18.4. Direitos individuais, coletivos e difusos

Acertadamente, a norma deixou consignado que a prevenção e a reparação dos danos não dizem respeito apenas aos direitos dos consumidores individuais, mas também aos coletivos e aos difusos, ao que, por necessária ligação, é de se referir a garantia aos direitos individuais homogêneos[23].

6.19. Acesso à Justiça

A proteção de acesso aos órgãos administrativos e judiciais para prevenção e garantia de seus direitos enquanto consumidores é ampla, o que implica abono e isenção de taxas e custas, nomeação de procuradores para defendê-los, atendimento preferencial etc. (Conforme regra do inciso VII do art. 6º.)

Desde 1950, não só os consumidores, mas qualquer pessoa já goza dos benefícios da assistência judiciária gratuita, o que está estabelecido pela Lei n. 1.060/50, cujo art. 2º dispõe:

"Art. 2º Gozarão dos benefícios desta lei os nacionais ou estrangeiros residentes no país, que necessitarem recorrer à Justiça penal, civil, militar ou do trabalho.

Parágrafo único. Considera-se necessitado, para os fins legais, todo aquele cuja situação econômica não lhe permita pagar as custas do

---

específica ou a obtenção do resultado prático correspondente. § 2º A indenização por perdas e danos se fará sem prejuízo da multa (art. 287 do CPC). § 3º Sendo relevante o fundamento da demanda e havendo justificado receio de ineficácia do provimento final, é lícito ao juiz conceder a tutela liminarmente ou após justificação prévia, citado o réu. § 4º O juiz poderá, na hipótese do § 3º ou na sentença, impor multa diária ao réu, independentemente de pedido do autor, se for suficiente ou compatível com a obrigação, fixando prazo razoável para o cumprimento do preceito. § 5º Para a tutela específica ou para a obtenção do resultado prático equivalente, poderá o juiz determinar as medidas necessárias, tais como busca e apreensão, remoção de coisas e pessoas, desfazimento de obra, impedimento de atividade nociva, além de requisição de força policial."

23. A definição de direito difuso, coletivo e individual homogêneo está prevista no parágrafo único do art. 81 e será estudada no Capítulo 41, *infra*.

processo e os honorários de advogado, sem prejuízo do sustento próprio ou da família".

Esse dispositivo legal, no entanto, vem sendo aplicado de forma equivocada numa série de decisões judiciais, especialmente pela confusão estabelecida entre ele e o direito de assistência jurídica integral e gratuita assegurado na Carta Magna (art. 5º, LXXIV). É necessário, pois, que busquemos solver esse problema.

6.19.1. A assistência judiciária

Um dos grandes entraves para o exercício da cidadania é — sempre foi — o de ordem financeira, capaz de por si só impedir a pessoa de bater às portas do Judiciário para apresentar seu pleito. No Brasil, fruto de uma sustentação democrática bastante ampla, já nos idos de 1950, foi editada a Lei n. 1.060 visando acabar com essa ordem de impedimento.

Pois bem. Anote-se um dado desde logo: um dos pontos fortes da Lei n. 1.060/50 está na garantia do direito de isenção que pode a parte requerer, consistente em não arcar com as taxas, custas e despesas processuais, vale dizer, a lei cuida de isentar do pagamento do custo do processo a pessoa que necessite. E o que ela exige para o exercício dessa prerrogativa? Apenas e tão somente a simples afirmação em Juízo de que a parte não tem condições de arcar com esse custo sem prejuízo de seu próprio sustento e/ou de sua família. Nada mais.

O art. 4º da Lei de Assistência Judiciária, como é conhecida a Lei n. 1.060/50, é expresso nesse sentido ao dispor que:

"A parte gozará dos benefícios da assistência judiciária, mediante simples afirmação, na própria petição inicial, de que não está em condições de pagar as custas do processo e os honorários de advogado, sem prejuízo próprio ou de sua família".

O legislador fez exigência bastante singela: basta a mera afirmação na própria peça processual (a norma fala em petição inicial, mas a interpretação extensiva consensual e pacífica oferecida pela doutrina e jurisprudência deixa patente que o pleito pode ser feito na contestação, nos embargos etc.). O texto legal é de clareza solar, exigindo uma mera interpretação gramatical. Aliás, a questão é induvidosa, inclusive, no E. STJ:

"Processual — Pedido de Assistência Judiciária gratuita — Requisito — Prazo — É suficiente a simples afirmação do estado de pobreza para a obtenção do benefício da justiça gratuita — Recurso provido"[24].

E isso porque a garantia que está em jogo é a do acesso à Justiça e não a do direito de o Estado arrecadar taxas. Mas, para aquele que duvide que a pessoa que vai ao Judiciário sem pagar taxas e com isso lesa o erário público, o § 1º do referido art. 4º resolve a pendência:

"Presume-se pobre, até prova em contrário, quem afirmar essa condição nos termos desta Lei, sob pena de pagamento até o décuplo das custas judiciais".

Agora pergunta-se: a parte, consumidora ou não, não tem de provar a insuficiência de recursos? Esse é um dos temas que ainda gera decisões díspares. E isso porque é difícil ao magistrado admitir que alguma afirmação possa ser feita em Juízo sem a devida apresentação de prova correspondente. Acontece que, na hipótese, o legislador presume a prova da afirmação. Não significa dizer que a parte não tem que provar, mas que existe uma presunção legal de que ela está falando a verdade. Essa presunção é *juris tantum*, podendo a parte contrária impugnar a concessão para desmontá-la, conforme estabelecido no *caput* do art. 7º da Lei:

"A parte contrária poderá, em qualquer fase da lide, requerer a revogação dos benefícios de assistência, desde que prove a inexistência ou o desaparecimento dos requisitos essenciais à sua concessão".

Portanto, não se trata de afirmação sem prova, mas de simples inversão do ônus da prova para a parte contrária, em função da presunção legal existente. E não poderia ser de outro modo, pois, caso assim não fosse, muitas demandas se perderiam, na medida em que, antes de decidir o tema posto, o juiz teria de avaliar se a parte tinha ou não condições de arcar com as despesas. (Não se esqueça de que a parte que mentir nesse ponto será condenada ao pagamento do décuplo das custas.)

Há ainda uma outra salvaguarda para impedir que a parte se aproveite ilegitimamente do benefício: é a prevista no *caput* do art. 5º da Lei, que assim dispõe, *verbis*:

"Art. 5º O juiz, se não tiver fundadas razões para indeferir o pedido, deverá julgá-lo de plano, motivando ou não o deferimento dentro do prazo de setenta e duas horas".

---

24. REsp 174.538-SP, 1ª T., rel. Min. Garcia Vieira, j. 8-9-1998, *DJ*, 26-10-1998, p. 47.

Se o Magistrado, examinando as provas já existentes nos autos, desde logo constata elementos capazes de permitir um juízo a respeito da capacidade financeira da parte, pode, então, fundamentadamente, indeferir o pedido. Todavia, lembre-se: trata-se de incapacidade financeira e não econômica, como às vezes se verifica servir de equivocado argumento para a negativa da concessão. A parte pode muito bem ter patrimônio e, logo, capacidade econômica, mas estar impossibilitada de pagar um mínimo de taxas. Aproveite-se para dizer que também não é impedimento para a concessão do benefício o fato de a parte ter advogado próprio, pois isso nada prova de sua capacidade financeira, na medida em que seu patrono pode fixar contrato de honorários para receber ao final do feito ou vinculado ao sucesso da demanda.

Desse modo, reafirme-se que não precisa a parte fazer qualquer prova da insuficiência de recursos para arcar com as despesas processuais, pois a lei exige unicamente a declaração de pobreza específica para fins processuais. Ou seja, pela só declaração atestada na própria peça processual há indicação suficiente para se extrair da necessidade de seu deferimento, garantindo-se o acesso à justiça, garantia fundamental.

6.19.2. A confusão entre "assistência judiciária" e "assistência jurídica"

Algumas decisões judiciais têm confundido "assistência *judiciária*" com "assistência *jurídica*"[25], o que tem levado ao indeferimento do pedido de assistência judiciária, sob o argumento de que "... é princípio constitucional a necessidade de comprovação de insuficiência de recursos (art. 5º, LXXIV, da Constituição Federal)"[26], extraindo daí a conclusão de que "cabe à parte demonstrar, documentalmente (através de comprovante de rendimento ou documento equivalente), a hipossuficiência alegada (...)", pois o "benefício é para quem realmente tem e demonstre a necessidade"[27].

Essa interpretação da norma constitucional, a nosso ver e com todo o respeito, é equivocada.

Com efeito, dispõe o referido inciso LXXIV do art. 5º da Constituição Federal:

"Art. 5º Todos são iguais perante a lei, sem distinção de qualquer natureza, garantindo-se aos brasileiros e aos estrangeiros residentes no País a

---

25. Assim, por exemplo, está, dentre outros, nos seguintes recursos: a) AI 1.101.999-9 do 1º TACSP, *DO*, 28-6-2002; b) AI 1.207.345-7, de 1º-7-2003, também do 1º TACSP.
26. AI da letra *a* da nota anterior.
27. Decisão da 3ª Vara Cível de Araçatuba/SP, Ação Monitória, Proc. 3354/2003.

inviolabilidade do direito à vida, à liberdade, à igualdade, à segurança e à propriedade, nos termos seguintes:

(...)

LXXIV — o Estado prestará assistência jurídica integral e gratuita aos que comprovarem insuficiência de recursos".

De uma simples leitura do texto feita com calma e utilizando-se apenas e tão somente da primeira das regras de interpretação, a gramatical, percebe-se que o comando linguístico estampado no texto magno não se dirige a isenções de pagamento de taxas, custas e despesas processuais. A letra da lei expressamente trata de outro assunto: o da "assistência jurídica integral e gratuita" aos que, dela necessitando, requererem.

Veja-se que a Constituição Federal utiliza o adjetivo "jurídico" e não o adjetivo "judiciário": aí reside a confusão.

Não se perca de vista o fundamento de defesa democrática da cidadania trazido pela Lei n. 1.060, já nos idos de 1950. Só por isso, deve-se, desde logo, prestar mais atenção no que disciplina a atual Constituição Federal em relação ao assunto, especialmente levando-se em consideração o fato de que ela inaugurou no País um vasto campo de defesa da cidadania e de acesso à justiça[28].

Ora, o que o legislador constituinte disciplinou foi uma determinação para que o Estado garanta *assistência jurídica integral e gratuita* a quem necessitar. É para esse tipo de serviço essencial que o cidadão deve comprovar insuficiência de recursos — e não para requerer a mera *isenção* de taxas, custas e despesas processuais.

A doutrina define, sem sombra de dúvida, o que vem a ser a assistência jurídica integral e gratuita:

"(...) Diferentemente da assistência judiciária prevista na constituição anterior, a assistência jurídica tem conceito mais abrangente e abarca a consultoria e atividade jurídica extrajudicial em geral. Agora, portanto, o Estado promoverá a assistência aos necessitados no que pertine a aspectos legais, prestando informações sobre comportamentos a serem seguidos diante de problemas jurídicos, e, ainda, propondo ações e defendendo o necessitado nas ações em face dele propostas"[29].

---

28. *V.*, a respeito, Nelson Nery Jr., *Princípios do processo civil na Constituição Federal*, 5. ed. rev. ampl., São Paulo: Revista dos Tribunais, Seção III.

29. Nelson Nery Jr., *Princípios do processo civil na Constituição Federal*, cit., p. 77.

Percebe-se, pois, que é razoável exigir do cidadão a comprovação da insuficiência de recursos, mas somente quando se trate de assistência jurídica integral e gratuita (e não de simples assistência judiciária, diga-se mais uma vez), e isto porque:

a) não se está falando apenas de ação judicial, mas de atos anteriores, de aconselhamento relativo ao comportamento que a pessoa deve ter diante do texto legal, de quais atitudes tomar, que caminhos seguir, de assinar ou não um contrato, fazer uma queixa, firmar uma quitação, notificar alguém etc., podendo chegar, claro, na ação judicial já encampada e patrocinada totalmente pelo Estado;

b) se está tratando de entrega direta de serviço público, com prestação de serviço completo, o que exige do Estado aparelhamento específico — escritórios, advogados etc. — e custo adicional.

Realce-se um ponto importantíssimo: em momento algum se está a dizer que a parte pode *fraudar* o sistema processual, fazendo afirmação falsa — como parecem querer dar a entender algumas decisões[30]; longe disso. O que a Lei n. 1.060/50 faz é apenas, de um lado, garantir que a parte não tenha bloqueado o acesso ao Judiciário por uma exigência burocrática e, de outro, transferir para a parte contrária o ônus da demonstração da não veracidade da afirmação daquele que recebe o benefício da assistência judiciária gratuita.

Em outras palavras, a Lei n. 1.060/50 dá o direito subjetivo à pessoa de, mediante simples afirmação especial, pleitear os benefícios de assistência judiciária gratuita. Exercida essa prerrogativa, ao Juiz só cabe indeferi-la se tiver fundadas razões para tanto (art. 5º). Não tendo, nada pode fazer a não ser deferir o pleito. Daí, caberá à parte contrária — caso queira — impugnar a concessão, sendo dela o ônus da prova da inveracidade da afirmação. Se a parte contrária fizer tal prova, então, o beneficiário será condenado ao pagamento do décuplo das custas judiciais (§ 1º do art. 4º).

Vê-se, portanto, que não só a Lei n. 1.060/50 foi recepcionada pela Constituição Federal de 1988, como está em plena sintonia com seus princípios, ao garantir acesso à justiça, de forma célere, imparcial, e fundada no devido processo legal[31].

---

30. Como, por exemplo, a da letra *b* da nota 162, *supra*.

31. Anote-se, em acréscimo, ainda que em rodapé, que a garantia constitucional do acesso à justiça não significa que o processo deva ser gratuito. No entanto, se a taxa judiciária for excessiva, de modo a criar obstáculo ao acesso à justiça, tem-se entendido ser ela inconstitucional por ofender o princípio aqui estudado (conf. Nelson Nery Jr., *Princípios do processo civil na Constituição Federal*, cit., p. 98).

Saliente-se, ademais, que não vinga a alegação, às vezes esposada em Juízo, de que a parte deve fornecer os documentos previstos no § 3º do art. 4º da Lei n. 1.060/50, e isso porque tal diploma está revogado. O referido § 3º do art. 4º foi acrescentado pela Lei n. 6.654/79, que exigia a apresentação da Carteira de Trabalho e Previdência Social, quando do requerimento de assistência judiciária gratuita.

Tal norma dispunha o seguinte:

"§ 3º A apresentação da Carteira de Trabalho e Previdência Social, devidamente legalizada, onde o juiz verificará a necessidade da parte, substituirá os atestados exigidos nos §§ 1º e 2º deste artigo".

Acontece que, pela nova redação dos §§ 1º e 2º do art. 4º, dada pela Lei n. 7.510/86, foram dispensados os atestados anteriormente exigidos nesses parágrafos, o que tornou implicitamente revogado o § 3º e sua exigência[32].

6.19.3. Dois dispositivos diversos

Portanto, não há qualquer incompatibilidade entre a Lei n. 1.060/50 e o inciso LXXIV do art. 5º da Constituição Federal, pois este regula a assistência jurídica integral e gratuita, aquela, nos arts. 1º ao 4º, apenas a assistência judiciária relativa à isenção de taxas, custas e despesas processuais. Nesta se exige comprovação da insuficiência de recursos; naquela basta a afirmação dessa insuficiência.

6.20. Adequada e eficaz prestação de serviços públicos

O inciso X do art. 6º estabeleceu a adequada e eficaz prestação dos serviços públicos como decorrência do princípio maior da eficiência previsto na Constituição Federal. Conforme comentamos anteriormente[33], o legislador constitucional acresceu ao elemento obrigatório da adequação do serviço público o da eficiência.

Isso significa que não basta haver adequação, nem estar à disposição das pessoas. O serviço tem de ser *realmente* eficiente; tem de cumprir sua finalidade na realidade concreta.

O significado de eficiência remete ao resultado: é eficiente aquilo que funciona.

---

32. Nesse sentido e por todos: Theotonio Negrão, *Código de Processo Civil e legislação processual em vigor*, 35. ed., São Paulo: Saraiva, 2003, nota 7 ao art. 4º, p. 1150.

33. No Capítulo 5, item 5.5, subitem 5.5.2.

A eficiência é um *plus* necessário da adequação. O indivíduo recebe serviço público eficiente quando a necessidade para a qual este foi criado é suprida concretamente. É isso o que o princípio constitucional pretende. E é isso o que dispõe a Lei n. 8.078[34].

6.21. Superendividamento

A Lei n. 14.181/21 introduziu no Código de Defesa do Consumidor uma série de normas visando aperfeiçoar a disciplina do crédito ao consumidor e dispor sobre a prevenção e o tratamento do superendividamento. Foram várias as alterações. De início alterou o CDC para incluir na política das relações de consumo o fomento de ações direcionadas à educação financeira e ambiental dos consumidores (inciso IX do art. 4º) e também para incrementar ações contra o superendividamento, visando evitar a exclusão social do consumidor (inciso X do art. 4º).

Além disso, determinou que sejam instituídos mecanismos de prevenção e tratamento extrajudicial e judicial do superendividamento e de proteção do consumidor pessoa natural (inciso VI do art. 5º) e que sejam criados núcleos específicos de conciliação e mediação de conflitos oriundos de superendividamento (inciso VII do art. 5º).

Por fim, estabeleceu como direito básico do consumidor a garantia de práticas de crédito responsável, de educação financeira e de prevenção e tratamento de situações de superendividamento, preservado o mínimo existencial, nos termos da regulamentação, por meio da revisão e da repactuação da dívida, entre outras medidas (inciso XI do art. 6º), assim como a preservação do mínimo existencial, nos termos da regulamentação, na repactuação de dívidas e na concessão de crédito (inciso X do art. 6º).

Na sequência, cuido do conceito de mínimo existencial.

6.22. O mínimo existencial

O conceito de "mínimo existencial" aparece em cinco hipóteses na reforma: as dos incisos XI e XII do art. 6º, a do § 1º do art. 54-A, a do *caput* do art. 104-A e do § 1º do art. 104-C. Em todos os casos o legislador colocou "nos termos da regulamentação" após o termo "mínimo existencial".

---

[34]. Ver mais sobre o sentido de eficiência nos comentários ao art. 22, item 3, no item 5.5.

O Decreto n. 11.150/2022 regulamentou "a preservação e o não comprometimento do mínimo existencial para fins de prevenção, tratamento e conciliação, administrativa ou judicial, de situações de superendividamento em dívidas de consumo" (art. 1º) e definiu que o superendividamento é "a impossibilidade manifesta de o consumidor pessoa natural, de boa-fé, pagar a totalidade de suas dívidas de consumo, exigíveis e vincendas, sem comprometer seu mínimo existencial" (art. 2º, *caput*), sendo que as dívidas de consumo são "os compromissos financeiros assumidos pelo consumidor pessoa natural para a aquisição ou a utilização de produto ou serviço como destinatário final" (parágrafo único do art. 2º).

E foi no art. 3º, *caput*, que o Decreto, com a alteração trazida pelo Decreto n. 11.567/2023, definiu o valor do mínimo existencial, nestes termos: "No âmbito da prevenção, do tratamento e da conciliação administrativa ou judicial das situações de superendividamento, considera-se mínimo existencial a renda mensal do consumidor pessoa natural equivalente a R$ 600,00 (seiscentos reais)".

Esse valor é considerado como base mensal, conforme disposto no § 1º do art. 3º: "A apuração da preservação ou do não comprometimento do mínimo existencial de que trata o *caput* será realizada considerando a base mensal, por meio da contraposição entre a renda total mensal do consumidor e as parcelas das suas dívidas vencidas e a vencer no mesmo mês". E o patamar de R$ 600,00 será atualizado pelo Conselho Monetário Nacional (§ 3º do mesmo artigo).

O Decreto n. 11.150/2022 estabeleceu que o mínimo existencial é garantido no que diz respeito às dívidas oriundas de relação de consumo, conforme o *caput* do art. 4º: "Não serão computados na aferição da preservação e do não comprometimento do mínimo existencial as dívidas e os limites de créditos não afetos ao consumo". No entanto, em contradição, o parágrafo único desse mesmo artigo exclui da aferição da preservação e do não comprometimento do mínimo existencial, as seguintes operações (algumas delas típicas de consumo):

"I – as parcelas das dívidas:
a) relativas a financiamento e refinanciamento imobiliário;
b) decorrentes de empréstimos e financiamentos com garantias reais;
c) decorrentes de contratos de crédito garantidos por meio de fiança ou com aval;
d) decorrentes de operações de crédito rural;

e) contratadas para o financiamento da atividade empreendedora ou produtiva, inclusive aquelas subsidiadas pelo Banco Nacional de Desenvolvimento Econômico e Social – BNDES;

f) anteriormente renegociadas na forma do disposto no Capítulo V do Título III da Lei n. 8.078, de 1990;

g) de tributos e despesas condominiais vinculadas a imóveis e móveis de propriedade do consumidor;

h) decorrentes de operação de crédito consignado regido por lei específica; e

i) decorrentes de operações de crédito com antecipação, desconto e cessão, inclusive fiduciária, de saldos financeiros, de créditos e de direitos constituídos ou a constituir, inclusive por meio de endosso ou empenho de títulos ou outros instrumentos representativos;

II – os limites de crédito não utilizados associados a conta de pagamento pós-paga; e

III – os limites disponíveis não utilizados de cheque especial e de linhas de crédito pré-aprovadas".

Há, de fato, um avanço, mas nessa questão do mínimo existencial no Brasil, ainda há muito o que fazer para poder ajudar as consumidoras e os consumidores, que estão endividados, a saírem da difícil situação em que se encontram e poderem retornar a um patamar digno de vida e consumo.

Ante a isso, com a evolução do pensamento jurídico e da fixação de uma ampla garantia para os direitos humanos, consolidou-se a orientação de que os Estados implementem em seus sistemas legais uma série de direitos, a partir de um mínimo existencial. Isso aparece em termos internacionais nos documentos da ONU e, no caso brasileiro, está fixado no texto constitucional.

Com efeito, o art. 25 da Declaração Universal dos Direitos Humanos (ONU, 1948) dispõe, *verbis*:

> "1. Todo ser humano tem direito a um padrão de vida capaz de assegurar a si e à sua família saúde, bem-estar, inclusive alimentação, vestuário, habitação, cuidados médicos e os serviços sociais indispensáveis e direito à segurança em caso de desemprego, doença invalidez, viuvez, velhice ou outros casos de perda dos meios de subsistência em circunstâncias fora de seu controle.

2. A maternidade e a infância têm direito a cuidados e assistência especiais. Todas as crianças, nascidas dentro ou fora do matrimônio, gozarão da mesma proteção social".

Posteriormente, em 1966, a ONU editou o Pacto Internacional dos Direitos Econômicos, Sociais e Culturais, que assegurou como norma internacional a proteção contra a fome[35] e, também, a educação como um direito social básico[36].

Essa ideia de um mínimo existencial garantido a todos os seres humanos é base de uma civilização que evolui. A realidade em todos os lugares do mundo mostra que há muito a realizar nessa direção, mas podemos dizer que, do ponto de vista jurídico, os textos legais estão bem-posicionados. Trata-se, na verdade, da tentativa de garantir ao ser humano um "mínimo vital" de qualidade de vida, o qual lhe permita viver com dignidade, tendo a oportunidade de exercer a sua liberdade no meio social em que vive.

Esse mínimo existencial tem, portanto, relação direta com a dignidade de pessoa humana e, também, com o próprio Estado Democrático de Direito. No caso brasileiro, ele está contemplado na Constituição Federal, gerando um dever ao Estado para sua implementação concreta.

No atual diploma constitucional, pensamos que o principal direito constitucionalmente garantido é o da dignidade da pessoa humana[37].

---

35. Artigo 11, parágrafo 2º: "§ 2. Os Estados-partes no presente Pacto, reconhecendo o direito fundamental de toda pessoa de estar protegida contra a fome, adotarão, individualmente e mediante cooperação internacional, as medidas, inclusive programas concretos, que se façam necessários para: 1. Melhorar os métodos de produção, conservação e distribuição de gêneros alimentícios pela plena utilização dos conhecimentos técnicos e científicos, pela difusão de princípios de educação nutricional e pelo aperfeiçoamento ou reforma dos regimes agrários, de maneira que se assegurem a exploração e a utilização mais eficazes dos recursos naturais. 2. Assegurar uma repartição equitativa dos recursos alimentícios mundiais em relação às necessidades, levando-se em conta os problemas tanto dos países importadores quanto dos exportadores de gêneros alimentícios".

36. Artigo 13, parágrafo 1º: "§ 1. Os Estados-partes no presente Pacto reconhecem o direito de toda pessoa à educação. Concordam em que a educação deverá visar ao pleno desenvolvimento da personalidade humana e do sentido de sua dignidade e a fortalecer o respeito pelos direitos humanos e liberdades fundamentais. Concordam ainda que a educação deverá capacitar todas as pessoas a participar efetivamente de uma sociedade livre, favorecer a compreensão, a tolerância e a amizade entre todas as nações e entre todos os grupos raciais, étnicos ou religiosos e promover as atividades das Nações Unidas em prol da manutenção da paz".

37. Consultar a respeito, o meu *Princípio constitucional da dignidade da pessoa humana*. 5. ed. Salvador: JusPodivm, 2021.

É ela, a dignidade, o último arcabouço da guarida dos direitos individuais e o primeiro fundamento de todo o sistema constitucional. Coloque-se, então, desde já, que, após a soberania, aparece no texto constitucional a dignidade como fundamento da República brasileira:

> "Art. 1º A República Federativa do Brasil, formada pela união indissolúvel dos Estados e Municípios e do Distrito Federal, constitui-se em Estado Democrático de Direito e tem como fundamentos:
> I – a soberania;
> II – a cidadania;
> III – a dignidade da pessoa humana".

E esse fundamento funciona como princípio maior para a interpretação de todos os direitos e garantias conferidos às pessoas no texto constitucional. E, para tratar do assunto, o Professor Celso Antonio Pacheco Fiorillo usou a expressão "mínimo vital"[38].

Diz o professor que, para começar a respeitar a dignidade da pessoa humana, tem-se de assegurar concretamente os direitos sociais previstos no art. 6º da Carta Magna, que, por sua vez, está atrelado ao *caput* do art. 225.

Tais normas dispõem:

> "Art. 6º São direitos sociais a educação, a saúde, o trabalho, o lazer, a segurança, a previdência social, a proteção à maternidade e à infância, a assistência aos desamparados, na forma desta Constituição".
> "Art. 225. Todos têm direito ao meio ambiente ecologicamente equilibrado, bem de uso comum do povo e essencial à sadia qualidade de vida, impondo-se ao Poder Público e à coletividade o dever de defendê-lo e preservá-lo para as presentes e futuras gerações."

De fato, não há como falar em dignidade se esse mínimo não estiver garantido e implementado concretamente na vida das pessoas.

---

38. *O direito de antena em face do direito ambiental no Brasil*. São Paulo: Saraiva, 2000, *passim*.

Como é que se poderia imaginar que qualquer pessoa teria sua dignidade garantida se não lhe fossem asseguradas saúde e educação? Se não lhe fosse garantida sadia qualidade de vida, como é que se poderia afirmar sua dignidade?

A dignidade humana é um valor já preenchido *a priori*, isto é, todo ser humano tem dignidade só pelo fato de ser pessoa.

Se – como se diz – é difícil a fixação semântica do sentido de dignidade, isso não implica que ela possa ser violada. Como dito, ela é a primeira garantia das pessoas e a última instância de guarida dos direitos fundamentais. Ainda que não seja definida, é visível sua violação, quando ocorre.

Ou, em outros termos, se não se define a dignidade, isso não impede que na prática social se possam apontar as violações reais que contra ela se realizem.

Retornando, agora, às normas introduzidas expressamente no CDC a respeito do tema. Como se trata de evitar o superendividamento, visando garantir o mínimo existencial, as situações concretas de cada consumidor exigirão um exame detalhado e cauteloso dos fatos que envolveram, envolvem e/ou envolverão ele e seu credor ou credores. Digo isso porque haverá situações em que, apesar de dívidas, limites existenciais, problemas pessoais e sociais etc., o consumidor somente poderá (ou poderia) modificar sua situação para melhor obtendo empréstimo. Muitas vezes, somente fazendo dívidas a pessoa consegue sair da situação ruim em que se encontra.

É verdade que o Decreto n. 11.150/2022 cuidou do refinanciamento de dívidas e dos novos empréstimos, desde que preservado o mínimo existencial. É o que está estabelecido no art. 5º:

> "A preservação ou o não comprometimento do mínimo existencial de que trata o caput do art. 3º não será considerado impedimento para a concessão de operação de crédito que tenha como objetivo substituir outra operação ou operações anteriormente contratadas, desde que se preste a melhorar as condições do consumidor.
> § 1º O disposto no caput se aplica à substituição das operações contratadas:
> I – na mesma instituição financeira; ou
> II – em outras instituições financeiras.
> § 2º As contratações em outras instituições financeiras de que trata o inciso II do § 1º ocorrerão exclusivamente por meio da sistemática da portabilidade de crédito regulamentada pelo Conselho Monetário Nacional".

Mas ainda é pouco, pois existem milhares de pessoas que não conseguem sair da difícil situação financeira em que se encontram apenas e tão somente repactuando suas dívidas. Seria preciso que o Estado agisse diretamente, oferecendo ajuda e subsídios capazes, não só de preservar o mínimo existencial, como também algum tipo de incremento de renda ou novo empréstimo subsidiado.

6.23. Responsabilidade solidária

O parágrafo único do art. 7º do CDC estabeleceu o princípio da solidariedade legal para responsabilidade pela reparação dos danos causados ao consumidor.

A norma estipulou expressamente a responsabilidade solidária, em conformidade com a lei substantiva pátria[39], deixando firmada a obrigação de todos os partícipes pelos danos causados, nos moldes também do Código Civil (art. 942[40]).

Isso significa que o consumidor pode escolher a quem acionar: um ou todos. Como a solidariedade obriga a todos os responsáveis simultaneamente, todos respondem pelo total dos danos causados.

Do ponto de vista processual, a escolha do consumidor em mover a ação contra mais de um responsável solidário está garantida na forma de litisconsórcio facultativo (CPC, art. 113).

A regra da solidariedade estabelecida no parágrafo único em comento aparece novamente de forma expressa no *caput* do art. 18, no *caput* do art. 19, nos §§ 1º e 2º do art. 25, no § 3º do art. 28 e no art. 34. Dessa forma, está claro no sistema do CDC que a responsabilidade quer por defeitos, quer por vícios, é sempre solidária.

Ressalte-se, ainda, o aspecto de que a responsabilidade na Lei n. 8.078 é objetiva, de maneira que a ampla solidariedade legal e expressamente

---

39. "Art. 264. Há solidariedade quando na mesma obrigação concorre mais de um credor, ou mais de um devedor, cada um com direito, ou obrigado, à dívida toda. Art. 265. A solidariedade não se presume; resulta da lei ou da vontade das partes."

40. "Art. 942. Os bens do responsável pela ofensa ou violação do direito de outrem ficam sujeitos à reparação do dano causado; e, se a ofensa tiver mais de um autor, todos responderão solidariamente pela reparação.

Parágrafo único. São solidariamente responsáveis com os autores, os coautores e as pessoas designadas no art. 932."

reconhecida, diferentemente da regra do regime privatista do Código Civil, independe da apuração e verificação de culpa ou dolo. Caberá ao responsável acionado, depois de indenizar o consumidor, caso queira, voltar-se contra os outros responsáveis solidários para se ressarcir ou repartir os gastos, com base na relação jurídica existente entre eles.

6.24. Exercícios

6.24.1. Na época em que a política cambial no Brasil encontrava-se controlada, muitos consumidores adquiriram carros importados pelo sistema de *leasing*. O valor das parcelas não era prefixado, sendo o seu reajuste previsto com base no índice de variação cambial, ou seja, o valor de cada parcela era estabelecido mês a mês, conforme o valor da moeda americana. Ocorre que, em janeiro de 1999, o Banco Central do Brasil adotou uma política cambial livre. Com isso, o real sofreu forte desvalorização e o dólar praticamente dobrou de preço.

a. Com base nesses fatos, analise a possibilidade de o consumidor pleitear a revisão contratual, pela previsão do art. 6º, V, do CDC.

b. Seria caso de cláusula abusiva, podendo o consumidor pleitear sua nulidade? Explique.

c. É possível o consumidor rescindir o contrato, com a devolução das quantias já pagas?

d. E o fornecedor: pode pedir a revisão do contrato? Explique.

6.24.2. Uma empresa locadora de máquinas copiadoras possui um contrato-padrão que prevê a locação por 48 meses, bem como um reajuste das parcelas semestrais com base no IGPM. Além disso, há uma cláusula estabelecendo a possibilidade de realinhamento do valor das parcelas, caso ocorra qualquer fato que altere o equilíbrio econômico-financeiro do contrato. Com a desvalorização do real frente ao dólar, a empresa aplicou o realinhamento do preço, aumentando as parcelas em 20% (a desvalorização foi bem maior).

a. Trata-se de relação de consumo?

b. A cláusula que prevê o realinhamento é abusiva? Justifique.

c. A empresa pode aplicar o realinhamento ou ela deve pedir a revisão do contrato pela via judicial?

d. O que o locatário pode fazer para defender-se?

7. QUALIDADE E SEGURANÇA DOS PRODUTOS E SERVIÇOS

7.1. Problemas com a redação da Lei Consumerista

Os arts. 8º, 9º e 10, que compõem a Seção I, guardam uma ligação entre si no que respeita ao grau de nocividade permitido. Analisando-os mais detidamente, perceber-se-á uma contradição nos termos postos em tais normas e que gera certa dificuldade de solução. O *caput* do art. 8º, por exemplo, diz que os produtos e os serviços não acarretarão riscos à saúde ou segurança dos consumidores, exceto os considerados normais e previsíveis; o art. 9º fala em produtos e serviços *potencialmente* nocivos ou perigosos à saúde ou segurança; e o art. 10 refere-se à proibição de produto ou serviço que apresente *alto grau* de nocividade ou periculosidade.

Da leitura dos três artigos percebe-se a contradição exatamente pelo permissivo do art. 9º. O CDC aceita que haja produtos e serviços que sejam potencialmente nocivos. Enquanto o art. 8º diz que *não* haverá nocividade (exceto a previsível — que a seguir comentaremos) e o art. 10 proíbe os produtos e serviços altamente nocivos, o art. 9º permite a venda dos não tão altamente nocivos. Os cigarros, por exemplo, enquadram-se em que artigo?

7.2. Riscos à saúde ou segurança

Dispõe o *caput* do art. 8º, *verbis*:

"Os produtos e serviços colocados no mercado de consumo não acarretarão riscos à saúde ou segurança dos consumidores, exceto os considerados normais e previsíveis em decorrência de sua natureza e fruição, obrigando-se os fornecedores, em qualquer hipótese, a dar as informações necessárias e adequadas a seu respeito".

A afirmativa do início da proposição do *caput* do art. 8º ("os produtos e serviços colocados no mercado de consumo *não* acarretarão riscos à saúde ou segurança dos consumidores") somente pode ser entendida se lida em consonância com a segunda proposição ("exceto os considerados normais e previsíveis em decorrência de sua natureza e fruição"). Só da interpretação das duas proposições em conjunto é que se poderá extrair a essência normativa do *caput* do art. 8º.

Se assim não fosse, não haveria como permitir a venda, por exemplo, de cigarros, já que ninguém em nenhum lugar do mundo civilizado poderia aceitar que fumar não traz ao menos riscos à saúde[1].

Surge, então, de consequência, a necessidade de fixar adequadamente o sentido da segunda proposição. Que vem a ser "risco normal e previsível em função da natureza e fruição do produto ou serviço"?

7.3. Risco normal e previsível

A norma está, de fato, tratando de expectativa. Uma espécie de expectativa tanto do consumidor em relação ao uso e consumo regular de algum produto ou serviço quanto do fornecedor em relação ao mesmo aspecto.

A lei aqui se refere à normalidade e previsibilidade do consumidor em relação ao uso e funcionamento rotineiro do produto ou serviço. Assim, por exemplo, do ponto de vista da segurança, um liquidificador apresenta riscos na sua utilização. Não se pode, evidentemente, colocar a mão dentro do copo com o aparelho ligado. Quando afirmamos "evidentemente" estamos justamente querendo realçar esse aspecto do uso e funcionamento normal do produto. Trata-se de expectativa regular do consumidor, que detém o conhecimento sobre o regular uso daquele produto[2].

Agora, do ponto de vista da realidade concreta, será possível encontrar algum consumidor que realmente não conheça o regular funcionamento do

---

1. É evidente que é mais do que risco à saúde o que o cigarro causa. Ele é propriamente um veneno contra o sistema físico-biológico do corpo, mas temos de entender que a lei não impede sua venda. Haverá possibilidade de restrição quanto à publicidade (como veremos) e discussão no âmbito da responsabilidade civil objetiva.

2. O que em termos processuais é análogo ao que se entende por "máximas de experiência": as máximas ou regras de experiência "são o conjunto de juízos fundados sobre a observação do que de ordinário acontece, podendo formular-se em abstrato por todo aquele de nível mental médio. Servem de critério e guia para a solução da questão relativa à prova" (Nelson Nery Junior e Rosa Maria de Andrade Nery, *Código de Processo Civil comentado*, cit., p. 1806, nota 17). Ver também nossos comentários sobre inversão do ônus da prova (art. 6º, VIII, Cap. 46).

liquidificador. Pode tanto ser uma pessoa sem qualquer grau de instrução e informação quanto uma criança consumidora. Só que esse desconhecimento concreto não invalida o sentido da norma, que está, como dito, posta para controlar o funcionamento normal, dentro da expectativa-padrão do consumidor.

Além disso, é de destacar que a regra legal, ao referir a expectativa do consumidor, está supondo o grau de conhecimento-padrão existente no mercado. Esse conhecimento é tanto o usual, adquirido no senso comum, quanto o formal, adquirido nos cursos de formação. Por exemplo, um automóvel sempre apresenta riscos à segurança. A norma não vai supor que quem adquire um veículo não saiba utilizá-lo regularmente. O controle do uso regular dos veículos automotores, inclusive, é das autoridades competentes para o setor[3].

Esses aspectos normativos relativos ao consumidor e seu conhecimento-padrão do uso e funcionamento regular dos produtos e serviços vão refletir-se na terceira parte da redação do *caput* do artigo.

7.4. Informações necessárias e adequadas

Com efeito, o final da proposição normativa diz: "obrigando-se os fornecedores, em qualquer hipótese, a dar as informações necessárias e adequadas a seu respeito".

Já tivemos oportunidade de demonstrar que a informação passou a ser elemento inerente ao produto e ao serviço[4], bem como a maneira como deve ser fornecida. Repita-se que toda informação tem de ser correta, clara, precisa, ostensiva e no vernáculo. No art. 8º o dever de informar do fornecedor está relacionado ao aspecto do risco à saúde e segurança do consumidor, e, como estamos dizendo, tal obrigatoriedade, no caso, está intimamente relacionada ao núcleo da norma. Isto é, o fornecedor deve dar informações sobre os riscos que não são normais e previsíveis em decorrência da natureza e fruição dos produtos e dos serviços.

Tomemos o caso da faca de cozinha e do automóvel, já citado, para ilustrar com exemplos. Será que no caso de uma faca de cozinha o fornecedor

---

3. Poder-se-á, num veículo, questionar a potência do motor e a velocidade a ser empreendida, já que não se pode trafegar a mais de 120 km/hora.

4. No comentário ao inciso III do art. 6º, no item 6.11.

tem de informar que o consumidor não pode friccioná-la na mão com o lado que corta? Se não der tal informação e um consumidor se acidentar, cortando os dedos, será o fornecedor responsabilizado?

A resposta a essas questões está atrelada ao que já expusemos até aqui. Desde que o risco do uso e funcionamento do produto e do serviço seja do conhecimento-padrão do consumidor, isto é, seja normal e previsível, o fornecedor não precisa dar a informação. Logo, no caso da faca não é necessário que o fornecedor diga que o consumidor não deve experimentar a força do corte no próprio corpo[5]. Havendo acidente desse tipo, a responsabilidade é exclusiva do consumidor.

Por outro lado, diga-se que, se o produto que está sendo vendido é novo e desconhecido do consumidor, o fornecedor tem de, *exaustivamente*, apresentar todas as informações quanto aos riscos à saúde e segurança daquele. Se o industrial cria e produz, por exemplo, um triturador, cujo manuseio não é, ainda, do conhecimento-padrão do consumidor, tem de dar-lhe informações corretas, claras, ostensivas e suficientes, visando esclarecer todos os riscos inerentes à utilização do produto[6].

No outro exemplo mencionado, do automóvel, existe uma série de dados relativos aos riscos para a utilização que não necessitam ser fornecidos, porque já são do conhecimento do consumidor. Não precisa o fabricante informar que para o veículo ser frenado o condutor tem de pisar no breque, nem que para virar o veículo a direção tem de ser acionada etc.

7.5. Proibição de fumar

A Lei n. 9.294, de 15 de julho de 1996, foi elaborada em função do comando constitucional do § 4º do art. 220 e, por conta disso, dispôs sobre restrições à publicidade de produtos fumígenos, bebidas alcoólicas, medicamentos e terapias[7], bem como proibiu o uso dos cigarros, charutos e demais produtos fumígenos em algumas situações.

---

5. Não se trata apenas de informação no caso do uso da faca, mas de conhecimento leigo regular: todos sabem que ela corta.

6. Até elementos não informativos, tais como travas de segurança, no caso do triturador, são aconselháveis

7. Ver comentários amplos sobre essa lei na Seção III do Capítulo V do Título I — "Da Publicidade".

Dentre as vedações está a do art. 2º, que dispõe, *verbis*:

"Art. 2º É proibido o uso de cigarros, charutos ou de qualquer outro produto fumígeno, derivado ou não do tabaco, em recinto coletivo, privado ou público, salvo em área destinada exclusivamente a esse fim, devidamente isolada e com arejamento conveniente".

Vê-se, portanto, que está expressamente proibido o uso de cigarros e similares em recintos coletivos, privados ou públicos, tais como cinemas, teatros, salas de aula, restaurantes e demais estabelecimentos comerciais em geral etc.

Só é permitido fumar nesses locais na área destinada *exclusivamente* para esse fim e *desde que* ela seja devidamente isolada do restante do ambiente.

O § 2º do citado art. 2º, por sua vez, restringiu o uso dos mesmos produtos nas aeronaves e nos demais veículos de transporte coletivo, nos seguintes termos, *verbis*:

"§ 2º É vedado o uso dos produtos mencionados no *caput* nas aeronaves e veículos de transporte coletivo".

Posteriormente foi editado o Decreto n. 2.018, de 1º de outubro de 1996, que regulamentou a referida lei federal e que, no inciso IV de seu art. 2º, definiu adequadamente o sentido, já exposto acima, de área isolada e exclusiva para os fumantes:

"IV — Área devidamente isolada e destinada exclusivamente a esse fim: a área que no recinto coletivo for exclusivamente destinada aos fumantes, separada da destinada aos não fumantes por qualquer meio ou recurso eficiente que impeça a transposição da fumaça".

Esse decreto também regulamentou a possibilidade da permissão de fumar nas aeronaves e veículos coletivos, pela regra de seu art. 5º, que dispõe, *verbis*:

"Art. 5º Nas aeronaves e veículos coletivos somente será permitido fumar quando transcorrida, em cada trecho, uma hora de viagem e desde que haja, nos referidos meios de transporte, parte especialmente reservada aos fumantes, devidamente sinalizada".

Assim, estava, como está, claro que é proibido fumar em recintos fechados, inclusive a bordo de aeronaves e demais meios de transporte coletivo, sendo permitido apenas que se fume em alas reservadas e isoladas.

No caso do transporte aéreo, uma Portaria do DAC — Departamento de Aviação Civil — (a de n. 121/DGAC), à guisa de estabelecer normas a partir da Lei n. 9.294 e de seu decreto regulamentar, acabou permitindo, de fato, que o passageiro fumasse sem que estivesse garantido o perfeito isolamento do ar.

O Ministério Público Federal da seção gaúcha ingressou com ação civil pública contra a União para obter a declaração da ilegalidade de tal portaria. Obteve não só liminar como também ganho de causa, de maneira que está proibido o fumo em aeronaves em todo o território nacional, independentemente do tempo de voo.

O teor da decisão é o seguinte:

"Ante o exposto, julgo procedente a presente ação civil pública para o efeito de declarar a ilegalidade da Portaria n. 121/DGAC, emitida em 17 de março de 1997, pelo Departamento de Aviação Civil. Condeno a União a 'obrigação de não fazer', consistente em não baixar, por meio do órgão regulamentador das atividades das companhias aéreas atuantes no país, portaria que autorize, ou por qualquer outra forma permita ou tolere o uso de produtos fumígenos a bordo das aeronaves civis brasileiras de transporte aéreo público e privado, independentemente do tempo de duração de voo ou local de decolagem e pouso da aeronave, enquanto estas não tenham ambientes reservados aos fumantes, devidamente isolados e com arejamento independente para impedir, de modo efetivo, a propagação da fumaça originada pelo consumo de produtos fumígenos, por todo o ambiente, sempre com aparelhos de ar condicionado separados, em respeito à saúde de todos.

Fixo multa diária de R$ 50.000,00 (cinquenta mil reais), a ser revertida para o fundo a que se refere o art. 13 da Lei n. 7.347/85, para o caso de não cumprimento da condenação. Outrossim, ratifico a medida liminar deferida às fls. 68/73 e 78"[8].

7.6. Impressos

O § 1º do art. 8º especifica a obrigação do fabricante do produto industrializado de fornecer as informações em impressos que devem acompanhar o produto[9].

---

8. Ação Civil Pública n. 98.0025524-9 da 4ª Vara da Justiça Federal de Porto Alegre; sentença de 4-3-1999 do Juiz Osório Ávila Neto, lida por cópia dos autos.

9. "Art. 8º (...) § 1º Em se tratando de produto industrial, ao fabricante cabe prestar as informações a que se refere este artigo, através de impressos apropriados que devam acompanhar o produto."(com redação dada pela Lei n. 13.486, de 2017)

A designação da norma é exemplificativa. Isto porque, se o produto é importado e na origem é feito por indústria, é ao importador que caberá fornecer as informações, e, se elas já acompanharem o produto, será ele o responsável pela tradução, a ser oferecida em impresso próprio que deverá acompanhar o produto.

Complementando, então, os comentários ao art. 8º, repita-se que seu entendimento total somente se elucida com a leitura dos arts. 9º e 10, analisados na sequência.

Para dar guarida ao dever imposto no § 1º do art. 8º, o legislador criou o tipo penal do art. 63, cujo *caput* dispõe:

> "Omitir dizeres ou sinais ostensivos sobre a nocividade ou periculosidade de produtos, nas embalagens, nos invólucros, recipientes ou publicidade:
> Pena — Detenção de seis meses a dois anos e multa".

Há uma série de dificuldades, para a aplicação desse dispositivo, a serem esclarecidas na disciplina do Curso de Direito Penal. Mas, para o leitor interessado, remetemos aos nossos comentários ao *Código de Defesa do Consumidor*.

Anote-se também que, à primeira vista, a leitura do art. 66 do CDC[10] parece remeter tanto ao art. 8º como ao art. 9º. No entanto, conforme apontamos no estudo do art. 66, lá a hipótese é outra. Indicamos, pois, caso haja interesse, nossa interpretação dada ao art. 66.

E o artigo 8º ganhou um parágrafo novo pela edição da Lei n. 13.486, de 2017, o § 2º, que dispõe:

> "§ 2º O fornecedor deverá higienizar os equipamentos e utensílios utilizados no fornecimento de produtos ou serviços,

---

10. "Art. 66. Fazer afirmação falsa ou enganosa, ou omitir informação relevante sobre a natureza, característica, qualidade, quantidade, segurança, desempenho, durabilidade, preço ou garantia de produtos ou serviços:

Pena — Detenção de três meses a um ano e multa.

§ 1º Incorrerá nas mesmas penas quem patrocinar a oferta.

§ 2º Se o crime é culposo:

Pena — Detenção de um a seis meses ou multa."

ou colocados à disposição do consumidor, e informar, de maneira ostensiva e adequada, quando for o caso, sobre o risco de contaminação".

Veja-se que, do ponto de vista da informação, o acréscimo diz respeito a obrigação que tem o fornecedor de avisar sobre risco de contaminação, algo que já se poderia extrair da redação do *caput* do art. 9º (comentado na sequência).

De todo modo, agora há especificamente uma determinação para que esse risco específico seja informado de maneira ostensiva e adequada aos consumidores.

Além disso, a nova norma também determina de forma direta que o fornecedor deve higienizar os equipamentos e utensílios utilizados no fornecimento de produtos ou serviços, ou colocados à disposição do consumidor.

Trata-se de regra despicienda. Não se consegue imaginar que o fornecedor pudesse colocar à disposição do consumidor ou oferecer, vender e entregar produtos ou serviços sem que antes tivesse se utilizado de equipamentos devidamente limpos e higienizados. Chega até a assustar que o legislador precise escrever uma norma para tanto. Dá medo de ir a restaurantes...

O fato é que, infelizmente, a norma assim expressa parece ter nascido do fato de que muitos fornecedores oferecem, vendem e entregam produtos e serviços fora dos padrões normais de limpeza e higiene.

7.7. *Potencialidade de nocividade e periculosidade*

Vejamos agora a redação do art. 9º para poder complementar nossa análise. Dispõe o art. 9º:

> "O fornecedor de produtos e serviços potencialmente nocivos ou perigosos à saúde ou segurança deverá informar, de maneira ostensiva e adequada, a respeito da sua nocividade ou periculosidade, sem prejuízo da adoção de outras medidas cabíveis em cada caso concreto".

Surge aqui com o art. 9º o problema da definição do que seja produto ou serviço "potencialmente nocivo ou perigoso à saúde ou segurança" do consumidor.

Recordemos: a lei permite que produtos e serviços potencialmente nocivos ou perigosos à saúde ou segurança do consumidor sejam produzidos e comercializados. O problema é que o art. 10 proíbe a venda dos produtos e serviços que apresentem alto grau de nocividade e periculosidade[11]. Logo, a permissão legal está estabelecida entre o que seja *potencialmente* e o que se apresenta com *alto grau* de nocividade e periculosidade.

A norma não poderia ser mais vaga. Usando essa terminologia, jogou para a discussão de casos concretos o exame da nocividade e periculosidade. Para entender o estabelecido pelas letras da norma, é necessário recorrer aos estudos da linguagem jurídica. Nossa escolha nesse assunto recai sobre Genaro Carrió, que apresenta aspectos de linguagem que nos interessam[12]. A proposição normativa tanto do art. 9º quanto do art. 10 é formada por conceitos vagos, que, por conta disso, situam-se na chamada "zona de penumbra". Os termos que têm essa característica dependem do contexto linguístico ou pragmático para terem sanadas suas indeterminações. Assim, por exemplo, o termo "calvo" ou "careca". Se alguém não tem cabelo nenhum é, com certeza, calvo ou careca. Se tem muito cabelo, por certo não é. Mas, quando está começando a perder cabelo ou já perdeu bastante mas ainda mantém muitos fios na cabeça, é ou não calvo?

7.8. Informações cabais

Sabe-se que o direito se utiliza dessas indeterminações quando lança mão, como faz, por exemplo, no direito penal, do conceito de "noite", bem como luta contra elas, quando, por exemplo, define limites: de idade para a maioridade; de velocidade nas estradas; de tempo para os recursos etc. No caso presente, o tratamento linguístico de potencialidade da nocividade e periculosidade volta-se, então, ao regime normativo, que impõe restrições

---

11. "Art. 10. O fornecedor não poderá colocar no mercado de consumo produto ou serviço que sabe ou deveria saber apresentar alto grau de nocividade ou periculosidade à saúde ou segurança."

12. No livro *Notas sobre derecho y lenguage*. O problema da indeterminação dos conceitos utilizados pelas normas não é privilégio do CDC, e mesmo neste não é questão que apareça só nos artigos ora em análise. Poder-se-ia falar na "vagueza" dos conceitos em vários momentos. Contudo, nos outros pontos da lei consumerista há alternativas linguísticas que, arranjadas em argumentos, resolvem os problemas. Nos arts. 9º e 10 a situação é mais grave. Por isso tivemos de lançar mão desse recurso de análise dos problemas linguísticos para melhor produzir a interpretação dos textos.

e condutas aos fornecedores no caso de produtos e serviços potencialmente nocivos e perigosos, determinando que informações especiais, além das regularmente exigidas, sejam fornecidas.

Do mesmo modo que na tentativa de dar suporte à eficácia do dever contido no art. 8º, o legislador criou o tipo penal do § 1º do art. 63, que assim dispõe:

"§ 1º Incorrerá nas mesmas penas quem deixar de alertar, mediante recomendações escritas ostensivas, sobre a periculosidade do serviço a ser prestado".

Aqui também há dificuldades para aplicação do dispositivo penal, as quais devem ser suplantadas na disciplina do Curso de Direito Penal. Todavia, mais uma vez, havendo interesse, nossos *Comentários* podem ser consultados, especificamente no art. 63[13].

E, novamente, o já referido art. 66 parece também aplicável à hipótese ora examinada, mas não é, conforme elucidamos em nossos *Comentários*, que novamente indicamos a quem se interessar.

7.9. Responsabilidade objetiva

Elimine-se uma outra dúvida que poderia surgir em função do estabelecido no *caput* do art. 10. É que a redação pode levar o leitor a pensar em culpa, uma vez que está escrito "sabe ou deveria saber". Se o fornecedor sabe que o produto ou serviço apresenta alto grau de nocividade ou periculosidade e ainda assim o coloca no mercado, age, então, com dolo. Se devia saber é porque agiu com culpa (negligência, imprudência ou imperícia). Essa designação vale apenas para fins penais e terá relação com o tipo do art. 64[14]. Qualquer problema relativo à nocividade ou periculosidade dos produtos e serviços oferecidos ao consumidor, quer seja no que tange a vícios, quer diga respeito a defeito[15], resolve-se com base na responsabilidade objetiva do fornecedor. Culpa não interessa aos aspectos civis das

---

13. *Comentários ao Código de Defesa do Consumidor*, 3. ed., São Paulo: Saraiva, 2007.

14. "Art. 64. Deixar de comunicar à autoridade competente e aos consumidores a nocividade ou periculosidade de produtos cujo conhecimento seja posterior à sua colocação no mercado: Pena — Detenção de 6 (seis) meses a 2 (dois) anos e multa. Parágrafo único. Incorrerá nas mesmas penas quem deixar de retirar do mercado, imediatamente quando determinado pela autoridade competente, os produtos nocivos ou perigosos, na forma deste artigo."

15. Ver mais adiante a distinção entre vício e defeito, no Capítulo 11.

relações de consumo, com a única exceção da hipótese do § 4º do art. 14 que cuida da responsabilidade do profissional liberal[16].

7.10. Exercícios

7.10.1. O art. 6º, I, do CDC estatui que é direito básico do consumidor "a proteção da vida, saúde e segurança contra os riscos provocados por práticas no fornecimento de produtos e serviços considerados perigosos ou nocivos". O art. 10, por outro lado, proíbe que se coloque no mercado de consumo produto ou serviço com alto grau de nocividade ou periculosidade à saúde ou segurança.

a. Como compatibilizar esse direito básico, concebido ao amparo constitucional (art. 5º, XXXII, da Magna Carta), com o fornecimento no mercado de produtos altamente perigosos ou nocivos como cigarros, armas e agrotóxicos?

7.10.2. O art. 6º, III, do CDC estatui que é direito básico do consumidor ter informação clara e adequada sobre os diferentes produtos e serviços, especialmente quanto aos riscos que apresentam. O art. 9º reforça essa ideia na medida em que determina ao fornecedor de produtos e serviços potencialmente nocivos ou perigosos à saúde ou segurança que informe, de maneira ostensiva e adequada, sua nocividade ou periculosidade.

a. Como, então, compatibilizar essa possibilidade com o art. 10, que impede que o fornecedor coloque no mercado de consumo produto ou serviço que sabe ou deveria saber apresentar alto grau de nocividade ou periculosidade à saúde ou segurança?

b. Está sendo veiculada adequadamente a informação quanto à nocividade e periculosidade dos produtos citados na primeira questão?

---

16. Ver nossos comentários no Capítulo 17, *infra*.

8. O "RECALL"

O § 1º do art. 10 cuida do chamado *recall*[1]. Muito praticado nos países do chamado Primeiro Mundo, o *recall* começa a funcionar no Brasil, especialmente após a edição da Lei n. 8.078/90.

Por meio desse instrumento, a norma protecionista pretende que o fornecedor impeça ou procure impedir, ainda que tardiamente, que o consumidor sofra algum dano ou perda em função de vício que o produto ou o serviço tenham apresentado após sua comercialização.

Essa regra legal tem um alvo evidente. Trata-se das produções em série. Após gerar determinado produto, por exemplo, um automóvel, o fabricante constata que um componente apresenta vício capaz de comprometer a segurança do veículo. Esse componente, digamos, um amortecedor, que é o mesmo modelo instalado em toda uma série de 1.000 automóveis que saiu da montadora, apresentou problema de funcionamento, e, por ter origem no mesmo lote advindo do seu fabricante (isto é, do fabricante do amortecedor), tem grande probabilidade de repetir o problema nos automóveis já colocados no mercado. Então, esses veículos já vendidos devem ser "chamados de volta" (*recall*) para ser consertados.

8.1. Modos de efetuar o "recall"

O § 2º do art. 10 dispõe que para efetivar o *recall* o fornecedor deve utilizar-se de todos os meios de comunicação disponíveis e, claro, com despesas correndo por sua conta[2]. Mas não basta. É preciso fazer uma interpretação extensiva do texto para cumprir seu objetivo.

---

1. "Art. 10. (...) § 1º O fornecedor de produtos e serviços que, posteriormente à sua introdução no mercado de consumo, tiver conhecimento da periculosidade que apresentem, deverá comunicar o fato imediatamente às autoridades competentes e aos consumidores, mediante anúncios publicitários."

2. "§ 2º Os anúncios publicitários a que se refere o parágrafo anterior serão veiculados na imprensa, rádio e televisão, às expensas do fornecedor do produto ou serviço."

Assim, utilizando-se o mesmo exemplo acima, dos amortecedores, se os veículos são zero-quilômetro, as concessionárias que os venderam têm registro, nas notas fiscais, dos endereços dos compradores. Nada mais natural, portanto, que as montadoras chamem os consumidores por correspondência, telegrama, telefonema, mensageiros etc.

Então, deve-se entender que o sentido desejado no § 2º é o de amplamente obrigar o fornecedor a encontrar o consumidor que adquiriu seu produto ou serviço criado para que o vício seja sanado.

8.2. E se o consumidor não for encontrado?

A questão que se coloca é a seguinte. Se a função do *recall* é permitir que o vício do produto ou do serviço seja sanado, e, para tanto, o consumidor é chamado, pergunta-se: o fornecedor continua responsável por eventuais acidentes de consumo causados pelo vício não sanado, pelo fato de o consumidor não ter atendido ao chamado?

A resposta é sim. Como a responsabilidade do fornecedor é objetiva, não se tem de arguir de sua atitude correta ou não em fazer o *recall*. Havendo dano, o fornecedor responde pela incidência das regras instituídas nos arts. 12 a 14. E, como está lá estabelecido, não há, no caso, excludente possível da responsabilização. A que mais se aproxima é a da demonstração da culpa exclusiva do consumidor (arts. 12, § 3º, III, e 14, § 3º, II), e na hipótese ela não se verifica. Quando muito poder-se-ia falar em culpa concorrente do consumidor, caso ele receba o chamado e o negligencie. Mas, nesse caso, continua o fornecedor sendo integralmente responsável.

8.3. Exercícios

8.3.1. A empresa farmacêutica "X", fabricante de um produto farmacêutico para bronquite, tipo *"bombinha"*, produziu e colocou esse produto no mercado. Todavia, um lote contendo 1.000 unidades saiu com problema na válvula do *spray*, que, ao ser acionada, destacava-se do inalador e, como era de pequeno porte, poderia ser ingerido pelo usuário. A empresa somente tomou conhecimento do problema quando um consumidor acabou acidentando-se dessa maneira.

a. Tendo conhecimento do problema, que medida deve a empresa tomar com base no CDC?

b. Se a empresa adotar todas as medidas elencadas no CDC, isso eximiria sua responsabilidade em caso de novo acidente com outro usuário?

c. Admita a hipótese de um consumidor ter sabido do ocorrido e das medidas tomadas pela empresa, mas, descuidadamente, utilizou o produto. Ocorrendo o defeito e ele vindo a falecer, a empresa será responsável? Explique.

d. E se a empresa sabia do problema ao colocar o produto no mercado. Isso altera sua responsabilidade?

8.3.2. Admita, na mesma hipótese da questão anterior, que a empresa fabricou o produto regularmente; o produto colocado no mercado não apresenta qualquer defeito; todas as informações necessárias constam na embalagem — inclusive de maneira ostensiva e adequada; houve informação no que toca à nocividade e periculosidade do produto, nada tendo se omitido. Caso o consumidor ingira o produto e venha a sofrer um dano em razão disso, ainda assim a empresa terá de indenizar? Explique.

8.3.3. Uma montadora de veículos descobriu que toda a linha de um certo carro, fabricado desde 1994, apresentava um problema no dispositivo do cinto de segurança, colocando em risco a segurança dos consumidores. A empresa procedeu ao *recall*, convocando todos os proprietários dos veículos a comparecerem em qualquer concessionária representante para a troca do dispositivo. Os anúncios foram veiculados por três semanas, nos principais jornais, rádios e canais de televisão.

a. Um consumidor que não teve acesso às informações porque estava viajando, tem como pedir indenização caso venha a sofrer dano? Fundamente.

b. E se um consumidor viu, mas se recusou a ir à concessionária: tem como pedir indenização? Fundamente.

c. A montadora, após feito o *recall*, tem como eximir-se da obrigação de indenizar? Explique.

9. A TEORIA DO RISCO DO NEGÓCIO: A BASE DA RESPONSABILIDADE OBJETIVA

O CDC estabeleceu a responsabilidade objetiva dos fornecedores (especificando cada qual em seus arts. 12, 13 e 14) pelos danos advindos dos defeitos de seus produtos e serviços. E ofereceu poucas alternativas de desoneração (na verdade, de rompimento do nexo de causalidade), tais como a culpa exclusiva do consumidor ou de terceiro.

Para que possamos compreender o porquê dessa ampla responsabilização, precisamos conhecer a teoria do risco do negócio ou da atividade, que é sua base e que examinamos na sequência.

9.1. Os negócios implicam risco

Conforme já adiantamos[1], no Brasil a Constituição Federal garante a livre iniciativa para a exploração da atividade econômica, em harmonia com uma série de princípios (CF, art. 170), iniciativa esta que é, de fato, de uma forma ou de outra, característica da sociedade capitalista contemporânea. A exploração da atividade econômica tem uma série de características, que não cabe aqui narrar. Mas, entre elas, algumas são relevantes e certos aspectos teóricos que embasam o lado prático da exploração nos interessam.

Uma das características principais da atividade econômica é o risco[2]. Os negócios implicam risco. Na livre iniciativa, a ação do empreendedor está aberta simultaneamente ao sucesso e ao fracasso. A boa avaliação des-

---
1. No Capítulo 3, item 3.10.
2. Não nos cabe aqui, também, abordar o aspecto negativo da exploração de certas atividades econômicas que, no Brasil, não comportam risco. Os monopólios são atividades sem risco, como também as ações econômicas de produção perpetradas diretamente pelo Estado, bem como a formação de oligopólios (que a legislação pátria pretende proibir). São exceções ao princípio geral da atividade econômica de risco que, de qualquer maneira, não interferem no lema fundamental da teoria do risco do negócio, incorporada pelo CDC.

sas possibilidades por parte do empresário é fundamental para o investimento. Um risco mal calculado pode levar o negócio à bancarrota. Mas o risco é dele.

É claro que são muitas as variáveis em jogo, que terão de ser avaliadas, tanto mais se existir uma autêntica competitividade no setor escolhido. Os insumos básicos para a produção, os meios de distribuição, a expectativa do consumidor em relação ao produto ou serviço a serem produzidos, a qualidade destes, o preço, os tributos etc. são preocupações constantes. Some-se o desenvolvimento de todos os aspectos que envolvem o *marketing* e em especial a possibilidade — e, praticamente, a necessidade — da exploração da publicidade, arma conhecida para o desenvolvimento dos negócios. O empreendedor, naturalmente, levará sempre em consideração todos os elementos envolvidos.

9.2. Risco/custo/benefício

Aqui o que interessa é o aspecto do risco, que se incrementa na intrínseca relação com o custo. Esse binômio risco/custo (ao qual acrescentarei um outro: o do custo/benefício) é determinante na análise da viabilidade do negócio. A redução da margem de risco a baixos níveis (isto é, a aplicação máxima no estudo de todas as variáveis) eleva o custo a valores astronômicos, inviabilizando o projeto econômico. Em outras palavras, o custo, para ser suportável, tem de ser definido na relação com o benefício. Esse outro binômio custo/benefício tem de ser considerado. Descobrir o ponto de equilíbrio de quanto risco vale a pena correr a um menor custo possível, para aferir a maximização do benefício, é uma das chaves do negócio.

Dentro dessa estratégia geral dos negócios, como fruto da teoria do risco, um item específico é o que está intimamente ligado à sistemática normativa adotada pelo CDC. É aquele voltado à avaliação da qualidade do produto e do serviço, especialmente a adequação, finalidade, proteção à saúde, segurança e durabilidade. Tudo referendado e complementado pela informação.

Em realidade, a palavra "qualidade" do produto ou do serviço pode ser o aspecto determinante, na medida em que não se pode compreender qualidade sem o respeito aos direitos básicos do consumidor.

E nesse ponto da busca da qualidade surge, então, nova e particularmente, o problema do risco/custo/benefício, acrescido agora de outro aspecto considerado tanto na teoria do risco quanto pelo CDC: a produção em série[3].

9.3. Produção em série

Com a explosão da revolução industrial, a aglomeração de pessoas nos grandes centros urbanos e o inexorável aumento da complexidade social, exigia-se um modelo de produção que desse conta da sociedade que começava a surgir. A necessidade de oferecer cada vez mais produtos e serviços para um número sempre maior de pessoas fez com que a indústria passasse a produzir em grande quantidade. Mas o maior entrave para o crescimento da produção era o custo.

A solução foi a produção em larga escala e em série, que, a partir de modelos previamente concebidos, permitia a diminuição dos custos. Com isso, era possível fabricar mais bens para atingir um maior número de pessoas. O século XX inicia-se sob a égide desse modelo de produção: fabricação de produtos e oferta de serviços em série, de forma padronizada e uniforme, com um custo de produção menor de cada um dos produtos, possibilitando sua venda a menor preço individual, com o que maiores parcelas de consumidores passaram a ser beneficiadas.

A partir da Segunda Guerra Mundial, esse projeto de produção capitalista passou a crescer numa velocidade jamais imaginada, fruto do incremento dos sistemas de automação, do surgimento da robótica, da telefonia por satélite, das transações eletrônicas, da computação, da microcomputação etc.[4]

9.4. Característica da produção em série: vício e defeito

Muito bem. Em produções massificadas, seriadas, é impossível assegurar como resultado final que o produto ou o serviço não terá vício/defeito[5]. Para que a produção em série conseguisse um resultado isento de vício/

---

3. Por causa disso, a responsabilidade objetiva tal como regulada remanesce como um grande problema, praticamente insolúvel, para aqueles que não produzem em série especialmente pequenos produtores, microprodutores e fabricantes pessoas físicas de produtos manufaturados e pequenos prestadores de serviços (pessoas físicas e jurídicas). A lei consumerista não abre exceção para tais fornecedores, que acabam tendo de arcar com o peso da responsabilidade objetiva, como se grandes fornecedores de produtos e serviços em série fossem.

4. Ver também sobre esse tema nossos comentários na Parte 2, item 1.

5. Usaremos inicialmente o termo "vício" conjugado com "defeito" (vício/defeito)

defeito, seria preciso que o fornecedor elevasse seu custo a níveis altíssimos, o que inviabilizaria o preço final do produto e do serviço e desqualificaria a principal característica da produção em série, que é a ampla oferta para um número muito maior de consumidores.

Dessa maneira, sem outra alternativa, o produtor tem de correr o risco de fabricar produtos e serviços a um custo que não prejudique o benefício. Aliado a isso está o indelével fato de que produções desse tipo envolvem dezenas, centenas ou milhares de componentes físicos que se relacionam, operados por outra quantidade enorme de mãos que os manuseiam direta ou indiretamente[6]. A falha é inexorável: por mais que o fornecedor queira, não consegue evitar que seus produtos ou serviços cheguem ao mercado sem vício/defeito.

Mesmo nos setores mais desenvolvidos, em que as estatísticas apontam para vícios/defeitos de fabricação próximos de zero, o resultado final para o mercado será a distribuição de um número bastante elevado de produtos e serviços comprometidos. E isso se explica matematicamente: supondo um índice percentual de vício/defeito no final do ciclo de fabricação de apenas 0,1%[7] aplicado sobre alta quantidade de produção, digamos, 100.000 unidades, ter-se-ia 100 produtos entregues ao mercado com vício/defeito.

Logo, temos de lidar com esse fato inevitável (e incontestável): há e sempre haverá produtos e serviços com vício/defeito.

9.5. O CDC controla o resultado da produção

Dessa maneira, nada mais adequado do que controlar, como fez o CDC, o resultado da produção viciada/defeituosa, cuidando de garantir ao consumidor o ressarcimento pelos prejuízos sofridos. Note-se que a questão do vício/defeito envolve o produto e o serviço em si, independentemente da figura do produtor (bem como de sua vontade ou atuação).

---

porque o CDC se utiliza dos dois, que são conceitos diferentes. Faremos a distinção entre ambos ao comentarmos especificamente o art. 12, bem como as normas pertinentes aos arts. 12 a 14 e 18 a 20, no Capítulo 11.

6. Inclusive com a contribuição dos robôs e dos sistema de automação.

7. Um número bastante ínfimo e apenas hipotético. Ao que parece, os índices reais são muito superiores.

São — como se verá — o produto e o serviço — e não o fornecedor — que causam diretamente o dano ao consumidor. Este só é considerado na medida em que é o responsável pelo ressarcimento dos prejuízos. Nesse ponto temos, então, de colocar outro aspecto relevante, justificador da responsabilidade do fornecedor, no que respeita ao dever de indenizar: é o da origem do fundo capaz de pagar os prejuízos.

9.6. A receita e o patrimônio devem arcar com os prejuízos

É a receita e o patrimônio do fabricante, produtor, prestador de serviço etc. que respondem pelo ônus da indenização relativa ao prejuízo sofrido pelo consumidor. O motivo, aliás, é simples: a receita abarca "todos" os produtos e serviços oferecidos. "Todos", isto é, tanto os produtos e serviços sem vício/defeito quanto aqueles que ingressaram no mercado com vício/defeito. O resultado das vendas, repita-se, advém do pagamento do preço pelo consumidor dos produtos e serviços bons e, também, dos viciados/defeituosos.

Façamos um gráfico que ilustra os aspectos tratados. Vamos supor uma produção de 100.000 liquidificadores/mês e um vício/defeito no final do ciclo de produção de apenas 0,1%.

Como resultado do exemplo do gráfico acima, tem-se que o mercado receberá 100.000 liquidificadores. E o produtor aferirá uma receita advinda da totalidade dos liquidificadores. Acontece que apenas 99.900 consumidores adquirirão efetivamente liquidificadores em perfeito estado de funcionamento. Os outros 100 arcarão com o ônus[8] de ter comprado os liquidificadores com vício/defeito.

Nesse ponto, é preciso inserir outro princípio legal justificador do tratamento protecionista dos consumidores que adquiriram os produtos com vício/defeito. É o princípio constitucional da igualdade[9]. Não teria, nem tem cabimento, que os 100 consumidores que adquiriram os liquidificadores com vício/defeito e que pagaram por eles o mesmo preço dos demais 99.900 consumidores não tivessem os mesmos direitos e garantias assegurados a estes últimos.

Para igualá-los é preciso que: a) recebam outro produto em condições perfeitas de funcionamento; b) ou aceitem o valor do preço de volta; c) ou, ainda, sejam ressarcidos de eventuais outros prejuízos sofridos.

É dessa forma que se justifica a estipulação de uma responsabilidade objetiva do fornecedor.

9.7. Ausência de culpa

Mas ainda existe um outro reforço dessa justificativa e que formatará por completo o quadro qualificador que obrigou o sistema normativo a adotar a responsabilização objetiva. É o relacionado não só à dificuldade da demonstração da culpa do fornecedor, assim como ao fato de que, efetivamente, muitas vezes, ele não tem mesmo culpa de o produto ou serviço terem sido oferecidos com vício/defeito.

Essa é a questão: o produto e o serviço são oferecidos com vício/defeito, mas o fornecedor não foi negligente, imprudente nem imperito. Se não tivéssemos a responsabilidade objetiva, o consumidor terminaria fatalmente lesado, sem poder ressarcir-se dos prejuízos sofridos (como era no regime anterior). Aqueles 100 consumidores que adquiriram os liquidificadores com vício/defeito, muito provavelmente, não conseguiriam demonstrar a culpa do fabricante.

Explicando melhor: no regime de produção em série — característica da produção em massa — o fabricante, produtor, prestador de serviços

---

8. Antes da vigência do CDC, esses 100 consumidores eram considerados os "azarados", com grande dificuldade de se ressarcir dos danos sofridos. O CDC veio, felizmente, acabar com esse "destino" insólito.

9. Art. 5º, *caput*, da Constituição Federal (ver nossos comentários a respeito desse princípio no Capítulo 3, subitem 3.6.1).

etc. não podem ser considerados, por via de regra, negligentes, imprudentes ou imperitos.

Como é notório, o negligente é aquele que causa dano por omissão (ex.: o motorista que não coloca óleo no freio do automóvel e, por causa disso, numa brecada, o freio falha, causando um acidente); o imprudente é quem causa dano por ação (ex.: o motorista que, dirigindo seu carro, passa o sinal vermelho de trânsito, atingindo outro veículo); e o imperito é o profissional que não age com a destreza que dele se espera (ex.: o médico que deixa um pedaço de gaze dentro do corpo do paciente operado).

Ora, o produtor contemporâneo, em especial aquele que produz em série, não é negligente, imprudente ou imperito. Ao contrário, numa verificação de seu processo de fabricação, perceberá que no ciclo de produção trabalham profissionais que avaliam a qualidade dos insumos adquiridos, técnicos que controlam cada detalhe dos componentes utilizados, engenheiros de qualidade que testam os produtos fabricados, enfim, no ciclo de produção como um todo não há, de fato, omissão (negligência), ação imprudente ou imperícia. No entanto, pelas razões já expostas, haverá produtos e serviços viciados/defeituosos.

Vê-se, só por isso, que, se o consumidor tivesse de demonstrar a culpa do produtor, não conseguiria. E, na sistemática do Código Civil anterior (art. 159), o consumidor tinha poucas chances de se ressarcir dos prejuízos causados pelo produto ou pelo serviço.

Além disso, ainda que culpa houvesse, sua prova como ônus para o consumidor levava ao insucesso, pois o consumidor não tinha e não tem acesso ao sistema de produção e, também, a prova técnica posterior ao evento danoso tinha pouca possibilidade de demonstrar culpa.

Poder-se-ia dizer que antes — por incrível que possa parecer — o risco do negócio era do consumidor. Era ele quem corria o risco de adquirir um produto ou serviço, pagar seu preço (e, assim, ficar sem seu dinheiro) e não poder dele usufruir adequadamente ou, pior, sofrer algum dano. É extraordinário, mas esse sistema teve vigência até 10 de março de 1991, em flagrante injustiça e inversão lógica e natural das coisas.

Agora, com a Lei n. 8.078, o risco integral do negócio é do fornecedor[10].

---

10. Ver, também, conforme lembramos, nossos comentários a respeito dos princípios constitucionais da atividade econômica (Parte 3, item 3.10).

9.8. Fato do produto e do serviço

Registre-se, por fim, apenas, corroborando tudo o que foi dito, que o CDC intitula a Seção II do Capítulo IV (arts. 12 a 17) como "Da responsabilidade pelo *fato* do produto e do serviço", porque a norma, dentro do regramento da responsabilidade objetiva, é dirigida mesmo ao fato do produto ou serviço em si, conforme já tivemos oportunidade de demonstrar. É o "fato" do produto e do serviço causadores do dano o que importa.

O estabelecimento da responsabilidade de indenizar nasce do nexo de causalidade existente entre o consumidor (lesado), o produto e/ou serviço e o dano efetivamente ocorrente.

Assim, graficamente, temos[11]:

Demonstrada, assim, a teoria — e a realidade — fundante da responsabilidade civil objetiva estatuída no CDC, assim como as amplas garantias indenizatórias em favor do consumidor que sofreu o dano — ou seus familiares ou, ainda, o equiparado e seus familiares —, podemos passar ao exame da responsabilidade civil objetiva.

9.9. Exercícios

9.9.1. Determinada emissora de televisão anuncia que irá mostrar a final de um torneio internacional de futebol. O consumidor fica em casa para assistir ao jogo, todavia, por problemas técnicos, a emissora não consegue mostrá-lo, sendo, então, exibido um filme naquele horário.

a. Isso evidencia vício ou serviço? É possível obter responsabilização da emissora em face do CDC?

---

11. O gráfico se ampliará para trazer a figura do agente responsável, bem como o aspecto da prova, como se verá.

9.9.2. Um usuário de cartão de crédito em determinado mês, tendo viajado ao exterior, acaba fazendo grandes despesas. Exatamente naquele mês até a data de vencimento, sua fatura não chega, mas o consumidor não se dá conta. Alguns dias após, o consumidor, que é Diretor Financeiro, convida seu chefe, o dono da empresa onde trabalha, para almoçar. Vão a um restaurante fino e, na hora da conta, o consumidor insiste em fazer o pagamento. Dá seu cartão de crédito. O *maître* volta à mesa, com sorriso maldoso no rosto, dizendo que o cartão não podia ser usado porque estava bloqueado. O consumidor sentiu-se absolutamente envergonhado e constrangido e tentou pagar com seu talão de cheques: quando o *maître* pediu seus documentos, o chefe sacou de seu cartão e disse que aquele almoço era por sua conta.

Posteriormente, irritado, o consumidor ligou para a administradora de cartões que disse que o bloqueio se deveu ao atraso. O consumidor retrucou, dizendo que não recebeu a fatura. A atendente disse que ela foi enviada pelo correio e que o pagamento em dia era problema dele.

Após essa conversa, ao chegar em casa o consumidor encontrou a fatura enviada pelo correio; havia carimbos de ida e vinda das cartas, como se o CEP estivesse errado. Mas não estava.

Coincidentemente, um mês depois, o consumidor foi mandado embora, porque o chefe disse que contratara outro que lhe dava mais tranquilidade.

Pergunta-se:

a. Pode o consumidor pleitear indenização por danos materiais e morais, inclusive pela perda do emprego? Como?

b. Supondo que se processasse a Administradora de Cartões, esta poderia alegar que:

b.1. Não havia nexo de causalidade relativamente aos danos pleiteados?

b.2. A responsabilidade, se houvesse, seria exclusivamente dos correios, pois verifica-se que houve vício de distribuição da carta, que acarretou o atraso? Explique com base na teoria do risco do negócio.

10. A RESPONSABILIDADE CIVIL OBJETIVA

10.1. Reparação integral

No Capítulo 16, *infra*, apresentaremos os critérios para a fixação do *quantum* indenizatório a título de danos materiais, morais, por dano estético e à imagem, inclusive da pessoa jurídica. Faremos tal abordagem após o exame detalhado dos vícios e dos defeitos. Por ora, deixemos aclaradas quais são as garantias de indenização dadas ao consumidor pelo CDC.

Conforme dissemos, o ponto de partida do direito ao ressarcimento dos danos sofridos pelo consumidor e do dever de indenizar do agente responsável pelo produto ou pelo serviço é o *fato* do produto ou do serviço causador do acidente de consumo. Vimos, também, que, do ponto de vista do dever de indenizar, a responsabilidade civil do agente é objetiva, oriunda do risco integral de sua atividade econômica.

Vejamos, agora, o que é indenizável.

Como já havíamos observado, na apresentação dos princípios e direitos básicos do consumidor, a lei garante ao consumidor a reparação integral dos danos patrimoniais e morais (no inciso VI do art. 6º).

Logo, quando, na Seção II do Capítulo III (nos arts. 12 a 17), o CDC determina a reparação dos danos, está-se referindo à ampla reparação dos danos materiais (patrimoniais), morais, estéticos e à imagem.

Quem não está afeto aos problemas advindos dos acidentes de consumo, numa primeira vista d'olhos, pode não entender a pretensão legal, especialmente porque nossa experiência jurídica no assunto é recente e, no aspecto prático jurisprudencial, estamos ainda contando os primeiros casos de acidentes de consumo[1]. Mas, com um exame um pouco mais demorado

---

1. Quanto à jurisprudência, ver o nosso *Código de Defesa do Consumidor e sua interpretação jurisprudencial*, que apresenta um apanhado geral da jurisprudência brasileira desde a edição da Lei n. 8.078/90.

e conjecturando-se com as possibilidades de danos que os produtos e os serviços efetivamente causam e — infelizmente — vão causar, dada sua tremenda potencialidade para tanto, terá um panorama exato da importância desse capítulo da lei consumerista.

Queremos lembrar, também, que, propriamente, é neste assunto que, nos países mais desenvolvidos e com maior tradição na defesa do consumidor, as preocupações mais se desenvolveram. São conhecidas de todos — ainda que com certa dose de desinformação e exagero fantasioso, trazido pela imprensa nacional — as fixações de altíssimas indenizações relativas a acidentes de consumo, em especial nos Estados Unidos, a maior fonte de notícias sobre o assunto[2].

Pois bem, quando o CDC estabelece o dever de indenizar, quer que tal indenização seja ampla na medida de suas consequências. Os danos indenizáveis são, assim, como dito, os de ordem material e os de natureza moral, os estéticos e os relativos à imagem.

Como se sabe, a composição da indenização do dano material compreende os danos emergentes, isto é, a perda patrimonial efetivamente já ocorrida e os chamados "lucros cessantes", que compreendem tudo aquilo que o lesado deixou de auferir como renda líquida, em virtude do dano. No primeiro caso, apura-se o valor real da perda e manda-se pagar em dinheiro a quantia apurada. No segundo, calcula-se quanto o lesado deixou de faturar e determina-se seu pagamento. Nessa hipótese, encontra-se a fixação das pensões pela perda de capacidade para o trabalho, pela morte do parente que mantinha e sustentava a família etc.

Ora, é bem possível — fatal e desafortunadamente — que produtos e serviços causem danos de ordem patrimonial de monta, quer emergentes, quer oriundos de lucros cessantes. Danos físicos irreparáveis e até a morte do consumidor ocorrem e devem ser indenizados.

Não é preciso ir muito longe para pensar nos exemplos. Um simples — e trágico — acidente de automóvel, ocasionado por defeito no freio, pode gerar toda sorte de dano; a ingestão de um remédio mal produzido; o consumo de alimentos deteriorados; o serviço hospitalar mal realizado;

---

2. E não nos esqueçamos de que as normas americanas de defesa do consumidor, ao lado de outras, foram fontes de inspiração e de exemplos para a redação de nosso Código. O alto valor das indenizações está ligado ao aspecto punitivo relativo ao dano moral (ver nossos comentários sobre a fixação do dano moral no Cap. 16).

o acidente de transporte — lembrem-se os acidentes da viação aérea ocorridos no Brasil; o mero extravio de bagagens numa viagem aérea; enfim, potencialmente, os acidentes de consumo estão à volta de todos, consumidores que são. O importante é ter claro que, havendo dano material — emergente ou de lucros cessantes —, ele tem de ser indenizado na exata medida de sua extensão.

Além dos danos materiais, há os danos morais, o dano estético e o dano à imagem.

O dano moral é aquele que afeta a paz interior da pessoa lesada; atinge seu sentimento, o decoro, o ego, a honra, enfim, tudo aquilo que não tem valor econômico mas causa dor e sofrimento. E, pois, a dor física e/ou psicológica sentida pelo indivíduo.

A indenização por dano moral tem caráter satisfativo-punitivo e tem de ser fixada segundo certos critérios objetivos. De maneira assemelhada deve-se apurar a indenização relativa ao dano estético e à imagem. Sobre esse caráter satisfativo-punitivo, os critérios para a determinação do *quantum* e outros aspectos, remetemos à leitura do Capítulo 16, *infra*.

10.2. Os consumidores equiparados

Estudamos a definição de consumidor ao comentar o art. 2º, *caput*. Naquela oportunidade, vimos que o conceito é ampliado pelo parágrafo único do próprio art. 2º e cresce pela disposição do art. 29. Complementa-se pelo art. 17, na inclusão das vítimas de acidente de consumo.

Esta última hipótese é a que nos interessa aqui.

Com a criação pelo CDC da figura do consumidor equiparado, resolveu-se qualquer problema que poderia existir em termos de descoberta do instituto jurídico aplicável no caso de acidente de consumo envolvendo pessoas diversas do próprio consumidor diretamente interessado.

Em outros termos, ocorrendo acidente de consumo, o consumidor diretamente afetado tem direito à ampla indenização pelos danos ocasionados. Todas as outras pessoas que foram atingidas pelo evento têm o mesmo direito.

Importante levantar aqui outra questão de alto relevo envolvendo dois tipos de terceiros: a) os familiares do consumidor diretamente atingido e que por conta do acidente de consumo tenha falecido; b) os familiares do terceiro — consumidor equiparado — envolvido no acidente de consumo e que por causa do evento danoso tenha falecido.

Em ambos os casos, os familiares dos consumidores vítimas do acidente — quer sejam consumidores diretos, quer sejam equiparados — têm direito a indenização de natureza material e moral[3]. Isso porque a amplitude da lei consumerista no que respeita à indenização devida ao consumidor, garantindo de um lado sua esfera patrimonial, alcança seus sucessores e pessoas com interesse jurídico na questão, e, assegurando de outro a recomposição dos danos de natureza moral, no caso de falecimento, abrange aqueles que estão a padecer a dor da perda.

A jurisprudência nesse aspecto, a par da timidez dos valores das indenizações fixadas, é pacífica[4].

10.3. Exercício

10.3.1. Faça pesquisa na jurisprudência e apresente, pelo menos, três acórdãos aplicando a responsabilidade civil objetiva de fornecedores.

---

3. Em caso de falecimento não há que se falar em dano estético. Quanto à imagem, também, parece-nos inaplicável a hipótese. Somente numa situação muito especial poder-se-ia encontrar esse tipo de dano com a morte (ver nossa análise completa no Capítulo 16, *infra*).

4. Por exemplo: "Legitimidade 'ad causam' — Indenização — dano moral — Propositura pela mãe da vítima que faleceu em acidente — Admissibilidade..." (Ap. 621.657-1, da 7ª Câm. do 1º TACSP, rel. Juiz Barreto de Moura, v. u., j. 29-8-1995, *RT* 726/297); "Filho natural de falecido, reconhecido inequivocamente em vida daquele, tem o direito de pleitear indenização pelo falecimento do seu pai, consistente em pagamento de pensão e indenização por danos morais contra o culpado pelo evento e os responsáveis solidários" (Ap. 602.590-9, da 2ª Câm. do 1º TACSP, rel. Juiz Alberto Tedesco, v. u., j. 27-9-1995, *RT* 726/290).

11. VÍCIO E DEFEITO: DISTINÇÃO

A Lei n. 8.078, em termos conceituais, estabeleceu uma boa confusão ao pretender, como fez, utilizar dois termos distintos: "defeito" e "vício". Os defeitos vêm sendo tratados nos arts. 12 a 14 e os vícios nos arts. 18 a 20. Para entender "defeito", é necessário antes — por motivos que adiante se saberá — conhecer o sentido de "vício". Além disso, várias passagens são mal escritas, dando margem a dúvidas e dificuldades de interpretação. Comecemos, então, fazendo a distinção — que é do CDC — entre vício e defeito.

11.1. Vício

O termo "vício" lembra vício redibitório, instituto do direito civil que tem com ele alguma semelhança na condição de vício oculto, mas com ele não se confunde. Até porque é regra própria do sistema do CDC.

São consideradas vícios as características de qualidade ou quantidade que tornem os produtos ou serviços impróprios ou inadequados ao consumo a que se destinam e também que lhes diminuam o valor. Da mesma forma são considerados vícios os decorrentes da disparidade havida em relação às indicações constantes do recipiente, embalagem, rotulagem, oferta ou mensagem publicitária.

Os vícios, portanto, são os problemas que, por exemplo:

a) fazem com que o produto não funcione adequadamente, como um liquidificador que não gira;

b) fazem com que o produto funcione mal, como a televisão sem som, o automóvel que "morre" toda hora etc.;

c) diminuam o valor do produto, como riscos na lataria do automóvel, mancha no terno etc.;

d) não estejam de acordo com informações, como o vidro de mel de 500 ml que só tem 400 ml; o saco de 5 kg de açúcar que só tem 4,8 kg; o caderno de 200 páginas que só tem 180 etc.;

e) façam os serviços apresentarem características com funcionamento insuficiente ou inadequado, como o serviço de desentupimento que no dia seguinte faz com que o banheiro alague; o carpete que descola rapidamente; a parede mal pintada; o extravio de bagagem no transporte aéreo etc.

Os vícios podem ser aparentes ou ocultos.

Os aparentes ou de fácil constatação, como o próprio nome diz, são aqueles que aparecem no singelo uso e consumo do produto (ou serviço).

Ocultos são aqueles que só aparecem algum ou muito tempo após o uso e/ou que, por estarem inacessíveis ao consumidor, não podem ser detectados na utilização ordinária.

11.2. Defeito

O defeito, por sua vez, pressupõe o vício. Há vício sem defeito, mas não há defeito sem vício. O vício é uma característica inerente, intrínseca do produto ou serviço em si.

O defeito é o vício acrescido de um problema extra, alguma coisa extrínseca ao produto ou serviço, que causa um dano maior que simplesmente o mau funcionamento, o não funcionamento, a quantidade errada, a perda do valor pago — já que o produto ou serviço não cumpriram o fim ao qual se destinavam. O defeito causa, além desse dano do vício, outro ou outros danos ao patrimônio jurídico material e/ou moral e/ou estético e/ou à imagem do consumidor.

Logo, o defeito tem ligação com o vício, mas, em termos de dano causado ao consumidor, é mais devastador.

Temos, então, que o vício pertence ao próprio produto ou serviço, jamais atingindo a pessoa do consumidor ou outros bens seus. O defeito vai além do produto ou do serviço para atingir o consumidor em seu patrimônio jurídico mais amplo (seja moral, material, estético ou da imagem). Por isso, somente se fala propriamente em acidente, e, no caso, acidente de consumo, na hipótese de defeito, pois é aí que o consumidor é atingido[1].

Vejamos agora dois exemplos que elucidam a diferença entre vício e defeito.

---

1. Seria mais adequado dizer "mais atingido", porque, quando há vício, o consumidor já é afetado de alguma maneira, ainda que apenas no aspecto patrimonial do preço pago pelo produto ou serviço viciado.

11.3. Exemplo n. 1

Dois consumidores vão à concessionária receber seu automóvel zero-quilômetro. Ambos saem dirigindo seu veículo alegremente. Os consumidores não sabem, mas o sistema de freios veio com problema de fábrica.

Aquele que sai na frente passa a primeira esquina e segue viagem. No meio do quarteirão seguinte, pisa no breque e este não funciona. Vai, então, reduzindo as marchas e com sorte consegue parar o carro encostando-o numa guia.

O segundo, com menos sorte, ao atingir a primeira esquina, depara com o semáforo no vermelho. Pisa no breque, mas este não funciona. O carro passa e se choca com outro veículo, causando danos em ambos os carros.

O primeiro caso, como o problema está só no freio do veículo, é de vício. No segundo, como foi além do freio do veículo, causando danos não só em outras áreas do próprio automóvel como no veículo de terceiros, trata-se de defeito.

11.4. Exemplo n. 2

Um consumidor compra uma caixinha longa-vida de creme de leite. Ao chegar em casa, abre-a e vê que o produto está embolorado. É vício, pura e simplesmente.

Outro compra o mesmo creme de leite. Abre a caixa em casa, mas o faz com um corte lateral. Prepara um delicioso *strogonoff* e serve para a família. Todos têm de ser hospitalizados, com infecção estomacal. É caso de defeito.

É, portanto, pelo efeito e pelo resultado extrínseco causado pelo problema que se poderá detectar o defeito. O chamado acidente de consumo está relacionado com o defeito.

Conforme se verá, o CDC trata vício de maneira muito diferente de defeito, inclusive no que respeita ao agente que pode ser responsabilizado, aos prazos etc.

11.5. Exercícios

11.5.1. João adquiriu um liquidificador "x" na loja "W". O copo do liquidificador trincou após um ano de uso, e o consumidor, passando na mesma loja, viu uma banca contendo vários copos para liquidificadores com a etiqueta: "PARA LIQUIDIFICADORES 'X'". João comprou um copo, instalou-o e na primeira oportunidade em que usou o liquidificador o copo começou a trepidar. A mulher de João, Ana, tentou segurar o copo, todavia ele desprendeu-se, espatifando-se no chão, isso porque a borracha não era compatível, ou seja, as medidas e especificações desse copo não eram compatíveis com o original. Acontece que Ana, na ânsia de segurar o copo que trepidava, acabou segurando as lâminas da hélice em movimento, que ficaram expostas com a expulsão do copo, e isso a lesionou gravemente nas mãos.

a. Quem pode pleitear indenização com base no CDC?

b. Trata-se de vício ou defeito?

c. A quem cabe a responsabilidade pelos danos?

11.5.2. João e mais cinco amigos foram comemorar seu aniversário numa casa noturna. Como cortesia, a casa ofereceu canapés de camarão. No dia seguinte, todos eles passaram mal e foram internados com intoxicação alimentar. O Decon compareceu ao bar, recolheu algumas unidades dos canapés para exame e constatou que os mesmos estavam impróprios para consumo (deteriorados). Defendendo-se, a casa noturna diz que adquiriu os canapés da empresa "X" (mas não havia nenhuma indicação na embalagem apontando essa empresa como a fabricante). Além disso, alegou não haver relação de consumo, uma vez que os canapés foram cortesia da casa.

a. Há relação de consumo, ainda que gratuitos os canapés? Trata-se de defeito ou vício do produto?

b. De quem é a responsabilidade: do fabricante e/ou comerciante? Explique.

c. Há como eximir-se dessa responsabilidade?

12. OS VÍCIOS DOS PRODUTOS

Os vícios dos produtos são tratados no art. 18 da Lei n. 8.078/90. Eles podem ser aparentes ou ocultos.

12.1. Vício aparente

O uso da expressão "vício aparente ou de fácil constatação" está no *caput* do art. 26. Remetemos para nossos comentários a esse artigo, bem como ao art. 24, nos quais apresentamos detalhes a respeito do conceito.

De qualquer maneira consigne-se que o vício de fácil constatação, como o próprio nome diz, é aquele que aparece no singelo uso e consumo do produto (ou serviço).

12.2. Vício oculto

Os vícios ocultos são aqueles que só aparecem algum ou muito tempo após o uso e/ou que, por estarem inacessíveis ao consumidor, não podem ser detectados na utilização ordinária. Nos comentários ao art. 26, bem como ao art. 24, damos mais detalhes a respeito de vício oculto.

12.3. Quem é o responsável

A primeira observação a ser feita diz respeito aos sujeitos da oração da proposição do *caput* do art. 18, que regula os vícios dos produtos[1]. A norma

---

1. "Art. 18. Os fornecedores de produtos de consumo duráveis ou não duráveis respondem solidariamente pelos vícios de qualidade ou quantidade que os tornem impróprios ou inadequados ao consumo a que se destinam ou lhes diminuam o valor, assim como por aqueles decorrentes da disparidade, com as indicações constantes do recipiente, da embalagem, rotulagem ou mensagem publicitária, respeitadas as variações decorrentes de sua natureza, podendo o consumidor exigir a substituição das partes viciadas."

diz: "Os fornecedores". Utiliza-se, assim, de termo genérico, ao contrário do que consta, por exemplo, do *caput* do art. 12, em que aparecem espécies[2].

O termo fornecedor, conforme já explicitado no comentário ao art. 3º[3], é o gênero daqueles que desenvolvem atividades no mercado de consumo. Assim, toda vez que o CDC refere-se a "fornecedor" está envolvendo todos os participantes que desenvolvem atividades, sem qualquer distinção.

E esses fornecedores, diz a norma, respondem "solidariamente". (Aliás, lembre-se: essa é a regra da responsabilidade no CDC, conforme já demonstrado.)

Dessa maneira, a norma do *caput* do art. 18 coloca todos os partícipes do ciclo de produção como responsáveis diretos[4] pelo vício, de forma que o consumidor poderá escolher e acionar diretamente qualquer dos envolvidos, exigindo seus direitos — que adiante examinaremos.

Vejamos o seguinte exemplo:

Uma consumidora e um consumidor comparecem no mesmo momento a uma loja de departamentos para adquirir um liquidificador. Após escolherem, resolvem comprar o mesmo produto, da mesma marca e modelo; ambas as unidades saíram da fábrica na mesma série de fabricação.

Os dois vão para suas casas, cada um com seu liquidificador. Cada um, em sua residência, resolve utilizar o produto. Ele pretende fazer um bolo. Ela, um suco. Retiram o aparelho da caixa, passam uma água e preparam-se para acioná-lo.

Ele pressiona o botão. O motor, de forma violenta, gira e uma das pás de liquidificação se quebra e sai voando, fura o copo e entra na barriga do consumidor. Ele tem de ser hospitalizado e por pouco não morre.

Ela, por sua vez, pressiona o botão. O motor, de forma violenta, gira, e uma das pás de liquidificação se quebra e sai voando, fura o copo e cai no chão, sem atingir a consumidora[5].

---

2. "Art. 12. O fabricante, o produtor, o construtor, nacional ou estrangeiro, e o importador respondem, independentemente da existência de culpa, pela reparação dos danos causados aos consumidores por defeitos decorrentes de projeto, fabricação, construção, montagem, fórmulas, manipulação, apresentação ou acondicionamento de seus produtos, bem como por informações insuficientes ou inadequadas sobre sua utilização e riscos."

3. Ver comentários no item 5.2.

4. O § 5º do art. 18, como veremos, abre uma exceção a essa regra.

5. O exemplo é exagerado apenas no intuito de reforçar as diferenças. Tecnicamente falando, deve ser impossível acontecer acidente com liquidificador da maneira como foi relatado.

No primeiro caso, ele sofreu acidente de consumo. É defeito. No segundo, ela nada sofreu. Apenas o liquidificador deixou de funcionar. É vício.

Utilizando-se desse exemplo, teremos que, no caso do consumidor que foi ferido, ele deverá acionar o fabricante do liquidificador para pleitear indenização pelos danos materiais e morais sofridos[6]. E a consumidora poderá pedir a troca do aparelho viciado por outro idêntico, mas funcionando adequadamente:[7] a) na loja onde ela o adquiriu; ou b) diretamente do fabricante.

12.4. Produtos duráveis e não duráveis

Na sequência da oração, a norma coloca: os fornecedores "de produtos duráveis e não duráveis".

Ora, essa distinção entre durável e não durável, embora tenha relação direta com o aspecto da garantia legal tratada no art. 26, não precisava ser colocada. Aliás, já o dissemos antes e somos obrigados a repeti-lo: faltou ao legislador uma uniformização da linguagem. No caso, bastava colocar "produtos", uma vez que este é o gênero, cujas espécies são duráveis e não duráveis, e que comportam ainda outro tipo de classificação apresentada pelo próprio CDC: "móvel, imóvel, material e imaterial" (cf. o § 1º do art. 3º), além de outras alternativas, conforme já comentamos[8].

A incoerência fica mais gritante quando se observa que:

a) no *caput* do art. 20, isto é, na mesma seção, há apenas referência a vício do serviço, sem distinção de ser este serviço durável ou não durável. Mas, no art. 26, que trata da garantia, a lei prevê os dois tipos de serviço;

b) no caso do defeito a norma fala apenas do gênero produtos (cf. o *caput* do art. 12);

c) no *caput* do art. 19, a norma, ao cuidar do vício de quantidade, refere-se apenas a "produto".

Vê-se, portanto, que não havia motivo para a distinção. Bastava colocar "produtos".

---

6. Por força do estabelecido no *caput* do art. 12.

7. As hipóteses de acionamento por vício serão examinadas na sequência. A troca do produto, no caso, nasce da combinação do § 1º com o § 3º, ambos do art. 18.

8. Ver comentários ao § 1º do art. 3º, no item 5.3.

12.5. Vício de qualidade

12.5.1. Equívoco

Na sequência, outro equívoco: desta feita, voltado para a especificidade do conteúdo do próprio art. 18. A norma diz: os fornecedores de produtos de consumo duráveis ou não duráveis respondem solidariamente "pelos vícios de qualidade ou quantidade".

Acontece que o art. 18, *caput,* e seus seis parágrafos cuidam apenas de vícios de qualidade. Os vícios de quantidade estão regulados no art. 19. Assim, há mais esse termo inútil colocado no *caput* do art. 18.

12.5.2. Solidariedade

A norma reafirma a solidariedade ao colocar que "os fornecedores"... "respondem solidariamente". Esse assunto já foi até bastante explorado e é bem claro: todos os fornecedores são solidariamente responsáveis pelos vícios (e pelos defeitos, na medida de suas participações).

12.5.3. O vício de qualidade

Na sequência da proposição é que a norma propriamente especifica aquilo que entende por vício de qualidade. Diz ela que são vícios de qualidade aqueles que tornem os produtos "impróprios ou inadequados ao consumo e que se destinam ou lhes diminuam o valor, assim como por aqueles decorrentes da disparidade, com as indicações constantes do recipiente, da embalagem, rotulagem ou mensagem publicitária..." (art. 18, *caput*).

12.5.4. Rol exemplificativo

As hipóteses aventadas no *caput* do art. 18 como determinantes do vício de qualidade são exemplificativas. Isso é decorrência da própria teleologia da norma, porém está expresso no inciso III do § 6º, que dispõe o que entende por impróprio ao uso e consumo[9]. Como está estabelecido que são impróprios "os produtos que, *por qualquer motivo*, se revelem inadequados ao fim a que se destinam", salta aos olhos o caráter exemplificativo da norma.

---

9. Ver, na sequência, nossos comentários a essa norma.

12.5.5. Publicidade e informação

No caso do *caput* do art. 18 — ao contrário do *caput* do art. 12 — há referência ao aspecto da publicidade e da informação — que está posta com o termo "indicação". De qualquer maneira, refira-se outra vez que sempre entram no rol das possibilidades de causar vício (ou defeito) a oferta e a apresentação, conforme previsão do art. 31 (e o art. 30 cuida da informação e da publicidade). Todas, enquanto elemento essencial do produto, podendo ser de per si causadoras do vício[10].

12.5.6. Vício de qualidade: resumo

Temos, então, que, pela definição legal, o vício de qualidade é aquele que:

a) torne o produto impróprio ao consumo a que se destina;

b) torne o produto inadequado ao consumo a que se destina;

c) diminua o valor do produto;

d) esteja em desacordo com o contido:

    d.1) no recipiente (lata, pote, garrafa etc.);

    d.2) na embalagem (caixa, saco etc.);

    d.3) no rótulo (estampado no recipiente ou embalagem);

    d.4) na mensagem publicitária;

    d.5) na apresentação (no balcão, na vitrine, na prateleira etc.);

    d.6) na oferta e informação em geral (dada verbalmente por telefone, pessoalmente, no folheto, livreto etc.).

Na sequência apresentaremos exemplos de cada uma das hipóteses de vícios. Note-se que os exemplos estão colocados apenas como casos principais no enquadramento legal previsto. Quase como tipos puros. Nada impede, todavia — aliás é algo bem comum —, que uma mesma situação de vício possa ser enquadrada em mais de uma hipótese. Por exemplo, um automóvel com problemas mecânicos é inadequado ao consumo a que se destina e tem simultaneamente seu valor diminuído. Um forno de micro-ondas que solte faísca sem aquecer corretamente o alimento é inadequado e também impróprio ao consumo. Um produto que se estrague porque a

---

10. E, claro, também, dos aspectos da publicidade enganosa e abusiva (art. 37) e clandestina (art. 36).

embalagem não manda refrigerá-lo, mas devia fazê-lo, está em desacordo por falha na informação contida na embalagem e ao mesmo tempo é impróprio para o consumo. A partição nos exemplos, portanto, tem função didática.

Vejamos, assim, exemplos de cada uma das hipóteses.

12.5.7. Exemplos relativos à letra "a"

São casos de vício que torna o produto impróprio para o consumo:

— enlatados cujo conteúdo esteja deteriorado — embolorado, com cheiro de podre etc. (e não foi ingerido);

— carnes com zonas (ou manchas) escurecidas ou com zonas ou pontos secos;

— aves com cor esverdeada, cheiro forte ou consistência não firme;

— peixes com corpo flácido ou escamas soltando; peixes secos, como o bacalhau, com manchas úmidas ou avermelhadas;

— os embalados (de salsichas, linguiças etc.) com líquidos dentro da embalagem ou manchas esverdeadas etc.

12.5.8. Exemplos relativos à letra "b"

— veículos com problema elétrico, mecânico etc.;

— eletrodomésticos em geral com avarias:

— televisão que não sintoniza algum canal, que tem chuvisco ou sombra etc.;

— geladeira que descongela sozinha, solta água, a porta não fecha etc.;

— fogão com queimador entupido, com o vidro do forno rachado, a porta do forno não fecha etc.;

— forno de micro-ondas que descongela ou cozinha só de um lado, que não marca o tempo, com prato giratório que não gira etc.;

— máquina de lavar roupas ou lavar louças que vaza enquanto funciona, ou que não aquece a água etc.

— eletroeletrônicos em geral com avarias:

— microcomputador que não salva programas, que não imprime etc.;

— aparelho de som/toca-fitas/CD *player*/toca-discos/rádio que não sintoniza estações, o CD pula, a fita enrosca etc.;

— videocassete que não volta ou não avança a fita, a fita enrosca, a imagem fica distorcida etc.

12.5.9. Exemplos relativos à letra "c"

São exemplos de vícios que diminuem o valor do produto:

— automóvel com amassados na lataria, com peças não fundamentais quebradas ou avariadas (estofado furado, teto rasgado etc.), com pintura manchada ou riscada, com pontos de ferrugem etc.;

— imóvel construído (apartamento/casa) ou casa pré-fabricada cujo material apresenta pequenas avarias.

12.5.10. Exemplos relativos à letra "d"

São exemplos de vícios de casos em que os produtos estão em desacordo com informações em geral:

— produto em cuja embalagem não constam as condições de acondicionamento ou em que as informações estejam incorretas;

— televisor moderno acoplado a vídeo cujo manual não explica como acionar os botões;

— imóvel construído (casa/apartamento) ou casa pré-fabricada cujo material é diverso e de pior qualidade daquele contido na publicidade e/ou folheto e/ou contrato e/ou informação fornecidos.

12.6. Uso e consumo

Deste ponto somos obrigados a dar um salto para o § 6º do mesmo art. 18[11], porque o legislador lá inseriu aquilo que entendia impróprio para o consumo e introduziu outro substantivo: "uso". Vejamos.

A redação do § 6º corrigiu uma falha do *caput*, que apenas utiliza o substantivo "consumo". Colocou também o "uso", embora seja possível

---

11. "§ 6º São impróprios ao uso e consumo: I — os produtos cujos prazos de validade estejam vencidos; II — os produtos deteriorados, alterados, adulterados, avariados, falsificados, corrompidos, fraudados, nocivos à vida ou à saúde, perigosos ou, ainda, aqueles em desacordo com as normas regulamentares de fabricação, distribuição ou apresentação; III — os produtos que, por qualquer motivo, se revelam inadequados ao fim a que se destinam."

considerar um inserido noutro. Em outras palavras, se a norma não o fizesse seria possível dizer que "uso" é uma espécie de consumo, já que tudo é consumo e alguns produtos se usam. Mas, como a lei distinguiu, também trabalharemos com os dois conceitos. Comecemos, então, nesse ponto. A norma fala em *uso* e *consumo*. Devemos tomar os dois termos em uma daquelas classificações que apresentamos ao tratar do produto[12]. *Consumo* diz respeito aos produtos consumíveis, que se extinguem na medida em que vão sendo utilizados: produtos alimentícios, de higiene e limpeza, cosméticos etc. *Uso* diz respeito aos produtos que não se extinguem enquanto vão sendo utilizados. Eles apenas se desgastam: veículos, casas, eletrodomésticos, roupas, sapatos etc.

As hipóteses previstas nos três incisos do § 6º são exemplificativas e seus três incisos merecem exame, o que vai na sequência.

12.6.1. Prazo de validade

O inciso I, apesar da clareza, merece uma consideração. O prazo de validade dos produtos é garantia de dupla face:

a) garante ao consumidor que o produto até a data marcada encontra-se em condições adequadas de consumo;

b) garante o fabricante, produtor, importador ou comerciante que, após a data marcada, o risco do consumo do produto é do consumidor.

Agora, evidente que é possível que o produto esteja estragado dentro do prazo de validade, como também é natural que no dia seguinte ao último dia do prazo de validade ele possa não estar. No primeiro caso, o consumidor está garantido; no outro, não.

Decorre, também, da leitura desse inciso a proibição da comercialização de produtos fora do prazo. Aliás, a introdução do CDC no mercado brasileiro trouxe rapidamente a informação do prazo de validade para as embalagens e possibilitou a queda de preços dos produtos que estão próximos do último dia desse prazo — prática bastante comum nos supermercados. Mas, do ponto de vista da informação e da publicidade — como veremos —, os comerciantes que, sem alternativa, acabam baixando o preço do produto perto do fim do prazo de validade já criaram um método enganoso de atrair o consumidor. Trata-se na verdade de um chamariz: oferecem-se preços baixos como sendo uma grande oferta, sem deixar claro que são

---

12. Ver comentário ao § 1º do art. 3º, no item 5.3.

produtos que estão prestes a perder a validade. Aí, o consumidor incauto acaba adquirindo uma quantidade maior do que poderá consumir dentro do prazo de validade do produto, que está prestes a expirar, ficando na geladeira ou no armário do consumidor.

12.6.2. Produto "alterado"

Quanto ao inciso II, é abrangente e claro no que pretende. Todavia, o adjetivo "alterado" não está bem colocado, porque não se entende o que ele quer dizer. A alteração proibida é aquela que apenas gere vício, o que independe do uso do termo, já que vício está mais do que explicitado. Há vários produtos que, inclusive, precisam ser alterados para serem vendidos: *milk--shake*, sucos, sanduíches etc.

12.6.3. Impropriedade

O restante da redação do inciso fala de impropriedade por discordância com as normas regulamentares de fabricação, distribuição ou apresentação, o que está em consonância com o estabelecido no *caput* do art. 7º, bem como com o estabelecido no inciso VIII do art. 39 (que, *a contrario sensu*, obriga ao cumprimento de normas regulamentares expedidas por órgãos oficiais).

12.6.4. Qualquer motivo

Por fim, o inciso III, conforme já dissemos, designa como vício todo e qualquer motivo que faça o produto tornar-se inadequado ao fim a que se destina, o que garante o caráter exemplificado dos casos apontados no § 6º e na própria norma do art. 18.

12.7. Variações decorrentes da natureza do produto

A redação do *caput* do art. 18 permite ainda outra avaliação. É a relativa à parte da oração que diz: "respeitadas as variações decorrentes de sua natureza...".

A norma pretende salvaguardar certas alterações e até deteriorações que não cheguem a se tornar impropriedades, mas que afetam alguns produtos. Devido à natureza específica desses produtos, a modificação é inexorável, e fez bem a lei em resguardá-los, evitando a confusão dessa alteração com vício.

A norma, contudo, deveria estar repetida também no art. 19, já que há produtos que sofrem variação na massa, modificando a quantidade. De qualquer forma, valerá por força de interpretação sistemática a regra também para o caso de salvaguarda da alteração da quantidade.

Como exemplo de alteração na qualidade, sem sua transformação em vício, isto é, respeitando a variação decorrente da natureza do produto, tem-se a da tinta colocada na parede que escurece ou clareia, as folhas de alface que perdem o frescor, murchando, e todos os alimentos *in natura* que sofrem essas variações naturais etc.

Note-se, porém, que variações decorrentes de sua própria natureza não são alterações decorrentes do uso. Dessa questão do desgaste iremos tratar junto das garantias (regradas nos arts. 26 e 50)[13]. Por exemplo, a faca perde o corte com o uso; o pneu desgasta; a TV perde coloração na sintonia etc. São casos de variações decorrentes do desgaste que também não tornam o produto viciado, dentro do normal e previsível para aquele produto. Uma calça pode, com o tempo, ficar desgastada de tanto ser usada ou lavada. Isso é normal e não a transforma em viciada, mas, se encolher na primeira lavada, é vício. Voltaremos ao assunto[14].

E, por fim, anote-se que, na redação do *caput* do art. 18, está disposto que o consumidor, em caso de vício, pode exigir a substituição das partes viciadas, o que está inserido no conteúdo do disposto no § 1º, cuja análise aparece na sequência.

12.8. O problema do prazo para o saneamento do vício

O § 1º do art. 18[15], surpreendentemente, apresenta uma norma que talvez, na maior parte das aplicações concretas, atente contra o protecionismo legal da Lei n. 8.078. É que o prazo de 30 dias concedido ao fornecedor para sanar o vício geralmente é muito elevado. É verdade que o legislador não tinha muitas alternativas, uma vez que elaborou um texto amplo e abrangente, capaz de dar conta de todas as situações envolvendo a mais variada gama

---

13. Ver Capítulo 19, *infra*.
14. Ver análise do Capítulo 20.
15. "§ 1º Não sendo o vício sanado no prazo máximo de 30 (trinta) dias, pode o consumidor exigir, alternativamente e à sua escolha: I — a substituição do produto por outro da mesma espécie, em perfeitas condições de uso; II — a restituição imediata da quantia paga, monetariamente atualizada, sem prejuízo de eventuais perdas e danos; III — o abatimento proporcional do preço."

de tipos de relações de consumo. Na hora de fixar um prazo genérico, não tinha muitas alternativas: ou ele seria longo para um sem-número de aplicações (como o é) ou seria curto. O CDC até tenta amenizar esse problema por meio da estipulação da norma contida no § 2º desse mesmo art. 18[16]. Contudo, como se verá, sua implementação, de um lado, é bastante remota — a da diminuição do prazo —, e, de outro, muito perigosa — a do aumento.

Algumas situações de cumprimento dos 30 dias são, inclusive, bastante desproporcionais, e por isso injustas. Tanto que o próprio mercado — aquela parte boa, mais séria — cumpre prazos muito menores. Alguns exemplos elucidarão o que estamos dizendo.

12.8.1. Prazo de 30 dias

Examinemos, então, esses aspectos. A norma diz: "não sendo o vício sanado no prazo de 30 (trinta) dias pode o consumidor exigir...", e apresenta as alternativas de exigências que o consumidor pode fazer diante do fornecedor. Note-se: apenas se o vício não for sanado em 30 dias. Ou seja, o fornecedor, desde o recebimento do produto com vício, tem 30 dias para saná-lo sem qualquer ônus. Eventuais ônus surgirão somente após os 30 dias se o serviço de saneamento do produto não tiver sido feito — o que comentaremos na sequência.

Acontece que essa parca alternativa a favor do consumidor é, de fato, injusta. Tomemos alguns exemplos.

Um consumidor sonha em ter o novo aparelho de DVD que foi lançado no mercado. Resolve, então, guardar dinheiro para adquiri-lo (fez bem em não comprar a prazo, para não se submeter aos juros escorchantes praticados no País!)[17]. Separa, todo mês, de seu salário, uma quantia e a coloca na poupança. Oito meses depois, ansioso pela espera, ele avisa sua esposa e filho que vai à loja, finalmente, comprar o tal DVD. Sucesso! Adquire-o.

Passa numa locadora e pega dois filmes para assistir com a família. Instala adequadamente o aparelho na TV, reúne a família em frente e coloca o primeiro filme. Decepção! A imagem surge lenta e o aparelho desliga

---

16. "§ 2º Poderão as partes convencionar a redução ou ampliação do prazo previsto no parágrafo anterior, não podendo ser inferior a 7 (sete) nem superior a 180 (cento e oitenta) dias. Nos contratos de adesão, a cláusula de prazo deverá ser convencionada em separado, por meio de manifestação expressa do consumidor."

17. Ainda é assim, infelizmente, no momento em que estamos elaborando este livro.

a todo instante. Não dá para ver o filme. Vício do produto: deve haver algo impedindo o disco de rodar. No dia seguinte, o consumidor poderá optar por levar o aparelho à loja, à assistência técnica ou diretamente ao fabricante (os fornecedores do *caput* do art. 18). Porém, qualquer deles terá *até* 30 dias para efetuar o conserto do aparelho. Trinta dias! E o consumidor esperou 8 meses. Deu azar. Por certo outros consumidores que adquiriram produto igual no mesmo dia estejam dele desfrutando sem problema.

Esse exemplo serve para ilustrar o que pode potencialmente acontecer na compra de qualquer produto. Após a aquisição, havendo vício, poderá o fornecedor usar dos 30 dias para solucionar o problema. É verdade, porém, que o § 3º do mesmo art. 18 atenua essa circunstância, dizendo que o consumidor não precisa aguardar tal prazo. Contudo, como se verá em nossos comentários a respeito, essa alternativa somente vale em situações bem específicas — e com problemas de avaliação para o consumidor[18].

Note-se que o prazo de 30 dias concedido ao fornecedor independe do tempo de uso do produto — embora somente seja considerado vício, ensejando direito de acionar o fornecedor, aquele surgido dentro do período de garantia (previsto nos arts. 26 e 50), com duas características: vício aparente e vício oculto. Voltaremos exatamente a esse assunto na análise das garantias e dos prazos para reclamar[19].

Assim, se, para aquele outro consumidor que adquiriu o mesmo videocassete, o problema com o aparelho somente surgiu sessenta dias após a aquisição (que é caso de vício oculto), ao dirigir-se à loja, à assistência técnica ou ao fabricante para requerer o conserto do aparelho, estes terão, da mesma forma, trinta dias para realizar o conserto.

12.8.1.1. *Problemas com o prazo*

Há uma situação recorrente no mercado que merece comentário. Vamos utilizar-nos do exemplo de problemas que envolvem automóveis zero-quilômetro, especialmente os modelos novos, chamados de "lançamentos". Como se sabe, a competição entre as montadoras fez com que elas acabassem antecipando os lançamentos, e nem sempre foi possível detectar eventuais falhas surgidas no processo de produção. Aliás, talvez nunca dê

---

18. Vejam-se esses comentários na sequência.
19. Nos Capítulos 19 e 20, *infra*.

mesmo. Os problemas desconhecidos surgem no uso regular pelos consumidores. Pois bem, a questão que se coloca é a seguinte: um automóvel zero-quilômetro apresenta problema de desempenho. As marchas, por mais que sejam trocadas no tempo certo, não geram aumento da velocidade. O veículo praticamente não anda, de tão lento que vai pelas ruas. É inútil ao fim a que se destina: o transporte; além de trazer um problema de segurança, pois não é possível fazer ultrapassagem segura, nem acelerar para desviar de um obstáculo etc.

O carro está na garantia de fábrica (art. 50). O consumidor, digamos, João da Silva, leva-o à concessionária e lá o deixa para exame e conserto. Na hora os funcionários que o atendem estranham o tipo de problema. Parece que é desconhecido.

Dez dias depois o automóvel está pronto. Na concessionária dizem que o problema foi solucionado, mas não deixam muito claro qual era. João pega o veículo, de manhã, e vai para o trabalho. À tarde o problema retorna. João mal acredita que esteja acontecendo tudo de novo. Insiste e espera para ver como é que fica no dia seguinte: igual. Vai, então, de novo à concessionária[20]. O pessoal que o atende tenta demonstrar surpresa e diz que deve ser porque o carro é novo!

Passam-se mais 15 dias ("agora vão descobrir o problema", pensa João).

Quinze dias depois, João recebe um telefonema dizendo que o veículo está pronto: "novinho em folha", dizem. À tarde vai buscá-lo e dirige até sua casa. O automóvel anda bem, finalmente, para alívio de João. No dia seguinte, porém, logo de manhã, ao dirigir no caminho para o trabalho, o problema volta.

E assim vai. Têm início as idas e vindas, a verdadeira via-sacra de João — que aqui representa todos os consumidores que passam pelo mesmo problema, não só com automóveis; há casos semelhantes com microcomputadores e com outros produtos.

Passam-se meses, sem solução. Um dia, talvez, o problema se resolva.

Terminemos, então, o caso de João: no oitavo mês de muitas idas e vindas, efetiva e finalmente o problema acaba sendo solucionado. João lê, então, nos jornais, um comunicado da montadora fazendo um *recall*[21] para veículos iguais ao dele, dizendo que devem ser levados às concessionárias

---

20. Não nos esqueçamos que todas essas ocorrências dão trabalho, geram gasto e perda de tempo para o consumidor.

21. Sobre o *recall*, ver Capítulo 8.

para que aquele tipo de problema seja resolvido. João sente-se aliviado com a solidariedade em sua desgraça: não estava só[22].

12.8.1.2. Como contar os 30 dias

A questão que se coloca, a partir do caso narrado, é a seguinte: o prazo de 30 dias do § 1º do art. 18 para que o fornecedor sane o vício *recomeça* a contar *toda vez* que o consumidor leva o produto para o conserto? Será que a lei, ao conceder um prazo tão longo, ainda assim pretendia que ele pudesse prolongar-se mais ainda? E pelo mesmo problema?

A resposta, em nossa opinião, é não! Vejamos.

a) Proibida a recontagem do tempo

O fornecedor não pode beneficiar-se da *recontagem* do prazo de 30 dias toda vez que o produto *retorna* com o *mesmo* vício. Se isso fosse permitido, o fornecedor poderia, na prática, manipulando o serviço de conserto, sempre prolongar indefinidamente a resposta efetiva de saneamento — como aconteceu no caso narrado. Bastaria fazer um conserto "cosmético", superficial[23], que levasse o consumidor a acreditar na solução do problema, e aguardar sua volta, quando, então, mais 30 dias ter-se-iam para pensar e tentar a solução.

Entendemos que nossa resposta é a única interpretação teleológica possível do § 1º do art. 18. Isto porque a redação desse parágrafo é explícita em permitir alternativas *definitivas* para a solução do problema, se este não foi sanado nos 30 dias (as dos três incisos que examinaremos na sequência). Se assim não fosse, a lei não diria que *após* os 30 dias o consumidor pode *exigir* a solução definitiva.

Acreditamos que o prazo total de 30 dias vale para o vício de per si. É o tempo máximo que a lei dá para que o fornecedor definitivamente elimine o vício.

É que o CDC até admite o vício como elemento intrínseco do processo de produção em massa, mas não aceita — nem poderia — que o consumidor pague o preço exigido pelo fornecedor, receba o produto e este não funcione indefinidamente. Seria praticamente a permissão da apropriação

---

22. Claro que o problema do exemplo pode dar-se apenas no carro de João.

23. Os mecânicos de automóveis têm até uma gíria para esse tipo de serviço superficial. Chamam-no de "garibada". Dar uma "garibada" tem como função iludir o consumidor.

indébita ou do locupletamento ilícito pelo fornecedor. E isso seguramente nenhuma lei pode permitir.

b) Trinta dias: limite máximo

Quando muito — e essa é também nossa opinião — o prazo de 30 dias é um limite máximo que pode ser atingido pela soma dos períodos mais curtos utilizados. Explicamos: se o produto foi devolvido a primeira vez no décimo dia, depois retornou com o mesmo vício e se gastaram nessa segunda tentativa de conserto mais 15 dias, na terceira vez em que o produto voltar o fornecedor somente terá mais 5 dias para solucionar definitivamente o problema, pois anteriormente despendeu 25 dias, sem ter levado o produto à adequação esperada.

Seria o caso narrado do consumidor João da Silva. Na terceira vez, a concessionária teria de ter sanado definitivamente o vício no prazo máximo de 5 dias. A partir daí, João poderia ter-se utilizado das prerrogativas dadas pela lei, exigindo do fornecedor a alternativa que tivesse escolhido (ver incisos I, II e III do § 1º — cujos comentários vão na sequência).

Repita-se: o dinheiro do consumidor somente pode ir para o fornecedor se vier em troca um produto que cumpra o fim ao qual se destina. Permitir a ida do dinheiro para o bolso do fornecedor sem que o produto funcione adequadamente dentro do prazo — e, já vimos, 30 dias não é razoável, é exagerado — seria ilegal e afrontaria os mais comezinhos princípios de direito.

c) Vício diferente

O que permite a utilização do prazo completo de 30 dias por uma segunda ou uma terceira vez é o surgimento de vícios diversos. Mas mesmo isso tem limites, conforme veremos na interpretação do § 3º deste mesmo art. 18.

12.8.2. Prazo de garantia

Há uma importante questão ligada ao direito de ter o vício sanado que *en passant* já comentamos acima: a do prazo que tem o consumidor para procurar o fornecedor requerendo o conserto. Esse assunto é o relativo à garantia do produto. O direito ao pleito do saneamento do vício somente existe dentro do prazo de garantia. Se, por exemplo, um veículo, depois do uso por três anos consecutivos, tendo rodado 70.000 km e estando, assim, fora de todos os prazos de garantia (legal e/ou contratual), tiver uma pane mecânica, não se trata de vício, mas de problema que o consumidor terá de resolver por conta própria.

Com isso, pode parecer, à primeira vista, que os vícios ocorrem apenas nos produtos novos. Mas não. Não é o fato de ser novo ou usado que garante o direito ao saneamento do vício, mas sim o vício em si e a data da comercialização.

Dessa forma, existirá produto usado — e bastante usado — com vício sempre que o prazo de garantia não tenha expirado (p. ex., automóvel com bastante uso, dentro do prazo de garantia de um ano)[24]. Da mesma maneira haverá produto muito usado com vício oculto, cujo prazo de reclamação, por isso, nem sequer se iniciou[25]. Além disso, há a comercialização de produtos usados. Neste caso, o comerciante pode oferecer prazo de garantia contratual. Porém, se não o fizer, ainda assim resta o prazo da garantia legal previsto no art. 26, de modo que nenhum produto comercializado, seja novo, seja usado, deixa de ter prazo de garantia, ainda que no mínimo legal. Por exemplo: o comerciante que vende veículos usados, quer queira, quer não, garante o funcionamento adequado destes por 90 dias. Isso pelo idêntico motivo de a lei conferir garantia aos produtos novos: o consumidor entrega seu dinheiro, portanto tem de receber o produto funcionando.

12.8.3. Desgaste do produto

Claro que se está falando de vício autêntico e não de problemas com desgaste. É evidente que um veículo usado pode ser vendido com pneu desgastado, lonas dos freios gastas, motor consumindo mais óleo que quando novo etc., sem que isso possa ser considerado vício. E, ainda, que o desgaste do pneu gere a necessidade de sua troca num prazo, digamos, de 60 dias. O vício terá de ser daqueles que não decorram do desgaste. Por exemplo, 3 dias após a aquisição do veículo usado, o motor funde. Assim, a partir do CDC, aquela famosa expressão inserida nos documentos de venda de veículos usados (recibos e/ou notas fiscais), "veículo vendido '*no estado*' ", tem de ser interpretada segundo as circunstâncias retromencionadas e que conformam o contrato de venda e compra do veículo.

12.8.4. Direitos do consumidor após os 30 dias

Passemos agora ao exame dos incisos I, II e III do §1º do art. 18, em função do contido na segunda parte de sua redação.

---

24. No caso dos automóveis há uma questão corrente quanto à garantia de fábrica. Trataremos dela no item 20.6.

25. Os comentários sobre vício oculto estão no item 20.10.

Se o problema não for sanado no prazo de 30 dias, o consumidor passa a ter direito a executar certas alternativas que a norma garante.

12.8.4.1. Proibição de oposição

Não pode o fornecedor se opor à escolha pelo consumidor das alternativas postas. É fato que ele, o fornecedor, tem 30 dias. E, sendo longo ou não, dentro desse tempo, a única coisa que o consumidor pode fazer é sofrer e esperar. Porém, superado o prazo sem que o vício tenha sido sanado, o consumidor adquire, no dia seguinte, integralmente, as prerrogativas do § 1º ora em comento[26].

E, como diz a norma, cabe a escolha das alternativas ao consumidor. Este pode optar por qualquer delas, sem ter de apresentar qualquer justificativa ou fundamento. Basta a manifestação da vontade, apenas sua exteriorização objetiva. É um querer pelo simples querer manifestado.

12.8.4.2. Substituição do produto

A primeira alternativa à disposição do consumidor (a do inciso I) é a da substituição do produto por outro da mesma espécie, obviamente em perfeitas condições de uso. A norma disse menos do que devia, necessitando ser, então, interpretada extensivamente. É que a redação do inciso I diz: "substituição do produto por outro da mesma *espécie*'...". O certo seria dizer "mesma *espécie, marca* e *modelo*". Essa é a intenção da norma, tanto que, ao tratar de outra alternativa dada ao consumidor, quando ele não pode obter o mesmo tipo de produto, o CDC fala em "espécie, marca ou modelo"[27].

A par disso não poderia a alternativa colocada no inciso I ser entendida de outra forma, pois, se assim fosse, o consumidor, por absurdo, poderia exigir a troca de uma TV de 20 polegadas de uma marca de reconhecida menor qualidade (espécie) por outra de 29 polegadas de marca de melhor qualidade (mesma espécie, mas com marca e modelo diferentes).

---

26. Relembremos a redação:

"§ 1º Não sendo o vício sanado no prazo máximo de 30 (trinta) dias, pode o consumidor exigir, alternativamente e à sua escolha: I — a substituição do produto por outro da mesma espécie, em perfeitas condições de uso; II — a restituição imediata da quantia paga, monetariamente atualizada, sem prejuízo de eventuais perdas e danos; III — o abatimento proporcional do preço".

27. Cf. subitem 12.11.1.

Assim, a alternativa do inciso I deve ser lida como: "substituição do produto por outro da mesma espécie, marca e modelo, em perfeitas condições de uso".

A lei dá ao consumidor uma alternativa e gostaríamos de lembrar: é preciso que o consumidor avalie se a saída é boa, já que será o mesmo produto, que pode vir a apresentar novamente o mesmo vício. E se o novo produto também apresentar vício, começará tudo de novo, com a devolução do prazo de 30 dias para o fornecedor sanar o vício. É que a hipótese do inciso I implica o desfazimento da entrega do produto com efeito *ex tunc*. Retorna-se ao início da relação. Os prazos para ambos os lados começam a fluir novamente, como se a operação anterior não existisse. A única ação inexistente é a de pagamento do preço e a emissão de notas fiscais de venda e compra (a nota fiscal será de troca). O risco da escolha, de qualquer maneira, é do consumidor, como se estivesse agora adquirindo o produto novo.

Contudo, pode acontecer de o consumidor exigir a troca do produto por outro da mesma espécie, marca e modelo e o fornecedor não tê-lo para entregar ao consumidor porque:

a) não há no estoque e não haverá mais, pois aquela espécie, marca e modelo não é mais fabricada;

b) não há no estoque, e a próxima remessa demorará para ser entregue (e o consumidor não quer e nem precisa esperar).

Que acontece, então?

A resposta está no § 4º do mesmo art. 18. A análise do § 4º será feita no momento oportuno, pois para fazê-lo é necessário que se examinem antes os outros dois incisos do § 1º[28].

12.8.4.3. Medida judicial

Ainda, antes de prosseguirmos, é necessário fazer uma pergunta importante: que acontece se o fornecedor se nega a substituir o produto? No campo do direito material, a solução está dada, mas qual o remédio processual à disposição do consumidor?

O próprio CDC responde a essa questão: trata-se de ação de obrigação de fazer a ser ajuizada contra o fornecedor. É a hipótese do art. 84, *caput*, que dispõe, *in verbis*:

---
28. No subitem 12.11.1.

"Art. 84. Na ação que tenha por objeto o cumprimento da obrigação de fazer ou não fazer, o juiz concederá a tutela específica da obrigação ou determinará providências que assegurem o resultado prático equivalente ao do adimplemento".

E, como a demora da demanda judicial poderia tornar praticamente inútil a medida, beneficiando o fornecedor infrator, a norma da lei consumerista prevê a possibilidade de antecipação de tutela, por expressa disposição do § 3º, que assim está redigido:

"§ 3º Sendo relevante o fundamento da demanda e havendo justificado receio de ineficácia do provimento final, é lícito ao juiz conceder a tutela liminarmente ou após justificação prévia, citado o réu".

Logo, o consumidor, em caso de recusa do fornecedor em efetuar a troca solicitada, poderá requerê-lo por medida judicial, na qual pleiteará do juiz a concessão da tutela antecipada. O produto viciado, se estiver em mãos do consumidor, será colocado à disposição do fornecedor ou depositado em juízo.

A concessão da antecipação de tutela pelo juiz da causa é praticamente obrigatória na hipótese em estudo, uma vez que: a) o fundamento da demanda é relevante; b) há justificado receio de ineficácia do provimento final, já que, se o produto não for substituído imediatamente por outro da mesma espécie, marca e modelo, ao final da demanda é provável que não exista mais e/ou já esteja ultrapassado, tecnicamente falando.

Para tornar eficaz a medida concedida antecipadamente, o juiz poderá impor multa diária ao fornecedor. Tal decisão é compatível com o pedido e será suficiente para obrigar o fornecedor a efetuar a troca do produto. Essa alternativa é a do § 4º, que dispõe:

"§ 4º O juiz poderá, na hipótese do § 3º ou na sentença, impor multa diária ao réu, independentemente de pedido do autor, se for suficiente ou compatível com a obrigação, fixando prazo razoável para o cumprimento do preceito".

Em vez da multa, pode o juiz determinar a busca e apreensão do produto necessário para a troca, o que pode ser requerido pelo consumidor no pedido inicial. Isso por disposição do § 5º do mesmo artigo. Eis a redação dessa norma:

"§ 5º Para a tutela específica ou para a obtenção do resultado prático equivalente, poderá o juiz determinar as medidas necessárias, tais como busca e apreensão, remoção de coisas e pessoas, desfazimento de obra, impedimento de atividade nociva, além de requisição de força policial"[29].

Não olvidemos de colocar que, como sempre, o ônus da prova é do consumidor, mas com a possibilidade — e necessidade — de inversão desse ônus, por disposição do inciso VIII do art. 6º[30].

Note-se que o CDC, já desde 11 de março de 1991, previa a antecipação de tutela, que só foi incorporada às normas adjetivas privatistas com a minirreforma de 1994/95[31].

12.8.4.4. Restituição da quantia paga mais perdas e danos

Passemos ao exame do inciso II do § 1º do art. 18, que apresenta algumas questões intrigantes. A primeira parte da oração aponta o mais natural para um consumidor desgostoso com a não solução do seu problema. Está disposto que o consumidor pode exigir "a restituição imediata da quantia paga, monetariamente atualizada...". É uma boa alternativa: tomar de volta o dinheiro pago e com ele procurar outro produto de marca diferente.

A questão que se coloca é a relativa à segunda parte da oração: *"sem prejuízo de eventuais perdas e danos"*. Quer dizer, então, que a opção pela alternativa II dá ao consumidor o direito de pleitear *também* indenização pelos danos sofridos em função da espera de 30 dias, sem o saneamento do vício?

A resposta é *sim*, mas comporta uma série de nuanças.

Primeiramente, o sentido de "perdas e danos". A expressão há de ser entendida como danos materiais (emergentes e lucros cessantes) e morais[32] Ou seja, a norma garante ao consumidor o direito a pleitear indenização

---

29. As hipóteses previstas no § 5º são exemplificativas, por força do uso da expressão "tais como".
30. Ver comentários no Capítulo 46, *infra*.
31. O art. 536 do CPC tem redação similar à do art. 84 da Lei n. 9.078.
32. Sobre a questão dos danos materiais e morais, ver nossos comentários no Capítulo 16, *infra*.

pelos danos sofridos, em função da passagem do prazo de 30 dias sem o efetivo conserto do produto.

A responsabilidade civil nesse caso é diversa daquela firmada no *caput* do art. 12[33], ainda que da mesma forma seja objetiva.

É responsabilidade objetiva porque, como já o dissemos, todo tipo de responsabilidade do fornecedor no CDC é objetivo, com exceção do caso do profissional liberal na previsão do § 4º do art. 14, com as características que apontaremos[34].

Porém, não é responsabilidade que nasça do mesmo tipo de defeito apontado no *caput* do art. 12[35]. Há defeito sim, mas ele é caracterizado pela não realização do serviço de conserto, e dentro do prazo oferecido. Ou, em outras palavras, a caracterização do defeito aqui nasce da conjunção de dois fatores:

a) serviço incompleto ou não realizado e que manteve o produto viciado;

b) extinção do prazo de 30 dias para o saneamento do vício.

A sistemática de pleito e apuração da indenização segue o seguinte esquema: o consumidor tem de demonstrar o dano, o nexo de causalidade entre este e a ausência ou incompletude do serviço que manteve o produto viciado, bem como a extinção do prazo de 30 dias, indicando o fornecedor responsável.

Graficamente:

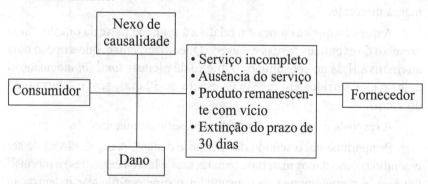

Como sempre, é de levantar a pergunta sobre o ônus da prova, e a resposta será a mesma: o ônus da prova do dano, do nexo de causalidade

---

33. Que ainda examinaremos, no Capítulo 14, *infra*.
34. Ver Capítulo 17, *infra*.
35. Confrontar com Capítulo 14, *infra*.

entre ele e o serviço incompleto, ausência do serviço, manutenção do produto viciado e extinção do prazo de 30 dias, com a indicação do fornecedor responsável, é do consumidor. Porém, tal ônus pode — e deve — ser invertido nas hipóteses do inciso VIII do art. 6º[36].

Assim, graficamente, temos:

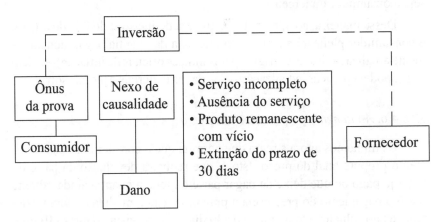

12.8.4.5. Defesa do fornecedor

Indaga-se agora: e o fornecedor, pode fazer uso das alternativas de defesa previstas no § 3º do art. 14[37]?

Sim, pode, na medida em que a sistemática é a mesma lá regrada, conforme o demonstraremos[38]. E como se trata, similarmente, de dano causado por defeito do serviço, o caminho é o mesmo. Contudo, há uma única alternativa de defesa: a do inciso I do § 3º do art. 14. O fornecedor pode desonerar-se de demonstrar que não há defeito. Como sempre, o ônus da prova é dele[39].

A alternativa do inciso II do § 3º do art. 14 não pode ser acionada pelo fornecedor, uma vez que as hipóteses lá previstas são impossíveis de ocorrer

---

36. Ver nossos comentários a respeito, no Capítulo 46, *infra*.

37. "Art. 14. (...) § 3º O fornecedor de serviços só não será responsabilizado quando provar: I — que, tendo prestado o serviço, o defeito inexiste; II — a culpa exclusiva do consumidor ou de terceiro."

38. Ver Capítulo 13, *infra*.

39. Ver nossa análise ao Capítulo 13, *infra*, que trata de comentar o art. 14, especialmente o seu § 3º.

no caso. A norma fala que o fornecedor não responde se provar culpa exclusiva do consumidor ou de terceiro (inciso II). Ora, nenhuma das duas possibilidades se dará. Foi o fornecedor que ficou com o produto para consertá-lo e não o fez. O produto estava sob sua guarda. Não tem ele como alegar que o serviço não se efetuou a contento, com culpa de quem quer que seja: consumidor ou terceiro.

Dessa maneira, ao optar pela alternativa do inciso II do § 1º do art. 18, o consumidor pleiteará a restituição imediata da quantia paga, monetariamente atualizada (isto é, corrigida pelos índices oficiais de inflação), e, além disso, poderá pleitear indenização pelos danos materiais e morais sofridos[40].

12.8.4.6. Abatimento proporcional do preço

Examinemos agora a regra que permite que o consumidor peça abatimento proporcional do preço. Isto é, que requeira devolução da parte do valor já pago ou que deixe de pagar parte ou toda a quantia ainda faltante (caso o pagamento do preço seja a prazo), na exata medida do vício existente e não solucionado no prazo de 30 dias. É a prevista no inciso III do § 1º do art. 18 da lei.

Essa terceira alternativa à escolha do consumidor dependerá de uma análise feita por ele no caso concreto, verificando se vale a pena o pedido de abatimento do preço.

Apesar de se poder negociar com o fornecedor o valor do abatimento, nem sempre será fácil chegar a um número. Pode-se tratar de mero vício estético e o consumidor conformar-se em ficar com o produto mediante a devolução de parte do preço pago ou pode ser vício que impeça o funcionamento, mas que o consumidor tenha como consertar com terceiro — nessa hipótese o abatimento será o valor cobrado pelo terceiro para o conserto. Não é, de qualquer forma, fácil chegar ao valor do abatimento. Numa ação judicial, por exemplo, as alternativas processuais não são muito favoráveis. O feito terá curso regular e dependerá de perícia. Não havendo composição amigável, é muito melhor o consumidor optar pelas outras duas alternativas, que recebem, inclusive, um tratamento da norma processual muito mais eficiente, como se viu.

---

[40]. Amplamente garantido no sistema processual do CDC: "Art. 83. Para a defesa dos direitos e interesses protegidos por este Código são admissíveis todas as espécies de ações capazes de propiciar sua adequada e efetiva tutela".

12.8.4.7. Cumulação de alternativas

É preciso, ainda, perguntar se aquela hipótese do pedido de indenização pela opção da restituição da quantia paga — e devolução do produto viciado — (inciso II, do § 1º do art. 18) cabe também no caso de opção pela substituição do produto (inciso I). Ou, em outras palavras, se o consumidor, servindo-se da prerrogativa do inciso I, requerer a substituição do produto, tem também direito ao pleito de indenização por danos materiais e/ou morais.

A resposta somente pode ser sim. Não há, de fato, muita diferença prática entre requerer a troca do produto por outro da mesma espécie, marca e modelo e pedir a restituição da quantia paga. Em ambos os casos, o resultado pode ser adquirir novo produto. Explica-se: com o valor do preço devolvido, o consumidor pode comprar o mesmo produto em qualquer estabelecimento comercial e até no mesmo em que o tenha adquirido anteriormente.

Se se responder que o direito a indenização somente existe quando o consumidor se vale da hipótese do inciso II, requerendo a restituição da quantia paga, então, toda vez que o consumidor tivesse — ou quisesse pleitear — direito a indenização por danos materiais e/ou morais e também quisesse a troca do produto, ele facilmente burlaria a lei: em vez de pedir a troca, requereria a devolução do valor do preço, e com esse dinheiro compraria o produto. Assim, poderia pleitear indenização. Logo, a interpretação lógico-sistemática dessas normas leva à resposta positiva: em qualquer caso do § 1º do art. 18, o consumidor pode pleitear indenização pelos danos materiais e/ou morais sofridos. Inclusive, no caso do inciso III, pelos mesmos fundamentos supra-apresentados.

12.8.5. Escolha do fornecedor a ser acionado

Terminando esta parte, lembre-se e repita-se que é o consumidor quem escolhe qual fornecedor irá acionar. No caso de uma televisão que não sintonize os canais, ele pode requerer o conserto na assistência técnica, na fábrica ou na loja em que a adquiriu. Esse fornecedor será a parte passiva de todas as reivindicações. Como sempre, após resolver o problema do consumidor — a) consertando o produto; b) trocando-o por outro da mesma espécie, marca e modelo; c) devolvendo o valor do preço, de maneira atualizada monetariamente; d) oferecendo abatimento do preço; e) e junto com as hipóteses *b*, *c*, e *d*, pagando indenização pelos danos materiais e/ou morais sofridos pelo consumidor —, ele pode ressarcir-se com os demais partícipes do ciclo de produção, pela via de regresso e na medida em que os fornecedores são todos responsáveis solidários. Cada um arcará com sua participação, e na proporção das partições das responsabilidades.

A questão nesse ponto é, conforme já o indicamos, de direito privado, o que permite que os fornecedores entre si elaborem contrato, prevendo a participação de cada um nas despesas para o caso de gastos com vício e/ou pagamento de indenizações ao consumidor. Podem ser estabelecidos rateios, partições, divisões em partes iguais, em percentuais diferenciados etc.

12.9. Diminuição e aumento de prazo

12.9.1. O limite mínimo

O § 2º do art. 18, já o dissemos, talvez tenha tido a pretensão de permitir que uma prática saudável de serviço de qualidade fosse incrementada pelos fornecedores no mercado, com a possibilidade de diminuição do prazo de 30 para até 7 dias, para que o saneamento do vício fosse efetivado. (A seguir, falaremos do problema do aumento do mesmo prazo.)

O que não se entende é por que a norma limitou em 7 dias o mínimo. Por que não poderia ser apenas um? Ou oferecer o conserto para ser feito na hora? É tão incoerente a norma que nós teríamos de afirmar que o fornecedor que quiser consertar o produto num prazo de 24 horas estaria impedido, o que é absurdo. Quer dizer, então, que o fornecedor não poderia oferecer um serviço da melhor qualidade possível?

A resposta somente pode ser sim. O fornecedor pode diminuir o prazo oferecido para o saneamento do vício a quanto quiser. (O que *não pode* é aumentar, como veremos.)

Essa resposta decorre não só da lógica da prática do mercado como da relação coerente com o sistema de proteção ao consumidor. Mas, a par disso, decorre da própria interpretação da norma contida no parágrafo anterior.

Com efeito, o § 1º, como examinado, diz que o fornecedor tem o prazo *máximo* de 30 dias para efetuar o conserto, sem qualquer outra ressalva, nem indicação ou conexão com o § 2º. Assim, se ele tem o tempo máximo de 30 dias, pode efetuar o conserto no prazo mínimo: um dia. Ou, mesmo, em algumas horas, ou, ainda, pode simplesmente trocar aquele produto viciado entregue pelo consumidor por outro da mesma espécie, marca e modelo em perfeitas condições de uso, o que leva alguns minutos. Isso é óbvio e decorre do previsto no próprio § 1º. Como, ao término dos 30 dias, sem saneamento, surge a prerrogativa ao consumidor de poder exigir a troca, nada impede que esta seja feita imediatamente.

Aliás, diga-se que, mesmo que o mercado brasileiro não tenha ainda atingido os níveis de excelência dos países mais desenvolvidos, já há comerciantes que adotam essa tática[41] salutar de trocar o produto quando constatado algum vício. Há outros, como algumas concessionárias de veículos, que emprestam um automóvel para o consumidor enquanto este aguarda o conserto de seu carro (quer por problema de vício, quer porque é época da revisão, ou ainda para conserto de problema havido fora do período de garantia)[42].

Dessa maneira, é de concluir pela inocuidade do limite mínimo previsto no § 2º.

12.9.2. O aumento do prazo

Agora, o problema: o prazo pode ser aumentado?

A norma o permite, infelizmente. Parece que essa norma foi escrita pelos próprios fornecedores e para proteger os mais relapsos e relutantes em oferecer produtos de qualidade e que, após vendê-los, recebendo o dinheiro do consumidor, pretendem adiar ao máximo possível seu perfeito funcionamento.

Por essa regra, o tempo para que um produto viciado fosse consertado poderia ser elevado para 180 dias! É algo inimaginável. O consumidor adquire um produto; paga por ele; ele não funciona; tem de ser levado para conserto; quando lá chega, o fornecedor responde: "volte daqui a 6 meses, que o produto estará novinho em folha!". Pareceria brincadeira, se não fosse norma.

---

41. É tática, estratégia de *marketing*, dentro de um processo global de qualidade, para agradar e manter o consumidor. O que é bom.

42. É importante ressaltar que essa é uma boa tendência que se espera seja um dia incrementada no mercado brasileiro. Não se deve esquecer que em mercados mais desenvolvidos, como, por exemplo, nos Estados Unidos, funciona a prática do *money back*: o consumidor devolve o produto e recebe na hora o dinheiro do preço de volta. Isso independentemente de o produto apresentar vício ou não. É a mostra evidente de que só se vende produto para consumidor que o deseja mesmo. A prática de emprestar um veículo enquanto o consumidor aguarda o conserto do seu próprio é, também, bastante comum.

E, estranhamente, os autores do anteprojeto, ao comentarem esse § 2º, estabelecem uma confusão extraordinária. Dizem que esse prazo é de garantia contratual, indicando inclusive o art. 50 (que realmente é a norma que trata da garantia contratual), e chegam a afirmar que, então, a garantia do produto pode ser reduzida a 7 dias (o que não corresponde à verdade)[43] e que não pode ser superior a 180 dias, o que é outro absurdo. Não só pelo que já falamos, mas porque, evidentemente, quem oferece a garantia máxima é o fabricante (conforme permitido pelo art. 50). E vai contra várias práticas reais, concretas, legais e aceitas que já existem: a Mitsubishi, por exemplo, oferece garantia de vários anos (sempre até a próxima Copa do Mundo!); os automóveis têm garantia de um ano; alguns veículos têm garantia de 2 anos etc. Não se entende a confusão estabelecida nessa doutrina[44].

É verdade que, na última parte do § 2º, a norma determina que a cláusula de prazo deva ser convencionada em separado, por meio de manifestação expressa do consumidor. Isso ajuda, mas não explica, e ainda implica riscos: a) não há motivos para a existência dessa regra; b) se o consumidor for consciente, jamais concordará com o aumento do prazo; c) o consumidor pode acabar sendo enganado e assinar o adendo, concordando com o aumento do tempo. Torçamos para que a norma não vingue[45].

12.10. Garantias sem prazo

12.10.1. Uso imediato das prerrogativas

Quando comentamos acima o § 1º do art. 18[46], fizemos expressa referência ao § 3º[47], uma vez que as hipóteses neste tratadas eliminam o direito de utilizar o prazo de 30 dias para o saneamento do vício previsto no § 1º.

---

43. Ver nossos comentários no Capítulo 19, *infra*.

44. *Código Brasileiro de Defesa do Consumidor comentado pelos autores do Anteprojeto*, cit., p. 102-103. Os comentários a esse parágrafo são de Zelmo Denari.

45. Se o mercado amadurecer, nos setores competitivos pelo menos, parece, tal aspecto da norma jamais será implementado.

46. No item 12.8, *retro*.

47. "§ 3º O consumidor poderá fazer uso imediato das alternativas do § 1º deste artigo sempre que, em razão da extensão do vício, a substituição das partes viciadas puder comprometer a qualidade ou características do produto, diminuir-lhe o valor ou se tratar de produto essencial."

Dessa forma, o consumidor, sempre que tiver produto enquadrado nas hipóteses do § 3º, poderá fazer uso imediato — isto é, sem conceder qualquer prazo ao fornecedor — das alternativas previstas no § 1º, quais sejam:

"I — a substituição do produto por outro da mesma espécie, em perfeitas condições de uso;

II — a restituição imediata da quantia paga, monetariamente atualizada, sem prejuízo de eventuais perdas e danos;

III — o abatimento proporcional do preço".

Remetemos, pois, a nossos comentários em relação ao § 1º e seus incisos, no item 12.8 *retro*, uma vez que eles valem integralmente também na hipótese do § 3º[48].

12.10.2. Quatro situações

Como se depreende da leitura da redação do § 3º, para fazer uso imediato das alternativas dos incisos I, II e III do § 1º, há que estar presente pelo menos uma das quatro seguintes hipóteses:

a) em razão da extensão do vício, a substituição das partes viciadas:

a.1) pode comprometer a qualidade do produto;

a.2) pode comprometer as características do produto;

a.3) diminua o valor do produto.

b) quando se tratar de produto essencial.

12.10.3. Exemplos

Vejamos exemplos de cada caso, mas, também, como já dissemos antes, atente-se para o fato de que tais exemplos estão colocados apenas pelos aspectos principais no enquadramento legal previsto. Quase como tipos-puros. Nada impede — ao contrário, é a regra — que uma mesma situação de vício possa ser enquadrada em mais de uma hipótese legal. Por exemplo: um automóvel que se tenha incendiado na parte do motor e demais componentes tem comprometida sua qualidade e seu preço (valor diminuído). A separação dos casos nos exemplos tem função didática. Vejamo-los, então.

Exemplo relativo à letra "a.1"

---

48. Especialmente o subitem 12.8.4.

— A queima do circuito eletrônico do microcomputador.

Exemplo relativo à letra "a.2"

— Automóvel importado, com rodas originais que se partiram, não havendo peças de reposição.

Exemplo relativo à letra "a.3"

— Automóvel cujo motor fundiu.

Exemplo relativo à letra "b"

— Todo produto essencial[49] deteriorado, impróprio para consumo: frutas passadas; enlatados com conteúdo embolorado; remédios e alimentos com prazo de validade vencido; carnes com manchas escurecidas ou com zonas ou pontos secos; aves com cor esverdeada; peixes com corpo flácido; embalados de linguiça ou salsicha (ou outros) com líquidos dentro da embalagem e/ou manchas esverdeadas etc.

Nota-se pelos exemplos que, acertadamente, a norma dá ao consumidor a possibilidade do exercício imediato das prerrogativas do § 1º sempre que o vício não puder ser desfeito ou não puder trazer o produto ao *status quo ante*.

Conforme verificamos na análise do *caput* do art. 18, a função do saneamento do vício é trazer de volta o produto às suas adequadas condições de uso e consumo. E, agora, com o acréscimo trazido pelo § 3º, tem-se de dizer que a função do desfazimento do vício é trazer de volta o produto a suas adequadas condições de uso ou consumo e desde que a substituição das partes viciadas não comprometa sua qualidade e características, nem lhe diminua o valor.

Quanto ao produto essencial — como o definiremos —, não há mesmo solução do vício. Surgido o vício, é impossível saná-lo.

12.10.4. Indenização

Mas há uma situação interessante na redação do § 3º. É a que diz respeito à possibilidade de diminuição do valor do produto. Na hipótese do § 1º, em caso de diminuição do valor do produto, o consumidor pode requerer abatimento do preço (inciso III). Mas, recorde-se, lá no § 1º, o consumidor passa a ter direito ao exercício da alternativa dos incisos somente após os 30 dias, e se o produto dentro desse prazo não tiver o vício sanado. Mas, se a substituição das partes viciadas diminuir o valor, então não será preciso aguardar os 30 dias para pleitear o abatimento no

---

49. Na sequência definiremos produto essencial.

preço (nem a troca do produto — inciso I do § 1º — ou a restituição da quantia paga — inciso II do § 1º).

Já dissemos que tudo o que é aplicável a partir do estabelecido no § 1º é também válido no caso do § 3º. Contudo, vale um destaque: como, pela regra do § 3º, o consumidor pode fazer uso imediato das alternativas do § 1º, ele poderá, inclusive, requerer pagamento de indenização por eventuais danos materiais e/ou morais sofridos.

12.10.5. Produto essencial

Chegamos agora ao exame da hipótese do produto essencial.

A norma dá ao consumidor, como não poderia deixar de ser, a prerrogativa do uso imediato das alternativas do § 1º do art. 18. Dessa maneira, o consumidor poderá fazer uso das hipóteses dos três incisos daquele parágrafo, sempre que existir vício em produto essencial, que é aquele que o consumidor necessita adquirir para a manutenção de sua vida, diretamente ligado à saúde, higiene pessoal, limpeza e segurança, tais como alimentos, medicamentos, produtos de limpeza em geral etc.[50].

Passemos, agora, ao exame do § 4º[51].

12.11. Substituição do produto

12.11.1. Falta do produto

Quando examinávamos o problema do prazo de 30 dias que o fornecedor tem para sanar o vício, em especial a hipótese do direito do consumidor exigir a substituição do produto[52], tínhamos levantado exatamente a questão que o § 4º pretende responder. Lembremo-la: o consumidor, após a longa espera de 30 dias, não teve o vício do seu produto sanado. Então, resolve valer-se da alternativa do inciso I do § 1º do art. 18. Pleiteia a substituição do produto por outro da mesma espécie, marca e modelo[53].

---

50. Sobre serviço essencial ver nossos comentários no item 5.5.

51. "§ 4º Tendo o consumidor optado pela alternativa do inciso I do § 1º deste artigo, e não sendo possível a substituição do bem, poderá haver substituição por outro de espécie, marca ou modelo diversos, mediante complementação ou restituição de eventual diferença de preço, sem prejuízo do disposto nos incisos II e III do § 1º deste artigo."

52. No subitem 12.8.4.2.

53. Já observamos, nos comentários feitos, que a redação do inciso I citado disse menos: fala em produto "da mesma espécie", ao que temos de acrescentar "marca e modelo".

Contudo, pode ocorrer que o fornecedor não tenha esse outro produto para entregar em troca ao consumidor:

a) porque não há no estoque e não haverá mais, pois aquela espécie, marca e modelo não é mais fabricada;

b) não há no estoque e a próxima remessa demorará para ser entregue (e o consumidor não quer — nem precisa — esperar).

Que acontece, então?

A resposta é dada pelo § 4º: "não sendo possível a substituição do bem, poderá haver substituição por outro de espécie, marca ou modelo diversos, mediante complementação ou restituição de eventual diferença de preço".

Note-se, inicialmente, que, na redação dada ao § 4º em comento, corretamente se utiliza a disjuntiva "ou". É que, nessa alternativa de troca, como haverá complementação ou restituição da diferença de preço, não há qualquer problema na escolha de produto de outra espécie e/ou outra marca e/ou outro modelo. Trata-se, na verdade, de simples utilização do crédito que o consumidor tem para a aquisição de outro produto qualquer.

12.11.2. Escolha de outro produto

Não sendo possível efetuar a substituição, surgem, na sequência, mais duas opções à escolha do consumidor. Essa escolha, como as demais, não precisa ser justificada por este. É mero expressar objetivo de sua vontade. Ele poderá, então, aceitar em troca:

a) outro produto de espécie, marca ou modelo diferentes, que tenha preço mais barato do que o que foi pago pelo produto viciado;

b) outro produto de espécie, marca ou modelo diferentes, que tenha preço superior àquele que foi pago pelo produto viciado.

No primeiro caso, o consumidor terá direito a receber a diferença do preço a seu favor, no ato da troca. No segundo, terá de pagar o complemento da diferença do preço pago a menor.

Em qualquer das hipóteses, se já tiver passado certo período de tempo (o suficiente para que se compute a correção monetária), o consumidor tem direito a que a quantia por ele paga pelo produto viciado seja atualizada monetariamente. Trazido, assim, o preço originalmente pago a valor presente é que se pode efetuar a operação de subtração, para saber se a diferença é a menor ou a maior.

12.11.3. Pagamento a prazo

Se o pagamento do preço do produto viciado estiver sendo pago a prazo, isto é, em prestações mensais[54], então o consumidor poderá:

a) no primeiro caso do subitem anterior, subtrair a diferença a seu favor do valor a ser pago relativo às prestações vincendas;

b) no outro, complementar a diferença, incluindo-a parceladamente em cada prestação faltante. Nessa hipótese, obviamente, se quiser, o consumidor poderá fazer a quitação do complemento à vista e continuar pagando as prestações restantes do modo inicialmente contratado.

Importante colocar algo no aspecto desses pagamentos em prestações. Conforme veremos ao fazer nossa análise do regime jurídico da oferta[55] e em especial o caso do art. 31 (e que, no caso, iremos conectar com o art. 52)[56], o preço de qualquer produto (ou serviço) é sempre "preço à vista". Não existe "preço a prazo". O que ocorre é "pagamento do preço feito a prazo". Como se verá, não se deve — nem se pode — confundir o preço do produto — ou do serviço — com sua forma de pagamento. Pagar à vista é diferente de pagar a prazo, mas o preço é o mesmo nas duas hipóteses.

Ver-se-á também que, no pagamento do preço a prazo:

a) é possível fazer um financiamento — momento em que deve surgir na operação uma instituição financeira para operacionalizá-lo. Nessa hipótese serão cobrados juros do consumidor, para que o pagamento do preço seja feito em prestações financiadas;

b) é possível adiar o pagamento do preço, permitindo que o consumidor o pague a prazo sem qualquer acréscimo, por exemplo, 30 dias depois da compra;

c) é possível parcelar o pagamento do preço, permitindo que o consumidor o efetue sem qualquer acréscimo. Por exemplo, em três vezes: 30, 60 e 90 dias[57].

---

54. Mensal é o padrão. Evidente que se pode pactuar bimensalmente, trimestralmente etc.

55. Ver Capítulo 21, *infra*.

56. Ver item 21.11, *infra*.

57. É relevante lembrar que essas três formas de operação são também praticadas no exterior, como, por exemplo, nos Estados Unidos. A diferença lá recai na primeira alternativa: quando há financiamento os juros praticados no Brasil são escorchantes. Lá, não. Porém, as outras duas alternativas de pagamento do preço funcionam exatamente da mesma maneira.

Dizemos isso porque, no cálculo da diferença a favor do consumidor ou no complemento do preço, há que ser considerado o preço do produto viciado como era praticado à vista. Apenas deve ser feito o cálculo da correção monetária a favor do consumidor. Se o preço do produto devolvido foi pago com financiamento — inclusão de juros —, qualquer cálculo deve abater os juros incluídos em cada prestação vincenda, para chegar ao preço *clean* — como se diz no jargão bancário —, limpo, sem os juros que estavam embutidos. Essa garantia, além de lógica, porquanto não se pode cobrar juros futuros — juros só existem de período passado —, está estampada no § 2º do art. 52.

12.11.4. Produto de espécie, marca ou modelo diversos

A norma do § 4º em comento, quando permite a troca, diz: "por outro de espécie, marca ou modelo diversos".

Isso quer dizer que a opção de escolha a favor do consumidor é múltipla. Ele pode escolher:

a) mesma espécie, mesma marca e modelo diferente. Por exemplo, o produto viciado é uma TV marca A, 20 polegadas. Ele escolhe uma TV marca A, 29 polegadas[58];

b) mesma espécie, com marca e modelo diferentes. Por exemplo, o produto viciado é uma TV marca A, 20 polegadas. Ele escolhe uma TV marca B, 29 polegadas;

c) mesma espécie, marca diferente, mesmo modelo. Por exemplo, o produto viciado é uma TV marca A, 20 polegadas. Ele escolhe uma TV marca B, 20 polegadas;

d) diferente espécie, marca e modelo diferentes (o modelo tem de ser diferente mesmo, já que mudou a espécie; a marca poderia continuar sendo a mesma, se fosse do mesmo fabricante). Por exemplo, o produto viciado é uma TV, marca A, 20 polegadas. Ele escolhe uma geladeira, marca B, 440 litros;

e) diferente espécie, mesma marca, modelo diferente (só pode ser, já que mudou a espécie). Por exemplo, o produto viciado é uma TV, marca A, 20 polegadas. Ele escolhe uma geladeira, marca A, 440 litros.

---

58. Claro que concretamente há mais variáveis quanto ao *modelo*: uma TV é, por exemplo, 29 polegadas, colorida, com som estéreo ou não, com canais de entrada diversos, com tela plana ou não etc. Fixamos nossos exemplos no tamanho da tela apenas para que fiquem eles mais limpos.

12.11.5. Restituição da quantia, abatimento proporcional do preço e indenização

Por fim, falta interpretar o restante da oração do § 4º: "sem prejuízo do disposto nos incisos II e III do § 1º deste artigo", o que significa que, se o consumidor, uma vez tendo optado pela alternativa do inciso I, não consegue obter a troca desejada, pode, em vez de escolher outro produto, de espécie, marca ou modelo diferentes — alternativa da primeira parte do § 4º —, exercer seu direito pelas prerrogativas inseridas nos incisos II e III do § 1º.

Observe-se que permanecem íntegras em qualquer caso as garantias ao pleito à indenização por danos materiais ou morais sofridos pelo consumidor, após os 30 dias de espera pelo saneamento do vício sem sucesso. Os motivos são os mesmos já apresentados no item 12.8 *retro*, na análise do § 1º do art. 18[59].

É de perguntar, agora, nos moldes em que temos feito: qual é a medida judicial à disposição do consumidor, caso o fornecedor se negue a efetuar a troca prevista no § 4º?

Como no § 4º está à disposição do consumidor inicialmente o direito à troca do produto, a resposta é a mesma oferecida à hipótese de negativa em relação ao inciso I do § 1º: o ajuizamento de ação de obrigação de fazer contra o fornecedor, com possibilidade de antecipação de tutela, com, inclusive, busca e apreensão do produto querido. Remetemos aos comentários que fizemos, de forma similar, ao § 1º, inciso I. Lá estão incluídas as normas processuais do CDC aplicáveis ao caso (art. 84, *caput* e §§ 3º a 5º)[60].

Se a opção da troca tiver sido por produto que gere necessidade de complementação do preço, o consumidor poderá efetuar a complementação, depositando o preço em juízo. Se foi por produto que gere crédito a favor do consumidor, cabe o pleito da diferença. Remetemos neste ponto aos comentários ao inciso II do § 1º[61].

12.12. *Os produtos* in natura

O § 5º do art. 18 regula a responsabilidade no caso de fornecimento de produtos *in natura*, estabelecendo que "será responsável perante o

---

59. Ver, *retro*, subitem 12.10.4.
60. Ver comentários, no subitem 12.8.4.3.
61. Subitem 12.8.4.5.

consumidor o fornecedor imediato, exceto quando identificado claramente seu produtor".

Produto *in natura*, como vimos nos comentários sobre o conceito de produto (previsto no § 1º do art. 3º[62]), é aquele que não passa pelo sistema de industrialização, desde empacotamento, engarrafamento, encaixotamento puro e simples, até sua transformação industrial por cozimento, fritura, mistura etc., com o decorrente processo de armazenamento em potes, latas, sacos etc.

Assim, produto *in natura* é o que vai ao mercado consumidor diretamente do sítio ou fazenda, local de pesca, produção agrícola e agropecuária, em suas hortas, pomares, pastos, granjas etc. São os produtos hortifrutigranjeiros, os grãos, cereais, vegetais em geral, legumes, verduras, carnes, aves, peixes etc.

A única exceção que se pode abrir, também como se explicou nos comentários ao § 1º do art. 3º, é para os mesmos produtos *in natura* que são vendidos pré-lavados, selecionados e embrulhados em embalagens plásticas, pois tal exceção está em consonância com o estabelecido na norma em comento. Isto é, esse mero serviço de escolha, limpeza e empacotamento não lhes retira a condição de continuar sendo *in natura*, mas por causa de terem sofrido esse singelo processo de industrialização acabam tendo o produtor identificado.

Mas qual a amplitude do § 5º? Diz respeito a vícios que não foram sanados nos 30 dias previstos no § 1º?

Não. A norma do § 5º não pressupõe prazo algum. Como é específica para produtos *in natura*, está-se referindo aos produtos essenciais. E, conforme examinado no § 3º, quando se tratar de produto essencial, o consumidor pode exercitar imediatamente as prerrogativas do § 1º.

Logo, a hipótese do § 5º é complementar ao estabelecido no § 3º: ele está dizendo que, quando se tratar de produtos *in natura*, as prerrogativas previstas no § 1º têm de ser exercidas perante o fornecedor imediato. Normalmente este é o comerciante: o lojista, o dono de supermercado, o feirante, o dono de padaria, de empório etc.

Porém, ao final, a norma abre uma exceção. Diz que o responsável tem de ser o fornecedor imediato, "exceto quando identificado claramente o produtor".

---

62. Subitem 5.3.4.

Essa obrigatoriedade de acionar o fornecedor imediato não é uma diminuição das amplas garantias de escolha do fornecedor do *caput* do art. 18. Ela é lógica: se não há como identificar outro fornecedor, então o consumidor só pode mesmo agir diante do que lhe forneceu diretamente o produto.

Com a exceção do final do parágrafo, o consumidor ganha mais uma alternativa. Não é obrigado a acionar o produtor identificado.

A regra geral é a mesma: todos são solidários. Se for possível conhecer o produtor, então o consumidor pode acionar um ou outro.

Em realidade, a regra é praticamente inócua, pois já estava inserida no contexto do § 3º. É que o legislador quis, ao que parece, criar uma norma semelhante à do art. 13, que responsabiliza o comerciante, quando o produtor, fabricante, construtor e importador não podem ser identificados e quando não conserve o produto adequadamente. Mas não precisava, aliás, não devia, pois lá o caso é de defeito pelo fato do produto, e aqui apenas de vício. E neste, repita-se, o consumidor pode acionar qualquer fornecedor, imediato ou não.

12.13. Os vícios de quantidade

Os chamados vícios de quantidade dos produtos estão regulados no art. 19 do CDC[63] (a questão dos vícios de qualidade, como vimos, está regrada no art. 18).

---

63. "Art. 19. Os fornecedores respondem solidariamente pelos vícios de quantidade do produto sempre que, respeitadas as variações decorrentes de sua natureza, seu conteúdo líquido for inferior às indicações constantes do recipiente, da embalagem, rotulagem ou de mensagem publicitária, podendo o consumidor exigir, alternativamente e à sua escolha:

I — o abatimento proporcional do preço;

II — complementação do peso ou medida;

III — a substituição do produto por outro da mesma espécie, marca ou modelo, sem os aludidos vícios;

IV — a restituição imediata da quantia paga, monetariamente atualizada, sem prejuízo de eventuais perdas e danos.

§ 1º Aplica-se a este artigo o disposto no § 4º do artigo anterior.

§ 2º O fornecedor imediato será responsável quando fizer a pesagem ou a medição e o instrumento utilizado não estiver aferido segundo os padrões oficiais."

12.13.1. Quem é o responsável

Para verificarmos quem responde pelo vício de quantidade, examinemos o *caput* do art. 19. A norma diz "fornecedores", utilizando-se do termo genérico "fornecedor", ao contrário do que consta, por exemplo, no art. 13 ("comerciante") ou no art. 12 ("fabricante, produtor, construtor, importador"). Esse termo, conforme já explicitado no comentário que fizemos ao art. 3°[64], é o gênero daqueles que desenvolvem atividades no mercado de consumo. Dessa forma, toda vez que o CDC refere-se a "fornecedor", está envolvendo todos os participantes que desenvolvem atividades, sem distinção de qualquer tipo.

12.13.2. Solidariedade

E esses fornecedores, diz a norma, respondem "solidariamente" (solidariedade esta que, conforme já lembrado e remetido mais de uma vez, é regra básica do CDC).

Assim, a norma do *caput* do art. 19 coloca todos os partícipes do ciclo de produção como responsáveis diretos[65] pelo vício, de maneira que o consumidor poderá escolher e acionar diretamente qualquer dos envolvidos, exigindo seus direitos — que adiante examinaremos.

12.13.3. Defeito de quantidade

Como veremos, em caso de defeito o responsável está indicado pela norma[66]. Quando examinamos a diferença entre vício e defeito, vimos que este tem sempre origem naquele. Isto é, não há defeito sem vício (embora haja vício sem defeito). Utilizamo-nos de alguns exemplos para demonstrar a distinção. Como se pôde verificar, todos eles eram defeitos e vícios de qualidade[67].

O vício é de qualidade: o produto não funciona adequadamente, não cumprindo a finalidade à qual se destina. O defeito que teve origem no vício é, também, de qualidade.

O que se pergunta aqui, à guisa de comentário ao art. 19, é: vício de quantidade pode dar origem a defeito?

---

64. Subitem 5.2.6. (ver comentários).
65. O § 2º do art. 19, como veremos, abre uma exceção a essa regra.
66. Ver sobre o assunto item 14.3.
67. Ver Capítulo 11.

A resposta é sim. O vício de quantidade pode também dar origem a defeito (de quantidade). Ainda iremos analisar o sentido de "quantidade" previsto no *caput* desse artigo (ver-se-á que outra vez a lei disse "menos" do que deveria ter dito). Contudo, podemos antecipar um exemplo, para responder a essa indagação e concluir a distinção e relação entre defeito e vício.

Um consumidor, precisando (e querendo) dar uma festa no batizado de sua filha, resolve aproveitar a oportunidade de uma oferta de liquidação de bebidas feita por um supermercado. O preço está realmente muito bom: a cerveja "C" e o refrigerante "R" estão custando exatamente a metade do preço cobrado normalmente pelos estabelecimentos congêneres. No vinho tinto italiano "V", a vantagem é ainda maior: cada garrafa custa o equivalente a apenas 30% do preço cobrado nos demais estabelecimentos.

O consumidor vai, então, ao supermercado e compra 8 dúzias da cerveja "C", 8 dúzias do refrigerante "R" e 4 dúzias do vinho "V"; paga à vista. Como o supermercado oferece serviço de entrega, o consumidor pede que os produtos sejam entregues à tarde. É um sábado, e a festa do batizado será no domingo.

Quando chega em casa à noite, pergunta a seu empregado a respeito da entrega do supermercado e recebe a resposta de que havia sido feita. Como estava atrapalhado com uma série de providências que tinha de tomar, ao passar pela área de serviço, vê que lá há bebidas, mas não faz a contagem.

No dia seguinte, de manhã, vai à igreja para o batizado da filha. Volta para casa e começa a se preparar para receber os convidados, que chegarão à tarde. Quando vai examinar as bebidas entregues, descobre que estão faltando, porque só foram entregues: 6 dúzias da cerveja "C", 6 dúzias do refrigerante "R" e 3 dúzias do vinho italiano "V".

Sem outra alternativa, uma vez que era domingo e o supermercado estava fechado, o consumidor tem de correr a outros estabelecimentos que estavam abertos naquele domingo, para adquirir a bebida faltante. Acabou pagando o preço regular de mercado por toda a mercadoria faltante: 2 dúzias da cerveja "C", 2 dúzias do refrigerante "R" e 1 dúzia do vinho italiano "V".

Vê-se assim o defeito. Se o supermercado estivesse aberto no domingo, o vício de quantidade poderia ter sido sanado: bastava reclamar a entrega das bebidas faltantes[68]. Porém, como foi impossível para o consumidor pelo menos tentar sanar o vício, e ele foi obrigado a adquirir as bebidas em outro lugar, pelo preço regular, acabou sofrendo um dano material: o prejuízo corresponde

---

68. Claro que o vício só seria sanado se o supermercado entregasse a bebida faltante.

ao valor pago pelas bebidas. Receber do supermercado as bebidas na segunda-feira não adiantará, pois a festa já terá ocorrido. E a devolução pelo supermercado do dinheiro do preço das bebidas faltantes não será suficiente para cobrir os prejuízos, uma vez que o consumidor pagou valor mais caro.

Percebe-se, dessa forma, pelo exemplo, que vício de quantidade pode gerar defeito.

12.13.4. Produto durável e não durável

Voltemos, então, à análise da norma do *caput* do art. 19. Percebe-se na sequência da oração uma ausência de vocábulos se comparada à proposição do *caput* do art. 18. O texto está mais limpo e com melhor conteúdo semântico: suprimiu-se o uso das qualificadoras do produto "durável" e "não durável". Isso é bom, porque, conforme vimos acima, não há motivo para que os termos sejam utilizados[69]. É melhor que o legislador se utilize apenas do termo genérico "produto"[70]. Quer este seja "durável", quer seja "não durável", os vícios e os defeitos sempre serão possíveis e estão abrangidos pelo gênero "produto".

12.13.5. Equívoco

Continuando nossa análise, é de anotar um forte equívoco da norma. Está colocado que a responsabilização regrada diz respeito a "vício de quantidade" do produto, e a sequência da oração parece querer definir o que entende por vício de quantidade. Contudo, o faz de forma incompleta, dizendo muito menos do que deveria ter dito. A regra diz que vício de quantidade é aquele decorrente de diferença a menor de "conteúdo líquido" na relação com "as indicações constantes do recipiente, da embalagem, rotulagem ou de mensagem publicitária" — e, de certa forma, isso, como se verá, é contraditório com o contido no § 2º do próprio art. 19.

Para explicar a falha da norma é preciso levar em consideração a base da Seção III, na qual ela está inserida. Essa seção pretende regular vício do produto e do serviço. E este é sempre vício de qualidade ou de quantidade (qualidade que já avaliamos ao comentar o art. 18). Ora, sabe-se que, na natureza das coisas — e daí dos produtos e dos serviços —, uma maneira

---

69. Ver comentários: item 12.4.

70. Sobre a definição e classificação do termo "produto", ver nossos comentários no item 5.3.

de caracterizá-las é distingui-las por sua qualidade (cor, resistência, odor etc., bem como finalidade, eficiência e desempenho) e quantidade (peso, altura, porção etc.). Sabe-se que qualidade não é quantidade. A qualidade apresenta o aspecto da funcionalidade, e a quantidade o da espacialidade e porção. Quantidade diz respeito, então, a medidas em geral.

12.13.6. Vício de quantidade: *minus* do direito

Assim, se o CDC divide os vícios como sendo de qualidade e quantidade, ao tratar deste, não pode reduzi-lo apenas a conteúdo líquido. Tanto mais que se pode perceber que vício de qualidade é *tudo* aquilo que torne o produto impróprio ou inadequado ao uso ou consumo a que se destine. E, como se viu, o vício de qualidade é um *minus* do direito do consumidor simplesmente — e logicamente — porque ele pagou o preço pedido pelo fornecedor. Se o dinheiro do consumidor foi entregue, o produto tem de vir em perfeitas condições de uso e consumo.

Logo, vício de quantidade tem de ser — *só* pode ser — *tudo* aquilo que significa, também, um *minus* do direito do consumidor. Independentemente do tipo de medida de que se trate: metragem especial, peso líquido, porção etc. Se o dinheiro do consumidor foi entregue ao fornecedor, logicamente a quantidade oferecida tem de vir a ele.

Pensar diferentemente seria permitir o locupletamento ilícito e o enriquecimento sem causa do fornecedor. Este ofereceria uma dúzia de laranjas, receberia o preço delas e entregaria apenas 10. Venderia 10 m de tecido e somente entregaria 5.

É óbvio, então, que a norma do *caput* do art. 19 do CDC está taxando de vício de quantidade *toda* e *qualquer* entrega de produto em quantidade diversa (para menos[71]) daquela *paga* pelo consumidor, independentemente do tipo de medida. Todas estão incluídas. É de lançar mão, portanto, da técnica da interpretação extensiva para ampliar o sentido querido — mas não escrito — pela norma.

12.13.7. Rol exemplificativo

Além disso, é de lembrar, mais outra vez, que as hipóteses elencadas no art. 19, para fins de verificação do vício, são meramente exemplificativas. A norma diz que o vício será identificado quando a quantidade entregue ao

---

71. Claro que o fornecedor não está impedido de dar mais do que prometeu.

consumidor for inferior ao estabelecido nas "indicações constantes do recipiente, embalagem, rotulagem ou de mensagem publicitária...".

Acontece que há outras hipóteses, aliás bastante comuns:

a) Apresentação do produto (hipótese prevista no art. 31). Por exemplo, o produto apresentado e oferecido na feira por baciada, dúzia, quilo etc.

b) Na oferta e informação em geral. Por exemplo, o feirante grita a quantidade e o preço: "duas dúzias por R$ 5,00!".

c) A quantidade vendida estipulada no contrato. Por exemplo, a metragem útil e/ou de área construída e/ou de área comum da venda de um apartamento.

d) O pedido verbal — ou por escrito, não importa — feito pelo consumidor diante do fornecedor. Por exemplo, o pedido de 300 g de queijo fatiado numa padaria, supermercado etc.

12.13.8. Definição do vício de quantidade

Vício de quantidade se dá, portanto, toda vez que ocorra diferença a menor de qualquer tipo de medida da porção efetivamente adquirida e paga pelo consumidor. E isso por uma simples questão de pagamento do preço.

Temos, então, pelo sentido de norma do *caput* do art. 19, que vício de quantidade é aquele que gera uma perda ao consumidor, pelo fato de ter este pago certa quantidade e ter recebido menos. A constatação dessa diferença prejudicial ao consumidor pode ser aferida mediante a verificação da diferença a menor entre a quantidade que o consumidor recebeu e aquela existente, exemplificativamente:

a) no recipiente e na embalagem;

b) na rotulagem;

c) na mensagem publicitária;

d) na apresentação;

e) na oferta e informação em geral;

f) no contrato;

g) na resposta ao pedido da quantidade feito pelo consumidor.

12.13.9. Exemplos

Na sequência, apresentamos exemplos de cada uma dessas hipóteses. Consignemos, todavia, antes de fazê-lo, que os casos abaixo são meramente ilustrativos de um dos aspectos que permitem apontar o vício de quantidade. Na realidade concreta é possível detectar o vício de um mesmo produto na aferição da quantidade entregue a menor relacionada a mais de uma indicação simultaneamente. Por exemplo, o imóvel pode ter metragem útil real menor do que a estabelecida no contrato, simultaneamente na oferta feita pelo corretor e também na mensagem publicitária.

Em casos como o desse exemplo é de perguntar: se houver conflito entre as informações contidas na rotulagem, no recipiente, na embalagem, qual se adota? E entre a indicação de publicidade e o contrato? E entre a mensagem publicitária e a apresentação ou embalagem?

A resposta a essas questões será dada após a colocação dos exemplos[72]. Na verdade, como se verá, pode existir conflito entre cada um dos casos entre si e até entre todos simultaneamente.

Vejamos, então, os exemplos.

a) Hipótese "a": recipiente e embalagem

Produto em pote de vidro, lata, caixa, saco etc. que estampe gravada, pintada etc. certa quantidade líquida, mas cujo conteúdo é menor: sucos, molhos, compotas, massas, cereais, legumes e verduras etc.

b) Hipótese "b": rotulagem

Etiquetas, carimbos, cartões anexos, impressos que apresentem os mesmos problemas e características do exemplo anterior.

c) Hipótese "c": mensagem publicitária

Supermercado anuncia na televisão oferta especial de venda de cervejas: na compra de uma dúzia, o consumidor leva duas de graça. Quando chega ao supermercado, o consumidor descobre que, na realidade, ele compra doze, paga pelas doze e recebe mais duas de graça[73]. O consumidor tem, então, uma pequena diferença a seu favor.

O mesmo acontece com qualquer publicidade que anuncie certa quantia por certo valor, cuja relação não é respeitada na prática concreta

---

72. No subitem 12.13.10, *infra*.

73. O exemplo traz uma pequena diferença a favor do consumidor, mas traz. É um caso de publicidade enganosa sofisticada: se compra 12 e paga por 10, numa cerveja que custe R$ 0,80, estará pagando R$ 8,00 pela dúzia, em vez do valor regular de R$ 9,60, o que dá o preço individual por lata de R$ 0,66. Todavia, se compra 12, paga pelas 12 e recebe mais duas, o custo total é R$ 9,60, e o preço individual de cada lata é R$ 0,68. O exemplo é apenas para demonstrar a potencialidade da operação, já que na prática a diferença é quase irrelevante.

da operação de compra e venda do produto anunciado, na quantia e preço oferecidos.

d) Hipótese "d": na apresentação

No supermercado são oferecidas carnes, aves e frangos limpos, pré--embalados e pesados, já com a gramagem e o preço. O consumidor adquire algumas porções e, quando pesa em casa, descobre que a gramagem real é menor que a estampada na apresentação dos produtos.

e) Hipótese "e": na oferta e informação

O exemplo do feirante: ele oferece de viva voz uma dúzia de laranjas por certo preço. O consumidor adquire duas dúzias, mas só recebe 20 laranjas.

f) Hipótese "f": no contrato

O consumidor assina contrato de fornecimento de água potável. Mensalmente a distribuidora entregará em sua casa uma espécie de barril contendo 50 litros de água. Um dia o consumidor resolve medir o conteúdo e descobre que sempre recebe apenas 45 litros.

Outro exemplo: o consumidor adquire um apartamento, cuja escritura aponta área útil de 129,00 m². Um dia resolve pedir a um amigo, engenheiro, que faça a medida da área útil e descobre que, de fato, o apartamento tem apenas 115,00 m² de área útil.

g) Hipótese "g": na resposta ao pedido da quantidade feito pelo consumidor

O consumidor pede meio quilo de frios fatiados na padaria, no supermercado, na mercearia etc. e recebe 400 g. Ou, então, pede, na loja de tecidos, 10 m de certa cambraia e recebe 9. Pede, na floricultura, uma dúzia de rosas e recebe 10 etc.

Como se viu, os exemplos são banais e podem ser apresentados em grande número. O vício sempre existirá quando se apurar uma diferença de quantidade — em qualquer medida — contra aquilo a que o consumidor tenha direito.

12.13.10. Conflito de fontes

Retornemos agora àquela questão levantada antes da apresentação dos exemplos: o que acontece quando o vício de quantidade puder ser aferido de várias fontes simultâneas de indicação da quantidade e do preço? Isto é, qual das fontes indicativas deve ser observada quando estiverem em conflito mensagem publicitária e contrato? Ou apresentação e recipiente? Ou, ainda, publicidade e embalagem etc.?

A resposta é simples. Como as normas do CDC têm de ser sempre interpretadas a favor do consumidor, o que está, inclusive, estabelecido expressamente no art. 47, no que respeita à interpretação de cláusulas contratuais[74], e como preço, quantidade e informação em geral a respeito do produto sempre compõem o contrato de compra e venda — seja este escrito ou verbal —, não resta dúvida de que, havendo conflito entre qualquer das fontes de informação de quantidade e preço entre si, prevalecerá aquela que for mais favorável ao consumidor[75].

Assim, por exemplo, uma construtora faz anúncio no jornal dizendo que um apartamento em certa região está sendo vendido por R$ 300.000,00. Apresenta a localização do prédio, as características do apartamento: três quartos, duas suítes, duas salas, copa e cozinha, duas vagas de garagem utilizadas em rodízio, pertencendo à área comum do edifício. Diz que a área útil do apartamento é de 150,00 m² mais a área da garagem.

Quando o consumidor vai visitar o prédio e conversa com o corretor, acaba fazendo uma proposta, pagando um sinal. Nela consta como área útil 155,00 m². E, um mês após, assina a escritura, da qual consta que a área útil é de 160,00 m². Essa é a metragem que consta da matrícula do imóvel, conforme o consumidor vê ao receber a certidão apontando o registro de sua escritura.

Acontece que, tempos após, fazendo o cálculo da área útil, descobre que o apartamento tem apenas 140,00 m².

A diferença a ele devida, no caso[76], tem de ser calculada pela subtração da metragem real (140,00 m²) da maior metragem indicada (160,00 m²).

12.13.11. Menor quantidade, mas sem vício

Agora examinemos uma garantia legal de possível alteração da quantidade, sem que isso implique vício (nem defeito, de consequência). É a contida no próprio *caput* do mesmo art. 19, no trecho que estabelece: "respeitadas as variações decorrentes de sua natureza".

Essa necessária observação da norma excetua da regra geral os casos em que existe variação *natural* na quantidade dos produtos, de maneira que

---

74. Ver, à frente, item 34.4.

75. Ver, também, a respeito do assunto de informações conflitantes contra os direitos do consumidor, nossos comentários ao art. 37, § 1º, que cuida de publicidade enganosa no Capítulo 24.

76. Que, como se verá, depende de sua opção por uma das hipóteses dos quatro incisos regrados no art. 19.

o fornecedor está a salvo de ser responsabilizado por eventual vício. E isso é bastante importante, especialmente se se levar em consideração que há tipo penal para a afirmação falsa ou enganosa relativa à quantidade[77].

Assim, existirão casos em que o consumidor verificará diferença a menor na quantidade líquida encontrada em relação com a que está informada na embalagem, mas sem caracterização do vício. Por exemplo, os dentes de alho sofrem variação para menor, pois com o passar do tempo perdem massa e peso; os combustíveis líquidos evaporam, tais como gás, gasolina etc.

Note-se, todavia, um aspecto absolutamente relevante nessa questão da variação natural da quantidade na correlação necessária com a qualidade.

A lei não garante variação de quantidade ilimitadamente. A mudança só é aceitável se for incapaz de alterar a qualidade. Uma vez que esta mude, surge um problema de vício por inadequação. Dessa maneira a variação aceitável é apenas aquela que não afete a qualidade. Uma maçã pode variar de peso, mas uma vez que murche não pode mais ser considerada boa — pelo menos no que se respeita ao sabor e à textura.

12.13.12. Sem prazo

Continuando no exame do estabelecido na norma do art. 19, vê-se que, nos moldes do estabelecido no art. 18, havendo disparidade a menor na quantidade, isto é, vício de quantidade, pode o consumidor exigir:

a) o abatimento proporcional do preço;

b) complementação do peso ou medida;

c) a substituição do produto por outro da mesma espécie, marca ou modelo, sem os aludidos vícios;

d) a restituição imediata da quantia paga, monetariamente atualizada, sem prejuízo de eventuais perdas e danos.

A primeira observação a ser feita é a de que, diferentemente do art. 18, que cuida de vício de qualidade, a norma do vício de quantidade não oferece prazo para o fornecedor sanar o problema[78]. O consumidor pode

---

77. Com efeito, dispõe o art. 66 do CDC: "Fazer afirmação falsa ou enganosa, ou omitir informação relevante sobre a natureza, característica, qualidade, quantidade, segurança, desempenho, durabilidade, preço ou garantia de produtos ou serviços: Pena — Detenção de 3 (três) meses a 1 (um) ano e multa. § 1º Incorrerá nas mesmas penas quem patrocinar a oferta. § 2º Se o crime é culposo: Pena — Detenção de 1 (um) a 6 (seis) meses ou multa".

78. No vício de qualidade, como se viu, o fornecedor tem 30 dias para saná-lo (§ 1º do art. 18), o que gera toda sorte de problemas para o consumidor (ver comentários: item 12.8).

exigir o cumprimento imediato das alternativas que lhe oferece a lei. Claro que o fato de a norma garantir que o consumidor exerça as alternativas *imediatamente* não lhe retira o direito de exigir qualquer delas depois, desde que dentro dos prazos decadenciais fixados: 30 para produtos não duráveis (inciso I do art. 26); 90 para produtos duráveis (inciso II do mesmo artigo)[79].

12.13.13. Escolha do consumidor

A redação da norma diz "alternativamente à sua escolha". Logo, a opção é do consumidor, que a exerce por critério próprio e subjetivo, sem qualquer necessidade de apresentação de justificativa ou fundamento. Basta a manifestação da vontade; apenas sua exteriorização objetiva. É um querer pelo simples querer manifestado[80].

Examinemos agora as hipóteses previstas nos incisos I a IV do art. 19.

12.13.14. Abatimento proporcional do preço

O inciso I do art. 19 permite que o consumidor peça abatimento proporcional do preço. Isto é, que requeira a devolução da parte do preço pago, na exata medida do vício existente. A solução, do ponto de vista do exercício do direito por parte do consumidor, é simples. Trata-se de caso típico de justiça comutativa: o cálculo é matemático. Verifica-se quanto foi realmente oferecido a menos ao consumidor na proporção entre o preço e a quantidade inicialmente ofertada e descobre-se o valor em moeda corrente que o fornecedor deve devolver (caso o valor pedido já tenha sido pago) ou abater (na hipótese de ainda não ter sido pago). É regra de três: 1 kg = R$ 100,00; 900 g = x. Logo, 900 g = R$ 90,00. A diferença é R$ 10,00.

12.13.15. Complementação do peso ou medida

A hipótese do inciso II é a mesma do inciso I, só que, em vez de o consumidor exigir o abatimento proporcional do preço, ele pede a complementação da diferença da quantidade verificada a menor. Trata-se da mesma

---

79. Ver comentários específicos sobre o assunto do art. 26, no Capítulo 20.

80. O mesmo tipo de manifestação objetiva, como decorrência de exteriorização da vontade, sem ter de fundamentá-la, aparece no art. 49, bem como nos arts. 18, 20 e 35.

forma de cálculo matemático, oriundo de exercício simples de justiça comutativa. É a mesma operação: verifica-se quanto foi realmente oferecido a menos ao consumidor na proporção com o preço pela quantidade inicialmente ofertada e descobre-se o resultado em quantidade de medida que o fornecedor deve entregar/complementar.

É conta de tirar: pagou-se R$ 100,00 por 1 kg; recebeu-se 900 g; faltam 100 g.

12.13.16. Substituição do produto

A hipótese do inciso III é similar àquela do inciso I do art. 18 (como também o são as demais na comparação com os dois artigos). A redação do inciso III do art. 19 é adequada; ao contrário da escrita do inciso I do art. 18. É que lá se fala apenas em "espécie", e aqui, acertadamente, a proposição veio completa. Diz: "espécie, marca ou modelo"[81].

Contudo, há ainda uma falha. É que a oração se utiliza da disjuntiva "ou" em vez da correta conjuntiva "e". Diz a norma: "espécie, marca *ou* modelo". Ver-se-á na sequência que, para fazer uma interpretação adequada da lei, deve-se entender o "ou" como "e": "espécie, marca *e* modelo".

Quando analisamos o problema do direito do consumidor de exigir a troca do produto, após o escoamento do prazo de 30 dias que o fornecedor teve para sanar o vício[82], havíamos observado que a garantia ao consumidor somente pode ser de trocar o produto por outro igual, isto é, da mesma espécie, marca *e* modelo. Seria absurdo, por exemplo, permitir que o consumidor adquirisse uma caixa de vinhos de certa qualidade (espécie) e depois exigisse a troca por outra de melhor qualidade (ou seja, da mesma espécie, mas com marca e/ou tipo diferentes).

12.13.16.1. Falta do produto

O direito de substituição está garantido. Contudo, pode acontecer de o consumidor exigir a troca do produto por outro da mesma espécie, marca e modelo e o fornecedor não o ter para entregar ao consumidor porque:

---

81. Ver comentários sobre o inciso I do § 1º do art. 18, subitem 12.8.4.2.
82. No subitem 12.8.1, *retro*.

a) não há no estoque e não haverá mais, pois aquela espécie, marca ou modelo era a última e não será mais fabricada;

b) não há no estoque e a próxima remessa demorará para ser entregue (e o consumidor não quer nem precisa esperar).

Que acontece, então?

A resposta está no § 1º do art. 19, que remete ao § 4º do art. 18, que dá a solução para o problema: "não sendo possível a substituição do bem, poderá haver substituição por outro de espécie, marca ou modelo diversos, mediante complementação ou restituição de eventual diferença de preço".

Note-se inicialmente que, na redação dada ao § 4º do art. 18, corretamente se utiliza a disjuntiva "ou". É que, nessa alternativa de troca, como haverá complementação ou restituição da diferença de preço, não há qualquer problema na escolha de produto de outra espécie e/ou outra marca e/ou outro modelo. Trata-se, na verdade, de simples utilização do crédito que o consumidor tem para a aquisição de outro produto qualquer.

12.13.16.2. *Escolha de outro produto*

A norma diz: "não sendo possível" a substituição. Como o direito de troca é estabelecido a favor do consumidor, na sua impossibilidade surgem duas novas opções a sua escolha. Essa escolha, como as demais, não precisa ser justificada pelo consumidor. É mero expressar objetivo de sua vontade. Ele poderá, então, aceitar em troca:

a) outro produto de espécie, marca ou modelo diferentes, que tenha preço mais barato do que aquele que foi pago pelo produto viciado;

b) outro produto de espécie, marca ou modelo diferentes, que tenha preço superior àquele que foi pago pelo produto viciado.

No primeiro caso, o consumidor terá direito a receber a diferença do preço a seu favor, no ato da troca. No segundo, o consumidor terá de dar o complemento da diferença do preço pago a menor.

Em qualquer das duas hipóteses, se já tiver passado outro período de tempo (o suficiente para que se compute a correção monetária)[83], o consumidor tem direito a que a quantia por ele paga pelo produto viciado seja atualizada monetariamente. Trazido, assim, o preço originalmente pago a

---

83. Claro, desde que tenha havido inflação.

valor presente é que se pode efetuar a operação de subtração, para saber se a diferença é a menor ou a maior[84].

12.13.16.3. Pagamento a prazo

Se o pagamento do preço do produto estiver sendo feito a prazo, isto é, em prestações mensais[85], então o consumidor poderá:

a) no primeiro caso do subitem anterior, subtrair a diferença a seu favor do valor a ser pago relativo às prestações vincendas;

b) no outro, complementar a diferença, incluindo-a parceladamente em cada prestação faltante. Nessa hipótese, obviamente, se quiser, o consumidor poderá fazer a quitação do complemento à vista e continuar pagando as prestações restantes do modo inicialmente contratado.

Importante colocar algo no aspecto desses pagamentos em prestações. Conforme veremos quando da análise do regime jurídico da oferta[86] e em especial o caso do art. 31 (e que, no caso, iremos conectar com o art. 52), o preço de qualquer produto (ou serviço) é sempre "preço à vista". Não existe "preço a prazo". O que ocorre é "pagamento do preço feito a prazo". Como se verá, não se deve — nem se pode — confundir o preço do produto — ou do serviço — com sua forma de pagamento. Pagar à vista é diferente de pagar a prazo, mas o preço é o mesmo nas duas hipóteses.

Ver-se-á também que no pagamento do preço a prazo:

a) é possível fazer um financiamento — momento em que deve surgir na operação uma instituição financeira para operacionalizá-lo. Nessa hipótese serão cobrados juros do consumidor, para que o pagamento do preço seja feito em prestações financiadas;

b) é possível adiar o pagamento do preço, permitindo que o consumidor o pague a prazo sem qualquer acréscimo, por exemplo, 30 dias depois da compra;

---

84. Essa hipótese de atualização monetária nos vícios de quantidade será mais rara na medida em que, via de regra, nesse tipo de vício, o consumidor não deixa o tempo passar para depois reclamar.

85. Mensal é o padrão. Evidente que se pode pactuar bimestralmente, trimestralmente etc.

86. O regime jurídico da oferta está regulado nos arts. 30 a 35 do CDC, e que estudaremos, como dito, no Capítulo 21.

c) é possível parcelar o pagamento do preço, permitindo que o consumidor o efetue sem qualquer acréscimo, por exemplo, em três vezes: 30, 60 e 90 dias[87].

Dizemos isso porque, no cálculo da diferença a favor do consumidor ou no complemento do preço, há que ser considerado o preço do produto viciado como era praticado à vista. Apenas deve ser feito o cálculo da correção monetária a favor do consumidor. Se o preço do produto devolvido foi pago com financiamento — inclusão de juros —, qualquer cálculo deve abater os juros incluídos em cada prestação vincenda, para chegar ao preço limpo — *clean,* como se diz no jargão bancário —, sem os juros que estavam embutidos. Essa garantia, além de lógica, porquanto não se podem cobrar juros futuros — juros só existem de período passado —, está estampada no § 2º do art. 52[88].

12.13.16.4. Produto de espécie, marca ou modelo diversos

A norma do § 4º do art. 18, quando permite a troca, diz: "por outro de espécie, marca ou[89] modelo diversos".

Isso quer dizer que a opção de escolha a favor do consumidor é múltipla. Ele pode escolher:

a) mesma espécie, mesma marca e modelo diferente. Por exemplo, os produtos são vinhos tintos franceses, marca A, que o consumidor adquiriu em caixa fechada para dar de presente. Vieram 10 em vez de 12. Ele escolhe em troca vinhos franceses da mesma marca A, mas brancos;

b) mesma espécie, com marca e modelo diferentes. Usando o mesmo exemplo: foi adquirida caixa com vinhos tintos franceses, marca A. Vieram 10 em vez de 12. Ele escolhe em troca vinhos franceses, brancos e da marca B;

c) mesma espécie, marca diferente, mesmo modelo. Ainda no mesmo exemplo: vinhos tintos franceses, marca A. Ele escolhe vinho tinto francês, marca B;

---

87. É relevante lembrar que essas três formas de operação são também praticadas no exterior, como, por exemplo, nos Estados Unidos. A diferença lá recai na primeira alternativa: quando há financiamento os juros praticados no Brasil são escorchantes. Lá, não. Porém, as outras duas alternativas de pagamento do preço funcionam exatamente da mesma maneira.

88. Ver nossos comentários no item 37.10.

89. Como se verá, na hipótese do § 4º, o uso da disjuntiva "ou" está correto. Ao contrário do caso do inciso III comentado, que, equivocadamente, se utiliza da mesma disjuntiva.

d) diferente espécie, com marca e modelo diferentes (o modelo tem de ser diferente mesmo, já que mudou a espécie; a marca poderia continuar sendo a mesma, se fosse do mesmo fabricante). Usando o mesmo exemplo: vinhos tintos franceses, marca A, foram os adquiridos. Ele escolhe *whisky* escocês 12 anos, marca C;

e) diferente espécie, mesma marca, modelo diferente (só pode ser, já que mudou a espécie). Também no mesmo exemplo: foram adquiridos vinhos tintos franceses marca A. Ele escolhe champanhe, *rosé*, marca A.

12.13.16.5. Abatimento proporcional do preço

Por fim, falta interpretar o restante da oração do § 4º do art. 18: "sem prejuízo do disposto nos incisos II e III do § 1º deste artigo", o que significa que, se o consumidor, uma vez tendo optado pela alternativa do inciso I, que é a da substituição do produto, não conseguiu a troca desejada, pode, em vez de escolher produto de espécie, marca ou modelo diferentes — alternativa da primeira parte do § 4º —, exercer seu direito pelas prerrogativas inseridas nos incisos II e III do § 1º.

A alternativa do inciso III do § 1º do art. 18 (à qual o § 4º se refere, já que ele incide por remissão do art. 19) é a mesma do inciso I do art. 19: "abatimento proporcional do preço". E que já comentamos.

A outra hipótese, a do inciso II do § 1º do art. 18, é a mesma do inciso IV do art. 19: "a restituição imediata da quantia paga, monetariamente atualizada, sem prejuízo de eventuais perdas e danos". E que comentaremos na sequência.

É de perguntar, ainda, antes do exame do inciso IV, nos moldes do que temos feito: qual é a medida judicial à disposição do consumidor caso o fornecedor se negue a efetuar a troca prevista no inciso III e no § 4º do art. 18?

A resposta é a mesma já oferecida quando da análise dos vícios e defeitos do produto: o ajuizamento de ação de obrigação de fazer contra o fornecedor, com possibilidade de antecipação de tutela, inclusive com busca e apreensão do produto. Lá estão incluídas as normas processuais do CDC aplicáveis ao caso (art. 84, *caput* e §§ 3º a 5º)[90].

---

90. Ver comentários nos subitens 12.8.4.3 e 12.11.5.

Se a opção da troca tiver sido por produto que gere necessidade de complementação do preço, o consumidor poderá efetuar a complementação, depositando o preço em juízo. Se foi por produto que gere crédito a favor do consumidor, cabe o pleito da diferença.

12.13.17. Restituição da quantia paga e indenização

Comentemos agora o inciso IV do art. 19. Relembre-se sua redação: (pode o consumidor escolher) "a restituição imediata da quantia paga, monetariamente atualizada, sem prejuízo de eventuais perdas e danos".

A solução da norma é simples: permite que o consumidor tome de volta o dinheiro pago, desistindo de ficar com o produto viciado, que ele devolve. Mas, nos moldes do que aparece estampado no inciso II do § 1º do art. 18, tem-se de colocar uma questão relativa à segunda parte da oração: "*sem* prejuízo de eventuais perdas e danos" (grifamos). Quer dizer, então, que a opção pela alternativa IV do art. 19 dá ao consumidor o direito de pleitear *também* indenização pelos danos sofridos em função do vício de quantidade constatado?

A resposta é sim, mas comporta uma série de nuanças.

Primeiramente, no sentido de "perdas e danos". A expressão há de ser entendida como danos materiais (emergentes e lucros cessantes) e morais. Ou seja, a norma garante ao consumidor o direito de pleitear indenização pelos danos sofridos.

A responsabilidade civil nesse caso é diversa daquela firmada no *caput* do art. 12, ainda que da mesma forma seja objetiva.

A responsabilidade é objetiva porque, como já o dissemos, todo tipo de responsabilidade do fornecedor no CDC é objetivo, com exceção do caso do profissional liberal na previsão do § 4º do art. 14, com os limites apontados[91].

Porém, não é responsabilidade que nasça do mesmo tipo de defeito apontado no *caput* do art. 12. Há defeito sim, mas caracterizado pela constatação do vício junto da impossibilidade de resolução deste pela incidência das outras três alternativas (I, II e III) do art. 19. Isto é, o consumidor somente poderá pleitear perdas e danos se:

---

91. Ver nossos comentários ao § 4º do art. 14 no Capítulo 17.

a) ao tentar exercer as prerrogativas dos incisos I, II e III, o fornecedor negar-se a atendê-lo;

b) não conseguir efetivar tais alternativas por impossibilidade material (como no exemplo já narrado do consumidor que tenta obter os vinhos faltantes, mas encontra o estabelecimento fechado).

A justificativa para que somente se aceite que o consumidor pleiteie perdas e danos nessas duas hipóteses está na manutenção necessária do equilíbrio na relação jurídica estabelecida, por determinação do princípio estabelecido no inciso III do art. 4º da lei consumerista. Não teria nenhum sentido permitir que sequer se pensasse em dano quando o consumidor pode facilmente complementar o peso ou medida faltante (caso do inciso II), substituir o produto viciado por outro da mesma espécie, marca e modelo sem os vícios (conforme inciso III) ou substituí-lo por outro de diferente espécie, marca ou modelo (como estabelecido no § 4º do art. 18, aplicável ao art. 19 por força do seu § 1º), ou, ainda, obter o abatimento proporcional do preço (inciso I), ou, também, pedir o dinheiro gasto de volta (inciso IV, primeira parte).

A questão é de equilíbrio e lógica: se o consumidor comprou o produto é porque queria, e, se queria, sua primeira atitude é, singelamente, resolver o vício ou, então, desistir do negócio. Somente se isso tudo que está previsto como prerrogativa a ser exercida for impossível de ser realizado é que há de se falar em perdas e danos.

Assim, uma vez enquadrado o caso nessa circunstância, pode o consumidor pleitear a indenização.

A sistemática do pleito e apuração da indenização segue o mesmo esquema apontado na análise do art. 18, com as variantes aqui tratadas: o consumidor tem de demonstrar o dano, o nexo de causalidade entre ele e a negativa ou impossibilidade de:

a) abatimento proporcional do preço;

b) complementação do peso ou medida;

c) substituição do produto viciado por outro:

c.1) da mesma espécie, marca e modelo; ou

c.2) de diferente espécie, marca ou modelo;

d) restituição da quantia paga.

E com a indicação do fornecedor responsável.

Assim, graficamente, temos:

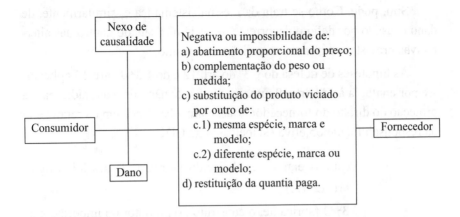

Como sempre, é de levantar a pergunta sobre o ônus da prova, e a resposta será a mesma: o ônus da prova do dano e do nexo de causalidade entre ele e a negativa ou impossibilidade de exercício das prerrogativas previstas é do consumidor. Porém tal ônus pode — e deve — ser invertido nas hipóteses do inciso VIII do art. 6º[92].

Graficamente:

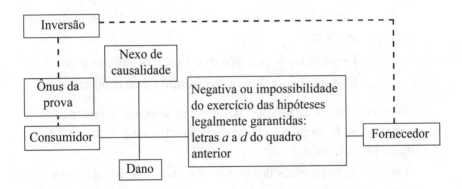

12.13.18. Defesa do fornecedor

Indaga-se agora: e o fornecedor, pode fazer uso das alternativas de defesa previstas no § 3º do art. 14 ou no § 3º do art. 12?

---

92. Ver nossos comentários a respeito no Capítulo 46.

Sim, pode. Como se trata da mesma sistemática e, similarmente, de dano causado por defeito decorrente de vício não sanado dentro das alternativas previstas na norma, o caminho é o mesmo.

As hipóteses de defesa do § 3º do art. 12 e do § 3º do art. 14 aplicam-se por analogia às do art. 19, uma vez que este não prevê as saídas para a proteção do direito do fornecedor. Mas, claro, elas decorrem da regra geral da responsabilidade objetiva estabelecida no CDC[93].

Vejamos, então, o estabelecido nas regras desses dois artigos.
"Art. 12. (...)

§ 3º O fabricante, o construtor, o produtor ou importador só não será responsabilizado quando provar:

I — que não colocou o produto no mercado;

II — que, embora haja colocado o produto no mercado, o defeito inexiste;

III — a culpa exclusiva do consumidor ou de terceiro".

"Art. 14. (...)

§ 3º O fornecedor de serviços só não será responsabilizado quando provar:

I — que, tendo prestado o serviço, o defeito inexiste;

II — a culpa exclusiva do consumidor ou de terceiro".

Para o exame das alternativas de defesa do fornecedor, remetemos aos comentários que faremos aos citados § 3º do art. 12 e § 3º do art. 14, nos Capítulos 14 e 15, *infra*.

Lembre-se, nos moldes dos comentários feitos ao art. 18, que o consumidor tem a sua disposição todas as espécies de ações capazes de propiciar a tutela pretendida (art. 83 do CDC)[94].

---

93. O ideal teria sido o legislador ter elaborado um quadro geral de excludentes de responsabilidade, em vez de tratar, como fez, nos artigos, cada caso, porquanto acabou esquecendo de prever a saída legítima do fornecedor do sistema estabelecido da responsabilidade objetiva nas hipóteses do art. 19, tal qual fizera no art. 18 (o que, como se verá no Capítulo 13, também faz no art. 20).

94. Ver comentários no subitem 12.8.4.3.

12.13.19. Fornecedor imediato

Passemos agora, para finalizar o exame do art. 19, ao § 2º, que dispõe:

"O fornecedor imediato será responsável quando fizer a pesagem ou a medição e o instrumento utilizado não estiver aferido segundo os padrões oficiais".

A hipótese desse parágrafo é de restrição aos sujeitos responsáveis pelo vício. A regra geral é a da solidariedade entre os partícipes do ciclo de produção e consumo (*caput* do art. 19). Mas a norma limita ao fornecedor imediato a responsabilidade quando é ele que faz a pesagem ou a medição.

A lei pressupõe que o erro somente se dá se "o instrumento utilizado não estiver aferido segundo os padrões oficiais". Essa deve ser a hipótese mais comum. Contudo, é preciso fazer uma interpretação extensiva da norma.

Podem ocorrer duas hipóteses em relação à pesagem e à medida:

a) pode acontecer de o instrumento estar aferido segundo os padrões oficiais e ainda assim o resultado ser vício de quantidade;

b) ou pode o instrumento não estar aferido segundo os padrões oficiais e não existir qualquer vício.

São muitas as variáveis que permitem o acontecimento das duas hipóteses. No caso *b*, é simples: o instrumento de medição é tecnicamente perfeito, apesar de não aferido por padrões oficiais. Por exemplo, o lojista usa uma régua (dessas comuns, que estudantes utilizam na escola) para medir o tecido vendido ou mede com um centímetro também corriqueiro. Não há nenhum problema, desde que o resultado da quantidade de tecido adquirido esteja correto.

Na hipótese *a*, isto é, com instrumento aferido, pode haver manipulação por parte do vendedor. O instrumento está bom, mas o consumidor recebe menos do que pediu e pagou. Por exemplo, ao colocar na balança aferida a carne solicitada, o vendedor coloca junto um peso de ferro escondido e engana o consumidor.

Pode acontecer, inclusive, de a própria aferição estar incorreta. Ou os fiscais não erram?[95]

---

95. Há uma história conhecida e transmitida oralmente, ao que parece verídica, de um órgão público de medição que adquiriu tubos de ensaio e os utilizava para fazer aferições. Depois de certo tempo e por reclamação de um laboratório que foi aferido, descobriu-se que os tubos de ensaio utilizados é que tinham medida incorreta!

12.14. Exercícios

12.14.1. José comprou 4 iogurtes no supermercado "A". Após dois dias, seu filho tomou um, que estava dentro do prazo de validade. Algumas horas depois, o filho passou mal e foi internado com grave infecção intestinal. Os médicos afirmaram que a possível causa da infecção seria o iogurte. Exames feitos nos iogurtes restantes constataram que o produto estava impróprio para o consumo, em função da má conservação.

    a. Quem são os consumidores à luz do CDC?

    b. Quem é responsável pelos danos causados: comerciante, fabricante, vendedor? Explique.

    c. O consumidor pode acionar o supermercado "A"?

    d. O que o consumidor pode pleitear no caso em tela?

12.14.2. A consumidora Maria da Silva adquiriu fogão da marca "Z" na loja "X". Tal fogão foi montado com materiais da fábrica "N" (lâminas de alumínio) e fabrica "P" (vidros), dentre outras. O fogão foi entregue pela transportadora "J". A consumidora passou a usar o fogão. Uma boca não acende. Pergunta-se:

    a. O que a consumidora pode fazer? De quem e onde pode reclamar? Por quê? Quais os prazos envolvidos? Levante todas as possibilidades, fundamentando com artigos do CDC.

    b. Após ter o fogão arrumado, o uso passou a ser normal e regular. A consumidora nunca usara o forno. Cinco meses após, resolve utilizá-lo para assar um bolo. Ao verificar o cozimento, o vidro da frente do fogão explodiu e os estilhaços atingiram-lhe o rosto. A consumidora foi internada e sofreu cirurgia plástica corretiva. Responda:

    b.1. Quem são os responsáveis pelos danos?

    b.2. Quais são os danos indenizáveis?

    b.3. Que tipo de garantia dá o CDC? Quais os prazos envolvidos?

    b.4. Levante todas as possibilidades, fundamentando com artigos do CDC.

13. OS VÍCIOS DOS SERVIÇOS

13.1. Vícios de qualidade e também de quantidade

Na Seção III do Capítulo IV do Título I, ao tratar da responsabilidade pelos vícios, o CDC colocou a questão do vício de qualidade do produto no art. 18 e a do vício de quantidade do produto no art. 19.

Para os serviços, reservou apenas o art. 20[1] e regulou somente os vícios de qualidade, como se não pudessem existir vícios de quantidade dos serviços. Mas se enganou, porque há sim vícios de quantidade de serviço, conforme se demonstrará.

Logo, a primeira observação é a de que se deve fazer uma interpretação extensiva do *caput* do art. 19 para incluir, nas salvaguardas que ele pretende estabelecer, o vício de quantidade do serviço. E, uma vez incluído o vício de quantidade do serviço no sistema protecionista, tudo o mais que se aproveitar da norma também valerá para essa outra proteção que se dá ao consumidor.

13.2. Quem é o responsável

Como fizemos antes, coloquemos como primeira observação a ser feita a do sujeito da oração: "o fornecedor".

---

1. "Art. 20. O fornecedor de serviços responde pelos vícios de qualidade que os tornem impróprios ao consumo ou lhes diminuam o valor, assim como por aqueles decorrentes da disparidade com as indicações constantes da oferta ou mensagem publicitária, podendo o consumidor exigir, alternativamente e à sua escolha: I — a reexecução dos serviços, sem custo adicional e quando cabível; II — a restituição imediata da quantia paga, monetariamente atualizada, sem prejuízo de eventuais perdas e danos; III — o abatimento proporcional do preço. § 1º A reexecução dos serviços poderá ser confiada a terceiros devidamente capacitados, por conta e risco do fornecedor. § 2º São impróprios os serviços que se mostrem inadequados para os fins que razoavelmente deles se esperam, bem como aqueles que não atendam as normas regulamentares de prestabilidade."

Ao contrário do estabelecido nos arts. 18 e 19, nos quais aparecem como sujeitos os "fornecedores", assim no plural, aqui no art. 20 há designação do termo no singular: "fornecedor". Dessa forma, é de entender que a lei se refere ao fornecedor *direto* dos serviços prestados. E isso é adequado, na medida em que o serviço é sempre prestado diretamente ao consumidor por alguém. E é essa pessoa, quer seja física quer seja jurídica, a responsável. Claro que, se for pessoa jurídica, o fato concreto de prestação será feito por pessoa física, mas haverá casos em que o serviço poderá ser realizado diretamente por instrumentos, como acontece, por exemplo, nos caixas eletrônicos dos bancos, nos lançamentos de contas em geral efetivados automaticamente por computador etc.

13.3. Prestador do serviço

A redação do art. 20 é a mesma do art. 14 no que respeita ao sujeito. E, como teremos oportunidade de observar quando da análise dos acidentes de consumo pelo fato do serviço[2], os termos deveriam ser outros, para estar mais adequados e coerentes com o sistema normado. A lei deveria ter dito "prestador do serviço", uma vez que o vocábulo "fornecedor" é o gênero do qual "prestador" (do serviço) é espécie — como o são também fabricante, construtor, produtor, importador e comerciante. Nesse aspecto o legislador falhou, pois toda vez que se refere especificamente a serviço usa a palavra "fornecedor", em vez do termo tecnicamente correto "prestador".

13.4. Solidariedade

Contudo, é necessário fazer uma observação. Ainda que a norma esteja tratando do fornecedor direto, isso não elide a responsabilidade dos demais que indiretamente tenham participado da relação. Não só porque há normas expressas nesse sentido (art. 34[3] e §§ 1º e 2º do art. 25[4]), mas também e em

---

2. No Capítulo 15, *infra*.

3. "Art. 34. O fornecedor do produto ou serviço é solidariamente responsável pelos atos de seus prepostos ou representantes autônomos."

4. "Art. 25. (...) § 1º Havendo mais de um responsável pela causação do dano, todos responderão solidariamente pela reparação prevista nesta e nas Seções anteriores. § 2º Sendo o dano causado por componente ou peça incorporada ao produto ou serviço, são responsáveis solidários seu fabricante, construtor ou importador e o que realizou a incorporação."

especial pela necessária e legal solidariedade existente entre todos os partícipes do ciclo de produção que geraram o dano (cf. o parágrafo único do art. 7º[5]), e, ainda mais, pelo fato de que, dependendo do tipo de serviço prestado, o fornecedor se utiliza necessariamente de serviços e produtos de terceiros[6].

Por exemplo, o instalador de carpetes que usa cola, o banco que se utiliza do correio para remeter o talão de cheques, o funileiro que pinta o carro com certa tinta etc. Pode ocorrer em qualquer desses casos que o vício acabe decorrendo não diretamente do serviço prestado, mas do produto utilizado elaborado por terceiro (no exemplo do funileiro, a tinta que desbota), ou do serviço utilizado prestado por terceiro (no exemplo do banco, o correio que entrega o talão de cheques em local errado).

Logo, o importante é consignar desde já o que se deve entender por *serviço* prestado: é aquele feito de conformidade com a oferta e cujo desenvolvimento esteja adequado e do qual advenha resultado útil, da maneira prometida, e que se tenha estabelecido pelo prestador, quer ele o faça diretamente (como no exemplo do profissional liberal), quer se utilize de produto ou serviço de terceiros.

Insistamos um pouco mais nesse ponto para deixar clara essa responsabilização geral. Lembre-se que, na fabricação de qualquer produto, sempre entra em jogo uma série de componentes, desde a matéria-prima e insumos básicos até o próprio *design*, o projeto, passando pelas peças, equipamentos etc. O produto final tem um responsável direto. Por exemplo, a montadora do automóvel. Mas é possível identificar os fabricantes dos componentes. Por exemplo, o fabricante dos amortecedores, dos pneus, dos vidros etc.[7].

No caso do serviço, ocorre algo similar. Há alguns serviços prestados de maneira direta e praticamente pura, tais como o de consulta médica, o de ensino, o do cabeleireiro etc.[8]. Mas há serviços que são compostos de

---

5. "Art. 7º (...) Parágrafo único. Tendo mais de um autor a ofensa, todos responderão solidariamente pela reparação dos danos previstos nas normas de consumo."

6. Como, aliás, é regra geral da produção. Alguns fornecedores podem prestar serviço sem intervenção de terceiro, como, por exemplo, o profissional liberal quando dá algum conselho, o médico dando uma receita, o advogado indicando um comportamento ou fazendo um contrato etc.

7. Lembremos que no processo de fabricação do produto entra também uma série de serviços.

8. Alguns materiais usados por esses profissionais, como o giz e a lousa para o professor, a tesoura para o cabeleireiro, podem ser deixados de lado aqui, como meros

outros serviços, tais como os de administração de cartões de crédito, que envolve a administradora, os bancos, que recebem os pagamentos das contas e os boletos de venda dos comerciantes, os correios, que remetem as faturas e demais correspondências, os serviços telefônicos, cujos canais são importantes no atendimento ao consumidor etc.[9].

Há, ainda, outros serviços que são necessariamente compostos pela prestação dos serviços e da utilização de produtos. Não há o serviço sem o produto. Por exemplo, os serviços de consertos de automóveis e as respectivas trocas de peças, os serviços de assistência técnica de conserto de eletrodomésticos, os serviços domésticos de pintura e instalação elétrica etc.

Há, também, similares aos anteriores, produtos e serviços vendidos simultaneamente. Por exemplo, carpetes e sua colocação, papéis de parede e sua fixação, boxes de banheiro e sua instalação etc.

Visto isso, pergunta-se: qual é a participação, na responsabilidade por defeito, de todos esses agentes que se envolvem na prestação dos serviços?

A resposta é exatamente a mesma dada para o caso dos fabricantes das várias peças de um produto final: todos são responsáveis solidários, na medida de suas participações. Haverá, é claro, o prestador do serviço direto, que provavelmente venha a ser o acionado em caso de dano. Porém, todos os demais participantes da execução do serviço principal, que contribuíram com seus próprios serviços e seus produtos, são, também, responsáveis solidários.

Assim, por exemplo, a Administradora de Cartões de Crédito Y remete ao consumidor a fatura para o pagamento do débito. Esse consumidor, João da Silva, no dia do vencimento da fatura, comparece ao Banco X e faz o pagamento. Foi um mês de muitas despesas, tantas que João até estourou o limite de crédito do seu cartão, concedido pela administradora. Note-se que os bancos são parceiros do serviço da administradora, na medida em que esta os indica (e os contrata) para que eles recebam e deem quitação aos pagamentos feitos pelo consumidor.

O referido Banco X, por falha de seu sistema operacional, não remete para a administradora o comprovante de pagamento de João, que permanece com sua conta do cartão de crédito em aberto, constando como devedor, a partir do dia do vencimento.

---

coadjuvantes. Claro que a tesoura ganharia relevo se o cabeleireiro cortasse a orelha da cliente. Mas continuaria sendo um defeito do serviço, não do material empregado: a tesoura.

9. Claro que há, também, aqui, uso de materiais vários. Não os estamos considerando, pois não têm relevo em nossa hipótese.

João até recebe uma carta da administradora dizendo que estava em débito, mas não se incomodou, porque ao pé da folha estava escrito para que ele desconsiderasse o aviso caso o pagamento já tivesse sido efetuado. Depois, como não foi mais contatado, esqueceu o assunto.

Passados alguns dias, João, precisando de dinheiro, foi até um caixa eletrônico perto de sua casa sacar R$ 500,00 com seu cartão de crédito[10]. Não conseguiu, porque a máquina não processou a operação, indicando que ele estava em débito.

João não pôde sacar o dinheiro naquela hora. Como não sofreu nenhum prejuízo por causa da negativa da operação, o caso é de simples vício. Ele pode simplesmente ligar para a administradora do cartão e exigir que sua conta seja zerada, uma vez que está paga.

Examinando-se o caso, percebe-se, por sua descrição, que o erro no sistema operacional que gerou a não quitação da conta do cartão de crédito de João foi do banco — parceiro da administradora. Aquele é tão responsável pelo vício quanto esta. Do ponto de vista prático, o usual é que o consumidor reclame com o prestador do serviço direto — no caso, a administradora do cartão de crédito e não o banco, muito embora não haja impedimento jurídico algum para tanto[11].

13.5. Serviços duráveis e não duráveis

Na sequência da oração do *caput* do art. 20 está colocado apenas "serviços" ("o fornecedor de serviços"), que é a forma correta de expressar. Não há aqui o equívoco do *caput* do art. 18, que despiciendamente fala em produtos "duráveis ou não duráveis". Bastava mesmo falar em "serviços", que é o gênero que compreende todo e qualquer serviço fornecido no mercado de consumo mediante remuneração, excetuando-se os de caráter trabalhista (cf. o § 2º do art. 3º)[12].

---

10. Como se sabe, uma das modalidades de uso do cartão de crédito é o saque de dinheiro em caixas eletrônicos. Paga-se, posteriormente, o valor com os acréscimos contratuais, por meio da fatura emitida pela administradora.

11. A hipótese em caso de defeito é a mesma: tanto o banco quanto a administradora do cartão são responsáveis solidários pelos danos. Ver comentários ao *caput* do art. 14 no Capítulo 15.

12. Ver nossos comentários, em especial o aspecto envolvendo remuneração, no subitem 5.4.5.

13.6. Vícios de qualidade dos serviços

Seguindo adiante, surge então a falha por ausência: a norma fala apenas em "vícios de qualidade", deixando de lado os "vícios de quantidade". Conforme antecipamos, iremos na sequência apontar os vícios de quantidade dos serviços, bem como a necessidade de colocá-los na incidência do *caput* do art. 19, o que se faz lançando mão da regra de interpretação extensiva. Examinemos primeiramente os vícios de qualidade.

São aqueles, diz a norma, que tornem os serviços "impróprios ao consumo ou lhes diminuam o valor", assim como aqueles "decorrentes da disparidade com as indicações constantes da oferta ou mensagem publicitária".

Como sempre, enquanto norma protetora do consumidor, as hipóteses aventadas são meramente exemplificativas. No caso em exame há referência expressa ao aspecto da publicidade e da informação — que está posta com o termo "indicação". Mas, de qualquer maneira, refira-se outra vez que sempre entram no rol das possibilidades de causar vício (ou defeito) a oferta, a apresentação, a informação e a publicidade, por previsão dos arts. 30 e 31[13]. Todas, enquanto elemento essencial do serviço, podendo ser, de per si, causadoras do vício.

13.6.1. Distinção entre impróprio ou inadequado

A norma do *caput* do art. 20 fala em vício como aquele que torne o serviço "impróprio". No *caput* do art. 18 aparece uma distinção. Lá está colocado que o vício torna o produto "impróprio ou inadequado".

Já vimos que há diferença entre os termos "impróprio" e "inadequado". "Impróprio" é a característica que impede o uso ou consumo do produto. "Inadequado" é a que faz com que o produto possa ser utilizado, mas com eficiência reduzida. Isto é, o consumidor pode dele se servir, mas há alguma perda na eficiência da qualidade ofertada. No primeiro caso estão produtos tais como os enlatados cujo conteúdo encontra-se embolorado, com mau cheiro etc.; as carnes com manchas escurecidas; as salsichas e linguiças com líquidos dentro da embalagem etc. No outro está a televisão que tem chuvisco ou sombra na imagem; a geladeira que "solta água"; a máquina de lavar louça que vaza etc.[14]

---

13. Ver comentários aos arts. 30 e 31 no Capítulo 21.

14. Ver detalhes sobre esse problema com os produtos nos comentários ao *caput* do art. 18, no Capítulo 12.

Pois bem. Com os serviços acontece o mesmo. Há os vícios que tornam o serviço impróprio ao consumo a que se destina e há os que o tornam inadequado. No primeiro caso está, por exemplo, o serviço de colocação de freio no veículo que, malfeito, impede que este possa ser brecado. No outro, o lançamento de débito indevido na conta do cartão de crédito, que torna o serviço inadequado, mas não impede seu uso.

Por isso, tem-se, aqui, mais uma vez, de fazer uma interpretação extensiva, na busca, por analogia ao art. 18, de um conceito, o de inadequação. Com isso, deve-se ler o *caput* do art. 20 apontando o vício de qualidade como aquele que torna "impróprio ou inadequado" o serviço ao consumo a que se destina.

13.6.2. Serviços "impróprios ou inadequados"

É verdade que o § 2º do art. 20 pretendia especificar o que entendia por impropriedade. Mas, ao fazê-lo, confundiu os dois conceitos, pois disse que o impróprio é o que se mostra inadequado: "São *impróprios* os serviços que se mostrem *inadequados* para os fins que razoavelmente deles se esperam, bem como aqueles que não atendam as normas regulamentares de prestabilidades"[15].

Assim, a esse § 2º deve-se dar novo e cabal sentido para deixar expressamente consignado que impróprio, como já dissemos, é o serviço que, em função de sua má execução, impede seu uso, não tendo qualquer eficácia de prestabilidade para o consumidor. E inadequado, também conforme já dito, é o serviço que, apesar de imperfeitamente prestado, permite o uso parcial, não tendo a total eficiência esperada e desejada pelo consumidor, mas, ainda assim, mesmo insuficiente, podendo ser utilizado.

13.6.3. Definição provisória

Visto isso, passemos aos detalhes e exemplos dos vícios de qualidade.

Temos, então, que o vício de qualidade é aquele que:

a) torne o serviço impróprio ao consumo a que se destina;

b) torne o serviço inadequado ao consumo a que se destina;

c) diminua o valor do serviço prestado;

---

15. Vimos, ao examinar o art. 18, que o seu § 6º faz o mesmo tipo de confusão. Ver comentários, item 12.6.

d) esteja em desacordo com o contido:

d.1) na mensagem publicitária (de TV, rádio, jornal, revista, mala-direta etc.);

d.2) na apresentação (no balcão, no cartaz etc.);

d.3) na oferta e informação em geral (dada verbalmente por telefone, pessoalmente, em folheto, livreto etc.);

d.4) no contrato.

Na sequência apresentaremos exemplos de cada uma das hipóteses de vícios. Note-se que a classificação acima traçada está colocada apenas pelos casos principais do enquadramento legal. Quase como tipos puros. Nada impede, todavia — aliás é algo bem comum —, que uma mesma situação de vício possa ser enquadrada em mais de uma hipótese. Por exemplo, o serviço mal executado de conserto do motor de um automóvel torna-o impróprio ao fim a que se destina e diminui seu valor. O bloqueio do uso do cartão de crédito sob a alegação de excesso do limite quando a publicidade e o contrato dizem que não há limite para compras com o cartão torna o serviço impróprio ao consumo e está em desacordo tanto com a publicidade quanto com o contrato[16].

Vejamos, então, exemplos de cada uma das hipóteses.

13.6.3.1. Exemplos relativos à letra "a"

São casos de vícios que tornam o serviço impróprio ao consumo a que se destina:

— colocação de freio que impede que o automóvel seja brecado;

— instalação elétrica com curto-circuito;

— bloqueio injustificado do cartão de crédito;

— conta corrente bloqueada e/ou encerrada indevidamente;

— instalação de armários que se descolam da parede[17].

---

16. O Processo n. 1.125/96, que teve curso perante a 24ª Vara Cível de São Paulo, tratava exatamente disso. O usuário de um cartão de crédito, para o qual a administradora anunciara publicamente que não havia limite, teve uma transação negada sob a alegação de excesso de limite. A ação era de indenização por danos morais. Foi feita composição amigável, na qual a administradora pagou R$ 18.000,00 (a sentença homologatória do acordo é de 6-11-1996).

17. Para mais exemplos, consultar a tabela no final do nosso *Compre bem — manual de compras e garantias do consumidor.*

13.6.3.2. Exemplos relativos à letra "b"

São casos de vícios que tornam o serviço inadequado ao consumo a que se destina:

— lançamento indevido na fatura do cartão de crédito;

— diminuição indevida do limite do cartão de crédito;

— lançamento indevido de débito em conta corrente;

— retirada de valor de conta corrente sem autorização expressa do correntista;

— pintura de automóvel que ficou manchada[18].

13.6.3.3. Exemplos relativos à letra "c"

São casos de vícios que diminuem o valor do serviço prestado:

— serviço de funilaria malfeito, deixando o automóvel amassado, torto, manchado (apesar de funcionando);

— reforma doméstica mal executada: paredes pintadas que ficaram manchadas; ladrilhos postos tortos etc.;

— qualquer serviço de conserto de eletroeletrônicos mal executado[19].

13.6.3.4. Exemplos relativos à letra "d"

São casos de vícios de qualidade por estarem os serviços em desacordo com o contido na mensagem publicitária, oferta, apresentação, no contrato e nas informações em geral:

— serviço de cartão de crédito que anuncia x dias para pagar a fatura, prazo que não se realiza de fato;

— bloqueio do uso do cartão de crédito sob a alegação de excesso do limite quando a publicidade e o contrato dizem que não há limite para compras com o cartão[20];

---

18. Para mais exemplos, consultar tabela citada na nota anterior.

19. Para mais exemplos, consultar a tabela citada nas notas anteriores.

20. Conforme já dito antes, sobre o Processo n. 1.125/96, que teve curso perante a 24ª Vara Cível de São Paulo (ver nota 329).

— serviço de conserto de veículo executado em desacordo com o orçamento[21];

— qualquer promessa de qualidade de hotéis, aviões, passeios por agência de turismo e/ou o próprio hotel, companhia aérea etc. que não corresponda ao que realmente foi prestado;

— as várias ofertas de operadoras de planos de saúde que não se concretizam[22].

13.6.4. Consumir e usar

Indiquemos agora outra falha do legislador por ausência de uso de vocábulos.

Quando comentamos o art. 18, especialmente o § 6º, tivemos oportunidade de apontar a indicação de dois verbos postos na ação do consumidor em relação aos produtos: "usar" e "consumir". Lá dissemos que, ao colocar no § 6º o vocábulo "uso", o legislador corrigiu uma falha do *caput*, que apenas fala em "consumo"[23].

Aqui no art. 20, o legislador simplesmente omitiu o termo "uso", preferindo manifestar-se apenas pelo verbo "consumir". Conforme explicado nos comentários ao art. 18, mesmo que em nenhum ponto da norma consumerista se tivesse feito referência ao verbo "usar", ainda assim seria possível extraí-lo de outro ("consumir"), porquanto dá para construir uma classificação colocando o uso como uma forma especial de consumo. Contudo, como pelo menos no § 6º do art. 18 a lei faz a colocação dos dois conceitos, e como se deve interpretar a norma sistematicamente, tem-se de inserir o termo "uso" no sentido do *caput* do art. 20, mais uma vez pelo esforço interpretativo de extensão para suprimir a omissão do legislador.

Com efeito, *consumo* diz respeito aos serviços (e produtos) consumíveis, isto é, não duráveis. São aqueles que se extinguem na medida em que vão sendo utilizados: serviços de transporte, hospedagem, diversões públicas em geral, guarda de veículos em estacionamento etc. *Uso* diz respeito aos serviços (e produtos) que não se extinguem enquanto vão sendo utilizados. São os serviços duráveis: consertos de veículos e de eletroeletrônicos

---

21. Para mais detalhes sobre orçamento, ver comentários ao art. 40.

22. Para mais exemplos, consultar tabela no final de nosso *Compre bem — manual de compras e garantias do consumidor*.

23. Ver comentários no item 12.6.

em geral, de instalações domésticas e serviços domésticos em geral (pintura, desentupimento, eletricidade etc.) etc. São, também, considerados duráveis os serviços que, apesar de, ao serem prestados, extinguirem-se, por estipulação contratual duram no tempo, em função de sistema de contraprestação instituído: a prestação de serviço das administradoras de cartões de crédito; a dos bancos aos seus correntistas; a das escolas; a das operadoras de planos de saúde etc.[24].

Como reforço à necessidade de utilizar os dois verbos ("usar" e "consumir"), é de colocar que, ao tratar das garantias dos serviços (e dos produtos), a lei consumerista faz a distinção entre serviços (e produtos) duráveis (isto é, de uso) e não duráveis (de consumo)[25].

13.6.5. Definição

Vê-se, portanto, que deve ser entendido no contexto da regra do *caput* do art. 20 que vício de qualidade é o que torne impróprio ou inadequado o serviço para o *consumo* e *uso* a que se destina, diminua seu valor ou esteja em desacordo com o contido na mensagem publicitária, apresentação, oferta, informação em geral e no contrato.

13.6.6. Vício aparente

Os vícios aparentes ou de fácil constatação, como o próprio nome diz, são os de fácil verificação, perceptíveis no consumo ordinário que se tem do serviço, de maneira que o consumidor logo os perceba, como no exemplo da pintura do veículo cujo capô ficou manchado. Eles aparecem indicados no *caput* no art. 26, a cujos comentários remetemos o leitor[26].

13.6.7. Vício oculto

Os vícios ocultos são aqueles que não estão acessíveis ao consumidor no uso ordinário ou que só aparecem depois de algum ou muito tempo. Por

---

24. Para mais detalhes a respeito desse assunto, ver nossos comentários ao § 2º do art. 3º, que define serviço, no item 5.4.

25. A respeito desse assunto, remetemos o leitor aos comentários feitos nos Capítulos 19 e 20, *infra*.

26. Ver a esse respeito o Capítulo 19, item 19.2.

exemplo, num serviço de instalação de carpete, a cola que é de má qualidade e faz com que o carpete colocado se solte depois de certo tempo de uso.

O vício oculto aparece indicado no § 3º do art. 26, que será examinado quando estudarmos a garantia dos produtos[27].

13.7. Expectativa do consumidor

Como complemento ao exame do problema do vício de qualidade do serviço, é preciso concluir a interpretação do contido no § 2º do art. 20. Recordemos sua redação:

"São impróprios os serviços que se mostrem inadequados para os *fins* que *razoavelmente* deles se esperam, bem como aqueles que não atendam as normas regulamentares da prestabilidade".

O legislador volta a usar na norma do § 2º em comento um conceito que está estampado no *caput* do art. 8º. Lá está escrito: "Os produtos e serviços colocados no mercado de consumo não acarretarão riscos à saúde e segurança dos consumidores, *exceto* os considerados *normais* e *previsíveis* em decorrência de sua *natureza* e *fruição*..."[28].

A norma, então, mais uma vez fala em *expectativa* do consumidor naquilo que seja o fim que razoavelmente possa o serviço ofertado concretizar.

Na realidade o uso pelo legislador desses termos vagos e um tanto ambíguos traz uma série de problemas ao intérprete. Para perceber a dimensão da questão remetemos neste ponto aos comentários que fizemos aos arts. 8º, 9º e 10[29].

13.8. Variações decorrentes da natureza do serviço

Agora, o que o legislador não fez — e deveria — foi inserir no conceito de vício de qualidade do serviço a garantia de que não é vício aquele relativo às variações decorrentes de sua própria natureza.

Recorde-se que no *caput* do art. 18, acertadamente, o legislador fez essa ressalva. Colocou que não são vícios de qualidade do produto os relativos

---
27. Ver Capítulo 19, item 19.2.
28. Ver comentários ao art. 8º, no Capítulo 7.
29. Ver Capítulo 7, *supra*.

às "variações decorrentes de sua natureza". No art. 20, para cuidar do vício de qualidade do serviço, omitiu essa consideração.

Tem-se, então, mais uma vez, de lançar mão da interpretação extensiva e sistemática para preencher a lacuna deixada pelo redator da lei. É que também os serviços terão variações naturais, que não podem ser tidas como vícios, em especial aqueles que são oferecidos com um misto de produtos. Lembre-se que há vários serviços que são prestados juntamente com produtos, que são deles partes inerentes.

A norma do art. 18, aplicável também ao 20, pretende salvaguardar certas alterações e até deteriorações que não chegam a se tornar impropriedade e que afetam o resultado do serviço prestado. Devido à natureza específica do serviço, a modificação é inexorável, não constituindo vício, e por isso fez bem a lei em resguardá-los para evitar a confusão dessa alteração com o vício.

Vejam-se dois exemplos: o do serviço de pintura de parede, cuja tinta utilizada irá naturalmente, com o passar do tempo, escurecer ou clarear. O do serviço de instalação de armários em paredes de madeira, cuja acomodação física natural alterará parcialmente a posição e confrontação dos armários instalados.

Note-se, porém, que variações decorrentes de sua própria natureza não são aquelas naturais, decorrentes do uso. Essa modificação gera o que se chama desgaste, e iremos dela tratar junto das garantias[30]. Antecipem-se, contudo, algumas observações. O carpete instalado, de tanto ser pisado, vai descolando do chão; o freio do veículo colocado pelo mecânico aos poucos não funciona tão bem; a porta consertada do armário ganha uma folga de tanto ser aberta e fechada. São casos de variações decorrentes do desgaste que não tornam o serviço viciado, dentro do normal e previsível para aquele serviço prestado. Voltaremos ao assunto adiante[31].

13.9. A cessação do problema

Seguindo a oração do *caput* do art. 20, chega-se ao direito que tem o consumidor de exigir a cessação do problema. Examinemos de perto.

---

30. Ver Capítulo 19, *infra*.

31. Ver Capítulo 19, *infra*. Ver, também, nossos comentários sobre desgaste do produto no Capítulo 12, *supra*, subitem 12.8.3.

A primeira observação a ser feita é a de que, ao contrário do estabelecido na regra do vício de qualidade do produto (art. 18), pela qual o fornecedor tem 30 dias para suprir o vício e somente depois desse tempo é que pode o consumidor exercer o direito de substituição, restituição ou abatimento do preço (§ 1º do art. 18), no caso da norma do inciso I do art. 20 o fornecedor não tem qualquer prazo. Constatado o vício, pode o consumidor exigir de imediato as garantias oferecidas na lei.

É mais justa a estipulação do art. 20, uma vez que, como se viu[32], a aplicação concreta do exercício dos direitos do consumidor, somente após o término do período de 30 dias, acaba atentando contra o protecionismo legal do próprio CDC.

Antes de avaliar os incisos do art. 20, examine-se o final da redação do *caput*, que dispõe que as garantias fixadas nos incisos I a III é exercitável pelo consumidor "alternativamente e à sua escolha".

13.10. Escolha do consumidor

É a mesma regra instituída no § 1º do art. 18 e no *caput* do art. 19. Trata-se de direito objetivo posto à disposição do consumidor, que exerce a opção por qualquer das alternativas, sem ter de apresentar qualquer justificativa ou fundamento para tanto. Basta a manifestação da vontade; apenas sua exteriorização objetiva. É um querer pelo simples querer manifestado[33].

E, continuando no exame da norma do art. 20, constata-se, com certa surpresa, que desta feita o peso do protecionismo é total a favor do consumidor e que, na prática, pode gerar excessos contra o fornecedor e, por isso, ter-se-á de fazer, nesta oportunidade, uma interpretação restritiva das garantias estabelecidas nos incisos I e II.

13.10.1. Reexecução quando possível

Com efeito, a lei diz, naquelas duas hipóteses (incisos I e II), que, constatado o vício, pode o consumidor exigir alternativamente e à sua escolha: I — a reexecução dos serviços, sem custo adicional quando cabível;

---

32. Ver comentários ao § 1º do art. 18. Ressalte-se que há uma série de problemas envolvendo o aspecto dos 30 dias a favor do fornecedor (leia-se no item 12.8).

33. O mesmo tipo de manifestação objetiva, como decorrência da exteriorização da vontade, sem ter de fundamentá-la, aparece, também, nos arts. 18, 19, 35 e 49.

II — a restituição imediata da quantia paga, monetariamente atualizada, sem prejuízo de eventuais perdas e danos.

Talvez se pudesse utilizar a expressão "quando cabível" do final do inciso I para diminuir o peso da desproporcionalidade instituída — como ainda se demonstrará — entre consumidor e fornecedor, mas acontece que, como as normas dos incisos devem obediência lógica ao *caput* e lá está estabelecido o exercício dos direitos como *alternativo* de *escolha* para o consumidor, o sentido da expressão na teleologia do texto somente pode ser: quando cabível, isto é, *quando for possível* efetuar a reexecução do serviço, bem como quando for *vontade* do consumidor. E isto porque:

a) A expressão está colocada após uma conjuntiva "e" ao final da frase, em relação ao direito garantido ("reexecução dos serviços" *e* "quando cabível").

b) A norma — inteligentemente, diga-se — está pressupondo que há serviços que não podem ser reexecutados, o que impede, concretamente, que o consumidor exerça a garantia estabelecida no inciso I. E que pode ter gerado defeito, caso em que se aplica a regra do art. 14, que ainda examinaremos mais adiante[34].

Assim, por exemplo, o corte de cabelo malfeito não pode ser reexecutado; uma cirurgia para extração de amígdala (desde que ela tenha sido extraída) também não etc.

c) A reexecução seria possível, mas, em função da constatação do vício, o consumidor desistiu de refazê-lo[35].

É essa a intenção da norma: se for possível a reexecução do serviço e se o consumidor quiser (ou seja, "quando cabível"), então, pode este servir-se da hipótese do inciso I. Se não for, cabe a ele o exercício das prerrogativas dos outros incisos.

13.10.2. Reexecução parcial

Contudo, conforme antecipamos no início, haverá uma série enorme de situações concretas que não necessitam da reexecução de todo o serviço

---

34. Ver Capítulo 15, *infra*.
35. Ver, à frente, a hipótese do § 1º, que se refere à reexecução dos serviços por terceiros, no item 13.12.

para garantir o pleno saneamento do vício. Ora, se, no serviço de pintura de uma casa, apenas uma parede foi mal pintada, não tem sentido exigir a reexecução de todo o serviço. Da mesma maneira, nos vários serviços de funilaria de automóveis, nos trabalhos elétricos etc.

É por demais evidente que não se poderia imputar à norma essa pretensão de exigir que o fornecedor reexecute *todo* o serviço quando a reexecução parcial resolve o problema do consumidor. Seria uma estipulação legal que fixaria o direito a ser exercido por mero capricho, o que implicaria claro exercício de abuso do direito[36]. Assim, tem-se de fazer uma interpretação restritiva da letra da lei.

A leitura do inciso I do art. 20, então, deve ser feita da seguinte forma: é garantido ao consumidor exigir a reexecução parcial do serviço, se esta for suficiente para sanar o vício ou, se necessário, total, sem custo adicional e quando cabível.

A questão do custo, nem seria preciso dizê-lo, é evidentemente resolvida contra o fornecedor. É ele quem tem de arcar com eventuais gastos da reexecução parcial ou total.

13.10.3. Restituição imediata da quantia paga

No inciso II, a questão da desproporcionalidade na relação direta com a possibilidade de reexecução parcial retorna. É que a norma permite que o consumidor exija (por escolha injustificada, como vimos) a restituição imediata da quantia paga. Ou, em outras palavras, havendo vício do serviço, o consumidor teria a seu favor, de forma incondicionada, o direito de exigir tudo o que pagou de volta.

Seria o mesmo equívoco firmado no inciso I: se, no serviço de pintura de uma casa, apenas uma parede foi mal pintada, não tem sentido permitir que o consumidor exija o *total* do preço pago pela pintura da casa toda. Da mesma maneira, o absurdo se daria numa série de outros serviços, que se podem resolver de forma parcial.

---

36. Abuso do direito que é plenamente tido na doutrina, na jurisprudência e na lei como prática a ser proibida. No início dos comentários ao art. 39, que trata das práticas abusivas, daremos um panorama completo sobre essa questão. Ver também nossos comentários no item 6.13.

Estar-se-ia novamente incorrendo no problema concreto do abuso de direito, proibido no sistema legal[37]. Assim, da mesma maneira que na hipótese do inciso I, deve-se fazer uma interpretação restritiva da letra do texto do inciso II.

A leitura da norma em comento implica, então, que a interpretação deve ser a seguinte. É garantido ao consumidor exigir:

a) a restituição de parte da quantia paga na proporção com o custo total cobrado pelo serviço executado[38], sempre que o saneamento do vício se puder operar de forma parcial;

b) a restituição total da quantia paga, sempre que o saneamento do vício, para se efetivar, tenha de se dar de maneira global, isto é, tem de haver reexecução total;

c) que, em qualquer hipótese, as verbas a serem devolvidas estejam atualizadas.

Na sequência analisaremos a questão das perdas e danos. Porém, antes, diga-se que o uso do adjetivo "imediato" no texto do inciso II é despiciendo, uma vez que, como já dissemos, para o exercício do direito de exigir qualquer uma das garantias dos três incisos não há prazo estipulado (como ocorre no § 1º do art. 18). Assim, em todos os casos o direito é exercitável de imediato. Diga-se, também, que a hipótese do direito de pedir a devolução de parte da quantia paga, na proporção com a possibilidade de sanar o vício por reexecução parcial, é a mesma do inciso III.

13.10.4. Perdas e danos

Tratemos agora da questão das perdas e danos, prevista no final da proposição do inciso II.

Da mesma maneira como fizemos ao analisarmos a restituição da quantia paga mais perdas e danos no caso dos vícios dos produtos[39], deve-se colocar aqui uma relevante questão. A norma diz: restituição da quantia

---

37. Ver, conforme já dissemos na nota anterior, a explanação completa sobre o abuso do direito no início dos comentários ao art. 39 e nos comentários ao art. 6º, no item 6.13.

38. Aplicando-se um simples cálculo aritmético pelo uso da regra de três, quando possível.

39. No Capítulo 12, subitem 12.13.17.

paga... "*sem* prejuízo de eventuais perdas e danos". Quer dizer, então, que a opção pela alternativa do inciso II do art. 20 dá ao consumidor o direito de pleitear *também* indenização pelos danos sofridos em função do vício?

A resposta pode ser sim ou não. Depende das circunstâncias que a seguir retrataremos.

Comecemos pelo sentido de "perdas e danos". A expressão há de ser entendida como danos materiais (emergentes e lucros cessantes) e morais.

A responsabilidade civil neste caso é diversa daquela firmada no *caput* do art. 14, ainda que, da mesma forma, seja objetiva. Ela é objetiva porque, como já o dissemos, todo tipo de responsabilidade do fornecedor no CDC é objetivo, com exceção do caso do profissional liberal do § 4º do art. 14, com as características apontadas[40].

Porém, não é responsabilidade que nasça do mesmo tipo de defeito apontado no *caput* do art. 14. Há defeito sim, mas caracterizado pelo não saneamento do vício:

a) porque isso é impossível e não se enquadra na hipótese de defeito do art. 14[41];

b) porque, apesar de possível, o consumidor desistiu de fazê-lo;

c) porque o consumidor solicitou a reexecução parcial ou total e:

c.1) ela não foi feita;

c.2) ela foi executada novamente de maneira errada, ficando mantido o vício.

É preciso entender que o direito a perdas e danos previsto no inciso II do art. 20 somente nasce *após* se constatar a impossibilidade ou a desistência do saneamento do vício. Se este puder ser resolvido e for, não pode o consumidor fazer o pleito indenizatório.

13.10.4.1. Resumo

A sistemática do pedido e apuração da indenização segue o mesmo esquema apontado nos comentários aos arts. 18 e 19, com as variantes aqui tratadas: o consumidor tem de demonstrar o dano, o nexo de causalidade entre ele e:

---

40. Ver nossos comentários ao § 4º do art. 14, Capítulo 17.
41. Se se enquadrasse, aplicar-se-ia simplesmente a regra do art. 14.

a) a impossibilidade de reexecução do serviço;

b) a desistência de refazê-lo;

c) a negativa de reexecução parcial ou total do serviço por parte do fornecedor;

d) a manutenção do vício após a reexecução parcial ou total feita pelo fornecedor.

E com a indicação do fornecedor responsável.

Graficamente, temos:

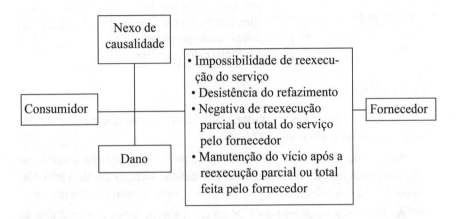

Lembre-se que o consumidor poderá exigir, logicamente, não só a indenização pelas perdas e danos, mas também, e simultaneamente, a restituição parcial ou total da quantia paga.

13.10.4.2. Ônus da prova e sua inversão

Prosseguindo no exame da questão da apuração das perdas e danos, como sempre é de levantar a pergunta sobre o ônus da prova, e a resposta será a mesma: o ônus da prova do dano e do nexo de causalidade entre ele e a impossibilidade, desistência ou negativa de reexecução do serviço ou, ainda, manutenção do vício após a reexecução é do consumidor. Porém, tal ônus pode — e deve — ser invertido nas hipóteses do inciso VIII do art. 6º[42].

---

42. Ver nossos comentários no Capítulo 46.

Graficamente:

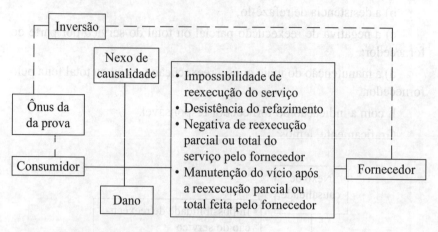

13.10.4.3. Defesa do prestador do serviço

Indaga-se agora: e o prestador, pode fazer uso das alternativas de defesa previstas no § 3º do art. 14?

Sim, pode. Na medida em que a sistemática é a mesma e como se trata, similarmente, de dano causado por defeito decorrente de vício não sanado dentro das alternativas previstas na norma, o caminho é o mesmo.

As hipóteses de defesa do § 3º do art. 14 aplicam-se por analogia às do art. 20, uma vez que este não prevê as saídas para a proteção do direito do fornecedor. Mas, claro, elas são óbvias e decorrem da regra geral da responsabilidade objetiva estabelecida no CDC[43].

Relembremos, então, o estabelecido na regra do § 3º do art. 14.

"§ 3º O fornecedor de serviços só não será responsabilizado quando provar:

I — que, tendo prestado o serviço, o defeito inexiste;

II — a culpa exclusiva do consumidor ou de terceiro".

Examinaremos, adiante, as alternativas de defesa do fornecedor[44].

---

43. Conforme já dissemos, o ideal teria sido o legislador ter elaborado um quadro geral de excludentes de responsabilidade, em vez de tratar, como fez, nos artigos, cada caso, pois acabou esquecendo de prever a saída legítima do fornecedor do sistema estabelecido da responsabilidade objetiva nas hipóteses do art. 20, tal qual fizera nos arts. 18 e 19.

44. Ver comentários ao § 3º do art. 14 no Capítulo 15, *infra*.

13.11. Abatimento proporcional do preço

Resta agora o exame do inciso III do art. 20 do CDC.

Diz ele que em caso de vício de qualidade do serviço o consumidor pode exigir "o abatimento proporcional do preço".

Inicialmente diga-se que o abatimento proporcional do preço pode dar-se de duas formas:

a) devolução de parte do preço pago;

b) no pagamento parcelado do preço com a cessação de todas ou de parte das prestações vincendas.

Tudo na exata medida do vício existente.

É claro que, como sempre, em casos de vícios que implicam perda parcial da qualidade prometida e que são capazes, por isso, de gerar a possibilidade de exigência de abatimento proporcional do preço, a alternativa dependerá de uma análise feita pelo consumidor no caso concreto, verificando se vale a pena continuar com o resultado do serviço realizado.

E, apesar de o consumidor poder negociar com o fornecedor o valor do abatimento, nem sempre será fácil chegar a um número. Pode-se tratar de mero vício estético (p. ex., o armário instalado ficou torto) e o consumidor conformar-se em ficar com ele assim mesmo porque:

a) simplesmente quis;

b) ele mesmo irá fazer o conserto;

c) um terceiro fará o ajuste.

Na última hipótese, o abatimento do preço poderá ser o valor cobrado pelo terceiro[45]. Porém, nos demais casos a apuração da diferença a favor do consumidor será difícil.

Essa hipótese do inciso III está ligada, do ponto de vista prático, ao exercício da prerrogativa do inciso II. Como antecipamos ao cuidar deste inciso, quando o consumidor pretende exigir a restituição da quantia paga, nem sempre pode fazê-lo integralmente. Por vezes, só poderá pedir restituição parcial, e nesse caso empatam-se as hipóteses dos incisos II e III.

---

45. Leiam-se na sequência os comentários ao § 1º, que se refere exatamente ao terceiro que é contratado para sanar o vício.

Por conta disso, é de consignar que existe também a possibilidade de o consumidor pleitear o abatimento proporcional do preço junto com o pedido de indenização por perdas e danos nas situações que acima relatamos.

13.12. Reexecução via terceiros

Por fim, analisemos o § 1º do art. 20 (o § 2º já foi estudado junto com o *caput*[46]).

Diz ele:

> "A reexecução dos serviços poderá ser confiada a terceiros devidamente capacitados, por conta e risco do fornecedor".

Da leitura desse texto surge a seguinte indagação: a norma dirige seu comando a quem, consumidor ou fornecedor? Isto porque a contratação do terceiro pode ser feita por ambos.

A resposta somente pode ser o consumidor. Não faria sentido a lei se dirigir ao fornecedor pela singela inocuidade da premissa, pois o fornecedor pode sempre contratar terceiro por sua conta e risco para realizar seus serviços. Isso é problema seu, e que decorre naturalmente do exercício de sua atividade negocial. Somente se excluiria daí aquele tipo de prestação de serviço oferecido pelo profissional liberal, que por ser personalíssima não permite a utilização do terceiro (p. ex., o serviço do médico de confiança, do advogado etc.)[47].

Logo, a norma do § 1º é dirigida ao consumidor, que pode, assim, escolher um terceiro prestador de serviço de sua confiança para a reexecução dos trabalhos.

E é importante o estabelecimento dessa regra porque, tendo em vista a natureza dos serviços que se prestam, pode ocorrer que, constatado o vício, o consumidor não queira mais que o mesmo prestador o reexecute porque perdeu a confiança nele. Acontecerá muitas vezes de o consumidor se perguntar: se da primeira vez o serviço foi malfeito, por que da próxima sairia bem? Se, por exemplo, o dentista instalou uma prótese dentária e ela ocasionou dores,

---

46. Ver comentários no subitem 13.6.2.
47. Além disso, há no próprio CDC garantia de responsabilização do fornecedor, quando este utiliza serviço de preposto e até representante autônomo (art. 34).

problemas na gengiva, soltou-se etc., por que o consumidor iria exatamente se submeter ao mesmo odontólogo para a reexecução do trabalho?

Foi essa, então, a intenção da norma. No que andou bem.

13.13. Medidas judiciais

Para concluir, é de colocar, como já o fizemos quando examinamos o problema do prazo para o saneamento do vício do produto (§ 1º do art. 18), uma questão importante: que acontece se o fornecedor se recusa a reexecutar o serviço? No campo do direito material, a solução está dada, mas qual é o remédio processual à disposição do consumidor?

O próprio CDC responde a essa questão: trata-se de ação de obrigação de fazer a ser ajuizada contra o fornecedor. É a hipótese do art. 84, *caput*, que dispõe, *in verbis*:

> "Art. 84. Na ação que tenha por objeto o cumprimento da obrigação de fazer ou não fazer, o juiz concederá a tutela específica da obrigação ou determinará providências que assegurem o resultado prático equivalente ao do adimplemento".

E, como a demora da demanda judicial poderia tornar praticamente inútil a medida, beneficiando o fornecedor infrator, a norma da lei consumerista prevê a possibilidade de antecipação de tutela, por expressa disposição do § 3º desse mesmo artigo, que assim está redigido:

> "§ 3º Sendo relevante o fundamento da demanda e havendo justificado receio de ineficácia do provimento final, é lícito ao juiz conceder a tutela liminarmente ou após justificação prévia, citado o réu".

Logo, o consumidor, em caso de recusa do fornecedor em reexecutar o serviço, poderá requerer que ele o faça por medida judicial, na qual pleiteará do juiz a concessão da tutela antecipada.

Para tornar eficaz a medida concedida antecipadamente, o juiz poderá impor multa diária ao fornecedor, porquanto tal medida é compatível com o pedido e suficiente para obrigá-lo a efetuar a reexecução dos serviços. Essa alternativa é a do § 4º, que dispõe:

> "§ 4º O juiz poderá, na hipótese do § 3º ou na sentença, impor multa diária ao réu, independentemente de pedido do autor, se for

suficiente ou compatível com a obrigação, fixando prazo razoável para o cumprimento do preceito".

Em vez da multa, pode o juiz determinar o refazimento do serviço por terceiros, o que pode ocorrer especialmente se for requerido pelo consumidor no pedido inicial. Isso por disposição do § 5º do mesmo artigo. Eis a redação dessa norma:

> "§5º Para a tutela específica ou para a obtenção do resultado prático equivalente, poderá o juiz determinar as medidas necessárias, tais como busca e apreensão, remoção de coisas e pessoas, desfazimento de obra, impedimento de atividade nociva, além de requisição de força policial"[48].

Não olvidemos de colocar que, como sempre, o ônus da prova é do consumidor, mas com a possibilidade — e necessidade — de inversão desse ônus, por disposição do inciso VIII do art. 6º[49].

Repita-se que a Lei n. 8.078, já desde 11 de março de 1991, previa a antecipação de tutela, que só foi incorporada às normas adjetivas privatistas com a minirreforma do Código de Processo Civil[50].

13.14. Os vícios de quantidade dos serviços

No início deste capítulo anotamos que a lei consumerista tratou do problema do vício de qualidade do produto (art. 18), bem como do vício de quantidade (art. 19). Porém, no que concerne aos serviços, reservou o art. 20, que cuidou apenas do vício de qualidade. E se equivocou.

É que não só existem concretamente vícios de quantidade, como decorre do subsistema da lei de proteção ao consumidor a salvaguarda de mais esse direito, impondo ao intérprete um exame acurado para que o consumidor não fique lesado.

Logo, ter-se-á de fazer uma interpretação extensiva do texto do *caput* do art. 20 para incluir nas salvaguardas que ele pretende estabelecer o vício de quantidade do serviço. E, consequentemente, aceito o vício de quantidade

---

48. As hipóteses previstas no § 5º são novamente exemplificativas.
49. Ver nossos comentários no Capítulo 46.
50. O art. 536 do CPC tem redação similar à do art. 84 da Lei n. 9.078.

do serviço, como lesão a ser reparada, tudo o mais que se puder aproveitar do regramento do art. 20 no que diz respeito ao vício de qualidade também valerá para o vício de quantidade.

Mas não é só.

Como o fato real é que o art. 20 trata de qualidade, ter-se-á de buscar no sistema do CDC, por analogia, outros elementos capazes de definir o vício de quantidade. A regra óbvia é a do art. 19. Como neste existe regramento específico para a definição do vício de quantidade do produto, basta fazer a adaptação do mesmo elemento delimitador do que seja vício de quantidade do produto, transportando-o para o vício de quantidade do serviço, no que couber.

Visto isso, iniciemos pela definição de vício de quantidade do serviço, a partir do que está designado no art. 19 para produto.

13.14.1. Definição de vício de quantidade do serviço

Tendo em vista os comentários que fizemos ao art. 19 e as constatações dos equívocos de sua redação, vamos já aqui nos utilizar do resultado da interpretação que foi capaz de sanar os erros de redação da norma[51].

Tivemos oportunidade de constatar que vício de quantidade é tudo aquilo que significa um *minus* do direito do consumidor[52]. Independentemente do tipo de medida de que se trate: metragem espacial, peso líquido, porção etc. É que, se o dinheiro do consumidor foi entregue ao fornecedor, logicamente a quantidade oferecida tem de ser entregue a ele.

Pensar diferentemente seria permitir o locupletamento ilícito e o enriquecimento sem causa do fornecedor. Este ofereceria uma caixa de cerveja com 48 latas, receberia o preço e entregaria uma caixa com 36. Prometeria vender um imóvel com 100 m² de área útil e entregaria um com 80 m².

---

51. Um deles é o da colocação explícita de vício de quantidade do produto como aquele decorrente da disparidade constatada *apenas* entre o conteúdo *líquido* adquirido em relação com o indicado na oferta, recipiente etc. Viu-se que há vícios de quantidade do produto que não têm relação com o conteúdo líquido e sim com outras medidas indicadas e ofertadas. Ver item 12.13.

52. Assim como vício de qualidade é também um *minus* do direito do consumidor, por ser tudo aquilo que torna o produto impróprio ou inadequado ao uso e consumo, sendo que o preço pago pelo consumidor é para receber produto com plena eficácia para ser usado e consumido (ver comentários aos arts. 18 e 19 no Capítulo 12).

Esses mesmos problemas ocorrem concretamente no que diz respeito aos serviços, o que implica ter de utilizar a mesma forma de ler a norma.

Com efeito, os serviços são, também, por vezes, oferecidos em quantidade, quer esse elemento esteja expresso ou decorra implicitamente da prestação oferecida. Assim, por exemplo, o serviço de guarda de veículo em estacionamento é tipicamente oferecido — e cobrado — por quantidade de tempo: hora, período, dias, semanas, meses etc. Da mesma maneira o aspecto do serviço que envolve a locação de automóveis, que tem inclusive dois tipos de quantidade: dias, semanas, meses etc. e quilometragem rodada.

Então, para a definição de vício de quantidade dos serviços, tem-se de utilizar o contido no *caput* do art. 19, a partir da interpretação extensiva que demos a seu texto.

Definamos, pois.

13.14.2. Definição provisória

Vício de quantidade do serviço é toda e qualquer prestação deste em quantidade diversa (para menos[53]) daquela paga pelo consumidor, independentemente do tipo de medida. Todas estão incluídas.

13.14.3. Definição

Fazendo agora uma adaptação do contido no art. 19 e do estabelecido no art. 20 no que respeita ao instrumento no qual aparece a quantidade que permite a constatação do vício (indicações do recipiente, embalagem, rotulagem, oferta, mensagem publicitária etc.), podemos complementar a definição para estabelecer que vício de quantidade é todo e qualquer serviço prestado em quantidade menor do que aquela que foi paga pelo consumidor com base no contido:

a) na mensagem publicitária (de TV, rádio, jornal, revista, mala-direta etc.);

b) na apresentação (no balcão, no cartaz etc.);

c) na oferta e informação em geral (dada verbalmente pelo telefone, pessoalmente, no folheto, livreto etc.);

---

53. Claro que o fornecedor não está impedido de dar mais do que prometeu.

d) no contrato.

Dessa forma, por exemplo, o estacionamento que oferece no cartaz da entrada o preço de R$ 10,00 pelo período de 6 horas e após 5 horas pede para o consumidor retirar o veículo porque vai fechar as portas incorre em vício de quantidade do serviço prestado por desacordo com a apresentação, oferta e informação.

Da mesma maneira, a escola de inglês que estipula no contrato que dará 8 aulas mensais para uma mensalidade de R$ 300,00 e que, recebendo o preço, em determinado mês, dá apenas 7 aulas, pratica vício de quantidade.

13.15. Fontes simultâneas dos vícios

Levantemos agora uma questão que surgiu quando tratamos do vício de quantidade do produto: que acontece quando o vício de quantidade pode ser aferido de várias fontes simultâneas de indicação de quantidade e do preço? Isto é, qual das fontes indicativas deve ser observada quando estiverem em conflito mensagem publicitária e contrato? Ou apresentação e contrato?

A resposta é simples, como no caso do vício de quantidade do produto. As normas do CDC têm de ser sempre interpretadas a favor do consumidor, porquanto são regras de proteção, fundadas na isonomia, vulnerabilidade etc., o que está, inclusive, estabelecido expressamente no art. 47 no que respeita à interpretação de cláusulas contratuais[54]. E como preço, quantidade e informação em geral a respeito do serviço compõem o contrato de compra e venda — seja escrito ou verbal esse contrato —, não resta dúvida de que, havendo conflito entre qualquer das fontes de informação de quantidade e preço entre si, prevalecerá aquela que for mais favorável ao consumidor[55].

13.16. Garantia

Prosseguindo na construção dos direitos do consumidor no caso de constatação de vício de quantidade do serviço, temos agora de fixar qual é a garantia que ele tem quando se lhe prestam serviços em quantidade menor que a contratada.

---

54. Ver comentários ao art. 47 no item 34.4.

55. Ver, também, a respeito do assunto de informações conflitantes contra os direitos do consumidor, nossos comentários ao art. 37, § 1º, que cuida da publicidade enganosa no Capítulo 24.

Utilizando-se dos arts. 19 e 20 e por analogia, pode-se dizer que nesse caso o consumidor tem o direito de exigir do prestador do serviço:

a) o abatimento proporcional do preço;

b) a execução do serviço na parte faltante;

c) a restituição da parte da quantia já paga pelo serviço não prestado.

Como ocorre tanto no caso do vício de quantidade do produto (art. 19) quanto no de vício de qualidade do serviço (art. 20), o consumidor pode exigir o cumprimento imediato de qualquer dessas alternativas acima transcritas. Claro que o fato de ele poder exercer seu direito de imediato não implica que não possa fazê-lo *a posteriori*, desde que ainda esteja dentro dos prazos decadenciais instituídos na lei: 30 dias para serviços não duráveis (inciso I do art. 26); 90 dias para serviços duráveis (inciso II do mesmo artigo)[56].

Consigne-se, também, que, aqui no vício de quantidade dos serviços, qualquer das garantias retratadas pode ser exigida alternativamente à escolha do consumidor. A opção é dele, que a exerce por critério próprio e subjetivo, sem qualquer necessidade de apresentação de justificativa ou fundamento. Basta a manifestação da vontade; apenas sua exteriorização objetiva. É um querer pelo simples querer manifestado[57].

No que diz respeito ao direito de pedir o abatimento proporcional do preço ou a restituição de parte da quantia já paga ou, ainda, a execução do serviço faltante, aplicam-se as mesmas regras instituídas nos incisos do art. 20, da forma como interpretamos, e, por isso, remetemos o leitor àqueles comentários[58].

13.17. Perdas e danos

No que tange à questão da eventual indenização por perdas e danos, assiste direito ao consumidor ao pleito nos exatos moldes apresentados nos comentários feitos acima ao inciso II do art. 20[59].

---

56. Ver comentários específicos sobre o assunto no art. 26 no Capítulo 20.

57. Exatamente como ocorre na manifestação objetiva decorrente de exteriorização da vontade, garantida nos arts. 18, 19, 20, 35 e 49.

58. No subitem 13.11, *retro*.

59. Ver comentários no subitem 13.10.4.

13.18. Defesa do prestador do serviço

Quanto à defesa do prestador do serviço, a resposta é aquela dada no caso do vício de qualidade. Ele pode servir-se das alternativas previstas no § 3º do art. 14. Como a sistemática estabelecida da responsabilidade objetiva é a mesma, uma vez que o direito de o consumidor pleitear indenização nasce de dano causado por defeito decorrente de vício não sanado dentro das alternativas previstas na lei, o caminho para a defesa é o mesmo. As hipóteses do § 3º do art. 14[60] aplicam-se, então, por analogia.

13.19. Execução por terceiros

No aspecto da possibilidade de o consumidor confiar a terceiros a execução dos serviços na parte não prestada, assiste-lhe o mesmo direito garantido no § 1º do art. 20, com todos os problemas de ordem prática e nuanças por nós apontadas nos comentários feitos a tal norma[61].

13.20. Medidas judiciais

Por fim, é de colocar o que acontece se o prestador do serviço se recusa a executar o serviço faltante. No campo do direito material, já demos a resposta, mas qual é o remédio processual posto à disposição do consumidor?

A resposta é idêntica àquela dada ao mesmo tipo de indagação levantada quando do exame da negativa de reexecução do caso de vício de qualidade. O próprio CDC tem previsão processual para o assunto (art. 84), e, como a resposta equivale ao problema do vício de qualidade, remetemos o leitor para nossos comentários[62].

13.21. Exercícios

13.21.1. José adquiriu um boxe para o banheiro de sua casa da empresa "X". O boxe foi instalado corretamente pela empresa "Z", no entanto, seis meses depois, o filho de José tomava banho quando acidentalmente bateu a porta

---

60. "Art. 14. (...) § 3º O fornecedor de serviços só não será responsabilizado quando provar: I — que, tendo prestado o serviço, o defeito inexiste; II — a culpa exclusiva do consumidor ou de terceiro" (ver nossos comentários).

61. Ver item 13.12.

62. Ver subitem 13.13, *retro*.

com força e a mesma estourou, vindo o garoto a se machucar. José acionou a empresa "Z" e esta refutou a responsabilidade, mandando que ele procurasse a empresa fabricante, dizendo que a entrega e colocação do produto haviam sido perfeitas.

a. Quem deve responder pelos danos sofridos pelo consumidor: a empresa fabricante ou a empresa que instalou o boxe? Ou as duas? Explique.

b. O CDC prevê a possibilidade de ambas não responderem?

c. O filho de José agiu com culpa no episódio? Isso retira ou diminui a responsabilidade de algum dos fornecedores? Explique.

d. Quais as indenizações possíveis?

13.21.2. João possuía um cartão de crédito com limite de R$ 1.000,00. Pagou a fatura dia 1º e no dia 3 foi usá-lo novamente num restaurante fino da cidade, onde levou a família toda para jantar (mulher, filhos, netos e sogra). A conta saiu por R$ 990,00 e João ofereceu o cartão para pagá-la. Minutos depois, o garçom voltou com a notícia de que a administradora não liberou o pagamento pelo cartão. João estava sem talão de cheques e sem dinheiro. Sua mulher ficou nervosa e começou a gritar com João no restaurante. Os netos, assustados, puseram-se a chorar. A sogra, solidária com a filha, gritava ainda mais. João, muito constrangido, foi levado pelo segurança do restaurante à sala do gerente. Ligaram para a administradora e esta disse que o débito não seria autorizado porque o pagamento da fatura vencida no dia 1º não constava do sistema. João teve de assinar uma confissão de dívida. Ao sair do restaurante, ele e sua família ainda ouviram comentários irônicos e maldosos dos outros clientes do restaurante.

Pergunta-se: que direitos tem João?

13.21.3. Maria foi ao salão de beleza e encontrou, à sua disposição, vagas para estacionar seu veículo gratuitamente. Ao sair do salão, constatou que seu carro havia sido roubado. O gerente do salão negou-se a indenizar o prejuízo, alegando que a vaga para estacionamento era simples cortesia da casa, tanto que nada cobravam.

a. Há como responsabilizar o salão de beleza? Trata-se de responsabilidade subjetiva ou objetiva? Fundamente.

b. Há como o salão eximir-se dessa responsabilidade?

c. Trata-se de vício ou defeito do serviço? Por quê?

14. O FATO DO PRODUTO: OS ACIDENTES DE CONSUMO/DEFEITOS E SUA RESPONSABILIDADE

14.1. Acidente de consumo e fato do produto: os defeitos

Vimos que defeito pressupõe vício[1]. Do ponto de vista semântico, pode-se dizer que defeito é, então, tudo aquilo que gera dano além do vício. Ou, conforme demonstramos, dano extrínseco.

Costuma-se também falar em "acidente de consumo", mas a lei abre a Seção II do Capítulo IV do Título I falando em "Fato do Produto e do Serviço".

A expressão "acidente de consumo", muito embora largamente utilizada, pode confundir, porque haverá casos de defeito, em que a palavra "acidente" não fica muito adequada. Assim, por exemplo, ser lançado por equívoco no cadastro de devedores do Serviço de Proteção ou Crédito é defeito do serviço, gerando responsabilidade pelo pagamento de indenização por danos materiais, morais e à imagem. Porém, não se assemelha em nada a um "acidente"; comer algum alimento e depois sofrer intoxicação por bactéria que lá estava gera, da mesma maneira, dano, mas ainda assim não se assemelha propriamente a acidente.

De outro lado, a lei fala em "fato" do produto. A palavra fato permite uma conexão com a ideia de acontecimento, o que implica, portanto, qualquer acontecimento.

Diga-se, de qualquer maneira, que se tem usado tanto "fato" do produto e do serviço, quanto "acidente de consumo", para definir o defeito. Porém, o mais adequado é guardar a expressão "acidente de consumo" para as hipóteses em que tenha ocorrido mesmo um acidente: queda de avião, batida do veículo por falha do freio, quebra da roda-gigante no parque de diversões etc., e deixar fato ou defeito para as demais ocorrências danosas. Em qualquer hipótese, aplica-se a lei.

---

1. No Capítulo 11, *retro*.

14.2. O fato do produto

A responsabilidade pelo fato do produto está regulada nos arts. 12 e 13 do CDC[2].

Examinemos, primeiramente as hipóteses previstas no art. 12.

14.3. Quem é o responsável

A primeira observação diz respeito aos sujeitos da oração do *caput*. A norma diz "o fabricante, o produtor, o construtor, nacional ou estrangeiro, e o importador", abrindo mão de utilizar o termo geral: "fornecedor".

Explica-se. Fornecedor é o gênero daqueles que desenvolvem atividades no mercado de consumo, conforme definido no art. 3º[3]. Assim, toda vez que o CDC se refere a "fornecedor" está envolvendo todos os participantes que desenvolvem atividades, sem qualquer distinção. É o que ocorre, por exemplo, na responsabilidade pelo vício (que já examinamos). No art. 18 o CDC põe como sujeito "os fornecedores", sem distinção. Como vimos, quando isso ocorre, cabe ao consumidor a escolha daquele que

---

2. "Art. 12. O fabricante, o produtor, o construtor, nacional ou estrangeiro, e o importador respondem, independentemente da existência de culpa, pela reparação dos danos causados aos consumidores por defeitos decorrentes de projeto, fabricação, construção, montagem, fórmulas, manipulação, apresentação ou acondicionamento de seus produtos, bem como por informações insuficientes ou inadequadas sobre sua utilização e riscos. § 1º O produto é defeituoso quando não oferece a segurança que dele legitimamente se espera, levando-se em consideração as circunstâncias relevantes, entre as quais: I — sua apresentação; II — o uso e os riscos que razoavelmente dele se esperam; III — a época em que foi colocado em circulação. § 2º O produto não é considerado defeituoso pelo fato de outro de melhor qualidade ter sido colocado no mercado. § 3º O fabricante, o construtor, o produtor ou importador só não será responsabilizado quando provar: I — que não colocou o produto no mercado; II — que, embora haja colocado o produto no mercado, o defeito inexiste; III — a culpa exclusiva do consumidor ou de terceiro."

"Art. 13. O comerciante é igualmente responsável, nos termos do artigo anterior, quando: I — o fabricante, o construtor, o produtor ou o importador não puderem ser identificados; II — o produto for fornecido sem identificação clara do seu fabricante, produtor, construtor ou importador; III — não conservar adequadamente os produtos perecíveis. Parágrafo único. Aquele que efetivar o pagamento ao prejudicado poderá exercer o direito de regresso contra os demais responsáveis, segundo sua participação na causação do evento danoso."

3. Ver comentários no item 5.2.

deverá resolver seu problema (v. g., o consumidor vai ao comerciante-lojista pedir a troca do produto).

Já na responsabilidade por defeito, a regra é a da especificação do agente. Com isso, a sujeição passiva se altera, limitando a escolha do consumidor. Na hipótese de dano por acidente de consumo com produto, a ação do consumidor *tem* de se dirigir ao responsável pelo defeito: fabricante, produtor ou construtor e, em caso de produto importado, o importador.

Veja-se o exemplo dos dois consumidores que vão à concessionária receber seu automóvel zero-quilômetro no mesmo momento. Ambos recebem seu carro com o mesmo problema de fabricação: o sistema de freios não funcionará quando acionado.

O primeiro consumidor conduz o veículo, e quando aciona o breque não consegue pará-lo. Mas, aos poucos, reduzindo as marchas, consegue encostar o carro na guia e, assim, estacioná-lo.

O outro, ao atingir a esquina em certa velocidade, depara com o sinal vermelho. Pisa no breque e este não funciona. Acaba numa colisão, com danos no seu e em outro veículo.

No primeiro caso, diz a lei (art. 18) que a escolha do responsável por consertar o veículo (vício) é do consumidor. Como a norma estipula o gênero — fornecedor —, o consumidor pode tanto acionar a concessionária quanto a montadora.

Na segunda hipótese, não. Como se trata de acidente de consumo e defeito (art. 12), o consumidor lesado é obrigado a pleitear o ressarcimento dos danos junto à montadora, na qualidade de fabricante.

14.4. O defeito

Leia-se o substantivo "defeito" no *caput* do art. 12 e tudo aquilo de que ele decorre: projeto, fabricação, construção, montagem, fórmulas, manipulação, apresentação, acondicionamento, além do oferecimento de informações insuficientes ou inadequadas sobre o risco e a utilização do produto.

Como norma protetora do consumidor deve-se entender que o elenco das hipóteses aventadas é meramente exemplificativo. Qualquer outra possibilidade ligada ao produto, quer antes, durante ou após o processo de fabricação, pode implicar a qualificação do defeito — que sempre gera dano. Assim, por exemplo, pode-se falar no transporte do produto, na sua guarda, na confecção, enfim, não há alternativa capaz de excluir o produto da incidência legal. Nesse sentido entram no rol, também, a oferta e a publicidade relativa ao produto e que possam causar dano (cf. arts. 30, 31, 36 e 37).

14.4.1. Oferta e publicidade causadoras do dano

A oferta e a publicidade, enquanto elemento de apresentação do produto, podem ser geradoras do dano. Por exemplo, um consumidor, digamos, José da Silva, procurando imóvel para comprar e morar, entra num prédio em construção. O corretor o recebe e lhe apresenta um apartamento-padrão, que está em exposição (como usualmente se faz em prédios de apartamentos em construção). A área do imóvel apresentada nos panfletos e na planta examinada pelo consumidor não é grande. Mas o consumidor entra no apartamento em exposição e fica maravilhado: tudo está no seu devido lugar; a decoração é perfeita; a cama tem do lado um criado-mudo; o armário acomodará bem as roupas; a cozinha é completa; na sala tudo se encaixa; até os quadros estão bem arranjados; os vasos, enfim, parece milagre. O consumidor pergunta como ficou tão bom. O espaço parecia pequeno. O corretor responde que é o desenho do apartamento: "Como ele é bem desenhado, o aproveitamento do espaço é perfeito. E veja que o preço é muito bom!". O consumidor, encantado com a oferta, adquire, então, uma unidade.

Um ano e meio depois, José recebe as chaves e começa a pensar na decoração do apartamento, para que possa mudar. Descobre, então, constrangido e humilhado, que fora enganado pela oferta e pelo corretor. E observe-se que a oferta era o próprio produto em exposição!

O que ocorreu de fato?

Responde-se: a área útil do apartamento era efetivamente muito pequena, como o era a área do apartamento em exposição. Acontece que, numa manobra maliciosa e sorrateira, a construtora decorou o apartamento com todos os móveis fora do padrão de mercado, de maneira que tudo se encaixava perfeitamente: a cama e o criado-mudo eram menores, proporcionalmente à pequenez do quarto; o armário tinha divisórias para todo o vestuário, mas eram todas menores que o usual para acomodarem-se as roupas; na cozinha a pia, a mesa e as cadeiras eram diminutas; os dois sofás da sala, que pareciam poder acomodar cinco pessoas, eram quase enfeites; até os quadros e os vasos eram proporcionalmente menores.

Aquele ambiente físico completamente modelado do apartamento em exposição fora capaz de iludir José quanto às possibilidades de mobiliá-lo.

Agora, verificando que fora enganado, José estava em dificuldades para comprar a mobília: os modelos-padrão do mercado não cabiam no apartamento[4].

A solução de José é mandar fazer todo o mobiliário, o que lhe trará enorme prejuízo, pois pagará muito mais caro do que adquirindo os modelos--padrão que o mercado oferece. Isso além do fato de ter de morar apertado, com menos espaço do que acreditou que teria para viver. Note-se que até mesmo o colchão para colocar na cama terá de ser feito sob encomenda.

O prejuízo material é evidente: corresponde à diferença paga a maior pela fabricação dos móveis na comparação com o preço médio cobrado pelos mesmos móveis vendidos como padrão no mercado. Mantida, é claro, a mesma ou, pelo menos, similar qualidade do material e acabamento dos móveis a serem comprados.

Há, também, dano moral, não só pela humilhação de ter sido enganado mas, também, por ter José de morar de maneira menos confortável do que aquela à qual tinha direito segundo a oferta[5].

14.4.2. Informação causadora do dano

Outro aspecto de relevo a ser destacado é o relativo à informação. Já o dissemos, informação é elemento inerente ao produto (e ao serviço). Dessa maneira, o consumidor pode sofrer dano por defeito não necessariamente do produto, mas da informação inadequada ou insuficiente que o acompanhe ou, ainda, pela falta da informação. A lei não menciona esta última hipótese, mas ela é decorrente das outras duas. Se informação insuficiente pode causar dano, sua ausência total, por mais força de razão, também.

Assim, por exemplo, uma indústria que produz determinado alimento embalado em pote de vidro, digamos, uma geleia com baixas calorias, e insere no rótulo que vai colado ao vidro a insígnia de produto *diet*. Nesse mesmo rótulo, em vez de apresentar a composição do produto, apenas insere: "feito com morangos verdadeiros" e "só contém produtos naturais". Coloca o prazo de validade adequadamente.

Um consumidor, por exemplo, João da Silva, é diabético e está sempre à procura de novos produtos para comprar, pois, em função de sua doença,

---

[4]. O exemplo seria ridículo se não fosse, infelizmente, verdadeiro. Aliás, essa é uma prática não muito incomum! Ver mais sobre publicidade, oferta e informação enganosa em nossos comentários nos Capítulos 22 e 24.

[5]. Leia mais sobre oferta e publicidade no comentário aos arts. 30 e s., no Capítulo 21.

sofre uma série de limitações. Encontra a tal geleia, examina a embalagem: nada consta quanto a açúcar, que João não pode ingerir. Mas, no rótulo, bem grande, está estampado *Diet*. Sem hesitar, adquire a geleia.

No dia seguinte, no café da manhã, come biscoitos com geleia. À tarde, no serviço, passa mal, tendo de ser levado para o pronto-socorro. Quase morre.

Posteriormente, descobre-se que o produto fora considerado *diet* pela indústria porque tinha baixa caloria, pois fora produzido com pouco açúcar. Mas tinha açúcar! Esse é o ponto[6].

O consumidor João, atingido pelo defeito, tem direito a indenização pelos danos materiais e morais sofridos: o que gastou com hospitalização e medicamentos, o que deixou de ganhar e uma indenização pela dor, pelo dano moral sofrido. Lembre-se: foi a informação insuficiente e inadequada do produto que propriamente levou João a sofrer os danos.

14.5. Solidariedade

Observe-se que, na fabricação de qualquer produto, sempre entra em jogo uma série de componentes, tais como matéria-prima, insumos básicos, peças, equipamentos, o próprio projeto, o *design* etc. (e o serviço — que, como se verá, está sempre presente na oferta de qualquer produto). Além disso, o produto supõe, via de regra, embalagem, transporte e, como já dito, informação adequada. Dessa forma, o produto final, pode-se dizer, acaba sendo uma justaposição de elementos produzidos por vários agentes[7].

Quando a norma designa o fabricante, o produtor, o construtor e também o importador, está apontando apenas o responsável direto e, muito provavelmente, aquele a quem o consumidor lesado dirigirá seu pleito. Porém, os outros produtores envolvidos indiretamente não estão excluídos. São todos responsáveis solidários na medida de suas participações. Assim, por exemplo, se um automóvel apresenta defeito de fabricação, consistente num amortecedor que se rompe no momento em que o consumidor, dirigindo,

---

6. Leia-se, sobre a diferença entre produtos *diet* e *light*, nossos comentários ao art. 31, no item 21.12.

7. Não se esqueça, que, além disso, a fabricação de um produto tem no seu processo, também, uma série de serviços. Não só a mão de obra trabalhadora (serviço do trabalho), mas também os serviços de energia elétrica, de fornecimento de água, de limpeza etc. e todos os serviços contratados de terceiros, tais como transporte, armazenagem e até outros indiretos, como contabilidade, análise de investimentos etc.

faz uma curva, capotando e sofrendo danos, a montadora é a responsável, diríamos, evidente. Mas o fabricante do amortecedor também o é. Nada impede que o consumidor o acione. Claro que do ponto de vista prático talvez não seja uma boa alternativa: a escolha normalmente cairá na montadora. Esta poderá, posteriormente, após ter indenizado o consumidor, por via direta, acionar o fabricante do amortecedor para cobrar dele o desembolso em função do acidente. É possível, ainda, que a montadora tenha com o fabricante do amortecedor — e com todos os seus fornecedores — um contrato no qual se estabeleçam partições, divisões, percentuais diferenciados quanto ao pagamento de indenizações por acidente de consumo. A relação entre eles é típica de direito privado, e, por isso, não há qualquer impedimento para a contratação nesses termos (embora, evidentemente, essa relação não possa atingir a outra, jurídica de consumo, estabelecida com o consumidor).

Essa ampla solidariedade decorre da não exclusão dos agentes da própria redação do *caput* do art. 12, mas, também, expressamente do parágrafo único do art. 7º, bem como dos §§ 1º e 2º do art. 25.

A sistemática da responsabilidade estabelecida no CDC é a mais ampla possível na defesa do consumidor, de modo que não se poderia mesmo interpretar de maneira diferente essa questão, ainda que não existissem as regras estatuídas no parágrafo único do art. 7º e nos §§ 1º e 2º do art. 25. Porém, como as normas foram estatuídas, basta referi-las nesse aspecto. Lembremos o parágrafo único do art. 7º, que dispõe, *verbis*:

> "Tendo mais de um autor a ofensa, todos responderão solidariamente pela reparação dos danos previstos nas normas de consumo".

E os §§ 1º e 2º do art. 25, por sua vez, estabelecem, *verbis*:

> "§ 1º Havendo mais de um responsável pela causação do dano, todos responderão solidariamente pela reparação prevista nesta e nas Seções anteriores.
>
> § 2º Sendo o dano causado por componente ou peça incorporada ao produto ou serviço, são responsáveis solidários seu fabricante, construtor ou importador e o que realizou a incorporação".

14.6. O comerciante

Quanto aos agentes responsáveis, note-se que o comerciante foi excluído do rol, respondendo apenas na hipótese do art. 13 (conforme veremos)[8]. Pela mesma razão não aparece o distribuidor, que eventualmente poderá ser responsabilizado como prestador de serviço (p. ex., pela guarda do produto ou pelo transporte).

14.7. Produto nacional ou estrangeiro

A qualidade de ser o fabricante, o produtor e o construtor nacional ou estrangeiro aposta no *caput* é desnecessária, uma vez que na definição de fornecedor ela já consta (cf. art. 3º, *caput*[9]). São todos responsáveis.

14.8. O importador

No que tange ao importador é relevante chamar a atenção para o fato de que ele é comerciante e não produtor[10], mas responde antes mesmo da possibilidade de enquadramento no art. 13. Isso porque, como responsável pela internalização dos produtos fabricados no exterior, ele é o primeiro responsável por sua qualidade. E não há desculpa ou saída para o importador: se importar produtos enlatados e estes, após vendidos, causarem intoxicação nos consumidores, sua responsabilidade é evidente. Não pode alegar que desconhecia o conteúdo dos enlatados.

A norma é rigorosa: determina que, antes de importar ou pelo menos antes de distribuir ou vender produtos no mercado interno, o importador deverá conhecer plenamente a qualidade do que está adquirindo e vendendo. Se preciso for, tem até de fazer testes e exames periciais para ter certeza da qualidade do que vende. E, como dito, qualidade vale para tudo: desde a composição até a informação[11].

---

8. No item 4.19.
9. Ver comentários, no item 5.2.
10. Pode, é claro, ser os dois simultaneamente.
11. Sobre informação dos produtos importados, ver comentários ao art. 31 nos itens 21.10 e 21.11.

14.9. Autorização governamental

Finalizando os comentários ao *caput* do art. 12, diga-se que nenhuma autorização de órgãos governamentais responsáveis pela permissão da fabricação de produtos ou por sua fiscalização é motivo de exclusão da responsabilização do fabricante, produtor etc. Quando muito, o órgão e indiretamente o ente estatal envolvidos são, também, responsáveis solidários pelo dano causado. Com ou sem o atestado do órgão público referente à qualidade do produto, a responsabilidade permanece. E o mesmo se diga em relação aos carimbos ou selos de qualidade conferidos por entidades privadas. Eles não liberam o responsável pelo produto que causou o dano.

14.10. A impropriedade do § 1º do art. 12 do CDC

O § 1º do art. 12 é dispensável, pois nada acrescenta ao conteúdo do *caput*, nem o excepciona.

Por que dizemos que o § 1º é dispensável? Porque apenas expressa o que já está dito. Está escrito: "o produto é defeituoso quando não oferece a segurança que dele legitimamente se espera...".

Ora, defeito dá origem, como vimos, a acidente de consumo com dano ao patrimônio jurídico, moral e/ou material do consumidor. Não é óbvio que legitimamente sempre se espere que nenhum produto cause dano ao consumidor? Não existe produto que possa gerar alguma insegurança que cause dano sem ser defeituoso. Logo, não era necessário dizê-lo.

14.10.1. Contradição

E, pior que isso: ao contrário do que está dito, o produto pode ser defeituoso apesar de oferecer toda a segurança que legitimamente dele se espere. Aliás, esse é o elemento-chave e mais forte do defeito: a surpresa. O produto parece seguro, mas causa o dano. Esse é que é o problema. Bem o *oposto* do que diz a norma.

Aquele consumidor do caso do automóvel zero, que bateu o veículo em outro porque o freio não funcionou, por certo se sentiu muito seguro (feliz e confiável) quando recebeu o automóvel e saiu dirigindo da concessionária.

14.10.2. Uso e riscos razoáveis

A única parte realmente importante do § 1º é o inciso II, que registra como desqualificadores de defeito "o uso e os riscos que razoavelmente" o consumidor espera do produto.

Consigne-se desde já que essa redação deveria estar, também, e seria mais apropriada, no art. 18, já que o produto pode não ser considerado viciado, exatamente porque o problema estava dentro das legítimas expectativas razoáveis "de uso e riscos" pelo consumidor. Como não está lá, devemos fazer uma interpretação extensiva para considerar abarcada a hipótese também do vício.

Em cima dessas considerações lembre-se, então, que há produtos que naturalmente geram insegurança, tais como a faca, a tesoura, um remédio para dormir, um aquecedor elétrico etc., mas sua qualidade está exatamente ligada à essência da própria insegurança: faca que não corta tem vício; o mesmo se diga da tesoura, do remédio que não faz efeito (o que, dependendo do remédio, pode causar danos sérios), do aquecedor que não aquece etc.

14.10.3. Sem sentido

Quanto ao inciso I, é mera repetição do contido no *caput*. E o inciso III é ininteligível. Gerar acidente de consumo não depende da época em que o produto foi posto em circulação. Não há data que evite defeito. Não é a época que pode determinar se há defeito ou não. Talvez a norma quisesse tratar de garantia e prazos de garantia; se foi isso, fê-lo inadequadamente e de forma obscura. Mas nem precisaria, pois outros artigos cuidam disso[12]. A intenção do legislador parece ter sido a de salvaguardar as velhas tecnologias diante do avanço das novas. Mas escreveu mal. Assim, o inciso III está ligado ao § 2º, comentado na sequência.

14.11. O § 2º está deslocado

O § 2º do art. 12 está completamente deslocado da seção. Ele deveria estar no art. 18, uma vez que a hipótese aventada da colocação no mercado de outro produto "de melhor qualidade" em detrimento de produto de qualidade inferior pode apenas gerar vício, ou, em outros termos, a norma salvaguarda

---

12. Arts. 26, 27, 50 (ver Capítulo 20). E, de certa forma, também, o art. 49 — ver comentários sobre a garantia de devolução no Capítulo 35.

somente o vício eventual do produto antigo. Defeito, como dito, se existir, o será independentemente de ser o produto de pior ou melhor qualidade.

A lei somente poderia, como pode, excetuar problema por avanço tecnológico em caso de vício, não de defeito. Repita-se, com ou sem outro produto de melhor qualidade no mercado, havendo acidente de consumo — e, logo, defeito —, haverá responsabilidade em indenizar.

A norma pretende estabelecer certas garantias ao produtor, dizendo que o fato de certo produto similar de melhor qualidade ter sido colocado no mercado não transforma o seu em viciado por inadequação. Por exemplo, um novo ferro elétrico que passa melhor não transforma o mais antigo em viciado, embora este continue passando pior, comparativamente. Da mesma forma, um automóvel que economize mais combustível, diante do antigo que era gastão; ou a TV de melhor imagem contra a de imagem menos nítida.

Mas, em qualquer caso, se um automóvel que gaste mais ou que gaste menos se incendiar, há sempre defeito. E, ironicamente, há certos avanços tecnológicos que geram mais problemas ao consumidor. Por exemplo, se o motor de um automóvel é acionado por câmbio manual — no sistema de troca de marchas — e o motor não quer pegar, o consumidor sabe que empurrando o veículo e engatando uma marcha — de preferência a segunda — consegue fazer o motor ser acionado. Num carro com câmbio automático — supostamente mais moderno —, se o motor não pegar, não dá para utilizar o recurso do empurrão. O mesmo acontece com várias trocas de sistemas mecânicos por eletrônicos: um vidro elétrico de automóvel que não sobe ou não desce não consegue ser acionado pelo velho sistema de forçar com a mão o vidro enquanto se aciona a manivela.

A velha máquina de escrever é realmente muito ruim para a produção de textos. Mas, quando pifa, não faz com que o usuário perca de uma vez tudo o que escreveu[13].

Deve-se, portanto, consertar o equívoco do legislador, preservando sua intenção de salvaguardar os produtos menos avançados tecnologicamente. A salvaguarda vale, mas para vício, não para defeito.

---

13. Aliás, diga-se que os sistemas eletrônicos são ótimos. Mas suas falhas são mais difíceis de ser detectadas e podem causar sérios danos.

14.12. Síntese gráfica

Assim, graficamente, temos:

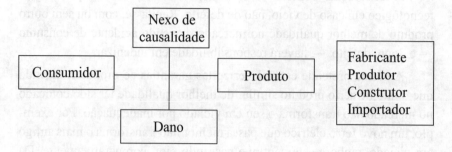

14.13. Desconstituição do nexo de causalidade

Como a sistemática adotada é a da responsabilidade objetiva, demonstrado pelo consumidor o dano, o nexo de causalidade entre o dano e o produto com a indicação do responsável, pode este, caso queira — e possa —, desconstituir sua obrigação de indenizar nas hipóteses previstas no § 3º do art. 12.

Contudo, antes de ingressarmos nessa avaliação, necessário se faz que comentemos um aspecto relevante da prova do nexo de causalidade. A pergunta que se faz é: o consumidor tem a obrigação de provar o dano, o nexo de causalidade existente entre o dano e o produto, e apontar o responsável pela elaboração deste?

14.14. A prova do dano e do nexo de causalidade

Já tivemos oportunidade de comentar a norma que permite a inversão do ônus da prova em favor do consumidor (inciso VIII do art. 6º)[14]. Trata-se de norma processual que se espalha por todas as situações em que, eventualmente, o consumidor tenha de produzir alguma prova. Assim aqui também, na prova do dano e do nexo de causalidade.

Voltando à questão: é ao consumidor, naturalmente, a quem incumbe a prova do dano, do nexo de causalidade entre o dano e o produto, com a

---

14. Ver comentários no Capítulo 46.

indicação do responsável pela fabricação do produto. Todavia, o ônus de produzir essa prova pode ser invertido nas hipóteses do inciso VIII do art. 6º[15].

Graficamente temos:

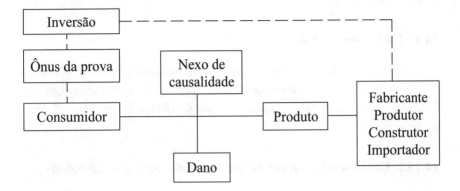

Concluída essa fase pelo consumidor, da prova do dano, do nexo de causalidade entre o dano sofrido e o produto, com a indicação do responsável pelo produto, deve este último pura e simplesmente pagar o valor da indenização que for apurada, sem praticamente possibilidade de defesa[16]. Suas únicas alternativas de contestação são as previstas no § 3º do art. 12.

14.15. Excludentes do nexo de causalidade

Então, para comentarmos esse § 3º, comecemos repetindo algo que já tivemos oportunidade de afirmar: a responsabilidade civil objetiva estabelecida no CDC é a do risco integral. Com a leitura e interpretação do § 3º do art. 12, ter-se-á a confirmação dessa afirmativa.

Diga-se, então, que não se trata de excludente de responsabilidade, como se tem dito, mas sim de excludente do nexo de causalidade. O que pode o fornecedor fazer é buscar desconectar a relação acidentária consigo, isto é, tentar excluir o nexo de causalidade existente entre ele — fornecedor — e o dano/defeito.

---

15. Os comentários a esse inciso e artigo apontam as circunstâncias em que a inversão se deve dar (ver Capítulo 46).

16. Poderá, claro, questionar o *quantum debeatur*, mas não o *an debeatur*.

Iniciemos pelas três constatações mais contundentes: a) o uso do advérbio "só"; b) a inexistência das tradicionais excludentes "caso fortuito" e "força maior"; e c) a do inciso III: culpa exclusiva do consumidor ou de terceiro.

14.15.1. O advérbio "só"

A utilização do advérbio "só" não deixa margem a dúvidas. Somente valem as excludentes expressamente previstas no § 3º, e que são taxativas. Nenhuma outra que não esteja ali tratada desobriga o responsável pelo produto defeituoso.

14.15.2. Caso fortuito e força maior não excluem responsabilidade

Isso nos leva à segunda constatação. O risco do fornecedor é mesmo integral, tanto que a lei não prevê como excludente do dever de indenizar o caso fortuito e a força maior. E, como a norma não estabelece, não pode o agente responsável alegar em sua defesa essas duas excludentes.

O que acontece é que o CDC, dando continuidade, de forma coerente, à normatização do princípio da vulnerabilidade do consumidor no mercado de consumo, preferiu que toda a carga econômica advinda do defeito recaísse sobre o agente produtor. Se a hipótese é de caso fortuito ou de força maior e em função disso o consumidor sofre acidente de consumo, o mal há de ser remediado pelo agente produtor. Na verdade, o fundamento dessa ampla responsabilização é, em primeiro lugar, o princípio garantido na Carta Magna da liberdade de empreendimento, que acarreta direito legítimo ao lucro e responsabilidade integral pelo risco assumido. E a Lei n. 8.078, em decorrência desse princípio, estabeleceu o sistema de responsabilidade civil objetiva. Portanto, trata-se apenas de questão de risco do empreendimento. Aquele que exerce a livre atividade econômica assume esse risco integral.

Além disso, lembre-se que caso fortuito e força maior são excludentes da responsabilidade advinda da conduta do agente que nos moldes do art. 159 do Código Civil tenha agido com culpa ou dolo. Na responsabilidade civil objetiva pelo fato do produto ou do serviço não há que se falar em conduta, uma vez que ela não é considerada para avaliação da hipótese de defeito.

14.15.3. Caso fortuito interno e externo

É importante salientar a discussão existente sobre a responsabilidade civil objetiva na ocorrência do chamado caso fortuito externo, isto é, aquele impossível de ser previsto no cálculo do risco e que ao mesmo tempo é inevitável, e também do caso fortuito interno, que, apesar de inevitável e imprevisível, faz parte do risco da atividade.

Remetemos o leitor para nossa análise sobre o tema no Capítulo 15, item 15.16.3.

14.15.4. Culpa exclusiva do consumidor

A terceira constatação é o do inciso III. Na primeira parte desse inciso, a norma dispõe que o fabricante, produtor etc. não responde se provar culpa "exclusiva" do consumidor. Ressalte-se: culpa exclusiva. Se for caso de culpa concorrente do consumidor (por exemplo, as informações do produto são insuficientes e também o consumidor agiu com culpa), ainda assim a responsabilidade do agente produtor permanece integral. Apenas se provar que o acidente de consumo se deu por culpa exclusiva do consumidor é que ele não responde. "Se provar" significa que o ônus de produzir essa prova é do fornecedor responsável pelo produto.

14.15.5. Culpa exclusiva de terceiro

Pela segunda parte do mesmo inciso, a irresponsabilização ocorrerá se o agente provar que o acidente se deu por culpa de terceiro. É preciso que seja terceiro mesmo, isto é, pessoa estranha à relação existente entre o consumidor e o agente produtor, relação essa estabelecida por força da aquisição do produto.

Se a pessoa que causou o dano pertencer ao ciclo de produção comandado pelo agente, tal como seu empregado, seu preposto ou seu representante autônomo, ele continua respondendo. Essa hipótese, a par de passível de ser estabelecida por interpretação do sistema de responsabilidade estatuída, tem correspondência na regra do art. 34 ("O fornecedor do produto ou serviço é solidariamente responsável pelos atos de seus prepostos ou representantes autônomos"[17]), bem como naquela já apontada do parágrafo único do art. 7º[18].

---

17. Ver nossos comentários a respeito.
18. Ver item 6.21.

Assim, repita-se, o agente produtor só não responde se o acidente for causado por terceiro autêntico. Por exemplo, foi um terceiro que causou a colisão do veículo, e não o problema no sistema de freio.

De qualquer maneira, também aqui o ônus da prova da culpa do terceiro é do fabricante, produtor, construtor ou importador.

14.16. Equívoco doutrinário

Os autores do anteprojeto que deu origem à Lei n. 8.078/90, ao comentarem a norma prevista no inciso III do art. 13, afirmam que o comerciante naquela hipótese é equiparado ao terceiro[19]. Entendemos que essa posição é insustentável. Os motivos serão mais bem explicitados no item 14.19 quando tratarmos da responsabilidade do comerciante. Mas consigne-se desde já que em primeiro lugar o comerciante está lá na condição de responsável solidário (o *caput* do art. 13 diz "igualmente responsável"). Logo, acionado o produtor, este não pode querer deixar de responder à demanda, alegando que a responsabilidade é do comerciante, pelo simples fato de que ambos respondem solidariamente, ainda que se apure que o comerciante seja o responsável. E exatamente isso leva ao segundo aspecto: o da prova. Como veremos a seguir, na hipótese de o comerciante não conservar adequadamente os produtos perecíveis pode surgir um problema de prova para saber em que momento o produto se deteriorou. E não se pode imputar esse ônus ao consumidor. Aliás, seria uma contradição com os princípios que norteiam todo o sistema da responsabilidade, como especificamente ao próprio impedimento trazido pelo parágrafo único do art. 13. E, acima de tudo, o comerciante não pode ser considerado terceiro, pura e simplesmente porque ele não é. Está inserido no ciclo de produção, que o considera coobrigado, e sua ligação direta com o consumidor obriga todos os outros partícipes do ciclo de produção solidária e regressivamente.

Temos de repetir: se todos os agentes do ciclo de produção são responsáveis solidários e se o consumidor sofre dano por produto que — como já o dissemos — é composto de várias partes elementares elaboradas no processo de produção, o consumidor pode acionar qualquer deles. E no ciclo

---

19. *Código Brasileiro de Defesa do Consumidor comentado pelos autores do Anteprojeto*, cit., p. 91. Este artigo foi comentado especificamente por Zelmo Denari.

de produção o comerciante, dentro de sua competência, não pode ser excluído como terceiro. Ele também responde — na hipótese do art. 13 —, mas sem afastar os demais partícipes do ciclo de produção.

É claro que — e isso é evidente — qualquer dos participantes do ciclo de produção que indenizar o consumidor poderá, posteriormente, acionar o outro, quer para dividir com ele o ônus de sua solidariedade, quer para obter dele a integral devolução do que tiver pago, caso entenda — e prove — que foi só dele a falha.

Isso é questão do direito privado, tratada pelas normas do direito privado. Problema que não afeta de maneira alguma o consumidor.

14.17. Desconstituição do direito do consumidor

A hipótese do inciso II do § 3º é de desconstituição do direito do consumidor.

Cabe ao agente produtor fazer prova da inexistência do defeito apresentado pelo consumidor.

14.18. Ilegitimidade de parte

A hipótese do inciso I aponta dois caminhos. A norma fala que o agente não responde se provar que não colocou o produto no mercado. Se o fabricante, produtor etc. não colocou o produto no mercado, então o produto não é de sua fabricação. Ele é parte ilegítima. A questão, então, é de ilegitimidade passiva.

Os autores do Anteprojeto, ao comentarem tal norma, dão a seguinte explicação: "pode ocorrer que o produto ainda esteja sendo submetido a testes e que alguém, indevidamente, dele tenha se utilizado, ocasionando danos que, nesta devida hipótese, não são indenizáveis"[20]. Contudo, mais uma vez equivocada está essa posição.

Faltou dizer que mesmo um produto não distribuído ao mercado, mas que seja, por exemplo, subtraído das dependências do produtor, ainda assim gera sua responsabilidade. Haveria possivelmente culpa *in eligendo* ou *in*

---

20. *Código Brasileiro de Defesa do Consumidor comentado pelos autores do Anteprojeto*, cit., p. 89. O artigo é comentado por Zelmo Denari.

vigilando, que não cabe indagar, uma vez que a responsabilidade é objetiva. É característica típica do risco da atividade.

Aliás, seria absurdo que o consumidor comparecesse a um estabelecimento comercial, adquirisse um medicamento, o ingerisse, sofresse dano e, quando fosse pleitear indenização, pudesse a indústria produtora se desonerar, alegando que o remédio havia sido subtraído de suas dependências.

A norma excludente do inciso I do § 3º está lá para os casos dos produtos falsificados. Estes sim, de fato, excluem a responsabilidade, por ilegitimidade de parte. É que no caso de produto falsificado não só o delito é outro, de órbita penal, como o responsável pelo dano é o vendedor.

14.19. A responsabilidade do comerciante

A responsabilidade direta do comerciante por defeito está estabelecida no artigo 13 do CDC[21].

Examinemos, na sequência, o regramento da lei para a questão.

14.19.1. Controle da qualidade

O comerciante do art. 13 está submetido ao mesmo sistema de responsabilização que o importador do art. 12. É que o comerciante, ao adquirir produtos para revendê-los, age — deve agir — com o mesmo critério que o importador ao adquirir produtos do exterior. É verdade que a hipótese do art. 13 traz menos responsabilidade ao comerciante do que a do art. 12 ao importador. Este é responsável, sempre, por todos os produtos adquiridos, com ou sem identificação do fabricante, conserve ou não adequadamente os produtos perecíveis. Aquele — o comerciante — só se responsabiliza por defeito nas hipóteses I, II e III do art. 13, que serão a seguir tratadas. Mas vale a alusão e a comparação ao importador, porque os princípios que inspiram o legislador são os mesmos.

---

21. Lembremos a redação do art. 13: "O comerciante é igualmente responsável, nos termos do artigo anterior, quando: I — o fabricante, o construtor, o produtor ou o importador não puderem ser identificados; II — o produto for fornecido sem identificação clara do seu fabricante, produtor, construtor ou importador; III — não conservar adequadamente os produtos perecíveis. Parágrafo único. Aquele que efetivar o pagamento ao prejudicado poderá exercer o direito de regresso contra os demais responsáveis, segundo sua participação na causação do evento danoso".

14.19.2. Solidariedade

No que respeita ao *caput* do art. 13, é necessário ressaltar que o vocábulo "igualmente" tem de ser interpretado no duplo sentido de que o comerciante tem as mesmas responsabilidades firmadas no artigo anterior (o 12) e que ele é solidariamente responsável com os agentes do art. 12. E, assim, todos são solidários. Nem poderia ser de outra forma, porquanto a responsabilidade do comerciante, pelo menos nas hipóteses dos incisos I e II, somente existe porque o produto original não foi ou não está identificado. Bastava a identificação para excluir a responsabilidade do comerciante.

Comentemos, então, os incisos I e II, conjuntamente, uma vez que guardam certa relação entre si. Aliás, a redação é muito similar, e, se não se tomar cuidado, podem-se confundir os dois incisos.

O primeiro diz que o comerciante se responsabiliza quando o fabricante, o construtor, o produtor ou o importador *não puderem* ser identificados e o segundo quando o produto for fornecido *sem identificação* clara de seu fabricante, construtor, produtor ou importador.

14.19.3. Se fabricante, construtor, produtor ou importador "não puderem" ser identificados

Na primeira hipótese, o uso do verbo *poder* como possibilidade antecedido do advérbio *não* remete o sentido para a *impossibilidade* de o comerciante fornecer a identificação do fabricante, produtor etc. É o caso das vendas de produtos a granel, nas feiras ou nos supermercados. O feirante adquire no atacadista — que já é outro comerciante, distribuidor, vulgarmente chamado de atravessador — quilos de batatas, de diversas origens, e as coloca à venda. Elas podem inclusive ser vendidas misturadas. O mesmo acontece com praticamente todos os produtos hortifrutigranjeiros. A norma atribui responsabilidade ao comerciante não porque ele ocultou o produtor, mas porque dirige a ele a responsabilidade por garantir a qualidade do produto. O mesmo ocorre, num outro exemplo, com um restaurante — que no sistema fiscal é considerado prestador de serviço[22]. O prato servido é uma mistura de produtos de diversas origens, que, obviamente, não têm seus produtores identificados.

---

22. Na verdade, conforme já dito, todo comerciante é simultaneamente vendedor de produto e prestador de serviço. E restaurante vende comida sim.

14.19.4. "Sem identificação" do fabricante, produtor, construtor ou importador

Diverso é o caso do inciso II. A responsabilidade do comerciante aqui não decorre da impossibilidade de fornecer a identificação do fabricante, produtor etc., mas sim do fato de que, apesar de o comerciante ter condições de dar a identificação, ele não o faz.

Na primeira hipótese (item 3) a norma permite a venda sem identificação do produtor, fabricante etc. É uma exceção à regra geral do dever de informar no ato da oferta, conforme estatuído no art. 31 do CDC[23]. Na segunda hipótese, não. O comerciante é responsável por ter infringido a regra do art. 31.

14.19.5. Consequências

É importante a distinção, não por causa das consequências jurídicas quanto à responsabilidade do comerciante diante do consumidor lesado, que são as mesmas, mas porque as sanções administrativas e judiciais são diferentes. Na hipótese do inciso I a autoridade fiscal não pode apreender o produto por falta de identificação, nem a judicial. No caso do inciso II, tanto administrativa quanto judicialmente, os produtos sem identificação podem, ou melhor, devem ser apreendidos, uma vez que o elemento essencial da informação foi omitido.

14.19.6. Conservação inadequada

No terceiro caso, do inciso III, a responsabilidade do comerciante decorre de outro motivo, e as implicações da abrangência dessa regra, como se verá, que aparentemente são simples do ponto de vista do direito material, complicam-se no aspecto processual, em especial quanto à prova.

Novamente teremos de adiantar o exame de uma questão processual, não só porque o CDC a faz surgir no transcurso do regramento do direito material, mas especialmente para elucidar pontos que possam efetivamente fazer valer as garantias do consumidor como quer a lei.

A norma é evidente: o comerciante é o responsável pela guarda adequada dos produtos perecíveis. Os exemplos são até singelos, aparentemente.

---

23. Ver comentários à frente, no Capítulo 21.

É o caso do supermercado que não refrigera corretamente o queijo fresco, da padaria que deixa o iogurte fora do refrigerador, do açougue que deixa a carne ao ar livre.

De fato, não resta dúvida de que o comerciante responde.

Mas como é que se pode saber que o produto se deteriorou, de fato, nas mãos do comerciante?

A pergunta ganha relevo quando se pensa nas garantias indenizatórias que estão em jogo, ou seja, é preciso assegurar que o consumidor possa ressarcir-se dos danos que eventualmente sofra. E aí é importante sobremaneira a questão levantada.

Tomemos um exemplo para que o raciocínio possa prosseguir.

Suponhamos que um consumidor adquira no pequeno empório perto de sua casa um iogurte produzido por grande empresa multinacional. Verifica o prazo de validade e vê que está de acordo. No empório, retirou o pote de um aparelho refrigerador que estava em funcionamento. Chega em casa e coloca o iogurte na geladeira. No dia seguinte, o filho do consumidor, com dez anos de idade, pega o pote de iogurte, abre-o e ingere o conteúdo (note-se que o produto está dentro do prazo). A criança, alguns momentos depois, passa mal, intoxicada pelo iogurte, e tem de ser hospitalizada. A intoxicação é grave, os danos enormes. Os prejuízos materiais do consumidor são altíssimos, já que a criança permaneceu vários dias numa UTI.

Pergunta-se: em que momento e em que local o iogurte estragou-se ou foi infectado? Estaria a tampa aberta? Estaria o pote guardado em local inapropriado? O iogurte terá saído da fábrica multinacional já deteriorado? Se saiu, como é que o comerciante poderia saber? E se foi no distribuidor? Não poderia o distribuidor ter armazenado de maneira inadequada o iogurte? E se foi o distribuidor, como o comerciante poderia saber? E se foi durante o transporte que o iogurte sofreu deterioração, quer do fabricante para o distribuidor, quer do distribuidor para o comerciante, como este poderia saber? Afinal, o responsável pela deterioração, quem é? Mas, e pior, e se o produto se deteriorou no transporte feito pelo próprio consumidor: por exemplo, ele colocou o pote no seu automóvel, foi em seguida a um *shopping* e deixou o carro no sol o dia inteiro? Como saber?

O exemplo podia até complicar-se mais, porém o problema levantado até onde o foi já é suficiente para demonstrar a dificuldade da questão. Não é tão simples determinar quando e onde ocorreu a deterioração do produto perecível.

Ora, e como fica o consumidor, que teve o filho intoxicado, com graves problemas de saúde, e sofreu enorme prejuízo financeiro?

Não é natural que, se o consumidor queria ressarcir-se dos prejuízos de ordem material sofridos e se pretende, também, reivindicar indenização por danos morais — como é o caso —, queira acionar a multinacional fabricante do produto?

Não resta qualquer dúvida de que um pequeno empório tem muito menos condições de garantir o resultado de uma demanda indenizatória do que uma grande empresa. E isso é tanto mais relevante quanto maiores forem os prejuízos. E se a criança falecer em função da intoxicação?

Veja-se que a questão, aparentemente singela do ponto de vista da hipótese do direito material, é problemática na referência ao aspecto da prova efetiva da deterioração do produto.

Por conta disso e tendo em vista a teleologia do CDC, que envolve a proteção do consumidor e a garantia da ampla reparação dos danos por ele sofrido (cf. o inciso VI do art. 6º), tem-se de entender que, na dúvida do consumidor sobre o momento e o local da deterioração do produto perecível, ele pode optar por acionar o comerciante ou o fabricante, produtor ou importador.

Com isso, já entramos na hipótese do parágrafo único do art. 13 — mal colocado onde está, como se verá.

Escolhido pelo consumidor o responsável e no processo judicial apurado o verdadeiro responsável, o consumidor será ressarcido de qualquer forma, ainda que não tenha escolhido para colocar no polo passivo da ação o verdadeiro responsável. Depois que o consumidor receber sua indenização, aquele que pagou poderá ressarcir-se pelo outro responsável ou repartir com ele o *quantum* pago, uma vez que são, no mínimo, solidários.

É por isso que, no comentário feito acima, relativamente ao inciso III do § 3º do art. 12, não concordamos com a posição doutrinária apresentada[24].

E, independentemente da argumentação já expendida, o reforço legal vem com a redação do parágrafo único do art. 13, que dispõe que "aquele que efetivar o pagamento ao prejudicado poderá exercer o direito de regresso contra os demais responsáveis, segundo sua participação na causação do evento danoso".

---

24. No item 14.16.

14.19.7. Partição da indenização

A primeira observação importantíssima é que responde as questões na mesma linha de nosso pensamento: a norma não diz "o comerciante efetivando o pagamento ao prejudicado...". Ela dispõe: "aquele que efetivar o pagamento ao prejudicado poderá exercer o direito de regresso contra os demais responsáveis, segundo sua participação na causação do evento danoso", o que está em consonância com o que acima escrevemos.

O uso do pronome "aquele" significa que qualquer dos responsáveis pode ser acionado pelo consumidor, independentemente de ser ele ou não o responsável pela deterioração do produto — e também mais do que apenas deterioração, como veremos na sequência, pois, se a lei quisesse estabelecer obrigação específica de indenizar o comerciante ou qualquer outro, teria dito seu nome expressamente. Mas não o fez, como não o faz, uma vez que seu regramento é fundado na solidariedade.

14.19.8. Norma autônoma

Além do que foi dito, examinando-se mais detidamente o parágrafo único do art. 13, o que se percebe é que se trata de norma autônoma, não estando vinculado apenas ao conteúdo do art. 13.

Já fizemos esse comentário alhures: a Lei n. 8.078 padece de retaliações feitas pelo legislador, que acabou espalhando conceitos e normas, que muitas vezes aparecem deslocadas. Esse é mais um caso. Cabe à doutrina, no trabalho de interpretação lógico-sistemática, ir juntando os pedaços, preenchendo as aparentes lacunas e emoldurando o quadro do sistema do CDC.

A norma em comento serve para toda e qualquer hipótese de pagamento de verba indenizatória ao consumidor, feita por qualquer dos corresponsáveis solidários. Quer em função de defeito — quando propriamente se fala em indenização ao consumidor —, quer em função de vício — quando se troca o produto ou se devolve o dinheiro ou parte dele. Nesse caso de vício, o prejuízo pode ser apenas do comerciante, que pode acionar o corresponsável.

14.19.9. Vedação da denunciação da lide

De qualquer maneira, a norma do parágrafo único do art. 13 remete ao art. 88, que é regra adjetiva, para proibir a denunciação da lide.

A redação do art. 88 é a seguinte:

"Art. 88. Na hipótese do art. 13, parágrafo único, deste Código, a ação de regresso poderá ser ajuizada em processo autônomo, facultada a possibilidade de prosseguir-se nos mesmos autos, vedada a denunciação da lide".

São duas as bases que fluem da redação do art. 88. De um lado o princípio de economia processual, já que permite o prosseguimento da ação de regresso nos mesmos autos, mas de outro lado, e antes desse princípio, a norma impede a aglutinação de ações indiretas no mesmo feito, ao proibir a denunciação da lide.

14.19.10. Síntese gráfica

Podemos agora representar graficamente os arts. 12 e 13:

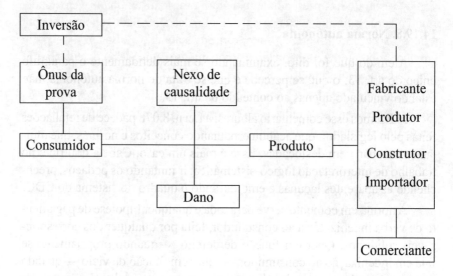

14.20. Exercícios

14.20.1. Um consumidor adquire num supermercado uma caixa de iogurtes. Leva-a para casa e guarda-a na geladeira. Todas estão dentro do prazo de validade. Dois dias após, quando os iogurtes ainda estavam dentro do prazo de validade, os filhos do consumidor os tomam. Três horas depois, os dois menores são internados num hospital com infecção intestinal.

Pergunta-se:

a. Quem é o responsável pelos danos causados: o comerciante-vendedor ou o fabricante? Por quê?

b. O consumidor pode acionar o supermercado? Deve?

c. Se o consumidor acionar o supermercado por danos, o que este deverá fazer para se defender, entendendo não ser responsável?

14.20.2. João adquiriu um automóvel novo, com *air bag*, e num determinado dia, com toda a família no veículo, estando em média velocidade, brecou levemente para passar em uma lombada, o *air bag* se autoacionou, quase provocando um acidente. Nesse dia as consequências não foram maiores porque sua mulher, que estava ao lado, conseguiu ajudá-lo a controlar a direção.

Uma semana depois, quando voltava para casa do trabalho, João chocou o veículo contra um posto de iluminação, exatamente naquele mesmo ponto. Testemunhas presenciais relataram que João vinha em velocidade, freou o auto na lombada e depois o veículo, descontrolado, chocou-se com o poste. Ao se aproximarem, viram o *air bag* acionado, mas não perceberam em que momento havia ocorrido o acionamento, pois viram o acidente por trás, há cerca de 100 metros do acidente.

João, alegando falha no funcionamento do dispositivo *air bag,* moveu ação contra a empresa fabricante do veículo, pleiteando reparação pelos danos patrimoniais e morais suportados, fulcrando sua pretensão no CDC.

Pergunta-se:

a. Que direitos tem João?

b. Caso não houvesse produção de provas pelas partes, o acontecimento traduziria verossimilhança?

c. Faça uma minuta da petição inicial da ação movida por João?

15. O FATO DO SERVIÇO: OS ACIDENTES DE CONSUMO/DEFEITOS E SUA RESPONSABILIDADE

15.1. Acidente de consumo e fato do serviço: os defeitos

Vimos que defeito pressupõe vício[1]. Do ponto de vista semântico, pode-se dizer que defeito é, então, tudo aquilo que gera dano além do vício. Ou, conforme demonstramos, dano extrínseco.

Vimos também que se costuma falar em "acidente de consumo", mas e a lei abre a Seção II do Capítulo IV do Título I falando em "Fato do produto e do serviço".

A expressão "acidente de consumo", embora largamente utilizada, pode confundir, porque haverá casos de defeito, em que a palavra "acidente" não fica muito adequada. Assim, no exemplo já dado, ser lançado por equívoco no cadastro de devedores do Serviço de Proteção ao Crédito é defeito do Serviço, gerando responsabilidade pelo pagamento de indenização por danos materiais, morais e à imagem. Porém, não se assemelha em nada a um "acidente"; do mesmo modo, conforme também dissemos, comer algum alimento e depois sofrer intoxicação por bactéria que lá estava gera, da mesma maneira, dano, mas ainda assim não se assemelha propriamente a acidente.

De outro lado, a lei fala em "fato" do serviço. A palavra fato permite uma conexão com a ideia de acontecimento, o que implica, portanto, qualquer acontecimento.

Diga-se, de qualquer maneira, que se tem usado tanto "fato" do produto e do serviço, quanto "acidente de consumo", para definir o defeito. Porém, o mais adequado é guardar a expressão "acidente de consumo" para as hipóteses em que tenha ocorrido mesmo acidente: queda de avião, batida do veículo por falha do freio, quebra da roda-gigante no parque de diversões etc., e deixar fato ou defeito para as demais ocorrências danosas. Em qualquer hipótese, aplica-se a lei.

---

1. No Capítulo 11, *retro*.

15.2. O fato do serviço

A responsabilidade pelo fato do serviço está regulada no art. 14 do CDC[2].

Desnecessário repetir, mas lembre-se apenas que tudo aquilo que dissemos relativamente ao defeito do produto e do acidente de consumo, da responsabilidade de o agente produtor indenizar os danos materiais e morais sofridos pelo consumidor, dos aspectos de solidariedade etc. vale, da mesma maneira, no que diga respeito ao serviço.

Examinemos, então, o que diz o art. 14.

15.3. Prestador do serviço

A redação do art. 14 é semelhante à do art. 12. A diferença inicial é a designação do agente responsável. A norma fala em "fornecedor de serviço". Deveria, de maneira mais adequada e coerente com o sistema normado, ter dito "prestador de serviço", porquanto o termo "fornecedor" é o gênero do qual "prestador" do serviço é espécie — como são espécies o fabricante, o construtor, o produtor, o importador e o comerciante. Nesse aspecto o CDC falhou, pois toda vez que se refere especificamente a serviço utiliza o termo "fornecedor", em vez do vocábulo tecnicamente correto, "prestador" (fornecedor do serviço aparece também nos arts. 20, 21 e 40).

15.4. Distinção entre vício e defeito

No que tange à distinção entre defeito e vício, vale exatamente a mesma explanação feita a respeito do produto[3]. Como dito, a lei consumerista

---

2. "Art. 14. O fornecedor de serviços responde, independentemente da existência de culpa, pela reparação dos danos causados aos consumidores por defeitos relativos à prestação dos serviços, bem como por informações insuficientes ou inadequadas sobre sua fruição e riscos. § 1º O serviço é defeituoso quando não fornece a segurança que o consumidor dele pode esperar, levando-se em consideração as circunstâncias relevantes, entre as quais: I — o modo de seu fornecimento; II — o resultado e os riscos que razoavelmente dele se esperam; III — a época em que foi fornecido. § 2º O serviço não é considerado defeituoso pela adoção de novas técnicas. § 3º O fornecedor de serviços só não será responsabilizado quando provar: I — que, tendo prestado o serviço, o defeito inexiste; II — a culpa exclusiva do consumidor ou de terceiro. § 4º A responsabilidade pessoal dos profissionais liberais será apurada mediante a verificação de culpa."

3. Ver, *retro*, Capítulo 11.

estabelece certa confusão ao usar dois conceitos distintos: defeito e vício. Para entender defeito é preciso, antes, conhecer o sentido de vício, não só para distingui-los, mas também para eliminar eventuais equívocos que algumas outras passagens não bem escritas da lei possam gerar. Vejamos, novamente, agora em função do serviço, a distinção entre defeito e vício.

15.4.1. Vícios

O termo "vício", especialmente o relacionado a produto, lembra o vício redibitório, instituto do direito civil, e tem com ele alguma semelhança, na condição de vício oculto, mas com ele não se confunde. Até mesmo porque, como já dissemos, é regra própria da sistemática do CDC.

São consideradas vícios as características de qualidade ou quantidade que tornem os serviços (ou os produtos) impróprios ou inadequados ao consumo a que se destinam e também que lhes diminuam o valor. Da mesma forma são considerados vícios os decorrentes da disparidade havida em relação às indicações constantes do recipiente, embalagem, rotulagem, oferta ou mensagem publicitária.

Os vícios, portanto, são os problemas que, por exemplo:

a) fazem com que o produto não funcione adequadamente, como um liquidificador que não gire;

b) fazem com que o produto funcione mal, como a televisão sem som, o automóvel que "morre" toda hora etc.;

c) diminuam o valor do produto, como riscos na lataria do automóvel, mancha no terno etc.;

d) não estejam de acordo com informações, como o vidro de mel de 500 ml que só tem 400 ml; o saco de 5 kg de açúcar que só tem 4,8 kg; o caderno de 200 páginas que só tem 180 etc.;

e) nos serviços apresentem características com funcionamento insuficiente ou inadequado, como o serviço de desentupimento que no dia seguinte faz com que o banheiro alague; o carpete que descola rapidamente; a parede mal pintada; o extravio de bagagem no transporte aéreo etc.

Lembre-se, por fim, que os vícios podem ser aparentes ou ocultos conforme já elucidamos no Capítulo 13, *retro*[4].

---

4. Nos subitens 13.6.6 e 13.6.7.

15.4.2. Defeito

O defeito, por sua vez, pressupõe vício. Há vício sem defeito, mas não há defeito sem vício. O vício é uma característica inerente, intrínseca do produto ou serviço em si.

O defeito é o vício acrescido de um problema extra, alguma coisa extrínseca ao produto, que causa um dano maior que simplesmente o mau funcionamento, o não funcionamento, a quantidade errada, a perda do valor pago, já que o produto ou serviço não cumprem o fim ao qual se destinam. O defeito causa, além desse dano do vício, outro ou outros danos ao patrimônio jurídico material ou moral do consumidor.

Logo, o defeito tem ligação com o vício, mas, em termos de dano causado ao consumidor, ele é mais devastador.

Temos, então, que o vício pertence ao próprio produto ou serviço, jamais atingindo o próprio consumidor ou outros bens seus. O defeito vai além do produto ou serviço para atingir o consumidor em seu patrimônio jurídico material e/ou moral. Por isso somente se fala propriamente em acidente de consumo em caso de defeito. É no defeito que o consumidor é atingido[5].

Vejamos agora dois exemplos que elucidam a diferença entre vício e defeito. Ao comentarmos o art. 12, *caput*, demos dois exemplos envolvendo produto. Aqui vamos passar à hipótese do serviço.

15.4.3. Exemplo n. 1

Dois consumidores, usuários do cartão de crédito "X", dirigem-se ao banco e efetuam o pagamento do valor do débito de suas faturas. Quitam-nas, zerando o saldo.

Por falha no sistema operacional da administradora do cartão, os valores pagos pelos dois consumidores não são lançados em suas contas. Alguns dias depois eles são lançados na lista de bloqueio, estando impedidos de usar o cartão para fazer novas compras. Os consumidores não conhecem esse problema.

---

5. Já observamos, ao comentar o defeito do produto, que também no vício o consumidor é atingido, uma vez que sofre a perda do pagamento do preço do produto ou serviço viciado. É por isso que se poderia dizer que no defeito o consumidor é "mais atingido".

Passados alguns dias, um dos consumidores, digamos, João da Silva, resolve ligar para a administradora para requerer aumento de seu limite de crédito. A pessoa do atendimento telefônico da administradora lhe diz, então, que, antes de pensar no aumento do seu limite, ele tem de pagar sua dívida, que já está com alguns dias de atraso. Descobre-se, assim, a falha. João diz que já pagou, passa um fax do recibo de pagamento para a administradora e no final do expediente daquele dia o problema é sanado.

Naquele mesmo dia, o outro consumidor, José da Silva, vai a um almoço de negócios com seu patrão e um provável novo cliente a ser conquistado para a empresa na qual trabalha. José é diretor financeiro, responsável pela administração das contas da empresa. Seu chefe direto é o presidente desta. O almoço segue animado, e as perspectivas de fechamento do negócio são excelentes. Ao término da refeição, José pede a conta e, ao recebê-la, entrega seu cartão de crédito para o pagamento. Algum tempo depois, o garçom retorna, constrangido, e diz que "a maquininha não aceitou o cartão". José, aborrecido e envergonhado, pede para que o garçom insista e ligue para a administradora. O garçom, então, passa a incumbência ao *maître*, que se afasta com o cartão para tentar concluir a operação. José dá um sorriso amarelo para o patrão e o cliente e comenta que as tais "maquininhas" falham muito.

Instantes depois, o *maître* volta e, para piorar o embaraço e a vergonha de José, diz que conversou com a administradora e que esta não aprovara a transação porque ele está atrasado no pagamento de sua fatura.

José tenta protestar e iniciar uma explicação, mas o presidente da empresa, temendo maiores estragos, entrega ao *maître* seu próprio cartão, dizendo para José resolver o problema outra hora.

O primeiro caso, o de João, é de vício do serviço, e que, diga-se, foi sanado rapidamente. O segundo, o de José, é de defeito. Não resta dúvida, pelo relato, que José sofreu dano de natureza moral, indenizável. Vê-se que João teve apenas uma inadequação do serviço ao não zerar sua fatura, tendo ficado adstrito o problema a esse único aspecto. Mas José, por causa do mesmo problema, sofreu outro tipo de dano, que extrapolou o serviço em si e atingiu sua pessoa[6].

---

6. É possível imaginar na hipótese até um dano de natureza material para a empresa, que perdeu o cliente por causa da desconfiança deste no diretor financeiro. Claro que a prova nesse caso é difícil de ser feita (a empresa seria um consumidor equiparado no caso: vítima do evento danoso — art. 17).

15.4.4. Exemplo n. 2

João da Silva está com problemas no lavatório do banheiro de sua suíte, que está entupido. Abrindo a torneira, rapidamente a cuba se enche de água, quase transbordando. Já tentou desentupi-lo várias vezes, mas não consegue.

José da Silva tem exatamente o mesmo problema.

Ambos procuram uma prestadora de serviços de desentupimento e acabam contratando a empresa "Y". No dia marcado, os funcionários da empresa comparecem a ambas as residências: a de João da Silva e a de José da Silva.

Dão o serviço como realizado, recebem o pagamento e vão embora.

No dia seguinte, João acorda e, para barbear-se, abre a torneira. A água começa a escorrer pelo cano e inicialmente vai bem. Quando já está no fim da barba e vai fechar a torneira, ele percebe que a água começa a se acumular no lavatório. Para, então. Deixa a torneira aberta e fica observando. Aos poucos o lavatório vai-se cobrindo. Ele observa que o entupimento é menor que o anterior, pois a cuba enche mais devagar. Porém, após alguns minutos ela já está, novamente, à beira do transbordamento. João, então, fecha a torneira, liga para a desentupidora e reclama que o serviço foi mal executado. À tarde, os funcionários da desentupidora retornam ao local e refazem o serviço, desentupindo definitivamente o cano ligado ao ralo do lavatório.

José da Silva não teve a mesma sorte. Também, no dia seguinte à realização do serviço, após barbear-se, tomar banho e estando pronto para sair, dirigiu-se ao banheiro apenas para escovar os dentes. Quando já havia terminado a limpeza bucal e estava limpando a escova de dentes, o telefone tocou. José correu, então, até a sala para atender e não fechou totalmente a torneira do lavatório: ela ficou pingando. Instantes depois, a água começaria a acumular-se, ainda que lentamente, mas porque o serviço fora executado da mesma maneira inadequada que na casa de João.

José falou alguns minutos pelo telefone da sala, foi embora para o trabalho, e dali para uma viagem de fim de semana[7]. A torneira permaneceu aberta, pingando, e, algumas horas depois, a água transbordava do lavatório. A água foi ao chão do banheiro, escorreu pela suíte, tomando o dormitório

---

7. Aqui é caso de culpa concorrente do consumidor, que agiu com negligência, mas, como se viu na hipótese de produto e como se verá na de serviço, não exclui o dever de indenizar do prestador do serviço.

por um dos lados. Quando José retornou da viagem, o carpete estava imprestável. Teve de ser removido e trocado; seu prejuízo foi razoável.

O caso de João é de vício: serviço executado de maneira imperfeita e que foi sanado. O de José é de defeito: o mesmo serviço executado de forma inadequada gerou outro dano de ordem material.

15.5. O "fornecedor" do serviço é o responsável

Já o dissemos: o CDC utiliza-se mal do sujeito da oração do *caput* do art. 14. Emprega "fornecedor" de serviços, quando deveria usar "prestador" de serviços. Apesar do erro na escolha do conceito, o resultado prático da interpretação é o mesmo. Mas nós preferimos "prestador" de serviços.

De qualquer maneira, pelo menos quanto à prestação de serviço, não haverá a distinção feita para responsabilização dos agentes em caso de defeito ou vício no produto. Como visto, a reparação dos danos por defeito do produto cabe aos agentes especificados nos arts. 12 e 13, espécies do gênero fornecedor. E a responsabilidade pelo vício é do fornecedor do produto (arts. 18 e 19).

No caso de serviço, é sempre o prestador o responsável, quer em caso de defeito (art. 14), quer em caso de vício (art. 20).

A redação do *caput* do art. 14 segue a mesma regra do art. 12. O prestador de serviços responde de forma objetiva[8] pela reparação dos danos causados aos consumidores pelos defeitos relativos aos serviços prestados e pelas informações[9] insuficientes ou inadequadas sobre a fruição e os riscos dos serviços.

Àquilo que está estabelecido no *caput* do art. 14 devem ser acrescentados os defeitos decorrentes da oferta e da publicidade relativa ao serviço (cf. arts. 30, 31, 36 e 37).

15.6. Oferta e publicidade causadoras do dano

Da mesma forma que para o produto, a oferta e a publicidade enquanto elementos de apresentação do serviço podem ser geradoras do dano. Por

---

8. Sobre o aspecto específico da responsabilidade civil objetiva, ver comentários no Capítulo 9.

9. Já observamos alhures que a informação é elemento essencial do serviço e, também, do produto.

exemplo, João da Silva resolve viajar em suas merecidas férias. Abre o jornal no caderno de turismo e examina dezenas de ofertas feitas por agências de viagem. São passeios rodoviários, preços especiais de transporte aéreo, pacotes montados incluindo transporte aéreo, traslados, hotéis, passeios e excursões no destino etc.

João telefona para várias agências e acaba escolhendo uma. Vai até lá e adquire um pacote para uma longa viagem pela Europa, visitando Paris e Roma. Toma o cuidado de pedir e recebe todo o roteiro por escrito: passagens com horários de embarque, categoria dos hotéis, todos com meia-pensão (café da manhã e uma refeição), visitas a museus com *tickets* a serem entregues, horário e dias dos *shows* noturnos a que iria assistir, com os respectivos bilhetes de ingresso a serem, também, entregues, excursões, com transporte incluso no preço, para povoados e cidades perto dos locais de estada etc.[10].

Tudo pronto, João embarca feliz rumo às merecidas férias. No avião, tudo *ok*. Saiu duas horas atrasado, mas tudo bem, pensou João. Pousando em Paris, seu ponto de chegada na Europa, não foi muito difícil localizar o pessoal do traslado para o hotel. Mas, aí, no hotel, começaram os problemas, que só terminaram quando ele chegou de volta, trinta dias depois.

Os hotéis apresentados como de primeira categoria ou cinco estrelas eram todos muito ruins em suas acomodações. O de Paris, local onde ele permaneceu quinze dias, não tinha sequer banheiro no quarto. Em Roma, onde ele passou os outros quinze dias, não havia reservas. João teve de trocar de hotel em Paris e pagar o hotel de Roma. Em nenhum dos dois hotéis a meia-pensão estava incluída no preço, o que obrigou João a desembolsar mais dinheiro.

Os museus para serem visitados estavam lá, é verdade, mas João teve de pagar pelos *tickets*, e, quanto aos *shows*, num deles, João teve de comprar o ingresso; ficou sabendo que, no dia do *show*, o preço era mais caro do que se tivesse comprado antes.

Os passeios programados para Paris e Roma João perdeu, pois não fora avisado para reservar lugar logo na chegada ao hotel em Paris. Quando descobriu que deveria tê-lo feito, já era tarde demais. Foi de táxi, o que lhe custou bastante dinheiro.

---

10. De notar que a operadora e a agência de viagens estão obrigadas a entregar por escrito a qualquer consumidor o roteiro detalhado dos serviços vendidos.

Como João teve de pagar os hotéis no dia da chegada, não pôde gozar dos descontos concedidos para os consumidores que fazem reservas com antecipação de trinta dias (João havia adquirido o pacote, com cautela, sessenta dias antes).

Enfim, os prejuízos sofridos foram evidentes. Enormes gastos desnecessários e os pagamentos feitos além do que já havia sido pago[11].

15.7. Informação causadora do dano

Ainda em relação ao *caput* do art. 14, há um aspecto a ser destacado. É o da informação, que, como já dissemos, é elemento inerente ao serviço (e ao produto). Dessa maneira o consumidor pode sofrer dano por defeito não necessariamente do serviço em si, mas da informação inadequada ou insuficiente que com ele seja fornecida. E, claro, também pela falta da informação. Tanto neste caso como no caso do produto (*caput* do art. 12), a lei não menciona a falta de informação, mas ela decorre logicamente das outras duas hipóteses. Se informação insuficiente pode causar dano, sua ausência total, por mais força de razão, também.

Em realidade, alguns serviços praticamente nem existem sem um mínimo de informações, dadas suas peculiaridades e as complexas relações existentes, além das necessárias ações a cargo do consumidor. Estão no elenco, como exemplo, os serviços de assistência médica (planos de saúde e seguro-saúde), os consórcios, os serviços bancários em geral, os serviços de cartões de crédito, os serviços educacionais etc. Alguns serviços nem sequer funcionam sem que as informações sejam fornecidas. Logo, há uma boa potencialidade para danos também nos serviços por conta da informação.

Tomemos um exemplo. Vamos completar a malfadada viagem do consumidor João da Silva à Europa (nosso exemplo anterior).

Quando ia de Paris para Roma, João descobriu, no aeroporto, que não tinha lugar reservado. É que, disseram-lhe no balcão da companhia aérea, ele deveria ter confirmado a reserva com 72 horas de antecedência. Acontece que não tinha recebido essa informação[12].

---

11. O caso pode gerar, pelo menos em tese, apropriação indébita, pois, pelo menos quanto ao hotel de Roma, a agência ficou com o dinheiro de João e não fez as reservas, nem pagou a hospedagem.

12. Recorde-se que é do fornecedor o dever de informar cabalmente (art. 6º, III).

Para não perder a viagem, teve de fazer endosso da passagem para outra companhia, que tinha voo no mesmo dia. Porém, pagou um acréscimo considerável para poder seguir para Roma: a passagem era mais cara.

15.8. Solidariedade

Prosseguindo, cabem mais algumas palavras, ainda, a respeito do *caput* do art. 14. Quando analisamos o *caput* do art. 12[13], observamos que na fabricação de qualquer produto sempre entra em jogo uma série de componentes, desde a matéria-prima e insumos básicos até o próprio *design*, o projeto, passando pelas peças, equipamentos etc. O produto ao final tem um responsável direto. Por exemplo, a montadora do automóvel. Mas é possível identificar os fabricantes dos componentes. Por exemplo, o fabricante dos amortecedores, dos pneus, dos vidros etc.[14].

No caso do serviço, ocorre algo similar. Há alguns serviços prestados de maneira direta e praticamente pura, tais como o de consulta médica, o de ensino, o do cabeleireiro etc.[15]. Mas há serviços que são compostos de outros, tais como o de administração de cartão de crédito, que envolve a administradora; os bancos, que recebem os pagamentos das faturas e os boletos de venda dos comerciantes; os correios, que transportam as faturas e demais correspondências, os serviços telefônicos, cujos canais são importantes no atendimento ao consumidor etc.[16].

Há, ainda, outros serviços que são necessariamente compostos pela prestação dos serviços e pela utilização de produtos. Não há o serviço sem o produto. Por exemplo, os serviços de consertos de automóveis e as respectivas trocas de peças; os serviços de assistência técnica de conserto de eletrodomésticos, os serviços domésticos de pintura e instalação elétrica etc.

---

13. No Capítulo 14, item 14.3.

14. Lembremos que no processo de fabricação do produto entra também uma série de serviços. Ver a respeito comentários ao *caput* do art. 12, item 14.5.

15. Alguns materiais usados por esses profissionais, como o giz e a lousa para o professor, a tesoura para o cabeleireiro, podem ser deixados de lado aqui, como meros coadjuvantes. Claro que a tesoura ganharia relevo se o cabeleireiro cortasse a orelha da cliente. Mas continuaria sendo um defeito do serviço, não do material empregado: a tesoura.

16. Claro que há, também, aqui, uso de materiais vários. Não os estamos considerando, pois não têm relevo em nossa hipótese.

Há, também, similar ao anterior, produtos e serviços vendidos simultaneamente. Por exemplo, carpetes e sua colocação, papéis de parede e sua fixação, boxes de banheiro e sua instalação etc.

Visto isso, pergunta-se: qual é a participação na responsabilidade por defeitos de todos esses agentes que se envolvem na prestação dos serviços?

A resposta é exatamente a mesma dada para o caso dos agentes fabricantes das várias peças de um produto final: todos são responsáveis solidários, na medida de suas participações. Haverá, é claro, o prestador do serviço direto que provavelmente venha a ser o acionado em caso de dano. Porém, todos os demais participantes da execução do serviço principal, que contribuíram com seus próprios serviços e seus produtos são, também, responsáveis solidários.

15.8.1. Exemplo n. 1

Assim, por exemplo, a Administradora de Cartões de Crédito "X" remete ao consumidor a fatura para o pagamento das compras. Esse consumidor, João da Silva, no dia do vencimento da fatura, comparece ao Banco Y e faz o pagamento. Foi um mês de muitas despesas, tantas que João até estourou o limite de crédito do seu cartão, concedido pela administradora. Note-se que os bancos são parceiros do serviço da administradora, na medida em que esta os indica para que eles recebam e deem quitação aos pagamentos feitos pelo consumidor.

O referido Banco Y, por falha de seu sistema operacional, não remete para a administradora o comprovante de pagamento de João, que permanece com sua conta do cartão de crédito em aberto, constando como devedor, a partir do dia do vencimento.

João até recebe uma carta da administradora dizendo que era devedor, mas não se incomodou, porque ao pé da folha estava escrito para que ele desconsiderasse o aviso caso o pagamento já tivesse sido feito. Depois, como não foi mais contatado, esqueceu o assunto.

Passados alguns dias, João teve a oportunidade de fechar negócio de compra de um automóvel, que estava sendo vendido por preço muito abaixo do mercado. É que o dono da loja de veículos precisava fazer caixa e promoveu uma verdadeira "queima" de seu estoque. Como João já queria há tempos trocar de carro, não queria perder a oportunidade. Mas, como tinha efetuado muitos gastos no mês anterior com alguns problemas e uma viagem de férias, teve de se socorrer de um empréstimo bancário para pagar o preço pedido.

João nem se preocupou, pois era bom cliente do banco. Fez a solicitação do crédito com urgência, pois precisava fechar o negócio no dia seguinte. O dono da loja de automóveis disse que só seguraria a transação por 24 horas, pois já havia outros interessados. O gerente do banco prometeu aprovar o crédito no mesmo dia. No dia seguinte o dinheiro já estaria depositado na conta corrente de João.

À tarde o gerente telefona para João e diz que seu crédito fora negado porque seu nome estava lançado no cadastro de devedores do serviço de proteção ao crédito. Era um alto valor apontado pela administradora de seu cartão de crédito. João correu para resolver o assunto, mas quando conseguiu, três dias depois, o automóvel já havia sido vendido. Ele perdera o bom negócio, além de ter tido sua imagem manchada pela negativação indevida.

Os danos estão claros: João tem direito a indenização por aquilo que deixou de ganhar na compra do automóvel com desconto — comparado com outro similar a preço de mercado —, além de indenização por dano à sua imagem e danos morais.

Agora, o que nos interessa: foi o banco primeiramente citado aquele que não processou o pagamento de João. Ele poderia, então, ser acionado caso João quisesse e, no caso, soubesse. O fato é que numa situação dessas é a administradora que fatalmente será acionada. João provavelmente não pensa que a falha no processamento do pagamento foi do banco. Acionará a administradora pura e simplesmente. Esta, no direito de regresso que lhe assiste ou nas condições contratuais estabelecidas com o banco, após ter pago a indenização ao consumidor, pode acionar o banco para cobrar dele a participação parcial ou integral. Como a relação existente entre a administradora do cartão e o banco é típica de direito privado, não existe impedimento para que eles estabeleçam entre si, via contrato, direitos e obrigações que digam respeito ao pagamento de indenizações aos consumidores por defeito dos serviços. As partições podem ser fracionadas, divididas em partes iguais, fixadas em percentuais etc.

15.8.2. Exemplo n. 2

Vejamos agora um exemplo que envolva serviço e produto utilizado no serviço.

Determinado avião da viação comercial prepara-se para transportar passageiros da cidade do Rio de Janeiro para Salvador. Logo após a decolagem, houve uma pane no sistema de reversão, ocasionando grave acidente, com a morte de dezenas de pessoas. Várias outras foram atingidas na rua, já que o avião caiu sobre várias casas.

Os danos são evidentes e nem sequer precisam ser comentados. Foram ocasionados pelo serviço de transporte prestado. Um exame técnico pode demonstrar que, de fato, o que gerou o acidente foi uma falha no sistema mecânico em função da quebra e não funcionamento de um dos componentes do motor.

Tem-se, então, pelo menos dois responsáveis solidários pelo acidente: a companhia aérea transportadora e o fabricante da peça. Os consumidores, isto é, os familiares das vítimas e os consumidores equiparados — os que tiveram as casas atingidas, na rua — podem acionar qualquer deles, ou ambos. Após o pagamento da indenização, como sempre, os responsáveis podem repartir ou cobrar um do outro a participação no evento danoso.

Conforme já indicamos, quando tratamos do defeito do produto, também na hipótese do *caput* do art. 14 há essa ampla responsabilização solidária dos agentes, que de resto decorre diretamente da sistemática de defesa dos direitos do consumidor estabelecida no CDC.

Mas, além disso, como também já observamos em outra oportunidade, essa solidariedade decorre expressamente da redação do parágrafo único do art. 7º e dos §§ 1º e 2º do art. 25.

Lembremos, tais normas têm a seguinte redação:

"Art. 7º (...)
Parágrafo único. Tendo mais de um autor a ofensa, todos responderão solidariamente pela reparação dos danos previstos nas normas de consumo".

"Art. 25. (...)
§ 1º Havendo mais de um responsável pela causação do dano, todos responderão solidariamente pela reparação prevista nesta e nas Seções anteriores.

§ 2º Sendo o dano causado por componente ou peça incorporada ao produto ou serviço, são responsáveis solidários seu fabricante, construtor ou importador e o que realizou a incorporação".

Mas, claro, normalmente, em casos como o desse exemplo, o mais sensato para o consumidor é o acionamento extrajudicial ou judicial da companhia aérea, uma vez que é ela a responsável direta. E, como responde objetivamente pelo acidente de consumo, nem sequer vale a pena tentar descobrir qual o motivo real — mecânico — que ocasionou o evento danoso.

15.9. Autorização governamental

Como existem serviços que são fiscalizados por órgãos governamentais e que necessitam de autorização para funcionar, tais como os consórcios, as companhias de seguros, os bancos etc., é relevante consignar aqui, da mesma forma como fizemos com os produtos, que nenhuma autorização dos órgãos responsáveis pela permissão de funcionamento e fiscalização dos serviços é motivo para excluir a responsabilização de quem quer que seja. No máximo, o órgão e indiretamente o ente estatal envolvidos são, também, responsáveis solidários pelo dano causado. Com ou sem a chancela do órgão público ao serviço oferecido, a responsabilidade do prestador continua idêntica. E, obviamente, o mesmo vale, com mais força de razão, para os casos de aprovações de entidades privadas e órgãos de classe. Nada retira a responsabilidade do prestador do serviço.

15.10. Serviços com atenção normativa especial

Antes de terminarmos essa análise que envolve a responsabilidade do prestador de serviços, é necessário dizer que alguns serviços mereceram atenção especial do CDC. Os de assistência técnica, no que respeita à troca de peças, estão regrados no art. 21. Os serviços públicos são estipulados no art. 22. A feitura do (serviço de) orçamento foi tratada no art. 40, c/c o art. 39, VI. Os serviços de cobrança estão normados no art. 42. Os serviços de bancos de dados e cadastros de consumidores e os de proteção ao crédito estão regulados pelos arts. 43 e 44. Lembramos que tais serviços são prestados e submetidos a todas as regras do CDC, o que naturalmente inclui a responsabilidade civil objetiva, estipulada nos arts. 14 (defeito), 20 (vícios) etc.

15.11. A impropriedade do § 1º do art. 14

O § 1º do art. 14 é dispensável, da mesma maneira como o é o § 1º do art. 12, uma vez que nada acrescenta ao conteúdo do *caput*, nem o excepciona. Vejamos por quê.

Está escrito: "O serviço é defeituoso quando não fornece a segurança que o consumidor dele pode esperar...".

Ora, como vimos, defeito no serviço dá origem a acidente de consumo com dano ao patrimônio jurídico material e/ou moral do consumidor. Não é evidente que sempre se espere que nenhum serviço cause dano ao consumidor? Não existe serviço que possa gerar alguma insegurança que cause dano sem ser defeituoso. Logo, não era preciso dizê-lo.

15.11.1. Contradição

E, pior ainda: ao contrário do que está dito, o serviço pode ser defeituoso apesar de oferecer toda a segurança que dele se espera. Na realidade, esse é o elemento mais relevante do defeito: a surpresa. O serviço parece seguro, mas causa o dano. Eis o problema. Bem o oposto do que está escrito na norma.

Um consumidor pode estar bastante seguro de que suas joias e ouro estão muito bem guardados no cofre-forte de um banco. No entanto, uma fraude perpetrada pelos funcionários do banco pode causar-lhe boa surpresa: abrir o cofre e nada encontrar; e com enorme prejuízo.

15.11.2. Resultado e riscos razoáveis

O único ponto realmente relevante do § 1º é o do inciso II, que desqualifica o defeito do serviço pelo "resultado e os riscos que razoavelmente dele se esperam".

Diga-se desde já que essa redação deveria aparecer também, e seria mais apropriada, no art. 20, já que o serviço pode não ser considerado viciado exatamente porque o problema estava dentro do resultado e riscos que razoavelmente dele se esperava[17]. Como não está lá, tem-se de fazer uma interpretação extensiva para considerar abarcada a hipótese também do vício.

Em cima dessas considerações, lembre-se, então, que há serviços que naturalmente geram insegurança, tais como viagens de avião, navio, serviços de odontologia, hospitalares, médicos etc., e em alguns é exatamente a insegurança que é buscada — é, na verdade, o serviço oferecido —, tais como os de parques de diversão: andar na montanha-russa, carros de trombada, casa mal-assombrada etc. A "falta de insegurança" aí é que seria o vício (claro que limitada ao aspecto físico-psicológico relativo ao uso regular do serviço).

15.11.3. Sem sentido

A matéria contida no inciso I do art. 14 nada significa, pois diz que o "modo do fornecimento" do serviço pode ser caracterizador do defeito. Mas não é o modo o problema; é o dano. O modo tem de ser sempre adequado.

---

17. Ver exemplos nos comentários ao art. 20, no Capítulo 13.

O inciso III, já a exemplo do que consta do § 1º do art. 12, é ininteligível. Mais uma vez a intenção do legislador parece ter sido a de salvaguardar velhas tecnologias diante dos avanços surgidos. Mas escreveu mal. Não há data que evite defeito. Não é a época que pode determinar se há defeito ou não. Se o consumidor sofrer dano, independentemente da época, tem direito a ser ressarcido. Talvez a norma quisesse tratar de garantia e prazos de garantia. Se foi isso, fê-lo inadequadamente e de forma obscura. Mas nem precisaria, pois outros artigos cuidam da questão[18]. Assim, o inciso III está ligado ao § 2º comentado na sequência.

15.12. O § 2º do art. 14 está deslocado

Em primeiro lugar a observação evidente: o § 2º está deslocado no CDC. É regra que deveria estar no art. 20, uma vez que a hipótese aventada da "adoção de novas técnicas" em detrimento do serviço mais antigo pode apenas gerar vício. Ou, em outras palavras, a regra salvaguarda somente o vício eventual dos serviços executados com técnicas menos modernas. Defeito, conforme já comentamos, se ocorrer, independerá de ser a tecnologia mais ou menos moderna.

A norma somente poderia, como pode, excetuar problema por avanço tecnológico em caso de vício, não de defeito. Repita-se, com ou sem outro serviço executado com nova e melhor técnica, havendo acidente de consumo — e, assim, defeito —, haverá responsabilidade em indenizar.

A lei pretende estabelecer certas garantias ao prestador de serviço, dizendo que o fato de certo serviço similar, de melhor qualidade e operado com novas técnicas estar sendo oferecido no mercado não transforma o seu em viciado por inadequação. Por exemplo, numa academia de ginástica, entre os aparelhos oferecidos está uma esteira mecânica para a prática do *jogging* — ou corrida — e noutra, mais moderna, há uma esteira eletrônica. Na primeira, a esteira funciona pelo simples acionar dos passos do consumidor-usuário na prancha de borracha sob seus pés. Na segunda, a esteira é acionada por um mecanismo eletrônico que se vai adaptando aos passos mais fortes ou mais fracos do consumidor. A primeira só funciona no plano. A segunda simula subidas. A primeira não aponta nenhum tipo de medição. A segunda marca tempo, distância, velocidade e, acoplando-se uma cinta ao peito do usuário, aponta até os batimentos cardíacos. Pergunta-se: a segunda transforma a

---

18. Arts. 26, 27 e 50. E, de certa forma, também, o art. 49 (garantia de devolução).

primeira em viciada? Não. Apenas a deixou obsoleta e antiquada. Muito provavelmente o consumidor-usuário da primeira troque de academia.

Agora, se houver algum tipo de defeito, ele ocorrerá em qualquer dos casos. Se qualquer das esteiras se romper, pode machucar tanto o usuário da primeira quanto o da segunda. E, muito embora a primeira deixe o usuário consigo mesmo no controle do tempo, velocidade e seu próprio batimento cardíaco, por ironia é a segunda que pode gerar grande dano, por exemplo, marcando o batimento erradamente por falha do sistema eletrônico[19].

Deve-se, portanto, mais uma vez, consertar o equívoco do legislador, preservando sua intenção de salvaguardar o serviço oferecido com tecnologia antiga. A salvaguarda vale, mas para vício, não para defeito.

15.13. Síntese gráfica

Assim, graficamente, temos:

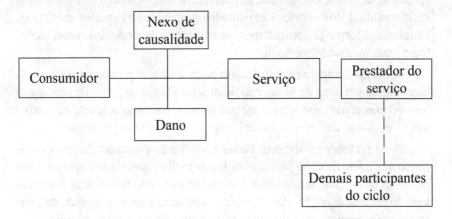

15.14. A desconstituição da responsabilidade

Como a sistemática adotada é a da responsabilidade objetiva, demonstrado pelo consumidor o dano, o nexo de causalidade do dano e do serviço, com a indicação do responsável, pode este, caso queira — e possa —, desconstituir sua obrigação de indenizar nas hipóteses previstas no § 3º do art. 14.

---

19. Repita-se o que já foi dito alhures: os sistemas eletrônicos são muito bons, mas suas falhas são mais difíceis de ser detectadas e podem causar sérios danos.

Da mesma maneira como o fizemos quando analisamos a desconstituição do nexo de causalidade[20], vale que, preliminarmente, comentemos o relevante aspecto da prova do nexo de causalidade. A questão lá levantada e que se repete aqui, adaptada ao serviço, é a de saber se o consumidor é que tem a obrigação de provar o dano, o nexo de causalidade existente entre o dano e o serviço e apontar o responsável pela prestação do serviço.

15.15. *A prova do dano e do nexo de causalidade*

Conforme demonstraremos adiante, a possibilidade de inversão do ônus da prova está prevista no inciso VIII do art. 6º do CDC[21]. Ela é norma adjetiva que se espalha por todas as situações em que, eventualmente, o consumidor tenha de produzir alguma prova. Nesse caso, também do dano e do nexo de causalidade.

Logo, respondendo à questão: é ao consumidor a quem incumbe a realização da prova do dano, do nexo de causalidade entre o dano e o serviço, com a indicação do responsável pela prestação do serviço. Contudo, o ônus de produzir essa prova pode ser invertido nas hipóteses do inciso VIII do art. 6º[22].

Graficamente:

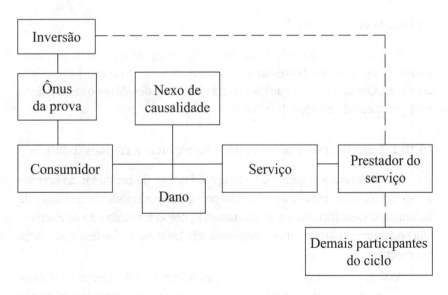

---

20. Ver Capítulo 14, item 14.13.
21. Ver comentários no Capítulo 46.
22. Os comentários a esse inciso e artigo apontam as circunstâncias em que a inversão se deve dar (cf. Capítulo 46).

321

Concluída pelo consumidor essa fase da prova do dano, do nexo de causalidade entre o dano sofrido e o serviço prestado, com a indicação do responsável pela prestação do serviço, deve este último pura e simplesmente pagar o valor da indenização que for apurada, sem praticamente possibilidade de defesa[23]. Suas únicas alternativas de contestação são as previstas no § 3º do art. 14.

15.16. Excludentes de responsabilização

Então, para comentarmos esse § 3º do art. 14, comecemos retomando aquilo que já tivemos oportunidade de verificar: a responsabilidade civil objetiva estabelecida no CDC é a do risco integral. Com a leitura e interpretação do § 3º do art. 14, ter-se-á a confirmação definitiva dessa afirmativa[24].

Iniciemos pelas três constatações mais contundentes: a) o uso do advérbio "só"; b) a inexistência das tradicionais excludentes "caso fortuito" e "força maior"; e c) a do inciso II: culpa exclusiva do consumidor ou de terceiro.

15.16.1. O advérbio "só"

A utilização do advérbio "só" não deixa margem a dúvidas. Somente valem as excludentes expressamente previstas no § 3º do art. 14, que são taxativas. Qualquer outra que não esteja ali tratada desobriga o responsável pela prestação do serviço defeituoso.

15.16.2. Caso fortuito e força maior não excluem a responsabilidade

Isso nos leva à segunda constatação. O risco do prestador do serviço é mesmo integral, tanto que a lei não prevê como excludente do dever de indenizar o caso fortuito e a força maior. E, como a norma não estabelece, não pode o prestador do serviço responsável alegar em sua defesa essas duas excludentes.

Assim, por exemplo, se um raio gera sobrecarga de energia num condutor de energia elétrica e isso acaba queimando os equipamentos elétricos

---

23. Poderá, claro, questionar o *quantum debeatur*, mas não o *an debeatur*.
24. Já demonstrado no que diz respeito ao produto (cf. item 14.15).

da residência do consumidor, o prestador do serviço de energia elétrica tem o dever de indenizar os danos causados ao consumidor.

O que acontece é que o CDC, dando continuidade, de forma coerente, à normatização do princípio da vulnerabilidade do consumidor no mercado de consumo, preferiu que toda a carga econômica advinda de defeito recaísse sobre o prestador do serviço. Se a hipótese é de caso fortuito ou de força maior e em função disso o consumidor sofre acidente de consumo, o mal há de ser remediado pelo prestador do serviço. Na verdade, o fundamento dessa ampla responsabilização é, em primeiro lugar, o princípio garantido na Carta Magna da liberdade de empreendimento, que acarreta direito legítimo ao lucro e responsabilidade integral pelo risco assumido. E a Lei n. 8.078, em decorrência desse princípio, estabeleceu o sistema de responsabilidade civil objetiva, conforme já visto. Portanto, trata-se apenas de questão de risco do empreendimento. Aquele que exerce a livre atividade econômica assume esse risco integral.

Além disso, diga-se mais uma vez que as excludentes caso fortuito e força maior têm relação com culpa e dolo — conduta do agente —, aplicando-se, portanto, à hipótese de responsabilidade subjetiva. Elas não são excludentes da responsabilidade ou do nexo de causalidade na responsabilidade objetiva, advinda do risco da atividade.

15.16.3. Caso fortuito interno e caso fortuito externo

No Capítulo 9[25] demonstramos que o sistema de responsabilidade civil no Código de Defesa do Consumidor foi estabelecido tendo por base a teoria do risco da atividade: o empresário tem a liberdade de explorar o mercado de consumo — que, diga-se, não lhe pertence — e nessa empreitada, na qual almeja o sucesso, assume o risco do fracasso. Ou, em outras palavras, ele se estabelece visando ao lucro, mas corre o risco natural de obter prejuízo. É algo inerente ao processo de exploração (lá, também lembrei que nos casos de monopólios e até oligopólios o risco é inexistente, o que, claro, não elimina a responsabilidade de mesma base).

O risco tem relação direta com o exercício da liberdade: o empresário não é obrigado a empreender; ele o faz porque quer; é opção dele. Mas, se o faz, assume o risco de ganhar ou de perder e, por isso, responde por eventuais

---

25. Nos itens 9.1 e 9.2.

danos que os produtos e serviços por ele colocados no mercado podem ocasionar. O outro lado dessa atividade é o do risco social engendrado pela exploração do mercado. A simples colocação de produtos e serviços gera esse risco. Daí que, inexoravelmente, a existência em si do empreendimento traz potencialmente risco de danos às pessoas.

Decorre disso que, quem se estabelece deve de antemão bem calcular os potenciais danos que causará não só para buscar evitá-los, mas também para calcular suas perdas com a composição necessária dos prejuízos que advirão da própria atividade. Quer dizer, o empreendedor não pode alegar desconhecimento, até porque faz parte de seu mister. Por exemplo, se alguém quer se estabelecer como transportador de pessoas deve saber calcular as eventuais perdas que terá em função de acidentes de trânsito que fatalmente ocorrerão.

E como visto, o CDC, fundado na teoria do risco do negócio, estabeleceu, então, para os fornecedores em geral a responsabilidade civil objetiva (com exceção no caso dos profissionais liberais, que respondem por culpa[26]). No exemplo do transportador, como ele é prestador de serviço, está enquadrado no art. 14 do CDC, cujo § 3º cuida das excludentes de responsabilidade (na verdade, tecnicamente, regula as excludentes do nexo de causalidade). São elas: a) demonstração de inexistência do defeito (inciso I); e b) prova da culpa exclusiva do consumidor ou de terceiro (inciso II).

Vê-se, portanto, que a lei consumerista não elenca como excludente do nexo de causalidade o caso fortuito e a força maior (aliás, nem poderia porque essas excludentes têm relação com a culpa).

Acontece que o Código Civil de 2002 regulou amplamente o serviço de transporte e firmou no *caput* do art. 734 o seguinte:

> "Art. 734. O transportador responde pelos danos causados às pessoas transportadas e suas bagagens, salvo motivo de força maior, sendo nula qualquer cláusula excludente da responsabilidade".

Pergunta-se: existe incoerência ou contradição entres esses dois textos legais? A resposta é não, conforme demonstraremos a seguir.

---

26. Sobre a responsabilidade dos profissionais liberais, *vide* Capítulo 17 à frente.

15.16.3.1. O caso fortuito externo

A hipótese retratada no Código Civil é a do chamado caso fortuito externo, isto é, do elemento exterior ao próprio risco específico da atividade do prestador do serviço de transporte.

Reforçamos que o risco da atividade implica obrigação imposta ao empresário para que ele faça um cálculo, da melhor forma possível, das várias possibilidades de ocorrências que possam afetar seu negócio. Certos fatos, necessariamente, implicam agravamento do risco em função de sua latente possibilidade de ocorrência e, por isso, uma vez ocorrendo, não excluem o dever de indenizar.

Examine-se um outro exemplo para reforçar esse aspecto: o caso das ocorrências da natureza, tais como tempestades e nevoeiros, no caso do transportador aéreo. Ainda que o transporte aéreo seja afetado por esse tipo de evento climático, o transportador não pode escusar-se de indenizar os passageiros que sofreram danos porque o fenômeno — que, aliás, ocorre constantemente — é integrante típico do risco daquele negócio (o exemplo é, portanto, de caso fortuito interno, que examinaremos na sequência).

Quando se trata de fortuito externo, faz-se referência a um evento, caso fortuito ou força maior, que não tem como fazer parte da previsão pelo empresário da determinação do seu risco profissional.

E é do fortuito externo que, repita-se, cuida o art. 734 do Código Civil. Como exemplo desse tipo de excludente podemos dar o da erupção de um vulcão, porque não pode ser previsto. O mesmo se dá em caso de terremoto ou maremoto (ou, como se diz modernamente, tsunami).

15.16.3.2. O caso fortuito interno

No entanto, como o Código de Defesa do Consumidor não prevê como hipótese de quebra do nexo de causalidade a força maior e o caso fortuito, certamente os está afastando quando estes dizem respeito aos elementos intrínsecos ao risco da atividade, ou seja, o fortuito interno. Portanto, tanto o CDC quanto o Código Civil mantêm o nexo de causalidade e a responsabilidade objetiva do transportador toda vez que o dano for ocasionado por força maior e fortuito internos.

Entenda-se bem. A força maior e o caso fortuito internos, é verdade, não podem ser antecipados (apesar de possíveis de serem previstos no cálculo).

Todavia, não elidem a responsabilidade do fornecedor. Veja-se este exemplo ligado à prestação de serviço de transporte: o motorista do ônibus sofre um ataque cardíaco e com isso gera um acidente. Apesar de fortuito e inevitável, por fazerem parte do próprio risco da atividade, não eliminam o dever do fornecedor de indenizar.

15.16.3.3. O caso fortuito interno e externo na ação de terceiro

No item 15.16.5 abaixo abordaremos a excludente de responsabilidade pela quebra do nexo de causalidade em função de o dano ter advindo de ação de terceiro. Ver-se-á lá também que a hipótese legal envolve culpa exclusiva de terceiro quando ligada a fortuito externo, isto é, se o fato de terceiro estiver dentro do cálculo como fortuito interno, ainda assim o fornecedor responde.

15.16.4. Culpa exclusiva do consumidor

A outra constatação é a do inciso II. Na primeira parte da oração desse inciso, a norma dispõe que o prestador do serviço não responde se provar culpa "exclusiva" do consumidor. Ressalte-se: culpa exclusiva. Se for caso de culpa concorrente do consumidor (por exemplo, o serviço não é bem executado e há também culpa do consumidor), ainda assim o prestador do serviço tem a responsabilidade de reparar os danos causados. No entanto, em casos de condenação por danos morais, na hipótese de culpa concorrente do consumidor, resta ao magistrado reduzir proporcionalmente o valor da indenização devida. Veja-se, por exemplo, esta decisão do Tribunal de Justiça de São Paulo:

"Trata-se de ação de indenização, ajuizada por Maria Rosalina Duarte Nunes da Cruz contra Viação Gato Preto Ltda., com os elementos descritos às fls. 175/176.

A ação foi julgada improcedente, mas em parcial equívoco.

É verdade que, conforme se pode verificar dos depoimentos das testemunhas, a autora agiu com culpa no evento.

Todavia, tendo em vista a gravidade das lesões, conforme se pode observar no relatório médico de fls. 27/34 e das fotos de fls. 19/22, não se tratou de um simples e mero tombo.

Tudo indica que a autora foi arremessada ao corrimão de ferro da porta do ônibus com violência, o que implica dizer que houve também culpa do motorista do coletivo. É que, como a autora havia acabado de entrar no ônibus, se o condutor tivesse iniciado a trajetória em velocidade compatível, o acidente não teria as dimensões que teve.

Desse modo, a culpa concorrente da autora, existe *in casu*, como se sabe, não elide a responsabilidade do transportador, apenas faz com que a indenização seja calculada em valor menor do que o habitual em casos correlatos.

E para fixação do *quantum* dos danos morais, o Magistrado deve levar em consideração (...).

In casu, realça-se o aspecto punitivo-educativo da condenação, a fim de incentivar a empresa ré a melhor instruir seus funcionários para que passem a conduzir seus consumidores com maior zelo e atenção.

Em casos de culpa exclusiva do transportador, esta C. Câmara tem fixado indenização em torno dos R$ 25.000,00 em situações semelhantes a esta. No presente feito, tendo em vista que há culpa concorrente da autora, é de se fixar o *quantum* indenizatório em R$ 12.500,00 (doze mil e quinhentos reais), corrigidos pela Tabela Prática do E. Tribunal de Justiça e acrescidos de juros moratórios de 1% ao mês a partir da publicação deste julgado.

Diante do exposto, dá-se provimento em parte ao recurso para julgar procedente em parte a ação, nos termos acima. Arcará a ré com a integralidade das custas e despesas processuais, bem como com os honorários advocatícios fixados em 20% sobre o valor da condenação, com fundamento no § 3º, do art. 20, do Código de Processo Civil, anotado que o arbitramento do dano moral em montante inferior ao postulado na inicial não implica sucumbência recíproca (Súmula 326 do STJ)" (Apelação n. 991.09.05474-1, 23ª Câm. Dir. Priv., rel. Des. Rizzatto Nunes, j. 4-8-2010, m. v.).

15.16.5. Culpa exclusiva de terceiro

Na segunda parte do inciso II a irresponsabilização fica possibilitada ao prestador do serviço, se ele provar que o acidente se deu por culpa de terceiro.

Da mesma maneira como ocorre com o produto, também aqui é necessário que seja terceiro mesmo, pessoa estranha à relação existente entre o consumidor e o prestador do serviço, relação que é estabelecida pela aquisição do serviço.

Se a pessoa que causou o dano pertencer ao ciclo de produção do serviço — porque serviço também tem seu ciclo próprio de produção —, executado pelo prestador responsável, tal como seu empregado, seu preposto ou seu representante autônomo, ele continua respondendo. Essa hipótese, a par de passível de ser estabelecida por interpretação do sistema de responsabilidade estatuída, tem, conforme já observamos, correspondência na regra do art. 34 ("O fornecedor do produto ou serviço é solidariamente responsável pelos atos de seus prepostos ou representantes autônomos"), bem como naquelas outras também já apontadas do parágrafo único do art. 7º e nos §§ 1º e 2º do art. 25.

Assim, repita-se, o prestador do serviço só não responde se o acidente for causado por terceiro autêntico. Assim, no caso da queda do avião, a exclusão por culpa do terceiro se daria, por exemplo, se o avião fosse derrubado por um foguete e não porque o motor sofreu pane.

Ademais, haverá casos em que, apesar de o dano ter sido efetivamente causado por ação de terceiro, ainda assim a responsabilidade remanescerá. Serão aqueles em que simultaneamente: a) os fatos de terceiros deixam de ser extraordinários, tornando-se previsíveis no cálculo como possiblidade de ocorrência; e b) estão ligados ao negócio empreendido. Tornam-se, com isso, hipótese de fortuito interno não quebrando o nexo de causalidade.

Veja-se esse exemplo, já, inclusive, estudado e decidido pelos tribunais: o do assalto à mão armada praticado dentro dos veículos de transporte coletivo. Infelizmente, esse tipo de crime tornou-se rotineiro neste nosso violento país. Não resta dúvida de que se trata de fato de terceiro, mas que atualmente (e já há algum tempo) faz parte do risco da atividade. Um outro exemplo é o dos ataques feitos por vândalos às composições ferroviárias, atirando pedras nos passageiros. A frequência com que esses eventos ocorrem faz com que estes sejam incorporados ao risco da atividade previsto no modo de oferta do serviço, de tal maneira que o usuário atingido deve ser indenizado pelo transportador.

Reforce-se que para excluir o nexo de causalidade haveria a necessidade de o fato do terceiro ser de tal ordem que não pudesse ser previsto como possibilidade dentro da estrutura do risco em cada espécie de negócio.

Lembre-se de que, há cerca de vinte ou trinta anos, quando esses eventos não se davam com regularidade, poder-se-ia dizer que eram fatos típicos de terceiros a excluir o dever de indenizar porque não faziam parte do cálculo do risco (eram fortuito externo, portanto). Mas, na medida em que foram se tornando mais frequentes, não puderam — nem podem —

deixar de ser considerados. E, lamentavelmente, esse tipo de ocorrência se multiplicou. Desse modo, acabaram incorporados no cálculo do risco, pois não podiam mais ser ignorados. Eles passaram a existir como possibilidade de existência no âmbito daquele negócio. O evento, portanto, apesar de inevitável, é atualmente previsível.

Então, perguntamos, qual seria o fato de terceiro que realmente excluiria a responsabilidade, quebrando o nexo de causalidade? O fato produzido por terceiro capaz de evitar a responsabilidade tem de ser aquele, não só inevitável, como também que não faça parte do risco da atividade, isto é, que não tenha qualquer relação com a atividade do fornecedor. Examinemos um exemplo: suponha-se que uma pessoa queira se vingar de um inimigo e resolva matá-lo. Determinado, ele segue o desafeto até o cinema e lá dentro causa-lhe a morte. Trata-se de um evento que incidentalmente ocorreu no local onde se prestava um serviço, mas que com ele não tem nenhuma relação e nenhuma conexão. É fato típico de terceiro (como fortuito externo) a excluir a responsabilidade do prestador do serviço.

De qualquer maneira, também aqui o ônus da prova da culpa do terceiro é do prestador do serviço.

Acrescente-se, agora, o mesmo aspecto já demonstrado por ocasião dos comentários à responsabilidade dos participantes do ciclo de produção, no caso do produto. Todos eles são responsáveis solidários. Se o consumidor sofrer dano por serviço que — como já o dissemos — é composto por outros serviços ou produtos, pode acionar qualquer deles. Ninguém pode ser excluído, muito menos dizendo-se terceiro, porque não é.

É claro que, evidentemente, qualquer dos participantes do ciclo de produção que indenizar o consumidor poderá posteriormente acionar o outro, quer para dividir com ele o ônus de sua solidariedade, quer para obter dele a integral devolução do que tiver pago, caso entenda — e prove — que foi só dele a falha. Essa questão é típica de direito privado, tratada pelas normas do direito comum, e não afeta o consumidor. Se os parceiros, inclusive, quiserem — como já o dissemos — estabelecer entre si, via contrato, direitos e obrigações que digam respeito ao pagamento de indenizações aos consumidores por defeito dos serviços, podem fazê-lo. As partições entre eles podem ser fracionadas, divididas em partes iguais, fixadas em percentuais etc.

15.17. Desconstituição do direito do consumidor

A outra hipótese prevista no § 3º do art. 14, a do inciso I, é de desconstituição do direito do consumidor. Cabe ao prestador do serviço fazer prova da inexistência do defeito apontado pelo consumidor.

15.18. Exercícios

15.18.1. Um avião carregado de passageiros, ao decolar do Aeroporto de Congonhas, sofre pane e cai sobre uma série de casas que ficam ali perto. Todos os passageiros e a tripulação morrem, além de três pessoas que estavam nas casas. Houve estragos de monta em automóveis estacionados e nos prédios residenciais e comerciais sobre os quais o avião caiu.

O Código Brasileiro de Aeronáutica (Lei n. 7.565, de 19-12-1986) regula a questão da indenização tarifando-a em 3.500 OTNs (aproximadamente R$ 41.500,00 atualizando-se a OTN pela tabela de reajuste judicial do TJSP) para cada passageiro e tripulante morto. (O CBA diz que a limitação não será aplicada em caso de dolo ou culpa grave do transportador; deixemos esse aspecto de lado.). Esse Código permite que o passageiro aumente o limite indenizatório acima, mediante pacto acessório firmado com o transportador.

Responda:

a. As regras do CDC relativas ao contrato de adesão aplicam-se ao caso relatado?

b. Vale o limite estipulado no Código Brasileiro de Aeronáutica?

   b.1. Se sim, por quê?

   b.2. Se não:

      b.2.1. Qual o fundamento?

      b.2.2. Qual será a indenização devida?

      b.2.3. Como a companhia aérea deve agir para fazer valer o limite indenizatório do Código Brasileiro de Aeronáutica?

c. Como fica a situação das pessoas atingidas em terra na sua integridade física, moral e na de seus bens materiais?

15.18.2. João teve seu carro furtado dentro de um estacionamento particular. Proposta ação de indenização, o dono do estacionamento defendeu-se alegando não ter nenhuma responsabilidade pelo ocorrido, conforme aviso afixado na porta do estacionamento ("não nos responsabilizamos por furto ou roubo do veículo"). Alegou, ainda, que não teve culpa pelo furto, uma vez que todas as cautelas possíveis de segurança para evitar a entrada de estranhos foram tomadas.

    a. O aviso de não responsabilização posto pelo estacionamento é válido?

    b. É possível esse tipo de exclusão de responsabilidade de indenizar? Explique.

    c. Há como o fornecedor eximir-se da responsabilidade de indenizar? Explique.

    d. Se o estacionamento tivesse sido roubado (ladrões com metralhadoras agredindo o funcionário do estacionamento), ele seria ou não responsável pelos danos?

16. OS DANOS MATERIAIS, MORAIS, ESTÉTICOS E À IMAGEM E OS CRITÉRIOS PARA A FIXAÇÃO DA INDENIZAÇÃO CORRESPONDENTE

Como decorrência de todas as garantias constitucionais, a iniciar pelo princípio maior da intangibilidade da dignidade da pessoa humana, garantia da vida sadia, do piso vital mínimo, da inviolabilidade da intimidade, vida privada, honra e imagem das pessoas, do direito de ser informado e se informar, de receber produtos e serviços de qualidade, a preços baixos e eficientes, de só receber publicidade verdadeira etc., a Constituição Federal garante ao consumidor atingido o direito à indenização contra as violações praticadas.

Essa proteção pode ser exercida de maneira preventiva ou, caso a violação se consume, está garantido o direito à indenização pelos danos materiais e morais causados.

16.1. Dano material. Dano moral

Para pensarmos na questão do dano moral e material, há uma primeira referência constitucional que merece comentário para, desde já, ir elucidando-se um problema que poderia existir, mas que está plenamente sanado.

É a do caso do inciso X do art. 5º da Constituição Federal, cuja dicção fala em dano material *ou* moral.

Essa norma constitucional utiliza a disjuntiva "ou" — dano material ou moral —, mas é claro que não o faz no modo adversativo. O texto apresenta uma alternativa de solução do problema. Não se trata de dano material "ou" moral, mas sim de dano material (se houver) "e" moral (se houver). Aliás, a questão está, atualmente, resolvida pela Súmula 37 do Superior Tribunal de Justiça, que estabelece que "são cumuláveis as indenizações por dano material e moral oriundos do mesmo fato".

Como o conceito de indenização por dano material é amplamente conhecido (composição em dinheiro visando a reposição do *status quo ante*: valor efetivamente perdido — dano emergente — e receita que se deixou de aferir — lucros cessantes), não é preciso longa exploração do tema. Diga-se apenas que não há permissão constitucional para o tarifamento da indenização. Havendo dano material, este tem de ser ressarcido integralmente (art. 5º, XXII, X, V).

Falemos mais do dano moral, conceito ainda em formação.

16.2. O dano moral

Lembre-se que a palavra "dano" significa estrago; é uma danificação sofrida por alguém, causando-lhe prejuízo. Implica, necessariamente, a diminuição do patrimônio da pessoa lesada.

Moral, pode-se dizer, é tudo aquilo que está fora da esfera material, patrimonial do indivíduo. Diz respeito à alma, aquela parte única que compõe sua intimidade. "É o patrimônio ideal da pessoa, entendendo-se por patrimônio ideal, em contraposição a patrimônio material, o conjunto de tudo aquilo que não seja suscetível de valor econômico. Jamais afeta o patrimônio material[1].

Assim, o dano moral é aquele que afeta a paz interior de cada um. Atinge o sentimento da pessoa, o decoro, o ego, a honra, enfim, tudo aquilo que não tem valor econômico, mas que lhe causa dor e sofrimento. É, pois, a dor física e/ou psicológica sentida pelo indivíduo.

Uma imagem denegrida, um nome manchado, a perda de um ente querido ou a redução da capacidade laborativa em decorrência de um acidente, traduz-se numa dor íntima.

Foi exatamente essa característica tipicamente humana de dor que impediu por seguidos anos que se pensasse em indenizar o dano moral no sentido preciso de reposição das perdas. Quando se trata de dano patrimonial o *quantum* indenizatório pode ser fixado de maneira simples: apura-se o valor efetivo da materialidade do dano e manda-se indenizá-lo. O cálculo do valor dessa indenização tem, assim, uma base objetiva.

O problema quanto ao dano moral era e sempre foi essa falta de objetividade e materialidade (que só existem enquanto dano físico, que — como se verá — ganha objetividade parcial na forma de dano estético).

Todavia, aos poucos, passou-se a perceber que não era possível mais deixar-se de dar uma resposta civil ao dano moral, especialmente porque,

---

1. Wilson Melo Silva, *O dano moral e sua reparação*, p. 1-2.

apesar das dificuldades de se fixar um *quantum*, não se podia — nem se pode — desprezar a existência real do dano moral. Ou, em outras palavras, não se pode deixar de considerar civilmente mais esta violação ao direito existente.

E, em consequência disso, em que pese o fato de essa dor não ser suscetível de avaliação econômica, uma vez que, como visto, não atinge o patrimônio material da vítima, sentiu-se a necessidade de reparar o dano sofrido, nascendo, assim, o direito à indenização[2]. Porém, com características próprias que a diferenciam da indenização do dano material.

Com efeito, o substantivo "indenização", ainda que utilizado de maneira recorrente para tratar do *quantum* a ser pago àquele que sofreu o dano moral, não tem o mesmo sentido do termo indenização empregado para a reparação do dano material.

Como se sabe, e como já o adiantamos, a palavra "indenizar", quando utilizada na relação com o dano material, tem como função reparar o dano causado, repondo o patrimônio desfalcado, levando-o de volta ao *status quo ante*. É isso que se pretende quando se faz a avaliação econômica da perda daquele que sofreu o dano. Por exemplo, num acidente de trânsito, em que a vítima perde seu veículo, apura-se qual o preço do automóvel destruído no acidente. E é isto, também, que se almeja quando se apura o *quantum* devido a título de lucros cessantes, como no caso do taxista que, em função do dano no seu veículo, deixou de auferir seus rendimentos.

Logo, o termo indenização tem teleologia voltada à equivalência econômica, especialmente fundada na ideia de que todo bem material pode ser avaliado economicamente, podendo ser reposto por intermédio de seu valor em moeda corrente.

Ora, como se viu, no dano moral não há prejuízo material. Então, a indenização nesse campo possui outro significado. Seu objetivo é duplo: satisfativo-punitivo. Por um lado, a paga em pecúnia deverá proporcionar ao ofendido uma satisfação, uma sensação de compensação capaz de amenizar a dor sentida. Em contrapartida, deverá também a indenização servir como punição ao ofensor, causador do dano, incutindo-lhe um impacto tal, suficiente para dissuadi-lo de um novo atentado.

Remanesce a utilização do termo "indenização" no caso do dano moral por dois motivos, um de ordem prática: lembra reposição de dano; outro de

---

[2]. E, claro, sem qualquer sombra de dúvida, pelo menos a partir da Carta Magna de 1988, que expressamente garante a indenização pelo dano moral.

conteúdo semântico: de fato o que se manda que o causador do dano moral faça é pagar certo valor em dinheiro. Logo, o substrato é ainda econômico, tal qual no caso do sentido da indenização para recompor a perda material.

Foi, de fato, a Constituição Federal de 1988 que criou condições para que a indenização por danos morais deixasse de ser repelida pela doutrina e pela jurisprudência (que somente a concedia em casos excepcionais).

Todavia, apesar de tudo o que se disse até aqui, é necessário consignar-se que, no Brasil, o cabimento da indenização por danos morais já era previsto na legislação infraconstitucional anterior à atual Carta Magna. Como exemplo, podemos citar o art. 76, parágrafo único; e os arts. 1.538; 1.539; 1.543; 1.548; 1.549 e 1.550, todos do Código Civil de 1916; os arts. 81 e 84 do Código de Telecomunicações (Lei n. 4.177/62); o art. 244, § 1º, do Código Eleitoral (Lei n. 4.737/65); os arts. 21; 25; 27; 122 a 130 da lei que regula os direitos autorais (Lei n. 5.988/73); os arts. 49 a 53 da extinta Lei de Imprensa (Lei n. 5.250/67[3]); as normas do Código Brasileiro de Aeronáutica (Lei n. 7.565/86); e o art. 21 do Decreto n. 2.681/12, o qual regula a responsabilidade civil nos eventos ocorridos nas estradas de ferro. Também o novo Código Civil trouxe disposições admitindo o cabimento da indenização por danos morais. São as dos arts. 949, 950, 952, parágrafo único, e 954.

No campo da jurisprudência, porém, o acatamento da condenação indenizatória em hipótese de dano moral sempre foi muito restrito, tendo começado a ser implementada efetivamente a partir da edição da Carta Magna de 1988, especialmente com base nas garantias instituídas nos incisos V e X do art. 5º. E, desde então, foi-se firmando o entendimento do cabimento do direito à indenização por dano moral, de tal maneira que atualmente não pairam mais dúvidas a respeito, quer na jurisprudência, quer na doutrina.

Essa resistência histórica e a pouca idade do apagamento das dúvidas a respeito do cabimento do dever de indenizar os danos morais talvez sejam os fatores que ainda levem o Poder Judiciário a fixar em montantes muito tímidos as indenizações capazes de reparar o dano moral.

Aliás, esta é a grande dificuldade enfrentada pelos magistrados: a fixação do valor devido a título de indenização por danos morais.

---

3. O Supremo Tribunal Federal, em abril de 2009, declarou inconstitucional a Lei de Imprensa.

Como já dito, o dano moral é caracterizado pela dor, pelo sofrimento de alguém, em decorrência de um ato danoso; e justamente por ser um sentimento de foro íntimo, pessoal, tal dor é impossível de ser mensurada e, consequentemente, traduzida em cifras.

Acontece que, além desse problema natural da dificuldade de mensuração, as normas constitucionais não regulam a questão. Fica o juiz, para a busca do *quantum*, com parâmetros muito vagos — oferecidos pela doutrina. E a partir dos casos concretos há, também, grande dificuldade de se elaborar uma regra geral que possa servir de modelo para as demais hipóteses. É que os casos particulares, por via de regra, são muito diferentes entre si, não guardando relações individuais suficientes que permitam a generalização por indução. Com a multiplicação dos processos cuidando de fixar indenizações por danos morais, talvez venha a ser possível alguma generalização.

16.3. Critérios para fixação da indenização do dano moral

De qualquer maneira, inspirado em parte na doutrina e em parte na jurisprudência, mas principalmente levando-se em conta os princípios constitucionais que garantem a inviolabilidade da dignidade da pessoa humana, do respeito à vida e da garantia à incolumidade física e psíquica, com o asseguramento de uma sadia qualidade de vida e do princípio da isonomia, e, ainda, a garantia da intimidade, vida privada, imagem e honra, é possível fixarem-se alguns parâmetros para a determinação da indenização por danos morais, quais sejam:

a) a natureza específica da ofensa sofrida;

b) a intensidade real, concreta, efetiva do sofrimento do consumidor ofendido;

c) a repercussão da ofensa no meio social em que vive o consumidor ofendido;

d) a existência de dolo — má-fé — por parte do ofensor, na prática do ato danoso e o grau de sua culpa;

e) a situação econômica do ofensor;

f) a capacidade e a possibilidade real e efetiva do ofensor voltar a praticar e/ou vir a ser responsabilizado pelo mesmo fato danoso;

g) a prática anterior do ofensor relativa ao mesmo fato danoso, ou seja, se ele já cometeu a mesma falta;

h) as práticas atenuantes realizadas pelo ofensor visando diminuir a dor do ofendido;

i) necessidade de punição.

Com o fito de melhor elucidar o sentido de cada um dos critérios objetivos acima expostos, examinemos um a um.

a) Natureza específica da ofensa sofrida

Por natureza específica da ofensa sofrida há que se levar um consideração o fato real causador do dano, com todas suas implicações jurídicas diretas e indiretas.

Com efeito, a natureza específica demanda um incalculável número de situações concretas, que hão de ser levadas em conta quando do julgamento do feito pelo magistrado.

É muito diferente a circunstância do dano ocorrido ao familiar que perdeu seu ente querido, falecido num acidente de avião, daquela relativa ao lançamento indevido do nome do consumidor nos cadastros de inadimplentes. Mas não é só isso. Não se trata apenas da diferença dos fatos geradores do dano, mas do dano em si.

Os fatos variarão, porém o dano também. E cada caso deverá ser examinado pela peculiaridade do dano sofrido pela vítima. Então, as duas circunstâncias se ligarão. Exemplifiquemos:

Vamos supor que o fato seja acidente com avião. Digamos um pouso forçado, em que os passageiros sofram escoriações e danos físicos (logo, também, danos morais).

Ora, o fato é esse: avião pousa de forma inadequada. Haverá, com o mesmo acidente, pessoas que sofreram danos físicos e morais diversos. Não só as consequências relativas à incolumidade física, mas também a necessária dor sentida (dano moral) em função do mal físico e também as oriundas do medo, pânico, pavor, aflição etc. sofrido com o acidente.

Vê-se, então, que as variáveis serão muitas, embora o acidente seja único. Crianças sofrerão de uma forma diferente dos jovens; adultos talvez sofram menos que os idosos; as características reais das pessoas envolvidas, então, serão capazes de permitir avaliação diversa de cada dano causado.

Por isso é que se chega ao segundo critério, analisado na sequência.

Quanto à natureza específica da ofensa sofrida, leia-se o acórdão de nossa lavra, que dispõe:

"DANO MORAL — SEGURO OBRIGATÓRIO — COBRANÇA — Complemento de indenização do seguro DPVAT — Vítima fatal em

Acidente de Trânsito — Recibo de quitação, unilateralmente emitido pela Seguradora e imposto ao beneficiário como condição de pagamento — Quitação ofertada pelo recibo, que não gera efeito liberatório do *quantum* indenizatório, pois a indenização é tarifada por lei — Pedido de dano moral relacionado à situação de ridículo e vergonha sofrida pela autora, que se viu obrigada a receber menos do que tinha direito e teve que arcar com os transtornos do processo, para receber aquilo que a lei, expressamente, lhe garante — Fixação do *quantum* indenizatório em R$ 5.000,00 — Recurso parcialmente provido"[4].

Ainda nesse parâmetro está a decisão do TJRS:

"Consumidora que encontra partes de uma barata em garrafa de refrigerante tem direito à indenização por dano moral.

C.C.M. ajuizou ação de indenização por dano moral contra engarrafadora de refrigerantes de Porto Alegre por haver constatado a existência de partes de uma barata dentro da embalagem do produto. O fato foi verificado quando já consumia a bebida, causando-lhe mal-estar e lavagem estomacal"[5].

b) Intensidade real, concreta, efetiva, do sofrimento do consumidor ofendido

Da mesma maneira que não se poderão avaliar fatos e danos, abstratamente, é necessário examinar-se a intensidade real, concreta, efetiva do sofrimento do consumidor.

E, claro, aqui reside o problema.

É que esse aspecto é exatamente aquele que remete à subjetividade. Em tese, é possível pensar que mesmo sem sentir qualquer dor ou ofensa, o consumidor possa dizer que sofreu. Mas essa discussão é ultrapassada e remete àquela, já superada, que justificava a não fixação de indenização por dano moral porque seria impossível fazer a avaliação da dor (sempre subjetiva).

Sem outra alternativa, é de se trabalhar com presunções fundadas em máximas de experiência relacionadas a casos similares anteriores.

---

4. Ap. 1.093.722-1 da 4ª Câm. do 1º TACSP, rel. Juiz Rizzatto Nunes, v. u., j. 31-7-2002.

5. Rel. Des. Luiz Ary Vessini de Lima, v. u., *AASP/Notícias*, 2005.

Será, por óbvio, presunção *juris tantum*, que poderá ser desconstituída pelo acusado de ter causado o dano ou seu responsável.

É trabalhoso, mas o magistrado terá de utilizar esse método para buscar entender e delimitar o grau real do mal sofrido.

Isso não significa que não se deva buscar encarar o fato concreto: sempre que possível deve ser ouvida a vítima, tomado seu depoimento a respeito da dor sofrida, bem como o depoimento daqueles que presenciaram a dor.

Ou, em outros termos, após a colheita direta das provas capazes de apontar a dor sofrida pela vítima, o magistrado utilizará os outros elementos mais gerais (*standarts*), mais abstratos, obtidos pela experiência e tomados de outros feitos análogos já julgados para fixar a real intensidade da dor sofrida.

Quanto à intensidade real, concreta, efetiva do sofrimento do ofendido, veja-se decisão do TJSP:

"Dano moral. Indenização. Consumidor que ingere refrigerante estragado. Verba devida independentemente de ter havido ou não prejuízo material. Sofreu o autor, sem dúvida, dano moral, consistente na dor psicológica de saber ter ingerido refrigerante estragado, dentro do qual havia um batráquio em putrefação, fato notoriamente suficiente para uma grande repugnância, o que lhe causou, além do nojo e da humilhação, a preocupação com sua saúde, ao ponto de procurar socorro médico. Deve, pois, ser indenizado de tal dano.

(...) Que o líquido estava impróprio para o consumo a própria ré o comprovou por meio da vistoria que mandou realizar (ver fls.). Nenhum indício existe (aliás, sequer a ré teve a ousadia de insinuar isso) de que os autores tenham danificado o líquido com a introdução na garrafa de um batráquio em putrefação para, depois, ingeri-lo, a fim de postularem, na sequência, indenização. Logo, embora nenhuma das testemunhas os tenha visto abrir a garrafa, de acolher-se a sua versão, segundo a qual o líquido já foi adquirido contaminado (art. 6º, VIII, do CDC)"[6].

c) *Repercussão da ofensa, no meio social em que vive o consumidor ofendido*

---

6. Ap. 215.043-1/2 da 2ª Câm. do TJSP, rel. Des. Lino Malhado, j. 7-3-1995, v. u., *RT* 718/102.

Como preliminar aos comentários a esse critério, é importante consignar que não há nele qualquer discriminação proibida. Ao contrário, o fato de que, dependendo da pessoa e do meio social em que o dano repercutir, possa mudar o resultado do dano é mera constatação concreta de uma realidade, avaliada em perfeita sintonia com o princípio da igualdade.

Visto que a isonomia impõe que se trate de maneira desigual os desiguais, para que se obtenha uma equalização real, aqui também, na análise da repercussão da ofensa, a pessoa concretamente considerada no seu meio faz com que as consequências do ato danoso possam variar.

Tomemos um exemplo para elucidar a questão. É um caso verídico narrado por uma aluna — advogada — num curso em que proferimos uma palestra. Contou a aluna que é casada com um médico há cerca de vinte anos e, em casa, é ela a responsável pelos pagamentos das contas.

Certo dia, ao pegar o extrato do cartão de crédito do marido, notou o lançamento de valor de porte, gasto numa joalheria famosa. Ficou contente, pois, coincidentemente, estava próximo o aniversário de casamento. Porém, este chegou, o casal saiu para jantar, e ela nenhuma joia ganhou.

Esperou dois dias, amuada, e como o "clima" entre os dois ficasse insuportável, cobrou a história do marido (afinal, se ela não recebera a joia, por certo alguém — outra — ganhou!).

Ele, demonstrando surpresa, disse que não comprara nada em joalheria alguma.

Ligaram, então, para a administradora do cartão. Pior. Durante um mês a administradora insistiu que o marido fizera a compra.

O casamento, por muito pouco não acabou. Mas foi um mês de desgosto, dor e desconfiança artificialmente criada. Afinal, o marido também se ofendera: ela deveria acreditar nele incondicionalmente!

Somente mais de um mês depois do ocorrido é que a administradora do cartão reconheceu o erro, cancelou o lançamento e devolveu o valor pago[7].

O exemplo mostra bem o ponto: a repercussão da ofensa havia de ser avaliada no âmbito doméstico da vítima. Foi ali, no seio do lar, que o

---

7. Cerca de um ano depois, ao encontrarmos a aluna em outro curso, ela nos contou que ingressara com ação judicial pleiteando indenização por danos morais e fizera acordo na audiência, recebendo R$ 20.000,00.

mal surgiu e se espraiou. Além disso, eram importantes as variáveis de condições de vida e sua situação real dentro do lar: o tempo de casamento; a capacidade de cada um buscar entender os acontecimentos e suas consequências, a efetiva possibilidade de entender a dimensão do ocorrido; a desconfiança gerada no outro e, exatamente por isso, sofrer fortemente etc. Tudo isso deve ser avaliado na situação concreta da pessoa e do meio em que o dano ocorreu.

Em relação à repercussão no meio social em que vive a vítima, leiam-se trechos da decisão do extinto 1º Tribunal de Alçada Civil de São Paulo:

"Com efeito, restou incontroverso nos autos que o recorrido para pagamento de compras efetuadas em estabelecimento comercial da recorrente entregou cheque pré-datado que foi apresentado para desconto antes da data assinalada, como combinado com a recorrente.

(...) Não se cuida, portanto, de mero desconforto, mas de grave constrangimento imposto ao consumidor, cuja aflição foi exarcebada por terem os fatos se passado nos dias finais do ano de 1998, período de inegável maior sensibilidade a fatores emocionais"[8]. Aliás, do mesmo Tribunal, leia-se o voto vencedor proferido em outro caso:

"No caso, quem tinha que ter verificado a cobrança indevida e promover a imediata baixa do débito inexistente, com pedido de desculpas e quiçá o oferecimento de alguma compensação ao aqui autor, era a Credicard.

Em países com tradição de respeito à cidadania e ao consumidor, era isto que teria sido feito, e o Judiciário não estaria sendo chamado para solucionar esse tipo de demanda.

O autor, com sessenta e oito anos de idade, sempre viveu uma vida econômica sem mácula, e se abalou enormemente com o enxovalhamento injusto de seu nome"[9].

d) A existência de dolo — má-fé — por parte do ofensor, na prática do ato danoso e o grau de sua culpa

É fato que em questão de relações de consumo, por definição da norma infraconstitucional (Lei n. 8.078/90), a responsabilidade do fornecedor por acidente de consumo é objetiva (arts. 12, 13 e 14 da Lei n. 8.078/90), com

---

[8]. Ap. 1.074.042, 4ª Câm., rel. Des. Gomes Correa, v. u., j. 21-8-2002.

[9]. Da lavra do Des. Oséas Davi Viana no Apelo 893.600-5, relator o Des. Gomes Correa, 4ª Câm., j. 20-3-2002, v. u, *RT* 803/234.

a exceção da responsabilidade do profissional liberal, que remanesce subjetiva (§ 4º do art. 14).

Assim, a princípio, para a fixação do *quantum* devido a título de indenização por dano moral, não há necessidade de aferir-se culpa ou dolo (com a exceção apontada). Basta a verificação do nexo de causalidade entre o produto e/ou serviço e o dano.

Contudo, dependendo das circunstâncias que envolvem o caso, bem como das argumentações de parte a parte, valerá a pena investigar se o causador do dano *também* agiu com culpa ou dolo.

Ou, em outras palavras, em sendo possível na hipótese concreta e se processualmente for válido, a busca da conduta efetiva do infrator no aspecto subjetivo pode — e deve — ser feita. E uma vez constatada culpa ou — o que é pior — dolo, essas circunstâncias devem ser tidas como agravante para aumentar o valor da indenização.

Assim, por exemplo, uma indústria produz e vende certo medicamento. Por falha na composição do remédio, este causa dano aos consumidores. Digamos que a tal "falha" seja a substituição de um produto, que era utilizado na composição original comprovadamente eficaz, por outro que não tem ainda prova de eficiência e que a substituição se deu porque o primeiro ingrediente era mais caro que o segundo. Isto é, aquela indústria farmacêutica produziu medicamento inadequado apenas por obter economia de custo.

Esse aspecto caracteriza, no mínimo, culpa e, dependendo da apuração do evento da tomada de decisão para troca do componente, dolo. A indenização deve, então, ser elevada.

Quanto ao dolo do ofensor, veja-se o seguinte caso:

"Em 1990, S. M. de O. e seu esposo ajustaram seguro de vida em grupo, sendo beneficiários seus dois filhos. O falecimento do marido ocorreu em 1996 e a família então solicitou o pagamento do seguro, que correspondia a 24 vezes o valor da última remuneração, ou seja, R$ 30.507,16. A seguradora não efetuou o pagamento e, quando acionada pela SUSEP, entregou dois cheques no valor de R$ 7.626,79 cada um, negando que o valor tivesse sido estipulado em salários.

(...) A sentença de 1º Grau condenou a ré ao pagamento de R$ 30.507,16, atualizado monetariamente e acrescido de juros de mora de 6% ao ano desde 15.12.96, e à indenização de 50 salários mínimos por danos morais (atualizáveis desde essa data, acrescida dos juros moratórios de 6% ao ano), mais 5% do valor da causa, por litigância de má-fé.

(...) houve 'resistência injustificada' em adimplir as obrigações assumidas no contrato com a embargante, 'o que, decorridos quatro anos, com certeza causou constrangimentos de ordem econômico-financeira e dor moral'. Ela ponderou ainda '(...) se os autores tivessem concordado em receber a indenização parcial do prêmio, lhes seria exigida 'a tão comum quitação da dívida'''[10].

e) A situação econômica do ofensor

e.1) O ofensor

Evidente que quanto mais poder econômico tiver o ofensor, menos ele sentirá o efeito da indenização que terá de pagar. E, claro, se for o contrário, isto é, se o ofensor não tiver poder econômico algum, o *quantum* indenizatório será até mesmo inexequível (o que não significa que não se deve fixá-lo).

De modo que é importante lançar um olhar sobre a capacidade econômica do responsável pelo dano. Quanto mais poderoso ele for, mais se justifica a elevação da quantia a ser fixada. Sendo que o inverso é verdadeiro.

e.2) A vítima: situação econômica é irrelevante

Agora, é preciso chamar atenção para um aspecto relevante que por vezes é equivocadamente tratado: é o relativo ao poder econômico da vítima. Ele é irrelevante para a fixação da indenização.

Sequer se deve perguntar da capacidade econômica daquele que sofreu o dano, porque não é em função disso que se vai fixar o valor da indenização.

Ou seja, quer se trate de uma pessoa humilde e sem posses, quer seja uma abastada, isso em nada influi na determinação do *quantum*.

Não se pode olvidar das características da indenização no caso do dano moral: ela é satisfativo-punitiva. O elemento satisfativo deve ser buscado no evento causador do dano e não na condição econômica da vítima.

Por isso, não têm qualquer validade as alegações, comumente utilizadas, de enriquecimento ilícito da vítima. Quando o magistrado determina um valor expressivo como indenização, ele não está olhando para a condição

---

[10]. Apelo 7000.283.092 do TJRS, relatora a Desa. Ana Maria Nedel Scalzil, m. v., *AASP/Notícias*, 2005.

econômica da vítima e/ou se a paga indenitária irá enriquecê-la, mas, sim, está lançando sua investigação no causador do dano.

Enriquecer ou não em função da verba indenizatória é mero acaso, irrelevante para a fixação da quantia a ser paga.

Portanto, não tem o mínimo relevo saber do poder econômico da vítima.

No que respeita à situação econômica do ofensor, veja-se o seguinte:

"Vale considerar que a ré-recorrida é empresa de porte expressivo e deve ser condenada em valor que tenha caráter dissuasório, no sentido de evitar condutas lesivas, decorrentes de contratação em larga escala, em que permitido que nomes, ou identificação de terceiros sejam indevidamente utilizados de molde a lhes causar danos materiais e morais, e, especialmente, deixar de prontamente corrigir o engano, assim que verificado, circunstância que, aliás, merece reparo mediante comunicação da decisão ao Serviço de Proteção ao Crédito.

Isto considerado e para conferir conforto ao apelado, para compensar em toda a extensão o dano moral causado com a inclusão de seu nome em rol de inadimplentes de serviço de proteção ao crédito, é aumentado o montante da indenização para R$ 45.000,00, equivalente a 250 salários mínimos e cerca de seis vezes o valor do débito assinalado indevidamente, que será atualizado monetariamente e acrescido de juros de mora, a partir da data desta fixação"[11].

"Uma intoxicação provocada pelo consumo de hambúrguer adquirido com validade vencida levou a 1ª Câmara Cível do Tribunal de Alçada de Minas Gerais a condenar o Hipermercado V. ao pagamento de 20 salários mínimos a S. A. G., a título de dano moral.

(...) Em seu voto, o relator do recurso, Juiz Gouvêa Rios, considerou que o estabelecimento 'agiu com negligência, visto que não diligenciou a retirada dos produtos que não mais poderiam estar expostos à venda ao público consumidor, por serem impróprios ao consumo'. O relator destacou como agravante o fato de ser a consumidora 'uma mulher já idosa, o que, em tese, poderia levar à conclusão de que, nessa idade, o organismo já não tem mais o vigor e a resistência de um jovem'.

---

11. Ap. 893.600-5 da 4ª Câm. do 1º TACSP, rel. Des. Gomes Correa, j. 20-3-2002, v. u., *RT* 803/234.

Quanto ao valor da indenização, o Juiz Gouvêa Rios considerou que a 'empresa, conceituada no ramo de supermercados, apresenta situação econômica capaz de proporcionar uma indenização compensatória à apelada (S.), que, por sua vez, pelo contexto dos autos, se trata de uma viúva, já sexagenária, que luta com alguma dificuldade, conforme demonstrado nos autos"[12].

f) A capacidade e a possibilidade real e efetiva do ofensor voltar a ser responsabilizado pelo mesmo fato danoso

Se o evento danoso for daqueles que na relação com o produto e/ou serviço oferecido pelo responsável tiver boas chances de voltar a ocorrer, isso deve ser motivo para o aumento do valor da indenização.

Daí importa saber se aquele mesmo produto ou serviço continuam sendo oferecidos e se, em o sendo, o são nas mesmas condições que levaram ao evento danoso, qual a quantidade efetiva da oferta etc.

Assim, por exemplo, se se trata de um profissional liberal que executa um único serviço de um modo que não irá repetir-se, sua chance de voltar a causar dano será menor do que a daquele prestador de serviço de massa que repete a operação milhares de vezes.

A potência é diferente não só pela quantidade da oferta, quanto pelo número de vítimas que cada um deles poderia gerar.

No que respeita à possibilidade real e efetiva de o ofensor voltar a praticar o mesmo ato danoso, veja-se decisão de nossa lavra:

"DANO MORAL — BANCO DE DADOS — Contrato de Abertura de Crédito — Lançamento de nome nos cadastros da SERASA — Permanência do apontamento mesmo após a renegociação da dívida — Inadmissibilidade — Feita a composição amigável, a inscrição tinha de ser imediatamente cancelada — Fixação do *quantum* indenizatório — Necessidade, ademais, do Magistrado levar em consideração alguns critérios para a fixação do *quantum* indenizatório — (...) — Havendo indícios de que o fornecedor possa voltar a incidir no erro, o *quantum* deve ser expressivo para puni-lo — *Quantum* indenizatório elevado para quarenta

---

12. TACMG, rel. Des. Gouvêa Rios, v. u., *AASP/Notícias*, 2005.

mil reais — Recurso do Banco-réu improvido — Recurso do autor parcialmente provido"[13].

g) A prática anterior do ofensor relativa ao mesmo fato danoso, ou seja, se ele já cometeu a mesma falta

Aqui, trata-se, analogicamente falando, de uma hipótese civil de reincidência, com a lamentável agravante de que são muitos os casos em que as repetições das infrações ocorrem. E não são poucas tais repetições. Há, por exemplo, instituições financeiras que são contumazes em repetir operações danosas.

Ora, na fixação da indenização deve-se levar em conta essas repetições para que se encontre um valor capaz de pôr freio nos eventos danosos. Caso contrário, quando se tratar de empresas de porte que oferecem seus produtos e serviços a milhões de consumidores, tais indenizações acabam inexoravelmente incorporadas ao custo e, consequentemente, remetidas ao preço.

Na mesma linha da decisão citada no item 8, acrescida da prática anterior relativa ao mesmo fato danoso, leia-se:

"O aspecto punitivo do valor da indenização por danos morais deve ser especialmente considerado pelo magistrado. Sua função não é satisfazer a vítima, mas servir de freio ao infrator para que ele não volte a incidir no mesmo erro.

(...)

Ora, de todos os elementos postos, um salta aos olhos: o da resistência do Banco-réu em insistir no erro, o que veio reforçado nas razões do apelo. Leia-se que o Banco diz que a autora não '*é nenhuma inocente, e nem está acostumada a pagar em dia suas contas, como se vê dos documentos por ela mesma juntados*' e que '*tudo isso para dizer, que era previsto que o nome da autora estivesse inscrito em algum órgão. Ou seja, ela devia prever tal atitude, porque sempre inadimplente*' (fls. 126).

Vê-se, assim, pela conduta do Banco, seu desprezo à lei e à Constituição Federal, que legitima o Código de Defesa do Consumidor.

Ao invés de reconhecer o erro, nele insiste, tudo levando a crer que pode voltar a cometer a mesma falha com outros clientes.

É importante, portanto, levar-se em consideração o aspecto punitivo da fixação da indenização por dano moral, como meio capaz de frear novas ações ilícitas.

---

13. Ap. 996.626-3 do TACSP, 4ª Câm., rel. Des. Rizzatto Nunes, j. 20-6-2001, v. u., *DO*, 3-8-2001.

A indenização deve, então, ser majorada para 200 (duzentos) salários mínimos"[14].

h) Práticas atenuantes realizadas pelo ofensor visando diminuir a dor do ofendido

Além disso tudo, para fixação da indenização do dano moral nos casos que envolvem os chamados produtos e serviços de massa, é preciso levar em consideração as ações do infrator após a ocorrência do dano.

Isso porque, quando se trata da responsabilidade civil objetiva por conta da Teoria do Risco do Negócio, sempre haverá defeito e, logo, dano. E a boa-fé é objetiva: um *standart* a ser respeitado[15].

Já a atitude do infrator posterior ao dano tem tudo de subjetivo: ele pode tanto ignorar a vítima (agindo com desprezo, arrogância, negligência e/ou má--fé) quanto acolhê-la e ajudá-la na atenuação de sua dor. Nesta hipótese o infrator assume a responsabilidade e demonstra boa-fé (subjetiva) para com as circunstâncias vividas pela vítima no momento posterior ao evento danoso.

Quando essa atitude louvável, legítima e de boa-fé ocorre, o magistrado deve levá-la em consideração para fixar o *quantum* de indenização por dano moral em valores menores que os usuais.

Novamente entra em jogo aqui o caráter exemplar da fixação da indenização. Se o infrator, logo ao tomar ciência do evento danoso, corre em socorro à vítima e/ou seus familiares, ele deve ser louvado e a indenização fixada em pequeno valor deve servir de exemplo *positivo*, exatamente para "inspirar" os demais agentes fornecedores a terem a mesma salutar atitude para com aqueles que eventualmente possam atingir.

É por isso que, em contrapartida, o inverso é verdadeiro: quando não há acolhida, ajuda à vítima ou a seus familiares, o *quantum* deve ser maior. O que nos leva ao último elemento: o punitivo.

Quanto às práticas atenuantes realizadas pelo ofensor para diminuir a dor do ofendido, veja-se o exemplo da decisão da 8ª Câmara de Direito Privado do TJSP num caso de protesto indevido de cheque, que levou em consideração as práticas atenuantes do banco buscando reduzir os malefícios

---

14. Ap. 795.409-4 da 4ª Câm. do 1º TACSP, rel. Des. Rizzatto Nunes, j. 29-3-2000, v. u, *DO,* 3-4-2000.

15. A boa-fé objetiva aparece estabelecida expressamente na norma infraconstitucional: como princípio no inciso III do art. 4º e como cláusula geral no inciso IV do art. 51, ambos do CDC.

do protesto para fixar a indenização em *quantum* reduzido: 20 vezes o valor do cheque[16].

Veja-se, também, acórdão de nossa lavra:

"(...) Assim, era o banco parte legítima para responder à demanda e também responsável pelos danos morais.

Contudo, os danos morais, no caso, devem ser fixados em pequena monta, por dois motivos:

a) o de que o banco, tão logo soube do roubo, agiu com lisura e presteza, tomando todas as providências que devia tomar. Além disso, não resistiu em narrar os fatos verdadeiros e confessá-los em juízo;

b) está provado nos autos que foram terceiros que, aceitando cheques roubados, acabaram gerando grandes danos à autora, inclusive os órgãos de proteção ao crédito, que não poderiam ter feito a negativação.

Caberá à autora buscar ressarcir-se, caso queira, junto a esses terceiros e aos órgãos de proteção ao crédito, pela recepção dos cheques e sua negativação.

(...) Isto posto, dá-se provimento em parte ao apelo, para julgar procedente em parte a ação, condenando-se o banco ao pagamento da verba indenizatória relativa ao dano moral, fixada em R$ 1.000,00, em razão do narrado acima"[17].

i) Necessidade de punição

Além disso tudo, é preciso realçar um dos aspectos mais relevantes — e que, dependendo da hipótese, é o mais importante — que é o da punição ao infrator.

O aspecto punitivo do valor da indenização por danos morais deve ser especialmente considerado pelo magistrado. Sua função não é satisfazer a vítima, mas servir de freio ao infrator para que ele não volte a incidir no mesmo erro.

Esse aspecto ganha relevo nas questões de massa, como são, em regra, as que envolvem o direito do consumidor. Se, por exemplo, um banco vier

---

16. Ap. 9.589-4 da 8ª Câm. de Direito Privado do TJSP, rel. Des. Egas Galbiatti, j. 15-5-1996, v. u. (*JTJ*, Lex, 190/93).

17. Ap. 979.980-8, 23ª Câm. de Dir. Privado do TJSP, de nossa relatoria, j. 6-12-2006, v. u.

a ser condenado a indenizar um consumidor, que teve seu talão de cheques furtado da agência bancária, o que gerou toda sorte de problemas (cheque voltou, foi "negativado" nos serviços de proteção ao crédito etc.) e de consequência causou danos morais, na fixação da indenização o magistrado tem de considerar o fato de que, se o banco não for severamente punido, poderá não tomar nenhuma providência para que o mesmo evento não torne a ocorrer. E o risco de causar o mesmo dano para dezenas, centenas de consumidores existe, ele é real. Por isso, o *quantum* deve ser elevado. A condenação tem de poder educar o infrator, que potencialmente pode voltar a causar o mesmo dano.

Eis, agora, decisões que tratam do aspecto punitivo:

"De outra parte, analisada toda a circunstância fática constante do conjunto probatório dos autos, a fixação não merece qualquer reparo, especialmente a redução alvitrada, porque há que ser dado caráter dissuasório à indenização a fim de que tenha reflexo na conduta da recorrente, que ofereceu o crédito e depois afirmou no apelo que a devolução do cheque por insuficiência de fundos, com a quebra de confiança depositada pelo consumidor, foi simples percalço na execução do trabalho do Banco (fls. 105), desconsiderando os danos morais que causou"[18].

"A empresa enviou uma carta ao procurador, ameaçando mover ação criminal pela suposta emissão de um cheque sem provisão de fundos, no valor de R$ 5. (...)

O procurador recorreu, com sucesso, ao STJ. Sustentou que, embora a carta de aviso de cobrança não tenha saído de sua esfera de conhecimento, o dano moral ocorreu e deve ser reparado. Para o relator do recurso, Ministro Ruy Rosado de Aguiar, a conduta do Unicon foi abusiva, 'expressando uma prática comercial que está se tornando corriqueira, que é a de lançar a imputação do débito ao cidadão, para que este, querendo e sob o guante de processos criminais, protestos, registro em banco de inadimplentes etc., tome as providências para demonstrar que nada deve.

Seguido em seu voto pelos demais integrantes da Turma, o relator acolheu o recurso do procurador e restabeleceu a decisão do TJ-PR, que condenou a empresa ao pagamento da indenização a título de danos morais"[19].

---

18. Ap. 1.074.042-6 do 1º TACSP, rel. Juiz Gomes Correa, j. 21-8-2002, v. u.

19. Ag 343.700 do STJ, rel. Min. Ruy Rosado de Aguiar, v. u., *AASP/Notícias*, 2005.

"(...) O documento de fl. 16 dá conta de que o autor efetivamente inseriu na máquina de autoatendimento o envelope de depósito para o pagamento de sua conta telefônica com o cheque para tanto.

Contudo, o extravio de documentos nos caixas eletrônicos dos bancos colocados à disposição dos consumidores é de responsabilidade do prestador do serviço e não se justifica que mesmo tendo o usuário do serviço em causa deixado de preencher o nome do beneficiário do cheque para o pagamento de sua conta de telefone, que o conteúdo do envelope tenha se extraviado depois de já colocado no caixa eletrônico e obtido o recibo do serviço colocado à disposição do usuário.

(...) Em vista das consequências do fato ocorrido, e tendo em conta que o valor da indenização compensatória do dano moral deve ser suficiente para exemplar o banco réu, desestimulando-o a não voltar a incidir na mesma conduta, e deve proporcionar ao autor suficiente satisfação para compensá-lo do desconforto moral sofrido, cabe esta ser arbitrada, no caso, no equivalente a vinte vezes o salário mínimo então vigente, ou seja, R$ 6.000,00 (seis mil reais)"[20].

Vê-se, pois, que a jurisprudência caminha bem na aplicação dos critérios norteadores da fixação das indenizações por dano moral, o que, diga-se, está em plena sintonia com o sistema constitucional em vigor. Lembre-se ainda que, apesar de se poder destacar um ou outro parâmetro para a fixação dos danos morais em certas decisões judiciais, é comum encontrar mais de um parâmetro que sirva de base para a fixação.

Ressalte-se, uma vez mais, que a indenização tem como finalidade amenizar a dor sentida, trazendo à vítima uma sensação de conforto e acalento, além de punir o ofensor, com o intuito de coibi-lo a não reincidir na prática do ato danoso. Ou seja, possui a indenização, como se disse, um caráter satisfativo-punitivo.

Os benefícios que o dinheiro traz, isto é, as regalias e privilégios que proporciona à pessoa, servem para amenizar, anestesiar a dor e o sofrimento sentidos ou gerar um efeito positivo relativo ao conforto oferecido, como, por exemplo, propiciando a realização de uma viagem, a compra de um bem etc., de tal forma que possa, com isso, amenizar a dor. Porém, jamais a indenização restabelecerá o estado anterior da vítima, como ocorre com

---

20. Ap. 898.149-7 do TJSP, rel. Des. Oséas Davi Viana, 23ª Câm. de Dir. Privado, m. v., j. 19-4-2006.

a indenização por danos materiais, onde o indivíduo recebe aquilo que efetivamente perdeu e/ou deixou de ganhar (lucros cessantes).

E como cada caso é um caso específico, posto que cada pessoa sofre com intensidade diferente, o valor indenizatório deverá ser fixado pelo juiz individualmente, levando em consideração o fato em si e atendendo aos critérios acima mencionados, mas sempre considerando o aspecto punitivo que, dependendo da condição econômica do infrator e da sua potencial possibilidade de voltar a praticar o mesmo tipo de ato lesivo pode — e deve — elevar o valor da indenização.

Para concluir esta parte, retorne-se ao tema do impedimento constitucional para o tarifamento das indenizações por dano material ou moral. O primeiro tem de ser integral e o último, fixado conforme os critérios acima apresentados. Assim não há como admitir que uma lei ordinária — infraconstitucional, portanto — imponha um valor máximo para indenizações, como ocorria com a antiga Lei de Imprensa (Lei n. 5.250/67) e com o Código Brasileiro de Telecomunicações (Lei n. 4.117/62)[21]. O CDC, seguindo o parâmetro constitucional, corretamente, garante a "efetiva prevenção e

---

21. O chamado tarifamento regrado, por exemplo, na Lei de Imprensa (Lei n. 5.250/67) e no Código Brasileiro de Telecomunicações (Lei n. 4.117/62) são, em nossa opinião, inconstitucionais e há decisões judiciais nesse mesmo sentido: "Lei de Imprensa — Indenização — Dano moral — Publicação de notícia invertida ofensiva à honra e à boa fama da vítima — Ato ilícito absoluto — Responsabilidade civil da empresa jornalística — Limitação da verba devida, nos termos do artigo 52 da Lei 5.250/67 — Inadmissibilidade — Norma não recepcionada pelo ordenamento jurídico vigente — Interpretação do artigo 5º, IV, V, IX, X, XIII, e XIV, e XIV, e artigo 220, *caput*, e par. 1º e 2º, da Constituição da República de 1988. Toda limitação, prévia e abstrata, ao valor da indenização por dano moral, objeto de juízo de equidade, é incompatível com o alcance da indenizabilidade irrestrita assegurada pela atual Constituição da República. Por isso, já não vige o disposto no artigo 52 da Lei de Imprensa, o qual não foi recepcionado pelo ordenamento jurídico vigente" (2ª Câm. Civ. do TJSP, *JTJ*, Lex, 189/236).

"INDENIZAÇÃO — Dano moral — Fixação — Inaplicabilidade do Código Brasileiro de Telecomunicações.

Ementa: É inaplicável, na indenização por dano moral resultante de morte familiar, ou mesmo na indenização por dano moral oriundo de prejuízo estético, analogicamente o Código Brasileiro de Telecomunicações, pois além de tratar de bens jurídicos diversos (sem o mesmo relevo da morte do familiar próximo), limita a indenização em 100 (cem) salários mínimos". (Ap. Sum. 655.684-3, 9ª Câm. Esp. do 1º TACSP, *RT* 733/241).

reparação de danos patrimoniais e morais..." (art. 6º, VI). Efetiva, no caso, quer dizer integral.

16.4. Apontamentos sobre indenização do dano estético

Já vimos que o aspecto estético compõe a imagem-retrato do indivíduo[22] Tem-se por "estético" o elemento externo da configuração física. Fala-se, é verdade, em estético ligado ao belo. Mas, a par da dificuldade de definir o que seja beleza, para fins de identificação do dano estético do ponto de vista jurídico, ela não é essencial, o que facilita a colocação destas poucas palavras sobre o tema. Isso porque o importante não é a beleza ou feiura de alguém — até porque não se encontrará unanimidade aqui; nem, menos ainda, certeza científica. O que interessa é a modificação física gerada pelo dano e que, de maneira permanente, altere o aspecto físico externo da pessoa lesada[23].

Todavia, diga-se que, segundo a opinião geral, o aspecto do belo tem sido levado em consideração nos casos concretamente vivenciados. Tem-se admitido, por exemplo, que se o acidente físico ao invés do consequente enfeiamento ou dificultação do funcionamento físico do corpo, tiver gerado um embelezamento ou nenhuma consequência trouxer ao seu funcionamento normal, não há que se falar em dano estético. Apesar disso, isto é, ainda que da lesão não resulte dano estético, tal circunstância não afasta a existência do dano moral (nem do dano material).

E é nesse ponto que dano estético liga-se a dano moral. Como veremos, pode haver dano estético sem o correspondente dano moral (e, como já visto acima, este sem aquele, uma vez que dano moral pode ter origem em outros fatos diversos de dano estético; v. g., ofensa à honra). Contudo, o aspecto mais contundente do dano estético é exatamente sua produção de dor, angústia, humilhação, desgosto, vergonha etc., enfim, a geração do dano moral.

O dano estético para fins de indenização na órbita civil há de estar apenas relacionado a uma modificação de ordem física exterior — com ou sem dano moral ou material.

A doutrina fala em alteração para "pior" e esse tem sido o sentido adotado de dano estético: modificação física que gere uma alteração permanente no indivíduo, piorando-lhe a aparência.

---

22. No Capítulo 3, *retro*, item 3.8.

23. Há pelo menos uma exceção à essa afirmação que, como veremos, não afasta sua veracidade.

Nesse aspecto, então, é que se pode levantar uma questão já adiantada: pode haver dano estético sem o correspondente dano moral? E se a resposta for positiva, seria ele indenizável?

Para responder às questões vejamos alguns exemplos:

a) Tomemos um caso real citado por Tereza Ancona Lopes de Magalhães, em obra específica[24]. Citando Nélson Hungria, a professora relata o caso, levado a juízo, de uma mulher de grande beleza que sofrera um tiro no rosto, desfechado por um indivíduo passional. Passado algum tempo, a cicatriz da face acabou vingando como uma "covinha", o que, segundo a opinião consensual reinante, deixara a bela mulher ainda mais cheia de graça[25].

b) Há, também, a hipótese de lesão estética sem qualquer diminuição da imagem física do indivíduo. Por exemplo, uma cicatriz na sola do pé[26].

c) Por fim, pode-se imaginar um dano estético que modifica a estrutura física no aspecto exterior, corrigindo um defeito preexistente. A Professora Tereza Ancona, na obra citada, relata a situação de um indivíduo que perdeu os dentes num acidente de trânsito. A troca de seus dentes naturais por uma dentadura ficou muito melhor, uma vez que seus dentes eram imperfeitos e estavam em péssimas condições. Ou seja, o acidente, que num primeiro momento acarretou um dano estético, posteriormente tornou-se vantajoso, pois a vítima lucrou com a troca dos dentes[27].

Vê-se, então, pelos exemplos, que poderá haver dano estético sem o correspondente dano moral posterior (quando, ao invés de dor, a vítima sente satisfação — exemplos *a* e *c*)[28]; poderá haver dano estético com o

---

24. *O dano estético*.

25. Ob. cit., p. 23, nota 22.

26. Somente um(a) modelo profissional que fosse usar a sola do pé (!) num comercial de TV poderia alegar deterioração da imagem física. É verdade que a proteção ao aspecto físico exterior não é só aquela relacionada às partes do corpo vista por todos, ainda que seja numa praia. Há partes íntimas que são vistas pelo(a) companheiro(a) amado(a) e que, por isso, formam já o dano estético. Contudo, o exemplo parece não atingir nem mesmo esse caso, a não ser que a cicatriz fosse tal que significasse grande horror olhá-la. Mas, aí, a vítima já teria, provavelmente, dificuldade de andar, o que aumentaria o dano físico, o que, por si só, já caracterizaria o dano estético.

27. Ob. cit., p. 21.

28. Como explicamos na sequência, há sempre a dor inicial pelo dano físico sofrido. E esta dor, angústia, sofrimento físico-psíquico sempre existe, até o momento em que pode cessar com a descoberta de que não houve dano estético.

respectivo dano moral (o que é a regra); poderá haver dano físico sem dano estético, mas com dano moral (exemplo *b*).

Em termos de indenização, no entanto, entendemos que pela via do dano moral sempre se terá de fixar um *quantum*, ainda que, como resultado do evento danoso, não remanesça um dano estético (conforme hipóteses dos exemplos levantados). Isso porque o dano estético é sempre aferível *a posteriori*, quando a vítima já sentiu a dor. Ainda que não fique marca física definitiva ou mesmo que esta, ao invés de piora, gere uma melhora no aspecto físico exterior, o dano moral já terá sido consumado. E este é sempre indenizável.

Logo, no caso do dano estético, trata-se, na verdade de dois danos: o estético propriamente dito e o moral (que sempre existe). A rigor, na fixação do *quantum* da indenização o magistrado deverá fixá-lo em separado. Não é o que tem ocorrido: a regra é a de se tomar o dano estético como moral e fixá-lo com um único valor.

Vejam-se algumas decisões que cuidam do dano estético:

"RESPONSABILIDADE CIVIL — ACIDENTE DE TRÂNSITO — Contrato de Transporte — Ônibus — Vítima lesionada — Esmagamento da perna esquerda pelas ferragens do veículo coletivo, bem como a existência de sequelas físicas, que incluem deformação estética — Responsabilidade objetiva da ré configurada — Hipótese em que o acidente é risco inerente à atividade do transportador, não excluindo, pois, sua responsabilidade — Demonstração da perda da capacidade laborativa da vítima, assim como do nexo entre os problemas de saúde e o evento danoso — Laudo do IMESC conclusivo nesse sentido — Constituição de capital para assegurar o adimplemento da obrigação de pagamento mensal futuro, nos termos do artigo 602, do CPC, bem adotada pela r. sentença *a quo*, seguindo a previsão legal — Condenação ao pagamento de pensionamento e da verba honorária mantida — Indenização pelos danos morais condizente com os fatos trazidos ao feito — Recursos improvidos"[29].

"Indenização. Médico. Realização de cirurgia plástica. Dano estético. Responsabilização, salvo culpa do paciente ou a intervenção de fator

---

29. Ap. 1.086.642-7 da 4ª Câm. do 1º TACSP, rel. Juiz Rizzatto Nunes, j. 31-7-2002, v. u.

imprevisível, o que lhe cabe provar. O profissional que se propõe a realizar cirurgia, visando a melhorar a aparência física do paciente, assume o compromisso de que, no mínimo, não lhe resultarão danos estéticos, cabendo ao cirurgião a avaliação dos riscos. Responderá por tais danos, salvo culpa do paciente ou a intervenção de fator imprevisível, o que lhe cabe provar. (...)"[30].

"Médico. Responsabilidade civil. Indenização. Mamoplastia da qual resultou deformidade estética. Deformação atribuída à flacidez da pele da paciente. Fato que, se não levado ao conhecimento da autora, caracterizou imprudência e se desconhecido caracterizou negligência. Procedência da ação mantida. Inteligência dos arts. 159, 948 e 1.538 do CC. Se a deformação dos seios deve ser atribuída à flacidez da pele da autora, resta incólume a culpa do cirurgião. Assim, duas hipóteses merecem destaque. Primeira, o réu, que, evidentemente, examinou os seios da autora, percebeu a alegada flacidez da pele, ocultando esse fato da paciente, agindo com imprudência, pois, como conceituado cirurgião que alega ser, devia prever o resultado indesejável da deformação apontada. Segunda, se não percebeu dita flacidez, agiu com negligência, outra modalidade de culpa"[31].

16.5. O dano à imagem

Existe atualmente uma confusão entre o dano moral e o dano à imagem. Do ponto de vista prático-processual, as decisões judiciais, muitas vezes, fixam indenização a título de dano moral, quando era caso de dano à imagem. Claro que não é exatamente um problema da sentença, pois o pedido inicial também já põe o processo como se fosse de dano moral, tornando o pleito confuso e ignorando que a questão era de dano à imagem.

Ora, vimos que dano moral é dor, cuja origem é variada (dano físico, perda de ente querido, ofensa pessoal etc.). Uma das causas possíveis do dano moral é o dano à imagem — imagem-retrato e imagem-atributo[32]; no entanto, quando alguém sofre um dano moral por essa via, está, na verdade, sofrendo dois tipos de danos diferentes: o dano à imagem e o dano moral.

---

30. AgRg 37.060-9/RS da 3ª Turma do STJ, rel. Min. Eduardo Ribeiro, j. 28-11-1994, v. u., *RT* 718/270.

31. Ap. 233.608-217 da 9ª Câm. do TJSP, rel. Des. Accioli Freire, j. 9-6-1994, v. u., *RT* 713/125.

32. Conf. esses conceitos no Capítulo 3, *retro*, item 3.8.

Em tese, não há nenhum óbice em que uma pessoa sofra dano à imagem sem o consequente dano moral[33]. Explicamos.

Uma pessoa pode, por exemplo, ter seu nome lançado indevidamente nos chamados serviços de proteção ao crédito sem, com isso, sofrer qualquer abalo psíquico, sem padecer de qualquer dor, não se incomodando com o evento ilegalmente praticado. Aliás, pode acontecer — como acontece — de o consumidor descobrir-se abusivamente negativado e, sem esbravejar demais, reclamar junto ao fornecedor que o negativou, este perceber o erro e cancelar o registro, e tudo ficar por isso mesmo, sem maiores consequências. Não há aí propriamente dano moral, uma vez que não houve sofrimento. Mas houve dano à imagem, violação objetiva do nome — imagem-retrato — de alguém na sociedade.

Some-se a isso o caso do uso indevido do nome ou da imagem de alguém. Por exemplo, uma revista utiliza sem autorização a fotografia de uma pessoa conhecida para fazer sua publicidade. Digamos que esse uso indevido enalteça a pessoa, que fale bem dela, isto é, não está causando nenhum tipo de dano à imagem, objetivamente falando. Mas, como a revista não tinha autorização daquela pessoa, pode sofrer ação para indenizá-la pelo uso indevido da imagem.

Quais serão os critérios para a fixação da indenização nesses casos de dano à imagem, na qual não se constate um dano moral e uso indevido da imagem?

No que tange ao puro dano à imagem, parece-nos que os mesmos critérios já apresentados para a fixação da indenização por dano moral podem servir de parâmetro.

Mas, no caso do uso indevido da imagem, parece-nos que dois são os caminhos:

a) o da utilização dos mesmos parâmetros acima indicados;

b) outro parâmetro condizente com o próprio ato ilegal é o benefício que o infrator dele auferiu. Por exemplo, digamos que se trate de uma revista que utilizou uma página inteira com a foto não autorizada. O magistrado pode usar como base para a fixação da indenização a tiragem da revista e

---

33. Ver-se-á, na sequência, que essa é exatamente a hipótese do dano à imagem de pessoa jurídica (que, por princípio, não pode sofrer dano moral).

seu preço de capa, o preço cobrado pela revista para inserção de publicidade do tamanho da foto utilizada etc.[34].

16.6. Pessoa jurídica

Por tudo quanto foi dito, percebe-se que pessoa jurídica não pode sofrer violação à sua honra, nem à intimidade. Não sofre, também, dano estético. Mas pode sofrer violação à sua privacidade, bem como dano à imagem.

Contudo, é importante destacar que a pessoa jurídica não padece, propriamente, de dano moral, uma vez que, evidentemente, ela não sente dor. Mas sofre, sim, dano à imagem, como de resto pode ter sua imagem utilizada sem autorização (o que pode ocorrer também com a pessoa física).

Assim, o uso do nome da pessoa jurídica sem autorização (isto é, violação de sua imagem-retrato) ou a atitude que denigra seu bom nome ou reputação (violação da imagem-atributo) representam abusos praticados contra os direitos garantidos constitucionalmente. Da mesma maneira, a divulgação de um segredo industrial, o uso de uma fórmula privada etc. são violações da privacidade da pessoa jurídica.

Em todos esses casos a pessoa jurídica tem o direito de agir preventivamente, de forma a evitar o dano, bem como pode pleitear indenização pelo dano sofrido. Havendo perda material nessas violações, a apuração e a fixação do *quantum* se dará de maneira simples: prova do dano emergente e do lucro cessante. Todavia, há um problema no que respeita ao chamado dano moral da pessoa jurídica. Já dissemos que não acreditamos nessa espécie de dano, uma vez que pessoa jurídica não sofre (nem pode sofrer) dor. Logo, somente de forma figurativa é que se pode falar em dano moral da pessoa jurídica. Acontece que também vimos que pode haver (e há) dano à imagem da pessoa jurídica. E, se é certo que, de um lado, o dano à imagem pode ser evitado por medidas preventivas, é difícil responder, de outro lado, como fixar-se o *quantum* da indenização desse dano após causado, uma vez que não há parâmetros legais.

---

34. Na Apelação n. 5.216/91 da 5ª Câmara do Tribunal de Justiça do Rio de Janeiro fixou-se indenização aplicando percentual sobre a vendagem da revista (j. 24-3-1992, v. u., rel. Des. Sergio Mariano, *RT*, 700/144).

Curiosamente, a jurisprudência tem concedido indenizações por danos à imagem da pessoa jurídica, mas chamam o dano de "moral"[35]. No entanto, há alternativas para solucionar tal problema.

A Constituição reconhece, como exposto, o direito à imagem, tanto da pessoa física quanto da pessoa jurídica. Havendo dano material em qualquer caso, ele será apurado e fixado o *quantum* devido. A violação da imagem da pessoa física (e também outras violações, por exemplo, perda de um bem num acidente, morte de um ente querido etc.) gera dano moral, dor. A doutrina e a jurisprudência acabaram definindo critérios para a fixação do *quantum* devido a título de dano moral, conforme já o demonstramos.

Nossa sugestão, então, é a de que se utilizem para a fixação da indenização devida pela violação à imagem da pessoa jurídica (ou como querem alguns, dano "moral" à pessoa jurídica) os mesmos critérios que os utilizados para a fixação do *quantum* devido pelo dano moral à pessoa física com pequenas variações e adaptações relativas aos itens "b", "c" e "h" anteriormente retratados[36].

Veja-se que, com as alterações, os parâmetros encaixam-se perfeitamente no caso de pessoa jurídica. Repassemo-los um a um, já com as mudanças, para termos certeza:

a) a natureza específica da ofensa sofrida;

b) a intensidade real, concreta, efetiva do ato lesivo praticado;

c) a repercussão da ofensa, no meio comercial, mercado e clientela específica da ofendida;

d) a existência de dolo por parte do ofensor, na prática do ato danoso e o grau de sua culpa;

e) a situação econômica do ofensor;

f) a capacidade e a possibilidade real e efetiva do ofensor voltar a praticar e/ou vir a ser responsabilizado pelo mesmo fato danoso;

g) a prática anterior do ofensor relativa ao mesmo fato danoso, ou seja, se ele já cometeu a mesma falta;

h) as práticas atenuantes realizadas pelo ofensor visando diminuir os danos da ofendida.

---

35. Assim está, por exemplo, nos Embargos Infringentes n. 261.103-1, da 3ª Câmara de Direito Privado do Tribunal de Justiça de São Paulo, rel. Des. Flávio Pinheiro, m. v., j. 4-3-1997; na Apelação n. 209.634-1, da 1ª Câmara Civil do Tribunal de Justiça de São Paulo, rel. Des. Álvaro Lazzarini, v. u., j. 9-8-1994 (*JTJ*-Lex, 161/160); na Apelação n. 5.943-94, da 2ª Câmara Cível do Tribunal de Justiça do Rio de Janeiro, rel. Des. Sergio Cavalieri Filho, m. v. j. 8-11-1994 (*RT* 725/336).

36. No item 16.3, *retro*.

i) necessidade de punição.

Dessa forma, para a fixação da indenização do dano causado à pessoa jurídica observar-se-ão os critérios abordados no item 16.3, *retro*, nas letras "a", "d", "e", "f", "g", e "i", com as mesmas explicações. Vejamos, agora, apenas as adaptações feitas para as outras três alíneas.

b) Intensidade real, concreta, efetiva do ato lesivo praticado

Quando nos referimos à pessoa física dissemos que, da mesma maneira que não se poderão avaliar fatos e danos abstratamente, seria necessário examinar-se a intensidade real, concreta, efetiva do sofrimento do consumidor. Agora, no caso da pessoa jurídica não há que se falar em dor. Por isso, a atenção deve estar voltada para os eventos danosos, mas no sentido de avaliar sua intensidade.

E, da mesma maneira como no caso consumidor-pessoa física, cujo aspecto do sofrimento por ser subjetivo é inavaliável, obrigando o aplicador do direito a trabalhar com presunções, o mesmo tem de ser feito no caso da pessoa jurídica.

Sem outra alternativa, então, é de se trabalhar com presunções fundadas em máximas de experiência e relacionadas a casos similares anteriores.

Será, por óbvio, presunção *juris tantum*, que poderá ser desconstituída pelo acusado de ter causado o dano ou seu responsável.

É trabalhoso, mas o magistrado terá de utilizar desse método para buscar entender e delimitar o grau real do ato lesivo praticado.

E ao final, após a colheita direta das provas capazes de apontar a intensidade do ato lesivo praticado, o magistrado deverá utilizar-se de outros elementos mais gerais (*standarts*), mais abstratos, obtidos pela experiência e tomados de outros feitos análogos já julgados para fixar a real intensidade do mal.

c) Repercussão da ofensa, no meio comercial, mercado e clientela específica da ofendida

Dependendo do fato gerador do dano, a pessoa jurídica será mais ou menos afetada.

A questão aqui é análoga à da pessoa física. Lá dissemos — e mostramos com um exemplo — que é necessário levar em conta o meio social em que vive o consumidor e se o dano o atingiu naquele meio e de que forma, expondo-o aos demais, o que por certo fará variar o dano moral.

Diga-se o mesmo no tocante à pessoa jurídica. Se se trata, por exemplo, de uma negativação indevida do nome de uma pessoa jurídica no cadastro de inadimplentes e, uma vez descoberto o ato ilegal, é ele *incontinenti* cancelado, o efeito — e o dano — é um. Mas se a negativação ilegal é feita, e um banco que oferece crédito regular para capital de giro dessa pessoa jurídica descobre, o efeito é outro, muito pior.

Não se deve esquecer que, dependendo da repercussão no meio da clientela, o negócio todo da pessoa jurídica pode ruir. Tome-se o exemplo real ocorrido na capital de São Paulo — embora não na esfera das relações de consumo — da Escola de Base, que teve suas portas fechadas, quebrou, por culpa direta de informações falsas passadas pela polícia e publicadas pela imprensa.

h) Práticas atenuantes realizadas pelo ofensor visando diminuir os danos do ofendido

Da mesma maneira como no caso da pessoa física, além disso tudo, para fixação da indenização nos casos que envolvem os chamados produtos e serviços de massa, é preciso levar em consideração as ações do infrator após a ocorrência do dano.

Isso porque quando se trata da responsabilidade civil objetiva por conta da Teoria do Risco do Negócio, sempre haverá defeito e, logo, dano. E a boa-fé é objetiva: um *standart* a ser respeitado[37].

Já a atitude do infrator posterior ao dano tem tudo de subjetivo: ele pode tanto ignorar a pessoa jurídica lesada (agindo com desprezo, arrogância, negligência e/ou má-fé) quanto acolhê-la e ajudá-la na diminuição de seu dano. Nesta hipótese o infrator assume a responsabilidade e demonstra boa-fé (subjetiva) em relação às circunstâncias que atingiram a atividade da pessoa jurídica no momento posterior ao evento.

Quando essa atitude louvável, legítima e de boa-fé ocorre, o magistrado deve levá-la em consideração para fixar o *quantum* de indenização em valores menores que os usuais.

Novamente entra em jogo aqui o caráter exemplar da fixação da indenização. Se o infrator, logo ao tomar ciência do evento danoso, corre em

---

[37]. A boa-fé objetiva aparece estabelecida expressamente na norma infraconstitucional: como princípio no inciso III do art. 4º e como cláusula geral no inciso IV do art. 51, ambos do CDC.

atendimento à pessoa jurídica, ele deve ser louvado e a indenização fixada em pequeno valor deve servir de exemplo *positivo*, exatamente para "inspirar" os demais agentes fornecedores a terem a mesma salutar atitude para com aqueles que eventualmente possam atingir.

É por isso que, em contrapartida, o inverso é verdadeiro: quando não há atendimento à pessoa jurídica, o *quantum* deve ser maior.

Todos os demais parâmetros funcionam tal e qual apresentados acima para o caso da fixação da indenização a favor do consumidor-pessoa física. Remetemos o leitor para os nossos comentários relativos àquelas outras alíneas.

De todo modo, veja-se um exemplo de fixação de indenização por dano à imagem da pessoa jurídica:

"DANO MORAL — Responsabilidade civil — Prestação de serviços — Telefonia — Relação de consumo caracterizada — Desprestígio e desconfiança sofridos por pessoa jurídica, microempresa, decorrentes de um telefone que não atende e nem lhe enseja contactar sua clientela e desenvolver bem o seu negócio — Idoneidade e imagem desta desgastadas — Indenização arbitrada em R$ 20.000,00"[38].

16.7. Exercício

16.7.1. Suponha a seguinte situação.

João leva seu filho José de 14 anos de idade a um Parque de Diversões. Pagam os ingressos e divertem-se ambos em alguns brinquedos. Vão para a montanha-russa. No meio de uma descida, há uma parada súbita e os dois — junto das outras pessoas que lá estavam — são atirados longe. Sofrem vários danos físicos. João tem perfuração no estômago e José, na face. Ambos ficam internados vários dias no hospital.

João recuperou-se bem e José permaneceu com problema estético no rosto: uma grande cicatriz e um desvio no nariz.

Questão:

Como magistrado, elabore uma sentença, condenando o Parque de Diversões a pagar indenização a João e a José por danos morais e estético. Fundamente a decisão com os critérios que entender adequados e justifique as quantias fixadas.

---

38. Ap. Sum. 1.072.245-9 da 4ª Câm. do TACSP, rel. Juiz Oséas Davi Viana, v. u.

17. A RESPONSABILIDADE DOS PROFISSIONAIS LIBERAIS: CULPA

Dispõe o § 4º do art. 14 da Lei n. 8.078/90:

"A responsabilidade pessoal dos profissionais liberais será apurada mediante a verificação de culpa".

Essa é a única exceção ao sistema da responsabilidade civil objetiva instituída pelo CDC. A finalidade mais evidente da norma é submeter o chamado profissional liberal à obrigação de indenizar com base na responsabilidade subjetiva, isto é, por apuração de culpa ou dolo.

17.1. Por que esse profissional foi excluído do sistema geral?

É de perguntar por que é que a norma assim o estabeleceu:

a) Terá sido pela característica *intuitu personae* dos serviços prestados pelo profissional liberal?[1]

b) Será que a responsabilidade subjetiva tem relação com o tipo de atividade da profissão liberal, caracterizada — não totalmente, como se verá — como de meio e não como de fim?

c) Ou será porque a atividade do profissional liberal é diversa daquelas outras desenvolvidas no mercado, que pressupõem — como vimos — cálculo de custo na relação com risco e benefício e produção em série?

d) Por conta disso, cabe a indagação: a profissão liberal, se constituir sua atividade por meio de pessoa jurídica profissional, só por isso, perde esse privilégio legal? Ou depende, nesse caso, do tipo de atividade e da maneira como ela é explorada?

---

1. Ver-se-á que esse elemento já não serve para caracterizar profissional liberal.

e) Pergunta-se, então, afinal: quem — ou o que — é um profissional liberal?

f) Ao final de tudo, deve-se, perguntar ainda, se a exceção legal vale apenas para defeito ou também para vício, na medida em que a regra não surge no art. 20, que trata do vício do serviço, mas na norma que cuida do defeito apenas.

As respostas às indagações acima, parece-nos, são capazes não só de apresentar a teleologia específica do § 4º como de elucidar eventuais aspectos práticos que devem surgir no envolvimento da prestação dos serviços pelo profissional liberal.

17.2. **Intuitu personae**

Examinemos, assim, a primeira questão levantada (a da letra "a"). Terá sido a natureza *intuitu personae* do serviço prestado pelo profissional liberal que gerou a exceção da norma?

Não resta dúvida de que destoando do amplo quadro de exploração das atividades na sociedade de consumo contemporânea está ainda o profissional liberal[2], especialmente no Brasil, por motivos que se verão.

Tem-se apresentado reiteradamente a relação *intuitu personae* entre o usuário do serviço e o profissional, dito liberal, como a característica básica desse tipo de relação e atividade. Diz-se que é a confiança que inspira nos clientes a base da relação que se estabelece.

Não resta dúvida de que, realmente, a confiança é uma forte característica desse tipo de relação. Mas será que nos dias atuais é ela mesmo, de fato, que garante a relação?

Quando se fala em confiança se está designando um elemento subjetivo do cliente que o atrai, o liga e o mantém ligado ao prestador do serviço liberal, por aquilo que ele lhe inspira. Ou, em outras palavras, a postura, a apresentação e o renome do profissional liberal geram no cliente esse elemento chamado confiança, que é absolutamente subjetivo e que por causa disso não depende nem precisa de justificativa.

---

2. Há, é verdade, também, os pequenos e microempresários, fabricantes artesanais, que continuam sendo exceção e que, conforme já tivemos oportunidade de comentar, não mereceram qualquer tratamento diferenciado da legislação consumerista.

Realmente, não é possível imaginar uma relação entre cliente e psicanalista sem a confiança daquele neste. Nem a de um cliente acusado de um crime e seu advogado criminalista. Ou, ainda, das pessoas com o médico, dito de família[3].

Contudo, será que dá para generalizar esse tipo de relação instituída com base na confiança? Um paciente, supostamente com problemas mentais, submetido a exame por uma banca de psiquiatras ou mesmo por um único psiquiatra, está vinculado pela relação de confiança?[4] E os empregados de uma fábrica, digamos, 200, que assinam procuração para um único advogado ingressar com ação trabalhista pleiteando diferenças salariais, a grande maioria deles sem nem sequer jamais ter visto o advogado, firmando-a com base nesse requisito da confiança? Não terá sido, no caso, confiança num colega de trabalho ou, se for advogado de sindicato, confiança no líder sindical? E o consumidor usuário de um plano de saúde, que, estando com dores estomacais, pega o livro de nomes, endereços e telefones dos médicos especializados nas várias áreas? Escolhe com base em quê? Depois é atendido e recebe as indicações do médico: exames, diagnóstico, prescrição, com fundamento na confiança? Confiança no quê? No plano de saúde?

Os exemplos poderiam facilmente se multiplicar. Mas a verdade é que, nos dias atuais, os tradicionais profissionais liberais já se alteraram. Mudou o seu perfil, desde a formação até a oferta do serviço, e nesse ínterim alterou-se a relação estabelecida entre o cliente e o profissional liberal.

Por certo não vamos apresentar percentuais ou números em relação aos efetivos casos em que a contratação e a manutenção do contrato com o profissional liberal se estabelece e se firma pela confiança e aos casos em que elas se estabelecem por simples questão de necessidade numa sociedade capitalista massificada[5]. Contudo, não é mais possível afirmar que toda e qualquer relação estabelecida com o profissional liberal é, de fato, *intuitu personae*. Há as que são e as que não são. As primeiras permanecem com as características clássicas. As outras se caracterizam de forma similar ou idêntica à dos outros tipos de prestações de serviços oferecidos em massa

---

3. Um cabeleireiro, em função desse elemento, é, então, um profissional liberal? Tentaremos responder essa questão ao final.

4. Claro que nos referimos aqui à confiança daquele que é responsável pelo paciente com problemas mentais e o leva aos psiquiatras. Caso contrário, colocaríamos desde já a dúvida sobre a confiança, em função do aspecto subjetivo.

5. Não há dados estatísticos para tanto.

aos consumidores em geral. Assim, conclui-se esta parte respondendo que o profissional liberal atualmente desenvolve tanto atividades típicas de natureza *intuitu personae* com base na confiança quanto atividades de prestação de serviço profissional que não têm mais essa característica.

17.3. Atividade de meio

Passemos à questão seguinte (a da letra "b"). Será que a responsabilidade subjetiva tem relação com o tipo de atividade da profissão liberal, caracterizada como de meio e não como de fim?

Outra forma de tratar e caracterizar a profissão dita liberal tem sido a de estabelecer que sua atividade não é de fim, mas de meio. Isto é, o profissional não assegura o fim de sua própria atividade. Não porque não deseje, mas porque não pode. Assim, por exemplo, não pode — nem deve — um psiquiatra afirmar que irá obter a cura do problema mental de seu cliente. Da mesma maneira não pode — nem deve, nem tem condições objetivas — um advogado afirmar a seu cliente que este sairá vitorioso no julgamento pelo Júri do processo criminal. E, ainda, num terceiro exemplo, não pode — e não deve — o cirurgião dizer para o paciente não se preocupar porque a cirurgia de transplante de coração correrá bem e, sem nenhuma dúvida, o operado voltará à sua vida normal.

É claro, pelos exemplos, que são casos típicos de atividade-meio, na qual o profissional liberal não tem condições objetivas de garantir o fim do serviço. Isso não significa que o profissional não queira: ele até quer! — mas não pode. Quando muito — e isso já começa a se assemelhar, como tendência, a uma característica do mercado de consumo em geral — ele pode trabalhar com percentual de probabilidade: o médico pode dizer que, nos outros 100 casos de procedimento cirúrgico semelhante, 80 pacientes sobreviveram. Ou o advogado afirmar que a tendência jurisprudencial vai em tal ou qual direção ou que, em 70% dos casos semelhantes ao do cliente com problemas tributários, o contribuinte vence. Seria temerário — e indevido — afirmar categoricamente um resultado.

Todavia, pergunta-se: é mesmo fato que o profissional liberal não desenvolve atividade-fim? Não haverá certos serviços oferecidos e executados pelos profissionais liberais que são, em si, atividades-fim e não de meio?

A resposta é sim, há.

Alguns serviços profissionais são de fim, exatamente porque:

a) pressupõem a capacitação profissional do prestador do serviço;

b) não dependem de nenhuma outra circunstância — como acontece na atividade-meio, conforme visto acima — a não ser da própria habilitação profissional do prestador do serviço.

Assim, por exemplo, se um dentista examina a radiografia que acaba de tirar da arcada dentária de seu cliente e diagnostica que o dente tem de ser extraído, por problema insolúvel lá existente, e resolve extraí-lo, e, depois, verifica-se por exame correto feito por outro dentista que o dente não deveria ter sido extraído, trata-se de defeito da prestação do serviço, que é tipicamente de fim e não de meio. O serviço-fim foi o exame da radiografia e a decisão de extração do dente. É muito diferente do dentista que corretamente diagnostica pelo exame da radiografia que tem de extrair o dente — atividade-fim — e, depois, o cliente acaba tendo complicações na gengiva no local do dente extraído (atividade-meio, cujo resultado não dava para assegurar).

Noutro exemplo: um advogado é contratado para elaborar um simples contrato de locação; tendo em vista a sua capacitação profissional, a atividade de elaboração do contrato é típica atividade-fim. Não depende de nenhuma outra circunstância — como na atividade-meio — para que o resultado possa ser assegurado de antemão, qual seja, o da perfeita elaboração do contrato de locação.

E ainda mais um exemplo. Um arquiteto, também tido como profissional liberal[6], é contratado para elaborar a planta de uma casa. Essa é típica atividade-fim, pois, tendo em vista a capacitação técnica do arquiteto, não se espera que, executada a construção da casa com base na planta projetada, aquela, por exemplo, não caiba no terreno.

Logo, conclui-se essa parte respondendo que o profissional liberal desenvolve tanto atividade-meio quanto atividade-fim.

17.4. Prestação de serviço de massa?

Passemos à terceira indagação (a da letra "c"). A atividade do profissional liberal é diversa daquelas outras atividades de prestação de serviço que são empreendidas como típicas da sociedade de massas, planejadas e executadas com base em análise de mercado, produção em série, cálculo de custo, de preço e exame do risco, na perspectiva do binômio custo-benefício?[7]

---

6. Ver mais à frente, no item 17.6, os comentários sobre quem é o profissional liberal.

7. Para a verificação do funcionamento do sistema contemporâneo de empreendimento com base nesses parâmetros, ver Capítulo 9.

A primeira resposta é sim. Talvez mesmo a maior parte[8] dos profissionais liberais esteja absolutamente fora do sistema típico de exploração das atividades no mercado de consumo. Na realidade, não só o profissional liberal, mas também, conforme já lembramos, o pequeno produtor, o microempresário, o fabricante de produtos manufaturados. Infelizmente estes últimos foram esquecidos pela lei.

Houve uma salvaguarda na questão da responsabilidade para os profissionais liberais — que estamos avaliando —, mas esses outros não foram considerados.

Será que um sapateiro, em caso de responsabilidade, poderá ser considerado um profissional liberal? E um chaveiro, um encanador etc.?

Como se estabelece a responsabilidade do sapateiro na colocação do salto no sapato de uma consumidora? Será realmente a mesma do fabricante do calçado?

Suponhamos uma consumidora andando com um sapato de salto alto. De repente, o salto se solta enquanto ela desce uma ladeira, fazendo-a cair e quebrar a perna. O defeito e o dano são evidentes. Serão iguais as responsabilidades do fabricante e do sapateiro?[9]

O que chama a atenção é que nem a maioria dos profissionais liberais explora o mercado dentro das características típicas de risco/custo/benefício, nem os pequenos e microempresários e fabricantes de manufaturados e esses prestadores de serviços pessoa física, como o sapateiro, o chaveiro, o encanador — que até podem ser pessoas jurídicas mais para fins fiscais do que de exploração de atividade.

Mas retornemos ao assunto. Estamos dizendo que talvez, na maior parte dos casos, o profissional liberal não explore atividade dentro do padrão risco/custo/benefício. Mas há os que exploram. E, em contrapartida, há, em alguns casos, impedimento legal para que essa exploração seja feita.

Algumas atividades liberais, como a da prestação de serviços médicos, desenvolveram-se a tal ponto que os profissionais acabaram organizando primeiro clínicas e hospitais e depois planos de saúde, quer em cooperativas,

---

8. Não há dados estatísticos que permitam uma avaliação exata.
9. Tentaremos responder a essa questão ao final, quando cuidarmos da pergunta da letra *e*.

quer em empresas de prestação do serviço médico[10]. Tem-se também esse mesmo sistema, no surgimento das empresas de auditoria, nascidas dos contadores, que oferecem serviços de contabilidade, elaboração de cálculos para imposto de renda pessoa jurídica e pessoa física etc.

Chame-se a atenção para um aspecto importante da característica típica da exploração do mercado de consumo onde se lança o empreendimento. Não só o empreendedor se utiliza dos métodos típicos de investimento e operação, apoiando-se na técnica do cálculo do risco/custo/benefício, como pode e se utiliza das técnicas de *marketing* próprias para oferta e divulgação de seu negócio, especialmente com a exploração da publicidade. Esta é, conforme já o afirmamos, uma arma conhecida para o desenvolvimento do negócio, cujo antigo jargão não se deteriorou: "a publicidade é a alma do negócio".

De outro lado, alguns profissionais estão impedidos de se organizar dessa maneira, não necessariamente porque não possam organizar-se em conjunto para oferecer o serviço ou porque não podem fazer cálculo do risco/custo/benefício, mas especialmente porque estão impedidos de oferecer serviço de massa — padronizado, homogeneizado — para consumidores indiferenciados e também porque estão privados de utilizar a "alma do negócio", a maior arma do desenvolvimento e manutenção do próprio negócio: a publicidade. É o caso dos advogados.

Eles, que inclusive têm no ser mister uma função constitucional[11], como se sabe, estão impedidos de fazer publicidade nos moldes do mercado de consumo[12]. Logo, pelo menos no que diz respeito ao exemplo do advogado — e qualquer outra profissão com o mesmo impedimento —, não resta dúvida de que não pode exercer atividade de prestação de serviço massificada.

---

10. É verdade que atualmente, pelo menos no que respeita aos grandes prestadores desse serviço e dos seguros-saúde, diga-se que são instituições financeiras e seguradoras seus administradores e controladores, o que transformou definitivamente a saúde e a vida em mercadoria.

11. Art. 133 da Constituição Federal: "O advogado é indispensável à administração da justiça, sendo inviolável por seus atos e manifestações no exercício da profissão, nos limites da lei".

12. Pela Lei n. 8.906, de 4 de julho de 1994 (Estatuto da Advocacia). A única forma de publicidade permitida é muito tímida para significar uma atração de consumidores em massa — característica marcante dos produtos e serviços de massa.

Assim, respondendo à questão inicial, temos de afirmar que alguns profissionais não só não exercem atividades de prestação de serviço em massa, como outros estão mesmo impedidos de fazê-lo. Mas há os que prestam serviços em massa, organizados das formas mais diversas.

17.5. Profissional liberal na pessoa jurídica

Vamos agora para a próxima indagação (a da letra "d"). A questão nasce de problema levantado na indagação anterior: o profissional liberal que se constitui em pessoa jurídica — sociedade profissional — só por isso perde o privilégio legal?

A questão tem de ser posta, porque os autores do Anteprojeto, ao comentarem o § 4º do art. 14, dizem que sim[13]. Mas, em nossa opinião, a resposta afirmativa é um equívoco, como veremos.

Na verdade, a resposta à indagação já está embutida no exame da questão anterior. Não é o fato de se constituir uma pessoa jurídica que modifica a responsabilidade de subjetiva em objetiva. O profissional liberal pode muito bem constituir uma sociedade profissional, como, por exemplo, uma sociedade de advogados, apenas e tão somente no intuito de efetuar uma melhor organização fiscal de receitas e despesas, sem nenhuma intenção de deixar de ser profissional liberal. Aliás, como vimos, no caso, o advogado constituído ou não em pessoa jurídica está impedido de explorar atividade de massa.

De fato, o que descaracteriza a atividade como liberal não é a existência da pessoa jurídica, simplesmente, mas a constituição de pessoa jurídica que passe a explorar a atividade que era de prestação de serviços liberais de maneira típica desenvolvida na sociedade de massa pelos naturais exploradores: escolha da atividade, exame do mercado, cálculo do custo, do preço, avaliação do risco, tendo em vista o binômio custo-benefício, prestação do serviço em escala e utilização dos instrumentos do *marketing*, especialmente a publicidade.

Daí, uma ilação é possível. Como será a responsabilidade quando o serviço é prestado por profissional liberal que trabalhe como empregado ou preste serviço como autônomo para prestadora de serviço que tenha aquelas características já apontadas? Poderá ela, então, pessoa jurídica, absorver

---

13. *Código Brasileiro de Defesa do Consumidor comentado pelos autores do Anteprojeto*, cit., p. 95. O comentário específico desse § 4º é de Zelmo Denari.

para si os benefícios advindos da condição de ser profissional liberal? Ou, usando um exemplo, pode um hospital cujo paciente tenha sofrido dano beneficiar-se da prerrogativa da apuração da responsabilidade por verificação da culpa, alegando que o problema foi causado por médico, que, como profissional liberal, recebe os benefícios do § 4º do art. 14 do CDC?

A resposta, em nossa opinião, é não. Se um hospital explora tipicamente o mercado, oferecendo serviços de massa, servindo-se da saúde como mercadoria e explorando sua atividade dentro das características típicas de risco/custo/benefício, ele é responsável objetivamente pelos danos causados por seus serviços, independentemente de quem os executa. Já avaliamos essa situação pela interpretação do *caput* do art. 14, ao qual somamos o art. 34[14].

O que acontecerá, num caso como esse, é que o direito eventual de regresso do hospital contra o médico será avaliado pelo regime da culpa: porque o médico é empregado — regime da CLT — ou porque presta serviço ao hospital como autônomo — regime privatista.

Não vemos como poderia o hospital beneficiar-se das prerrogativas pessoais do médico. Este é mero instrumento do serviço oferecido pelo hospital. A relação existente entre o hospital e o médico é de um tipo diverso da do consumidor com o hospital, que é típica de consumo. Para o serviço fornecido pelo hospital e que tenha causado dano ao consumidor pouco importa que o defeito tenha sido provocado por médico, enfermeira, pelo faxineiro que não esterilizou o local ou pelo aparelho injetor de oxigênio que falhou. A responsabilidade do hospital sempre permanece a mesma.

Se assim não fosse, fácil seria para as empresas prestadoras de serviço e até para os fabricantes de produtos dizer que aquele dano foi causado por um empregado seu, profissional liberal, e, assim, gozar dos privilégios da responsabilidade subjetiva, o que seria uma violação ao sistema do CDC: a construtora poderia dizer que houve falha no projeto feito pelo arquiteto, ou na execução pelo engenheiro; o banco poderia dizer que a cobrança abusiva foi causada por falha do contador; a administradora de cartão de crédito poderia alegar que a negativação indevida do cliente se deu por culpa de seu advogado interno, e assim por diante. Enfim, um *nonsense*.

Logo, respondendo à indagação: não é o fato de ter sido constituída sociedade profissional, por si só, que tira do profissional liberal a ela

---

14. *Vide* comentários no Capítulo 15.

pertencente as prerrogativas do § 4º do art. 14. Porém, o inverso também não é verdadeiro. Se se tratar de prestadora de serviço típico de massa, que se utiliza de trabalho de profissional liberal, ela não goza do direito da exceção prevista na norma do § 4º do art. 14.

17.6. O que caracteriza o profissional liberal

Passemos a outra questão (a da letra "e"). Quem é ou o que caracteriza o profissional liberal?

Na falta de uma definição legal, podemos encontrar dois caminhos para definir o profissional liberal: a) a caracterização tradicional; e b) dela extrair elementos para fixar os parâmetros da caracterização desse tipo de profissional.

Os profissionais liberais clássicos são bem conhecidos: o advogado, o médico, o dentista, o contador, o psicólogo etc.

As características do trabalho desse profissional são: autonomia profissional, com decisões tomadas por conta própria, sem subordinação[15]; prestação do serviço feita pessoalmente, pelo menos nos seus aspectos mais relevantes e principais[16]; feitura de suas próprias regras de atendimento profissional, o que ele repassa ao cliente, tudo dentro do permitido pelas leis e em especial da legislação de sua categoria profissional.

Surge aqui, ou melhor, ressurge, um problema que já levantamos: pode-se considerar um cabeleireiro um profissional liberal? E um sapateiro? Uma costureira? Para ser liberal é preciso pertencer a alguma profissão regulamentada?

A nós parece que essa discussão não precisa ir muito mais longe. Para fins de avaliação da responsabilidade pelos danos causados ao consumidor e enquadramento na hipótese do § 4º do art. 14, parece que o melhor caminho é definir o profissional liberal pelas características de sua prestação de serviço e não pelo enquadramento na regulamentação legal. Com isso enquadramos as profissões liberais tradicionais e permitimos o abarcamento de outras que não são tidas como tipicamente liberais.

---

15. O que gera toda sorte de problemas hierárquicos para os advogados e médicos empregados, por exemplo.

16. O advogado não precisa ir pessoalmente ao *forum* levar uma petição. Pode mandar seu assistente ou seu estagiário. Isso não descaracteriza a pessoalidade do seu mister. Da mesma maneira, um médico oftalmologista pode muito bem solicitar que a enfermeira prepare o paciente, pingando colírio para dilatação das pupilas. A pessoalidade está no exame dos olhos feito posteriormente pelo médico.

De qualquer maneira, a explicitação e aceitação de posição desse tipo ainda deverá ser feita pela jurisprudência, que terá condições de avaliar detalhadamente cada caso concreto[17].

17.7. Defeito e vício?

Superada a questão "e", passemos à última. O privilégio da apuração da responsabilidade por culpa vale somente para caso de defeito ou também para vício?

Não temos dúvida em afirmar que vale para ambos. É verdade que toda a sistemática de responsabilidade do CDC é estabelecida pela regra da responsabilização objetiva. E, como veremos, na interpretação dos arts. 18 a 20, ainda que o CDC não faça referência, a responsabilidade estabelecida lá é também objetiva. Aliás, como de resto, em todas as questões tratadas na Lei n. 8.078. Contudo, conforme estamos examinando, a lei abriu a exceção do § 4º do art. 14.

Dessa forma, e coerentemente, mesmo sem a designação na Seção III do Capítulo IV, é de aceitar a exceção da apuração da responsabilidade subjetiva do profissional liberal também no caso de vício, por força da necessária interpretação sistemática.

Além disso, pensar diferente seria contraditório. Como vimos, vício é o primeiro aspecto do defeito[18]. Se a apuração da responsabilidade pelo vício do serviço prestado pelo profissional liberal se desse de forma objetiva, não haveria como outorgar-lhe o direito de ver a mesma responsabilidade apurada por culpa em caso de defeito. Por mais esse motivo, concluímos a resposta à questão: a responsabilidade do profissional liberal será apurada mediante aferição de culpa tanto no caso de defeito quanto no de vício do serviço.

17.8. Conclusão

Façamos agora, então, uma conclusão geral para verificarmos a abrangência do § 4º do art. 14.

A responsabilidade do profissional liberal em caso de defeito ou de vício da prestação de seu serviço será apurada mediante culpa, sendo que isso:

---

17. Não conhecemos nenhuma decisão judicial que discuta essa questão.
18. Ver distinção entre vício e defeito no Capítulo 11.

a) independe do fato de o serviço ser prestado efetivamente com a característica *intuitu personae*, firmado na confiança pessoal ou não;

b) também independe de a atividade exercida ser de meio ou de fim;

c) ainda independe de o profissional liberal ter ou não constituído sociedade profissional. O que descaracteriza a atividade não é a pessoa jurídica em si, mas a atividade, que em alguns casos pode ser típica de massa;

d) acresça-se que o profissional liberal deve ser caracterizado pela atividade que exerce e, ainda, que a prerrogativa estabelecida no CDC é pessoal, não gerando o mesmo benefício ao prestador do serviço que age como empreendedor que assume risco, com cálculo de custo-benefício e oferta de massa etc., elementos típicos do explorador do mercado de consumo.

17.9. O ônus da prova

Para terminarmos a análise do § 4º do art. 14 é preciso ainda indagar sobre o ônus da produção da prova do dano, do nexo de causalidade do dano com o serviço e da indicação do profissional liberal que o prestou. E, também, do ônus da prova da culpa do profissional.

De quem é o ônus da prova?

A resposta primeira, como sempre, é simples. O ônus da prova incumbe a quem alega. Logo, é do consumidor. O que acontece, também, como sempre, é que o consumidor goza dos benefícios da inversão do ônus da prova, instituída no inciso VIII do art. 6º[19].

A rigor, no caso, serão dois os momentos de produção de prova e, portanto, dois os momentos da averiguação da possibilidade — e necessidade, como vimos — de inversão. O primeiro é o da prova do dano, do nexo de causalidade entre o dano e o serviço, com a indicação do profissional responsável. O segundo o da culpa do profissional liberal, prestador do serviço. Em ambos os casos a inversão poderá dar-se[20].

É que, como a responsabilidade não é objetiva, os dois momentos da prova têm de ser produzidos. Quando há responsabilidade objetiva, o consumidor

---

19. *Vide* nossos comentários a respeito, no Capítulo 46.

20. No mesmo sentido, Nelson Nery Junior e Rosa Maria de Andrade Nery, *Código de Processo Civil comentado*, cit., p. 1806, nota 19.

tem necessidade de provar apenas o primeiro momento — podendo obter a inversão do ônus da prova. Tudo conforme já o demonstramos[21].

Graficamente, temos:

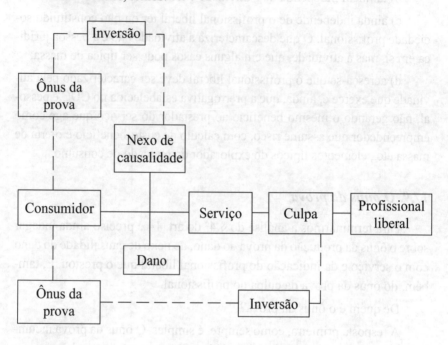

17.10. Exercícios

17.10.1. O CDC dispõe claramente que o prestador de serviço responde objetivamente por defeitos nos serviços que presta (art.14) e que é responsável pelos atos de seus prepostos (art. 34). A responsabilidade civil dos profissionais liberais, por sua vez, é subjetiva (art. 14, § 4º). Tendo-se em conta tais elementos e outros do CDC, examine o seguinte caso. Um hospital recebe um paciente até a sala de hemodiálise (usada para depuração do sangue mediante equipamento especial). O médico leva o paciente até a sala adequada e o coloca no aparelho. Sai da sala e no corredor encontra um amigo antigo, que o convida para tomar café. Passado certo tempo, o médico lembra-se do paciente que está no aparelho. Corre até a sala. Por azar o aparelho havia apresentado defeito; como não havia ninguém na sala

---

21. No item 14.14.

na hora, o problema com o aparelho acabou ocasionando a morte do paciente. Pergunta-se:

a. A família da vítima pode acionar o hospital por danos morais e materiais?

b. A responsabilidade do hospital é objetiva ou subjetiva?

c. A família pode acionar o médico? Deve?

d. O defeito no aparelho tem alguma implicação na apuração da responsabilidade? Qual e de que forma? Fundamente todas as respostas.

17.10.2. Leia a seguinte decisão, depois responda às questões formuladas.

"ACÓRDÃO

Acordam, em 2ª Câmara Cível do Tribunal de Justiça, por maioria de votos, rejeitar os embargos.

O V. Acórdão embargado deu provimento à apelação interposta contra r. sentença que julgou carecedora de ação autora que intentava contra a ré ação de responsabilidade civil por lesão corporal provocada por médico credenciado. Divergiu, no entanto, o I. Relator sorteado, que confirmava o juízo de ilegitimidade passiva.

É o relatório.

É evidente que esta é uma ação de reparação por ato ilícito, visando a condenar em obrigação de fazer e de pagar, e que tem sede no artigo 159 do CC (de 1916). Se a embargante é a locadora de serviços médico-hospitalares à embargada, na medida em que credencia médicos e nosocômios a suprir a deficiência de seus próprios serviços (que oferece como assistência médica global), já está a compartilhar da responsabilidade dos profissionais que selecionou. A medida de sua culpa será avaliada no processo. Nem será lícito invadir agora matéria de mérito. Mas sua participação no litígio como ré é abundantemente legítima. Corresponsáveis pela lesão poderão entrar no reato, facultativamente.

Mas ela pode responder sozinha pela ação, pois em matéria de ato ilícito, a responsabilidade dos coautores do delito é solidária. De sorte que o credor escolhe, entre os codelinquentes, aquele que mais lhe convier.

Tenho chamado a atenção para o fato das entidades de prestação de serviços médicos que, depois de conquistarem o público com a oferta de atendimento completo e a encantadora perspectiva de uma vida despreocupada quanto a essa parte, tudo fazem para esquivar-se ao seu compromisso;

e há aquelas que mantêm um esquema advocatício especial para resistir sempre e em tudo às exigências de cumprimento da obrigação assumida."

Pergunta-se:

a. Quem é o responsável: o médico, o hospital ou ambos?

b. Há diferença na responsabilidade do hospital e do médico? Explique.

c. Comente a decisão.

18. A PRESTAÇÃO DOS SERVIÇOS DE REPARAÇÃO

A matéria está regulada no art. 21 do CDC, que dispõe:

"No fornecimento de serviços que tenham por objetivo a reparação de qualquer produto considerar-se-á implícita a obrigação do fornecedor de empregar componentes de reposição originais adequados e novos, ou que mantenham as especificações técnicas do fabricante, salvo, quanto a estes últimos, autorização em contrário do consumidor".

18.1. Prestador de serviços

A primeira observação que deve ser feita diz respeito ao uso do termo "fornecedor" de serviços, utilizado pelo legislador. Conforme já consignamos anteriormente, o dispositivo deveria, para ficar mais adequado ao sistema normado, ter-se utilizado do vocábulo "prestador" em vez de "fornecedor". Este é o gênero do qual "prestador" (de serviço) é espécie — como o são, também, fabricante, construtor, produtor, importador e comerciante. É uma falha recorrente do legislador, que, sempre que quis falar especificamente em serviço, usou a palavra "fornecedor", em lugar do termo tecnicamente correto, "prestador"[1].

18.2. Consertos

A norma é dirigida ao prestador de serviços que faz consertos. Por exemplo, a concessionária de veículos ao fazer reparos mecânicos, elétricos, de lataria etc.; as oficinas de assistência técnica de eletrodomésticos e eletroeletrônicos etc.

---

1. O problema reaparece no artigo 40. Ver comentário no Capítulo 28.

Diz a lei que é "implícita a obrigação", isto é, há presunção *juris et de jure* de que a obrigação referida na oração deve realizar-se. Existem algumas questões relativas a esse assunto, de que na sequência trataremos. Para tanto prossigamos no exame do art. 21.

Dispõe a regra que o prestador, quando faz serviços de consertos, reparos, reposições de peças etc., está obrigado a empregar componentes de reposição:

a) originais adequados;

b) e novos;

c) ou que mantenham as especificações técnicas do fabricante.

18.3. Componentes originais

Por componentes de reposição (peças, pedaços de peças, fios elétricos, parafusos etc.) originais há que se entender aqueles que contêm o selo de garantia e/ou qualidade do fabricante do produto que está sendo restaurado. Por exemplo, as peças de reposição originais vendidas pelas montadoras de veículos.

A norma nesse aspecto deu importância maior ao aspecto formal (isto é, à marca e carimbo de qualidade) que ao relevante elemento material de qualidade intrínseca do produto. Ou, dizendo em outros termos, a peça original é aquela que está autografada, autorizada com "aval" de qualidade pelo fabricante, o que nem sempre garante que ela será de qualidade adequada, já que todo e qualquer produto pode apresentar vício de fabricação. Na prática, inclusive, tal característica, por vezes, implica custo para o consumidor, já que, via de regra, peças originais são mais caras. E acontece que, por exemplo, o amortecedor "original" vendido por uma montadora tem o mesmo fabricante que o amortecedor sem o selo de original. De qualquer maneira, como dito, o legislador preferiu assegurar-se de que, pelo aspecto formal, ele estaria garantindo ao consumidor a mesma qualidade que o fabricante deu ao produto que está sendo reparado.

Mas, conforme se perceberá, pela hipótese "c", supraelencada, e pelo restante da redação da norma, o prestador do serviço de reparo poderá abrir mão do aspecto formal, apesar de ter de seguir as especificações do fabricante.

18.4. Componente "original adequado" e novo

Continuando a análise, vê-se que a norma não fala apenas em original, mas em "original adequado", o que decorre da obviedade do tema. Não basta ser original; a peça empregada, logicamente, tem de ser adequada.

Além disso, dispõe a norma que o componente tem de ser novo, ou seja, sem uso.

18.5. Especificações técnicas

Mas a saída para fugir da peça dita original é oferecida na sequência da oração. A lei permite que o prestador do serviço, em vez do componente original, se utilize de outro não original, desde que tenha "as especificações técnicas do fabricante". Atente-se para o sentido da norma: o que vale é a peça que tenha a especificação técnica do fabricante do produto que está sendo consertado e não do próprio fabricante da peça.

Isto porque a norma é dirigida à proteção da qualidade do produto que se está reparando, e, naturalmente, é seu fabricante quem está mais habilitado a dizer como são e devem ser seus componentes. Assim, por exemplo, valem as especificações técnicas firmadas por uma montadora de veículos para o uso de certo amortecedor e não as especificações técnicas apresentadas pelo fabricante do amortecedor[2].

18.6. Autorização em contrário do consumidor

Seguindo na avaliação do art. 21, tem-se no final um excepcionamento do uso das peças conforme especificado, desde que com autorização do consumidor. Acontece que, conforme se verá, a redação da norma foi mal elaborada, necessitando de uma correção pela via interpretativa.

Com efeito, releiamos o texto normativo em análise: ele diz que o prestador do serviço de reparo está obrigado a "empregar componentes de reposição originais adequados e novos, ou que mantenham as especificações técnicas do fabricante, *salvo, quanto a estes últimos, autorização em contrário do consumidor*".

Primeiro problema: pode o prestador do serviço utilizar peça que não tenha a especificação técnica do fabricante, desde que o consumidor tenha autorizado?

---

[2]. Colocamos esse exemplo de propósito para marcar a determinação da norma. Ainda que o fabricante do amortecedor seja "o" especialista no produto que elabora, é a montadora quem especifica a qualificação das peças que compõem seu produto final.

Ou, em outras palavras, é possível consertar um produto utilizando peças que não estejam dentro das especificações técnicas, mesmo com autorização do consumidor?

A resposta somente pode ser não.

Em primeiro lugar a afirmação é absurda. Se um componente está fora das especificações técnicas do fabricante, então ele não é adequado para o produto. E isso não depende da vontade do consumidor.

Em segundo, já comentamos que o princípio da informação no CDC pressupõe, de um lado, o dever de o fornecedor informar cabalmente o consumidor a respeito de todas as características dos produtos e serviços, o que inclui de forma acentuada os aspectos técnicos que envolvem o seu funcionamento adequado. De outro, a constatação da hipossuficiência dos consumidores, em especial e exatamente no que respeita à composição técnica de produtos e serviços[3].

Ora, se o consumidor não tem conhecimento técnico para julgar se uma peça é adequada ou não para fazer com que um produto volte a funcionar corretamente, como é que poderia autorizar a utilização de um componente fora das especificações técnicas?

É um contrassenso. Um absurdo que nos remete, na sequência, à solução do problema.

Na realidade, o legislador equivocou-se na redação da norma do art. 21[4].

Quando diz "salvo, quanto a estes *últimos*, autorização em contrário do consumidor", ele queria dizer: "salvo, quanto aos *primeiros*, autorização em contrário do consumidor".

Lendo-se da maneira como agora apresentamos, a norma ganha sentido. Vejamos.

Comecemos pela realidade. Existem peças que não são originais e nem por isso estão fora das especificações técnicas do fabricante. Basta olharmos o próprio exemplo já utilizado: o amortecedor que serve para um veículo da marca X pode ser original ou não. Acontece, inclusive, por vezes, de ser

---

3. Ver nossos comentários ao art. 6º, especialmente incisos III e VIII no item 6.11 e no Capítulo 46, respectivamente.

4. Relevante notar que os autores do Anteprojeto, nos comentários à lei, não tocam no assunto. O art. 21 praticamente não é comentado (cf. *Código Brasileiro de Defesa do Consumidor comentado pelos autores do Anteprojeto*, cit., p. 176).

o mesmo fabricante o da peça original e o da não original. Logo, não há nenhum problema de ordem técnica — que é o que interessa no que diz respeito a serviço de reparo — no uso de componente não original.

Vale, portanto, nossa afirmação: "salvo, quanto aos *primeiros*...".

Mas há mais.

Continuemos na realidade do mercado. É sabido que se podem empregar peças usadas, normalmente as chamadas seminovas, bem como as recondicionadas. Tais componentes podem por sua vez ser originais ou não. Seriam então peças originais ou não, seminovas (usadas) ou recondicionadas.

Tendo em vista o absurdamente alto preço cobrado pelas peças de reposição originais, seguido dos preços das não originais, não resta outra alternativa para grande parcela da população de consumidores a não ser a ida a esse mercado adquirir componentes usados ou recondicionados. Aliás, diga-se que esse é um mercado que existe mesmo nos Estados Unidos.

Para ficarmos apenas com um exemplo absolutamente elucidativo da questão, lembre-se que, se alguém quiser compor (montar) um automóvel a partir das peças, chegará a um valor muitas vezes superior a um novo. Para aqueles milhares de veículos usados antigos, cujo valor de mercado é muito baixo em relação ao novo, essa proporção torna-se escandalosa. Há peças que valem o preço de um automóvel usado![5]

Além disso, para certos bens que deixaram de ser produzidos, não há mais peças novas, restando ao consumidor apenas a alternativa de aquisição de usadas ou recondicionadas.

É fato que a lei manda que o fabricante e o importador continuem oferecendo peças de reposição mesmo depois de cessada a produção (art. 32). Mas essa produção e/ou oferta não são eternas, e esbarram num inconveniente de ordem prática que realmente limita a produção no tempo:

---

5. Vejamos exemplo elucidativo retirado do *Jornal do Carro*, encartado no *Jornal da Tarde* (São Paulo, 12 maio 1999, p. 9 e 13A): os amortecedores dianteiros e traseiros mais o conjunto de molas, as lonas de freio, disco, rolamento, jogo de velas e silencioso do escapamento de um carro médio (Logus CL 1.8 da Volkswagen) mais serviço de mão de obra custam R$ 1.207,00. Com esse valor é possível comprar um automóvel Passat 1978 (R$ 1.250,00), um Alfa-Romeo 1979 (R$ 1.150,00) ou 1980 (R$ 1.250,00), um Corcel 1976 (R$ 1.200,00) etc.

chega um momento em que o componente de reposição é mais caro que o produto usado que se pretende reparar[6].

Esse problema do enorme contingente de peças e produtos usados é universal. Para se ter uma ideia, ele é enorme no setor de automóveis nos Estados Unidos[7].

Apenas para concluir, sabe-se muito bem que inclusive por conta desses problemas envolvendo o preço dos produtos novos na desproporção com os usados é que existe um grande mercado de peças, cuja origem são os produtos novos acidentados e velhos (acidentados ou não) desmanchados. Em determinado momento, cessada a produção das peças por decisão do fabricante ou porque o mercado não consegue mais absorvê-la em função do desproporcional custo na relação com o produto que se vai reparar, a única saída é desmanchar o produto e vendê-lo em partes.

Portanto, não existe qualquer problema na utilização de peças usadas ou recondicionadas, desde que, é claro, elas estejam em condições adequadas de funcionamento e permitam que o produto em reparo possa ser convenientemente utilizado.

Poder-se-ia argumentar, é verdade, que, quando o legislador disse "salvo, quanto a estes *últimos*" estar-se-ia referindo a *novos*, uma vez que "os novos" são os últimos componentes citados na parte da proposição imediatamente anterior àquela que diz "ou que mantenham as especificações técnicas do fabricante".

Deixando de lado a impropriedade gramatical, ainda assim não seria possível entender que o prestador do serviço só poderia empregar produto usado com autorização do consumidor, estando dessa forma obrigado a utilizar sempre peças originais.

Conforme demonstramos, não há nenhum problema de ordem técnica no emprego de componente não original, desde que ele esteja dentro das

---

6. É muito mais barato adquirir hoje, por exemplo, uma nova, melhor e mais atualizada tela de vídeo para computador do que tentar consertar a partir de peças de reposição uma outra de três anos de uso. Fora o custo da mão de obra.

7. Por exemplo: um alternador para um veículo Blazer (GM) original e novo custa cerca de 300 dólares; um recondicionado, 145.

especificações do fabricante. O que a lei quer mesmo é que o consumidor autorize a utilização de peça não original, usada ou recondicionada[8].

O fato é que a preocupação maior da legislação consumerista é com peças de reposição usadas. Tanto que criou tipo penal para coibir o uso desse tipo de componente sem autorização do consumidor.

Leia-se o art. 70:

"Empregar, na reparação de produtos, peças ou componentes de reposição usados, sem autorização do consumidor:

Pena — Detenção de 3 (três) meses a 1 (um) ano e multa".

Note-se que a norma penal diz que é crime empregar, sem autorização do consumidor, na reparação de produtos, "peças ou componentes de reposição *usados*", não fazendo qualquer referência a componentes que não "mantenham as especificações técnicas do fabricante", a peças originais, não originais ou recondicionadas.

Não resta dúvida, portanto, de que na reparação de produtos:

a) o prestador do serviço tem sempre de se utilizar de componentes dentro das especificações técnicas do fabricante;

b) tais componentes, se forem novos, não precisam de autorização do consumidor para ser utilizados;

c) se estiverem dentro do contido nas letras "a" e "b" anteriores, as peças podem ser originais ou não originais, mesmo sem a autorização do consumidor[9];

d) para a utilização de peças ou componentes de reposição usados ou recondicionados, é necessária a autorização do consumidor.

No que respeita à autorização, é evidente que tem de ser expressa e prévia. Porém, não há obrigatoriedade de que seja escrita. Basta ser verbal. É claro que a autorização escrita é uma garantia para o prestador do serviço. Por isso nada impede (aliás, as circunstâncias aconselham) que a autorização seja dada no próprio orçamento elaborado pelo prestador[10].

---

8. Na realidade, conforme se verá, mesmo o uso das originais depende de autorização do consumidor, uma vez que este tem de aprovar o orçamento, que a ele deve ser submetido previamente pelo prestador do serviço. Ver a respeito Capítulo 28.

9. Mas a autorização tem de constar do orçamento "prévio". Ver Capítulo 28.

10. A obrigatoriedade do orçamento está expressamente prevista no art. 40. Ver Capítulo 28.

18.7. Exercício

18.7.1. José levou seu automóvel a uma concessionária para uma revisão. Seu veículo foi examinado, não houve elaboração de orçamento escrito, todavia, José foi informado, verbalmente, quais os problemas que o carro apresentava, bem como os serviços que seriam prestados, dentre eles, o conserto do sistema de ar condicionado, que não era original de fábrica. Dias depois, como ajustado, José retornou para buscar o veículo. Nessa oportunidade, tomou conhecimento que a concessionária consertou todos os defeitos do auto, mas, não tendo solucionado o problema do ar-condicionado — uma vez que não era de fábrica —, teve de se valer dos serviços de um terceiro para tanto.

Ocorre, porém, que três dias depois, quando o veículo estava estacionado na garagem, ele incendiou-se. Apurou-se que o incêndio teve origem no sistema de ar condicionado, que passou a funcionar automaticamente.

a. Há relação de consumo na espécie?

b. Aqui se trata de vício ou defeito?

c. A quem José deve acionar? A empresa concessionária, o terceiro ou ambos?

d. A empresa concessionária poderá eximir-se da responsabilidade?

e. Que tipo de responsabilidade há para a empresa?

f. Caso José resolva acionar o terceiro, que tipo de responsabilidade incide? Nessa hipótese também haveria inversão do ônus da prova?

19. A GARANTIA DOS PRODUTOS E SERVIÇOS

A norma do art. 24 do CDC[1] estabelece expressamente a garantia legal de adequação dos produtos e serviços. E o faz absolutamente, porquanto independe de qualquer manifestação do fornecedor, estando este proibido de buscar desonerar-se de sua responsabilidade por essa garantia legal.

A garantia é de adequação, o que significa qualidade para o atingimento do fim a que se destina o produto ou o serviço, segurança, para não causar danos ao consumidor, durabilidade e desempenho. Recorde-se que essa adequação já está prevista no art. 4º, II, *d*, como em outros pontos (arts. 8º, 18, 19, 20 etc.).

19.1. Prazo de garantia

No que diz respeito ao prazo da garantia por vícios o CDC o estabeleceu, mas não de forma expressa. Para saber qual é esse prazo, tem-se de fazer uma interpretação lógico-sistemática, somando-se ao exame do art. 24 o art. 26.

Isto porque o art. 26 especifica os prazos para o consumidor reclamar dos vícios dos produtos e serviços, e uma das características principais da garantia é seu prazo.

Então, o art. 24 serve apenas para informar que existe uma garantia legal e que dela o fornecedor não se pode desonerar, conforme ainda comentaremos.

Mas, além disso, coloque-se que pode o fornecedor oferecer maior garantia que a legal: é a chamada garantia contratual, bastante popular em automóveis e eletrodomésticos, por conta da publicidade que aponta a chamada "garantia de fábrica". Ela está regulada no art. 50.

---

1. "Art. 24. A garantia legal de adequação do produto ou serviço independe de termo expresso, vedada a exoneração contratual do fornecedor."

Dessa forma cabe-nos aqui fazer um comentário a respeito do que seja a garantia legal, pela aplicação combinada do art. 26, como faremos. E, quando examinarmos o art. 26, teremos de combiná-lo com o art. 50, uma vez que a garantia contratual pode ampliar os prazos estabelecidos no art. 26.

Examinemos, então, o art. 24 de maneira combinada com o art. 26.

19.1.1. Garantia legal

O início da redação fala em "garantia legal de adequação do produto ou serviço", vale dizer, o CDC garante que os produtos e serviços serão próprios e adequados ao consumo e uso a que se destinam, não acarretando riscos à saúde e segurança do consumidor[2].

E se houver vício de algum tipo?

Aplicam-se as hipóteses dos arts. 18 a 20. Porém, o direito de reclamar contra esses vícios tem prazo estipulado. Ou, em outros termos, a lei consumerista garante a adequação do produto e do serviço, e o consumidor tem certo período de tempo para apresentar reclamação contra os vícios[3].

Isso quer dizer que os produtos e serviços têm, então, garantia legal de adequação, e o consumidor tem os seguintes prazos (extraídos do art. 26) para apresentar reclamação:

a) produtos e serviços não duráveis: 30 dias;

b) produtos e serviços duráveis: 90 dias.

19.1.2. Produto ou serviço durável e não durável

O caráter de durabilidade e não durabilidade dos produtos e serviços já analisamos anteriormente[4].

Lembremos apenas a conotação mais abrangente dos conceitos: produto durável é aquele que, como o próprio nome diz, não se extingue com o uso. Ele dura, leva tempo para se desgastar. Pode — e deve — ser utilizado muitas vezes. Serviço durável é aquele que: a) tem continuidade no tempo em decorrência de uma estipulação contratual ou legal; b) após a prestação,

---

2. Definição que se extrai do exame conjunto dos arts. 18 a 20 e 8º a 10, entre outros.

3. E o fornecedor pode ampliá-lo se quiser, conforme estabelecido no art. 50. Ver comentários a esse artigo, no item 19.7, e, primeiramente, ao art. 26, no Capítulo 20.

4. Ver itens 5.3.3 e 5.3.4.

deixa um resultado, um produto final relativo ao serviço executado. Produto não durável é aquele que se extingue ou se vai extinguindo com a utilização. E serviço não durável é o que se extingue uma vez prestado[5].

19.1.3. Início da contagem do prazo

O início do prazo de garantia se dá com a entrega efetiva do produto ou com o término da execução dos serviços, conforme se extrai do estabelecido no § 1º do art. 26.

Essa questão é de lógica básica e está ligada ontologicamente ao sentido de garantia. Quer a lei que o consumidor usufrua de um período no qual nenhum vício pode surgir. Para que isso ocorra, isto é, para que se possa começar a contar esse período, é necessário que o consumidor tenha contato real, concreto, com o produto ou com o serviço. Em outras palavras, é preciso que o consumidor possa começar a usufruir (usando e/ou consumindo) do produto e do serviço para que comece a correr (contra ele) o prazo para reclamar da garantia.

Esse tempo não é uma abstração. Ele funciona uma vez acionada a realidade do uso e consumo pelo consumidor.

Por outro lado, o limite do tempo (30 e 90 dias) é também firmado em benefício do fornecedor, com o que se equilibra a relação jurídica de consumo estabelecida[6], minimizando o sistema amplo da responsabilidade civil estabelecida na legislação consumerista.

É que para o fornecedor existe um cálculo possível da responsabilização pelos problemas de inadequação de seus produtos e serviços. Uma vez vendidos e entregues os primeiros e prestados os segundos, ele tem de garanti-los pelos prazos de 30 e 90 dias. Depois disso, está desonerado dessa garantia.

É verdade que, com o desenvolvimento tecnológico da indústria de fabricação de produtos, bem como da prestação dos serviços, pode-se dizer que esses prazos legais para reclamar da garantia de 30 e 90 dias não são muito longos. Tanto que dezenas de produtos, especialmente

---

5. Para um completo apanhado do sentido de durável e não durável dos produtos e serviços, com os vários aspectos a ele relativos, tais como o tempo de vida do produto, sua descartabilidade, a importância dos serviços etc., ver itens 5.3.3 e 5.3.4.

6. Respeitando-se assim o instituído no art. 170 da Constituição Federal e estampado no inciso III do art. 4º do CDC.

veículos automotores e eletroeletrônicos, têm prazo de garantia contratual muito superior a esses, a demonstrar que o cálculo do risco do empresário na relação custo-benefício com a adequação dos produtos que oferece permite que ele amplie seu risco por inadequação, empurrando-o para prazos maiores[7].

De qualquer maneira, 30 e 90 dias é um tempo razoável para ser fixado genericamente para todos os tipos de produtos e serviços oferecidos (inclusive serviços públicos) e suficiente para garantir o equilíbrio concreto da relação de consumo estabelecida.

Relativamente ainda ao início da contagem do prazo e para encerrar esse assunto, trate-se do vício oculto. A garantia legal de adequação pressupõe que o consumidor possa aferi-la, isto é, checar concretamente essa adequação[8].

O aferimento da adequação, como dito, decorre da usufruição, pelo consumidor, do produto ou do serviço. É daí, dessa experiência concreta, que se pode dizer que flui o prazo de garantia.

Mas essa fluência só tem validade para os vícios aparentes ou de fácil constatação. Na hipótese de vício oculto, o prazo para reclamar da garantia legal somente tem início quando de seu surgimento.

19.2. Vício de fácil constatação e vício oculto

As expressões "vício aparente e de fácil constatação" e "vício oculto" aparecem no *caput* do art. 26 e em seu § 3º, respectivamente:

> "Art. 26. O direito de reclamar pelos vícios aparentes ou de fácil constatação caduca em:
>
> (...)
>
> § 3º Tratando-se de vício oculto, o prazo decadencial inicia-se no momento em que ficar evidenciado o defeito".

Tais expressões merecem esclarecimentos.

Primeiramente quanto ao uso do termo "aparente". Ele não é bom semanticamente falando. É que a palavra "aparente" tem o sentido de "aparência", daquilo que não é real. E o vício, ao contrário, é bem real. O

---

[7]. Ver, sobre esse tema, nossos comentários ao art. 50, no item 19.7.
[8]. O mesmo ocorre com a garantia contratual. Ver comentários ao art. 50, no item 19.7.

legislador quis aproveitar do vocábulo o sentido de aparecimento, do que aparece, mas ele não se presta a isso. Consequentemente, preferimos abandonar seu uso e ficar apenas com a outra expressão: "de fácil constatação". Esta, sim, diz respeito ao sentido desejado pela norma.

O que pretende a lei é que a garantia legal com seus curtos prazos seja exercida pela fácil constatação da existência do vício, isto é, pelo singelo uso e consumo do produto e do serviço. Por exemplo, o consumidor adquire um televisor que não sintoniza os canais. O vício nesse caso é evidente e decorre do mero uso.

Já o vício oculto tem característica bastante duvidosa. O problema será considerado oculto quando simultaneamente:

a) não puder ser verificado no mero exame do produto ou serviço;

b) ainda não estiver provocando a impropriedade ou inadequação ou diminuição do valor do produto ou serviço.

Importante colocar claramente o sentido de oculto, em função do início do prazo para reclamação previsto no § 3º do art. 26.

O vício é oculto se não estiver acessível e, ao mesmo tempo, não estiver impedindo o uso e consumo. Por exemplo, um automóvel zero-quilômetro com risco na lataria não tem vício oculto. É que, mesmo que o consumidor não tenha reparado, esse vício é de fácil constatação.

Da mesma forma, num outro exemplo: no veículo adquirido o limpador de para-brisas não se movimenta. O consumidor não sabe o motivo intrínseco que impede o funcionamento, mas isso não faz o vício ser oculto. O fato de ser inacessível ao consumidor o motivo do vício não o transforma em oculto.

Ele será oculto, repita-se, se *ainda* não estiver em acionamento real, constatável pelo uso e consumo do consumidor. Num outro exemplo: o consumidor adquire um microcomputador. Seis meses depois, resolve nele instalar um *drive* opcional, que o sistema permite. Ao colocá-lo, não consegue fazê-lo funcionar, pois havia um problema técnico no microcomputador que só foi constatado com a instalação do *drive*. Era o típico vício oculto, que só se manifestou naquele momento.

Mais outro exemplo: o consumidor adquire um automóvel zero--quilômetro, cuja barra de direção tem uma pequena trinca. Depois de meses de uso a barra quebra. O vício oculto só se manifestou depois de muito tempo[9].

19.3. Produtos usados

É de colocar aqui o relevante aspecto da venda e compra de produtos usados.

Pergunta-se: o produto usado goza da garantia legal do CDC?

A resposta é sim, desde que se trate, de fato, de relação jurídica de consumo.

Conforme já tivemos oportunidade de comentar, existem relações jurídicas de compra e venda de produtos que não estão submetidas à égide da Lei n. 8.078[10]. E, como não poderia deixar de ser, boa parte dessas transações é feita tendo por objeto produtos usados. Assim, por exemplo, ocorre quando uma pessoa, digamos, João da Silva, vende seu automóvel Gol, ano 1990, para outra, Carlos de Souza[11]. Nessa hipótese a relação jurídica negocial está submetida ao Código Civil.

Contudo, quando o fornecedor típico vende para um consumidor um produto usado dentro de sua atividade, a relação jurídica é de consumo e está protegida pela Lei n. 8.078[12].

Em relação a esse assunto é relevante que se coloque inicialmente que o CDC não faz distinção entre produto novo ou usado. E, como ele não distingue, ambos estão incluídos no rol dos produtos cuja relação de venda e compra é por ele regulada.

Portanto, os prazos para reclamar da garantia legal aqui tratados, de 30 dias para produtos não duráveis e 90 dias para os duráveis, valem também para os casos dos produtos usados[13].

---

9. O exemplo é meramente elucidativo, independente do fato de tecnicamente ser possível ou não de ocorrer.

10. Ver comentários ao art. 3º, no Capítulo 5, especialmente item 5.6.

11. Bem entendido: João da Silva, pessoa física, fazendo a operação sem se caracterizar como fornecedor: ver comentários ao art. 3º, no item 5.2.

12. Sobre as características da relação jurídica de compra e venda como sendo de consumo, ver comentários aos arts. 2º e 3º no Capítulo 5.

13. Não nos referimos a serviços usados, porque, evidentemente, eles só podem ser novos, porquanto o serviço é aquele "prestado", fruto de atividade.

Dessa maneira, por exemplo, quando uma concessionária ou um comerciante de veículos vende um automóvel usado — pode ser aquele mesmo Gol, ano 1990, do exemplo anterior — esse produto tem a garantia legal, e o consumidor tem 90 dias de prazo para reclamar.

Mas daí surge um novo problema: se o veículo é usado, não é sinal de que já está desgastado? Então, como é que se pode falar em garantia?

De fato, surge exatamente daí um aspecto relevante que necessita ser abordado: o produto usado não tem as mesmas propriedades, nem funciona como um novo.

Como é que se vai definir a garantia?

Bem, há dois fatos:

a) o produto usado tem a garantia legal;

b) o produto não serve ao uso e consumo com a mesma eficiência do produto novo (nem tem o mesmo valor).

A garantia legal terá de ser, então, considerada segundo as reais especificidades do produto que estiver sendo comprado, bem como com as condições de oferta do fornecedor que o estiver vendendo.

Se o consumidor compra aquele Gol 1990, não pode esperar o desempenho de um novo, que os pneus não estejam desgastados, da mesma maneira que todos os demais componentes etc. Mas isso não implica que 15 dias após a compra o motor possa fundir. Cada caso será um caso, porém, quem adquire um automóvel usado pretende utilizá-lo nos exatos termos de um usado. Assim, seu funcionamento tem de estar adequado, segundo sua própria qualidade de usado. Ou, como já dissemos, de outra forma, alhures[14], quem adquire uma TV antiga não pode pretender que o colorido da tela tenha a nitidez e o brilho de uma nova, mas ela tem de sintonizar os canais, se não para que serviria?

Sabemos que as variáveis reais no caso do produto usado são em número incontável, e não estamos desprezando esse aspecto. Ao contrário, queremos apenas moldar o tema no sistema legal consumerista.

Por isso dizemos que, como, de resto, a responsabilidade é objetiva do fornecedor, a ele cabe especificar na oferta e/ou no contrato de compra e venda (ou na nota fiscal, no termo de venda e entrega etc.) as condições

---

14. No nosso *Compre bem — manual de compras e garantias do consumidor*, cit., Capítulo 4.

reais em que o produto está sendo vendido. Não basta colocar no documento "no estado". Essa expressão pode ter validade no direito privado contra o comprador, mas nas relações jurídicas de consumo tem eficácia *contra* o vendedor (*fornecedor*). Em caso de problema, caberá a ele demonstrar qual era o estado do produto e que este não apresentava as condições em que agora se encontra. E, para produto usado, o desgaste, como se viu, é sua condição. Logo, é mais prudente e mais adequado para atender à norma explicitar as condições do produto[15].

Instada a cuidar da questão, a 4ª Câmara Civil do Tribunal de Justiça de São Paulo julgou caso em que o consumidor adquiriu de uma loja que comercializa veículos um automóvel usado que, depois de certo tempo de uso, apresentou vício, necessitando de reparos. A fornecedora-ré alegou que se tratava de veículo usado e que o consumidor, autor da ação judicial, agira de má-fé "por querer dar ao veículo estado 'de novo'". O Tribunal rechaçou essa argumentação e deixou a questão expressa nos seguintes termos:

"É óbvio que, se a apelante (a loja ré) tivesse avisado o autor-adquirente de que inúmeras peças do veículo estavam bastante desgastadas e precisavam ser substituídas, ele não teria adquirido o bem ou, então, o preço seria menor. A venda foi feita em razão do ótimo estado de conservação que o carro apresentava; presumia-se que as suas peças também estivessem no mesmo estado, não precisando de substituição imediata"[16].

E, para terminar esse tema do produto usado, afirme-se que a ele se aplica, também, a hipótese do vício oculto, nos termos em que o apresentamos. E, como oculto, o vício pode manifestar-se semanas ou meses após o uso. É possível, por exemplo, ocorrer de um veículo sair de fábrica com vício oculto, que só se manifesta em mãos de terceiro consumidor que o adquiriu. Nesse caso, a responsabilidade pelo vício retroagirá pela sucessão de vendedores, indo atingir a montadora[17].

Antes de prosseguir na análise do art. 24, deixemos consignadas duas observações: as dos itens 19.4 e 19.5 abaixo.

---

15. Claro que essa decisão é do fornecedor, já que é típica do risco que ele pretende (ou não) assumir em sua atividade.

16. Ap. 216.144-1, rel. Des. Cunha Cintra, j. 29-9-1994, v. u., *JTJ*, Lex, 167/168.

17. Claro que a escolha sobre quem acionar no caso de vício é do consumidor, nos moldes estabelecidos no art. 18 (ver comentários).

19.4. Oferta de garantia

A primeira — que tem ligação com a hipótese do art. 50[18] — é relativa à garantia oferecida pelo fornecedor.

É bastante comum no mercado a oferta de garantia de 30, 60 ou 90 dias para produtos duráveis. Acontece que, quando o fornecedor oferece esse tipo de garantia, está, de fato, ampliando o prazo para reclamar[19]. Por isso deverá acatar reclamações a partir do final do termo de garantia contratual[20].

19.5. O óbvio da qualidade, finalidade e adequação

A segunda observação diz respeito a certa estranheza que o tema da garantia legal comporta.

É mesmo inusitado que seja preciso uma lei dizer o óbvio ululante: que um produto ou um serviço vendido por quem quer que seja tenha de atingir a finalidade de uso e consumo à qual se destine. Seria como haver necessidade de que o direito escrito dissesse ao produtor: "Não venda um produto que não funcione". Como se fosse a mentira o padrão, e a lei devesse comparecer para dizer que nas relações jurídicas negociais não se pode mentir.

Mas, em termos sociais, só pode ser a verdade o padrão. Daí o inusitado da norma. Necessita-se dela para garantir que o consumidor, uma vez entregando seu dinheiro ao fornecedor, pode ficar tranquilo porque o produto ou serviço adquirido atingirá o fim ao qual se destina.

Vale a pena que se cite um exemplo real do mercado de consumo mais desenvolvido do mundo, o dos Estados Unidos. Lá, se o consumidor adquire um produto, pode simplesmente devolvê-lo pelo regime do *money-back*.

E a devolução não precisa de justificativa alguma. Basta que o consumidor desista da aquisição. O princípio é o de que, se o consumidor paga pelo bem, se dá seu dinheiro, tem de ficar absolutamente satisfeito. Se não

---

18. Ver nossos comentários a esse artigo no item 19.7.

19. É o caso da garantia contratual complementar, que será analisada nos comentários ao art. 50, no item 19.7.

20. Conforme se verá quando analisarmos o art. 26 no Capítulo 20.

estiver, pode receber seu dinheiro de volta[21]. Afinal, o risco da atividade não é do fornecedor?[22]

19.6. "Vedada a exoneração do fornecedor"

Prosseguindo na análise do art. 24, caminhemos para o final da oração. Está estabelecido que é "vedada a exoneração do fornecedor".

Tendo em vista aquilo que já dissemos do absurdo de precisar inserir no sistema jurídico uma norma que diga que o produto e o serviço vendidos têm de servir para o fim ao qual se destinam ou, o que dá no mesmo, que se deve dizer a verdade, somos obrigados a iniciar com um comentário similar em relação a esse final da oração do art. 24.

Proibir a exoneração do fornecedor em relação à garantia é o mesmo que dizer que ele pode afirmar que "não se responsabiliza pelo funcionamento do produto ou do serviço"!

É um absurdo.

Contudo, compreende-se a norma quando se adentra um estacionamento que ostenta cartaz com os seguintes dizeres: "Não nos responsabilizamos pelo furto do veículo". Às vezes esse aviso está no canhoto.

Ora, se o prestador do serviço de guarda de veículo em estacionamento pretende não se responsabilizar pelo veículo, então qual é o serviço que ele ganha para prestar? Se for para não ter garantias, o consumidor pode deixar o carro na rua. Se o prestador desse serviço pudesse fazer isso, o resultado jurídico seria esdrúxulo, pois o consumidor pagaria para o fornecedor guardar seu veículo e ele não se responsabilizaria pela guarda.

Talvez seja por conta de casos como esse — aliás, bem comuns — que a lei teve de criar essa norma para, expressamente, declarar proibida a exoneração daquilo que deveria ser óbvio: que o fornecedor que recebe o preço pelo seu produto ou serviço é obrigado a garantir sua adequação.

---

21. E a regra vale até mesmo para produtos não duráveis, como os alimentícios, quer pré-embalados, quer preparados na hora, como peixes, carnes, aves etc.

22. Entre nós essa hipótese de devolução, sem qualquer explicação, só existe nos produtos e serviços adquiridos fora do estabelecimento comercial, conforme estabelecido no art. 49 (ver comentários no Cap. 35), ou se fizer parte da oferta.

19.7. A garantia contratual

A garantia contratual está estabelecida no art. 50 e parágrafo único, que dispõe:

> "Art. 50. A garantia contratual é complementar à legal e será conferida mediante termo escrito.
>
> Parágrafo único. O termo de garantia ou equivalente deve ser padronizado e esclarecer, de maneira adequada, em que consiste a mesma garantia, bem como a forma, o prazo e o lugar em que pode ser exercitada e os ônus a cargo do consumidor, devendo ser-lhe entregue, devidamente preenchido pelo fornecedor, no ato do fornecimento, acompanhado de manual de instrução, de instalação e uso de produto em linguagem didática, com ilustrações".

19.7.1. Garantia complementar

A norma dispõe que a garantia contratual é complementar à legal e será conferida mediante termo escrito, que por sua vez vem descrito no parágrafo único.

Quando analisamos os arts. 24 e 26, fizemos referência a este art. 50, para explicar o sentido do adjetivo "complementar" utilizado na redação da norma.

O aspecto principal, sem dúvida, diz respeito ao prazo de garantia. Isto porque a garantia de adequação independe da manifestação do fornecedor por expressa disposição do art. 24, como todas as consequências daí decorrentes e estipuladas na lei.

Recorde-se que a redação desse art. 24 estabelece expressamente a garantia legal de adequação dos produtos e serviços, e o faz absolutamente, porquanto independe de qualquer manifestação do fornecedor, sendo que ele está proibido de buscar desonerar-se de sua responsabilidade por essa garantia legal.

A garantia é de adequação, o que significa qualidade para o atingimento do fim a que se destina o produto ou o serviço, segurança, para não causar danos ao consumidor, durabilidade e desempenho. Lembre-se, também, que essa adequação já está prevista no art. 4º, II, *d*, bem como em outros pontos (arts. 8º, 18, 19, 20 etc.).

Mas, no que diz respeito à garantia por vícios, o CDC estabelece o tempo para reclamar, que é o do art. 26, de 30 e 90 dias: 30 dias tratando-se de produtos e serviços não duráveis e 90 dias para os produtos e serviços duráveis (incisos I e II do art. 26[23]).

Primeiramente, diga-se que a garantia contratual não é obrigatória[24]. É mera faculdade do fornecedor[25]. Tem funcionamento como elemento positivo na concorrência: os fornecedores buscam ampliar a garantia, visando conquistar o consumidor.

Como a garantia legal independe da manifestação do fornecedor e como a contratual é de sua livre disposição, o prazo para reclamar, quando há garantia contratual, somente se inicia a seu termo. Daí é que vem o sentido de complementar.

Contudo, conforme veremos[26], existem duas maneiras de definir o sentido de "complementar":

a) complementar tem o sentido de "aquilo que excede o prazo de garantia contratual";

b) complementar significa que se soma o prazo de garantia ao prazo contratual[27].

Quem argumenta contra a posição "b" diz que a lei já oferece uma garantia. Pode, a partir disso, o fornecedor (a montadora, por exemplo) oferecer prazo maior ao consumidor. O fornecedor não está obrigado a fazê-lo, mas pode. E, dir-se-ia, essa é a pretensão da lei de proteção ao consumidor.

Dessa forma, as razões favoráveis à posição "a" supõem que, quando o fornecedor dá uma garantia, soma-se o prazo oferecido ao da lei. Então, ele terá de refazer seus cálculos para *excluir* o tempo firmado legalmente.

---

23. Ver nossos comentários a respeito no Capítulo 20.

24. No mesmo sentido: Nelson Nery Junior, *Código Brasileiro de Defesa do Consumidor comentado pelos autores do Anteprojeto*, cit., p. 396.

25. Daí não ter sentido o tipo penal do art. 74, que dispõe, *verbis*: "Deixar de entregar ao consumidor o termo de garantia adequadamente preenchido e com especificação clara de seu conteúdo: Pena — Detenção de 1 (um) a 6 (seis) meses ou multa". Tal norma é um desestímulo à concessão da garantia contratual.

26. Quando dos comentários ao art. 26, no Capítulo 20.

27. Essa é a posição oficial, por exemplo, do IDEC: *Código de Defesa do Consumidor ao seu alcance*, coord. Josué de Oliveira Rios, cit., p. 54.

É verdade que o fabricante, produtor, construtor etc. calcula o tempo de garantia de seu produto ou serviço em função da experiência histórica (passada) de seu funcionamento efetivo e em relação com o desenvolvimento tecnológico em que ele se encontra, o que permite a projeção da durabilidade com adequação. Como também se sabe que, se esse fornecedor tivesse de somar seu tempo de garantia ao legal, ver-se-ia obrigado a diminuir do tempo que considera adequado àquele já previsto na lei (30 ou 90 dias). Para ficar com um exemplo real — que é bastante elucidativo —, se o fabricante do televisor Mitsubishi, que garantia seus aparelhos de televisão até a Copa do Mundo de Futebol de 2002, tivesse de utilizar a lei nesses termos (somando o prazo legal), para manter seu cálculo empresarial de risco diante da garantia oferecida, teria de considerar que a TV Mitsubishi era garantida até 90 dias após o término dessa Copa do Mundo.

Na realidade a confusão e a disputa em torno das duas posições se estabelece pelo fato de a lei não ter colocado claramente um prazo de garantia legal. O que fez o legislador, como se viu no exame do art. 24, foi estabelecer tempo de reclamação (30 e 90 dias). A garantia legal é de adequação, mas sem prazo. O que o consumidor tem é tempo para apresentar reclamação contra essa garantia a partir do recebimento do produto ou do término do serviço.

Assim, se houver um termo final de garantia, o que acontece é que o prazo para reclamar continua o mesmo, mas o *dies a quo* é postergado para o final do tempo de garantia.

Portanto, não se deve confundir prazo de reclamação com garantia legal de adequação.

Se o fornecedor dá *prazo* de garantia contratual (até a próxima Copa, um ou dois anos etc.), *dentro* do tempo garantido até o fim (inclusive último dia) o produto não pode apresentar vício. Se *apresentar*, o consumidor tem o direito de reclamar, que se estende até 30 ou 90 dias após o término da garantia.

Se o fornecedor não dá prazo, então os 30 ou 90 dias correm do dia da aquisição ou término do serviço.

Claro que sempre haverá, como vimos, a hipótese do *vício oculto*, que gera *início* do prazo para reclamar apenas quando ocorre.

Não temos dúvida, por isso, em afirmar que o sentido de *complementar* utilizado na redação do *caput* do art. 50 é o da letra "b", ou seja, a garantia contratual vai até onde prever, e ao seu término tem início o prazo para o consumidor apresentar reclamação.

19.7.2. Termo de garantia

Se o fornecedor resolver dar a garantia, tem de fazê-lo por escrito, mediante termo padronizado e devidamente preenchido.

A linguagem do termo é a mesma prevista tanto para a oferta quanto para os contratos em geral.

A interpretação de qualquer texto contratual deve ser feita contra o fornecedor-estipulante e especialmente quando ele se utiliza de linguagem de difícil compreensão ou ambígua. Assim, aqueles termos de garantia oferecidos pelas montadoras de veículos que oferecem "um ano *ou* 10.000 km rodados" só podem ser interpretados no sentido daquilo que ocorrer por último: os 10.000 km ou um ano. Jamais o que vem primeiro, pois, se a cláusula contratual da garantia é ambígua, tem de ser interpretada contra o estipulante e a favor do consumidor.

19.7.3. Manual de instrução

Ao final da redação do parágrafo único do art. 50, a norma fala em "manual de instrução"[28].

A redação não é boa, pois coloca no mesmo patamar determinação que decorre de uma faculdade (a da outorga da garantia contratual) e outra que é obrigatória: a entrega do manual de instruções quando necessária. O legislador deveria ter referido o manual em outro ponto: poderia estar no art. 24[29], por exemplo. Ou nem precisaria tê-lo feito, uma vez que a obrigatoriedade do manual não só decorre do art. 6º, III, c/c o art. 31, quanto aparece explicitamente no parágrafo único do art. 8º[30].

---

28. "Art. 50. (...)

Parágrafo único. O termo de garantia ou equivalente deve ser padronizado e esclarecer, de maneira adequada, em que consiste a mesma garantia, bem como a forma, o prazo e o lugar em que pode ser exercitada e os ônus a cargo do consumidor, devendo ser-lhe entregue, devidamente preenchido pelo fornecedor, no ato do fornecimento, acompanhado de manual de instrução, de instalação e uso de produto em linguagem didática, com ilustrações."

29. "Art. 24. A garantia legal de adequação do produto ou serviço independe de termo expresso, vedada a exoneração contratual do fornecedor."

30. "Art. 6º São direitos básicos do consumidor:

(...)

De qualquer forma, repita-se que os produtos e os serviços devem ser entregues acompanhados de manual de utilização e/ou instalação, feito em linguagem didática, com ilustrações explicativas. Aplicam-se, evidentemente, à hipótese as determinações do art. 31 para a apresentação de informações corretas, claras, precisas, ostensivas e, claro, em língua portuguesa.

19.8. Exercícios

19.8.1. João adquiriu um veículo zero-quilômetro numa concessionária, com garantia contratual de um ano. Ao cabo de dois anos, vendeu o auto "no estado" para José, e dois meses depois o motor do auto fundiu. Constatou-se, então, que o veículo apresentava um defeito de fábrica, o que acarretou desgaste prematuro do motor, que, com previsão para rodar no mínimo 100.000 km, fundiu aos 50.000 km. José, procurou João, pedindo ressarcimento, e João negou-se a fazê-lo. José, então, procurou a concessionária, alegando vício oculto, sendo que a empresa negou-se a atendê-lo, dizendo que a garantia se esgotara e o negócio havia sido realizado com João.

a. Tem amparo o posicionamento da empresa perante o CDC?

b. Quem deve ressarcir José? João ou a concessionária? Ou a montadora? Que tipo de responsabilização haveria?

19.8.2. João comprou uma piscina de fibra para instalá-la na fazenda. A instalação, por conta da empresa, ocorreu no dia 1º de fevereiro, sem a sua presença, e o administrador a encheu de água no dia seguinte, vindo a água a escoar integralmente em dois dias. O administrador notou que havia uma perfuração na fibra e aguardou a presença do fazendeiro para relatar-lhe.

III — a informação adequada e clara sobre os diferentes produtos e serviços, com especificação correta de quantidade, características, composição, qualidade e preço, bem como sobre os riscos que apresentem;

Art. 8º (...)

Parágrafo único. Em se tratando de produto industrial, ao fabricante cabe prestar as informações a que se refere este artigo, através de impressos apropriados que devam acompanhar o produto.

Art. 31. A oferta e apresentação de produtos ou serviços devem assegurar informações corretas, claras, precisas, ostensivas e em língua portuguesa sobre suas características, qualidades, quantidade, composição, preço, garantia, prazos de validade e origem, entre outros dados, bem como sobre os riscos que apresentam à saúde e segurança dos consumidores."

João, porém, retornou à fazenda apenas no dia 3 de junho, e só aí tomou conhecimento do problema. Ele dirigiu-se à empresa, mas ela não atendeu a seus reclamos. Tal empresa apresentou-lhe uma nota de serviço vistada pelo administrador da fazenda, na qual este reconhecia a execução dos serviços de instalação há mais de 120 dias, e com base nisso, em função da ocorrência do prazo decadencial verificado, disse que seu direito de reclamar havia caducado.

a. O consumidor, nesse caso, pode valer-se do CDC? O que poderia pretender?

b. Imagine, agora, que a piscina foi instalada sem a presença de João e a empresa e o administrador não a testaram. Esse teste apenas ocorreu quatro meses depois, tendo o fazendeiro, aí, constatado o problema. Há modificação em relação à hipótese anterior? Caberia e seria tempestiva eventual reclamação? O que o consumidor poderia pretender, escudado no CDC?

20. OS PRAZOS PARA RECLAMAR, A DECADÊNCIA E A PRESCRIÇÃO

20.1. O regime tradicional

Antes de ingressarmos no exame dos temas regrados pelos arts. 26 e 27 do CDC[1], é necessário colocar alguns fatos — ainda que apenas singelos — a respeito do regime de decadência e prescrição na Lei n. 8.078/90.

Não faremos aqui nenhum apanhado completo a respeito do assunto, mas tão somente aquilo que importa para o entendimento da questão no CDC, especialmente da correlação com o funcionamento dos institutos no direito constitucional brasileiro.

Como é sabido, o estudo acerca dos dois critérios de extinção de direitos, bem como a distinção entre ambos, suas funções no direito material e processual etc., comportam uma série de discussões de ordem doutrinária, podendo-se encontrar muitas posições diferentes[2].

---

1. "Art. 26. O direito de reclamar pelos vícios aparentes ou de fácil constatação caduca em: I — 30 (trinta) dias, tratando-se de fornecimento de serviço e de produto não duráveis; II — 90 (noventa) dias, tratando-se de fornecimento de serviço e de produto duráveis. § 1º Inicia-se a contagem do prazo decadencial a partir da entrega efetiva do produto ou do término da execução dos serviços. § 2º Obstam a decadência: I — a reclamação comprovadamente formulada pelo consumidor perante fornecedor de produtos e serviços até a resposta negativa correspondente, que deve ser transmitida de forma inequívoca; II — (*Vetado*); III — a instauração de inquérito civil, até seu encerramento. § 3º Tratando-se de vício oculto, o prazo decadencial inicia-se no momento em que ficar evidenciado o defeito. Art. 27. Prescreve em 5 (cinco) anos a pretensão à reparação pelos danos causados por fato do produto ou do serviço prevista na Seção II deste Capítulo, iniciando-se a contagem do prazo a partir do conhecimento do dano e de sua autoria. Parágrafo único. (*Vetado*.)"

2. Consultem-se, a respeito, por exemplo: Caio Mário da Silva Pereira, *Instituições de direito civil*; Silvio Rodrigues, *Direito civil*; Washington de Barros Monteiro, *Curso de*

É da tradição do direito que *dormientibus non succurit jus*, por isso que estão distribuídos em toda parte do sistema pátrio prazos para a efetivação e exercício de direitos.

Decorrendo sempre de expressa disposição legal o tempo previsto para a efetivação de um direito, uma vez não efetuado pelo titular do direito subjetivo (ou por quem em seu nome puder exercê-lo), este o perde pela constatação da ocorrência concreta, real, do transcurso daquele tempo previsto.

Há na tradição jurídica nacional a posição firmada de que os prazos decadenciais estabelecidos não se interrompem nem se suspendem, enquanto os prazos prescricionais podem tanto interromper-se quanto suspender-se. A interrupção é um tipo de ato que, uma vez verificado, faz o prazo prescricional voltar a correr do termo inicial, isto é, faz o prazo prescricional estancar e o *dies a quo* do tempo prescricional voltar ao início, recomeçando a ser contado.

A suspensão, diferentemente, é um tipo de evento que, constatado, faz o prazo prescricional parar e ficar paralisado até a cessação de seus efeitos, e estes, uma vez terminados, fazem com que o prazo prescricional recomece de onde parou. Ou, em outras palavras, suspenso o prazo prescricional no décimo dia, ele permanece aí até a cessação dos efeitos do evento suspensivo. Terminada a suspensão, o tempo volta a transcorrer no décimo primeiro dia.

Não há nenhuma novidade no que foi dito até aqui.

Acontece que a Lei n. 8.078/90 inovou nesse assunto.

20.2. Novo modelo

Foi criada pelo legislador a obstaculização do prazo de decadência. Aquilo que não se interrompia nem se suspendia, a partir de 11 de março de 1991, passou a se poder obstar.

Para fugir da discussão — especialmente doutrinária — a respeito da possibilidade ou não de que um prazo decadencial pudesse suspender-se ou não, interromper-se ou não, o legislador, inteligentemente, lançou mão do verbo "obstar".

E deu certo, tanto que a jurisprudência reconhece que os prazos de decadência previstos no CDC podem ser obstaculizados. Por exemplo, numa ação de indenização em função de vício, o Tribunal de Justiça de São Paulo reconheceu a obstaculização do prazo decadencial com a entrega pelo consumidor de notificação do fornecedor (hipótese prevista no inciso I do § 2º do art. 26)[3].

---

direito civil; Maria Helena Diniz, *Curso de direito civil brasileiro*.

3. Ap. 216.144-1, 4ª Câm. Civ. do TJSP, rel. Des. Cunha Cintra, j. 29-9-1994, v.

Resta agora saber quais são os efeitos dos atos e fatos que obstam a decadência. Se são similares ao da interrupção, fazendo o prazo retornar o início do termo de contagem, ou ao da suspensão, findo o qual volta a transcorrer o tempo do dia em que parou.

Deixamos a resposta para quando da análise do § 2º do art. 26, que é a norma que dispõe quais são as causas obstativas. No entanto, antecipamos nosso entendimento de que tais causas não são nem suspensivas nem interruptivas. A melhor maneira de entender o efeito da reclamação é relacioná-la aos direitos consequentes da não resolução do problema apresentado pelo consumidor na reclamação. Daí achamos que — conforme se verá adiante — a reclamação formulada no prazo tem efeito constitutivo do direito consequente do consumidor[4].

20.3. Vício de fácil constatação

O primeiro comentário evidente a respeito do previsto no *caput* do art. 26 diz respeito ao significado dos termos (vício) "aparente" e (vício de) "fácil constatação".

As expressões já foram examinadas no capítulo anterior quando estudamos o art. 24, ao qual remetemos o leitor[5]. Deixemos apenas consignado que, conforme lá demonstramos, o termo "aparente" não é bom, de maneira que o adequado é aproveitar a disjuntiva ("ou") e ficar apenas com a expressão "de fácil constatação". Isto é, a garantia legal dirige-se ao vício facilmente constatável no uso e consumo regular do produto ou serviço.

20.4. Produto ou serviço durável e não durável

No que respeita ao previsto nos incisos I e II, bem como no § 1º do art. 26, os comentários foram feitos no exame do art. 24[6]. A caducidade do direito do

---

u., *JTJ*, Lex, 167/168.

4. Quando, num primeiro momento, chegamos a apontar que o efeito era suspensivo, pensávamos que a suspensividade impediria a tomada das providências seguidas do consumidor. Mas mesmo a suspensividade, parece-nos, não resolve os problemas que surgem. Ver à frente uma explanação completa do assunto.

5. Item 19.1.

6. Item 19.1.

consumidor em relação ao vício do produto ou serviço não durável ocorre em 30 dias e em relação ao produto ou serviço durável em 90 dias[7]. O exame do significado de produto ou serviço durável e não durável também foi feito nos comentários ao art. 24, ao qual, da mesma maneira, remetemos o leitor[8].

20.5. Início da contagem do prazo

Como consequência de nosso exame do art. 24, o § 1º do art. 26, isto é, o estabelecimento do início do termo de contagem do prazo decadencial, foi comentado, da mesma forma, naquela oportunidade[9].

20.6. A garantia contratual

O que resta aqui comentar relativamente à primeira parte do art. 26 e seu § 1º é a sua relação com o art. 50, conforme adiantamos nos comentários ao art. 24.

Com efeito, o art. 50 regulamenta a garantia contratual, e seu *caput* estabelece:

"A garantia contratual é complementar à legal e será conferida mediante termo escrito".

Os comentários completos do sentido de garantia contratual prevista no *caput* do art. 50 e seu parágrafo único foram feitos. Lembremos, no entanto, para fins de enquadramento nas hipóteses do art. 26, ou seja, para fixação do tempo que tem o consumidor para reclamar dos vícios dos produtos e dos serviços, o sentido de garantia contratual no que diz respeito ao prazo e o que entendemos pelo vocábulo "complementar" contido na norma.

20.6.1. Prazos legais e contratuais

É que os prazos previstos nos incisos I e II do art. 26 estão relacionados à garantia legal (art. 24). Logo, é de perguntar: qual é o prazo fixado para o consumidor apresentar reclamação quando a garantia é contratual?

---

7. Subitem 19.1.2

8. Subitem 19.1.2, assim como, nesse ponto, também já havíamos feito, quando do exame do conceito de produto inserto no § 1º do art. 3º (ver comentários no item 5.3).

9. Subitem 19.1.3.

Antes de responder, lembre-se que não existe prazo contratual para reclamação menor ou igual ao legal (30 dias para produtos e serviços não duráveis, 90 dias para os produtos e serviços duráveis). Quando o fornecedor estipula prazo igual ou inferior ao legal, nada está oferecendo, podendo até incidir em punição por prática de publicidade ou informação enganosa[10].

Assim, a garantia contratual, para ser estabelecida, tem de ser *superior* à legal. Deve oferecer mais tempo para reclamar.

E a lei, coerente com esse espírito, disciplinou o assunto, dizendo que a garantia contratual é "complementar à legal".

20.6.2. Garantia complementar

É necessário definir, então, o sentido do termo "complementar" utilizado. Conforme já demonstramos no capítulo anterior, há duas posições possíveis[11]:

Há duas posições possíveis:

a) complementar tem o sentido de "aquilo que excede o prazo de garantia contratual";

b) complementar significa que, para o cálculo do tempo, soma-se o prazo de garantia ao prazo contratual[12].

Mas, a realidade, a confusão e a disputa em torno das duas posições se estabeleceram pelo fato de a lei não ter colocado claramente um prazo de garantia legal. O que fez o legislador foi estabelecer tempo de reclamação (30 ou 90 dias). A garantia legal é de adequação, mas sem prazo. O que o consumidor tem é tempo para apresentar reclamação contra essa garantia a partir do recebimento do produto ou do término do serviço.

Assim, se houver um termo final de garantia, o que acontece é que o prazo para reclamar continua o mesmo, mas o *dies a quo* é postergado para o final do tempo de garantia.

Portanto, não se deve confundir prazo de reclamação com garantia legal de adequação.

---

10. Ver comentários ao § 1º do art. 37 no Capítulo 24, *infra*.

11. Ver subitem 19.7.1.

12. Essa é, por exemplo, a posição oficial do IDEC: *Código de Defesa do Consumidor ao seu alcance*, coord. Josué de Oliveira Rios, p. 54.

Se o fornecedor dá *prazo* de garantia contratual (180 dias, um ou dois anos etc.), *dentro* do tempo garantido até o fim (inclusive último dia) o produto não pode apresentar vício. Se *apresentar*, o consumidor tem o direito de reclamar, que se estende até 30 ou 90 dias após o término da garantia.

Se o fornecedor não dá prazo, então os 30 ou 90 dias correm do dia da aquisição ou término do serviço.

Claro que sempre haverá, como vimos, a hipótese do *vício oculto*, que gera início do prazo para reclamar apenas quando ocorre, o que pode se dar após o término do prazo de garantia contratual.

Não temos dúvida, por isso, em afirmar que o sentido de *complementar* utilizado na redação do *caput* do art. 50 é o de que a garantia contratual vai até onde prever, e ao seu término tem início o prazo para o consumidor apresentar reclamação.

Com isso, completamos o exame do *caput* do art. 26, para deixar consignado que o direito de o consumidor reclamar pelos vícios, quando se tratar de garantia contratual, caduca ao término do tempo estabelecido para reclamação na norma, cuja contagem tem início ao final do termo de garantia contratual.

Aplica-se ao caso da garantia contratual, então, o que está estabelecido no art. 26, tanto no *caput* e § 1º já comentados como o regrado nos §§ 2º e 3º, que comentaremos na sequência[13].

20.7. A obstaculização da decadência

A matéria está regrada no § 2º do art. 26, que dispõe:

"§ 2º Obstam a decadência:

I — a reclamação comprovadamente formulada pelo consumidor perante fornecedor de produtos e serviços até a resposta negativa correspondente, que deve ser transmitida de forma inequívoca;

(...)

III — a instauração de inquérito civil, até seu encerramento".

Iniciemos falando de um aspecto ainda não cabalmente respondido, relativo à interrupção ou suspensão do prazo decadencial.

---

13. Bem como tudo o que foi comentado sobre o art. 24 no item 19.1, compatível com o tema. Examinem-se, também, nossos comentários ao art. 50, no item 19.7.

Conforme adiantamos, não há que se falar em efeito suspensivo ou interruptivo. A sistemática é outra.

Depois de muitos simpósios e debates, a nosso ver a Professora Mirella D'Angelo Caldeira resolveu o problema[14]. Diz ela que o efeito da reclamação é constitutivo do direito do consumidor. E, de fato, tem razão a professora. Vejamos.

As hipóteses previstas no art. 26 dizem respeito à obstaculização de prazos: 30 dias quando se trata de produto ou serviço não durável e 90 dias no caso de produto ou serviço durável.

Ora, perguntamos: o consumidor tem que reclamar para quê? Qual o intuito da reclamação?

Há duas razões:

a) conseguir obter a solução do problema de vício existente no produto ou relativo ao serviço (aqui a resposta é positiva do fornecedor);

b) garantir, no caso de resposta negativa do fornecedor ou ausência de resposta, seu direito de pleitear os "novos" direitos previstos na lei: nas hipóteses do § 1º do art. 18, nos quatro incisos do art. 19 e nos três incisos do art. 20.

Não se trata bem de "novo" direito, mas sim de direito "subsequente".

Expliquemos com um exemplo.

José, adquire um ferro elétrico. Vai passar sua camisa e vê que o ferro não aquece. Típico vício do produto. Ele tem, portanto, 90 dias para reclamar junto ao fornecedor.

Dentro do prazo faz a reclamação, digamos, por escrito.

O prazo decadencial foi, assim, obstaculizado com a reclamação formulada.

Passados alguns dias, José recebe resposta por escrito do fornecedor, dizendo que não vai consertar o ferro elétrico, dando uma justificativa qualquer.

Ora, o que acontece a partir dessa resposta?

José passa a ter o direito de pleitear aqueles outros direitos previstos nos três incisos do § 1º do art. 18. Isto é, surge um direito subsequente ligado à negativa do fornecedor.

---

14. Em artigo intitulado "Da decadência e da prescrição no CDC".

Na verdade, a reclamação do consumidor *constitui* o seu direito de pleitear aquilo que a lei subsequentemente lhe garante (no caso expressamente previsto no § 1º do art. 18) e aperfeiçoa-se com a resposta negativa do fornecedor.

Cabe, portanto, ao fornecedor se indagar se pretende mesmo negar-se a solucionar o problema do consumidor.

Agora, pergunta-se: e se o fornecedor simplesmente deixar de responder à reclamação formulada?

Bem, não há previsão a respeito na Seção relativa à decadência ou prescrição. E na omissão, por analogia, tem-se que responder da seguinte forma:

a) se for caso de alternativa de solução do § 1º do art. 18, então, após 30 dias sem resposta, fica constituído o direito do consumidor. Isso porque esse é o prazo máximo concedido nas hipóteses do § 1º do art. 18 para que o fornecedor sane o vício;

b) nas hipóteses previstas no § 3º do art. 18, do art. 19 e do art. 20, isto é, na possibilidade de exigência de imediato saneamento do vício (sem prazo para o fornecedor), na falta de qualquer estipulação, há duas alternativas:

b.1) o consumidor pode conceder prazo na reclamação, findo o qual, sem resposta, ele passa a poder exercer seu direito subsequente, que fica constituído;

b.2) se o consumidor não estipular prazo, então, deve-se entender que a resposta do fornecedor deve vir em 24 horas, posto que a lei lhe obriga a sanar o vício imediatamente. Após as 24 horas, sem resposta, o direito do consumidor fica constituído.

Surge agora outro problema: constituído o novo direito do consumidor, qual prazo ele tem para exercê-lo?

Mais uma vez, não há prazo previsto na Lei n. 8.078/90.

Primeiro, percebe-se que se trata de direito de ação e todas as hipóteses de exercício (as três do § 1º do art. 18, as quatro do art. 19 e as três do art. 20) dizem respeito a perdas e danos. Logo, o primeiro passo é examinar o art. 27, que regula o prazo prescricional para a propositura da ação relativa à reparação de danos.

O problema é que o art. 27 faz referência expressa à Seção II do Capítulo IV e esta trata da Responsabilidade pelo Fato do Produto e do Serviço (arts. 12 a 17).

A outra hipótese de solução seria buscar na regra geral do novo Código Civil o prazo, e este seria de 10 anos[15].

Como já pudemos observar, os vícios guardam intrínseca relação com os defeitos, sendo que mesmo no caso dos vícios há previsão expressa do direito a pleitear perdas e danos (inciso II do § 1º do art. 18; inciso IV do art. 19 e inciso II do art. 20), além do fato de que o não saneamento do vício implica de per si perda material. Por isso que esse novo direito subsequente é indenizatório.

Visto tudo isso, então, entendemos que o prazo para o ingresso da ação é de 5 anos, por aplicação do art. 27 ao caso.

Não há que se falar em 30 ou 90 dias, das hipóteses previstas no art. 26, porque não apontam sequer para uma analogia viável. É que no art. 26 o prazo é para constituição do direito *material*. Prazo para ingresso da *ação* é a do art. 27.

20.8. A reclamação do consumidor

À primeira vista, a leitura do inciso I do § 2º do art. 26 traz fácil entendimento, uma vez que, realmente, a interpretação gramatical aponta um dos sentidos do texto: obsta a decadência a reclamação feita pelo consumidor ao fornecedor.

Só que, pergunta-se:

a) A reclamação pode ser verbal?

b) Tem de ser feita pessoalmente ou pode ser pelo telefone?

c) Tem de ser feita pelo próprio consumidor ou por alguma entidade de defesa do consumidor em seu nome?

d) A que pessoa real *no* fornecedor a reclamação tem de chegar?

Respondamos.

20.8.1. Reclamação verbal e pessoal (letras "a" e "b")

É evidente que uma norma protecionista que tenha conferido prazos curtos (30 e 90 dias) para o consumidor agir e não decair de seu direito tenha de ser interpretada da maneira mais ampla e abrangente possível em relação à forma de constituição dessa garantia. Além do fato de que, conforme

---

15. "Art. 205. A prescrição ocorre em dez anos, quando a lei não lhe haja fixado prazo menor."

exposto antes[16], a regra básica é de proteção ao consumidor (art. 1º), reconhecido como vulnerável (inciso I do art. 4º), cuja interpretação necessariamente deve buscar igualdade real (art. 5º, *caput* e inciso I, da CF), para gerar equilíbrio no caso concreto (art. 4º, III) etc. Essas características devem ser levadas em conta para o sentido de tudo o que está estabelecido no § 2º.

Assim, a lei exige que o consumidor comprove que fez a reclamação, mas nada impede que esta seja verbal, pessoalmente ou por telefone. A prova dessa reclamação, se necessária, será feita no processo judicial, por todos os meios admitidos. É claro que, para o consumidor se garantir plenamente e não correr o risco de perder seu direito, o ideal será que faça a reclamação por escrito e a entregue ao fornecedor: por intermédio de Cartório de Títulos e Documentos; mediante o serviço de correios com aviso de recebimento; ou protocolando cópia diretamente no estabelecimento do fornecedor.

Agora, não se deve olvidar da realidade do mercado e da dinâmica do atendimento existente. São centenas de empresas que têm colocado à disposição do cliente os Serviços de Atendimento ao Consumidor, conhecidos como SACs[17], exatamente para receber, via telefone, as reclamações relativas a vícios dos produtos e dos serviços.

Supor que o consumidor, em vez de servir-se desse atendimento oferecido, vá burocratizar a relação, preparando um documento escrito e remetendo-o pelo Cartório, é ir contra o andamento natural das relações de consumo. Além do que, como o SAC é oferecido pelo fornecedor, como serviço posto à disposição do consumidor, ele integra a oferta e, como ela, vincula o ofertante (arts. 30 e s.).

Confirmando esse entendimento, o Superior Tribunal de Justiça, em Acórdão da lavra da Ministra Nancy Andrighi, reconheceu expressamente o direito de o consumidor fazer reclamação verbal e com isso obstaculizar o decurso do prazo decadencial[18].

---

16. No Capítulo 6, *retro*, item 6.3.

17. Para se ter uma ideia, no Brasil as médias e grandes empresas organizaram os SACs (Serviços de Atendimento ao Consumidor), por meio dos quais recebem reclamações e pedidos de informações de seus clientes. São centenas de SACs distribuídos em diversas áreas. E essa matéria do SAC está regulamentada pelo Decreto n. 11.034/2022 da Presidência da República, para estabelecer diretrizes e normas sobre o Serviço de Atendimento ao Consumidor. Ver, ao final deste subitem, alguns pontos desse Decreto.

18. Recurso Especial n. 1.442.597-DF, Rel. Min. Nancy Andrighi, v. u., j. 24-10-2017 (*DJe*: 30-10-2017). Disponível em: <http://www.migalhas.com.br/arquivos/2017/11/art20171114-04.pdf>.

Extrai-se do voto:

"(...)

4. É causa obstativa da decadência, entretanto, a reclamação comprovadamente formulada pelo consumidor perante o fornecedor de produtos e serviços até a resposta negativa correspondente, que deve ser transmitida de forma inequívoca, nos termos do art. 26, § 2º, II, do CDC.

5. Infere-se do supracitado dispositivo legal que a lei não preestabelece uma forma para a realização da reclamação, exigindo apenas comprovação de que o fornecedor tomou ciência inequívoca quanto ao propósito do consumidor de reclamar pelos vícios do produto ou serviço.

6. A despeito de não haver forma prevista em lei para dar-se tal reclamação, é certo que, para que uma maior segurança do consumidor, o ideal é que a reclamação seja feita por escrito e entregue ao fornecedor por intermédio, por exemplo, do serviço de correios com aviso de recebimento, do Cartório de Títulos e Documentos ou, ainda, protocolando uma cópia no próprio estabelecimento do fornecedor.

(...)

8. Com efeito, a reclamação obstativa da decadência, prevista no art. 26, § 2º, I, do CDC, pode ser feita documentalmente – por meio físico ou eletrônico – ou mesmo verbalmente – pessoalmente ou por telefone – e, consequentemente, a sua comprovação pode dar-se por todos os meios admitidos em direito".

Aliás, lembro que o uso pela norma no inciso I do termo "comprovadamente" não implica que o ônus da prova seja do consumidor. Aplica-se ao caso plenamente a regra do inciso VIII do art. 6º, com o que, no caso concreto, poder-se-á determinar a inversão do ônus da prova para deixar comprovada a reclamação feita pelo consumidor[19].

E, no mesmo Acórdão citado, a ilustre Ministra Nancy Andrighi também fez referência a questão da prova e sua inversão. Leia-se:

"(...)

14. Ora, admitindo-se que a reclamação ao fornecedor pode dar-se pelas mais amplas formas admitidas, sendo apenas exigível ao consumidor que comprove a sua efetiva realização, inviável o julgamento antecipado da lide, quando este pleiteou a produção de prova oral para tal desiderato.

---

19. Ver nossos comentários ao inciso VIII do art. 6º, no Capítulo 46.

15. Ressalte-se, inclusive, que, independentemente do meio de prova da reclamação, quando a alegação do consumidor for verossímil ou identificada a sua hipossuficiência, o juiz poderá determinar a inversão do ônus da prova, porquanto direito básico assegurado pelo art. 6º, VIII, do CDC.

16. Inadmitir a prova exclusivamente testemunhal para comprovar a reclamação eventualmente realizada ao fornecedor é afastar o consumidor, de forma indireta, do exercício de seus direitos, sendo inegável que, na espécie, ocorreu o cerceamento de defesa da consumidora, ora recorrente".

Conforme adiantado, anoto que o SAC está regulamentado pelo Decreto n. 11.034/2022, da Presidência da República (ANEXO C ao final deste livro). Indico os pontos principais que foram regrados.

Como dito, o Decreto estabelece diretrizes e normas sobre o Serviço de Atendimento ao Consumidor – SAC, no âmbito dos fornecedores dos serviços regulados pelo Poder Executivo Federal, com vistas a garantir o direito do consumidor: I – à obtenção de informação adequada sobre os serviços contratados; e II – ao tratamento de suas demandas" (art. 1º, *caput*).

O Decreto até define o que entende por SAC: "(...) considera-se Serviço de Atendimento ao Consumidor – SAC o serviço de atendimento realizado por diversos canais integrados dos fornecedores de serviços regulados com a finalidade de dar tratamento às demandas dos consumidores, tais como informação, dúvida, reclamação, contestação, suspensão ou cancelamento de contratos e de serviços" (art. 2º, *caput*). E deixa consignado que não se trata de canal de ofertas e vendas: "O disposto neste Decreto não se aplica à oferta e à contratação de produtos e serviços" (parágrafo único do mesmo art. 2º).

E nos arts. 3º ao 7º estão definidas as condições do atendimento:

"Art. 3º O acesso ao SAC será gratuito e o atendimento das demandas não acarretará ônus para o consumidor.

Art. 4º O acesso ao SAC estará disponível, ininterruptamente, durante vinte e quatro horas por dia, sete dias por semana.

§ 1º O acesso de que trata o *caput* será garantido por meio de, no mínimo, um dos canais de atendimento integrados, cujo funcionamento será amplamente divulgado.

§ 2º O acesso ao SAC prestado por atendimento telefônico será obrigatório, nos termos do disposto no art. 5º.

§ 3º Na hipótese de o serviço ofertado não estar disponível para fruição ou contratação nos termos do disposto no *caput*, o acesso ao SAC poderá ser interrompido, observada a regulamentação dos órgãos ou das entidades reguladoras competentes.

§ 4º O acesso inicial ao atendente não será condicionado ao fornecimento prévio de dados pelo consumidor.

§ 5º É vedada a veiculação de mensagens publicitárias durante o tempo de espera para o atendimento, exceto se houver consentimento prévio do consumidor.

§ 6º Sem prejuízo do disposto no § 5º, é admitida a veiculação de mensagens de caráter informativo durante o tempo de espera, desde que tratem dos direitos e deveres dos consumidores ou dos outros canais de atendimento disponíveis.

Art. 5º Os órgãos ou as entidades reguladoras competentes observarão as seguintes condições mínimas para o atendimento telefônico do consumidor:

I – horário de atendimento não inferior a oito horas diárias, com disponibilização de atendimento por humano;

II – opções mínimas constantes do primeiro menu, incluídas, obrigatoriamente, as opções de reclamação e de cancelamento de contratos e serviços; e

III – tempo máximo de espera para:

a) o contato direto com o atendente, quando essa opção for selecionada; e

b) a transferência ao setor competente para atendimento definitivo da demanda, quando o primeiro atendente não tiver essa atribuição.

Parágrafo único. Os órgãos ou as entidades reguladoras competentes poderão estabelecer, para o setor regulado, horário de atendimento telefônico por humano superior ao previsto no inciso I do *caput*.

Art. 6º É obrigatória a acessibilidade em canais do SAC mantidos pelos fornecedores de que trata este Decreto, para uso da pessoa com deficiência, garantido o acesso pleno para atendimento de suas demandas.

Parágrafo único. Ato da Secretaria Nacional do Consumidor do Ministério da Justiça e Segurança Pública disporá sobre a acessibilidade de canais de SAC, consideradas as especificidades das deficiências.

Art. 7º As opções de acesso ao SAC constarão de maneira clara:

I – em todos os documentos e materiais impressos entregues ao consumidor na contratação do serviço e durante o seu fornecimento; e

II – nos canais eletrônicos do fornecedor".

20.8.2. Reclamação feita na entidade de defesa do consumidor (letra "c")

Respondidas assim as questões "a" e "b", passemos à "c": a reclamação pode ser feita por entidade de defesa do consumidor em nome deste?

A resposta é, a nosso ver, sim, uma vez que qualquer entidade pública ou privada de defesa do consumidor age em seu nome, como sua procuradora. O problema que surge diz respeito à contagem de prazo: quando ele é obstado? Da data de entrada da reclamação na entidade?

O inciso II do art. 26 em análise, que foi vetado, responderia à questão. Comentemo-lo neste instante, inclusive com as razões do veto, para buscar solver o problema.

Estabelece ele:

(Obsta a decadência:)

"II — a reclamação formalizada perante os órgãos ou entidades com atribuições de defesa do consumidor, pelo prazo de 90 (noventa) dias".

Nas razões do veto, o Senhor Presidente da República dispôs: "O dispositivo ameaça a estabilidade das relações jurídicas, pois atribui a entidade privada função reservada, por sua própria natureza, aos agentes públicos (e. g., CC, art. 172[20], e CPC, art. 219, § 1º)".

Mas as razões do veto são equivocadas. Em primeiro lugar, o direito de associação é uma garantia fundamental na Constituição Federal (inciso XVII do art. 5º) e nas sociedades contemporâneas as chamadas ONGs têm cada vez mais exercido influência na defesa dos direitos das pessoas. Na área dos direitos dos consumidores o papel das associações é fundamental.

Foi e tem sido assim em todos os países capitalistas avançados. E mesmo no Brasil, ainda sem muita tradição, existem várias entidades privadas atuando na defesa dos cidadãos e na área do consumo; o IDEC, de São Paulo, é a maior associação privada do setor[21].

Além disso, é a própria Lei n. 8.078 que expressamente dá legitimidade para que a associação privada possa propor ações judiciais para a defesa dos interesses e direitos difusos, coletivos e individuais homogêneos dos

---

20. Refere-se ao Código de 1916.

21. O IDEC — Instituto Brasileiro de Defesa do Consumidor — é a maior associação de defesa do consumidor do Brasil, com sede na capital paulista, fundada em 1987 e contando com mais de 40.000 associados (para mais dados, consultar *A defesa do consumidor e o direito como instrumento de mobilização social*, de Josué Rios).

consumidores (art. 82, IV, c/c o art. 81 e parágrafo único[22]). Da mesma forma a Lei da Ação Civil Pública (Lei n. 7.347, de 24-7-1985) garante que as ações que ela regula possam ser propostas por associação privada (art. 5º)[23].

Ora, se uma entidade privada de defesa do consumidor tem garantida legalmente a prerrogativa de ingressar com ações judiciais para a defesa dos direitos individuais homogêneos, coletivos e difusos que envolvem centenas, milhares e toda a comunidade de consumidores, por que não teria legitimidade para deles receber reclamação a ser encaminhada para os fornecedores?

Esqueceu-se, no confeccionar-se o veto, quem é, realmente, o consumidor. É alguém que necessita ser atendido prontamente e então protegido; não tem informações; não sabe como agir de forma juridicamente adequada. E as associações de defesa do consumidor exercem esse papel.

O que exigir do consumidor: que toda vez que, ao adquirir um simples ferro elétrico que não aqueça, escreva uma carta técnico-jurídica expondo o problema (o vício) e a remeta ao fornecedor pelo Cartório de Títulos e Documentos? Quem irá assessorá-lo nesse trabalho de cunho jurídico?

---

22. "Art. 82. Para os fins do art. 81, parágrafo único, são legitimados concorrentemente: (...) IV — as associações legalmente constituídas há pelo menos 1 (um) ano e que incluam entre seus fins institucionais a defesa dos interesses e direitos protegidos por este Código, dispensada a autorização assemblear. § 1º O requisito da pré-constituição pode ser dispensado pelo juiz, nas ações previstas nos arts. 91 e seguintes, quando haja manifesto interesse social evidenciado pela dimensão ou característica do dano, ou pela relevância do bem jurídico a ser protegido."

"Art. 81. A defesa dos interesses e direitos dos consumidores e das vítimas poderá ser exercida em juízo individualmente, ou a título coletivo. Parágrafo único. A defesa coletiva será exercida quando se tratar de: I — interesses ou direitos difusos, assim entendidos, para efeitos deste Código, os transindividuais, de natureza indivisível, de que sejam titulares pessoas indeterminadas e ligadas por circunstâncias de fato; II — interesses ou direitos coletivos, assim entendidos, para efeitos deste Código, os transindividuais de natureza indivisível de que seja titular grupo, categoria ou classe de pessoas ligadas entre si ou com a parte contrária por uma relação jurídica base; III — interesses ou direitos individuais homogêneos, assim entendidos os decorrentes de origem comum."

23. "Art. 5º A ação principal e a cautelar poderão ser propostas pelo Ministério Público, pela União, pelos Estados e Municípios. Poderão também ser propostas por autarquia, empresa pública, fundação, sociedade de economia mista ou por associação que: I — esteja constituída há pelo menos 1 (um) ano, nos termos da lei civil; II — inclua entre suas finalidades institucionais a proteção ao meio ambiente, ao consumidor, à ordem econômica, à livre concorrência, ou ao patrimônio artístico, estético, histórico, turístico e paisagístico."

Pior: o veto acabou criando um problema maior, que depende de uma interpretação extensiva e sistemática para suprir a lacuna que deixou. É que, junto com as entidades privadas, o veto levou as públicas. Isso gerou um grave hiato.

Afinal, para a imensa maioria dos consumidores do País, os Procons são os grandes defensores de seus interesses.

Ora, se não se aceitar que a reclamação feita perante o Procon *obsta* a decadência, estar-se-á praticando verdadeira "publicidade enganosa pública" contra os consumidores, que poderão perder seu direito de reclamar por acreditar que fizeram o certo: foram ao Procon fazer reclamação.

Não tem cabimento que o Estado coloque à disposição do consumidor um órgão para defendê-lo e depois se possa dizer a esse consumidor que, exatamente por ter ido àquele órgão, seu direito caducou!

Tem-se de resgatar, portanto, o profundo sentido teleológico do § 2º do art. 26. E é possível fazê-lo por um esforço de interpretação.

Com efeito, o art. 4º do CDC, ao tratar da política nacional de relações de consumo, reconhece a vulnerabilidade do consumidor (inciso I), dispõe que a ação governamental é a de proteger o consumidor por iniciativa direta (inciso II, *c*), propõe a harmonização dos interesses dos participantes das relações de consumo, que em última instância está fundada na boa-fé e no equilíbrio (inciso III), indica o fomento de ações direcionadas à educação financeira e ambiental dos consumidores (inciso IX) e propõe a prevenção e o tratamento do superendividamento como forma de evitar a exclusão social do consumidor (inciso X). O art. 6º, ao regrar os direitos básicos do consumidor, estabelece entre eles a informação adequada e clara sobre produtos e serviços (inciso III), a proteção contra a publicidade enganosa (inciso IV), a efetiva prevenção e reparação dos danos sofridos (inciso VI), indica a garantia de práticas de crédito responsável, de educação financeira e de prevenção e tratamento de situações de superendividamento, preservado o mínimo existencial, por meio da revisão e da repactuação da dívida, entre outras medidas (inciso XI), garante a preservação do mínimo existencial, nos termos da regulamentação, na repactuação de dívidas e na concessão de crédito (inciso XII) e, também, a informação acerca dos preços dos produtos por unidade de medida, tal como por quilo, por litro, por metro ou por outra unidade, conforme o caso (inciso XII).

Os órgãos públicos de defesa do consumidor, por sua vez, têm poderes para:

a) baixar normas relativas à produção, industrialização, distribuição e consumo de produtos e serviços (art. 55, *caput*);

b) fiscalizar e controlar a produção, industrialização, distribuição e publicidade de produtos e serviços no interesse de preservação da vida, da saúde, da segurança, da informação e do bem-estar do consumidor (§ 1º do art. 55). Para atingir essas finalidades os órgãos públicos podem aplicar aos fornecedores infratores as penas de: multa, apreensão do produto, inutilização deste, cassação do registro do produto junto ao órgão competente, proibição de fabricação do produto, suspensão de fornecimento de produtos ou serviços, suspensão temporária de atividade, revogação de concessão de permissão de uso, cassação de licença do estabelecimento ou de atividade, interdição, total ou parcial, de estabelecimento, de obra ou de atividade, intervenção administrativa e a imposição de contrapropaganda (art. 56 e incisos).

Ora, como é que se poderia admitir que os órgãos públicos tivessem tão amplo poder de ação contra os fornecedores e não pudessem receber uma simples reclamação contra vício, garantindo a obstaculização do curso do prazo decadencial de mero direito individual do consumidor?

E como é que o Estado, de um lado, garantiria os direitos dos consumidores (vulneráveis que são) para o atingimento de uma harmonização dos interesses em jogo, fundados na boa-fé e no equilíbrio, se, de outro, o próprio Estado, por meio do Poder Judiciário, não pudesse reconhecer que a reclamação formulada perante o órgão público obstou o decurso do prazo decadencial?

A reclamação do consumidor perante o órgão público — qualquer que seja ele: Procon, Serviço de Vigilância Sanitária, Banco Central, Contru, IPEM, SUSEP, Departamento de Proteção e Defesa do Consumidor do Ministério da Justiça etc. — obsta (só pode) o decurso do prazo decadencial, porque:

a) essa é a teleologia do sistema e é o sentido que se deve dar ao termo "perante" da redação do inciso I do § 2º, conforme explicaremos;

b) quem pode o mais pode o menos. Se o órgão público de defesa do consumidor pode fechar um estabelecimento, inutilizar produtos, cassar licenças etc., pode receber reclamação dos consumidores, com efeito favorável à garantia do seu direito individual (obstaculização da decadência).

Voltando à redação do inciso I do § 2º, é de ter, então, como válida a reclamação formulada pelo consumidor junto ao órgão público, por força da teleologia do § 2º e com base no vocábulo "perante" utilizado.

Com efeito, quando a norma disse "perante", não quis dizer *apenas* diretamente ao fornecedor, mas também *indiretamente*, por intermédio do órgão público de defesa do consumidor.

E, consequentemente, a *data* da obstaculização é a do *dia* da apresentação da reclamação no órgão público.

Visto isso, resta levantar o aspecto da pessoa do fornecedor apta a receber a reclamação.

20.8.3. Reclamação entregue a qual pessoa no fornecedor? (letra "d")

Lembre-se que a norma do § 2º não é processual. Logo, não está submetida a nenhum rigor no que respeita à "legitimidade passiva" para receber a reclamação. Por isso, é válido o recebimento por qualquer pessoa que trabalhe para o fornecedor.

É mera questão de equilíbrio do direito material: quando o consumidor compra o produto ou o serviço *não* é atendido pelo sócio, dono, representante legal do fornecedor (pode ser, mas não é necessário, nem é a maior parte dos casos). Logo, na hora de reclamar *vale* a formulação feita perante qualquer dos seus empregados.

Aliás, além disso, registre-se que qualquer empregado do fornecedor fala em seu nome e age como seu preposto, responsabilizando-o por todos os atos praticados (art. 34).

Ao final da redação desse inciso I consta que a decadência fica obstada até "a resposta negativa", que tem de ser transmitida de "forma inequívoca".

Se a resposta for positiva, o direito do consumidor está garantido.

Se negativa, somente cessa o efeito obstaculizador no momento em que o consumidor pessoalmente toma ciência da resposta[24]. Se a resposta vier pelo órgão público de defesa do consumidor, deve ser considerada válida a data em que o consumidor dela tomou ciência no órgão.

20.9. A instauração do inquérito civil

Passemos agora ao exame do inciso III do § 2º do art. 26. Diz ele que:

(Obsta a decadência:)

---

24. Ou se procurador com poderes especiais para receber a resposta o fizer.

"III — a instauração de inquérito civil, até seu encerramento".

Trata-se de reclamação formulada perante o Ministério Público[25].

Há também aqui no inciso III um problema de redação, que necessitará de interpretação extensiva para seu adequado manejo jurídico.

A norma fala que a decadência fica obstada com "a instauração do inquérito civil", isto é, cessa de correr o prazo decadencial na data da instauração do inquérito civil pelo membro do Ministério Público responsável.

Acontece que *entre* a data da apresentação da reclamação pelo consumidor e a data da instauração do inquérito passam-se muitos dias, por vezes até mais tempo do que todo o prazo decadencial. E isso não por culpa do órgão responsável pelo assunto no *Parquet*, mas sim porque as providências preliminares com autuação, requisição de documentos, tomada de depoimentos etc. demandam um bom tempo.

É que a decisão pela instauração do inquérito civil é menos comum de ser tomada sem as providências preliminares.

Pior: pode acontecer de ao final das averiguações iniciais o Ministério Público decidir não instaurar o inquérito civil por entender, por exemplo, que o caso é de mero direito individual do consumidor, não comportando investigação que possa gerar uma ação civil pública.

Nas duas hipóteses, terá caducado o direito do consumidor pelo término do prazo.

A solução só pode ser que a lei disse menos do que deveria. Se a norma pretende — como expressamente declara — que fique obstado o prazo decadencial até o encerramento do inquérito civil, somente pode-se interpretá-la de forma extensiva para dizer que o início do termo suspensivo é o da data da apresentação da reclamação junto ao Ministério Público.

20.10. O vício oculto

Recordemos que o § 3º diz:

"§ 3º Tratando-se de vício oculto, o prazo decadencial inicia-se no momento em que ficar evidenciado o defeito".

---

25. "O Ministério Público poderá instaurar, sob sua presidência, inquérito civil, ou requisitar, de qualquer organismo público ou particular, certidões, informações, exames ou perícias, no prazo que assinalar, o qual não poderá ser inferior a 10 (dez) dias úteis" (§ 1º do art. 8º da Lei da Ação Civil Pública: Lei n. 7.347, de 24-7-1985).

Primeiro, anote-se o erro de redação: o texto deveria ser: "tratando-se de vício oculto, o prazo decadencial inicia-se no momento em que *o mesmo ficar evidenciado*". Além do problema de redação, há o inconveniente do uso do vocábulo *defeito*, que no sistema da Lei n. 8.078 é diferente de vício[26].

Quanto ao sentido de vício oculto, seu aparecimento, responsabilidade dos fornecedores etc., remetemos o leitor aos comentários feitos quando da análise do art. 24[27].

20.11. A prescrição

A prescrição está regulada no art. 27 do CDC, que dispõe:

> "Art. 27. Prescreve em 5 (cinco) anos a pretensão à reparação pelos danos causados por fato do produto ou do serviço prevista na Seção II deste Capítulo, iniciando-se a contagem do prazo a partir do conhecimento do dano e de sua autoria".

20.12. Prazo de 5 anos ou mais

A primeira observação que se deve fazer diz respeito ao direito subjetivo a que a norma fixadora do período de prescrição se refere. É ele o de pleitear indenização por defeito (Seção II do Capítulo IV).

O defeito gera um dano material (dano emergente e/ou lucros cessantes) e/ou moral, criando o direito do consumidor de receber indenização por tais danos.

Na realidade, a referida Seção II regula toda espécie de defeito que ocorre pelo fato do produto ou do serviço, de maneira que, sempre que o consumidor sofrer dano por defeito quer diretamente, como lá está expressamente tratado, quer indiretamente, como consequência do não cumprimento da obrigação de resolver o vício, conforme estabelecido no inciso II do § 1º do art. 18, no inciso III do art. 19 e no inciso II do art. 20, aplica-se o período prescritivo fixado no artigo em comento.

Na verdade, toda e qualquer situação relativa a relação jurídica de consumo que gerar dano por defeito está enquadrada na norma do art. 27.

---
26. Conforme explicamos no Capítulo 11, *retro*.
27. Ver, *retro*, item 19.2.

É preciso lembrar o fato de que a Lei n. 8.078/90, ao fixar o prazo prescricional de 5 anos para o consumidor pleitear indenização pelos danos sofridos em função de acidente de consumo, reduziu o prazo existente na lei civil, que era de 20 anos[28].

Essa redução, no entanto, é coerente com o conjunto de responsabilidades e obrigações estabelecidas no subsistema legal. Se, de um lado, a redução do prazo prescricional implica aparentemente redução de garantia — isto é, menor tempo —, de outro, é de se ver que o fornecedor passou a assumir maiores custos para administração de suas obrigações, além do elemento mais importante: é civilmente responsável de forma objetiva.

As novas obrigações, e especialmente a responsabilidade objetiva em conjunto com o menor prazo, formam um sistema coerente de direitos, obrigações e exercício de direitos. De modo que não há qualquer prejuízo ao consumidor, como poderia parecer.

Aliás, 5 anos não é um tempo desprezível para que o consumidor tome as providências que entender necessárias.

Mas, há um outro aspecto a ser considerado. É o relacionado exatamente àquele outro prazo do direito civil. Será que ele não se aplica de maneira alguma?

Antes da vigência do Código Civil de 2002, havia duas posições defensáveis possíveis.

De acordo com a primeira, uma vez que o Código de Defesa do Consumidor regulou a matéria, aplicava-se simplesmente ele, e o prazo então seria sempre de 5 anos (esta, aliás, remanesce, como se verá).

Já a segunda dizia: como o Código Civil não foi revogado pelo CDC — como, de fato, não foi mesmo — ele também se aplicava, pois protegia mais o consumidor.

Pensamos que essa última posição já nem era muito bem defensável, posto que estava — como está — plenamente justificado e logicamente articulado o menor prazo do subsistema do CDC, que estabelece responsabilidade integral e objetiva do fornecedor, inclusive com a possibilidade de inversão do ônus da prova. A saída, que parte da doutrina recomendava, era a de considerar o prazo maior do Código Civil, mas com as seguintes peculiaridades: no prazo de 5 anos, o consumidor exerceria seu direito de ação

---

28. Lembre-se que a Súmula foi editada sob a égide do Código Civil de 1916. Por isso fala em 20 anos.

com base na responsabilidade civil objetiva do fornecedor; passados os 5 anos, o consumidor continuaria podendo fazer o pleito judicial — até o prazo final de 20 anos —, mas nesse caso teria de fundar a ação na culpa do fornecedor.

Essa posição ficaria, por exemplo, compatível com a Súmula 194 do Superior Tribunal de Justiça, que dispõe ser de 20 anos o prazo prescricional "para obter, do construtor, indenização por defeitos da obra"[29]. Interpretar-se-ia a Súmula, portanto, desse modo: nos primeiros 5 anos o fundamento da demanda seria a responsabilidade objetiva. Dali para a frente até 20 anos, o fundamento seria a culpa.

Isso seria, inclusive, similar a outra situação existente no Sistema Jurídico Nacional. É a do prazo prescricional para cobrança de cheques. Pela Lei n. 7.357/85, o prazo para propor ação de execução do cheque é de 6 meses (art. 59, *caput*). Passado esse prazo, o credor tem 2 anos para propor ação de enriquecimento ilícito (art. 61). Mas, superado esse outro prazo, ele ainda pode ingressar com ação para fazer a cobrança pelo tempo comum de 10 anos (CC, art. 177).

Acontece que, atualmente, todo esse esforço interpretativo já não tem razão de ser — pelo menos na questão do ressarcimento pelo dano civil —, pois o novo Código Civil reduziu para 3 anos a pretensão para a reparação civil (art. 206, § 3º, V), de modo que vale simplesmente — isto é, continua valendo — o prazo de 5 anos previsto no CDC.

20.13. Início da contagem do prazo

Continuando a análise, vê-se que a norma do art. 27 dispõe que o *início* da contagem do prazo prescricional se dá a partir do:

a) conhecimento do dano; *e*

b) conhecimento de sua autoria.

A norma se utiliza adequadamente da conjuntiva "e" para determinar o início do prazo, porque pode acontecer de o consumidor sofrer dano e não conseguir de imediato identificar o responsável por ele ou, pelo menos,

---

29. Código Civil de 1916: "Art. 177. As ações pessoais prescrevem, ordinariamente, em 20 (vinte) anos, as reais em 10 (dez), entre presentes e, entre ausentes em 15 (quinze), contados da data em que poderiam ter sido propostas". O novo Código Civil reduziu consideravelmente os prazos, regulando a matéria nos arts. 205 e s.

todos os responsáveis, uma vez que, como se viu, a Lei n. 8.078 estabelece ampla solidariedade entre os fornecedores.

Assim, por exemplo, pode acontecer de o consumidor sofrer intoxicação alimentar depois de ingerir uma série de alimentos pré-prontos, enlatados etc., e não conseguir detectar qual deles causou o mal[30]. O mesmo se pode dar com medicamentos. Pode, também, num outro exemplo, em função, como se disse, da solidariedade entre os responsáveis, querer identificar o fabricante de alguma peça incorporada a um veículo, que deva ter causado o dano, para dele cobrar a indenização, em vez de acionar o pequeno prestador do serviço que instalou os componentes de reparo no carro.

Enfim, é da conjugação dos dois elementos que se pode considerar iniciado o curso do prazo prescricional. Mas o mais comum é a da identificação imediata do responsável, com o que o prazo iniciar-se-á na data do evento danoso.

20.14. *As causas que impedem, suspendem ou interrompem a prescrição*

A redação original do CDC continha um parágrafo único, no art. 27, que tratava da interrupção da prescrição. Essa norma foi vetada. Examinaremos o veto e suas razões.

A redação da norma vetada é:

"Interrompe-se o prazo de prescrição do direito de indenização pelo fato do produto ou serviço nas hipóteses previstas no § 1º do artigo anterior, sem prejuízo de outras disposições legais".

Nas razões do veto expôs o Senhor Presidente da República:

"Essa disposição padece de grave defeito de formulação, que impossibilita o seu entendimento, uma vez que o § 1º do artigo 26 refere-se ao termo inicial dos prazos de decadência, nada dispondo sobre interrupção da prescrição".

As razões estão corretas; porém o que a assessoria da Presidência, que as elaborou, não percebeu foi que havia apenas uma falha de redação e remissão no parágrafo único vetado. Quando a norma fez referência ao § 1º, queria, na verdade, estar fazendo ao § 2º, que trata dos casos de obstaculização da decadência do direito de reclamar por vícios.

---

[30]. No exemplo, pode ser que nunca identifique.

Exatamente o mesmo erro de redação e remissão existia no *caput* do art. 82. Lá a remissão era feita ao art. 100, parágrafo único, quando o correto seria ao art. 81, parágrafo único. A Lei n. 8.078 foi promulgada com a remissão errada. A doutrina logo viu o equívoco e aceitou que o *caput* do art. 82 deveria ser interpretado como fazendo remissão ao art. 81, parágrafo único. A norma vigeu assim até 22 de março de 1995, quando seu texto foi corrigido pela Lei n. 9.008[31].

Mas como, no caso do art. 27, seu parágrafo único restou vetado, não há nada a fazer. A norma pretendia a interrupção do prazo prescricional nas hipóteses elencadas no § 2º do art. 26[32], mas isso se perdeu com o veto. Resta o consolo de que 5 anos é um bom período de tempo para o consumidor pleitear seus direitos. De todo modo, como se verá na sequência, as causas de interrupção do Código Civil aplicam-se ao subsistema consumerista.

Conforme expressamente estipulado no *caput* do art. 7º[33] do CDC, a incidência da lei consumerista não exclui as demais normas que não sejam com ela incompatíveis, assim como aquelas que as complementam.

Por isso, no tema da prescrição, anote-se que não só as disposições gerais da Seção I do Capítulo I do Título IV do Código Civil aplicam-se à hipótese de consumo (arts. 189 a 196[34], como também a seção que cuida

---

31. A redação original era: "Para os fins do art. 100, parágrafo único, são legitimados concorrentemente:". A atual é: "Para os fins do art. 81, parágrafo único, são legitimados concorrentemente:".

32. Que tem várias peculiaridades na aplicação (ver comentários).

33. "Art. 7º Os direitos previstos neste Código não excluem outros decorrentes de tratados ou convenções internacionais de que o Brasil seja signatário, da legislação interna ordinária, de regulamentos expedidos pelas autoridades administrativas competentes, bem como dos que derivem dos princípios gerais do direito, analogia, costumes e equidade."

34. "Art. 189. Violado o direito, nasce para o titular a pretensão, a qual se extingue, pela prescrição, nos prazos a que aludem os arts. 205 e 206.

Art. 190. A exceção prescreve no mesmo prazo em que a pretensão.

Art. 191. A renúncia da prescrição pode ser expressa ou tácita, e só valerá, sendo feita, sem prejuízo de terceiro, depois que a prescrição se consumar; tácita é a renúncia quando se presume de fatos do interessado, incompatíveis com a prescrição.

Art. 192. Os prazos de prescrição não podem ser alterados por acordo das partes.

Art. 193. A prescrição pode ser alegada em qualquer grau de jurisdição, pela parte a quem aproveita.

Art. 194. (*Revogado pela Lei n. 11.280, de 16-2-2006* — DOU *de 17-2-2006* — *em vigor 90 dias após a publicação.*)

das causas que impedem ou suspendem a prescrição quando compatíveis (arts. 197 a 201[35]) e as da Seção III, que trata das causas que interrompem a prescrição (arts. 202 a 204[36]).

Art. 195. Os relativamente incapazes e as pessoas jurídicas têm ação contra os seus assistentes ou representantes legais, que derem causa à prescrição, ou não a alegarem oportunamente.

Art. 196. A prescrição iniciada contra uma pessoa continua a correr contra o seu sucessor."

35. "Art. 197. Não corre a prescrição:

I — entre os cônjuges, na constância da sociedade conjugal;

II — entre ascendentes e descendentes, durante o poder familiar;

III — entre tutelados ou curatelados e seus tutores ou curadores, durante a tutela ou curatela.

Art. 198. Também não corre a prescrição:

I — contra os incapazes de que trata o art. 3º;

II — contra os ausentes do País em serviço público da União, dos Estados ou dos Municípios;

III — contra os que se acharem servindo nas Forças Armadas, em tempo de guerra.

Art. 199. Não corre igualmente a prescrição:

I — pendendo condição suspensiva;

II — não estando vencido o prazo;

III — pendendo ação de evicção.

Art. 200. Quando a ação se originar de fato que deva ser apurado no juízo criminal, não correrá a prescrição antes da respectiva sentença definitiva.

Art. 201. Suspensa a prescrição em favor de um dos credores solidários, só aproveitam os outros se a obrigação for indivisível."

36. "Art. 202. A interrupção da prescrição, que somente poderá ocorrer uma vez, dar-se-á:

I — por despacho do juiz, mesmo incompetente, que ordenar a citação, se o interessado a promover no prazo e na forma da lei processual;

II — por protesto, nas condições do inciso antecedente;

III — por protesto cambial;

IV — pela apresentação do título de crédito em juízo de inventário ou em concurso de credores;

V — por qualquer ato judicial que constitua em mora o devedor;

VI — por qualquer ato inequívoco, ainda que extrajudicial, que importe reconhecimento do direito pelo devedor.

Parágrafo único. A prescrição interrompida recomeça a correr da data do ato que a interrompeu, ou do último ato do processo para a interromper.

20.15. Exercícios

20.15.1. João contratou, junto a uma empresa, a feitura e instalação de armários para seu apartamento. Os primeiros foram logo instalados. João observou que a madeira estava levemente empenada, todavia, como havia outros móveis para serem entregues e instalados, nada reclamou. A empresa levou mais 180 dias para a entrega e instalação dos outros móveis e, ao cabo dos serviços, João apresentou reclamação pelos primeiros armários. A empresa, porém, negou-se a atendê-lo, alegando caducidade do direito de reclamar.

    a. A reclamação foi tempestiva?

    b. Caso não, caberia algum tipo de indenização?

20.15.2. João adquiriu um veículo zero-quilômetro com garantia de um ano. Três anos depois, quando trafegava numa estrada, os freios não funcionaram e ele sofreu um grave acidente, ferindo-se seriamente, além de danos em outros veículos. O exame no auto determinou que o sistema de freios apresentava um defeito de fábrica, daí o desgaste e a inoperatividade causadora do fato.

    a. Há amparo no CDC para acionar o fabricante? Ou a concessionária? Houve decadência ou prescrição?

    b. E se esse problema tivesse ocorrido 10 anos depois da aquisição? Mesmo assim, seria possível aplicar o CDC?

20.15.3. João comprou uma batedeira, sem garantia de fábrica, para dar de presente de casamento. Ela permaneceu encaixotada, sem ser usada, por 7 meses e, após ligada, apresentou um problema, pois as pás não giravam.

    a. Quem pode reclamar por esse vício?

    b. Houve decadência?

    c. Explique os eventuais direitos dos envolvidos.

Art. 203. A prescrição pode ser interrompida por qualquer interessado.

Art. 204. A interrupção da prescrição por um credor não aproveita aos outros; semelhantemente, a interrupção operada contra o codevedor, ou seu herdeiro, não prejudica aos demais coobrigados.

§ 1º A interrupção por um dos credores solidários aproveita aos outros; assim como a interrupção efetuada contra o devedor solidário envolve os demais e seus herdeiros.

§ 2º A interrupção operada contra um dos herdeiros do devedor solidário não prejudica os outros herdeiros ou devedores, senão quando se trate de obrigações e direitos indivisíveis.

§ 3º A interrupção produzida contra o principal devedor prejudica o fiador."

21. A OFERTA: REGIME JURÍDICO VINCULANTE

21.1. Não confundir com o direito privado

A mais relevante observação que se deve fazer aqui é a chamada de atenção para que não se confunda o instituto jurídico da oferta do direito privado com esse da oferta, criado muito adequadamente pela Lei n. 8.078/90.

Para entender a distinção entre os dois institutos, deve-se ter em conta aquilo que apontamos no início deste livro[1]. A legislação consumerista foi desenhada corretamente para a sociedade de consumo de massas do final do século XX. Nessa sociedade, que é a contemporânea, na qual vivemos, o modelo de produção é completamente diferente daquele existente quando da formulação das leis de ordem privada, como o Código Comercial ou o Código Civil, por exemplo.

O modelo atual é o da massificação: fabricação de produtos e prestação de serviços em série, de forma padronizada e uniforme, feitos no intuito da obtenção da diminuição do custo de produção, para o atingimento de maiores parcelas de consumidores etc. É um sistema de produção que pressupõe a homogeneização dos produtos e serviços e a estandardização das relações jurídicas que são necessárias para a comercialização desses bens.

Pois bem, no modelo privatista, as relações se davam — e, claro, ainda se dão — de pessoa a pessoa.

Relativamente à oferta, que é o que interessa neste capítulo, ela já aparece no Código Civil com o título de proposta. É o que se extrai do art. 427 do diploma privatista, *in verbis*:

"A proposta de contrato obriga o proponente, se o contrário não resultar dos termos dela, da natureza do negócio, ou das circunstâncias do caso".

Todavia, como se infere do próprio dispositivo, tanto pode o proponente esquivar-se da oferta, impondo limites e condições na proposta, quanto, dependendo da natureza do negócio, a vinculação inexistir.

---

1. No Capítulo 1.

Além disso, no regime privado, para obrigar o solicitante, a oferta tem de ser firme, precisar a coisa que está sendo oferecida à venda e compra, ter preço certo e ser dirigida a pessoa determinada. No regime do Código Civil os anúncios publicitários por meio de jornais, revistas, catálogos etc. não são oferta de proposta propriamente dita, mas sim um "convite à oferta", de modo que o proponente não fica vinculado. E, ainda, quando caracterizada a proposta, sua recusa resolve-se em perdas e danos.

Não é o que ocorre no regime do CDC. A partir de 11 de março de 1991, toda oferta relativa a produtos e serviços *vincula* o fornecedor ofertante, obrigando-o ao cumprimento do que oferecer. Isso é uma decorrência lógica e natural da sociedade de massas que se instalou — e é regra expressa da Lei n. 8.078, como se verá. Aliás, em caso de descumprimento da oferta, pode o consumidor, inclusive, exigi-la do fornecedor por meio de execução específica, forçada, da obrigação de fazer[2]. E a característica marcante da oferta é dirigir-se a uma gama indeterminada de consumidores.

Visto isso, passemos ao exame dos arts. 30 a 35 do CDC, cujas características esclarecerão todo o sentido que a legislação consumerista buscou atingir.

21.2. As características da oferta

A oferta inicia sendo regulada nos arts. 30 e 31 do CDC, que dispõem:

> "Art. 30. Toda informação ou publicidade, suficientemente precisa, veiculada por qualquer forma ou meio de comunicação com relação a produtos e serviços oferecidos ou apresentados, obriga o fornecedor que a fizer veicular ou dela se utilizar e integra o contrato que vier a ser celebrado.
>
> Art. 31. A oferta e apresentação de produtos ou serviços devem assegurar informações corretas, claras, precisas, ostensivas e em língua portuguesa sobre suas características, qualidades, quantidade, composição, preço, garantia, prazos de validade e origem, entre outros dados, bem como sobre os riscos que apresentam à saúde e segurança dos consumidores.

---

2. Conforme o art. 35, que comentaremos no item 21.14.

Parágrafo único. As informações de que trata este artigo, nos produtos refrigerados oferecidos ao consumidor, serão gravadas de forma indelével"[3].

21.3. *Informação e publicidade*

Comecemos pelo exame do art. 30, nos dois vocábulos iniciais: (toda) "informação ou publicidade".

A norma propositalmente não fala apenas em "publicidade", mas também em "informação". Isso significa dizer que uma é diversa da outra, ou, mais precisamente, pode-se dizer que toda publicidade veicula alguma (algum tipo de) informação, mas nem toda informação é publicidade.

É verdade que o termo "publicidade" tem um sentido bastante amplo. No Código Brasileiro de Autorregulamentação Publicitária — que analisaremos pormenorizadamente no próximo capítulo, que cuida da publicidade —, define-se "anúncio" em "sentido lato" como "qualquer espécie de publicidade" veiculada por qualquer meio de comunicação, inclusive "embalagens, rótulos, folhetos e material de ponto de venda" (art. 18). Logo, a publicidade abrange os comumente conhecidos de todos, anúncios de televisão, rádio, jornal, revista, cinema e, também, os constantes de rótulos, folhetos e dos materiais entregues nos pontos de venda.

Acontece que a informação é mais ampla. Ela abrange tudo isso, mas é também a fala ou resposta do gerente do banco, do funcionário do atendimento telefônico, da administradora do cartão de crédito, o preço dado pelo feirante, "de boca", para o consumidor, do agente emissor de passagens de qualquer tipo, do *maître* no restaurante, do recepcionista no hotel, são os dados técnicos apresentados nas embalagens e rótulos dos produtos, enfim, é qualquer informação oferecida por todo e qualquer meio de comunicação escrita, verbal, gestual etc. que chegue ao consumidor.

Pode-se, então, dizer que a oferta é um veículo, que transmite uma mensagem, que inclui informação e publicidade. O fornecedor é o emissor da mensagem e o consumidor é seu receptor.

---

3. Parágrafo único acrescentado pela Lei n. 11.989, de 27 de julho de 2009.

21.4. Suficientemente precisa

Na sequência, a norma diz que essa informação ou publicidade é "suficientemente precisa". É necessária uma pausa para buscar o que pretendeu a lei com tal expressão. Terá querido dizer:

a) que toda informação ou publicidade tem de ser suficientemente precisa?

ou

b) que a vinculação da oferta só se dará se a informação ou publicidade for, de fato, suficientemente precisa?

A resposta só pode ser a da pergunta *"a"*, isto porque, se a informação ou publicidade não for suficientemente precisa, já estará havendo uma infração. É a própria lei, no art. 31 — que ainda se examinará —, que obriga a que toda informação ou publicidade deva ser suficientemente precisa.

Se não for, das duas uma:

a) ou nada comunica e aí não se pode falar em oferta por impossibilidade material da mensagem;

b) ou comunica mal, caso em que se deverá fazer uma interpretação da mensagem contra o fornecedor que a emitiu ou veiculou[4].

21.5. Qualquer meio de comunicação

Seguindo a proposição da redação do art. 30, temos que a norma não estabelece limite ao meio de comunicação no qual a mensagem será transmitida. Toda e "qualquer forma ou meio de comunicação" está prevista. Vale dizer, televisão, rádio, cinema, jornal, revista, mala-direta, folheto, cartaz, *outdoor*, *telemarketing* etc.

21.6. Produtos e serviços oferecidos ou apresentados

Na sequência a norma fala de produtos e serviços "oferecidos ou apresentados". Na realidade, o uso do termo "apresentado" seria despiciendo, uma vez que qualquer forma de mensagem, como visto, compõe a oferta. Mas a norma o coloca para evitar dúvidas. Dessa maneira se inclui expressamente como oferta a mera apresentação do produto na vitrina, na prateleira, no balcão etc.

---

4. Ver nossos comentários ao art. 31 no item 21.10.

21.7. Integra o contrato: a vinculação

Terminando a proposição, tem-se o aspecto fundamental da obrigatoriedade da oferta, que irá integrar o contrato: "obriga o fornecedor que a fizer veicular ou dela se utilizar e integra o contrato que vier a ser celebrado".

É o fenômeno da vinculação. Oferecida a mensagem, fica o fornecedor a ela vinculado, podendo o consumidor exigir seu cumprimento forçado nos termos do art. 35. Se o fornecedor quiser voltar atrás na oferta, não poderá fazê-lo, até porque, como de resto decorre da estrutura do CDC, a oferta tem caráter objetivo. Feita, a própria mensagem que a veicula é o elemento comprobatório de sua existência e vinculação.

Mas, então, pode-se perguntar, não haveria erro escusável? Não pode o fornecedor voltar atrás na oferta se agiu em erro ao veiculá-la?

21.8. O erro na oferta

A resposta à pergunta acima é não, com uma única exceção: é de aceitar o erro como escusa do cumprimento da oferta, se a mensagem, *ela própria*, deixar patente o erro, pois, caso contrário, o fornecedor sempre poderia alegar que agiu em erro para negar-se a cumprir a oferta. Elucidemos com dois exemplos: um de erro visível na mensagem e outro não, que inclusive foi julgado pelo Poder Judiciário.

O primeiro: vamos supor que uma loja que venda eletrodomésticos resolva fazer uma oferta especial para vender televisores de 20 polegadas em cores. Digamos que o preço regular dessa TV, no mercado, seja R$ 600,00. A promoção será anunciada no domingo em dois jornais de grande circulação: será oferecida a venda de 100 aparelhos de TV pelo preço de R$ 500,00 (ou o equivalente a 20% de desconto sobre o preço regular).

Acontece que, por erro de digitação num dos veículos, o anúncio saiu errado. No jornal "A", a TV é anunciada por R$ 450,00, e no "B" por *somente* R$ 5,00 (cinco reais!).

Será difícil para o fornecedor recusar-se ao cumprimento da oferta firmada no anúncio do jornal "A", porquanto é bem plausível uma promoção daquele tipo (25% de desconto sobre o preço regular). Mas, quanto ao anúncio do jornal "B", pode o fornecedor recusar a oferta, porque o erro é grosseiro, flagrante. A oferta é evidentemente falha, contrariando qualquer padrão regular e usual de preço de venda do produto daquele tipo.

Dois dos princípios sobre os quais está fundada a relação jurídica de consumo são a boa-fé e o equilíbrio. Eles são pressupostos de toda relação estabelecida. Seria impossível propugnar por uma relação jurídica, como a do exemplo da oferta da TV por apenas R$ 5,00, na qual o bom-senso não imperasse e se se quisesse fundá-la nos princípios da boa-fé e do equilíbrio.

Relação que não se apresenta concretamente, na realidade, revestida da característica de respeito à boa-fé e ao equilíbrio, princípios básicos da Lei n. 8.078, não poderia ser aceita como válida. Logo, nesse exemplo especial, no qual o equívoco é extremo, o direito tem de admitir a recusa do fornecedor, como rara exceção do cumprimento da oferta, uma vez que aquele erro leva para fora dos quadros regulares da juridicidade instituída e dos princípios e normas impostos pelo CDC.

Num segundo exemplo, no qual a veiculação da oferta foi decidida adequadamente pelo Poder Judiciário, pode-se perceber a amplitude do conceito de oferta querido pela norma.

Trata-se de ação de obrigação de dar coisa móvel, julgada procedente e mantida em grau de apelação pelo 1º Tribunal de Alçada Civil, nos seguintes termos:

"Ação de obrigação de dar coisa certa móvel decorrente de compra e venda mercantil. Ao relatório da sentença se acresce que o pedido foi julgado procedente.

Apela a ré aduzindo questões de ordem legal para não entregar a coisa; falta de pressuposto, afirma que não houve transgressão ao sistema do consumidor. (...)

A apelante ainda não se amoldou ao microssistema legal do Código de Defesa do Consumidor, implantado pela Lei n. 8.078, de 1990.

No caso dos autos os autores adquiriram uma cristaleira da ré. O preço foi acertado em três parcelas iguais de Cr$ 626.000,00, sendo a primeira na data da compra e as outras duas nos meses subsequentes. O fornecedor se recusa a entregar a coisa alegando que houve erro na especificação do preço, no orçamento, por parte de seu empregado.

O negócio jurídico foi documentado pelo orçamento de fls. 11, lavrado por vendedor da ré. Essa manifestação da fornecedora implica a aplicabilidade dos termos do art. 30 da lei de defesa do consumidor: (...)

Nada mais fez o art. 30 da lei do consumidor do que explicitar o que o direito privado e sua doutrina defendiam secularmente. A proposta vincula a vontade do proponente, que somente ficará liberada com a negativa do oblato ou o decurso de prazo estipulado na oferta (ou pela caducidade), em razão da natureza da proposta.

Nesse sentido se coloca o art. 427 do Código Civil: "A proposta de contrato obriga o proponente, se o contrário não resultar dos termos dela, da natureza do negócio ou das circunstâncias do caso". No sistema civil tradicional, afora as exceções permitidas, a recusa em contratar pelo policitante o sujeitará à indenização por perdas e danos.

Também, o art. 48 do CDC estipula:

'As declarações de vontade constantes de escritos particulares, recibos e pré-contratos relativos às relações de consumo vinculam o fornecedor, ensejando inclusive execução específica, nos termos do art. 84 e parágrafos'.

No caso vertente não pode prosperar a alegação da ré de que houve erro de seu empregado. A situação da oferta no Código de Defesa do Consumidor é objetiva. Não pode o fornecedor alegar erro na oferta para não cumprir o contrato, ainda que esse eventual erro tenha partido de terceiros. Nesse ponto, afasta-se a regra do consumidor dos princípios gerais do 'erro' como vício do negócio jurídico no Código Civil.

O próprio CDC reafirma essa noção ao especificar no art. 34:

'O fornecedor do produto ou serviço é solidariamente responsável pelos atos de seus prepostos ou representantes autônomos'.

Nessa hipótese, responsabiliza-se o fornecedor, ainda que o jornal, o rádio, a televisão, o panfleto ou o vendedor dê informação ou formalize oferta contrariando a orientação do preponente. A oferta deve ser mantida e o subsequente negócio jurídico. Se houve erro ou qualquer outro vício de vontade no veiculador da vontade, essa questão é *res inter alios* para o consumidor.

Como vimos, dentro dos princípios objetivos e de responsabilidade objetiva da policitação do art. 30, não cabe ao fornecedor de produtos ou serviços se eximir de cumprir o prometido na oferta sob alegação de erro na mensagem ou no anúncio. Se o erro foi proveniente de terceiros caber-lhe-á a ação regressiva. Ainda que, por hipótese, pudesse ser admitida a anulação do negócio jurídico por erro, esse vício de vontade possui aspecto que não pode ser esquecido, que se denomina interesse negativo. (...)

Não se examina se o erro era escusável ou não. A questão se situa dentro do âmbito da responsabilidade do fornecedor, o qual, como profissional, tem o dever de conhecer o que oferece e fornece ao público. Não pode a teoria do erro escusável favorecer o fornecedor. Repita-se, mais uma vez, que sua responsabilidade é objetiva.

Desse modo, firmado o orçamento, efetivado o pagamento e entregues cheques pré-datados, o negócio estava perfeito e acabado, somente restando à apelante cumprir o avençado, naquilo que lhe impõe a nova relação de consumo.

Não se trata de erigir o consumidor em ditador das relações de consumo. O que o legislador procurou foi fornecer meios jurídicos mais eficazes àqueles que, em tese, são economicamente mais fracos, os consumidores. Cabe ao fornecedor produzir com responsabilidade. Atentar para a perfeição de seus serviços. Se a apelante contratou e orientou mal seu preposto, que honre o compromisso social que tem com o consumidor, resolvendo a pendenga contra quem, em tese, lhe teria trazido prejuízos. Não pode carrear essa questão *interna corporis* para a relação de consumo. Se o fornecedor teve prejuízos com ato de seu preposto, que atinja padrão de excelência nos futuros negócios para ele mesmo não se desacreditar no mercado. Olvida-se a apelante que o comércio sobrevive da fidúcia.

'Não se deixe de lado, ainda, a adoção pelo Código da teoria do risco da atividade, princípio que rege qualquer atividade reparadora por parte do fornecedor de produtos e serviços. Sua responsabilidade é objetiva, portanto, decorrente da dicção dos arts. 12, 14, 18, 20, 30 e 35. Não se investiga a culpa. Isto é aplicado a toda e qualquer responsabilidade indenizatória derivada da relação de consumo' (Nelson Nery Junior, 'Os Princípios Gerais do Código Brasileiro de Defesa do Consumidor'. In: *Direito do Consumidor*, n. 3, p. 57). (...)

Irrelevante que os cheques pré-datados não tenham sido descontados. O consumidor tem direito a receber aquilo que adquiriu. O CDC dá opção ao consumidor de escolher a execução específica no art. 84.

A apelante se prende a conceitos contratuais totalmente superados pela sistemática deste final de século. Com a oferta se concluiu o negócio jurídico. Não bastasse isso, no caso presente houve até mesmo pagamento. Insustentável a inexistência de negócio jurídico.

Uma observação, contudo, se faz ao julgado de primeiro grau: há necessidade de ser colocado termo final na multa diária imposta (*astreinte*), sob pena de se perpetuar a obrigação. Essa multa terá como limite temporal o prazo de um ano. Não cumprida a obrigação nesse prazo, abre-se a via de perdas e danos, os quais não podem ser concedidos aqui porque inexistente pedido alternativo expresso na inicial"[5].

---

5. Ap. 562.425-3, da 5ª Câm. Esp. de julho de 1992, rel. Juiz Silvio Venosa, v. u., j. 6-7-1994, *JTACSP*, Lex, 147/62.

21.9. Oferta que não constou do contrato

Por fim, mais algumas palavras a respeito da vinculação contratual do fornecedor aos termos da oferta. Já vimos que a norma declara expressamente que a oferta "integra o contrato que vier a ser celebrado". E examinamos casos de execução forçada da oferta não adimplida. Pensemos agora em outros termos: e se o fornecedor faz uma ampla oferta, mas, quando efetivamente pactua, não inclui no contrato de venda e compra algum ou alguns dos elementos que compõem a oferta. O que acontece?

Tomemos um exemplo citado em outro livro nosso[6]. Suponhamos que uma construtora faça anúncio de venda de apartamentos, que já são entregues com armários embutidos no quarto. Atraído o consumidor, ele adquire o imóvel mediante escritura pública da qual não consta que o bem está sendo entregue com os armários embutidos. E, de fato, recebendo as chaves e tomando posse, o consumidor percebe a falta dos armários. Como fica a relação?

O outro sentido disposto no art. 30, ao expressar "integra o contrato que vier a ser celebrado", é o de que, uma vez feita a oferta, todos os elementos que a compõem, desde já, integram o contrato a ser celebrado, mesmo que, quando de sua assinatura, o fornecedor omita algum ou alguns dos elementos que dele constavam.

Não resta dúvida de que, no caso do exemplo, a construtora está obrigada a cumprir a oferta, instalando os armários embutidos, exatamente como fora anunciado. De outra forma, caso prefira o consumidor, o contrato de compra e venda poderá ser rescindido, restituindo-se ao comprador a quantia paga, além de eventuais perdas e danos; ou, então, o consumidor pode aceitar outro produto ou prestação de serviço, equivalente aos armários faltantes. Ou, ainda, pode pleitear abatimento proporcional do preço[7].

O Poder Judiciário já se manifestou na hipótese de descumprimento da oferta num similar caso de compra e venda de imóvel.

Trata-se de ação de rescisão contratual (via reconvenção) proposta pela compradora sob a alegação de descumprimento da oferta, feita mediante publicidade enganosa, com pedido cumulado de restituição das quantias pagas. O pedido foi julgado procedente em primeira instância e assim mantido em grau de recurso nos seguintes termos:

---

6. *Compre bem — manual de compras e garantias do consumidor*, cit., p. 20.

7. O exame completo da execução forçada e das demais alternativas postas à escolha do consumidor pelo descumprimento da oferta está nos comentários ao art. 35, item 21.14, *infra*.

"A apelante sustenta não ter feito propaganda enganosa porque de seus prospectos promocionais não constaria nenhum dado preciso que não correspondesse à realidade e pudesse induzir a erro alguém do grau de instrução da recorrida, notadamente porque o contrato é absolutamente claro quanto ao pormenor que caracterizaria a propaganda enganosa.

Entretanto, não procedem essas alegações.

Dos folhetos promocionais da venda de apartamentos, a recorrente fez constar: 'duzentos e quarenta meses para pagar' — 'totalmente financiado' — 'Use o seu FGTS' (fls. 68) e ainda 'superfacilitado. Obra financiada pela Caixa Econômica Federal. Vinte anos para pagar. Use o seu FGTS — Caixa Econômica Federal' (fls. 69).

Parece manifesto, quase axiomático, que quem lesse esses informes concluiria ser possível comprar um apartamento, fazendo negócio 'totalmente financiado' pela Caixa Econômica Federal, no qual usaria 'o seu FGTS' e teria 'duzentos e quarenta meses para pagar' o financiamento. Ora, se a esse entendimento conduz naturalmente a publicidade feita, força é entender ser 'suficientemente precisa' como exige o art. 30 do Código de Defesa do Consumidor e consequentemente obrigar o fornecedor a integrar o contrato que em seguida vier a ser celebrado, mesmo porque, como observa Antonio Herman de Vasconcellos e Benjamin, a precisão que a lei exige não é a 'absoluta, aquela que não deixa dúvidas', portanto 'o Código contenta-se com uma precisão suficiente, vale dizer, com um mínimo de concisão' (...).

Convém observar ser inconveniente a alegação da recorrida de que a referência a financiamento pela Caixa Econômica Federal objetivava tranquilizar os possíveis interessados na compra, informando-os que a incorporadora já dispunha de recursos para a construção do prédio. E é inconvincente essa explicação pela simples razão de estar sendo oferecido apartamento 'pronto para morar' (cf. prospecto de fls. 68), o que vale dizer em edifício pronto e acabado, fato suficiente para tranquilizar possíveis compradores, aos quais, nessa altura, pouco se lhes dava a origem dos recursos empregados pela recorrente e aos quais muito importava que pudessem fazer um negócio 'totalmente financiado'.

Anote-se, outrossim, ter a Caixa Econômica Federal financiado a compra de trinta e quatro dos sessenta e quatro apartamentos que compõem o edifício (cf. ofício de fls. 60), circunstância altamente significativa e sugestiva que, em harmonia com o conjunto probatório, demonstra a existência de informação publicitária de suficiente precisão a respeito de condição omitida no contrato.

Não surpreende, de outro lado, que o contrato, no tocante ao financiamento, estabeleça condições diferentes daquelas alardeadas, mediante sugestiva insinuação, nos prospectos promocionais, mesmo porque se não existisse essa discrepância não existiria propaganda enganosa e nem haveria razão para a lei estabelecer que todo dado suficientemente preciso constante de informação publicitária integra o contrato que venha a ser celebrado (art. 30 do Código de Defesa do Consumidor).

Pouco importa, finalmente, que a recorrida seja ou possa ser pessoa instruída. Primeiro, porque o Código de Defesa do Consumidor se assenta, entre outros princípios, no 'reconhecimento da vulnerabilidade do consumidor no mercado de consumo' (art. 4º, inciso I) e por isso dispensa proteção a todo e qualquer consumidor, embora dispense uma proteção ainda maior àquele que além de vulnerável seja também hipossuficiente por considerar 'que hipossuficiência é um *plus* em relação à vulnerabilidade' (...). Segundo, porque está demonstrado que, no caso concreto, a propaganda enganosa foi apta para induzir em erro pessoa que se sustenta dotada de tirocínio negocial e de instrução, circunstância que não induz tratamento indulgente por relevar sua potencialidade de dano ao interesse legalmente protegido. Terceiro, porque a recorrida, logo após apresentar a proposta de fls. 45 datada de 18-12-93, foi encaminhada pela recorrente a R. A. Assessoria Ltda. em Imóveis (fls. 59 v.), que cuidaria do financiamento e que orientou aquela quanto aos documentos que deveria obter (fls. 73) e sobre a necessidade de abrir uma conta corrente na Caixa Econômica Federal, o que foi feito no dia 11-1-94 (fls. 96), circunstâncias essas que reforçavam e davam credibilidade às condições constantes das publicações publicitárias e não constantes do contrato celebrado. A tudo acrescente-se a circunstância, já posta em relevo, da Caixa Econômica Federal ter financiado trinta e quatro dos sessenta e quatro apartamentos que compõem o edifício incorporado pela apelante, não havendo como negar, ante o conjunto probatório coligido, a caracterização de propaganda enganosa.

Em razão do exposto e estatuindo o art. 35, inciso III, do Código de Defesa do Consumidor, que se o fornecedor recusar cumprimento à oferta, apresentação ou publicidade, poderá o consumidor rescindir o contrato, com restituição corrigida das quantias pagas e perdas e danos, resta incensurável a conclusão da respeitável sentença recorrida..."[8].

---

8. Ap. 255.461-2, da 9ª Câm. Civ. do TJSP, rel. Des. Aldo Magalhães, v. u., j. 6-4-1995, *JTJ*, Lex, 169/138.

21.10. O rol exemplificativo do art. 31

O que primeiro o art. 31 faz é complementar detalhadamente tudo aquilo que a oferta e apresentação regulada no art. 30 deve conter.

E para não dar margem a dúvida, a norma do artigo determinou que a oferta e a apresentação tenham uma série de características. Mas, antes de abordá-las, ressalte-se desde já que são meramente exemplificativas. Não é preciso argumentar muito nessa questão, porque a redação é explícita: apresenta os elementos obrigatórios e diz "entre outros dados" para designar todo e qualquer componente importante relativo a produtos e serviços.

21.11. Elementos da oferta e apresentação

Estudemos, então, cada um dos elementos que devem compor a oferta e apresentação. Diz a norma que a oferta e apresentação devem assegurar:

a) informações:

a.1) corretas,

a.2) claras,

a.3) precisas,

a.4) ostensivas,

a.5) em língua portuguesa[9],

a.6) de forma indelével,

b) sobre os produtos e serviços em relação às suas:

b.1) características,

b.2) qualidade,

b.3) quantidade,

b.4) composição,

b.5) preço,

b.6) garantia,

b.7) prazo de validade,

b.8) origem.

c) Além dos riscos que apresentam:

---

9. Ver, na sequência, outros elementos: destaque (subitem 21.11.6) e linguagem legível (subitem 21.11.8).

c.1) à saúde e

c.2) à segurança do consumidor.

21.11.1. Elementos obrigatórios

Antes de iniciarmos a avaliação, item por item, é importante consignar que a verificação do cumprimento da norma deve dar-se sempre no caso concreto e que, dependendo das características do produto ou do serviço, não se exigirá que *todos* os elementos dispostos na norma sejam apresentados. Por evidente, há serviços que não comportam a ideia de "composição". Por exemplo, a administração de cartões de crédito. E, se composição é algo específico de produtos, ainda assim haverá aqueles que não necessitam de sua indicação: por exemplo, um caderno ou uma agenda não precisam conter obrigatoriamente a informação de que suas folhas são de papel 75 g, 90 g etc. É caso em que o consumidor não se utiliza desse critério diferenciador para decidir a compra, e, além disso, a não informação não o prejudica.

O mesmo ocorre com as garantias. Conforme já dito, a garantia contratual não é obrigatória. Por isso, quando o fabricante não a oferece, não tem de colocá-la na oferta, porquanto, no caso, ela seria negativa: "Nosso produto não tem garantia contratual. Mas você tem a legal". Seria um *nonsense*.

Mas, se assim é, há que se perguntar: quem ou o que define o que deve ser informado?

Responde-se: é o próprio produto ou serviço que realmente está sendo oferecido, na definição de sua finalidade com tudo que for necessário para seu efetivo uso e consumo, sem nenhum risco à saúde e/ou segurança do consumidor. E a responsabilidade por dar tais informações é do fornecedor, que é quem detém o monopólio da informação e tem o dever de informar[10].

Por isso, a grande maioria dos produtos e serviços existentes no mercado deve apresentar, via de regra, a maior parte dos dados estipulados no art. 31.

Passemos agora ao exame de cada item.

21.11.2. Item "a.1": "informações corretas"

Praticamente o óbvio ululante: seria absolutamente inadmissível que o fornecedor desse informações incorretas.

---

10. Dever de informar que, como vimos, é absoluto nas mãos do fornecedor (conforme comentários ao art. 6º, III, no item 6.11).

21.11.3. Item "a.2": "informações claras"

O que a norma pretende é evitar o uso de linguagem técnica ou inacessível. Como a informação é dirigida ao consumidor — leia-se: todo consumidor —, que é leigo, não se pode admitir que a norma contenha termos ininteligíveis. São conhecidos os problemas enfrentados pelos consumidores com as bulas de remédios (justamente os medicamentos, tão importantes para a saúde e a vida do consumidor!).

Quando se lê numa bula, por exemplo: "o produto atua eficazmente com propriedade antiemética (metoclopramida, através de suas funções normalizadoras peristálticas)", percebe-se exatamente o que a norma quer impedir.

E lembre-se que o consumidor pode adquirir medicamentos sem o prévio conhecimento médico, pois há centenas de remédios vendidos livremente e vários deles propagados por ampla publicidade televisiva de massa. Além disso, mesmo em relação aos medicamentos adquiridos com receita médica, o consumidor tem o evidente direito de saber sua composição, tanto para conhecê-la em relação à sua saúde quanto para checar o trabalho do médico que o atendeu[11].

21.11.4. Item "a.3": "informações precisas"

Aqui há um complemento da exigência anterior. Por informações precisas a lei quer impedir o uso de termos vagos e/ou ambíguos[12]. Quer que se evitem os vocábulos e proposições imprecisas, portanto. Não pode o fornecedor usar de expressões do tipo: "é *mais adequado* tomar o medicamento a tal hora", "este produto é *mais forte* que o produto *x*" etc.

Note-se que, às vezes, a imprecisão surge da utilização concreta do produto ou serviço. Em relação aos produtos, há um exemplo de caso corriqueiro e generalizado por diversos deles: é o do prazo de validade. Atualmente a maior parte dos produtos perecíveis ostenta prazo de validade na embalagem. Mas muitos deles *não* informam quanto tempo o produto dura *depois* de aberto.

---

11. Como nas bulas várias informações técnicas são dirigidas aos médicos, a indústria farmacêutica não tem alternativa: está obrigada a apresentar os dados sob duas formas diversas para os dois públicos: para os consumidores, em linguagem comum, com explicações detalhadas, ilustrações etc.; para os médicos, em linguagem científica.

12. Sobre o sentido de "vagueza" do conceito e ambiguidade, consulte-se Genaro R. Carrió, *Notas sobre derecho y lenguage*, cit.

Nos serviços há exemplo de bancos que informam que o cliente tem x dias para usar o cheque especial sem que se lhe cobrem os juros correspondentes. Porém, *não* informam prontamente que, se o uso *superar* o dia x, os juros do período anterior (até o tal dia x) serão computados, somados ao total e cobrados[13].

21.11.5. Item "a.4": "informações ostensivas"

A ostensividade determinada pela norma dirige-se especificamente àquelas informações impressas em letras miúdas, difíceis de serem lidas. Era, e ainda é, comum encontrar textos impressos e cláusulas contratuais escritas em letras tão diminutas que, de fato, impedem a leitura.

Há vários exemplos: "cartão" de abertura de conta corrente bancária; passagem aérea com cláusulas impressas etc. É importante anotar que a informação ou cláusula impressa dessa forma não tem validade alguma[14].

21.11.6. Destaque

Muito embora a norma do art. 31 não exija o uso de caracteres destacados, como, dependendo do caso, a informação para ter validade e para garantir plenamente a saúde, a segurança e o patrimônio do consumidor deve aparecer destacada, o uso do "destaque" tem de ser inserido nas especificações do artigo em comento. A simples interpretação lógico-sistemática, que combina o art. 31 com o art. 54, especialmente seu § 4º, permite que o façamos. É que, no § 4º, ao tratar do contrato de adesão, a lei obriga o uso de caracteres impressos "destacados" para garantir os direitos do consumidor[15].

O substantivo "destaque" tem de ser convenientemente entendido. Ele significa a qualidade que surge num contexto. O *outdoor* destaca-se por natureza, uma vez que, evidentemente, chama a atenção de quem passa, até se estiver dentro de um carro com alguma velocidade.

É possível oferecer uma informação impressa com destaque utilizando-se do tipo gráfico *times new roman* corpo 20[16], como o mesmo elemento pode *não* estar, de forma alguma, destacado. Expliquemos.

---

13. É um caso de informação imprecisa por omissão.
14. Ver mais sobre ostensividade, inclusive jurisprudência, no subitem 33.5.3.
15. Ver item 33.6.
16. Estamos nos referindo aos tipos de letra para impressão do *Word for Windows*, amplamente conhecido e utilizado no mundo inteiro.

Conforme dissemos, *é o contexto* que dirá do destaque. Se todo o texto estiver impresso num tipo gráfico corpo 8 e nele surgir uma palavra no tipo gráfico corpo 20, então o vocábulo estará destacado. Mas, se todo o texto estiver escrito em corpo 20, não haverá destaque algum, pois tudo se mistura.

Para ter destaque, então, o vocábulo, a frase, a imagem etc. deve-se *destacar claramente* do contexto, como se fora um grande *outdoor* iluminado num local escuro.

Para tanto, o fornecedor pode recorrer a todos os (fáceis) recursos gráficos hoje existentes no mercado: fotos, cores, luzes etc., e, nos textos, qualquer alternativa: negrito, itálico, sendo que o mais simples é aumentar o corpo do tipo para deixá-lo maior que os outros corpos de letras.

Ora, mas se o destaque é assim que se transmite, ter-se-á de utilizá-lo sempre?

A resposta é não.

O que a norma pretende é que o fornecedor se utilize do termo, frase, imagem etc. destacado naquilo que for de relevo para a saúde e segurança do consumidor e nos específicos casos necessários em que o dado é fundamental para que o consumidor possa usar e consumir o produto ou serviço[17]. E, mais uma vez, consigne-se que quem sabe o que deve ser destacado é o fornecedor.

Assim, por exemplo, os produtos intitulados de *light*, isto é, que contêm baixas calorias, mas que têm açúcar na sua composição, devem trazer no rótulo de forma destacada que são feitos com *açúcar*, para evitar de o consumidor diabético confundir o produto *light* com o *diet* (de dietético) e o ingerir[18].

21.11.7. Item "a.5": "informações em língua portuguesa"

Se levarmos em consideração o sentido das expressões anteriores, veremos que, se não estivesse escrito na norma que o uso do vernáculo é necessário, ele já se extrairia do sentido atribuído aos demais vocábulos,

---

17. Ver-se-á, quando do exame dos contratos de adesão, que o uso de vocábulos e proposições com destaque é, também, uma exigência legal para que as cláusulas contratuais limitadoras dos direitos do consumidor tenham validade (conferir item 33.6, especialmente, na hipótese, o § 4º).

18. Ao final dos presentes comentários (item 21.12) faremos um exame específico da confusão entre esses dois termos, no intuito de deixar marcada a importância de que o fornecedor cumpra o determinado no art. 31 (e 30, dentre outros).

uma vez que é impossível transmitir no Brasil, para consumidores brasileiros, informações corretas, claras e precisas se não forem feitas na língua portuguesa. Mas, anote-se desde logo: português-brasileiro, vale dizer, a língua falada e compreendida usualmente no Brasil, pois muitas vezes termos da "terrinha", conforme explicamos abaixo, ao final deste subitem, exigem "tradução"[19].

E mais: muito antes disso, a determinação de que se informe em português decorre da natureza das coisas, da realidade, e por que não dizer do texto constitucional. Como é que se poderia imaginar que uma regra contratual, uma informação sobre bens adquiridos etc. pudesse ter validade no Brasil sendo feita em língua estrangeira?

Seria um disparate aceitar o uso da língua alienígena no contexto nacional, fazendo vingar direitos contra os brasileiros.

É absolutamente desnecessário que venha uma lei dizer isso!

Talvez se explique que a norma em comento o tenha feito por ter percebido a invasão do País por produtos importados, vendidos sem a *necessária* tradução e para impedir que se pudesse construir uma teoria às avessas sobre globalização, de forma a dizer que *é* o consumidor brasileiro que *tem* de aprender a *traduzir* e não o fornecedor que deve informá-lo em português inteligível!

Por isso, foi com surpresa que verificamos que os comentadores do CDC, ao tratar desse tema da língua portuguesa, disseram que as lojas que vendem produtos importados e as seções de importados dos supermercados não estão obrigadas a fornecer informações em português porque "o seu consumidor tem clara percepção do caráter especial daquele fornecimento" (*sic*)[20].

Além de contrariar a lei, essa observação doutrinária corre o risco de ser tachada de preconceituosa.

Isto porque pressupõe que as lojas de importados, bem como as seções de importados dos supermercados, só são frequentadas por certo "tipo de consumidor", com "perfil" que lhe permita conhecer os produtos (certa classe especial, portanto). Como se o fornecimento de produtos não fosse aberto de forma igualitária e democrática a todos.

---

19. A respeito do uso do português-brasileiro e contra toda sorte de preconceito linguístico, leia-se o excelente livro de Marcos Bagno, *Preconceito linguístico: o que é, como se faz* (1. ed., São Paulo: Loyola, 1999).

20. *Código Brasileiro de Defesa do Consumidor comentado pelos autores do Anteprojeto*, cit., p. 230.

Além disso, esquece-se de que é impossível conhecer todas as línguas estrangeiras (bem como todos os produtos importados) e que, com a "globalização", existem no mercado brasileiro produtos de praticamente todas as nacionalidades. Será que mesmo esse consumidor brasileiro especial consegue ler textos em inglês, francês, alemão, árabe, japonês, coreano, chinês, italiano, hebraico, espanhol etc.?

Há uma única observação possível de ser feita em relação ao uso da língua portuguesa. É a de que, de fato, como a preocupação da norma é com a *mensagem*, conforme dito no art. 30, e com a correção, clareza e precisão, conforme ora examinado, pode, excepcionalmente, o fornecedor usar *termo* estrangeiro, desde que este esteja incorporado à linguagem comum e possa ser entendido pelo consumidor.

Assim, quando o vocábulo alienígena, apesar de não ser do vernáculo oficial, transmitir de forma inequívoca a informação, poderá ser utilizado. Por exemplo, não é proibido usar *"cheese-salada"*, como *"cheeseburger"*, ou dar nomes aos produtos, desde que acompanhado da composição em português, tal como "BigMac", ou "McChicken".

Isso ocorre também com os serviços. É possível usar o termo *leasing*, como se usava *over night* para aplicações[21]. De outro lado, como o *telos* da norma é a garantia da comunicação do português usado no Brasil, será possível encontrar texto de informação sobre produto ou serviço feito em Portugal que precise de "tradução" para nosso vernáculo. Por exemplo, se a montadora francesa quiser aproveitar seu manual de garantia traduzido para Portugal, terá de "traduzi-lo" novamente para o Brasil. Dentre os vários substantivos estranhos ao consumidor brasileiro, cite-se como exemplo um essencial: "travão", que corresponde ao nosso freio ou breque.

Linguagem legível

A norma em comento não faz referência ao uso de linguagem "legível", que tem importância, como se verá. Contudo, como o § 3º do art. 54 refere-se a tal adjetivo, deve-se introduzi-lo também aqui na hipótese do art. 31, por um esforço de interpretação lógico-sistemática.

---

21. Mas com informações completas sobre seu funcionamento. Aliás, nesse caso, é interessante notar que o termo correlato para *leasing*, arrendamento mercantil, tem o mesmo efeito para o consumidor: em ambos os casos há necessidade de clara, ostensiva e detalhada informação sobre seu funcionamento.

O termo "legível" dirige-se especialmente a informações manuscritas ou "apagadas" (como ocorre quando o carbono está gasto, a tinta está desaparecendo com a passagem do tempo ou está opaca etc.).

No caso de informações manuscritas "ilegíveis", cai como uma luva o exemplo das receitas médicas. Em alguns casos são verdadeiros "hieróglifos", indecifráveis. É muito comum — infelizmente — que o consumidor se dirija à farmácia para adquirir o medicamento e ninguém consiga descobrir o nome indicado pelo médico ou, então, o que é pior, o consumidor acabe comprando o remédio errado.

A lei quer acabar com a famosa "caligrafia de médico", que viola o princípio da informação da Lei n. 8.078.

No que respeita ao texto opaco ou apagado, lembre-se que o problema pode ocorrer com o uso dos papéis oriundos do aparelho de *fax*. Com o tempo eles se apagam. Logo, não deve ser assinado documento em papel saído diretamente de tal aparelho.

Continuando nossa avaliação, tem-se, agora, de estudar o que a norma colocou em relação aos produtos e serviços.

21.11.8. Item "a.6": "de forma indelével"

Fez bem o legislador em acrescentar o parágrafo único ao art. 31, deixando expresso que nos produtos congelados as informações não podem apagar-se.

Está certo, mas, como dissemos acima, essa regra vale para todo e qualquer tipo de produto: as informações devem ser legíveis e indeléveis. É bom lembrar que, mesmo em produtos que não são congelados, elas podem apagar-se porque o impresso tinha pouca tinta ou podem desaparecer por exposição à luz etc.

21.11.9. Item "b.1": "características"

Como se verá, além de "características", a norma obriga que se deem informações sobre qualidade, quantidade, composição, preço, garantia, prazos de validade e origem. Logo, por "características" há que se entender tudo aquilo que for além disso.

As características serão o *plus* dos demais componentes dos produtos e dos serviços. É verdade que ao final a norma coloca ainda "outros dados"; estava apenas querendo garantir-se de que *tudo* que fosse importante estaria sendo informado.

Assim, característica será o tamanho, a forma, a cor, o brilho, a consistência etc.[22]

21.11.10. Item "b.2": "qualidade"

A norma pretende, com o uso do vocábulo "qualidade", que o fornecedor deixe patente o fim a que se destina o produto ou o serviço, bem como a maneira adequada pela qual o consumidor pode dele usufruir, usando-o ou consumindo-o.

Qualidade tem relação com utilidade, pois, para designar o fim a que o produto ou o serviço se presta e como agir para obter dele o melhor em termos de uso e consumo.

21.11.11. Item "b.3": "quantidade"

Em relação aos produtos deve ser informado: o número de unidades existentes na embalagem; seu peso líquido, isto é, excluído o da embalagem e, nos produtos em conserva, a água etc. Se o produto ficar com quantidade maior depois de pronto — após cozido, por exemplo — as duas quantidades devem constar: a de antes, do produto na embalagem, e a de depois, com o produto pronto para ser ingerido.

Em relação aos serviços, devem ser informados os números de dias de sua prestação, o número de horas, o número de aulas ou de dias letivos (no caso de escolas e cursos) etc.

21.11.12. Item "b.4": "composição"

Como o próprio nome diz, todo produto tem de apresentar sua composição, especialmente alimentos de todo tipo, embalados, enlatados, naturais e derivados, as bebidas, os medicamentos etc.

Quando o alimento for daqueles que após o preparo têm modificada a composição, ambas (a de antes do preparo e a de depois) devem ser apresentadas, inclusive com todas as variações possíveis: se feito com água, com leite integral, com leite desnatado etc. Por exemplo, o cereal "Corn

---

22. Por exemplo, nos brinquedos confunde-se consistência, tamanho, forma com segurança: brinquedos pontiagudos não são adequados para crianças pequenas; bolinhas minúsculas não se vendem para bebês, que podem engoli-las; sacos plásticos são perigosos etc.

Flakes", porção de 28 g (aproximadamente 1 xícara), tem 13% de sódio, 1% de potássio, 8% de carboidrato; "Corn Flakes", porção de 28 g (1 xícara), preparado com leite desnatado, tem 15% de sódio, 7% de potássio, 10% de carboidrato etc.

21.11.13. Item "b.5": "preço"

Vale a pena, aqui, que se coloque uma boa explicação a respeito do preço. O consumidor brasileiro tem uma experiência bastante negativa com os preços em geral, fruto do longo processo inflacionário que assolou o País. Perdeu-se a correta noção de seu significado.

21.11.13.1. Preço é sempre "à vista"

Primeiro se diga que atualmente os preços estão livres e podem ser fixados unilateralmente pelo fornecedor[23].

Coloque-se contudo, desde logo: preço *só* existe à vista.

Não se pode confundir preço com *forma* de pagamento. Esta pode ser a prazo, com 30, 60, 90 dias; em 2 ou 3 parcelas iguais; financiada por instituição financeira; pode ser paga com cheques pré-datados; mediante carnê de pagamentos; com cartão de crédito ou qualquer outro meio legal.

A forma pode variar, mas o preço tem de ser o mesmo que foi estipulado à vista da compra.

Se o preço à vista é R$ 100,00 e o pagamento é a prazo, só é possível cobrar juros em operação sustentada por instituição financeira (são as únicas autorizadas a cobrarem juros remuneratórios).

Se o fornecedor cobra R$ 100,00 à vista e recebe cheque pré-datado para 60 dias, não pode dizer que para 60 dias o preço é R$ 120,00. Essa tem sido uma prática comum, abusiva e ilegal. Nesse exemplo, veja-se que não foi o preço que variou, uma vez que o bem não tem dois preços no ato da compra. O que o fornecedor fez foi cobrar acréscimo ilegal.

É verdade que no passado o próprio Governo Federal colaborou para manter a confusão. Havia uma portaria da extinta SUNAB que estipulava que preço à vista era o de até 29 dias.

---

23. Ver-se-á, todavia, que, uma vez fixado e feita a aquisição do produto ou do serviço, o preço não pode mais ser aumentado sem anuência do consumidor. Pode parecer óbvio, mas foi preciso que o CDC assim o dissesse (ver item 36.14, *infra*).

A melhor maneira de deixar esse assunto plenamente encerrado é usar o exemplo do escambo. Suponhamos que um consumidor pretenda comprar uma cadeira que lhe falta para um jantar que irá dar em casa. Vai à loja de produtos usados e encontra exatamente a cadeira que precisa. Daí pergunta o preço para o vendedor. "São R$ 100,00", responde este.

O consumidor diz que não tem dinheiro para pagar a cadeira, mas explica que o preço é exatamente o que vale o paletó que está usando.

Pergunta se o lojista aceita a troca. Ele aceita. O negócio está fechado.

Preço adequado: R$ 100,00 da cadeira, igual aos R$ 100,00 do paletó. Forma de pagamento: escambo.

Mas, antes de sair do estabelecimento, o consumidor propõe: "Olha, eu gostaria de usar o paletó uma última vez no jantar de amanhã, sábado, e preciso da cadeira. Posso levar a cadeira e trazer o paletó segunda-feira?". O vendedor concorda.

Logo, a compra foi feita, mas o pagamento (entrega do paletó) foi postergado para três dias depois.

Isso equivale a dizer que o preço foi fixado à vista e a forma de pagamento a prazo. O preço não podia mesmo variar.

O fato é que, quando o fornecedor diz que o preço varia, não é este que aumenta: o acréscimo é simples tentativa de recebimento de remuneração sobre a quantia não recebida à vista. E, repita-se, trata-se de financiamento lícito somente se feito por instituição financeira.

Assim, se o fornecedor aceita parcelar o recebimento do preço de R$ 100,00 em 4 vezes, mediante a entrega de 4 cheques pré-datados, estes têm de ser de R$ 25,00 cada um (ou de valores diferentes, mas sempre num total de R$ 100,00: 2 de R$ 20,00 mais 2 de R$ 30,00; 2 de R$ 10,00 mais 2 de R$ 40,00; 3 de R$ 15,00 mais 1 de R$ 55,00 etc.).

Poder-se-ia argumentar que uma forma de burlar essa realidade jurídica é embutir o acréscimo futuro no preço à vista e quando for feito parcelamento nada se acresce. Se for pago à vista, dá-se um desconto. Mas esse argumento não resiste.

É que, se for dado *desconto* para pagamento à vista, então o preço só pode ser o resultado líquido: como dissemos, o preço é sempre o pago à vista. Logo, no pagamento parcelado aparecerá o acréscimo[24].

---

24. Ver-se-á que há uma prática enganosa comum no mercado nesse exemplo: o lojista diz "à vista com 20% de desconto ou em 3 vezes sem acréscimo". Trata-se de publi-

Mas, por outro lado, o fornecedor pode embutir o acréscimo e não dar desconto. O problema é dele, já que seu preço terá subido. Talvez ele tenha dificuldade em vender o produto, que ficou caro.

21.11.13.2. *Preço visível*

Diga-se, também, que o preço tem de estar à mostra, claramente visível ao consumidor, inclusive nos produtos das prateleiras dos supermercados e nas vitrinas.

São três os motivos para tanto.

O primeiro é o mais relevante: é a lei que determina. Pura e simplesmente cabe, então, ao fornecedor cumpri-la.

O segundo decorre da natureza das relações: como é que alguém (mesmo o cidadão que quer vender seu automóvel usado) pretende vender um produto sem dizer o preço? (A resposta é um mistério, mas talvez o terceiro motivo o esclareça em parte.)

Parece incrível, mas existem certos estabelecimentos comerciais no Brasil que se negam a dar o preço! Por telefone, por exemplo, são vários os fornecedores que se negam a dá-lo. E mesmo a experiência concreta, real, diante do vendedor na loja gera a mesma espantosa (e incômoda — ver próximo motivo) experiência: o consumidor entra na loja para comprar o tênis "A" e o vendedor traz o tênis "B" sem dizer o preço; o *maître* no restaurante "cria" (supostamente) um prato que não consta do cardápio e não diz quanto custa. Se o freguês pergunta, ele responde: "Não se preocupe". Também no restaurante, em vez de trazer a carta de vinhos, na qual os preços devem estar estampados, o *maître* começa a recitar nomes de bebidas, mas, claro, não diz o preço.

Nas vitrinas ocorre exatamente o mesmo, de duas formas: ou não consta o preço, ou é escrito em letras tão miúdas que é impossível lê-lo.

O terceiro motivo da obrigatoriedade da oferta do preço decorre da inteligência da lei, que quer impedir que o consumidor seja constrangido.

Isso porque é prática bastante conhecida de venda[25] a de atrair o consumidor para dentro do estabelecimento, oferecer-lhe os produtos sem que

---

cidade enganosa, já que, se o produto custa R$ 100,00 e há 20% de desconto, o preço real é R$ 80,00. No parcelado, a diferença estará embutida (ver comentários ao § 1º do art. 37 no Capítulo 24).

25. A gíria comercial diz "malho".

ele saiba quanto custa e, depois que ele fica bastante interessado e diz que quer comprar, só aí é que o preço é dito. O consumidor, então, constrangido, acaba adquirindo um bem com custo muito mais elevado do que pretendia.

Essa tática envolve, inclusive, elementos preconceituosos de sedução: moças bonitas são chamadas a atender clientes. Há lojas nos *shopping centers* da capital de São Paulo que obrigam suas jovens funcionárias a usar "uniformes" que se restringem a curtos e apertados *shorts* e pequenos *tops* para criar esse abusivo clima[26].

Aliás, bem a propósito, o Poder Judiciário paulista, julgando mandado de segurança impetrado por uma loja chamada de *griffe* da capital paulista, deixou clara a obrigação da colocação dos preços nos produtos expostos na vitrina.

Foi um mandado de segurança impetrado contra o diretor do Procon, que autuou o estabelecimento comercial pela não afixação dos preços.

Nas razões de impetração o fornecedor diz que não precisava estampar os preços porque vendia roupas "de *griffe*" e que seu público consumidor, por pertencer "às camadas privilegiadas de compradores", não teria necessidade de ver os preços exibidos.

Diga-se que as próprias razões eram de per si preconceituosas e francamente ilegais. E a pretensão do estabelecimento comercial foi desacolhida em primeira instância, bem como em grau de recurso[27].

Muito bem. Visando coibir essas e outras práticas, o Congresso Nacional elaborou a Lei n. 10.962, de 11-10-2004, que dispõe sobre a oferta e as formas de afixação de preços de produtos e serviços para o consumidor. Referida lei foi, posteriormente, regulamentada pelo Decreto n. 5.903, de 20-9-2006.

21.11.13.3. A esdrúxula Lei n. 13.455, de 26-6-2017

Apesar da edição da Lei n. 13.445, de 20-6-2017, eu resolvi manter os comentários que fiz a respeito do preço no subitem anterior, porque, de fato, é a única explicação possível capaz de definir a natureza do substantivo "preço".

---

26. O abuso no exemplo envolve também o praticado *contra* as próprias vendedoras.
27. Ap. 206.900-1/3, da 6ª Câm. Civ. do TJSP, rel. Des. Munhoz Soares, v. u., j. 14-4-1994, *IOB*, 3:10353.

Ora, como lá expus, preço é exatamente aquilo que está fixado à vista e ponto. Isso não se discute. Todavia, por pressão de setores do comércio varejista, foi editada a Medida Provisória n. 764/2016 cuja finalidade era permitir que o vendedor pudesse praticar "dois preços" para o mesmo produto quando o consumidor-comprador quisesse pagar a compra com cartão de crédito. Era uma antiga reivindicação, que sempre foi rechaçada pelos órgãos de defesa do consumidor do país. O que se pretendia com isso era, de fato, repassar o custo cobrado pelo administrador do cartão para o comprador.

E, quem diria, de tanto insistirem conseguiram: por conversão da Medida Provisória n. 764 foi editada a Lei n. 13.455, de 26 de junho de 2017, que permite diferenciação de preços em função do prazo ou do instrumento de pagamento utilizado. São apenas dois artigos, mas o suficiente para permitir a prática abusiva de diferenciar "preço" em função da forma de pagamento, visando repassar para o consumidor um dos custos do negócio (o da taxa cobrada pelos administradores dos cartões). Naturalmente, como a lei está em vigor, a prática deixou de ser abusiva.

21.11.14. Item "b.6": "garantia"

Conforme adiantamos, o elemento "garantia" é dado que somente precisa ser informado quando é ela contratual. E nesse caso há certas peculiaridades que devem ser cumpridas, conforme estabelecido no art. 50[28].

Não havendo garantia contratual, nada precisa ser colocado, a não ser que o fornecedor queira dizer que a garantia legal para o produto ou serviço é de 90 ou 30 dias (conforme se trate de produto ou serviço durável ou não durável, respectivamente). Mas, nessa hipótese, terá de explicar que a garantia é conferida pela lei.

21.11.15. Item "b.7": "prazo de validade"

Todo produto perecível deve trazer informado o prazo de validade. Observe-se que há certos produtos que necessariamente devem apresentar dois prazos de validade distintos: um até que a embalagem seja aberta e outro para o consumo após sua abertura. São raros os produtos que trazem essa informação, a pressupor que, uma vez aberto, o produto será utilizado

---

28. Ver item 19.7. Ver, também, comentários ao art. 24, no item 19.1.

de uma vez, só que isso não ocorre sempre. São centenas de produtos que a pessoa abre e demora para consumir totalmente: queijo, leite, requeijão, arroz, feijão, biscoitos etc. Ambos os prazos de validade, portanto, têm de ser informados.

21.11.16. Item "b.8": "origem"

O vocábulo "origem" implica dois amplos sentidos. O primeiro relativo ao produtor: todo e qualquer produto ou serviço deve trazer estampado o nome do fabricante, produtor, construtor, importador (no caso de produtos importados), prestador do serviço etc., bem como seu endereço completo, telefone e número de inscrição no CNPJ. Esse é o *mínimo* das informações da origem relativas ao responsável pela produção do bem.

Além disso, o termo "origem" tem ligação com a naturalidade do produto: se animal, vegetal, fresco, envelhecido, transformado, desidratado, congelado, concentrado, composto, feito em certo local, vindo de tal país etc. Enfim, designa de onde e como surgiu o produto.

Os dois elementos relacionados à origem são obrigatórios: produtor e natureza.

Além desses dados, todo produto e serviço deve conter informações relativas a seu uso e consumo que possam implicar risco à saúde e à segurança do consumidor.

A disposição do art. 31 é decorrência lógica e complemento do estabelecido nos arts. 8º, 9º e 10[29].

Lembre-se, então, até por essa referência obrigatória a tais normas e para complementar os comentários ao art. 31, que a lei responsabiliza todos os fornecedores envolvidos no ciclo de produção pelo oferecimento das informações necessárias nos produtos e serviços (art. 31, c/c o *caput* do art. 8º, arts. 9º e 10), sendo que no caso de produtos industrializados cabe ao fabricante (produtor ou o nome que se dê a ele) prestar as informações por meio de impressos apropriados (§ 1º do art. 8º), o que não impede a ampla solidariedade estabelecida no CDC (cf. arts. 12 a 14 e 18 a 20, entre outros).

Anote-se que a Lei n. 8.078 amplia a obrigatoriedade da oferta de informações a respeito da origem, quando a venda ou a oferta for feita por

---

[29]. Ver comentários nos Capítulos 7 e 8.

telefone ou reembolso postal, por expressa disposição do art. 33, que será à frente comentado.

E, para terminar, apresentemos, agora, conforme prometido, as peculiaridades que envolvem produtos chamados *light* e *diet*, para ter uma ideia da importância do tema da informação nos produtos e serviços.

21.12. Não se deve confundir diet com light

Existe muita desinformação nessa área, que vem sendo agravada com a enorme quantidade de produtos surgidos no mercado que visam atingir o público consumidor que quer cuidar do corpo ingerindo produtos de "baixas calorias". Muitos consumidores adquirem produto *diet* pensando no regime, pois acreditam que aquele não engorda. E também existem pessoas diabéticas comprando produtos *light* imaginando que não contêm açúcar e amido. Todos podem estar errados. A confusão é tamanha que até cigarro é oferecido com "baixos teores" ou com o nome de cigarro *light*, o que dá a impressão de que esse tipo de cigarro "mata de forma mais suave, mais tranquila...".

O CDC, como vimos, diz que a oferta e a apresentação dos produtos devem trazer informações corretas, claras, precisas, ostensivas e em língua portuguesa sobre suas características, qualidade, quantidade, composição, preço, garantia, prazos de validade e origem, entre outros dados, bem como sobre os riscos que apresentam à saúde e à segurança dos consumidores.

Quando regula a proteção à saúde do consumidor, a lei consumerista dispõe que os produtos colocados no mercado de consumo não acarretarão riscos à saúde dos consumidores, exceto os considerados normais e previsíveis em decorrência de sua natureza e fruição, obrigando de qualquer forma os fornecedores a dar as informações necessárias e adequadas a seu respeito.

E, se o produto for industrial, há a exigência de que o fabricante preste essas informações por meio de impressos apropriados, que devem acompanhar o produto.

Pode parecer estranho falar em risco à saúde quando aparentemente a referência das informações dos produtos diz respeito à questão da ingestão de mais ou menos calorias. Todavia, o perigo existe, pois, em função da confusão que se estabeleceu, é possível acontecer de um diabético consumir um produto *light* que contenha açúcar, o que pode lhe trazer consequências graves à saúde, podendo mesmo levá-lo à morte. Por essa razão, o consumidor em geral e o diabético em especial têm assegurado, por força da lei, que as informações relativas aos produtos sejam fornecidas da forma preconizada, isto é, de maneira clara, precisa etc.

Diet não é *light*. A primeira e talvez mais grave confusão reside no uso desses dois termos como similares. Sua origem parece vir diretamente do inglês: *light*, que significa leve, e *diet*, que tem origem no termo *dietetic* e diz respeito às dietas.

Já se viu que para cumprir a lei é preciso oferecer as informações em português. Apesar disso, o uso, por exemplo, do termo *light* por si só não é um problema, desde que o fabricante forneça todas as informações sobre o produto claramente e em português. Já o uso do termo *diet* é causa de maior apreensão.

Para nós está claro que produto dietético é fabricado para diabéticos. Daí decorre que o uso da palavra *diet* como abreviatura e decorrente de "dietético" só pode ser feito em produtos que tenham como público-alvo os consumidores com diabetes, caso contrário infringe a lei. Com isso, o termo *light* seria utilizado apenas e tão somente para designar produtos mais "leves" do que os normalmente comercializados, ou seja, com baixo teor alcoólico e pouca gordura.

Todavia, tanto num caso quanto noutro as informações a respeito da presença de açúcar, o teor de gordura, a quantidade de calorias etc. devem estar clara, ostensiva e destacadamente informadas.

21.13. Oferta por telefone, mala-direta etc.

Dispõe o art. 33 do CDC:

"Em caso de oferta ou venda por telefone ou reembolso postal, devem constar o nome do fabricante e endereço na embalagem, publicidade e em todos os impressos utilizados na transação comercial.

Parágrafo único. É proibida a publicidade de bens e serviços por telefone, quando a chamada for onerosa ao consumidor que a origina"[30].

Essa regra do art. 33 é um complemento da estabelecida nos arts. 30 e 31, que se não existisse não causaria qualquer transtorno, porquanto seu

---

30. Parágrafo único acrescentado pela Lei n. 11.800, de 29 de outubro de 2008.

sentido é extraível facilmente do que já estava determinado naqueles outros dispositivos.

De fato, conforme dissemos, todo e qualquer produto ou serviço deve trazer estampado o nome do fabricante, produtor, construtor, importador, prestador do serviço etc., bem como seu endereço completo, telefone e número de inscrição no CNPJ.

Ora, como decorrência lógica da interpretação do art.31, sempre que a oferta e/ou venda se dá sem o contato físico do consumidor com o fornecedor ou seus prepostos, os dados obrigatórios previstos na lei têm de ser colocados nos impressos e na publicidade.

De qualquer maneira, o legislador quis regrar especificamente o assunto e fixar a determinação expressamente na norma do art. 33.

Lembre-se, também, que a aquisição de produtos e serviços por telefone, reembolso postal, Internet, mala-direta etc. tem regulação especial prevista no art. 49[31].

A proibição do parágrafo único é boa, mas na prática não impede a publicidade, bastando, para tanto, que o fornecedor disponibilize serviço de telefonia gratuito. Ele fará um cálculo de custo/benefício. Aliás, tudo indica que é mais producente receber telefonemas sem custo ao consumidor porque, evidentemente, atrai a clientela. E os que mais fazem publicidade, que são os grandes conglomerados, já oferecem serviços nesse modelo.

21.14. Proibição de recusa do cumprimento da oferta

Dispõe o art. 35 do CDC que o fornecedor não pode se recusar a cumprir a oferta, podendo o consumidor exercer certos direitos caso isso ocorra.

Vejamos primeiro a redação do art. 35:

> "Art. 35. Se o fornecedor de produtos ou serviços recusar cumprimento à oferta, apresentação ou publicidade, o consumidor poderá, alternativamente e à sua livre escolha:
>
> I — exigir o cumprimento forçado da obrigação, nos termos da oferta, apresentação ou publicidade;
>
> II — aceitar outro produto ou prestação de serviço equivalente;

---

31. Ver comentários no Capítulo 35, *infra*, que cuida das compras feitas fora do estabelecimento comercial.

III — rescindir o contrato, com direito à restituição de quantia eventualmente antecipada, monetariamente atualizada, e perdas e danos".

Examinemos essa regra, iniciando pela análise da redação do *caput*. A norma diz "*Se* o fornecedor de produtos ou serviços *recusar* ...", e dá certas alternativas para o consumidor (as quais ainda examinaremos). O sentido da regra, então, é o de que não pode haver recusa. Isto é, o que a lei pretende de forma imediata é proibir que o fornecedor se recuse a cumprir a oferta, apresentação e/ou publicidade. E sua proibição é decorrência lógica do estabelecido no art. 30.

É claro que o que estamos dizendo se extrai da singela leitura do texto do *caput* do artigo, mas é importante realçar esse ponto para que fique patente a necessidade de urgência da medida judicial que acompanha o direito do consumidor aqui regrado. Como se verá, a expressa proibição da recusa trará consequências processuais relevantes, em especial a da concessão de medida liminar[32].

21.14.1. Oferta, apresentação ou publicidade

Na sequência a norma fala em recusa do cumprimento "à oferta, apresentação ou publicidade". Os três conceitos foram examinados no início deste capítulo. A publicidade foi também abordada, e será ainda mais profundamente estudada na sequência[33].

21.14.2. Alternativas do consumidor

Pelo final da proposição do *caput*, a norma dá ao consumidor alternativas para o exercício de seu direito, e que ele escolhe livremente. A opção por qualquer das hipóteses previstas é feita sem que o consumidor tenha de apresentar qualquer justificativa ou fundamento. Basta a manifestação da vontade; apenas sua exteriorização objetiva. É um querer pelo simples querer manifestado[34].

---

32. A hipótese é a do § 3º do art. 84 do CDC, que examinaremos no subitem 21.14.3.
33. Nos Capítulos 22 a 26.
34. O mesmo tipo de manifestação objetiva, como decorrência da exteriorização da vontade, sem ter de fundamentá-la, aparece nos arts. 18, 19, 20 e 49.

21.14.3. Cumprimento forçado da oferta

Passemos agora ao exame da primeira alternativa: (O consumidor pode) "I — exigir o cumprimento forçado da obrigação, nos termos da oferta, apresentação ou publicidade".

De início é de anotar um aspecto prático. Quando a norma fala que o consumidor pode *exigir*, essa é efetivamente sua intenção. A lei dá ao consumidor o direito de exigir o cumprimento da oferta. Acontece que nada garante — tanto mais com nossa cultura, infelizmente, de desrespeito ao consumidor — que o fornecedor cumprirá a exigência. De modo que a norma garantidora do direito material ora em comento, que oferece a prerrogativa ao consumidor, fatalmente o levará ao processo judicial.

Assim, se o fornecedor, por exemplo, um vendedor de automóveis, faz um anúncio no jornal ofertando certo veículo por preço 10% mais barato que seus concorrentes, e, quando o consumidor comparece ao estabelecimento para adquiri-lo, ele (vendedor) se nega a fazer a venda pelo preço anunciado, a exigência que a lei dá como prerrogativa ao consumidor acaba sendo dirigida ao processo, já que, se o fornecedor não quer cumprir a oferta, não há outra alternativa ao consumidor que não a ida ao Judiciário.

O sistema processual do CDC, no caso, a regra do art. 84, é bastante adequado. Como a oferta, apresentação e/ou publicidade vinculam o fornecedor, o direito material entre ele e o consumidor já foi estabelecido pela relação jurídica que se instituiu com a oferta, apresentação e/ou publicidade e a aceitação do consumidor e seu interesse em adquirir. Logo, o processo judicial cuidará da execução específica da oferta não adimplida[35]. Tem-se, então, de estudar mais uma vez o estabelecido no citado art. 84.

Com efeito, dispõe o *caput* desse artigo:

"Art. 84. Na ação que tenha por objeto o cumprimento da obrigação de fazer ou não fazer, o juiz concederá a tutela específica da obrigação ou determinará providências que assegurem o resultado prático equivalente ao do adimplemento".

No exemplo do revendedor de automóveis, então, poderia o consumidor depositar em juízo o valor do preço ofertado e requerer que o juiz

---

35. "Execução específica. A oferta não adimplida pelo fornecedor dará ensejo a que o consumidor mova ação de execução específica da obrigação de fazer, que não pode resolver-se em perdas e danos, salvo se assim o desejar o consumidor" (Nelson Nery Junior e Rosa Maria de Andrade Nery, *Código de Processo Civil comentado,* cit., p. 1366).

determinasse a entrega do veículo. A própria norma do art. 84 prevê que o magistrado pode determinar as medidas necessárias visando dar efeito prático a sua decisão, tal como seria, no caso do exemplo, a busca e apreensão do veículo para entregá-lo ao consumidor. É o que está estabelecido no § 5º do art. 84:

"§ 5º Para a tutela específica ou para a obtenção do resultado prático equivalente, poderá o juiz determinar as medidas necessárias, tais como busca e apreensão, remoção de coisas e pessoas, desfazimento de obra, impedimento de atividade nociva, além de requisição de força policial".

Nesse caso de recusa do cumprimento da oferta é de lembrar que a norma também prevê concessão de liminar, o que é importante, porquanto muitas vezes não valerá a pena para o consumidor aguardar o término da demanda para receber o produto ou o serviço, que poderão, na oportunidade, estar defasados, ser antiquados, inúteis etc.[36]. E parece-nos que a hipótese do art. 35 encaixa-se como uma luva na previsão do § 3º do art. 84, que dispõe, *in verbis*:

"§ 3º Sendo relevante o fundamento da demanda e havendo justificado receio de ineficácia do provimento final, é lícito ao juiz conceder a tutela liminarmente ou após justificação prévia, citado o réu"[37].

Para tornar eficaz a medida concedida, o juiz poderá impor a aplicação de multa diária ao fornecedor recalcitrante. É o que dispõe o § 4º do mesmo artigo:

"§ 4º O juiz poderá, na hipótese do § 3º ou na sentença, impor multa diária ao réu, independentemente de pedido do autor, se for suficiente ou compatível com a obrigação, fixando prazo razoável para o cumprimento do preceito".

21.14.4. Aceitação de outro produto ou serviço

Passemos agora ao exame do inciso II do art. 35. A regra estabelecida diz que o consumidor poderá "aceitar outro produto ou prestação de serviço equivalente".

---

36. Basta pensar num microcomputador para perceber que recebê-lo depois de 2, 3 anos significará adquirir produto inútil, ultrapassado que foi pelos novos modelos.

37. É sempre importante recordar que o CDC, desde 11 de março de 1991, previa a antecipação de tutela, que só foi incorporada às normas adjetivas privatistas com a minirreforma do Código de Processo Civil, efetuada em 1994 pela n. Lei 8.952 (no caso específico, alterando o art. 461 daquele diploma). No CPC atual, a regra está estabelecida no art. 536.

A única questão que se pode colocar é a relativa ao verbo: *aceitar* ou *exigir* outro produto ou serviço? Essa é a única dúvida, pois fora isso a norma é inócua. Não é preciso nenhuma lei dizer que o consumidor pode aceitar produto ou serviço diferente do que pretendia adquirir de início. Essa prerrogativa é natural a qualquer relação jurídica de consumo. Todavia, ao que parece a norma pretendeu isso mesmo: dizer o óbvio. É que, lendo-se os três incisos do art. 35 em conjunto, percebe-se que essa foi a intenção do legislador. Num (o I), a norma garante o direito de o consumidor *exigir*; noutro (o III), o de *rescindir*; e, nesse II, o de *aceitar*. São três hipóteses distintas. Se se excluir o I e o III, chega-se ao II — *aceitar*.

Então, o que se tem no inciso II é uma conjugação de duas *situações*: o fornecedor se recusa ao cumprimento da oferta, mas oferece outro produto ou serviço no lugar do ofertado. Isto é, o fornecedor apresenta uma saída. Nesse caso, o consumidor pode aceitar outro produto ou serviço equivalente. E, repita-se: não era preciso a norma para que o consumidor aceitasse a substituição.

21.14.5. Rescisão do contrato

Vejamos, por fim, o último inciso, que dispõe (Pode o consumidor): "III — rescindir o contrato, com direito à restituição de quantia eventualmente antecipada, monetariamente atualizada, e perdas e danos".

Primeiro se diga que, uma vez que a oferta, apresentação ou a publicidade vinculam o fornecedor, basta que o consumidor aquiesça para a relação contratual se verificar. É por isso que a lei fala em rescisão do contrato (aliás, é o mesmo substrato jurídico que permite a execução específica do inciso I).

Dessa maneira, a norma do art. 35 permite ao consumidor que, em vez de exigir o cumprimento forçado da obrigação (inciso I) ou aceitar a substituição por produto ou serviço equivalente (inciso II), ele rescinda o contrato e pleiteie perdas e danos.

Como sempre, "perdas e danos" é expressão que há de ser entendida como danos materiais (emergentes e lucros cessantes) e morais.

As perdas e danos garantidos no inciso III do art. 35 não nascem nem de defeito típico (hipótese dos arts. 12 a 14) nem do defeito decorrente do não saneamento do vício (casos do inciso II do § 1º do art. 18, do inciso IV do art. 19 e do inciso II do art. 20). Como o dano aqui decorre da negativa do cumprimento da oferta, não é possível falar em vício ou defeito, porquanto em ambos os casos o consumidor está na posse do produto ou no usufruto do serviço. Havendo recusa, como é o caso, o produto não foi entregue e o serviço não foi prestado. Mas é exatamente essa não entrega ou não prestação que pode gerar o dano. Por isso, a lei garante o exercício da prerrogativa do inciso III.

Tomemos o mesmo exemplo já abordado do vendedor do veículo com preço 10% mais barato que o da concorrência, que se nega ao cumprimento da oferta. O consumidor, tendo tentado adquirir o veículo e tendo recebido a negativa do cumprimento da oferta pelo fornecedor, pode pleitear indenização por perdas e danos. Ele adquire o carro no concorrente e pede como indenização o valor correspondente à diferença de 10% que foi oferecida, mas não cumprida.

Claro que, com maior força de razão, se o consumidor chegou a pagar parte do preço antecipadamente ao fornecedor inadimplente, terá direito a receber a quantia de volta, em valores monetariamente atualizados.

21.15. Exercícios

21.15.1. Uma loja de produtos eletrônicos fez veicular nos jornais propaganda de vários produtos em oferta. Um deles, era um aparelho de som. Na publicidade, aparecia a foto do aparelho e, logo abaixo, o preço, com as especificações (código, potência etc.). José interessou-se e foi à loja adquirir o produto. Lá chegando, constatou que o produto da foto era muito mais caro do que o preço anunciado. Procurou um vendedor e este lhe disse que o preço constante do anúncio referia-se a um produto mais simples, com menos potência. Além do que, disse, o aparelho da foto era melhor, pois tinha mais funções.

a. A loja está obrigada a vender o produto da foto pelo preço que saiu no anúncio? Por quê?

b. Como José deve proceder? O que ele pode pleitear?

21.15.2. Uma loja de grande porte fez veicular, nos principais jornais de domingo, um anúncio contendo vários produtos em oferta. Dentre eles, um micro-ondas, cujo preço caiu de R$ 450,00 para R$ 399,00. Ocorre, porém, que, por uma falha da agência de publicidade, o preço anunciado foi de R$ 39,90. Na segunda-feira a loja foi invadida por milhares de consumidores, ávidos por conseguir o tão sonhado forno micro-ondas.

Pergunta-se:

a. A loja está obrigada a cumprir a oferta?

b. Quem deve responder perante o consumidor: a loja ou a agência? Explique.

c. Há como eximir-se dessa responsabilidade?

d. Na sua opinião, poder-se-ia discutir eventual má-fé do consumidor, ante o evidente erro na publicidade, já que o preço era irrisório? Explique.

22. A PUBLICIDADE

22.1. Publicidade ou propaganda?

A publicidade como meio de aproximação do produto e do serviço ao consumidor tem guarida constitucional, ingressando como princípio capaz de orientar a conduta do publicitário no que diz respeito aos limites da possibilidade de utilização desse instrumento.

É que todos os demais princípios constitucionais, em especial os aqui retratados anteriormente, devem ser respeitados[1], além, é claro, dos próprios limites impostos pelo princípio da publicidade da Carta Magna.

Mas, antes de prosseguirmos, é importante elucidar um problema muito comum do uso da linguagem sobre o assunto. Costuma-se usar o vocábulo "publicidade" algumas vezes como espécie de "propaganda"; noutras, a palavra "propaganda" é reservada para a ação política e religiosa, enquanto "publicidade" é utilizada para a atividade comercial etc. Mas não há razões para a distinção.

Tomado pela etiologia, vê-se que o termo "propaganda" tem origem no latim *propaganda*, do gerundivo de *propagare*, 'coisas que devem ser propagadas'"[2]. Donde afirmar-se que a palavra comporta o sentido de propagação de princípios, ideias, conhecimentos ou teorias.

O vocábulo "publicidade", por sua vez, aponta para a qualidade daquilo que é público ou do que é feito em público[3].

Ambos os termos, portanto, seriam bastante adequados para expressar o sentido desejado pelo anunciante de produto ou serviço.

Porém, o mais importante é o fato de que a própria Constituição Federal não faz a distinção. Assim, por exemplo, ela fala em "propaganda"

---

1. Ver nosso comentário no Capítulo 3.
2. *Novo dicionário Aurélio da língua portuguesa*, cit., p. 1402.
3. *Novo dicionário Aurélio da língua portuguesa*, cit., p. 1414.

(art. 220, § 3º, II), "propaganda comercial" (art. 22, XXIX, e § 4º do art. 220), "publicidade dos atos processuais" (art. 5º, LX), "publicidade" (art. 37, *caput* e § 1º).

Poder-se-ia objetar que o tipo da "propaganda comercial" é aquele voltado para o meio utilizado pelos empreendedores para estabelecer contato com os consumidores, uma vez que, quando fala em propaganda e propaganda comercial, a Carta Magna está se referindo a bebidas alcoólicas, medicamentos, terapias e agrotóxicos (§ 4º do art. 220) ou a produtos, "práticas e serviços" nocivos à saúde e ao meio ambiente (inciso II do § 3º do art. 220).

Acontece que os serviços públicos são também em parte dirigidos ao consumidor e a todos os indivíduos, e ao tratar desses serviços a norma constitucional usa o termo "publicidade" (§ 1º do art. 37).

Logo, os dois vocábulos podem ser usados como sinônimos[4].

22.2. *Publicidade e produção*

Não se deve confundir publicidade com produção, ainda que aquela represente a "produção" realizada pelo publicitário, agência etc., pois sua razão de existir se funda em algum produto ou serviço que se pretenda mostrar e/ou vender.

Dessa maneira, é de ver que a publicidade não é produção primária, mas instrumento de apresentação e/ou venda dessa produção.

Já tivemos oportunidade de verificar que a exploração de qualquer atividade tem fundamento na Constituição Federal, que estabelece limites

---

4. Do ponto de vista das normas infraconstitucionais, somente o uso dos termos como sinônimos resolve a confusão. É que a situação nessa esfera é pior: A Lei n. 8.078 fala em "publicidade" (arts. 6º, IV, 30, 35, 36, 37, 67, 68 e 69) e "propaganda" (especificamente "contrapropaganda": arts. 56, XII, e 60, *caput* e § 1º). A Lei n. 4.137, de 10 de setembro de 1962, que regulou a repressão ao abuso do poder econômico, fala em "propaganda publicitária" (art. 2º, V, *a*) etc. O Código Brasileiro de Autorregulamentação Publicitária, criado pelos *experts* no assunto, usa os dois termos: "publicidade" (arts. 5º, 7º etc.); "publicidade comercial" (arts. 8º, 10 etc.); "propaganda política" (art. 11); "publicidade governamental" (art. 12) etc. E a Lei n. 4.680, de 18 de junho de 1965, que regulamenta a profissão de publicitário e agenciador de propaganda, dispõe: "Compreende-se por propaganda qualquer forma remunerada de difusão de ideias, mercadorias ou serviços por parte de um anunciante identificado" (art. 5º — a regra é repetida no regulamento da lei: Decreto n. 57.690, de 1º-2-1966, art. 2º).

para harmonizá-la com as demais garantias fundamentais. E se, então, a própria exploração e produção primária são limitadas, por mais força de razão pode e deve haver controle da atividade publicitária, que, como se disse, é instrumental, ligada àquela de origem, porquanto serve como meio de fala dos produtos e serviços: a publicidade anuncia, descreve, oferece, divulga, propaga etc.

Assim, tanto a atividade de exploração primária do mercado, visando à produção, tem limites estabelecidos na Carta Magna quanto, naturalmente, a publicidade que dela fala (da produção) é restringida.

22.3. Publicidade e verdade

Vimos no item anterior que a produção não pode violar os vários princípios garantidos na Carta Magna. A publicidade, que é dependente da produção, com mais força de razão, sofre as mesmas restrições. Mas há mais.

A Constituição Federal cuidou da publicidade do serviço público no art. 37, que regula, entre outros, o princípio da moralidade (§ 1º desse art. 37). E tratou da publicidade de produtos, práticas e serviços no capítulo da comunicação social (inciso II do § 3º do art. 220), guardando regra especial para anúncios de bebidas alcoólicas, agrotóxicos, medicamentos e terapias (§ 4º do art. 220)[5].

Pois bem. O inciso II do § 3º do art. 220 referido estabelece que se deve proteger a pessoa e a família contra a publicidade nociva à saúde e ao meio ambiente. A pessoa e a família, além de outras garantias, têm assegurado o respeito a valores éticos (inciso IV do art. 221).

Assim, tanto no art. 37 quanto no capítulo da comunicação social a Carta Magna protege a ética. E para fins de publicidade o valor ético fundamental é o da verdade.

O anúncio publicitário não pode faltar com a verdade daquilo que anuncia de forma alguma, quer seja por afirmação, quer por omissão. Nem mesmo manipulando frases, sons e imagens para, de maneira confusa ou ambígua, iludir o destinatário do anúncio.

---

5. Ver, no item 22.4, comentários à Lei n. 9.294/96, elaborados com base na norma constitucional.

22.4. Publicidade de tabaco, bebidas alcoólicas, medicamentos e terapias

A Carta Constitucional determina que a publicidade de tabaco, bebidas alcoólicas, agrotóxicos, medicamentos e terapias deve sofrer restrições legais (§ 4º do art. 220). É um caso especial de determinação legal, que demonstra desde o império do Texto Maior a preocupação com os produtos que enumera.

Leia-se o texto da norma magna:

"Art. 220. (...)

§ 4º A propaganda comercial de tabaco, bebidas alcoólicas, agrotóxicos, medicamentos e terapias estará sujeita a restrições legais, nos termos do inciso II do parágrafo anterior, e conterá, sempre que necessário, advertência sobre os malefícios decorrentes de seu uso".

O inciso II do § 3º, citado, por sua vez dispõe:

"II — estabelecer os meios legais que garantam à pessoa e à família a possibilidade de se defenderem de programas ou programações de rádio e televisão que contrariem o disposto no art. 221, bem como da propaganda de produtos, práticas e serviços que possam ser nocivos à saúde e ao meio ambiente".

Obedecendo ao comando constitucional, foi editada a Lei n. 9.294, de 15 de julho de 1996, que dispõe sobre restrições ao uso e à publicidade de produtos fumígenos, bebidas alcoólicas, medicamentos e terapias[6].

Vejamos as principais determinações da lei.

22.4.1. Produtos fumígenos

É proibido o uso de cigarros, cigarrilhas, charutos, cachimbos ou de qualquer outro produto fumígeno, derivado ou não do tabaco, em recinto coletivo, privado ou público, salvo em área destinada exclusivamente a esse fim, devidamente isolada e com arejamento conveniente (art. 2º, *caput*).

Incluem-se nessas disposições as repartições públicas, os hospitais e postos de saúde, as salas de aula, as bibliotecas, os recintos de trabalho coletivo e as salas de teatro e cinema (art. 2º, § 1º).

---

6. Esta lei trata também dos defensivos agrícolas, que não serão aqui abordados pelo fato de não atingirem diretamente o consumidor, porquanto a publicidade, no caso, é dirigida aos agricultores e pecuaristas. Nossos comentários estão de acordo com as alterações feitas pela Lei n. 10.167, de 27 de dezembro de 2000, pela Medida Provisória n. 2.190-34/2001, pela Lei n. 10.702, de 14 de julho de 2003, e pela Lei n. 11.705, de 19 de junho de 2008.

É vedado o uso dos produtos mencionados nas aeronaves e veículos de transporte coletivo (art. 2º, § 2º).

A propaganda comercial de tais produtos só poderá ser efetuada mediante pôsteres, painéis e cartazes, na parte interna dos locais de venda (art. 3º, *caput*).

Essa propaganda comercial deverá ajustar-se aos seguintes princípios (art. 3º, § 1º):

a) não sugerir o consumo exagerado ou irresponsável, nem a indução ao bem-estar ou saúde, ou fazer associação a celebrações cívicas ou religiosas;

b) não induzir as pessoas ao consumo, atribuindo aos produtos propriedades calmantes ou estimulantes, que reduzam a fadiga ou a tensão, ou qualquer efeito similar;

c) não associar ideias ou imagens de maior êxito na sexualidade das pessoas, insinuando o aumento de virilidade ou feminilidade de pessoas fumantes;

d) não associar o uso do produto à prática de atividades esportivas, olímpicas ou não, nem sugerir ou induzir seu consumo em locais ou situações perigosas, abusivas ou ilegais;

e) não empregar imperativos que induzam diretamente ao consumo;

f) não incluir a participação de crianças ou adolescentes.

A propaganda conterá, nos meios de comunicação e em função de suas características, advertência sempre que possível falada e escrita sobre os malefícios do fumo, bebidas alcoólicas, medicamentos, terapias e defensivos agrícolas, segundo frases estabelecidas pelo Ministério da Saúde, usadas sequencialmente, de forma simultânea ou rotativa (art. 3º, § 2º).

As embalagens e os maços de produtos fumígenos, com exceção dos destinados à exportação, e o material de propaganda conterão as mesmas advertências mencionadas, acompanhadas de imagens ou figuras que ilustrem o sentido da mensagem.

Nas embalagens, as cláusulas de advertência serão sequencialmente usadas, de forma simultânea ou rotativa; nesta última hipótese, devem variar no máximo a cada 5 meses, inseridas, de forma legível e ostensivamente destacada, em uma das laterais dos maços, carteiras ou pacotes que sejam habitualmente comercializados diretamente ao consumidor (art. 3º, § 4º).

A advertência prevista no § 2º do art. 3º será escrita de forma legível, ostensiva e sequencialmente usada de modo simultâneo ou rotativo, sendo que nesta última hipótese variará a cada cinco meses (art. 3º, § 5º).

As chamadas e caracterizações de patrocínio para eventos alheios à programação normal ou rotineira das emissoras de rádio e televisão poderão ser feitas em qualquer horário, desde que identificadas apenas com a marca ou *slogan* do produto, sem recomendação do seu consumo.

Essas restrições aplicam-se à propaganda estática existente em estádios, veículos de competição e locais similares (art. 5º, § 1º).

As chamadas e caracterizações de patrocínio estão liberadas da exigência de apresentação das advertências acima transcritas (art. 5º, § 2º).

É vedada a utilização de trajes esportivos, relativamente a esportes olímpicos, para veicular a propaganda dos produtos fumígenos (art. 6º).

Além disso, estão proibidos (art. 3º-A, I a IX):

a) a venda por via postal;

b) a distribuição de qualquer tipo de amostra ou brinde;

c) a propaganda por meio eletrônico, inclusive internet;

d) a realização de visita promocional ou distribuição gratuita em estabelecimento de ensino ou local público;

e) o patrocínio de atividade cultural ou esportiva;

f) a propaganda fixa ou móvel em estádio, pista, palco ou local similar;

g) a propaganda indireta contratada (*merchandising*), nos programas produzidos no País após 27-12-2000, em qualquer horário;

h) a comercialização em estabelecimento de ensino, de saúde e em órgãos ou entidades da Administração Pública;

i) a venda a menores de dezoito anos.

Até 30 de setembro de 2005 as proibições previstas nas letras *e* e *f* não se aplicaram aos eventos esportivos internacionais que não tenham sede fixa em um único país e sejam organizados ou realizados por instituições estrangeiras (art. 3º-A, § 1º). Todavia, na sua transmissão e retransmissão era exigida a veiculação gratuita pelas emissoras de televisão, durante a transmissão do evento, de mensagem de advertência sobre os malefícios do fumo (art. 3º-C, *caput*). Essa advertência deve ser feita na abertura e no encerramento da transmissão, com conteúdo definido pelo Ministério da Saúde e com duração não inferior a trinta segundos em cada inserção (art. 3º-C, § 1º).

Além disso, durante a transmissão do evento, a cada intervalo de quinze minutos será veiculada mensagem sobreposta escrita e falada advertindo sobre os malefícios do fumo. A duração não será inferior a quinze segundos e será feita por intermédio das seguintes frases precedidas da afirmação: "O Ministério da Saúde adverte" (art. 3º-C, § 2º):

a) "fumar causa mau hálito, perda de dentes e câncer de boca";

b) "fumar causa câncer do pulmão";

c) "fumar causa infarto do coração";

d) "fumar na gravidez prejudica o bebê";

e) "em gestantes o cigarro provoca partos prematuros, o nascimento de crianças com peso abaixo do normal e facilidade de contrair asma";

f) "crianças começam a fumar ao verem adultos fumando";

g) "a nicotina é droga e causa dependência";

h) "fumar causa impotência sexual".

Aplicam-se as mesmas exigências aos treinos livres ou oficiais, os ensaios, as reapresentações e os compactos (art. 3º-C, § 3º).

22.4.2. Bebidas alcoólicas

Somente é permitida a propaganda comercial de bebidas alcoólicas nas emissoras de rádio e televisão entre as 21 e as 6 horas (art. 4º, *caput*).

Essa propaganda não poderá associar o produto ao esporte olímpico ou de competição, ao desempenho saudável de qualquer atividade, à condução de veículos e a imagens ou ideias de maior êxito ou sexualidade das pessoas (art. 4º, § 1º).

Os rótulos das embalagens de bebidas alcoólicas conterão advertência nos seguintes termos: "Evite o Consumo Excessivo de Álcool" (art. 4º, § 2º).

Na parte interna dos locais onde se vende bebida alcoólica, deverá ser afixada advertência escrita de forma legível e ostensiva de que é crime dirigir sobre a influência de álcool, punível com detenção (art. 4º-A).

As chamadas e caracterizações de patrocínio das bebidas alcoólicas para eventos alheios à programação normal ou rotineira das emissoras de rádio e televisão poderão ser feitas em qualquer horário, desde que identificadas apenas com a marca ou *slogan* do produto, sem recomendação do seu consumo (art. 5º, *caput*).

Essas restrições aplicam-se à propaganda estática existente em estádios, veículos de competição e locais similares (art. 5º, § 1º).

As chamadas e caracterizações de patrocínio estão liberadas da exigência de apresentação da advertência acima transcrita (art. 5º, § 2º).

É vedada a utilização de trajes esportivos, relativamente a esportes olímpicos, para veicular a propaganda das bebidas alcoólicas (art. 6º).

22.4.3. Medicamentos e terapias

A propaganda de medicamentos e terapias de qualquer tipo ou espécie poderá ser feita em publicações especializadas, dirigidas especificamente a profissionais e instituições de saúde (art. 7º, *caput*).

Os medicamentos anódinos e de venda livre, assim classificados pelo órgão competente do Ministério da Saúde, poderão ser anunciados nos órgãos de comunicação social com as advertências quanto ao seu abuso, conforme indicado pela autoridade classificatória (art. 7º, § 1º).

A propaganda desses medicamentos não poderá conter afirmações que não sejam passíveis de comprovação científica, nem poderá utilizar depoimentos de profissionais que não sejam legalmente qualificados para fazê-lo (art. 7º, § 2º).

Os produtos fitoterápicos da flora medicinal brasileira enquadrados na condição de venda livre deverão apresentar comprovação científica dos seus efeitos terapêuticos no prazo de 5 anos, contado da data de publicação da Lei n. 9.294 (que é de 15-7-1996), sem o que sua publicidade estará proibida (art. 7º, § 3º).

É permitida propaganda de medicamentos genéricos em campanhas publicitárias patrocinadas pelo Ministério da Saúde e nos recintos de estabelecimentos autorizados e dispensá-los com indicação do medicamento de referência (art. 7º, § 4º).

Toda propaganda de medicamentos conterá obrigatoriamente advertência indicando que, em persistindo os sintomas, o médico deverá ser consultado (art. 7º, § 5º).

22.5. O Código Brasileiro de Autorregulamentação Publicitária

Ainda antes de passarmos aos próximos capítulos que cuidam da publicidade enganosa e abusiva, previstas nos arts. 36 a 38 do CDC, faz-se necessário uma ampla apresentação do que seja e, na verdade, possa ser publicidade lícita, na visão dos próprios agentes capazes de produzi-la. Ver-se-á que são muitas e boas as regras. De maneira que servirão elas de parâmetro para depois, com base nas normas do CDC, poder-se aferir a enganosidade ou abusividade do anúncio publicitário.

Nosso ponto de partida serão as normas instituídas no Código Brasileiro de Autorregulamentação Publicitária — CBAP, editado em 5 de maio de 1980.

22.5.1. Vinculação legal

É a própria autorregulamentação que expressamente declara que seus preceitos têm de ser respeitados por todos os que estiverem envolvidos na atividade publicitária, tais como o anunciante, a agência de publicidade, o veículo de divulgação, o publicitário, o jornalista e qualquer outro profissional de comunicação envolvido no processo publicitário[7].

Além disso, ficou estabelecido que as regras de autodisciplina da atividade publicitária são também destinadas a ser usadas como parâmetro pelo Poder Judiciário no exame das causas envolvendo publicidade, sendo fonte subsidiária da legislação existente (art. 16).

22.5.1.1. Anúncio

É considerada anúncio qualquer espécie de publicidade, seja qual for o meio que a veicule. Por isso, são consideradas anúncios mesmo aquelas com informações constantes da embalagem, rótulo, folhetos e materiais dos pontos de venda (art. 18, *a*).

22.5.1.2. Produto e serviço

A norma autorregulamentadora utiliza a palavra "produto" para expressar produto propriamente dito, serviços, facilidades, instituições, conceitos e ideias (art. 18, *b*)[8].

22.5.1.3. Consumidor

A norma considera consumidor toda pessoa que possa ser atingida pelo anúncio, seja como destinatário final ou público intermediário (art. 18, *c*)[9].

22.5.2. Anúncio honesto e verdadeiro

É a primeira regra do CBAP, que expressamente dispõe que todo anúncio deve ser honesto e verdadeiro.

---

7. Como veremos, é essa a regra da Lei n. 8.078.

8. Por isso em nosso texto sempre que a norma referir-se a "produto" colocaremos também "serviço", para adequá-la ao CDC (que define produto e serviço. Ver comentários aos §§ 1º e 2º do art. 3º, no Cap. 5.).

9. O conceito está em consonância com o disposto no CDC (ver comentários aos arts. 2º, *caput* e parágrafo único, 17 e 29, no item 5.1).

É o óbvio ululante, mas, mesmo assim, é bom que se tenha dito. Não seria possível imaginar que o sistema jurídico compactuasse com desonestidade e mentira.

E a norma vai mais além, dando contornos do que aponta como honesto e verdadeiro. Vejamos na sequência.

22.5.2.1. Honesto

Para ser caracterizado como honesto, o anúncio deve ser realizado de forma a não abusar da confiança do consumidor, não explorar sua falta de experiência ou de conhecimento, nem se beneficiar de sua credulidade (art. 23).

22.5.2.2. Verdadeiro

Para que o anúncio seja considerado verdadeiro é necessário que apresente certas características dentro de alguns aspectos, bem como tenha por base dados da realidade. Vejamos.

a) Descrição

As descrições, alusões e comparações apresentadas no anúncio que estejam relacionadas com fatos ou com dados têm de ter base em provas reais (art. 27, § 1º)[10].

b) Preço e forma de pagamento

O anúncio deve apresentar o preço de forma clara, bem como as condições de seu pagamento: à vista, a prazo, parcelado etc. (art. 27, § 3º, *a*).

b.1) Pagamento a prazo

Nos pagamentos a prazo deve constar o valor da entrada (se houver), das prestações, taxas de juros e demais despesas (art. 27, § 3º, *b*)[11].

b.2) Comparações

Devem ser evitadas as comparações exageradas ou irreais com preços de outros produtos ou serviços (art. 27, § 3º, *a*).

---

10. O CONAR pode exigir a comprovação. O parágrafo único do art. 36 do CDC impõe a mesma conduta (ver comentários no Capítulo 23).

11. O art. 52 do CDC tem disposição nesse sentido e mais completa (ver comentários no Capítulo 37).

c) Oferta de preço menor

Se o anúncio diz que houve redução de preço (como, p. ex., acontece em liquidações e promoções), o fornecedor tem de guardar prova da redução. Deve ter anúncio anterior ou nota fiscal comprovando a diferença (art. 27, § 3º, *a*).

d) Entrega

As condições de entrega do produto ou do oferecimento do serviço têm de ser colocadas: "consumidor retira", "fornecedor entrega", "preço do frete incluso", "cobrado à parte" etc. (art. 27, § 3º, *c*).

e) Garantia

Devem ser apresentadas as condições e limitações da garantia contratual[12] (art. 27, § 3º, *d*)

f) Uso da palavra "grátis"

O vocábulo "grátis" ou qualquer outra expressão com o mesmo sentido somente pode ser utilizado no anúncio quando de fato não significar nenhum custo para o consumidor, direta ou indiretamente (art. 27, § 4º, *a*)

g) Despesas além do preço do produto ou serviço

Se, na aquisição do produto ou serviço, para retirá-lo ou recebê-lo o consumidor tiver de desembolsar alguma quantia, tais como despesas, postais, frete, taxas ou impostos, essa situação tem de estar informada[13] (art. 27, § 4º, *b*).

h) Informações técnicas e científicas

Para dar informações técnicas diz a norma que é necessário adotar a nomenclatura oficial do setor, bem como os preceitos e diretrizes estabelecidos pela Associação Brasileira de Normas Técnicas — ABNT e do Instituto Nacional de Metrologia, Normalização e Qualidade Industrial — Inmetro (art. 27, § 6º, *e*)[14].

---

12. Sobre garantia legal, ver art. 26 do CDC; sobre garantia contratual, o art. 50.

13. Na realidade, por determinação do CDC, deve ser informado junto com o preço (cf. arts. 30, 31 e 37, §§ 1º e 3º. Ver comentários nos Capítulos 21, 24 e 25).

14. É importante colocar que mesmo informações técnicas têm de ser postas em linguagem compreensível pelo consumidor, que é leigo, por expressa determinação do art. 31 (ver

Dados científicos somente podem ser utilizados se forem pertinentes, tendo de ser apresentados em linguagem comum e de forma clara para leigos (art. 27, § 8º).

i) Uso de pesquisas e estatísticas

Para se utilizar de dados de pesquisa e estatística o anunciante deve basear-se em fonte identificável e confiável (art. 27, § 7º, *a*).

O uso parcial dos dados oriundos de pesquisa ou estatística não deve levar a conclusões distorcidas ou opostas àquelas a que se chegaria pelo exame do total das referências (art. 27, § 7º, *b*).

22.5.2.3. Objetivo

Toda publicidade deve estar em consonância com os objetivos do desenvolvimento econômico, da educação e da cultura nacionais (art. 6º).

22.5.2.4. Transparência

A atividade publicitária e em especial os anúncios serão sempre ostensivos, com indicação clara da marca, da firma ou da entidade patrocinadora[15].

22.5.3. Enganosidade

Nenhuma forma de mensagem — informação, apresentação escrita, falada, imagem etc. —, direta ou indiretamente, por implicação, omissão, exagero ou ambiguidade, pode levar o consumidor a engano quanto ao produto ou serviço anunciado, quanto ao anunciante ou seu concorrente, tampouco quanto à natureza do produto (se natural ou artificial), sua procedência (se nacional ou estrangeira), sua composição e finalidade[16].

---

comentários no Capítulo 21, especialmente itens 21.10 e 21.11), mesmo que esteja dentro das recomendações da ABNT, Inmetro ou outro órgão oficial.

15. Art. 9º, *caput*: é excetuado da abrangência dessa regra o *teaser*, abordado no subitem 22.5.13, *infra*. Ver também a respeito a questão do *merchandising*, no subitem 22.5.14, *infra*.

16. Ver comentários aos §§ 1º e 3º do art. 37 do CDC, no Capítulo 24, que cuidam especificamente da publicidade enganosa.

Um anúncio enganador não pode ser defendido com base no fato de o anunciante ou alguém, agindo por ele, ter, posteriormente a sua veiculação, fornecido ao consumidor as informações corretas (art. 48).

Para fins de aferição da enganosidade (e qualquer outro componente) será observado o anúncio como um todo, incluindo seu conteúdo e forma, testemunhas, declarações ou apresentações visuais, ainda que tenham origem em outras fontes (art. 47).

22.5.4. Respeitabilidade

A atividade publicitária e, claro, seu resultado — o anúncio — devem respeitar a dignidade da pessoa humana, a intimidade, o interesse social, as instituições e símbolos nacionais, as autoridades instituídas e o núcleo familiar[17].

22.5.4.1. Discriminação

Nenhum anúncio pode favorecer ou estimular qualquer espécie de ofensa ou discriminação racial, social, política, religiosa ou de nacionalidade.

Não deve também o anúncio acentuar, de forma depreciativa, diferenciações sociais decorrentes do maior ou menor poder aquisitivo dos grupos a que se destina ou que possa atingir (art. 20)[18].

22.5.4.2. Atividades ilegais

Os anúncios não devem conter nada que possa induzir a atividades ilegais e/ou criminosas ou que pareça favorecer, enaltecer ou estimular tais atividades (art. 21).

22.5.4.3. Decência

O anúncio não pode apresentar de nenhuma maneira — afirmações, apresentações visuais ou auditivas — mensagem que ofenda os padrões de decência prevalecentes no meio social (art. 22).

---

17. Art. 19. Essas determinações são exigências constitucionais, na medida em que se impõem a todos como garantias fundamentais (CF, arts. 1º, III, 5º, X, 226 etc. — ver comentários sobre os princípios constitucionais no Capítulo 3, especialmente itens 3.2, 3.8 e 3.9).

18. O CBAP fala em grupos que "possa atingir", mas, como fenômeno de comunicação difusa, via de regra, o anúncio atinge a todos, já que não pode garantir que quem os verá será apenas o público-alvo (as exceções ficam para linhas especificamente direcionadas: malas-diretas, *telemarketing* ativo etc.).

22.5.4.4. Intimidade

O anúncio não pode:

a) fazer uso de imagens ou citações de pessoas sem a devida autorização (prévia e expressa) (art. 34, *a*)[19];

b) ofender convicções religiosas e/ou filosóficas e demais convicções legalmente garantidas daqueles que descendam ou sejam de qualquer outra forma relacionados com pessoa falecida que tenha imagem ou referência no anúncio (art. 34, *b*);

c) desrespeitar a dignidade de pessoa humana, bem como da família (art. 34, *c*)[20];

d) desrespeitar a propriedade privada e seus limites (art. 34, *d*).

22.5.5. Medo, superstição e violência

O medo somente pode ser tema do anúncio se houver motivo socialmente relevante ou for plausível a razão que justifique seu uso. Superstição de espécie alguma pode ser explorada, e nenhum anúncio pode conter qualquer espécie de mensagem que induza ou possa conduzir à violência (arts. 24, 25 e 26)[21].

22.5.6. Segurança e acidentes[22]

O anúncio não pode:

a) manifestar descaso pela segurança, sobretudo quando nele figurarem jovens e crianças ou quando especialmente a estes for endereçada a mensagem (art. 34, *c*);

b) estimular o uso perigoso do produto ou serviço oferecido (art. 33, *b*);

c) deixar de mencionar cuidados especiais para a prevenção de acidentes, se tais cuidados forem especiais ao uso do produto ou do serviço (art. 33, *c*);

---

19. O que é garantia constitucional (art. 5º, X, da CF).

20. Mais uma vez revelador da garantia constitucional (arts. 1º, III, e 226 da CF).

21. Ver comentários ao § 2º do art. 37 do CDC, no Capítulo 25, que trata desses temas, entre outros.

22. As regras tratadas neste item estão controladas pelo § 2º do art. 37 do CDC (ver comentários no Capítulo 25).

d) deixar de mencionar a responsabilidade de terceiros quando essa menção for especial (art. 33, *d*);

e) deixar de especificar cuidados especiais no tocante ao uso do produto ou do serviço por crianças, idosos e pessoas doentes, caso tais cuidados sejam essenciais (art. 33, *e*).

22.5.7. Crianças e jovens[23]

Antes de apresentar o que diz o Conar, é preciso esclarecer que a expressão "jovens" não tem sentido. O órgão havia de usar "adolescentes". Aliás, contraditoriamente foi colocada uma nota ao art. 37, que regula o tema, nesses termos: "Nota: Nesta Seção adotaram-se os parâmetros definidos no art. 2º do Estatuto da Criança e do Adolescente (Lei n. 8.069/90): '*Considera-se criança, para os efeitos desta Lei, a pessoa até doze anos de idade incompletos, e adolescente aquela entre doze e dezoito anos de idade*'".

Ora, se é assim, por que não trocaram jovens por adolescentes?

Bem, apresentemos o que diz a norma: está estabelecido que a publicidade deve colaborar na formação de cidadãos responsáveis e consumidores conscientes (art. 37, *caput*).

E que, diante de tal perspectiva, nenhum anúncio dirigirá apelo imperativo de consumo diretamente à criança (art. 37, *caput*. Note-se que a norma, capciosamente, não cita jovem nem adolescente, apenas criança!).

Depois, ao final da redação da cabeça do art. 37, aparece "E mais", com uma série de proibições (que elencamos a seguir). À primeira vista, parece que tais restrições dizem respeito apenas às crianças, já que, como vimos, não é feita a referência ao jovem e/ou adolescente[24].Todavia, como, dentre os itens que especificam as proibições, em mais de um há referência aos adolescentes, deve-se entender que a referência é a ambos. Parece mesmo apenas problema de redação.

No inciso I do art. 37 está estabelecido que os anúncios deverão refletir cuidados especiais em relação à segurança e às boas maneiras e, ainda, abster-se de:

---

23. As normas retratadas neste item estão reguladas nos §§ 1º e 2º do art. 37 do CDC (ver comentários nos Capítulos 24 e 25).

24. Eis a redação: "Art. 37. Os esforços de pais, educadores, autoridades e da comunidade devem encontrar na publicidade fator coadjuvante na formação de cidadãos responsáveis e consumidores conscientes. Diante de tal perspectiva, nenhum anúncio dirigirá apelo imperativo de consumo diretamente à criança. E mais:...".

a) desmerecer valores sociais positivos, tais como, dentre outros, amizade, urbanidade, honestidade, justiça, generosidade e respeito a pessoas, animais e ao meio ambiente (inciso I, letra *a*);

b) provocar deliberadamente qualquer tipo de discriminação, em particular daqueles que, por qualquer motivo, não sejam consumidores do produto (mesmo inciso, letra *b*);

c) associar crianças e adolescentes a situações incompatíveis com sua condição, sejam elas ilegais, perigosas ou socialmente condenáveis (idem, letra *c*);

d) impor a noção de que o consumo do produto proporcione superioridade ou, na sua falta, a inferioridade (idem, letra *d*);

e) provocar situações de constrangimento aos pais ou responsáveis, ou molestar terceiros, com o propósito de impingir o consumo (idem, letra *e*);

f) empregar crianças e adolescentes como modelos para vocalizar apelo direto, recomendação ou sugestão de uso ou consumo, admitida, entretanto, a participação deles nas demonstrações pertinentes de serviço ou produto (idem, letra *f*);

g) utilizar formato jornalístico, a fim de evitar que anúncio seja confundido com notícia (idem, letra *g*);

h) apregoar que produto destinado ao consumo por crianças e adolescentes contenha características peculiares que, em verdade, são encontradas em todos os similares (idem, letra *h*);

i) utilizar situações de pressão psicológica ou violência que sejam capazes de infundir medo (idem, letra *i*).

No inciso II do art. 37 está estabelecido que quando os produtos forem destinados ao consumo por crianças e adolescentes seus anúncios deverão:

a) procurar contribuir para o desenvolvimento positivo das relações entre pais e filhos, alunos e professores, e demais relacionamentos que envolvam o público-alvo (inciso II, letra *a*);

b) respeitar a dignidade, ingenuidade, credulidade, inexperiência e o sentimento de lealdade do público-alvo (mesmo inciso, letra *b*);

c) dar atenção especial às características psicológicas do público-alvo, presumida sua menor capacidade de discernimento (idem, letra *c*);

d) obedecer a cuidados tais que evitem eventuais distorções psicológicas nos modelos publicitários e no público-alvo (idem, letra *d*);

e) abster-se de estimular comportamentos socialmente condenáveis (idem, letra *e*).

No inciso III do art. 37, por sua vez, está estabelecido que o Código de Autorregulamentação Publicitária condena a ação de *merchandising* ou publicidade indireta contratada que empregue crianças, elementos do universo infantil ou outros artifícios com a deliberada finalidade de captar a atenção desse público específico, qualquer que seja o veículo utilizado.

E o inciso IV do art. 37 disciplina que nos conteúdos segmentados, criados, produzidos ou programados especificamente para o público infantil, qualquer que seja o veículo utilizado, a publicidade de produtos e serviços destinados exclusivamente a esse público estará restrita aos intervalos e espaços comerciais.

Por fim, o inciso V do mesmo art. 37 define regras para a avaliação da conformidade das ações de *merchandising* ou publicidade indireta contratada, dizendo que deverá ser levado em consideração que:

a) o público-alvo a que elas são dirigidas seja adulto;

b) o produto ou serviço não seja anunciado objetivando seu consumo por crianças;

c) a linguagem, imagens, sons e outros artifícios nelas presentes sejam destituídos da finalidade de despertar a curiosidade ou a atenção das crianças.

Além disso, foi fixado que crianças e adolescentes não deverão figurar como modelos publicitários em anúncio que promova o consumo de quaisquer bens e serviços incompatíveis com sua condição, tais como armas de fogo, bebidas alcoólicas, cigarros, fogos de artifício e loterias, e todos os demais igualmente afetados por restrição legal (art. 37, § 1º).

E também que o planejamento de mídia dos anúncios de produtos de que trata o inciso II levará em conta que crianças e adolescentes têm sua atenção especialmente despertada para eles. Assim, esses anúncios deverão refletir as restrições técnicas e eticamente recomendáveis, adotando-se uma interpretação a mais restritiva possível para todas as normas estabelecidas (art. 37, § 2º).

22.5.8. Meio ambiente

Estão proibidos anúncios que direta ou indiretamente estimulem:

a) a poluição do ar, das águas, das matas, dos demais recursos naturais, bem como do meio ambiente urbano (art. 36, *a* e *b*);

b) a depredação da fauna, da flora e dos demais recursos naturais (art. 36, c);

c) a poluição visual dos campos e das cidades (art. 36, d);

d) a poluição sonora (art. 36, e);

e) o desperdício de recursos naturais (art. 36, f).

22.5.9. Patrimônio cultural

Está proibido o uso desrespeitoso de música folclórica, de folguedos e temas populares, que constituem parte integrante do patrimônio cultural do País (art. 40)[25].

22.5.10. Linguagem

A norma autodisciplinadora apresenta parâmetros no que respeita à linguagem a ser adotada nos anúncios[26].

22.5.10.1. Vernáculo

O anúncio deve ser feito em vernáculo gramaticalmente correto. O uso de gírias, bem como de expressões em língua estrangeira, é permitido quando necessário para transmitir a informação ou apresentar o "clima" pretendido (art. 27, § 6º, a).

22.5.10.2. Pronúncia

Os anúncios veiculados pelo rádio e pela televisão devem ser feitos com boa pronúncia da língua portuguesa (art. 27, § 6º, b).

22.5.10.3. Calão

Nenhum anúncio utilizará o calão (art. 27, § 6º, d).

---

25. O CBAP está em consonância com os arts. 215 e 216 da Constituição Federal.
26. E que estão retratados nos arts. 30 e 31 do CDC (ver comentários no Capítulo 21).

22.5.11. Publicidade comparativa

É aceita a publicidade comparativa, isto é, aquela em que o anúncio mostra seu produto ou serviço na relação com o de seu(s) concorrente(s).

Para apresentá-la o anunciante tem de cumprir as seguintes regras:

a) o fim da comparação deve ser o esclarecimento e/ou a defesa do consumidor (art. 32, *a*);

b) a comparação deve ser feita de forma objetiva, evitando o uso de alusões de caráter subjetivo, e deve ser passível de comprovação (art. 32, *b* e *c*);

c) os modelos a serem comparados devem ter sido produzidos no mesmo ano. A comparação entre modelos de épocas diferentes só é possível se se pretender demonstrar evolução, que deve ficar claramente caracterizada (art. 32, *d*);

d) não se pode estabelecer confusão entre produtos, serviços e marcas concorrentes (art. 32, *e*);

e) não se pode caracterizar concorrência desleal nem denegrir a imagem do produto, serviço ou marca concorrente (art. 32, *f*);

f) não se pode utilizar injustificadamente a imagem corporativa ou o prestígio de terceiros (art. 32, *g*);

g) se se tratar de comparação entre produto ou serviço cujo preço seja de desigual nível, tal circunstância deve ser claramente indicada (art. 32, *h*).

22.5.12. Testemunhais

Os testemunhais são técnicas de apresentação de produtos ou serviços que se servem do depoimento de pessoas geralmente conhecidas do público consumidor (artistas, esportistas, famosos empresários etc.) ou de técnicos, peritos ou consumidores comuns para vendê-los, enaltecer suas qualidades, virtudes, vantagens da compra etc.

A norma permite o testemunhal nas seguintes condições:

a) o anúncio abrigará apenas depoimentos personalizados e genuínos, ligados à experiência passada ou presente de quem presta o depoimento ou daquele a quem o depoente personificar (art. 27, § 9º, *a*);

b) o testemunho utilizado deve ser passível de comprovação (art. 27, § 9º, *b*);

c) quando se usarem modelos sem personificação, permite-se o depoimento, que tem de deixar claro não ser testemunhal típico (art. 27, § 9º, *c*);

d) o uso de modelos trajados com uniformes, fardas ou vestimentas características de uma profissão não pode induzir o consumidor a erro, e está limitado pelas normas éticas da profissão retratada (art. 27, § 9º, *d*)[27];

e) o uso de sósias depende de autorização da pessoa retratada ou imitada e não pode induzir a confusão, de modo a colocar o consumidor em erro (art. 27, § 9º, *e*)[28].

Como a questão do testemunhal ganha bastante relevo, a norma autorregulamentadora reservou um capítulo especial para o assunto. É que a autorregulamentação reconhece no testemunhal, em qualquer de suas modalidades, técnica capaz de conferir maior força de comunicação, persuasão e credibilidade à mensagem publicitária.

Assim, essa técnica ficou ainda mais regrada, inclusive em nível conceitual. Vejamos.

22.5.12.1. Conceito

Testemunhal é o depoimento, endosso ou atestado mediante o qual pessoa ou entidade diferente do anunciante exprime opinião, ou reflete observação e experiência própria a respeito de um produto. De acordo com essa definição, o testemunhal pode ser classificado como:

a) testemunhal de especialista/perito: é o prestado por depoente que domina conhecimento específico ou possui formação profissional ou experiência superior à da média das pessoas;

b) testemunhal de pessoa famosa: é o prestado por pessoa cuja imagem, voz ou qualquer outra peculiaridade a torne facilmente reconhecida pelo público;

c) testemunhal de pessoa comum ou consumidor: é o prestado por quem não possua conhecimentos especiais ou técnicos a respeito do produto anunciado;

d) atestado ou endosso: é o emitido por pessoa jurídica, refletindo a sua posição oficial.

---

27. É mais um caso expresso de situação de anúncio enganoso que se proíbe (ver comentários ao § 1º do art. 37 do CDC no Capítulo 24).

28. Ver nota anterior: é outro caso de enganosidade proibida.

22.5.12.2. Testemunhal de especialista/perito

a) O anúncio deverá sempre nomear o depoente e apresentar com fidelidade a sua qualificação profissional ou técnica.

b) O produto anunciado deverá ter estrita correlação com a especialidade do depoente.

c) O anúncio que se apoiar em testemunho isolado de especialista ou perito não deverá causar a impressão de refletir o consenso da categoria profissional, da entidade ou da associação a que, eventualmente, pertença.

d) O testemunho prestado por profissional estará limitado pelas normas legais e éticas que disciplinam a respectiva categoria.

22.5.12.3. Testemunhal de pessoa famosa

a) O anúncio que abrigar o depoimento de pessoa famosa deverá, mais do que qualquer outro, observar rigorosamente as recomendações do Código.

b) Não deverá ser estruturado de forma a inibir o senso crítico do consumidor em relação ao produto.

c) Não será aceito o anúncio que atribuir o sucesso ou fama da testemunha ao uso do produto, a menos que isso possa ser comprovado.

d) O anunciante que recorrer ao testemunhal de pessoa famosa deverá, sob pena de ver-se privado da presunção de boa-fé, ter presente a sua responsabilidade para com o público.

22.5.12.4. Testemunhal de pessoa comum ou consumidor

a) Sempre que um consumidor for identificado, seu nome e sobrenome devem ser verdadeiros.

b) Os modelos profissionais, os empregados do anunciante ou das agências de propaganda não deverão fazer-se passar por consumidores comuns.

c) O testemunho de consumidor ficará limitado à experiência pessoal com o produto, não podendo alcançar assuntos de natureza técnica ou científica a respeito dos quais não possua capacitação ou habilitação profissional compatível.

22.5.12.5. Atestado ou endosso

a) O atestado ou endosso emitido por pessoa jurídica deverá refletir a sua posição oficial a respeito do assunto.

b) Aplicam-se ao atestado ou endosso as recomendações deste capítulo, em especial as atinentes ao testemunhal de especialistas/peritos.

22.5.12.6. Normas relacionadas com a obtenção e validade dos testemunhais

a) Todo anunciante, ou sua agência, estará obrigado a comprovar/demonstrar a veracidade do testemunhal sempre que isso lhe for solicitado.

b) O testemunhal obtido mediante câmara oculta só poderá ser veiculado com a autorização expressa da testemunha ou de seus responsáveis[29]. É aceitável que essa autorização seja obtida mediante remuneração.

22.5.12.7. Normas relacionadas com a divulgação de testemunhos e atestados

a) O anunciante, ou sua agência de propaganda, deverá obter autorização escrita da testemunha antes de proceder à veiculação. Essa autorização poderá ser exigida pelos veículos.

b) Anunciantes concorrentes deverão abster-se da utilização do testemunhal de uma mesma pessoa ou entidade sempre que disso possa redundar confusão para o consumidor.

22.5.13. Teaser

Os *teasers* são as mensagens que visam criar expectativa ou curiosidade em torno de produtos ou serviços a serem lançados (p. ex.: "Vem aí o produto X. Aguarde").

A norma autodisciplinadora permite seu uso (art. 9º, parágrafo único).

22.5.14. Merchandising

A técnica de *merchandising* tem regulação um tanto estranha na norma.

Como se verá na sequência, o anúncio publicitário há de ser ostensivo, claro, ficando patente para o consumidor que se trata de atividade publicitária sim.

---

29. Essa norma dá a entender que se pode filmar alguém sem que ele saiba, o que constitui flagrante violação ao direito à imagem, privacidade e intimidade garantidos na Constituição Federal (art. 5º, X).

A exceção fica por conta do *teaser* acima tratado. Mas é feita referência ao *merchandising*, dizendo que está submetido a todas as regras contidas na norma autodisciplinar.

Ora, a melhor característica do *merchandising* é ele passar despercebido, o que implica uma expressa contradição, que afinal não foi resolvida. O mesmo fenômeno atingiu as regras do CDC. Lá também ficou estabelecido que a publicidade deve ser vinculada de forma que o consumidor fácil e imediatamente a identifique como tal, o que vai contra o que mais se planeja com o *merchandising*[30].

22.5.15. Peça jornalística

Uma boa tática para iludir consumidores é a de plantar publicidade nos veículos de comunicação (especialmente mídia impressa — jornais e revistas —, mas também rádio e TV) travestida de matéria jornalística. É que, como o consumidor tende a acreditar na peça jornalística como que apresentando um evento verdadeiro, toma a ficção como realidade e é enganado.

A norma autodisciplinar permite que se faça a peça jornalística sob a forma de reportagem, artigo, nota, texto-legenda ou qualquer outra, desde que apropriadamente identificada para que se distinga das matérias verdadeiramente jornalísticas e editoriais (art. 30).

22.5.16. Identificação publicitária

Todo anúncio deve ser claramente distinguido como tal, seja qual for a sua forma ou meio de comunicação (art. 28)[31].

O anunciante deve estar facilmente identificável, seja pela marca do produto ou serviço ou pelo nome do fabricante, produtor, distribuidor, importador, construtor, prestador de serviço, locutor etc., enfim, qualquer fornecedor (art. 29)[32].

Nos anúncios impressos as agências devem também identificar-se (art. 29).

---

30. Ver item 23.2 onde os problemas com *merchandising* serão abordados.

31. Ver comentários ao art. 36 do CDC, no Capítulo 23, que repete essa regra, bem como o subitem 22.5.14, *retro*.

32. A exceção fica por conta do *teaser*, conforme apontado no item 22.5.13, *retro*.

22.5.17. Reconhecimento da influência do anúncio

A própria norma autorregulamentadora reconhece a influência que o anúncio publicitário exerce sobre a coletividade. É importante que assim seja exatamente para anular o depoimento de alguns publicitários que pretendem desresponsabilizar-se do que fazem, dizendo que a publicidade apenas reflete aquilo que a sociedade pensa e/ou faz.

A norma até realça o aspecto da influência, porque diz textualmente: "de vez que a publicidade exerce forte influência de ordem cultural sobre grandes massas de população" (art. 7º). Isso reforça a necessidade do controle administrativo e judicial da publicidade comercial.

22.5.18. Responsabilidade pelo anúncio

Na mesma linha do que vamos apresentar quando comentarmos a responsabilidade do anunciante, da agência e do veículo no CDC, a própria norma elaborada como autodisciplina já reconhece que são responsáveis pelo anúncio o anunciante, a agência de publicidade que o produziu e/ou veiculou e o veículo de divulgação utilizado (art. 3º).

Quanto ao veículo, é verdade, há outros limites que envolvem sua possibilidade ou não de aferição do dano que o anúncio possa causar, conforme também comentaremos. E a norma autorregulamentadora faz sua ressalva. Vejamos.

22.5.18.1. Responsabilidade solidária do anunciante e da agência

O anunciante e a agência são solidariamente responsáveis pelas infrações que o anúncio produzido possa gerar, bem como pelos danos que causar (art. 45, *a* e *b*).

22.5.18.2. Responsabilidade solidária do veículo

O veículo é também solidariamente responsável sempre que o anúncio contrariar as normas regulamentadoras do setor e as demais normas jurídicas aplicáveis (art. 45, *e*).

A fim de evitar sua responsabilização o veículo pode legitimamente recusar anúncio:

a) quando entender que o seu conteúdo fere, flagrantemente, os princípios e regras da norma autorregulamentadora, independentemente de decisão do CONAR (art. 45, *c1*)[33];

b) que fira a sua linha editorial, jornalística ou de programação (art. 45, *c2*);

c) que não tenha identificação do patrocinador, com exceção do *teaser* (art. 45, *c3*)[34];

d) de polêmica ou denúncia sem expressa autorização da fonte conhecida que responda pela autoria da peça (art. 45, *c4*).

22.5.18.3. Responsabilidade das pessoas físicas envolvidas

Os diretores, gerentes, sócios, administradores e demais envolvidos, como anunciantes, agências e veículos, são responsáveis, na medida de sua participação e/ou poder decisório, pelos danos que o planejamento, criação, execução e veiculação do anúncio possam causar (art. 46).

22.5.18.4. Origem do anúncio

O fato de o conteúdo ou a forma do anúncio serem originários, no todo ou em parte, de outras fontes que não as do anunciante ou da agência, a estes não desonera de responsabilização (art. 47, segunda parte).

22.5.19. Categorias especiais de anúncios

Reconhecendo a importância e gravidade dos anúncios que envolvem certos produtos e serviços, a norma autorregulamentadora fixou regras especiais para esses casos.

Na sequência, apresentamos cada um com suas normas específicas[35].

22.5.19.1. Bebidas alcoólicas

A norma define bebida alcoólica como aquela que como tal for classificada perante as normas jurídicas e as divide em três categorias: as

---

33. E por mais força de razão pode recusar qualquer anúncio que fira as leis vigentes, em especial a Constituição Federal e a Lei n. 8.078/90.

34. Sobre *teaser*, ver subitem 22.5.13, *retro*.

35. Deixaremos de indicar as normas dos anúncios relativos a "empregos e oportunidades" (Anexo C da norma) e "defensivos agrícolas" (Anexo R da norma), uma vez que não dizem respeito às relações de consumo.

normalmente consumidas durante as refeições, por isso ditas de mesa, como as cervejas e os vinhos; as demais bebidas alcoólicas, sejam elas fermentadas, destiladas, retificadas ou obtidas por mistura (normalmente servidas em doses); e as da categoria dos *ices, coolers, álcool pop, ready to drink, malternatives*, e produtos a eles assemelhados, em que a bebida alcoólica é apresentada em mistura com água, suco ou refrigerante.

I — Regra geral: por tratar-se de bebida alcoólica — produto de consumo restrito e impróprio para determinados públicos e situações —, a publicidade deverá ser estruturada de maneira socialmente responsável, sem se afastar da finalidade precípua de difundir marca e características, vedados, por texto ou imagem, direta ou indiretamente, inclusive *slogan*, o apelo imperativo de consumo e a oferta exagerada de unidades do produto em qualquer peça de comunicação.

II — Princípio da proteção a crianças e adolescentes: a publicidade não terá crianças e adolescentes como público-alvo. Diante desse princípio, os anunciantes e suas agências adotarão cuidados especiais na elaboração de suas estratégias mercadológicas e na estruturação de suas mensagens publicitárias, com as seguintes orientações e limitações:

a) crianças e adolescentes não figurarão, de qualquer forma, em anúncios; qualquer pessoa que neles apareça deverá ser e parecer maior de 25 anos de idade;

b) as mensagens serão exclusivamente destinadas a público adulto, não sendo justificável qualquer transigência em relação a este princípio. Assim, o conteúdo dos anúncios deixará claro tratar-se de produto de consumo impróprio para menores; não empregará linguagem, expressões, recursos gráficos e audiovisuais reconhecidamente pertencentes ao universo infanto-juvenil, tais como animais "humanizados", bonecos ou animações que possam despertar a curiosidade ou a atenção de menores nem contribuir para que eles adotem valores morais ou hábitos incompatíveis com a menoridade;

c) o planejamento de mídia levará em consideração este princípio, devendo, portanto, refletir as restrições e os cuidados técnica e eticamente adequados. Assim, o anúncio somente será inserido em programação, publicação ou *website* dirigidos predominantemente a maiores de idade. Diante de eventual dificuldade para aferição do público predominante, adotar-se-á programação que melhor atenda ao propósito de proteger crianças e adolescentes;

d) os *websites* pertencentes a marcas de produtos que se enquadrarem na categoria aqui tratada deverão conter dispositivo de acesso seletivo, de modo a evitar a navegação por menores.

III — Princípio do consumo com responsabilidade social: a publicidade não deverá induzir, de qualquer forma, ao consumo exagerado ou irresponsável. Assim, diante deste princípio, nos anúncios de bebidas alcoólicas:

a) eventuais apelos à sensualidade não constituirão o principal conteúdo da mensagem; modelos publicitários jamais serão tratados como objeto sexual;

b) não conterão cena, ilustração, áudio ou vídeo que apresente ou sugira a ingestão do produto;

c) não serão utilizados imagens, linguagem ou argumentos que sugiram ser o consumo do produto sinal de maturidade ou que ele contribua para maior coragem pessoal, êxito profissional ou social, ou que proporcione ao consumidor maior poder de sedução;

d) apoiados na imagem de pessoa famosa, adotar-se-ão as mesmas condicionantes dispostas nas regras para os testemunhais, atestados e endossos[36];

e) não serão empregados argumentos ou apresentadas situações que tornem o consumo do produto um desafio nem tampouco desvalorizem aqueles que não bebam; jamais se utilizará imagem ou texto que menospreze a moderação no consumo;

f) não se admitirá que sejam elas recomendadas em razão do teor alcoólico ou de seus efeitos sobre os sentidos;

g) referências específicas sobre a redução do teor alcoólico de um produto são aceitáveis, desde que não haja implicações ou conclusões sobre a segurança ou quantidade que possa ser consumida em razão de tal redução;

h) não se associará positivamente o consumo do produto à condução de veículos;

i) não se encorajará o consumo em situações impróprias, ilegais, perigosas ou socialmente condenáveis;

j) não se associará o consumo do produto ao desempenho de qualquer atividade profissional;

k) não se associará o produto a situação que sugira agressividade, uso de armas e alteração de equilíbrio emocional; e

l) não se utilizará uniforme de esporte olímpico como suporte à divulgação da marca.

---

36. Ver, *retro,* item 5.12 e subitens 5.12.1 a 5.12.7.

IV — Horários de veiculação: os horários de veiculação em rádio e TV, inclusive por assinatura, submetem-se à seguinte disciplina:

a) quanto à programação regular ou de linha: comerciais, *spots, inserts* de vídeo, textos-foguete, caracterizações de patrocínio, vinhetas de passagem e mensagens de outra natureza, inclusive o *merchandising* ou publicidade indireta, publicidade virtual e as chamadas para os respectivos programas só serão veiculados no período compreendido entre 21h30 e 6h00 (horário local)[37];

b) quanto à transmissão patrocinada de eventos alheios à programação normal ou rotineira: as respectivas chamadas e caracterizações de patrocínio limitar-se-ão à identificação da marca e/ou fabricante, *slogan* ou frase promocional, sem recomendação de consumo do produto. As chamadas assim configuradas serão admitidas em qualquer horário.

V — Cláusula de advertência: todo anúncio, qualquer que seja o meio empregado para sua veiculação, conterá "cláusula de advertência"[38], cujo teor é sempre fixado em resolução específica do Conselho Superior do CONAR, a qual refletirá a responsabilidade social da publicidade e a consideração de anunciantes, agências de publicidade e veículos de comunicação para com o público em geral. Diante de tais compromissos e da necessidade de conferir-lhes plena eficácia, a resolução deve levar em conta as peculiaridades de cada meio de comunicação e indicar, quanto a cada um deles, dizeres, formato, tempo e espaço de veiculação da cláusula. Integrada ao anúncio, a "cláusula de advertência" não invadirá o conteúdo editorial do veículo; será comunicada com correção, de maneira ostensiva e enunciada de forma legível e destacada e com os seguintes limites:

a) em rádio, deverá ser inserida como encerramento da mensagem publicitária;

b) em TV, inclusive por assinatura e em cinema, deverá ser inserida em áudio e vídeo como encerramento da mensagem publicitária. A mesma regra aplicar-se-á às mensagens publicitárias veiculadas em teatros, casas de espetáculo e congêneres;

c) em jornais, revistas e qualquer outro meio impresso; em painéis e cartazes e nas peças publicitárias pela internet, deverá ser escrita na forma adotada em resolução;

---

37. A Lei n. 9.294, retromencionada e analisada, dispõe no art. 4º um horário menos restrito: das 21h00 até 6h00 (ver subitem 4.2.). Desse modo, a autorregulamentação é melhor e mais limitadora que a lei, o que é muito bom.

38. Ver no inciso X as cláusulas de advertência já publicadas, especialmente de acordo com as Resoluções n. 1, 2 e 3 do Conselho Superior do CONAR, as três datadas de 18-2-2008.

d) nos vídeos veiculados na internet e na telefonia, deverá observar as mesmas prescrições adotadas para o meio TV;

e) nas embalagens e nos rótulos, deverá reiterar que a venda e o consumo do produto são indicados apenas para maiores de 18 anos.

Exceções: estão desobrigados da inserção de "cláusula de advertência" os formatos abaixo especificados que não contiverem apelo de consumo do produto:

a) a publicidade estática em estádios, sambódromos, ginásios e outras arenas desportivas, desde que apenas identifique o produto, sua marca ou *slogan*;

b) a simples expressão da marca, seu *slogan* ou a exposição do produto que se utiliza de veículos de competição como suporte;

c) as "chamadas" para programação patrocinada em rádio e TV, inclusive por assinatura, bem como as caracterizações de patrocínio desses programas;

d) os textos-foguete, vinhetas e passagem de assemelhados.

VI — Mídia exterior e congêneres: por alcançarem todas as faixas etárias, sem possibilidade técnica de segmentação, as mensagens veiculadas em mídia exterior e congêneres, sejam *outdoors, indoors*, em locais de grande circulação, telas e painéis eletrônicos, *back e front lights*, painéis em empenas de edificações, *busdoors*, envelopamentos de veículos de transporte coletivo, peças publicitárias de qualquer natureza no interior de veículos de transporte, veículos empregados na distribuição do produto; peças de mobiliário urbano e assemelhados etc., quaisquer que sejam os meios de comunicação e o suporte empregados, limitar-se-ão à exibição do produto, sua marca e/ou *slogan*, sem apelo de consumo, mantida a necessidade de inclusão da "cláusula de advertência".

VII — Comércio: sempre que mencionar o produto alcoólico, o anúncio assinado por atacadista, importador, distribuidor, estabelecimento varejista, bar, restaurante e assemelhado estará sujeito às mesmas normas aqui previstas.

VIII — Salas de espetáculos: a veiculação em cinemas, teatros e salões levará em consideração o disposto no subitem *II, letra "c"*.

IX — Ponto de venda: a publicidade em pontos de venda deverá ser direcionada a público adulto, contendo advertência de que a este é destinado o produto. As mensagens inseridas nos equipamentos de serviço, assim compreendidos as mesas, cadeiras, refrigeradores, luminosos etc., não poderão conter apelo de consumo e, por essa razão, ficam dispensadas da "cláusula de advertência".

X — *Cláusulas de advertência:*

a) Bebidas alcoólicas em geral:

— "BEBA COM MODERAÇÃO";

— "A VENDA E O CONSUMO DE BEBIDA ALCOÓLICA SÃO PROIBIDOS PARA MENORES DE 18 ANOS";

— "ESTE PRODUTO É DESTINADO A ADULTOS";

— "EVITE O CONSUMO EXCESSIVO DE ÁLCOOL";

— "NÃO EXAGERE NO CONSUMO";

— "QUEM BEBE MENOS, SE DIVERTE MAIS";

— "SE FOR DIRIGIR NÃO BEBA";

— "SERVIR BEBIDA ALCOÓLICA A MENOR DE 18 ANOS É CRIME".

b) Cervejas e vinhos:

— "BEBA COM MODERAÇÃO";

— "CERVEJA É BEBIDA ALCOÓLICA. VENDA E CONSUMO PROIBIDOS PARA MENORES DE 18 ANOS";

— "ESTE PRODUTO É DESTINADO A ADULTOS";

— "EVITE O CONSUMO EXCESSIVO DE ÁLCOOL";

— "NÃO EXAGERE NO CONSUMO";

— "QUEM BEBE MENOS, SE DIVERTE MAIS";

— "SE FOR DIRIGIR NÃO BEBA";

— "SERVIR CERVEJA A MENOR DE 18 ANOS É CRIME".

c) *Ices* e bebidas assemelhadas:

— "BEBA COM MODERAÇÃO";

— "A VENDA E O CONSUMO DE BEBIDA ALCOÓLICA SÃO PROIBIDOS PARA MENORES";

— "ESTE PRODUTO É DESTINADO A ADULTOS";

— "EVITE O CONSUMO EXCESSIVO DE ÁLCOOL";

— "NÃO EXAGERE NO CONSUMO";

— "QUEM BEBE MENOS, SE DIVERTE MAIS";
— "SE FOR DIRIGIR NÃO BEBA";
— "SERVIR BEBIDA ALCOÓLICA A MENOR DE 18 ANOS É CRIME".

22.5.19.2. Educação, cursos, ensino

A publicidade deve observar as seguintes determinações:

a) Não deverá afirmar ou induzir o público a crer que um estabelecimento ou curso é oficializado, reconhecido, autorizado, aprovado ou que tenha sua situação legal definida, a menos que o anunciante esteja em condição de comprová-lo.

b) Tendo em vista que nem todos os estabelecimentos e cursos que podem ser anunciados estão sujeitos a autorização de funcionamento e fiscalização das autoridades do ensino, recomenda-se aos anunciantes que tenham situação legal definida que facilitem a sua identificação, informando na publicidade o nome da escola ou curso e o respectivo ato oficial de autorização ou reconhecimento.

c) Para ser aceito como documento válido, capaz de possibilitar ao seu portador o prosseguimento dos estudos, a legislação em vigor estabelece determinados requisitos a serem atendidos pelo estabelecimento ou curso para a emissão de diplomas ou certificados. Assim sendo, os anúncios não deverão insinuar, sugerir ou afirmar que os diplomas ou certificados prometidos tenham valor mais amplo do que efetivamente tiverem. De igual forma, deverá ficar claro no anúncio quando o aluno estiver obrigado a submeter-se a exame de avaliação e/ou prova de assiduidade para validar o curso.

d) Não deverá afirmar ou induzir o consumidor a crer que a inscrição ou matrícula no curso lhe proporcionará um emprego, a menos que o anunciante assuma, no mesmo anúncio e com clareza, total responsabilidade.

e) Não se permitirá que o anúncio prometa benefícios exagerados quanto à conquista de títulos, tais como promessas de "doutoramento" quando, na verdade, o curso é de "bacharelado".

f) Não se permitirão promessas de sucesso ou promoção garantida na carreira profissional do aluno, a não ser que tais fatos sejam comprováveis.

g) Não se admitirão alegações inverídicas sobre o nível do curso anunciado, como é o caso da frase "em nível de pós-graduação" para designar simples curso de extensão cultural.

h) O anúncio de curso ou cursinho que exigir frequência do aluno deverá explicitar o tempo de sua duração.

i) O anúncio que fizer menção a preço deverá indicar claramente o total a ser pago pelo aluno.

j) A utilização de testemunhas e a publicação de listas de aprovação em concursos e exames vestibulares estão sujeitas a comprovação.

k) O anúncio de curso de instrução ou de preparação para o aprendizado de ofícios ou matérias que conduzam a exames profissionais ou técnicos não poderá oferecer empregos ou oportunidades irreais de remuneração, a menos que o anunciante assuma, no mesmo anúncio e com clareza, total responsabilidade.

l) O anúncio de curso de instrução ou preparação para concursos públicos ou exames vestibulares não poderá prometer a aprovação do candidato nos concursos ou exames.

m) O anúncio de curso por correspondência ou a distância, além das recomendações contidas nos itens anteriores, atenderá ao seguinte:

m.1) tornará explícito que o curso é ministrado por correspondência ou a distância e de nenhum modo procurará confundi-lo com curso por frequência;

m.2) deverá divulgar nos anúncios impressos o nome do anunciante (ou título do estabelecimento) e o respectivo endereço completo, que não poderá restringir-se ao número da caixa postal. Quando contiver cupom ou similar, o endereço completo deverá figurar também no corpo do anúncio.

22.5.19.3. *Venda e aluguel*

São as seguintes as determinações:

a) Essas normas específicas somente se aplicam aos anúncios de maiores dimensões, particularmente os de lançamento, delas ficando excetuados os anúncios *reminder* (recordatórios), os de pequeno espaço e os classificados, bem como a propaganda feita pela televisão e pelo rádio.

b) Não se deve confundir propositada e maliciosamente "sinal" com "entrada", dessa forma induzindo o consumidor a erro de julgamento quanto ao real valor do imóvel e suas próprias condições para adquiri-lo. "Sinal" é a parcela inicial que o comprador dá ao vendedor no ato da reserva do imóvel; "entrada" é o montante que o comprador paga ao vendedor até o ato da escritura de promessa de compra e venda[39].

---

39. A norma faz confusão entre "sinal" e "entrada". Ambos podem ter o mesmo significado. É que o sinal pode ser tanto o que a norma diz, parcela de reserva do imóvel, como princípio de pagamento. E entrada não precisa necessariamente ser o valor pago até "o ato

c) Não se deve confundir propositada e maliciosamente prestação de "poupança" com prestação relativa à amortização do "financiamento". "Poupança" é o pagamento, facilitado em parcelas e prestações mensais, originário de recursos próprios do comprador e realizado até o "habite-se" do imóvel; à "poupança" sucedem-se as prestações correspondentes à amortização do "financiamento" após o "habite-se"[40].

d) Caso o preço seja citado, deve ele ser específico do imóvel oferecido e referir-se ao seu valor total; quando o imóvel for destinado a público de baixo ou médio poder aquisitivo, devem ser mencionadas as despesas de aquisição a cargo do comprador[41].

e) Na hipótese de locação ou *leasing* o anúncio deverá deixar claro se existirão (ou não) para o locatário ônus de qualquer natureza, decorrentes da transação.

f) Tratando-se de imóvel novo, o nome do vendedor ou imobiliária deve constar do anúncio, recomendando-se que nele figurem também o nome da construtora e do incorporador e, ainda, o do órgão financiador.

g) Quando o anúncio fornecer o valor do imóvel em dinheiro, deve ser especificado o preço total, poupança, parcelas intermediárias e números de prestações, sempre com os respectivos valores[42].

h) Deverá ser igualmente especificada a "área comum", dela se distinguindo claramente a "área útil", evitando-se expressões como "área real de construção", que não são suficientemente claras.

i) Quando for mencionado o material a ser empregado na construção, deve ser especificada a natureza, o tipo e, se possível, a marca.

---

da escritura de promessa de compra e venda", como quer a norma. Vale o esforço, mas o texto equivocado de nada serve. Do ponto de vista da Lei n. 8.078, tanto sinal quanto entrada terão valor pelo seu significado no texto do anúncio.

40. Mais uma vez vale o esforço da norma ao pretender definir poupança. Mas, ao afirmar categoricamente que ela vai até o habite-se, fica equívoca, uma vez que, como o habite-se é documento a ser expedido pelos órgãos fiscais competentes, pode acontecer — como ocorre muitas vezes — de as datas não coincidirem (aliás, o que pode gerar dano ao consumidor).

41. Esquisita a norma. Parece que o público-alvo de maior renda pode ser enganado por omissão. Mas não pode porque infringe o CDC.

42. Novamente uma esquisitice, porquanto o preço do imóvel somente pode ser em "dinheiro". E, ainda que se possa pensar em oferta para troca de imóveis, o preço do imóvel que se oferece deve sempre constar para fins de referência da possível troca.

j) Se o anúncio fornecer a localização do imóvel, deve tal indicação ser feita segundo a designação oficial. Considera-se designação oficial, para os efeitos do presente:

j.1) no caso de imóveis rurais, o Estado, o Município, o Distrito e a circunscrição;

j.2) no caso de imóveis urbanos, o bairro e a circunscrição imobiliária.

k) No caso de financiamento pelo Sistema Financeiro da Habitação, deverá ser claramente indicada a renda mensal exigida do comprador para a aquisição do imóvel.

l) Em áreas de loteamento deve ser fornecida a distância, em quilômetros, do centro da cidade mais próxima, a metragem do lote e as condições de pagamento, delas constando o valor da entrada, parcelas intermediárias e prestações.

m) No caso de apartamentos, bem como de salas e andares para escritórios, quando as unidades tiverem preços diferentes por andar, deve esse fato ser mencionado e o preço citado identificar o que está sendo oferecido.

Esses preceitos aplicam-se aos loteamentos, devendo-se indicar claramente o valor do imóvel segundo a localização dos lotes.

n) Quando o anunciante for empresa ou corretor autônomo, é obrigatória a inclusão no anúncio dos respectivos números de registros (CRECI etc.).

o) O anúncio deve explicar o estado do imóvel ou a situação da construção, bem como o prazo de entrega.

p) Fotografias e ilustrações que porventura figurem nos anúncios devem reproduzir fielmente o imóvel e o local onde se situa, não devendo induzir o consumidor em erro de julgamento.

22.5.19.4. Investimentos, empréstimos e mercado de capitais

O anúncio deve obediência ao seguinte:

a) *Direito de informação*

Respeitar o direito de informação dos investidores, acionistas, aplicadores individuais e institucionais, terceiros que negociam com valores mobiliários, instituições públicas e organismos internacionais — observando escrupulosamente a necessidade de lhes serem oferecidos todos os esclarecimentos para uma decisão criteriosa e consciente —, conforme preceitua a legislação sobre a matéria.

b) *Sigilo*

Resguardar, sem prejuízo do item anterior, o sigilo inerente à coisa financeira, cuidando para que não seja violada a privacidade dos investidores.

c) *Projeções ou estimativas de resultados*

Caso os anúncios contenham projeções ou estimativas de resultados futuros (rendimentos, rentabilidade, valorização ou quaisquer outros), sob a forma de índice ou percentual, deverão:

c.1) esclarecer em que bases foi realizada a projeção ou estimativa;

c.2) explicitar se foi considerada ou não a tributação ou impostos pertinentes, se houve ou não reaproveitamento de lucros gerados no período analisado, se foram ou não deduzidos incentivos fiscais e, principalmente, se a projeção ou estimativa foi feita a partir de resultados pretéritos cuja repetição possa ser incerta ou improvável no futuro.

d) *Propaganda comparativa*

Respeitar as mesmas bases e condições de comparação quanto a prazos, garantias, liquidez, resgate e critérios de cálculo de rentabilidade em outros benefícios produzidos pelos bens ou serviços anunciados.

e) *Educação e orientação do investidor*

Considerando a necessidade do contínuo aprimoramento do mercado financeiro e de capitais mediante a melhoria dos níveis de informação e educação dos investidores, os anúncios deverão:

e.1) valorizar o conteúdo informativo e educacional das mensagens;

e.2) evitar proposições que ajam no sentido da desinformação ou da confusão dos investidores.

f) *Regulamentações específicas*

Sem embargo das disposições acima, as empresas integrantes do Sistema Financeiro Nacional poderão atender a recomendações sobre atividades publicitárias emanadas de seus órgãos de representação institucional, se e quando campanhas específicas recomendarem procedimentos comuns e uniformidade no processo de comunicação em benefício da melhor orientação e informação do público investidor.

22.5.19.5. *Lojas e varejo*

Na publicidade de varejo:

a) Em caso de oferta de produtos com venda a crédito, devem ser mencionados, além do preço à vista, o número de pagamentos, os valores da entrada e da prestação e o valor total do financiamento[43].

---

43. Ver nossos comentários no Capítulo 37.

b) Quando for mencionada redução de preços, deve o anúncio explicitar ambos os valores, ou seja, o antigo e o novo. Fica suprida essa exigência quando a redução for em números relativos (percentual) e não absolutos.

c) Deve ficar explícito nos anúncios:

c.1) quando a oferta envolver produtos descontinuados ou sem garantia do fabricante[44];

c.2) quando se tratar de produtos que não estejam em estado de novo, como, por exemplo, pontas de estoque, saldos etc.;

c.3) quando o produto requer instalação técnica especializada que onere significativamente a compra.

d) Em se tratando de bem durável originalmente com garantia do fabricante e que esteja sendo oferecido sem ela, tal circunstância deverá ficar clara no anúncio.

e) Na propaganda de vendas a crédito, são condenáveis as alegações exageradas sobre facilidades no processo de abertura de crédito.

22.5.19.6. Produtos alimentícios

A norma regula a propaganda comercial de alimentos, refrigerantes, sucos, achocolatados, bebidas não carbonatadas e as isentas de álcool a elas assemelhadas. Esses anúncios deverão:

a) adotar terminologia de acordo com o licenciamento oficial, seja para designar qualidades como "diet", "light", "não contém açúcar", "não contém glúten", seja para descrever quaisquer outras características distintivas que orientem as escolhas do consumidor;

b) evitar qualquer associação a produtos fármaco-medicinais;

c) valorizar e encorajar, sempre que possível, a prática de exercícios físicos e atividades afins;

d) abster-se de encorajar ou relevar o consumo excessivo nem apresentar situações que incentivem o consumo exagerado ou conflitem com essa recomendação;

e) abster-se de menosprezar a importância da alimentação saudável, variada e balanceada;

---

44. Sobre garantia legal de 30 e 90 dias, ver comentários ao art. 26 do CDC nos Capítulos 19 e 20.

f) abster-se de apresentar qualquer produto como substituto das refeições básicas (desjejum, almoço e jantar), a menos que tal indicação esteja embasada em responsável opinião médica ou nutricional, reconhecida pela autoridade sanitária;

g) limitar afirmações técnicas relativas aos benefícios à saúde e à nutrição às que forem compatíveis com o licenciamento oficial e amparadas em responsável opinião médica ou nutricional. Nesse caso, tais afirmações deverão ser apresentadas em linguagem acessível ao consumidor[45];

h) apresentar corretamente as características de sabor, tamanho, conteúdo, peso, benefícios nutricionais e de saúde;

i) evitar a exploração de benefícios potenciais derivados do consumo do produto, tais como a conquista de popularidade, a elevação de *status* ou êxito social, sexual, desempenho escolar, esportivo etc.;

j) abster-se de desmerecer o papel dos pais, educadores, autoridades e profissionais de saúde quanto à correta orientação sobre hábitos alimentares saudáveis e outros cuidados com a saúde;

k) ao utilizar personagens do universo infantil ou apresentadores de programas dirigidos a esse público-alvo, fazê-lo apenas nos intervalos comerciais, evidenciando a distinção entre a mensagem publicitária e o conteúdo editorial ou da programação;

l) abster-se de utilizar crianças muito acima ou muito abaixo do peso normal, segundo os padrões biométricos comumente aceitos, evitando que elas e seus semelhantes possam vir a ser atingidos em sua dignidade.

Além disso, quando o produto for destinado à criança, sua publicidade deverá, ainda, abster-se de qualquer estímulo imperativo de compra ou consumo, especialmente se apresentado por autoridade familiar, escolar, médica, esportiva, cultural ou pública, bem como por personagens que os interpretem, salvo em campanhas educativas, de cunho institucional, que promovam hábitos alimentares saudáveis.

Está estabelecido também que a publicidade que aludir a propriedades funcionais dos produtos regulados pela norma deverá estar baseada em dados fáticos, técnicos ou científicos e, naturalmente, estar em conformidade com o respectivo licenciamento oficial.

---

45. A norma fala em "consumidor médio", conceito muito utilizado, mas que não tem valor semântico real. Há que considerar apenas o consumidor, pensando a comunicação de forma inteligível, razoável e de bom senso.

E, para evitar a enganosidade, a publicidade de bebidas não alcoólicas deverá abster-se de gerar confusão quanto:

a) à qualidade, natureza e tipo de produto;

b) ao valor calórico do produto;

c) à sua natureza (natural ou artificial), bem como quanto à presença de aditivos, quando for o caso.

Por fim, na publicidade dos produtos regulados pela norma, a interpretação haverá de ser mais restritiva quando:

a) for apregoado o atributo de "produto natural";

b) o produto for destinado ao consumo por crianças.

22.5.19.7. *Médicos, dentistas, veterinários, parteiras, massagistas, enfermeiros, serviços hospitalares, paramédicos, para-hospitalares, produtos protéticos, dietéticos, tratamentos e dietas*

I — A publicidade a que se refere este subitem não poderá anunciar:

a) a cura de doenças para as quais ainda não exista tratamento próprio de acordo com os conhecimentos científicos comprovados;

b) métodos de tratamentos e diagnósticos ainda não consagrados cientificamente;

c) especialidade ainda não admitida pelo respectivo ensino profissional;

d) a oferta de diagnóstico e/ou tratamento mediante serviço postal;

e) produtos protéticos que requeiram exames e diagnósticos de médicos especialistas.

II — A propaganda dos profissionais a que se refere este subitem não pode anunciar:

a) o exercício de mais de duas especialidades;

b) atividades proibidas nos respectivos códigos de ética profissional.

III — A propaganda de serviços hospitalares e assemelhados deve, obrigatoriamente, mencionar a direção médica responsável.

IV — A propaganda de produtos dietéticos isentos de prescrição médica deve submeter-se às normas relativas a produtos farmacêuticos populares[46].

Portanto:

---

46. Ver subitem 22.5.19.8, *infra*.

a) não pode ser elaborada fora das normas do licenciamento do produto pelas autoridades competentes;

b) não pode apresentar propriedades científicas não contidas no produto;

c) não pode oferecer promessa de recompensa aos que não obtiverem resultados satisfatórios com o emprego do produto;

d) não pode exibir ilustrações com deformações físicas indecorosas ou que choquem o consumidor;

e) não pode omitir as contraindicações e os efeitos negativos ou colaterais porventura provocados pelo produto;

f) não pode conter asserção ou indicação que implique a ideia de que o emprego do produto prescinde de recomendação ou assistência médica;

g) recomenda-se que a propaganda desse gênero de produto ou serviço deva ter um teor mais educativo-informativo do que persuasivo.

V — A propaganda de tratamentos médicos e de dietas será regida pelos seguintes princípios:

a) deve, antes de mais nada, estar de acordo com a disciplina dos órgãos profissionais e governamentais sobre o assunto;

b) precisa mencionar a direção médica responsável;

c) deve dar uma descrição clara e adequada do caráter do tratamento ou da dieta;

d) não pode conter testemunhais fornecidos por leigos;

e) não pode conter promessa de cura ou de recompensa àqueles que não obtiverem êxito com a utilização do tratamento ou dieta.

22.5.19.8. *Produtos farmacêuticos populares*[47]

As regras aqui estabelecidas dizem respeito aos produtos farmacêuticos cuja venda, nos termos da lei, independe de prescrição médica. As determinações são as seguintes:

I — A embalagem, rotulagem e publicidade de medicamentos populares deverão estar de acordo com toda a legislação pertinente:

---

47. As regras deste anexo foram elaboradas pela Associação Brasileira da Indústria Farmacêutica — Abifarma.

a) Entende-se por medicamentos populares aqueles considerados por lei como de venda livre. São medicamentos reconhecidos pelo competente órgão do Ministério da Saúde como seguros para uso de consumidores com base em sua formulação e rotulagem. São produtos geralmente formulados para alívio sintomático ou tratamento de pequenos males facilmente reconhecidos por consumidores.

b) Entende-se por embalagem todo invólucro, recipiente ou qualquer forma de acondicionamento removível ou não destinados a cobrir, empacotar, envasar, proteger ou manter, especificamente ou não, os produtos farmacêuticos populares.

c) Entende-se por rotulagem qualquer identificação por palavras ou ilustrações presentes na embalagem.

II — A publicidade de medicamentos populares:

a) não deverá conter nenhuma afirmação quanto à ação do produto que não seja baseada em evidência clínica, ou científica, ou em responsável opinião médica;

b) não deverá ser feita de molde a sugerir cura ou prevenção de qualquer doença que exija tratamento sob supervisão médica;

c) não deverá ser feita de molde a resultar em uso diferente das ações terapêuticas constantes do relatório submetido ao Ministério da Saúde;

d) não deverá se utilizar de prêmios, concursos ou recursos semelhantes que induzam o consumidor ao uso desnecessário de medicamentos;

e) deve evitar qualquer inferência associada ao uso excessivo de drogas;

f) não deverá ser feita de molde a induzir o uso de produtos por crianças sem supervisão dos pais;

g) não deverá mostrar pessoas na dependência do contínuo uso de medicamentos como soluções simplistas para problemas emocionais ou estados de humor;

h) não deverá levar o consumidor a erro quanto ao conteúdo, tamanho da embalagem, aparência, usos, velocidade de alívio ou ações terapêuticas do produto;

i) deverá ser cuidadosa e verdadeira quanto ao uso da palavra escrita ou falada, bem como efeitos visuais. A escolha de palavras deverá atender não somente a definições presentes em dicionários atualizados, mas também seu significado como geralmente compreendido pelo grande público;

j) não deverá conter afirmações ou dramatizações que induzam a medo ou apreensão por parte do leitor, ouvinte ou espectador de que esteja, ou possa vir, sem tratamento, a sofrer de alguma doença séria;

k) deverá enfatizar os usos e ações do produto em questão. Comparações injuriosas com concorrentes não serão toleradas. Qualquer comparação somente será admitida quando facilmente perceptível pelo consumidor ou baseada em evidência comprovável cientificamente. Não deverão ser usados jargões científicos com dados irrelevantes ou estatísticas de validade duvidosa ou limitada, que possam sugerir uma base científica que o produto anunciado não tenha;

l) não deverá conter nenhuma afirmação ou apresentação visual ou auditiva que seja obscena, repulsiva, grosseira ou discriminatória de raça, credo, condição social ou intelectual;

m) em hipótese alguma deverá conter qualquer oferta de devolução de dinheiro pago pela compra de um medicamento popular.

III — Qualquer referência a estudos, quer científicos ou de consumo, deverá sempre ser baseada em pesquisas feitas e interpretadas honestamente, respeitadas normas técnicas universalmente aceitas. Os resultados ou conclusões apresentados ao consumidor devem ser honestos, corretos e comprobatórios.

IV — Testemunhos usados na publicidade de medicamentos populares somente poderão advir de reais consumidores do produto e com a permissão destes por escrito.

Os testemunhos poderão ser opiniões, mas somente ligadas à experiência de uso do produto. Toda e qualquer afirmação testemunhal está igualmente sujeita às normas autorregulamentadoras.

V — Qualquer referência a médicos, hospitais ou pessoas ligadas à medicina, quer brasileiros ou não, somente poderá ser feita mediante efetiva comprovação independente.

VI — É proibida a publicidade de medicamentos populares que inspire violência ou difunda superstição.

VII — É proibida a publicidade de medicamentos populares que induza a diagnóstico pelo correio.

VIII — É proibida a publicidade de medicamentos populares que contenha afirmações injuriosas à profissão médica ou ao valor de cuidados ou tratamentos médicos.

22.5.19.9. Produtos de fumo[48]

No anúncio de produtos de fumo:

a) não se sugerirá que os produtos transfiram ou proporcionem ao consumidor qualquer potência ou força anormal;

b) não se admitirá a promoção de consumo exagerado ou irresponsável;

c) não se sugerirá ou induzirá ao consumo em locais ou situações ilegais ou perigosas;

d) não se fará qualquer apelo dirigido a menores. Qualquer pessoa que, fumando ou não, apareça em anúncio regido por este item deverá ser e parecer maior de idade;

e) nenhum anúncio deve ser inserido em qualquer veículo dirigido basicamente a menores de idade;

f) na publicidade pela televisão atender-se-á especialmente aos seguintes requisitos:

f.1) os comerciais e mensagens de outra natureza, inclusive o chamado *merchandising*, pela televisão, só serão transmitidos nos horários que vão das 21 às 6 horas, exceção feita aos eventos especiais patrocinados cuja determinação de horário independa do controle do veículo ou do anunciante;

f.2) no caso de "chamadas" para programações patrocinadas, será permitida, em qualquer horário, a simples menção do produto, sua marca e seu fabricante, acompanhada apenas de um *slogan* ou frase promocional, desde que tais mensagens não firam os preceitos e o espírito do Código Brasileiro de Autorregulamentação Publicitária;

g) a veiculação de anúncios em cinemas, teatros e salões só será permitida a partir das 20 horas, salvo quando o espetáculo for proibido a menores de 18 anos.

22.5.19.10. Produtos inibidores do fumo

Não será aceita a propaganda de qualquer produto que se proponha a inibir o hábito de fumar sem que o anunciante torne claro que o produto

---

[48]. Ver no item 22.4, *retro*, nossos comentários à Lei n. 9.294/96, que dispõe sobre restrições ao uso e à publicidade de produtos fumígenos, bebidas alcoólicas, medicamentos, terapias e defensivos agrícolas.

oferece apenas uma ajuda e que o êxito de sua aplicação dependerá da força de vontade de quem o utilizar.

22.5.19.11. Profissionais liberais

Os anúncios de profissionais liberais, com profissão definida e regulamentada em lei, terão de conter o nome do anunciante, seu título profissional, sua especialidade, seu endereço e o número de seu registro na respectiva Ordem ou Conselho.

22.5.19.12. Reembolso postal ou vendas pelo correio[49]

A propaganda que objetiva vendas pelo reembolso postal é uma forma muito especial de comunicação publicitária, porquanto dispensa os públicos intermediários (sobretudo o varejista), que podem facilitar ao consumidor a chance de ver e, em alguns casos, experimentar o produto antes da compra. Nas vendas pelo reembolso postal a decisão de compra é feita em geral por consumidores colocados a distância dos grandes centros urbanos e apenas com base nas informações fornecidas pelo vendedor em anúncios, folhetos e prospectos enviados pelo correio (mala-direta)[50].

Por essas razões:

a) A primeira obrigação de qualquer peça publicitária que visa a venda por reembolso postal é fornecer informações precisas e claras sobre o produto oferecido, pois será exclusivamente com base nesses dados que o consumidor irá fazer sua decisão de compra sem nem sequer ver o produto anunciado.

b) Entre as informações acima devem figurar — além daquelas atinentes às virtualidades do produto oferecido — uma descrição objetiva deste, seu preço e condições de pagamento, prazo de entrega, condições de perecimento do produto (quando for o caso), condições de devolução (se forem oferecidas[51]), garantias e facilidades de serviço e manutenção pós-venda.

---

49. Ver nossos comentários no item 21.13 sobre o art. 33 do CDC.

50. Ver nossos comentários no item 21.13 sobre o art. 33 do CDC. A norma está desatualizada. As vendas anunciadas pela TV e adquiridas por telefone e as feitas pela Internet são, também, canais importantes (ver nossos comentários ao art. 49 do CDC no Capítulo 35, *infra*).

51. O art. 49 do CDC dá ao consumidor o direito ao arrependimento, o que lhe garante a prerrogativa de devolução de qualquer produto ou serviço no prazo de 7 dias (ver nossos comentários no Capítulo 35, *infra*).

c) A razão social do anunciante, bem como o seu endereço completo, devem figurar no anúncio. Quando o anúncio contiver um cupom, o endereço não poderá figurar apenas nele[52].

d) A razão social do anunciante deve figurar com destaque no endereço que é fornecido pela propaganda, e, nesse endereço, o anunciante deve ter condições para atender a consultas dos consumidores e, ainda, condições de mostrar e demonstrar o produto anunciado mesmo na forma de modelos ou amostras.

22.5.19.13. *Turismo, viagens, excursões, hotelaria*

A propaganda de turismo, viagens, excursões e hotelaria deverá ser concebida de forma que se evitem desapontamentos para o consumidor. Portanto, no caso particular de excursões, o material publicitário — sejam anúncios, sejam folhetos e prospectos — deve fornecer dados precisos no tocante aos seguintes aspectos:

a) a firma ou organização responsável pela excursão;

b) o meio de transporte, nome da empresa transportadora, tipo ou classe do avião, dados sobre o navio ou outro meio de transporte;

c) destinos e itinerários;

d) a duração exata da excursão e o tempo de permanência em cada localidade;

e) o tipo e o padrão das acomodações de hotel e as refeições porventura incluídas no preço-pacote;

f) quaisquer benefícios incluídos, tais como passeios, ingressos de museus etc.;

g) o preço total da excursão — pelo menos em seus limites máximo e mínimo —, com indicação precisa do que está ou não incluído (traslados de/e para aeroportos e hotéis, carregadores, gorjetas etc.);

h) condições de cancelamento.

22.5.19.14. *Veículos motorizados*

Na propaganda de automóveis, caminhões, ônibus e tratores:

a) não se permitirá a divulgação de dados de desempenho que correspondam a condições de uso atípicas para a maioria dos consumidores — a não ser quando tais condições forem claramente especificadas;

---

52. Ver art. 33 do CDC e nossos comentários no item 21.13.

b) não se permitirá que o anúncio contenha sugestões de utilização do veículo que possam pôr em risco a segurança pessoal do usuário e de terceiros, tais como ultrapassagens não permitidas em estradas, excesso de velocidade, não utilização de acessórios de segurança, desrespeito à sinalização, desrespeito aos pedestres e às normas de trânsito de forma geral;

c) também não serão permitidos anúncios que induzam o usuário a desrespeitar, quando na direção de veículos motorizados, as regras de silêncio e de higiene das vias públicas, bem como do respeito aos recursos naturais e ecológicos, quando em viagem;

d) os anúncios não deverão induzir a erro quanto às características específicas do veículo, tais como consumo, velocidade, desempenho, conforto e segurança.

22.5.19.15. Armas de fogo

A publicidade de arma de fogo de uso civil atenderá às seguintes recomendações especiais:

a) O anúncio deverá deixar claro que a aquisição do produto dependerá de registro concedido por autoridade competente:

a.1) essa exigência não deve ser apresentada como mera formalidade;

a.2) o anúncio não deverá divulgar facilidades de registro.

b) O anúncio não deverá ser emocional. Assim sendo:

b.1) não exibirá situações dramáticas nem se valerá de notícias que induzam o consumidor à convicção de que o produto é a única defesa ao seu alcance;

b.2) não deverá provocar o temor popular;

b.3) não apresentará o possuidor de arma de fogo em situação de superioridade em relação a perigos ou pessoas;

b.4) não exibirá crianças ou menores de idade;

b.5) não se valerá de testemunhal, a não ser de educadores, técnicos, autoridades especializadas, esportistas e caçadores, formulado no sentido de alertar e educar o consumidor;

b.6) não oferecerá facilidades ou brindes para aquisição do produto.

c) O anúncio deverá ainda:

c.1) cingir-se à apresentação do modelo, suas características e preço;

c.2) evidenciar que a utilização do produto exige treinamento e equilíbrio emocional;

c.3) colocar em relevo o risco, para a comunidade, da guarda do produto em lugar inseguro.

d) O anúncio não será veiculado em publicação dirigida ao público infantojuvenil.

e) O anúncio só poderá ser veiculado pela televisão no período das 23 às 6 horas.

22.6. Obrigação de fazer publicidade

A publicidade, em princípio, é uma prerrogativa. O fornecedor dela se utiliza caso queira. Mas a Lei n. 8.078, em duas oportunidades, obriga o fornecedor a fazer publicidade.

A primeira, já comentada, aparece no § 1º do art. 10 como exigência para uma cabal eficácia do *recall*[53].

A outra está estampada nos arts. 56 (inciso XII) e 60 (§ 1º). É a chamada "contrapropaganda", que, como se verá, deve ser imposta como forma de, ao menos, diminuir os efeitos da prática anterior da publicidade enganosa ou abusiva[54].

22.7. Exercícios

22.7.1. Pesquise, assistindo televisão, um anúncio publicitário enganoso, que contrarie as normas estabelecidas para a publicidade. Descreva e comente o anúncio.

22.7.2. Pesquise e leve para a sala de aula um anúncio publicitário veiculado em jornal ou revista. Comente o anúncio, apontando as violações.

---

53. Ver Capítulo 8.
54. Ver, *infra*, subitens 24.8 e 25.18.

23. A PUBLICIDADE CLANDESTINA

A chamada publicidade clandestina é proibida pelo CDC, pela regra estatuída no *caput* de seu art. 36, que dispõe:

"A publicidade deve ser veiculada de tal forma que o consumidor, fácil e imediatamente, a identifique como tal"[1].

23.1. Proibição da publicidade clandestina

O texto do *caput* do art. 36 repete em parte a norma do Código Brasileiro de Autorregulamentação Publicitária (art. 9º, *caput*), que, como vimos, diz que a atividade publicitária tem de ser sempre ostensiva.

No *caput* do art. 36 a lei determina que, além de ostensivo, o anúncio publicitário deve ser claro e passível de identificação imediata pelo consumidor. É a proibição da chamada "publicidade clandestina".

A conhecida técnica do *merchandising* — que é especialmente praticada em programas e filmes transmitidos pela televisão ou projetados no cinema — afronta diretamente essa norma.

23.2. A técnica do merchandising

O *merchandising* é a técnica utilizada para veicular produtos e serviços de forma indireta por meio de inserções em programas e filmes. Dessa maneira, muitos produtos são veiculados sem que os consumidores se deem conta de que o que eles estão assistindo significa uma prática publicitária, mesmo nos casos mais evidentes. De fato, quando uma personagem importante na novela das 8 entra num bar e pede uma Coca-Cola, o telespectador-consumidor não sabe se aquela demonstração específica é ou não publicidade do produto veiculado. Nem tudo é, mas muitas são.

---

1. Note-se que o art. 36 tem um parágrafo único, mas que aqui nem citamos porque está totalmente dissociado do *caput*. Faremos comentário dele no Capítulo 26, que cuida da prova da verdade e correção de publicidade.

Existem várias maneiras de produzir o chamado *merchandising*.

Haverá aquele que, apesar de se caracterizar por inserção indireta, não se reveste de clandestinidade. É que, em alguns casos, fica claro para o consumidor — ou telespectador — que se trata de publicidade. Cite-se como exemplo o caso do apresentador que, durante o transcurso do programa de auditório, oferece produtos e até os elogia.

23.2.1. O tipo de *merchandising* proibido

O problema está no *merchandising* típico da clandestinidade, uma vez que a finalidade dessa técnica é exatamente não aparecer como publicidade. E é desta que cuidaremos na sequência.

23.2.2. Enganosidade e abusividade

Mais à frente, comentaremos o controle e a proibição de publicidade enganosa e abusiva. Mas é de indagar aqui, no âmbito do anúncio que não é identificado fácil e imediatamente pelo consumidor, se tal técnica não poderia ser entendida como enganosa ou abusiva.

Com efeito, o § 1º do art. 37 diz que "é enganosa qualquer modalidade de informação ou comunicação de caráter publicitário, inteira ou parcialmente falsa, ou, por qualquer outro modo, mesmo por omissão, capaz de induzir em erro o consumidor a respeito da natureza, características, qualidade, quantidade, propriedades, origem, preço e quaisquer outros dados sobre produtos e serviços", sendo que o § 3º dispõe: "... a publicidade é enganosa por omissão quando deixar de informar sobre dado essencial do produto ou serviço".

O § 2º do mesmo artigo disciplina que é "abusiva, dentre outras, a publicidade discriminatória de qualquer natureza, a que incite à violência, explore o medo ou a superstição, se aproveite da deficiência de julgamento e experiência da criança, desrespeita valores ambientais, ou que seja capaz de induzir o consumidor a se comportar de forma prejudicial ou perigosa à sua saúde ou segurança".

Conforme exporemos no exame do art. 37, sua leitura faz com que percebamos que o *merchandising* não é nem publicidade enganosa nem publicidade abusiva *só pelo fato* de ser *merchandising*. Poderá ser tanto enganosa quanto abusiva se o próprio *merchandising*, ao ser praticado, enquadrar-se na descrição legal, em toda a sua significação. Ou seja, se, além de ser apresentado o produto e o serviço por meio da técnica do *merchandising*, for possível identificar conteúdo enganoso ou abusivo no anúncio[2].

O problema com esse tipo de *merchandising* está relacionado a sua própria natureza: ele se traduz numa técnica de ocultação que não permite a avaliação crítica do consumidor.

Pelo uso dessa técnica o consumidor é levado a acreditar em situações que em princípio não corresponderiam à realidade. Por exemplo: uma personagem na novela das 8 torna-se famosíssima e muito querida dos telespectadores-consumidores. Isso faz com que estes passem a olhar para ela, para seu comportamento, com muito carinho e a acreditar em muitas das coisas que ela diz e faz. Prova disso é o sempre inevitável lançamento de "modas" por esses personagens das novelas. Pois bem, aprisionada a crença do consumidor pela personagem que se tornou querida, há a possibilidade inevitável de esse personagem vender o que anuncia[3].

Quando esse personagem é incorporado num anúncio publicitário, sua influência é atenuada, pois o consumidor está assistindo a uma publicidade e sabe disso, podendo atuar criticamente. Contudo, quando a personagem, "dentro" da novela, isto é, enquanto ainda é personagem e, portanto, fazendo parte da ficção, utiliza-se de um produto, o consumidor não percebe o "detalhe" e é induzido a gostar desse produto. Em outras palavras, toma a ficção por realidade, perde o senso crítico e a capacidade de escolha.

E nesse sentido, sem liberdade de escolha, o CDC acaba sendo contrariado como um todo em sua filosofia, que pressupõe a avaliação crítica do consumidor.

Na realidade, essa questão da falta de análise pelo consumidor é um problema de toda a publicidade enganosa e que nesse tipo de técnica já nasce especificamente assim, pois o consumidor recebe a informação, mas não a avalia como apelo de vendas. E, sem dúvida, se se suprime do consumidor a chance de agir com um mínimo de liberdade que seja na escolha deste ou daquele produto, trata-se de um engodo.

---

2. Ver nossos comentários completos sobre publicidade enganosa e abusiva nos Capítulos 24 e 25.

3. Um bom exemplo desse tipo de *merchandising* é o do filme "*Show* de Truman", sucesso no cinema, cujo enredo mostra uma "novela" que se passa 24 horas por dia, 365 dias por ano, mostrando a vida "real" de Truman, que não sabe que sua vida não passa de encenação. Tudo na novela está à venda. E são várias as passagens em que os produtos são oferecidos "disfarçadamente".

É preciso lembrar, também, que nesse tema há um outro problema que envolve diretamente o autor do texto ou diretor do programa, filme ou novela. O que se poderá fazer se o autor da novela entender que o personagem X, dadas suas características, só deva tomar uma caninha específica ou só deva andar num automóvel conhecido como o mais chique? O problema nesse caso é insolúvel, pois a liberdade de expressão do autor ou diretor não pode ser cerceada. O autor e o diretor têm o direito de criar e mostrar personagens com as características e o modo de vida que bem entenderem. Mas, tirando essa questão, não resta dúvida de que o *caput* do art. 36 proíbe essa técnica.

Como, então, resolver o problema?

Uma alternativa de solução que permite, ainda que com algum embaraço, a continuidade de utilização dessa técnica parece ser a inclusão, antes da exibição do filme, programa ou novela, de um aviso de que na programação que se seguirá estará sendo usado o *merchandising*[4].

Da mesma forma, esse seria o caminho a ser seguido para a exibição no Brasil dos filmes estrangeiros que contenham *merchandising* de produtos e serviços que também são oferecidos aqui.

Contudo, há ainda um outro problema: é muito difícil descobrir se o consumidor está mesmo sendo levado a consumir por força do *merchandising*, uma vez que os filmes, os programas e as novelas que refletem o cotidiano do consumidor sempre passam informações sobre comportamentos que podem ou não servir de inspiração ao telespectador-consumidor.

E por cima disso tudo se sabe da existência de várias formas de inserção do *merchandising* que dificultam sua aferição comercial: há permutas, trocas, bônus etc., estabelecidos entre anunciante e veículo, que tornam difícil uma checagem do negócio.

Os comentadores do CDC, autores do Anteprojeto, anotam que não há, na Lei n. 8.078, proibição expressa a esse tipo de *merchandising*[5]. Contudo, em primeiro lugar se diga que evidentemente a prática está proibida. Ora, uma vez proibida, é possível tomar qualquer medida judicial contra ela, preventiva ou repressivamente. Além disso, não há impedimento qualquer (aliás, ao contrário: é de aplicar a norma) para a não aplicação das

---

4. Ver, no mesmo sentido, Nelson Nery Junior, Os princípios gerais do Código Brasileiro de Defesa do Consumidor, rev. cit., p. 67.

5. *Código Brasileiro de Defesa do Consumidor comentado pelos autores do Anteprojeto*, cit., p. 266; trecho comentado por Antonio Herman de Vasconcellos e Benjamin.

penalidades elencadas no art. 56 da lei consumerista, que traz, inclusive, a hipótese da aplicação da pena de contrapropaganda (inciso XII)[6].

E, para que não se tenha qualquer dúvida a respeito desse assunto, o Decreto n. 2.181, de 20 de março de 1997, que regulamentou o CDC[7], estabeleceu a aplicação de penalidades ao fornecedor que "veicular publicidade de forma que o consumidor não possa, fácil e imediatamente, identificá-la como tal" (letra *b* do parágrafo único do art. 19).

23.2.3. Outras inserções indiretas, mas permitidas

Diga-se, por outro lado, que algumas veiculações indiretas são legítimas, porquanto, apesar de indiretas, fica evidente que se trata de publicidade. É o caso, por exemplo, dos cartazes e luminosos que são colocados no palco atrás do apresentador de um programa. Não há nenhuma infração aí, uma vez que o consumidor percebe a publicidade.

É o que ocorre, também, por exemplo, na apresentação de marcas de produtos e serviços durante a transmissão de um jogo de futebol; o consumidor sabe que a imagem é de um produto ou serviço vendido no mercado de consumo.

O *teaser* é, da mesma forma, técnica aceita de apresentação publicitária de produto e serviço sem identificação imediata do anunciante[8].

23.3. Exercício

23.3.1. Identifique três casos de *merchandising* praticados em programas de televisão. Descreva-os e faça comentários.

---

6. "Art. 56. As infrações das normas de defesa do consumidor ficam sujeitas, conforme o caso, às seguintes sanções administrativas, sem prejuízo das de natureza civil, penal e das definidas em normas específicas: (...) XII — imposição de contrapropaganda."

7. E revogou o Decreto n. 861, de 9 de julho de 1993.

8. Sobre a técnica do *teaser*, ver subitem 22.5.13.

24. A PUBLICIDADE ENGANOSA

A publicidade enganosa é tratada nos §§ 1º e 3º do art. 37 do CDC, que dispõem:

"Art. 37. É proibida toda publicidade enganosa ou abusiva.

§ 1º É enganosa qualquer modalidade de informação ou comunicação de caráter publicitário, inteira ou parcialmente falsa, ou, por qualquer outro modo, mesmo por omissão, capaz de induzir em erro o consumidor a respeito da natureza, características, qualidade, quantidade, propriedades, origem, preço e quaisquer outros dados sobre produtos e serviços.

(...)

§ 3º Para os efeitos deste Código, a publicidade é enganosa por omissão quando deixar de informar sobre dado essencial do produto ou serviço".

24.1. Publicidade enganosa: efeito sobre o consumidor

Um atleta jovem e bonito corre através de um bosque. As imagens mostram sua forma física perfeita, seu rosto suado. Após muito correr, ele para, enxuga o rosto com uma toalha, pega um iogurte, retira a tampa com um leve toque de dedos, dobra o pescoço e o toma. As imagens mostram em *close* a garrafinha com a marca do produto, o atleta tirando a tampa e em seguida tomando o iogurte com prazer.

O consumidor assiste a esse filme publicitário na TV, vai ao supermercado e compra o mesmo iogurte. Chega em casa e na hora de tomá-lo tem grande dificuldade para tirar a tampinha: o invólucro não sai; ou, ao puxá-lo, ele se rasga nas bordas; ou, ainda, sai rasgando-se aos pedaços. Sem alternativa, o consumidor fura a tampa com uma faca e só aí bebe o iogurte. "Por que será que na propaganda a tampinha saiu tão fácil e aqui em casa a tampinha do meu iogurte se nega a sair? Será que sou eu que não sei tirar a tampa?", pensa o consumidor.

Analisando esses fatos, em que no anúncio tudo é perfeito e na realidade nem sempre as coisas ocorrem como mostrado e prometido na propaganda, pode-se perguntar: trata-se de publicidade enganosa?

24.1.1. Ampla garantia

O CDC foi exaustivo e bastante amplo na conceituação do que vem a ser publicidade enganosa. Ele quis garantir — aliás, conforme se viu, como faz em muitos artigos — que efetivamente o consumidor não seria enganado por uma mentira nem por uma "meia verdade".

Diz a lei que é enganosa qualquer modalidade de informação ou comunicação de caráter publicitário, inteira ou parcialmente falsa, capaz de induzir em erro o consumidor a respeito da natureza, das características, da qualidade, da quantidade, das propriedades, da origem, do preço e de quaisquer outros dados a respeito dos produtos e serviços oferecidos.

Logo, o efeito da publicidade enganosa é induzir o consumidor a acreditar em alguma coisa que não corresponda à realidade do produto ou serviço em si, ou relativamente a seu preço e forma de pagamento, ou, ainda, a sua garantia etc. O consumidor enganado leva, como se diz, "gato por lebre". Pensa que está numa situação, mas, de fato, está em outra.

As formas de enganar variam muito, uma vez que nessa área os fornecedores e seus publicitários são muito criativos. Usa-se de impacto visual para iludir, de frases de efeito para esconder, de afirmações parcialmente verdadeiras para enganar.

24.1.2. O "chamariz"

Uma forma bastante usada é o "chamariz". Este é uma modalidade de enganação que não está necessariamente atrelada ao produto ou serviço em si.

Por exemplo, ouve-se no rádio o seguinte anúncio: *"Os primeiros dez ouvintes que ligarem terão desconto de 50% na compra de tal produto; ou farão o curso gratuitamente etc."*. Quando o consumidor liga, ainda que seja logo em seguida, recebe a resposta de que é o décimo primeiro a ligar. E em seguida recebe o "malho" de venda.

Esse tipo de "chamariz" também é usado por meio de malas-diretas, anúncios em jornais, na TV etc.

Outro exemplo dessa "técnica" é o "chamariz" da liquidação. Anuncia-se a liquidação, com grandes descontos, e, quando o consumidor chega à loja, a liquidação é restrita a uma única prateleira ou estante.

Esse método é usado em larga escala. Há lojistas, em véspera de época de liquidação, que aumentam o preço para depois, com o desconto, voltar ao preço anterior.

Mais outro caso: o consumidor vê na vitrina uma roupa bonita a preço baixíssimo. Entra na loja, pede a roupa, mas há um único exemplar, de tamanho fora do padrão. Ele, então, constrangido, recebe o "ataque" do vendedor, que oferece outros produtos.

O "chamariz" é, portanto, uma maneira enganosa de atrair o consumidor, para que ele, uma vez estando no estabelecimento (ou telefonando), acabe comprando algo. Muitas vezes, bem constrangido.

24.1.3. Informação "distorcida"

Outra forma de enganar é estabelecendo informações falsas ou distorcidas sobre o produto ou o serviço em si. Essa publicidade será enganosa quando se puder compará-la ao produto ou serviço real, concreto, da forma como ele se apresenta, para que serve, como é utilizado etc., e na comparação se puder identificar divergência que haja sido capaz de fazer com que o consumidor tenha adquirido o produto ou o serviço.

Dizendo de outro modo: a publicidade será enganosa se o consumidor pudesse não ter adquirido o produto ou o serviço se este tivesse sido anunciado corretamente.

Além disso, é de considerar algo evidente: o anúncio será enganoso se aquilo que não corresponder à verdade não se verificar. Se o fornecedor diz que o produto dura dois meses e em um ele está estragado, a publicidade é enganosa. Se apresenta o serviço com alta eficiência, mas o consumidor só recebe um mínimo de eficácia, o anúncio é, também, enganoso etc. Enfim, será enganoso sempre que afirmar algo que não corresponda à realidade do produto ou serviço dentro de todas as suas características.

Não se pode esquecer que a própria norma autorregulamentadora reconhece a influência que o anúncio publicitário exerce na coletividade. É importante que assim seja, exatamente para anular o depoimento de alguns publicitários que pretendem desresponsabilizar-se do que fazem, dizendo que a publicidade apenas reflete aquilo que a sociedade pensa e/ou faz.

A norma até realça o aspecto da influência porque diz textualmente: "... de vez que a publicidade exerce forte influência de ordem cultural sobre grandes massas de população"[1]. Isso reforça a necessidade do controle judicial da publicidade comercial.

24.2. Enganosidade × consumidor real

É de anotar que para a aferição da enganosidade não é necessário que o consumidor seja aquele real, concretamente considerado; basta que seja potencial, abstrato. Isto é, para saber da enganação é suficiente que se leve em consideração o consumidor ideal. É ele que deve servir de parâmetro para a avaliação.

O anúncio é enganoso antes mesmo de atingir qualquer consumidor em concreto; basta ter sido veiculado.

Da mesma maneira, é possível detectar um anúncio enganoso sem nem sequer verificar o produto ou o serviço concretamente. É suficiente que do próprio texto, da imagem, do som do anúncio etc. se extraia a enganosidade.

Por exemplo, é conhecida a enganosidade do anúncio que diz: "Curso grátis, exceto material didático". Ora, o curso não é grátis. O que ocorre é que seu preço é cobrado embutido no chamado "material didático"[2].

Outro exemplo amplamente praticado no comércio: a oferta de pagamento à vista com 20% de desconto ou em três vezes sem acréscimo. Se tem desconto de 20% à vista, no parcelamento em três vezes o valor correspondente ao desconto (20%) está incluído. Logo, há acréscimo (preço é sempre o praticado à vista, depois do desconto)[3]. Basta ler o anúncio para verificar a enganosidade.

24.3. Parâmetros para a aferição da enganosidade

24.3.1. Julgamento do anúncio em si

Dissemos, acima, que será possível detectar se um anúncio é enganoso sem mesmo checar sua adequação ao produto ou serviço real. Em outros

---

1. Art. 7º do Código Brasileiro de Autorregulamentação Publicitária.
2. É preciso prestar atenção no uso da expressão "grátis". A regra do mercado é a de que *tudo* é cobrado, direta ou indiretamente. A questão é tão relevante que a própria norma autorregulamentadora a disciplina no seu art. 27, § 4º, *a* (ver, *retro*, subitem 22.5.2.2, letra "f").
3. Sobre o significado de "preço", ver nossos comentários ao art. 31, subitem 21.11.13.

casos, a relação entre o anúncio e o produto ou o serviço, bem como seu preço, prazo de validade, garantia, funcionamento etc., realmente como são, terá de ser examinada (a relação) para a aferição da enganosidade.

Então, levante-se aqui o ponto da verificação que envolve o anúncio em si, objetivamente considerado.

Será necessário examinar o anúncio como um todo, seu texto completo, o tempo inteiro de veiculação, a imagem global etc. para perquirir sobre a enganosidade?

A norma autodisciplinadora tem uma disposição para responder essa questão, da qual discordamos. Claro que ela não tem qualquer eficácia diante do CDC. Mas é importante seu exame, porque delineia como pensam os responsáveis pelo setor.

Com efeito, diz o art. 17 do Código Brasileiro de Autorregulamentação Publicitária:

"Ao aferir a conformidade de uma campanha ou anúncio aos termos deste Código, o teste primordial deve ser o impacto provável do anúncio, como um todo, sobre aqueles que irão vê-lo ou ouvi-lo. A partir dessa análise global é que se examinará detalhadamente cada parte do conteúdo visual, verbal ou oral do anúncio, bem como a natureza do meio utilizado para sua veiculação".

Veja-se o equívoco: não importa se a enganosidade advém de parte do anúncio ou de sua projeção global sobre o público. Não interessa também saber se o teor da ilusão está só no aspecto visual ou apenas no oral ou escrito. O que vale é o resultado do impacto sobre o consumidor (aliás, o resultado potencial; nem precisa ser real).

Se por qualquer dos aspectos considerados isoladamente (visual, oral, verbal etc.) ou se pelo contexto global insinuar-se a enganosidade, o anúncio já estará caracterizado como enganoso.

Assim, entramos no próximo subitem, também ligado a este.

24.3.2. Ambiguidade

Se o anúncio brinca com o sentido ambíguo de seu texto (isto é, propositalmente) ou se utiliza da ambiguidade com o intuito de confundir, será enganoso se não puder ser entendido num dos sentidos possíveis.

Se, ao se ler o texto, assistir à imagem, ouvir a mensagem falada, restar possível mais de uma interpretação e uma delas levar à enganosidade, o anúncio já será enganoso.

Veja-se um exemplo real de ambiguidade usada propositalmente para iludir e que foi examinada numa ação judicial promovida por consumidor que se sentiu lesado.

Uma loja que vende produtos eletroeletrônicos na capital de São Paulo fez veicular anúncio nos jornais no qual inseriu foto de um aparelho de som, marca Gradiente, de certo padrão e dando destaque ao preço e condições de pagamento (melhores que os da concorrência). Junto do preço apareciam as siglas do aparelho. Estava anunciado ao pé das fotografias: "Conj. Esotech com PII, HAII, TII, por Cz$ 39.620, à vista ou 5X Cz$ 10.997".

Acontece que a foto usada no anúncio era de um aparelho de som de melhor qualidade (e, portanto, mais caro).

O anúncio era ambiguamente enganoso, já que mostrava a foto de um produto e indicava abaixo siglas de outro, com o preço desse outro (mais barato).

A 4ª Câmara Civil do Tribunal de Justiça de São Paulo, de forma acertada, deu ganho de causa ao consumidor e mandou a loja indenizá-lo ou vender o aparelho melhor pelo preço anunciado do outro, de pior qualidade[4].

24.3.3. Exagero

A utilização de adjetivações exageradas pode causar enganosidade ou não. O chamado *puffing* é a técnica publicitária da utilização do exagero. A doutrina entende que o *puffing* não está proibido enquanto apresentado "como publicidade espalhafatosa, cujo caráter subjetivo ou jocoso não permite que seja objetivamente encarada como vinculante. É o anúncio em que se diz ser 'o melhor produto do mercado', por exemplo"[5].

Concordamos com tal afirmação apenas para as hipóteses em que o exagero é evidente e inofensivo e simultaneamente não possa enganar o consumidor.

Assim, haverá muitos casos em que o *puffing*, ainda que utilizado intencionalmente para atrair o consumidor incauto, acaba não podendo ser capaz

---

4. A ementa da decisão é a seguinte: "Publicidade — Propaganda enganosa — Oferta do anunciante inferior ao valor real da mercadoria no mercado — Artifício ilusório — Má--fé da vendedora — Indenização ou cumprimento do contrato" (rel. Des. Alves Braga, v. u., j. 17-10-1991, *RT* 682/74).

5. Nelson Nery Junior, Os princípios gerais do Código Brasileiro de Defesa do Consumidor, *Revista*, cit., p. 67.

de tornar enganoso o anúncio. Isso é muito comum nos casos dos aspectos subjetivos típicos dos produtos ou serviços: quando se diz que é o "mais gostoso"; tenha "o melhor paladar"; "o melhor sabor"; "o lugar mais aconchegante"; "o mais acolhedor"; "a melhor comédia"; "o filme do ano" etc.[6].

Como tais afirmações dependem de uma avaliação crítica (ou não) subjetiva de cada consumidor, fica difícil, senão impossível, atribuir de fato a possibilidade da prova da verdade da afirmação. Afinal, gosto é difícil de discutir. Por isso que a doutrina dá certo desconto para o exagero.

Mas, se o *puffing* puder ser medido objetivamente, e, de fato, não corresponder à verdade, será, então, enganoso.

Assim, por exemplo, se o anúncio diz que aquela é "a pilha que mais dura", tem de poder provar. Se é o "isqueiro que acende mais vezes", também. Se é o "carro mais econômico da categoria", da mesma forma etc.

24.3.4. Licença publicitária

O *puffing* susorretratado é um item permissivo da chamada licença publicitária. Mas há mais.

Obviamente são publicidades enganosas, como se viu, todas aquelas que prometem coisas que não são cumpridas; as que apresentam qualidades que os produtos não têm; as que oferecem condições de uso que nunca se efetivam; as que têm como função atrair o consumidor com um produto para vender outro; as que mentem no preço etc.

Uma parte difícil de ser avaliada é a relativa às publicidades que se situam em áreas nebulosas da comunicação. Essa área é a da criação, da licença publicitária, e nem sempre tem conexão direta com o produto ou serviço: qual o limite para fazer certas afirmações que aguçam a imaginação do consumidor?

Não se espera — nem a lei o pretende, como regra — que o publicitário vá mostrar no seu anúncio justamente os aspectos negativos do produto ou serviço que está anunciando.

Se usarmos o exemplo da tampa do iogurte, transcrito no início do capítulo, o que se poderia dizer é que, se o "produto real" de fato não tiver

---

6. Aliás, as expressões "o filme do ano", "a melhor comédia do ano", "a comida mais gostosa" estão desmoralizadas, uma vez que são *vários* os "melhores"!!!

uma tampinha que saia com facilidade, o publicitário não deveria mostrá-la no anúncio saindo como num passe de mágica.

Para entender bem esse aspecto, vejamos mais de perto o que se faz num anúncio publicitário.

De tudo o que se pode dizer a respeito, importa saber que, naturalmente, o anúncio tem como função oferecer o produto ou serviço, mostrando sua utilidade para o consumidor, fazendo com que este se interesse em adquiri-lo.

O anúncio é, pois, o instrumento para aproximar do consumidor o produto ou o serviço oferecido no mercado. Por meio dele o consumidor toma conhecimento do produto ou do serviço, bem como de suas qualidades, características, utilidade, preço, condições de pagamento etc. Por isso, o que a lei pretende é que o produto ou serviço anunciado na propaganda tenha correspondência com o produto ou o serviço que existe "realmente".

Não se pode esquecer — e o CDC não o faz — que a publicidade é uma ficção. Nela são apresentados momentos mágicos, belas cenas, pessoas bonitas, interessantes, saudáveis, imagens fortes, cenários vibrantes etc., tudo com o intuito de chamar a atenção do consumidor para o produto ou serviço anunciado. Nada disso a lei quer impedir.

Contudo, essa ficção tem o limite estabelecido exatamente no próprio produto e serviço "reais", no que diz respeito a suas qualidades, características, utilidade, apresentação, preço, forma de pagamento etc.

Não é proibido encenar roteiros televisivos agradáveis de ver, ainda que não tenham relação com o produto ou o serviço em si. Por exemplo, aqueles anúncios da rede McDonald's que mostram a relação do pai com o filho, da menina que passa a usar óculos, das pessoas que sorriem, são peças publicitárias lindíssimas, que agradam, emocionam e nos fazem querer vê--las de novo.

São anúncios que apenas agradam o consumidor pela beleza, realçando em relação indireta a qualidade do produto/serviço ou da marca e de seus fabricantes.

Não estão proibidos.

Não se deve esquecer, também, que o anúncio é produzido unilateralmente pelo fornecedor e/ou sua agência. Eles têm toda a liberdade de dizer e mostrar o que quiserem. Por fazerem isso livremente, assumem a responsabilidade pelo que dizem e mostram. Anunciam por sua conta e risco.

Alguns elementos expressivos da chamada licença publicitária são aceitáveis, desde que não sejam capazes de causar nenhum tipo de dano direto ou indireto ao consumidor.

24.3.5. Liberdade de expressão na publicidade

A base da oferta feita pela apresentação, informação e anúncio publicitário é a verdade, um dos fundamentos éticos do sistema jurídico. E ética, como se sabe, significa tomar a atitude correta, isto é, escolher a melhor ação a tomar ou conduta a seguir. Uma pessoa ética tem bom caráter e busca sempre fazer o bem a outrem.

No sistema jurídico — necessariamente ético —, pode-se identificar uma série de fundamentos ligados à ética, tais como o da realização da justiça e a boa-fé objetiva e, também, como referimos, a verdade da expressão. É corriqueiro ligar-se a ideia de expressão e linguagem à de liberdade de expressão. Esta é, de fato, uma das mais importantes garantias constitucionais. Ela é um dos pilares da democracia. Falar, escrever, expressar-se é um direito assegurado a todos.

Mas esse direito, entre nós, não só não é absoluto, como sua garantia está mais atrelada ao direito de opinião ou àquilo que para os gregos na Antiguidade era crença ou opinião ("doxa"). Essa forma de expressão aparece como oposição ao conhecimento, que corresponde ao verdadeiro e comprovado. A opinião ou crença é mero elemento subjetivo. A democracia dá guarida ao direito de opinar, palpitar, lançar a público o pensamento que se tem em toda sua subjetividade. Garante também a liberdade de criação.

Mas quando se trata de apontar fatos objetivos, descrever acontecimentos, prestar informações de serviços públicos ou oferecer produtos e serviços no mercado, há um limite ético que controla a liberdade de expressão. Esse limite é a verdade.

Com efeito, por falar em Grécia antiga, lembremos o que diziam: "mentir é pensar uma coisa e dizer outra". A mentira é, pois, simples assim.

Examinando essa afirmação, vê-se que mentir é algo consciente; é, pois, diferente do erro, do engano, que pressupõe desconhecimento (da verdade), confusão subjetiva do que se expressa ou distorção inocente dos fatos.

Em nosso sistema jurídico temos leis que controlam, em alguns setores, a liberdade de expressão na sua realidade objetiva. Veja-se, por exemplo, a imposição para que a testemunha ao depor em Juízo fale a verdade. Do mesmo modo, os advogados e as partes têm o dever de lealdade processual, proibindo-se que intencionalmente a verdade dos fatos seja alterada, adulterada, diminuída, aumentada etc. Esse dever de lealdade — em todas as esferas: administrativa, civil e criminal — é a ética fundamental da verdade imposta a todos.

O mesmo se dá no regime de produção capitalista. Com base nos princípios éticos e normativos da Constituição Federal, o Código de Defesa do Consumidor, como estamos a examinar, regulou expressamente a informação e a publicidade enganosa, proibindo-a e tipificando-a como crime.

No que diz respeito, pois, às relações jurídicas de consumo, a informação e a apresentação dos produtos e serviços, assim como os anúncios publicitários, não podem faltar com a verdade daquilo que oferecem ou anunciam, de forma alguma, quer seja por afirmação quer por omissão. Nem mesmo manipulando frases, sons e imagens para de maneira confusa ou ambígua iludir o destinatário do anúncio: o consumidor. A lei quer a verdade objetiva e, por isso, determina que o fornecedor mantenha comprovação dos dados fáticos, técnicos e científicos que dão sustentação à mensagem (conforme verificamos acima, no exame do parágrafo único do art. 36).

Aliás, aproveitemos esse ponto para eliminar uma confusão corrente quando se trata de criação e verdade em matéria de relações de consumo: *Não existe* uma ampla garantia para a liberdade de criação e expressão em matéria de publicidade. O artista goza de uma garantia constitucional de criação para sua obra de arte, mas o publicitário não.

Um anúncio publicitário é, em si, um produto realizado pelo publicitário ou coletivamente pelos empregados da agência. Sua razão de existir funda-se em algum produto ou serviço que se pretenda mostrar e/ou vender. Dessa maneira, se vê que a publicidade não é produção primária, mas instrumento de apresentação e/ou venda dessa produção. Ora, como a produção primária de produtos e serviços tem limites precisos na lei, por mais força de razão o anúncio que dela fala. Repetimos: a liberdade de criação e expressão da publicidade está limitada à ética que dá sustentação à lei. Por isso, não só não pode oferecer uma opinião (elemento subjetivo) como deve sempre falar e apresentar a verdade objetiva do produto e do serviço e suas maneiras de uso, consumo, suas limitações, seus riscos para o consumidor etc. Evidentemente, todas as frases, imagens, sons do anúncio publicitário sofrem a mesma limitação.

24.3.6. Enganosidade × publicidade comparativa

Já dissemos que a técnica da publicidade comparativa não está proibida de ser utilizada[7]. Mas, para fazê-lo, o anunciante tem de seguir os

---
7. Conforme exposto no subitem 22.5.11.

limites impostos pelo CDC naquilo que pode gerar publicidade enganosa (ou abusiva), assim como deve respeitar também as normas do Código Brasileiro de Autorregulamentação Publicitária.

É que o uso dessa técnica pode acabar enganando o consumidor. Há duas formas de isso acontecer: primeiro, pela violação das normas estabelecidas na Lei n. 8.078; depois, pelo não cumprimento das regras autorregulamentares estabelecidas. Relembremos, então, as normas obrigatórias para a feitura e veiculação da publicidade comparativa, que, se violadas, de pronto infringem o CDC.

Nessa técnica o anunciante mostra seu produto ou serviço na relação com o de seu(s) concorrente(s).

Para apresentá-la o anunciante tem de cumprir as seguintes regras:

a) o fim da comparação deve ser o esclarecimento e/ou a defesa do consumidor;

b) a comparação deve ser feita de forma objetiva, evitando o uso de alusões de caráter subjetivo, e deve ser passível de ser comprovada;

c) os modelos a serem comparados devem ter a mesma idade, tendo sido produzidos no mesmo ano. A comparação entre modelos de épocas diferentes só é possível se se pretender demonstrar evolução, que deve ficar claramente caracterizada;

d) não se pode estabelecer confusão entre produtos, serviços e marcas concorrentes;

e) não se pode caracterizar concorrência desleal nem denegrir a imagem do produto, serviço ou marca concorrente;

f) não se pode utilizar injustificadamente a imagem corporativa ou o prestígio de terceiros;

g) se se tratar de comparação entre produto ou serviço cujo preço seja de nível desigual, tal circunstância deve ser claramente indicada.

O Poder Judiciário já teve oportunidade de examinar exatamente um caso de publicidade comparativa que gerava enganosidade e reconheceu a prática enganosa e proibida pelo CDC. Leia-se o teor da decisão, que é elucidativa e didática:

"Des. Ruy Rosado de Aguiar Júnior — A ré realizou na praça do Rio de Janeiro, através da Rede G. de Televisão, campanha publicitária denominada 'B. Q. J.', através da qual divulgou seu produto 'G. I.', para aquecimento a gás. Através de anúncio de propaganda comparativa, mostrando um chuveiro de onde caíam alguns poucos pingos de água, e o aparelho da ré, de onde jorrava água em abundância, procurou demonstrar que a melhor solução está no uso do aparelho A.; agora, se 'você não gosta de nada disso, vá de pinga-pinga'.

Afirma a autora que, assim agindo, a demandada cometeu dois ilícitos: ilustrou o seu anúncio mediante a utilização, como material de comparação, de um chuveiro com as características de seu modelo industrial (M. D. L.); além disso, transmitiu mensagem inverídica, fazendo crer que a maior ou menor vazão de água depende do chuveiro, não da pressão da água. Penso que a autora tem razão.

Não é relevante estabelecer se o protótipo filmado no anúncio, para representar os chuveiros elétricos, corresponde exatamente ao modelo industrial patenteado pela autora. Interessa é verificar se o anúncio da propaganda permitiu ao espectador a ideia de que o aparelho 'pinga-pinga', ineficiente e imprestável, era o produto industrializado pela L., ali utilizado para a comparação com o produto da autora. Tenho para mim que a semelhança é irrecusável e qualquer cidadão comum, com conhecimento vulgar sobre aparelhos de aquecimento de água, não pode deixar de associar a imagem do protótipo filmado no anúncio com o modelo industrializado pela autora. Basta olhar as imagens retratadas nos autos, do filme na TV e das fotografias anexadas à perícia, para não poder recusar a semelhança. Mais que tudo, vale a experiência vivenciada na audiência: o Dr. Juiz de Direito constatou, tirando a parte superior do boneco, que se tratava da própria 'M. D. L.', mascarada na parte superior e na inferior. Apesar de não aparecer a marca e da diferença apontada, permanece nitidamente a impressão de que se trata do produto da autora, sendo inaceitável a negativa do perito e incompreensível a sua conclusão de que a proximidade maior seria com produtos da T.

Assistindo ao vídeo que se encontra nos autos, não há nenhuma dúvida de que o teipe está a mostrar que o chuveiro do comercial apresenta as características do produto da autora. Assim foi constatado pelo Juiz (fls. 207) e pelo Relator, ao passar a fita anexada aos autos. Essa mesma impressão se reforçou ainda mais quando visto o teipe em sessão de julgamento. Nessa diligência, a ré trouxe para a sessão um clipe onde mostra, numa primeira vez, um filme onde não aparece o chuveiro elétrico, o que faz em duas oportunidades e somente na terceira surgiu a fita completa, assim como consta dos autos, e ali, tanto no início quanto no fim do anúncio, está mostrado o chuveiro elétrico que se assemelha ao da L.

O anúncio da ré é uma forma de propaganda comparativa, admitida no nosso sistema, mas que deve atender a certos parâmetros. Para o julgamento desses critérios serve como orientação o estatuído no Código de Autorregulamentação Publicitária, em cujo art. 32 estão estabelecidos os requisitos e proibições. Nessa ordem de ideias, o anúncio comparativo da autora não atendeu ao disposto na alínea *a*, que fixa como seu objetivo o esclarecimento ou mesmo defesa do consumidor, pois ele dá informação incorreta sobre a capacidade dos aparelhos de provocar maior ou menor vazão de água. Também infringiu o disposto na alínea *f*, ao denegrir a imagem do produto de outra empresa, mostrando que o chuveiro com as características da 'M. D. L.' somente serve para 'pinga-pinga'.

A competição no mercado deve ser considerada em termos mais amplos do que os expostos pela ré: na medida em que uma empresa divulga a ideia de que a solução está na aquisição do seu produto, afasta implicitamente a possibilidade da escolha do produto do mesmo gênero ou mesmo de qualquer outro produto, ainda que de gênero diverso, mas que tenha o mesmo fim. Isto é, se a ré quis convencer que a melhor solução para a água de banho é o aquecedor 'A. I.', estava afastando a opção de qualquer outro aparelho elétrico ou a gás. Se, para isso, utilizou-se de um protótipo semelhante ao chuveiro elétrico da autora, cujas qualidades denegriu, certamente prejudicou a imagem deste na disputa pelo mesmo cliente comprador. Isto é, acredito que houve concorrência desleal na comparação feita, pois se quis mostrar que para o atendimento de uma única necessidade seria conveniente a adoção do produto da ré, nunca o da autora.

Às vezes, convém inverter as posições. Certamente, uma fábrica de aparelhos de aquecimento a gás não toleraria propaganda de chuveiro elétrico a mostrar a toxicidade mortal que os aquecedores a gás podem expelir, especialmente quando mal-instalados. Mais grave seria a violação se possível identificar, naquele anúncio, a marca do aquecedor.

Portanto, em conclusão, tenho que a sentença bem decidiu o feito: a ré deve arcar com as despesas para a realização de campanha publicitária, com as mesmas características de tempo, lugar e veículo de propaganda, razão pelo que nego provimento ao apelo.

Des. Lio Cezar Schmitt — Sr. Presidente. Acompanho o voto de V. Exa. Entendo que a propaganda de um produto, em cotejo com outro produto, é admissível. Os exemplos dados da tribuna, das propagandas da B. e da A., são perfeitamente legais, e não me parece possam sofrer apreciação de ordem moral, até porque cada empresa enfatiza ser a que mais vende, não fazendo um cotejo, propriamente dito, de eventuais defeitos do produto; assim, também, as propagandas da C.-C. e da P.-C. Trata-se de propagandas que simplesmente buscam o mercado. Não me parece possível aceitar propaganda que induza um defeito do produto cotejado que sequer é próprio ou intrínseco desse produto, como, no caso, o volume do jato de água.

Até poderia admitir uma propaganda onde a requerida demonstrasse que o aquecimento da água é melhor. Mas esta propaganda, no seu contexto, coteja o volume de água. E, nesse particular, ela é enganosa. Parece-me até que por isso o CONAR a proibiu.

A rapidez do teipe por outro lado, no meu modo de sentir, não afasta o induzimento do telespectador, até porque a propaganda, na televisão, age pela própria repetição, e não há necessidade de ataque frontal, de denúncia frontal do defeito do produto cotejado, porque o ataque sutil ou subliminar se mostra mais eficiente, mais eficaz.

Na verdade, impende examinar se o dado objetivo contido na propaganda — a utilização de um chuveiro, que induz à marca L. — caracterizou um cotejo depreciativo de marca. E, aqui, o dano e o direito indenizatório: no caso, o direito a um teipe que reponha a imagem agredida. Esse direito não decorre do uso indevido da patente. Não se trata, aqui, de patente, mas do cotejo depreciativo do produto da autora. Acompanho V. Exa.

Des. Alfredo Guilherme Englert — Acompanho o Relator, destacando que a fundamentação da inicial também é a do art. 159, pelo que a discussão relativa à patente não é tão decisiva para a solução da controvérsia"[8].

24.3.7. Normas autorregulamentares

Será enganoso, ainda, o anúncio que, apesar de não violar a Lei n. 8.078 expressamente, contrariar as determinações das normas estabelecidas pelo próprio setor[9]. Não só porque é decorrência lógica das determinações das normas autorregulamentares descumpridas, como os próprios autores dizem. Com efeito, o art. 16 do Código Brasileiro de Autorregulamentação Publicitária dispõe que, embora "concebido essencialmente como instrumento de autodisciplina da atividade publicitária, este Código é também destinado ao uso das autoridades e tribunais, como documento de referência e fonte subsidiária no contexto da legislação da propaganda e de outras leis,

---

8. AC 591051560, da 5ª Câm. Civ. do TJRS, v. u., j. 22-8-1991, rel. Des. Ruy Rosado de Aguiar Junior (*RJTJRS* 153/388). Note-se que a ação foi proposta pela concorrente, que teve seu produto exposto na publicidade comparativa enganosa.

9. O Código Brasileiro de Autorregulamentação Publicitária, que comentamos no item 22.5 e cujo texto completo encontra-se no Anexo I, n. 4.

decretos, portarias, normas ou instruções que direta ou indiretamente afetem ou sejam afetadas pelo anúncio".

Assim, dizendo em outros termos, o anúncio que contrariar as disposições da norma autorregulamentadora será tido como enganoso porque viola o princípio da boa-fé estabelecido no CDC[10].

É claro que, havendo conflito entre as determinações do Código Brasileiro de Autorregulamentação Publicitária e as regras estabelecidas pela Constituição Federal e/ou Código de Defesa do Consumidor, prevalecerão, obviamente, as fixadas pelos dois últimos, na medida da hierarquia: primeiro vale a Constituição, depois o CDC e, na sequência, as normas autorregulamentares. Mas isso não tira o caráter suplementar importante do texto autodisciplinar[11].

24.4. Publicidade enganosa por omissão

Releiamos o texto normativo:

"Art. 37. (...)

§ 3º Para os efeitos deste Código, a publicidade é enganosa por omissão quando deixar de informar sobre dado essencial do produto ou serviço".

A primeira leitura nos remete ao problema do "dado essencial". A lei diz que a publicidade é enganosa por omissão quando deixa de informar sobre dado essencial do produto ou serviço.

Que vem a ser dado "essencial"? Será necessário ao fornecedor anunciar toda e qualquer característica do produto, transformando-o numa "superbula" ou "roteiro descritivo", como já se falou? A resposta a essa segunda pergunta é não. Vejamos.

O vocábulo "essencial" tem o sentido daquilo que é indispensável, necessário, importante[12]. Mas acontece que, em termos de anúncios de produtos e serviços, há dados essenciais que não precisam ser apresentados na publicidade (muito embora devam ser informados nos manuais, embalagens, bulas etc.).

---

10. Art. 4º, III (ver nossos comentários no item 6.9).

11. Que, aliás, como vimos anteriormente no item 22.5, é bem feito e detalhado.

12. Essa é a definição lexical (cf. *Novo dicionário Aurélio da língua portuguesa*, cit., p. 712).

Assim, há que definir "essencial" como todo dado que é "simultaneamente" inerente ao produto ou serviço e desconhecido do consumidor. Se o consumidor conhece o componente essencial do produto ou do serviço, o fornecedor não precisa necessariamente informá-lo ao mercado.

Com isso, constrói-se um conceito de essencial naquilo que importa à publicidade. E, nessa linha, é de dizer que essencial será aquela informação ou dado cuja ausência influencie o consumidor na sua decisão de comprar, bem como não gere um conhecimento adequado do uso e consumo do produto ou serviço "realmente", tal como são.

Por exemplo, não é omissão deixar de informar que um automóvel tem direção; que os pneus são de borracha, e que para pará-lo é preciso pisar no breque, pois são dados que, apesar de inerentes ao produto e essenciais para sua utilização, são por demais conhecidos pelo mercado e pelo consumidor, fazendo parte de sua experiência regular, não afetando a publicidade só porque não são apresentados.

Mas seria omissão não informar que um apartamento vendido com preço diferenciado, bem abaixo do mercado, em região nobre e novo (isto é, que acaba de ser construído), não tem vaga de garagem. O pressuposto é que apartamentos novos em regiões nobres sempre tenham vaga de garagem. Se aquele não tem, é um dado essencial que precisa ser veiculado.

Em suma, tudo aquilo que, apesar de ser essencial, já faz parte do conhecimento regular do consumidor não tem necessidade de ser mencionado. *A contrario sensu*, sempre que o dado for essencial, mas por algum motivo não for conhecido do consumidor, por ser novo ou por divergir do que este pensa como uso normal, deve ser informado. E, também, é essencial o elemento cuja omissão acaba por influenciar a decisão do consumidor para adquirir o produto ou o serviço.

E mais: tem de ser considerado dado essencial tudo aquilo que a lei determinar que o anúncio publicitário deve conter.

Vimos, por exemplo, no início do capítulo, que a Lei n. 9.294 manda que o anúncio de cigarro apresente certas advertências[13]. Se não o fizer, a publicidade será enganosa por omissão. Da mesma forma, o anúncio que não apresentar qualquer elemento tido como obrigatório pelo Código Brasileiro de Autorregulamentação Publicitária será enganoso por omissão.

---

13. Ver, *retro*, subitem 22.4.1.

24.5. Elemento subjetivo

Seguindo a regra geral instituída no regime da Lei n. 8.078/90, para a averiguação da enganosidade do anúncio não há necessidade de exame do dolo ou culpa do anunciante (nem da agência ou do veículo, que são também responsáveis por sua veiculação, como veremos na sequência).

Para que fique caracterizada a infração, basta que o anúncio em si seja enganoso ou que na sua relação real com o produto ou o serviço anunciado o seja. Não há que se fazer a pergunta a respeito de dolo ou culpa, porque, mesmo que esses elementos não se verifiquem, ainda assim o anúncio será tido como enganoso.

A responsabilidade do anunciante, de sua agência e do veículo é objetiva, e como tal será considerada[14].

24.6. Responsabilidade do fornecedor-anunciante, das agências e do veículo

24.6.1. Responsabilidade solidária

Já mostramos que a própria norma autorregulamentadora dispõe que tanto o anunciante quanto sua agência e o veículo são responsáveis solidários pelo dano que o anúncio causar e pelas infrações praticadas[15].

A responsabilidade é solidária de todos aqueles que participam da produção do anúncio e de sua veiculação, por expressa previsão do CDC: "Tendo mais de um autor a ofensa, todos responderão solidariamente pela reparação dos danos previstos nas normas de consumo" (parágrafo único do art. 7º[16]).

Vejamos como cada um participa e como podem desresponsabilizar-se.

24.6.2. Responsabilidade solidária do anunciante e da agência

O fornecedor-anunciante é sempre responsável pelos danos que seu anúncio causar, sendo que, no seu caso em particular, ainda responde por inserção de cláusula contratual ou sua nulificação em função do anúncio.

---

14. Ver nossos comentários sobre a teoria do risco do negócio e a responsabilidade civil objetiva no CDC no Capítulo 9.
15. Subitem 22.5.18.
16. Cf. nossos comentários no item 6.21.

A agência, como produtora do anúncio, responde solidariamente com o anunciante, independentemente do tipo de contrato que com ele tenha estabelecido.

Suponhamos que no contrato de prestação de serviços firmado entre o anunciante e a agência haja cláusula contratual que disponha que, uma vez aprovado o anúncio pelo fornecedor, corre por conta dele o risco de causar dano. Essa cláusula terá validade apenas perante eles, não afetando a garantia legal conferida às pessoas atingidas pela publicidade. Havendo dano, a pessoa lesada pode acionar um dos dois ou os dois simultaneamente (já que são solidários), e, depois que eles pagarem a indenização pelos danos, acertarão entre si os gastos, com base naquela cláusula contratual.

Há, contudo, exceções que geram a desresponsabilização da agência. São as dos casos em que a enganosidade:

a) não está objetivamente colocada no anúncio em si; e

b) depende da ação real, concreta e posterior do fornecedor-anunciante, de maneira que a agência tenha participado como mera produtora de uma informação encomendada. Vejamos um exemplo.

O fornecedor-anunciante encomenda para a agência a elaboração de anúncio para inserção em jornais e revistas oferecendo 50% de desconto em seus produtos. A agência elabora o anúncio e manda veiculá-lo.

No dia seguinte os consumidores vão até o estabelecimento do anunciante e constatam que o desconto é de apenas 20%. É publicidade enganosa típica, mas a agência não pode ser responsabilizada: note-se que a mensagem do anúncio em si não é enganosa; a enganosidade surgiu depois, no momento real do comparecimento do consumidor à loja. (Veja-se na sequência que, por motivos similares, o veículo pode também se isentar de responsabilização.)

24.6.3. Responsabilidade solidária do veículo com o anunciante e a agência

Como regra geral decorrente da lei, o veículo é também responsável solidário do anunciante e da agência. Aliás, sem o veículo não haveria anúncio: ele é o instrumento de contato com o público. Logo, é agente responsável por eventual dano causado.

E no caso do veículo há, também, exceções que excluem sua responsabilização. São as de anúncios:

a) que não são ilegais objetivamente considerados em si e dos quais não se extrai a enganosidade; e

b) por cuja veiculação não é possível ao veículo, por falta de condições reais, saber se eles são enganosos. Por isso, não poderiam ser responsabilizados. Vejamos um exemplo, utilizando a mesma hipótese acima retratada.

Uma loja anuncia desconto de 50% nos preços das mercadorias. Quando o consumidor comparece à loja vê que os descontos são de apenas 20%.

Note-se, então, que a mensagem do anúncio em si não é enganosa; a enganosidade surge depois, no momento real do comparecimento do consumidor à loja.

Mas a questão que se coloca é se o veículo pode negar-se a inserir em seu meio o anúncio que entenda ser enganoso. A resposta é, obviamente, sim. O anunciante e/ou sua agência não podem obrigar o veículo a praticar publicidade enganosa. Não só pelos aspectos civis da questão, mas também pelos morais e criminais. Não se deve esquecer que a prática da publicidade enganosa está tipificada como crime na Lei n. 8.078. Lembremos que o art. 67 dispõe, *verbis*:

> "Art. 67. Fazer ou promover publicidade que sabe ou deveria saber ser enganosa ou abusiva:
>
> Pena — Detenção de 3 (três) meses a 1 (um) ano e multa".

E o veículo pode negar-se a veicular o anúncio em qualquer outro caso de ilegalidade e também naqueles previstos no Código Brasileiro de Autorregulamentação Publicitária[17], que são:

a) quando entender que o seu conteúdo fere, flagrantemente, os princípios e regras da norma autorregulamentadora;

b) quando fira sua linha editorial, jornalística ou de programação;

c) quando não tenha identificação do patrocinador, com exceção do *teaser*;

d) de polêmica ou denúncia sem expressa autorização da fonte conhecida que responda pela autoria da peça.

24.7. Supressão e impedimento do anúncio enganoso

A publicidade enganosa sofre controle administrativo não só de seu órgão autorregulamentador, o CONAR, como também dos órgãos públicos

---

17. Que retratamos no subitem 22.5.18.2.

que garantem a defesa do consumidor, por força do estabelecido nos arts. 55 a 60 do CDC e 9º e s. do Regulamento (Dec. n. 2.181, de 20-3-1997).

O Poder Judiciário, uma vez acionado — individual ou coletivamente —, poderá determinar a supressão tanto do anúncio veiculado (v. g., no *outdoor*, nas rádios e TVs etc.) como da campanha inteira do anunciante, ou apenas parte dela. As normas processuais do CDC dão amplitude suficiente ao magistrado para fazê-lo (arts. 83 e s.).

Pode, também, o Judiciário impedir a publicação e/ou transmissão do anúncio, não só porque tal ato decorre da lógica da garantia dos direitos (se pode suprimir, pode impedir para prevenir), como está expressamente previsto na Lei n. 8.078 (inciso VI do art. 6º[18]).

E a mais importante condenação que o Judiciário pode e deve aplicar ao fornecedor é a contrapropaganda, vista na sequência.

24.8. Contrapropaganda

24.8.1. Função

A publicidade enganosa causa grande dano aos consumidores. E, mesmo depois de cessada sua veiculação, continua produzindo efeitos, uma vez que passa a fazer parte da memória das pessoas e também — no caso da mídia impressa, tais como jornais, malas diretas etc. — pode estar com elas arquivada para eventual uso em compra futura.

Por isso, será sempre impossível desfazer *todo* o mal causado pelo anúncio enganoso. Mas é possível remediá-lo, e isso se dá pela determinação da prática de contrapropaganda.

A imposição dessa penalidade decorre das medidas judiciais à disposição do magistrado para a proteção dos consumidores, uma vez que é intenção da lei consumerista dar ampla tutela para a garantia dos direitos dos consumidores: "Para a defesa dos direitos e interesses protegidos por este Código são admissíveis todas as espécies de ações capazes de propiciar sua adequada e efetiva tutela" (art. 83).

De qualquer maneira, há, ainda, no CDC, previsão expressa da contrapropaganda, como pena, no art. 56 (inciso XII), sempre que o fornecedor incorrer na prática de publicidade enganosa ou abusiva, conforme estabelecido no *caput*

---

18. Ver nossos comentários a essa norma no item 6.18.

do art. 60, que dispõe: "A imposição de contrapropaganda será cominada quando o fornecedor incorrer na prática de publicidade enganosa ou abusiva, nos termos do art. 37 e seus parágrafos, sempre às expensas do infrator".

24.8.2. Conteúdo

Para cumprir sua função, o conteúdo da contrapropaganda deve ser tal que possa desfazer o resultado da comunicação anteriormente realizada.

Já vimos que publicidade é comunicação de certa mensagem (conteúdo) dirigida pelo fornecedor (emissor) ao consumidor (receptor).

Logo, a contrapropaganda deve ter um conteúdo (mensagem) que possa anular ou ao menos desmentir o conteúdo (mensagem) enganoso anteriormente produzido.

24.8.3. Amplitude do meio

Para atingir a meta pretendida de, ao menos, aliviar os danos causados pelo anúncio enganoso, a contrapropaganda tem de ser implementada, no mínimo, de igual forma e com a mesma frequência e dimensão que a publicidade enganosa, nos mesmos veículos, locais, espaços e horários.

A pretensão dessa medida é poder atingir "as mesmas" pessoas que foram submetidas à publicidade enganosa, para tentar desfazer ou, pelo menos, atenuar os malefícios do anúncio enganoso.

O CDC tem previsão expressa nesse sentido: "A contrapropaganda será divulgada pelo responsável da mesma forma, frequência e dimensão e, preferencialmente, no mesmo veículo, local, espaço e horário, de forma capaz de desfazer o malefício da publicidade enganosa ou abusiva" (§ 1º do art. 60).

Mas, apesar dessa disposição, entendemos que pode o magistrado condenar o fornecedor a divulgar a contrapropaganda em forma, frequência e dimensão maiores que as do anúncio enganoso, bem como em mais veículos, locais, espaços e horários, tudo para dar mais visibilidade, capaz de minimizar os danos causados e conseguir efetivamente atingir os consumidores.

24.8.4. "Astreintes"

Como a contrapropaganda é típica obrigação de fazer, deve o magistrado, ao impô-la, fixar desde logo multa diária pelo descumprimento da obrigação, quer a decisão se tenha dado liminarmente, quer de forma definitiva (cf. art. 84 e seus parágrafos).

Lembre-se que a função da multa (*astreinte*) é persuadir o infrator a cumprir sua obrigação. Por isso, deve ser ampla o suficiente para tanto. Se seu valor for pequeno, talvez o fornecedor prefira pagá-la, porque todo o custo da divulgação da contrapropaganda é seu, assim como os efeitos de imagem que eventualmente possa ocasionar. Logo, a *astreinte* deve ser bem fixada para a obtenção do resultado prático desejado, que é a veiculação da contrapropaganda[19].

24.9. Exercícios

24.9.1. Uma empresa de assistência médica lança plano de saúde na praça oferecendo cirurgia estética. Veicula mensagem publicitária, comunicando o custo mensal do plano por mês (R$ 100,00), todavia coloca um asterisco ao lado dessa informação e, já no final da mensagem, em letras miúdas, reproduz o asterisco com os dizeres *"conforme cláusula contratual"*. Se o consumidor pudesse examinar o contrato, veria que para ter direito a cirurgia estética teria de pagar o valor básico do plano (R$ 100,00) e mais um valor adicional de R$ 300,00 por mês, e isso está expresso em uma cláusula desse contrato.

a. Avalie o caso apresentado à luz do CDC.

b. Como deve proceder o consumidor do plano básico que pretenda fazer uma cirurgia estética?

24.9.2. A Construtora "W" lançou empreendimento imobiliário na capital. Construiu 6 edifícios de 25 andares, com 2 apartamentos por andar, sendo que a publicidade a respeito foi no sentido de que as unidades tinham área *"privativa"* de 86 m². Além disso, todos os anúncios a respeito apenas traziam o preço das unidades do 1º andar, omitindo o preço das demais unidades, e a empresa mantinha um apartamento decorado no local.

João, que adquiriu uma das unidades, resolveu medir a área de seu apartamento, quando então descobriu que todas as unidades tinham área *"útil"* interna de 74 m², e, quanto ao apartamento decorado, verificou que os móveis nele dispostos tinham medidas muito inferiores às normalmente empregadas no mercado. Lendo o contrato que firmou, observou que as

---

19. Para mais elementos sobre as *astreintes* examine-se o item 44.3, *infra*.

medidas de área privativa e útil constavam em uma das cláusulas (74 m² e 86 m², respectivamente).

a. Há publicidade enganosa na espécie? Aponte as situações de enganosidade.

b. Omitido o preço das demais unidades na publicidade veiculada, isso vincularia a empresa a vendê-las pelo preço anunciado?

c. Que poderiam pleitear os consumidores em eventual ação?

24.9.3. A fábrica de tapetes "X" criou um novo carpete cuja composição continha 6% de poliamida (resina que forma o náilon). A nova marca foi registrada no INPI.

Os vendedores da loja que comercializam o carpete, aproveitando-se do nome, passaram a adotar o hábito de dizer para os compradores que aquele carpete era bastante durável devido ao náilon em sua composição.

O Ministério Público propôs ação civil pública contra a fábrica por publicidade enganosa. Ela defendeu-se dizendo: (i) que não pode se taxar de enganosa uma marca legalmente registrada; (ii) há sim náilon na composição do carpete; (iii) se os vendedores dizem inverdades sobre seu produto, ela não pode ser responsabilizada por isso.

a. É possível tachar de informação ou publicidade enganosa uma marca devidamente registrada?

b. Se não, por quê? Se sim, pode o INPI, então, negar-se ao registro sob alegação de que a marca fere a boa-fé?

c. Como fica a relação da indústria com os vendedores de seus revendedores, quer sejam estes autorizados ou não, no que respeita às informações por eles (vendedores) dadas ao consumidor? Fundamentar.

25. A PUBLICIDADE ABUSIVA

A publicidade abusiva é tratada no § 2º do art. 37 do CDC, que dispõe:

"Art. 37. É proibida toda publicidade enganosa ou abusiva.

(...)

§ 2º É abusiva, dentre outras, a publicidade discriminatória de qualquer natureza, a que incite à violência, explore o medo ou a superstição, se aproveite da deficiência de julgamento e experiência da criança, desrespeite valores ambientais, ou que seja capaz de induzir o consumidor a se comportar de forma prejudicial ou perigosa à sua saúde ou segurança".

25.1. Publicidade abusiva: efeito sobre o consumidor

As imagens da TV mostram uma metrópole grande e barulhenta, cheia de carros, fumaça e repleta de prédios. A cena mostra na janela do 3º andar de uma escola um rapaz de aproximadamente 15 anos, com olhos grandes e vivos, procurando algo na rua. Ao longe, uma voz feminina pede socorro. A imagem volta-se rapidamente para a rua: uma mulher grita por socorro presa nas engrenagens de um automóvel acidentado ao lado de um caminhão-tanque de gasolina. Está saindo fumaça dos dois veículos. Tudo leva a crer que o caminhão vai explodir e a mulher morrer.

O rapaz, então, revela-se: corre para o banheiro, troca-se e surge o *Superboy*, com aquele famoso uniforme e capa coloridos: vai para a janela e sai voando.

Desce à rua e salva a mulher alguns segundos antes da explosão.

As imagens se afastam, mostrando ao longe o *Superboy*, agora soprando o fogo para apagá-lo.

As cenas são, então, cortadas, e um fabricante anuncia que está à venda em todos os magazines e boas lojas do ramo a roupa do *Superboy*, feita com tecido resistente e que não desbota.

Poderia essa propaganda ser tachada de abusiva, sob a alegação de que algum adolescente, vestindo a roupa de *Superboy*, poderia pular pela janela tentando imitar o super-herói?

O CDC proíbe as propagandas abusivas dizendo que é abusiva, entre outras, a publicidade discriminatória de qualquer natureza, a que incite à violência, explore o medo ou a superstição, se aproveite da deficiência de julgamento e experiência da criança, desrespeite valores ambientais, ou que seja capaz de induzir o consumidor a se comportar de forma prejudicial ou perigosa a sua saúde ou segurança.

O caráter da abusividade não tem necessariamente relação direta com o produto ou serviço oferecido, mas sim com os efeitos da propaganda que possam causar algum mal ou constrangimento ao consumidor.

Daí decorre que se pode ter numa mesma publicidade um anúncio enganoso e ao mesmo tempo abusivo. Basta que o produto ou serviço dentro das condições anunciadas não corresponda àquilo que é verdadeiro e que o anúncio preencha o conteúdo proibido de abusividade.

É por isso que, no exemplo transcrito, um simples anúncio da fantasia de um super-herói, pode existir uma carga de abusividade. Basta que se demonstre que o anúncio em si possa levar o consumidor (no caso crianças) a agir contra sua própria saúde ou segurança.

A publicidade abusiva tem sido usada na forma de discriminação. É importante ressaltar que a lei expressamente proíbe "qualquer forma de discriminação".

Assim, não vale a argumentação existente de que o princípio da liberdade de expressão garantido na Constituição Federal permite a discussão pública de questões discriminatórias.

Além do fato de, como vimos, o fundamento primordial da Carta Magna ser a intangibilidade da dignidade da pessoa humana (art. 1º, III), ainda que o tema possa ser discutido, seu âmbito de existência é outro: é o da arte, da academia científica e até da política, jamais do mercado de consumo.

Por isso, a publicidade comercial não pode de maneira alguma agir de forma discriminatória. Há anúncios feitos com o propósito de criar polêmica, para com isso conseguir espaço publicitário grátis. Se a polêmica estiver relacionada à discriminação, o anúncio é pura e simplesmente abusivo.

Aqui também é importante frisar que para a caracterização da natureza abusiva de um anúncio não é necessário que ocorra de fato um dano real ao consumidor, uma ofensa concreta. Basta que haja perigo; que exista a possibilidade de ocorrer o dano, uma violação ou ofensa. A abusividade, aliás, deve ser avaliada sempre tendo em vista a potencialidade do anúncio em causar um mal.

Conforme vimos ao examinar as normas autorregulamentares dos publicitários, a publicidade abusiva é também proibida naquele sistema normativo, embora não apareça sob esse nome[1].

Com vistas a dar cabal sentido às determinações contidas no § 2º do art. 37 vale, então, que se enquadrem no contexto desse regramento aquelas mesmas delimitações da norma autorregulamentadora que possibilitam amplo entendimento das normas estabelecidas pelo CDC. Com isso ter-se-á cada uma das proibições. Vejamos.

25.2. Respeitabilidade

A atividade publicitária e, claro, seu resultado — o anúncio — devem respeitar a dignidade da pessoa humana, a intimidade, o interesse social, as instituições e os símbolos nacionais, as autoridades instituídas e o núcleo familiar[2].

25.3. Discriminação

Nenhum anúncio pode favorecer ou estimular qualquer espécie de ofensa ou discriminação racial, social, política, religiosa ou de nacionalidade.

Não pode, também, o anúncio acentuar, de forma depreciativa, diferenciações sociais decorrentes do maior ou menor poder aquisitivo de grupos sociais específicos.

25.4. Atividades ilegais

Os anúncios não podem conter nada que possa induzir a atividades ilegais e/ou criminosas ou que pareça favorecer, enaltecer ou estimular tais atividades.

---

1. Ver nossos comentários nos subitens 22.5.4 a 22.5.8.

2. Essas determinações são exigências constitucionais, na medida em que se impõem a todos como garantias fundamentais (CF, arts. 1º, III, 5º, X, 226 etc.).

25.5. Decência

O anúncio não pode apresentar de nenhuma maneira — afirmações, apresentações visuais ou auditivas — mensagem que ofenda os padrões de decência prevalecentes no meio social.

25.6. Intimidade

O anúncio não pode:

a) ofender convicções religiosas e/ou filosóficas e demais convicções legalmente garantidas daqueles que descendam ou sejam de qualquer outra forma relacionados com pessoa falecida que tenha imagem ou referência no anúncio;

b) violar a intimidade das pessoas.

25.7. Medo, superstição e violência

O medo somente pode ser tema do anúncio se houver motivo socialmente relevante ou for plausível a razão que justifique seu uso. Superstição de espécie alguma pode ser explorada, e nenhum anúncio pode conter qualquer tipo de mensagem que induza ou possa conduzir à violência.

25.8. Segurança e acidentes

O anúncio não pode:

a) manifestar descaso pela segurança, sobretudo quando nele figurarem jovens e crianças ou quando especialmente a estes for endereçada a mensagem;

b) estimular o uso perigoso do produto ou serviço oferecido;

c) deixar de mencionar cuidados especiais para a prevenção de acidentes, se tais cuidados forem especiais ao uso do produto ou do serviço;

d) deixar de especificar cuidados especiais no tocante ao uso do produto ou do serviço por crianças, idosos e pessoas doentes, caso tais cuidados sejam essenciais.

25.9. Crianças e jovens

Os anúncios dirigidos às crianças e aos adolescentes deverão refletir cuidados especiais em relação à segurança e às boas maneiras e, ainda, abster-se de:

a) desmerecer valores sociais positivos, tais como, dentre outros, amizade, urbanidade, honestidade, justiça, generosidade e respeito a pessoas, animais e ao meio ambiente;

b) provocar deliberadamente qualquer tipo de discriminação, em particular daqueles que, por qualquer motivo, não sejam consumidores do produto;

c) associar crianças e adolescentes a situações incompatíveis com sua condição, sejam elas ilegais, perigosas ou socialmente condenáveis;

d) impor a noção de que o consumo do produto proporcione superioridade ou, na sua falta, a inferioridade;

e) provocar situações de constrangimento aos pais ou responsáveis, ou molestar terceiros, com o propósito de impingir o consumo[3];

f) empregar crianças e adolescentes como modelos para vocalizar apelo direto, recomendação ou sugestão de uso ou consumo, admitida, entretanto, a participação deles nas demonstrações pertinentes de serviço ou produto;

g) utilizar formato jornalístico, a fim de evitar que anúncio seja confundido com notícia;

h) apregoar que produto destinado ao consumo por crianças e adolescentes contenha características peculiares que, em verdade, são encontradas em todos os similares;

i) utilizar situações de pressão psicológica ou violência que sejam capazes de infundir medo.

Além disso, quando os produtos forem destinados ao consumo por crianças e adolescentes, seus anúncios deverão:

a) procurar contribuir para o desenvolvimento positivo das relações entre pais e filhos, alunos e professores, e demais relacionamentos que envolvam o público-alvo;

b) respeitar a dignidade, ingenuidade, credulidade, inexperiência e o sentimento de lealdade do público-alvo;

c) dar atenção especial às características psicológicas do público-alvo, presumida sua menor capacidade de discernimento;

---

3. Que é patente quando o anúncio diz para o menor pedir para os pais comprarem o produto ou o serviço.

d) obedecer a cuidados tais que evitem eventuais distorções psicológicas nos modelos publicitários e no público-alvo;

e) abster-se de estimular comportamentos socialmente condenáveis.

Por fim, em relação ao *merchandising*, como vimos[4], o próprio Código de Autorregulamentação Publicitária:

a) condena que nesse tipo de ação sejam empregados crianças, elementos do universo infantil ou outros artifícios com a deliberada finalidade de captar a atenção desse público específico, qualquer que seja o veículo utilizado;

b) define que, nos conteúdos segmentados, criados, produzidos ou programados especificamente para o público infantil, qualquer que seja o veículo utilizado, a publicidade de produtos e serviços destinados exclusivamente a esse público estará restrita aos intervalos e espaços comerciais;

c) determina que, para a avaliação da conformidade das ações de *merchandising* ou publicidade indireta contratada, deverá ser levado em consideração que:

c.1) o público-alvo a que elas são dirigidas seja adulto;

c.2) o produto ou serviço não seja anunciado objetivando seu consumo por crianças;

c.3) a linguagem, as imagens, os sons e outros artifícios nelas presentes sejam destituídos da finalidade de despertar a curiosidade ou a atenção das crianças;

d) proíbe que crianças e adolescentes figurem como modelos publicitários em anúncio que promova o consumo de quaisquer bens e serviços incompatíveis com sua condição, tais como armas de fogo, bebidas alcoólicas, cigarros, fogos de artifício e loterias, e todos os demais igualmente afetados por restrição legal;

e) define que o planejamento de mídia dos anúncios de produtos que forem destinados ao consumo de crianças e adolescentes devem ter sua atenção especialmente despertada para eles e, por isso, esses anúncios deverão refletir as restrições técnica e eticamente recomendáveis, adotando-se interpretação o mais restritiva possível para todas as normas estabelecidas.

---

4. Conf. subitem 22.5.7, *retro*.

25.10. Meio ambiente

Estão proibidos anúncios que direta ou indiretamente estimulem:

a) a poluição do ar, das águas, das matas, dos demais recursos naturais, bem como do meio ambiente urbano;

b) a depredação da fauna, da flora e dos demais recursos naturais;

c) a poluição visual dos campos e das cidades;

d) a poluição sonora;

e) o desperdício de recursos naturais.

25.11. Patrimônio cultural

Como decorrência da norma constitucional, está proibido o uso desrespeitoso da música folclórica, dos folguedos e temas populares que constituem parte integrante do patrimônio cultural do País.

É que, muito embora a Lei n. 8.078 não tenha feito referência ao patrimônio cultural, a Carta Magna o garante expressamente, e a norma autorregulamentadora a ele faz referência.

Com efeito, dispõem os arts. 215 e 216 da Constituição Federal, *verbis*:

"Art. 215. O Estado garantirá a todos o pleno exercício dos direitos culturais e acesso às fontes da cultura nacional, e apoiará e incentivará a valorização e a difusão das manifestações culturais.

§ 1º O Estado protegerá as manifestações das culturas populares, indígenas e afro-brasileiras, e das de outros grupos participantes do processo civilizatório nacional.

§ 2º A lei disporá sobre a fixação de datas comemorativas de alta significação para os diferentes segmentos étnicos nacionais.

Art. 216. Constituem patrimônio cultural brasileiro os bens de natureza material e imaterial, tomados individualmente ou em conjunto, portadores de referência à identidade, à ação, à memória dos diferentes grupos formadores da sociedade brasileira, nos quais se incluem:

I — as formas de expressão;

II — os modos de criar, fazer e viver;

III — as criações científicas, artísticas e tecnológicas;

IV — as obras, objetos, documentos, edificações e demais espaços destinados às manifestações artístico-culturais;

V — os conjuntos urbanos e sítios de valor histórico, paisagístico, artístico, arqueológico, paleontológico, ecológico e científico.

§ 1º O Poder Público, com a colaboração da comunidade, promoverá e protegerá o patrimônio cultural brasileiro, por meio de inventários, registros, vigilância, tombamento e desapropriação, e de outras formas de acautelamento e preservação.

§ 2º Cabem à administração pública, na forma da lei, a gestão da documentação governamental e as providências para franquear sua consulta a quantos dela necessitem.

§ 3º A lei estabelecerá incentivos para a produção e o conhecimento de bens e valores culturais.

§ 4º Os danos e ameaças ao patrimônio cultural serão punidos, na forma da lei.

§ 5º Ficam tombados todos os documentos e os sítios detentores de reminiscências históricas dos antigos quilombos".

E a norma autorregulamentadora, como já tivemos oportunidade de apontar[5], traz normatização específica no seu art. 40, que dispõe:

"É condenado o uso desrespeitoso da música folclórica, dos folguedos e temas populares que constituem parte integrante do patrimônio cultural do País".

25.12. Abusividade × consumidor real

Da mesma maneira que no caso da enganosidade, é de anotar que para a aferição da abusividade não é necessário que o consumidor seja aquele real, concretamente considerado; basta que seja potencial, abstrato. Isto é, para saber do abuso é suficiente que se leve em consideração o consumidor ideal. É ele que deve servir de parâmetro para a avaliação.

Ainda que num caso particular aquele consumidor não se tenha sentido lesado, se o anúncio for capaz de atingir o consumidor em potencial, será abusivo.

Por isso, também com a publicidade abusiva o melhor controle é preventivo.

O anúncio já é abusivo antes de atingir qualquer consumidor em concreto; basta ter sido veiculado.

---

5. Comentários no subitem 22.5.9.

Da mesma maneira, é possível detectar um anúncio abusivo sem nem sequer verificar o produto ou o serviço concretamente. Basta que do próprio texto, da imagem do anúncio, se extraia a abusividade.

25.13. Parâmetros para a aferição da abusividade

25.13.1. Julgamento do anúncio em si

Já dissemos que será possível detectar se um anúncio é abusivo sem mesmo checar sua relação com o produto ou serviço real. Em outros casos, a relação entre o anúncio e o produto ou o serviço, bem como suas características, seu funcionamento etc. realmente como são, terá de ser examinada (a relação) para a aferição da abusividade.

Então, levante-se aqui o ponto da verificação que envolve o anúncio em si, objetivamente considerado.

Será necessário examinar o anúncio como um todo, seu texto completo, o tempo inteiro de veiculação, a imagem global, para perquirir sobre a abusividade?

A norma autodisciplinadora tem uma disposição para responder essa questão, da qual discordamos. Claro que ela não tem qualquer eficácia diante do CDC. Mas é importante seu exame, porque delineia como pensam os responsáveis pelo setor.

Com efeito, diz o art. 17 do Código Brasileiro de Autorregulamentação Publicitária:

"Ao aferir a conformidade de uma campanha ou anúncio aos termos deste Código, o teste primordial deve ser o impacto provável do anúncio, como um todo, sobre aqueles que irão vê-lo ou ouvi-lo. A partir dessa análise global é que se examinará detalhadamente cada parte do conteúdo visual, verbal ou oral do anúncio, bem como a natureza do meio utilizado para sua veiculação"[6].

Veja-se o equívoco: não importa se a abusividade advém de parte do anúncio ou de sua projeção global sobre o público. Não interessa também saber se o teor potencial do dano a ser causado está só no aspecto visual ou

---

6. Sobre enganosidade, ver nossos comentários nos subitens 24.3.1 a 24.3.6.

apenas no oral ou escrito. O que vale é o resultado do impacto sobre o consumidor (aliás, o resultado potencial; nem precisa ser real).

Se por qualquer dos aspectos considerados isoladamente (visual, oral, verbal etc.) ou se pelo contexto global insinuar-se a abusividade, o anúncio já estará caracterizado como abusivo.

Assim, entramos no próximo item, também ligado a este.

25.13.2. Ambiguidade

Se o anúncio brinca com o sentido ambíguo de seu texto (isto é, propositalmente) ou se utiliza da ambiguidade com o intuito de confundir, o anúncio será abusivo se não puder ser entendido num dos sentidos possíveis.

Se, ao se ler o texto, assistir à imagem, ouvir a mensagem falada, restar possível mais de uma interpretação e uma delas levar ao potencial danoso, o anúncio já será abusivo.

25.13.3. Exagero

Da mesma forma como observamos ao examinar a publicidade enganosa, a utilização das adjetivações exageradas pode causar abusividade ou não. O chamado *puffing* é a técnica publicitária da utilização do exagero. A doutrina, como vimos, entende que o *puffing* não está proibido enquanto apresentado "como publicidade espalhafatosa, cujo caráter subjetivo ou jocoso não permite que seja objetivamente encarada como vinculante. É o anúncio em que se diz ser 'o melhor produto do mercado', por exemplo"[7].

Concordamos com tal afirmação apenas para as hipóteses em que o exagero é evidente e inofensivo e simultaneamente não possa causar dano ao consumidor.

Assim, haverá muitos casos em que o *puffing*, ainda que utilizado intencionalmente, para chamar a atenção do consumidor, acaba não podendo ser capaz de tornar abusivo o anúncio.

Mas, se o *puffing* puder ser medido objetivamente, e, de fato, puder potencialmente causar dano, será, então, abusivo.

---

7. Nelson Nery Junior, Os princípios gerais do Código de Defesa do Consumidor, *Revista*, cit., p. 67.

25.13.4. Licença publicitária

O *puffing* susorretratado é um item permissivo da chamada licença publicitária. Mas há mais.

Uma parte difícil de ser avaliada é a relativa às publicidades que se situam em áreas nebulosas da comunicação. Essa área é a da criação, da licença publicitária, e nem sempre tem conexão direta com o produto ou serviço: qual o limite para fazer certas afirmações que aguçam a imaginação do consumidor?

Não se espera — nem a lei o pretende, como regra — que o publicitário vá mostrar no seu anúncio justamente os aspectos negativos do produto ou serviço que está anunciado.

Para entender bem esse aspecto, vejamos mais de perto o que se faz num anúncio publicitário.

De tudo o que se pode dizer a respeito, importa saber que, naturalmente, o anúncio tem como função oferecer o produto ou serviço, mostrando sua utilidade para o consumidor, fazendo com que este se interesse em adquiri-lo.

O anúncio é, pois, o instrumento para aproximar do consumidor o produto ou o serviço oferecido no mercado. Por meio dele o consumidor toma conhecimento do produto ou do serviço, bem como de suas qualidades, características, utilidade, preço, condições de pagamento etc. Por isso, o que a lei pretende é que o produto ou serviço anunciado na propaganda tenha correspondência com o produto ou o serviço que existe "realmente". Nem o anúncio em si, nem o produto ou o serviço real podem potencialmente gerar dano.

Não se pode esquecer — e o CDC não o faz — que a publicidade é uma ficção. Nela são apresentados momentos mágicos, belas cenas, pessoas bonitas, interessantes, saudáveis, imagens fortes, cenários vibrantes etc., tudo com o intuito de chamar a atenção do consumidor para o produto ou serviço anunciado. Nada disso a lei quer impedir.

Contudo, essa ficção tem o limite estabelecido no texto legal.

Não é proibido encenar roteiros televisivos agradáveis de ver, ainda que não tenham relação com o produto ou o serviço em si, como é o caso do exemplo já mencionado daqueles anúncios da rede McDonald's que mostram a relação do pai com o filho, da menina que passa a usar óculos, das pessoas que sorriem; são peças publicitárias lindíssimas, que agradam, emocionam e nos fazem querer vê-las de novo.

São anúncios que apenas agradam o consumidor pela beleza, realçando em relação indireta a qualidade do produto/serviço ou da marca e de seus fabricantes.

Não se deve esquecer, também, que o anúncio é produzido unilateralmente pelo fornecedor e/ou sua agência. Estes têm toda a liberdade de dizer e mostrar o que quiserem. Por fazerem isso livremente, assumem a responsabilidade pelo que dizem e mostram. Anunciam por sua conta e risco.

Alguns elementos expressivos da chamada licença publicitária são aceitáveis, desde que não causem nenhum tipo de dano direto ou indireto ao consumidor.

25.14. Liberdade de expressão na publicidade

Conforme já tivemos oportunidade de explicar nos comentários relativos à publicidade enganosa[8], a base da oferta feita pela apresentação, informação e anúncio publicitário é a verdade, um dos fundamentos éticos do sistema jurídico. E ética, como se sabe, significa tomar a atitude correta, isto é, escolher a melhor ação a tomar ou conduta a seguir. Uma pessoa ética tem bom caráter e busca sempre fazer o bem a outrem.

No sistema jurídico — necessariamente ético —, pode-se identificar uma série de fundamentos ligados à ética, tais como o da realização da justiça e a boa-fé objetiva e, também, como referimos, a verdade da expressão. É corriqueiro ligar-se a ideia de expressão e linguagem à de liberdade de expressão. Esta é, de fato, uma das mais importantes garantias constitucionais. Ela é um dos pilares da democracia. Falar, escrever, expressar-se é um direito assegurado a todos.

Mas esse direito, entre nós, não só não é absoluto, como sua garantia está mais atrelada ao direito de opinião ou àquilo que para os gregos na Antiguidade era crença ou opinião ("doxa"). Essa forma de expressão aparece como oposição ao conhecimento, que corresponde ao verdadeiro e comprovado. A opinião ou crença é mero elemento subjetivo. A democracia dá guarida ao direito de opinar, palpitar, lançar a público o pensamento que se tem em toda sua subjetividade. Garante também a liberdade de criação.

Mas quando se trata de apontar fatos objetivos, descrever acontecimentos, prestar informações de serviços públicos ou oferecer produtos e

---

8. Capítulo 24, que envolve os §§ 1º e 3º do art. 37.

serviços no mercado, há um limite ético que controla a liberdade de expressão. Esse limite é a verdade.

Com efeito, por falar em Grécia antiga, lembremos o que diziam: "mentir é pensar uma coisa e dizer outra". A mentira é, pois, simples assim.

Examinando essa afirmação, vê-se que mentir é algo consciente; é, pois, diferente do erro, do engano, que pressupõe desconhecimento (da verdade), confusão subjetiva do que se expressa ou distorção inocente dos fatos.

Em nosso sistema jurídico temos leis que controlam, em alguns setores, a liberdade de expressão na sua realidade objetiva. Veja-se, por exemplo, a imposição para que a testemunha ao depor em Juízo fale a verdade. Do mesmo modo, os advogados e as partes têm o dever de lealdade processual, proibindo-se que intencionalmente a verdade dos fatos seja alterada, adulterada, diminuída, aumentada etc. Esse dever de lealdade — em todas as esferas: administrativa, civil e criminal — é a ética fundamental da verdade imposta a todos.

O mesmo se dá no regime de produção capitalista. Com base nos princípios éticos e normativos da Constituição Federal, o Código de Defesa do Consumidor, como estamos a examinar, regulou expressamente a informação e a publicidade enganosa, proibindo-a e tipificando-a como crime.

No que diz respeito, pois, às relações jurídicas de consumo, a informação e a apresentação dos produtos e serviços, assim como os anúncios publicitários, não podem faltar com a verdade daquilo que oferecem ou anunciam, de forma alguma, quer seja por afirmação quer por omissão. Nem mesmo manipulando frases, sons e imagens para de maneira confusa ou ambígua iludir o destinatário do anúncio: o consumidor. A lei quer a verdade objetiva e, por isso, determina que o fornecedor mantenha comprovação dos dados fáticos, técnicos e científicos que dão sustentação à mensagem (conforme verificamos acima, no exame do parágrafo único do art. 36).

Aliás, aproveitemos esse ponto para eliminar uma confusão corrente quando se trata de criação e verdade em matéria de relações de consumo: *Não existe* uma ampla garantia para a liberdade de criação e expressão em matéria de publicidade. O artista goza de uma garantia constitucional de criação para sua obra de arte, mas o publicitário não.

Um anúncio publicitário é, em si, um produto realizado pelo publicitário ou coletivamente pelos empregados da agência. Sua razão de existir funda-se em algum produto ou serviço que se pretenda mostrar e/ou vender.

Dessa maneira, se vê que a publicidade não é produção primária, mas instrumento de apresentação e/ou venda dessa produção. Ora, como a produção primária de produtos e serviços tem limites precisos na lei, por mais força de razão o anúncio que dela fala. Repetimos: a liberdade de criação e expressão da publicidade está limitada à ética que dá sustentação à lei. Por isso, não só não pode oferecer uma opinião (elemento subjetivo) como deve sempre falar e apresentar a verdade objetiva do produto e do serviço e suas maneiras de uso, consumo, suas limitações, seus riscos para o consumidor etc. Evidentemente, todas as frases, imagens, sons do anúncio publicitário sofrem a mesma limitação.

25.15. Abusividade × publicidade comparativa

Já dissemos que a técnica da publicidade comparativa não está proibida de ser utilizada[9]. Mas, para fazê-lo, o anunciante tem de seguir os limites impostos pelo CDC naquilo que pode gerar publicidade abusiva (ou enganosa), assim como deve respeitar também as normas do Código Brasileiro de Autorregulamentação Publicitária.

É que o uso dessa técnica pode acabar gerando dano ao consumidor. Há duas formas de isso acontecer: primeiro, pela violação das normas estabelecidas na Lei n. 8.078; depois, pelo não cumprimento das regras autorregulamentares estabelecidas. Relembremos, então, mais uma vez, as normas obrigatórias para a feitura e veiculação da publicidade comparativa, que, se violadas, de pronto infringem o CDC.

Nessa técnica o anunciante mostra seu produto ou serviço na relação com o de seu(s) concorrente(s).

Para apresentá-la o anunciante tem de cumprir as seguintes regras:

a) o fim da comparação deve ser o esclarecimento e/ou a defesa do consumidor;

b) a comparação deve ser feita de forma objetiva, evitando o uso de alusões de caráter subjetivo, e deve ser passível de ser comprovada;

c) os modelos a serem comparados devem ter a mesma idade, tendo sido produzidos no mesmo ano. A comparação entre modelos de épocas diferentes só é possível se se pretender demonstrar evolução, que deve ficar claramente caracterizada;

---

9. Conforme exposto no subitem 22.5.11.

d) não pode estabelecer confusão entre produtos, serviços e marcas concorrentes;

e) não pode caracterizar concorrência desleal nem denegrir a imagem do produto, serviço ou marca concorrente;

f) não pode utilizar injustificadamente a imagem corporativa ou o prestígio de terceiros;

g) se se tratar de comparação entre produto ou serviço cujo preço seja de nível desigual, tal circunstância deve ser claramente indicada.

25.16. Elemento subjetivo

Seguindo a regra geral instituída no regime da Lei n. 8.078/90, para a averiguação da abusividade do anúncio não há necessidade de exame do dolo ou culpa do anunciante (nem da agência ou do veículo, que são também responsáveis por sua veiculação, como veremos na sequência).

Para que fique caracterizada a infração, basta que o anúncio em si comporte abusividade ou que na sua relação real com o produto ou o serviço anunciado possa causar dano. Não há que fazer a pergunta a respeito de dolo ou culpa, porque, mesmo que esses elementos não se verifiquem, ainda assim o anúncio será tido como abusivo.

A responsabilidade do anunciante, de sua agência e do veículo é objetiva, e como tal será considerada[10].

25.17. Responsabilidade do fornecedor-anunciante, das agências e do veículo

25.17.1. Responsabilidade solidária

Já mostramos que a própria norma autorregulamentadora dispõe que tanto o anunciante quanto sua agência e o veículo são responsáveis solidários pelo dano que o anúncio causar e pelas infrações praticadas[11].

A responsabilidade é solidária de todos aqueles que participam da produção do anúncio e de sua veiculação, por expressa previsão do CDC: "Tendo

---

10. Ver nossos comentários sobre a teoria do risco do negócio e a responsabilidade civil objetiva no CDC, no Capítulo 9.

11. Ver subitem 22.5.18.

mais de um autor a ofensa, todos responderão solidariamente pela reparação dos danos previstos nas normas de consumo" (parágrafo único do art. 7º[12]).

Vejamos como cada um participa e como pode desresponsabilizar-se.

25.17.2. Responsabilidade solidária do anunciante e da agência

O fornecedor-anunciante é sempre responsável pelos danos que seu anúncio causar.

A agência, como produtora do anúncio, responde solidariamente com o anunciante, independentemente do tipo de contrato que com ele tenha estabelecido, da mesma maneira como na publicidade enganosa.

Suponhamos que no contrato de prestação de serviços firmado entre o anunciante e a agência exista cláusula contratual que disponha que, uma vez aprovado o anúncio pelo fornecedor, corre por conta dele o risco de causar dano. Essa cláusula terá validade apenas perante eles, não afetando a garantia legal conferida às pessoas atingidas pela publicidade. Havendo dano, a pessoa lesada pode acionar um dos dois ou ambos simultaneamente (já que são solidários), e, depois que eles pagarem a indenização pelos danos, acertarão entre si os gastos, com base naquela cláusula contratual.

25.17.3. Responsabilidade solidária do veículo com o anunciante e a agência

Como regra geral decorrente da lei, o veículo é também responsável solidário do anunciante e da agência. Aliás, sem o veículo não haveria anúncio: ele é o instrumento de contato com o público. Logo, é agente responsável por eventual dano causado.

Contudo, no caso do veículo há uma exceção que exclui sua responsabilização. É o caso do anúncio que não apresenta, objetivamente, em si, teor de abusividade. Se esta existir, será por motivo alheio à mensagem do anúncio: por exemplo, o abuso se caracteriza pelo uso do produto e do serviço. Nesse caso o veículo, então, não responderá.

Mas a questão que aqui também se coloca é se o veículo pode negar-se a inserir no seu meio o anúncio que ele entenda ser abusivo. A resposta é, obviamente, sim. O anunciante e/ou sua agência não podem obrigar o

---

12. Cf. nossos comentários no item 6.21.

veículo a praticar publicidade abusiva. Não só pelos aspectos civis da questão, mas também pelos morais e criminais. Não se deve esquecer que a prática da publicidade abusiva está tipificada como crime na Lei n. 8.078. Lembremos que os arts. 67 e 68 dispõem, *verbis*:

> "Art. 67. Fazer ou promover publicidade que sabe ou deveria saber ser enganosa ou abusiva:
>
> Pena — Detenção de 3 (três) meses a 1 (um) ano e multa.
>
> Art. 68. Fazer ou promover publicidade que sabe ou deveria saber ser capaz de induzir o consumidor a se comportar de forma prejudicial ou perigosa a sua saúde ou segurança:
>
> Pena — Detenção de 6 (seis) meses a 2 (dois) anos e multa".

E, como já dissemos antes, o veículo pode negar-se a veicular o anúncio em qualquer outro caso de ilegalidade e também naqueles previstos no Código Brasileiro de Autorregulamentação Publicitária[13], que são:

a) quando entender que o seu conteúdo fere, flagrantemente, os princípios e regras da norma autorregulamentadora;

b) quando fira sua linha editorial, jornalística ou de programação;

c) quando não tenha identificação do patrocinador, com exceção do *teaser*;

d) de polêmica ou denúncia sem expressa autorização da fonte conhecida que responda pela autoria da peça.

25.18. Supressão e impedimento do anúncio abusivo

Tal como a publicidade enganosa, a abusiva sofre controle administrativo não só de seu órgão autorregulamentador, o CONAR, como também dos órgãos públicos que garantem a defesa do consumidor, por força do estabelecido nos arts. 55 a 60 do CDC e 9º e s. do Regulamento (Dec. n. 2.181, de 20-3-1997).

O Poder Judiciário, uma vez acionado — individual ou coletivamente —, poderá determinar a supressão tanto do anúncio veiculado (v. g., no *outdoor*, nas rádios e TVs etc.) como da campanha inteira do anunciante,

---

13. Que retratamos no subitem 22.5.18.2.

ou apenas parte dela. As normas processuais do CDC dão amplitude suficiente ao magistrado para fazê-lo (arts. 83 e s.).

Pode, também, o Judiciário impedir a publicação e/ou transmissão do anúncio, não só porque tal ato decorre da lógica da garantia dos direitos (se pode suprimir, pode impedir para prevenir), como está expressamente previsto na Lei n. 8.078 (inciso VI do art. 6º[14]).

E a mais importante condenação que o Judiciário pode e deve aplicar ao fornecedor é a contrapropaganda, vista na sequência.

25.19. Contrapropaganda

25.19.1. Função

A publicidade abusiva causa grande dano aos consumidores. E, mesmo depois de cessada sua veiculação, continua produzindo efeitos, uma vez que passa a fazer parte da memória das pessoas e também — no caso da mídia impressa, tais como jornais, malas diretas etc. — pode estar com elas arquivada para eventual uso em compra futura.

Por isso, será sempre impossível desfazer *todo* o mal causado pelo anúncio abusivo. Mas é possível remediá-lo, e isso se dá pela determinação da prática de contrapropaganda.

A imposição dessa penalidade decorre das medidas judiciais à disposição do magistrado para a proteção dos consumidores, uma vez que é intenção da lei consumerista dar ampla tutela para a garantia dos direitos dos consumidores: "Para a defesa dos direitos e interesses protegidos por este Código são admissíveis todas as espécies de ações capazes de propiciar sua adequada e efetiva tutela" (art. 83).

De qualquer maneira, há, ainda, no CDC, previsão expressa da contrapropaganda, como pena, no art. 56 (inciso XII), sempre que o fornecedor incorrer na prática de publicidade enganosa ou abusiva, conforme estabelecido no *caput* do art. 60, que dispõe: "A imposição de contrapropaganda será cominada quando o fornecedor incorrer na prática de publicidade enganosa ou abusiva, nos termos do art. 37 e seus parágrafos, sempre às expensas do infrator".

---

14. Ver nossos comentários a essa norma no item 6.18.

25.19.2. Conteúdo

Para cumprir sua função, o conteúdo da contrapropaganda deve ser tal que possa desfazer o resultado da comunicação anteriormente realizada.

Já vimos que publicidade é a comunicação de certa mensagem (conteúdo) dirigida pelo fornecedor (emissor) ao consumidor (receptor).

Logo, a contrapropaganda deve ter um conteúdo (mensagem) que possa anular ou ao menos desmentir o conteúdo (mensagem) abusivo anteriormente produzido.

25.19.3. Amplitude do meio

Para atingir a meta pretendida de, ao menos, aliviar os danos causados pelo anúncio abusivo, a contrapropaganda tem de ser implementada, no mínimo, de igual forma e com a mesma frequência e dimensão que a publicidade abusiva, nos mesmos veículos, locais, espaços e horários.

A pretensão dessa medida é poder atingir "as mesmas" pessoas que foram submetidas à publicidade abusiva, para tentar desfazer ou, pelo menos, atenuar os malefícios do anúncio abusivo.

O CDC tem previsão expressa nesse sentido: "A contrapropaganda será divulgada pelo responsável da mesma forma, frequência e dimensão e, preferencialmente, no mesmo veículo, local, espaço e horário, de forma capaz de desfazer o malefício da publicidade enganosa ou abusiva" (§ 1º do art. 60).

Mas, apesar dessa disposição, entendemos que pode o magistrado condenar o fornecedor a divulgar a contrapropaganda em forma, frequência e dimensão maiores que as do anúncio abusivo, bem como em mais veículos, locais, espaços e horários, tudo para dar mais visibilidade, capaz de minimizar os danos causados e conseguir efetivamente atingir os consumidores.

25.19.4. "Astreintes"

Como a imposição da contrapropaganda é típica obrigação de fazer, deve o magistrado, ao impô-la, fixar desde logo multa diária pelo descumprimento da obrigação, quer a decisão se tenha dado liminarmente, quer de forma definitiva (cf. art. 84 e seus parágrafos).

Lembre-se que a função da multa (*astreinte*) é persuadir o infrator a cumprir sua obrigação. Por isso, deve ser ampla o suficiente para tanto. Se seu valor for pequeno, talvez o fornecedor prefira pagá-la, porque todo o custo da divulgação da contrapropaganda é seu, assim como os efeitos de imagem que eventualmente possa ocasionar. Logo, a *astreinte* deve ser bem fixada para a obtenção do resultado prático desejado, que é a veiculação da contrapropaganda[15].

25.20. Exercícios

25.20.1. Imagine a seguinte cena de um anúncio publicitário veiculado na TV: "Uma Senhora idosa está sentada na frente de um médico (depois se sabe que é um oftalmologista). Ele dá a ela alguma coisa, dizendo ser uma bexiga (balãozinho de festas infantis). A senhora vai enchendo a suposta bexiga e o telespectador começa a perceber que se trata de uma camisinha (constrangidos vemos que se trata de uma brincadeira de muito mau gosto). As cenas se afastam e uma voz diz para você não esperar muito para ir a um oftalmologista...".

a. Trata-se de publicidade abusiva? Sim/Não/Por quê? Fundamente.

b. Avalie o limite da licença publicitária e a possibilidade de fazer brincadeiras desse e de outros tipos.

25.20.2. Pense na publicidade de uma indústria de roupas, que traz apenas uma foto de um portador do vírus HIV na fase terminal, nada mais, além do nome da marca.

a. Trata-se de publicidade abusiva? Por quê?

b. A quem cabe a prova da abusividade? Aplica-se o art. 38 em caso de publicidade abusiva?

c. Como se prova a abusividade? Quem decide se a publicidade é ou não abusiva?

---

15. Para mais elementos sobre as *astreintes*, examine-se o item 44.3, *infra*.

26. A PROVA DA VERDADE E CORREÇÃO DA PUBLICIDADE

Quando examinarmos o inciso VIII do art. 6º, teremos oportunidade de comentar a possibilidade de inversão do ônus de prova, o que demanda uma ampla discussão de questões[1].

Pois bem. Em matéria de publicidade, não se aplica aquela regra: o ônus da prova da veracidade e correção da informação e/ou comunicação publicitária é do fornecedor-anunciante, conforme expressa disposição do art. 38 do CDC:

> "Art. 38. O ônus da prova da veracidade e correção da informação ou comunicação publicitária cabe a quem as patrocina".

Não há o que discutir. Em qualquer disputa na qual se ponha em dúvida ou se alegue enganosidade ou abusividade do anúncio, caberá ao anunciante o ônus de provar o inverso, sob pena de dar validade ao outro argumento.

Não olvidemos a regra do parágrafo único do art. 36, que compõe um conjunto com esta outra do art. 38. Aquela norma dispõe que "o fornecedor, na publicidade de seus produtos ou serviços, manterá, em seu poder, para informação dos legítimos interessados, os dados fáticos, técnicos e científicos que dão sustentação à mensagem".

Observe-se que a norma, portanto, estabelece: não basta veicular a verdade. É ainda necessário que a prova da verdade da informação veiculada seja mantida em arquivo para eventual averiguação e checagem.

E o CDC dá tanta importância à questão que criou tipo penal para punição pelo não cumprimento das determinações do parágrafo único do artigo 36.

Com efeito, dispõe o art. 69:

---

1. Ver nossos comentários no Capítulo 46.

"Art. 69. Deixar de organizar dados fáticos, técnicos e científicos que dão base à publicidade:

Pena — Detenção de 1 (um) a 6 (seis) meses ou multa".

Apesar desse rigor, o fato é que a norma tem um duplo sentido protetor. Pretende proteger o consumidor, mas também garante o fornecedor-anunciante.

Protege o consumidor porque ele ou seus legítimos representantes, querendo e havendo motivo justificado, poderão requerer a confirmação dos dados anunciados.

Garante o fornecedor, pois, arquivando e mantendo consigo os dados técnicos que deram base ao anúncio, não poderá ser acusado de prática de publicidade enganosa, porquanto terá como provar que falou a verdade.

Assim, por exemplo, quando um anunciante disser que "pesquisa demonstra que o nosso produto é conhecido por 50% da população paulista", terá de manter consigo os dados da pesquisa (e que no caso deverá ser feita por instituto capaz de garanti-la).

Ou, num outro exemplo, quando um fabricante de pneus disser que seu pneu dura 50.000 km, deverá manter consigo os testes de qualidade e durabilidade que comprovem a afirmação (poderão ser testes do departamento técnico da própria indústria ou, o que é melhor, entidade independente e aceita pelo mercado, como por exemplo o IPT).

Agora, com o art. 38, vê-se como de fato aquela regra é importante. Se o fornecedor não a cumprir, talvez tenha dificuldade de se desincumbir do ônus de provar a veracidade e a correção de sua mensagem publicitária.

No que respeita à agência e ao veículo, ambos terão também o ônus da prova da veracidade e correção da informação ou comunicação publicitária naqueles casos em que são responsáveis solidários do anunciante, conforme demonstramos nos comentários aos §§ 1º e 2º do art. 37[2].

26.1. Exercícios

26.1.1. A empresa "XY", fabricante de produtos de limpeza, lançou um novo produto no mercado (esponja de aço) e veiculou mensagem publicitária comparando seu produto com similar de outra empresa fabricante; ao

---

2. Ver nossos comentários nos Capítulos 24 e 25.

fazê-lo, todavia, informou corretamente no que seu produto era superior ao outro (dizia que seu produto limpava mais), mas omitiu que sua esponja tinha menor durabilidade, portanto era menos econômica.

    a. A publicidade comparativa é enganosa ou abusiva? Em que situações ela assim será considerada?

    b. Especificamente no caso em estudo, houve enganosidade na sua veiculação?

    c. Admita a hipótese de que a empresa "XY" está lançando o produto no mercado e resolveu conceder desconto de 50% caso o consumidor adquira três unidades. Essa veiculação publicitária e a prática correspondente são abusivas?

    d. Admita que a empresa "XY", ao lançar o produto, informe o preço (R$ 2,00) e acrescente que em razão do lançamento esse preço, durante dois meses, será reduzido de metade (R$ 1,00). Ao final da promoção, em razão de estratégia de mercado e ainda com a finalidade de tornar o produto conhecido, a empresa repensa a estratégia e veicula nova mensagem publicitária, onde comunica a decisão de manter o preço abaixo do normal, dizendo que nos próximos dois meses o produto custará R$ 1,50, para só depois voltar ao normal. Haveria veiculação enganosa? Haveria algum prejuízo para o consumidor? E aqueles que compraram várias unidades para prevenir o preço, poderiam reclamar? E quanto à empresa concorrente?

26.1.2. Leia a seguinte decisão:

"PUBLICIDADE — Propaganda enganosa — Oferta do anunciante inferior ao valor real da mercadoria no mercado — Artifício ilusório — Má-fé da vendedora — Indenização ou cumprimento do contrato. (...)

ACÓRDÃO

Vistos, relatados e discutidos estes autos de Apelação Cível n. 142.976-1/3, da comarca de São Paulo, em que são apelantes e reciprocamente apelados F. Ltda. e J. P. M. B.: Acordam, em 4ª Câmara Civil do Tribunal de Justiça, por votação unânime, negar provimento aos recursos.

1. A ré apelante inseriu propaganda em jornais e outros meios de publicidade, fazendo oferta ao público de produtos de seu ramo de negócio, com fotografias de conjunto de aparelhos eletrônicos de som, dando destaque ao preço de mercado em contraste com o de oferta, com alternativa para o pagamento a vista ou parceladamente.

O autor, cliente da empresa, tangido pela oferta, foi ao estabelecimento da ré para adquirir, pelo preço e condições ofertados, o conjunto de som E. com PII, HAII, TII, da marca G. Entretanto, foi frustrado no seu intento, já que foi informado que o preço era superior àquele ofertado no anúncio.

A sentença acolheu o pedido alternativo do autor e condenou a ré a concluir o negócio com a entrega do equipamento pelo preço ofertado ou a pagar a indenização correspondente ao preço, corrigido desde abril/87.

A oferta reproduzida no jornal junto às fls. 5 não deixa dúvida, diante da recusa da ré em concluir o negócio, que se cuida de propaganda enganosa. É o que reproduz as fotografias das peças que compõem o conjunto com a seguinte chamada ao pé das fotografias; 'conj. E. c/PII, HAII, TII, por Cz$ 39.620, à vista ou 5 x Cz$ 10.997'. No rodapé do anúncio está a observação que a oferta é 'válida até 11-4 ou até o fim do estoque'.

Vale dizer que tudo leva a crer, até para as pessoas que conhecem o equipamento, que a oferta com os preços e condições se refere ao conjunto e a validade da proposta tem data indefinida, já que válida enquanto houver mercadoria em estoque.

Os argumentos da apelante não afastam sua responsabilidade. A propaganda, com força de policitação, se dirige ao comprador típico, ou seja, à pessoa que provavelmente vai querer aquela mercadoria. Portanto, dizer que o autor não é pessoa ignorante e que, por isso mesmo, tinha condições de saber que a oferta não se referia ao conjunto, em nada beneficia a ré. Ele, no caso, é o comprador típico. É a pessoa que, com certeza, diante do anúncio ofertando o produto, será motivado a adquiri-lo pelo preço e condições da proposta. A pessoa ignorante poderia até não ter interesse, pois não sabendo o significado de tantas siglas e das características do aparelho, poderia não se motivar a adquiri-lo. Por que a oferta chamou a atenção do autor? Exatamente porque, afeito a adquirir aparelhos eletrônicos, achou vantajosa a oferta.

Ora, ninguém faz propaganda senão para promover vendas. Ninguém anuncia apenas para enfeitar as páginas dos jornais. Em contrapartida, os compradores estão sempre à procura de ofertas atrativas, senão deixariam de ler a propaganda e suas ilustrações.

Não há confundir, portanto, habilidade para vender (*sales-manship*) com a propaganda enganosa, com o artifício ilusório. Com a armadilha para atrair o incauto. Sempre que a propaganda, o pregão, a oferta, incide nesse erro, caracteriza-se o *dolus malus*, o embuste. Não se cuida da simples gabança, mas da má-fé do vendedor.

Ora, o homem médio, lendo o anúncio e a oferta divulgada pela ré e que atraiu o autor, não terá dúvida que ali se oferece um conjunto de som, com os acessórios enumerados, pelo preço e condições ofertados.

Caracterizada, portanto, a intenção enganosa da oferta.

A sentença decidiu com acerto e merece mantida pelos seus fundamentos. Não há nenhuma contradição em consignar que poderá a ré entregar o equipamento pelo preço e condições, ou, se impossível cumprir o contrato, indenizar o comprador com o pagamento de quantia correspondente ao preço da mercadoria, devidamente atualizado.

Os honorários foram fixados em percentual razoável e não cabe aqui a multa cominatória pretendida.

2. Ante o exposto, é negado provimento ao recurso da ré e ao adesivo do autor.

O julgamento teve a participação dos Des. Ney Almada, Pres., e Freitas Camargo, com votos vencedores.

São Paulo, 17 de outubro de 1991.

Alves Braga, Relator.

(*RT* 682/74)".

Comente a decisão, apresentando as hipóteses de incidência do CDC.

27. AS PRÁTICAS ABUSIVAS

27.1. O abuso do direito

A ideia da abusividade tem relação com a doutrina do abuso do direito. A constatação de que o titular de um direito subjetivo pode dele abusar no seu exercício acabou levando o legislador a tipificar certas ações como abusivas[1].

Conforme já explicado no Capítulo 6, item 6.13, a prática real do exercício dos vários direitos subjetivos acabou demonstrando que, em alguns casos, não havia ato ilícito, mas era o próprio exercício do direito em si que se caracterizava como abusivo. A teoria do abuso do direito, então, ganhou força e acabou preponderando.

Pode-se definir o abuso do direito como o resultado do excesso de exercício de um direito, capaz de causar dano a outrem. Ou, em outras palavras, o abuso do direito se caracteriza pelo uso irregular e desviante do direito em seu exercício, por parte do titular[2].

Assim, por exemplo, abusa do direito o patrão que ameaça mandar embora o empregado sem justa causa caso ele não se comporte de certa forma[3].

---

1. Isso vai refletir-se também no contrato, de forma que o CDC tacha de nulas as cláusulas contratuais abusivas (ver comentários no Capítulo 36).

2. O conceito de abuso do direito permitiu-nos classificá-lo ao lado dos atos ilícitos no nosso *Manual de introdução ao estudo do direito*, cit., nos seguintes termos: "De qualquer forma, preferimos situar o 'abuso do direito' numa posição ao lado do ato ilícito, mas com ele não se confundindo, porque o ato ilícito é figura típica, reconhecida pelo ordenamento jurídico, como tal. Já o 'abuso' não é propriamente caracterizado pelo ordenamento jurídico, mas sim pelo exercício irregular de fato, concreto, de um direito, este reconhecido pelo ordenamento como direito. É, portanto, o exercício irregular que pode caracterizar o abuso do direito, que no ordenamento é regular. No caso do ato ilícito, a ilicitude já estava antes prevista como proibida e condenável".

3. Claro que a hipótese pode ser capaz de gerar "despedida indireta". Mas o abuso nasce daí, do fato de o empregado não querer perder o emprego e por isso não se utilizar do recurso da despedida indireta.

A jurisprudência tem, também, reconhecido o abuso do direito. Veja-se a decisão da 5ª Câmara Civil do Tribunal de Justiça do Rio Grande do Sul:

"Convênio de Assistência Médico-Hospitalar — Resilição unilateral do contrato quando o segurado mais carecia da cobertura — Inadmissibilidade — Abuso de direito caracterizado — Inaplicabilidade, porém, da Lei 8.078/90, dado a avença ter sido firmada antes da sua vigência.

Ementa da Redação: Constitui *abuso do exercício* de direito a resilição unilateral de contrato de assistência médico-hospitalar mantido por mais de 16 anos, justamente no momento em que o segurado, por sua idade avançada, mais carecia da cobertura contratual, não se aplicando à espécie a Lei 8.078/90, pois o referido dispositivo legal não se aplica às avenças celebradas anteriormente à sua vigência"[4].

A legislação brasileira, adotando a doutrina do abuso do direito, acabou regulando uma série de ações e condutas que outrora eram tidas como práticas abusivas.

E o exemplo mais atual disso são as normas do CDC, que proíbem o abuso e nulificam cláusulas contratuais abusivas[5].

27.2. Práticas abusivas em geral

A Lei n. 8.078 tratou especificamente de regular as práticas abusivas em três artigos: 39, 40 e 41. Mas apenas no art. 39 as práticas que se pretendem coibir, e que lá são elencadas exemplificativamente, são mesmo abusivas. O art. 40 regula o orçamento e o art. 41 trata de preços tabelados.

É claro que a não entrega do orçamento e a violação do sistema de preços controlados são também consideradas práticas abusivas. Porém, mais uma vez, a organização do texto não foi muito boa. A rigor, as chamadas práticas abusivas, como se verá no exame do art. 39, têm apenas um elenco mínimo ali estampado. Há outras espalhadas pelo CDC. Por exemplo, a cobrança constrangedora (que é regulada no art. 42, c/c o art. 71), a "negativação" nos serviços de proteção ao crédito de maneira indevida (que o art. 43 regulamenta), o próprio anúncio abusivo e enganoso, que acabamos de avaliar por conta dos parágrafos do art. 37 etc.

---

4. TJRS, rel. Des. Araken de Assis, j. 28-11-1996, v. u., *RT*, 741/387.

5. A abusividade do exercício do direito, transformada pela Lei n. 8.078 em norma tipificada com conduta ilícita, está não só no art. 39, mas, também, conforme já vimos, no art. 28, no § 2º do art. 37 e nos arts. 42, 51 etc.

27.3. Práticas abusivas objetivamente consideradas

As chamadas "práticas abusivas" são ações e/ou condutas que, uma vez existentes, caracterizam-se como ilícitas, independentemente de se encontrar ou não algum consumidor lesado ou que se sinta lesado. São ilícitas em si, apenas por existirem de fato no mundo fenomênico.

Assim, para utilizarmos um exemplo bastante conhecido, se um consumidor qualquer ficar satisfeito por ter recebido em casa um cartão de crédito sem ter pedido, essa concreta aceitação sua não elide a abusividade da prática (que está expressamente prevista no inciso III do art. 39). A lei tacha a prática de abusiva, portanto, sem que, necessariamente, seja preciso constatar algum dano real.

27.4. Práticas abusivas pré, pós e contratuais

As chamadas práticas abusivas podem ser classificadas em "pré-contratuais", que, como o próprio nome diz, surgem antes de firmar-se o contrato de consumo, como aquelas que compõem a oferta ou a ação do fornecedor que pretende vincular o consumidor. No primeiro caso estão, por exemplo, a prática ilícita de condicionar o fornecimento de algum produto ou serviço à aquisição de outro produto ou serviço, conhecida como operação casada[6]. Na segunda hipótese está, por exemplo, o envio do cartão de crédito sem que o consumidor tenha pedido, acima comentado.

A prática "pós-contratual" surge como ato do fornecedor por conta de um contrato de consumo preexistente. Como exemplo, tome-se a "negativação" indevida nos serviços de proteção ao crédito.

E a "contratual" é aquela ligada ao conteúdo expresso ou implícito das cláusulas estabelecidas no contrato de consumo. Tomem-se como exemplo todas as hipóteses de nulidade previstas no art. 51[7], e a do inciso IX do art. 39, que dispõe como abusiva a não estipulação de prazo para o cumprimento da obrigação do fornecedor.

Feitas essas observações, passemos ao exame do art. 39, que dispõe:

"Art. 39. É vedado ao fornecedor de produtos ou serviços, dentre outras práticas abusivas[8]:

---

6. E prevista no inciso I do art. 39, que comentaremos no item 27.6.
7. Ver comentários no Capítulo 36.
8. Redação do *caput* dada pela Lei n. 8.884, de 11 de junho de 1994.

I — condicionar o fornecimento de produto ou de serviço ao fornecimento de outro produto ou serviço, bem como, sem justa causa, a limites quantitativos;

II — recusar atendimento às demandas dos consumidores, na exata medida de suas disponibilidades de estoque, e, ainda, de conformidade com os usos e costumes;

III — enviar ou entregar ao consumidor, sem solicitação prévia, qualquer produto, ou fornecer qualquer serviço;

IV — prevalecer-se da fraqueza ou ignorância do consumidor, tendo em vista sua idade, saúde, conhecimento ou condição social, para impingir-lhe seus produtos ou serviços;

V — exigir do consumidor vantagem manifestamente excessiva;

VI — executar serviços sem a prévia elaboração de orçamento e autorização expressa do consumidor, ressalvadas as decorrentes de práticas anteriores entre as partes;

VII — repassar informação depreciativa, referente a ato praticado pelo consumidor no exercício de seus direitos;

VIII — colocar, no mercado de consumo, qualquer produto ou serviço em desacordo com as normas expedidas pelos órgãos oficiais competentes ou, se normas específicas não existirem, pela Associação Brasileira de Normas Técnicas ou outra entidade credenciada pelo Conselho Nacional de Metrologia, Normalização e Qualidade Industrial — CONMETRO;

IX — recusar a venda de bens ou a prestação de serviços, diretamente a quem se disponha a adquiri-los mediante pronto pagamento, ressalvados os casos de intermediação regulados em leis especiais;

X — elevar sem justa causa o preço de produtos ou serviços[9];
XI — [10];

---

9. Inciso X incluído pela Lei n. 8.884, de 11 de junho de 1994.

10. A Lei n. 9.870, de 23-11-1999 (originária da MP n. 1.890-67/99, que acrescentou o dispositivo), criou o inciso XIII. A MP havia colocado o texto no inciso XI. Logo, a partir da edição da Lei n. 9.870, a redação prevalente é a do inciso XIII.

XII — deixar de estipular prazo para o cumprimento de sua obrigação ou deixar a fixação de seu termo inicial a seu exclusivo critério[11].

XIII — aplicar fórmula ou índice de reajuste diverso do legal ou contratualmente estabelecido.

Parágrafo único. Os serviços prestados e os produtos remetidos ou entregues ao consumidor, na hipótese prevista no inciso III, equiparam-se às amostras grátis, inexistindo obrigação de pagamento".

27.5. Rol exemplificativo

Mais uma vez a Lei n. 8.078 apresenta rol de condutas que é exemplificativo. É o que decorre da singela leitura do *caput* do art. 39. É verdade que essa redação do *caput* foi introduzida pela Lei n. 8.884, de 11 de junho de 1994, e veio sanar uma aparente dificuldade que o veto ao inciso X da redação original teria trazido.

Com efeito, a redação anterior do *caput* do art. 39 era: "É vedado ao fornecedor de produtos e serviços: ...", sem referência a outras práticas abusivas, que constam da redação atual. E o inciso X da redação original fora vetado. Ele dizia: "praticar outras condutas abusivas". A supressão desse inciso deixava margem a dúvida a respeito da eventualidade de constatação de outras práticas abusivas praticadas e que não estavam elencadas no art. 39, que teria apresentado, assim, um rol taxativo de condutas.

Essa taxatividade não seria verdadeira mesmo sem a nova redação. É que a norma protecionista deve ser tida como exemplificativa quando se trata de apresentar rol de ações, condutas ou cláusulas contratuais que violem direitos do consumidor. Essa teleologia decorre não só do sistema da lei consumerista como do próprio elenco dos direitos básicos do consumidor, disposto no art. 6º. E para a hipótese em exame cabe a leitura do inciso IV, que dispõe:

"Art. 6º São direitos básicos do consumidor:

(...)

---

11. Inciso XII incluído pela Lei n. 9.008, de 21 de março de 1995.

IV — a proteção contra a publicidade enganosa e abusiva, métodos comerciais coercitivos ou desleais, bem como contra práticas e cláusulas abusivas ou impostas no fornecimento de produtos e serviços".

De qualquer forma, a modificação introduzida no *caput* pela Lei n. 8.884 resolveu, de vez, qualquer dúvida que se pudesse levantar.

Para concluir esta parte, comente-se, então, o veto ao inciso X original. As razões do veto foram as seguintes:

"O princípio do Estado de Direito (CF, art. 1º) exige que as normas legais sejam formuladas de forma clara e precisa, permitindo que os seus destinatários possam prever e avaliar as consequências jurídicas dos seus atos. É, portanto, inconstitucional a consagração de cláusulas imprecisas, sobretudo em dispositivo de natureza penal".

Percebe-se claramente o equívoco do veto, tanto que a lei restaurou a redação original. Na realidade, o fato de a lei ter dito "praticar outras condutas abusivas" não era, de maneira alguma, inconstitucional. A questão tinha caráter civil e não criminal, e a definição da abusividade dependeria da existência real da conduta tida como abusiva. Ora, aceitar as razões do veto seria o mesmo que admitir que, se o fornecedor agisse, concretamente, de forma abusiva, contra o consumidor e se tal conduta não figurasse no elenco do art. 39, a conduta seria válida. E isso é um absurdo, pois, na pior das hipóteses, configuraria o abuso do direito retratado nos comentários iniciais a este capítulo. Se for constatada qualquer prática abusiva, independente de ela estar ou não no rol das condutas do art. 39 (e dos demais artigos da Lei n. 8.078), não pode ser tida como válida.

Passemos, agora, à análise de cada um dos incisos do art. 39.

27.6. *Venda casada*

Está disposto que é vedado:

"I — condicionar o fornecimento de produto ou de serviço ao fornecimento de outro produto ou serviço, bem como, sem justa causa, a limites quantitativos".

A norma do inciso I proíbe a conhecida "operação casada" ou "venda casada", por meio da qual o fornecedor pretende obrigar o consumidor a adquirir um produto ou serviço apenas pelo fato de ele estar interessado em adquirir outro produto ou serviço.

A regra do inciso I veda dois tipos de operações casadas:

a) o condicionamento da aquisição de um produto ou serviço a outro produto ou serviço; e

b) a venda de quantidade diversa daquela que o consumidor queira.

É importante observar de início que a expressão "sem justa causa" está atrelada à segunda parte da proposição, porquanto a norma diz "bem como, sem justa causa, a limites quantitativos".

Dessa forma a hipótese da letra *"a"*, isto é, o condicionamento da venda de um produto ou serviço à aquisição de outro produto ou serviço, é incondicionada. Não há justificativa nem por justa causa. Esta só é válida na quantidade ofertada.

No primeiro caso, existem exemplos bem conhecidos da prática abusiva. É o caso do banco que, para abrir a conta corrente do consumidor, impõe a manutenção de saldo médio ou, para conceder um empréstimo, exige a feitura de um seguro de vida. Há, também, o caso do bar em que o garçom somente serve bebida ou permite que o cliente continue na mesa bebendo se pedir acompanhamento para comer etc.

É preciso, no entanto, entender que a operação casada pressupõe a existência de produtos e serviços que são usualmente vendidos separados. O lojista não é obrigado a vender apenas a calça do terno. Da mesma maneira, o chamado "pacote" de viagem oferecido por operadoras e agências de viagem não está proibido. Nem fazer ofertas do tipo "compre este e ganhe aquele". O que não pode o fornecedor fazer é impor a aquisição conjunta, ainda que o preço global seja mais barato que a aquisição individual, o que é comum nos "pacotes" de viagem. Assim, se o consumidor quiser adquirir apenas um dos itens, poderá fazê-lo pelo preço normal.

Em relação à quantidade, haverá situações parecidas. Contudo, como a norma permite a utilização de limites quantitativos quando justificada, duas hipóteses podem ocorrer: o limite máximo de aquisição e a quantidade mínima.

No primeiro caso, justifica-se que o fornecedor imponha limite máximo em época de crise. Por exemplo, há falta de óleo no mercado. É aceitável que o supermercado venda uma ou duas latas por pessoa.

No que respeita à imposição de compra de quantidade maior que aquela que o consumidor deseja, há que considerar os produtos industrializados que acompanham o padrão tradicional do mercado e que são aceitos como válidos. Por exemplo, o sal vendido em pacotes com 500 g, e da mesma forma a farinha, os cereais etc. (a venda a granel é cada vez mais exceção).

Mas na quantidade haverá situações mais delicadas, que exigem atenta e acurada interpretação do sentido de justa causa. Por exemplo: o lojista faz promoções do tipo "compre 3 pague 2". São válidas desde que o consumidor possa também adquirir uma peça apenas, mesmo que tenha de pagar mais caro pelo produto único no cálculo da oferta composta (o que é natural, já que a promoção barateia o preço individual).

Não se pode olvidar que desde 1962, com a Lei Delegada n. 4, de 26 de setembro daquele ano, a venda casada já estava proibida. Leia-se o art. 11, *f* e *i*:

"Art. 11. Fica sujeito à multa no valor de 5.000 (cinco mil) até 200.000 (duzentas mil) vezes o valor do Bônus do Tesouro Nacional — BTN, da data da infração, sem prejuízo das sanções penais que couberem na forma da lei, aquele que:

(...)

f) produzir, expuser ou vender mercadoria cuja embalagem, tipo, especificação, peso ou composição transgrida determinações legais, ou não corresponda à respectiva classificação oficial ou real;

(...)

i) subordinar a venda de um produto à compra simultânea de outro produto ou à compra de uma quantidade imposta"[12].

A Lei n. 8.137, de 27 de dezembro de 1990, por sua vez, tipificou essa prática como crime. Veja-se seu art. 5º, II e III, que dispõe:

"Art. 5º Constitui crime da mesma natureza[13]:

(...)

II — subordinar a venda de bem ou a utilização de serviço à aquisição de outro bem, ou ao uso de determinado serviço;

III — sujeitar a venda de bem ou a utilização de serviço à aquisição de quantidade arbitrariamente determinada;

(...)

---

12. Na letra *g* há também a proibição a uma espécie de venda casada oculta: "*g*) efetuar vendas ou ofertas de venda, compras ou ofertas de compra que incluam uma prestação oculta, caracterizada pela imposição de transporte, seguro e despesas ou recusa de entrega na fábrica, sempre que esta caracterize alteração imotivada nas condições costumeiramente praticadas, visando burlar o tabelamento de preços".

13. Da mesma natureza: "de ordem econômica", cf. art. 4º, *caput*, da mesma lei.

Pena — detenção de 2 (dois) a 5 (cinco) anos, ou multa".

E, da mesma maneira, a Lei n. 8.884/94, em seu art. 21, XXIII, define como infração à ordem econômica "subordinar a venda de um bem à aquisição de outro ou à utilização de um serviço, ou subordinar a prestação de um serviço à utilização de outro ou à aquisição de um bem".

27.7. Recusa de atendimento

A norma diz que é vedado:

"II — recusar atendimento às demandas dos consumidores, na exata medida de suas disponibilidades de estoque, e, ainda, de conformidade com os usos e costumes".

A norma do inciso II é complementar à do art. 30, combinado com o art. 35.

Com efeito, ao examinarmos o art. 30[14] vimos que a oferta vincula o fornecedor, que está obrigado a seu cumprimento, concedendo-se ao consumidor, inclusive, os benefícios do art. 35, com a execução específica para obtenção do ofertado[15].

O inciso II do art. 39 acresce à oferta a obrigação de vender os produtos existentes no estoque, ainda que não tivessem sido oferecidos. Isto é, basta ter em estoque para ser obrigado a vender.

Essa mesma disposição já aparecia na Lei n. 1.521, de 26 de dezembro de 1951, que definia crimes contra a economia popular. O art. 2º dispunha ser crime dessa natureza "recusar individualmente em estabelecimento comercial a prestação de serviços essenciais à subsistência; sonegar mercadoria ou recusar vendê-la a quem esteja em condições de comprar a pronto pagamento". Aparecia, também, na citada Lei Delegada n. 4, de 1962, cuja norma dizia que o fornecedor não podia "sonegar gêneros ou mercadorias" nem recusar-se a vendê-los ou retê-los para fins de especulação (art. 11, *b*).

A Lei n. 8.137 faz o mesmo ao dispor, no art. 7º, VI:

"Art. 7º Constitui crime contra as relações de consumo:

(...)

---
14. Ver comentários no Capítulo 21.
15. Ver comentários ao art. 35 no item 21.14.

VI — sonegar insumos ou bens, recusando-se a vendê-los a quem pretenda comprá-los nas condições publicamente ofertadas, ou retê-los para o fim de especulação".

E a Lei n. 8.884/94 fez o mesmo no inciso XIII do art. 21:

"Art. 21. As seguintes condutas, além de outras, na medida em que configurem hipótese prevista no art. 20 e seus incisos, caracterizam infração da ordem econômica:

(...)

XIII — recusar a venda de bens ou a prestação de serviços, dentro das condições de pagamento normais aos usos e costumes comerciais".

É de perguntar qual a diferença entre o limite quantitativo máximo do inciso I e o do inciso II. A resposta está em que, na hipótese do inciso I, pode haver limitação quantitativa naquela rara exceção de crise — na qual se justifica, inclusive, a intervenção estatal. Fora isso, vale a regra do inciso II, que proíbe a recusa incondicionadamente. Pode o consumidor comprar todas as mercadorias da prateleira, bem como exigir a venda da única peça em exposição na vitrina.

Anote-se que oferta de preço especial — v. g., caixa de cervejas, refrigerantes etc. —, como fazem os supermercados, não é justificativa para limitar a quantidade de venda — nos exemplos acima, impondo-se que o consumidor só possa comprar uma caixa[16].

27.8. Entrega sem solicitação do consumidor

Dispõe o inciso que é vedado:

"III — enviar ou entregar ao consumidor, sem solicitação prévia, qualquer produto, ou fornecer qualquer serviço".

Por sua vez, o parágrafo único disciplina:

"Parágrafo único. Os serviços prestados e os produtos remetidos ou entregues ao consumidor, na hipótese prevista no inciso III, equiparam-se às amostras grátis, inexistindo obrigação de pagamento".

O inciso III há de ser lido em conjunto com o parágrafo único do art. 39.

A norma é taxativa em proibir o envio ou a entrega ao consumidor sem que este tenha previamente solicitado qualquer produto ou serviço. O

---

16. O exemplo mostra uma prática enganosa. Um "chamariz" para levar o consumidor ao supermercado, oportunidade em que, espera-se, ele adquira outros produtos.

parágrafo único sanciona a violação à proibição, dispondo que o produto e o serviço enviado ou entregue sem solicitação tornam-se gratuitos, equiparando-se às conhecidas "amostras grátis" que os fornecedores utilizam para promover seus produtos e serviços.

A sanção imposta pela norma, a nosso ver, é necessária e boa, mas não é suficiente para resolver os problemas em alguns casos.

Se se tratar de produto, de fato, a punição ao fornecedor de transformação da entrega não solicitada em amostra grátis torna-se suficiente. Como também o será no caso de alguns serviços. Assim, se o fornecedor remete um livro, este é grátis. Se manda ingresso para um *show*, aquele é, também, da mesma maneira, de graça.

Acontece que alguns serviços fornecidos sem solicitação implicam graves violações aos direitos do consumidor, podendo causar-lhes severos danos. É o caso, infelizmente bastante conhecido, porque muito praticado, dos cartões de crédito.

Sem que o consumidor tenha solicitado (aliás, ele se surpreende), a administradora do cartão remete-lhe pelo correio o próprio cartão físico (de plástico), informando que ele já (!) é um novo "associado" da administradora.

Em primeiro lugar, para abrir a conta do consumidor, cadastrá-lo e fornecer o cartão, a administradora violou sua privacidade, uma vez que manipulou seus dados sem autorização. Depois, colocou em risco a imagem e o nome do consumidor, pois, ao enviar o cartão pelo correio, este poderia ter se extraviado ou sido subtraído, podendo gerar problemas para a pessoa do consumidor, que tem seu nome impresso no cartão (e nem desconfia do que está acontecendo). Lamentavelmente pode ocorrer até de o consumidor, nesses casos, chegar a ser cobrado por compras que não fez e ser negativado nos serviços de proteção ao crédito[17].

Veja-se um caso judicial exatamente como a narrativa que acabamos de fazer. Trata-se de uma apelação julgada pelo Tribunal de Justiça de São Paulo:

"Douglas Ribeiro da Silva ajuizou ação de indenização por danos morais contra IBI Administradora e Promotora Ltda., com os elementos de fls. 140/141.

A ação foi julgada parcialmente procedente.

---

17. Claro que ele poderá pleitear indenização por danos materiais e morais. Mas a prática é absurda.

Os documentos juntados pelo autor com a petição inicial (fls. 14/20) comprovam que a empresa ré lhe enviou contrato de prestação de serviços de administração de cartões de crédito (Mastercard e Visa), vinculados à rede de Lojas C&A, bem como as cobranças indevidas das anuidades dos cartões, relativas a 2005, sem que o autor os tivesse solicitado, violando, pois, proibição legal estabelecida expressamente no Código de Defesa do Consumidor (art. 39, III).

Ademais, a ré utilizou-se, sem autorização, dos dados cadastrais do autor e, ao fazer circular cartão de crédito sem solicitação, colocou em risco seu nome.

Depois disso, ainda efetuou cobrança ilegal, pois sabia que o autor não solicitara o cartão, constrangendo-o e obrigando-o a contratar advogado para que pudesse ver garantidos seus direitos.

No que diz respeito ao dano moral, como se sabe, para a fixação do *quantum* indenizatório, o Magistrado deve levar em conta:

a) a natureza específica da ofensa sofrida;

b) a intensidade real, concreta, efetiva do sofrimento do consumidor;

c) a repercussão da ofensa, no meio social em que vive o ofendido;

d) a existência de dolo — má-fé — por parte do ofensor, na prática do ato danoso e o grau de culpa;

e) a situação econômica do ofensor;

f) a capacidade e a possibilidade real e efetiva do ofensor voltar a ser responsabilizado pelo mesmo fato danoso;

g) a prática anterior do ofensor relativa ao mesmo fato danoso, ou seja, se ele já cometeu a mesma falta;

h) as práticas atenuantes realizadas pelo ofensor visando diminuir a dor do ofendido;

i) a imputação de punição ao infrator.

Ora, há que se punir exemplarmente a ré para que não volte a praticar atos ilícitos como o destes autos.

Diante do exposto, dá-se provimento ao recurso para, ampliando a parcial procedência da ação, condenar a ré a pagar ao autor indenização por danos morais no valor de R$ 10.000,00 (dez mil reais), quantia que será corrigida monetariamente pelos índices da Tabela Prática do E. Tribunal de Justiça de São Paulo, acrescida de juros de mora de 1% ao mês, ambos devidos a partir da intimação deste Julgado, mantida no mais a r. sentença *a quo*.

Arcará a ré com as custas e despesas processuais e honorários advocatícios fixados em 20% do valor da condenação, nos termos do § 3º do artigo 20 do Código de Processo Civil, anotando-se que o autor não sucumbiu, a teor do disposto na Súmula 326 do Eg. STJ" (Apelação n. 990.10.232595-4, da 23ª Câm. de Dir. Priv., rel. Des. Rizzatto Nunes, j. 4-8-2010, v.u.).

Há outra prática que se tornou comum no Brasil, que é a de os bancos aplicarem o dinheiro do consumidor, que estava na conta corrente, sem que ele tenha solicitado.

De qualquer forma, como o parágrafo único do artigo em comento diz que o serviço não solicitado é grátis, pelo menos no caso do cartão de crédito, se o consumidor resolver ficar com ele, então não estará obrigado a pagar a anuidade normalmente cobrada. E, como o contrato de administração do cartão de crédito se renova sempre que o consumidor quiser, a gratuidade se estende para todo o tempo em que ele permanecer com o cartão. A anuidade será sempre gratuita.

27.9. Excepcional vulnerabilidade

A lei consumerista proíbe ao fornecedor:

"IV — prevalecer-se da fraqueza ou ignorância do consumidor, tendo em vista sua idade, saúde, conhecimento ou condição social, para impingir-lhe seus produtos ou serviços".

A regra inserta no inciso IV dirige-se especificamente para a situação concreta da relação existente entre fornecedor e consumidor.

E isso decorre do simples fato de que a constatação primeira da capacidade do consumidor nas relações de consumo é a de que o consumidor é vulnerável e hipossuficiente. A característica mais marcante do consumidor, como vimos[18], é a de que no mercado de consumo ele representa o elo fraco da relação, especialmente pelo fato de que não tem acesso às informações que compõem o processo produtivo, que gera os produtos e os serviços.

A norma do inciso IV vai além: diz que a prática será abusiva quando na hipótese do caso concreto o fornecedor se deparar com consumidor especialmente frágil e ignorante e prevalecer-se dessa desvantagem para impingir-lhe seus produtos e serviços.

E não há dúvida de que tal norma depende de efetiva implementação e tem de ser levada em conta na avaliação dos abusos que se praticam na realidade do mercado.

---

18. Ver comentários aos arts. 4º, I, no item 6.6, e 6º, VIII, no Capítulo 46.

No que se refere às situações concretas que a norma entende qualificadoras da abusividade, são evidentemente exemplificativas. A idade é importante, quer se trate de criança ou de idoso; a saúde pode colocar o consumidor em desvantagem exagerada, na medida em que, por estar precisando de ajuda, dele se pode abusar. É conhecida a prática abusiva dos hospitais que exigem toda sorte de garantias da família do doente que está para ser internado. Da mesma maneira, o consumidor analfabeto ou sem um mínimo de conhecimento de transações e negócios pode ser vítima dos maus fornecedores.

27.9.1. Idoso

Em relação ao idoso, não só o CDC lhe dá garantia especial como também a Lei n. 10.741, de 1º de outubro de 2003, conhecida como o Estatuto do Idoso (EI). Por isso, traço aqui algumas considerações a respeito das garantias legalmente instituídas ao consumidor idoso.

27.9.1.1. Prioridade no atendimento

O art. 3º *caput* e seu parágrafo único do EI[19] tratam do direito à prioridade, buscando assegurar ao idoso atendimento preferencial numa série de serviços públicos e privados.

Atender pessoas idosas, discriminando-as positivamente, sempre foi uma exigência da concreta aplicação do princípio da isonomia do texto constitucional (art. 5º *caput* e inciso I). Para dar atendimento preferencial — qualquer que

---

19. "Art. 3º É obrigação da família, da comunidade, da sociedade e do Poder Público assegurar ao idoso, com absoluta prioridade, a efetivação do direito à vida, à saúde, à alimentação, à educação, à cultura, ao esporte, ao lazer, ao trabalho, à cidadania, à liberdade, à dignidade, ao respeito e à convivência familiar e comunitária.

Parágrafo único. A garantia de prioridade compreende:

I — atendimento preferencial imediato e individualizado junto aos órgãos públicos e privados prestadores de serviços à população;

II — preferência na formulação e na execução de políticas sociais públicas específicas;

III — destinação privilegiada de recursos públicos nas áreas relacionadas com a proteção ao idoso;

IV — viabilização de formas alternativas de participação, ocupação e convívio do idoso com as demais gerações;

V — priorização do atendimento do idoso por sua própria família, em detrimento do atendimento asilar, exceto dos que não a possuam ou careçam de condições de manutenção da própria sobrevivência;

fosse, e indistintamente de ser público ou privado — bastava, em primeiro lugar, ser educado — como se faz ao se oferecer o lugar no ônibus — ou exigir os direitos garantidos na Carta Magna. Ter inserido no texto tal tratamento diferenciado como obrigatório não é um mal em si, mas a nós, estudiosos do direito, preocupa sobremaneira, posto que mais parece uma daquelas normas feitas para iludir o destinatário[20]. Veja-se, a título de exemplo, o que está acontecendo exatamente neste momento no país: milhares de aposentados fazem filas diariamente em frente aos postos do INSS no Brasil inteiro, permanecendo várias horas por dia debaixo de sol e chuva, o que faz com que muitos passem mal, desmaiem ou adoeçam — centenas deles com mais de setenta ou até oitenta anos; outros milhares fazem filas diante dos prédios da Justiça Federal para ajuizar ações em face do INSS[21]. O que eles fazem lá?

Pleiteam o direito que lhes é assegurado por lei ao reajuste correto de suas pensões pelo índice do salário mínimo de 1994. O irônico é que não há necessidade de se dar prioridade a nenhum deles, pois todos já têm mais de sessenta anos. Como se aplicará a lei que dá proteção ao idoso se o Poder Público e suas autarquias (caso mais do que conhecido do INSS) são os primeiros a não cumpri-la?[22] Fazemos questão de colocar aqui esse comentário, pois, para dar prioridade ao idoso, o Poder Público jamais precisou de lei ordinária: bastava cumprir o comando constitucional.

Para concluir este ponto, anoto que a partir de 2017, com uma inclusão normativa no EI, foi feita uma diferenciação especial entre os próprios idosos. Ao art. 3º foi acrescentado o § 2º, com a redação dada pela Lei n. 14.423/2022, que dispõe: "Entre as pessoas idosas, é assegurada prioridade

---

VI — capacitação e reciclagem dos recursos humanos nas áreas de geriatria e gerontologia e na prestação de serviços aos idosos;

VII — estabelecimento de mecanismos que favoreçam a divulgação de informações de caráter educativo sobre os aspectos biopsicossociais de envelhecimento;

VIII — garantia de acesso à rede de serviços de saúde e de assistência social locais."

20. A doutrina tem apontado essa tática do legislador de criar direitos apenas no texto legal, a fim de gerar a sensação de que o cidadão tem direitos, quando, de fato, o texto acaba não sendo cumprido nem pelo Poder Público, que deveria ser o primeiro a cumprir a lei (para mais detalhes a respeito desse problema, consulte-se o nosso *O poder, a lei e os regimes democráticos*, São Paulo: RT, 1990, *passim*).

21. Em São Paulo, até 31-10-2003, foram ajuizadas mais de 200 mil ações (conforme *Jornal da Tarde*, de 1-11-2001, p. 11A).

22. Os dados acima citados estão em reportagem publicada pelo *Jornal da Tarde*, na referida nota anterior.

especial aos maiores de 80 (oitenta) anos, atendendo-se suas necessidades sempre preferencialmente em relação às demais pessoas idosas".

27.9.1.2. Direito à saúde

Os artigos 15 a 19[23] do Estatuto do Idoso estabelecem algumas regras de proteção à saúde do idoso. Não há novidade que demande comentário,

---

23. "Art. 15. É assegurada a atenção integral à saúde do idoso, por intermédio do Sistema Único de Saúde — SUS, garantindo-lhe o acesso universal e igualitário, em conjunto articulado e contínuo das ações e serviços, para a preservação, promoção, proteção e recuperação da saúde, incluindo a atenção especial às doenças que afetam preferencialmente os idosos.

§ 1º A prevenção e a manutenção da saúde do idoso serão efetivadas por meio de:

I — cadastramento da população idosa em base territorial;

II — atendimento geriátrico e gerontológico em ambulatórios;

III — unidades geriátricas de referência, com pessoal especializado nas áreas de geriatria e gerontologia social;

IV — atendimento domiciliar, incluindo a internação, para a população que dele necessitar e esteja impossibilitada de se locomover, inclusive para idosos abrigados e acolhidos por instituições públicas, filantrópicas ou sem fins lucrativos e eventualmente conveniadas com o Poder Público, nos meios urbanos e rural;

V — reabilitação orientada pela geriatria e gerontologia, para redução das sequelas decorrentes do agravo da saúde.

§ 2º Incumbe ao Poder Público fornecer aos idosos, gratuitamente, medicamentos, especialmente os de uso continuado, assim como próteses, órteses e outros recursos relativos ao tratamento, habilitação ou reabilitação.

§ 3º É vedada a discriminação do idoso nos planos de saúde pela cobrança de valores diferenciados em razão da idade.

§ 4º Os idosos portadores de deficiência ou com limitação incapacitante terão atendimento especializado, nos termos da lei.

Art. 16. Ao idoso internado em observação é assegurado o direito a acompanhante, devendo o órgão de saúde proporcionar as condições adequadas para a sua permanência em tempo integral, segundo o critério médico.

Parágrafo único. Caberá ao profissional de saúde responsável pelo tratamento conceder autorização para o acompanhamento do idoso ou, no caso de impossibilidade, justificá-la por escrito.

Art. 17. Ao idoso que esteja no domínio de suas faculdades mentais é assegurado o direito de optar pelo tratamento de saúde que lhe for reputado mais favorável.

Parágrafo único. Não estando o idoso em condições de proceder à opção, esta será feita:

I — pelo curador, quando o idoso for interditado;

II — pelos familiares, quando o idoso não tiver curador ou este não puder ser contactado em tempo hábil;

III — pelo médico, quando ocorrer iminente risco de vida e não houver tempo hábil para consulta a curador ou familiar;

à exceção daquela estabelecida no § 3º do art. 15. Recentemente, o Supremo Tribunal Federal declarou inconstitucional o art. 35-E da Lei n. 9.656/98 (que regula o setor de planos privados de assistência à saúde). No inciso I desse artigo estava estabelecido que qualquer aumento de prestação a ser cobrado dos usuários dos planos de saúde com mais de sessenta anos deveria ter prévia autorização da ANS (Agência Nacional de Saúde), ouvido o Ministério da Fazenda[24]. Com o estabelecimento da regra do citado § 3º fica simplesmente proibido o aumento da contraprestação pecuniária dos usuários idosos dos planos privados de assistência à saúde.

27.9.1.3. Descontos em ingressos

Todo consumidor idoso tem direito a 50% de desconto nos ingressos para toda e qualquer atividade recreativa pública ou privada, tais como eventos esportivos, culturais, artísticos e de lazer (art. 23, EI[25]). Desse modo, cinemas, teatros, estádios de futebol etc., somente poderão cobrar metade do valor de face dos ingressos.

IV — pelo próprio médico, quando não houver curador ou familiar conhecido, caso em que deverá comunicar o fato ao Ministério Público.

Art. 18. As instituições de saúde devem atender aos critérios mínimos para o atendimento às necessidades do idoso, promovendo o treinamento e a capacitação dos profissionais, assim como orientação a cuidadores familiares e grupos de autoajuda.

Art. 19. Os casos de suspeita ou confirmação de maus-tratos contra idoso serão obrigatoriamente comunicados pelos profissionais de saúde a quaisquer dos seguintes órgãos:

I — autoridade policial;

II — Ministério Público;

III — Conselho Municipal do Idoso;

IV — Conselho Estadual do Idoso;

V — Conselho Nacional do Idoso."

24. Para mais elementos a respeito da Lei n. 9.656/98, consulte-se nosso *Comentários à Lei de Plano Privado de Assistência à Saúde*, 2. ed., São Paulo: Saraiva, 2000; e a respeito de decisão citada do STF, ver nosso artigo O direito do consumidor e os planos de saúde, in www.saraivajur.com.br.

25. "Art. 23. A participação dos idosos em atividades culturais e de lazer será proporcionada mediante descontos de pelo menos 50% (cinquenta por cento) nos ingressos para eventos artísticos, culturais, esportivos e de lazer, bem como o acesso preferencial aos respectivos locais."

A lei nada fala a respeito da qualidade dos assentos nos locais em que as atividades recreativas são oferecidas, e todos sabem que frequentemente são cobrados preços diferentes em função da localização: arquibancada, geral e numerada nos estádios de futebol; galeria, plateia, balcão e camarote nos teatros etc. A interpretação que se deve dar ao texto é, evidentemente, que cabe ao consumidor idoso escolher o assento e pagar metade do preço, independentemente de sua localização.

Para exigir o desconto, basta que o consumidor idoso apresente qualquer documento que comprove sua idade. As normas do Capítulo V, no qual está inserido esse direito, nada dizem a respeito, mas, por analogia com o § 1º do art. 39 (que cuida do transporte, e que a seguir comentaremos), entendemos que é o máximo que o fornecedor pode exigir. Anote-se, ademais, que a exigência da prova da idade somente poderá ser feita no momento da entrada no local do evento, jamais antecipadamente no local de vendas[26]. Essa exigência seria abusiva e puniria o idoso. Nada impede que um familiar, um amigo, presenteie o idoso com um ingresso ou o compre para ele. Somente no momento da entrada, repita-se, é que a prova da idade poderá ser exigida. E bastará que seja apresentado qualquer documento de identificação.

27.9.1.4. Serviços de transporte

No que tange os transportes públicos, o EI traz uma série de novos direitos: a) aos idosos-consumidores usuários dos serviços de transporte coletivo urbano e semiurbano são asseguradas: 1) a gratuidade. Essa regra vale para os idosos com idade igual ou superior a 65 anos, e estão excluídos da garantia os serviços de transporte seletivos ou especiais prestados simultaneamente aos regulares (*caput* do art. 39[27]); 2) a obrigação de que as empresas de transporte coletivo deverão reservar 10% dos assentos devidamente identificados, para os idosos (§ 2º do mesmo artigo); b) no transporte interestadual ficam assegurados: 1) a reserva de duas vagas gratuitas por veículo para os idosos com renda igual ou inferior a dois

---

26. É uma prática bastante comum exigir prova de idade — por exemplo, de estudantes que têm direito a desconto — no ato da compra do ingresso, o que é prática abusiva prevista no inciso V do art. 39 do CDC.

27. "Art. 39. Aos maiores de 65 (sessenta e cinco) anos fica assegurada a gratuidade dos transportes coletivos públicos urbanos e semiurbanos, exceto nos serviços seletivos e especiais, quando prestados paralelamente aos serviços regulares."

salários mínimos (inciso I do art. 40[28]); 2) o desconto de 50% no preço da passagem sempre que o número de idosos com renda até dois salários mínimos e interessados numa viagem específica exceder as duas vagas reservadas (inciso II do art. 40[29]). A lei não diz como serão reservadas as vagas, delimitados os demais assentos, ou como se comprovará a renda, apenas estabelecendo que a regulamentação deverá ser feita pelos "órgãos competentes" (parágrafo único, art. 40). A lacuna trará dificuldade de implementação da medida.

O artigo 41[30] garante aos idosos 5% de vagas "em estacionamentos públicos e privados", que deverão "ser posicionadas de forma a garantir comodidade" na sua utilização, mas remete a regulamentação à lei local, postergando sua eficácia. E o art. 42[31] garante prioridade de embarque em todo o sistema de transporte coletivo, de modo que os prestadores de serviços em geral deverão cumprir tal regra nas rodoviárias, portos e aeroportos. A propósito, anote-se que, nos embarques feitos em aeroportos, as companhias aéreas terão que dar preferência aos idosos, juntamente com gestantes, pessoas com crianças de colo e portadores de deficiência física.

Frise-se, por fim, que o idoso terá acesso a todos esses benefícios apenas demonstrando a idade, mediante a apresentação de qualquer documento pessoal (§ 1º do art. 39[32]).

27.9.1.5. Internação do idoso

As entidades de atendimento do idoso, sejam governamentais ou privadas, estão sujeitas à inscrição de seus programas junto aos órgãos competentes, tais como Vigilância Sanitária e Conselho Municipal da Pessoa

---

28. "Art. 40. (...) I — a reserva de 2 (duas) vagas gratuitas por veículo para idosos com renda igual ou inferior a 2 (dois) salários mínimos."

29. "Art. 40. (...) II — desconto de 50% (cinquenta por cento), no mínimo, no valor das passagens, para os idosos que excederem as vagas gratuitas, com renda igual ou inferior a 2 (dois) salários mínimos."

30. "Art. 41. É assegurada a reserva, para os idosos, nos termos da lei local, de 5% (cinco por cento) das vagas nos estacionamentos públicos e privados, as quais deverão ser posicionadas de forma a garantir a melhor comodidade ao idoso."

31. "Art. 42. É assegurada a prioridade do idoso no embarque no sistema de transporte coletivo."

32. "Art. 39. (...) § 1º Para ter acesso à gratuidade, basta que o idoso apresente qualquer documento pessoal que faça prova de sua idade."

Idosa — na falta deste, no Conselho Estadual ou Nacional da Pessoa Idosa (parágrafo único do art. 48[33]).

A oferta de serviços feita por essas entidades está regulada pelo CDC (arts. 30 e s.), assim como o contrato a ser firmado deve obedecer ao comando da lei consumerista (arts. 46 e s.), mas o EI, no seu artigo 50[34],

---

33. "Parágrafo único. As entidades governamentais e não governamentais de assistência ao idoso ficam sujeitas à inscrição de seus programas, junto ao órgão competente da Vigilância Sanitária e Conselho Municipal da Pessoa Idosa, e em sua falta, junto ao Conselho Estadual ou Nacional da Pessoa Idosa, especificando os regimes de atendimento, observados os seguintes requisitos:

I — oferecer instalações físicas em condições adequadas de habitabilidade, higiene, salubridade e segurança;

II — apresentar objetivos estatutários e plano de trabalho compatíveis com os princípios desta Lei;

III — estar regularmente constituída;

IV — demonstrar a idoneidade de seus dirigentes."

34. "Art. 50. Constituem obrigações das entidades de atendimento:

I — celebrar contrato escrito de prestação de serviço com o idoso, especificando o tipo de atendimento, as obrigações da entidade e prestações decorrentes do contrato, com os respectivos preços, se for o caso;

II — observar os direitos e as garantias de que são titulares os idosos;

III — fornecer vestuário adequado, se for pública, e alimentação suficiente;

IV — oferecer instalações físicas em condições adequadas de habitabilidade;

V — oferecer atendimento personalizado;

VI — diligenciar no sentido da preservação dos vínculos familiares;

VII — oferecer acomodações apropriadas para recebimento de visitas;

VIII — proporcionar cuidados à saúde, conforme a necessidade do idoso;

IX — promover atividades educacionais, esportivas, culturais e de lazer;

X — propiciar assistência religiosa àqueles que desejarem, de acordo com suas crenças;

XI — proceder a estudo social e pessoal de cada caso;

XII — comunicar à autoridade competente de saúde toda ocorrência de idoso portador de doenças infectocontagiosas;

XIII — providenciar ou solicitar que o Ministério Público requisite os documentos necessários ao exercício da cidadania àqueles que não os tiverem, na forma da lei;

XIV — fornecer comprovante de depósito dos bens móveis que receberem dos idosos;

XV — manter arquivo de anotações onde constem data e circunstâncias do atendimento, nome do idoso, responsável, parentes, endereços, cidade, relação de seus pertences, bem

regrou especificamente o mínimo no que respeita a oferta e contratação. Obrigou o feitio de contrato escrito (inciso I), além de uma série de itens relativos à qualidade dos serviços oferecidos (incisos II a XVII), dentre os quais se destacam a necessidade de criar espaço para o recebimento de visitas (inciso VII), a obrigação de se oferecer atividades educacionais, esportivas, culturais e de lazer (inciso IX), e o dever de manter arquivos atualizados com todas as informações e ocorrências havidas com cada idoso, individualmente. Devem estar acessíveis dados como o nome do idoso e de seu responsável, com dados de contato e localização atualizados, relação dos seus pertences — cujo recibo deve ser oferecido na entrada (inciso XIV) —, valores cobrados a título de preço e contribuições, assim como suas alterações e todas as demais informações que envolvam o idoso (inciso XV).

27.9.1.6. Conclusão

Essas são, em linhas gerais, as regras instituídas pelo EI no que respeita ao direito material do idoso como consumidor. Anoto, a título de registro, que o Estatuto regula também aspectos processuais do idoso-consumidor, tratando inclusive dos direitos difusos, coletivos e individuais homogêneos (arts. 78 e s.), garantindo melhor acesso à Justiça (arts. 69 e s.), e, além disso, tipificando crimes praticados contra o idoso (arts. 95 e s).

27.10. Vantagem excessiva

A norma proíbe:

"V — exigir do consumidor vantagem manifestamente excessiva".

A regra deste inciso V é a mesma do art. 51, IV, com a diferença que lá o abuso é identificado no contrato existente (o que torna a cláusula contratual nula[35]), e aqui diz respeito à prática, independentemente da existência ou não de contrato firmado entre fornecedor e consumidor.

---

como o valor de contribuições, e suas alterações, se houver, e demais dados que possibilitem sua identificação e a individualização do atendimento;

XVI — comunicar ao Ministério Público, para as providências cabíveis, a situação de abandono moral ou material por parte dos familiares;

XVII — manter no quadro de pessoal profissionais com formação específica."

35. Ver comentários ao art. 51, IV, no item 36.8.

Para a fixação do sentido de exigência da "vantagem manifestamente excessiva", vamos nos valer da própria definição dada pelo CDC naquele art. 51. É que seu § 1º define vantagem exagerada nos seguintes termos:

"§ 1º Presume-se exagerada, entre outros casos, a vantagem que:

I — ofende os princípios fundamentais do sistema jurídico a que pertence;

II — restringe direitos ou obrigações fundamentais inerentes à natureza do contrato, de tal modo a ameaçar seu objeto ou o equilíbrio contratual;

III — se mostra excessivamente onerosa para o consumidor, considerando-se a natureza e conteúdo do contrato, o interesse das partes e outras circunstâncias peculiares ao caso"[36].

27.11. Orçamento prévio

A lei veda:

"VI — executar serviços sem a prévia elaboração de orçamento e autorização expressa do consumidor, ressalvadas as decorrentes de práticas anteriores entre as partes".

O inciso VI está inicialmente ligado ao art. 40. Na verdade ele apenas repete a proibição estampada naquela outra norma, porém acrescentando um complemento que acaba por tornar-se exceção (válida) à regra.

Com efeito, a primeira parte da proposição normativa proíbe que o fornecedor execute serviços sem a prévia elaboração do orçamento com a autorização expressa do consumidor. Mas a segunda parte dispõe: "ressalvadas as decorrentes de práticas anteriores entre as partes".

A análise completa da obrigatoriedade de elaboração do orçamento faremos na sequência, quando dos comentários ao art. 40. A exceção contida na parte final da regra em exame, parece-nos, está dirigida especialmente a casos em que o consumidor pessoa jurídica, tendo longo relacionamento com o prestador de serviços, pode valer-se das práticas já existentes entre eles, sem exigir o orçamento prévio. Por exemplo, o consumidor pessoa jurídica que manda os carros de seus diretores para revisão na concessionária e que acerta o serviço realizado posteriormente a sua feitura.

---

36. Ver, no item 36.8, nossos comentários ao § 1º do art. 51, aplicáveis aqui com a mesma amplitude.

27.12. Informação depreciativa

Está proibido:

"VII — repassar informação depreciativa, referente a ato praticado pelo consumidor no exercício de seus direitos".

Para o entendimento do inciso VII e para que não tenhamos de considerá-lo inconstitucional é necessário adequá-lo ao sistema do CDC com a ligação necessária aos fundamentos do art. 43. Expliquemos.

A Constituição Federal garante a inviolabilidade da intimidade, vida privada, honra e imagem das pessoas (CF, art. 5º, X)[37].

Pois bem. A norma constitucional não permite que, sem autorização expressa, alguém repasse a outrem informação de terceira pessoa, do que decorre que, sem autorização, o fornecedor não pode passar a ninguém *nenhuma* informação a respeito do consumidor. Nenhuma: nem informação positiva e muito menos depreciativa.

Então, como a norma do inciso VII proíbe o repasse apenas de informação depreciativa, poder-se-ia pensar que ela permite, *a contrario sensu*, que o fornecedor repasse informação não depreciativa. E isso seria inconstitucional.

O que a norma do inciso VII estipula é na verdade um reforço para o controle da abusividade dos cadastros de informações que o art. 43 vai regrar[38].

A redação não é boa, pelo vazio deixado no que respeita à informação positiva. Mas, como o intérprete tem de fazer uso da regra de interpretação sistemática na conexão com a Carta Magna, a solução fica dada: informação positiva continua vedada pela Constituição, e o inciso VII impede o repasse da informação depreciativa.

Daí vem a pergunta: como é que ficam os serviços de proteção ao crédito, que são cadastros de pessoas com informações depreciativas?

A resposta é que o inciso VII cuida do repasse da informação direta entre fornecedores e demais pessoas, o que é proibido. Os cadastros dos serviços de proteção ao crédito estão permitidos pela regra do art. 43. Contudo, vejam-se nossos comentários ao referido artigo, pois a chamada "negativação" só é válida em situações muito restritas.

---

37. Ver nossos comentários a respeito no item 3.8.
38. Conforme veremos no Capítulo 30, *infra*.

27.13. Normas técnicas

A norma veda:

"VIII — colocar, no mercado de consumo, qualquer produto ou serviço em desacordo com as normas expedidas pelos órgãos oficiais competentes ou, se normas específicas não existirem, pela Associação Brasileira de Normas Técnicas ou outra entidade credenciada pelo Conselho Nacional de Metrologia, Normalização e Qualidade Industrial — CONMETRO".

Em primeiro lugar é importante registrar que nenhuma norma técnica baixada por qualquer instituto oficial (ou não) credenciado pela Associação Brasileira de Normas Técnicas ou outra autorizada a funcionar pelo CONMETRO terá validade se contrariar as disposições da Lei n. 8.078.

Evidentemente a função primordial das chamadas normas técnicas é garantir maior qualidade dos produtos e serviços, gerando segurança e padronizando o processo de produção e oferta nos casos em que isso se torne necessário.

O fato é que cada vez mais no mundo todo são produzidas normas técnicas, visando à garantia de qualidade, quer para os produtos e serviços produzidos no País, quer para os importados.

No Brasil existem quatro tipos de normas técnicas:

a) NBR 1 (normas compulsórias, aprovadas pelo CONMETRO, com uso obrigatório em todo o território nacional);

b) NBR 2 (normas referenciais, também aprovadas pelo CONMETRO, sendo de uso obrigatório para o Poder Público);

c) NBR 3 (normas registradas, de caráter voluntário, com registro efetuado no INMETRO, de conformidade com as diretrizes e critérios fixados pelo CONMETRO);

d) NBR 4 (normas probatórias, registradas no INMETRO, ainda em fase experimental, possuindo vigência limitada).

Entre nós, vigora o Sistema Brasileiro de Normalização por meio do SINMETRO — Sistema Nacional de Metrologia, Normalização e Qualidade Industrial, do qual participam organismos públicos e privados. Destes o mais prestigiado e importante é a ABNT — Associação Brasileira de Normas Técnicas.

O INMETRO — Instituto Nacional de Metrologia, Normalização e Qualidade Industrial é órgão do Estado encarregado de aprovar toda norma para vigência nacional. Assim, qualquer norma da ABNT somente passa a ter validade após aprovada e registrada no INMETRO.

O CONMETRO — Conselho Nacional de Metrologia, Normalização e Qualidade Industrial, citado na norma, é o órgão normativo do Sistema Nacional de Metrologia, Normalização e Qualidade Industrial. Está definido no art. 2º, *caput*, da Lei n. 5.966, de 11 de dezembro de 1973[39].

O SINMETRO — Sistema Nacional de Metrologia, Normalização e Qualidade Industrial tem por finalidade formular e executar a política nacional de metrologia, normalização e certificação de qualidade de produtos industriais[40].

E o INMETRO — Instituto Nacional de Metrologia, Normalização e Qualidade Industrial é o órgão executivo do SINMETRO. Cabe a ele, mediante autorização do CONMETRO, credenciar as entidades públicas ou privadas que se dedicam à elaboração de normas técnicas[41].

---

39. O Decreto n. 10, de 16 de janeiro de 1991, dispôs, no art. 1º, a composição do CONMETRO: "Art. 1º O Conselho Nacional de Metrologia, Normalização e Qualidade Industrial, presidido pelo Ministro de Estado da Justiça, terá a seguinte composição: I — um representante do Ministro da Economia, Fazenda e Planejamento; II — um representante do Ministro da Marinha; III — um representante do Ministro do Exército; IV — um representante do Ministro das Relações Exteriores; V — um representante do Ministro da Aeronáutica; VI — um representante do Ministro da Infraestrutura; VII — um representante do Ministro da Agricultura e Reforma Agrária; VIII — um representante do Ministro da Saúde; IX — um representante do Ministro do Trabalho e Previdência Social; X — um representante do Ministro da Educação; XI — um representante do Ministro da Ação Social; XII — um representante do Secretário do Meio Ambiente; XIII — um representante do Secretário da Ciência e Tecnologia; XIV — um representante do Secretário da Administração Federal; XV — o Secretário Nacional de Direito Econômico; XVI — o Presidente do INMETRO — Instituto Nacional de Metrologia, Normalização e Qualidade Industrial; XVII — o Presidente da Confederação Nacional da Indústria; XVIII — o Presidente da Confederação Nacional do Comércio; XIX — três titulares de entidades privadas nacionais, dedicadas aos interesses do consumidor; XX — três titulares de entidades nacionais de caráter privado, dedicadas às atividades de normalização e qualidade industrial; XXI — um cidadão de notório saber nas áreas de Metrologia, Normalização e Qualidade Industrial não vinculado ao Serviço Público".

40. Lei n. 5.966/73, art. 1º, *caput*.

41. Trata-se de autarquia federal. Ver a mesma Lei n. 5.966, art. 5º. O Decreto n. 10, de 16 de janeiro de 1991, no seu art. 2º, definiu suas finalidades, que são: "I — executar as políticas nacionais de metrologia, de normalização técnica, de qualidade de materiais e de bens, bem como as de fomento à produtividade; II — verificar a observância das normas técnicas e legais, no que se refere às unidades de medida, métodos de medição, medidas

27.14. Recusa da venda

A lei proíbe:

"IX — recusar a venda de bens ou a prestação de serviços, diretamente a quem se disponha a adquiri-los mediante pronto pagamento, ressalvados os casos de intermediação regulados em leis especiais".

O inciso IX, que foi acrescentado ao rol exemplificativo do art. 39 pela Lei n. 8.884/94[42], lembra o inciso II, na medida em que proíbe a mesma prática, a de recusa na venda de produtos ou serviços aos que se dispuserem a pagar o preço de imediato.

Contudo, a norma do inciso IX é mais ampla e se dirige a qualquer pessoa ("a quem"), independente de ser consumidora ou não. Isso fica mais patente quando, na segunda parte, a norma faz uma ressalva aos casos de intermediação que, eventualmente, sejam regulados em leis especiais.

Logo, dois alvos surgem com o inciso IX:

a) o dos comerciantes, que não podem recusar-se à venda, ainda que o comprador não seja consumidor;

b) o dos atacadistas, distribuidores e fabricantes, que não podem recusar as vendas, quer o comprador seja consumidor ou outro fornecedor qualquer.

A única ressalva que se faz é ao uso do termo "bens", que deveria ter sido trocado por "produtos", para ficar mais harmônico com a linguagem da Lei n. 8.078[43].

A Lei n. 14.368/2022, que cuida do transporte aéreo, fez uma série de alterações na legislação do setor, incluindo o Código Brasileiro de Aeronáutica

---

materializadas, instrumentos de medir e mercadorias pré-medidas; III — manter e conservar os padrões das unidades de medida, bem assim implantar e manter a cadeia de rastreabilidade dos padrões das unidades de medida no País, de forma a torná-las harmônicas internamente e compatíveis no plano internacional, visando, em nível primário, a sua aceitação universal, e, em nível secundário, a sua utilização como suporte ao setor produtivo, com vistas à qualidade de bens e serviços; IV — fortalecer a participação do País nas atividades internacionais relacionadas com metrologia, normalização técnica e qualidade de materiais, de bens e de fomento à produtividade, além de promover o intercâmbio com entidades e organismos estrangeiros e internacionais; V — formular, promover, implementar, coordenar e supervisionar o Programa Brasileiro da Qualidade e Produtividade, em conjunto com outros órgãos da Administração Pública Federal direta e indireta; VI — prestar suporte técnico e administrativo ao Conselho Nacional de Metrologia, Normalização e Qualidade Industrial — CONMETRO, atuando como sua Secretaria Executiva".

42. Lei de 11 de junho de 1994, art. 87.

43. Ver comentários ao § 1º do art. 3º, no item 5.3.

(CBA – Lei n. 7.565/1986) e regulando questões envolvendo o consumidor. E trouxe uma novidade importante: a punição ao passageiro que tenha cometido ato de indisciplina durante a prestação do serviço. Vejamos os pontos relevantes.

Com efeito, o CBA, no seu art. 168, já dispunha regramento que envolvia o mau comportamento do passageiro ou passageira. Colocamos antes a redação do art. 167, para deixar claro do que se trata:

> "Art. 167. O Comandante exerce autoridade inerente à função desde o momento em que se apresenta para o voo até o momento em que entrega a aeronave, concluída a viagem.
>
> Parágrafo único. No caso de pouso forçado, a autoridade do Comandante persiste até que as autoridades competentes assumam a responsabilidade pela aeronave, pessoas e coisas transportadas.
>
> Art. 168. Durante o período de tempo previsto no artigo 167, o Comandante exerce autoridade sobre as pessoas e coisas que se encontrem a bordo da aeronave e poderá:
>
> I – desembarcar qualquer delas, desde que comprometa a boa ordem, a disciplina, ponha em risco a segurança da aeronave ou das pessoas e bens a bordo;
>
> II – tomar as medidas necessárias à proteção da aeronave e das pessoas ou bens transportados;
>
> III – alijar a carga ou parte dela, quando indispensável à segurança de voo (art. 16, § 3º).
>
> Parágrafo único. O Comandante e o explorador da aeronave não serão responsáveis por prejuízos ou consequências decorrentes de adoção das medidas disciplinares previstas neste artigo, sem excesso de poder".

Muito bem. Já na oportunidade da edição do CBA, o comportamento do consumidor estava regulado do modo acima exposto e também expressamente indicado no art. 232, nesses termos:

"Art. 232. A pessoa transportada deve sujeitar-se às normas legais constantes do bilhete ou afixadas à vista dos usuários, abstendo-se de ato que cause incômodo ou prejuízo aos passageiros, danifique a aeronave, impeça ou dificulte a execução normal do serviço".

Mas, naquela oportunidade, além das medidas previstas no art. 168, não havia outra punição à pessoa infratora. Agora, com a edição da Lei

n. 14.368/2022, há uma punição a quem cometer a infração. Ela está prevista no § 2º do art. 232, nestes termos:

"§ 2º O prestador de serviços aéreos poderá deixar de vender, por até 12 (doze) meses, bilhete a passageiro que tenha praticado ato de indisciplina considerado gravíssimo, nos termos da regulamentação prevista no § 1º deste artigo".

E mais: a norma permite que "Os dados de identificação de passageiro que tenha praticado ato gravíssimo de indisciplina poderão ser compartilhados pelo prestador de serviços aéreos com seus congêneres, nos termos da regulamentação prevista no § 1º deste artigo" (conforme § 4º do mesmo artigo).

Há apenas a exceção do passageiro que esteja em missão de Estado:

"A hipótese de impedimento prevista no § 2º não se aplica a passageiro em cumprimento de missão de Estado, possibilitado o estabelecimento de outras exceções na regulamentação prevista no § 1º deste artigo" (§ 3º do art. 232).

Entendemos que essa modificação trazida pela Lei n. 14.368/2022 está de acordo com as regras do CDC, até porque, como já mostramos, cabe ao consumidor comportar-se dentro dos princípios da boa-fé objetiva (conf. itens 6.9, 36.9 e 31.2.3). Logo, a companhia aérea, naquele período de 12 meses, pode deixar de vender o bilhete à pessoa infratora.

27.15. Elevação de preços

Está proibido:

"X — elevar sem justa causa o preço de produtos ou serviços".

A norma estabelecida no inciso X, cuja inclusão no rol do art. 39 foi feita pela Lei n. 8.884, para ter validade jurídica somente pode ser entendida como a do tipo de prática abusiva pós-contratual. Ou, na pior das hipóteses, terá eficácia quando se tratar de caso de preço controlado ou tabelado, conforme previsão do art. 41[44]. Expliquemos.

No regime atualmente vigente no País de liberdade de preços não se pode falar de aumento abusivo *antes* da contratação ou da oferta tendente à contratação (que vincula o fornecedor).

---

44. "Art. 41. No caso de fornecimento de produtos ou de serviços sujeitos ao regime de controle ou de tabelamento de preços, os fornecedores deverão respeitar os limites oficiais sob pena de, não o fazendo, responderem pela restituição da quantia recebida em excesso, monetariamente atualizada, podendo o consumidor exigir, à sua escolha, o desfazimento do negócio, sem prejuízo de outras sanções cabíveis."

Se o fornecedor está vendendo num dia por um preço e resolve no dia seguinte aumentá-lo, pode fazê-lo à vontade, desde que respeite as demais normas do CDC aplicáveis: anuncie e apresente claramente o novo preço; não tenha feito anteriormente oferta pública do preço com prazo certo (por exemplo, "oferta válida até tal data") etc.

Contudo, para as operações já realizadas o preço não pode mais variar (para cima, claro). Nesse ponto a norma em comento remete-nos diretamente ao inciso X do art. 51, que dispõe que é nula a cláusula contratual que permita ao fornecedor, direta ou indiretamente, variação do preço de maneira unilateral[45].

Na verdade, conforme iremos comentar adiante[46], é estranhíssimo que seja preciso o legislador ter de dizer que, feito o contrato, o vendedor esteja proibido de mudar o preço, aumentando-o. Isso é o óbvio das relações contratuais de compra e venda. Como é que se poderia admitir como válido que o vendedor, depois de vender o produto ou o serviço, pudesse majorar o preço pactuado?

Trata-se de "reajuste" de preço, dir-se-á, fruto de nossa memória (jurídica?) inflacionária[47]. Aqui, percebe-se que o inciso X do art. 39 está bastante esvaziado, porquanto ou há tabelamento ou controle de preços (regrados no art. 41), ou liberdade de fixação. E, nesta última hipótese, o aumento abusivo só ocorrerá após a contratação ou, quando muito, após a aceitação da oferta tendente à contratação: já houve a oferta, e, dentro de seu prazo, o consumidor aquiesceu para comprar. Fora isso, o fornecedor pode escolher o preço de seus produtos e serviços.

27.16. Reajuste de preços

A norma veda:

"XIII — aplicar fórmula ou índice de reajuste diverso do legal ou contratualmente estabelecido".

Ao iniciarmos os comentários ao art. 39, com a análise do *caput* observamos que o veto havia dado margem a dúvida a respeito do rol das práticas

---

45. Ver nossos comentários sobre essa outra norma no item 36.14.
46. Ver Capítulo 36, *infra*, item 36.14
47. Ver item 27.16, a respeito de reajuste.

abusivas previstas no art. 39: como houve o veto e a redação original do *caput* (que, como vimos, também foi alterado) nada dizia, poder-se-ia pensar que as indicações do art. 39 fossem taxativas.

De qualquer forma, o problema foi definitivamente solucionado pela nova redação do *caput* trazida pela Lei n. 8.884[48].

A regra do inciso XIII do art. 39 lembra a do inciso X do art. 51, no que se relaciona com reajuste diverso do estipulado, bem como remete ao inciso IV do mesmo art. 51[49]. Lá se trata de nulidade das cláusulas contratuais firmadas. Aqui, cuida-se da prática efetiva de reajuste exagerado por aplicação de fórmula ilegal ou que não esteja prevista no contrato.

27.17. Falta de prazo

O CDC veda ao fornecedor:

"XII — deixar de estipular prazo para o cumprimento de sua obrigação ou deixar a fixação de seu termo inicial a seu exclusivo critério".

O inciso XII era o IX da redação original, que fora suprimido pela Lei n. 8.884, quando da criação dos novos incisos IX e X[50]. A Lei n. 9.008, de 21 de março de 1995, trouxe-o de volta.

É mais uma daquelas normas que, apesar de importantes, tratam do que deveria ser óbvio: o fornecedor tem de estipular quando irá cumprir sua obrigação (p. ex., quando entregará o produto) ou quando terá início sua obrigação (p. ex., quando as obras de construção do edifício se iniciarão).

Essa norma, como, de resto, as demais similares, apenas demonstra de que maneira as práticas abusivas são reiteradamente praticadas no País. É absolutamente normal, porque esse é o princípio de contratos de consumo, que o fornecedor diga quando irá começar o serviço e/ou entregar o

---

48. Ver, como complemento, item 27.5.
49. Ver nossos comentários no item 36.8.
50. "Art. 87. O art. 39 da Lei n. 8.078, de 11 de setembro de 1990, passa a vigorar com a seguinte redação, acrescendo-se-lhe os seguintes incisos:

'Art. 39. É vedado ao fornecedor de produtos ou serviços, dentre outras práticas abusivas: (...) IX — recusar a venda de bens ou a prestação de serviços, diretamente a quem se disponha a adquiri-los mediante pronto pagamento, ressalvados os casos de intermediação regulados em leis especiais; X — elevar sem justa causa o preço de produtos ou serviços'".

produto (como é normal dar o preço e fixar as formas de pagamento). De qualquer maneira, está aí o reforço legal: é prática abusiva não fazê-lo.

Lembre-se, a título de exemplo, da prática abusiva e enganosa das construtoras que prometem entregar o edifício de apartamentos pronto x meses após o "término das fundações", mas estas se prolongam por meses a fio; por vezes anos.

27.18. Exercícios

27.18.1. Ana foi fazer compras no mercado. Começou pela seção de guloseimas: o biscoito "S.P." estava em promoção: "leve 3 pague 2". Não queria tantas bolachas (afinal, estava de dieta) e, como não havia pacote individual para vender, não comprou.

Passou para os enlatados. Queria uma lata de milho, mas desistiu de levá-la porque não havia preço na mercadoria, não encontrou ninguém do mercado para ajudá-la e a máquina detectora dos códigos de barra estava quebrada.

Foi, então, comprar leite, que também estava em promoção. Para sua surpresa, o preço estava bem abaixo do mercado. Pegou uma caixa com 12 litros, mas viu que havia um cartaz limitando a quantidade a 4 litros por cliente.

Antes de passar no caixa, foi comprar um jornal, que, naquela semana, estava dando um CD para quem comprasse o jornal e pagasse mais R$ 5,00. Pediu ao vendedor apenas o CD (pelos R$ 5,00), mas este recusou-lhe a venda separada.

Irritada, saiu do mercado sem nada.

Resolveu ir ao *shopping* que tinha próximo ao mercado. Como estava cansada, chamou um táxi.O motorista, ao saber do local para onde Ana queria ir, recusou-se a levá-la, alegando que a corrida era muito curta.

Foi a pé. No *shopping*, viu uma blusa na vitrina que lhe interessou. A vendedora disse-lhe que era a última. Ana quis comprar aquela peça, mas a vendedora recusou-se a vendê-la, sob a alegação de que não podia vender peça que estava em exposição.

Ficou tão furiosa, mas tão furiosa, que começou a passar mal, a ponto de desmaiar. Socorrida por um segurança, foi levada a um hospital, que, por sorte, era coberto pelo seu plano de saúde. No hospital, a enfermeira exigiu-lhe a guia de internação. Ana tentou explicar que passou mal de repente, e não tinha como conseguir a guia naquele momento. A enfermeira disse que a internaria, mas somente se ela desse um cheque em garantia, no valor de R$ 2.000,00.

a. Quais as práticas abusivas cometidas e que estão elencadas no rol do art. 39?

b. Identifique outras práticas que não estejam nesse rol, fundamentando.

27.18.2. A empresa "W" foi procurada por João para que realizasse sua festa de aniversário. A empresa apresentou-lhe dois contratos, um relativo à prestação do serviço e outro relativo à locação do salão. Tendo em conta que os dois contratos foram apresentados separadamente, João disse que queria contratar apenas os serviços, pois tinha um salão, que iria utilizar. A empresa disse que isso não era possível, pois a contratação dos serviços incluía obrigatoriamente o aluguel do salão, e de outra maneira não realizaria a festa. João argumentou que o aluguel do outro salão era 1/3 do cobrado pela empresa, mas não teve jeito.

a. Pode-se falar, com base no CDC, que há abusividade? De que tipo?

b. Que deve o consumidor fazer?

c. Caberia alguma indenização se realizada a festa com base nos contratos oferecidos pela empresa?

28. O ORÇAMENTO

O orçamento está regulado no art. 40 da Lei n. 8.078/90, que dispõe:

"Art. 40. O fornecedor de serviço será obrigado a entregar ao consumidor orçamento prévio discriminando o valor da mão de obra, dos materiais e equipamentos a serem empregados, as condições de pagamento, bem como as datas de início e término dos serviços.

§ 1º Salvo estipulação em contrário, o valor orçado terá validade pelo prazo de 10 (dez) dias, contado de seu recebimento pelo consumidor.

§ 2º Uma vez aprovado pelo consumidor, o orçamento obriga os contraentes e somente pode ser alterado mediante livre negociação das partes.

§ 3º O consumidor não responde por quaisquer ônus ou acréscimos decorrentes da contratação de serviços de terceiros, não previstos no orçamento prévio".

28.1. O vocábulo "prévio"

O art. 40 merece uma observação inicial para demonstrar a que ponto se chegou no Brasil no abuso aos direitos do consumidor: trata-se do uso da expressão "orçamento prévio".

A insegurança do legislador elaborador do texto da Lei n. 8.078 era tamanha com a incerteza de sua eficácia que, para se garantir, fez acompanhar do substantivo "orçamento" o adjetivo "prévio". A rigor, o termo "orçamento prévio" é redundante. Ora, orçamento só pode ser prévio. É que a prática abusiva do "orçamento posterior" ou "orçamento-surpresa" era tamanha que o legislador preferiu pecar pelo excesso. Era comum — e ainda ocorre, apesar da proibição legal — o fornecedor apresentar o "orçamento" ao consumidor depois do serviço feito, gerando a "surpresa" desagradável da apresentação da vultosa conta, com serviço não autorizado e troca de peças desnecessária e não solicitada.

A norma é dirigida ao prestador de serviço em geral, sempre que, pela natureza do serviço prestado, seja necessária a confecção de um orçamento. Cortar cabelo é serviço que independe de orçamento: basta apresentar o preço. Mas os consertos em geral (de automóveis, eletroeletrônicos etc.), a assistência técnica, os serviços domésticos de encanamento, desentupimento, eletricidade etc., os serviços de colocação de carpetes, antenas etc. e todos os demais similares dependem de orçamento para sua feitura.

Analisemos o texto do *caput*.

28.2. Itens obrigatórios

A norma é clara ao determinar que do orçamento deve constar obrigatoriamente:

a) o valor da mão de obra;

b) o preço dos materiais e dos equipamentos que serão empregados;

c) as condições de pagamento;

d) as datas do início e do término do serviço.

Constate-se, primeiro, que os dados exigidos são o mínimo requerido. Nada impede, obviamente, que o orçamento seja mais completo e por isso contenha mais informações detalhadas.

Examinemos cada aspecto.

28.2.1. Valor da mão de obra

Por "valor da mão de obra" entende-se o preço do serviço. Não é incomum a utilização da apresentação de preço "englobado" final, no qual estão incluídas mão de obra e peças. Mas tal orçamento é irregular. A intenção da lei é permitir que o consumidor saiba de antemão qual o preço do serviço que vai ser executado e qual o custo dos componentes, tudo separadamente. É dessa maneira que ele poderá melhor averiguar os preços da concorrência e, eventualmente, até levar ao prestador de serviços as peças que adquirir em outro lugar, mais baratas.

28.2.2. Preço dos materiais e dos equipamentos a serem empregados

Trata-se das peças e componentes que serão utilizados para o resultado almejado no serviço prestado.

Na realidade, é a partir desses dados que o consumidor ficará conhecendo a extensão do problema que o prestador do serviço pretende solucionar. Assim, por exemplo, a concessionária, para consertar o motor do automóvel que apresenta problemas de funcionamento, tem de dizer quais são as peças que terão de ser trocadas e qual o preço de cada uma delas.

A teleologia da norma remete à mesma explicação dada no subitem anterior. É direito do consumidor saber de antemão quais peças terão de ser trocadas e seu custo, não só para checar preços, mas também para poder avaliar se havia mesmo necessidade daquela troca.

28.2.3. Condições de pagamento

Deve constar de que forma o consumidor poderá pagar o preço:

a) à vista;

b) em parcelas;

c) com ou sem entrada;

d) no ato da entrega;

e) em moeda corrente, cheque ou cartão etc.

28.2.4. Datas do início e término do serviço

O fornecedor está obrigado a dizer quando terminará o serviço, bem como quando terá condições de iniciá-lo. São, também, informações para garantir o direito do consumidor de saber quanto tempo leva o serviço e quando poderá contar com ele acabado.

É possível colocar nesse ponto uma objeção: não seria legítimo em alguns casos — por exemplo, desentupimento de canos (cuja extensão do dano não se conhece) ou conserto de veículos (cujo problema seja tecnicamente difícil de ser detectado) — que o fornecedor possa não saber quando terminará o serviço?

Não há como deixar de colocar a data da entrega. Como já se viu, o princípio do dever de informar[1] faz com que o fornecedor tenha de dar informações cabais sobre as características de seu negócio (prestador de serviço, produtor, construtor etc.), bem como é ele que detém o conhecimento técnico a respeito. É desse princípio que decorre a norma do art. 40.

---

1. Art. 6º, III (ver comentários no item 6.11).

Cabe ao prestador do serviço, quando não tiver certeza da data da entrega, estimá-la, o que fará por sua conta e risco.

Lembre-se que a não entrega do serviço no prazo estipulado pode gerar dano ao consumidor, que terá o direito de pleitear indenização. Assim, por exemplo, se a concessionária promete entregar o veículo consertado em certa data e não o faz, o consumidor pode pleitear indenização por gastos com táxi ou carro alugado que tenha de ser utilizado a partir daquela data.

Examinemos, agora, as disposições dos parágrafos do art. 40.

28.3. Prazo de validade

O § 1º estipula que o orçamento tem prazo de validade de 10 dias, contados da data de seu recebimento pelo consumidor. E dispõe logo no início de proposição: "salvo estipulação em contrário". Isso significa que o fornecedor pode dar outro prazo de validade ao orçamento.

Como a feitura do orçamento é de sua livre decisão, já que diz respeito ao preço (que ele fixa) e às datas de início e término dos serviços (que ele indica), o prazo de validade pode ser por ele designado, desde que o faça expressamente no próprio orçamento. Tal prazo pode ser de 24 horas, 15 dias, 30 dias etc. Depende do fornecedor. Se nada constar do orçamento, o prazo de validade será o legal, de 10 dias.

28.4. Vinculação do fornecedor

Uma vez feito o orçamento, o fornecedor fica a ele vinculado.

Mesmo antes da aceitação pelo consumidor o documento já obriga o fornecedor, ensejando, inclusive, possibilidade de exigência judicial do cumprimento, com todas as consequências advindas da negativa — como, por exemplo, indenização por perdas e danos.

Essa obrigatoriedade decorre do fenômeno da oferta (art. 30). Mas, para evitar dúvidas, o CDC tem dispositivo específico que explicita esse dever. É o do estabelecido no art. 48, que dispõe:

"As declarações de vontade constantes de escritos particulares, recibos e pré-contratos relativos às relações de consumo, vinculam o fornecedor, ensejando inclusive execução específica, nos termos do art. 84 e parágrafos"[2].

---

2. Ver, à frente, nossos comentários sobre essa norma no item 34.5.

28.5. Fechamento do contrato

O § 2º disciplina o fechamento do negócio, transformando o orçamento em contrato de adesão. Uma vez aprovado pelo consumidor, suas condições tornam-se inalteráveis. A norma apenas permite alteração posterior à aprovação por meio de nova negociação com o consumidor e da expressa concordância deste.

28.6. Serviços de terceiros

O § 3º disciplina a participação de terceiro no serviço orçado e a ser executado. Não há impedimento para que o fornecedor, para executar seu serviço, utilize o de terceiro. Por exemplo, o mecânico que, após consertar o motor do carro, faz o serviço de troca do óleo no posto de serviços da esquina, ou a vendedora do carpete que utiliza o serviço de instalador que não pertence ao seu quadro de funcionários para fazer a colocação do carpete. Contudo, o gasto com o terceiro somente poderá ser cobrado do consumidor se constar do orçamento. Se, após aprovado o orçamento, o prestador do serviço tiver de recorrer a terceiro para executá-lo, o custo dessa contratação correrá por sua conta e risco.

Aliás, lembre-se que o prestador do serviço é solidariamente responsável pelos danos causados pelo terceiro (conforme o parágrafo único do art. 7º, o art. 34 e, também, o § 2º do art. 25).

Vejamos agora algumas outras situações importantes que envolvem o orçamento.

28.7. Cobrança do orçamento ou taxa de visita

A pergunta que se faz é: pode o fornecedor cobrar para fazer o orçamento? Em alguns casos — por exemplo, orçamento para reparo do motor de um ônibus ou de um caminhão — o fornecedor gasta tempo e mão de obra na própria feitura do orçamento. Pode, então, cobrar alguma quantia para sua elaboração? Pode, em outros casos em que se exige visita — por exemplo, orçamento para desentupimento de canos em residência —, cobrar taxa de visita?

Como o princípio é o de que o fornecedor cobra pelos serviços que presta, deve-se entender que pode cobrar para fazer o orçamento ou a visita. A única exigência é que, para fazê-lo, tem de informar o consumidor *antes* de fazer a visita ou elaborar o orçamento. Se não informá-lo previamente, entende-se que a elaboração do orçamento e a visita são gratuitas.

28.8. Uso de peças originais e usadas

Devemos aqui, novamente, tratar do art. 21, uma vez que, conforme já adiantamos, ele tem ligação umbilical com o art. 40[3].

Relembremos, então, a redação do art. 21:

> "Art. 21. No fornecimento de serviços que tenham por objetivo a reparação de qualquer produto considerar-se-á implícita a obrigação do fornecedor de empregar componentes de reposição originais adequados e novos, ou que mantenham as especificações técnicas do fabricante, salvo, quanto a estes últimos, autorização em contrário do consumidor".

Vimos, quando analisamos o art. 21, que há tipo penal para a hipótese. É o do art. 70, que dispõe:

"Art. 70. Empregar, na reparação de produtos, peças ou componentes de reposição usados, sem autorização do consumidor:

Pena — Detenção de 3 (três) meses a 1 (um) ano e multa".

São vários os problemas que envolvem especialmente a redação do art. 21, tanto que tivemos de despender algumas páginas para tentar resolvê-los.

28.9. Práticas anteriores

Ao examinarmos o inciso VI do art. 39, vimos que a norma obriga à elaboração do orçamento, mas admite que se mantenham as relações advindas "de práticas anteriores" entre o fornecedor e o consumidor, o que funciona como exceção à norma do art. 40.

Remetemos, então, mais uma vez o leitor a nossos comentários ao inciso VI do art. 39[4].

28.10. Exercícios

28.10.1. Maria mandou fazer, na loja "X", um sofá sob medida para sua sala, a ser entregue no prazo máximo de 30 dias. O orçamento, feito por um vendedor da loja, especificou o preço (R$ 900,00), as medidas, o modelo,

---

3. Cf. Capítulo 18, *retro*.
4. No capítulo anterior, item 27.11.

o tipo do tecido e o prazo de entrega (30 dias). O sofá foi pago à vista. Ocorre que a loja nega-se a entregar o produto, sob a alegação de que o preço constante do orçamento estava incorreto. A loja quer devolver o dinheiro. Maria quer o sofá. Resolva a questão, fundamentando-a.

28.10.2. Apresente três tipos de serviços que, para serem realizados, não necessitam de orçamento. Explique por quê.

29. A COBRANÇA DE DÍVIDAS

A cobrança de dívidas está regrada nos arts. 42 e 42-A, que dispõem:

"Art. 42. Na cobrança de débitos, o consumidor inadimplente não será exposto a ridículo, nem será submetido a qualquer tipo de constrangimento ou ameaça.

Parágrafo único. O consumidor cobrado em quantia indevida tem direito à repetição do indébito, por valor igual ao dobro do que pagou em excesso, acrescido de correção monetária e juros legais, salvo hipótese de engano justificável.

Art. 42-A. Em todos os documentos de cobrança de débitos apresentados ao consumidor, deverão constar o nome, o endereço e o número de inscrição no Cadastro de Pessoas Físicas — CPF ou no Cadastro Nacional de Pessoa Jurídica — CNPJ do fornecedor do produto ou serviço correspondente"[1].

29.1. Conexão com o art. 71

Antes de qualquer análise do que institui o Código relativamente à cobrança de dívidas, é preciso que se faça a leitura do art. 71, que estabelece o crime em que incorre o fornecedor que descumpre a norma.

Isto porque o citado art. 71 é mais amplo que o art. 42 e, em certo sentido, complementa e esclarece o propósito da lei, ao estipular:

"Art. 71. Utilizar, na cobrança de dívidas, de ameaça, coação, constrangimento físico ou moral, afirmações falsas, incorretas ou enganosas ou de qualquer outro procedimento que exponha o

---
1. Art. 42-A incluído pela Lei n. 12.039, de 1º de outubro de 2009.

consumidor, injustificadamente, a ridículo ou interfira com seu trabalho, descanso ou lazer:

Pena — Detenção de 3 (três) meses a 1 (um) ano e multa".

29.2. Ação regular de cobrança

A cobrança de uma dívida é ação regular do credor em relação ao devedor. A Lei n. 8.078, obviamente, não a impede. O que está proibido é a chamada cobrança abusiva.

Para o exato sentido da abusividade da cobrança, é preciso examinar a norma contida no *caput* do art. 42 na sua necessária combinação com o tipo penal do art. 71. A simples leitura do contido no *caput* do art. 42 pode levar a equívocos.

É que da leitura isolada do art. 42 poder-se-ia chegar a sentido oposto ao instituído pela norma, pois está escrito que, na cobrança de débitos, o consumidor inadimplente "não será exposto a ridículo, nem será submetido a *qualquer tipo* de constrangimento ou ameaça".

Ser devedor de alguém, por si só, já implica uma situação de ridículo — pelo menos para a maior parte das pessoas. Ser cobrado por essa dívida, quer seja por carta ou telefone, constrange, também, a maior parte dos consumidores. E sofrer a "ameaça" de que será movida ação judicial para a cobrança do débito não é, necessariamente, caracterização de alguma ilegalidade. É preciso, pois, entender o sistema instituído.

Em primeiro lugar, é necessário consignar que as normas que proíbem a cobrança abusiva são corolário da garantia constitucional da inviolabilidade da vida privada, honra e imagem das pessoas[2]. As normas infraconstitucionais que regulam a cobrança têm de estar em consonância com esses princípios constitucionais.

Claro que o direito de propriedade é, também, uma garantia constitucional (art. 5º, XII), o que permite que a legislação infraconstitucional, por sua vez, garanta o direito de o credor cobrar seu crédito.

Então, a interpretação das regras que permitem a cobrança deve levar em conta, de um lado, o direito de o credor cobrar e, de outro, o direito de o devedor não ser atingido em sua integridade de vida privada, honra e imagem.

E, tendo em vista o que já dissemos, somos obrigados a perguntar: dá para o credor fazer cobrança sem violar o devedor?

---

2. Ver nossos comentários sobre o tema no item 3.8.

A resposta é: sim. Mas há limites para a ação da cobrança, conforme ficará agora explicitado[3].

Comecemos pelo lado do credor. Ele pode cobrar, dissemos. Aliás, isso é garantia legal que já estava instituída na legislação civil.

Com efeito, o ato de cobrar uma dívida constitui exercício regular de um direito. E o art. 188, I, do Código Civil estabelece:

"Art. 188. Não constituem atos ilícitos:

I — os praticados em legítima defesa ou no exercício regular de um direito reconhecido".

Na linha do que já apresentamos quanto às ações abusivas[4], o controle da cobrança tem origem no conceito de "abuso do direito". É que, como vimos, existe a possibilidade real de o detentor legítimo de um direito dele abusar no seu exercício. A doutrina e a jurisprudência constatavam essa ação irregular, que, de certa forma, já estava prevista no próprio inciso I do art. 188 do Código Civil, uma vez que a garantia era apenas do "exercício regular" e não "irregular" de um direito.

A Lei n. 8.078, atenta a esse estado real de coisas, resolveu, então, limitar o exercício da ação de cobrar do credor. Este continua podendo cobrar, porém as ações que ele está autorizado a praticar somente podem ser aquelas que não configurem abuso do seu direito. E é aí que entra o art. 71, para permitir a elucidação da norma que trata da cobrança[5].

Então, é de estabelecer que o exercício "regular" do direito de o credor cobrar seu crédito está garantido. Ele pode ingressar com ação judicial para fazê-lo. Pode, também, efetuar a cobrança por telefone ou por carta (com os limites que explicitaremos na sequência). Pode, ainda, "ameaçar", desde que tal ameaça decorra daquele regular exercício de cobrar: por exemplo, o credor remete carta ao devedor dizendo (ameaçando) que irá ingressar com ação judicial para cobrar o débito caso ele não pague a dívida já vencida no novo prazo que ele (credor) fixa.

---

3. Na sequência, quando comentarmos os serviços de proteção ao crédito, regulados no art. 43, veremos que estão, também, sujeitos aos ditames constitucionais — obviamente —, e, por isso, a lei impõe limites a sua atuação.

4. Cf. item 27.1, *retro*.

5. É com essa mesma linha de raciocínio e com a mesma base jurídica que se irá interpretar o art. 43, que cuida do serviço de proteção ao crédito.

Não há nenhuma ilegalidade nesse tipo de ameaça, já que ela apenas aponta que o credor irá exercer um direito que é seu (ingressar com ação judicial). Na realidade, trata-se de ameaça de exercício regular de direito, o que é permitido. O direito de cobrar é garantido pela adequação com o exercício. Assim, são válidas as ações legais que impliquem cobrança. A atitude do dono da padaria que coloca ao lado do caixa o cheque devolvido sem suficiente provisão de fundos é ilegal não porque ele não possa cobrar o emitente do cheque, mas porque aquela afixação não implica exercício regular de cobrança: trata-se de verdadeira expiação pública. Tem como única função (e intenção) denegrir a imagem do consumidor emitente do cheque, colocando-o em situação vexatória. Até se compreende que o dono da padaria fique irritado com o calote. Mas isso não lhe confere o direito de atacar a pessoa do consumidor. O dono da padaria tem o direito de protestar o cheque, ingressar com ação de execução, mas colocar o cheque na parede da padaria é abuso, agora proibido[6].

29.3. As ações proibidas

A ação de cobrança somente é válida se estiver dentro dos limites do CDC. A propósito, leiamos novamente o art. 71:

> "Art. 71. Utilizar, na cobrança de dívidas, de ameaça, coação, constrangimento físico ou moral, afirmações falsas, incorretas ou enganosas ou de qualquer outro procedimento que exponha o consumidor, injustificadamente, a ridículo ou interfira com seu trabalho, descanso ou lazer:
>
> Pena — Detenção de 3 (três) meses a 1 (um) ano e multa".

Em primeiro lugar, diga-se que o uso do termo "injustificável", de forma inteligente, dá guarida a tudo o que dissemos: o exercício regular do direito de cobrar é garantido.

Mas nenhum abuso é permitido. Vejamos item por item as ações proibidas.

29.3.1. Ameaça

Excluindo a ameaça do exercício regular de um direito — como acima enunciamos —, qualquer outra ameaça está proibida.

---

6. Ver adiante, no exame do subitem 29.3.5, comentários sobre a cobrança abusiva que expõe o consumidor ao ridículo.

Assim, pode o fornecedor-credor ameaçar o devedor de processá-lo, de negativá-lo etc. Mas não pode ameaçá-lo de denunciá-lo aos amigos; de contar para seu marido ou esposa que deve etc.[7].

29.3.2. Coação

A coação é já em si o exercício de uma ação (coação) contra a vontade do consumidor inadimplente.

Infelizmente, tem sido comum nos hospitais. O administrador ou seu agente coage o consumidor a assinar uma nota promissória ou a entregar um cheque para o pagamento da dívida, sob pena de não liberá-lo do hospital ou não liberar pessoa de sua família[8].

29.3.3. Constrangimento físico ou moral

Estão, evidentemente, proibidas quaisquer ações que impliquem constrangimento físico ou moral.

Enquadram-se nesse caso de cobrança abusiva todas as práticas que expõem o consumidor inadimplente a riscos a sua saúde e integridade física, bem como de seus familiares, e/ou lhes causem dor (aspecto moral).

E — mais uma vez temos de usar o advérbio —, infelizmente, a prática é muito comum: as empresas que prestam serviços públicos de água e eletricidade utilizam-se da prática da *ameaça* do corte do serviço, caso o pagamento não seja feito, bem como efetivamente o cortam, o que implica constrangimento físico e moral.

Já tivemos oportunidade de comentar que o corte desses serviços é vedado pela Lei n. 8.078[9]. É claro que o consumidor e seus familiares que com ele vivem, que ficam sem água e luz, sofrem com a falta, correndo risco de saúde e padecendo toda sorte de perda material e de dano moral.

Como o corte é proibido, sua ameaça com fins de cobrança, por mais força de razão, também é ilegal, e o efetivo corte, por maior motivo ainda, também implica modo abusivo de pretender receber o crédito.

---

7. Ver subitem 29.3.3. adiante, sobre outro tipo de ameaça ilegal.

8. Esse tipo de prática abusiva ocorre também na entrada do hospital. Exige-se que o consumidor doente ou o familiar que o acompanha entregue cheque ou título, sob pena de a pessoa não poder ser internada.

9. Ver nossos comentários ao art. 22 no subitem 5.5.3.

29.3.4. Afirmações falsas, incorretas ou enganosas

Diga-se, inicialmente, mais uma vez, que é da natureza do direito o não admitir a inverdade. Aqui ela surge outra vez para tornar abusiva a cobrança com a designação de decorrer de afirmação falsa, incorreta ou enganosa.

Quando comentamos os vários aspectos que envolvem a publicidade enganosa, tivemos ocasião de mostrar que existem várias maneiras de enganar, nem sempre para tanto sendo necessário mentir descaradamente. Pode-se enganar por omissão, por exemplo[10].

A questão volta aqui. Todavia, há que buscar identificar o propósito da lei. O que ela pretende é impedir que por qualquer artifício o consumidor seja iludido quanto aos elementos apresentados na ação de cobrança e também na prática da cobrança em si. Por isso, parece correto dizer que as expressões "afirmação falsa", "incorreta" e "enganosa" são tomadas como sinônimas. Os exemplos deixam tal circunstância clara.

É abusiva, por exemplo, a ação do mero cobrador da empresa que, ao telefone, apresenta-se ao devedor como oficial de justiça ou advogado (sem sê-lo).

É abusiva, também, a cobrança que apresenta ao devedor uma conta de valor maior do que ele deve, para, com isso, pressioná-lo e conseguir negociação para o recebimento, oferecendo-lhe um "desconto", com o que se chegará ao débito real (original).

Tais ações e informações são todas tanto falsas quanto incorretas ou enganosas.

29.3.5. Exposição ao ridículo

Referimo-nos acima ao caso do dono da padaria que coloca o cheque na parede ao lado do caixa, apenas para "se vingar" do emitente, que lhe passou cheque sem fundos. Aquela situação, como não tem caráter de cobrança, é tida como abusiva por expor o consumidor a ridículo, vexame público, constrangimento.

Tal ação torna-se ilegal por importar em exposição do consumidor inadimplente sem qualquer conexão com o ato de cobrar[11].

---

10. Ver comentários aos §§ 1º e 3º do art. 37, no Capítulo 24.

11. O cheque pode ser protestado, e com isso o consumidor inadimplente fica negativado na praça, o que, evidentemente, pode constranger. Nesse caso, porém, a ação do credor é legal.

Portanto, a exposição ao ridículo, sem decorrer do ato legal de cobrar, torna a cobrança abusiva. Está proibida, por exemplo, a remessa de correspondência "aberta", fazendo cobrança; ou o envio de envelope com carta de cobrança, tendo-se colocado por fora do envelope em letras garrafais "cobrança" ou tarja vermelha com o termo "cobrança" ou "devedor". É ilegal, também, a colocação de lista na parede da escola ou na sala de aula com o nome do aluno inadimplente etc.

29.3.6. Interferência com trabalho, descanso ou lazer

A leitura desatenta do dispositivo pode levar ao raciocínio que demonstre sua inconstitucionalidade, pois, como já se disse, a cobrança de qualquer crédito estaria inviável se o consumidor inadimplente não pudesse ser cobrado no seu trabalho, na hora de descanso ou no período de lazer[12].

Na verdade, conforme colocamos, a ação de cobrança, desde que decorrente do exercício legal do direito de cobrar do credor, pode ser feita. Não há, então, impedimento para o envio de correspondência lacrada para o consumidor no endereço que ele colocou em seu cadastro, quer seja comercial ou residencial, nem há problema em contatá-lo pelo telefone, desde que a comunicação — e a cobrança — seja feita *com* ele. O que não se pode fazer, nesta última hipótese, é deixar recado para algum colega de trabalho ou para um superior de que o consumidor está inadimplente.

Não se deve esquecer que, se o credor ingressar com ação judicial, haverá sempre o incômodo pessoal do contato com o oficial de justiça ou do recebimento da carta citatória enviada pelo Poder Judiciário.

29.4. Repetição do indébito

Inicialmente, releiamos a regra no parágrafo único do art. 42:

> "O consumidor cobrado em quantia indevida tem direito à repetição do indébito, por valor igual ao dobro do que pagou em excesso, acrescido de correção monetária e juros legais, salvo hipótese de engano justificável".

---

[12]. Segundo Herman Benjamin, foi essa objeção que fizeram os empresários no Congresso Nacional visando derrubar o art. 42 do CDC (*Código Brasileiro de Defesa do Consumidor comentado pelos autores do Anteprojeto*, cit., p. 320).

29.4.1. Regra amena

Essa regra é bastante amena com o credor que cobra indevidamente. Mas, como se verá, justamente porque de um lado estabelece bases objetivas para a repetição do indébito pelo dobro do que foi pago, de outro lado, acabou deixando em aberto o direito do consumidor ao pleito à indenização por perdas e danos materiais e morais[13] (aliás, regra geral estampada no art. 6º, VI, como vimos)[14].

Examinemos primeiro o conteúdo da norma do parágrafo único.

29.4.2. Caracterização do direito a repetir

Para a configuração do direito à repetição do indébito em dobro por parte do consumidor, é necessário o preenchimento de dois requisitos objetivos:

a) cobrança indevida;

b) pagamento pelo consumidor do valor indevidamente cobrado.

A norma fala em pagar "em excesso", dando a entender que existe valor correto e algo a mais (excesso). Mas é claro que o excesso pode ser tudo, quando o consumidor nada dever.

Então, trata-se de qualquer quantia cobrada indevidamente.

Mas a lei não pune a simples cobrança (com as exceções que na sequência exporemos). Diz que há ainda a necessidade de que o consumidor tenha pago.

Isto é, para ter direito a repetir o dobro, é preciso que a cobrança seja indevida e que tenha havido pagamento pelo consumidor.

A hipótese legal soa estranho, uma vez que não parece normal que alguém que não deva pague novamente. Mas os pagamentos em função de cobrança indevida não são raros.

Tome-se o exemplo do empresário atarefado que deixa na mão da secretária seus pagamentos pessoais. Digamos que a administradora envie duas faturas para cobrar o mesmo débito. É possível que, por equívoco, seja feito o pagamento duas vezes.

Ou pior: nos chamados débitos automáticos em conta[15]. Podem ser debitadas duas faturas idênticas; podem ser enviadas duas (ou mais!) contas

---

13. Que comentaremos no subitem 29.4.4, *infra*.

14. Ver Capítulo 6, item 6.18.

15. Um dos grandes males do mercado para o consumidor se descontrolar nas despesas e ter dificuldade para saber o que e quanto lhe cobram.

de serviços públicos prestados etc. (pode acontecer nesses casos de débito em conta corrente de o próprio banco lançar o débito mais de uma vez).

Nesses casos, não há dúvida de que o consumidor tem direito a repetir pelo dobro, sendo o valor acrescido, claro, de correção monetária e juros de mora.

29.4.3. Engano justificável

E a norma, ao final da redação, dá ainda uma saída ao credor para que ele tente não repetir o dobro do cobrado e recebido indevidamente: dispõe que o credor não responde em caso de "engano justificável".

Antes de mais nada, diga-se que, se for aceito algum engano justificável na cobrança indevida, ainda assim remanesce, obviamente, o direito de o consumidor repetir o valor singelo, acrescido de correção monetária e juros legais.

A prova da justificativa para o engano é, também, por evidência, ônus do credor. E, em nossa opinião, somente poderá ser apresentada:

a) se não houve por parte do consumidor cobrança extrajudicial do valor a repetir.

Se existiu cobrança amigável, o credor deveria ter pago de volta pelo menos o valor singelo corrigido e acrescido de juros de mora legais.

Se não o fez, não poderá, depois, ir a juízo alegando engano justificável. Nenhuma "justificação" é possível se ele resistir em devolver amigavelmente o que recebeu de forma indevida;

b) se, não tendo havido cobrança amigável e ao ser citado no processo, o credor deposita incontinenti o valor cobrado, ainda que no *quantum* singelo.

É que não pode o credor alegar engano justificável se antes não devolver a quantia singela acrescida de correção monetária e juros.

Se resistiu pelo todo, não pode argumentar com engano, uma vez que, com a instauração do feito judicial, tornou-se plenamente ciente do problema havido.

Superados esses obstáculos preliminares, caberá ao credor provar o engano de maneira cabal.

29.4.4. Indenização por danos materiais e morais

Mas nada disso, inclusive o fato de o consumidor nem sequer ter pago o valor cobrado indevidamente, suprime seu direito ao pleito de indenização por perdas e danos materiais e/ou morais.

Se por qualquer motivo o consumidor sofrer dano material (p. ex., teve de contratar advogado e pagar honorários e despesas) e/ou dano moral em função da cobrança indevida, tem direito a pleitear indenização, por força das regras constitucionais e legais aplicáveis (CF, art. 5º, X; CDC, art. 6º, VI). Isso independentemente de o consumidor ter pago a quantia indevidamente cobrada. Se o fez, então pode cumular o pedido de repetição de indébito em dobro com o da indenização por danos materiais e/ou morais.

29.4.5. O direito a repetição em dobro independe do meio de cobrança

Para encerrar o comentário ao presente art. 42, temos de apresentar a opinião dos autores do Anteprojeto sobre um ponto, para dela discordar[16].

O parágrafo único do art. 42 tem sua inspiração na regra do art. 1.531 do Código Civil de 1916[17], que encontra correspondência no art. 940 do Código Civil de 2002. Dispõe este artigo, *verbis*:

"Aquele que demandar por dívida já paga, no todo ou em parte, sem ressalvar as quantias recebidas ou pedir mais do que for devido, ficará obrigado a pagar ao devedor, no primeiro caso, o dobro do que houver cobrado e, no segundo, o equivalente do que dele exigir, salvo se houver prescrição".

Trata-se de instituto similar e ainda vigente para as relações privadas.

Acontece que, a nosso ver, por um raciocínio equivocado, no comentário doutrinário citado ficou dito: "A pena do art.42, parágrafo único, rege-se por dois limites objetivos. Em primeiro lugar, sua aplicação só é possível nos casos de 'cobrança extrajudicial'. Em segundo lugar, a cobrança tem que ter por origem uma 'dívida de consumo'. Sem que estejam preenchidos esses dois requisitos, aplica-se o sistema geral do Código Civil"[18].

Que se trate de dívida de consumo é algo necessário, porque as regras do CDC só se aplicam às relações de consumo. Nem era preciso dizê-lo.

---

16. *Código Brasileiro de Defesa do Consumidor comentado pelos autores do Anteprojeto*, cit., no comentário feito por Antonio Herman de Vasconcellos e Benjamin.

17. Eis a redação do art. 1.531 do Código Civil de 1916: "Aquele que demandar por dívida já paga, no todo ou em parte, sem ressalvar as quantias recebidas ou pedir mais do que for devido, ficará obrigado a pagar ao devedor, no primeiro caso, o dobro do que houver cobrado e, no segundo, o equivalente do que dele exigir, salvo se, por lhe estar prescrito o direito, decair da ação".

18. *Código Brasileiro de Defesa do Consumidor comentado pelos autores do Anteprojeto*, cit., p. 323.

Agora, dizer que a pena só é possível na cobrança extrajudicial não tem qualquer sustentação.

A justificativa do autor está no uso de dois verbos: "demandar", utilizado na norma privada, e "cobrar", colocado no CDC.

Ora, o fato de a norma civil especificar demanda é algo que, em primeiro lugar, diz respeito à relação de direito privado e atende ao interesse daquele sistema, que é muito diferente do da Lei n. 8.078.

De fato, na legislação privada — que, repita-se, não se aplica às relações de consumo e nesse ponto nem supletivamente, já que a matéria está totalmente coberta pelas regras instituídas no CDC — a intenção do legislador foi cuidar da cobrança (ação) judicial. Tanto que o art. 1.532 do Código Civil de 1916 dispôs que "não se aplicarão as penas dos arts. 1.531, quando o autor desistir da ação antes de contestada a lide", no que foi acompanhado pelo atual Código Civil, cujo art. 941 dispõe: "As penas previstas nos arts. 939 e 940 não se aplicarão quando o autor desistir da ação antes de contestada a lide, salvo ao réu o direito de haver indenização por algum prejuízo que prove ter sofrido"[19].

Mas o uso do verbo "cobrar" no sistema da legislação consumerista não elide de forma alguma o sentido de cobrança judicial.

Seria pueril afirmar que na cobrança abusiva, só por ser judicial, o credor não responde pelas penas do parágrafo único do art. 42. Como é que uma atitude abusiva se transmudaria em lícita apenas pelo fato do ajuizamento da medida? Se assim fosse, bastaria dar entrada em ações judiciais para, burlando a lei, praticar toda sorte de abusos.

E pior. A afirmação é estranha: na cobrança extrajudicial incide a Lei n. 8.078. A cobrança prossegue e transforma-se em judicial. Nesse ponto incide o Código Civil. A relação jurídica de consumo torna-se privada?

O próprio texto fala em "cobrança extrajudicial", o que pressupõe que existe outro tipo de cobrança, isto é, a "cobrança judicial". E, lógico, o CDC fala só em "cobrança" porque regula tanto a extrajudicial quanto a judicial.

29.4.6. Dados do fornecedor

A inclusão do art. 42-A no CDC em nada altera a questão da cobrança, uma vez que ele apenas retrata o óbvio: o de que toda e qualquer pessoa que

---

[19]. O que, por certo, o autor pode fazer na sistemática do Código de Processo Civil (art. 90), sendo que, se desistir antes da citação, pagará apenas as custas e despesas processuais.

faça cobrança de débitos teve de informar nome, endereço e inscrição no CPF ou CNPJ. Diremos mais: há que informar também número de telefone para contato; sem o que não se pode efetuar a cobrança. E, claro, endereço eletrônico de *e-mail* e/ou *site*.

29.5. Exercícios

29.5.1. João, casado, comprou uma joia para sua amante com um cheque sem fundos. A joalheria, depois de ligar várias vezes para João, mas sem conseguir localizá-lo, enviou, no mesmo dia, 5 cartas para a casa dele, cobrando o valor da joia. As cartas vieram num envelope liso, branco, sem indicação de remetente, contendo apenas um adesivo vermelho dizendo "urgente". Curiosa, a mulher de João abriu a carta e descobriu tudo.

a. Trata-se de cobrança abusiva? Explique.

b. João poderia ingressar com ação contra a joalheria pleiteando danos morais, já que sua mulher pediu, além da separação, uma joia igual?

c. A loja tem como eximir-se?

29.5.2. Certa empresa vendeu materiais de construção para José, que não pagou no vencimento. A fornecedora contratou uma outra empresa para realizar a cobrança, porém fez inserir no contrato que firmou com essa última que ela deveria respeitar o disposto no art. 42 do CDC na realização da cobrança. Ocorre que a empresa de cobrança passou o caso para um cobrador recém-contratado que, ao comparecer na casa de José, ofendeu-o moralmente, inclusive comunicando aos vizinhos o ocorrido.

a. José, em razão disso, poderá acionar a empresa fornecedora invocando danos morais?

b. Há possibilidade de a fornecedora eximir-se?

c. Caso a empresa fornecedora comunique o devedor de que irá negativá-lo se não pagar em determinado prazo, isso caracteriza ameaça ou constrangimento previstos no art. 42?

d. Se a empresa de cobrança exigir os seus honorários do consumidor, configura constrangimento?

30. OS BANCOS DE DADOS E CADASTROS. OS SERVIÇOS DE PROTEÇÃO AO CRÉDITO. CADASTROS NEGATIVO E POSITIVO

Os bancos de dados e cadastros, assim como os chamados serviços de proteção ao crédito, estão regrados nos arts. 43 e 44 do CDC, que regulou apenas os chamados cadastros negativos, isto é, a regulação foi feita de acordo com a tradição brasileira de anotação dos inadimplentes apenas. Posteriormente, a Lei n. 12.414, de 9-6-2011, introduziu no sistema consumerista o cadastro positivo, que visa, dentre suas funções, manter o histórico das transações financeiras e de crédito dos consumidores, para subsidiar a análise do risco de crédito das futuras operações. Na sequência, examinaremos ambos os cadastros, começando pelo negativo.

30.1. O cadastro negativo

Examinemos, primeiramente, as disposições do art. 43:

"Art. 43. O consumidor, sem prejuízo do disposto no art. 86[1], terá acesso às informações existentes em cadastros, fichas, registros e dados pessoais e de consumo arquivados sobre ele, bem como sobre as suas respectivas fontes.

§ 1º Os cadastros e dados de consumidores devem ser objetivos, claros, verdadeiros e em linguagem de fácil compreensão, não podendo conter informações negativas referentes a período superior a 5 (cinco) anos.

§ 2º A abertura de cadastro, ficha, registro e dados pessoais e de consumo deverá ser comunicada por escrito ao consumidor, quando não solicitada por ele.

---

1. A referência ao art. 86 é inócua porque ele foi vetado.

§ 3º O consumidor, sempre que encontrar inexatidão nos seus dados e cadastros, poderá exigir sua imediata correção, devendo o arquivista, no prazo de 5 (cinco) dias úteis, comunicar a alteração aos eventuais destinatários das informações incorretas.

§ 4º Os bancos de dados e cadastros relativos a consumidores, os serviços de proteção ao crédito e congêneres são considerados entidades de caráter público.

§ 5º Consumada a prescrição relativa à cobrança de débitos do consumidor, não serão fornecidas, pelos respectivos Sistemas de Proteção ao Crédito, quaisquer informações que possam impedir ou dificultar novo acesso ao crédito junto aos fornecedores".

"§ 6º Todas as informações de que trata o *caput* deste artigo devem ser disponibilizadas em formatos acessíveis, inclusive para a pessoa com deficiência, mediante solicitação do consumidor."

30.1.1. Amplitude da norma

Como se pode ver, o art. 43 regula os bancos de dados e cadastros de todo e qualquer fornecedor público ou privado e que contenham dados do consumidor, relativos à sua pessoa ou às suas ações enquanto consumidor.

Assim, muito embora a ênfase e a discussão em torno das regras instituídas no art. 43 recaiam nos chamados cadastros de inadimplentes dos serviços de proteção ao crédito, a norma incide em sistemas de informação mais amplos.

Todo e qualquer banco de dados de arquivo de informações a respeito de consumidores — pessoas físicas ou jurídicas — está submetido às normas do CDC.

Como a maior celeuma em torno de arquivo de dados tem recaído nas informações ditas negativas, examinemos detalhadamente o funcionamento dos chamados Sistemas de Proteção ao Crédito, que se espalham pelo Brasil nos SPCs — Serviços de Proteção ao Crédito, geralmente ligados ao setor do comércio (Associação de Lojistas, Clube de Lojistas, Federação do Comércio etc.) e na Serasa, empresa privada, originariamente ligada ao setor bancário, para entender o que a lei permite.

O exame inicial concentra-se no *caput* do art. 43 e nos §§ 2º e 4º.

Vejamos na sequência os §§ 1º, 3º e 5º.

30.1.2. Os serviços de proteção ao crédito

Mister se faz, então, deixar consignadas as questões jurídicas relevantes no que respeita aos chamados serviços de proteção ao crédito (SPC, Serasa etc.) e o direito à negativação que têm os credores.

Não se discute aqui se o credor tem o direito de negativar seus clientes inadimplentes. Assim sempre foi. E aquilo que era prática usualmente aceita acabou sendo legitimado pelo CDC, que em seu art. 43 regrou o assunto e especificamente no § 1º se refere a informações negativas.

Tais serviços poderiam organizar cadastros com informações positivas dos consumidores[2], como ocorre, por exemplo, nos *bureaus* americanos. Todavia, os cadastros nacionais são negativos, isto é, a inclusão do nome de alguém se dá pelo fato de essa pessoa estar inadimplente em relação ao pagamento de uma dívida. Logo, estar no cadastro, isto é, a resposta positiva de inclusão, gera reflexo negativo. A certidão é positiva de negativação.

30.1.2.1. Requisitos para a negativação

Ora, como os cadastros arquivam apenas dados negativos relativos ao não pagamento de dívidas, conclui-se logicamente que:

a) existe a dívida;

b) a data prevista para pagamento venceu;

c) o valor é líquido e certo.

A conjunção dos itens retrotranscritos é que permite que se aceite a negativação, uma vez que o nome do devedor só pode dar ingresso no cadastro negativo se se tiver clareza da existência e do valor da dívida, bem como da data de seu vencimento.

Além disso, anote-se que, a partir de 11 de março de 1991, com a entrada em vigor do Código de Defesa do Consumidor, a negativação somente é válida se o consumidor tiver sido avisado previamente e por escrito, por expressa disposição do § 2º do art. 43. Tal aviso prévio, enquanto obrigação do credor, não era exigido antes da Lei n. 8.078/90[3].

---

2. Sempre com autorização expressa do consumidor.
3. Ver no item 30.4, *infra*, nossos comentários ao § 2º.

É de perguntar, então, por que determinou a lei essa notificação ao consumidor inadimplente.

A resposta é a de que o aviso serve para:

a) respeitar direito constitucional da garantia da dignidade e imagem do consumidor;

b) dar prazo para que o consumidor tome medidas (extrajudiciais ou judiciais) para se opor à negativação quando ilegal; ou

c) ter chance de pagamento da dívida, impedindo a negativação (ou mesmo negociar a dívida).

Em momento algum está colocado que a negativação é fruto de mero capricho do credor. Ao contrário, ela só é possível se for seguido estritamente esse rigor legal.

E mais.

O sistema da Lei n. 8.078, respeitando as diretrizes impostas pela Constituição Federal, determina que a negativação se faça de maneira criteriosa e estritamente dentro dos limites legais.

30.1.2.2. Caráter público

Com efeito, os chamados serviços de proteção ao crédito foram transformados em entidades de caráter público, por disposição do § 4º do mesmo art. 43[4].

Há duas consequências inevitáveis dessa qualificação conferida pelo CDC. A primeira delas é a de que esses bancos de dados e cadastros estão sujeitos a *habeas data*. É o que se extrai do texto constitucional. Dispõe o inciso LXXII do art. 5º *in verbis*:

"Conceder-se-á *habeas data*:

a) para assegurar o conhecimento de informações relativas à pessoa do impetrante, constantes de registros ou bancos de dados de entidades governamentais ou de caráter público;

b) para a retificação de dados, quando não se prefira fazê-lo por processo sigiloso, judicial ou administrativo".

A segunda consequência já era característica marcante dos SPCs (Serviços de Proteção ao Crédito). Os serviços oferecidos tinham caráter

---

4. Ver nossos comentários ao § 4º no item 30.6, *infra*.

público, na medida em que o acesso às informações era, como é, franqueado às empresas em geral, bancos, indústrias, comerciantes que pretenderem fazer consultas. Essa, na verdade, sempre foi a característica desse serviço.

Dessa maneira, os fornecedores têm acesso ao banco de dados e podem obter as informações (negativas) relativas aos consumidores. Claro que esse fato — ampla divulgação de informação negativa relativa a alguém — impõe maior cautela na anotação do nome de quem quer que seja, por expressa determinação de origem constitucional cuja normatividade garante a dignidade da pessoa humana (art. 1º, III), bem como a inviolabilidade da vida privada, da honra e da imagem das pessoas (art. 5º, X).

E, para que não paire qualquer dúvida a respeito dessas limitações impostas pelo sistema jurídico é necessário, neste ponto, que se profiram, também, algumas palavras a respeito da figura do consumidor inadimplente.

30.1.2.3. O consumidor inadimplente

Primeiro, diga-se que — pelo menos entre nós — o devedor não é figura delituosa na ótica penal. O inadimplente é apenas aquele que, por motivos pessoais, não pagou uma dívida. Isso não faz dele melhor ou pior pessoa que ninguém[5]. Não o torna menos digno. Apenas o transforma em pessoa que, por não poder saldar sua dívida, talvez não encontre pela frente alguém que queira emprestar-lhe dinheiro ou dar-lhe qualquer tipo de crédito. Contudo, repita-se, não o faz ser alguém que possa ter sua imagem, vida privada ou dignidade violadas. E é mais uma vez o próprio texto constitucional que impõe dever de respeito ao devedor, consignando, ademais, que não haverá prisão civil por dívida (art. 5º, LXVII).

E, muito ao contrário, o que o sistema jurídico brasileiro estipula é a garantia de que o devedor não pode ser constrangido. Tal se deu exatamente com o advento do CDC.

Após o surgimento da lei consumerista essa situação tornou-se clara como o sol.

---

5. Ainda que se trate de pessoa jurídica, que é para a Lei n. 8.078 consumidora (art. 2º, *caput*) e tem sua imagem garantida contra violações pela Carta Magna (art. 5º, X).

Relembremos parte do que dissemos ao comentar a proibição da cobrança abusiva, regulada nos arts. 42 e 71.

Vimos que, entre várias interdições impostas, a lei proíbe as ações do credor e/ou seu cobrador que exponham o consumidor a ridículo, submeta-o a constrangimento ou ameaça, tudo isso de maneira injustificada.

Constrangimento ilegal, recorde-se, é tudo aquilo que é usado pelo credor e/ou seu cobrador e que não tenha como finalidade precípua fazer com que o consumidor pague sua dívida e, portanto, resolva seu problema. Se a atitude do credor/cobrador não tiver outra intenção a não ser a de constranger, então é ilegal.

Concretamente, o fato é que sempre haverá algum constrangimento para o consumidor que é cobrado, porque nunca é agradável receber cobrança. Mas destaque-se que o constrangimento proibido é o injustificado e abusivo. Não é ação ilegal o exercício regular de um direito. Assim, não configura compressão ilegal o protesto do título emitido pelo consumidor inadimplente ou sua negativação no SPC — Serviço de Proteção ao Crédito. Não é, da mesma forma, ilegal, por evidência, o ajuizamento de ação de cobrança, como também não são ilegais as ações de cobrança extrajudiciais, por meio de telefonemas e envio de correspondências[6].

Disso tudo decorre que a ameaça feita pelo credor e/ou cobrador ao consumidor de que vai exercer seu direito de negativar, protestar e processar é lícita, pois advém do exercício regular de seu direito, mas desde que, naturalmente, respaldado nesse direito.

Visto isso, é bom que se diga que a Lei n. 8.078 não perpetrou nenhuma "proteção exagerada", como querem alguns. Ela apenas trouxe para o Brasil o que existe de mais moderno nos mercados do Primeiro Mundo no que respeita à cobrança dos consumidores. Deve estar muito claro para o fornecedor que o inadimplente é apenas um ex-cliente que passa por problemas passageiros, que, uma vez solucionados, o farão comprar de novo. Isto é, mesmo um ex-cliente inadimplente é um consumidor em potencial, um futuro cliente a ser reconquistado. A lei apenas traduz esse reconhecimento, além de garantir, por ordem constitucional, a dignidade, a vida privada, a honra e a imagem de toda e qualquer pessoa, quer ela tenha dívidas ou não.

---

6. Desde que dentro dos limites impostos pelos arts. 42 e 71. Ver nossos comentários no item 29.2.

E frise-se que, no caso brasileiro, além do fato de que não é crime ser devedor, é o inverso que está estabelecido, conforme já tivemos oportunidade de observar, porquanto a lei tipificou a cobrança abusiva como crime[7].

30.1.2.4. O direito do consumidor inadimplente

Além disso tudo, é necessário abordar outro ponto relevante e que tem implicado um antagonismo merecedor de esclarecimento e, quiçá, solução.

O problema é o do conflito entre, de um lado, o direito de o credor negativar o devedor nos serviços de proteção ao crédito e, de outro, o direito à imagem de que o devedor goza, por expressa disposição constitucional.

É dito que os chamados serviços de proteção ao crédito foram criados para proteger o mercado, isto é, esses serviços estão à disposição dos fornecedores em geral para que, ao pretenderem fazer operações de crédito, corram menos riscos nas operações, uma vez que tomam ciência da qualificação — em termos de cumprimento da obrigação de pagar dívidas — do consumidor, candidato à compra com pagamento a prazo ou pretendente a empréstimo.

Porém, olhando-se de perto, percebe-se que essa proteção é dirigida ao fornecedor, não ao mercado. Este é formado de fornecedores e consumidores e pertence à sociedade. O pressuposto constitucional da ida ao mercado impõe risco de quem explora, garante-lhe direito ao lucro, mas lhe impõe respeito ao consumidor e gera-lhe obrigação de responder legal e eticamente por seus atos em prol do bem comum. Tais designações decorrem da análise dos princípios gerais da atividade econômica previstos na Constituição Federal, especialmente, no caso, no art. 170[8].

Não há, portanto, inconveniente na união dos fornecedores para organizarem serviços (como os de proteção ao crédito) que lhes ajudem a avaliar melhor o risco dos negócios.

---

7. CDC, art. 71: "Utilizar, na cobrança de dívidas, de ameaça, coação, constrangimento físico ou moral, afirmações falsas, incorretas ou enganosas ou de qualquer outro procedimento que exponha o consumidor, injustificadamente, a ridículo ou interfira com seu trabalho, descanso ou lazer.

Pena — Detenção de 3 (três) meses a 1 (um) ano e multa"

8. Sobre risco da atividade, ver comentários no Capítulo 9.

Já o consumidor inadimplente nessa questão não está amplamente protegido: ou ele paga ou é negativado, e publicamente será sempre apontado como "o devedor", "o inadimplente", "aquele que não cumpre seus compromissos", fechando-se-lhe as portas à aquisição de bens.

Ora, é de perguntar: como é que o consumidor pode, então, questionar um valor errado que se lhe estejam cobrando? Como é que poderá discutir a abusividade de valores cobrados? Como poderá prevenir-se se tem contra si a ameaça da espada da negativação?

Isso sem falar na ausência de proteção contra os fornecedores que não entregam os produtos vendidos, não cumprem prazos, não trocam os produtos, fecham os estabelecimentos sem entregar as mercadorias, vendem serviços e quebram (têm a falência decretada) sem cumpri-los, como é o caso de várias lojas de varejo, administradoras de consórcios etc. Nesses casos, a única alternativa à disposição do consumidor é procurar o Poder Judiciário. Não tem ele contra o fornecedor medidas tão eficazes quanto os serviços de proteção ao crédito. Há um desequilíbrio, portanto.

Retorne-se, agora, à hipótese do direito de discutir a abusividade da cobrança. Suponha-se que algum fornecedor, por força de cláusula contratual abusiva ou de qualquer ação unilateral, resolva cobrar valor indevido. Como é que o consumidor cobrado fará para se defender, sabendo que a negativação irá efetivar-se?

Supondo-se que o consumidor terá de ir a juízo discutir a abusividade e, para obter o cancelamento da negativação ou seu impedimento, tenha de oferecer algum tipo de garantia, então o consumidor já terá sido derrotado no início da empreitada.

O direito evolui, e tanto os cientistas que o estudam como os membros do Judiciário que o aplicam na lide do caso concreto têm de estar atentos a essas evoluções. E, na espécie, a própria norma infraconstitucional apresenta parâmetros da evolução.

A jurisprudência brasileira sempre foi rica e corajosa na implementação das novas exigências sociais. Não pode deixar de sê-lo também nessa questão — que, repita-se, está totalmente regrada nas normas jurídicas em vigor. A título de exemplo, tome-se a hipótese da admissão de que o executado discuta o título da ação de execução, mesmo sem oferecer qualquer garantia (o que é corretíssimo, porquanto muitas vezes o executado, não tendo o que oferecer, não pode defender-se). É aquilo que se convencionou chamar de "exceção de pré-executividade": o direito de o executado arguir nulidades no processo de execução, independentemente de embargos e de prévia segurança do juízo. Nesse sentido a doutrina: Nelson Nery Junior[9], Araken de Assis[10], Humberto Theodoro Júnior[11], entre outros.

A jurisprudência, por sua vez, foi no mesmo sentido. Veja-se, por exemplo, decisão da 4ª Câmara Civil do 1º Tribunal de Alçada Civil de São Paulo, relator Juiz José Bedran[12], e da 3ª Turma do Superior Tribunal de Justiça, relator Ministro Eduardo Ribeiro[13].

E, como de fato a jurisprudência e a doutrina andavam num bom caminho, o próprio Código de Processo Civil acabou sendo alterado para permitir a defesa do executado via embargos, independentemente da garantia do juízo[14]. Ora, se se admite, até quando instaurado o processo de execução, a defesa e discussão do débito pela via dos embargos sem a garantia do juízo com penhora ou caução, com maior força de razão há que se aceitar a discussão em medida cautelar (ou outra medida qualquer) da negativação do consumidor inadimplente.

Esse é o principal instrumento que tem o consumidor para discutir a abusividade da cobrança e da dívida que lhe corresponde[15].

Não se pode esquecer que a negativação, como já se viu, gera efeitos concretos na sociedade contra a dignidade e a imagem do consumidor, e que nenhuma lesão ou ameaça está excluída da apreciação do Poder Judiciário (CF, art. 5º, XXXV). Donde forçosamente se conclui que pode o consumidor questionar a abusividade da cobrança e da dívida com todas as demais ações praticadas pelo credor em consequência dessa abusividade. E uma dessas ações mais eficazes no que diz respeito ao constrangimento e à possibilidade de violação à dignidade e imagem do consumidor é, sem sombra de dúvida, a negativação nos serviços de proteção ao crédito.

---

9. *Princípios do processo civil na Constituição Federal*, cit., p. 129.
10. *Manual do processo de execução*, v. 1, p. 344.
11. *Curso de direito processual civil*, v. 2, p. 864.
12. AI 350.619, j. 18-12-1985, *DJ*, 24-12-1985.
13. REsp 3.264-PR, j. 28-6-1990, *DJU*, 18-2-1991 (*RT* 671/187).
14. A Lei n. 11.382, de 6 de dezembro de 2006, dentre outras alterações, trouxe essa novidade ao dar nova redação aos arts. 736 e s. do CPC. Essas mesmas disposições estão previstas no CPC atual (arts. 914 e s.).
15. Principal porque, conforme se verá, pode o consumidor exigir do serviço de proteção ao crédito o cancelamento ilegal da inscrição, por força do estabelecido no § 3º do art. 43, bem como, após receber o aviso previsto no § 2º do mesmo artigo, pode ele exigir que a negativação não seja feita.

Por certo, deverá o magistrado, avaliando no caso concreto a verossimilhança das alegações do consumidor, decidir pelo impedimento da negativação ou seu cancelamento. Por isso, diga-se desde já, com todas as letras: se o consumidor questionar a dívida em juízo, não se pode mantê-lo "negativado" (como se diz) nos serviços de proteção ao crédito. A jurisprudência, como se verá, tem adotado, também, esse entendimento.

E mais: ainda que o consumidor (ou, claro, mais adequadamente, seu advogado) não relate bem sua insurgência, abalando a verossimilhança de suas argumentações e dúvida restar, a decisão tem de ser a ele favorável, pois o princípio vigente no CDC é o de que *in dubio pro* consumidor. Esse é o raciocínio que está de acordo com o sistema jurídico implantado da ampla proteção ao consumidor (cf. art. 170, V, c/c os arts. 1º, III, e 5º, X, da CF; arts. 4º, I, III e VI, 6º, IV e VIII, 39, VII, 42 c/c o 71, 43, *caput* e §§ 1º e 2º, todos da Lei n. 8.078/90, entre outros).

Vai-se argumentar que tal decisão enfraqueceria a posição do credor, que se organizou legitimamente para se proteger contra os consumidores inadimplentes. Porém, quatro observações elidem tal argumento:

a) os fornecedores podem também, da mesma forma, legitimamente organizar serviços de cadastros de informações positivas, de sorte que a trajetória do tomador de empréstimos e créditos fosse mostrada, apresentando seu perfil ao mercado, que, então, faria uma competente análise de risco. Ressalte-se, contudo, que, nesse caso, tais cadastros, para serem criados, arquivando informações dos consumidores, dependem de sua prévia e expressa anuência, já que invadem esfera de privacidade garantida pela norma magna (art. 5º, X);

b) se o fornecedor quiser se proteger, terá a seu dispor os serviços de busca e certidões dos Fóruns e Cartórios de Protestos, que fornecem informações a respeito das pessoas. O fornecedor pode agir como, v. g., o cidadão comum que vai adquirir um imóvel: faz busca e tira certidões. Daí para a frente calcula seu risco;

c) a negativação em nada aproveita ao credor, que já está com seu crédito sendo discutido em juízo;

d) além disso, a demonstração feita está de acordo com o sistema jurídico constitucional brasileiro. Não há como objetá-lo por essa via.

Assim, ditas essas palavras necessárias ao cabal esclarecimento da questão, que envolve de forma angustiosa credores e devedores na questão das chamadas negativações, citemos, agora, algumas decisões judiciais na mesma linha.

"Consumidor — Inscrição de seu nome em cadastros de proteção ao crédito — Montante da dívida objeto de controvérsia em juízo — Inadmissibilidade.

Constitui constrangimento e ameaça vedados pela Lei n. 8.078, de 11.09.90, o registro do nome do consumidor em cadastros de proteção ao crédito, quando o montante da dívida é objeto de discussão em juízo.

Recurso especial conhecido e provido"[16].

"Processual civil — Cautelar — Suspensão de medida determinativa de inscrição do nome do devedor no SPC ou SERASA.

I — Não demonstrado o perigo de dano para o credor, não há como deferir seja determinada a inscrição do nome do devedor no SPC ou SERASA, mormente quando ele discute em ações aparelhadas os valores *sub judice*, com eventual depósito ou caução do *quantum*. Precedentes do STJ.

II — Recurso conhecido e provido"[17].

30.1.3. Linguagem e prazo

Vejamos agora as disposições dos §§ 1º e 5º. Leiamo-los, novamente:

"§ 1º Os cadastros e dados de consumidores devem ser objetivos, claros, verdadeiros e em linguagem de fácil compreensão, não podendo conter informações negativas referentes a período superior a 5 (cinco) anos".

"§ 5º Consumada a prescrição relativa à cobrança de débitos do consumidor, não serão fornecidas, pelos respectivos Sistemas de Proteção ao Crédito, quaisquer informações que possam impedir ou dificultar novo acesso ao crédito junto aos fornecedores".

30.1.3.1. Linguagem compreensível

A regra do § 1º segue a sistemática adotada pela Lei n. 8.078, de exigência de utilização de termos claros, objetivos, em linguagem de fácil compreensão e, naturalmente, verdadeiros[18].

E aqui neste § 1º designa, além de tudo, a proibição do uso de códigos. Está vedado o arquivo de informação cifrada.

---

16. REsp 170.281-SC, 4ª T. do STJ, rel. Min. Barros Monteiro, v. u., j. 24-6-1998, *DJ*, 14-12-1998.
17. REsp 161.151-SC, do STJ, rel. Min. Waldemar Zveiter.
18. Ver, por exemplo, as disposições dos arts. 30, 31, 46 e §§ 3º e 4º do art. 54.

30.1.3.2. O prazo

Os §§ 1º e 5º estão, pelo menos num ponto, ligados. Nenhuma informação negativa pode estar arquivada após 5 anos de sua inserção, e, consumada a prescrição relativa à cobrança do débito, acontece o mesmo: cancela-se o apontamento negativo.

O máximo de tempo que um consumidor pode, então, ficar "negativado" é 5 anos.

Antes de 2009, havia uma dúvida sobre o tempo máximo em que os serviços de proteção ao crédito poderiam manter informação negativa em seus arquivos. Isso porque, como se sabe, muitos títulos de crédito prescrevem em prazos menores que 5 anos: cheque prescreve em 6 meses a contar da apresentação[19]; duplicata em 3 anos contra o sacado, contados do vencimento do título[20] etc. Assim, uma parte da doutrina defendia que, para esses casos em que a dívida estivesse representada por títulos cuja prescrição para a propositura da ação de execução fosse menor que 5 anos, prevaleceria o menor prazo para o registro negativo...

Em dezembro de 2005[21], o STJ baixou a Súmula 323, que tinha o seguinte teor:

"A inscrição de inadimplente pode ser mantida nos serviços de proteção ao crédito por, no máximo, cinco anos".

Após a edição dessa Súmula, permaneceu a dúvida, porque sua redação apenas reproduzia a hipótese legal do tempo máximo previsto de 5 anos. Mas, em 25 de novembro de 2009, seu texto foi reformado, passando a ter a seguinte redação:

"A inscrição do nome do devedor pode ser mantida nos serviços de proteção ao crédito até o prazo máximo de cinco anos, independentemente da prescrição da execução".

A partir, então, da nova redação conferida à Súmula, a dúvida a respeito do prazo máximo para a manutenção do registro negativo em 5 anos desapareceu. Mesmo que a dívida esteja representada por títulos cuja ação de execução tenha um prazo menor do que 5 anos para ser proposta, ainda assim, o prazo máximo da negativação será de 5 anos. Essa posição está,

---

19. Lei n. 7.357, de 2 de setembro de 1985, art. 59.
20. Lei n. 5.474, de 18 de julho de 1968, art. 18, I.
21. *DJU* de 5 de dezembro de 2005.

inclusive, em consonância com a hipótese de prescrição do crédito conforme estipulado no Código Civil de 2002. Isso porque o art. 206, § 5º, I[22], permite que, mesmo com títulos prescritos, possa o credor fazer a cobrança mediante outro procedimento judicial, como a ação monitória ou a ação ordinária, até o prazo de 5 anos.

30.1.4. Comunicação ao consumidor

A norma do § 2º é expressa e clara, não deixando margem a dúvida: "a abertura de cadastro, ficha, registro e dados pessoais e de consumo deverá ser comunicada por escrito ao consumidor, quando não solicitada por ele".

É garantia que decorre diretamente do texto constitucional de preservação da privacidade do consumidor (art. 5º, X). Vale tanto para abertura de cadastros ditos positivos quanto negativos.

Dessa forma, estão os serviços de proteção ao crédito obrigados a avisar, por escrito, previamente o consumidor de que irão fazer a anotação.

Tal aviso deve ser remetido com a antecedência de, no mínimo, 5 dias úteis. É que, na falta de regra específica sobre o prazo, aplica-se a hipótese do § 3º (que a seguir comentaremos) por analogia, preenchendo-se a lacuna existente.

E, claro, o aviso somente pode ser prévio, não só porque decorre da ampla defesa do sistema, como da logicidade da determinação, na ligação com a garantia constitucional: se se trata de cadastro com informações meramente positivas, sua abertura depende de autorização do consumidor; se se referir a dado desabonador, tem de ser avisado para poder tomar providências extrajudiciais ou judiciais para evitar a anotação.

Reforce-se, portanto, que, conforme demonstramos no subitem 30.2.1, *retro*, o aviso tem como função permitir que o consumidor exerça não só seu direito de pagar a dívida, como de negociá-la, ou de se opor à negativação por se furtar de cobrança indevida.

Anote-se, ademais, que o credor, para cobrar seu crédito, não tem necessidade jurídica na negativação. Ele o faz como modo de pressão ao

---

22. "Art. 206. Prescreve:

§ 5º Em cinco anos:

I — a pretensão de cobrança de dívidas líquidas constantes de instrumento público ou particular."

devedor. Daí que o aviso prévio tem a função jurídica de impedir alguma injusta e indevida exposição pública.

Os chamados cadastros de inadimplentes têm gerado inúmeras discussões judiciais, de tal modo que o Superior Tribunal de Justiça já editou súmula a respeito. Veja-se a de n. 359 que dispõe, para tirar dúvidas, que cabe ao órgão mantenedor a comunicação ao devedor de que será feita a inscrição:

Súmula 359-STJ — "Cabe ao órgão mantenedor do Cadastro de Proteção ao Crédito a notificação do devedor antes de proceder à inscrição".

E a de n. 404 que dispensa o uso de serviço de aviso de recebimento (AR) dos Correios para o envio da comunicação:

Súmula 404-STJ — "É dispensável o aviso de recebimento (AR) na carta de comunicação ao consumidor sobre a negativação de seu nome em banco de dados e cadastros".

30.1.5. O consumidor com deficiência

Com a entrada em vigor do Estatuto da Pessoa com Deficiência (no dia 3 de janeiro de 2016, Lei 13.146, de 6-8-2015), foi incluído no artigo 43 do CDC o § 6º acima transcrito.

Nessa hipótese, ao contrário do que disse quando dos comentários ao parágrafo único do art. 6º, que também foi incluído na norma consumerista pelo Estatuto, a norma tem plena vigência, posto que não fez nenhuma determinação que a postergasse. Desse modo, os fornecedores que administram os serviços de proteção ao crédito estão obrigados a entregar ao consumidor com deficiência, sempre que solicitado, os dados arquivados sobre ele em formato acessível. Em Braile ou de forma sonora, por exemplo.

30.1.6. Correção dos dados inexatos

Quanto ao § 3º, diga-se que a exigência do consumidor para alterar os dados incorretos existentes a seu respeito ou em vias de serem anotados pode ser feita tanto extra quanto judicialmente, cabendo ao consumidor, como sempre, o direito de pleitear o pagamento de indenização pelos danos materiais e/ou morais sofridos em função do registro inexato, ainda quando ele foi concertado, se o dano foi causado à época da anotação indevida.

30.1.7. Caráter público

O § 4º estabelece que "os bancos de dados e cadastros relativos a consumidores, os serviços de proteção ao crédito e congêneres são considerados entidades de caráter público".

Isso significa que toda e qualquer ação desses serviços está sujeita às limitações impostas às entidades públicas, sujeitando-as, inclusive, ao *habeas data* (CF, art. 5º, LXXII, *a*).

30.1.8. Tipos penais

Lembre-se que a Lei n. 8.078 criou dois correspondentes criminais relacionados às normas materiais instituídas. São os dos arts. 72 e 73, que dispõem:

> "Art. 72. Impedir ou dificultar o acesso do consumidor às informações que sobre ele constem em cadastros, banco de dados, fichas e registros:
>
> Pena — Detenção de 6 (seis) meses a 1 (um) ano ou multa.
>
> Art. 73. Deixar de corrigir imediatamente informação sobre consumidor constante de cadastro, banco de dados, fichas ou registros que sabe ou deveria saber ser inexata:
>
> Pena — Detenção de 1 (um) a 6 (seis) meses ou multa".

30.1.9. Arquivo de reclamações contra o fornecedor

Examinaremos, agora, o art. 44, que dispõe:

> "Art. 44. Os órgãos públicos de defesa do consumidor manterão cadastros atualizados de reclamações fundamentadas contra fornecedores de produtos e serviços, devendo divulgá-los pública e anualmente. A divulgação indicará se a reclamação foi atendida ou não pelo fornecedor.
>
> § 1º É facultado o acesso às informações lá constantes para orientação e consulta por qualquer interessado.
>
> § 2º Aplicam-se a este artigo, no que couber, as mesmas regras enunciadas no artigo anterior e as do parágrafo único do art. 22 deste Código".

30.1.9.1. Lista de reclamações

O conteúdo do *caput* do art. 44 é o "troco" da lei aos serviços de proteção ao crédito.

Essa regra obriga os órgãos públicos de defesa do consumidor, por exemplo, os Procons, a manterem cadastros atualizados das reclamações fundamentadas contra fornecedores de produtos e serviços. Estão obrigados, também, esses órgãos a divulgar pública e anualmente tais informações, com a observação de a reclamação ter sido atendida ou não.

O Procon do Estado de São Paulo tem feito essa divulgação anualmente.

O *Diário Oficial do Estado* publica um volume especial com o título "Cadastro de Reclamações Fundamentadas"[23]. É apresentado o atendimento geral de consultas e reclamações, arquivadas por área de atendimento: alimentos, saúde, habitação, financeira, serviços e produtos.

O nome das empresas que sofreram reclamações aparece em ordem alfabética, com o número de reclamações atendidas e não atendidas.

O resultado da divulgação tem sido positivo, especialmente porque a imprensa amplia a repercussão da publicação da listagem, denunciando as irregularidades, o que torna o consumidor um pouco mais ciente dos problemas de alguns setores e fornecedores.

30.1.9.2. Responsabilidade dos órgãos de defesa do consumidor

A referência que o § 2º faz ao parágrafo único do art. 22 era despicienda, mas pelo menos tem o dom de chamar a atenção para o fato de que os órgãos públicos de defesa do consumidor são prestadores de serviço e, como tais, fornecedores:

"Art. 22. Os órgãos públicos, por si ou suas empresas, concessionárias, permissionárias ou sob qualquer outra forma de empreendimento, são obrigados a fornecer serviços adequados, eficientes, seguros e, quanto aos essenciais, contínuos.

Parágrafo único. Nos casos de descumprimento, total ou parcial, das obrigações referidas neste artigo, serão as pessoas jurídicas compelidas a cumpri-las e a reparar os danos causados, na forma prevista neste Código".

---

23. O endereço na Internet é www.procon.sp.gov.br.

Logo, esses serviços podem ser acionados tanto extra quanto judicialmente por terem descumprido a Lei n. 8.078. Claro que a situação é incômoda para o consumidor, pois terá ele de ir direto à Justiça ou no máximo a outro órgão público reclamar. Se o serviço público que deve defender o consumidor não o faz, o problema se torna efetivamente grave.

A referência também feita pelo § 2º às normas do art. 43 diz respeito especialmente à objetividade, clareza e verdade das informações arquivadas e da comunicação da abertura do arquivo ao fornecedor.

30.2. O cadastro positivo

Conforme já adiantamos, a Lei n. 12.414, de 9 de junho de 2011[24], introduziu no sistema jurídico consumerista o chamado cadastro positivo, que visa disciplinar a formação e consulta a bancos de dados que contenham informações dos pagamentos dos consumidores (pessoas físicas e jurídicas e entes despersonalizados[25]) para formar um histórico de crédito individual.

30.2.1. As definições legais

No art. 2º da Lei foi definida uma série de itens fundamentais para o funcionamento e entendimento do cadastro, a saber:

30.2.1.1. Banco de dados

O banco de dados é o conjunto de dados relativos a pessoa natural, jurídica ou ente despersonalizado armazenados com a finalidade de subsidiar a concessão de crédito, a realização de venda a prazo ou de outras transações comerciais e empresariais que impliquem risco financeiro.

30.2.1.2. Gestor

O gestor ou gestora é a pessoa jurídica responsável pela administração de banco de dados, bem como pela coleta, armazenamento, análise e acesso de terceiros aos dados armazenados.

---

24. As informações aqui colocadas estão de acordo com a alteração feita em vários pontos pela Lei Complementar n. 166 de 8-4-2019. A Lei n. 12.414 foi regulamentada pelo Decreto n. 9.936, de 24-7-2019.

25. O legislador esqueceu do ente despersonalizado, mas, evidentemente, ele também tem os mesmos direitos à proteção legal. Por isso, o incluímos em nossos comentários.

30.2.1.3. Cadastrado

O cadastrado é a pessoa física, jurídica ou o ente despersonalizado cujas informações tenham sido incluídas em banco de dados.

30.2.1.4. Fonte

A fonte é a pessoa física ou jurídica (ou mesmo o ente despersonalizado) que concede crédito, administra operações de autofinanciamento ou realiza venda a prazo ou outras transações comerciais e empresariais que lhe impliquem risco financeiro, inclusive as instituições autorizadas a funcionar pelo Banco Central do Brasil e os prestadores de serviços continuados de água, esgoto, eletricidade, gás, telecomunicações e assemelhados.

30.2.1.5. Consulente

O consulente é a pessoa física, jurídica ou o ente despersonalizado que acessa informações em bancos de dados para qualquer finalidade permitida pela lei.

30.2.1.6. Anotação

A anotação é a ação ou efeito de anotar, assinalar, averbar, incluir, inscrever ou registrar informação relativa ao histórico de crédito no banco de dados.

30.2.1.7. Histórico de crédito

O histórico de crédito é o conjunto de dados financeiros e de pagamentos, relativos às operações de crédito e obrigações de pagamento adimplidas ou em andamento por pessoa física, jurídica ou ente despersonalizado.

30.2.2. As informações a serem arquivadas

No art. 3º da Lei ficou definido que os bancos de dados poderão armazenar informações de adimplemento do consumidor cadastrado visando formar o histórico de crédito dele. A regra definiu, ainda, as características das informações, que são basicamente as mesmas que estão dispostas no § 1º do art. 43 do CDC (conferir subitens 30.1.3 e 30.1.3.1. *supra*). Com efeito, as informações devem ser objetivas, claras, verdadeiras e de fácil compreensão e hão de possibilitar a feitura da avaliação da situação econômica do cadastrado.

A lei, um tanto insegura, como acontece também com o CDC, foi além e especificou o que entende por cada uma dessas características das informações, a saber:

30.2.2.1. Objetivas

Objetivas são aquelas descritivas dos fatos e que não envolvem juízo de valor.

30.2.2.2. Claras

Claras são aquelas que possibilitam o imediato entendimento do cadastrado, independentemente de remissão a anexos, fórmulas, siglas, símbolos, termos técnicos ou nomenclatura específica.

30.2.2.3. Verdadeiras

Verdadeiras são aquelas exatas, completas e sujeitas à comprovação. Lembro que, naturalmente, o ônus da prova nesse caso é da fonte e do gestor, em cada uma de suas atribuições.

30.2.2.4. De fácil compreensão

De fácil compreensão são as informações anotadas em sentido comum, que asseguram ao cadastrado o pleno conhecimento do conteúdo, do sentido e do alcance dos dados sobre ele anotados.

30.2.3. Vedações

A lei proibiu que sejam feitas certas anotações a respeito do cadastrado, a saber:

30.2.3.1. Informações excessivas

Informações excessivas são aquelas que não estão vinculadas à análise de risco de crédito ao consumidor.

30.2.3.2. Informações sensíveis

Informações sensíveis são aquelas pertinentes à origem social e étnica, à saúde, à informação genética, à orientação sexual e às convicções políticas, religiosas e filosóficas do cadastrado.

30.2.4. Abertura do cadastro

Nos termos do art. 4º, o gestor está autorizado a: I — abrir cadastro em banco de dados com informações de adimplemento de pessoas naturais e jurídicas; II — fazer anotações no cadastro de que trata o inciso I do *caput* deste artigo; III — compartilhar as informações cadastrais e de adimplemento armazenadas com outros bancos de dados; e IV — disponibilizar a consulentes: a) a nota ou pontuação de crédito elaborada com base nas informações de adimplemento armazenadas; e b) o histórico de crédito, mediante prévia autorização específica do cadastrado.

A comunicação ao cadastrado deve: I — ocorrer em até 30 (trinta) dias após a abertura do cadastro no banco de dados, sem custo para o cadastrado; II — ser realizada pelo gestor, diretamente ou por intermédio de fontes; e III — informar de maneira clara e objetiva os canais disponíveis para o cancelamento do cadastro no banco de dados.

Essa comunicação fica dispensada caso o cadastrado já tenha cadastro aberto em outro banco de dados. E para o envio da comunicação, devem ser utilizados os dados pessoais, como endereço residencial, comercial, eletrônico, fornecidos pelo cadastrado à fonte.

As informações do cadastrado somente poderão ser disponibilizadas a consulentes 60 (sessenta) dias após a abertura do cadastro e é obrigação do gestor manter procedimentos adequados para comprovar a autenticidade e a validade da autorização específica do cadastrado para informar seu histórico de crédito. Ademais, como previsto no art. 15 da Lei, as informações sobre o cadastrado constantes dos bancos de dados somente poderão ser acessadas por consulentes que com ele mantiverem ou pretenderem manter relação comercial ou creditícia.

30.2.5. Os direitos dos cadastrados

No art. 5º, a lei fixou os direitos dos cadastrados, que estão na sequência.

30.2.5.1. Cancelamento ou reabertura do cadastro

É direito do consumidor pedir e obter o cancelamento do cadastro. A lei não coloca nenhum requisito para que tal solicitação seja feita, de modo que basta sua feitura como exercício regular de um direito estabelecido, sem necessidade de justificativa. É, também, direito do consumidor requerer a reabertura do cadastro.

30.2.5.2. Acesso às informações

A lei garante ao consumidor cadastrado, independentemente de justificativa, o acesso gratuito às informações sobre ele existentes no banco de dados, inclusive o seu histórico e sua nota ou pontuação de crédito. Diz também que cabe ao gestor manter sistemas seguros, por telefone ou por meio eletrônico, de consulta para o repasse das informações arquivadas.

30.2.5.3. Impugnação dos dados

Pode o cadastrado impugnar qualquer informação sobre ele erroneamente anotada no banco de dados. O gestor terá 10 (dez) dias para fazer a correção ou o cancelamento e no mesmo prazo deverá comunicar os demais bancos de dados com os quais ele compartilhou a informação. Lembramos que, nos cadastros negativos, a correção ou o cancelamento dos dados incorretos devem ser feitos em até 5 (cinco) dias (conforme previsto no § 3º do art. 43 do CDC).

30.2.5.4. Compreendendo o risco

Caso o consumidor cadastrado queira, pode pedir e tomar conhecimento dos principais elementos e critérios que foram levados em consideração para a análise de risco. Todavia, o fornecedor que fez a análise pode se resguardar do segredo empresarial.

30.2.5.5. Informação prévia sobre o armazenamento dos dados

É direito do cadastrado ser informado previamente sobre a identidade do gestor e sobre o armazenamento e o objetivo do tratamento dos dados pessoais.

30.2.5.6. Direito de revisão

Pode o consumidor solicitar ao consulente a revisão de decisão realizada exclusivamente por meios automatizados. Nesse tema, apesar da garantia legal, o cadastrado terá dificuldade na solicitação, pois, naturalmente, para tanto, ele deverá ter conhecimentos técnicos específicos sobre análise de risco, quer automatizado quer subjetivo (feito por analistas). Os órgãos de proteção ao consumidor poderão desenvolver sistemas ou treinar técnicos para auxiliá-los nessa empreitada.

30.2.5.7. Finalidade específica das informações

A lei proíbe que os dados pessoais sejam utilizados para finalidade diversa da de análise de risco para concessão de crédito e negócios correlatos.

30.2.6. As obrigações dos gestores

Visando dar consistência às normas estabelecidas, o art. 6º da lei fixou a obrigação do gestor de, quando solicitado, fornecer ao cadastrado:

a) todas as informações sobre ele constantes de seus arquivos, no momento da solicitação;

b) a indicação das fontes relativas às informações de que trata a letra anterior, incluindo endereço e telefone para contato;

c) a indicação dos gestores de bancos de dados com os quais as informações foram compartilhadas;

d) a indicação de todos os consulentes que tiveram acesso a qualquer informação sobre ele nos 6 (seis) meses anteriores à solicitação;

e) uma cópia de texto com o sumário dos seus direitos, definidos em lei ou em normas infralegais pertinentes à sua relação com gestores, bem como a lista dos órgãos governamentais aos quais poderá ele recorrer, caso considere que esses direitos foram infringidos; e

f) confirmação de cancelamento do cadastro.

A lei fixa o prazo de 10 (dez) dias para que sejam fornecidas as informações estabelecidas nas letras "b", "c", "d" e "e" acima.

Além disso, proíbe expressamente que o gestor estabeleça política, crie regras ou realize operações que impeçam, limitem ou dificultem o acesso do cadastrado às informações arquivadas, que ele pode receber gratuitamente nos modos fixados (conforme subitem 3.2.5.2, *supra*).

Diz também a lei que as informações disponibilizadas nos bancos de dados somente poderão ser utilizadas para a realização de análise de risco de crédito do cadastrado, para subsidiar a concessão ou extensão de crédito e a realização de venda a prazo ou, ainda, outras transações comerciais e empresariais que impliquem risco financeiro ao consulente.

Por fim, diz a lei que cabe ao gestor manter sistemas seguros, por telefone ou por meio eletrônico, de consulta para informar aos consulentes as informações de adimplemento do cadastrado.

30.2.7. As obrigações das fontes

Na continuidade do regramento necessário para fazer o sistema funcionar, a lei estabeleceu no art. 8º as obrigações da fonte. Esta deve:

a) verificar e confirmar, ou corrigir, em prazo não superior a 2 (dois) dias úteis, informação impugnada, sempre que solicitado por gestor de banco de dados ou diretamente pelo cadastrado;

b) atualizar e corrigir informações enviadas aos gestores, em prazo não superior a 10 (dez) dias;

c) manter os registros adequados para verificar informações enviadas aos gestores; e

d) fornecer informações sobre o cadastrado, em bases não discriminatórias, a todos os gestores que as solicitarem, no mesmo formato e contendo as mesmas informações fornecidas a outros bancos de dados.

Além disso, a lei proíbe expressamente que a fonte estabeleça políticas ou realize operações que impeçam, limitem ou dificultem a transmissão a banco de dados de informações de cadastrados.

30.2.8. A questão do compartilhamento

No art. 9º, a lei fixou regras específicas sobre o compartilhamento das informações arquivadas, a saber:

30.2.8.1. Compartilhamento permitido

Diz a lei que o compartilhamento de informações de adimplemento entre gestores está permitido.

30.2.8.2. Responsabilidade pelo compartilhamento

O gestor que receber informação por meio de compartilhamento equipara-se, para todos os efeitos, ao gestor que anotou originariamente a informação, inclusive quanto à responsabilidade por eventuais prejuízos a que der causa e ao dever de receber e processar impugnações ou cancelamentos e realizar retificações.

30.2.8.3. Responsabilidade do gestor originário

O gestor originário é responsável por manter atualizadas as informações cadastrais nos demais bancos de dados com os quais compartilhou informações, sem nenhum ônus para o cadastrado.

30.2.8.4. Identificação da fonte

O gestor deverá assegurar, sob pena de responsabilidade, a identificação da pessoa que promover qualquer inscrição ou atualização de dados relacionados com o cadastrado, registrando a data desta ocorrência, bem como a identificação exata da fonte, do nome do agente que a efetuou e do equipamento ou terminal a partir do qual foi processada tal ocorrência.

30.2.8.5. Proibição de exclusividade

É proibido ao gestor exigir exclusividade das fontes de informações.

30.2.9. Clientes de bancos e demais instituições financeiras

Diz a lei no art. 12 que as instituições autorizadas a funcionar pelo Banco Central do Brasil fornecerão as informações relativas a suas operações de crédito, de arrendamento mercantil e de autofinanciamento, realizadas por meio de grupos de consórcio, e a outras operações com características de concessão de crédito somente aos gestores registrados no Banco Central do Brasil.

30.2.10. Prazo máximo de arquivamento das informações

No art. 14 a lei fixou que as informações de adimplemento não poderão constar de bancos de dados por período superior a 15 (quinze) anos.

30.2.11. Acesso restrito aos dados arquivados

As informações sobre o cadastrado constantes dos bancos de dados somente poderão ser acessadas por consulentes que com ele mantiverem ou pretenderem manter relação comercial ou creditícia.

30.2.12. Responsabilidade objetiva e solidária

O banco de dados, a fonte e o consulente são responsáveis objetiva e solidariamente pelos danos materiais e morais que causarem ao cadastrado, o que, naturalmente, está em consonância com o estabelecido no CDC.

30.2.13. Fiscalização

A fiscalização e a aplicação das sanções serão exercidas concorrentemente pelos órgãos de proteção e defesa do consumidor da União, dos Estados, do Distrito Federal e dos Municípios, nas respectivas áreas de atuação administrativa.

E, sem prejuízo dessa fiscalização, os órgãos de proteção e defesa do consumidor poderão aplicar medidas corretivas e estabelecer aos bancos de dados que descumprirem o previsto nesta Lei a obrigação de excluir do cadastro informações incorretas, no prazo de 10 (dez) dias, bem como de cancelar os cadastros de pessoas que solicitaram o cancelamento, conforme previsto na Lei.

30.3. Exercícios

30.3.1. O Procon, no seu cadastro de reclamações fundamentadas, tinha registro de 111 reclamações não atendidas pela empresa "X". Ocorre que essa empresa participou de uma licitação pública e foi desclassificada por constar nesse cadastro público. A empresa ingressou com mandado de segurança exigindo a retirada de seu nome do cadastro do Procon, justificando que não havia sido notificada pelo órgão público. O *mandamus* foi concedido, mas a empresa não pode reintegrar-se à licitação, que se encerrara nesse ínterim.

a. A empresa poderá responsabilizar o órgão público pelo dano patrimonial sofrido? Poderia pedir indenização invocando dano à imagem? Os pedidos de indenização poderiam ser fundamentados no CDC?

b. Estão os órgãos públicos de defesa do consumidor obrigados a cumprir o disposto no art. 43, § 2º, do CDC?

c. Admita, na hipótese proposta, que todas as reclamações fossem infundadas. Haveria responsabilização por parte do Procon? E quanto aos consumidores que as noticiaram?

30.3.2. João, no dia 1º de março, adquiriu um aparelho de som anunciado num programa de televisão e realizou o pagamento com seu cartão de crédito que tinha vencimento para daí 35 dias (em 5 de abril). Ocorre que João e sua mulher viajaram para o exterior no dia 4 de março. O produto foi entregue na portaria de seu prédio no dia 7 seguinte. João retornou no dia 30 de março e, vendo o produto, arrependeu-se. Providenciou sua devolução, mas a empresa, recebendo a mercadoria, notificou-o de que deveria buscá-la, pois o prazo de arrependimento já se esgotara. João ignorou a notificação, não buscou o aparelho, a fatura de seu cartão veio com o débito e ele não efetuou o pagamento. Em razão da inadimplência, a administradora o negativou junto à Serasa. Estes, por sua vez, notificaram João, por escrito, da inserção de seu nome no cadastro. Ocorre que João, embora ciente, não pagou o débito, pois discutia com aquela primeira empresa a devolução daquele produto e, por conta disso, veio a sofrer danos patrimoniais, eis que, por estar negativado, deixou de realizar um grande negócio.

a. Analise o caso apresentado e veja se cabe a João promover ação de indenização e contra quem seria proposta?

b. A quem cabe cumprir o disposto no art. 43, § 2º, do CDC?

30.3.3. Analise se há ou não abusividade no lançamento do nome de um consumidor inadimplente no Serviço de Proteção ao Crédito, enquanto a dívida está *sub judice,* estando seguro o juízo pela penhora de bens.

30.3.4. Xisto, que é uma pessoa com facilidade de navegação e busca de *sites* na internet, um dia, por curiosidade, entrou em um *site* que fazia pesquisa de PERFIL DE CRÉDITO para consumidores nos bancos de dados da Gestor X, mediante preenchimento de um cadastro e pagamento de um pequeno valor. Essa mesma curiosidade levou Xisto a se cadastrar, pagar o valor e consultar o próprio CPF no banco de dados da Gestor X. Para sua decepção, descobriu que seus dados cadastrais foram incluídos sem sua permissão em uma ferramenta denominada *Concentre Scoring*, que atribui a ele uma pontuação entre 0 a 1.000. Descobriu que sua pontuação era de 800 pontos. (Nota: quanto menor a pontuação, maior seria a chance de inadimplência do pretenso tomador de crédito.) Ele nunca tivera um crédito negado; mesmo assim, ficou bastante irritado com a inclusão de seus dados no referido banco, sem sua autorização. Ingressou com ação no Juizado Especial Cível buscando reparação por danos morais e a exclusão de seu nome daquele cadastro. A ação foi julgada parcialmente procedente (apenas para determinar a exclusão de seu nome do cadastro). A Gestor X sustentou a validade e a legalidade do cadastro, bem como a ausência de qualquer prejuízo sofrido pelo autor. Também informou que cumpriu medida liminar que determinou a exclusão do nome do cadastro. Na sentença o juiz afirmou que não se verificara o dano moral porque o autor nem sabia que possuía anotações em seu nome com ou sem score e que a descoberta foi feita apenas por ele, em sua intimidade. Não havia, pois, prejuízo. Ademais, o número do score era dos melhores, no topo do teto estatístico.

Pergunta-se:

1. Você concorda com o conteúdo da sentença? Xisto sofreu ou não danos? A simples anotação sem sua autorização não ensejaria um pedido de indenização?

2. Agora, suponha que o *score* de Xisto fosse entre 50 a 100 pontos, e que por este motivo ele tivesse um crédito negado. Nessa hipótese haveria dano moral?

638

31. A PROTEÇÃO CONTRATUAL

31.1. Considerações iniciais

As regras básicas no que respeita à interpretação das cláusulas dos contratos de consumo estão firmadas na Lei n. 8.078, especialmente nos arts. 46 a 54, mas sofrem reflexos, como se verá, de várias outras regras presentes no sistema do CDC, tais como as dos artigos que cuidam da oferta (30, 31, 32), da publicidade enganosa (37, § 1º) etc.

Antes de comentarmos especificamente cada um dos artigos do Capítulo VI do CDC, é importante consignar os princípios que norteiam as relações contratuais, bem como as características dos contratos de consumo, em várias de suas inovações e peculiaridades. Só assim, conforme também se verá, poder-se-á dar cabal interpretação às normas desse setor[1].

31.2. Princípios basilares dos contratos de consumo

Logo no início de nossos comentários ao sistema instituído pelo CDC, observamos o fundamental aspecto do modelo de sociedade na qual a legislação consumerista nasceu. Vimos que uma das características relevantes era — como é — o rompimento com a tradição privatista[2].

31.2.1. Ausência de manifestação de vontade

A Lei n. 8.078 rompe de vez com o princípio do *pacta sunt servanda*. Ao reconhecer que em matéria de relação de consumo vige a regra da oferta que vincula e os contratos são elaborados unilateralmente (contratos de adesão) ou nem sequer são apresentados (verbais, comportamento

---

1. Para o exame dos princípios e de alguns outros pontos, cf. os comentários de Nelson Nery Junior em *Código Brasileiro de Defesa do Consumidor comentado pelos autores do Anteprojeto*, cit., p. 342 e s.
2. Ver Capítulo 1.

socialmente típico, cláusulas gerais[3]), estabelece que não vige a regra milenar representada no brocardo latino. Esta, claro, continua a ter validade para as relações da órbita privada, mas tem aplicação nas relações de consumo, mesmo quando for elaborada cláusula contratual negociada em separado. É verdade que neste caso ela deve prevalecer sobre as cláusulas pré-elaboradas, mas, ainda assim, como se verá, recebe a influência dos demais princípios fixados na Lei n. 8.078[4].

31.2.2. Princípio da conservação

As garantias instituídas no inciso V do art. 6º trazem implícito o princípio da conservação do contrato de consumo. É que, como se verá na sequência, a instituição do direito à modificação das cláusulas contratuais que estabeleçam prestações desproporcionais e o direito à revisão de cláusulas em razão de fatos supervenientes que as tornem excessivamente onerosas têm na sua teleologia o sentido de conservação do pacto.

A lei quer modificar e rever as cláusulas, mas manter o contrato em vigência.

O princípio da conservação, implícito na norma do inciso V do art. 6º, está explícito no § 2º do art. 51[5].

31.2.2.1. Modificação das cláusulas que estabeleçam prestações desproporcionais

A Lei n. 8.078, com supedâneo nos princípios da boa-fé e do equilíbrio (art. 4º, III), da vulnerabilidade do consumidor (art. 4º, I), que decorre da necessidade de aplicação concreta do princípio constitucional da isonomia (art. 5º, *caput*, da CF), garante o direito de modificação das cláusulas contratuais que estabeleçam prestações desproporcionais, bem como estabelece o direito à revisão das cláusulas em função de fatos supervenientes que as tornem excessivamente onerosas, como se verá na sequência.

O princípio do inciso V do art. 6º volta como norma de declaração de nulidade da cláusula desproporcional no art. 51 (inciso IV e § 1º), mas a

---

3. Trataremos adiante desses modelos no Capítulo 32.

4. Ver adiante, no Capítulo 34, comentários relativos às regras de interpretação dos contratos de consumo (especialmente art. 47).

5. Ver nossos comentários sobre essa norma no subitem 31.2.2 e no item 36.21.

nulidade não significa que o contrato será extinto. Como o inciso V garante a modificação, pelo princípio da conservação do contrato, o magistrado que reconhecer a nulidade deve fazer a integração das demais cláusulas e do sentido estabelecido no contrato, em função de seu objeto, no esforço de mantê-lo em vigor. Como dissemos, o princípio da conservação, que é implícito no princípio do inciso V do art. 6º, está explicitado no § 2º do art. 51.

31.2.2.2. Direito de revisão

A garantia de revisão das cláusulas contratuais em razão de fatos supervenientes que as tornem excessivamente onerosas tem, também, fundamento nos outros princípios instituídos no CDC citados no item anterior: boa-fé e equilíbrio (art. 4º, III), vulnerabilidade do consumidor (art. 4º, I), que decorre do princípio constitucional maior da isonomia (art. 5º, *caput*, da CF).

Entenda-se, então, claramente o sentido de revisão trazido pela lei consumerista.

Não se trata da cláusula *rebus sic stantibus*, mas sim de revisão pura, decorrente de fatos posteriores ao pacto, independentemente de ter havido ou não previsão ou possibilidade de previsão dos acontecimentos.

Explique-se bem. A teoria da imprevisão prevista na regra do *rebus sic stantibus* tem como pressuposto o fato de que, na oportunidade da assinatura do contrato, as partes não tinham condições de prever os acontecimentos que acabaram surgindo.

Por isso se fala em imprevisão. A alteração do contrato em época futura tem como base certos fatos que no passado, quando do fechamento do negócio, as partes não tinham condições de prever.

Na sistemática do CDC não há necessidade desse exercício todo. Para que se faça a revisão do contrato, basta que *após* ter sido firmado surjam fatos que o tornem excessivamente oneroso. Não se pergunta, nem interessa saber, se na data de seu fechamento as partes podiam ou não prever os acontecimentos futuros. Basta ter havido alteração substancial capaz de tornar o contrato excessivo para o consumidor.

Esse princípio, que é fundamental, tem por base as características da relação de consumo, fruto da proposta do fornecedor, que assume integralmente o risco de seu negócio e que detém o conhecimento técnico para implementá-lo e oferecê-lo no mercado[6]. Além disso, o princípio decorre de uma das características do contrato, que é típico de adesão, como visto anteriormente e, claro, fundado naqueles princípios apresentados acima.

Há um caso exemplar grave ocorrido no País e que atingiu milhares de consumidores, que é a demonstração da importância desse preceito. É o daqueles que, tendo contrato de financiamento em moeda estrangeira ou tendo adquirido veículos pela variação cambial do dólar, foram surpreendidos com a liberação do câmbio ocorrida em janeiro de 1999. Com o "pulo" do câmbio e a perda do valor de nossa moeda, o real, os contratos sofreram acréscimos muito acima do que os consumidores podiam suportar. Caso típico de revisão da cláusula de reajuste pela variação cambial, trocando-se tal reajuste por outro índice, por exemplo, o IGP, da Fundação Getulio Vargas[7].

31.2.3. Princípio da boa-fé

No sistema brasileiro que regula as relações de consumo o legislador optou explicitamente pelo princípio da boa-fé. É verdade que o fez em dois pontos não muito próprios: o primeiro no capítulo da política nacional de relações de consumo (art. 4º, III) e o segundo na seção das cláusulas abusivas (art. 51, IV), quando o mais adequado seria estabelecer o princípio expressamente como cláusula geral[8]. Tal princípio poderia, por exemplo, figurar da Seção I ("Disposições Gerais") do Capítulo VI ("Da Proteção Contratual").

De qualquer maneira, como no art. 4º, III, a boa-fé aparece como princípio (é o que diz o *caput*) e como o inciso IV do art. 51 deve ser interpretado como cláusula geral, condição para as demais, não resta dúvida de que no sistema da Lei n. 8.078 a boa-fé é princípio e cláusula geral, e é assim que a examinaremos[9].

---

6. Ver nossos comentários sobre a teoria do risco no Capítulo 9.

7. Tivemos oportunidade de sustentar, em artigo publicado pela Revista *BIS*, da Saraiva (ano 8, n. 1, mar. 1999), que tais cláusulas de reajuste dos contratos de *leasing* pela variação cambial eram nulas, e na pior das hipóteses caberia a revisão.

8. Como faz, por exemplo, a lei alemã, bem lembrada por Paulo Luiz Netto Lôbo (*Condições gerais dos contratos e cláusulas abusivas*, p. 146).

9. Essa é a posição, entre outros, de Nelson Nery Junior, *Código Brasileiro de Defesa do Consumidor comentado pelos autores do Anteprojeto*, cit., p. 351.

Leia-se, então, o contido no art. 4º, *caput* e inciso III, e no art. 51, IV:

"Art. 4º A Política Nacional das Relações de Consumo tem por objetivo o atendimento das necessidades dos consumidores, o respeito à sua dignidade, saúde e segurança, a proteção de seus interesses econômicos, a melhoria da sua qualidade de vida, bem como a transparência e harmonia das relações de consumo, atendidos os seguintes princípios:

(...)

III — harmonização dos interesses dos participantes das relações de consumo e compatibilização da proteção do consumidor com a necessidade de desenvolvimento econômico e tecnológico, de modo a viabilizar os princípios nos quais se funda a ordem econômica (art. 170 da Constituição Federal), sempre com base na boa-fé e equilíbrio nas relações entre consumidores e fornecedores".

"Art. 51. São nulas de pleno direito, entre outras, as cláusulas contratuais relativas ao fornecimento de produtos e serviços que:

(...)

IV — estabeleçam obrigações consideradas iníquas, abusivas, que coloquem o consumidor em desvantagem exagerada, ou sejam incompatíveis com a boa-fé ou a equidade".

É de constatar inicialmente que o princípio da boa-fé, por expressa designação da Lei n. 8.078, é garantidor daqueles outros princípios expressos no art. 170 da Constituição Federal[10].

31.2.3.1. Boa-fé objetiva e subjetiva

A boa-fé que a Lei n. 8.078 incorpora é a chamada boa-fé objetiva, diversa da subjetiva.

A boa-fé subjetiva diz respeito à ignorância de uma pessoa acerca de um fato modificador, impeditivo ou violador de seu direito. É, pois, a falsa crença acerca de uma situação pela qual o detentor do direito acredita na sua legitimidade porque desconhece a verdadeira situação. Nesse sentido, a boa-fé pode ser encontrada em vários preceitos do Código Civil, como por exemplo no art. 1.561, quando trata dos efeitos do casamento putativo[11],

---

10. Ver nossos comentários a respeito do citado art. 170 no item 3.10.

11. "Art. 1.561. Embora anulável ou mesmo nulo, se contraído de boa-fé por ambos os cônjuges, o casamento, em relação a estes como aos filhos, produz todos os efeitos até o dia da sentença anulatória.

nos arts. 1.201 e 1.202, que regulam a posse de boa-fé[12], no art. 897, que se refere à boa-fé do alienante do imóvel indevidamente recebido etc.[13].

Já a boa-fé objetiva, que é a que está presente no CDC, pode ser definida, *grosso modo*, como uma regra de conduta, isto é, o dever das partes de agir conforme certos parâmetros de honestidade e lealdade, a fim de estabelecer o equilíbrio nas relações de consumo. Não o equilíbrio econômico, como pretendem alguns, mas o equilíbrio das posições contratuais, uma vez que, dentro do complexo de direitos e deveres das partes, em matéria de consumo, como regra, há um desequilíbrio de forças. Entretanto, para chegar a um equilíbrio real, somente com a análise global do contrato, de uma cláusula em relação às demais, pois o que pode ser abusivo ou exagerado para um não o será para outro[14].

A boa-fé objetiva funciona, então, como um modelo, um *standard*, que não depende de forma alguma da verificação da má-fé subjetiva do fornecedor ou mesmo do consumidor.

Deste modo, quando se fala em boa-fé objetiva, pensa-se em comportamento fiel, leal. Na atuação de cada uma das partes contratantes a fim de garantir respeito à outra. É um princípio que visa garantir a ação sem abuso, sem obstrução, sem causar lesão a ninguém, cooperando sempre para atingir o fim colimado no contrato, realizando os interesses das partes.

---

§ 1º Se um dos cônjuges estava de boa-fé ao celebrar o casamento, os seus efeitos civis só a ele e aos filhos aproveitarão.

§ 2º Se ambos os cônjuges estavam de má-fé ao celebrar o casamento, os seus efeitos civis só aos filhos aproveitarão."

12. "Art. 1.201. É de boa-fé a posse, se o possuidor ignora o vício, ou o obstáculo que impede a aquisição da coisa.

Parágrafo único. O possuidor com justo título tem por si a presunção de boa-fé, salvo prova em contrário, ou quando a lei expressamente não admite esta presunção.

Art. 1.202. A posse de boa-fé só perde este caráter no caso e desde o momento em que as circunstâncias façam presumir que o possuidor não ignora que possui indevidamente."

13. "Art. 879. Se aquele que indevidamente recebeu um imóvel o tiver alienado em boa-fé, por título oneroso, responde somente pela quantia recebida; mas, se agiu de má-fé, além do valor do imóvel, responde por perdas e danos."

14. O novo Código Civil também incorporou a boa-fé objetiva como base para as relações contratuais, como se pode ver de seu art. 422: "Os contratantes são obrigados a guardar, assim na conclusão do contrato, como em sua execução, os princípios da probidade e boa-fé".

31.2.3.2. Boa-fé como princípio

O princípio da boa-fé estampado no art. 4º da lei consumerista tem como função viabilizar os ditames constitucionais da ordem econômica, compatibilizando interesses aparentemente contraditórios, como proteção do consumidor e desenvolvimento econômico e tecnológico. Com isso, tem-se que a boa-fé não serve tão somente para a defesa do débil, mas sim como fundamento para orientar a interpretação garantidora da ordem econômica, que, como vimos, tem na harmonia dos princípios constitucionais do art. 170 sua razão de ser.

31.2.3.3. Boa-fé como cláusula geral

É verdade que a Lei n. 8.078 incluiu no elenco exemplificativo das nulidades do art. 51 a cláusula incompatível com a boa-fé:

> "Art. 51. São nulas de pleno direito, entre outras, as cláusulas contratuais relativas ao fornecimento de produtos e serviços que:
>
> (...)
>
> IV — estabeleçam obrigações consideradas iníquas, abusivas, que coloquem o consumidor em desvantagem exagerada, ou sejam incompatíveis com a boa-fé ou a equidade".

Acontece que, apesar de sua inserção nesse contexto não ter sido muito adequada, só é possível entender sua colocação se ela for erigida à condição de cláusula geral, norteadora das demais cláusulas contratuais.

Isso porque, tecnicamente, quando o intérprete procura identificar alguma violação à boa-fé objetiva, deve, naturalmente, ler e interpretar todas as cláusulas contratuais, todo o contrato. Logo, mesmo constando do rol do art. 51, a condição da boa-fé tem qualidade de cláusula geral.

E, assim, elevada à condição de cláusula geral, pode-se dizer, acompanhando Agathe Schmidt, que "a aplicação da cláusula geral de boa-fé exige, do intérprete, uma nova postura, no sentido da substituição do raciocínio formalista, baseado na mera subsunção do fato à norma, pelo raciocínio teleológico ou finalístico na interpretação das normas jurídicas, com ênfase à finalidade que os postulados normativos procuram atingir"[15].

---

15. Cláusula geral da boa-fé nas relações de consumo, *Revista Direito do Consumidor*, 17/156.

Dessa maneira percebe-se que a cláusula geral de boa-fé permite que o juiz crie uma norma de conduta para o caso concreto, atendo-se sempre à realidade social, o que nos remete à questão da equidade, examinada na sequência.

31.2.3.4. Boa-fé e equidade

Observe-se inicialmente que o conceito de equidade a ser examinado pelo intérprete foi também erigido à condição de cláusula geral, uma vez que aparece ao lado da boa-fé no inciso IV do art. 51.

E tem razão Paulo Luiz Netto Lôbo quando diz que "a boa-fé sempre se entroncou historicamente com a equidade. O juízo de equidade conduz o juiz às proximidades do legislador, porém limitado à decidibilidade do conflito determinado na busca do equilíbrio dos poderes contratuais, tendo de um lado o predisponente e de outro o aderente típico. Não atua no plano da política legislativa. Apesar de trabalhar com critérios objetivos, com *'standards'* valorativos e com o efeito *'erga omnes'* da decisão, a equidade é entendida no sentido aristotélico de justiça do caso concreto. No caso, a equidade surge como corretivo ou impedimento das condições gerais iníquas ou que provocam vantagem injusta ao predisponente em relação a qualquer aderente. A ideia da lei é que existam critérios definidos referenciáveis em abstrato e que o juiz-intérprete não os substitua por mera apreciação discricionária"[16].

E, claro, para o intérprete o primeiro sentido de equidade é mesmo o aristotélico. Com efeito, como expõe o grande filósofo: "O que faz surgir o problema é que o equitativo é justo, porém não o legalmente justo, e sim uma correção da justiça legal. A razão disto é que toda lei é universal, mas a respeito de certas coisas não é possível fazer uma afirmação universal do que seja correto. (...) Portanto, quando a lei se expressa universalmente e surge um caso que não é abrangido pela declaração universal, é justo, uma vez que o legislador falhou e errou por excesso de simplicidade, corrigir a omissão (...). Por isso o equitativo é justo, superior a uma espécie de justiça — não à justiça absoluta, mas ao erro proveniente do caráter absoluto da disposição legal. E essa é a natureza do equitativo: uma correção da lei quando ela é deficiente em razão da sua universalidade. (...) Torna-se assim bem claro o que seja o equitativo, que ele é justo e é melhor do que uma espécie de justiça"[17].

---

16. *Condições gerais dos contratos e cláusulas abusivas*, cit., p. 147.
17. Aristóteles, *Ética a Nicômaco*, Livro V, Capítulo X.

Mas, conforme observou a Professora Mirella D'Angelo Caldeira, como a equidade aparece na Lei n. 8.078 na condição de cláusula geral, funciona como princípio de equidade contratual, determinando que o intérprete busque encontrar e manter as partes em equilíbrio na relação obrigacional estabelecida, com o fim de alcançar uma justiça contratual.

A lei "quer proteger os legítimos interesses e expectativas das partes. O que importa é o efeito do contrato. Se houver desequilíbrio, desigualdade entre as partes, o contrato deverá ser revisto e até mesmo alterado"[18].

Por essa via da equidade vai também o princípio da equivalência, apontado em seguida.

31.2.4. Princípio da equivalência

O chamado princípio da equivalência contratual tem aplicação na lei consumerista, mas sempre com vistas à manutenção de um equilíbrio entre prestações e contraprestações em relação não só ao objeto, mas também às partes, na medida em que é o consumidor vulnerável e hipossuficiente[19].

Tal princípio, que vem previsto no art. 4º, III, há que ser aferido no caso concreto, implicando nulidade a cláusula contratual que o violar (art. 51, IV e § 1º, III)[20].

31.2.5. Princípio da igualdade

O princípio da igualdade nas contratações está estabelecido no inciso II do art. 6º.

Trata-se do asseguramento expresso do princípio da igualdade, garantido no texto constitucional (art. 5º, *caput*).

Pela norma instituída no inciso II em comento fica estabelecido que o fornecedor não pode diferenciar os consumidores entre si. Ele está obrigado a oferecer as mesmas condições a todos. Admitir-se-á apenas que se estabeleçam certos privilégios aos consumidores que necessitam de proteção

---

18. Mirella D'Angelo Caldeira, *O controle das práticas abusivas pelo princípio da boa-fé*, monografia apresentada no programa de Pós-Graduação em Direito da PUCSP, 2º sem. de 1998, p. 39.
19. Ver adiante subitem 31.2.8.
20. Ver comentários à frente no item 36.8.

especial, como, por exemplo, idosos, gestantes e crianças, exatamente em respeito à aplicação concreta do princípio da isonomia[21].

31.2.6. Dever de informar e princípio da transparência

31.2.6.1. O dever de informar

Já observamos que o dever de informar é princípio e norma na Lei n. 8.078, ao comentarmos o art. 6º, III, e o art. 31[22].

De fato, na sistemática da legislação consumerista o fornecedor está obrigado a prestar todas as informações acerca do produto e do serviço, suas características, qualidades, riscos, preço etc., de maneira clara e precisa, não se admitindo falhas ou omissões[23].

Também conforme já observamos, trata-se de um dever exigido mesmo antes de se iniciar qualquer relação. Impõe-se ao fornecedor o dever de informar na fase pré-contratual, isto é, na oferta, na apresentação e na publicidade. E essa informação obrigatória vai integrar o contrato[24].

31.2.6.2. O princípio da transparência

Concomitantemente ao dever de informar, aparece no CDC o princípio da transparência, traduzido na obrigação de o fornecedor dar ao consumidor a oportunidade de conhecer o conteúdo do contrato previamente, ou seja, antes de assumir qualquer obrigação. Tal princípio está estabelecido no *caput*

---

21. Ver nossos comentários ao princípio da isonomia no item 3.6.

22. Ver nossos comentários nos itens 6.6 e 21.11.

23. Lembre-se o teor do inciso III do art. 6º e do art. 31: "Art. 6º São direitos básicos do consumidor: (...) III — a informação adequada e clara sobre os diferentes produtos e serviços, com especificação correta de quantidade, características, composição, qualidade e preço, bem como sobre os riscos que apresentem". "Art. 31. A oferta e a apresentação de produtos ou serviços devem assegurar informações corretas, claras, precisas, ostensivas e em língua portuguesa sobre suas características, qualidades, quantidade, composição, preço, garantia, prazos de validade e origem, entre outros dados, bem como sobre os riscos que apresentam à saúde e segurança dos consumidores."

24. Como, também, já tivemos oportunidade de comentar, ao analisar o art. 30, que dispõe: "Toda informação ou publicidade, suficientemente precisa, veiculada por qualquer forma ou meio de comunicação com relação a produtos e serviços oferecidos ou apresentados, obriga o fornecedor que a fizer veicular ou dela se utilizar e integra o contrato que vier a ser celebrado".

do art. 4º e surge como norma no art. 46, de modo que, em sendo descumprido tal dever, o consumidor não estará obrigado a cumprir o contrato.

31.2.6.3. Conclusão

Com a imposição desses dois deveres, informação e transparência, o CDC inverteu a regra do *caveat emptor*, pela qual era o consumidor quem tinha de buscar as informações que desejasse sobre o produto ou serviço, trocando-a, então, pela regra do *caveat vendictor*, que ordena justamente o contrário, isto é, cabe ao fornecedor dar cabal informação sobre o produto ou serviço.

31.2.7. Vulnerabilidade e hipossuficiência do consumidor

Quando comentamos os arts. 4º, I, e 6º, VIII, anotamos que a lei reconhece um fato: o de que o consumidor é vulnerável na medida em que não só não tem acesso ao sistema produtivo como não tem condições de conhecer seu funcionamento (não tem informações técnicas), nem de ter informações sobre o resultado, que são os produtos e serviços oferecidos[25].

Esse reconhecimento é uma primeira medida de realização da isonomia garantida na Constituição Federal[26]. Significa que o consumidor é a parte fraca da relação jurídica de consumo. Essa fraqueza, essa fragilidade, é real, concreta, e decorre de dois aspectos: um de ordem técnica e outro de cunho econômico.

O primeiro está ligado aos meios de produção, cujo conhecimento é monopólio do fornecedor. E quando se fala em meios de produção não se está referindo apenas aos aspectos técnicos e administrativos para a fabricação de produtos e prestação de serviços que o fornecedor detém, mas também ao elemento fundamental da decisão: é o fornecedor que escolhe o que, quando e de que maneira produzir, de sorte que o consumidor está à mercê daquilo que é produzido.

É por isso que, quando se fala em "escolha" do consumidor, ela já nasce reduzida. O consumidor só pode optar por aquilo que existe e foi oferecido no mercado. E essa oferta foi decidida unilateralmente pelo fornecedor, visando seus interesses empresariais, que são, por evidente, a obtenção de lucro.

---

25. Ver nossos comentários a tais normas no item 6.6 (art. 4º, I) e Cap. 46 (art. 6º, VIII).
26. Ver nossos comentários a respeito do princípio da isonomia no item 3.6

O segundo aspecto, o econômico, diz respeito à maior capacidade econômica que, via de regra, o fornecedor tem em relação ao consumidor. É fato que haverá consumidores individuais com boa capacidade econômica e às vezes até superior à de pequenos fornecedores. Mas essa é a exceção da regra geral.

Claro que essa vulnerabilidade se reflete em hipossuficiência no sentido original do termo — incapacidade ou fraqueza econômica. Mas o relevante na hipossuficiência é exatamente essa ausência de informações a respeito dos produtos e serviços que adquire[27].

E essa questão retorna aqui nos contratos. É evidente que o consumidor é, da mesma forma, hipossuficiente para contratar. Não tem ele conhecimento técnico que lhe permita entender o conteúdo das cláusulas contratuais. Tanto mais levando-se em conta que os contratos são típicos de adesão a cujas cláusulas são impostas unilateralmente pelo fornecedor (ou são outras formas de contratar — como veremos adiante — por conteúdo ao qual o consumidor não tem acesso).

Por isso que, na interpretação dos contratos, tem-se de levar em conta a vulnerabilidade e hipossuficiência do consumidor.

31.2.8. Nenhuma forma de abuso do direito

Quando iniciamos os comentários à Seção IV do Capítulo V ("Das Práticas Abusivas" — arts. 39 a 41), tivemos ocasião de discorrer sobre o sentido de abuso do direito e apontamos a forte influência que o conceito doutrinário (e o reconhecimento da jurisprudência) exerceu na legislação consumerista[28].

A questão está fortemente enraizada e surge de vez e definitivamente como princípio basilar nas relações de consumo, obrigando o intérprete a considerá-la sempre como fonte para entendimento do contrato.

O princípio da boa-fé objetiva, antes tratado, acabou iluminando outros, formando um "chapéu" em torno do direito subjetivo do fornecedor — e também do consumidor —, de modo que nenhuma forma de abuso do exercício do direito pode ser tolerada. Isto é, a boa-fé limita o exercício do direito subjetivo para evitar qualquer tipo de abuso, o mínimo que seja.

---

27. Ver detalhes nos comentários ao inciso VIII do art. 6º no Capítulo 46.
28. Ver nossos comentários no item 27.1.

Daí, então, que se pode identificar como subproduto do princípio da boa-fé o dever de cooperação e o dever de cuidado, que examinaremos na sequência.

31.2.8.1. Dever de cooperação

O verbo "cooperar" tem o sentido de operar simultaneamente, trabalhar em comum, colaborar[29]. Em termos contratuais, então, o dever de cooperação nada mais é do que sempre colaborar para que o contrato atinja o fim para o qual foi firmado.

Será contrária ao dever de cooperação a ação do contraente que inviabilize a atuação da outra parte quando esta tentar cumprir sua obrigação. Por exemplo, a ação do fornecedor impondo certas dificuldades para que o consumidor efetue o pagamento: limitação de horas, especificação de locais especiais etc.

E não se olvide que no texto fundamental está o dever de solidariedade, estampado no inciso I do art. 3º[30].

31.2.8.2. Dever de cuidado

O dever de cuidado diz respeito ao resguardo da segurança dos contraentes. Em poucas palavras, pode ser traduzido no dever de um contraente para com o patrimônio e a integridade física ou moral do outro contraente. É a obrigação de segurança que a parte deverá ter para não causar danos morais ou materiais à outra.

31.2.9. Protecionismo

Na realidade, como vimos ao analisar o art. 1º da Lei n. 8.078, o princípio do protecionismo é o que inaugura o sistema da lei consumerista[31]. Decorre diretamente do texto constitucional, que estabelece a defesa do consumidor como um dos princípios gerais da atividade econômica (inciso

---

29. Cf. *Novo dicionário Aurélio da língua portuguesa*, cit., p. 472.

30. Ver, a esse respeito, nossos comentários no item 3.5.

31. "Art. 1º O presente Código estabelece normas de proteção e defesa do consumidor, de ordem pública e interesse social, nos termos dos arts. 5º, inciso XXXII, 170, inciso V, da Constituição Federal e art. 48 de suas Disposições Transitórias."

V do art. 170) e impõe ao Estado o dever de promover a defesa do consumidor (inciso XXXII do art. 5º).

Então, o fato é que todas as normas instituídas no CDC têm como princípio e meta a proteção e a defesa do consumidor.

E é exatamente por isso que, no que tange às questões contratuais, não se pode olvidar o protecionismo que, superadas as demais alternativas para interpretação, tem de ser levado em conta para o deslinde do caso concreto.

Assim, vige o princípio da *interpretatio contra stipulatorem*, mas de forma mais ampla. Com efeito, com base nesse princípio, nos contratos de adesão, havendo cláusulas ambíguas, vagas ou contraditórias, a interpretação se faz contra o estipulante. Contudo, na lei consumerista esse princípio veio estampado de maneira mais ampla no art. 47, que estabeleceu que "as cláusulas contratuais serão interpretadas de maneira mais favorável ao consumidor". Isto é, toda e qualquer cláusula, ambígua ou não, tem de ser interpretada de modo mais favorável ao consumidor[32].

31.3. *Exercício*

31.3.1. Suponha a existência de dois compromissos de compra e venda de dois apartamentos no mesmo prédio, firmados por pessoas diferentes.

No primeiro (venda, digamos do apartamento n. 11) a compromissária-vendedora é a Construtora do prédio. O compromissário-comprador é João; no segundo (relativo ao apartamento n. 32), o compromissário-vendedor é Antonio, que está revendendo o apartamento que adquirira dois meses antes, pois arrumou emprego no exterior e tem que se mudar do País. O compromissário-comprador é José.

Compare os compromissos e, pensando na lei de regência de ambos (no primeiro, o Código Civil; no segundo, o CDC), apresente as semelhanças e as diferenças.

Procure apontar o maior número possível de semelhanças e diferenças.

---

32. Ver, à frente, no item 34.4, nossos comentários ao art. 47.

32. AS FORMAS DE CONTRATAÇÃO

32.1. Todas as formas

A Lei n. 8.078 admite todas as formas de contratação, tais como contratos escritos, verbais, por correspondência etc. Estão também abrangidas as "relações contratuais fáticas", conhecidas como "comportamentos socialmente típicos". Vejamos as principais formas.

32.2. Contrato de adesão

Regulamentado expressamente no art. 54 (que iremos comentar), o chamado "contrato de adesão" tem esse nome pelo fato de que suas cláusulas são estipuladas unilateralmente (no caso, pelo fornecedor), cabendo à outra parte (aqui o consumidor) aquiescer a seus termos, aderindo a ele.

No início deste livro, mostramos que o contrato de adesão é típico das sociedades de massa, construídas a partir de um modo de produção. O crescimento da sociedade de consumo, com sua produção em série, estandardizada, homogeneizada, a contratação de operários em massa, especializadíssimos, o implemento da robótica, informática etc., exigiu a utilização dos contratos-formulário, impressos com cláusulas prefixadas para regular a distribuição e venda dos produtos e serviços de massa.

São contratos que acompanham a produção. Ambos — produção e contratos — são decididos unilateralmente e postos à disposição do consumidor, que só tem como alternativa, caso queira ou precise adquirir o produto ou o serviço oferecido, aderir às disposições pré-estipuladas.

Daí não ter qualquer sentido falar em *pacta sunt servanda*[1]. Esta pres-

---

[1]. Infelizmente na jurisprudência é possível encontrar muitos julgados que ainda falam em *pacta sunt servanda* para contratos de adesão.

supõe autonomia da vontade no contratar e no discutir o conteúdo das cláusulas contratuais. No contrato de adesão não há autonomia[2].

32.3. Comportamento socialmente típico

Existem certas relações — especialmente de consumo, que é o que nos interessa — que geram direitos e obrigações independentemente da preexistência de contrato escrito ou verbal.

São aquelas em que um comportamento de fato, socialmente generalizado, faz com que se aceite a existência de um contrato, ainda que ele jamais tenha sido firmado. O contrato é presumido diretamente do fato da ação ou comportamento. São, tecnicamente falando, "relações de fato contratuais"[3].

Como exemplo, aponte-se a utilização das ruas com estacionamento a ser pago, na chamada "zona azul", especialmente sem o uso do talão.

32.4. Condições gerais ou cláusulas gerais

As chamadas "cláusulas gerais" ou "condições gerais" constituem, no dizer de Paulo Luiz Netto Lôbo, "regulação contratual predisposta unilateralmente e destinada a se integrar de modo conforme, compulsório e inalterável a cada contrato de adesão que vier a ser concluído entre o predisponente e o respectivo aderente"[4].

Tais cláusulas ou condições são aquelas firmadas pelo fornecedor antes do fechamento do contrato de adesão ou as que são determinadas por lei. No caso brasileiro, algumas leis esparsas já fixavam condições ou cláusulas gerais, bem como controlam cláusulas tachadas de nulas.

Essas cláusulas ou condições têm as seguintes características:

---

2. Há uma sutil exceção, prevista no inciso I do art. 51. Ver nossos comentários no item 36.5.

3. O Professor Nelson Nery Junior demonstra os vários aspectos das teorias que levaram à aceitação desse tipo de relação (*Código Brasileiro de Defesa do Consumidor comentado pelos autores do Anteprojeto*, cit., p. 355-358).

4. *Condições gerais dos contratos e cláusulas abusivas*, cit., p. 24. O Professor Paulo Lôbo utiliza-se da expressão "condições gerais". Nelson Nery Junior, após antepor essa expressão a outra, "cláusulas gerais", acaba optando pela última (*Código Brasileiro de Defesa do Consumidor comentado pelos autores do Anteprojeto*, cit., p. 360-363).

a) preestabelecimento — são estipulações feitas antes do início da contratação e/ou da venda do produto ou serviço;

b) unilateralidade — o estipulante (fornecedor) elabora as cláusulas por decisão e vontade exclusivamente suas;

c) uniformidade — as mesmas cláusulas valem para setores inteiros do mercado: serviços bancários, tais como abertura de conta corrente; planos de saúde; seguros em geral etc.;

d) abstração — são cláusulas e condições gerais firmadas *in abstracto*, concretizando-se apenas quando o aderente (consumidor) adquire o produto ou o serviço e/ou firma o contrato;

e) rigidez — o aderente (consumidor) se vê obrigado a aceitar os termos das cláusulas sem poder discutir seu conteúdo e alcance. Na verdade, é mais que isso: o consumidor nem chega a se ver obrigado; ele simplesmente adere.

No que respeita às condições ou cláusulas gerais existentes no sistema jurídico brasileiro, o Professor Paulo Lôbo apresenta um elenco:

"a) São consideradas nulas as cláusulas que estabeleçam pagamento em moeda estrangeira (Dec. n. 24.038, de 26-3-1934, e Dec.-Lei n. 857, de 11-9-1969), salvo as exceções previstas em lei.

b) As cláusulas penais não podem ultrapassar certos limites, por exemplo, 10% do valor do débito nos casos de: (...) financiamentos rurais através de cédula de crédito rural (art. 71 do Dec.-Lei n. 167, de 14-2-1967); financiamentos concedidos por instituições financeiras por meio de cédulas de crédito industrial (art. 58 do Dec.-Lei n. 413, de 9-1-1969); contratos de promessa de compra e venda de imóveis oriundos de parcelamento do solo urbano (art. 26, V, da Lei n. 6.766, de 19-12-1979).

c) No setor de seguros, a utilização de condições gerais é imperiosa, pela natureza massificada dos negócios. O setor é extensamente disciplinado em lei, o que não impede os abusos retratados em decisões judiciais. Diversos são os diplomas legais que o regem. O art. 4º do Decreto n. 59.195, de 8-9-1966, veda a inscrição nas apólices de cláusulas que permitam a rescisão unilateral dos contratos de seguro ou subtraiam sua eficácia e validade, para além das situações previstas em lei.

d) O Conselho Nacional de Seguros Privados — CNSP, criado pelo Decreto-Lei n. 73, de 21-11-1966, tem competência privativa para 'fixar as características gerais dos contratos de seguros' (art. 32, IV).

e) Resolução da Diretoria do extinto Banco Nacional da Habitação — BNH (n. 18, de 23-8-1977) aprovou as condições gerais do 'seguro compreensivo especial' que devem integrar compulsoriamente a apólice habitacional, através de vinte e sete cláusulas de conteúdo fixo.

f) O Código Brasileiro de Aeronáutica (Lei n. 7.565, de 19-12-1986), art. 285, interdita as condições gerais fixadas em apólices de seguro de vida ou de seguros de acidente que excluam os riscos resultantes do transporte em aeronaves.

(...)

h) É nula a cláusula que autoriza o proprietário fiduciário a ficar com a coisa alienada em garantia, se a dívida não for paga no vencimento (art. 1º do Dec.-Lei n. 911, de 1º-10-1969).

i) A lei que disciplina a ação civil pública (Lei n. 7.347, de 24-7-1985) constituiu um grande passo na direção do controle apropriado das condições gerais, nas relações de consumo.

j) Nos contratos de *software* (licença ou cessão) regidos pela Lei n. 7.646, de 18-12-1987, são nulas (abusivas) as cláusulas que: 1) fixem exclusividade; 2) limitem a produção, distribuição e comercialização; 3) exonerem os contratantes de responsabilidade por ações de terceiros, decorrentes de vícios, defeitos ou violação de direitos autorais"[5].

Acrescentemos a esse elenco a Lei n. 9.656, de 3 de junho de 1998, que regulamenta o setor de plano e seguro-saúde e que tem diversas disposições como condições gerais e nulidades[6]. E, claro, o CDC, que deu amplo tratamento à matéria, não só impondo condições gerais principiológicas e normativas como proibindo amplamente as cláusulas abusivas, tornando-as nulas.

32.5. O comércio eletrônico

O Decreto n. 7.962, de 15 de março de 2013, baixado pela Presidente da República fixou uma série de regras para o comércio eletrônico. As normas são bastante abrangentes, regulamentando aspectos contratuais, pré e pós-contratuais, questões relativas ao arrependimento, as ofertas para compras coletivas etc. Ver-se-á que vários aspectos já estão regulados pelo CDC, mas a especificação via decreto presidencial é bem-vinda, pois elimina algumas dúvidas existentes. Aqui, neste Capítulo, abordaremos os aspectos

---

5. *Condições gerais dos contratos e cláusulas abusivas*, cit., p. 89-90.
6. A respeito, ver nosso *Comentários à Lei de Plano e Seguro-Saúde*.

que envolvem as questões contratuais e também relativas a oferta. As que envolvem o arrependimento serão examinadas no Capítulo 35 *infra*.

32.5.1. Direitos básicos

O art. 1º do decreto deixa claro que são direitos dos consumidores na contratação de compras via internet:

a) o fornecimento de informações claras a respeito do produto, do serviço e do fornecedor;

b) o atendimento facilitado ao consumidor; e

c) o respeito ao direito de arrependimento.

São determinações desnecessárias; eis que tudo isso e muito mais está estabelecido no CDC incontestavelmente.

32.5.2. A oferta eletrônica

O art. 2º do decreto determina que os sítios eletrônicos ou demais meios eletrônicos utilizados para oferta ou conclusão de contrato de consumo devem disponibilizar, em local de destaque e de fácil visualização, as seguintes informações:

a) o nome empresarial e o número de inscrição do fornecedor no Cadastro Nacional de Pessoas Físicas (CPF) ou no Cadastro Nacional de Pessoas Jurídicas do Ministério da Fazenda (CNPJ);

b) o endereço físico e eletrônico, e demais informações necessárias para sua localização e contato;

c) as características essenciais do produto ou do serviço, incluídos os riscos à saúde e à segurança dos consumidores;

d) a discriminação, no preço, de quaisquer despesas adicionais ou acessórias, tais como as de entrega ou seguros;

e) as condições integrais da oferta, incluídas as modalidades de pagamento, disponibilidade, forma e prazo da execução do serviço ou da entrega ou disponibilização do produto; e

f) informações claras e ostensivas a respeito de quaisquer restrições à fruição da oferta.

32.5.3. *Sites* de (vendas e) compras coletivas

No que diz respeito aos sítios de ofertas para vendas e compras coletivas, estes devem cumprir as mesmas determinações do subitem anterior e devem apresentar também as seguintes:

a) a quantidade mínima de consumidores para a efetivação do contrato;

b) o prazo para utilização da oferta pelo consumidor; e

c) a identificação do fornecedor responsável pelo sítio eletrônico e do fornecedor do produto ou serviço ofertado, nos termos das letras "a" e "b" do subitem anterior, ou seja:

c.1) o nome empresarial e o número de inscrição do fornecedor no Cadastro Nacional de Pessoas Físicas (CPF) ou no Cadastro Nacional de Pessoas Jurídicas do Ministério da Fazenda (CNPJ);

c.2) o endereço físico e eletrônico, e demais informações necessárias para sua localização e contato.

32.5.4. Garantia de atendimento facilitado ao consumidor

O decreto determina que, para garantir o atendimento facilitado ao consumidor, o fornecedor deverá:

a) apresentar um sumário do contrato antes da contratação, com as informações necessárias ao pleno exercício do direito de escolha do consumidor, enfatizadas as cláusulas que limitem direitos.

Não nos esqueçamos da regra do § 4º do art. 54 do CDC, que determina que as cláusulas que implicarem limitação de direito do consumidor devem ser redigidas com destaque, permitindo sua imediata e fácil compreensão[7], e que o art. 46 diz que os contratos que regulam as relações de consumo não obrigarão os consumidores, se não lhes for dada a oportunidade de tomar conhecimento prévio de seu conteúdo, ou se os respectivos instrumentos forem redigidos de modo a dificultar a compreensão de seu sentido e alcance[8].

b) fornecer ferramentas eficazes ao consumidor para identificação e correção imediata de erros ocorridos nas etapas anteriores à finalização da contratação;

c) confirmar imediatamente o recebimento da aceitação da oferta;

d) disponibilizar o contrato ao consumidor em meio que permita sua conservação e reprodução, imediatamente após a contratação;

---

7. Ver nossos comentários a respeito no subitem 33.6 *infra*.
8. Ver nossos comentários a respeito no Cap. 34, item 34.2.

e) manter serviço adequado e eficaz de atendimento em meio eletrônico, que possibilite ao consumidor a resolução de demandas referentes a informação, dúvida, reclamação, suspensão ou cancelamento do contrato;

f) confirmar imediatamente o recebimento das demandas do consumidor pelo mesmo meio empregado por ele;

g) utilizar mecanismos de segurança eficazes para pagamento e para tratamento de dados do consumidor.

Anote-se que o fornecedor tem cinco dias para encaminhar resposta ao consumidor sobre as demandas referentes a informação, dúvida, reclamação, suspensão ou cancelamento do contrato.

32.6. Exercício

32.6.1. Carla vai ao *shopping*, estaciona seu carro, não recebe *ticket*. Dirige-se ao cabeleireiro, tinge o cabelo e faz as unhas. Compra duas camisas e uma saia e paga com 3 cheques pré-datados (30, 60 e 90 dias). Depois vai ao cinema; na saída, janta num restaurante e paga com cartão de crédito.

Apresente as formas de contratação das quais participou Carla, nas situações acima narradas.

33. OS CONTRATOS DE ADESÃO

Já tivemos oportunidade de dizer mais de uma vez que a característica principal dos contratos representativos de relação de consumo é ser de adesão.

Por isso, o CDC não poderia deixar de ter tratado o assunto. E o fez no seu art. 54, nesses termos:

"Art. 54. Contrato de adesão é aquele cujas cláusulas tenham sido aprovadas pela autoridade competente ou estabelecidas unilateralmente pelo fornecedor de produtos ou serviços, sem que o consumidor possa discutir ou modificar substancialmente seu conteúdo.

§ 1º A inserção de cláusula no formulário não desfigura a natureza de adesão do contrato.

§ 2º Nos contratos de adesão admite-se cláusula resolutória, desde que alternativa, cabendo a escolha ao consumidor, ressalvando-se o disposto no § 2º do artigo anterior.

§ 3º Os contratos de adesão escritos serão redigidos em termos claros e com caracteres ostensivos e legíveis, cujo tamanho da fonte não será inferior ao corpo doze, de modo a facilitar sua compreensão pelo consumidor[1].

§ 4º As cláusulas que implicarem limitação de direito do consumidor deverão ser redigidas com destaque, permitindo sua imediata e fácil compreensão.

§ 5º (*Vetado*.)".

---

1. Redação do § 3º dada pela Lei n. 11.785, de 22 de setembro de 2008.

33.1. Conceito de contrato de adesão

Em vários momentos, nos comentários à Lei n. 8.078, fizemos referência ao contrato de adesão, tratado no art. 54.

Relembre-se que, logo no início do texto, mostramos que a característica básica da sociedade do século XX é ser de massa e de consumo, com produção planejada e executada de forma estandartizada e em série: o resultado desse modelo é a oferta de produtos e serviços "de massa", típicos de consumo.

Dissemos, também, que o direito acompanhou tal movimento industrial e criou modelo próprio de contratação, adequado ao processo industrial que surgia. Passou-se a criar fórmulas padronizadas, autênticas cláusulas contratuais em série, verdadeiros contratos de consumo. Dentre as características desses contratos a mais marcante é sua estipulação unilateral pelos fornecedores, que, adotando modelo prévio, estudado e decidido por conta própria, os impõem a todos os consumidores que quiserem — ou precisarem — adquirir seus produtos e serviços.

O produto e/ou serviço são oferecidos acompanhados do contrato. Com isso, o consumidor, para estabelecer a relação jurídica com o fornecedor, tem de assiná-lo, aderindo a seu conteúdo. Daí se falar em "contrato de adesão".

Agora, anote-se que o uso do termo "adesão" não significa "manifestação de vontade" ou "decisão que implique concordância com o conteúdo das cláusulas contratuais". No contrato de adesão não se discutem cláusulas e não há que falar em *pacta sunt servanda*. É uma contradição falar em *pacta sunt servanda* de adesão. Não há acerto prévio entre as partes, discussão de cláusulas e redação de comum acordo. O que se dá é o fenômeno puro e simples da adesão ao contrato pensado e decidido unilateralmente pelo fornecedor, o que implica maneira própria de interpretar e que, como também vimos, foi totalmente encampado pela lei consumerista[2].

Foi isso o que reconheceu o legislador na redação do *caput* do art. 54, ao dizer que o "contrato de adesão é aquele cujas cláusulas tenham sido aprovadas pela autoridade competente ou estabelecidas unilateralmente pelo fornecedor de produtos ou serviços, sem que o consumidor possa discutir ou modificar substancialmente seu conteúdo"[3].

---

2. Cf. comentários no Capítulo 31.

3. A Lei n. 8.078 é a primeira no Brasil a definir contrato de adesão (cf. Nelson Nery Junior, *Código Brasileiro de Defesa do Consumidor comentado pelos autores do Anteprojeto*, cit., p. 359).

Lembramos que esse nome dado ao contrato que envolve relação jurídica de consumo, "de adesão", é pura e simplesmente a constatação de que na sociedade capitalista em que vivemos o fornecedor decide, sem a participação do consumidor, tudo o que pretende fazer: escolhe ou cria os produtos que quer fabricar ou o serviço que pretende oferecer, faz sua distribuição e comercialização, opera seu setor de *marketing* e publicidade para apresentar e oferecer o produto ou o serviço, e elabora o contrato que será firmado pelo consumidor que vier a adquirir o produto ou o serviço.

Tudo unilateralmente, isto é, tudo sem que o consumidor participe ou palpite. É risco e responsabilidade do fornecedor. Ao consumidor cabe apenas adquirir o produto ou o serviço e "aderir" ao contrato. Na verdade, para comprar qualquer produto ou serviço, o consumidor é obrigado a aderir à oferta, pagando o preço anunciado e nas condições de pagamento exigidas. O contrato de adesão é um dos componentes da oferta e que existe na forma escrita quando desse modo exige a natureza da operação.

Assim, por exemplo, se se trata de um plano de saúde, deve haver contrato escrito. O mesmo ocorre quando se faz um empréstimo no banco ou se financia a casa própria, ou ainda quando se contrata um seguro ou a assinatura da TV a cabo etc. Em todos os casos, o consumidor não discute as cláusulas contratuais nem pode exigir alterações substanciais no termo escrito. Ele apenas "adere" ao que já estava previamente preparado e ponto final. Aliás, não é um consumidor que adere; são todos. O contrato de adesão é elaborado pelo fornecedor para ter validade de igual forma para todos os seus clientes.

Do mesmo modo que uma montadora de automóveis reproduz um automóvel na série centenas, milhares de vezes ou que um produtor fabrica milhares de canetas iguais a partir de um modelo específico, um único contrato de adesão é elaborado pelo departamento jurídico do fornecedor e reproduzido centenas, milhares de vezes. Cada consumidor que adquire o produto ou o serviço adere ao modelo impresso, que é idêntico aos demais.

33.2. Estipulações unilaterais do Poder Público

Sabemos que o fornecedor é tanto pessoa jurídica privada quanto pública[4]. E, para fins de estabelecimento da relação jurídica de consumo, no que respeita à questão contratual, o CDC, no *caput* do art. 53, ao indicar

---

4. E também pessoa física, pessoa jurídica estrangeira, ente despersonalizado (ver comentários ao *caput* do art. 3º no item 5.2).

o contrato "cujas cláusulas tenham sido aprovadas pela autoridade competente", estabeleceu que as estipulações unilaterais fixadas pelo Poder Público têm o mesmo regime de contrato de adesão.

33.3. Formulário e inserção de cláusula

Surpreendentemente a Lei n. 8.078, que é de setembro de 1990, ainda usa a expressão "formulário", que era típica de uma época sem microcomputadores.

Claro que a intenção da norma está dada: ainda que uma ou outra (ou algumas) cláusula seja inserida no contrato de adesão, que estava previamente definido e escrito, tal fato não desfigura sua característica de adesão. E isso vale quer essa cláusula adicional tenha sido negociada por meio de discussões, quer não tenha sido precedida de negociação.

A questão é que o uso de formulários ou contratos pré-impressos com espaços em branco para serem preenchidos é cada vez mais raro. O microcomputador permite que se imprima na hora contratos totalmente preenchidos sem qualquer alusão a cláusulas adicionais, "digitadas" à parte ou inseridas a mão. É possível modificar cláusula inserida no meio do corpo do texto do contrato ou inserir nova cláusula com novo número, renumerando-se as demais, sem que isso se torne visível.

O que vale é o *telos* legal: o contrato está caracterizado pelo conteúdo e forma de estipulação e não por estar impresso de tal ou qual maneira; quer seja pré-impresso, com espaços a serem preenchidos, ou feito integralmente no microcomputador, ainda assim é contrato de adesão.

33.4. Resolução alternativa

A regra do § 2º do art. 54 está ligada à do inciso VI do art. 51. Neste, a lei tacha de nula a cláusula que autorize "o fornecedor a cancelar o contrato unilateralmente, sem que igual direito seja conferido ao consumidor".

Quando comentamos aquele dispositivo, chamamos a atenção para o fato de que, se não fosse bem interpretada aquela regra, o fornecedor poderia utilizá-la como desculpa para pôr fim ao pacto[5]. Mas a norma do § 2º do art. 54 não deixa margem a dúvida: é direito exclusivo do consumidor pôr fim ao contrato ou não.

---

5. Ver comentários ao inciso XI do art. 51 no item 36.15.

Cláusula contratual que envolva possibilidade de resilição somente terá validade se permitir, a critério do consumidor, a escolha entre continuar na relação jurídica estabelecida no contrato e dá-la por terminada.

Além disso, a norma ressalva os direitos do consumidor estabelecidos no § 2º do art. 53, isto é, a devolução das quantias pagas, descontados eventuais prejuízos e vantagens[6].

33.5. Redação do contrato

A norma estampada no § 3º do art. 54 está ligada à do art. 46 e que, de sua vez, tem relação com a norma do art. 30.

E, com efeito, a norma do art. 46[7] decorre do princípio da transparência, estampado no *caput* do art. 4º. Decorre, também, do elemento formador do contrato (que é típico de adesão). Não tem sentido lógico ou jurídico obrigar o consumidor a cumprir cláusulas contratuais criadas unilateralmente pela vontade e decisão do fornecedor, sem antes permitir que o consumidor tome conhecimento de seu inteiro teor, bem como sem que ele (consumidor) não compreenda o sentido e o alcance do texto imposto. Este último aspecto tem relação direta com o § 3º, ora em comento.

Examinemos, então, a parte final da redação do art. 46. Está disposto que o contrato não obriga o consumidor se o instrumento for redigido "de modo a dificultar a compreensão de seu sentido e alcance".

Tivemos oportunidade de mostrar que a avaliação da redação que dificulte a compreensão do sentido e alcance da cláusula independe da verificação da intenção do fornecedor. O pressuposto da clareza é absoluto, e não só decorre do princípio da boa-fé objetiva com todos os seus reflexos[8] como está atrelado ao fenômeno da oferta regulada nos arts. 30 e s.[9], sendo que o art. 31 é taxativo ao designar que qualquer informação (que compõe o contrato por força do art. 30) deve ser correta, clara, precisa, ostensiva etc.[10]

Analisemos, então, cada um dos componentes expressos nas normas dos §§ 3º e 4º do art. 54.

---

6. A respeito do sentido estabelecido na norma do § 2º do art. 53, ver nossos comentários no Capítulo 38, item 38.4.

7. Ver item 34.1.

8. E que abordamos no item 6.9 e no subitem 31.2.3.

9. Ver nossos comentários no Capítulo 21.

10. Ver nossos comentários específicos ao art. 31 nos itens 21.10 e 21.11.

33.5.1. Termos claros

O que a norma pretende é evitar o uso de linguagem técnica ou inacessível. Como a informação é dirigida ao consumidor (leia-se: todo consumidor), que é leigo, não se pode admitir que contenha ela termos ininteligíveis.

33.5.2. Informações precisas

Embora o texto do § 3º do art. 54 não se refira à "informação correta", por interpretação lógico-sistemática necessária, há que extrair esse preceito do art. 31 e trazê-lo para o art. 54.

E, assim, com essa expressão, tem-se um complemento da exigência anterior. Por informação precisa a lei pretende impedir o uso de termos vagos e/ou ambíguos[11]. Quer que se evitem os vocábulos e proposições imprecisas, portanto. Não pode o fornecedor usar de expressões do tipo: "é *mais adequado* tomar o medicamento tal hora", "este produto é *mais forte* que o produto x" etc.

Note-se que às vezes a imprecisão surge da utilização concreta do produto ou serviço[12].

33.5.3. Caracteres ostensivos

A ostensividade determinada pela norma dirige-se especificamente àqueles contratos impressos em letras miúdas difíceis de serem lidas. Era, e ainda é, comum encontrar textos de cláusulas em letras tão diminutas que, de fato, impedem a leitura.

Há vários exemplos: "cartão" de abertura de conta corrente bancária; passagem aérea com cláusulas impressas etc. É importante anotar que a cláusula impressa dessa forma não tem qualquer validade.

E, visando acabar com os abusos ainda existentes no país, depois de quase 18 anos de vigência do CDC, o Congresso Nacional decidiu alterar o § 3º do seu art. 54. A redação anterior dizia: "Os contratos de adesão

---

11. Sobre o sentido de "vagueza" do conceito e ambiguidade, consulte-se Genaro R. Carrió, *Notas sobre derecho y lenguaje*, cit.

12. Em relação aos produtos há um exemplo de caso corriqueiro e generalizado por diversos deles: é o do prazo de validade. Atualmente a maior parte dos produtos perecíveis ostenta prazo de validade na embalagem. Mas muitos deles *não* informam quanto tempo o produto dura *depois* de aberto.

escritos serão redigidos em termos claros e com caracteres ostensivos e legíveis, de modo a facilitar sua compreensão pelo consumidor".

Com a modificação operada pela Lei n. 11.785, de 22-9-2008, a redação passou a ser a seguinte: "Os contratos de adesão escritos serão redigidos em termos claros e com caracteres ostensivos e legíveis, cujo tamanho da fonte não será inferior ao corpo doze, de modo a facilitar sua compreensão pelo consumidor".

Muito bem. Costuma-se dizer que nem sempre a boa intenção do legislador basta. Esperamos que não seja o caso desta vez. Dizemos isso porque a redação anterior da referida norma do CDC já era clara no sentido de que os caracteres impressos nos contratos tinham de ser ostensivos e legíveis. Apesar disso, ainda existiam como existem centenas de contratos redigidos em letras tão miúdas que só com lente e muito cuidado se pode ler.

O legislador andou bem ao fixar o corpo da fonte: tamanho 12. No entanto, pensamos que poderia ter ido um pouco além. Deveria ter dito: "corpo doze nas fontes *Times New Roman, Arial* ou *Courier New*", que são as mais comuns. Expliquemos.

Infelizmente, uma característica marcante da sociedade capitalista contemporânea é a desonestidade, a má-fé com que os negócios são geridos. E, nessa questão das letras miúdas dos contratos, pode acontecer de a norma ser respeitada, mas o texto continuar ilegível. É bem capaz de algum fornecedor imprimir um contrato com a fonte *Browellia New, Blackadder ITC, Chiller, Brush Script MT, Cordia New* ou alguma outra. Elas não são usadas com muita frequência. Todavia, se forem, trarão problemas com a clareza, pois o tamanho 12 dessas fontes ainda gera letras muito pequenas, de difícil leitura.

De todo modo, queremos enfatizar que para ser declarada nula uma cláusula contratual escrita com letras miúdas bastava a redação anterior. Claro que, agora, é possível levar em consideração a intenção do legislador que, certamente, quando escreveu corpo tamanho 12 estava se referindo às fontes mais utilizadas como aquelas que acima indicamos: *Times New Roman, Arial* ou *Courier New*. Esses devem ser os modelos adotados para fins de avaliação das letras impressas nos contratos.

Por fim, nesse ponto, lembramos que os Tribunais já vêm anulando cláusulas contratuais e até contratos inteiros com base no texto miúdo impresso. Citamos como exemplo três casos julgados pelo extinto 1º Tribunal de Alçada Civil de São Paulo e um julgado pelo Tribunal de Justiça de São Paulo, dos quais transcrevemos alguns trechos:

"Verifica-se que não só os cálculos de tal planilha são ininteligíveis, como a cobrança de multa de 10% não foi prevista no contrato (...) No caso, o contrato de fls. 12/13 não contempla nem juros de mora, nem multa e, aliás, é todo nulo (artigo 51, XV, do CDC), porque firmado em letras minúsculas, o que viola a regra do artigo 54, § 3º, do CDC"[13].

"Antes de ingressar no exame específico do caso é necessário consignar os aspectos jurídicos relevantes que envolvem os chamados 'contratos de abertura de conta corrente'.

Realce-se, de início, que fisicamente eles resumem-se a cartões ou folhas diminutas, nos quais o correntista apõe sua assinatura. Aquilo que se pode intitular de cláusulas contratuais são, normalmente, impressos em tais documentos em letras bem miúdas, sem realce ou qualquer tipo de destaque.

(...)

Mas, voltando à questão da validade dos contratos de adesão, ressalte-se a surpreendente regularidade da ilegalidade dos contratos de abertura de conta corrente. Basta uma leitura do § 3º do artigo 54 do CDC na relação com esses contratos de abertura de conta para perceber de sua invalidade (...)"

Os tais contratos de abertura de conta corrente são normalmente redigidos em letras tão miúdas, que é muito difícil lê-los. Veja-se como exemplo o destes autos às fls. 09 verso: o tipo é de menos de um milímetro! Logo, não são claros, nem legíveis, e muito menos ostensivos. (...)

Para o contrato de adesão ter validade, portanto, é necessário que as cláusulas limitadoras tenham destaque, vale dizer, que saltem aos olhos, em tipo maior que o normal, em negrito etc. (sem esquecer-se da obrigatoriedade imposta pelo § 3º de ostensividade e uso de linguagem legível).

No caso em tela, despicienda maior argumentação. Basta ver-se o documento inserto às fls. 9 e 9vº para atestar sua invalidade"[14].

"Mas, voltando à questão da validade dos contratos de adesão, ressalte-se a surpreendente regularidade da ilegalidade dos contratos de abertura de conta corrente.

Basta uma leitura do § 3º do artigo 54 do CDC na relação com esses contratos de abertura de conta para perceber de sua invalidade. Dispõe o § 3º, 'in verbis':

---

13. Apelação n. 856.141-1 da 4ª Câmara.
14. Apelação n. 763.218-6 da 4ª Câmara.

'Os contratos de adesão escritos serão redigidos em termos claros e com caracteres ostensivos e legíveis, de modo a facilitar sua compreensão pelo consumidor'.

Os tais contratos de abertura de conta corrente são normalmente redigidos em letras tão miúdas, que é muito difícil lê-los. Veja-se como exemplo o destes autos às fls. 08 verso: o tipo é de menos de um milímetro! Logo, não são claros, nem legíveis, e muito menos ostensivos"[15].

"*Convênio de assistência médico-hospitalar* — Contrato de adesão — Contratante hipossuficiente e iletrado — Cláusula que exclui direito à internação hospitalar *em letras bem pequenas* — Descumprimento pela contratada da obrigação legal de dar destaque às limitações do direito do consumidor — Responsabilidade daquela pelo pagamento das despesas decorrentes da internação do contratante — Inteligência e aplicação dos arts. 46 e 47 do CDC — Declaração de voto.

A cláusula que exclui o direito à internação hospitalar, em letras bem pequenas, evidencia que a contratada não cumpriu com a obrigação legal de dar destaque às limitações do direito do consumidor.

De se concluir, portanto, que o caso *sub judice* não pode ser solucionado pura e simplesmente com a invocação do vetusto princípio do *pacta sunt servanda*, já que, tratando de relacionamento contratual de adesão, formado entre consumidor hipossuficiente e iletrado e empresa de assistência médico-hospitalar dirigida por médico, incide com toda sua plenitude o Código de Defesa do Consumidor, sendo de rigor a aplicação dos arts. 46 e 47 do *Codex*.

A conclusão, portanto, é a da procedência da ação, para o fim de se reconhecer a responsabilidade da contratada pelo pagamento das despesas médico-hospitalares decorrentes da internação do contratante"[16].

33.5.4. Caracteres legíveis

O termo "legível" dirige-se especialmente a informações manuscritas ou "apagadas" (como ocorre quando o carbono está gasto, a tinta está desaparecendo com a passagem do tempo ou está opaca etc.).

---

15. Excerto de decisão que declarou nula cláusula contratual em contrato de conta corrente bancária: Ap. 750.590-8, da 4ª Câm. Cív. do 1º TACSP, de nossa relatoria, v. u., j. 18-11-1998, *DOE*, 27-11-1998.

16. Ap. 240.429-2/6 da 16ª Câm. Cív. do TJSP, rel. Des. Pereira Calças, v. u., j. 25-10-1994, *RT* 719/129 — grifamos.

No caso de informações manuscritas ilegíveis, embora não no campo do contrato de adesão, mas no da informação, já o dissemos antes[17], encaixa-se como uma luva o exemplo das receitas médicas. Em alguns casos são verdadeiros "hieróglifos", indecifráveis. É muito comum — infelizmente — que o consumidor se dirija à farmácia para adquirir o medicamento e ninguém consiga descobrir o nome indicado pelo médico ou, então, o que é pior, o consumidor acaba comprando o remédio errado[18].

No que respeita ao texto opaco ou apagado, lembre-se que o problema pode ocorrer com o uso dos papéis oriundos do aparelho de fax. Com o tempo eles se apagam. Logo, não deve ser assinado documento em papel saído diretamente de tal aparelho.

33.6. Destaque

A ostensividade já aparecia no § 3º[19], mas, não satisfeita, a lei ainda estipulou no § 4º que as cláusulas que limitarem "o direito do consumidor deverão ser redigidas com *destaque*, permitindo sua imediata e fácil compreensão".

É que não basta ser ostensiva a impressão: quando a cláusula for restritiva dos direitos do consumidor, tem de ser apresentada destacadamente do contexto.

O substantivo "destaque" tem de ser convenientemente entendido. Significa ele a qualidade que surge num contexto. O *outdoor* destaca-se por natureza, uma vez que, evidentemente, chama a atenção de quem passa, até se estiver dentro de um carro com alguma velocidade.

É possível oferecer uma informação impressa com destaque, utilizando-se do tipo gráfico *times new roman* corpo 20[20], como o mesmo elemento pode *não* estar de forma alguma destacado. Expliquemos.

Conforme dissemos, *é o contexto* que dirá do destaque. Se todo o texto estiver impresso num tipo gráfico corpo 8 e nele surgir uma palavra no tipo gráfico corpo 20 em negrito, então o vocábulo estará destacado.

---

17. Nos comentários ao art. 31, subitem 21.11.8.

18. A lei quer acabar com a famosa "caligrafia de médico", que viola o princípio da informação.

19. E no art. 31, lembre-se.

20. Estamos nos referindo aos tipos de letra para impressão do *Word for Windows*, amplamente conhecido e utilizado no mundo inteiro.

Mas, se todo o texto estiver escrito no corpo 20 negrito, não haverá destaque algum, pois tudo se mistura.

Para ter destaque, então, o vocábulo, a frase, a imagem etc. tem de se *destacar claramente* do contexto, como se fora um grande *outdoor* iluminado num local escuro.

Para tanto o fornecedor pode recorrer a todos os (fáceis) recursos gráficos hoje existentes no mercado: fotos, cores, luzes etc., e nos textos qualquer alternativa: negrito, itálico, grifado, sendo que o mais simples é aumentar o corpo do tipo para deixá-lo maior que os outros corpos de letras, imprimi-lo em negrito e grifá-lo.

Na mesma decisão supracitada[21], registrou-se problema também com o destaque no contrato examinado:

"O § 4º do art. 54, por sua vez, diz que:

'As cláusulas que implicarem limitação de direito do consumidor deverão ser redigidas com destaque, permitindo sua imediata e fácil compreensão'.

Para o contrato de adesão ter validade, portanto, é necessário que as cláusulas limitadoras tenham destaque, vale dizer, que saltem aos olhos, em tipo maior que o normal, em negrito etc. (sem esquecer-se da obrigatoriedade imposta pelo § 3º de ostensividade e uso de linguagem legível).

No caso em tela, despicienda maior argumentação. Basta ver o documento inserto às fls. 8 e 8 verso para atestar sua invalidade'"[22].

33.7. Contrato escrito ou verbal e comportamento socialmente típico

A menção ao contrato escrito prevista na redação do § 3º impõe, *a contrario sensu*, a aceitação das demais formas de contratação que, inclusive, já mencionamos no Capítulo 32.

Dessa maneira, as normas dos parágrafos do art. 54 dirigem-se primordialmente aos contratos escritos, mas todas as regras da Lei n. 8.078, sem exceção, aplicam-se a todo tipo de contrato, seja escrito ou verbal. Aplicam-se, também, naquelas relações conhecidas como "comportamento socialmente típico"[23].

---

21. Ver decisão mencionada na nota 799.
22. Ver dados na nota 756.
23. Ver, a respeito desse tema, nossos comentários no item 32.3.

33.8. Veto

Vale a pena comentar o veto efetuado ao § 5º, que tinha a seguinte redação:

"Cópia do formulário-padrão será remetida ao Ministério Público que, mediante inquérito civil, poderá efetuar o controle preventivo das cláusulas gerais dos contratos de adesão".

As razões do veto foram apresentadas em conjunto com os outros vetos ao § 3º do art. 51, e ao § 2º do art. 82, e são as seguintes:

"Tais dispositivos transgridem o art. 128, § 5º, da Constituição Federal, que reserva à lei complementar a regulação inicial das atribuições e da organização do Ministério Público. O controle amplo e geral da legitimidade de atos jurídicos somente pode ser confiado ao Poder Judiciário (CF, art. 5º, XXXV). Portanto, a outorga de competência ao Ministério Público para proceder ao controle abstrato de cláusulas contratuais desfigura o perfil que o Constituinte imprimiu a essa instituição (CF, arts. 127 e 129). O controle abstrato de cláusulas contratuais está adequadamente disciplinado no art. 51, § 4º, do Projeto. Vetado o § 3º do art. 51, impõe-se, também, vetar o § 5º do art. 54...".

Nosso comentário aqui é similar ao que faremos nos das razões do veto ao § 3º do art. 51. O Ministério Público continua podendo exercer o controle efetivo do contrato de adesão para aferir a abusividade de suas cláusulas, por meio do inquérito civil previsto não só na Constituição Federal (art. 129, III[24]) como na Lei de Ação Civil Pública (Lei n. 7.347/85), cujo art. 8º, § 1º, regula seu procedimento, nesses termos:

"Art. 8º Para instruir a inicial, o interessado poderá requerer às autoridades competentes as certidões e informações que julgar necessárias, a serem fornecidas no prazo de 15 (quinze) dias.

§ 1º O Ministério Público poderá instaurar, sob sua presidência, inquérito civil, ou requisitar, de qualquer organismo público ou particular, certidões, informações, exames ou perícias, no prazo que assinalar, o qual não poderá ser inferior a 10 (dez) dias úteis".

---

24. "Art. 129. São funções institucionais do Ministério Público: (...) III — promover o inquérito civil e a ação civil pública, para a proteção do patrimônio público e social, do meio ambiente e de outros interesses difusos e coletivos."

E, para que não pairem dúvidas sobre a legitimidade da apuração de violação a direito do consumidor, o art. 90 do CDC dispôs, *verbis*:

"Art. 90. Aplicam-se às ações previstas neste Título as normas do Código de Processo Civil e da Lei n. 7.347, de 24 de julho de 1985, inclusive no que respeita ao inquérito civil, naquilo que não contrariar suas disposições".

No processamento do inquérito civil, o Ministério Público goza de forte poder apuratório dos fatos, podendo requisitar documentos, ouvir testemunhas, produzir perícias etc.

Importante notar que, apesar de a consequência possível do inquérito civil ser a propositura da ação civil pública — a não ser que não se apure qualquer ilegalidade —, esta pode ser evitada mediante compromisso de ajustamento, no qual o fornecedor investigado se compromete a se enquadrar nas condutas legalmente exigidas, valendo tal ajuste como título executivo extrajudicial[25].

A única parte do veto que teve eficácia foi a que desobrigou os fornecedores de enviar cópia do contrato de adesão previamente ao *Parquet*.

33.9. Exercício

33.9.1. Leia a seguinte decisão:

"RESCISÃO CONTRATUAL — Contrato de adesão e o Código de Defesa do Consumidor — Aplicação imediata — Excessiva onerosidade de cláusula penal — Ofensa ao artigo 53, *caput*, da Lei n. 8.078/90. O contrato de adesão possibilita a intervenção judicial, para a correção de cláusulas excessivamente onerosas para a parte aderente. O Código de Proteção e Defesa do Consumidor, cujas normas, que visam àquela proteção e defesa, são de ordem pública e de interesse social (artigo 1º), considera nulas de pleno direito cláusulas que estabeleçam a perda total das prestações pagas, no caso de resolução do contrato de compra e venda de coisa móvel ou imóvel, por inadimplemento do comprador (artigo 53). Esta disposição, por ser de ordem pública, aplica-se aos contratos anteriores ao referido estatuto legal, de forma a nulificar a cláusula do contrato que estabelece aquela perda.

---

25. § 6º do art. 5º da Lei n. 7.347: "Os órgãos públicos legitimados poderão tomar dos interessados compromisso de ajustamento de sua conduta às exigências legais, mediante cominações, que terá eficácia de título executivo extrajudicial".

ACÓRDÃO

Vistos, relatados e discutidos estes autos ...

ACORDAM, em Décima Primeira Câmara Civil do Tribunal de Justiça do Estado de São Paulo, por maioria de votos, dar provimento parcial ao recurso.

Trata-se de ação ordinária de rescisão contratual julgada procedente, nos termos da r. sentença de fls. 58/59.

Irresignado, o réu manifestou recurso de apelação a esse Egrégio Tribunal, pelas razões de fls. 66/74, aduzindo, em síntese, que não pode ser considerada válida a notificação premonitória; que o débito em atraso foi atualizado de forma equivocada; é que, em caso de rescisão do negócio jurídico, deve ser devolvida ao réu a quantia paga.

O recurso foi respondido (fls. 77/80).

Fez-se o preparo (fls. 83).

É o relatório.

(...)

Tocantemente à retenção das quantias pagas, nota-se que ela foi pedida na peça inaugural e o pedido foi contrariado na contestação, pelo simples fato de que, com o pedido de improcedência da ação, nada mais postulava o réu do que a rejeição de toda a pretensão da autora, inclusive de ver-se aquinhoada com as parcelas pagas. A matéria é, pois, passível de apreciação neste recurso.

Cuida-se de contrato de adesão e ele deve ser interpretado a favor do réu, que não teve oportunidade de discutir os termos da avença. É evidente que uma cláusula que estabeleça que o réu perderá as importâncias pagas em caso de rescisão contratual não seria aceita se o comprador pudesse opinar sobre as suas obrigações constantes do pacto celebrado, máxime quando se sabe que em hipótese tal não há qualquer prejuízo à construtora, antes disso, até lucro, porquanto poderá vender o imóvel a outro interessado, por preço atualizado. Não há que se falar, portanto, em cláusula prefixando perdas e danos, na hipótese *sub judice*, pela simples e boa razão de que eles não existem.

Nos dias de hoje não se aceita mais o abuso da boa-fé e da premente necessidade dos adquirentes ou mutuários, particularmente em contratos que estipulam obrigações que não seriam acatadas dentro de um regime de normalidade, e, desta feita, há que se considerar com temperos a cláusula penal invocada pela autora, porquanto, excessivamente rigorosa, diante das circunstâncias.

Com efeito, é ler os autos e verificar de plano que o réu pagou a parcela fixa prevista no item A.1, assim como as doze primeiras prestações previstas no item B.1 e as duas parcelas iniciais mencionadas no item B.2. Isso não pode ser entendido como parte insignificante do preço contratado, como quer a autora, e torna excessivamente onerosa para o réu a cláusula penal, de forma que a mesma deverá, sem dúvida, ser vista com reserva.

Discrepando do tipo tradicional dos contratos, cuja característica essencial era a livre discussão das condições em que se formava o negócio jurídico, o contrato de adesão distingue-se, exatamente, pela ausência total de qualquer discussão prévia sobre as cláusulas contratuais, que são, por assim dizer, impostas por um dos contratantes ao outro, que se limita a dar sua adesão, concordando com o modelo impresso que subscreve, depois de preenchidos os espaços em branco que lhe dizem respeito. Daí por que, de um modo geral, é preciso guardar, na interpretação dos contratos de adesão, um meio-termo justo e razoável, que evitará os extremos condenáveis da iniquidade ou do arbítrio, isto é, um direito demasiadamente restrito ou extremamente amplo, ambos conduzindo à negação do próprio direito.

(...)

É precisamente por isso que uma cláusula objetivando a perda pelo réu das importâncias pagas em caso de rescisão contratual deve ser vista com moderação, considerando-se, ademais, que, no caso concreto, não houve e nem haverá qualquer prejuízo à construtora, mas, como se disse, até lucro, porquanto o imóvel não esteve na posse do réu em momento algum e, após terminada a sua construção, com a rescisão contratual, ficou liberado para novo negócio, com preço real de mercado.

O artigo 53, *caput*, do Código de Defesa do Consumidor (Lei n. 8.078/90) é de ordem pública, pois o são todas as normas daquele Código, estabelecidas para a proteção e defesa do consumidor (artigo 1º), em cumprimento de dois preceitos constitucionais (artigo 5º, inciso XXXII, e artigo 170, inciso V).

E isto vem estampado já no seu primeiro artigo, que preceitua que 'o presente Código estabelece normas de proteção e defesa do consumidor, de ordem pública e interesse social, nos termos dos artigos 5º, inciso XXXII, 170, inciso V, da Constituição Federal e artigo 48 de suas Disposições Transitórias'.

Muito embora controvertida a questão da retroatividade de lei que contenha comando de ordem pública e interesse social, como o Código de Defesa do Consumidor, há que se considerar aqui o entendimento isolado deste relator no sentido de que tal lei, justamente por comportar princípios de ordem pública e de interesse social, atinge os atos pretéritos que estão sendo levados por ora a julgamento.

De fato, a mesma questão foi recentemente suscitada por ocasião da aplicação da Lei n. 8.009/90, que dispõe sobre a impenhorabilidade do bem de família. E o Egrégio Superior Tribunal de Justiça, chamado a se pronunciar sobre a matéria jurídica em debate, por sua Terceira Turma, no julgamento do Recurso Especial n. 1.168, concluiu pela imediata incidência da lei nova nos processos em curso. O mesmo ocorreu no julgamento do Recurso Especial em Mandado de Segurança n. 1.036-SP, relatado pelo eminente Min. Eduardo Ribeiro e decidido, por votação unânime, em 9-3-92 (*Boletim da AASP* n. 1.745).

(...)

Por tais fundamentos, dá-se provimento parcial ao recurso, apenas para ordenar a devolução das quantias pagas pelo réu, corrigidas do desembolso, reduzida a honorária a 10% (dez por cento) do valor atualizado da causa, mantida, no mais, a r. sentença.

Presidiu o julgamento, com voto, o Desembargador Salles Penteado e dele participou, além do signatário, o Desembargador Itamar Gaino (Revisor).

São Paulo, 22 de outubro de 1992.

Pinheiro Franco, Relator.

Salles Penteado, vencido, com declaração de voto em separado.

(AC 197.165-2/3, *AASP*, 1771/462)".

Relate o ocorrido, apontando as questões contratuais ventiladas.

34. CONTRATOS: TRANSPARÊNCIA, INTERPRETAÇÃO E VINCULAÇÃO PRÉ-CONTRATUAL

Iniciaremos este capítulo com a transcrição do art. 46 do CDC:

> "Art. 46.Os contratos que regulam as relações de consumo não obrigarão os consumidores, se não lhes for dada a oportunidade de tomar conhecimento prévio de seu conteúdo, ou se os respectivos instrumentos forem redigidos de modo a dificultar a compreensão de seu sentido e alcance".

34.1. Princípio da transparência

A norma do art. 46 decorre do princípio da transparência, estampado no *caput* do art. 4º[1]. Decorre também do elemento formador do contrato, que é típico de adesão. Não tem sentido lógico ou jurídico obrigar o consumidor a cumprir cláusulas contratuais criadas unilateralmente pela vontade e decisão do fornecedor, sem antes permitir que o consumidor tome conhecimento de seu inteiro teor, bem como sem que ele (consumidor) compreenda o sentido e o alcance do texto imposto.

Examinemos a redação do art. 46.

Está disposto que o contrato não obriga o consumidor:

a) se não lhe for dada oportunidade de tomar conhecimento prévio de seu conteúdo;

b) se o instrumento for redigido de modo a dificultar a compreensão de seu sentido e alcance.

---

1. Ver item 6.4.

34.2. Conhecimento prévio

Em relação ao item *"a"* existem duas posições possíveis de serem tomadas:

a.1) se o consumidor não tomar conhecimento prévio, as cláusulas contratuais pura e simplesmente não têm validade;

a.2) ainda que ele não tenha tomado conhecimento prévio, as cláusulas devem ser interpretadas de forma a descobrir se o consumidor não assinaria o contrato caso tivesse tido oportunidade de lê-lo previamente.

Parece razoável admitir que uma posição não exclui a outra e ficará na dependência da análise do caso concreto. Não se pode esquecer que a Lei n. 8.078 adotou o princípio da conservação do contrato[2], e parece certo que o esforço é no sentido de aproveitar a relação jurídica existente[3]. Claro que, não havendo como manter o contrato, ele será nulificado, tendo direito o consumidor a eventual indenização por perdas e danos materiais e morais.

34.3. Difícil compreensão

Quanto ao item *"b"*, diga-se que a avaliação da redação que dificulte a compreensão do sentido e alcance da cláusula independe da verificação da intenção do fornecedor. O pressuposto da clareza é absoluto, e não só decorre do princípio da boa-fé objetiva com todos os seus reflexos[4] como está atrelado ao fenômeno da oferta, regulado nos arts. 30 e s.[5], sendo que o art. 31 é taxativo ao designar que qualquer informação (que compõe o contrato por força do art. 30) deve ser correta, clara, precisa, ostensiva etc.[6]. E ainda que assim não fosse, para que não reste qualquer dúvida, o § 3º do art. 54, que cuida do contrato de adesão, dispõe no mesmo sentido, *verbis*:

> "Art. 54. Contrato de adesão é aquele cujas cláusulas tenham sido aprovadas pela autoridade competente ou estabelecidas

---

2. Ver item 6.15.

3. A disposição do § 2º do art. 51 é nesse sentido: "A nulidade de uma cláusula contratual abusiva não invalida o contrato, exceto quando de sua ausência, apesar dos esforços de integração, decorrer ônus excessivo a qualquer das partes".

4. E que abordamos no item 6.9, *retro*.

5. Ver nossos comentários no Capítulo 21.

6. Ver nossos comentários específicos nos itens 21.10 e 21.11.

unilateralmente pelo fornecedor de produtos ou serviços, sem que o consumidor possa discutir ou modificar substancialmente seu conteúdo.

(...)

§ 3º Os contratos de adesão escritos serão redigidos em termos claros e com caracteres ostensivos e legíveis, de modo a facilitar sua compreensão pelo consumidor"[7].

A jurisprudência tem aplicado amplamente a disposição do art. 46. Veja-se, por exemplo, a decisão da 9ª Câmara Civil do Tribunal de Justiça de São Paulo:

"*Contrato* — Cláusula — Plano de saúde — Imposição de novo prazo de carência por atraso no pagamento — Inaplicabilidade — Desconhecimento pelo consumidor da sua existência — Aplicação do artigo 46 do Código de Defesa do Consumidor — Nulidade decretada — Recurso provido.

(...)

Cumpre remarcar inicialmente que a pretensão deduzida em Juízo não repousou unicamente na sustentada natureza abusiva da cláusula 14.8.1 do contrato, mas também no fato de não lhe ter sido dado conhecimento dos termos do contrato e notadamente dessa estipulação.

De fato, constou da inicial: '...aproveita o autor para esclarecer que não juntou o mencionado contrato por desconhecê-lo completamente, e dele não possuindo cópia, vindo a obtê-lo somente quando acompanhando o Senhor Oficial de Justiça, no cumprimento da liminar, recebeu um exemplar das mãos do diretor que os atendeu' (fls. 3). Não bastasse, a inicial, ainda de modo expresso, anotou que o autor, tendo aforado a cautelar, foi surpreendido com a alegação da ré de que 'deveria cumprir novo prazo de carência, conforme cláusula 14.8.1, inserida no contrato de adesão totalmente desconhecido para o autor' (fls. 8). Mas ainda não é só, porquanto a inicial também consignou que 'a cláusula 14.8.1 não deve ser considerada, porque nula de pleno direito, eis que além de extemporânea, pois inserida em capítulo não pertinente, pertence a contrato de adesão, que o autor desconhecia no momento da assinatura, e do qual nunca tomou ciência, pois não lhe foi apresentado, não lhe ensejando a oportunidade de discuti-lo' (fls.10).

---

7. Ver adiante nossos comentários sobre o art. 54 no Capítulo 33.

Mas, ainda há mais, pois, após aludir tratar-se de 'cláusula inserida em contrato de adesão, do qual o autor não tinha conhecimento' (fls. 13) e aduzir 'que a aplicação de tal cláusula contratual, leonina, inserida em contrato de adesão, não apresentado ao autor para ciência no momento da assinatura, infringe frontalmente os princípios do bom direito' (fls. 15), a inicial deduz suas postulações fundando-as, entre outros, no fato de 'que nunca recebeu o mencionado contrato de adesão à época da assinatura da proposta de admissão' (fls. 16).

(...)

A hipótese sob exame há de ser, portanto, examinada à luz do artigo 46 do Código de Defesa do Consumidor, que estatui: 'Os contratos que regulam as relações de consumo não obrigarão os consumidores se não lhes for dada a oportunidade de tomar conhecimento prévio de seu conteúdo, ou se os respectivos instrumentos forem redigidos de modo a dificultar a compreensão de seu sentido e alcance'".

(...)

Ora, sendo incontroverso, como visto, que ao recorrente não se deu prévio conhecimento do instrumento contratual e notadamente de sua cláusula 14.8.1, contra ele não opera, nos termos do artigo 46 do Código de Defesa do Consumidor, essa estipulação que, no caso do pagamento periódico ser feito com atraso, reabre o prazo de carência por tempo equivalente ao do atraso"[8].

Na mesma direção outro julgado, agora discutindo perda de parcelas em contrato de compra e venda de imóvel. Trata-se de acórdão da 11ª Câmara Civil do Tribunal de Justiça de São Paulo, do qual extraímos os seguintes excertos:

"*Rescisão contratual* — Contrato de adesão e o Código de Defesa do Consumidor — Aplicação imediata — Excessiva onerosidade de cláusula penal — Ofensa ao artigo 53, *caput*, da Lei n. 8.078/90. O contrato de adesão possibilita a intervenção judicial, para a correção de cláusulas excessivamente onerosas para a parte aderente. O Código de Proteção e Defesa do Consumidor, cujas normas, que visam àquela proteção e defesa, são de ordem pública e de interesse social (artigo 1º), considera nulas de pleno direito cláusulas que estabeleçam a perda total das prestações pagas, no caso de resolução do contrato de compra e venda de coisa móvel ou imóvel, por

---

[8]. Ap. 235.957-2, rel. Des. Aldo Magalhães, v. u., j. 25-8-1994, *JTJ*, Lex, 161/43.

inadimplemento do comprador (artigo 53). Esta disposição, por ser de ordem pública, aplica-se aos contratos anteriores ao referido estatuto legal, de forma a nulificar a cláusula do contrato que estabelece aquela perda.

(...)

Cuida-se de contrato de adesão e ele deve ser interpretado a favor do réu, que não teve oportunidade de discutir os termos da avença. É evidente que uma cláusula que estabeleça que o réu perderá as importâncias pagas em caso de rescisão contratual não seria aceita se o comprador pudesse opinar sobre as suas obrigações constantes do pacto celebrado, máxime quando se sabe que em hipótese tal não há qualquer prejuízo à construtora, antes disso, até lucro, porquanto poderá vender o imóvel a outro interessado, por preço atualizado. Não há que se falar, portanto, em cláusula prefixando perdas e danos, na hipótese *sub judice*, pela simples e boa razão de que eles não existem.

Nos dias de hoje não se aceita mais o abuso da boa-fé e da premente necessidade dos adquirentes ou mutuários, particularmente em contratos que estipulam obrigações que não seriam acatadas dentro de um regime de normalidade, e, desta feita, há que se considerar com temperos a cláusula penal invocada pela autora, porquanto excessivamente rigorosa, diante das circunstâncias.

Com efeito, é ler os autos e verificar de plano que o réu pagou a parcela fixa prevista no item A.1, assim como as doze primeiras prestações previstas no item B.1 e as duas parcelas iniciais mencionadas no item B.2. Isso não pode ser entendido como parte insignificante do preço contratado, como quer a autora, e torna excessivamente onerosa para o réu a cláusula penal, de forma que a mesma deverá, sem dúvida, ser vista com reservas.

Discrepando do tipo tradicional dos contratos, cuja característica essencial era a livre discussão das condições em que se formava o negócio jurídico, o contrato de adesão distingue-se, exatamente, pela ausência total de qualquer discussão prévia sobre as cláusulas contratuais, que são, por assim dizer, impostas por um dos contratantes ao outro, que se limita a dar a sua adesão, concordando com o modelo impresso que subscreve, depois de preenchidos os espaços em branco que lhe dizem respeito. Daí por que, de um modo geral, é preciso guardar, na interpretação dos contratos de adesão, um meio-termo justo e razoável, que evitará os extremos condenáveis da iniquidade ou do arbítrio, isto é, um direito demasiadamente restrito ou extremamente amplo, ambos conduzindo à negação do próprio direito.

(...)

É precisamente por isso que uma cláusula objetivando a perda pelo réu das importâncias pagas em caso de rescisão contratual deve ser vista com moderação, considerando-se, ademais, que, no caso concreto, não houve e nem haverá qualquer prejuízo à construtora, mas, como se disse, até lucro, porquanto o imóvel não esteve na posse do réu em momento algum e, após terminada a sua construção, com a rescisão contratual, ficou liberado para novo negócio, com preço real de mercado"[9].

Vale a pena, também, transcrever trechos de outra decisão, desta feita da 9ª Câmara Especial de julho/94 do 1º Tribunal de Alçada Civil do Estado de São Paulo, porquanto apresenta situação corriqueira em diversas transações. Os trechos a seguir transcritos por si só explicam a situação:

"*Direito do consumidor* — Compra e venda de linha telefônica — Comprador surpreendido com o preço final, depois de pagar o sinal e firmar a promessa de cessão — Pretensão à restituição do sinal que foi pago — Contrato equívoco quanto ao preço e condições de financiamento — Incidência do Código de Defesa do Consumidor, Lei n. 8.078, de 1990, artigos 46 e 47 — Contrato que não obrigou, oportunamente desfeito por notificação extrajudicial — Ação procedente — Decisão mantida".

(...)

Embora o douto magistrado tenha procurado enquadrar a hipótese vertente no artigo 53 da Lei n. 8.078, de 11-9-90, aplicando, em consequência, o artigo 51, II, da mesma legislação, força é convir que melhor será, no caso, a análise do contrato conforme o disposto nos artigos 46 e 47 da lei.

Explica-se: o instrumento de fls. 9 está redigido de forma a necessitar de um complemento, o denominado 'quadro resumo', que consigna o preço e as condições do financiamento.

Ora, desse modo, é razoável a versão inicialmente exposta pela autora de que foi surpreendida pelo valor total da parte financiada, mesmo porque sequer após sua rubrica no adendo.

Assim sendo, como 'os contratos que regulam as relações de consumo não obrigarão os consumidores, se não lhes for dada a oportunidade de tomar conhecimento prévio de seu conteúdo, ou se os respectivos instrumentos forem redigidos de modo a dificultar a compreensão de seu sentido

---

9. Ap. 197.165-2/3, rel. Des. Pinheiro Franco, m. v., j. 22-10-1992, *AASP*, 1.771/462.

e alcance' (artigo 46), plausível que tenha a autora se surpreendido com o adendo, após assinar o instrumento de promessa de cessão de direitos de linha telefônica"[10].

34.4. A interpretação

A interpretação das cláusulas contratuais tem fórmula estabelecida no art. 47 do CDC, que dispõe:

> "Art. 47. As cláusulas contratuais serão interpretadas de maneira mais favorável ao consumidor".

A regra é clara, não merecendo maiores comentários. De qualquer forma, relembre-se que a norma do art. 47 se justifica pelos vários princípios que norteiam os contratos de consumo, merecendo destaque aqui o protecionismo.

Com efeito, conforme já colocamos, o princípio do protecionismo é o que inaugura o sistema da lei consumerista[11].

Ele decorre diretamente do texto constitucional, que estabelece a defesa do consumidor como um dos princípios gerais da atividade econômica (inciso V do art. 170) e impõe ao Estado o dever de promover a defesa do consumidor (inciso XXXII do art. 5º).

Então, o fato é que todas as normas instituídas no CDC têm como princípio e meta a proteção e a defesa do consumidor.

E é exatamente por isso que, no que tange às questões contratuais, não se pode olvidar o protecionismo, que, superadas as demais alternativas para interpretação, tem de ser levado em conta para o deslinde do caso concreto.

Assim, vige o princípio da *interpretatio contra stipulatorem*, mas de forma mais ampla. Com efeito, com base nesse princípio, nos contratos de adesão, havendo cláusulas ambíguas, vagas ou contraditórias, a interpretação se faz contra o estipulante. Contudo, na lei consumerista esse princípio veio estampado de maneira mais ampla no art. 47, que estabeleceu que as "cláusulas contratuais serão interpretadas de maneira mais favorável ao

---

10. Ap. 567.573-4, rel. Juiz Lobo Junior, v. u., j. 26-7-1994, *JTACSP*, Lex, 70/150.

11. "Art. 1º O presente Código estabelece normas de proteção e defesa do consumidor, de ordem pública e interesse social, nos termos dos arts. 5º, inciso XXXII, 170, inciso V, da Constituição Federal e art. 48 de suas Disposições Transitórias."

consumidor". Isto é, toda e qualquer cláusula, ambígua ou não, tem de ser interpretada de modo mais favorável ao consumidor.

Assim, na dúvida ou não, sempre se interpretará a cláusula contratual a favor do consumidor.

A jurisprudência tem aplicado o art. 47 com muita tranquilidade. Vejam-se, por exemplo, trechos do acórdão da 4ª Turma do Superior Tribunal de Justiça, no julgamento de ação proposta por portador do vírus HIV contra administradora de plano de saúde que se negava a atendê-lo:

"A empresa que explora planos de saúde e admite associado sem prévio exame de suas condições de saúde, e passa a receber as suas contribuições, não pode, ao ser chamada ao pagamento de sua contraprestação, recusar a assistência devida sob a alegação de que o segurado deixara de prestar informações sobre o seu estado de saúde.

O segurado é um leigo, que quase sempre desconhece o real significado dos termos, cláusulas e condições constantes dos formulários que lhe são apresentados. Para reconhecer a sua malícia, seria indispensável a prova de que, (1) realmente, fora ele informado e esclarecido de todo o conteúdo do contrato de adesão, e, ainda, (2) estivesse ciente das características de sua eventual doença, classificação e efeitos.

A exigência de um comportamento de acordo com a boa-fé recai também sobre a empresa que presta a assistência, pois ela tem, mais do que ninguém, condições de conhecer as peculiaridades, as características, a álea do campo de sua atividade empresarial, destinada ao lucro, para o que corre um risco que deve ser calculado antes de se lançar no empreendimento.

O que não se lhe pode permitir é que atue indiscriminadamente, quando se trata de receber as prestações, e depois passe a exigir estrito cumprimento do contrato para afastar a sua obrigação de dar cobertura às despesas".

(...)

Quando o apelado ingressou no plano de saúde mantido pela apelante, a doença e suas consequências já eram demais conhecidas, e nem poderiam ser ignoradas especialmente pela apelante, dado o seu ramo de atividade. O número de portadores da SIDA, nessa ocasião, já era considerável (fls. 105 do apenso), com projeções alarmantes de grande aumento, o que se constituía em preocupação para os órgãos mundiais de saúde (fls. 51).

Foi diante desse quadro que a apelante admitiu o apelado no plano de saúde. Nas condições gerais do contrato de adesão, elaboradas pela apelante sem qualquer possibilidade de alteração ou discussão por parte do apelado, não se excluiu especificamente essa enfermidade da cobertura do plano (fls. 48).

Daí contrariar insofismavelmente a boa-fé e a confiança que notabilizam o contrato, querer agora a apelante valer-se de cláusula genérica de exclusão, prevista no item 19 do Capítulo XI das Condições Gerais (as enfermidades ou lesões causadas por epidemias) para escusar-se da obrigação de prestar ao apelado o tratamento médico-hospitalar prometido.

Seja como for, ainda que se possa considerar a AIDS como doença tecnicamente epidêmica, como sustenta ardorosamente a apelante, essa cláusula, constitutiva de contrato de adesão, unilateralmente imposta pela apelante, deve ser, por isso, interpretada de maneira mais favorável ao apelado (art. 47 da Lei n. 8.137/90) — (*sic*: o número da lei é 8.078/90).

Quando nessa cláusula se estabelece a exclusão de cobertura para 'as enfermidades ou lesões causadas por epidemias, atos de terrorismo, guerra civil, tumultos populares', a referência é uma situação imprevista, excepcional, que foge da normalidade, tão intensa que acabe por atingir um elevado número de segurados, provocando o desequilíbrio financeiro da empresa. Se não se compreender com essa largueza de espírito, se à cláusula se der interpretação meramente literal, sem amparo estaria, de arrematado absurdo, o segurado portador de enfermidade causada por uma epidemia, embora a seguradora não tivesse outros segurados atingidos pela mesma doença epidêmica. Donde que, ou se dá à cláusula aquela inteligência, ou se declara que ela é abusiva, se prevalente uma interpretação meramente literal, já que, por ela, a seguradora não estaria disposta a assumir risco, próprio de sua atividade"[12].

34.5. *A vinculação pré-contratual*

Estabelece o art. 48 do CDC o seguinte:

"Art. 48. As declarações de vontade constantes de escritos particulares, recibos e pré-contratos relativos às relações de consumo vinculam o fornecedor, ensejando inclusive execução específica, nos termos do art. 84 e parágrafos".

---

12. RE 86.095, rel. Min. Ruy Rosado de Aguiar, v. u., j. 22-4-1996, *RSTJ, a.8*(85):284.

A norma do art. 48 se assemelha à do art. 30, que vincula o fornecedor, inclusive no que respeita à execução específica, esta prevista no art. 35, com a necessária ligação ao art. 84 e parágrafos. Por isso, tudo o que se disse nos comentários ao art. 30 quanto à vinculação do fornecedor e à execução específica prevista no art. 35 aplica-se na hipótese do artigo em comento[13].

O art. 48 refere-se aos contratos preliminares, recibos de sinal, pré-contratos etc. Tomem-se como exemplo aqueles escritos oferecidos pelas imobiliárias e construtoras por meio dos quais elas se obrigam a garantir a reserva do imóvel. Após apresentados, vinculam o fornecedor. Se o consumidor quiser fazer cumprir tal "reserva", poderá inclusive se valer da execução específica para obrigação de fazer prevista no art. 84.

Tem-se, então, aqui, mais outra vez, de abordar as normas do art. 84 e parágrafos da Lei n. 8.078.

Com efeito, dispõe o *caput* do art. 84:

"Art. 84. Na ação que tenha por objeto o cumprimento da obrigação de fazer ou não fazer, o juiz concederá a tutela específica da obrigação ou determinará providências que assegurem o resultado prático equivalente ao do adimplemento".

No exemplo da "reserva" do imóvel, poderia o consumidor depositar em juízo o valor a que se compromete (e que pode ser apenas a entrada contra a entrega das chaves, tendo ficado o restante do preço a ser pago parceladamente), requerendo que o juiz determine que o fornecedor cumpra a sua parte (entregue as chaves, passe escritura etc.).

Não se olvide que a concessão do pedido pode ser feita liminarmente. No exemplo, inclusive, seria fundamental a concessão de medida liminar, para evitar que o imóvel fosse vendido a outra pessoa. A previsão da tutela liminar é a do § 3º do art. 84:

"§ 3º Sendo relevante o fundamento da demanda e havendo justificado receio de ineficácia do provimento final, é lícito ao juiz conceder a tutela liminarmente ou após justificação prévia, citado o réu".

Recorde-se que, para tornar eficaz a medida concedida, o juiz poderá impor multa diária ao fornecedor recalcitrante. É o que dispõe o § 4º do mesmo artigo:

---

13. Ver nossos comentários aos arts. 30 e 35 no Capítulo 21.

"§ 4º O juiz poderá, na hipótese do § 3º ou na sentença, impor multa diária ao réu, independentemente de pedido do autor, se for suficiente ou compatível com a obrigação, fixando prazo razoável para o cumprimento do preceito".

E, para terminar esta parte, coloque-se, para ficar consignado, que a lei permite que o juiz determine todas as medidas necessárias para a obtenção da eficácia da medida concedida. É o que dispõe o § 5º do art. 84:

"§ 5º Para a tutela específica ou para a obtenção do resultado prático equivalente, poderá o juiz determinar as medidas necessárias, tais como busca e apreensão, remoção de coisas e pessoas, desfazimento de obra, impedimento de atividade nociva, além de requisição de força policial".

34.6. Exercício

34.6.1. Leia o seguinte contrato:

"Pelo presente instrumento particular de prestação de serviços, de um lado A. VIAGENS E TURISMO LTDA., com sede na Rua....., n. ......, cidade......., e, de outro lado, o contratante abaixo qualificado, têm entre si justo e acertado o que segue:

1. O objeto do presente instrumento é a prestação de serviços pela contratada, consistentes na intermediação de vendas de pacotes turísticos nacionais e internacionais.
2. O pacote turístico oferecido pela contratada engloba a passagem aérea, o hotel e o traslado. Os passeios ficam por conta do contratante.
3. Havendo necessidade de alterarem-se datas e horários de embarque, a contratada informará o contratante, oferecendo-lhe nova opção.
4. Não sendo aceita a nova opção, a contratada isenta-se de efetuar qualquer reembolso.
5. A contratada exime-se de toda e qualquer responsabilidade por perdas e danos decorrentes de caso fortuito ou força maior, tais como greves, terremotos, furacões, enchentes etc., assim como por modificações, atrasos e/ou cancelamentos de trajetos aéreos devido a motivos técnicos, mecânicos e/ou meteorológicos.
6. A contratada se exime de qualquer responsabilidade com problemas que porventura puder ocorrer com a companhia aérea, inclusive extravio de bagagem.

7. Em caso de desistência do contrato por qualquer motivo por parte do contratante, o mesmo não terá direito a reembolso da quantia paga.
8. Serão cancelados bilhetes aéreos e *voucher* de viagem, no caso de inadimplemento do contratante.
9. A contratada poderá cancelar a viagem se não houver número suficiente de passageiros.
10. O contratante cede para a contratada o direito de imagem relacionado com eventual produção durante a viagem, através de filmagens, fotografias etc.
11. As partes elegem o foro da Comarca de .... para dirimir quaisquer dúvidas ou controvérsias oriundas do presente contrato.

E, por estarem assim justas e contratadas, assinam as partes o presente contrato em duas vias de igual teor e forma".

Agora, responda:

a. Trata-se de contrato de adesão? Sim/Não/Por quê?

b. Analise o contrato de acordo com o art. 54 e parágrafos do CDC, apontando as cláusulas que estariam em desacordo com os dispositivos legais.

c. No que se refere à cláusula n. 10: cabe eventual ação de indenização por uso da imagem? Explique.

d. Existe alguma cláusula nula de pleno direito? Sim/Não/Por quê?

e. A cláusula 11 é válida? Explique.

35. COMPRAS FEITAS FORA DO ESTABELECIMENTO COMERCIAL (VIA WEB/INTERNET, TELEFONE, CORREIO ETC.)

Nas compras feitas fora do estabelecimento comercial, via *web*, internet, telefone, mala-direta e TV, os contratos firmados seguem as regras básicas estabelecidas no CDC (arts. 46 e segs.) e que abordamos aqui nos Capítulos 31, 32, 33, 34, 36, 37, 38 e no presente.

Vimos também que, a partir de maio de 2013, com a entrada em vigor do Decreto n. 7.962, de 15-3-2013, regras específicas sobre o comércio eletrônico ingressaram no sistema (conf. Cap. 31, *retro*, item 32.5).

Quanto à desistência do negócio, o CDC já havia fixado uma série de parâmetros, conforme veremos na sequência e que foram também complementados pelo referido Decreto.

Examinemos, primeiramente, o que dispôs o CDC no seu art. 49:

> "Art. 49. O consumidor pode desistir do contrato, no prazo de 7 (sete) dias a contar de sua assinatura ou do ato de recebimento do produto ou serviço, sempre que a contratação de fornecimento de produtos e serviços ocorrer fora do estabelecimento comercial, especialmente por telefone ou a domicílio.
>
> Parágrafo único. Se o consumidor exercitar o direito de arrependimento previsto neste artigo, os valores eventualmente pagos, a qualquer título, durante o prazo de reflexão, serão devolvidos, de imediato, monetariamente atualizados".

35.1. "Telos" legal

A norma do art. 49 foi criada para dar maior proteção aos consumidores que adquirem produtos ou serviços fora do estabelecimento comercial, sobretudo:

a) via web e/ou internet;

b) em seu domicílio, recebendo a visita do vendedor;

c) pelo telefone (vendas por *telemarketing*);

d) mediante correspondência (mala-direta, carta-resposta etc.);

e) assistindo à TV (e comprando pelo telefone, via correio, internet, aplicativos etc.).

É verdade que a norma cita apenas por telefone e em domicílio. Contudo, a citação é evidentemente exemplificativa, porquanto o texto faz uso do advérbio "especialmente". Na época da feitura da lei (1990), chamavam mais a atenção do legislador esses dois tipos, mas atualmente a web/internet e os aplicativos tornaram-se os principais canais de vendas fora do estabelecimento comercial.

E mais: a web acabou por ampliar a figura do "faça você mesmo". Os chamados serviços *self-service* expandiram-se, e a internet permitiu a concretização de um dos sonhos empresariais, o da transformação do consumidor em empregado. Essa ideia, aliás, não é nova. É conhecida de todos por meio dos serviços *self-service* em restaurantes, passando pelos postos de combustíveis nos Estados Unidos da América, vindo a desembocar, no final do século XX, nos atendimentos *self-service* feitos pelo consumidor via internet em serviços bancários e expandindo-se por toda a rede de vendas *on-line*.

Esse modo de transferir a atividade-fim para o consumidor, que é quem paga para recebê-la, às vezes, de fato, traz vantagens: por exemplo, quando ele faz transferências bancárias sem sair de casa ou quando escolhe aquilo que quer comer nos restaurantes olhando e examinando os pratos oferecidos. Mas nem sempre significa bom serviço. Veja-se o caso dos postos de combustíveis *self-service* americanos: exemplo de serviço de péssima qualidade, aliás com riscos para a saúde e a segurança do consumidor (por sorte não foi implantado por aqui). Para mais dados sobre essa técnica, ler nosso artigo "O consumidor empregado do fornecedor"[1].

Mas acontece que, olhando de perto, acabamos descobrindo detalhes importantes. Por exemplo, a lei parte do pressuposto de que, nesse tipo de compra, o consumidor está ainda mais desprevenido e despreparado porque não tem acesso direto ao produto ou serviço. Para o legislador, o consumidor que faz a compra desse modo está mais fragilizado. No entanto, pelo que penso, não é verdade que as aquisições feitas "no" estabelecimento

---

[1]. Na coluna ABC do CDC. Disponível em www.migalhas.com.br, 20-9-2012.

comercial são mais bem estudadas, refletidas e decididas do que as que são feitas "fora".

Muitas vezes se dá o contrário: os vendedores são treinados para provocar e influenciar o consumidor, estimulando-o a fazer a compra. São utilizadas várias técnicas de aproximação, sugestão e indução para a aquisição.

Nem mesmo as chamadas "compras por impulso" ocorrem mais via web que na visita ao estabelecimento comercial. Quem compra por impulso o faz por qualquer meio.

De todo modo, minha pergunta é: há casos de compras de produtos ou serviços que, por sua natureza, possam ser excluídos da hipótese de incidência do art. 49? Penso que sim, como demonstrarei na sequência.

35.2. Prazo de reflexão ou arrependimento: garantias e problemas

No início da redação do art. 49 está disposto que "o consumidor pode desistir do contrato, no prazo de 7 (sete) dias ...". É o chamado prazo de reflexão ou arrependimento: no período de 7 dias o consumidor que adquire produto ou serviço ou assina algum contrato pode desistir do negócio quando feito fora do estabelecimento comercial.

A ideia de um prazo de "reflexão" pressupõe, como adiantei, o fato de que, como o consumidor não esteve em contato real com o produto ou serviço, isto é, como ainda não "tocou" concretamente o produto ou "testou" o serviço, pode querer desistir do negócio depois que o avaliar melhor. Ou, em outros termos, a lei dá oportunidade para que o consumidor, uma vez tendo recebido o produto ou avaliado melhor o serviço, possa, no prazo de 7 dias, desistir da aquisição feita.

Embora seja evidente a intenção do legislador, a regra dos 7 dias para o exercício do arrependimento não funciona para o caso da compra de alguns produtos e serviços. Digo mais: se fosse mesmo para permitir prazo de reflexão, a regra deveria ser estendida para compras no próprio estabelecimento, pois, como apontei, no local o consumidor está sujeito a muitas formas de sugestão.

A verdade é que, em muitas hipóteses, a aquisição feita pelo consumidor no conforto de sua casa e no tempo que ele deseje para pensar é muito mais segura do que as feitas no local físico. Um gerente de banco tem muito mais condições de influenciar uma decisão olhando para o consumidor e com ele conversando do que esse mesmo consumidor decidindo o que fazer diretamente em sua conta via web, onde pode obter informações mais objetivas.

Esse é exatamente o ponto: certos produtos e serviços podem ser adquiridos diretamente via web/internet sem que isso modifique os critérios de decisão ou possa alterar a qualidade do que foi adquirido. E, como já referi, do conforto do lar pode ser ainda mais seguro.

Em alguns casos, não tem sentido algum permitir o cancelamento da compra por violar o princípio da boa-fé objetiva, base das relações jurídicas de consumo, e, também, por não representar nenhum benefício nem garantia ao consumidor. Imagine-se um consumidor que, entrando em sua conta bancária pela internet, faça uma aplicação em ações. Teria 7 dias para se arrepender?

E na questão das passagens aéreas? Adquirindo a passagem aérea via web/internet ou aplicativo, o consumidor está muito, mas muito mais protegido, do que se estivesse num balcão físico da companhia aérea para fazer a compra.

De forma tranquila, em casa, o consumidor tem completo conhecimento de todas as informações necessárias para a tomada de decisão. Examina datas, horários e comodidades de cada voo existente, descobre as opções de assentos e classe, checa trechos e condições de cada decolagem, localidade, aeroportos etc. E mais: pode comparar com as ofertas das companhias aéreas concorrentes. Do conforto de seu lar, ele compara tudo isso mais preços, tarifas e taxas oferecidas pelas várias empresas. E aqui, repito, para colocar um fato notório: o consumidor não tem essas opções para decidir num estabelecimento físico da companhia aérea.

Trata-se de exemplo típico de compra mais vantajosa sendo feita fora do estabelecimento. E, claro, se é mais vantajosa, como de fato é, não há que se falar em incidência do art. 49 do CDC.

Agora, coloco a questão das compras de produtos para consumo imediato feitas via web/internet/aplicativos/telefone. Como antecipei, penso que essa norma do CDC não foi feita para esse tipo de compra. De fato, se é para consumo imediato, não tem sentido falar em 7 dias de prazo para reflexão. Aliás, esse prazo de reflexão colocado na norma é a prova de que ela não foi produzida para essas hipóteses.

Nada impede, naturalmente, que o consumidor devolva o produto que recebe por inadequação ou vício. Mas poder desistir como se a compra estivesse inserida no contexto do art. 49, penso que não.

Por fim, e de todo modo, nos casos em que a desistência é legítima, anoto que a norma não exige qualquer justificativa por parte do consumidor: basta a manifestação objetiva da desistência, pura e simplesmente. No íntimo, o consumidor terá suas razões para desistir, mas elas não contam e não precisam ser anunciadas. Ele pode não ter simplesmente gostado da cor do tapete adquirido pelo telefone na oferta feita pela TV, ou foi seu tamanho que ele verificou ser impróprio. O consumidor pode apenas não querer pagar o preço do bem. Ou se arrepender mesmo. O fato é que nada disso importa. Basta manifestar objetivamente a desistência.

35.3. Prazo maior do que 7 dias

Já observamos que é a oferta que vincula o fornecedor (art. 30)[2].

Esse setor de vendas em domicílio via TV, mala-direta e, atualmente, pela Internet é um dos que mais crescem no Brasil e no mundo. Cada vez mais os consumidores, sem tempo de ir às compras e/ou porque é bastante cômodo, adquirem produtos e serviços sem sair de casa.

Com o implemento do setor, os comerciantes passaram a ofertar prazo maior do que 7 dias para reflexão. São vários os anunciantes que garantem 10, 15 e até 30 dias para a desistência do negócio.

Nesses casos, como a oferta vincula o fornecedor e como o prazo de 7 dias do art. 49 é um mínimo legal, nada impede que ele seja ampliado pelo fornecedor[3]. Se isso foi feito, passa a valer, então, como prazo de reflexão aquele garantido na oferta do vendedor.

35.4. Contagem do prazo

A norma é clara: o prazo (de 7 dias ou mais, conforme exposto) conta-se da data da assinatura do contrato ou do ato do recebimento do produto ou serviço.

Na sequência, elucidaremos o sentido de "assinatura do contrato" *ou* "recebimento do produto ou serviço". Por ora, diga-se que para a contagem do prazo aplica-se supletivamente a norma do Código Civil (art. 132)[4].

---

2. Ver Capítulo 21.

3. O que não se pode fazer, evidentemente, é diminuí-lo.

4. "Art. 132. Salvo disposição legal ou convencional em contrário, computam-se os prazos, excluído o dia do começo, e incluído o do vencimento. § 1º Se o dia do vencimento cair em feriado, considerar-se-á prorrogado o prazo até o seguinte dia útil."

Assim, exclui-se o dia do início e inclui-se o último dia. Se o dia da contagem inicial for domingo ou feriado, posterga-se o início para o primeiro dia útil subsequente. Da mesma maneira, se o último dia cair em dia não útil, o vencimento fica prorrogado para o primeiro dia útil posterior.

Aqui, neste ponto, é importante lembrar a forma de entrega e recebimento dos produtos e certos serviços (p. ex., remessa do cartão de crédito). Alguns produtos são entregues no domicílio do consumidor. Outros, cabe ao consumidor retirar, por exemplo, no posto do correio. Neste caso, a contagem do prazo se inicia quando da retirada na agência do correio.

35.4.1. A forma de pagamento não interfere no prazo

A forma de pagamento não tem nenhuma implicação com o direito de arrependimento. Não importa como o pagamento do preço vai ser feito: se à vista ou parcelado com cartão de crédito; a prazo por boletos ou avisos bancários; com cheque contra a entrega da mercadoria; no caixa do posto dos correios; após a prestação de serviço ou mensalmente, trimestralmente etc.

Em todos esses casos ou em qualquer outro, a desistência se operará da mesma maneira.

35.5. A manifestação da desistência

Dissemos que o consumidor não precisa justificar-se. Porém, necessita manifestar objetivamente a desistência.

Como, de regra, o prazo de 7 dias é curto e, portanto, escoa rapidamente, o consumidor tem de ser cauteloso. A lei não obriga a nenhuma maneira específica de manifestação da desistência.

Ora, como para comprar basta que o consumidor utilize a web/internet, o telefone, ou o correio, para desistir também pode fazê-lo:

a) avisando o fornecedor pela internet;

b) comunicando-o pelo telefone;

c) notificando-o por correspondência por meio dos correios;

d) por carta entregue pessoalmente no domicílio do fornecedor, de seu preposto ou representante;

e) por telegrama enviado pelo posto do correio ou por telefone ("fonegrama");

f) por notificação via Cartório de Títulos e Documentos, caso queira; etc.

Como o prazo é sempre contado a favor do consumidor e como ele (consumidor) não dispõe dos *meios* (nem os controla) para garantir que a desistência chegue ao fornecedor no prazo (até porque, como se sabe, na maior parte das opções de aviso, o consumidor depende de outro fornecedor: correio, companhia telefônica, provedor da internet, cartório), deve-se contar o prazo como o da *remessa* do aviso.

Se assim não fosse, tirando a ligação telefônica — e, talvez, o telegrama — não haveria meios de garantir que o consumidor exercesse seu direito de desistir dentro do prazo. Além disso, como a lei lhe garante 7 dias para refletir, não tem sentido exigir que ele exerça o arrependimento no primeiro dia para buscar garantir que o fornecedor receba o aviso dentro do exíguo prazo. Ele pode exercê-lo no sétimo dia. Considera-se, também, que a ligação telefônica é um modo inseguro, porquanto sua prova é dificultada (mesmo que o consumidor grave a ligação: teria de ter testemunha para demonstrar o dia).

Portanto, fica claro que os 7 dias (ou o prazo concedido pelo fornecedor) são garantidos *in totum* para o consumidor refletir: a desistência pode ser exercida no último dia.

Visando dar eficácia ao contido no art. 49, o Decreto n. 7.962/2013, referido no Capítulo 32 *retro* (item 32.5), trouxe para o sistema uma série de outras determinações específicas. Numa delas (art. 5º, *caput*), reforça que o fornecedor deve informar, de forma clara e ostensiva, os meios adequados e eficazes para o exercício do direito de arrependimento pelo consumidor. E n'outra (§ 1º do mesmo art. 5º) disciplina aquilo que já estava inserido como garantia no CDC e que acima demonstramos: que o consumidor poderá exercer seu direito de arrependimento pela mesma ferramenta utilizada para a contratação, sem prejuízo de outros meios disponibilizados.

Uma boa novidade trazida pelo decreto é a determinação de que o fornecedor envie ao consumidor a confirmação do recebimento da desistência imediatamente após a manifestação do arrependimento (§ 4º, art. 5º).

35.6. O sentido de produto, serviço e contrato

A norma do *caput* do art. 49 apresenta duas proposições ligadas ao direito de desistir, separadas pela disjuntiva "ou", o que leva à clara identificação de duas situações diversas. Traduzindo, o consumidor pode desistir do negócio a contar:

a) da assinatura do contrato; ou

b) do ato do recebimento do produto ou serviço.

Se a norma apenas dissesse: "desistir ... a contar do recebimento do produto ou serviço", não haveria dúvida. Como falou em "assinatura do contrato", só pode ser algo *diferente* do recebimento do produto ou serviço.

Se se tivesse referido à assinatura do contrato de compra e venda do produto ou serviço que iria ser entregue, então nada diria, uma vez que a norma cuida das vendas *fora* do estabelecimento e a proteção tem início quando o consumidor recebe *efetivamente* o produto ou o serviço. É isso o que importa, e não o documento emitido para sua compra e venda, que pode ser — na maior parte dos casos é — apenas a nota fiscal de compra e venda.

A lei, na verdade, pressupõe que, além da aquisição do produto ou serviço, existem outras transações firmadas por contrato *fora* do estabelecimento comercial, que merecem a guarida do prazo de reflexão. E de fato existem. São, por exemplo, assinaturas de revistas e jornais; a contratação de serviços de TV a cabo feita pela internet, por telefone ou por vendedores em domicílio; a aquisição de seguros em geral e planos de saúde etc. São casos típicos de contratos cuja importância está mais no contrato do que no serviço ou na entrega do produto, pois têm prazo incerto de efetivação (ex.: seguros em geral e planos de saúde), são oferecidos no tempo (por uso, por dia, por hora etc., ex.: TV a cabo, provedores de internet e demais sistemas via cabo ou via internet) etc.

35.7. Compra de imóveis

Tem-se entendido, de maneira equivocada, que o art. 49 não tem aplicação na aquisição de imóvel, sob o argumento de que a compra e venda de imóvel é celebrada, de regra, no recinto do Cartório de Notas, na presença do oficial[5].

---

5. Assim, por exemplo, os autores do Anteprojeto, *Código Brasileiro de Defesa do Consumidor comentado pelos autores do Anteprojeto*, cit., p. 394. E há decisão judicial na mesma linha:

"*Compromisso de compra e venda* — Bem imóvel — Direito de arrependimento previsto no art. 49 do CDC — Inaplicabilidade — Expressão 'produtos' referida no citado dispositivo a ser entendida como bens móveis.

Ementa oficial: O art. 49 do CDC é inaplicável às promessas de venda e compra de imóveis. No que tange a produtos, o texto deve ser entendido como se referindo a bens

Em primeiro lugar, não existe nenhum impedimento legal para que um imóvel seja vendido no televendas da TV e adquirido por telefone — sendo que a escritura será feita *a posteriori* —, bem como, conforme comentamos, a norma contida no art. 49 prevê a hipótese expressamente. Fala: "a contar da assinatura" do contrato.

Quem afirma que a regra do art. 49 não se aplica a imóveis esquece-se de observar o mercado de consumo contemporâneo.

É muito comum observar corretores-vendedores que percorrem casas, oferecendo e vendendo lotes de terreno para veraneio. Como é possível via telefone ou pela internet dar entrada para adquirir um terreno.

O erro de quem pensa em excluir o imóvel está atrelado à ideia da escritura. Claro que um dia ela será lavrada no Tabelionato. Mas até lá é possível fazer compromisso de compra e venda, recibo de sinal e princípio de pagamento, reserva com entrada[6], e tudo se encaixa perfeitamente, como uma luva, no texto do art. 49, que fala expressamente na assinatura do contrato, como vimos.

Aliás, é bastante conhecido o chamado "feirão da casa própria", promovido nos últimos anos por um grande Banco público, um esquema de vendas que acabou vingando. Essa instituição torra milhões de reais em anúncios espalhados na mídia, em um tipo de oferta que envolve o consumidor em seus temores, anseios e esperanças. Ademais, nessa questão, surge o problema da desinformação, pois o comprador está agindo contra as cautelas normais e necessárias exigidas nesse tipo de transação.

É um caso típico de compra fora do estabelecimento comercial. E pior: vai contra a lógica de uma boa compra, pois uma casa ou um apartamento não devem jamais ser comprados numa exposição de fim de semana, como se a pessoa estivesse adquirindo frutas na feira livre ou numa liquidação tipo "queima de estoque" de roupas ou sapatos. A casa própria é, para a maioria dos consumidores, o mais importante (e mais caro) negócio da vida inteira. É a realização de um sonho e, por isso, deveria ser tratada com a reflexão e o carinho que merece.

---

móveis, tal o seu conteúdo manifesto, ao fixar como *dies a quo* do prazo de arrependimento, em uma das hipóteses, 'o ato do recebimento do produto' " (Ap. 238.020-2/0, 13ª Câm. Cív. do TJSP, rel. Des. Marrey Neto, v. u., j. 30-6-1994, *RT* 708/25).

6. Que comentamos no item 34.5.

Ora, é sabido que, antes de comprar um imóvel, é preciso conhecê-lo, examinando-o para ver se ele atende às necessidades e expectativas. Deve--se vistoriá-lo não só de dia, no horário marcado pelo corretor ou vendedor, mas também em outro período, procurando conhecer as condições da vizinhança à noite — barulhos, trânsito, feira livre etc. É importante conhecer a região para ver se ela oferece aquilo de que o comprador precisa, como escolas, farmácias, supermercados etc.

Ademais, esse tipo de operação rouba mercado dos próprios advogados, que deveriam ser sempre consultados antes do fechamento desse negócio. Não só há necessidade da produção e exame de certidões forenses e do Cartório do Registro Imobiliário, como da avaliação de todas as peculiaridades daquela específica operação jurídica. Por exemplo, a compra de imóvel por empreitada ou preço de custo ou feita pelo Sistema Financeiro de Habitação etc. envolve aspectos bem diferenciados. Em alguns casos é preciso inclusive checar se não há projeto para desapropriação do local: se o imóvel está localizado em rua importante ou perto de estrada ou área de manancial etc. É preciso saber, ainda, em alguns casos, se a área não é de proteção ambiental etc. Naturalmente, sabe-se que cada situação comporta componentes próprios de avaliação que devem ser levados em consideração, além desses preliminares e genéricos que apresentamos. As questões concretas e particulares deveriam, por isso, ser levadas a um advogado especialista para o exame adequado dos contratos de compra e venda desse tipo.

Indo a uma dessas "promoções", o consumidor corre o risco de comprar um imóvel por impulso, sem qualquer avaliação objetiva, pois, quando chega ao local, sofre todo tipo de pressão e influência dos vendedores, cujo maior interesse é vender, fechar um bom negócio com polpudas comissões. Para o comprador fica, às vezes, a frustração (mais uma, e essa praticamente definitiva) de morar onde não tinha exatamente planejado e, ainda por cima, endividado pelo compromisso de longo prazo assumido (10, 15, 20 anos ou mais).

O equívoco está em não perceber a primeira proposição do *caput* do art. 49, ligada ao prazo de 7 dias, conforme explicamos no item anterior.

Portanto, concluindo, aplica-se o art. 49 também na aquisição de imóveis.

35.8. *Efeito* ex tunc

A condição estabelecida no art. 49 é do tipo que, uma vez exercida, faz com que o efeito retroaja ao início do negócio, para caracterizá-lo como nunca tendo existido.

Dessa forma, operada a desistência, os efeitos da revogação do ato são *ex tunc*, ou seja, retroagem ao início para repor as partes ao *status quo ante*, como se nunca tivessem efetuado a venda e compra.

Aliás, é o que está expressamente estabelecido no parágrafo único do art. 49, que prevê, inclusive, que, se eventualmente algum pagamento tenha chegado a ser feito (entrada, por exemplo), as importâncias devem ser imediatamente devolvidas.

35.9. Sem despesas

Como o risco do empreendimento é do fornecedor, que vende e entrega o produto ou serviço com a possibilidade legal da devolução, e como o efeito da desistência é *ex tunc*, toda e qualquer despesa necessária à devolução do produto ou serviço é de responsabilidade do vendedor, inclusive transporte, caso seja preciso.

35.10. Devolução do que foi pago

Concretizada a desistência, qualquer importância que eventualmente já tenha sido paga (entrada, adiantamento, desconto do cheque, pagamento com cartão etc.) deve ser devolvida em valores atualizados. Se, por exemplo, foi feita a autorização para débitos parcelados no cartão de crédito e apenas o primeiro (do ato da compra) foi lançado, este tem de ser devolvido em dinheiro ou lançado como crédito no cartão, e os demais têm de ser cancelados pela vendedora junto à administradora do cartão de crédito.

35.11. Solidariedade das administradoras de cartão de crédito, bancos e demais instituições financeiras

O principal instrumento das vendas por internet ou telefone (especialmente por meio de programas e anúncios de TV) é o pacote de ofertas que inclui a facilidade de pagamento. E esta é mais bem viabilizada pelo uso do cartão de crédito. É que o negócio não funcionaria se a compra fosse "automática" e o *pagamento não*.

Assim, os vendedores encontraram o parceiro ideal: as administradoras de cartões de crédito.

Como é sabido, a administradora do cartão mantém com os fornecedores que comercializam produtos e serviços via web/internet, telefone e mala-direta contrato comercial no qual se estabelece uma espécie de conta corrente.

O comerciante vende ao consumidor, emite o boleto com o número de seu cartão, com o preço do produto etc.; o boleto é enviado à administradora, que efetua o pagamento do preço ao vendedor; posteriormente é cobrado o preço do consumidor. Fecha-se assim o ciclo.

Acontece que a administradora do cartão recebe pelo serviço efetuado aos vendedores, normalmente cobrado por meio de descontos dos valores a serem a eles creditados. Logo, as administradoras de cartões e os fornecedores-vendedores são parceiros nos negócios, já que ambos têm interesse jurídico e comercial na venda.

Além disso, as administradoras dos cartões de crédito participam do negócio no momento da oferta feita pelo vendedor, na medida em que a conhecem e anuem com seu conteúdo. Aliás, as ofertas sempre trazem em letras garrafais que os pagamentos podem ser feitos com cartão de crédito. Na verdade, como já dissemos, esse é o grande "lance de *marketing*", o grande atrativo para que o consumidor adquira produtos sem sair de casa e sem ter nenhum trabalho, conseguindo a aprovação do pagamento na hora. E é por isso mesmo que as vendas nesse segmento não param de crescer. Atraídos pela possibilidade de adquirir produtos e serviços via internet assistindo à TV e usando apenas o telefone, ou, ainda, por mala-direta etc., o consumidor faz as compras e usa seu cartão.

Além dos parceiros administradores de cartão de crédito, atualmente, existem outras formas de fechamento do negócio e pagamento do preço que envolvem os bancos e demais instituições financeiras. Por intermédio deles, é possível pagar o preço à vista ou parcelado, emitindo boletos bancários ou mediante débito em conta corrente.

Ora, a oferta vincula os fornecedores conforme está estabelecido no art. 30 do CDC. E, como se viu acima[7], a desistência garantida no art. 49 tem efeito *ex tunc*, anulando o negócio desde o início, como se nunca tivesse sido feito.

Assim, exercida a prerrogativa do art. 49, toda a transação desaparece, inclusive e *principalmente* aquela ligada ao pagamento do preço. E, se esta foi estabelecida mediante o uso do cartão de crédito, ou mediante emissão

---

7. Item 35.8, *retro*.

de boletos ou débitos em conta corrente, tal operação também sofre o efeito da desistência e é anulada desde o início.

Aliás, isso é obvio, pois, se o consumidor pudesse desistir da compra, como pode, mas tivesse de continuar pagando o preço, porque, por outra relação contratual, a cobrança do preço tivesse sido repassada para um parceiro da operação (a administradora do cartão de crédito, o banco ou a instituição financeira), o art. 49 seria inócuo: não serviria para nada. Isto porque, como mostramos, a maior parte das transações efetuadas por compras via internet, por telefone e mala-direta tem nesses parceiros seu meio de pagamento.

E isso seria verdade mesmo que se considerasse esse parceiro como um terceiro da operação, pois, em repassando o vendedor a cobrança do preço para esse terceiro, o efeito seria o mesmo de inutilizar as garantias do art. 49 do CDC.

Realçamos que somos daqueles que sempre defenderam essa posição, que com muita luta foi inclusive adotada em decisões judiciais. E o Decreto n. 7.962/2013, já referido no Capítulo 32 *retro* (item 32.5) e neste mesmo (item 35.5), pôs uma pá de cal numa eventual discussão que pudesse existir. Diz a norma que o exercício do direito de arrependimento implica a rescisão dos contratos acessórios, sem qualquer ônus para o consumidor (§ 2º do art. 5º).

E mais: que o exercício desse direito deve ser comunicado imediatamente pelo fornecedor à administradora do cartão de crédito, banco ou instituição financeira, para que:

a) a transação não seja lançada na fatura ou conta do consumidor; ou

b) que seja efetivado o estorno do valor, caso o lançamento na fatura ou conta já tenha sido realizado (§ 3º e incisos I e II do mesmo art. 5º).

35.12. *Exercício*

35.12.1. Leia a seguinte ementa extraída de uma decisão:

"Matrícula — Desistência do curso — Restituição do valor da matrícula — Prazo de 7 dias a partir da prestação do serviço — Inteligência do art. 49 c/c 47 do CDC — A indevida retenção caracteriza enriquecimento sem causa.

Descabida a retenção do valor pago a título de matrícula pela instituição de ensino, seja por não ter sido o serviço prestado, seja por inexistir cláusula expressa e autônoma resguardando o pagamento de determinada quantia pelas atividades administrativas realizadas para a inserção do aluno na escola, a despeito do arrependimento".

Agora, responda:

a. Qual foi a interpretação do chamado "prazo de reflexão" feita pela decisão?

b. Neste caso, a decisão está de acordo com a lei?

36. AS CLÁUSULAS ABUSIVAS

O CDC relacionou uma série de tipos de cláusulas contratuais, colacionadas na realidade do dia a dia do mercado de consumo, para declará-las abusivas e, logo, nulas.

São as hipóteses do art. 51, que dispõe:

"Art. 51. São nulas de pleno direito, entre outras, as cláusulas contratuais relativas ao fornecimento de produtos e serviços que:

I — impossibilitem, exonerem ou atenuem a responsabilidade do fornecedor por vícios de qualquer natureza dos produtos e serviços ou impliquem renúncia ou disposição de direitos. Nas relações de consumo entre o fornecedor e o consumidor-pessoa jurídica, a indenização poderá ser limitada, em situações justificáveis;

II — subtraiam ao consumidor a opção de reembolso da quantia já paga, nos casos previstos neste Código;

III — transfiram responsabilidades a terceiros;

IV — estabeleçam obrigações consideradas iníquas, abusivas, que coloquem o consumidor em desvantagem exagerada, ou sejam incompatíveis com a boa-fé ou a equidade;

V — (*Vetado*);

VI — estabeleçam inversão do ônus da prova em prejuízo do consumidor;

VII — determinem a utilização compulsória de arbitragem;

VIII — imponham representante para concluir ou realizar outro negócio jurídico pelo consumidor;

IX — deixem ao fornecedor a opção de concluir ou não o contrato, embora obrigando o consumidor;

X — permitam ao fornecedor, direta ou indiretamente, variação do preço de maneira unilateral;

XI — autorizem o fornecedor a cancelar o contrato unilateralmente, sem que igual direito seja conferido ao consumidor;

XII — obriguem o consumidor a ressarcir os custos de cobrança de sua obrigação, sem que igual direito lhe seja conferido contra o fornecedor;

XIII — autorizem o fornecedor a modificar unilateralmente o conteúdo ou a qualidade do contrato, após sua celebração;

XIV — infrinjam ou possibilitem a violação de normas ambientais;

XV — estejam em desacordo com o sistema de proteção ao consumidor;

XVI — possibilitem a renúncia do direito de indenização por benfeitorias necessárias;

XVII — condicionem ou limitem de qualquer forma o acesso aos órgãos do Poder Judiciário;

XVIII — estabeleçam prazos de carência em caso de impontualidade das prestações mensais ou impeçam o restabelecimento integral dos direitos do consumidor e de seus meios de pagamento a partir da purgação da mora ou do acordo com os credores;

XIX — (*Vetado*).

§ 1º Presume-se exagerada, entre outros casos, a vantagem que:

I — ofende os princípios fundamentais do sistema jurídico a que pertence;

II — restringe direitos ou obrigações fundamentais inerentes à natureza do contrato, de tal modo a ameaçar seu objeto ou equilíbrio contratual;

III — se mostra excessivamente onerosa para o consumidor, considerando-se a natureza e conteúdo do contrato, o interesse das partes e outras circunstâncias peculiares ao caso.

§ 2º A nulidade de uma cláusula contratual abusiva não invalida o contrato, exceto quando de sua ausência, apesar dos esforços de integração, decorrer ônus excessivo a qualquer das partes.

§ 3º (*Vetado.*)

§ 4º É facultado a qualquer consumidor ou entidade que o represente requerer ao Ministério Público que ajuíze a competente ação para ser declarada a nulidade de cláusula contratual que contrarie o disposto neste Código ou de qualquer forma não assegure o justo equilíbrio entre direitos e obrigações das partes".

36.1. Nulidade absoluta

Iniciemos pelo exame do *caput*, que dispõe serem nulas de pleno direito as cláusulas abusivas.

Diferentemente do Código Civil, que dispõe sobre dois tipos de nulidade: a absoluta (nulidades de pleno direito do art. 166[1]) e a relativa (anulabilidades do art. 171[2]), a Lei n. 8.078 apenas reconhece as nulidades absolutas de pleno direito, fundadas no seu art. 1º, que estabelece que as normas que regulam as relações de consumo são de ordem pública e interesse social.

Por isso, não há que falar em cláusula abusiva que se possa validar: ela sempre nasce nula, ou, melhor dizendo, foi escrita e posta no contrato, mas é nula desde sempre.

Em função, então, desse caráter, não está obrigado o consumidor a cumprir qualquer obrigação que se lhe imponham mediante cláusula abusiva. Se a questão tiver de ser levada a juízo, isso poderá ser feito pelo consumidor, mediante ação diretamente proposta contra o fornecedor, ou poderá ser alegada em defesa: contestação ou embargos à execução. E, claro, pode ser arguida em reconvenção. Diga-se, então, que a decisão judicial que reconhece a nulidade dessa cláusula abusiva será não declaratória, mas "constitutiva negativa".

Como a cláusula abusiva é nula, tem de ser destituída de validade e efeito já antes do pronunciamento judicial. Não há por que aguardar que se busque a declaração de algo que de fato já é. Por isso que o efeito da decisão

---

1. "Art. 166. É nulo o negócio jurídico quando: I — celebrado por pessoa absolutamente incapaz; II — for ilícito, impossível ou indeterminável o seu objeto; III — o motivo determinante, comum a ambas as partes, for ilícito; IV — não revestir a forma prescrita em lei; V — for preterida alguma solenidade que a lei considere essencial para a sua validade; VI — tiver por objetivo fraudar lei imperativa; VII — a lei taxativamente o declarar nulo, ou proibir-lhe a prática, sem cominar sanção."

2. "Art. 171. Além dos casos expressamente declarados na lei, é anulável o negócio jurídico: I — por incapacidade relativa do agente; II — por vício resultante de erro, dolo, coação, estado de perigo, lesão ou fraude contra credores."

judicial é *ex tunc*, uma vez que nela se reconhece a nulidade existente desde o fechamento do negócio. E, aliás, dada a característica da nulidade e a contrariedade da cláusula abusiva à Lei n. 8.078, que é de ordem pública e interesse social, o magistrado tem o dever de se pronunciar de ofício. Mesmo que a parte — isto é, seu advogado — não alegue a nulidade, é dever do juiz declará-la por ato *ex officio*.

A jurisprudência tem se manifestado nessa linha:

"*Banco* — Contratos de mútuo e de abertura de crédito rotativo — Negócios inseridos entre as relações de consumo — Equiparação aos consumidores, todas as pessoas expostas às práticas previstas no CDC (art. 29) — Juros que constituem o 'preço' pago pelo consumidor — Cláusula prevendo alteração unilateral do percentual prévia e expressamente ajustado pelos figurantes do negócio — Nulidade *pleno iure* — Possibilidade de conhecimento e decretação de ofício.

(...)

Sendo a nulidade prevista no art. 51 do CDC da espécie *pleno iure*, viável o conhecimento e a decretação de ofício, a realizar-se tanto que evidenciado o vício (art. 146, parágrafo, do CC)"[3].

"Trata-se de ação de execução, visando a cobrança de saldo devedor de Contrato de Participação em Consórcio, tendo por objeto a aquisição de bem imóvel com que já contemplada a consorciada. A ação foi aforada na Comarca de São José do Rio Preto, em razão do foro de eleição, previsto no contrato. É lá que se encontra a sede da agravante. A ré-agravada reside, segundo consta, na distância aproximada de 100 km daquele local, em cidade pequena. E foi nessa outra cidade que o contrato foi firmado e onde as parcelas vinham sendo pagas.

Ora, em contrato de adesão, como é o caso do consórcio firmado, são nulas as cláusulas abusivas (art. 51, Lei 8.078/90), dentre as quais aquelas que coloquem o consumidor em desvantagem exagerada (inciso IV do mesmo artigo), estejam em desacordo com o sistema de proteção ao consumidor (inciso XV) se mostre 'excessivamente onerosa para o consumidor, considerando-se a natureza e conteúdo do contrato, o interesse das partes e outras circunstâncias peculiares ao caso' (§ 1º, inciso III, art. 51) e ofenda os princípios fundamentais do CDC (§ 1º, inciso I, do mesmo artigo 51).

---

3. Ap. 193.051.216, 7ª Câm. Cív. do TARS, rel. Juiz Antonio Janyr Dall'Agnol Junior, v. u., j. 19-5-1993, *JTARS* 697/173.

Dentre esses princípios está a boa-fé (artigo 4º, III), que é também condição geral dos contratos (art. 51, IV). E essa boa-fé é objetiva, presumida como regra de conduta nas relações de consumo.

Não resta dúvida que a cláusula de eleição de foro, por tudo o que se disse, é nula.

Nesse sentido, em caso idêntico, já decidiu a Colenda 2ª Câmara deste E. Sodalício:

'*Competência* — Foro de eleição — Consórcio — Contrato de adesão — Prevalecimento do Código de Defesa do Consumidor para que o devedor tenha acesso aos órgãos judiciários e facilitação de sua defesa — Artigo 6º, incisos VII e VIII, da Lei n. 8.078/90 — Hipótese que não se trata de declinação de ofício de incompetência relativa, mas sim de reconhecimento de normas de ordem pública a exigir remessa dos autos à comarca do domicílio do consumidor' (AI 561.526-1, da 2ª Câmara do 1º TAC, relator Juiz Nelson Ferreira, v. u., j. 15-12-1993, in *JTACSP-LEX, 145*:46).

Esclareça-se ademais que não se trata *in casu* de declinação de ofício de incompetência de foro de eleição, mas sim de declaração de nulidade de cláusula contratual que, por isso, produz efeitos *ex tunc*, tornando o contrato, desde sempre, sem cláusula de eleição de foro:

'Como a cláusula abusiva é nula de pleno direito (CDC, art. 51), deve ser reconhecida essa nulidade de ofício pelo juiz, independentemente de requerimento da parte ou interessado. O reconhecimento *ex officio* do vício acarreta a nulificação da cláusula. Por ter sido declarada nula, a cláusula não pode ter eficácia. Assim procedendo, o juiz não estará declarando de ofício a incompetência relativa, motivo pelo qual não é aplicável à hipótese a STJ 33' (Nelson Nery Jr., in 'O Código de Defesa do Consumidor Comentado pelos autores do Anteprojeto', 5ª ed., Rio de Janeiro: Ed. Forense Universitária, p. 404).

Resta apenas saber se podia o Magistrado remeter de ofício o feito à Comarca do domicílio do consumidor.

O caso é de execução com garantia hipotecária, enquadrando-se na permissão da segunda parte do artigo 95 do CPC, que dispõe:

'... Pode o autor, entretanto, optar pelo foro do domicílio ou de eleição, não recaindo o litígio sobre direito de propriedade, vizinhança, servidão, posse, divisão e demarcação de terras e nunciação de obra nova'.

E como já se decidiu a 'execução hipotecária, nada obstante seja ação real, não está na proibição contida no CPC 95 2ª parte, de sorte que pode ser ajuizada no foro de eleição (*RTJ* 89/231)' (Nelson Nery Junior e Rosa Maria Andrade Nery, 'Código de Processo Civil Comentado', 3ª ed., São Paulo: RT, p. 406).

Contudo, a instauração do sistema protecionista da Lei 8.078 trouxe uma nova posição na questão processual, que nesse ponto do foro para ajuizamento das demandas deve ser adequadamente interpretado, sob pena de se garantir plenamente o direito material do consumidor e perdê-lo pelo simples fato da admissão de que o fornecedor decida onde propor as ações, dificultando sobremaneira sua defesa.

O processo não pode ser um entrave ao exercício dos direitos do consumidor, quer na propositura por ele da ação (e, lembre-se que, nesse sentido, a Lei 8.078 prevê até a inversão do ônus da prova a seu favor no processo civil — art. 6º, VIII), quer quando tem ele que se defender.

Ora, os princípios do devido processo legal da Carta Magna (art. 5º, LV), bem como o da isonomia (art. 5º, *caput* e I) estariam rompidos, caso se permitisse que o fornecedor usasse o processo como meio de abuso do seu direito (*abuso que amplamente o CDC proibiu no direito material nos artigos 39, 40, 42, 51 etc.*).

E mais: a vulnerabilidade reconhecida na Lei 8.078 (art. 4º, I), que decorre do princípio da isonomia constitucional, e o 'acesso aos órgãos judiciários e administrativos, com vistas à prevenção ou reparação de danos patrimoniais e morais, individuais, coletivos ou difusos, assegurada a proteção jurídica, administrativa e técnica aos necessitados' (art. 6º, VII, CDC) estariam também violados.

Não é à toa que o Judiciário, atento a essas normas, já decidiu que:

'*Cláusula de eleição de foro abusiva — desconsideração pelo juiz, de ofício — remessa dos autos ao foro do domicílio do réu — Possibilidade — Inaplicável a Súmula n. 33 do stj — Agravo Improvido* — Se o foro de eleição, em contrato de alienação fiduciária, de adesão, evidencia de pronto ser contra os interesses do devedor, dificultando-lhe o acesso à Justiça e à ampla defesa, direitos de matiz constitucional (artigo 5º, XXXV e LV, CF), pode o juiz desconsiderá-lo, de ofício, determinando a remessa dos autos ao foro do domicílio do réu. Tal possibilidade mais se evidencia em caso que envolve relação de consumo, quando a cláusula está em desacordo com o sistema de proteção ao consumidor (artigo 6º, VII, combinado com o artigo 51, IV e XV, e seu § 3º, III, todos do Código de Defesa do Consumidor). Sendo formidável a distância entre o foro de eleição e o do domicílio da ré, onde feito o negócio, ocorre o abuso autorizante da desconsideração. Quando se trata de zelar pelos direitos fundamentais, que em muito desborda o aspecto processual, é inaplicável a Súmula n. 33 do STJ (2º TACivil — 5ª Câm.; Ag. de Instr. n. 487.521-00/6 — São Paulo; Rel. Juiz Dyrceu cintra; j. 02.04.1997; maioria de votos; ementa)'.

Aliás, a Colenda 3ª Câmara já nos findos de 1993 havia corretamente enquadrado a questão, em voto da lavra do I. Juiz Franco de Godoi:

'Empresa de consórcio não pode invocar o foro de eleição. Entendimento no sentido de que não é válido o foro de eleição imposto pela parte mais forte do contrato de adesão. Reconhecimento de que o ajuizamento de ação em lugar distante da realização do contrato impõe excessivo ônus ao consorciado, em detrimento de seus direitos. Ofensa ao CDC 51 § 1º. Hipótese em que se reconheceu que por serem de ordem pública as regras do CDC 1º, o juiz poderia de ofício declinar de sua competência para atender aos interesses do consumidor, não havendo ilegalidade em seu ato (MS 545.967-2, rel. Juiz Franco de Godoi, j. 17.08.1993)'.

Isto posto, nega-se provimento ao agravo"[4].

36.2. Imprescritibilidade

Não há, na Lei n. 8.078, nenhum prazo para o exercício do direito de pleitear em juízo a declaração da nulidade da cláusula abusiva.

O princípio é o de que a nulidade da cláusula abusiva é absoluta, de acordo com as disposições do CDC, cuja matéria é de ordem pública e interesse social (art. 1º). E, quer se considere a decisão judicial que reconheça a nulidade como "meramente declaratória", quer como "desconstitutiva", a ação é imprescritível.

36.3. O conceito de "cláusula"

O sentido do termo "cláusula" estampado no *caput* do art. 51 é mais amplo do que o de "cláusula contratual".

Claro que o sentido estrito de "cláusula contratual" está previsto. Mas deve-se entender o vocábulo "cláusula" da norma na sua acepção mais ampla, de todo e qualquer pacto ou estipulação contratual, escrito ou verbal, de todas as formas possíveis de fazerem nascer relações jurídicas de consumo. Aliás, formas essas que apresentamos adiante[5] do Capítulo 32.

---

4. AI 857.744-6, 4ª Câm. do 1º TACSP, de nossa relatoria, v. u., j. 5-5-1999, *DOE*, 26-5-1999.

5. Ver Capítulo 32.

36.4. Rol exemplificativo

O elenco das cláusulas abusivas apresentado no art. 51 é exemplificativo, e aqui não há muito o que argumentar, porque a redação do *caput* traz expressão que deixa patente o critério da lei: diz "entre outras".

Além disso, como vimos, a exigência da boa-fé objetiva como princípio (art. 4º, III) e como norma (inciso IV, que a seguir examinaremos) é verdadeira cláusula ou condição geral a ser observada nos contratos, de sorte que outras cláusulas abusivas podem ser identificadas[6].

36.5. Cláusula de não indenizar

Examine-se, agora, o inciso I do art. 51.

São duas as proposições estabelecidas na identificação do inciso I:

a) a que proíbe *absolutamente* a cláusula de não indenizar:

"I — impossibilitem, exonerem ou atenuem a responsabilidade do fornecedor por vícios de qualquer natureza dos produtos e serviços ou impliquem renúncia ou disposição de direitos ...".

b) a que proíbe *relativamente* tal cláusula, quando se trate de consumidor pessoa jurídica:

"Nas relações de consumo entre o fornecedor e o consumidor pessoa jurídica, a indenização poderá ser limitada, em situações justificáveis".

36.5.1. Proibição absoluta

Tratemos da primeira parte, que por sua vez se divide em duas:

a.1) é nula a cláusula contratual que impossibilite, exonere ou mesmo atenue a responsabilidade do fornecedor por vícios;

---

6. A Secretaria de Direito Econômico do Ministério da Justiça tem publicado, em cumprimento ao Regulamento do Código de Defesa do Consumidor (Dec. n. 2.181, de 20-3-1997), elenco de cláusulas que entende abusivas e que estão sendo praticadas. Foi publicado o rol da Portaria n. 4, de 13 de março de 1998 (posteriormente, por despacho de 12-5-1998 do Secretário de Direito Econômico do Ministério da Justiça, foram publicadas notas explicativas a respeito desse *rol*). Foi também publicado outro rol, da Portaria n. 3, de 19 de março de 1999.

A publicação das cláusulas que a SDE/MJ entende abusivas não tem caráter normativo, mas informativo e complementar de orientação ao Sistema Nacional de Defesa do Consumidor — SNDC (art. 56 do Regulamento do CDC). O SNDC foi organizado pelos arts. 1º e s. do regulamento citado.

a.2) é nula a cláusula contratual que implique renúncia ou disposição de direitos.

A identificação é, portanto, plena. A norma fala em vícios (arts. 18 a 20). Logo, o fornecedor não tem como escapar: sempre responde pelos vícios dos produtos ou serviços.

No que respeita aos defeitos (arts. 12 a 14), o fornecedor também não pode estipular cláusula visando impossibilitar, exonerar ou atenuar sua responsabilidade, por expressa disposição do art. 25.

No que diz respeito à nulidade da cláusula que pretende significar renúncia ou disposição de direitos por parte do consumidor, ela é também nula. São, por exemplo, as cláusulas que desoneram o fornecedor de responder por sua inadimplência contratual, como o atraso na entrega do produto, a renúncia do consumidor por valor adiantado[7], a obrigação de o consumidor adimplir sem que o fornecedor o tenha feito etc.

36.5.2. Proibição relativa

Agora examinemos a segunda parte da proposição do inciso I: a que permite a limitação da indenização, quando se trate do consumidor pessoa jurídica.

Em primeiro lugar, note-se que a abertura da norma não é total. Ela diz que "a indenização poderá ser limitada, em *situações justificáveis*".

Quais seriam essas situações?

Nós já as apresentamos quando da análise do *caput* do art. 2º, para a definição cabal de consumidor numa relação típica de consumo[8]. Reexaminemos aquilo que comentamos naquela oportunidade.

A nosso ver, essa expressão ("situações justificáveis"), que é, de fato, um limite posto à exceção aberta da possibilidade de estipular cláusula que, por sua vez, também limite o dever de indenizar, pressupõe duas hipóteses para o atingimento de sua finalidade:

a) que o tipo de operação de venda e compra de produto ou serviço seja especial, fora do padrão regular de consumo;

b) que a qualidade do consumidor pessoa jurídica, de sua parte, também justifique uma negociação prévia de cláusula contratual limitadora.

---

7. Ver, a respeito desse assunto, o item 36.6, *infra*.
8. Ver comentários no Capítulo 5, item 5.1.

Para o fornecedor exercer a prerrogativa de negociar a inserção de cláusula contratual limitadora de seu dever de indenizar, é necessário que estejam presentes as duas situações previstas nas letras "*a*" e "*b*", *supra*, simultaneamente.

Examine-se a letra "*a*".

Não basta que a compra seja fora do padrão para que se possa incluir a cláusula. Por exemplo, se um consumidor pessoa física quiser adquirir vinte microcomputadores para distribuir a seus amigos e parentes[9], isso não é suficiente para a negociação e inclusão de cláusula. A compra está fora do padrão, mas não está presente o outro requisito.

E, quanto à letra "*b*", o mesmo ocorre, com duas alternativas:

b.1) não é suficiente que o consumidor seja pessoa jurídica fazendo uma aquisição dentro do regular. Por exemplo, a pessoa jurídica que adquire um microcomputador numa loja de departamentos ou diretamente do fabricante. Essa é uma aquisição comum, que recebe as garantias gerais das disposições regulares do sistema de responsabilidade civil instituída no CDC. Não pode o fornecedor limitar sua responsabilidade;

b.2) não é suficiente que a compra seja fora do padrão. É necessário que a pessoa jurídica consumidora seja também de porte razoável para que a cláusula limitadora possa ser *negociada* e inserida no contrato. Evidente que cada caso terá suas particularidades, na medida em que a norma se está utilizando de termos indeterminados, que remetem a situações concretas variáveis. Mas é possível, desde já, dizer que pessoa jurídica "de porte", para os fins instituídos no inciso I do art. 51, é aquela que tem corpo jurídico próprio ou pode contratar consultor jurídico que negocie em nome dela a cláusula contratual limitadora. Sem isso, isto é, sem que se estabeleça um equilíbrio prévio para a negociação da cláusula, ela não poderá ser inserida no contrato.

Além dessas duas exigências de ordem jurídica que decorrem da norma (das letras "*a*" e "*b*" — "b.1" e "b.2"), haverá outra, de ordem prática e que é condizente com o mundo dos negócios.

É a que está relacionada à disposição que terá o consumidor pessoa jurídica para abrir mão de parte de seu direito de garantia de indenização. Por evidente, a negociação somente terá início se houver uma contrapartida por parte do fornecedor. Para este pretender limitar seu direito de indenizar terá de oferecer algo em troca. Por exemplo, um bom desconto no preço, um maior prazo de pagamento, a ampliação do tempo de garantia etc.

---

9. Ou qualquer outro motivo, que é de sua exclusiva esfera privada.

Assim, o consumidor pessoa jurídica estará em condições de entabular negociações com vistas à aquisição do produto ou serviço e inserção da cláusula contratual limitadora, o que será feito por intermédio de seu assessor jurídico.

Note-se, além disso, que a norma apenas permite que a negociação recaia no *quantum* da *indenização*, para limitá-la, o que implica dizer que não pode haver cláusula exonerando totalmente o fornecedor do dever de indenizar. É o que se extrai da letra da lei, que dispõe que "a indenização poderá ser limitada". Logo, não pode ser eliminada.

36.6. Reembolso de quantia paga

O inciso II identifica a cláusula abusiva que subtraia "ao consumidor a opção de reembolso da quantia paga, nos casos previstos" no CDC.

É repetição da regra do inciso I, *supra*, primeira parte, final, só que específica. Em várias citações previstas na Lei n. 8.078, o consumidor tem direito ao reembolso. Por exemplo, na hipótese do inciso II do § 1º do art. 18 e do § 3º do mesmo artigo; no caso do inciso IV do art. 19 e também do inciso II do art. 20. É também a situação da regra do art. 49[10].

Em qualquer desses casos é nula a cláusula contratual que subtraia o direito de reembolso ou restituição da quantia paga.

36.7. Transferência de responsabilidade a terceiros

O inciso III proíbe a transferência da responsabilidade a terceiros. Qualquer relação que o fornecedor tenha com terceiro é problema dele. Não pode ele, mediante cláusula contratual, transferir no todo ou em parte sua responsabilidade pelos produtos ou serviços vendidos para terceiros.

É claro que não há impedimento para o fornecedor contratar seguro para se garantir contra prejuízos pela necessidade de pagamento de indenização por acidente de consumo, como fazem os estacionamentos, por exemplo.

Nesse caso, por força da lei, pode o fornecedor, quando acionado, chamar a seguradora ao processo. É o que dispõe o art. 101, II, do CDC:

> "Art. 101. Na ação de responsabilidade civil do fornecedor de produtos e serviços, sem prejuízo do disposto nos Capítulos I e II deste Título, serão observadas as seguintes normas:

---

10. Ver Capítulo 35.

(...)

II — o réu que houver contratado seguro de responsabilidade poderá chamar ao processo o segurador, vedada a integração do contraditório pelo Instituto de Resseguros do Brasil. Nesta hipótese, a sentença que julgar procedente o pedido condenará o réu nos termos do art. 80 do Código de Processo Civil. Se o réu houver sido declarado falido, o síndico será intimado a informar a existência de seguro de responsabilidade, facultando-se, em caso afirmativo, o ajuizamento de ação de indenização diretamente contra o segurador, vedada a denunciação da lide ao Instituto de Resseguros do Brasil e dispensado o litisconsórcio obrigatório com este".

A condenação colocará fornecedor e seguradora como devedores solidários, por determinação do art. 132 do Código de Processo Civil, que dispõe:

"Art. 132. A sentença de procedência valerá como título executivo em favor do réu que satisfizer a dívida, a fim de que possa exigi-la, por inteiro, do devedor principal, ou, de cada um dos codevedores, a sua quota, na proporção que lhes tocar".

36.8. Obrigações iníquas e desvantagem exagerada

A disposição é a da primeira parte do inciso IV. Iniquidade é o oposto de equidade, literalmente[11]. Por isso é dispositivo redundante na proposição, que termina falando de equidade, que comentaremos na sequência.

O conceito que importa aqui é o de desvantagem exagerada. E é a própria norma do art. 51 que no § 1º define desvantagem exagerada contra o consumidor, ao regular o que entende por vantagem exagerada a favor do fornecedor.

Releiamos o § 1º:

"Art. 51. (...)

§ 1º Presume-se exagerada, entre outros casos, a vantagem que:

I — ofende os princípios fundamentais do sistema jurídico a que pertence;

---

11. "Iniquidade" vem do latim *iniquatate*, e "equidade" tem origem no latim *aequitate* (cf. *Novo dicionário Aurélio da língua portuguesa*, cit., p. 948 e 675, respectivamente).

II — restringe direitos ou obrigações fundamentais inerentes à natureza do contrato, de tal modo a ameaçar seu objeto ou o equilíbrio contratual;

III — se mostra excessivamente onerosa para o consumidor, considerando-se a natureza e conteúdo do contrato, o interesse das partes e outras circunstâncias peculiares ao caso".

36.8.1. Presunção relativa

A redação do § 1º, desde logo, aponta seu caráter exemplificativo, ao utilizar-se da expressão "entre outros casos" e falar em presunção ("presume-se"). Trata-se de presunção relativa, que admite prova em contrário do fornecedor[12], com o que é de levar em consideração a análise do caso concreto. E a jurisprudência tem avaliado a situação caso a caso.

Veja-se a decisão da 10ª Câmara do 1º Tribunal de Alçada Civil de São Paulo que entendeu abusiva cláusula de eleição de foro e outra da 4ª Turma do Superior Tribunal de Justiça que a entendeu válida:

"*Competência* — Foro de eleição — Causa em que se discute o reajuste de prestações de casa própria — Remessa indevida dos autos para a Justiça Federal em face de terceiro envolvido, cuja intervenção no processo não se cogitou — Admissibilidade, no entanto, do ajuizamento da ação no domicílio do mutuário por ser iníqua e abusiva a cláusula que elegia como foro o local da sede da instituição bancária — Artigo 51, IV, do Código de Defesa do Consumidor — Recurso parcialmente provido para declarar competente o juízo onde ajuizada a ação".

(...)

Mas, podia o mutuário ter ajuizado a ação no foro de seu domicílio. Aquela cláusula contratual que elegia o da Capital, sede do banco, dificultava-lhe o acesso ao Judiciário (artigo 5º, XXXV, da CF), mesmo porque dispõe o artigo 51, IV, do Código de Defesa do Consumidor que são nulas de pleno direito, entre outras, as cláusulas relativas ao fornecimento de produtos e serviços que estabeleçam obrigações consideradas iníquas, abusivas, que coloquem o consumidor em desvantagem exagerada, ou sejam

---

12. No mesmo sentido, Nelson Nery Junior, *Código Brasileiro de Defesa do Consumidor comentado pelos autores do Anteprojeto*, cit., p. 430.

incompatíveis com a boa-fé ou equidade, sendo de se acrescentar que o inciso XXXII do artigo 5º da Lei Magna quer, pelo Estado, a defesa do consumidor. Em sendo assim, é dado parcial provimento ao recurso para firmar a competência do juízo onde a ação foi ajuizada"[13].

"Contrato de adesão — Foro de eleição — Validade. A eleição do foro em contrato de adesão é válida, a menos que esteja comprovadamente eivada de qualquer dos vícios elencados no art. 51 da Lei n. 8.078/90 ou contravenha princípio contemplado no mesmo diploma legal. Essa validade há de ser apreciada em cada caso particular pelo juiz, cuja liberdade de interpretar, em face da prova colhida, é razoavelmente ampla. Alegação, que se repele, de contrariedade às disposições legais invocadas (Lei n. 8.078/90, citada, arts. 47 e 51, IV e XV, e § 1º, II). Dissídio pretoriano não comprovado. Recurso especial não conhecido"[14].

36.8.2. Princípios fundamentais

O inciso I do § 1º tem redação didática, uma vez que ensina que é exagerada a vantagem que ofende os princípios fundamentais do sistema jurídico a que pertence — nos vários subsistemas jurídicos. E como "sistema" de proteção ao consumidor há que entender todas as normas, além da Lei n. 8.078, que atingem e regulam as relações de consumo, tais como a Lei de Economia Popular (Lei n. 1.521/51), a Lei Delegada (Lei n. 4/62), a Lei dos Crimes Contra a Ordem Econômica (Lei n. 8.137/90), a Lei de Plano e Seguro-Saúde (Lei n. 9.656/98). E, no caso do CDC, são vários os princípios que devem ser respeitados[15].

A norma do inciso I do § 1º tem, também, relação com a regra do inciso XV do art. 51[16].

36.8.3. Ameaça do objeto ou do equilíbrio contratual

A regra do inciso II é daquelas que dependem exclusivamente de análise do caso concreto.

---

13. AI 576.953-6, rel. Juiz Urbano Ruiz, v. u., j. 12-4-1994, *JTACSP*, Lex, 151/10.
14. REsp 59.904-0-PR, rel. Min. Antonio Torreão Braz, v. u., j. 10-4-1995, *IOB*, 3/11009, ementário.
15. Ver Capítulo 31.
16. Ver item 36.5.

Leiam-se os julgados da 5ª Câmara Civil do Tribunal de Justiça de São Paulo e da 2ª Câmara Cível do Tribunal de Justiça da Bahia, cujos trechos são autoexplicativos e cujas decisões são fundadas no desequilíbrio contratual estabelecido pela cláusula abusiva:

"*Seguro* — Furto de veículo — Correção monetária — Contrato que prevê forma singela de pagamento — Inadmissibilidade — Atualização determinada com base no Código de Proteção do Consumidor — Ação procedente — Recurso não provido.

A correção monetária acrescida ao pagamento de seguro por furto de veículo representa mera atualização, extremamente necessária dentro de regime de economia inflacionária.

(...)

O presente recurso não merece provimento.

A correção monetária concedida na respeitável sentença deve ser mantida pelo simples motivo de que representa mera atualização, extremamente necessária dentro de regime de economia inflacionária.

Vale ressaltar que a função primordial da correção monetária é essencialmente manter o valor monetário da moeda, não representando nenhum acréscimo. A apelante deve pagar à apelada o valor devidamente corrigido de sua obrigação contratual.

Tal critério também se justifica pela natureza do contrato em discussão. Por tratar-se de contrato de adesão há que ser analisado cuidadosamente, em caso de sinal de abuso ou de qualquer outra irregularidade, afastá-lo ou interpretar as cláusulas com moderação para que seja mantido o equilíbrio necessário entre as partes contratantes.

Percebe-se que no caso em questão a solução adotada resguarda adequadamente o valor da indenização devida, situação que evita prejuízo, de um lado, ou abuso, de outro"[17].

"*Consórcio de veículos* — Prestações pagas — Prazo de entrega vencido — Cobrança de atualização do preço do bem — Inadmissibilidade.

Consórcio de veículo — Prestações pagas — Inadmitido acréscimo ao preço — Prazo de entrega vencido — Equilíbrio contratual.

Vencido de há muito o prazo para a entrega do veículo ao consorciado contemplado, atenta contra o equilíbrio contratual e restringe o direito

---

17. Ap. 224.706-1, 5ª Câm. Cív. do TJSP, rel. Des. Silveira Neto, v. u., j. 9-3-1995, *JTJ*, Lex, 170/156.

fundamental do aderente a exigência de atualização do preço já quitado através das prestações sucessivamente reajustadas.

(...)

Por fim, vale acrescentar que a Lei n. 8.078, de 11-09-1990, o chamado 'Código de Defesa do Consumidor', dentre as cláusulas contratuais abusivas relativas ao fornecimento de produtos e serviços, e que ensejam a *nulidade de pleno direito*, introduziu a que estabeleça obrigações que coloquem o consumidor em 'desvantagem exagerada' (cf. art. 51, *caput* e inc. IV), como tal considerada, por exemplo, a que 'restringe direitos ou obrigações fundamentais inerentes à natureza do contrato, de tal modo a ameaçar seu objeto ou o equilíbrio contratual' (*id.*, § 1º, inc. II).

No caso, evidente, esse equilíbrio estará rompido se, tendo o apelado integralmente quitado o preço com os sucessivos reajustes das prestações, deixarem as apeladas de entregar o veículo referenciado no contrato de adesão, de há muito vencido, inclusive, o prazo para cumprirem sua obrigação contratual fundamental, à tradição do aludido bem ao apelado"[18].

36.8.4. Onerosidade excessiva para o consumidor

A onerosidade excessiva para o consumidor está ligada ao princípio da equivalência contratual, conforme já abordamos[19]. Ela há que ser aferida no caso concreto.

Pode acontecer de, no ato do fechamento do pacto, a cláusula não ser abusiva, mas, posteriormente, em razão de fatos supervenientes, vir a tornar-se excessivamente onerosa. Nesse caso, haverá dois caminhos:

a) a declaração de nulidade, com o esforço de integração visando a manutenção da avença com base no princípio da conservação do contrato[20] fundado no § 2º do art. 51;

b) a revisão da cláusula contratual e de seus efeitos, com vistas a corrigir o desvio, com fundamento no art. 6º, V[21].

---

18. Ap. 1.024/90, 2ª Câm. Cív. do TJBA, rel. Des. Benito de Figueiredo, v. u., j., 20-11-1990, *RTJE*, 91/151.

19. Ver subitem 31.2.4, *retro*.

20. Ver comentários a tal princípio no subitem 31.2.2, *supra*.

21. Ver nossos comentários ao subitem 31.2.2.2, *retro*.

36.9. Cláusula geral da boa-fé e equidade

A segunda parte da regra do inciso IV do art. 51 diz que a cláusula é abusiva quando seja incompatível "com a boa-fé ou a equidade".

Já comentamos o princípio da boa-fé objetiva[22], que vem elencado no art. 4º, III, e retorna aqui. Vimos que o princípio da boa-fé, apesar de estar inserido no rol das cláusulas abusivas do art. 51, é verdadeira cláusula geral a ser observada em todos os contratos de consumo[23]. Esse princípio vai exigir, portanto, sua verificação em todo e qualquer contrato, funcionando como determinação ao intérprete:

"A aplicação da cláusula geral de boa-fé exige, do intérprete, uma nova postura, no sentido da substituição do raciocínio formalista, baseado na mera subsunção do fato à norma, pelo raciocínio teleológico ou finalístico na interpretação das normas jurídicas, com ênfase à finalidade que os postulados normativos procuram atingir"[24].

Dessa maneira percebe-se que a cláusula geral de boa-fé permite que o juiz crie uma norma de conduta para o caso concreto, atendo-se sempre à realidade social, o que nos remete à questão da equidade, prevista ao final da norma em comento.

Observe-se inicialmente, como já o fizemos[25], que o conceito de equidade a ser examinado pelo intérprete foi também erigido à condição de cláusula geral, uma vez que aparece ao lado da boa-fé no inciso IV do art. 51.

E tem razão Paulo Luiz Netto Lôbo quando diz que "a boa-fé sempre se entroncou historicamente com a equidade. O juízo de equidade conduz o juiz às proximidades do legislador, porém limitado à decidibilidade do conflito determinado na busca do equilíbrio dos poderes contratuais, tendo de um lado o predisponente e de outro o aderente típico. Não atua no plano da política legislativa. Apesar de trabalhar com critérios objetivos, com *standards* valorativos e com o efeito *erga omnes* da decisão, a equidade é entendida no sentido aristotélico de justiça do caso concreto. No caso, a equidade surge como corretivo ou impedimento das condições gerais iníquas ou que provocam vantagem injusta ao predisponente em

---

22. Ver subitem 31.2.3, *retro*.
23. Ver subitem 31.2.3.3, *retro*.
24. Agathe Schmidt, Cláusula geral da boa-fé nas relações de consumo, *Revista Direito do Consumidor*, n. 17, p. 156.
25. Ver subitem 31.2.3.4, *retro*.

relação a qualquer aderente. A ideia da lei é que existam critérios definidos referenciáveis em abstrato e que o juiz-intérprete não os substitua por mera apreciação discricionária"[26].

E, como observou a Professora Mirella D'Angelo Caldeira, como a equidade aparece na Lei n. 8.078 na condição de cláusula geral, funciona como princípio de equidade contratual, determinando que o intérprete busque encontrar e manter as partes em equilíbrio na relação obrigacional estabelecida, com o fim de alcançar uma justiça contratual.

A lei "quer proteger os legítimos interesses e expectativas das partes. O que importa é o efeito do contrato. Se houver desequilíbrio, desigualdade entre as partes, o contrato deverá ser revisto e até mesmo alterado"[27].

Nessa linha de entendimento, examine-se a ementa da decisão abaixo, que está fundada na mantença do pacto por preservação do princípio da boa-fé objetiva:

"O contrato de seguro, por natureza, se não é exatamente um contrato de adesão, é daqueles sujeitos às 'condições gerais'. Logo, nele as regras de interpretação, tal como exige a doutrina, na forma de precedentes judiciais e segundo, agora, textos de lei (v. g., a Lei n. 8.078), recomendam que se veja com cuidados o que está impresso e se interpretem com zelo as cláusulas que traiam a intenção das partes. Isto ao efeito de preservação da *boa-fé objetiva*. Alegação de má-fé do segurado. Ônus da prova. Incumbe à seguradora que utiliza tais impressos, que dispensa exames prévios e que comete a prepostos o enchimento das propostas, o ônus. Alegação de custos com tais exames. Impertinência da alegação. Numa economia de mercado, ganha-se e perde-se dentro das regras e quem não tem competência não se estabelece, desincumbindo reservas ou nichos. Ação de cobrança de seguro procedente. Sentença confirmada"[28].

36.10. *Ônus de prova: proibição da inversão*

O inciso VI estabelece que é nula a cláusula que estabeleça a "inversão do ônus da prova em prejuízo do consumidor".

---

26. *Condições gerais dos contratos e cláusulas abusivas*, cit., p. 147.

27. Mirella D'Angelo Caldeira, *O controle das práticas abusivas pelo princípio da boa-fé*, monografia cit., p. 39.

28. Ac. da 2ª Câm. Cív. do TJRS, rel. Des. Sérgio Muller, v. u., j. 25-5-1994, *RJTJRS*, 166/387.

A Lei n. 8.078 distribui adequadamente o ônus da prova, permitindo sua inversão na hipótese do inciso VIII do art. 6º[29] e designando expressamente o ônus de provar do fornecedor em vários casos: § 3º do art. 12, § 3º do art. 14, art. 38.

Precisava, então, apresentar-se no elenco do art. 51 a indicação do inciso VI?

Sim. Em primeiro lugar, para não dar margem a dúvida sobre a possibilidade de estipulação de cláusula invertendo o ônus da prova.

Depois, porque no regime privatista, embora não seja comum, a norma permite em alguns casos a inversão por via de convenção. É o que estabelecem os §§ 3º e 4º do art. 373 do Código de Processo Civil. Leia-se a disposição:

"Art. 373. O ônus da prova incumbe:

I — ao autor, quanto ao fato constitutivo de seu direito;

II — ao réu, quanto à existência de fato impeditivo, modificativo ou extintivo do direito do autor.

(...)

§ 3º A distribuição diversa do ônus da prova também pode ocorrer por convenção das partes, salvo quando:

I — recair sobre direito indisponível da parte;

II — tornar excessivamente difícil a uma parte o exercício do direito.

§ 4º A convenção de que trata o § 3º pode ser celebrada antes ou durante o processo".

36.11. *Arbitragem compulsória*

A norma é clara: a cláusula que determina a utilização compulsória da arbitragem é nula (inciso VII).

E, a nosso ver, parece difícil um contrato de consumo estabelecer cláusula que estabeleça a arbitragem para diminuir os litígios. Ainda que estes digam respeito aos direitos patrimoniais disponíveis, como quer o art. 1º da Lei n. 9.307, de 23 de setembro de 1996 — Lei de Arbitragem[30].

---

29. Ver nossos comentários no Capítulo 46.

30. "Art. 1º As pessoas capazes de contratar poderão valer-se da arbitragem para dirimir litígios relativos a direitos patrimoniais disponíveis."

É verdade que não se pode afastar de maneira absoluta e *a priori* a utilização de arbitragem em matéria de consumo, porque há uma exceção — como veremos — em que ela se torna plausível. Mas na maior parte das situações ela será impossível de ser levada a contento.

Este o entendimento do Professor Nelson Nery Junior:

"Não se pode tolerar, por flagrante inconstitucionalidade, a exclusão, *pela lei*, da apreciação de *lesão a direito pelo Poder Judiciário*, que não é o caso do juízo arbitral. O que se exclui pelo compromisso arbitral é o acesso à via judicial, *mas não à jurisdição*. Não se poderá ir à justiça estatal, mas a lide será resolvida pela justiça arbitral. Em ambas há, por óbvio, a *atividade jurisdicional*"[31].

Mas acontece que a instituição do juízo arbitral com a escolha do árbitro é questão que depende de profundo conhecimento das partes e que deve ser deliberada em pé de igualdade real, de forma a não haver premência alguma de uma sobre a outra[32].

Ora, mas como fazê-lo no caso de relação de consumo?

Em nossa opinião existe uma hipótese, com a abertura permitida pela própria sistemática do CDC.

Quando examinamos o inciso I do art. 51, mais especificamente a segunda parte, observamos que o fornecedor pode, negociando com o consumidor pessoa jurídica, estabelecer cláusula contratual que limite a responsabilidade do fornecedor por acidentes de consumo[33].

Pois bem, eis aí uma hipótese possível, de estabelecimento *voluntário* da arbitragem. O consumidor pessoa jurídica de porte[34] negocia, por meio de seu corpo jurídico ou seu consultor jurídico, as cláusulas contratuais instituidoras da arbitragem. Esse é o mínimo da equivalência necessária entre as partes para que se possa discutir de forma equilibrada e consciente as cláusulas contratuais relativas à arbitragem.

---

31. *Código Brasileiro de Defesa do Consumidor comentado pelos autores do Anteprojeto*, cit., p. 421.

32. "... queremos dizer que é possível, nos contratos de consumo, a instituição de cláusula de arbitragem, desde que obedecida, efetivamente, a bilateralidade na contratação e a forma da manifestação da vontade, ou seja, de comum acordo" (Nelson Nery Junior, *Código Brasileiro de Defesa do Consumidor comentado pelos autores do Anteprojeto*, cit., p. 422).

33. Ver item 36.5, *retro*.

34. Ver, nos nossos comentários ao inciso I do art. 51, por que resolvemos qualificar o consumidor pessoa jurídica como de "porte" (item 36.5, *retro*).

Fora isso a hipótese se inviabiliza, pois não se pode esquecer que o consumidor é vulnerável e hipossuficiente; é o fornecedor que detém o controle sobre os meios de produção, distribuição e venda de produtos e serviços; é ele, também, que tem conhecimento técnico e todas as informações importantes num critério de estipulação unilateral das cláusulas e condições contratuais etc. Portanto, o CDC, tirando a exceção apontada, é incompatível com a possibilidade da fixação de arbitragem.

É importante frisarmos esses aspectos, porque, pelo fato de a Lei de Arbitragem ser posterior à Lei n. 8.078 (a Lei de Arbitragem é de 23-9-1996: Lei n. 9.307), há quem diga — de forma absolutamente equivocada — que o inciso VII do art. 51 foi revogado[35].

Como vimos, trata-se de dois sistemas totalmente diferentes, fundados em princípios e realidades econômicas diversas. E, repita-se, a arbitragem em contrato de consumo somente será possível naquele tipo de rara exceção apontado acima.

36.12. Imposição de representante

A norma do inciso VIII tachou de nula a cláusula que imponha representante para concluir ou realizar outro negócio jurídico pelo consumidor.

Esse tipo de cláusula era bastante comum antes da edição do CDC, especialmente nos contratos bancários e de administração de cartões de crédito. Inseria-se no contrato uma cláusula, conhecida como "cláusula-mandato", mediante a qual o consumidor nomeava um procurador, em caráter irretratável e irrevogável, para que ele, em nome desse consumidor, emitisse nota promissória, avalizasse cambiais, aceitasse letra de câmbio etc. Esse procurador era um representante indicado pelo fornecedor, normalmente a ele ligado e pertencendo — ou não; não importava — ao seu grupo financeiro. Por vezes, esse representante era mero funcionário, gerente ou diretor do fornecedor.

Questionadas em juízo tais cláusulas-mandato após o advento da Lei n. 8.078, a jurisprudência deu plena aplicação ao inciso VIII do art. 51.

Atualmente a Súmula 60 do Superior Tribunal de Justiça dispõe a respeito: "É nula a obrigação cambial assumida por procurador do mutuário vinculado ao mutuante, no exclusivo interesse deste".

---

35. Bulos-Furtado, *Lei de Arbitragem comentada*, p. 50-51.

No mesmo sentido e mais ampla, a decisão da 3ª Turma do Superior Tribunal de Justiça:

"É nula a cláusula contratual que outorga poderes à pessoa jurídica vinculada ao credor para contrair obrigação em nome do devedor. Aplicação do CDC 51 VIII e STJ 60"[36].

A norma fala em conclusão do negócio ou realização de "outro negócio" jurídico.

Em primeiro lugar, é de evidência que a proibição somente poderia dizer da conclusão do negócio iniciado ou de *outro* negócio jurídico, uma vez que do mesmo não poderia tratar, já que ele é preexistente.

A questão possível de ser colocada seria a de perguntar se a emissão da cambial significaria *outro* negócio jurídico diverso do contratado, que era comum nos contratos bancários e de cartões de crédito, conforme citado.

Não resta dúvida de que a emissão de cambial é pacto próprio, autônomo em relação ao pacto original e, em sendo distinto, tratava-se de *outro* negócio jurídico[37].

36.13. Opção de conclusão do negócio

Esse tipo de cláusula que, como o inciso IX identifica, deixe "ao fornecedor a opção de concluir ou não o contrato, embora obrigando o consumidor", era potestativa já no regime privatista de 1916.

Com efeito, dispunha o art. 115 do antigo Código Civil:

"São lícitas, em geral, todas as condições que a lei não vedar expressamente. Entre as condições defesas se incluem as que privarem de todo efeito o ato, ou o sujeitarem ao arbítrio de uma das partes"[38].

Não há, assim, muito o que comentar, dado o abuso evidente da tentativa disposta no contrato.

---

36. Ag. 196.602-RS, rel. Min. Waldemar Zveiter, j. 20-10-1998, *DJU*, 29-10-1998, p. 54.

37. Ver, nesse sentido: Nelson Nery Junior, *Código Brasileiro de Defesa do Consumidor comentado pelos autores do Anteprojeto*, cit., p. 426-427 e nota 202 da p. 427.

38. O novo Código Civil repete a regra no art. 122. "São lícitas, em geral, todas as condições não contrárias à lei, à ordem pública ou aos bons costumes; entre as condições defesas se incluem as que privarem de todo efeito o negócio jurídico, ou o sujeitarem ao puro arbítrio de uma das partes".

36.14. Alteração unilateral do preço

O inciso X é mais um daqueles que a lei se viu obrigada a inserir, como corolário dos abusos sempre praticados contra o consumidor no País.

Leia-se-o: é nula a cláusula contratual que permita "ao fornecedor, direta ou indiretamente, variação do preço de maneira unilateral".

Veja-se a que ponto chegamos. É a lei que tem de dizer: "após o fechamento do negócio, no qual se fixou as prestações das partes, o objeto da obrigação e o preço, uma delas — o vendedor ou prestador do serviço — não pode mais, sem o consentimento da outra, mudar (aumentar) o preço".

Isso devia ser pressuposto indiscutível, de tal forma embutido nas relações que ninguém se lembrasse de citá-lo. No entanto, o legislador foi obrigado a transformá-lo em norma!

A regra, é verdade, dirige-se aos casos em que o negócio já foi firmado, uma vez que, no sistema de liberdade de preços atualmente vigente no País, o valor inicialmente é fixado de forma livre pelo fornecedor. O que ele não pode fazer é modificá-lo para aumentá-lo[39] após ter efetuado a transação.

Por preço há que se entender aquilo que é cobrado e pago pelo consumidor, de maneira que estão aí incluídos o preço do produto, do valor dos serviços prestados, o prêmio do seguro, o custo do financiamento — taxas, despesas etc. —, bem como a taxa de juros cobrada etc.

A regra do inciso X foi inteligente ao referir-se à variação direta ou indireta do preço. É bastante comum a inserção de cláusula contratual — que sempre foi potestativa — que permite ao fornecedor escolher o índice de reajuste numa "cesta" de índices, da qual tomará o maior.

E a jurisprudência tem repelido tal disposição:

"Já na Apelação Cível n. 190145979, decidiu a 6ª Câmara Cível: Arrendamento mercantil. *Leasing*. Cláusula abusiva. É abusiva a cláusula que dispõe, diante da previsão de alternativas de cálculos dos reajustes das prestações, que sejam os mesmos feitos sempre observando aquele critério que maior valor conferisse a contraprestações devidas pelo arrendatário. Controle judicial da cláusula abusiva do direito, no desvio da finalidade econômico--social perseguida, no excesso aos limites impostos pela boa-fé, a moral e os bons costumes, ou quando a condição imposta contrarie norma imperativa.

---

39. Claro que não há impedimento para que o fornecedor *abaixe* o preço, mas, como isso soa até estranho em nossa experiência, deixamos a anotação aqui em rodapé.

Há muito vêm os Tribunais rejeitando validade a cláusulas abusivas, especialmente em contratos de adesão, como o que se discute. Atualmente, com maior razão, quando a Lei n. 8.078/90, em seu art. 51, expressamente inquina de nulidade a cláusula que atribua excessiva vantagem a uma parte.

Tem-se, nestes termos, que não podendo prevalecer qualquer cláusula alternativa que confira vantagem excessiva a apenas uma das partes, especialmente em contrato de adesão, porque o aderente não pode discutir as cláusulas, há de prevalecer o índice de correção previsto na lei como substitutivo da OTN, ou seja, o IPC"[40].

36.15. Cancelamento do contrato

O inciso XI precisa ser entendido em todas as suas implicações. É que a norma diz ser nula cláusula que autorize "o fornecedor a cancelar o contrato unilateralmente, sem que igual direito seja conferido ao consumidor".

É preciso muito cuidado na interpretação dessa norma, porque há vários contratos em que ela pura e simplesmente não tem incidência.

Ora, para permitir o cancelamento do contrato — leia-se: a resilição do contrato —, cumprindo o comando legal, bastaria ao fornecedor inserir cláusula que permitisse a ambos, fornecedor e consumidor, o cancelamento. Acontece que em muitos tipos de contrato de consumo o interesse na resilição é, por natureza, do fornecedor: por exemplo, para permitir que ele aumente o preço e ofereça o serviço novamente ao consumidor, havendo a proibição legal de aumento unilateral (inciso X). Seria muita ingenuidade admitir que basta assegurar reciprocidade para a resilição para todo e qualquer contrato poder terminar.

A identificação do inciso XI é praticamente inócua, não se conhecendo contratos em que possa sustentar-se, embora concretamente seja possível.

Não se pode olvidar — por tudo o que já foi até aqui demonstrado — que o contrato de consumo é tipicamente de massa e se fundamenta numa série de princípios e normas.

E em quais espécies de contrato poder-se-ia imaginar cláusula de resilição?

Nos de prestação de serviços contínuos: contratos bancários, de consórcios, de administração de cartão de crédito, de seguros, de aluguel de TV

---

40. Ap. da 2ª Câm. Cív. do TARS, rel. Juiz Paulo Heerdt, v. u., j. 9-5-1991, *JTARS*, 78/284.

a cabo etc. A característica de tais contratos é sua continuidade *ad infinitum* desde que o consumidor cumpra sua obrigação de pagar o preço[41]. São contratos que têm na indeterminação do prazo sua principal característica[42].

Observe-se que a Lei n. 9.656, que regulamenta o setor de plano e seguro-saúde, já fez inserir em suas disposições, expressamente, a renovação automaticamente a partir do vencimento, tornando o contrato em prazo indeterminado (art. 13)[43].

36.16. Ressarcimento unilateral do custo da cobrança

A norma do inciso XII diz que é nula a cláusula que obrigue "o consumidor a ressarcir os custos de cobrança de sua obrigação, sem que igual direito lhe seja conferido contra o fornecedor".

Mais uma norma mal redigida e, em certo sentido, difícil de ser entendida. O que pretendia o legislador, afinal?

Não era proteger o consumidor da cobrança abusiva, porque isso foi bem feito no art. 42, combinado com o art. 71. Se era apenas para estabelecer que o contrato tem de ter cláusula dizendo que o consumidor pode ressarcir-se de despesa de cobrança, a norma errou feio. Deveria tê-lo feito de outra maneira.

Isto porque o devedor é normalmente o consumidor, tanto que a norma, noutro ponto, e dessa feita acertadamente, protege-o contra a cobrança abusiva (art. 42 c/c o art. 71) e contra a negativação ilegal (art. 43, § 2º etc.). Com a disposição do inciso XII, os fornecedores passaram a cobrar os custos da cobrança do consumidor. Tiveram apenas o trabalho de estipular cláusula contratual respeitando a bilateralidade prevista no inciso XII: ambos, fornecedor e consumidor, podem ressarcir-se do custo da cobrança!

36.17. Modificação unilateral do contrato

Dispõe o inciso XIII que é nula a cláusula que autoriza "o fornecedor a modificar unilateralmente o conteúdo ou a qualidade do contrato, após sua celebração".

---

41. Lembre-se que não se trata de rescisão — quebra —, mas de resilição.

42. E, mesmo que o fornecedor coloque prazo no contrato, período de renovação etc., essa cláusula é de ser considerada também abusiva, por incidência da norma do inciso IV do art. 51, entre outras.

43. Ver a respeito nossos *Comentários à Lei de Plano e Seguro-Saúde*, cit., p. 50 e s.

Essa disposição é mais uma daquelas, como a do inciso X, que demonstram os abusos que se praticavam — e se praticam.

Como é que se poderia unilateralmente alterar um contrato e ainda assim a alteração ter validade jurídica?

Seria o caso do fornecedor que fechou negócio para dar aulas de inglês, três vezes por semana, por certo preço mensal. Passado algum tempo o fornecedor modifica o contrato a seu bel-prazer e avisa o consumidor que dali para a frente serão apenas duas aulas semanais pelo mesmo preço!

Claro que é bom estar prevista a hipótese do inciso XIII. Mas, ainda que não estivesse, a cláusula não seria válida por violar o princípio da boa-fé e do equilíbrio contratual (art. 4º, III), o princípio da equivalência contratual (art. 6º, II), assim como a cláusula geral da boa-fé (inciso IV do art. 51) etc.

36.18. Violação de normas ambientais

Pela norma do inciso XIV será nula a cláusula que "infrinja ou possibilite a violação de normas ambientais".

"Cláusula que infrinja" é aquela que por si só viole as normas ambientais (Constituição Federal e demais normas), e "cláusula que possibilite a violação de normas ambientais" é aquela cujo exercício possa significar as violações tipificadas como crime nas leis ambientais, bem como nas suas proibições, permissões e demais disposições. Cite-se como exemplo, além das normas constitucionais, a Lei n. 6.938, de 31 de agosto de 1981, a Lei n. 9.605, de 13 de fevereiro de 1998 etc.

O direito ao meio ambiente ecologicamente equilibrado é garantia constitucional estampada no art. 225 da Carta Magna, que dispõe no *caput*:

"Todos têm direito ao meio ambiente ecologicamente equilibrado, bem de uso comum do povo e essencial à sadia qualidade de vida, impondo-se ao Poder Público e à coletividade o dever de defendê-lo e preservá-lo para as presentes e futuras gerações".

Vimos no início do trabalho que a Constituição Federal assegura a exploração de atividade econômica, mas limitada pelos vários princípios constitucionais, tanto do art. 170 quanto dos arts. 1º e 5º[44].

---

44. Ver nossos comentários no Capítulo 3.

Nos princípios estampados no art. 170, a defesa do meio ambiente (inciso VI) está ao lado da defesa do consumidor (inciso V). E esses dois princípios têm muitos pontos em comum.

Discorrendo sobre a relação entre consumo e meio ambiente, os Professores Celso Antonio Pacheco Fiorillo e Marcelo Abelha Rodrigues ensinam:

"Numa rápida análise deste tópico, poder-se-ia imaginar que pouco tem a ver o binômio meio ambiente/consumo. Pensar desta maneira será recair em severo erro. Isto porque, em verdade, a associação da equação consumo/meio ambiente está umbilicalmente atada pelo fato de que o fenômeno de massificação social, que tem ocorrido ao longo das quatro últimas décadas, foi suporte para que os elementos daquele binômio sofressem profundas transformações. A própria ascensão do Estado Social, em detrimento do Estado Liberal, se deu a partir de uma necessidade de se 'frear' o aloprado desenvolvimento econômico, que poderia ser melhor chamado de subdesenvolvimento econômico, num momento em que, em virtude de uma 'economia liberal', o meio ambiente passou a ser o principal alvo e sustentáculo para esse crescimento. O resultado desse exercício desregrado da economia culminou, pois, com uma insustentável degradação ambiental na acepção mais lata que a palavra comporta. Não só os bens naturais passaram a ser objeto de preocupação em decorrência da sua já evidente escassez, mas também as questões ligadas à qualidade de vida (habitação, lazer, segurança, maternidade etc.) se viram enormemente prejudicadas pelos nefastos efeitos do capitalismo selvagem"[45].

36.19. Desacordo com o sistema de proteção ao consumidor

A hipótese do inciso XV (a cláusula é abusiva por estar em "desacordo com o sistema de proteção ao consumidor") já abordamos quando da análise do inciso I do § 1º deste mesmo art. 51.

Relembre-se, então, que por "sistema" de proteção ao consumidor há que se entender todas as normas, além da Lei n. 8.078, que atingem e regulam as relações de consumo, tais como a Lei de Economia Popular (Lei n. 1.521/51), a Lei Delegada (Lei n. 4/62), a Lei dos Crimes contra a Ordem Econômica (Lei n. 8.137/90)[46], a Lei de Plano e Seguro-Saúde (Lei n.

---

45. *Manual de direito ambiental e legislação aplicável*, p. 37-40.
46. Anote-se que entra no sistema qualquer outra norma que proteja o consumidor.

9.656/98). E, no que respeita ao regime e subsistema próprios do CDC, recoloque-se que são vários os princípios que devem ser respeitados, conforme já apontamos[47].

36.20. Renúncia à indenização por benfeitorias necessárias

O inciso XVI (nulidade de cláusula que possibilite a "renúncia do direito de indenização por benfeitorias necessárias"[48]) já está inserido no contexto do inciso I, especialmente no final da primeira parte (é nula a cláusula que implique "renúncia ou disposição de direitos"). Logo, a disposição do inciso XVI era despicienda.

36.21. Garantia de acesso ao Judiciário

O inciso XVII diz que são nulas as cláusulas contratuais que condicionem ou limitem de qualquer forma o acesso aos órgãos do Poder Judiciário, algo despiciendo, eis que ainda que alguma cláusula contratual assim o estabelecesse, ela jamais teria validade. Aliás, como vimos acima (subitem 36.11), até a utilização compulsória da arbitragem está proibida.

36.22. Liquidação de prestações devidas

O inciso XVIII diz que são nulas as cláusulas contratuais que estabeleçam prazos de carência em caso de impontualidade das prestações mensais ou impeçam o restabelecimento integral dos direitos do consumidor e de seus meios de pagamento a partir da purgação da mora ou do acordo com os credores.

De fato, não tem sentido que o consumidor inadimplente coloque em dia suas dívidas e não possa, a partir disso, retornar ao *status* de não devedor. Uma vez paga a dívida em atraso e/ou firmado acordo com os credores, todos os direitos do consumidor, inclusive com os meios de pagamentos que estão a seu dispor, devem retornar à normalidade.

---

47. Ver Capítulo 31, item 31.2.
48. Código Civil, art. 96: "As benfeitorias podem ser voluptuárias, úteis ou necessárias. (...) § 3º São necessárias as que têm por fim conservar o bem ou evitar que se deteriore".

36.23. Conservação do contrato

O § 2º do art. 51 dispõe:

"§ 2º A nulidade de uma cláusula contratual abusiva não invalida o contrato, exceto quando de sua ausência, apesar dos esforços de integração, decorrer ônus excessivo a qualquer das partes".

Já observamos que a Lei n. 8.078 adotou o princípio da conservação do contrato[49]. E, também, anotamos que o inciso V do art. 6º tem esse mesmo sentido, na medida em que põe a revisão como alternativa de manutenção da relação contratual estabelecida, bem como permite a modificação das cláusulas contratuais — mantido o contrato — que estabeleçam prestações desproporcionais[50].

O § 2º do art. 51, então, explicitamente coloca o princípio da conservação. A nulidade da cláusula somente sacrificará a relação se, tornada nula, não se puder manter o contrato pela excessiva onerosidade daí resultante.

36.24. Representação ao Ministério Público

Relembremos a redação do § 4º do art. 51, que dispõe:

"§ 4º É facultado a qualquer consumidor ou entidade que o represente requerer ao Ministério Público que ajuíze a competente ação para ser declarada a nulidade de cláusula contratual que contrarie o disposto neste Código ou de qualquer forma não assegure o justo equilíbrio entre direitos e obrigações das partes".

A norma garante que o consumidor, individualmente, ou a entidade que o represente, possa requerer que o Ministério Público ajuíze ação coletiva para o controle judicial concreto de cláusula abusiva.

Há que entender aqui alguns pontos:

a) pode o consumidor individual denunciar a cláusula contratual abusiva ao Ministério Público porque:

a.1) em se tratando de contrato de consumo (de massa), a cláusula abusiva existente no modelo-padrão afeta todo o grupo de pessoas que

---

49. No item 6.15.
50. Ver nossos comentários ao inciso V do art. 6º no item 6.16.

contratam com o fornecedor (direito coletivo — art. 81, parágrafo único, II, do CDC[51]);

a.2) da mesma forma, o contrato de massa pode gerar danos a certo número de consumidores (direito individual homogêneo — arts. 81, parágrafo único, III, e 91 do CDC[52]);

b) embora a norma do § 4º do art. 51 cite apenas o Ministério Público e até se refira à entidade que represente o consumidor para fazer o pedido, o fato é que qualquer dos legitimados no art. 82 do CDC pode ingressar com a ação coletiva para o controle judicial concreto da cláusula abusiva[53].

Se se tratar de direito individual puro, não cabe a intervenção do *Parquet*, levando o consumidor a buscar o patrocínio de advogado.

36.25. Vetos

São duas as disposições vetadas. A do inciso V e a do § 3º. Analisemos a redação dos textos originais e as razões do Senhor Presidente para os vetos.

---

51. "Art. 81. A defesa dos interesses e direitos dos consumidores e das vítimas poderá ser exercida em juízo individualmente, ou a título coletivo. Parágrafo único. A defesa coletiva será exercida quando se tratar de: (...) II — interesses ou direitos coletivos, assim entendidos, para efeitos deste Código, os transindividuais de natureza indivisível de que seja titular grupo, categoria ou classe de pessoas ligadas entre si ou com a parte contrária por uma relação jurídica base."

52. "Art. 81. A defesa dos interesses e direitos dos consumidores e das vítimas poderá ser exercida em juízo individualmente, ou a título coletivo. Parágrafo único. A defesa coletiva será exercida quando se tratar de: (...) III — interesses ou direitos individuais homogêneos, assim entendidos os decorrentes de origem comum."

"Art. 91. Os legitimados de que trata o art. 82 poderão propor, em nome próprio e no interesse das vítimas ou seus sucessores, ação civil coletiva de responsabilidade pelos danos individualmente sofridos, de acordo com o disposto nos artigos seguintes."

53. "Art. 82. Para os fins do art. 81, parágrafo único, são legitimados concorrentemente: I — o Ministério Público; II — a União, os Estados, os Municípios e o Distrito Federal; III — as entidades e órgãos da Administração Pública, direta ou indireta, ainda que sem personalidade jurídica, especificamente destinados à defesa dos interesses e direitos protegidos por este Código; IV — as associações legalmente constituídas há pelo menos 1 (um) ano e que incluam entre seus fins institucionais a defesa dos interesses e direitos protegidos por este Código, dispensada a autorização assemblear. § 1º O requisito da pré--constituição pode ser dispensado pelo juiz, nas ações previstas nos arts. 91 e seguintes, quando haja manifesto interesse social evidenciado pela dimensão ou característica do dano, ou pela relevância do bem jurídico a ser protegido."

A redação do inciso V vetado era a seguinte:

"V — segundo as circunstâncias, e em particular, segundo a aparência global do contrato, venham, após sua conclusão, a surpreender o consumidor".

As razões do veto foram as seguintes:

"Reproduz, no essencial, o que já está explicitado no inciso IV. É, portanto, desnecessário".

Em verdade, as razões do veto estão adequadas. As disposições do inciso V tinham inspiração naquilo que a doutrina denomina "cláusula-surpresa", inspirada em normas do direito alemão[54].

Na realidade, o conteúdo do inciso V vetado estava já previsto não só no inciso IV, citado no veto (especialmente pela cláusula geral de boa-fé), mas também no art. 46, que, como se viu dispõe que o contrato não obriga o consumidor se não lhe for dada a oportunidade de tomar conhecimento prévio de seu conteúdo, bem como se os seus termos e cláusulas forem redigidos de modo a dificultar a compreensão de seu sentido e alcance[55].

O veto, portanto, em nada comprometeu.

Por sua vez, o § 3º vetado tinha a seguinte redação:

"O Ministério Público, mediante inquérito civil, pode efetuar o controle administrativo abstrato e preventivo das cláusulas contratuais gerais, cuja decisão terá caráter geral".

As razões do veto foram apresentadas em conjunto ao veto de outros dois dispositivos (o § 5º do art. 54 e o § 2º do art. 82), e dispuseram:

"Tais dispositivos transgridem o art. 128, § 5º, da Constituição Federal, que reserva à lei complementar a regulação inicial das atribuições e da organização do Ministério Público. O controle amplo e geral da legitimidade de atos jurídicos somente pode ser confiado ao Poder Judiciário (CF, art. 5º, XXXV). Portanto, a outorga de competência ao Ministério Público para proceder ao controle abstrato de cláusulas contratuais desfigura o perfil que o Constituinte imprimiu a essa instituição (CF, arts. 127 e 129). O controle abstrato de cláusulas contratuais está adequadamente disciplinado no art. 51, § 4º, do Projeto. Vetado o § 3º do art. 51, impõe-se, também, vetar o § 5º do art. 54.

---

54. 25. Cf. Nelson Nery Junior, *Código Brasileiro de Defesa do Consumidor comentado pelos autores do Anteprojeto*, cit., p. 413.

55. Ver nossos comentários ao art. 46 no Capítulo 34 e ao inciso IV do art. 51 no item 36.8.

Por outro lado, somente pode haver litisconsórcio (art. 82, § 2º) se a todos e a cada um tocar qualidade que lhe autorize a condução autônoma do processo. O art. 128 da Constituição não admite o litisconsórcio constante do projeto".

O veto está equivocado. Deixemos o Membro do Ministério Público e Professor Nelson Nery Junior demonstrar o erro:

"As razões do veto são injurídicas duplamente. Primeiro, porque qualquer lei ordinária pode atribuir funções ao Ministério Público (art. 129, n. IX, CF), ficando à lei orgânica apenas os aspectos organizacionais administrativos da Instituição. Do contrário, ter-se-ia de entender que os dispositivos legais do Código Penal, do Código de Processo Penal, do Código Civil, do Código de Processo Civil e de outras leis extravagantes, que conferem legitimidade processual e atribuições extrajudiciais ao Ministério Público, não teriam sido recepcionados pela nova ordem constitucional. Segundo, porque a decisão do Ministério Público seria administrativa, não ferindo os princípios constitucionais do direito de ação e da inderrogabilidade da jurisdição, pois o prejudicado poderia recorrer ao Judiciário para pleitear tutela sobre ameaça ou lesão de direito que afirma possuir. Além disso, o controle dos atos jurídicos pode ser feito administrativa ou judicialmente, podendo qualquer órgão exercê-lo, se assim dispuser a lei (art. 5º, n. II, CF)"[56].

Mas, de qualquer maneira, o veto não inviabilizou o controle administrativo das cláusulas abusivas pelo *Parquet*. Ele continua podendo — e devendo — ser feito por meio do "inquérito civil", previsto não só na Carta Magna (art. 129, III)[57] como na Lei de Ação Civil Pública (Lei n. 7.347/85), cujo art. 8º, § 1º, regula seu procedimento, nestes termos:

"Art. 8º Para instruir a inicial, o interessado poderá requerer às autoridades competentes as certidões e informações que julgar necessárias, a serem fornecidas no prazo de 15 (quinze) dias.

§ 1º O Ministério Público poderá instaurar, sob sua presidência, inquérito civil, ou requisitar, de qualquer organismo público ou particular, certidões, informações, exames ou perícias, no prazo que assinalar, o qual não poderá ser inferior a 10 (dez) dias úteis".

---

56. *Código Brasileiro de Defesa do Consumidor comentado pelos autores do Anteprojeto*, cit., p. 434.

57. "Art. 129. "São funções institucionais do Ministério Público: (...) III — promover o inquérito civil e a ação civil pública, para a proteção do patrimônio público e social, do meio ambiente e de outros interesses difusos e coletivos".

E, para que não pairem dúvidas acerca da legitimidade da apuração de violação a direito do consumidor, o art. 90 do CDC dispõe:

"Art. 90. Aplicam-se às ações previstas neste Título as normas do Código de Processo Civil e da Lei n. 7.347, de 24 de julho de 1985, inclusive no que respeita ao inquérito civil, naquilo que não contrariar suas disposições".

No processamento do inquérito civil, o Ministério Público goza de forte poder apuratório dos fatos, podendo requisitar documentos, ouvir testemunhas, produzir perícias etc.

Importante notar que, apesar da consequência possível de o inquérito civil ser a propositura da ação civil pública — a não ser que não se apure qualquer ilegalidade —, esta pode ser evitada mediante compromisso de ajustamento, no qual o fornecedor investigado se compromete a se enquadrar nas condutas legalmente exigidas, valendo tal ajuste como título executivo extrajudicial[58].

36.26. Exercícios

36.26.1. João ajuizou ação de indenização em face da Cia. de Seguros "X" em razão de furto de seu veículo. A seguradora nega-se a pagar a indenização sob o argumento de que a apólice não cobre furto simples, somente qualificado.

a. A cláusula que exclui a cobertura de furto simples é abusiva? Sim/Não/Por quê?

b. É caso de nulidade da cláusula ou se pode pleitear sua modificação, com base no art. 6º, V, do CDC?

c. A quem cabe o ônus da prova quanto ao tipo de furto?

36.26.2. A empresa "X" formalizou contrato de prestação de serviço em contrato-padrão. Dentre as cláusulas, fez constar o item EXCLUSÕES, prevendo excluídos de atendimento: doenças e lesões preexistentes, procedimentos não éticos, *check-up* etc. Em outra cláusula, limitou o prazo de internação em 30 dias no ano, contínuos ou não, incluindo-se aí 10 dias de UTI. Quanto ao valor da mensalidade, condicionou-o à faixa etária dos contratantes e dependentes, sendo a mudança automática. Determinou,

---

58. § 6º do art. 5º da Lei n. 7.347/85: "Os órgãos públicos legitimados poderão tomar dos interessados *compromisso de ajustamento* de sua conduta às exigências legais, mediante cominações, que terá eficácia de título executivo extrajudicial" (grifo nosso).

ainda, o prazo de duração do contrato de 2 anos, sendo possível a rescisão por parte de ambos os contratantes mediante aviso prévio de 30 dias. Finalmente, consignou que no caso de inadimplemento da mensalidade haveria prazo de carência para a reutilização do plano, pelo mesmo prazo de inadimplência, a contar da data efetiva do pagamento.

Analise se há ou não cláusulas abusivas, levando-se em consideração o disposto no § 1º do art. 51, bem como no § 4º do art. 54, ambos do CDC.

Estude a Lei n. 9.656/98 e compare as normas lá estabelecidas com as do CDC para casos como o acima narrado[59].

36.26.3. Maria ajuizou ação de cobrança contra a Cia. de Seguros "X", exigindo o pagamento do valor segurado em razão do falecimento de seu marido, ocorrido em 15-3-1999. Alega que seu marido mantinha contrato com a companhia desde 1989, tendo sido as prestações pagas pontualmente, mas que a seguradora se nega a dar cobertura sob o argumento de que o falecido era portador de moléstia desde 1989, tendo sido omitida tal informação quando do preenchimento da proposta. Maria afirma que a proposta somente foi assinada por seu marido, sendo que o preenchimento foi feito pelo preposto da seguradora.

a. Qual a natureza do contrato de seguro?

b. A quem cabe provar se havia ou não doença preexistente?

c. Caso não se consiga provar se a doença era ou não preexistente, como se resolve o caso: paga-se ou não o valor segurado?

d. Se houve omissão por parte do segurado, a seguradora está isenta de pagar?

---

59. Indica-se, a respeito da Lei n. 9.656/98, o nosso livro *Comentários à Lei de Plano Privado de Assistência à Saúde*, 2. ed., São Paulo: Saraiva, 2000.

37. EMPRÉSTIMOS E FINANCIAMENTOS

A Lei n. 8.078/90 entendeu por bem fixar regras específicas para os contratos de concessão de crédito e para os de financiamento de aquisição de produtos e serviços. Elas estão estabelecidas no art. 52, que dispõe:

"Art. 52. No fornecimento de produtos ou serviços que envolva outorga de crédito ou concessão de financiamento ao consumidor, o fornecedor deverá, entre outros requisitos, informá-lo prévia e adequadamente sobre:

I — preço do produto ou serviço em moeda corrente nacional;

II — montante dos juros de mora e da taxa efetiva anual de juros;

III — acréscimos legalmente previstos;

IV — número e periodicidade das prestações;

V — soma total a pagar, com e sem financiamento.

§ 1º As multas de mora decorrentes do inadimplemento de obrigações no seu termo não poderão ser superiores a 2% (dois por cento) do valor da prestação[1].

§ 2º É assegurada ao consumidor a liquidação antecipada do débito, total ou parcialmente, mediante redução proporcional dos juros e demais acréscimos.

§ 3º (*Vetado*.)".

A Lei n. 14.181/21, para tratar do superendividamento, introduziu no CDC o Capítulo V-A com os arts. 54-A até 54-G, que têm a seguinte redação:

---

1. Redação do § 1º dada pela Lei n. 9.298, de 1º de agosto de 1996.

"Capítulo VI-A
Da Prevenção e do Tratamento
do Superendividamento

Art. 54-A. Este Capítulo dispõe sobre a prevenção do superendividamento da pessoa natural, sobre o crédito responsável e sobre a educação financeira do consumidor.

§ 1º Entende-se por superendividamento a impossibilidade manifesta de o consumidor pessoa natural, de boa-fé, pagar a totalidade de suas dívidas de consumo, exigíveis e vincendas, sem comprometer seu mínimo existencial, nos termos da regulamentação.

§ 2º As dívidas referidas no § 1º deste artigo englobam quaisquer compromissos financeiros assumidos decorrentes de relação de consumo, inclusive operações de crédito, compras a prazo e serviços de prestação continuada.

§ 3º O disposto neste Capítulo não se aplica ao consumidor cujas dívidas tenham sido contraídas mediante fraude ou má-fé, sejam oriundas de contratos celebrados dolosamente com o propósito de não realizar o pagamento ou decorram da aquisição ou contratação de produtos e serviços de luxo de alto valor.

Art. 54-B. No fornecimento de crédito e na venda a prazo, além das informações obrigatórias previstas no art. 52 deste Código e na legislação aplicável à matéria, o fornecedor ou o intermediário deverá informar o consumidor, prévia e adequadamente, no momento da oferta, sobre:

I – o custo efetivo total e a descrição dos elementos que o compõem;

II – a taxa efetiva mensal de juros, bem como a taxa dos juros de mora e o total de encargos, de qualquer natureza, previstos para o atraso no pagamento;

III – o montante das prestações e o prazo de validade da oferta, que deve ser, no mínimo, de 2 (dois) dias;

IV – o nome e o endereço, inclusive o eletrônico, do fornecedor;

V – o direito do consumidor à liquidação antecipada e não onerosa do débito, nos termos do § 2º do art. 52 deste Código e da regulamentação em vigor.

§ 1º As informações referidas no art. 52 deste Código e no *caput* deste artigo devem constar de forma clara e resumida do próprio contrato, da fatura ou de instrumento apartado, de fácil acesso ao consumidor.

§ 2º Para efeitos deste Código, o custo efetivo total da operação de crédito ao consumidor consistirá em taxa percentual anual e compreenderá todos os valores cobrados do consumidor, sem prejuízo do cálculo padronizado pela autoridade reguladora do sistema financeiro.

§ 3º Sem prejuízo do disposto no art. 37 deste Código, a oferta de crédito ao consumidor e a oferta de venda a prazo, ou a fatura mensal, conforme o caso, devem indicar, no mínimo, o custo efetivo total, o agente financiador e a soma total a pagar, com e sem financiamento.

Art. 54-C. É vedado, expressa ou implicitamente, na oferta de crédito ao consumidor, publicitária ou não:

I – (*Vetado*);

II – indicar que a operação de crédito poderá ser concluída sem consulta a serviços de proteção ao crédito ou sem avaliação da situação financeira do consumidor;

III – ocultar ou dificultar a compreensão sobre os ônus e os riscos da contratação do crédito ou da venda a prazo;

IV – assediar ou pressionar o consumidor para contratar o fornecimento de produto, serviço ou crédito, principalmente se se tratar de consumidor idoso, analfabeto, doente ou em estado de vulnerabilidade agravada ou se a contratação envolver prêmio;

V – condicionar o atendimento de pretensões do consumidor ou o início de tratativas à renúncia ou à desistência de demandas judiciais, ao pagamento de honorários advocatícios ou a depósitos judiciais.

Parágrafo único. (*Vetado*.)

Art. 54-D. Na oferta de crédito, previamente à contratação, o fornecedor ou o intermediário deverá, entre outras condutas:

I – informar e esclarecer adequadamente o consumidor, considerada sua idade, sobre a natureza e a modalidade do crédito oferecido, sobre todos os custos incidentes, observado o disposto nos arts. 52 e 54-B deste Código, e sobre as consequências genéricas e específicas do inadimplemento;

II – avaliar, de forma responsável, as condições de crédito do consumidor, mediante análise das informações disponíveis em bancos de dados de proteção ao crédito, observado o disposto neste Código e na legislação sobre proteção de dados;

III – informar a identidade do agente financiador e entregar ao consumidor, ao garante e a outros coobrigados cópia do contrato de crédito.

Parágrafo único. O descumprimento de qualquer dos deveres previstos no *caput* deste artigo e nos arts. 52 e 54-C deste Código poderá acarretar judicialmente a redução dos juros, dos encargos ou de qualquer acréscimo ao principal e a dilação do prazo de pagamento previsto no contrato original, conforme a gravidade da conduta do fornecedor e as possibilidades financeiras do consumidor, sem prejuízo de outras sanções e de indenização por perdas e danos, patrimoniais e morais, ao consumidor.

Art. 54-E. (*Vetado*.)

Art. 54-F. São conexos, coligados ou interdependentes, entre outros, o contrato principal de fornecimento de produto ou serviço e os contratos acessórios de crédito que lhe garantam o financiamento quando o fornecedor de crédito:

I – recorrer aos serviços do fornecedor de produto ou serviço para a preparação ou a conclusão do contrato de crédito;

II – oferecer o crédito no local da atividade empresarial do fornecedor de produto ou serviço financiado ou onde o contrato principal for celebrado.

§ 1º O exercício do direito de arrependimento nas hipóteses previstas neste Código, no contrato principal ou no contrato de crédito, implica a resolução de pleno direito do contrato que lhe seja conexo.

§ 2º Nos casos dos incisos I e II do *caput* deste artigo, se houver inexecução de qualquer das obrigações e deveres do fornecedor de produto ou serviço, o consumidor poderá requerer a rescisão do contrato não cumprido contra o fornecedor do crédito.

§ 3º O direito previsto no § 2º deste artigo caberá igualmente ao consumidor:

I – contra o portador de cheque pós-datado emitido para aquisição de produto ou serviço a prazo;

II – contra o administrador ou o emitente de cartão de crédito ou similar quando o cartão de crédito ou similar e o produto ou serviço forem fornecidos pelo mesmo fornecedor ou por entidades pertencentes a um mesmo grupo econômico.

§ 4º A invalidade ou a ineficácia do contrato principal implicará, de pleno direito, a do contrato de crédito que lhe seja conexo, nos termos do *caput* deste artigo, ressalvado ao fornecedor do crédito o direito de obter do fornecedor do produto ou serviço a devolução dos valores entregues, inclusive relativamente a tributos.

Art. 54-G. Sem prejuízo do disposto no art. 39 deste Código e na legislação aplicável à matéria, é vedado ao fornecedor de produto ou serviço que envolva crédito, entre outras condutas:

I – realizar ou proceder à cobrança ou ao débito em conta de qualquer quantia que houver sido contestada pelo consumidor em compra realizada com cartão de crédito ou similar, enquanto não for adequadamente solucionada a controvérsia, desde que o consumidor haja notificado a administradora do cartão com antecedência de pelo menos 10 (dez) dias contados da data de vencimento da fatura, vedada a manutenção do valor na fatura seguinte e assegurado ao consumidor o direito de deduzir do total da fatura o valor em disputa e efetuar o pagamento da parte não contestada, podendo o emissor lançar como crédito em confiança o valor idêntico ao da transação contestada que tenha sido cobrada, enquanto não encerrada a apuração da contestação;

II – recusar ou não entregar ao consumidor, ao garante e aos outros coobrigados cópia da minuta do contrato principal de consumo ou do contrato de crédito, em papel ou outro suporte duradouro, disponível e acessível, e, após a conclusão, cópia do contrato;

III – impedir ou dificultar, em caso de utilização fraudulenta do cartão de crédito ou similar, que o consumidor peça e obtenha, quando aplicável, a anulação ou o imediato bloqueio do pagamento, ou ainda a restituição dos valores indevidamente recebidos.

§ 1º Sem prejuízo do dever de informação e esclarecimento do consumidor e de entrega da minuta do contrato, no empréstimo cuja liquidação seja feita mediante consignação em folha de pagamento, a formalização e a entrega da cópia do contrato ou do instrumento de contratação ocorrerão após o fornecedor do crédito obter da fonte pagadora a indicação sobre a existência de margem consignável.

§ 2º Nos contratos de adesão, o fornecedor deve prestar ao consumidor, previamente, as informações de que tratam o art. 52 e o *caput* do art. 54-B deste Código, além de outras porventura determinadas na legislação em vigor, e fica obrigado a entregar ao consumidor cópia do contrato, após a sua conclusão".

37.1. Todo tipo de contrato

Em todo e qualquer tipo de contrato de compra de produto ou serviço em que o preço estiver sendo pago pelo consumidor mediante financiamento ou qualquer tipo de outorga de crédito e mesmo nos pedidos de empréstimo (mútuo, desconto de nota promissória, "cheque especial", linha de crédito etc.), ou, ainda, nos financiamentos das despesas feitas com cartão de crédito etc., o fornecedor direto e/ou o financiador devem fornecer as informações previstas no art. 52.

37.2. Complemento do art. 46

Na realidade, as indicações dos incisos I a V do artigo em comento são mero detalhamento da obrigação de informar previamente e com redação de fácil compreensão, prevista no art. 46, sob pena de não obrigar o consumidor[2].

37.3. Preço em moeda corrente nacional

A determinação do inciso I é também complementar àquela do art. 31. O preço do produto ou do serviço ou o montante do empréstimo tem de ser colocado em moeda corrente nacional, que atualmente é o real.

A norma proíbe que se estipule o preço, bem como qualquer outro valor (taxa de juros, despesas etc.) em moeda estrangeira. Lembre-se que o CDC é lei ordinária, localizada quase no topo da pirâmide jurídica do sistema jurídico nacional. Por isso, ainda que as entidades governamentais (como o Conselho Monetário Nacional, por exemplo) admitam

---

2. Ver nossos comentários ao art. 46 no Capítulo 34.

reajuste em moeda estrangeira, pelo menos para as relações de consumo elas não têm validade, uma vez que não têm força jurídica para contrariar lei ordinária.

37.4. Juros de mora

Na vigência do Código Civil de 1916, à falta de previsão no próprio CDC, os juros de mora, na omissão do contrato, eram de 6% ao ano[3]. Se estipulados, podiam ser de 12% ao ano[4].

A partir da vigência do novo Código Civil surgiu um problema antes inexistente, no que diz respeito ao percentual de juros de mora — que pode ser cobrado do inadimplente tanto nas operações de empréstimo de dinheiro entre particulares como naquelas feitas com instituições financeiras — e ao percentual dos juros compensatórios nas operações entre particulares[5].

Veremos que os juros de mora estão limitados a 1% a.m. em toda e qualquer operação e os remuneratórios das operações entre particulares também, permitida sua capitalização anual[6], estando liberadas desse limite as instituições financeiras. Relativamente à chamada taxa Selic, ela é inaplicável como substituta de juros de mora.

37.4.1. Lei da Usura revogada, em parte

A Lei da Usura, como se sabe, foi editada para coibir a prática da agiotagem, limitando os juros que poderiam ser cobrados entre particulares e fixando os de mora, quando contratados, no dobro do legal (art. 1º)[7]. A referência expressa do art. 1º da Lei da Usura ao art. 1.062 do então vigente Código Civil fazia com que os juros remuneratórios fossem,

---

3. "A taxa dos juros moratórios, quando não convencionada (art. 1.262), será de 6% (seis por cento) ao ano" (CC/1916, art. 1.062).

4. "É vedado, e será punido nos termos desta Lei, estipular em quaisquer contratos taxas de juros superiores ao dobro da taxa legal (Código Civil, art. 1.062)" (art. 1º do Decreto n. 22.626/33, conhecido como Lei da Usura).

5. Esse é um dos aspectos do novo Código Civil ao qual, infelizmente, o legislador não foi muito atento, tornando duvidoso o que era indiscutível.

6. As instituições financeiras não sofrem limitação quanto aos juros remuneratórios (ver item 37.5, *infra*).

7. Ver texto na nota 926.

no máximo, de 1% a.m. e os moratórios também, já que os legais eram de 0,5% a.m.

Ora, a chamada Lei da Usura (Decreto n. 22.646) foi publicada no dia 7 de abril de 1933, e como lei especial tangenciou o então vigente Código Civil, para tornar-se dele parte material operante. Ela foi editada em parte para regular o limite dos juros (art. 1º, *caput* e seu § 3º, e art. 2º), proibir o anatocismo (art. 4º), regular a mora (art. 5º). É indiscutível que esses mesmos temas foram totalmente regulados pelo novo Código Civil, nos arts. 406, 407 e 591.

Desse modo, com a edição do novo Código Civil, não temos dúvida em afirmar que o Decreto n. 22.646/33, pelo menos na questão do limite dos juros compensatórios e da mora, foi revogado. Isto porque não só é regra de hermenêutica que lei que trata inteiramente da matéria regulada em lei anterior, ou que seja com ela incompatível, a revoga, como também essa é determinação expressa da Lei de Introdução ao Código Civil[8]. Ademais, não faria sentido adotar um exaustivo diploma legal como o novo Código Civil de 2002, que regulou amplos setores do direito material civil e comercial, e afirmar que remanescem vivas algumas normas do esparso Decreto de 1933, exatamente aquelas expressamente reguladas na nova norma.

Pode-se criticar a opção do legislador em adotar Códigos, afirmando que o ideal da produção legislativa contemporânea é a opção por leis específicas que regulem bem e concretamente certos segmentos da sociedade. Mas, se a opção é a de legislar amplamente, adotando o modelo de diplomas detalhados que abrangem todos os setores de um ramo do direito, na forma de Código, não há como querer manter vigentes leis esparsas e específicas que vigiam antes dele: seria um *non sense*. E isso vale ainda que se trate apenas de alguns artigos de leis especiais anteriores.

37.4.2. Os juros de mora

Dispõe o art. 406 do atual Código Civil, *verbis*:

"Art. 406. Quando os juros moratórios não forem convencionados, ou o forem sem taxa estipulada, ou quando provierem de determinação da lei,

---

8. "Art. 2º (...) § 1º A lei posterior revoga a anterior quando expressamente o declare, quando seja com ela incompatível ou quando regule inteiramente a matéria de que tratava a lei anterior."

serão fixados segundo a taxa que estiver em vigor para a mora do pagamento de impostos devidos à Fazenda Nacional".

Os problemas de interpretação das novas regras do Código Civil iniciam-se na proposição normativa do art. 406. Segundo ela, os juros de mora, quando não estipulados contratualmente, são, então, aqueles mesmos vigentes para o caso de cobrança dos juros de mora devidos à Fazenda Nacional.

De quanto seriam esses juros é o que veremos à frente. Antes, invoquemos outro ponto relativo à redação do art. 406. Diz o texto: "Quando os juros moratórios não forem convencionados...". Vale dizer, se não previstos no contrato, têm o limite já referido. Mas, perguntamos, e se forem convencionados, podem sê-lo em percentual superior?

A resposta, pensamos, só pode ser não.

Para os que entendem que a Lei da Usura não foi revogada, o limite seria o dobro do legal. Como porém houve sua revogação, conforme apontamos, temos de concluir que a fixação há de ser inferior. Isso porque, além de ser nossa tradição a não cobrança de juros de mora abusivos, se não se entender desse modo não haverá limite para cima, o que levará a possibilidade de fixação em altíssimos percentuais.

37.4.3. A mora do pagamento de impostos devidos à Fazenda Nacional

O final da proposição do art. 406 — repitamos, muito mal redigido pelo legislador civil — tem, por sua vez, gerado mais dúvidas. Está escrito: "...os juros moratórios... serão fixados segundo a taxa que estiver em vigor para a mora do pagamento de impostos devidos à Fazenda Nacional". E, como esses impostos são acrescidos das taxas equivalentes à Selic, parte da doutrina tem entendido ser esta a taxa a ser aplicada no caso de mora[9].

Mas, em nossa opinião, pelos motivos que exporemos na sequência, é inaplicável a taxa relativa à Selic. Vejamos.

---

9. Ver, por exemplo, e por todos, Arnoldo Wald, Os juros no Código Civil, *Jornal Valor Econômico*, 4 set. 2003.

37.4.4. Que é Selic[10]?

Seguimos aqui, em parte, a análise feita por Domingos Franciulli Netto[11]. A sigla Selic é abreviatura do Sistema Especial de Liquidação e Custódia, mecanismo eletrônico centralizado de controle diário da custódia, liquidação e operação por computadores, criado em 14 de novembro de 1979.

A taxa Selic é utilizada como instrumento de política monetária mediante a utilização de títulos públicos.

A Circular n. 2.727, de 1996, do Banco Central, diz que o sistema Selic "destina-se ao registro de títulos e depósitos interfinanceiros por meio de equipamento eletrônico de teleprocessamento, em contas gráficas abertas em nome de seus participantes, bem como ao processamento, utilizando-se o mesmo mecanismo de operações de movimentação, resgates, ofertas públicas e respectivas liquidações financeiras".

Nesse sistema são registrados os títulos públicos e do Banco Central, tais como as Letras do Tesouro Nacional (LTN), as Letras Financeiras do Tesouro (LFT), as Notas do Tesouro Nacional (NTN), as Notas do Banco Central (NBC), os Bônus do Banco Central do Brasil (BBC) e as Letras do Banco Central do Brasil (LBC) etc.

Ora, como se sabe, os títulos públicos são emitidos para, de um lado, reduzir o estoque monetário existente no mercado — visando com isso limitar o efeito inflacionário ocasionado pelo excesso de moeda em circulação — e, de outro, captar recursos financeiros.

A taxa que compõe a Selic tem natureza remuneratória de títulos, apesar de, no plano da eficácia real, funcionar como correção de moeda e, desse modo, poder ser considerada como composta por juros e correção monetária prefixada. A verdade é que, num caso ou noutro, não serve como referencial para fixação de juros de mora, especialmente se se considerar que qualquer dívida, além dos juros de mora, será ainda corrigida pelos índices oficiais que medem a inflação. Aplicando-se a taxa Selic, ter-se-ia, portanto, no mínimo, um *bis in idem* de correção monetária. Isso é um ponto, mas há mais, como veremos a seguir.

---

10. Para uma análise completa não só da questão da Selic como da questão ora abordada, consulte-se Os juros no novo Código Civil e suas implicações para o direito do consumidor, in www.saraivajur.com.br/doutrina.

11. Da inconstitucionalidade da taxa Selic para fins tributários, in *Revista Tributária e de Finanças Públicas*, São Paulo: Revista dos Tribunais, n. 33, jul.-ago. 2000, p. 595.

37.4.5. Juros de mora, diz a lei, e não correção monetária

Anote-se bem: o art. 406 do atual Código Civil refere taxa de *juros* de mora devidos à Fazenda Nacional e não *correção monetária* do valor devido.

Ora, os *juros*, conforme exposto no início, não se confundem com correção monetária. Esta tem como função buscar corrigir o valor da moeda, corroída pela inflação, no intuito de manter seu poder aquisitivo inalterado. Os juros ou remuneram esse capital, por exemplo, em função do mútuo, ou fazem o devedor remunerá-lo em decorrência do atraso no pagamento.

No Sistema Tributário Nacional, a norma que manda pagar juros de mora por inadimplência relativos a tributos é a do art. 161 e § 1º do Código Tributário Nacional, que dispõem:

"Art. 161. O crédito não integralmente pago no vencimento é acrescido de juros de mora, seja qual for o motivo determinante da falta, sem prejuízo da imposição das penalidades cabíveis e da aplicação de quaisquer medidas de garantia previstas nesta Lei ou em lei tributária.

§ 1º Se a lei não dispuser de modo diverso, os juros de mora são calculados à taxa de um por cento ao mês".

Essa norma tem plena vigência com aplicação a todo e qualquer tributo, não se confundindo com a taxa Selic, que não só cumpre outra função, como se viu, mas é utilizada para corrigir monetariamente e remunerar alguns tributos específicos, como demonstraremos no próximo item.

Não é necessária maior elucubração, pois o raciocínio lógico é simples: o art. 406 do novo Código Civil remete diretamente ao art. 161 e § 1º do CTN, que regula os juros de mora. Ponto final. Por isso que eles são de 1% a.m.

É bem verdade que se poderia ficar em dúvida num aspecto: como o § 1º do art. 161 estabelece os juros de 1% a.m., "se a lei não dispuser de modo diverso", perguntar-se-ia por que não aplicar a taxa Selic. Mas a resposta é simples:

a) porque ela não foi criada por lei;

b) porque ela não reflete apenas e tão somente taxa de juros, mas um misto de juros e correção monetária.

Examinemos esses pontos na sequência.

37.4.6. A taxa Selic e a correção de alguns tributos

Conforme exaustivamente demonstrado por Domingos Franciulli Netto no artigo apontado, não há lei no País que cria ou define a Selic. As leis que a ela aludem, o fazem para determinar sua incidência pura e simples[12]. Assim, por exemplo, a Lei n. 9.250, de 26 de dezembro de 1995, que alterou a legislação do Imposto de Renda das Pessoas Físicas (IRPF), em seu art. 16 diz que "o valor da restituição do imposto de renda da pessoa física, apurado em declaração de rendimentos, será acrescido de juros equivalentes à taxa referencial do Sistema Especial de Liquidação e Custódia — Selic para títulos federais, acumulada mensalmente, calculados a partir da data prevista para a entrega da declaração de rendimentos até o mês anterior ao da liberação da restituição e de 1% no mês em que o recurso for colocado no banco à disposição do contribuinte".

Do mesmo modo, a Lei Orgânica de Seguridade Social (Lei n. 8.212/91), que determina a incidência da taxa Selic sobre as importâncias não recolhidas, no prazo, ao INSS (art. 34), autoriza o parcelamento do débito com a incidência da mesma taxa (art. 38, § 6º). Para pagar a verba devida do imposto de renda, a pessoa jurídica pode parcelá-la, aplicando a taxa Selic (Lei n. 9.430/96, art. 61, § 3º) etc.

Ora, mesmo no caso desses tributos, percebe-se que a determinação legal[13] de fazer incidir a taxa Selic não a distingue como percentual de juros, e isso por uma razão evidente: ela compõe-se simultaneamente de parcela de juros e de correção monetária — conforme antes demonstrado. E, aliás, o contribuinte, quando paga a parcela do tributo em atraso, aplica-a como índice de atualização da moeda — e remuneração — sem fazer incidir outro percentual. Logo, a taxa Selic é inadequada para medir ou fixar juros de mora ou mesmo juros remuneratórios.

Anote-se, por fim, que o egrégio Superior Tribunal de Justiça, em acórdão da lavra do ilustre Ministro Franciulli Netto, em votação unânime, de 13 de junho de 2000, assim já decidiu[14].

---

12. O que torna sua exigência inconstitucional, como bem demonstrado pelo articulista.
13. De duvidosa constitucionalidade, conforme dito acima.
14. REsp 215.881/PR, *Juis*, São Paulo: Saraiva.

37.4.7. Conclusão

Examinados esses pontos, pode-se seguramente concluir que:

a) os arts. 1º, 2º, 4º e 5º da Lei da Usura estão revogados;

b) a referência direta feita pelo art. 406 do novel Código Civil é a do § 1º do art. 161 do Código Tributário Nacional;

c) os juros de mora em qualquer relação jurídica (o que inclui as relações jurídicas de consumo) não podem ser superiores a 1% a.m., convencionados ou não;

d) são inaplicáveis os índices da chamada taxa Selic a qualquer tipo de empréstimo, quer entre particulares, quer celebrado com instituição financeira, tanto como forma de remuneração do capital, como para cobrir atraso no pagamento do valor devido;

e) sobre os valores emprestados continuam incidindo os índices oficiais de correção monetária, seja nas operações entre particulares, seja nas feitas com instituições financeiras.

37.5. *Taxa efetiva*

A segunda parte do inciso II manda que o fornecedor informe a "taxa efetiva anual de juros".

Mais outra falha do legislador: a taxa efetiva anual não é percentual que deixa ao consumidor claro quanto ele está pagando. O mais correto seria a norma dizer "a taxa efetiva *mensal* e *anual*", porque é a mensal que fez o consumidor refletir. Tanto mais nos empréstimos de curto prazo (de 2, 3 ou 6 meses), nos quais a taxa efetiva anual só vai confundir.

Por isso, entendemos, fazendo uma interpretação lógico-sistemática da lei consumerista, e examinando combinadamente a regra do inciso II com os arts. 46 e 31, que o fornecedor deve informar *também* a taxa efetiva mensal.

Lembre-se que é proibido o anatocismo (a capitalização dos juros), em assunto que já está de há muito pacificado pelo Supremo Tribunal Federal, cuja Súmula 121 dispõe:

"É vedada a capitalização de juros, ainda que expressamente convencionada".

Logo, a taxa de juros efetiva anual será a multiplicação da taxa de juros efetiva mensal pelo número de meses do empréstimo (sem capitalização)[15].

Note-se que a taxa efetiva é aquela *realmente* paga pelo consumidor. Se os juros pactuados são descontados do valor emprestado, por exemplo, 5% do empréstimo de R$ 1.000,00, correspondendo a R$ 50,00, a taxa efetiva é maior que 5%, porquanto o cálculo é "na frente": R$ 50,00 sobre R$ 950,00 (valor líquido entregue ao consumidor, o que dá uma taxa efetiva de 5,26%). Será de 5% a taxa efetiva se a quantia líquida entregue for R$ 1.000,00, com juros de 5% a serem pagos nos 30 dias.

As instituições financeiras de há muito — talvez para camuflar abusos — passaram a se utilizar do conceito de "comissão de permanência", que concretamente passou a permitir toda sorte de práticas abusivas.

O nome não é importante, o que vale é o efeito: as instituições financeiras somente podem cobrar juros remuneratórios, e estes têm de ter fundamento para serem válidos.

É preciso que se tome consciência de que o uso de termos *abstratos*, tais como "comissão de permanência", "taxas", "juros", "correção monetária" etc., pode ter como consequência uma *violação concreta* contra o consumidor-devedor.

O fornecedor-credor, à guisa de criar e manipular conceitos, acaba obtendo, ilicitamente, ganhos sem causa.

Os juros remuneratórios, como o próprio nome diz, remuneram o capital no *prazo* do empréstimo, apenas. Não podem ir além, já que *não há* empréstimo após o vencimento. Vencida a dívida, o credor tem direito a certo *quantum*, que daí para a frente não pode mais ser acrescido das taxas contratuais remuneratórias[16]. Ora, juros são remuneração de capital. São apenas esses — independentemente do nome que se dê a eles — os que podem ser cobrados a título de empréstimo, mútuo, financiamento etc. E, naturalmente, esses juros remuneratórios vigoram apenas no tempo estipulado para o empréstimo, deixando de incidir a partir do vencimento de cada parcela (quando o pagamento da dívida se dá em prestações) ou a partir do

---

15. A capitalização é admitida em algumas operações, tais como no financiamento de atividades comerciais, por força da Lei n. 6.840/80, mas não em caso de relação de consumo.

16. O inciso V do artigo sob comentário reforça esse nosso argumento (ver item 37.8, *infra*).

vencimento final da dívida (no caso de ter sido pactuada uma única prestação), ou, ainda, no vencimento antecipado[17].

Por tudo isso é que se tem de entender que, no que respeita aos juros devidos após o vencimento da dívida, não podem eles superar o permitido em lei a título de mora. Admite-se cobrar além desses juros apenas correção monetária pelos índices oficiais e multa moratória.

É que, muito embora não fosse preciso que nenhuma norma o dissesse — embora, no caso, a Constituição Federal e a Lei n. 8.078/90 o digam —, o direito do final do século XX, que é típico da sociedade de massas, como já dissemos, busca o equilíbrio, e este deve dar-se na proibição de que uma parte, unilateralmente, por decisão sua, interesse ou capricho, possa *fixar* a obrigação da outra[18]. Tanto mais quando essa obrigação seja a de despojar-se de seus bens para pagar a dívida que outro criou.

É o que acontece se se permitir que juros remuneratórios possam ser calculados para além do vencimento do contrato, como ocorre quando se aceita o cálculo até a *data* do ajuizamento da ação, como, com a devida vênia, aquiesce parte da jurisprudência. Ora, se ainda se estivesse falando de juros moderados — v. g., 1% a. m. —, vá lá. Mas o que se tem é a prática de juros elevadíssimos e, em larga medida, abusivos. Com essa permissão pode, então, o credor — o banco ou outra instituição financeira — esperar que o montante da dívida cresça meses a fio, sabedor das dificuldades do consumidor em pagar sua dívida, e, depois que o montante esteja elevadíssimo, só aí ajuizar a ação e constritar seus bens.

A questão é de lógica básica: se o fornecedor ajuizasse a ação logo após o vencimento da dívida receberia "X", mas aguarda tranquilamente que esse valor cresça e, sem qualquer esforço — já que sua atividade deveria ser emprestar e não ter *lucros* por conta de débitos —, afere altas receitas ao executar seus devedores, cobrando 10X, 20X, 30X.

Se tivesse recebido no vencimento a receita seria a correta: muito menor do que após o ajuizamento. É um abuso que o Poder Judiciário não pode permitir e que fere o CDC.

---

17. Além disso, criou-se outro conceito, o da correção monetária, cujo índice seria capaz de manter no tempo o poder de compra do dinheiro. A multa, como o próprio nome diz, é sanção. Na hipótese, devida pelo inadimplemento no pagamento da dívida. E se aceitam outro tipo de juros, os moratórios, como se viu no item 37.4, *retro*, que incidem pelo tempo de inadimplência, nos limites legais.

18. Aliás, como visto nos comentários ao inciso X do art. 51, item 36.14.

É, por isso, salutar perceber que, hodiernamente, os tribunais começam a aplicar a regra do CDC, entendendo que os juros pactuados junto às instituições financeiras valem apenas durante o período do empréstimo. Após o vencimento normal ou antecipado incide apenas correção monetária mais juros de mora (e multa, se houver estipulação).

Vejam-se, por exemplo, os seguintes excertos de decisão do 1º Tribunal de Alçada Civil do Estado de São Paulo:

"Trata-se de execução de dívida decorrente de crédito rotativo em conta corrente para garantia de cobertura de cheques no valor de R$ 10.000,00 para a data de 28.06.95, com vencimento para 26.09.95.

O próprio banco-apelado alega que pretende cobrar juros remuneratórios à maior taxa permitida pelo Bacen e juros de mora, além da correção monetária e multa contratual, não se aplicando às instituições financeiras as limitações da Lei da Usura, sendo, de consequência, cabível a capitalização.

Ocorre que ao banco somente é possível cobrar:

a) de 28.06.95 até o vencimento, 26.09.95: 15% (fls. 09, campo 15) a título de juros remuneratórios, não capitalizados;

b) após 26.09.95, apenas correção monetária calculada pelos índices oficiais, juros de mora de 1% a.m. (cláusula 9, 'b', do contrato principal e I, 'b', do contrato aditivo) e multa contratual sobre o montante do débito quando do pagamento, e nada mais. (...)"[19].

Anote-se, além disso, que, como o art. 591 do novo Código Civil, que cuida dos juros remuneratórios no caso de mútuo com fins econômicos, permite a cobrança desses juros consoante o regramento do art. 406, antes estudado, ter-se-ia a possibilidade de fixar entre particulares altos percentuais de juros, o que implicaria a volta da agiotagem, agora com o beneplácito legal. Seria, na prática, sua permissão. No mínimo, violar-se-iam os princípios da função social do contrato e da boa-fé objetiva adotados pelo próprio Código Civil de 2002.

Leiamos o art. 591 citado:

"Art. 591. Destinando-se o mútuo a fins econômicos, presumem-se devidos juros, os quais, sob pena de redução, não poderão exceder a taxa a que se refere o art. 406, permitida a capitalização anual".

---

19. Ap. 759.239-6, 4ª Câm., de nossa relatoria, v. u., j. 5-5-1999, *DOE*, 18-5-1999.

Anote-se, desde logo, ser entendimento consensual que, mesmo com a revogação da Lei da Usura, a qual não limitava os juros remuneratórios cobrados por instituições financeiras (Súmula n. 596 do STF)[20], a permissão remanesce, especialmente após a revogação do § 3º do art. 193 da Constituição Federal[21].

Realce-se, ainda, que não há, da mesma forma, dúvida de que é possível fazer incidir os índices oficiais de correção monetária sobre os valores emprestados, tanto nas relações entre particulares como nas firmadas com instituições financeiras, conforme já apontado no item anterior.

Desse modo, pode-se afirmar que não há limite prévio na fixação de juros nos contratos de empréstimo de dinheiro feitos por instituições financeiras, o que interessa ao direito do consumidor[22].

37.6. Acréscimos legais

No inciso III a norma faz referência aos acréscimos legais. Há que entender aqui os acréscimos ligados ao financiamento, tais como taxas, Imposto sobre Operações Financeiras — IOF etc.

37.7. Número e periodicidade das prestações

O inciso IV traz mais uma daquelas determinações óbvias: como é que se poderia conceder um empréstimo a alguém sem indicar o número das prestações e a periodicidade?

De qualquer maneira consigne-se que não só o número de prestações e a periodicidade devem ser indicados, mas também a data de cada

---

20. "As disposições do Decreto n. 22.626/33 não se aplicam às taxas de juros e aos outros encargos cobrados nas operações realizadas por instituições públicas ou privadas, que integram o sistema financeiro nacional".

21. Que estabelecia: "As taxas de juros reais, nelas incluídas comissões e quaisquer outras remunerações direta ou indiretamente referidas à concessão de crédito, não poderão ser superiores a doze por cento ao ano; a cobrança acima deste limite será conceituada como crime de usura, punido, em todas as suas modalidades, nos termos que a lei determinar".

22. Todavia, há limite naqueles feitos por particulares. Ele é de 1% a.m., permitida a capitalização anual, uma vez que a referência ao art. 406, por sua vez, remete ao § 1º do art. 161 do CTN (ver item anterior), sendo inaplicável, como querem alguns, a taxa Selic à hipótese. Para mais dados, consulte-se nosso artigo publicado no *site* da saraivajur e indicado no subitem 37.4.4, *supra*.

vencimento. E como há, pelo menos nas operações feitas pelo sistema financeiro da habitação, aquela situação contratual cujos pagamentos das prestações vão quitando a dívida e reservando uma parte como "resíduo" a ser acertado em outra oportunidade, tal situação deve ficar bem determinada para obrigar o consumidor.

37.8. Total a pagar com e sem financiamento

O inciso V colabora para reforçar nossa opinião de que as instituições financeiras somente podem cobrar juros remuneratórios pelo período do empréstimo, isto é, somente até a data do vencimento[23]. Se assim não fosse, como é que o fornecedor iria informar previamente o montante total a ser pago pelo consumidor, com e sem financiamento?

E o inciso V ajuda também a fixar a ideia de que a taxa efetiva mensal deve ser dada em função do valor líquido posto à disposição do consumidor[24], pois determina que seja informada a soma total a pagar do principal do empréstimo ("sem financiamento") e acrescida dos juros pactuados ("com financiamento").

Note-se que essas informações são de fundamental importância para o consumidor quando ele está, por exemplo, comprando um produto financiado. Digamos, uma geladeira, uma TV etc. É que com os dados informados previamente ele poderá saber se o financiamento compensa ou se não é melhor aguardar para comprar depois à vista[25].

37.9. Multa

A multa de mora inicialmente permitida na Lei n. 8.078 era de 10% (redação original). Posteriormente, a Lei n. 9.298, de 1º de agosto de 1996, modificou a redação do § 1º, reduzindo a multa a 2%.

Na oportunidade o Governo Federal fez ampla divulgação, dizendo que estava dando grandes benefícios ao consumidor. Está certo que não é mal reduzir a multa, mas sabe-se muito bem que o que atinge o consumidor no financiamento é a taxa de juros. De que adianta multa de 2% no total, com 10% de taxa de juros ao mês?

---

23. Cf. item 37.5, *supra*.
24. Conforme também abordamos no item 37.5.
25. E verá que é melhor juntar o dinheiro e comprar à vista, já que os juros cobrados são escorchantes.

37.10. Liquidação antecipada

O § 2º previu expressamente o direito de o consumidor antecipar o pagamento de sua dívida financiada, total ou parcialmente.

É uma garantia que não pode ser afastada por cláusula contratual, porquanto esta seria nula pela disposição inserta no final da primeira parte do inciso I do art. 51, bem como no inciso XV do mesmo dispositivo[26].

A liquidação antecipada é um direito posto à disposição do consumidor para que dele faça uso quando entender conveniente.

E, como as taxas dos juros brasileiros são estratosféricas, pelo menos em duas circunstâncias é vantajoso quitar antecipadamente a dívida:

a) quando o consumidor consegue dinheiro suficiente para pagar a dívida e este está disponível, isto é, não faz parte de nenhuma reserva para fins de emergência, nem está sendo guardado para outro negócio melhor;

b) quando o consumidor assinou o contrato há algum tempo, e percebe que as taxas de juros cobradas naquele momento são menores do que as praticadas quando da assinatura. É claro que, tendo o dinheiro para pagar a dívida à vista, a vantagem financeira é evidente: se o consumidor aplicar a quantia, receberá dividendos muitíssimo menores do que os juros que está pagando no financiamento.

A permissão para a quitação antecipada está à disposição do consumidor sem qualquer condição, isto é, para pagar antecipadamente basta a manifestação de vontade objetiva do consumidor.

O fornecedor não pode negar-se a aceitar o pagamento — total ou parcial — antecipado. Comunicado da intenção do consumidor, tem de recalcular a dívida para o dia em que o pagamento será feito, descontando os juros embutidos nas prestações vincendas.

Caso o fornecedor se negue a fazer o abatimento e/ou o recebimento — obrigação de fazer o recálculo e de receber —, o consumidor pode utilizar-se das garantias processuais do art. 84 do CDC ou de qualquer outra medida judicial para depositar o valor em juízo e desonerar-se de sua obrigação. Se sofrer qualquer dano material ou moral em função da negativa, poderá ingressar com ação de indenização (art. 6º, VI, do CDC).

---

26. Ver nossos comentários ao subitem 36.5.1 e item 36.19.

37.11. O conceito de superendividamento

A Lei definiu o superendividamento como sendo a impossibilidade manifesta de o consumidor pessoa natural, de boa-fé, pagar a totalidade de suas dívidas de consumo, exigíveis e vincendas, sem comprometer seu mínimo existencial, nos termos da regulamentação (conf. o § 1º do art. 54-A).

Anoto incialmente que a norma protege apenas a pessoa natural. Pessoa jurídica devedora não recebe a mesma proteção. O texto é claro: está superendividado o consumidor que não consegue pagar a totalidade de suas dívidas de consumo, vale dizer, entram na composição de suas dívidas apenas aquelas que envolvem relações de consumo. As dívidas tributárias estão fora. Estão fora, também, aquelas estritamente privadas, por exemplo, a compra de um veículo de um particular.

A regra do § 2º apenas reforça o contido no § 1º, deixando claro que, inclusive, estão incluídas na hipótese as dívidas relativas aos serviços de prestação continuada, tais como de planos de saúde, seguros em geral etc.

Para a questão do mínimo essencial, indico meus comentários do subitem 6.23, *retro*. E um outro item importante fixado na norma é o da conduta do consumidor, que para poder usufruir do direito posto há de ter agido com boa-fé.

Naturalmente, essa boa-fé é a mesma que está estabelecida como princípio no inciso III do art. 4º e como cláusula geral no inciso IV do art. 51. Trata-se de boa-fé objetiva. Indico, pois, meus comentários sobre o conceito, que estão colocados no subitem 6.9 acima.

De todo modo, realço que a lei consumerista incorpora é a chamada boa-fé objetiva, diversa da subjetiva. A boa-fé subjetiva diz respeito à ignorância de uma pessoa acerca de um fato modificador, impeditivo ou violador de seu direito. É, pois, a falsa crença sobre determinada situação pela qual o detentor do direito acredita em sua legitimidade, porque desconhece a verdadeira situação. Nesse sentido, a boa-fé pode ser encontrada em vários preceitos do Código Civil, como, por exemplo, no art. 1.567, quando trata dos efeitos do casamento putativo[27], nos arts. 1.201 e 1.202,

---

27 Código Civil: "Art. 1.561. Embora anulável, ou mesmo nulo, se contraído de boa-fé por ambos os cônjuges, o casamento, em relação a estes como aos filhos, produz todos os efeitos civis até ao dia da sentença anulatória. § 1º Se um só dos cônjuges estava de boa-fé ao celebrar o casamento, os seus efeitos civis só a ele e aos filhos aproveitarão. § 2º Se ambos os cônjuges estavam de má-fé ao celebrar o casamento, os seus efeitos civis só aos filhos aproveitarão".

que regulam a posse de boa-fé[28], no art. 879, que se refere à boa-fé do alienante do imóvel indevidamente recebido etc.[29].

Já a boa-fé objetiva, que é a que está presente no CDC, pode ser definida, *grosso modo*, como sendo uma regra de conduta, isto é, o dever das partes de agir conforme certos parâmetros de honestidade e lealdade, a fim de se estabelecer o equilíbrio nas relações de consumo. Não o equilíbrio econômico, como pretendem alguns, mas o equilíbrio das posições contratuais, uma vez que, dentro do complexo de direitos e deveres das partes, em matéria de consumo, como regra, há um desequilíbrio de forças. Daí que, para chegar a um equilíbrio real, o intérprete deve fazer uma análise global do contrato, de uma cláusula em relação às demais[30].

A boa-fé objetiva funciona, então, como um modelo, um *standard*, que não depende de forma alguma da verificação da má-fé subjetiva do fornecedor ou mesmo do consumidor.

Desse modo, quando se fala em boa-fé objetiva, pensa-se em comportamento fiel, leal, na atuação de cada uma das partes contratantes a fim de garantir respeito à outra. É um princípio que visa garantir a ação sem abuso, sem obstrução, sem causar lesão a ninguém, cooperando sempre para atingir o fim colimado no contrato, realizando os interesses das partes.

A boa-fé objetiva é uma espécie de pré-condição abstrata de uma relação ideal. Toda vez que no processo judicial o magistrado tiver de avaliar o caso para identificar algum tipo de abuso, deve levar em consideração

---

28. Código Civil: "Art. 1.201. É de boa-fé a posse, se o possuidor ignora o vício, ou o obstáculo que lhe impede a aquisição da coisa. Parágrafo único. O possuidor com justo título tem por si a presunção de boa-fé, salvo prova em contrário, ou quando a lei expressamente não admite esta presunção. Art. 1.202. A posse de boa-fé só perde este caráter no caso e desde o momento em que as circunstâncias façam presumir que o possuidor não ignora que possui indevidamente".

29. "Art. 879. Se aquele que indevidamente recebeu um imóvel o tiver alienado em boa-fé, por título oneroso, responde somente pela quantia recebida; mas, se agiu de má-fé, além do valor do imóvel, responde por perdas e danos. Parágrafo único. Se o imóvel foi alienado por título gratuito, ou se, alienado por título oneroso, o terceiro adquirente agiu de má-fé, cabe ao que pagou por erro o direito de reivindicação."

30. O novo Código Civil também incorporou a boa-fé objetiva como base para as relações contratuais, como se pode ver do art. 422: "Os contratantes são obrigados a guardar, assim na conclusão do contrato, como em sua execução, os princípios de probidade e boa-fé" e do art. 113: "Os negócios jurídicos devem ser interpretados conforme a boa-fé e os usos do lugar de sua celebração".

essa condição ideal *a priori*, na qual as partes respeitam-se mutuamente, de forma adequada e justa.

Portanto, repito que para o consumidor gozar dos benefícios legais deve ter agido de boa-fé na contratação e execução do negócio de consumo.

Mas, após cuidar da boa-fé (objetiva, que é a regra do CDC), o legislador, no § 3º, resolveu realçar que o disposto na norma não se aplica ao consumidor cujas dívidas tenham sido contraídas mediante fraude ou má-fé, sejam oriundas de contratos celebrados dolosamente com o propósito de não realizar o pagamento ou decorram da aquisição ou contratação de produtos e serviços de luxo de alto valor.

São dois temas diversos. O primeiro, envolve dolo do consumidor na fixação do negócio jurídico. Se, no caso da boa-fé objetiva, o magistrado, no caso concreto, deve verificar se o *standart* de conduta suposto para a relação foi cumprido ou violado, na hipótese do dolo, há que ser feita a prova da ação ilegal realizada pelo consumidor. Essa má-fé é, pois, subjetiva. A apuração há de ser feita no processo judicial, inclusive com os benefícios da inversão do ônus da prova a favor do consumidor, conforme previsto no inciso VIII do art. 6º (ver meus comentários específicos sobre inversão do ônus da prova no Capítulo 46, *infra*).

O segundo tema envolve a contratação de produtos e serviços de luxo de alto valor. A intenção do legislador foi a de, certamente, não dar guarida para compras supérfluas e de valores muitos expressivos. Os conceitos são indeterminados: não é muito fácil definir o que sejam esses produtos e serviços de luxo ou alto valor; nos limites extremos, naturalmente, é mais simples verificar como ocorre, por exemplo, em aquisição de joias caríssimas, peças de vestuário extraordinariamente caras, veículos caríssimos etc. Mas isso nem sempre será possível de ser determinado de pronto. Muitas vezes, deverá ser produzida prova no processo judicial para, na comparação com as posses do consumidor, sua renda e capacidade de pagamento determinar se o caso é, de fato, de aquisição de luxo de alto valor.

37.12. Novas informações prévias

Conforme demonstrei acima nos subitens iniciais deste Capítulo, o CDC já contemplava uma série de comandos para que o fornecedor pudesse oferecer créditos e empréstimos: preço do produto ou serviço em moeda corrente nacional; montante dos juros de mora e da taxa efetiva anual de juros; acréscimos legalmente previstos; número e periodicidade das prestações;

soma do total a pagar, com e sem financiamento (art. 52). E, claro, essas informações devem ser fornecidas previamente.

Agora, o legislador foi mais específico. Cabe ao fornecedor indicar prévia e adequadamente: o custo efetivo total e a descrição dos elementos que o compõem; a taxa efetiva mensal de juros, bem como a taxa dos juros de mora e o total de encargos, de qualquer natureza, previstos para o atraso no pagamento; o montante das prestações e o prazo de validade da oferta, que deve ser, no mínimo, de 2 (dois) dias; seu nome e o endereço, inclusive o eletrônico; o direito do consumidor à liquidação antecipada e não onerosa do débito (art. 54-B).

Antes de falar das novidades, anoto que se somam as determinações: agora cabe ao fornecedor oferecer as informações previstas no art. 52 e também no art. 54-B.

E quais são as novidades?

A questão do custo efetivo: cabe ao fornecedor informar e descrever detalhadamente quanto o consumidor gastará para fazer o empréstimo ou obter o crédito, incluindo o valor dos juros mensais e o total quando da quitação, indicando as taxas incidentes, os impostos e toda e qualquer outra despesa existente. A norma anterior falava em "acréscimos legalmente previstos", do que se podia entender esses custos, taxas e impostos. De todo modo, agora está especificado. Terá que informar, também, o montante total das prestações.

Além disso, a norma dispõe que o custo efetivo total da operação de crédito consiste na taxa percentual anual e compreende todos os valores que serão cobrados.

A taxa efetiva mensal dos juros incidentes: pela regra do art. 52, a obrigatoriedade dizia respeito apenas à taxa efetiva anual. Desse modo, agora, a informação deve contemplar a taxa efetiva anual e também a mensal.

No que respeita ao inadimplemento, o fornecedor deve informar o percentual dos juros de mora e o total dos encargos incidentes em caso de atraso no pagamento das prestações.

Todas essas informações devem constar da oferta, que terá prazo mínimo de validade de dois dias. E dela deve constar o nome do fornecedor e seus endereços físico e eletrônico.

O § 2º do art. 52 já assegurava que o consumidor poderia fazer a liquidação antecipada do débito, total ou parcialmente, mediante redução proporcional dos juros e demais acréscimos. Agora, a regra do inciso V do art. 54-B especificou que o exercício desse direito é "não oneroso". Mas, de fato, mesmo antes sempre se entendeu que essa prerrogativa não poderia ser mesmo onerosa. E a nova regra determinou que a informação da possibilidade do exercício dessa opção deve constar da oferta.

A nova regra estipulou ainda que as informações firmadas no art. 52 devem constar de forma clara e resumida do contrato a ser firmado, de instrumento apartado ou da fatura, tudo com fácil acesso ao consumidor. São elas: preço do produto ou serviço em moeda corrente nacional; montante dos juros de mora e da taxa efetiva anual de juros; acréscimos legalmente previstos; número e periodicidade das prestações; soma do total a pagar, com e sem financiamento.

A nova regra regulou, também, aspectos da publicidade enganosa ou abusiva, ao dispor que a oferta de crédito ou de venda a prazo ou a própria fatura mensal em que a oferta apareça deve indicar no mínimo o custo efetivo total, o agente financiador e a soma total a pagar, com e sem financiamento.

37.13. Novos limites às ofertas de crédito

A nova regra do art. 54-C fixou alguns novos limites para os fornecedores no anúncio e oferta de crédito. Começo por essas duas: a) está proibido de indicar que a operação de crédito poderá ser concluída sem consulta a serviços de proteção ao crédito ou sem avaliação da situação financeira do consumidor; b) não pode ocultar nem dificultar a compreensão sobre os ônus e os riscos da contratação do crédito ou da venda a prazo.

A primeira, ainda que possa, de fato, impedir que o consumidor já endividado possa se endividar mais ainda, na prática irá retirar uma forma de entrega de crédito ou empréstimo que aquele que já estivesse numa situação ruim e que pudesse conseguir levantar algum dinheiro no mercado ou crédito para alguma compra.

Lembro que era – e sempre foi – risco de o fornecedor oferecer crédito para consumidores em situação ruim de crédito. Se um banco quer entregar dinheiro para alguém que é inadimplente, negativado e, também, que não tem condições de pagar as prestações (antigas e as novas) quem terá grande chance de perder algo é o próprio banco... É verdade que o consumidor se endividará mais. Todavia, conseguiria algum fôlego para poder tocar sua vida (e o risco, repito, seria integralmente do credor).

Agora, na prática, essa proibição legal impedirá que o fornecedor ofereça crédito para quem pode estar precisando muito (o novo art. 54-D, que comentarei na sequência, obriga que seja feita consulta aos bancos de dados de proteção ao crédito). Ora, um consumidor perdeu seu emprego, está doente ou algum familiar seu próximo está, foi negativado etc., não terá alternativa para conseguir dinheiro. Pergunto, como já fiz quando falei do mínimo existencial: Quem é que vai socorrê-lo? Quem irá emprestar dinheiro para ele? Se o risco era de quem oferecia o dinheiro, o tiro saiu pela culatra: foi o consumidor nessas condições que saiu prejudicado.

A segunda proposição é natural para toda e qualquer operação de crédito e empréstimo: o fornecedor não pode mesmo ocultar nem dificultar a compreensão a respeito dos ônus e dos riscos da contratação do crédito ou da venda a prazo.

Outro item trazido expressamente pela nova lei: o fornecedor não pode "assediar" ou "pressionar" o consumidor para contratar o fornecimento de produto, serviço ou crédito. Definição fortemente subjetiva. O que seria "assédio" para a contratação? Um anúncio publicitário oferecendo conforto? Ou regalias? Ou promessas de uma vida melhor? Difícil dizer.

Do mesmo modo a expressão "pressionar". A caracterização desse tipo de conduta demanda prova do fato. Talvez um vendedor ligando incessantemente para a casa do consumidor e falando, falando, falando que ele deveria contratar...

A norma tem um complemento. Diz que o assédio ou o pressionamento se dará mais fortemente no caso de "consumidor idoso, analfabeto, doente ou em estado de vulnerabilidade agravada ou se a contratação envolver prêmio". Tirando a oferta de prêmio para a consecução do negócio e a do caso do analfabeto, algo simples de se constatar, as outras hipóteses exigem prova do fato de condição: a da doença e a do estado de extrema vulnerabilidade.

Quanto ao idoso, anoto que também se exige prova de uma condição especial de vulnerabilidade do caso específico. Lembro que ser idoso não é ser doente. Este que escreve este texto neste momento é idoso em termos legais e posso garantir que tenho plena capacidade de discernir sobre como devo ou não obter crédito ou empréstimo. Aliás, posso muito bem orientar como se deve fazê-lo e se o legislador agiu bem ou não. Repito: o idoso não é doente apenas porque, por definição legal, seja assim intitulado.

Por fim, nesse ponto, anoto que esse tipo de prática já está caracterizada como abusiva no inciso IV do art. 39 do CDC e de forma menos preconceituosa. Leia-se:

"Art. 39. É vedado ao fornecedor de produtos ou serviços, dentre outras práticas abusivas:

(...)

IV – prevalecer-se da fraqueza ou ignorância do consumidor, tendo em vista sua idade, saúde, conhecimento ou condição social, para impingir-lhe seus produtos ou serviços;".

Continuando com o art. 54-C, está proibido que seja condicionado o atendimento de pretensões do consumidor ou o início de tratativas à renúncia ou à desistência de demandas judiciais, ao pagamento de honorários advocatícios ou a depósitos judiciais. Até que enfim um ponto objetivo e claro. Mas, nem precisaria ser escrito porque, evidentemente, essa forma de condicionamento é típica prática abusiva enquadrada na hipótese do inciso V do art. 39 acima referido:

"Art. 39. É vedado ao fornecedor de produtos ou serviços, dentre outras práticas abusivas:

(...)

V – exigir do consumidor vantagem manifestamente excessiva;".

37.14. Novas regulações da conduta do fornecedor e de seus parceiros

A regra do art. 54-D fixou alguns novos padrões de conduta para o fornecedor direto e seus parceiros. Dispôs que deve ser informado e esclarecido "adequadamente o consumidor, considerada sua idade, sobre a natureza e a modalidade do crédito oferecido, sobre todos os custos incidentes, observado o disposto nos arts. 52 e 54-B deste Código, e sobre as consequências genéricas e específicas do inadimplemento".

Cita novamente "idade", como se isso significasse de *per si*, algum elemento essencial. Naturalmente, só os maiores de idade podem transacionar sem representação ou assistência. Logo, não está falando dos menores. Tudo indica que a norma esteja referindo, mais uma vez, o consumidor idoso. Repito: como ser idoso não é ser doente ou incapaz, tudo dependerá da situação concreta a ser examinada. A questão não é a idade, mas a capacidade de compreensão, a vulnerabilidade específica.

No mais, a regra apenas manda que seja informado e esclarecido de forma clara e objetiva a natureza do crédito, os custos envolvidos, os demais dados já designados pelos arts. 52 e 54-B e, ainda, as consequências do inadimplemento, tanto em geral como para o caso específico daquela contratação.

Na sequência, a norma, de forma surpreendente, diz que o fornecedor deve "avaliar, de forma responsável, as condições de crédito do consumidor, mediante análise das informações disponíveis em bancos de dados de proteção ao crédito, observado o disposto neste Código e na legislação sobre proteção de dados".

Bem, aqui volta a questão da consulta ou não aos cadastros de inadimplentes para a oferta de crédito e empréstimo. A norma diz "de forma responsável". O que será que ela quer dizer? Que o agente financeiro não deve ser "irresponsável" com o risco de seu negócio? Não parece ser isso, pois a norma quer evitar o superendividamento. Logo, seria uma "irresponsabilidade" para que o consumidor não se superendivide. Mas, digo de novo: o risco de fazer o empréstimo e não receber de volta o valor emprestado é do agente financeiro. E, de outro lado, pode estar um consumidor que necessite urgentemente da importância. Ao invés de beneficiar esse consumidor que precisa, a norma irá prejudicá-lo.

Além disso, a nova norma manda identificar o agente financiador e entregar cópia do contrato ao consumidor, seu garante e demais coobrigados. E, por fim, coloca uma punição ao fornecedor que não cumprir as regras estabelecidas nos arts. 52, 54-C e 54-D, que dependerá também de apuração do caso concreto, eis que aponta para a condição de gravidade da conduta do fornecedor e das possibilidades financeiras do consumidor. A punição será a da redução de juros e custos e, ainda, da dilação de prazo para pagamento dos valores devidos, além de eventual pagamento de indenização por perdas e danos morais e patrimoniais. Tudo a exigir, portanto, ação judicial, na qual os elementos sejam avaliados pelo magistrado.

37.15. *Parceria entre o fornecedor vendedor ou prestador do serviço e o fornecedor do crédito para a realização da transação*

A norma do art. 54-F coloca expressamente algo que sempre decorreu desse tipo de operação: a solidariedade entre o vendedor/prestador do serviço e o agente financiador da operação. É que sem o financiamento a transação não poderia ser efetivada. De todo modo, agora não há mais nenhuma possibilidade de discussão a respeito, pois a norma é expressa em dizer que são conexos, coligados ou interdependentes o contrato principal de fornecimento de produto ou serviço e os contratos acessórios de crédito que lhe garantam o financiamento quando o fornecedor de crédito recorrer aos serviços do fornecedor de produto ou serviço para a preparação ou a conclusão do contrato de crédito e quando oferecer o crédito no local da atividade empresarial do fornecedor de produto ou serviço financiado ou onde o contrato principal for celebrado.

São típicas situações corriqueiras de compra e venda de produtos e serviços, cujos preços são pagos a prazo e feitas diuturnamente nos estabelecimentos comerciais ou via web/internet.

A norma faz referência ao direito ao arrependimento previsto no art. 49 do CDC[31], a cujos comentários remetemos o leitor. De todo modo, lembro que, evidentemente, no caso de exercício do direito de arrependimento sempre foi natural que o contrato principal fosse extinto assim como o contrato de financiamento garantiu a compra, quer fosse empréstimo, uso de cartão de crédito etc. Não teria, nem tem, nenhum sentido lógico ou jurídico extinguir o contrato principal com a devolução do produto adquirido e manter o contrato de crédito para o consumidor continuar pagando por algo que não adquiriu de fato. A esse respeito, ver meus comentários no subitem 35.11, *supra*.

Além dessa explícita garantia em relação ao arrependimento, agora colocada no CDC, a nova norma também fixou os mesmos direitos para o caso de inexecução de qualquer das obrigações do fornecedor do produto ou do serviço. Vale dizer, o consumidor poderá requerer a rescisão do contrato contra o fornecedor do crédito. E a lei até apontou duas situações: contra o portador do cheque pós-datado emitido para aquisição do produto ou do serviço e contra o administrador ou emitente do cartão de crédito ou similar, desde que "o cartão de crédito ou similar e o produto ou o serviço forem fornecidos pelo mesmo fornecedor ou por entidades pertencentes a um mesmo grupo econômico", uma limitação que não precisaria existir.

Por fim, a lei garantiu ao fornecedor do crédito nos casos de arrependimento ou inexecução, o direito de receber de volta os valores entregues

---

31. "Art. 49. O consumidor pode desistir do contrato, no prazo de 7 dias a contar de sua assinatura ou do ato de recebimento do produto ou serviço, sempre que a contratação de fornecimento de produtos e serviços ocorrer fora do estabelecimento comercial, especialmente por telefone ou a domicílio. Parágrafo único. Se o consumidor exercitar o direito de arrependimento previsto neste artigo, os valores eventualmente pagos, a qualquer título, durante o prazo de reflexão, serão devolvidos, de imediato, monetariamente atualizados".

inclusive com os tributos que foram pagos, o que também decorre logicamente da situação jurídica efetivada.

37.16. Novas práticas abusivas

O art. 54-G trouxe novas práticas abusivas, além daquelas já previstas no art. 39. Dispôs, exemplificativamente, que é vedado ao fornecedor do produto ou do serviço que envolva crédito, o seguinte:

a) realizar ou proceder à cobrança ou ao débito em conta de qualquer quantia que houver sido contestada pelo consumidor em compra realizada com cartão de crédito ou similar, enquanto não for adequadamente solucionada a controvérsia, desde que o consumidor haja notificado a administradora do cartão com antecedência de pelo menos 10 (dez) dias contados da data de vencimento da fatura, vedada a manutenção do valor na fatura seguinte e assegurado ao consumidor o direito de deduzir do total da fatura o valor em disputa e efetuar o pagamento da parte não contestada, podendo o emissor lançar como crédito em confiança o valor idêntico ao da transação contestada que tenha sido cobrada, enquanto não encerrada a apuração da contestação.

Essa situação não é incomum e envolve compras não efetuadas, lançamentos de valores equivocados, cobrança de despesas e taxas indevidas etc. O conflito, se não resolvido amigavelmente, acaba indo ao Judiciário ou mesmo aos órgãos de proteção ao consumidor. É algo que sempre ocorreu e, tendo em vista a razoabilidade da demanda, muitos casos são resolvidos de forma direta e amigável ou por intermédio dos órgãos de proteção ao crédito ou mesmo pela via judicial. De todo modo, é bom que a lei expressamente assim o estabeleça.

b) recusar ou não entregar ao consumidor, ao garante e aos outros coobrigados cópia da minuta do contrato principal de consumo ou do contrato de crédito, em papel ou outro suporte duradouro, disponível e acessível, e, após a conclusão, cópia do contrato.

Essa determinação já está fixada no art. 54-D, de modo que nem precisaria estar aqui transcrita como prática abusiva.

c) impedir ou dificultar, em caso de utilização fraudulenta do cartão de crédito ou similar, que o consumidor peça e obtenha, quando aplicável, a anulação ou o imediato bloqueio do pagamento, ou ainda a restituição dos valores indevidamente recebidos.

Tema que exigirá algum tipo de produção de prova, ainda que em fase amigável. De todo modo, quando a fraude for evidente, o fornecedor não poderá impedir ou dificultar a anulação da operação e/ou o imediato bloqueio do pagamento e, ainda, deverá devolver ao consumidor os valores indevidamente recebidos.

O § 1º do art. 54-G estipula uma ação ao fornecedor no que diz respeito aos empréstimos consignados. Como se sabe, o empréstimo consignado ou crédito consignado é aquele em que o modo de pagamento é efetivado de maneira indireta todos os meses, com a dedução do valor a receber pelo consumidor.

Esse empréstimo pode ser feito por consumidores que possuam vínculo de empregado do setor privado ou já aposentados pelo INSS. A principal diferença do empréstimo consignado das demais formas de empréstimo é que suas parcelas são pagas por intermédio do desconto na folha de pagamento ou do benefício da aposentadoria.

A norma fala que a formalização da contratação do empréstimo e a entrega da cópia do contrato relativo ao empréstimo consignado somente poderá ocorrer após a obtenção de informação oferecida pela fonte pagadora, da existência da margem consignável, que é de 35% da renda mensal líquida, sendo 30% para empréstimos consignados e 5% para uso de cartão de crédito consignado.

Por fim, a norma fala novamente que o fornecedor deve oferecer previamente ao consumidor as informações estipuladas nos arts. 52 e 54-B, além de cópia do contrato após sua conclusão. Mera repetição de regra já firmada.

37.17. Exercícios

37.17.1. O Banco "X" S/A possui um único modelo de contrato para todas as operações de empréstimos, e todos eles possuem, dentre outras cláusulas, as seguintes:

"6 — Fica facultado ao CREDITADOR considerar este contrato rescindido de pleno direito, independentemente de qualquer aviso, interpelação ou notificação judicial ou extrajudicial, considerando-se vencida toda a dívida e exigível todo o débito, com os acessórios, inclusive comissão de permanência, nos casos previstos em lei e se o CREDITADO:

6.1 — Não cumprir qualquer das obrigações assumidas e, especialmente, deixar de efetuar, na data de seu vencimento, o pagamento de qualquer das parcelas previstas.

6.2 — Deixar de reforçar garantias constantes deste contrato no prazo de 5 (cinco) dias, quando solicitado.

6.3 — Não permitir a vistoria do(s) bem(ns) alienado(s) fiduciariamente, por pessoa credenciada pelo CREDITADOR.

6.4 — For desapossado ou ceder, alienar, gravar ou transferir a terceiro(s) o(s) bem(ns) dado(s) em alienação fiduciária, sem prejuízo de ficar, ainda, sujeito à pena prevista no art. 171, § 2º, I, do Código Penal.

6.5 — Pedir concordata, falir, sofrer protesto de título, ou se for requerida a sua declaração de insolvência, nos termos dos arts. 748 e seguintes do Código de Processo Civil.

(...)

8 — Caso o CREDITADOR conceda em receber qualquer prestação após o vencimento, por mera tolerância, ou nas hipóteses em que o CREDITADO tenha direito à purgação de mora em ação de busca e apreensão, terá ele que pagar, e/ou seus Avalistas, os encargos previstos neste contrato, que compreendem os juros contratuais, a comissão, a correção monetária de acordo com o indexador especificado no quadro próprio do anverso, e outros cominatórios contratuais, ou, facultativamente, a critério exclusivo do CREDITADOR, comissão de permanência à taxa de mercado vigente no dia do respectivo pagamento, nunca inferior à taxa máxima cobrada pelo CREDITADOR em suas operações ativas, acrescidos de multa irredutível de 10% (dez por cento) e juros de mora de 1% (um por cento) ao mês sobre os dias em atraso, compreendidos entre a data do vencimento e a do efetivo pagamento.

(...)

12 — As partes elegem o Foro da Comarca de São Paulo, com renúncia pelo CREDITADO, de qualquer outro, por mais privilegiado que seja, para dirimir qualquer questão oriunda do presente contrato, ficando, entretanto, facultado exclusivamente ao CREDITADOR optar pelo foro do domicílio do CREDITADO ou da localização do(s) bem(ns) alienado(s) fiduciariamente, ou, ainda, pelo da Comarca onde o contrato foi celebrado".

Com base no CDC comente todas as cláusulas do contrato acima transcritas.

37.17.2. João, necessitando de dinheiro, dirigiu-se ao Banco "W" e contraiu um crédito pessoal no valor de R$ 8.000,00 (oito mil reais), comprometendo-se a pagar o empréstimo em 12 (doze) parcelas pré-fixadas de

R$ 1.000,00 (mil reais). O Banco exigiu que o mesmo assinasse o contrato, bem como uma nota promissória em branco. João pagou três parcelas, não conseguindo pagar a quarta e, antes do vencimento da quinta parcela, recebeu aviso do Cartório de Protestos, pois o Banco mandou para o Cartório a nota promissória pelo valor de R$ 9.000,00 (nove mil reais). Tal procedimento por parte do Banco está de acordo com as disposições do CDC? Justifique a resposta.

38. COMPRA E VENDA COM PAGAMENTO DO PREÇO MEDIANTE PRESTAÇÕES

O CDC estabeleceu também norma especial para regular os contratos de compra e venda, cujo pagamento do preço seja feito mediante prestações.

A norma é a do art. 53, que dispõe:

> "Art. 53. Nos contratos de compra e venda de móveis ou imóveis mediante pagamento em prestações, bem como nas alienações fiduciárias em garantia, consideram-se nulas de pleno direito as cláusulas que estabeleçam a perda total das prestações pagas em benefício do credor que, em razão do inadimplemento, pleitear a resolução do contrato e a retomada do produto alienado.
>
> § 1º (*Vetado.*)
>
> § 2º Nos contratos do sistema de consórcio de produtos duráveis, a compensação ou a restituição das parcelas quitadas, na forma deste artigo, terá descontada, além da vantagem econômica auferida com a fruição, os prejuízos que o desistente ou inadimplente causar ao grupo.
>
> § 3º Os contratos de que trata o *caput* deste artigo serão expressos em moeda corrente nacional".

38.1. Cláusula abusiva

A norma do *caput* do art. 53 é mais um tipo de cláusula abusiva que a lei considera nula, ampliando-se aqui o rol exemplificativo do art. 51[1].

Assim, as mesmas observações lá feitas valem para a hipótese do art. 53: arguição por meio de ação judicial direta ou na defesa (contestação e embargos), cabendo reconvir; decretação de ofício pelo juiz ou pelo tribunal etc.

---

1. Analisado no Capítulo 36, *supra*.

38.2. Perda total das parcelas

38.2.1. Fundamento

O fundamento primeiro do *caput* do art. 53 é o do não enriquecimento sem causa. É inadmissível que se possa pensar que alguém adquira um bem por certo preço, pague parte dele — por vezes grande parte — e, por não poder mais pagar, fique sem o bem e sem o dinheiro que adiantou.

Claro que esse fato não poderia mais vingar — em nossa opinião jamais pôde — com o advento da Lei n. 8.078[2]. E, ainda que o art. 53 não tivesse sido escrito, é evidente que cláusula contratual que determinasse a perda das parcelas seria nula, por ferir o princípio e a cláusula geral da boa-fé, bem como o equilíbrio contratual (arts. 4º, III, 6º, II, e 51, IV), além de implicar desvantagem exagerada (art. 51, IV e § 1º).

O mais incrível é que durante anos consumidores adquiriram, por exemplo, imóveis em prestações e, depois de entregar a poupança que tinham feito a vida toda, ficavam sem o dinheiro e sem o imóvel, por não poderem continuar pagando[3]. O consumidor perdia e a construtora ganhava: ficava com a parte do preço paga pelo consumidor e o imóvel, que evidentemente era revendido.

38.2.2. Pagamento em prestações

A simples leitura da redação do *caput* do art. 53 deixa claro que a regulação dirige-se às compras de móveis ou imóveis cujo preço é pago em prestações.

38.2.3. O regime do "Código Civil" de 1916

Dissemos, logo acima, que a Lei n. 8.078 veio para impedir uma série de iniquidades, inclusive essa da perda total das parcelas pagas sem o recebimento do produto. Contudo, evidente que não esquecemos que antes vigia, para a hipótese, o art. 924 do Código Civil de 1916 — que continuava tendo vigência para as relações privadas e era aplicado subsidiariamente ao CDC.

---

2. Ver nossos comentários, no subitem 38.2.3, *infra*, a respeito da norma do Código Civil de 1916 aplicável à espécie (art. 924) e que foi, muitas vezes, bem utilizada pelos juízes.

3. O que se dá, como se sabe, por vários motivos: perda do emprego, piora das condições de vida ou simplesmente (!) aumento do valor da prestação pelo reajuste inflacionário.

Com efeito, dispunha o art. 924 da lei substantiva privatista:

"Quando se cumprir em parte a obrigação, poderá o juiz reduzir proporcionalmente a pena estipulada para o caso de mora, ou de inadimplemento".

O Judiciário aplicou bem tal dispositivo muitas vezes. Vejamos como exemplo a decisão da 5ª Câmara Cível do Tribunal de Justiça do Rio de Janeiro. Note-se que é um caso de compra e venda de imóvel feita antes da vigência da Lei n. 8.078, e, ao invocar do consumidor pela aplicação do art. 53 do CDC, esta restou afastada, pelo fato de o contrato ter se aperfeiçoado antes da vigência da lei consumerista. Contudo, aplicou-se adequadamente o art. 924 do Código Civil de 1916 para atenuar os efeitos da cláusula contratual, que implicava perda total das prestações pagas. E foi uma solução justa. Leia-se:

"Acordam os Desembargadores da 5ª Câmara Cível do Tribunal de Justiça do Estado do Rio de Janeiro em dar provimento parcial para atenuar a pena imposta aos apelantes, a 1/3 do que pagaram, com a devolução dos 2/3 restantes pela apelada, mediante correção monetária a partir desta data. Penas da sucumbência proporcionais à condenação. Decisão unânime.

Ação ordinária da rescisão de escritura proposta pela apelada contra os recorrentes. Alega a autora que os apelantes, promitentes compradores de imóvel, atrasavam-se no pagamento de prestações; foram notificados e não purgaram a mora, circunstância esta que teria evitado a rescisão. Pedem seja ela decretada com perda pelos réus das importâncias pagas, mais as penas da sucumbência.

A sentença entendeu configurado o inadimplemento dos réus, em face da notificação e do não pagamento das prestações. Reportou-se à cláusula n. 8.2, da promessa, a qual previa a rescisão pela mora, fls. 21-21-v. Chamou a atenção para a circunstância dos réus terem pago quantia inferior a 15% do preço. Achou razoável a perda do que foi pago. Julgou procedente o pedido e impôs as penas da sucumbência: honorários de 10% do valor atribuído à causa.

Apelação dos réus, a alegarem cerceamento de defesa, em virtude de terem protestado por prova testemunhal e depoimento pessoal do representante legal da autora, quando — assim dizem — pretendiam provar ser o contrato em espécie, conforme o CDC, de adesão, não se tomando ante essa feição contratual a livre negociação e haver sido a sentença protelada em julgamento antecipado, quando a prova pela qual protestara seria necessária. No mérito, invocam os arts. 53, *caput,* e 54 da Lei n. 8.078, de 11-9-90 (CDC) que, como afirmam, estavam em vigor quando o compromisso foi firmado.

Preliminar de cerceamento de defesa improcedente. A prova testemunhal e o depoimento pessoal, a que se referem os apelantes, seriam irrelevantes para deslindar-se a controvérsia. As características do contrato de adesão, mencionadas pelos recorrentes e previstas no CDC, independeriam daquelas provas para, comprovadamente, se individualizarem. Basta, para decidir-se a respeito, a leitura do compromisso firmado entre as partes. E ele se encontra nos autos.

Assim, rejeita-se essa preliminar.

No mérito, a discussão fundamental vincula-se à data do início da vigência do Código de Defesa do Consumidor: Lei n. 8.078, de 11-9-90.

Esse estatuto foi publicado em 11-9-90, porém, como reza seu art. 118, entrou em vigor 180 dias a contar da publicação, isto é, em 11-3-91, quando a escritura, cuja rescisão é desejada, encontra-se datada de 18-10-90.

O princípio aplicável é o do art. 6º da Lei de Introdução ao C. Civ.: 'A lei em vigor terá efeito imediato e geral, respeitados o ato jurídico perfeito, o direito adquirido e a coisa julgada', dizeres reproduzidos pelo art. 5º, XXXVI, da atual Constituição da República.

Sucede que o contrato firmado entre os litigantes se constituíra em ato jurídico perfeito antes do Código de Defesa do Consumidor. Ele se consumara de acordo com os textos vigorantes ao tempo em que se efetuou (§ 1º do art. 6º da Lei de Introdução ao Código Civil).

É evidente que o valor da cominação imposta não ultrapassa a obrigação principal, tanto que os apelantes apenas pagaram 15% do preço. Daí não ser de falar-se na utilização do art. 920 do C. Civ., lembrado na sentença.

Todavia, é possível a aplicação à espécie do que prevê o art. 924 do Estatuto Civil, para reduzir-se proporcionalmente a pena que sofrerão os apelantes. E essa redução deverá corresponder a 1/3 do que pagaram. A autora deverá devolver-lhes 2/3, quantia que tiveram oportunidade de quitar. Essa devolução concilia-se com o referido dispositivo do art. 924, do C. Civ., bem assim não foge às normas do CDC, aqui lembradas em seu conjunto, por suas características de proteção à parte contratante mais frágil, aspectos éticos e sociais, que encontram respaldo nas palavras antigas do C. Civ., tanto mais quanto é certo que a autora será recompensada com a rescisão e a devolução do imóvel que novamente poderá vender, com evidentes vantagens pela valorização imobiliária. Caso não devolva aquela parcela, irá receber em dobro, o que importará em enriquecimento que descamba para a ilicitude. E ao determinar-se a devolução de parcela reconhece-se a inadimplência.

A cláusula em espécie invocada pela autora, aliás, não se assenta na plenitude da igualdade contratual. Beneficiará à autora, ora apelada; onerará aos apelantes. E isso não se harmoniza com o espírito igualitário da lei e foge ao terreno da Justiça.

Assim, dá-se provimento parcial à apelação para reduzir-se a pena imposta aos réus, a fim de determinar-se que a autora devolva-lhes 2/3 do que pagaram, com correção monetária a partir desta data, conforme autoriza o art. 924 do C. Civ. Também as penas da sucumbência se devem atenuar na proporcionalidade sugerida, arcando os apelantes com 1/3 da mesma e cabendo o ônus restante à apelada"[4].

O atual Código Civil repete a regra do art. 924, dispondo, contudo, com mais clareza a respeito da redução equitativa. É a disciplina do art. 413: "A penalidade deve ser reduzida equitativamente pelo juiz se a obrigação principal tiver sido cumprida em parte, ou se o montante da penalidade for manifestamente excessivo, tendo-se em vista a natureza e a finalidade do negócio".

38.2.4. O problema da expressão "perda total das parcelas"

A Lei n. 8.078 foi menos moderada que o Código Civil (nos dois dispositivos citados, tanto no art. 924 do CC de 1916, como no art. 413 do CC de 2002), dizendo que é nula a cláusula que "estabeleça a perda total das prestações". E isso traz um grande problema ao intérprete.

Teria validade, então, a cláusula contratual que dissesse que o consumidor inadimplente perde 99% das prestações? Ou 90%? Ou 95%?

Ora, se a intenção do legislador era proteger o consumidor, seria melhor ter escrito algo parecido com o prescrito na norma da legislação civil referida. Cabe ao intérprete, então, primeiro constatar qual o *telos* da norma e dizer se o legislador redigiu bem o texto, para dar solução ao problema.

Comecemos por essa segunda parte: o legislador escreveu mal; na verdade, escreveu menos do que deveria.

Veja-se o quanto a redação é ruim. Fala que não pode haver perda total, mas, como anotamos, 95% não é perda total, e, no entanto, a perda de 95% do preço pago de um imóvel de R$ 100.000,00 é significativa, aliás abusiva! Viola o sistema do CDC, como se verá na solução que propomos.

---

4. Ap. 992, rel. Des. Jorge Fernando Loretti, v. u., j. 6-4-1993, *RF*, 323/224. As referências são ao Código Civil de 1916.

De outro lado, a perda de 100% (do total!) do preço pago em parcelas, quando o consumidor pagar *apenas* uma de um total de cem, não significa abuso. No exemplo do imóvel de R$ 100.000,00, o consumidor inadimplente terá pago somente R$ 1.000,00, e a perda dos 100% desse valor seria irrisória na relação.

Então, como resolver a questão?

A solução se nos afigura possível. Fazendo-se uma interpretação finalística do texto do *caput* do art. 53 em conjunto com outras normas da Lei n. 8.078, numa interpretação lógico-sistemática, pode-se dar indicações seguras da pretensão legal. Invoque-se, assim, em auxílio, dentre outras, as regras dos arts. 4º, III, 6º, II, e 51, IV, que dispõem sobre o princípio da boa-fé e do equilíbrio contratual, o princípio da equivalência contratual, a boa-fé objetiva como cláusula geral e a equidade como regra de distribuição de justiça no caso concreto. E, por fim, como fonte de inspiração utilize-se da norma do art. 924 do Código Civil de 1916 e toda a experiência que a partir dele e dos casos reais se pode extrair.

A solução será a de dizer que o *telos* do *caput* do art. 53 é o de declarar nula a cláusula contratual que, aplicada ao caso concreto, gere vantagem exagerada ao fornecedor na desproporcionalidade resultante da aplicação da pena.

Assim, por exemplo, é razoável a cláusula contratual que estipula que, se o consumidor pagou 10% do preço, perde 90%; se pagou 20%, perde 80%, e assim por diante[5].

38.3. *Alienação fiduciária*

Como a norma refere-se expressamente à alienação fiduciária, que torna resolúvel a propriedade do consumidor, é preciso fazer comentário específico.

Na alienação fiduciária, regulada pelo Decreto-Lei n. 911, de 1º de outubro de 1969, como se sabe, o consumidor que faz o financiamento tem a posse direta do bem, podendo usá-lo regularmente, mas não tem a propriedade. Esta somente passa para ele quando a dívida é quitada. O credor tem

---

5. É essa a opinião da Professora Simone Thallinger, especialista no assunto, que tratou do tema no Seminário "O Código de Defesa do Consumidor e a construção civil", promovido pelo Sinduscon/SP — Sindicato da Construção Civil de São Paulo, em 24-6-1993, do qual participamos, também, como conferencista. Temos o manuscrito da exposição da professora, que foi gentilmente cedido.

a posse indireta e o domínio resolúvel, mas em caso de inadimplemento não pode ficar com o bem[6]. Está obrigado a vendê-lo a terceiros e utilizar o produto da venda na amortização ou quitação da dívida, e, em havendo sobra, devolvê-la ao consumidor[7].

Aplica-se, então, a mesma regra de interpretação dada no item anterior em relação à perda total das parcelas, o que demandará estudo caso a caso, em função das peculiaridades envolvidas.

38.4. Sistema de consórcios

O consórcio é um sistema de múltipla cooperação. Funciona na medida em que todos os participantes cumpram sua parcela de obrigação. O núcleo básico do consórcio é o grupo. Cada participante pertence a um grupo de consorciados. Cada grupo é dividido em cotas, que correspondem a uma parcela do total do grupo ou uma cota-parte.

Assim, por exemplo, um plano de consórcio de cinquenta meses possui grupos compostos por cinquenta cotas, cada uma delas correspondendo a 1/50 do total ou 2%.

Supondo um valor hipotético: se o valor do bem é R$ 50.000,00, cada cota mensal é de R$ 1.000,00.

O grupo arrecada mensalmente — desde que todos paguem suas cotas — o valor correspondente a um bem (100%). Dessa forma, pelo menos uma vez por mês pode-se sortear um bem entre os componentes do grupo.

Para evitar que falte verba para o sorteio — por falta de pagamento de um ou mais membros do grupo —, o consorciado contribui também com uma importância mensal para compor o fundo de reserva. Este deve propiciar fundos para que o sorteio se efetive.

Após o sorteio são aceitos lances para a entrega de mais outro bem, desde que haja fundo (somando-se o lance) para tanto.

O bem entregue, por exemplo, um automóvel, ficará garantido para a administradora pelo regime da alienação fiduciária. Além dessa garantia específica, a administradora pode exigir outras, como, por exemplo, fiança ou aval.

---

6. Cf. o § 6º do art. 66 da Lei n. 4.728/65. O artigo e seus parágrafos foram alterados pelo Decreto-Lei n. 911/69.

7. Cf. art. 2º, *caput*, do Decreto-Lei n. 911/69.

A norma do § 2º do art. 53, ao tratar dos consórcios, quis preservar os direitos dos demais integrantes de cada grupo, ao fixar que o consumidor retirante recebesse de volta as parcelas pagas[8], mas descontada a "vantagem econômica auferida com a fruição" e "os prejuízos que o desistente ou inadimplente causou ao grupo".

É ônus da administradora do consórcio provar a vantagem aferida pelo consumidor ou os prejuízos que o grupo teria com a devolução das parcelas. E isso dificilmente acontece, porque a responsabilidade pela administração do grupo é da administradora. Quando há desistência ou inadimplência, a vaga, normalmente, é preenchida por outro consorciado, de modo que anula eventual prejuízo. Aliás, não se pode esquecer que a administradora de consórcios, como prestadora de serviços que é, sofre os ônus globais do exercício de sua atividade de risco[9], e, nesse sentido, a jurisprudência tem entendido que ela responde pela devolução das parcelas. Vejam-se dois exemplos:

"Consórcio — Devolução das prestações pagas — Carência de ação decretada pelas instâncias ordinárias. O desistente do consórcio, ante a perda da capacidade financeira de continuar pagando as cotas, não precisa aguardar o encerramento do grupo para postular a restituição dos valores desembolsados. Precedentes. Recurso especial conhecido e provido para afastar a carência"[10].

"Consórcio — Bem móvel — Desistência — Correção monetária — Incidência a partir do desembolso de cada prestação — Súmula 35 do STJ — Existência de cláusula contratual prevendo devolução simples — Ineficácia — Interpretação favorável à parte que adere em se tratando de contrato de adesão — Ação de cobrança procedente — Recurso improvido"[11].

38.5. *Contratos em moeda corrente nacional*

Outra vez mais vem a norma deixar claro que os contratos de consumo têm de ser expressos em moeda corrente nacional.

---

8. Isto é: a cláusula contratual que implica a perda das parcelas pagas pela inadimplência é nula, conforme o *caput* do art. 53.
9. Sobre risco da atividade e responsabilidade do fornecedor, ver Capítulo 9.
10. REsp 115.766-60, STJ, rel. Min. Barros Monteiro.
11. Ap. 565.231-5, 1º TACSP, 9ª Câm. Esp., jul. 1994, rel. Juiz Oscarlino Moeller, j. 5-7-1994.

Ao comentar o inciso I do art. 52 já havíamos tratado dessa obrigatoriedade. Repita-se, então, que a determinação do inciso I é também complementar àquela do art. 31. O preço do produto ou do serviço ou o montante do empréstimo tem de ser colocado em moeda corrente nacional, que atualmente é o real.

A norma proíbe que se estipule o preço, bem como qualquer outro valor (taxa de juros, despesas etc.) em moeda estrangeira. Lembre-se que o CDC é lei ordinária, localizada quase no topo da pirâmide jurídica do sistema jurídico nacional. Por isso, ainda que as entidades governamentais (como o Conselho Monetário Nacional, por exemplo) admitam reajuste em moeda estrangeira, pelo menos para as relações de consumo ela não tem validade, porquanto não tem força jurídica para contrariar lei ordinária.

38.6. Exercícios

38.6.1. A empresa "A" Ltda. contraiu um empréstimo para compra de dois automóveis para a Diretoria em 1º de março, pelo valor de R$ 66.000,00 (sessenta e seis mil reais), comprometendo-se a pagar o débito em 24 (vinte e quatro) parcelas de R$ 6.000,00 (seis mil reais). Três meses após, requereu concordata, mas não incluiu em seu passivo o débito com o banco. As parcelas estavam sendo pagas pontualmente. O banco moveu ação de busca e apreensão dos veículos.

Pergunta-se: Poderia o banco rescindir o contrato de acordo com as disposições do CDC? Justifique a resposta.

38.6.2. Reinaldo, cliente do Banco "W", celebrou um contrato de conta corrente (cheque especial) com limite de R$ 10.000,00 (dez mil reais), pelo prazo de 1 (um) ano. A partir do terceiro mês começou a utilizar o cheque especial, ficando nos três meses seguintes com saldo médio negativo de R$ 9.600,00 (nove mil e seiscentos reais). O gerente de sua conta foi demitido. No dia 9 do sétimo mês Reinaldo efetuou um depósito de R$ 10.000,00 (dez mil reais) em dinheiro. Dois dias depois emitiu um cheque de R$ 7.500,00 (sete mil e quinhentos reais). O cheque foi devolvido pela alínea correspondente a falta de fundos. Reinaldo foi ao banco, e o novo gerente alegou que o banco havia rescindido o contrato porque Reinaldo estava "usando muito o cheque especial". Não havia no contrato nenhuma disposição limitando o uso do limite de crédito.

Comente a atitude do banco e o que poderia ser feito por Reinaldo com base no CDC.

38.6.3. João firmou um contrato de arrendamento mercantil (*leasing*) de um automóvel, pelo prazo de 24 meses. Ocorre que, após o sexto mês, João não conseguiu mais honrar o pagamento das prestações. A arrendante ingressou com ação de reintegração de posse cumulada com cobrança das prestações vencidas. João contestou, alegando que, no caso, deve-se aplicar a regra estatuída no art. 53 do CDC.

    a. É possível enquadrar o art. 53 no contrato de arrendamento mercantil?

    b. Pesquise e depois diferencie *leasing* de alienação fiduciária.

    c. João tem direito a algum tipo de indenização?

39. A DESCONSIDERAÇÃO DA PERSONALIDADE JURÍDICA

A matéria está regrada no art. 28 do CDC, que dispõe:

"Art. 28. O juiz poderá desconsiderar a personalidade jurídica da sociedade quando, em detrimento do consumidor, houver abuso de direito, excesso de poder, infração da lei, fato ou ato ilícito ou violação dos estatutos ou contrato social. A desconsideração também será efetivada quando houver falência, estado de insolvência, encerramento ou inatividade da pessoa jurídica provocados por má administração.

§ 1º (*Vetado*.)

§ 2º As sociedades integrantes dos grupos societários e as sociedades controladas são subsidiariamente responsáveis pelas obrigações decorrentes deste Código.

§ 3º As sociedades consorciadas são solidariamente responsáveis pelas obrigações decorrentes deste Código.

§ 4º As sociedades coligadas só responderão por culpa.

§ 5º Também poderá ser desconsiderada a pessoa jurídica sempre que sua personalidade for, de alguma forma, obstáculo ao ressarcimento de prejuízos causados aos consumidores".

Examinemos seus aspectos.

39.1. Origem da possibilidade da desconsideração da personalidade jurídica

A capacidade imaginativa do ser humano, muitas vezes utilizada para praticar o bem, de outras vezes é gasta na operação de todo tipo de fraude e enganação.

Com a criação da ficção da pessoa jurídica separaram-se rigidamente as pessoas dos sócios da pessoa jurídica. O direito formal, como devia sê-lo no caso, sempre deixou patente a hirta separação existente, inclusive no que respeitava à assunção de responsabilidades, a formação do patrimônio etc.

Acontece que o indivíduo, que não é inocente, passou a usar sua capacidade de criação para acobertar, sob o manto formal da pessoa jurídica, toda sorte de práticas abusivas e ilícitas.

O direito não podia ficar à margem desse processo, observando a clara manipulação praticada pelos detentores do poder nas pessoas jurídicas, que as estavam utilizando de maneira desviada.

Por isso, aos poucos passou a aceitar que, em casos especiais, a figura da pessoa jurídica fosse desconsiderada para que se pudesse alcançar a pessoa do sócio e seu patrimônio.

A doutrina reconhece que somente a partir da segunda metade do século XX é que se começou a pensar na desconsideração da personalidade jurídica como elemento capaz de permitir que se alcançasse a pessoa do sócio praticante de fraude[1].

Na realidade, o fato é que, com o nascimento do mercado empresarial, ficou cada vez mais evidente que a facilidade que se dava para a formação de pessoas jurídicas — especialmente empresas — tinha o preço da permissibilidade para que seus sócios delas se servissem para todo tipo de fraude. De maneira que a legislação passou a prever expressamente a responsabilidade dos sócios, e caminhou-se para o regramento do art. 28 do CDC, que, como se verá, permite a desconsideração não só em caso de fraude, mas até na hipótese de simples má administração (o que é, como se verá, um caso de responsabilidade objetiva)[2].

Visto isso, passemos ao exame do *caput* do art. 28.

---

1. Ver a respeito Rubens Requião, "*Disregard doctrine*", e Fábio Ulhoa Coelho, *Desconsideração da personalidade jurídica*.

2. Há, por exemplo, na legislação anterior ao CDC, previsão na Lei das Sociedades Anônimas responsabilizando o administrador por culpa, dolo e violação da lei e do estatuto (Lei n. 6.404, de 14-12-1976, art. 158) e no Código Tributário Nacional (art. 135). Após a lei consumerista, a lei que regulamentou o setor de planos e seguros de saúde (Lei n. 9.656, de 3-6-1998), indo mais além, fixou a responsabilidade solidária dos administradores e membros dos conselhos administrativos, deliberativos, consultivos, fiscais e assemelhados (art. 26).

39.2. Dever do magistrado

Inicialmente o texto diz que "o juiz poderá desconsiderar a personalidade jurídica".

A primeira observação diz respeito ao uso do verbo "poder": "o juiz poderá". No processo civil, como é sabido, o juiz não age com discricionariedade (que é medida pela conveniência e oportunidade da decisão). Age sempre dentro da legalidade, fundando sua decisão em bases objetivas.

O que a lei processual civil lhe outorga são certas concessões, como acontece, v. g., na fixação de prazos judiciais na hipótese do art. 13[3] ou do art. 491[4].

Logo, o juiz não tem o poder, mas o dever de desconsiderar a personalidade jurídica sempre que estiverem presentes os requisitos legais.

39.3. "Desconsideração" e não "dissolução"

O segundo ponto no exame do *caput* do art. 28 é o que diz respeito ao aspecto da "desconsideração" da personalidade jurídica. O vocábulo "desconsideração" tem de ser tomado no sentido de desprezo. O juiz não irá "dissolver" a sociedade, considerá-la extinta, mandar apurar haveres etc. Irá, pura e simplesmente, agir *como se* a pessoa jurídica não significasse obstáculo.

Aliás, o magistrado não precisa fazer qualquer colocação jurídica relativa à formação da pessoa jurídica, seu capital e até sua existência concreta, uma vez que é comum neste último caso que a pessoa jurídica simplesmente deixe de existir realmente, ficando sem sede (o que pode implicar o encerramento irregular das atividades). É necessário apenas que, na decisão que determina, por exemplo, a penhora de bens do sócio, esteja expressamente declarado que a pessoa jurídica está sendo desconsiderada e o motivo para tanto.

---

3. "Art. 13. Verificando a incapacidade processual ou a irregularidade da representação das partes, o juiz, suspendendo o processo, marcará prazo razoável para ser sanado o defeito..."

4. "Art. 491. O relator mandará citar o réu, assinando-lhe prazo nunca inferior a 15 (quinze) dias nem superior a 30 (trinta) para responder aos termos da ação. Findo o prazo com ou sem resposta, observar-se-á no que couber o disposto no Livro I, Título VIII, Capítulos IV e V."

39.4. "Em detrimento do consumidor"

A norma, na sequência, diz que a desconsideração se fará quando "em detrimento do consumidor". Entenda-se, pois, o sentido, que é o da constatação do fato de que o consumidor sofreu algum tipo de dano por vício ou defeito do produto ou do serviço por quebra contratual, descumprimento ou nulidade de cláusula, por prática abusiva, publicidade enganosa ou abusiva etc.

39.5. Elenco exemplificativo

Na sequência da redação do *caput*, a norma apresenta os casos com base nos quais se desconsiderará a personalidade jurídica. São eles, a saber:

a) caso de abuso do direito ou excesso de poder;

b) infração da lei ou existência de fato ou prática de ato ilícito;

c) violação dos estatutos ou do contrato social;

d) falência, estado de insolvência, encerramento ou inatividade da pessoa jurídica, provocados por má administração.

Acontece que, com a disposição do § 5º, bastante ampla, não só fica patente o caráter exemplificativo do rol de hipóteses apresentadas, como se percebe a disposição da lei em decretar a garantia de ressarcimento dos danos sofridos pelo consumidor em qualquer outro caso em que haja obstáculo ao saneamento do prejuízo[5].

Examinemos, agora, cada uma das hipóteses apresentadas no *caput*.

39.6. Abuso "do" direito

O primeiro, o da utilização do conceito de "abuso do direito", exige um esclarecimento, relacionado ao nascimento doutrinário do conceito.

Conforme já dissemos, mais de uma vez, a doutrina do abuso do direito nasceu e consolidou-se pela constatação de que o titular de um direito subjetivo pode dele abusar no seu exercício.

Vejamos os pontos principais do tema.

Preliminarmente, diga-se, a expressão é abuso "do" direito e não abuso "de" direito, porquanto se abusa de certo direito que se tem.

---

5. Ver nossos comentários no item 39.11.

A prática real do exercício dos vários direitos subjetivos acabou demonstrando que, em alguns casos, não havia ato ilícito, mas era o próprio exercício do direito em si que se caracterizava como abusivo.

A teoria do abuso do direito, então, ganhou força e acabou preponderando.

Pode-se definir o abuso do direito como sendo resultado do excesso de exercício de um direito, capaz de causar dano a outrem. Ou, em outras palavras, o abuso do direito se caracteriza pelo uso irregular e desviante do direito em seu exercício, por parte do titular.

A legislação brasileira, adotando a doutrina do abuso do direito, acabou regulando uma série de ações e condutas que outrora eram tidas como práticas abusivas.

E o exemplo mais atual disso são as normas do CDC, que proíbem o abuso. Portanto, caracterizado o abuso do direito, ele pode ser motivo para a desconsideração da personalidade jurídica.

39.7. Excesso de poder

Em relação à expressão "excesso de poder", é ela utilizada como sinônimo da anterior, "abuso do direito". Poder-se-ia argumentar que não se deve tomá-la nesse sentido, porquanto à lei bastaria colocar a outra expressão, como fez, para atingir a finalidade pretendida. Isso poderia ser verdade se a norma não se tivesse utilizado da outra previsão da letra *d* supraelencada: violação dos estatutos ou do contrato social. Nesse caso a expressão "excesso de poder" significaria abuso dos poderes estabelecidos nos estatutos ou contrato social. Mas, como a lei utilizou ambos, deve-se tomar o termo "excesso de poder" como a doutrina normalmente o utiliza, no sentido de "abuso do direito".

39.8. Infração da lei e fato ou prática de ato ilícito

Quanto à letra *b*, "infração da lei, existência de fato ou prática de ato ilícito", deve-se entendê-la no sentido de que são as hipóteses em que a pessoa jurídica praticou ato contrário à disposição legal de qualquer ordem e que, por isso, esteja impedindo o consumidor de satisfazer-se de seus direitos.

39.9. Violação dos estatutos ou contrato social

Relativamente à letra *c* ("violação dos estatutos ou do contrato social"), é importante observar que será necessário examinar o caso concreto para definir se houve violação, uma vez que é o conteúdo dos estatutos ou contrato social na relação com os atos praticados que determinará ou não a ação ilícita.

39.10. Má administração

Todas essas hipóteses, como se viu, implicam uma ação do(s) responsável(eis) contra o direito estabelecido (mesmo a do abuso do exercício do direito subjetivo, como se viu). Mas o próximo caso previsto na norma vai mais além, ao admitir a desconsideração da personalidade jurídica por mero problema técnico de má administração, que leve a pessoa jurídica à falência ou ao estado de insolvência, à inatividade, ao encerramento das atividades da pessoa jurídica, que possa impedir que o consumidor receba o que é seu de direito[6].

Assim, pela hipótese do final da proposição do *caput* do art. 28, percebe-se que o intuito da lei foi permitir a desconsideração da personalidade da pessoa jurídica, mesmo nos casos em que o consumidor esteja sendo violado por simples responsabilidade objetiva dos atos praticados pelo fornecedor.

Ressalte-se que, quando a norma fala em encerramento ou inatividade, está se referindo não só ao encerramento irregular da sociedade, com a paralisação das atividades, mas também ao encerramento "regularmente" efetuado na Junta Comercial ou noutro órgão competente. Isto por considerar que, se o encerramento foi feito, mas restou algum consumidor lesado, os sócios devem responder.

39.11. Outras espécies de abusos

Na sequência, em vez de adentrarmos o exame dos §§ 2º a 4º, vale que pulemos para o § 5º, já que este amplia o sentido do contido no *caput*:

"§ 5º Também poderá ser desconsiderada a pessoa jurídica sempre que sua personalidade for, de alguma forma, obstáculo ao ressarcimento de prejuízos causados aos consumidores".

---

6. Ver-se-á, ainda, que, pela regra do § 5º, analisado na sequência, as circunstâncias são mais alargadas.

Lendo-se a redação da norma *supra*, percebe-se seu intuito em deixar patente que as hipóteses que permitem a desconsideração da personalidade jurídica estampadas no *caput* são meramente exemplificativas. Apesar de mais comuns, nada impede que outras espécies de fraude e abusos sejam praticadas, tendo a pessoa jurídica como escudo. Para evitar que, nesses casos, os sócios violadores passem impunes, o parágrafo em comento deixou o texto normativo aberto para que, em qualquer outra hipótese, seja possível desconsiderar a personalidade da pessoa jurídica.

Mas não é só isso. O objetivo da lei é garantir o ressarcimento do consumidor, sempre. Veja-se que, pela redação do § 5º, basta o dado objetivo do fato da personalidade jurídica da pessoa jurídica ser obstáculo ao pleno exercício do direito do consumidor para que seja possível desconsiderar essa personalidade.

Portanto, pode-se se afirmar que, independentemente da verificação de fraude ou infração da lei, será possível, no caso concreto, suplantar a personalidade jurídica da pessoa jurídica, se for esse o obstáculo ao ressarcimento dos prejuízos sofridos pelo consumidor.

Aliás, o 1º Tribunal de Alçada Civil de São Paulo já se manifestou pela aplicação expressa desse § 5º:

"Defesa do consumidor — Empresa sucessora — Responsabilidade solidária — Teoria da desconsideração da personalidade jurídica — Aplicação.

A ré, desde 21-8-91, é sucessora da original vendedora, tem mesmo fundo de comércio, mesmo ramo de atividade e mesmo endereço. Responde pelos contratos firmados pela antecessora. O Código de Defesa do Consumidor diz em seu art. 6º — VIII (Direitos Básicos) — que há a inversão do ônus da prova quando verossímil sua alegação e, no caso presente, mais que verossímil; comprou, pagou, não recebeu e a sucessora não quer entregar. É caso para o Ministério Público e também para as autoridades fazendárias. No CDC, há solidariedade de responsabilidade (arts. 18 e 19) e há a desconsideração da personalidade jurídica (art. 28). Houve aqui flagrante ato ilícito. Aplica-se, no caso, por inteiro o art. 28 em seu § 5º; desconsidera-se a pessoa jurídica quando sua personalidade for obstáculo ao ressarcimento dos prejuízos do consumidor"[7].

---

7. Ap. 557.007-2, da 11ª Câm., rel. Juiz Mendes de Freitas, v. u., j. 24-3-1994, *IOB*, 3/9589, Ementa.

39.12. Os parceiros de negócios

Os três parágrafos restantes serão aqui comentados em conjunto, por dizerem respeito a assunto correlato e que não tem ligação com o estabelecido no *caput* do art. 28.

Suas disposições implementam regras gerais de responsabilidade dos vários parceiros que atuam no mercado de consumo em grupos societários, consórcios etc., e que deveriam estar noutra parte (Seção II ou Seção III do Capítulo IV do Título I); estariam bem num capítulo geral de responsabilidade, que, como já observamos, não existe.

De qualquer maneira, vamos comentá-las.

O que a norma pretende é dar forte proteção ao consumidor, estabelecendo ampla responsabilização entre os componentes dos vários conglomerados que exploram o mercado.

Agiu muito bem o legislador, porque o fenômeno das corporações e grupos associados tomou proporções assombrosas no mundo dito globalizado. Se a ação de exploração não se dá de forma isolada, nada mais justo que se estabeleça a responsabilidade dos parceiros exploradores.

A norma faz, todavia, uma distinção: algumas sociedades responderão subsidiariamente (§ 2º), isto é, o consumidor só as acionará após o insucesso do recebimento de seus direitos do fornecedor primariamente responsável; outras, solidariamente (§ 3º), ou seja, o consumidor pode escolher de quem se irá ressarcir: de uma, de todas, de algumas etc.

E um outro tipo responde só por culpa (§ 4º), o que é expressa exceção à responsabilidade civil objetiva estabelecida no CDC e que reforça o aspecto de que em todas as outras hipóteses previstas nos §§ 2º e 3º a responsabilidade é objetiva.

Aliás, mais uma vez se repita, na Lei n. 8.078 a regra é essa da responsabilidade objetiva. A exceção é tratada expressamente (§ 4º do art. 14 e § 4º do art. 28).

Desse modo, refira-se, então, ao § 2º para dizer que o grupo societário é composto de sociedade controladora e suas controladas, nos termos dos arts. 265 e s. da Lei das Sociedades Anônimas (Lei n. 6.404, de 15-12-1976), cujas normas principais dispõem:

"Art. 265. A sociedade controladora e suas controladas podem constituir, nos termos deste Capítulo, grupo de sociedades, mediante convenção pela qual se obriguem a combinar recursos ou esforços para a realização dos respectivos objetos, ou a participar de atividades ou empreendimentos comuns.

§ 1º A sociedade controladora, ou de comando do grupo, deve ser brasileira e exercer, direta ou indiretamente, e de modo permanente, o controle das sociedades filiadas, como titular de direitos de sócio ou acionista, ou mediante acordo com outros sócios ou acionistas.

§ 2º A participação recíproca das sociedades do grupo obedecerá ao disposto no art. 244.

Art. 266. As relações entre as sociedades, a estrutura administrativa do grupo e a coordenação ou subordinação dos administradores das sociedades filiadas serão estabelecidas na convenção do grupo, mas cada sociedade conservará personalidade e patrimônios distintos.

Art. 267. O grupo de sociedades terá designação de que constarão as palavras 'grupo de sociedades' ou 'grupo'.

Parágrafo único. Somente os grupos organizados de acordo com este Capítulo poderão usar designação com as palavras 'grupo' ou 'grupo de sociedades'".

As sociedades consorciadas referidas no § 3º são as que se agrupam para executar determinado empreendimento, nos termos dos arts. 278 e 279 da mesma Lei das Sociedades Anônimas, que dispõem:

"Art. 278. As companhias e quaisquer outras sociedades, sob o mesmo controle ou não, podem constituir consórcio para executar determinado empreendimento, observado o disposto neste Capítulo.

§ 1º O consórcio não tem personalidade jurídica e as consorciadas somente se obrigam nas condições previstas no respectivo contrato, respondendo cada uma por suas obrigações, sem presunção de solidariedade.

§ 2º A falência de uma consorciada não se estende às demais, subsistindo o consórcio com as outras contratantes; os créditos que porventura tiver a falida serão apurados e pagos na forma prevista no contrato de consórcio.

Art. 279. O consórcio será constituído mediante contrato aprovado pelo órgão da sociedade competente para autorizar a alienação de bens do ativo permanente, do qual constarão:

I — a designação do consórcio, se houver;

II — o empreendimento que constitua o objeto do consórcio;

III — a duração, endereço e foro;

IV — a definição das obrigações e responsabilidade de cada sociedade consorciada, e das prestações específicas;

V — normas sobre recebimento de receitas e partilha de resultados;

VI — normas sobre administração do consórcio, contabilização, representação das sociedades consorciadas e taxa de administração, se houver;

VII — forma de deliberação sobre assuntos de interesse comum, com o número de votos que cabe a cada consorciado;

VIII — contribuição de cada consorciado para as despesas comuns, se houver.

Parágrafo único. O contrato de consórcio e suas alterações serão arquivados no Registro do Comércio do lugar da sua sede, devendo a certidão do arquivamento ser publicada".

E, por fim, as sociedades coligadas trazidas no § 4º são as que se associam a outras sem exercer o controle acionário, nos termos do § 1º do art. 243 da Lei das Sociedades Anônimas, que dispõe:

"§ 1º São coligadas as sociedades quando uma participa, com 10% (dez por cento) ou mais, do capital da outra, sem controlá-la".

39.13. No Código Civil de 2002

O atual Código Civil, mais uma vez, seguindo o estabelecido no CDC, adotou a desconsideração da personalidade jurídica nestes termos:

"Art. 50. Em caso de abuso da personalidade jurídica, caracterizado pelo desvio de finalidade ou pela confusão patrimonial, pode o juiz, a requerimento da parte, ou do Ministério Público quando lhe couber intervir no processo, desconsiderá-la para que os efeitos de certas e determinadas relações de obrigações sejam estendidos aos bens particulares de administradores ou de sócios da pessoa jurídica beneficiados direta ou indiretamente pelo abuso.

§ 1º Para os fins do disposto neste artigo, desvio de finalidade é a utilização da pessoa jurídica com o propósito de lesar credores e para a prática de atos ilícitos de qualquer natureza.

§ 2º Entende-se por confusão patrimonial a ausência de separação de fato entre os patrimônios, caracterizada por:

I – cumprimento repetitivo pela sociedade de obrigações do sócio ou do administrador ou vice-versa;

II – transferência de ativos ou de passivos sem efetivas contraprestações, exceto os de valor proporcionalmente insignificante; e

III – outros atos de descumprimento da autonomia patrimonial.

§ 3º O disposto no caput e nos §§ 1º e 2º deste artigo também se aplica à extensão das obrigações de sócios ou de administradores à pessoa jurídica.

§ 4º A mera existência de grupo econômico sem a presença dos requisitos de que trata o caput deste artigo não autoriza a desconsideração da personalidade da pessoa jurídica.

§ 5º Não constitui desvio de finalidade a mera expansão ou a alteração da finalidade original da atividade econômica específica da pessoa jurídica".

39.14. Exercícios

39.14.1. João adquiriu veículo fabricado pela montadora nacional "A" em uma concessionária autorizada. Três anos depois, quando trafegava com o auto em uma estrada, o sistema de freios não funcionou, e ele sofreu um grave acidente, com perda total do automóvel. João teve ferimentos leves. A perícia apontou que o sistema de freios não funcionou em razão de defeito de fabricação, que apenas se manifestou nessa oportunidade (vício oculto). João buscou então indenizar-se junto à concessionária, todavia esta invocou o CDC, dizendo que o caso se afigurava "fato do produto" e a responsabilidade seria do fabricante. Alegou a concessionária, ainda, que não mais distribuía veículos daquela montadora, que inclusive tivera decretada falência há um ano, o que lhe causou sérios prejuízos, tanto que se encontrava em dificuldades financeiras. João dirigiu-se à montadora e constatou sua falência, tomando conhecimento de que ela não mais detinha bens, nem mesmo seus sócios.

a. Há possibilidade de João, diante de falência da montadora e da ausência de bens de seus sócios, acionar a empresa concessionária?

b. Em sendo positiva a resposta, pode pleitear a desconsideração da personalidade jurídica para buscar os bens pessoais dos sócios dessa empresa (a concessionária)?

c. Sendo negativa a resposta, o que lhe cabe fazer? Pode pleitear seus direitos de que maneira?

d. Caso, no entanto, a empresa "A" estivesse em atividade, mas sem bens para suportar eventual indenização, como deveria João proceder?

39.14.2. Comente a seguinte decisão:

"Ementa. CDC. Desconsideração da pessoa jurídica. Obstáculo ao ressarcimento do consumidor. Preposto. Responsabilidade solidária da fornecedora. Recurso improvido. 1. Se a avença pactuada é de natureza consumerista porque as partes envolvidas se identificaram nas conceituações dos arts. 2º e 3º da Lei 8.078/90, incidem as regras e princípios de sua lei de regência. 2. Quando se constituir em obstáculo ao ressarcimento de prejuízos causados a consumidores, o ato negocial, firmado em nome da fornecedora de produto e/ou serviço, por seu preposto ou representante autônomo, porque o fez em seu nome, utilizando-se, porém, a logomarca daquela, na efetivação da contratação, além de restar perfeitamente configurada a responsabilidade solidária, entre elas, pelo descumprimento da obrigação assumida (art. 34 do CDC), aplica-se, ainda, a tese da desconsideração da personalidade jurídica, como previsto no § 5º do art. 28 do CDC. Citado um de seus sócios-gerentes para o processo de conhecimento, não há como se acolher a arguição de nulidade ou falta de citação em sede de embargos à execução. 3. Recursos conhecido e improvido, mantendo-se a sentença recorrida" (Ap. Cív. no Juizado Especial 157.281, da 2ª Turma Recursal dos Juizados Especiais Cíveis e Criminais do DF, Rel. Benito Augusto Jiezzi, j. 19-6-2002, v. u., *DJDF*, 8-8-2002, p. 62).

40. ASPECTOS PROCESSUAIS — O CARÁTER COLETIVO DA PROTEÇÃO PROCESSUAL DO CDC

40.1. A defesa do consumidor em juízo

Já tivemos oportunidade de dizer que a Lei n. 8.078/90, apesar de regrar uma série de direitos subjetivos individuais dos consumidores, preocupa-se principalmente com a proteção coletiva, isto é, de toda a coletividade de consumidores. Isso é marcante na lei.

No Título III, "Defesa do Consumidor em Juízo", essa natureza se repete.

Muito embora a proteção individual não esteja excluída — o que, aliás, era mesmo de esperar por sua obviedade —, a natureza do regramento é claramente coletiva. Tanto que o CDC acabou por ser o responsável, no sistema jurídico nacional, por definir o sentido de "direitos difusos", "coletivos" e "individuais homogêneos", como se verá no próximo capítulo.

40.2. A proteção coletiva

O CDC permite a proteção dos consumidores em larga escala, mediante ações coletivas e ações civis públicas. É por elas que o consumidor poderá ser protegido. Aliás, parece-nos que, pelo menos nas questões de competência da Justiça Estadual, aos poucos é verdade (e no caso brasileiro, não era de se esperar de outra forma que o CDC demorasse para ter implementação), começa-se a ter consciência da importância da ação coletiva, quer proposta pelo Ministério Público, quer proposta pelas Associações de Defesa do Consumidor, porque começa-se a perceber que, de fato, o fundamento primordial da Lei n. 8.078, nas questões processuais, é exatamente este de controlar como um todo as ações dos fornecedores.

E é isto que o CDC quer, porque o problema é que, em matéria de direito do consumidor, existe sempre uma boa possibilidade de se causar pequenos danos a milhares, milhões de consumidores. E somente a ação coletiva pode ter eficácia contra abusos assim perpetrados[1].

Veja-se apenas um único exemplo disso, numa mala-direta enviada por um grande banco:

"São Paulo, agosto de 2001

Prezado(a) Cliente,

Temos uma novidade que vai aumentar ainda mais a sua tranquilidade. O Serviço de Proteção do seu Cartão de Crédito (...) foi ampliado e, a partir do vencimento de sua próxima fatura, você contará com o novo *Seguro--Cartão* (...).

Agora, além da proteção contra perda e roubo de seu cartão de crédito, você terá a mesma proteção para saques feitos sob coação em sua conta corrente.

E mais: com o *Seguro-Cartão* (...) você contará com um conjunto de coberturas e serviços, como renda por hospitalização e cobertura por Morte Acidental e Invalidez Permanente em consequência de crime, além de serviços de táxi, despachante, transferência inter-hospitalar e transmissão de mensagens.

Por apenas R$ 3,50 mensais, *somente R$ 1,00 a mais do que você paga atualmente*, você terá acesso a todos esses benefícios.

Esta é uma segurança da qual você não deve abrir mão. Porém, caso você queira manter apenas a cobertura atual, basta que nos próximos 30 dias você entre em contato com o (...) por telefone.

Cordialmente ...".

Veja-se o abuso: o banco já lançou o valor de R$ 1,00 na fatura do consumidor. Se este não tiver interesse no novo produto/serviço enviado/lançado, terá que tomar a iniciativa de telefonar para o banco para cancelar o que nunca pediu. Some-se a isso a eventual dificuldade de ligar para o banco e, se apesar da "desistência", acabar sendo cobrado, provar que telefonou.

Agora, como se trata de apenas R$ 1,00 ao mês, muito provavelmente os consumidores nada farão, nem reclamarão. Individualmente não compensa. Mas o banco terá enorme vantagem com seus milhares de clientes.

---

1. A Lei n. 9.656/98, que regula os planos privados de assistência à saúde, é outro bom exemplo de controle abstrato e geral de cláusulas contratuais. Para um exame completo da Lei n. 9.656/98, ver o nosso *Comentários à Lei de Plano Privado de Assistência à Saúde*.

Somente uma Ação Coletiva teria eficácia.

Lembre-se, também, da vergonhosa maquiagem de pesos e medidas feita pelas grandes indústrias no período 2000/2001, na qual os produtos tiveram seu peso líquido diminuído sem que os consumidores soubessem. Manteve-se o preço e diminuiu-se o peso ou a medida dos produtos em pequenas quantidades e metragens, de modo que não só os prejuízos foram individualmente pequenos, como, por isso mesmo, demorou para ser notado!

Começamos a perceber, então, que temos, no caso do Brasil, verdadeiras ações heroicas de Associações de Defesa do Consumidor que são poucas, é verdade. O exemplo mais evidente é o do IDEC de São Paulo, que é uma excelente associação de defesa do consumidor no Brasil, mas várias outras associações que foram se organizando para proteção dos consumidores acabam fazendo com que aos poucos o Judiciário passe a tomar consciência da necessidade de implementação daquilo que está em vigor: a proteção coletiva dos consumidores. Lembro, ainda, o trabalho efetuado pelos Procons em todo o país, que também têm se destacado na defesa dos direitos dos consumidores.

Na verdade, quando há uma alteração mais profunda do quadro jurídico, como é essa feita pelo CDC e que, no caso, também é atrasada, tem-se um problema típico de memória: quase todos aqueles que militam na área jurídica, diríamos, até 1990 com certeza, todos aqueles que militavam na área jurídica e ainda estão aí, trabalhando, não entendiam as inovações que a lei trouxe, porque foram estudar relações de consumo com base no aprendizado do direito privado.

O Código Civil, por exemplo, editado em 1916, entrou em vigor em 1917, com base num direito civil do século anterior da Europa, e que já não tinha total relação com a nossa realidade[2]. Agora, esse direito civil não tem relação alguma com esse processo de industrialização que apontamos neste trabalho. Por causa disso, há dificuldades para se entender muita coisa, inclusive o sentido das ações coletivas. É por isso que, por exemplo, se colocou dúvida a respeito da legitimidade do Ministério Público para propor ações coletivas para defesa de direitos individuais homogêneos. Mas, o fato é que o Ministério Público pode e deve ingressar com ações para proteção desse tipo de direito, conforme se verá no Capítulo 42.

---

2. O novo Código Civil, apesar de inúmeras inovações, ainda reflete, em parte, o mesmo quadro no que respeita às relações privadas.

Mas aos pouquinhos, dissemos, isso vai mudando, porque é preciso entender a sistemática, e demora exatamente pelo fato de que o CDC não é uma lei como outra qualquer; na verdade, é uma lei que trouxe um novo subsistema fundado em elementos constitucionais que estão legitimados pela História. Na realidade, a Constituição Federal, essa nossa Constituição Federal, que é a melhor de todas, é muito inteligente e, por ser a melhor de todas, vem sendo desprezada e atacada.

Bem, quando chegamos na questão processual vamos perceber que, de fato, não só as ações coletivas são fundamentais para proteção dos direitos dos consumidores, como houve uma mudança envolvendo as próprias demandas individuais que, a partir do incremento dos Juizados Especiais, deu grande impulso ao direito do consumidor.

De todo modo, marquemos em nossa mente o caráter fortemente coletivo da proteção processual do CDC.

40.3. Exercício

40.3.1. Compare a defesa do consumidor individual em juízo com a defesa coletiva.

Apresente semelhanças e diferenças. Mostre a função social relevante em cada caso.

41. OS DIREITOS DIFUSOS, COLETIVOS E INDIVIDUAIS HOMOGÊNEOS

41.1. A Constituição Federal

A Constituição Federal faz referência aos direitos difusos e coletivos (inciso III do art. 129[1]), mas não os define. Foi a Lei n. 8.078/90 que tratou de apresentar os parâmetros definidores de direito difuso e direito coletivo, e o fez no art. 81.

E à guisa de explicitar o sentido de cada um, acabou por trazer uma nova espécie, a dos "direitos individuais homogêneos".

Diga-se, desde já, que a definição legal está em perfeita consonância com o sistema constitucional, não havendo nada que possa macular suas disposições. Ou seja, o CDC, como lei principiológica que é, concretizador dos princípios e regras constitucionais, também aqui dará o elemento jurídico legal que designará os limites e aplicação dos direitos postos e definidos.

41.2. O Código de Defesa do Consumidor

Vejamos, então, o que diz a lei:

> "Art. 81. A defesa dos interesses e direitos dos consumidores e das vítimas poderá ser exercida em juízo individualmente, ou a título coletivo.
>
> Parágrafo único. A defesa coletiva será exercida quando se tratar de:
>
> I — interesses ou direitos difusos, assim entendidos, para efeitos deste Código, os transindividuais, de natureza indivisível,

---

1. "Art. 129. São funções institucionais do Ministério Público: (...) III — promover o inquérito civil e a ação civil pública, para a proteção do patrimônio público e social, do meio ambiente e de outros interesses difusos e coletivos."

de que sejam titulares pessoas indeterminadas e ligadas por circunstâncias de fato;

II — interesses ou direitos coletivos, assim entendidos, para efeitos deste Código, os transindividuais, de natureza indivisível, de que seja titular grupo, categoria ou classe de pessoas ligadas entre si ou com a parte contrária por uma relação jurídica base;

III — interesses ou direitos individuais homogêneos, assim entendidos os decorrentes de origem comum".

Na sequência, examinaremos cada um dos tipos.

Para facilitar o entendimento do sentido implantado pelo sistema legal, apresentaremos, para cada um dos tipos estudados, os típicos que permitem o estudo das relações jurídicas em geral. Apontaremos, assim, os elementos da relação jurídica: sujeito ativo, sujeito passivo e objeto (elementos subjetivos e objetivos).

41.3. Direito ou interesse?

A lei fala em "interesses *e* direitos" no *caput* do art. 81 e "interesses *ou* direitos" nos três incisos do parágrafo único do mesmo artigo.

A Constituição Federal, no inciso III do art. 129 já referido, usa a expressão "interesse".

Tem que se entender ambos os termos como sinônimos, na medida em que "interesse", semanticamente em todos os casos, tem o sentido de prerrogativa e esta é exercício de direito subjetivo. Logo, direito e interesse têm o mesmo valor semântico: direito subjetivo ou prerrogativa, protegidos pelo sistema jurídico.

Por isso, nós, aqui, usaremos apenas o termo "direito".

41.4. Os direitos difusos

41.4.1. Sujeito ativo indeterminado

Os chamados "direitos difusos" são aqueles cujos titulares não são determináveis. Isto é, os detentores do direito subjetivo que se pretende regrar e proteger são indeterminados e indetermináveis.

Isso não quer dizer que alguma pessoa em particular não esteja sofrendo a ameaça ou o dano concretamente falando, mas apenas e tão somente que se trata de uma espécie de direito que, apesar de atingir alguém em particular, merece especial guarida porque atinge simultaneamente a todos.

Por exemplo, se um fornecedor veicula uma publicidade enganosa na televisão, o caso é típico de direito difuso, pois o anúncio sujeita toda a população a ele submetido. De forma indiscriminada e geral, todas as pessoas são atingidas pelo anúncio enganoso.

Digamos que um vendedor de remédios anuncie um medicamento milagroso que permita que o usuário emagreça 5 kg por dia apenas tomando um comprimido, sem nenhum comprometimento à sua saúde. Seria um caso de enganação tipicamente difusa, pois é dirigida a toda comunidade.

Agora, é claro que uma pessoa em particular pode ser atingida e enganada pelo anúncio: ela vai à farmácia, adquire o medicamento, ingere o comprimido e não emagrece. Ou pior, toma o comprimido e fica intoxicada.

Nesse caso, esse consumidor particular tem um direito individual próprio, que também, obviamente, está protegido. Ele, como titular de um direito subjetivo, poderá exercer todos aqueles direitos garantidos na Lei n. 8.078/90. Poderá, por exemplo, ingressar com ação de indenização por danos materiais e morais.

Mas, o só fato de alguém em particular ter sido atingido pelo anúncio não só não elide os demais aspectos formadores do direito difuso em jogo, como, ao contrário, exige uma rápida atuação dos legitimados para a tomada das medidas capazes de impedir a violação ao direito difuso (no caso, o anúncio enganoso).

Aliás, diga-se que é exatamente essa característica da indeterminabilidade da pessoa concretamente violada um dos principais aspectos dos direitos difusos.

O termo "difuso" significa isso: indeterminado, indeterminável. Então, não será preciso que se encontre quem quer que seja para proteger-se um direito tido como difuso.

Ou, em outros termos, ainda que não se possa encontrar um único consumidor enganado concretamente por uma publicidade enganosa, ela poderá ser qualificada de enganosa assim mesmo.

Portanto, quer se identifique um consumidor que foi violado no seu direito — individual —, quer não se encontre nenhum, trata-se sempre de direito difuso. Aliás, essa é a marca do direito difuso: a não determinação do sujeito.

Diga-se mais: sempre que surgir, ao mesmo tempo, questão que envolva direito difuso e outra que envolva direito individual, ambas ligadas pelo mesmo objeto — por exemplo, publicidade enganosa —, ter-se-á dois tipos de direito em jogo, e ambos protegidos pelo regime legal consumerista: o direito difuso e o direito individual.

41.4.2. Sujeito passivo

Os obrigados a respeitarem os direitos difusos são todos aqueles que direta ou indiretamente vendem, produzem, distribuem, comercializam etc. produtos e serviços, isto é, são todos os fornecedores, cuja definição está estabelecida no art. 3º do CDC.

41.4.3. A relação jurídica

Em matéria de direito difuso, inexiste uma relação jurídica base. São as circunstâncias de fato que estabelecem a ligação.

Entenda-se bem: são os fatos, objetivamente considerados, o elo de ligação entre todas as pessoas difusamente consideradas e o obrigado.

Assim, utilizando-se o mesmo exemplo daquele anúncio enganoso, do medicamento emagrecedor milagroso, tem-se que da veiculação do anúncio projeta-se sobre toda a coletividade sua influência real, efetiva e objetiva. Eis as circunstâncias de fato: o anúncio e sua projeção objetiva e significativa sobre toda a população difusamente considerada[2].

41.4.4. Objeto indivisível

O objeto ou bem jurídico protegido é indivisível, exatamente por atingir e pertencer a todos indistintamente. Por isso, ele não pode ser cindido.

Faça-se uma ressalva esclarecedora: o fato de o mesmo objeto gerar dois tipos de direito não muda a natureza de indivisibilidade do objeto relativo no direito difuso. Isto é, se um anúncio enganoso atingir um consumidor em particular, esse direito individual identificado não altera em nada a natureza indivisível do fato objetivo do anúncio.

---

2. Aliás, no que respeita à publicidade, esse caráter de expansão da mensagem sobre toda a coletividade é sua razão mesma de ser, já que, como diz o jargão, "a publicidade é a alma do negócio". Não é à toa que se gasta tanto dinheiro em publicidade.

É que na ação judicial de proteção ao direito difuso o caráter da indivisibilidade do objeto faz a ligação com a titularidade difusa, sem alterar o quadro da proteção particular.

41.4.5. Síntese gráfica

Assim, graficamente temos:

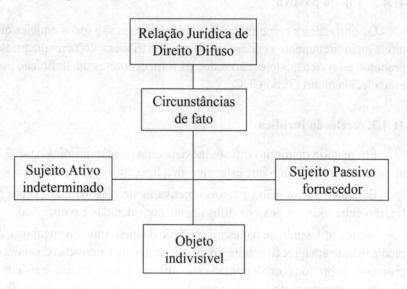

41.4.6. Exemplos

Eis alguns exemplos de fatos de direitos difusos: a publicidade em geral, a distribuição e venda de medicamentos, a poluição do ar e as questões ambientais em geral.

41.5. Os direitos coletivos

41.5.1. Sujeito ativo indeterminado, mas determinável

Nos chamados "direitos coletivos" os titulares do direito são também indeterminados, mas determináveis. Isto é, para a verificação da existência de um direito coletivo não há necessidade de se apontar concretamente um titular específico e real. Todavia, esse titular é facilmente determinado, a partir da verificação do direito em jogo.

Assim, por exemplo, a qualidade de ensino oferecido por uma escola é tipicamente direito coletivo. Ela — a qualidade — é direito de todos os alunos indistintamente, mas, claro, afeta cada aluno em particular.

41.5.2. Sujeito passivo

Os obrigados a respeitarem os direitos coletivos são os fornecedores envolvidos na relação jurídica base ou aqueles que se relacionam com o grupo de consumidores que formam uma relação jurídica base entre si. No exemplo acima, é a escola.

41.5.3. A relação jurídica

Em matéria de direito coletivo, são duas as relações jurídicas-base que vão ligar sujeito ativo e sujeito passivo:

a) aquela em que os titulares (sujeito ativo) estão ligados entre si por uma relação jurídica. Por exemplo, os pais e alunos pertencentes a Associação de Pais e Mestres; os associados de uma Associação de Proteção ao Consumidor; os membros de uma entidade de classe etc.;

b) aquela em que os titulares (sujeito ativo) estão ligados com o sujeito passivo por uma relação jurídica. Por exemplo, os alunos de uma mesma escola, os clientes de um mesmo banco, os usuários de um mesmo serviço público essencial como o fornecimento de água, energia elétrica, gás etc.

41.5.4. Objeto indivisível

O objeto ou bem jurídico protegido é indivisível. Ele não pertence a nenhum consumidor individual em particular, mas a todos em conjunto e simultaneamente. Se for divisível, é individual ou individual homogêneo e não coletivo.

O direito coletivo tem objeto que diz respeito à coletividade de consumidores como um todo. No exemplo já dado, a qualidade do ensino oferecido por uma escola é indivisível. Noutro exemplo, o tratamento da água conferido pelo prestador do serviço público afeta toda a água a ser fornecida.

41.5.5. Distinção dos direitos individuais homogêneos

Note-se bem: faz-se confusão entre "direito coletivo" e "direito individual homogêneo", o que será totalmente elucidado no próximo item, mas há que se fazer desde já uma ressalva.

Como se viu, o objeto do direito coletivo é indivisível. O que vai acontecer é que o efeito da violação a um direito coletivo gere também um direito individual ou individual homogêneo. Assim, por exemplo, o mau tratamento da água fornecida aos usuários é típico caso de direito coletivo com objeto indivisível, mas simultaneamente seu fornecimento e consumo pode gerar dano à saúde de um consumidor individualmente considerado.

Daí que, no caso, ambas as situações se configuram.

Já o inverso não é verdadeiro: nem todo direito individual homogêneo é coletivo típico, mas é uma espécie de direito coletivo (o caráter de divisibilidade do direito individual homogêneo remanesce dividido quando ele for puramente direito individual homogêneo).

41.5.6. Síntese gráfica

Assim, graficamente temos:

41.5.7. Exemplos

São exemplos de direito coletivo: a boa qualidade do fornecimento de serviços públicos essenciais como água, energia elétrica, gás; segurança do transporte público de passageiros pela companhia de ônibus; a adequada qualidade dos serviços educacionais pela escola etc.

41.6. Os direitos individuais homogêneos

41.6.1. Sujeito ativo determinado e plural

Aqui os sujeitos são sempre mais de um e determinados. Mais de um porque, se for um só, o direito é individual simples, e determinado porque neste caso, como o próprio nome diz, apesar de homogêneo, o direito é individual.

Mas, note-se: não se trata de litisconsórcio e sim de direito coletivo. Não é o caso de ajuntamento de várias pessoas, com direitos próprios e individuais no polo ativo da demanda, o que se dá no litisconsórcio ativo; quando de trata de direito individual homogêneo, a hipótese é de direito coletivo — o que permitirá, inclusive, o ingresso de ação judicial por parte dos legitimados no art. 82 da lei consumerista.

É verdade que a ação individual ou a ação proposta por litisconsórcio facultativo não estão proibidas, como, também, não está proibido o ingresso de tais ações no curso da Ação Coletiva de proteção ao direito individual homogêneo. Porém, não se pode confundir os institutos, que têm natureza diversa: no litisconsórcio, o que há é reunião concreta e real de titulares individuais de direitos subjetivos no caso, no polo ativo da demanda; na ação coletiva para defesa de direitos individuais homogêneos, o autor da ação é único: um dos legitimados do art. 82 do CDC[3].

41.6.2. Sujeito passivo

Os responsáveis pelos danos causados aos sujeitos ativos são todos aqueles que direta ou indiretamente tenham causado o dano ou participado do evento danoso, ou, ainda, que tenham contribuído para tal.

---

3. É fato que se mais de um dos legitimados ingressar no polo ativo da demanda haverá litisconsórcio facultativo, mas ainda assim diverso daquele que liga os consumidores individuais.

41.6.3. A relação jurídica

O estabelecimento do nexo entre os sujeitos ativos e os responsáveis pelos danos se dá numa situação jurídica — fato, ato, contrato etc. — que tenha origem comum para todos os titulares do direito violado. Ou seja, o liame que une os titulares do direito violado há de ser comum a todos.

Apesar disso — isto é, apesar de ser de origem comum —, não se exige, nem se poderia exigir, que cada um dos indivíduos atingidos na relação padeçam do mesmo mal. Aliás, não só o aspecto do dano individualmente considerado será oportunamente apurado em liquidação de sentença, como o fato de serem tais danos diversos em nada afeta a ação coletiva de proteção e apuração dos danos ligados aos direitos individuais homogêneos.

41.6.4. Objeto divisível

Aqui o objeto é divisível. A origem é comum e atingiu a todos os titulares determinados do direito individual homogêneo, mas o resultado real da violação é diverso para cada um, de tal modo que se trata de objeto que se cinde, que é divisível[4].

41.6.5. Espécie de direito coletivo

Apontamos no item anterior aspectos do direito individual homogêneo diante do direito coletivo. Reexaminemos a questão.

Primeiro diga-se que direito individual homogêneo é também uma espécie do direito coletivo.

E, conforme apontado acima, não se deve confundir com litisconsórcio facultativo (ou necessário). Quando duas ou mais pessoas reúnem-se no polo ativo de uma ação judicial, elas formam litisconsórcio facultativo ou necessário. Na hipótese do direito individual homogêneo, a ação judicial é coletiva, não intervindo o titular do direito subjetivo individual. Se este quiser promover ação judicial por conta própria para a proteção de seu direito individual pode fazê-lo, não afastando em nada a ação coletiva[5].

---

4. Esse aspecto, como se verá no item 42.6, gera discussão a respeito da legitimidade do Ministério Público para propositura de ação coletiva de proteção aos direitos individuais homogêneos.

5. Ver a questão da litispendência e da continência da ação coletiva com a ação individual no Capítulo 49, *infra*.

41.6.6. Síntese gráfica

Assim, graficamente temos:

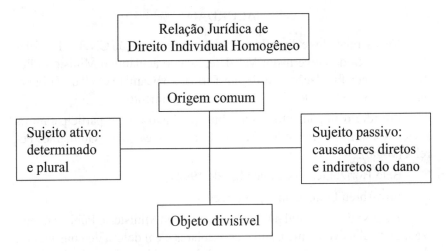

41.6.7. Exemplos

São casos já ocorridos de direito individual homogêneo: as quedas de aviões, como o da TAM no Jabaquara em São Paulo; o naufrágio do barco "Bateau Mouche" no Rio de Janeiro etc.

41.7. Exercício

41.7.1. Leia a seguinte decisão:

"Código de Proteção e Defesa do Consumidor. Ação civil pública. Mensalidade escolar. Prova pericial. Edital.

Em ação civil pública contra aumento de mensalidades escolares, havendo alegação de que houve repasse de reajuste salarial, indispensável a realização de prova pericial.

Nas ações coletivas para a defesa de interesses individuais homogêneos, obrigatória a publicação do edital a que alude o art. 94 do Código de Proteção e Defesa do Consumidor, sob pena de nulidade do processo.

Constitucional é a legislação que disciplina o aumento das mensalidades escolares, porquanto a Constituição Federal, através dos arts. 209, II, e 213, I e II, § 1º, possibilita ao Estado o controle dos preços, com vistas a sua adequação à realidade social, além de ser obrigação do Poder Público promover a defesa do consumidor, nos termos do art. 170, V, da Lei Maior.

ACÓRDÃO

Vistos, relatados e discutidos estes autos de Apelação Cível n. 131.207-4, da comarca de Governador Valadares, sendo apelante o Ministério Público e apelada Fundação, acorda, em Turma, a 3ª Câmara Civil do Tribunal de Alçada do Estado de Minas Gerais, dar provimento.

Presidiu o julgamento o Juiz Pinheiro Lago e dele participaram os Juízes Abreu Leite (relator), Ximenes Carneiro (revisor) e Guimarães Pereira (vogal).

Belo Horizonte, 4 de novembro de 1992.

Juiz Abreu Leite: Conheço do recurso.

Trata-se de ação civil pública intentada pelo Ministério Público contra o aumento abusivo de mensalidades escolares e em defesa do consumidor. A r. sentença julgou improcedente o pedido, considerando que as leis invocadas pelo autor são todas elas inconstitucionais, afrontando o art. 209 da CF, e que é obrigação do Governo prestar ensino gratuito. Esta a razão do inconformismo recursal.

Preliminarmente invoca a apelada, em suas contrarrazões, a ilegitimidade ativa *ad causam* do órgão ministerial. Reconhece, entretanto, que tal matéria prejudicial foi arguida em contestação e rejeitada pela r. sentença recorrida. E, não tendo havido recurso, houve preclusão, pelo que dispensável o reexame da matéria (art. 503 do CPC).

A ação civil pública está regida pela Lei n. 7.347, de 24-7-85, e pelo Código de Processo Civil e, no caso dos autos, se refere à defesa do consumidor, pelo que também é regida pela Lei n. 8.078, de 11-9-90.

O art. 209 da CF garante à iniciativa privada a ministração do ensino sob fiscalização e controle estatal (incs. I e II do mesmo artigo). Assim, compete ao Estado disciplinar o exercício da atividade educacional, inclusive controlando os preços das mensalidades escolares quando necessário.

Verifica-se ainda que, nesta ação, não se cuidou de promover a publicação de edital na forma do art. 94 do CDC para ciência de terceiros interessados, possibilitando a qualquer pessoa intervir no feito como litisconsorte.

Por outro lado, tratando-se de matéria de ordem pública, mister que se realizasse a prova pericial, como requerida às fls. 181, TA, pela douta representante do Ministério Público, prova esta necessária para verificar-se a procedência ou não da alegação de que houve repasse do reajuste salarial às mensalidades escolares, esclarecendo esta prova se houve ou não duplo aumento delas em decorrência de dissídio coletivo.

Com tais considerações, dou provimento à apelação para cassar a r. sentença recorrida a fim de que, após publicação do edital acima referido, seja realizada a prova pericial, prosseguindo o processo com decisão final.

Custas, pela apelada. (...)

(*RTJE,* 123:78)".

a. Relacione o caso julgado com o "direito coletivo" e o "direito difuso".

b. Analise a decisão: você concorda ou não? Por quê?

42. A LEGITIMIDADE ATIVA PARA PROPOSITURA DE AÇÕES COLETIVAS

A legitimidade para o ingresso das ações coletivas, buscando a proteção dos direitos difusos, coletivos e individuais homogêneos é regida pela norma do art. 82 do CDC, que dispõe:

"Art. 82. Para os fins do art. 81, parágrafo único, são legitimados concorrentemente:

I — o Ministério Público;

II — a União, os Estados, os Municípios e o Distrito Federal;

III — as entidades e órgãos da Administração Pública, direta ou indireta, ainda que sem personalidade jurídica, especificamente destinados à defesa dos interesses e direitos protegidos por este Código;

IV — as associações legalmente constituídas há pelo menos 1 (um) ano e que incluam entre seus fins institucionais a defesa dos interesses e direitos protegidos por este Código, dispensada a autorização assemblear.

§ 1º O requisito da pré-constituição pode ser dispensado pelo juiz, nas ações previstas nos arts. 91 e seguintes, quando haja manifesto interesse social evidenciado pela dimensão ou característica do dano, ou pela relevância do bem jurídico a ser protegido.

§§ 2º e 3º (*Vetados*.)"[1].

42.1. A legitimação concorrente

A norma protecionista estabeleceu que o exercício do "direito de ação" devia ser conferido a certos entes de maneira concorrente, isto para conferir

---

[1]. Redação do *caput* dada pela Lei n. 9.008, de 21 de março de 1995.

a maior garantia possível de proteção aos direitos por ela definidos. A pretensão legal é a de não privilegiar nenhuma entidade em especial, seja ela pública ou privada, na permissão para o ingresso das ações, visando dar a maior eficácia possível à proteção criada.

42.2. Legitimação disjuntiva

Essa legitimação concorrente exatamente por isso é, assim, disjuntiva, isto é, para a propositura da ação, nenhuma entidade precisa de autorização de outra.

A entidade pode agir *sponte propria*, sempre que entender válido ingressar com a demanda.

42.3. Direitos difusos e coletivos: legitimação autônoma

A legitimidade das entidades no caso das ações coletivas para a proteção dos direitos difusos e coletivos é autônoma: não se trata de substituição processual. Ela é típica do instituto da ação coletiva, pertencendo, por isso, autonomamente a cada uma das entidades, que respondem por si mesmas na ação. O objeto do direito em jogo não pertence à entidade — quer seja caso de direito difuso ou coletivo —, mas a ação sim: esta é exercida no âmbito de sua autonomia.

É verdade que o direito material discutido não pertence à entidade — aliás, em nenhuma hipótese pertence, nem, e muito menos, no direito individual homogêneo: o direito difuso é de objeto que pertence a toda coletividade, sendo que os titulares são indeterminados; o direito coletivo, apesar de ter titulares determináveis, estes não precisariam ser identificados para sua caracterização. O importante é que em ambos os casos o objeto é indivisível e não há necessidade de identificação dos titulares.

Daí que não há necessidade de identificação dos titulares. Por isso que propriamente não se poderia dizer que a entidade estaria defendendo direito alheio em nome próprio; e, ainda que reste alguma discussão a esse respeito, o fato é que as entidades não agem como substituto processual, fruto de uma legitimação extraordinária para estar em juízo quando atuam na defesa de direitos difusos e coletivos. Elas recebem da lei, especialmente em função do caráter de indivisibilidade do objeto em jogo, legitimidade autônoma para agir judicialmente.

É que, ainda que se possa identificar um consumidor individualmente lesado, ele não pode ingressar com a ação visando proteger direito difuso ou coletivo, mas apenas e tão somente pode ajuizar ação individual visando resguardar ou repor o seu próprio direito ameaçado e lesado — atingidos em consequência da prática violadora do direito difuso ou coletivo.

42.4. Direitos individuais homogêneos: legitimação extraordinária

A legitimidade das entidades no caso das ações coletivas para defesa dos direitos individuais homogêneos é extraordinária, sendo caso de substituição processual.

No direito individual homogêneo, como se viu[2], o titular é determinado e plural e o objeto é divisível. Isso faz com que, tecnicamente, a entidade, quando propõe a ação coletiva, age em nome próprio para postular direito alheio.

É que não só o direito individual remanesce sendo o que sempre foi — individual e circunscrito ao próprio titular —, como o ressarcimento do dano se dará por execução individual — habilitação — na execução da sentença coletiva[3].

Dessa forma, como se disse, a legitimação das entidades se faz por substituição processual, por expressa disposição do art. 82 da Lei n. 8.078/90 e em obediência à regra do art. 18 do Código de Processo Civil, que dispõe:

"Art. 18. Ninguém poderá pleitear direito alheio em nome próprio, salvo quando autorizado pelo ordenamento jurídico.

Parágrafo único. Havendo substituição processual, o substituído poderá intervir como assistente litisconsorcial."

42.5. Personalidade judiciária

O inciso III do art. 82 cria a personalidade judiciária para estar em juízo, isto é, a lei autoriza entidades e órgãos da Administração Pública, direta e indireta, a ingressar com a ação coletiva ainda que não tenham personalidade jurídica.

---

2. Item 41.6, *retro*.
3. Ver a respeito o Capítulo 51, *infra*.

42.6. A legitimidade do Ministério Público

Apesar da expressa disposição legal dispondo da legitimidade do Ministério Público para a propositura da ação coletiva (inciso I do art. 82), tem-se colocado em dúvida essa legitimidade para a propositura das ações que protejam os direitos individuais homogêneos[4].

Entendemos que não há dúvida da legitimidade do *Parquet* para a defesa dos direitos individuais homogêneos — e, claro, também dos direitos difusos e coletivos. Como se verá na sequência, não há razões para assim não se interpretar as normas jurídicas aplicáveis, sendo que já há, inclusive, decisão do próprio Supremo Tribunal Federal nesse mesmo sentido.

Vejamos.

É o sistema jurídico constitucional que garante a legitimidade do Ministério Público.

Com efeito, tem-se observado que a Constituição Federal de 5-10-1988 ampliou as funções institucionais do Ministério Público, o que aparece estampado, especialmente, nos arts. 127 e 129 da Carta Magna, sendo que vale a pena transcrever o *caput* do primeiro e o inciso III do segundo:

"Art. 127. O Ministério Público é instituição permanente, essencial à função jurisdicional do Estado, incumbindo-lhe a defesa da ordem jurídica, do regime democrático e dos interesses sociais e individuais indisponíveis.

(...)

Art. 129. São funções institucionais do Ministério Público:

(...)

III — promover o inquérito civil e a ação civil pública, para a proteção do patrimônio público e social, do meio ambiente e de outros interesses difusos e coletivos".

É importante citar, ainda que como elemento histórico, o fato de que, apesar da clara ampliação da competência funcional do *Parquet* inaugurada pela atual Constituição, já mesmo antes dela tinha o órgão uma ampla função institucional.

---

4. Assim, por exemplo, a decisão na Ap. 196.206-1 da 5ª Câm. Civ. do TJSP (rel. Des. Francisco Casconi, v.u., j. 11-11-1993, *in JTJ*, Lex, 152/9) e na decisão proferida na Ap 136.210-1/01 da 4ª Câm. do TAMG (rel. Juiz Tibagy Salles, m. v., j. 26-5-1993, *in IOB*: 3/9541, ementário).

Valemo-nos neste ponto do voto da lavra do Juiz Amado de Faria, do 1º Tribunal de Alçada Civil do Estado de São Paulo. Lembra ele que "antes do advento da Constituição de 1988 e ainda da Lei n. 7.347/85, editou-se a Lei Complementar n. 40, de 14 de dezembro de 1981"[5], na qual ficaram definidas as funções institucionais do Ministério Público.

Dizem os arts. 1º e 3º, I, desta Lei Complementar:

"Art. 1º O Ministério Público, instituição permanente e essencial à função jurisdicional do Estado, é responsável, perante o Judiciário, pela defesa da ordem jurídica e dos interesses indisponíveis da sociedade, pela fiel observância da Constituição e das leis e será organizado, nos Estados, de acordo com as normas.

(...)

Art. 3º São funções institucionais do Ministério Público:

I — velar pela observância da Constituição e das leis, e promover-lhes a execução;

II — promover a ação penal pública;

III — promover a ação civil pública, nos termos da lei".

Diz, também, o magistrado que "esta Lei Complementar, não obstante tenha fixado as linhas gerais de sua atribuição funcional, preconizou com clareza o rumo orientador da atuação *in judicio* do Ministério Público. De outro lado, vale registrar que os doutrinadores são unânimes em afirmar que o papel dessa Instituição não apenas se consolidou, mas veio a ser ampliado, quando da edição da legislação posterior"[6].

Então, consigne-se, desde já, que a ampliação posta na Carta de 1988 foi consequência natural da consolidação do Estado Democrático de Direito, que demanda a necessidade de existência de um órgão, como o Ministério Público, capaz de zelar pelo pleno exercício da cidadania, o que, claro, impõe amplo controle de todas as normas do sistema jurídico brasileiro.

Diz o inciso III do art. 129 da Constituição Federal que é função institucional do Ministério Público promover o inquérito civil e a ação civil pública para a proteção do patrimônio público e social, do meio ambiente e de outros interesses difusos e coletivos.

---

5. Ap. 798.437-0, Registro. O Juiz Amado de Faria atuou como revisor com declaração de voto; j. 31-5-2000.

6. Idem.

O problema posto, portanto, está em saber se ação coletiva visando proteger direitos individuais homogêneos está incluída na expressão "outros interesses difusos e coletivos".

Ora, lembre-se de que os direitos individuais homogêneos são um tipo de direito coletivo, isto é, são uma das espécies do direito coletivo[7]. E não se deve confundi-lo com litisconsórcio facultativo (ou necessário). Quando duas ou mais pessoas reúnem-se no polo ativo de uma ação judicial, elas formam litisconsórcio facultativo ou necessário. Na hipótese dos direitos individuais homogêneos a ação judicial é coletiva, não intervindo o titular do direito subjetivo individual. Se este quiser promover ação judicial por conta própria para a proteção de seu direito individual, pode, à vontade, não afastando em nada a ação coletiva[8].

Logo, se é direito coletivo, está posta no próprio texto constitucional a legitimidade ativa do Ministério Público. Mas, além disso, a Lei n. 8.078/90 expressamente garantiu tal legitimidade. Note-se que há muito tempo o Supremo Tribunal Federal se pronunciou a respeito, como dissemos, e no mesmo sentido no RE 185.360-3/SP, rel. Min. Carlos Velloso, j. 17-11-1997, v. u.

Ademais, o art. 21 da Lei da Ação Civil Pública determina que "aplicam-se à defesa dos direitos e interesses difusos, coletivos e individuais, no que for cabível, os dispositivos do Tít. III da lei que institui o Código de Defesa do Consumidor".

Naturalmente, está em funcionamento nesta hipótese processual a racionalidade do sistema e o princípio da economia processual. Com esse tipo de ação, evita-se a multiplicidade de demandas idênticas que, além de sobrecarregar inutilmente o já sobrecarregado Judiciário brasileiro, ensejaria o risco de decisões conflitantes, trazendo inegável situação de instabilidade jurídica.

O Superior Tribunal de Justiça reconheceu a legitimidade do Ministério Público para ajuizar ação civil pública na tutela de interesses individuais homogêneos justamente em razão da racionalidade da tutela coletiva:

---

7. Conf. *Comentários ao CDC* citado, p. 765 e s.

8. "Art. 104. As ações coletivas, previstas nos incisos I e II e do parágrafo único do art. 81, não induzem litispendência para as ações individuais, mas os efeitos da coisa julgada *erga omnes* ou *ultra partes* a que aludem os incisos II e III do artigo anterior não beneficiarão os autores das ações individuais, se não for requerida sua suspensão no prazo de trinta dias, a contar da ciência nos autos do ajuizamento da ação coletiva."

"O direito processual civil moderno, ao agasalhar a ação civil pública, visou contribuir para o aceleramento da entrega da prestação jurisdicional, permitindo que, por via de uma só ação, muitos interesses de igual categoria sejam solucionados, pela atuação do Ministério Público" (AGREsp 98.286/SP, rel. Min. José Delgado, 1ª Turma, j. 15-12-1997, *DJU*, 23-3-1998).

"O Ministério Público possui legitimidade para promover ação civil pública tendo por objeto cláusulas de contratos bancários de adesão" (REsp 175.645, 4ª Turma, rel. Min. Ruy Rosado de Aguiar, *DJU*, 7-12-2000).

"O Ministério Público tem legitimidade para propor ação civil pública que cuida de direitos individuais homogêneos protegidos pelo Código de Defesa do Consumidor" (AgRg no REsp 633.470, 3ª Turma, rel. Min. Nancy Andrighi, *DJU*, 29-11-2005).

Também o Supremo Tribunal Federal, em outro caso, decidiu pela legitimidade do Ministério Público para tutela de interesses individuais homogêneos em conhecido precedente sobre mensalidades escolares (RE 163.231, Pleno, rel. Min. Maurício Corrêa, j. 26-2-1997), que resultou na seguinte Súmula:

"O Ministério Público tem legitimidade para promover ação civil pública cujo fundamento seja a ilegalidade de reajuste de mensalidades escolares" (Súmula 643 do STF).

Além de tudo o que acima se expôs, é de se anotar, ainda que quando está em jogo não apenas direitos individuais homogêneos, mas relevantes interesses sociais, em função do atingimento de grandes camadas da população de consumidores de produtos e/ou serviços, que a legitimidade do Ministério Público está configurada, como também já reconheceu o Superior Tribunal de Justiça:

"É cediço na Corte que o Ministério Público tem legitimidade ativa para ajuizar ação civil pública em defesa de direitos individuais homogêneos, desde que esteja configurado interesse social relevante (Precedentes). (...) Hodiernamente, após a constatação da importância e dos inconvenientes da legitimação isolada do cidadão, não há mais lugar para o veto da *legitimatio ad causam* do MP para a Ação Popular, a Ação Civil Pública ou o Mandado de Segurança coletivo. (...) A Ação Civil Pública, na sua essência, versa interesses individuais homogêneos e não pode ser caracterizada como uma ação gravitante em torno de direitos disponíveis. O simples fato de o interesse ser supraindividual, por si só, já o torna indisponível, o que basta para legitimar o Ministério Público para a propositura dessas ações"

(REsp 637.332/RR, rel. Min. Luiz Fux, 1ª Turma, j. 24-11-2004, *DJ*, 13-12-2004, p. 242).

Insista-se nesse ponto: o do interesse social que legitima o Ministério Público na defesa de interesses metaindividuais. A atividade dos empresários fornecedores no mercado de consumo de massa, quando desviada da ilicitude, não raro dissemina lesões a uma infinidade de consumidores que, isoladamente, são de todo impotentes para obter correção jurídica do comportamento lesivo e a reparação dos danos e prejuízos correlatos. Interessa então a toda a sociedade que o próprio Estado, por intermédio do Ministério Público intervenha, judicial ou extrajudicialmente, para o restabelecimento da ordem jurídica e da paz social.

O Tribunal de Justiça de São Paulo, por exemplo, cuidou especificamente dessa questão do relevante interesse social e legitimidade ativa do Ministério Público:

"2.3. Difusos, coletivos ou individuais homogêneos sejam os interesses ou os direitos, para a respectiva ação civil coletiva legitima-se o Ministério Público, se se cogitar de indisponibilidade. A propósito, a incumbência constitucional no Ministério Público da 'defesa da ordem jurídica, do regime democrático e dos interesses sociais e individuais indisponíveis', a que alude o art. 127 da Carta, tem sentido diverso do que sugere apressada leitura das expressões finais do preceito. 'Só se fala em indisponibilidade quando a tutela do interesse for individual, como ocorre, por exemplo, na legitimidade para a propositura de investigação de paternidade, uma vez que o direito da criança é indisponível', adverte Patrícia Pimentel de Oliveira. É que os 'interesses difusos, coletivos e individuais homogêneos estão enquadrados na categoria de interesses sociais', característica das normas de proteção e defesa do consumidor assinalada no art. 1º do respectivo Código. A propósito, voto da em. Min. Nancy Andrighi destaca que os 'direitos individuais homogêneos, em sua essência, são divisíveis e disponíveis. Contudo, não é a natureza disponível e divisível, esta aliás ínsita aos direitos individuais, que retira a homogeneidade dos interesses e lhes expurga a tutela a título coletivo, já que constatada sua origem comum, é o interesse social na sua proteção que se transforma no divisor de águas entre o direito individual considerado em sua dimensão particular, pessoal, e aquele sob a ótica comunitária, impessoal, coletiva'" (TJSP, Apelação com Revisão 707886-0/4, Turma Julgadora da 28ª Câm., Seção de Direito Privado, rel. Des. Celso Pimentel, j. 11-10-2005).

"LEGITIMIDADE ATIVA — Ministério Público — Ação Civil Pública — Defesa de interesses coletivos e individuais homogêneos — Alegação de ilegalidade de cláusula inserida em contrato de adesão de plano de saúde — Danos a consumidores amparados pelo Código de Defesa do Consumidor — Caracterização dos interesses como individuais homogêneos — Precedentes do STJ — Legitimidade do Ministério Público reconhecida — Extinção do processo afastada — Recurso provido" (Apelação Cível 307.009-4/4-00, Santo André, 1ª Câm. de Dir. Priv, rel. Elliot Akel, j. 28-6-2005, v. u.).

42.7. A legitimidade das associações civis

A lei autoriza as associações a ingressarem com ações coletivas de proteção aos direitos difusos, coletivos e individuais homogêneos. Para tanto, há duas exigências: que tenham entre seus fins institucionais a defesa dos direitos do consumidor e que tenham sido constituídas há mais de um ano (inciso IV do art. 82). Examinemos tais pontos.

42.7.1. Fins institucionais

A exigência legal de estipulação da defesa dos direitos do consumidor tem a intenção apenas de dar um caráter de coerência à atuação da própria associação.

Nada impede que a associação cumpra vários fins, dentre os quais a proteção dos interesses e direitos do consumidor, como, por exemplo, pode-se dar até com um Sindicato, que a partir da Constituição Federal de 1988 tem a mesma natureza de associação. Basta que o Sindicato inclua entre seus objetivos institucionais a defesa do consumidor.

Do mesmo modo, se uma associação não tem como objetivo a salvaguarda de direitos e interesses do consumidor, mas resolve alterar seu estatuto social para incluí-la, a partir da alteração aprovada e registrada terá legitimidade para o ingresso da ação.

42.7.2. Autorização da assembleia

A Lei n. 8.078/90, inteligentemente, dispôs, ao final da redação da norma do inciso IV do art. 82, "dispensada a autorização assemblear", isto é, para o ingresso da ação, não precisa a associação provar que foi feita assembleia prévia dos associados dando autorização.

Tal permissão legal decorre do texto constitucional. É que o inciso XXI do art. 5º dispõe:

"As entidades associativas quando expressamente autorizadas têm legitimidade para representar seus filiados judicial ou extrajudicialmente".

O legislador consumerista percebeu desde logo a dificuldade de atuação de uma associação que pretendesse proteger o consumidor: são sempre dezenas, centenas de problemas a serem enfrentados judicialmente e, ainda que se pudesse interpretar que o estatuto já contivesse expressamente a autorização — o que poderia ser feito —, surgiria dúvida e, pelo menos, discussão a respeito da legitimidade ativa da associação se não fosse apresentada a prévia e específica autorização para o ingresso da ação.

Daí que fez muito bem o legislador em, ele próprio, conferir a "expressa autorização" a que se refere a Constituição Federal: é a Lei n. 8.078/90, que expressamente autoriza a associação a ingressar com a ação judicial, cumprindo o comando constitucional, ficando a associação dispensada de fazer assembleia para tanto.

42.7.3. Constituição há um ano

A lei pressupõe que a associação esteja constituída há pelo menos um ano, com a exceção a seguir tratada.

Esse requisito é formal e tem como função impedir que associações de "última hora" atuem, isto é, que tenham sido formadas apenas na intenção de propor específica medida judicial. É verdade que, apesar disso, ainda é possível que associações surjam com interesses não muito claros, tornando-se, por vezes, apenas formas de atração de clientela, incautos consumidores que necessitam de atenção e proteção.

De qualquer maneira, o requisito de funcionamento há pelo menos um ano é um esforço mínimo importante. Claro que esse um ano se conta do dia do ajuizamento da demanda para trás.

No entanto, haverá casos em que se faz necessária a constituição de associações que busquem lutar por interesses específicos, como, por exemplo, as associações de vítimas e familiares de vítimas de acidentes de consumo.

Neste caso, o pré-requisito funcionaria como impedimento para o legítimo interesse dos consumidores. Por isso, a lei abre a exceção que examinaremos no próximo subitem.

42.7.4. Dispensa do requisito de constituição há um ano

Releiamos o § 1º do art. 82. Ele dispõe:

> "O requisito da pré-constituição pode ser dispensado pelo juiz, nas ações previstas nos arts. 91 e seguintes, quando haja manifesto interesse social evidenciado pela dimensão ou característica do dano, ou pela relevância do bem jurídico a ser protegido".

Essa liberação legal tem um alvo certo: é a permissão para que associações de vítimas de graves acidentes, que tenham sido recentemente constituídas, possam estar em juízo.

Aliás, é isso mesmo o que espera a lei: que após um acidente que tenha gerado várias vítimas, elas e seus familiares constituam associações que protejam seus próprios interesses. Ninguém melhor que as próprias vítimas, representadas por sua associação, para estar em juízo.

Assim, espera-se que sejam constituídas a Associação das Vítimas do Acidente X do voo Y, a Associação das Vítimas do Naufrágio do Navio Z etc. Trata-se sempre de caso de direito individual homogêneo, aliás como expressamente refere o § 1º em exame: ele faz referência nos arts. 91 e seguintes, que estão no capítulo que cuida das ações coletivas para a defesa dos direitos individuais homogêneos.

Lembre-se que o requisito de pré-constituição posto como dispensa pelo magistrado não é — como sempre — ato discricionário: estando presentes as exigências legais ("manifesto interesse social evidenciado pela dimensão ou característica do dano, ou pela relevância do bem jurídico a ser protegido"), o juiz tem que dispensar o requisito.

42.8. Intervenção obrigatória do Ministério Público

Dispõe o art. 92 do CDC:

"Art. 92. O Ministério Público, se não ajuizar a ação, atuará sempre como fiscal da lei".

A Lei n. 8.078/90 adotou modelo já existente no sistema jurídico nacional e adotado pela Lei de Ação Popular (Lei n. 4.717/65) e Lei de Ação Civil

Pública (Lei n. 7.374/85). Naquelas ações e nesta coletiva do CDC, se o *Parquet* não é o autor da demanda, o legislador entende que o vulto da ação e seu interesse social exigem a presença do órgão como fiscal, tornando nulos, inclusive, os atos processuais prejudiciais, se ele não tiver se manifestado[9].

42.9. Exercício

42.9.1. Leia a seguinte decisão:

"AÇÃO CIVIL PÚBLICA — Vale-transporte — Alteração do sistema — Ilegitimidade do Ministério Público para a propositura da ação — Artigos 127 da Constituição da República e 81, incisos I e II, da Lei federal n. 8.078, de 1990 — Prejuízo a determinado grupo específico e não universal — Interesse coletivo não afetado — Carência da ação — Recurso provido para esse fim.

A qualificação de agir conferida ao Ministério Público, em defesa dos interesses sociais e individuais indisponíveis, não alcança direito subjetivo. A Promotoria deve atentar apenas para os interesses privados com farta repercussão social, bem como indisponíveis, sob pena de atuar em função de particulares em suas relações jurídicas.

ACÓRDÃO

ACORDAM, em Quinta Câmara Civil do Tribunal de Justiça do Estado de São Paulo, por votação unânime, dar provimento ao recurso.

---

9. Código de Processo Civil:

"Art. 178. O Ministério Público será intimado para, no prazo de 30 (trinta) dias, intervir como fiscal da ordem jurídica nas hipóteses previstas em lei ou na Constituição Federal e nos processos que envolvam:

I — interesse público ou social;

II — interesse de incapaz;

III — litígios coletivos pela posse de terra rural ou urbana.

Parágrafo único. A participação da Fazenda Pública não configura, por si só, hipótese de intervenção do Ministério Público.

Art. 179. Nos casos de intervenção como fiscal da ordem jurídica, o Ministério Público:

I — terá vista dos autos depois das partes, sendo intimado de todos os atos do processo;

II — poderá produzir provas, requerer as medidas processuais pertinentes e recorrer."

Se a parte não intimar o Ministério Público deve o juiz, de ofício, fazê-lo. E o próprio *Parquet* pode ingressar no fato por iniciativa própria.

Cuida-se de ação civil pública ajuizada pelo Ministério Público da comarca de São Carlos em face da Viação R. de Transportes Coletivos Ltda., objetivando obrigá-la, na condição de concessionária de serviço público encarregada de fornecer às demais empresas do município os vales-transporte respassados aos trabalhadores, a reverter ao sistema anteriormente adotado, ou seja, deixar de consignar nos respectivos bilhetes qualquer valor em dinheiro.

Processada sem liminar, foi a demanda integralmente acolhida pela respeitável sentença de fls. 99/105. A requerida deve voltar a utilizar o sistema anterior ou emitir os *vales* com referência ao preço da tarifa então vigente, sob pena de multa diária, resgatando custas e despesas processuais.

Recorre tempestivamente a vencida. Argumentando com a ilegitimidade do Ministério Público para a demanda, bem como julgamento *extra petita*, busca, no mérito, a improcedência.

Apelo bem processado, com resposta prestigiando o resultado monocrático e parecer da ilustrada Procuradoria Geral de Justiça pelo improvimento.

A respeitável decisão singular, em que pese a autoridade de seu ilustre prolator, comporta reforma, decretando-se a carência da ação, uma vez acolhida a preliminar de ilegitimidade do Ministério Público.

Como instituição permanente e essencial à função jurisdicional do Estado, ao Ministério Público, nos termos do rigor constitucional, compete a defesa da ordem jurídica, do regime democrático e dos interesses sociais e individuais indisponíveis (artigo 127), conferindo-lhe o artigo 129, agora acrescido pela dicção do artigo 81, incisos I a III, da Lei n. 8.078, de 1990 (Código do Consumidor), legitimidade para promover o inquérito civil e a ação civil pública, para proteção do patrimônio público e social, do meio ambiente e de outros interesses difusos e coletivos.

A qualificação de agir conferida ao *Parquet*, em defesa dos interesses sociais e individuais indisponíveis, não alcança direito subjetivo. Já o interesse coletivo com força para garantir aplicação da lei que protege o consumidor é aquele que atinge a todos os que integram a coletividade, sem possibilidade de encampar alguns usuários do vale-transporte, como ocorre na espécie *sub judice*. Do que se colhe dos autos, bem estabelecidos os fatos, o benefício imposto por lei que se entende diretamente violado, atinge, em primeiro, pessoas jurídicas de direito privado, em segundo, pode ensejar eventual prejuízo a determinado grupo específico e não universal, ou seja, aqueles que dele se utilizam em decorrência de contrato de trabalho celebrado com a empregadora, que, ao que consta, nada reclamaram.

O interesse coletivo no Código do Consumidor, conforme lição de Hugo Nigro Mazzilli, lembrada em lúcido parecer da lavra de Vicente Greco Filho em procedimento enfrentado recentemente nesta Câmara e relatado pelo eminente Jorge Tannus, só permite a defesa dos interesses de grupos determinados de pessoas no caso de convir isto mais diretamente à coletividade como um todo, o que efetivamente não ocorre na hipótese concreta onde, mediante iniciativa de representantes de empresas diretamente interessadas na forma de emissão dos bilhetes que devem adquirir e adiantar aos empregados, vislumbrou o dedicado representante do Ministério Público de São Carlos possibilidade de prejuízo ou transtornos aos trabalhadores-usuários cujas despesas com transporte estivessem aquém do percentual de 6% estabelecido em lei como limite para desconto pela empregadora.

Interesse difuso, por outro lado, não é o que atinge esfera de interesse de número certo de indivíduos, mas toda a coletividade alcançada por eventual resultado satisfatório, sem que se identifique um segmento sequer dessa coletividade. Difuso tem o sentido indistinto, indeterminado.

Nem se argumente, ainda, com o regramento do artigo 2º do Código de Defesa do Consumidor, onde várias pessoas destinatárias de um serviço constituem coletividade. O dispositivo não pode ser enfrentado de maneira literal e irrestrita, pois a Promotoria de Justiça deve atentar apenas para os interesses privados com farta repercussão social, bem como indisponíveis, sob pena de atuar em função de particulares em suas relações jurídicas.

Na hipótese vertente, fixada defesa de determinado grupo de trabalhadores do Município de São Carlos, cujas razões não levam ao interesse público de irrestrita abrangência, inaplicável dicção do inciso I, artigo 82, do Código já mencionado. A propósito, ao declarar voto vencedor na Apelação Cível n. 152.203-1, registrou o eminente Cunha de Abreu: 'Com a devida vênia, não parece ter sido em verdade a intenção do legislador constituinte, que de uma penada teria assim erigido o *Parquet* em Curador e *custos legis* geral, dispensando o concurso de Advogado, visto que levado o alcance do posicionamento ministerial às suas culminâncias, todo e qualquer interesse pode ser tido e rotulado de difuso, na esteira do que disse alguém alhures, que tudo o que afeta o menor dos indivíduos a todos afeta...'.

É verdade, como já se afirmou, que 'é cômodo acionar o Ministério Público, inclusive porque não se corre o risco da sucumbência', registrando-se que o resultado agora adotado não obsta providências por parte de quem entender desatendido o regramento legal, com consequências concretas.

Por tais razões, dão provimento ao recurso para julgar o autor carecedor da ação, extinto o feito. Custas na forma da lei.

O julgamento teve a participação dos Senhores Desembargadores Jorge Tannus (Presidente sem voto), Marcus Andrade e Márcio Bonilha, com votos vencedores.

São Paulo, 11 de novembro de 1993.

Francisco Casconi, Relator.

(AC 196.206-1, *JTJ*, Lex, 152.9)".

a. Você concorda com a decisão? Sim/Não/Por quê?

b. Compare o argumento da "farta repercussão social" com o contido no *caput* do art. 127 da Constituição Federal. Leve em consideração também o art. 129, III e IX, da Carta Magna:

"Art. 127. O Ministério Público é instituição permanente, essencial à função jurisdicional do Estado, incumbindo-lhe a defesa da ordem jurídica, do regime democrático e dos interesses sociais e individuais indisponíveis".

"Art. 129. São funções institucionais do Ministério Público:

(...)

III — promover o inquérito civil e a ação civil pública, para a proteção do patrimônio público e social, do meio ambiente e de outros interesses difusos e coletivos.

(...)

IX — exercer outras funções que lhe forem conferidas, desde que compatíveis com sua finalidade, sendo-lhe vedada a representação judicial e a consultoria jurídica de entidades públicas".

43. AS AÇÕES JUDICIAIS

Dispõe o art. 83 do CDC:

"Para a defesa dos direitos e interesses protegidos por este Código são admissíveis todas as espécies de ações capazes de propiciar sua adequada e efetiva tutela".

Verifica-se, portanto, da singela leitura do dispositivo legal, que todas as espécies de ações são admissíveis para a defesa dos direitos do consumidor.

43.1. Garantia constitucional

Mesmo que o art. 83 não existisse, o quadro não se alteraria, porque a Constituição Federal assegura que toda ameaça ou lesão de direito possa ser levada ao Judiciário: "A lei não excluirá da apreciação do Poder Judiciário lesão ou ameaça ao direito" (inciso XXXV do art. 5º). Donde se conclui que já está assegurado no regime constitucional, para qualquer tipo de direito, toda espécie de ação típica ou atípica do sistema processual que possa gerar a garantia do direito ameaçado ou a reparação do direito violado.

Ademais, o vetusto Código Civil também já garantia que "a todo o direito corresponde uma ação que o assegura" (art. 75).

Além disso tudo, o próprio CDC, nos direitos básicos previstos no art. 6º, da mesma maneira tinha assegurado amplamente o acesso ao Judiciário com ações que possam prevenir direitos e reparar danos[1]. Relembremos, são os incisos VI e VII, que dispõem:

"Art. 6º São direitos básicos do consumidor:
(...)
VI — a efetiva prevenção e reparação de danos patrimoniais e morais, individuais, coletivos e difusos;

---

1. Ver nossos comentários a respeito nos itens 6.18 e 6.19.

VII — o acesso aos órgãos judiciários e administrativos, com vistas à prevenção ou reparação de danos patrimoniais e morais, individuais, coletivos ou difusos, assegurada a proteção jurídica, administrativa e técnica aos necessitados".

43.2. Todas as espécies de ações

Então, de qualquer forma, estão garantidas todas as espécies das ações cabíveis: de conhecimento (declaratória, constitutiva, condenatória), cautelares, mandamentais, execuções, ação coletiva e ação civil pública, *habeas corpus* etc.

Já tivemos oportunidade de dizer que a Lei n. 8.078/90, a par de regular direitos e garantias individuais dos consumidores, cuida em especial dos direitos de toda a coletividade. É por isso que, conforme também adiantamos e ora repetimos, a lei regula as ações coletivas e trata de definir os direitos difusos, coletivos e individuais homogêneos.

E como o CDC constitui-se num subsistema próprio, aplicam-se em primeiro lugar suas regras processuais, ficando o Código de Processo Civil para ser aplicado naquilo que não foi regrado.

43.3. Exercício

43.3.1. Apresente o tipo de ação correspondente às seguintes violações:

a. João comprou lata de extrato de tomate. Ao chegar em casa, viu que o prazo de validade estava vencido.

b. Carla devolveu, dentro do prazo de 7 dias (art. 49 do CDC), o tapete comprado por telefone. Passadas três semanas, recebeu aviso de cobrança bancária, cobrando o preço do tapete.

c. Francisco adquiriu carro zero-quilômetro. Saiu da concessionária dirigindo-o e, ao chegar na primeira esquina, o sinal fechou. Francisco brecou, mas o freio não funcionou. Ele acabou batendo num poste, estragou o carro e quebrou o braço.

44. OBRIGAÇÕES DE FAZER OU NÃO FAZER

O art. 84 da lei consumerista regulou o tema da ação que tenha por objeto o cumprimento da obrigação de fazer ou não fazer nos seguintes termos:

"Art. 84. Na ação que tenha por objeto o cumprimento da obrigação de fazer ou não fazer, o juiz concederá a tutela específica da obrigação ou determinará providências que assegurem o resultado prático equivalente ao do adimplemento.

§ 1º A conversão da obrigação em perdas e danos somente será admissível se por elas optar o autor ou se impossível a tutela específica ou a obtenção do resultado prático correspondente.

§ 2º A indenização por perdas e danos se fará sem prejuízo da multa (art. 287 do Código de Processo Civil[1]).

§ 3º Sendo relevante o fundamento da demanda e havendo justificado receio de ineficácia do provimento final, é lícito ao juiz conceder a tutela liminarmente ou após justificação prévia, citado o réu.

§ 4º O juiz poderá, na hipótese do § 3º ou na sentença, impor multa diária ao réu, independentemente de pedido do autor, se for suficiente ou compatível com a obrigação, fixando prazo razoável para o cumprimento do preceito.

§ 5º Para a tutela específica ou para a obtenção do resultado prático equivalente, poderá o juiz determinar as medidas necessárias, tais como busca e apreensão, remoção de coisas e pessoas, desfazimento de obra, impedimento de atividade nociva, além de requisição de força policial".

Examinemos os vários aspectos regulados.

---

1. A referência da lei é ao CPC de 1973. O legislador do CPC não fez a atualização do CDC, o que naturalmente não afeta a regra aqui instituída.

44.1. Tutela específica ou providências que assegurem o resultado prático equivalente

A lei permite que, ao invés da tutela específica requerida, o magistrado determine providências que possam assegurar o resultado prático equivalente ao do adimplemento. Vale dizer, se a tutela específica requerida não puder ser concedida por impossibilidade do meio ou desaparecimento do bem pretendido, pode o juiz criar as condições que tenham o mesmo efeito real ao do adimplemento.

Assim, por exemplo, se a ação foi proposta para impedir que determinado patrocinador veicule publicidade enganosa (obrigação de não fazer) e se se descobrir que a fita com o anúncio tenha desaparecido ou tenha sido destruída, ou que o próprio patrocinador esteja se ocultando para evitar a citação ou intimação, pode, ou melhor, deve o magistrado, para cumprir a pretensão legal, intimar os veículos de comunicação proibindo-os de veicularem o anúncio enganoso. Com isso o juiz terá obtido o resultado praticado equivalente e, claro, eficiente.

Veja-se que o § 5º expressamente permite que o magistrado determine as medidas necessárias, quaisquer que sejam elas. O dispositivo do § 5º é meramente exemplificativo, o que fica claro pelo esquema da proposição, que diz "medidas necessárias", ou seja, toda e qualquer medida *que for* necessária e "tais como", isto é, exemplificativamente, busca e apreensão, remoção de coisas e pessoas, desfazimento de obra.

44.2. Liminar

A lei expressamente permite a concessão de medida liminar (§ 3º do art. 84), impondo a presença de dois requisitos:

a) ser o fundamento da demanda relevante; *e*

b) haver justificado receio de ineficácia do provimento final.

A conjuntiva *e* do texto legal obriga a que ambos os requisitos estejam presentes para que a liminar seja concedida.

44.2.1. Fundamento relevante

É possível compreender o sentido de "fundamento relevante" comparando-o com o mais conhecido *fumus boni iuris*, a chamada "fumaça do bom direito". De fato, o que se pode entender por fundamento relevante da demanda?

Ora, aquilo que o autor da ação narrar ao juiz como plausível, fundado em direito que foi, está ou pode ser violado e comprovar de início.

Assim, por exemplo, se na petição inicial a parte diz que foi negativado no Serviço de Proteção ao Crédito por dívida já quitada, cujo documento acompanha a inicial, tem-se claro que a anotação é indevida e, portanto, o fundamento da demanda é relevante (dir-se-ia que há *fumus boni iuris*).

Acontece o mesmo para a concessão preventiva da liminar, visando impor obrigação de não fazer: se o autor demonstra na inicial, por exemplo, anexando correspondência do credor, pela qual se vê que ele, autor, está sendo cobrado indevidamente por valores exorbitantes e que está sofrendo ameaça de negativação no Serviço de Proteção ao Crédito, o fundamento da demanda é relevante.

44.2.2. Ineficácia do provimento final

E no que respeita ao justificado receio de ineficácia do provimento final, há que se entender claramente o que pretende a lei.

O sentido de ineficácia é — só pode ser — o de *menos* eficácia do que teria a decisão se não fosse concedida liminarmente. Expliquemos.

A norma não está querendo dizer ineficácia total da ação decisória, porque, claro, se depois de três anos o juiz determinar que seja retirado o nome do autor-consumidor do cadastro do Serviço de Proteção ao Crédito, a decisão terá eficácia, só que tão tardia que o dano já se terá produzido. Daí que o sentido de "receio de ineficácia do provimento final" tem mesmo o sentido amplo de retardamento da eficácia, permissão de alongamento do tempo do dano e assim por diante.

O que a lei pretende é que o simples receio de diminuição da eficácia do provimento final seja, desde já, motivo suficiente (somado ao fundamento relevante) para a concessão da medida liminar.

E é assim que tem se portado o Judiciário. Vejamos uma decisão:

"Trata-se de agravo de instrumento tirado contra a decisão de fls. 36 que, em ação de revisão de contrato de abertura de crédito em conta corrente, com a declaração de nulidade de cláusulas abusivas, indeferiu pedido, a título de antecipação da tutela, de não inclusão do nome do autor-agravante do rol de inadimplentes da Serasa ou, caso já negativado, de sua imediata exclusão.

Alega o recorrente que a concessão da tutela é medida de rigor, vez que a dívida decorrente do contrato cujas cláusulas pretende rever está sendo questionada judicialmente, pois, segundo diz, houve incidência de juros abusivos e capitalizados, não existindo, portanto, pronunciamento jurisdicional definitivo a legitimar a restrição que está ou poderá vir a sofrer.

Pede, de consequência, a concessão de efeito ativo ao agravo.

Verifico estarem presentes os requisitos necessários à concessão da tutela antecipada.

O MM. Juiz *a quo* indeferiu o pedido de antecipação por entender que *'em que pesem as razões expostas pelo procurador do requerente, tal fundamento não é suficiente para a concessão da medida pretendida, bem como, pela análise do pedido, verifica-se que não estão presentes os requisitos do artigo 273 do Código de Processo Civil, especialmente prova inequívoca das alegações'* (fls. 26).

Contudo, sem razão.

Tem entendido esta C. Câmara[2] que, como os cadastros arquivam apenas dados negativos relativos ao não pagamento de dívidas, conclui-se logicamente que:

a) existe a dívida;

b) a data prevista para pagamento venceu;

c) o valor é líquido e certo.

Somente com a conjunção dos itens retrotranscritos é que se permite que se aceite a negativação, posto que o nome do devedor só pode dar ingresso no cadastro negativo se se tiver clareza da existência e do valor da dívida, bem como da data de seu vencimento.

Além disso, anote-se que a partir de 11.3.91, com a entrada em vigor do Código de Defesa do Consumidor, a negativação somente é válida se o consumidor tiver sido avisado previamente e por escrito, por expressa disposição do § 2º do art. 43 citado. Tal aviso prévio, enquanto obrigação do credor, não era exigido antes da Lei 8.078/90.

É de se perguntar, então, por que determinou a lei essa notificação ao consumidor inadimplente.

A resposta é a de que o aviso serve para:

a) respeitar direito constitucional da garantia da dignidade e imagem do consumidor;

b) dar prazo para que o consumidor tome medidas (extrajudiciais ou judiciais) para se opor à negativação quando ilegal; ou

---

2. AI 869.865-1, Rel. Rizzatto Nunes, j. 11-08-1999, v. u.

c) ter chance de pagamento da dívida, impedindo a negativação (ou mesmo negociar a dívida).

Ora, em momento algum está colocado que a negativação é fruto de mero capricho do credor. Ao contrário, ela só é possível se for seguido estritamente este rigor legal.

Assim, impugnado judicialmente o montante da dívida, é ilegítima a negativação do devedor enquanto não definitivamente julgada a lide. Veja-se que, segundo diz o autor-agravante, houve incidência de juros abusivos e capitalizados, cujas cláusulas contratuais pretende rever (fls. 09/34).

Nesse sentido, aliás, é a jurisprudência do E. Superior Tribunal de Justiça:

'*Consumidor — Inscrição de seu nome em cadastros de proteção ao crédito — Montante da dívida objeto de controvérsia em juízo — Inadmissibilidade. Constitui constrangimento e ameaça, vedados pela Lei 8.078/90, o registro do nome do consumidor em cadastros de proteção ao crédito quando o montante da dívida é objeto de discussão em juízo. Recurso especial conhecido e provido*' (REsp 170.281, rel. Min. Barros Monteiro, 4ª Turma, j. 24.06.98).

Some-se a isso o fato de que a negativação em nada aproveita o agravado, somente servindo para prejudicar o agravante no mercado.

Essa a posição deste E. 1º Tribunal de Alçada Civil[3], bem como a do E. Superior Tribunal de Justiça:

'*Processual civil — Cautelar — Suspensão de medida determinativa de inscrição do nome do devedor no SPC ou Serasa. I — Não demonstrado o perigo de dano para o credor, não há como deferir seja determinada a inscrição do nome do devedor no SPC ou Serasa, mormente quando este discute em ações aparelhadas os valores* sub judice*, com eventual depósito ou caução do* quantum*. Precedentes do STJ. II — Recurso conhecido e provido*' (REsp 161.151-SC, Rel. Min. Waldemar Zveiter).

Destarte, presentes os requisitos legais, afigura-se de rigor a concessão do pedido para impedir que o agravado inclua o nome do agravante em qualquer cadastro de inadimplentes ou, caso já lançado, determinar sua imediata exclusão.

Para que a medida concedida tenha eficácia, com fundamento no § 3º do art. 84 do Código de Defesa do Consumidor, imponho a multa de 5

---

3. AI 935.517-7, Rel. Rizzatto Nunes, j. 2-8-2000, v. u., voto 1.440.

(cinco) salários mínimos para cada dia em que o nome do agravante ficar constando de qualquer cadastro de serviços de proteção ao crédito, em descumprimento à medida ora concedida"[4].

44.2.3. Momento da concessão da liminar

É verdade que a lei permite que a concessão da liminar se produza em dois momentos: no despacho inicial ou após justificação prévia, citado o réu.

Isso significa que, se no caso concreto, após exame da inicial, restar justo receio de que o fundamento da demanda, apesar de relevante, não esteja adequadamente demonstrado, o juiz deve ouvir o réu, antes de decidir pela concessão ou não da liminar. Vejamos um exemplo.

Digamos que o autor da ação tenha uma dívida com um banco, alegue que está sofrendo cobrança indevida em função da aplicação de uma cláusula do contrato que é abusiva, mas diga que não tem cópia do contrato (o que, aliás, é bastante comum). É natural que, nesse caso, o juiz mande citar o banco, determinando que ele traga aos autos a cópia do contrato (o que também, desde já coloque-se, é ônus processual seu), e só depois do contrato juntado aos autos e ouvido o banco, decida o pedido liminar.

Nada impede também que, com boa cautela, o juiz conceda a liminar e, em seguida, ouça o réu, e, posteriormente, a partir da ouvida do réu e do exame de outras provas, revogue a liminar. Muitas vezes essa se afigurará uma decisão bastante adequada.

44.3. *"Astreinte"*

O § 4º do art. 84 permite que o magistrado fixe multa diária para que o réu cumpra a determinação. É a chamada *astreinte*.

44.3.1. O vocábulo

Antes de fazer as observações necessárias a respeito das *astreintes*, é importante consignar que parte da doutrina equivoca-se não só ao defini-la como ao tratar de suas consequências e suas funções.

O termo *astreintes*, mantido entre nós no vocábulo estrangeiro, tem origem na jurisprudência francesa. Apesar da hostilidade da doutrina, que

---

4. Decisão liminar proferida no AI 1.016.094-0, confirmada por votação unânime de 8-8-2001, pela 4ª Câmara do 1º TACiv, de nossa relatoria.

via na sua fixação uma violação ao princípio da *nulla poena sine lege*, firmou-se lá como criação pretoriana[5].

O vocábulo, ao que parece, é utilizado entre nós como o original francês por mera dificuldade de tradução (aproximadamente, seria compulsão, constrição), mas não há dúvida de que se trata de multa, cuja única finalidade é cominatória, vale dizer, sua existência tem como objetivo o cumprimento de uma obrigação de fazer ou não fazer.

44.3.2. Função

Em nosso sistema, que, diga-se, é o único que importa, as *astreintes* são previstas em mais de um texto legal (como se verá adiante). Cabe ao magistrado fixá-las no caso concreto para estimular — forçar, na verdade — o devedor a cumprir sua obrigação.

No entanto, infelizmente, há casos de abusos na sua fixação e, sobretudo, na sua liquidação em pecúnia quando não cumprida a obrigação, em parte influenciada pela equivocada doutrina.

E, para citarmos, por todos, a posição jurídica acertada a respeito do tema, transcreve-se o pensamento de Calmon de Passos. Diz ele que o valor das *astreintes* deve ser proporcional à obrigação inadimplida e que seja capaz de desempenhar a função de coercibilidade sobre o devedor: "Suficiente para induzir o devedor a adimplir, pelo que variará em função da capacidade econômica do devedor, mais do que em função da natureza da obrigação, mas essa correção não pode alcançar excesso, devendo cingir-se ao compatível"[6].

44.3.3. Natureza

Realce-se, também, um aspecto que, às vezes, passa despercebido: o de que, a rigor, o resultado da liquidação da multa não deveria reverter a favor do credor da obrigação.

A natureza das *astreintes* é de pena para exercer pressão psicológica, imposta pelo magistrado para garantir sua própria decisão, e não o crédito ou o direito da outra parte. Tanto isso é verdade que, de fato, as *astreintes* substituem o delito de desobediência.

---

5. Alcides de Mendonça Lima, *Comentários ao Código de Processo Civil*, v. 6, t. 2, p. 773.

6. *Inovações do Código de Processo Civil*, p. 62.

A liquidação da multa, portanto, não tem relação com o direito da parte contrária, exatamente como o cumprimento da pena do crime de desobediência não a prejudica nem a beneficia.

Desse modo, o produto da liquidação das *astreintes*, evidentemente, deveria pertencer ao Estado e não à parte. Nesse sentido é a doutrina de Luiz Guilherme Marinoni: "A multa (...) serve apenas para pressionar o réu a adimplir a ordem do juiz, motivo pelo qual não parece racional a ideia de que ela deva reverter para o patrimônio do autor, como se tivesse algum fim indenizatório ou algo parecido com isso; seu único objetivo é garantir a efetividade da tutela jurisdicional"[7].

E também de Marcelo Lima Guerra: "O credor não tem, em princípio, direito de receber nenhuma quantia em dinheiro, em razão direta do inadimplemento do devedor, que não seja aquela correspondente a perdas e danos. Na relação entre credor e devedor, o primeiro só tem direito à prestação contratada ou ao equivalente pecuniário dessa mesma prestação (o ressarcimento em dinheiro pelos prejuízos resultantes da não realização da prestação)"[8].

Anoto, porém, que essa posição doutrinária está em dissonância com a norma. Isso porque o § 2º do art. 537 do CPC dispõe que o valor da multa reverterá ao exequente, no caso, ao consumidor:

> "Art. 537. A multa independe de requerimento da parte e poderá ser aplicada na fase de conhecimento, em tutela provisória ou na sentença, ou na fase de execução, desde que seja suficiente e compatível com a obrigação e que se determine prazo razoável para cumprimento do preceito.
>
> § 1º O juiz poderá, de ofício ou a requerimento, modificar o valor ou a periodicidade da multa vincenda ou excluí-la, caso verifique que:
>
> I – se tornou insuficiente ou excessiva;
>
> II – o obrigado demonstrou cumprimento parcial superveniente da obrigação ou justa causa para o descumprimento.
>
> § 2º O valor da multa será devido ao exequente."

---

7. *Tutela inibitória* (individual e coletiva), p. 179.
8. *Execução indireta*, p. 207.

44.3.4. O caráter objetivo: confusão a ser evitada

Outrossim, há de se deixar claro o caráter objetivo da fixação da multa inibitória. Ela não pode ter a natureza de vingança ou castigo pelo descumprimento da ordem judicial.

O que se percebe, algumas vezes, nos pronunciamentos dos magistrados, é uma espécie de ira pelo descumprimento de sua ordem, como se a negativa fosse subjetiva e especificamente dirigida ao prolator da ordem. Verifica-se, nesses casos, que o juiz, usando o bastão das *astreintes*, aplica sua revanche pessoal ao infrator e até, por vezes, exatamente por agir como pessoa e não como representante do Estado, abusa do direito que tem.

Ora, não há nada de pessoal, quer no cumprimento, quer no descumprimento de uma ordem judicial. Esta é resultado de uma ação dita jurisdicional, feita não por uma pessoa na condição de indivíduo ou cidadão, mas por alguém investido do papel social público e essencial, no qual está investido, vale dizer, na função pública de magistrado. Uma vez dada a ordem, ela se dirige ao devedor não pela pessoa física do juiz, mas por seu papel, na investidura do cargo como representante do Estado.

Além disso, exponha-se desde já, a Justiça não fica diminuída em sua dignidade porque em certo momento alguém não cumpre uma determinação do juiz, como também não fica diminuída caso esse mesmo juiz (ou pela via de recurso o juízo *ad quem*) modifique a decisão, revogando a obrigação. É algo juridicamente possível, justo e plenamente de acordo com o sistema processual vigente no país.

Desse modo, é de excluir as considerações doutrinárias e jurisprudenciais de fundo psicológico, uma vez que isso vicia a objetiva incidência do instituto das *astreintes* nos estritos limites do equitativo e justo no caso concreto.

44.3.5. O limite do *quantum*

Na questão do valor, há de se convir que nenhuma multa, seja de que natureza for independentemente do modo linguístico utilizado (lembre-se que a linguagem retórico-jurídica pode gerar alguma ilusão), deverá reduzir o infrator à insolvência, nem enriquecer ilicitamente o credor e, muito menos, ser fixada de tal maneira que a torne mais importante que o objeto da ação principal em jogo.

Aliás, anote-se que não há como sustentar lógica e juridicamente a hipótese de liquidação de *astreintes* cuja somatória seja maior, mais relevante ou mais importante que o objeto perseguido na ação principal; é uma *contradição em termos*: condenar o devedor, por não ter cumprido uma ordem judicial, a pagar mais que o valor do pleito feito pelo credor na própria ação principal é tão estranho que mais justo seria julgar procedente a ação sem ouvir o réu.

É o que aconteceria, por exemplo[9], numa ação por danos morais fundada em negativação indevida de nome nos cadastros de inadimplentes em que, como regra, os tribunais fixam o *quantum* indenizatório em cinco, dez, vinte ou, em casos muitos especiais, em trinta mil reais. Numa ação desse tipo, o descumprimento da ordem de retirada da anotação no órgão de proteção ao crédito (geralmente conferida liminarmente) com fixação de *astreintes* não pode, evidentemente, gerar um valor dezenas de vezes superior ao da condenação na ação principal (e esse raciocínio é válido, mesmo que no momento da execução das *astreintes* não tenha ainda o juiz ou o Tribunal fixado definitivamente o valor da indenização da ação principal).

Realmente, não tem sentido nenhum, repita-se, que o não cumprimento de uma ordem incidental no feito possa ser mais importante que o próprio feito tomado em seu conjunto. Não poderia, pois, o *quantum* das *astreintes* fixado no incidente superar o valor pleiteado na principal. A jurisprudência no mesmo sentido é farta:

"Impossibilidade. Condenação. Devedor. Pagamento. '*Astreinte*'. Valor superior. Valor contrato. Hipótese. Devedor. Inadimplemento. Obrigação principal. Credor. Fixação. Multa por ato unilateral. Devedor. Não impugnação. Valor. Multa. Decorrência. Multa. Mesma natureza jurídica. Cláusula penal. Observância, Código Civil 1916.

Cabimento. Rescisão. Acórdão. Tribunal. *A quo*. Hipótese. Decisão judicial. Violação. Literal disposição de lei. Código Civil 1916. Previsão. Limite máximo. Cláusula penal. Equivalência. Valor. Obrigação principal. Aplicação. Código de Processo Civil.

(...) Recurso especial. Ação rescisória. Cláusula penal. Limitação ao valor da obrigação principal.

Ofende o art. 920 do Código Beviláqua a estipulação de cláusula penal que supere o valor da obrigação principal.

(...) Com essas considerações, dou provimento ao recurso especial para julgar procedente o pedido e rescindir o acórdão atacado. Em novo julga-

---

9. Citamos caso que começa a se tornar comum.

mento da causa, limito a multa a ser cobrada pela recorrida ao valor dos contratos firmados pelas partes"[10].

"Execução de obrigação de fazer — 'astreintes' — Possibilidade de alteração, se verificada a insuficiência ou o excesso da multa — Redução para o valor equivalente ao da obrigação principal — decisão alinhada com a melhor doutrina e com a jurisprudência tradicional — recurso desprovido.

(...) Mas a multa diária atingiu valor expressivo (R$ 378.000,00) e, por isso, o magistrado, por aplicação analógica do artigo 920, do Código Civil, reduziu-a para o valor da obrigação principal"[11].

44.3.6. Previsão legal

Com a redação dada ao parágrafo único do art. 645 do CPC de 1973, pela Lei n. 8.953/94, qualquer dúvida que eventualmente existisse a respeito deste assunto foi elucidada, pois a lei passou a permitir expressamente a modificação para cima ou para baixo do valor das astreintes[12]. A mesma regra aparece no CPC atual, no art. 814, *verbis*:

"Art. 814. Na execução de obrigação de fazer ou de não fazer fundada em título extrajudicial, ao despachar a inicial, o juiz fixará multa por período de atraso no cumprimento da obrigação e a data a partir da qual será devida.

Parágrafo único. Se o valor da multa estiver previsto no título e for excessivo, o juiz poderá reduzi-lo."

O legislador, inclusive, inspirou-se na tradicional jurisprudência do Superior Tribunal de Justiça. Veja-se, por exemplo, que no REsp 13.416-0-RJ, da relatoria do Ministro Sálvio de Figueiredo Teixeira, o tema é estudado e aplicado com base na interpretação dos arts. 287, 644 e 645 do CPC:

---

10. REsp 439.434/RS, rel. Min. Humberto Gomes de Barros, 3ª Turma, j. 11-10-2005, *DJ*, 20-3-2006, p. 264.

11. AI 1.075.456-4 do extinto 1º TACSP, rel. Juiz Ariovaldo Santini Teodoro, 7ª Câm., j. 23-4-2002, v. u.

12. Essa era a redação do art. 645 do CPC/73:

"Art. 645. Na execução de obrigação de fazer ou não fazer, fundada em título extrajudicial, o juiz, ao despachar a inicial, fixará multa por dia de atraso no cumprimento da obrigação e a data a partir da qual será devida.

Parágrafo único. Se o valor da multa estiver previsto no título, o juiz poderá reduzi-lo, se excessivo".

"Ação cominatória. Execução. Pena pecuniária. CPC, arts. 287, 644 e 645. Enriquecimento indevido. Limitação. CC, arts. 920 e 924. Hermenêutica. Recurso inacolhido. I — O objetivo buscado pelo legislador, ao prover a pena pecuniária no art. 644 do CPC, foi coagir o devedor a cumprir a obrigação específica. Tal coação, no entanto, sem embargo de equiparar-se a 'astreintes' do direito francês, não pode servir de justificativa para o enriquecimento sem causa, que ao direito repugna. II — É da índole do sistema processual que, inviabilizada a execução específica, esta se converterá em execução por quantia certa, respondendo o devedor por perdas e danos, razão pela qual aplicáveis os princípios que norteiam os arts. 920 e 924 do CC. III — A lei, que deve ser entendida em termos hábeis e inteligentes, deve igualmente merecer do julgador interpretação sistemática e fundada na lógica do razoável, pena de prestigiar-se, em alguns casos, o absurdo jurídico"[13].

E, a partir da edição da lei, o Judiciário vem corretamente aplicando o preceito:

"Ora, malgrado o inconformismo do agravante, é de se ponderar que, com o advento da lei 8.953/94, que introduziu o parágrafo (único) ao artigo 645, do CPC, está o juiz autorizado a alterar multa imposta, quando verificar que se tornou ela insuficiente ou excessiva"[14].

"EXECUÇÃO DE OBRIGAÇÃO DE FAZER — Fazenda Pública — Multa cominatória — O art. 644 não excepcionou o Estado de sua incidência — Prerrogativas funcionais devem ser expressamente previstas, diante do princípio da igualdade das partes no processo — O valor da 'astreinte', no entanto, deve guardar proporcionalidade com a finalidade da pena — Multa reduzida — Agravo parcialmente provido para esse fim"[15].

"AGRAVO DE INSTRUMENTO — Medida cautelar de busca e apreensão de documentos — Execução de Sentença — Cumprimento de decisão judicial já transitada em julgado — Mero efeito secundário e imediato da sentença que prescinde de ajuizamento de nova ação — Razoabilidade das 'astreintes', que não devem ultrapassar o valor da obrigação principal — Multa de natureza inibitória — Art. 461, § 4º, do CPC e art. 920 do CC de 1916 — Art. 412 do novo CC — Inexistência de atos

---

13. J. 17-3-1992, *DJ*, 13-4-1992.

14. AI 1.075.456-4 do extinto 1º TACSP, rel. Juiz Ariovaldo Santini Teodoro, 7ª Câm., j. 23-4-2002, v. u.

15. AI 156.854-5-SP, da 7ª Câm. de Direito Público do TJSP, rel. Des. Guerrieri Resende, j. 17-4-2000, v. u.

que reportem litigância de má-fé — Alegação afastada — Recurso improvido"[16].

"ADMINISTRATIVO — PROCESSUAL CIVIL — AGRAVO DE INSTRUMENTO — FGTS — OBRIGAÇÃO DE FAZER — MORA NO CUMPRIMENTO DA DECISÃO — 'ASTREINTE' — POSTERIOR AFASTAMENTO DA MULTA DIÁRIA — REDUÇÃO DO VALOR DA MULTA — ART. 461 §§ 5º e 6º, CPC.

I — Cabível a cominação de 'astreinte' pela mora injustificável da obrigação que deriva de decisão judicial com fulcro no arts. 461, 461-A e 644, do CPC, e obedece o princípio da proporcionalidade.

II — O valor da multa diária deve ser compatível com a obrigação, sob pena de redução, a teor do art. 461, § 4º, do CPC, e obedece ao princípio da proporcionalidade.

III — A multa diária, instrumento para assegurar a efetividade das decisões do magistrado, se cominada pelo juiz 'a quo', deve ser confirmada para a credibilidade deste instituto.

IV — Agravo de Instrumento parcialmente provido"[17].

44.3.7. Ação principal sem valor econômico

Anote-se que, mesmo quando a ação principal não tenha conteúdo econômico, ainda assim não há motivo para que seja fixada uma multa que possa gerar valores astronômicos. Nesses casos, deverá o magistrado avaliar as circunstâncias concretas do feito e arbitrar o montante que seria razoável que o autor obtivesse se tivesse de ser indenizado. Esse valor arbitrado servirá, então, de parâmetro para a determinação do *quantum* total do resultado da liquidação das *astreintes*. Isso decorre, naturalmente, de todos os fundamentos antecedentes e também dos demais que se expõem abaixo.

44.3.8. Medida direta do juiz

Além disso, é importante lembrar que, se o juiz puder tomar medida ou determinar ação direta ou indireta que possa substituir a parte devedora relutante na obrigação de fazer ou não fazer, basta que ele emita a ordem, que

---

16. AI 369.728-4/9-Ribeirão Preto, da 4ª Câm. de Direito Privado do TJSP, rel. Des. Carlos Stroppa, j. 3-3-2005, v. u.
17. REsp 792.822, do STJ, Min. Luiz Fux, *DJ*, 28-4-2006.

a questão será eficazmente resolvida. Não há sequer necessidade de fixação de *astreintes*. É o caso de determinação de retirada de nome dos chamados serviços de proteção ao crédito. Basta a emissão de ofício ao órgão anotador para a obtenção do resultado querido. Assim tem decidido, por exemplo, a 23ª Câmara de Direito Privado do Tribunal de Justiça de São Paulo:

"Diante do exposto, concedo a liminar pleiteada, para determinar o sobrestamento da execução e a exclusão do nome dos executados recorrentes dos cadastros da Serasa e demais Serviços de Proteção ao Crédito relativos ao feito *sub judice*. Para a efetivação desta medida deverá a parte indicar especificamente o órgão anotador com respectivo endereço para que o MM. Juízo *a quo* emita os ofícios correspondentes"[18].

Aliás, conforme ora se examina, é o próprio CDC que assim o determina. Vale a pena reler o *caput* do art. 84, e seus §§ 4º e 5º:

"Art. 84. Na ação que tenha por objeto o cumprimento da obrigação de fazer ou não fazer, o juiz concederá a tutela específica da obrigação ou determinará providências que assegurem o resultado prático equivalente ao do adimplemento.

(...)

§ 4º O juiz poderá, na hipótese do § 3º ou na sentença, impor multa diária ao réu, independentemente de pedido do autor, se for suficiente ou compatível com a obrigação, fixando prazo razoável para o cumprimento do preceito.

§ 5º Para a tutela específica ou para a obtenção do resultado prático equivalente, poderá o juiz determinar as medidas necessárias, tais como busca e apreensão, remoção de coisas e pessoas, desfazimento de obra, impedimento de atividade nociva, além de requisição de força policial".

Note-se, pois, que a Lei n. 8.078/90 autoriza expressamente que o magistrado substitua a parte, sempre que possível, para tornar mais célere e eficaz o *decisum* (§ 5º do art. 84). As hipóteses legais não são exaustivas, mas meros exemplos das medidas que o juiz pode tomar. Ele decidirá o caso tomando "as medidas necessárias", vale dizer, encontrando os meios pelos quais a determinação judicial se tornará eficaz. O *caput* do art. 497 do Código de Processo Civil tem redação semelhante à do *caput* do art. 84 do CDC. Leia-se:

"Art. 497. Na ação que tenha por objeto a prestação de fazer ou de não fazer, o juiz, se procedente o pedido, concederá a tutela específica ou

---

18. AI 7.117.195-4, de nossa relatoria.

determinará providências que assegurem a obtenção de tutela pelo resultado prático equivalente."

Assim, repita-se, podendo a obrigação de fazer ou não fazer ser satisfeita sem a participação da parte devedora e omissa, *deve* o juiz executá-la diretamente. Não há que fixar *astreintes*.

A rigor, a fixação da multa cominatória só tem sentido *quando* o magistrado não pode tomar a medida diretamente e/ou quando o próprio credor também não (com ou sem o auxílio ou autorização do juiz), ou, ainda, quando um terceiro não possa fazer. Numa ação para busca e apreensão de menor, por exemplo, não tem cabimento que o juiz fixe multa para sua não entrega. Ele simplesmente determinará que o oficial de justiça (com auxílio de força policial, se necessário) recolha a criança e entregue a quem de direito. O mesmo se dá quando, por exemplo, o juiz determina a reintegração de posse num imóvel que foi bloqueado por um cadeado. Ora, basta mandar quebrar o cadeado e permitir a entrada no imóvel. Fixar *astreintes* em casos que tais não atende aos objetivos das normas vigentes.

A questão é, portanto, de básica lógica jurídica: se o juiz *pode* substituir a parte recalcitrante, *deve* fazer.

44.3.9. Modificação das "astreintes" não viola a coisa julgada

Anote-se, também, que não há que falar em coisa julgada, pois o suposto crédito advindo de *astreintes* não integra propriamente a lide, com o reforço de que a lei, como acima exposto, permite expressamente a modificação do *quantum*.

A doutrina e a jurisprudência, nesse ponto, também não têm dúvida:

"Essa modificabilidade não ofende a coisa julgada, porque a multa, na espécie, não é compensatória e, portanto, não integra a obrigação exequenda propriamente dita. Trata-se de medida de coação, simples ato do processo de execução, como a busca e apreensão, a penhora e outros meios coercitivos que dispõe o credor"[19].

"... o valor executado não pode ser tido como líquido, haja vista a não fixação pelo juízo 'a quo' de termo inicial e/ou final para incidência da multa pecuniária, de modo que tal se quedou ilimitada, o que se mostra abusivo, já que o valor até agora atingido ultrapassa em muito o valor pleiteado fixado a título de indenização em sentença, ou seja, o valor executado atinge a mon-

---

19. Humberto Theodoro Júnior, *Processo de execução*, p. 282.

ta de R$ 714.000,00 (setecentos e quatorze mil reais), enquanto que o valor da indenização é de apenas R$ 25.000,00 (vinte e cinco mil reais).

A multa pecuniária, por ter cunho eminentemente coercitivo, não pode ter valor indeterminado e ilimitado, aumentando vertiginosamente a cada dia. Ainda que não tenha o réu, ora agravado, cumprido o quanto expressamente determinado pela decisão que deferiu a tutela antecipada pleiteada pelo autor, isso não indica que a sua punição por tal desobediência não tenha limites.

Ademais, os artigos 287 e 461, § 4º, do Código de Processo Civil, combinados, preveem que a multa fixada para o fim de garantir o cumprimento da tutela antecipada concedida deve ser suficiente e compatível com a obrigação principal. No caso em tela, contudo, o valor da multa é infinitamente superior ao valor da obrigação principal, o que não é, portanto, admitido pelo ordenamento jurídico pátrio"[20].

"EMBARGOS À EXECUÇÃO. 'ASTREINTES'. REVISÃO DA MULTA ORIGINÁRIA DE EXECUÇÃO DE OBRIGAÇÃO DE FAZER. POSSIBILIDADE. INTELIGÊNCIA DOS ARTS. 461, § 6º, 644, 645 DO CÓDIGO DE PROCESSO CIVIL. OFENSA À COISA JULGADA. NÃO CONFIGURADA. SUCUMBÊNCIA. Verificando-se que o valor a ser pago a título de multa é significativamente superior àquele resultante da condenação na lide principal, ou que o recebimento da mesma poderá implicar no enriquecimento da embargada, o juiz poderá reduzi-la. Incidência dos arts. 461, § 6º, 644, 645 do Código de Processo Civil. Ainda que o valor da multa seja reduzido pelo juízo em face de sua excessividade, o executado pode responder pela totalidade do ônus sucumbencial, vez que foi ele quem deu causa à execução. Aplicação do princípio da causalidade. Por outro lado, tal redução não implica em ofensa à coisa julgada, porquanto o crédito resultante das *astreintes* não integra a lide propriamente dita, não podendo ser enquadrada, destarte, como questões já decididas relativas à mesma lide, de que trata o art. 461 do CPC. RECURSO DA EMBARGADA PARCIALMENTE PROVIDO. IMPROVIDO O DA EMBARGANTE[21]."

---

20. AI 7.045.642-7, da 20ª Câm. de Direito Privado do TJSP, Des. Francisco Giaquinto, j. 7-2-2006, v. u. A referência é ao CPC/1973.

21. AC 70013505607, da 10ª Câm. Cív. do TJRS, rel. Des. Luiz Ary Vessini de Lima, j. 16-3-2006, v. u., publicado no *site* do TJRS.

44.3.10. O que acontece se a ação é julgada improcedente ou extinta sem resolução de mérito

Outro ponto relevante a ser avaliado no tema é o que acontece com o *quantum* das *astreintes* quando o devedor não cumpre a determinação judicial, mas sai vitorioso na demanda. Isto é, qual o fim das *astreintes* quando a ação é julgada contra o credor?

Parece-nos evidente que não há que falar em liquidação da multa cominatória, visto que ela é apenas uma peça acessória do feito principal. De todo modo, é importante justificarmos essa posição.

Cândido Dinamarco tem esse mesmo entendimento. No caso de fixação da multa cominatória em antecipação de tutela, diz ele: "Enquanto houver incertezas quanto à palavra final do Poder Judiciário sobre a obrigação principal, a própria antecipação poderá ser revogada, com ela, as 'astreintes'"[22]. Ou, em outros termos, e corroborando o que expõe o Professor Dinamarco, como a multa é fixada para garantir o cumprimento da liminar, enquanto não decidida definitivamente a ação principal em que seja confirmada, ela não pode ser exigida.

Dinamarco sustenta com razão que, por exemplo, ao se fixar a multa cominatória na sentença, não seria legítimo cobrá-la do devedor se ele, podendo recorrer contra sua fixação, o faz, no que tem a possibilidade de vencer a demanda. Por isso que "o valor das multas periódicas acumuladas ao longo do tempo só é exigível a partir do trânsito em julgado do preceito mandamental"[23].

E, realmente, aqueles que defendem a execução das *astreintes,* independentemente do resultado da demanda, ingressam na seara psicológica que acima demonstramos ser injustificável. Com efeito, não há fundamento para tanto. A função da multa cominatória, como exposto, é a de forçar o devedor a cumprir obrigação de fazer ou não fazer. Todavia, até certo momento (o do trânsito em julgado da sentença na ação principal) não se poderá afirmar que havia *mesmo* essa obrigação. Digamos que se trate, por exemplo, de determinação para que um comerciante faça a retirada do nome do autor da ação de um cadastro de inadimplentes, sob pena de pagamento de multa diária, fundada no argumento de que esse autor quitara a dívida. Suponha-se que o comerciante não cumpra a determinação e, depois de alguns meses, a ação principal seja julgada improcedente porque o juiz

---

22. *A reforma da reforma*, p. 240.
23. *A reforma da reforma*, cit., p. 239.

verificou que ele continuava devendo. Como é que o autor poderia executar a multa? Qual o sentido? Se ele não tinha nenhum direito desde o início, não há que falar em qualquer execução de *astreintes* pelo descumprimento de obrigação inexistente. Aliás, poderia ocorrer o reconhecimento de que inclusive o autor da demanda estivesse de má-fé. Ele, então, sairia vencido na demanda, seria condenado como litigante de má-fé, mas receberia polpuda importância advinda da multa cominatória gerada pela obrigação não cumprida? É um *nonsense*: seria como o juiz condenar e, simultaneamente, absolver um réu. Ou, em outro exemplo: suponha-se que um cidadão é acusado de ter cometido um crime e, indiciado e feito o pedido de prisão provisória, este é deferido pelo juiz. Mas o réu se oculta e permanece foragido. Suponha-se que, posteriormente, é descoberto que o verdadeiro criminoso é outro indivíduo, sendo arquivado o processo em relação ao foragido. Teria sentido puni-lo porque durante o trâmite do feito ele esteve foragido? Como, se ele nada devia? Ora, ele fugiu exatamente porque, nada devendo, não quis passar as agruras da prisão. Os exemplos podem multiplicar-se, mas relevante mesmo é o fato de que não se pode falar em condenar judicialmente alguém pelo descumprimento de uma obrigação que ele jamais teve.

Poder-se-ia argumentar, é verdade, que, se o *quantum* devido pelo descumprimento da obrigação pertencesse ao Estado, então, nesse caso, seu valor seria sempre devido. Pensamos que nem assim. É importante realçar um aspecto já tratado: a Justiça não fica diminuída em sua dignidade porque em certo momento alguém não cumpre uma determinação do juiz, como também não fica diminuída caso esse mesmo juiz (ou pela via de recurso o juízo *ad quem*) modifique a decisão, revogando a obrigação. É algo juridicamente possível, justo e plenamente de acordo com o sistema processual vigente no País. Pronunciamentos provisórios são, como o próprio nome indica, provisórios e não perdem o caráter de justeza apenas porque foram modificados. O que existe no momento da mudança é apenas outro tempo processual: o tempo em que, após a colheita de provas e a ouvida dos envolvidos ou reexame por outro juízo, se chega a conclusão diversa da anterior. Aliás, algo absolutamente possível em praticamente todo o sistema processual ocidental.

Resta, por fim, analisar o que acontece na hipótese de a ação principal ser extinta sem resolução de mérito. E, naturalmente, nesse caso, o destino será o mesmo daquela ação julgada improcedente. Não há que falar em pagamento de multa pelo descumprimento da obrigação porque esta já não existe. Desapareceu junto da ação principal.

44.3.11. Nas ações coletivas

A imposição de *astreintes* se dá, do mesmo modo, nas ações coletivas. Na verdade, o funcionamento é idêntico, quer se trate de ação individual, quer seja ação coletiva.

É claro que o *quantum* a ser fixado para a *astreinte* deverá ser de importância proporcional ao vulto da demanda para obrigar o fornecedor-réu a cumprir a obrigação, mas com os fundamentos, limites e restrições acima mencionados.

44.4. Perdas e danos

É o § 1º do art. 84 que disciplina a possibilidade de apuração de perdas e danos. Releiamos o que diz o dispositivo:

> "§ 1º A conversão da obrigação em perdas e danos somente será admissível se por elas optar o autor ou se impossível a tutela específica ou a obtenção do resultado prático correspondente".

Note-se uma peculiaridade: a norma se utiliza de duas disjuntivas *ou* ("se por elas optar o autor *ou* se impossível a tutela específica *ou* a obtenção do resultado prático"), e como ela liga uma prerrogativa (opção do autor) a duas impossibilidades de resultado efetivo, tem-se que, de fato, trata-se de apenas uma disjuntiva, no caso, excludente. Expliquemos.

A disjuntiva é:

a) opção do autor

ou

b) impossibilidade da obtenção da tutela específica ou da obtenção do resultado prático correspondente.

É que as duas hipóteses de "b" são semelhantes e indiferentes entre si: basta que se possa obter uma para excluir a outra. Se a tutela específica for obtida, está resolvida a pendenga; ou se o resultado prático correspondente for atingido também.

Já o caso da letra "a", exclui os da letra "b", porque *opção* do autor, é típico exercício de direito subjetivo conferido pela lei: é o próprio § 1º que confere ao titular a possibilidade do exercício da prerrogativa de, ao invés de pleitear o cumprimento da obrigação de fazer ou não fazer, requerer desde logo a apuração de perdas e danos.

Se isso for feito, não há que se falar em possibilidade ou não de tutela específica ou resultado prático correspondente, pois a primeira disjuntiva *ou* é excludente das outras duas hipóteses que são ligadas entre si por uma disjuntiva *ou*, includente.

Ou seja, a hipótese da letra "a" (opção do autor) exclui as hipóteses da letra "b" (impossibilidade da tutela específica ou obtenção do resultado prático correspondente), que entre si não se excluem.

Assim, se o autor não pleitear desde logo a apuração das perdas e danos, o magistrado determinará a apuração de perdas e danos somente se for impossível a tutela específica ou a obtenção do resultado prático correspondente.

44.5. Exercício

44.5.1. Pesquise e apresente, comentada, uma decisão judicial, fixando multa num caso de condenação em obrigação de fazer ou não fazer.

45. CUSTAS, DESPESAS E HONORÁRIOS NAS AÇÕES COLETIVAS

Dispõe o art. 87 do CDC o seguinte:

"Art. 87. Nas ações coletivas de que trata este Código não haverá adiantamento de custas, emolumentos, honorários periciais e quaisquer outras despesas, nem condenação da associação autora, salvo comprovada má-fé, em honorários de advogados, custas e despesas processuais".

45.1. Acesso à Justiça

É claro o intuito da lei de facilitar o acesso à Justiça nas ações coletivas com a liberação do adiantamento das custas, emolumentos, honorários periciais e quaisquer outras despesas, assim como com o impedimento da condenação nas verbas da sucumbência (honorários de advogado, custas e despesas processuais).

Trata-se, na realidade, de um verdadeiro estímulo à propositura das ações coletivas.

45.2. Liberação automática

A liberação é objetiva e independe de pedido: basta que a ação coletiva seja proposta, não se fazendo necessária nenhuma outra manifestação ou justificativa por parte da associação-autora.

45.3. Inversão do ônus da prova

Anote-se que o fato da associação-autora, na ação coletiva, não estar obrigada a adiantar custas, emolumentos e honorários periciais, em nada interfere com a questão do ônus da prova e sua possível inversão, conforme previsto no inciso VIII do art. 6º e que comentaremos na sequência[1].

Com efeito, uma vez determinada a inversão do ônus da prova, caberá ao réu arcar com o ônus econômico de sua produção, por exemplo, tendo de depositar o valor dos honorários provisórios do perito judicial.

A regra de inversão do ônus da prova aplica-se indistintamente às ações individuais e às ações coletivas. Remetemos, então, o leitor ao próximo capítulo para um exame mais acurado dos aspectos que envolvem a inversão do ônus da prova.

45.4. Má-fé

O acesso à Justiça e o legítimo estímulo à propositura de ações coletivas, evidentemente, não podem servir de suporte à prática de abusos por parte das associações no ingresso da ação. Por isso, em caso de litigância de má-fé, diz a lei, a associação será condenada às verbas da sucumbência, a saber: honorários de advogado, custas e despesas processuais.

45.4.1. Como caracterizar a má-fé

A caracterização da má-fé segue a regra geral do Código de Processo Civil.

Com efeito, assim dispõem os arts. 79, 80 e 81 do Código de Processo Civil:

"Art. 79. Responde por perdas e danos aquele que litigar de má-fé como autor, réu ou interveniente.

Art. 80. Considera-se litigante de má-fé aquele que:

I — deduzir pretensão ou defesa contra texto expresso de lei ou fato incontroverso;

II — alterar a verdade dos fatos;

III — usar do processo para conseguir objetivo ilegal;

IV — opuser resistência injustificada ao andamento do processo;

V — proceder de modo temerário em qualquer incidente ou ato do processo;

---

1. Ver Capítulo 46.

VI — provocar incidente manifestamente infundado;

VII — interpuser recurso com intuito manifestamente protelatório.

Art. 81. De ofício ou a requerimento, o juiz condenará o litigante de má-fé a pagar multa, que deverá ser superior a um por cento e inferior a dez por cento do valor corrigido da causa, a indenizar a parte contrária pelos prejuízos que esta sofreu e a arcar com os honorários advocatícios e com todas as despesas que efetuou.

§ 1º Quando forem 2 (dois) ou mais os litigantes de má-fé, o juiz condenará cada um na proporção de seu respectivo interesse na causa ou solidariamente aqueles que se coligaram para lesar a parte contrária.

§ 2º Quando o valor da causa for irrisório ou inestimável, a multa poderá ser fixada em até 10 (dez) vezes o valor do salário-mínimo.

§ 3º O valor da indenização será fixado pelo juiz ou, caso não seja possível mensurá-lo, liquidado por arbitramento ou pelo procedimento comum, nos próprios autos."

Há, no entanto, aqui na norma do art. 87 da Lei n. 8.078/90 um elemento novo, qualificador da má-fé. A norma diz "comprovada má-fé" (e vai responsabilizar, inclusive, os diretores da associação, como se verá na sequência). Isto significa que é preciso demonstrar no processo que a ação tida como de má-fé foi praticada por determinação da associação.

É que, às vezes, a má-fé processual se dá pela apresentação do recurso meramente protelatório (inciso VII do art. 80 do CPC) e este é interposto por decisão e risco do advogado e não da parte. Logo, como, no caso da hipótese do art. 87 do CDC, a lei exige comprovação da má-fé, está querendo que se busque a ação ilícita da parte e não só do trabalho do profissional-advogado.

Se preciso for, provas deverão ser produzidas, tanto documentais como testemunhais, para se provar a má-fé.

Além disso, como a lei quer punir a associação que ingressa com ação indevida, a má-fé a que ela se refere é apenas aquela dos incisos I, II e III do art. 80 do Código de Processo Civil. Os demais são tipicamente processuais e seguem a linha geral da apreciação e conduta que atinge qualquer parte, e cuja punição é a prevista no art. 81 do referido Código, acima transcrito.

45.4.2. Responsabilização dos diretores da associação-autora

Na questão da má-fé a legislação foi severa na compreensão dos verdadeiros responsáveis pela ação ilícita. Sem maiores considerações, foi direto ao ponto: desconsiderou a personalidade jurídica da associação e tornou solidariamente responsáveis os diretores que decidiram pela propositura da ação.

Note-se, contudo, uma sutileza: a lei diz "diretores responsáveis pela propositura da ação". Vale dizer, somente aqueles que eram diretores na data da propositura da ação é que são os responsáveis. A lei isenta os que eram diretores anteriormente ao ingresso daquela demanda específica, na qual se apurou má-fé, assim como os sucessores dos diretores responsáveis pelo ajuizamento e que não puderam mais agir para voltar atrás no decidido.

A lei foi direta, repetimos, porque fugiu da discussão a respeito da responsabilidade dos sócios ou diretores da pessoa jurídica, que é estranha em sua base, porque pressupõe que pessoa jurídica tem vontade. Ora, pessoa jurídica é ficção, não age de per si, não sente, não pensa, não tem vontade. Qualquer atuação pela pessoa jurídica só pode ser definida e decidida *a priori* por pessoas físicas, seus responsáveis, seus verdadeiros e reais "órgãos pensantes".

Assim, andou bem a lei ao definir que se ficar comprovada a má-fé, junto com a associação — pessoa jurídica — os diretores que decidiram o ajuizamento da ação serão solidariamente responsabilizados.

E, conforme estipulado na norma do parágrafo único do art. 87, a responsabilidade implica na condenação em honorários advocatícios, custas processuais calculadas no décuplo, independente de eventual apuração de perdas e danos causados à parte contrária.

45.4.3. Não há má-fé exclusiva

A regulação especial da má-fé, na hipótese do art. 87, se dá apenas porque, como a lei isenta expressamente a associação do pagamento de custas, emolumentos, honorários periciais, honorários advocatícios e despesas de sucumbência e demais despesas processuais, ela tinha que deixar claro que as verbas da sucumbência não seriam liberadas em caso de má-fé comprovada.

Dizemos isso para deixar claro que a litigância de má-fé, prevista na legislação processual e acima referida (arts. 79 a 81 do CPC), sujeita todos aqueles que estão em juízo, autores e réus, independentemente de sua qualidade como pessoa e independentemente do tipo de ação.

45.5. *Exercício*

45.5.1. Encontre o texto da lei que permite a isenção de custas e despesas judiciais e compare com os aspectos das custas e despesas nas ações coletivas.

46. INVERSÃO DO ÔNUS DA PROVA[1]

46.1. Considerações iniciais

Já tivemos oportunidade de deixar consignado que o CDC constitui-se num sistema autônomo e próprio, sendo fonte primária (dentro do sistema da Constituição) para o intérprete.

Dessa forma, no que respeita à questão da produção das provas no processo civil, o CDC é o ponto de partida, aplicando-se a seguir, de forma complementar, as regras do Código de Processo Civil (arts. 369 a 484).

Para entender, então, a produção das provas em casos que envolvam as relações de consumo é necessário levar em conta toda a principiologia da Lei n. 8.078, que pressupõe, entre outros princípios e normas, a vulnerabilidade do consumidor, sua hipossuficiência (especialmente técnica e de informação, mas também econômica, como se verá), o plano geral da responsabilização do fornecedor, que é de natureza objetiva etc.

Ao lado disso, têm-se, na lei consumerista, as determinações próprias que tratam da questão da prova.

Na realidade, é a vulnerabilidade reconhecida no inciso I do art. 4º que principalmente justifica a proteção do consumidor nesse aspecto[2].

A primeira situação envolvendo provas na lei consumerista é a relacionada à responsabilidade civil objetiva do fornecedor pelo fato do produto e do serviço (arts. 12 a 14), bem como à responsabilidade pelo vício do produto e do serviço (arts. 18 a 20, 21, 23 e 24) e que se espraia por todo o sistema normado da Lei n. 8.078/90. Lembre-se de nossos comentários

---

1. Embora o tema seja processual e em nosso livro a análise esteja adstrita aos aspectos materiais do direito do consumidor (arts. 1º ao 54), fazemos o comentário a respeito do ônus da prova pelo fato de a norma aparecer no contexto dos direitos básicos do consumidor.

2. Ver no item 6.6 o sentido de "vulnerabilidade".

acerca desses aspectos. Haverá, por exemplo, necessidade de o consumidor provar o nexo de causalidade entre o produto, o evento danoso e o dano, para pleitear a indenização por acidente de consumo.

E a produção dessa prova preliminar necessária se fará pelas regras do Código de Processo Civil, a partir dos princípios e regras estabelecidos no CDC.

Todavia, também essa prova, como qualquer outra que tiver de ser produzida, deverá guiar-se pelo que está estabelecido no art. 6º, VIII, do CDC (e também no art. 38, no caso específico da publicidade, como se verá).

46.2. Critério do juiz

Além de tudo o que dissemos acima, consigne-se que em matéria de produção de prova o legislador, ao dispor que é direito básico do consumidor a inversão do ônus da prova, o fez para que, no processo civil, concretamente instaurado, o juiz observasse a regra.

E a observância de tal regra ficou destinada à decisão do juiz, segundo seu critério e sempre que se verificasse a verossimilhança das alegações do consumidor ou sua hipossuficiência.

Para entender o sentido do pretendido pela lei consumerista é preciso primeiro compreender o significado do substantivo "critério", bem como o do uso da conjunção alternativa *ou*.

O substantivo "critério" há de ser avaliado pelo valor semântico comum, que já permite a compreensão de sua amplitude.

Diga-se inicialmente que agir com critério não tem nada de subjetivo. "Critério"[3] é aquilo que serve de base de comparação, julgamento ou apreciação; é o princípio que permite distinguir o erro da verdade ou, em última instância, aquilo que permite medir o discernimento ou a prudência de quem age sob esse parâmetro.

No processo civil, como é sabido, o juiz não age com discricionariedade (que é medida pela conveniência e oportunidade da decisão). Age sempre dentro da legalidade, fundando sua decisão em bases objetivas.

---

3. Aurélio Buarque de Holanda, *Novo dicionário Aurélio da língua portuguesa*, cit., p. 501.

O que a lei processual lhe outorga são certas concessões, como acontece, v. g., na fixação de prazos judiciais na hipótese do art. 76[4] ou do art. 970[5], ambos do Código de Processo Civil.

Assim, na hipótese do art. 6º, VIII, do CDC, cabe ao juiz decidir pela inversão do ônus da prova se for verossímil a alegação ou hipossuficiente o consumidor.

Vale dizer, *deverá* o magistrado determinar a inversão. E esta se dará pela decisão entre duas alternativas: verossimilhança das alegações ou hipossuficiência. Presente uma das duas, está o magistrado obrigado a inverter o ônus da prova.

46.3. Verossimilhança das alegações

É fato que o vocábulo "verossímil" é indeterminado, mas isso não impede que da análise do caso concreto não se possa aferir verossimilhança.

Para sua avaliação não é suficiente, é verdade, a boa redação da petição inicial. Não se trata apenas do bom uso da técnica de argumentação que muitos profissionais têm. Isto é, não basta relatar fatos e conectá-los logicamente ao direito, de modo a produzir uma boa peça exordial.

É necessário que da narrativa decorra verossimilhança tal que naquele momento da leitura se possa aferir, desde logo, forte conteúdo persuasivo. E, já que se trata de medida extrema, deve o juiz aguardar a peça de defesa para verificar o grau de verossimilhança na relação com os elementos trazidos pela contestação[6]. E é essa a teleologia da norma, uma vez que o final da proposição a reforça, ao estabelecer que a base são "as regras ordinárias de experiência". Ou, em outros termos, terá o magistrado de se servir dos elementos apresentados na composição do que usualmente é aceito como verossímil.

---

4. Art. 76. Verificada a incapacidade processual ou a irregularidade da representação da parte, o juiz suspenderá o processo e designará prazo razoável para que seja sanado o vício.

5. Art. 970. O relator ordenará a citação do réu, designando-lhe prazo nunca inferior a 15 (quinze) dias nem superior a 30 (trinta) dias para, querendo, apresentar resposta, ao fim do qual, com ou sem contestação, observar-se-á, no que couber, o procedimento comum.

6. Diga-se, todavia, que, apesar da extremada, a inversão do ônus da prova é medida legal constitucional que decorre da aplicação do conteúdo jurídico do princípio da isonomia, garantido no texto magno, no *caput* do art. 5º e em seu inciso I (cf., no mesmo sentido, Nelson Nery Junior, *Princípios do processo civil na Constituição Federal*, cit., p. 40).

É fato que a narrativa interpretativa que se faz da norma é um tanto abstrata, mas não há alternativa, porquanto o legislador se utilizou de termos vagos e imprecisos ("regras ordinárias de experiência"). Cai-se, então, de volta ao aspecto da razoabilidade e, evidentemente, do bom senso que deve ter todo juiz[7].

46.4. Hipossuficiência

O significado de hipossuficiência do texto do preceito normativo do CDC não é econômico, é técnico.

A vulnerabilidade, como vimos[8], é o conceito que afirma a fragilidade econômica do consumidor e também técnica. Mas hipossuficiência, para fins da possibilidade de inversão do ônus da prova, tem sentido de desconhecimento técnico e informativo do produto e do serviço, de suas propriedades, de seu funcionamento vital e/ou intrínseco, de sua distribuição, dos modos especiais de controle, dos aspectos que podem ter gerado o acidente de consumo e o dano, das características do vício etc.

Por isso, o reconhecimento da hipossuficiência do consumidor para fins de inversão do ônus da prova não pode ser visto como forma de proteção ao mais "pobre". Ou, em outras palavras, não é por ser "pobre" que deve ser beneficiado com a inversão do ônus da prova, até porque a questão da produção da prova é processual, e a condição econômica do consumidor diz respeito ao direito material.

Na realidade, para beneficiar o carente econômico no processo não seria necessária a inversão. Bastaria a determinação judicial de que o fornecedor arcasse com eventuais custas processuais para a produção de provas, tais como as periciais. Determinar-se-ia a inversão do pagamento, ou seja, o consumidor produz a prova e o fornecedor a paga, e aí sim estar-se-ia protegendo, de forma justa, o economicamente fraco.

Não se pode olvidar que, para os "pobres" na acepção jurídica do termo, existe a justiça gratuita, a qual permite ao beneficiário a isenção do pagamento das custas judiciais, o que não significa que ele está isento de provar o seu direito.

---

7. São também termos vagos dos quais não se escapa ("razoável" e "bom senso"), mas que o caso concreto ajuda a decidir.

8. No item 6.6.

Com efeito, o art. 4º da Lei n. 1.060/50 (conhecida como Lei de Assistência Judiciária) dispõe: "A parte gozará dos benefícios da assistência judiciária, mediante simples afirmação, na própria petição inicial, de que não está em condições de pagar as custas do processo e os honorários de advogado, sem prejuízo próprio ou de sua família", regrando seu o § 1º que "presume-se pobre, até prova em contrário, quem afirmar essa condição nos termos desta Lei, sob pena de pagamento até o décuplo das custas judiciais".

Assim, se a questão for meramente de falta de capacidade financeira de suportar o custo do processo, basta ao consumidor servir-se do benefício legal da Lei n. 1.060/50.

E o inverso é verdadeiro: existem consumidores economicamente poderosos, o que não implica a sua não hipossuficiência técnica. Mas, mesmo no caso de o consumidor ter grande capacidade econômica, a inversão do ônus da prova deve ser feita na constatação de sua hipossuficiência (técnica e de informação).

46.5. Momento de inversão

Há alguma polêmica em torno do momento processual no qual o magistrado deverá decidir a respeito da inversão do ônus da prova, mas, em nossa opinião, como se verá, esta é fruto de falta de rigorismo lógico e teleológico do sistema processual instaurado pela Lei n. 8.078 e ainda resquícios da memória privatista do regime do processo civil tradicional.

Com efeito, os que entendem que o momento de aplicação da regra de inversão do ônus da prova é o do julgamento da causa alinham o pensamento com a distribuição do ônus da prova do art. 373 do Código de Processo Civil e não com aquela instituída no CDC.

É que as partes que litigam no processo civil, fora da relação de consumo, têm clareza da distribuição do ônus. Ou, melhor dizendo, os advogados das partes sabem de antemão a quem compete o ônus da produção da prova. Leiamos o art. 373 da lei adjetiva:

"Art. 373. O ônus da prova incumbe:

I — ao autor, quanto ao fato constitutivo de seu direito;

II — ao réu, quanto à existência de fato impeditivo, modificativo ou extintivo do direito do autor."

É, portanto, distribuição legal do ônus que se faz, *sem sombra de dúvida*. E, claro, nesse caso não precisa o juiz fazer qualquer declaração a respeito da distribuição do gravame. Basta levá-lo em consideração no momento de julgar a demanda. Não haverá, na hipótese, qualquer surpresa para as partes, porquanto elas sempre souberam a quem competia a desincumbência da produção da prova[9].

Ora, não é essa certeza que se verifica no sistema da lei consumerista.

Não teríamos dúvida em afirmar que nas relações de consumo o momento seria o mesmo *se* a Lei n. 8.078 dissesse: "está invertido o ônus da prova". Aliás, como fez na hipótese do art. 38[10].

Mas acontece que não é isso o que determina o CDC: a inversão não é automática!

Como vimos antes, a inversão se dá por decisão do juiz diante de alternativas postas pela norma: ele inverterá o ônus se for verossímil a alegação ou se for hipossuficiente o consumidor[11].

É que pode acontecer de nenhuma das hipóteses estar presente: nem verossímeis as alegações nem hipossuficiente o consumidor.

Anotamos acima que verossimilhança é conceito jurídico indeterminado. Depende de avaliação objetiva do caso concreto e da aplicação de regras e máximas da experiência para o pronunciamento[12].

Logo, o raciocínio é de lógica básica: é preciso que o juiz se manifeste no processo para saber se o elemento da verossimilhança está presente.

---

9. É verdade que o CPC atual mitigou essa situação da distribuição do ônus, conferindo ao juiz alternativa diversa, desde que fundamentada e que a determinação não seja impossível ou excessivamente difícil. Está prevista nos §§ 1º e 2º do art. 373, nesses termos:

"§ 1º Nos casos previstos em lei ou diante de peculiaridades da causa relacionadas à impossibilidade ou à excessiva dificuldade de cumprir o encargo nos termos do *caput* ou à maior facilidade de obtenção da prova do fato contrário, poderá o juiz atribuir o ônus da prova de modo diverso, desde que o faça por decisão fundamentada, caso em que deverá dar à parte a oportunidade de se desincumbir do ônus que lhe foi atribuído.

§ 2º A decisão prevista no § 1º deste artigo não pode gerar situação em que a desincumbência do encargo pela parte seja impossível ou excessivamente difícil."

10. "Art. 38. O ônus da prova da veracidade e correção da informação ou comunicação publicitária cabe a quem as patrocina." Veja-se que aqui a distribuição do ônus já foi feita ao patrocinador da publicidade. O juiz, então, apenas a levará em conta quando proferir sentença (ver Capítulo 26).

11. Ou, obviamente, se ocorrerem as duas situações simultaneamente.

12. No mesmo sentido Nelson Nery e Rosa Nery, *Código de Processo Civil comentado*, cit., p. 1806, nota 17.

Da mesma maneira, a hipossuficiência depende de reconhecimento expresso do magistrado no caso concreto. É que o desconhecimento técnico e de informação capaz de gerar a inversão tem de estar colocado no feito *sub judice*. São as circunstâncias do problema aventado e em torno do qual o objeto da ação gira que determinarão se há ou não hipossuficiência (que, como vimos, regra geral, atinge a maior parte dos consumidores). Pode muito bem ser caso de consumidor engenheiro que tinha claras condições de conhecer o funcionamento do produto, de modo a ilidir sua presumida hipossuficiência. Como pode também ser engenheiro e ainda assim, para o caso, constatar-se sua hipossuficiência.

Então, novamente o raciocínio é de singela lógica: é preciso que o juiz se manifeste no processo para saber se a hipossuficiência foi reconhecida.

E, já que assim é, o momento processual mais adequado para a decisão sobre a inversão do ônus da prova é o situado entre o pedido inicial e o saneador. Na maior parte dos casos a fase processual posterior à contestação e na qual se prepara a fase instrutória, indo até o saneador, ou neste, será o melhor momento.

Não vemos qualquer sentido, diante da norma do CDC, que não gera inversão automática (à exceção do art. 38), que o magistrado venha a decidir apenas na sentença a respeito da inversão, como se fosse uma surpresa a ser revelada para as partes.

Há, também, a importante questão do destinatário da norma estatuída no inciso VIII do art. 6º.

Entendemos que, muito embora essa norma trate da distribuição do ônus processual de provar dirigido às partes, ela é mista no sentido de determinar que o juiz expressamente decida e declare de qual das partes é o ônus.

Como a lei não estipula *a priori* quem está obrigado a se desonerar e a fixação do ônus depende da constatação da verossimilhança ou hipossuficiência, o magistrado está obrigado a se manifestar antes da verificação da desincumbência, porquanto é ele que dirá se é ou não caso de inversão.

E ainda há mais. Trata-se do problema do ônus econômico, examinado na sequência.

46.6. O ônus econômico

Examine-se, agora, a questão do ônus econômico da produção da prova. Tomemos como exemplo a perícia.

Se ficasse para a sentença a resolução e se o juiz decidisse que não havia nem verossimilhança nem hipossuficiência do consumidor e que este, portanto, teria de ter produzido prova pericial e não o fez porque não tinha dinheiro para adiantar os honorários provisórios do perito, estaríamos diante de um absurdo.

Esse outro fato corrobora nosso entendimento no sentido de que a inversão deve ser decidida até ou no saneador, com o seguinte acréscimo: sendo invertido o ônus da prova, quem deve arcar com o custo do adiantamento das despesas, por exemplo, relativas à perícia? Qual parte deve arcar com o adiantamento dos honorários do perito judicial?

Ora, a resposta salta aos olhos: se o sistema legal protecionista cria norma que obriga à inversão do ônus da prova, como é que se poderia determinar que o consumidor pagasse as despesas ou honorários?

Uma vez determinada a inversão, o ônus econômico da produção da prova tem de ser da parte sobre a qual recai o ônus processual. Caso contrário, estar-se-ia dando com uma mão e tirando com a outra[13].

Se a norma prevê que o ônus da prova pode ser invertido, então automaticamente vai junto para a outra parte a obrigação de proporcionar os meios para sua produção, sob pena de — obviamente — arcar com o ônus de sua não produção.

Se assim não fosse, instaurar-se-ia uma incrível contradição: o ônus da prova seria do réu, e o ônus econômico seria do autor (consumidor). Como este não tem poder econômico, não poderia produzir a prova. Nesse caso, sobre qual parte recairia o ônus da não produção da prova?

Anote-se, em acréscimo, que, em matéria de perícia técnica, o grande ônus é econômico, relativo ao pagamento de honorários e despesas do perito e do assistente técnico.

Para terminarmos os comentários, deixe-se consignada, a nosso ver, a correta decisão da 4ª Câmara de Direito Público do Tribunal de Justiça de São Paulo, que dispôs que "o deferimento da inversão do ônus da prova deverá ocorrer entre o ajuizamento da demanda e o despacho saneador, sob pena de se configurar prejuízo para a defesa do réu"[14].

---

13. Essa regra vale quer as partes requeiram a produção da prova, quer o juiz a designe *ex officio*.

14. AI 14.305-5/8, rel. Des. José Geraldo de Jacobina Rabello, j. 5-9-1996, citada em *Código de Defesa do Consumidor comentado pelos autores do Anteprojeto*, cit., p. 620.

46.7. Exercícios

46.7.1. Juliano, amigo de Francisco, compareceu à loja desse último (regularmente constituída para a prática de comércio de compra e venda de veículos novos e usados), interessado em adquirir um auto usado. Francisco, em razão da amizade, vendeu-lhe o próprio carro, e um mês depois o motor do veículo fundiu. Juliano ingressou com ação contra a empresa de Francisco, fulcrando seu pedido no CDC. Francisco contestou o feito, dizendo que não era caso de aplicar-se o CDC, pois não tinha havido relação de consumo, uma vez que o negócio foi particular, entre ambos. Juliano rebateu considerando que Francisco era comerciante de veículos, estava assim estabelecido, o negócio foi realizado em seu estabelecimento, ali foi pago, e portanto era fornecedor. Pergunta-se:

a. Há relação de consumo?

b. A quem cabe o ônus da prova?

c. Poderia, nesse caso, o juiz aplicar a inversão?

46.7.2. Sérgio contratou com a empresa "YZ" a instalação de um alarme antirroubo em seu veículo. Dias depois retornou à loja e instalou um rádio CD e uma buzina especial. Após isso, num determinado dia, seu veículo encontrava-se estacionado na via pública, quando o alarme soou. Após disparar o alarme, o veículo incendiou-se, ficando totalmente destruído, o que impossibilitou a realização de qualquer perícia. Sérgio tentou compor-se com a empresa, mas não obteve sucesso. Por conta disso ingressou com ação pleiteando reparação dos danos sofridos e a devolução do valor pago pelo serviço de colocação do alarme, enfatizando a prova de que dispõe, ou seja, testemunhos de transeuntes que, passando pelo local, ouviram o disparo do alarme e viram o carro pegando fogo. A requerida, em sua contestação, negou responsabilidade pelo evento danoso, dizendo que o incêndio pode ter tido várias causas que não a instalação do alarme, feita com toda a segurança, inclusive referiu a inexistência de perícia para amparar sua contrariedade. Pergunta-se:

a. É cabível aplicar-se o princípio da inversão do ônus da prova no caso? Existem os pressupostos para tanto?

b. Qual o momento processual adequado para o Juízo aplicar o princípio em questão?

c. Caso o consumidor representasse ao Ministério Público, este teria legitimidade para atuar? Que interesses poderia tutelar no caso?

46.7.3. A associação "AB", legalmente constituída há um ano para a defesa de interesses dos consumidores fumantes, ingressou com ação civil pública contra as empresas fabricantes de cigarros no País, pleiteando a reparação dos danos à saúde e à vida dos usuários (fumantes ativos) e fumantes passivos, decorrentes do consumo de cigarros, bem como proibição de qualquer publicidade de cigarros. O Juízo, *ab initio*, entendendo que a prova era meramente técnica, recebeu a inicial e decretou a inversão do ônus da prova. Pergunta-se:

a. A associação-autora tem legitimidade para a defesa dos interesses colocados em juízo? Quais os interesses que busca tutelar?

b. A inversão do ônus da prova pelo juízo foi correta?

c. As empresas-rés, contestando o feito, suscitaram suspeição do juízo, considerando que, ao inverter o ônus da prova, havia prejulgado a causa. Comente a respeito.

d. O juiz poderia inverter o ônus da prova em relação aos pedidos formulados por conta dos fumantes ativos e não fazê-lo em relação aos passivos?

47. A COMPETÊNCIA

O CDC estabeleceu regras específicas de competência para o ajuizamento das ações individuais e coletivas em matéria de relações de consumo. Pretendeu, com isso, mais uma vez, proteger o consumidor. Mas, cometeu alguns equívocos, como se verá, e que, talvez, possam ser solucionados por um esforço de interpretação sistemática.

47.1. Ações coletivas para defesa dos direitos individuais homogêneos, difusos e coletivos

O Capítulo II do Título III da Lei n. 8.078/90 contempla as normas que regulam as ações coletivas para a defesa dos direitos individuais homogêneos (são os arts. 91 a 100). As regras de competência desse capítulo estão estipuladas no art. 93:

> "Art. 93. Ressalvada a competência da Justiça Federal, é competente para a causa a justiça local:
>
> I — no foro do lugar onde ocorreu ou deva ocorrer o dano, quando de âmbito local;
>
> II — no foro da Capital do Estado ou no do Distrito Federal, para os danos de âmbito nacional ou regional, aplicando-se as regras do Código de Processo Civil aos casos de competência concorrente".

Acontece que o legislador se esqueceu de apresentar regras de competência para as ações coletivas de defesa dos direitos difusos e coletivos, gerando, portanto, uma lacuna na lei.

A situação não se afigura de nenhuma gravidade, porque não resta dúvida que a Lei n. 8.078/90 é um subsistema próprio que se autocoordena, de tal modo que se impõe uma interpretação extensiva para solucionar o problema do "esquecimento".

Na medida em que a lei pôs regra para a ação coletiva de proteção ao direito individual homogêneo, no claro intuito de proteger o consumidor, o intérprete deve estender o benefício à hipótese das ações coletivas de proteção ao direito difuso e coletivo.

E nem poderia ser de outro modo, posto que não teria sentido proteger um menor grupo de consumidores — os que sofreram danos por acidente de consumo — e não proteger um eventual maior grupo atingido difusamente ou mesmo coletivamente.

47.2. A competência da Justiça Federal

O *caput* do art. 93 ressalva, como não poderia deixar de ser, a competência da Justiça Federal.

Naquilo que interessa ao direito do consumidor, vale transcrever as hipóteses previstas no inciso I do art. 109 da Constituição Federal, assim como as disposições dos §§ 1º ao 4º:

"Art. 109. Aos juízes federais compete processar e julgar:

I — as causas em que a União, entidade autárquica ou empresa pública federal forem interessadas na condição de autoras, rés, assistentes ou oponentes, exceto as de falência, as de acidentes de trabalho e as sujeitas à Justiça Eleitoral e à Justiça do Trabalho;

(...)

§ 1º As causas em que a União for autora serão aforadas na seção judiciária onde tiver domicílio a outra parte.

§ 2º As causas intentadas contra a União poderão ser aforadas na seção judiciária em que for domiciliado o autor, naquela onde houver ocorrido o ato ou fato que deu origem à demanda ou onde esteja situada a coisa, ou ainda, no Distrito Federal.

§ 3º Lei poderá autorizar que as causas de competência da Justiça Federal em que forem parte instituição de previdência social e segurado possam ser processadas e julgadas na justiça estadual quando a comarca do domicílio do segurado não for sede de vara federal.

§ 4º Na hipótese do parágrafo anterior, o recurso cabível será sempre para o Tribunal Regional Federal na área de jurisdição do juiz de primeiro grau"[1].

---

1. O art. 109 do texto constitucional tem mais dez incisos (de II a XI) que não dizem respeito diretamente a questões de relação de consumo.

47.3. Competência no dano de âmbito local

Dispõe o inciso I do art. 93 do CDC:

"Ressalvada a competência da Justiça Federal, é competente para a causa a justiça local:

I — no foro do lugar onde ocorreu ou deva ocorrer o dano, quando de âmbito local".

47.3.1. O equívoco

Não resta dúvida que o intuito do legislador, ao designar como foro competente o do lugar onde ocorreu ou deva ocorrer o dano — se de âmbito local —, foi mesmo o de proteger o consumidor. Tanto que nos comentários à lei, os autores do anteprojeto elogiaram o dispositivo. Leia-se:

"O legislador guiou-se abertamente pelo critério do local do *resultado*, que vai coincidir, em muitos casos, com o domicílio das vítimas e da sede dos entes e pessoas legitimadas, facilitando o acesso à Justiça e a produção da prova"[2].

No entanto, equivocaram-se o legislador e a doutrina citada.

A regra legal somente protegerá o consumidor e as entidades se coincidirem o local do dano com seus domicílios. Mais uma vez a lei ficou no abstrato irreal e os comentadores também se esqueceram da realidade — característica, aliás, muito comum em se tratando de direito e interpretação jurídica.

Não vemos em que possa estar havendo proteção ao consumidor, por exemplo, num acidente de avião, que caindo no meio da floresta amazônica fere e mata dezenas de passageiros.

Propor a ação coletiva no local do fato não beneficia nenhum consumidor que sobreviver, nenhum parente dos que faleceram e, aliás, nem a associação das vítimas ou o próprio fornecedor responsável. Não beneficia ninguém e não tem sentido algum.

As questões de âmbito local somente beneficiam os consumidores que tenham domicílio no local do evento, o que nos parece óbvio. Logo, é necessário

---

2. *Código Brasileiro de Defesa do Consumidor comentado pelos autores do Anteprojeto*, p. 682. Parte comentada por Ada Pellegrini Grinover.

encontrar uma saída para o impasse criado pela lei e ela se dá por um esforço de interpretação sistemática, conforme se verá no próximo subitem.

47.3.2. A solução do problema: local do dano ou domicílio do autor

O próprio CDC permite a solução para o problema acima apontado. Ela está na interpretação sistemática a ser feita com utilização do regramento previsto no inciso I do art. 101.

Com efeito, o Capítulo III do mesmo Título III, que é composto dos arts. 101 e 102, cuida das ações de responsabilidade do fornecedor de produtos e serviços. Logo, cuida do mesmo tipo de ação do Capítulo II, posto que lá também se busca apurar e responsabilizar o fornecedor de produtos e serviços.

Poder-se-ia perguntar, claro, por que, então, é que a lei abriu dois capítulos para a mesma ação de responsabilização. E a resposta é a de que na hipótese do Capítulo II a regulação é de "ações coletivas" e no Capítulo III está ligada a "ações individuais". No entanto, ainda que assim fosse, uma hipótese não eliminaria a outra, porque pertencem ao mesmo sistema e ao mesmo título e não se excluem expressamente.

E, ao contrário, o *caput* do art. 101 do CDC reconhece expressamente a aplicação do Capítulo II, assim dispondo:

"Art. 101. Na ação de responsabilidade civil do fornecedor de produtos e serviços, sem prejuízo do disposto nos Capítulos I e II deste Título, serão observadas as seguintes normas: (...)".

Logo, o próprio *caput* do art. 101 não afasta as normas do Capítulo II e, claro, o inverso é também verdadeiro: a regra do art. 101 vale naquela do art. 93, I.

Dessa forma, resta ler o inciso I do art. 101, que dispõe:

"I — a ação pode ser proposta no domicílio do autor".

Assim, interpretando-se sistematicamente o modelo adotado na combinação do art. 93, I, com o art. 101, I, tem-se que dizer que a competência para o ajuizamento de qualquer ação para apurar a responsabilidade do fornecedor pelos danos causados na ação coletiva, quando o dano for de âmbito local, é:

a) do foro do lugar onde ocorreu ou deva ocorrer o dano; *ou*

b) no domicílio do autor.

A escolha de "a" ou "b" é do autor, isto é, qualquer dos legitimados do art. 82.

E, por evidente, se se tratar de ação individual, como a lei confere prerrogativa ao consumidor ("A ação pode ser proposta no domicílio do autor" — inciso I do art. 101), nada impede que ele opte por propor a ação no domicílio do réu[3] ou no local do dano, o que é possível pelo mesmo critério de interpretação sistemática.

47.4. Competência no dano de âmbito nacional ou regional

Para os danos que tenham consequência de atingimento aos consumidores em todo o País ou numa certa região, a competência para as ações coletivas está fixada no inciso II do art. 93 do CDC, que dispõe:

> "II — no foro da Capital do Estado ou no do Distrito Federal, para os danos de âmbito nacional ou regional, aplicando-se as regras do Código de Processo Civil aos casos de competência concorrente".

Como exemplo de dano de âmbito nacional, pode-se dar o de uma indústria de medicamentos cujo remédio oferecido em todo mercado nacional intoxique os consumidores para os quais o remédio foi prescrito. E, do mesmo modo, o âmbito regional seria o do exemplo de uma prestadora de serviços essenciais que entregue água contendo bactérias que infectem os consumidores ou o da instituição financeira que, atuando em mais de um Estado-Membro ou em todo o território nacional, pratique atos abusivos e contrários à lei.

A redação do inciso II do art. 93 não é muito boa, de modo que parecem jogados nos textos as proposições ligadas por disjuntivas *ou*.

Examinemos de perto.

47.4.1. Capital do Estado ou Distrito Federal: como definir?

Veja-se que a lei diz: "no foro da Capital do Estado *ou* no do Distrito Federal" e liga tal proposição à seguinte: "para os danos de âmbito nacional ou regional".

---

3. É sempre possível propor a ação no domicílio do réu, porque este não teria como objetar logicamente. Se o autor pode propor a ação no seu próprio domicílio — pode o mais —, pode, também, propô-la no do réu — pode o menos.

Essa redação acabou gerando duas posições na doutrina.

De um lado estão aqueles que entendem que quando se trata de dano de âmbito nacional o foro deve ser o do Distrito Federal, e no de âmbito regional o da Capital do Estado ou do Distrito Federal. É o caso de Ada Pellegrini Grinover:

> "O dispositivo tem que ser entendido no sentido de que, sendo de âmbito regional o dano, competente será o foro da Capital do Estado ou do Distrito Federal.
>
> (...)
>
> Sendo o dano de âmbito nacional, entendemos que a competência deveria ser sempre do Distrito Federal: isso para facilitar o acesso à Justiça e o próprio exercício do direito de defesa por parte do réu, não tendo sentido que seja ele obrigado a litigar na Capital de um Estado, longínquo talvez de sua sede, pela mera opção do autor coletivo. As regras de competência devem ser interpretadas de modo a não vulnerar a plenitude da defesa e o devido processo legal"[4].

De outro lado estão os que examinam a norma para encará-la como de dispositivo opcional do autor, sempre entendendo que em casos de dano de âmbito nacional a ação pode ser proposta tanto na Capital do Estado como no Distrito Federal, concomitantemente.

Com essa posição estão, por exemplo, Arruda Alvim e Thereza Alvim[5].

Contra a primeira posição está o fato de que a ação, sendo proposta no Distrito Federal, nem sempre é mais condizente com o devido processo legal. Ora, tal afirmativa só é verdadeira se o fornecedor-réu tiver domicílio no próprio Distrito Federal, porque, se ele tiver sede em Porto Alegre, não há qualquer vantagem. Aliás, se a ação tiver sido proposta na Capital do Estado do Paraná, Curitiba, teria sido melhor.

O argumento é, portanto, relativo, ficando na dependência do caso concreto.

---

4. *Código Brasileiro de Defesa do Consumidor comentado pelos autores do Anteprojeto*, p. 683.

5. *Código do Consumidor comentado*, p. 426.

Parece-nos que a segunda posição é mais consentânea com o espírito de proteção do consumidor da Lei n. 8.078/90, assim como é o que se extrai da interpretação do texto legal.

Com efeito, exigir que uma Associação de Proteção ao Consumidor, como o IDEC de São Paulo, por exemplo, tenha de ingressar com ação judicial em Brasília, toda vez que a demanda envolva ou possa envolver dano de âmbito nacional é, no mínimo, afastar a maior potência de ação de que dispõe o maior número de consumidores. Isso porque é exatamente no Estado de São Paulo, que concentra a maior população e a mais ampla gama de produtos e serviços, que, eventualmente, pode-se causar danos de âmbito nacional. O mesmo se dá se for exigido que o Ministério Público do Estado de São Paulo ingresse com ação em Brasília.

Mas, se esse argumento de fato não bastasse, há o outro, de ordem legal: isso é o que está escrito no texto da lei. Vejamos.

Primeiro, a questão da concorrência. A norma fez referência à competência concorrente, exatamente porque sabe que as entidades legitimadas no art. 82 podem e devem trabalhar para a proteção dos consumidores. Na realidade, sempre haverá casos em que uma entidade estará mais aparelhada que outra para a propositura da ação coletiva. Nada mais natural, portanto, que se ela tem sede na Capital do Estado e o dano seja de âmbito nacional, que ajuíze a ação na própria Capital do Estado.

Depois, examinemos as proposições do texto do inciso II do art. 93.

São duas aparentes dicotomias ligadas entre si:

a) "no foro da Capital do Estado *ou* no do Distrito Federal" e

b) "danos de âmbito nacional *ou* regional".

Ora, independentemente da definição do que possa ser "âmbito regional"[6] o fato é que se um produto ou serviço causou dano "apenas" nas regiões Sul e Sudeste, compreendendo, por exemplo, Rio Grande do Sul, Paraná, Santa Catarina e São Paulo, o porte do dano já seria suficiente para pensar-se numa, digamos, "decisão centralizada" em Brasília. No entanto, nesse aspecto a doutrina é unânime: nas questões de âmbito regional, a demanda é ajuizável na Capital do Estado (no exemplo, qualquer delas).

Ademais, não se deve olvidar que quando a lei se refere ao Distrito Federal, não está falando de Tribunais, mas dos Juízes Singulares de primeira instância: por que se estaria privilegiando os Juízes Singulares do

---

6. Ver subitem 47.4.2.

Distrito Federal? O que eles têm de melhor ou pior que os demais? Nada. São todos iguais em competência e capacidade.

E, o mais importante: o CDC referiu "Capital do Estado ou Distrito Federal", apenas e tão somente porque é assim que se deve referir quando se pretende falar de Capitais. Não se pode esquecer do Distrito Federal.

Isto tanto é verdade que a lei foi escrita sem qualquer preocupação de conexão entre os termos proposicionais. Veja-se que a ordem escrita é: primeiro "Capital do Estado"; segundo: "Distrito Federal". Esta proposição está conectada à seguinte, que dispõe: primeiro "âmbito nacional"; segundo "regional".

Logo, nem a relação lógica se estabeleceu, pois "Capital do Estado" está conectada a "âmbito nacional" e "Distrito Federal" está conectado a "regional".

Assim, fica claro que é indiferente para a norma o local do ajuizamento da ação coletiva, quando o dano for de âmbito nacional: pode ser qualquer Capital de Estado ou Distrito Federal, definindo-se a dúvida pelas regras da competência concorrente estabelecidas no Código de Processo Civil[7].

Leia-se decisão do Superior Tribunal de Justiça nesse sentido:

"DIREITO DO CONSUMIDOR E PROCESSUAL CIVIL. AÇÃO CIVIL PÚBLICA. DANO AO CONSUMIDOR EM ESCALA NACIONAL. FORO COMPETENTE. EXEGESE DO ART. 93, INCISO II, DO CDC.

1. O alegado dano ao consumidor que compra veículo automotor, com cláusula de garantia supostamente abusiva, é de âmbito nacional, porquanto a garantia de que se cogita é a fornecida pela fábrica, não por concessionária específica, atingindo um número indeterminado de consumidores em todos os Estados da Federação.

2. No caso, inexiste competência exclusiva do Distrito Federal para julgamento de ações civis públicas cuja controvérsia gravite em torno de dano ao consumidor em escala nacional, podendo a demanda também ser proposta na capital dos Estados da Federação, cabendo ao autor a escolha do foro que lhe melhor convier.

3. Cumpre notar que, muito embora o inciso II do art. 93 do CDC tenha criado uma vedação específica, de natureza absoluta — não podendo o

---

[7]. Cf. arts. 102 e s.

autor da ação civil pública ajuizá-la em uma comarca do interior, por exemplo —, a verdade é que, entre os foros absolutamente competentes, como entre o foro da capital do Estado e o do Distrito Federal, há concorrência de competência, cuidando-se, portanto, de competência relativa.

4. Com efeito, tendo sido a ação distribuída a uma vara cível do Distrito Federal, obtendo inclusive sentença de mérito, não poderia o Tribunal *a quo*, de ofício, por ocasião do julgamento da apelação, declinar da competência para a comarca de Vitória/ES, porque, a um só tempo, o autor, a quem cabia a escolha do foro, conformou-se com a tramitação do processo no Distrito Federal, e porque entre Vitória/ES e o Distrito Federal há competência concorrente para o julgamento da ação, nos termos do art. 93, II, do CDC, não podendo haver tal providência sem a manifestação de exceção de incompetência.

5. Recurso especial provido" (REsp 712.006/DF, 4ª Turma, rel. Min. Luis Felipe Salomão, j. 5-8-2010, v. u.).

Resta agora definir o que vem a ser "regional". Vejamos na sequência.

47.4.2. Como definir o chamado âmbito regional?

Aqui há problemas quanto ao conceito de regional não definido pela lei e também no que diz respeito aos fatos.

Com efeito, os danos ocorridos na cidade de São Paulo, com 10 milhões de habitantes e vários quilômetros quadrados de extensão, seriam de âmbito regional?

Na hipótese não há problema porque a cidade de São Paulo é também a Capital. Mas, se uma companhia que prestar serviços de água, distribuir para duas cidades, isso torna o dano de âmbito regional? Duas cidades próximas, com poucos habitantes e pequena extensão tornam a questão local ou regional?

Se o dano se der em duas localidades muito próximas, mas que ficam distantes da Capital, será melhor propor a ação no foro da Capital?

E para ser regional basta ser numa única cidade grande? E se fossem três pequenas, que somadas sejam menores que uma grande? Ou uma grande comarca que abarque mais de um município? E se forem duas cidades ligadas pelo território, mas que pertençam a Estados-membros diversos?

Poder-se-ia, é verdade, buscar o sentido de regional em outro lugar. A Constituição Federal, no § 3º do art. 25, fala em "regiões metropolitanas, aglomerações urbanas e microrregiões" a serem instituídas mediante lei complementar[8]. As regiões metropolitanas de São Paulo, Belo Horizonte, Porto Alegre, Recife, Salvador, Curitiba, Belém e Fortaleza foram constituídas pela Lei Complementar n. 14, de 14 de agosto de 1973, e a do Rio de Janeiro, pela Lei Complementar n. 20, de 1º de julho de 1974, regiões essas constituídas sob a égide da Carta Constitucional anterior, e compatível com a atual.

O art. 43 da Constituição Federal vigente, sob a égide do título "Das Regiões", mais pressupõe as regiões do que as define, pois diz:

"Art. 43. Para efeitos administrativos, a União poderá articular sua ação em um mesmo complexo geoeconômico e social, visando a seu desenvolvimento e à redução das desigualdades regionais".

E seu § 1º fala da composição dos "organismos regionais"[9] e daí a referência se dá nos conhecidos organismos que cuidam da região amazônica[10], do Nordeste[11] etc.

Por essas indicações ficaríamos, então, com dois tipos de regiões: as metropolitanas, nas quais incluiríamos todas as Capitais e sua região metropolitana e a dos Estados, tais como Norte, Nordeste, Sul, Centro-Oeste, Sudeste, Noroeste.

O grande problema, parece-nos, está em que fica difícil imaginar um dano que atinja uma região inteira, ainda que geograficamente determinável, ao invés de cidades que se liguem, cidades essas que podem ser de Estados diferentes, desde que vizinhas.

O legislador consumerista, quando fez referência à região, certamente estava preocupado com um dano que se alastrasse por várias cidades e, por não ser possível determinar um local, município ou comarca específica, preferiu que a demanda fosse ajuizada na Capital do Estado.

As dúvidas surgirão, mas podemos afirmar por tudo o que dissemos que, em se tratando de várias cidades de um mesmo Estado, o foro da Capital

---

8. "§ 3º Os Estados poderão, mediante lei complementar, instituir regiões metropolitanas, aglomerações urbanas e microrregiões, constituídas por agrupamentos de Municípios limítrofes, para integrar a organização, o planejamento e a execução de funções públicas de interesse comum."

9. "§ 1º Lei complementar disporá sobre: I — as condições para integração de regiões em desenvolvimento; II — a composição dos organismos regionais que executarão, na forma da lei, os planos regionais, integrantes dos planos nacionais de desenvolvimento econômico e social, aprovados juntamente com estes."

10. Sudam.

11. Sudene.

deste será o competente. Se envolver cidades de mais de um Estado, qualquer dos foros das Capitais será competente, concorrentemente.

Se não se tratar propriamente de região composta de várias cidades mas apenas duas, por exemplo, qualquer delas terá foro competente, também concorrentemente.

E atingindo a chamada região metropolitana, o foro competente será o da Capital respectiva.

47.4.3. Competência no direito individual

Conforme já adiantamos acima[12], remanesce valendo a regra do inciso I do art. 101 para o ajuizamento das ações individuais baseadas em danos de ordem local. Do mesmo modo, nos casos de danos de âmbito regional ou nacional, a ação pode ser proposta no domicílio do autor e, claro, nada impede que o consumidor-autor escolha o foro do domicílio do réu, já que é opção sua ajuizar a ação no foro do domicílio do réu, não podendo este se opor a que a ação tenha curso no próprio domicílio.

47.5. Exercício

47.5.1. Examine a nova redação do art. 16 da Lei da Ação Civil Pública (Lei n. 7.347, de 24-7-1985) dada pela Lei n. 9.494, de 10 de setembro de 1997:

"Art. 16. A sentença civil fará coisa julgada *erga omnes*, nos limites da competência territorial do órgão prolator, exceto se o pedido for julgado improcedente por insuficiência de provas, hipótese em que qualquer legitimado poderá intentar outra ação com idêntico fundamento, valendo-se de nova prova".

Agora, responda:

a. É constitucional a lei que introduziu a nova redação? Sim/Não/Por quê?

b. Compare tal redação com as disposições postas no presente capítulo.

---

12. Ver subitem 47.3.2.

48. DA COISA JULGADA NAS AÇÕES COLETIVAS

Os efeitos da coisa julgada nas ações coletivas tratadas pela Lei n. 8.078/90 têm peculiaridades que exigem organização para explicá-los.

O art. 103, que define os efeitos da coisa julgada, está diretamente ligado às três hipóteses do parágrafo único do art. 81, que define, respectivamente, direitos difusos, coletivos e individuais homogêneos (incisos I, II e III).

Leiamos primeiro os três incisos do art. 103, para depois elucidarmos os vários aspectos que compõem essa questão:

> "Art. 103. Nas ações coletivas de que trata este Código, a sentença fará coisa julgada:
>
> I — *erga omnes*, exceto se o pedido for julgado improcedente por insuficiência de provas, hipótese em que qualquer legitimado poderá intentar outra ação, com idêntico fundamento, valendo-se de nova prova, na hipótese do inciso I do parágrafo único do art. 81;
>
> II — *ultra partes*, mas limitadamente ao grupo, categoria ou classe, salvo improcedência por insuficiência de provas, nos termos do inciso anterior, quando se tratar da hipótese prevista no inciso II do parágrafo único do art. 81;
>
> III — *erga omnes*, apenas do caso de procedência do pedido, para beneficiar todas as vítimas e seus sucessores, na hipótese do inciso III do parágrafo único do art. 81".

48.1. *Coisa julgada nas ações coletivas de proteção aos direitos difusos*

48.1.1. Efeito *erga omnes*

O efeito da coisa julgada na ação coletiva de proteção a direito difuso será *erga omnes*, isto é, valerá para todas as pessoas se a ação for julgada procedente ou improcedente pela análise de mérito com provas adequadamente produzidas.

Na primeira hipótese, isto é, da procedência, todos os consumidores se aproveitarão da sentença definitiva, inclusive para fazer pleitos individuais. Na outra, da improcedência, o que está impedida é a propositura de nova ação coletiva, mas não fica impedido o ajuizamento de ações individuais[1].

48.1.2. Efeito da improcedência por insuficiência de provas

Neste caso, a sentença não produz efeito *erga omnes* e poderá a ação coletiva ser novamente proposta por qualquer dos legitimados do art. 82. "Qualquer" dos legitimados, vale dizer, inclusive a própria entidade que promoveu a ação anterior.

Se a lei não quisesse que o mesmo legitimado intentasse novamente a ação, teria dito "qualquer outro". Como não o fez, vale a observação acima.

Note-se, porém, algo de relevo no processo: como a norma faz referência à insuficiência de provas, é importante que na sentença o magistrado se manifeste expressamente a respeito. Por isso, deve a entidade-autora pedir, ainda que em memoriais, que o juiz, caso julgue a ação improcedente, diga muito claramente se o faz por insuficiência de provas. Se tal não se der, deve a autora ingressar com embargos de declaração para obter expressamente na sentença essa declaração.

48.1.3. Relação com o direito individual do consumidor

O § 1º do art. 103 dispõe:

"§ 1º Os efeitos da coisa julgada previstos nos incisos I e II não prejudicarão interesses e direitos individuais dos integrantes da coletividade, do grupo, categoria ou classe".

Daí se conclui que, mesmo quando julgada improcedente a ação coletiva com avaliação das provas produzidas, poderá o consumidor propor ação individual com idêntico fundamento.

A coisa julgada da ação coletiva negativa não atinge o consumidor individual. Isso se explica por alguns motivos. Um deles diz respeito à legitimidade para propositura da ação coletiva: como ela é autônoma[2], não há como atingir negativamente o direito individual daquele que não participou

---

1. Conforme se demonstrará no subitem 48.1.3, *infra*.
2. Ver comentários a respeito no item 42.3, *retro*.

do feito. E o fato de o efeito positivo da sentença beneficiar o consumidor individual tem relação com a lógica do sistema de aproveitar o resultado positivo da ação[3]: foi para isso mesmo que a ação foi proposta, isto é, para trazer resultado benéfico para toda a coletividade.

48.2. Coisa julgada nas ações coletivas de proteção aos direitos coletivos

48.2.1. Efeito *ultra partes*

O sentido de "ultra partes" é o de estender os efeitos da coisa julgada a todos os consumidores integrantes do grupo, categoria ou classe, quando a ação visar a proteção dos chamados direitos coletivos previstos no inciso II do parágrafo único do art. 82.

Lembre-se, no direito coletivo *lato sensu*, o objeto é indivisível e os titulares estão ligados entre si por uma relação jurídica ou estão ligados ao sujeito passivo por uma relação jurídica[4]. Daí que os efeitos da coisa julgada, em função dessa dupla característica da relação jurídica — que envolve titulares entre si ou com a parte contrária — e da indivisibilidade do objeto, beneficiam os consumidores que pertencem à Associação, ao Sindicato, à classe, ou ainda beneficiam todos os clientes de um mesmo banco, os usuários de um mesmo serviço essencial etc.

Se a ação for julgada improcedente com avaliação das provas produzidas, da mesma maneira o efeito é *ultra partes* e impede a propositura de nova ação coletiva, mas não fica impedido o ajuizamento de ações individuais[5].

48.2.2. Efeito da improcedência por insuficiência de provas

Também neste caso a sentença não produz efeito e poderá a ação ser novamente proposta por qualquer dos legitimados do art. 82. Da mesma maneira que no caso dos direitos difusos, qualquer dos legitimados pode promover nova medida, inclusive a própria entidade que a propôs anteriormente.

---

3. A doutrina tradicional chama esse fenômeno de coisa julgada *secundum eventum litis*.

4. Cf. nossos comentários no item 41.5, *retro*.

5. Conforme se demonstrará no subitem 48.2.3, *infra*.

Chamamos a atenção, portanto, para o mesmo ponto abordado quando da análise do aspecto da insuficiência de provas no processo que avalia direito difuso: é importante que na sentença o magistrado se manifeste expressamente a respeito. Por isso, deve a entidade-autora pedir, ainda que em memoriais, que o juiz, caso julgue a ação improcedente, diga se o faz por insuficiência de provas muito claramente. Se tal não se der, deve a autora ingressar com embargos de declaração para obter expressamente na sentença essa declaração.

48.2.3. Relação com o direito individual do consumidor

Aqui também incide o § 1º do art. 103, que dispõe que "os efeitos da coisa julgada previstos nos incisos I e II não prejudicarão interesses e direitos individuais dos integrantes da coletividade, do grupo, categoria ou classe"; do que se conclui que, mesmo quando julgada improcedente a ação coletiva com avaliação das provas produzidas, poderá o consumidor propor Ação Individual com idêntico fundamento.

A coisa julgada da ação coletiva negativa não atinge o consumidor individual. Isso se explica por alguns motivos. Um deles diz respeito à legitimidade para propositura da ação coletiva: como ela é autônoma[6], não há como atingir negativamente o direito individual daquele que não participou do feito. E o fato de o efeito positivo da sentença beneficiar o consumidor individual tem relação com a lógica do sistema de aproveitar o resultado positivo da ação[7]: foi para isso mesmo que a ação foi proposta, isto é, para trazer resultado benéfico para toda a coletividade.

48.3. *Coisa julgada nas ações coletivas de proteção aos direitos individuais homogêneos*

48.3.1. Efeito "erga omnes"

A disposição é clara: o efeito é *erga omnes* para beneficiar todas as vítimas e seus legítimos sucessores, isto é, o efeito se produz apenas no caso de procedência do pedido.

---

6. *Vide* comentários a respeito no item 42.3, *retro*.
7. A doutrina tradicional chama esse fenômeno de coisa julgada *secundum eventum litis*.

Se a ação for julgada improcedente, não produzirá qualquer efeito em relação às vítimas e sucessores.

48.3.2. Efeito da improcedência por insuficiência de provas

Aqui nos direitos individuais homogêneos, a lei não faz referência a improcedência por insuficiência de provas. Donde se deve concluir que está vedada a apresentação de nova demanda, ainda que o resultado da ação coletiva expressamente reconheça a insuficiência da prova produzida, restando apenas a via individual, com as características expostas no próximo subitem.

48.3.3. Exercício do direito individual pelo consumidor-vítima ou seus sucessores

A lei reservou disposição específica para o direito à propositura de ação individual por parte do consumidor ou sucessores. É a disposição do § 2º do art. 103, que dispõe:

> "§ 2º Na hipótese prevista no inciso III, em caso de improcedência do pedido, os interessados que não tiverem intervindo no processo como litisconsortes poderão propor ação de indenização a título individual".

O entendimento é bastante simples: o efeito da coisa julgada na hipótese de improcedência da ação só atinge aqueles que tiverem ingressado como litisconsorte na ação coletiva proposta pelo legitimado do art. 82.

É que a sistemática da ação coletiva para defesa dos direitos individuais homogêneos pressupõe a possibilidade de ingresso da vítima ou sucessores no polo ativo da ação, como litisconsorte facultativo. É o que dispõe o art. 94:

> "Art. 94. Proposta a ação, será publicado edital no órgão oficial, a fim de que os interessados possam intervir no processo como litisconsortes, sem prejuízo de ampla divulgação pelos meios de comunicação social por parte dos órgãos de defesa do consumidor".

Vê-se, portanto, que a lei permite a formação do litisconsórcio, mas não obriga. É prerrogativa da vítima ou sucessores ingressarem na ação coletiva; não há, repita-se, obrigatoriedade.

48.3.4. A amplitude da coisa julgada e o problema da extensão territorial

A questão da amplitude da coisa julgada na ação coletiva tem relação direta com a extensão do dano: se este é nacional a amplitude é nacional.

Não teria nenhum sentido que, por exemplo, consumidores paulistas não sejam violados, mas se permita que o mesmo ato abusivo atinja consumidores de outros Estados-membros.

O STJ já decidiu no mesmo sentido:

"Meditei detidamente quanto à possibilidade de admitir-se que uma decisão de juízo monocrático, da natureza da que se busca nas ações em tela, possa estender seus efeitos para além dos limites do território onde exerce ele sua jurisdição, não tendo encontrado nenhum princípio ou norma capaz de levar a uma conclusão negativa.

A regionalização da Justiça Federal não me parece que constitua óbice àquele efeito, sendo certo que, igualmente, no plano da Justiça Estadual, nada impede que uma determinada decisão proferida por um Juiz com jurisdição num Estado projete seus efeitos sobre pessoas domiciliadas em outro.

Avulta, no presente caso, tratar-se de ações destinadas à tutela de interesses difusos..., não sendo razoável que, v.g., eventual proibição de emanações tóxicas seja forçosamente restrita a apenas uma região, quando todas as pessoas são livres para nela permanecer ou transitar, ainda que residam em outra parte" (CC 971/DF, Primeira Seção, julgado em 13-2-1990, *DJ,* 23-4-1990, p. 3213).

"Os efeitos da sentença produzem-se *erga omnes*, para além dos limites da competência territorial do órgão julgador" (REsp 411.529/SP, rel. Min. Nancy Andrighi, Terceira Turma, julgado em 24-6-2008, *DJU,* 5-8-2008).

"O argumento de que a extensão de eficácia *erga omnes* somente é cabível nas hipóteses previstas originalmente na Lei n. 7.347/85 cai por terra diante da autorização expressa para interação entre a Lei da Ação Civil Pública e o Código de Defesa do Consumidor (art. 21 da Lei n. 7.347/85, com a redação que lhe foi dada pelo art. 117 da Lei n. 8.078/90). Assim, afasta-se a alegação de incompetência do Juízo da 4ª Vara Federal de Curitiba para a concessão de amplitude territorial à sentença, porquanto tal amplitude está prevista no ordenamento jurídico nos artigos 16 da Lei n. 7.347/85 e 103 da Lei n. 8.078/90, e é efeito da sentença em ação deste gênero" (REsp 294.021/PR, rel. Min. José Delgado, Primeira Turma, julgado em 20-2-2001, *DJ,* 2-4-2001, p. 263).

"O efeito *erga omnes* da coisa julgada material na ação civil pública será de âmbito nacional, regional ou local conforme a extensão e a indivisibilidade do dano ou ameaça de dano, atuando no plano dos fatos e litígios concretos, por meio, principalmente, das tutelas condenatória, executiva e mandamental, que lhe asseguram eficácia prática, diferentemente da ação declaratória de inconstitucionalidade, que faz coisa julgada material *erga omnes* no âmbito da vigência espacial da lei ou ato normativo impugnado" (REsp 557.646/DF, rel. Min. Eliana Calmon, Segunda Turma, julgado em 13-4-2004, *DJ*, 30-6-2004, p. 314).

Os que pensam diferente argumentam que seria "(...) inadmissível que sentença com trânsito em julgado de pequena comarca do interior desse imenso Brasil possa produzir efeitos sobre todo o território nacional". Mas a nosso ver sem qualquer razão. Todos sabem que, por exemplo, a sentença de falência de uma empresa (grande ou pequena, não importa), proferida numa pequena cidade do interior do país, faz sim efeito em todo o território nacional e ninguém jamais contestou tal fato (não dá para falir somente num dos Estados-membros da Federação!).

E mais: se uma indústria de medicamentos com sede numa pequena cidade comercializa remédio que gera a morte de pessoas, todos esperam — é quase um apelo! — que a sentença proferida pelo juiz naquela pequena localidade possa impedir a comercialização em todo o país. Não teria sentido algum salvar a vida das pessoas numa cidade ou Estado e permitir *conscientemente* a morte de outros em outros lugares. Isso feriria — como fere — o princípio da racionalidade e da razoabilidade do sistema jurídico constitucional e, no caso, o superprincípio da dignidade da pessoa humana.

Leia-se, a propósito, o que foi dito no julgamento de uma apelação interposta contra uma sentença proferida em ação civil pública:

"Se esta C. Câmara diz que *in casu* o banco abusa, não tem sentido que os próprios julgadores aceitem expressa e conscientemente que os clientes do mesmo banco-réu de outras localidades fora do Estado de São Paulo possam ser violados"[8].

A dúvida estabelecida tanto na doutrina como na jurisprudência a respeito da abrangência da coisa julgada na ação coletiva surgiu a partir da inusitada modificação da redação do art. 16 da Lei da Ação Civil Pública

---

8. Apelação n. 990.10.038113-0, 23ª Câmara de Direito Privado do Tribunal de Justiça de São Paulo, j. 17-11-2010, m.v., acórdão de minha relatoria.

(LACP — Lei n. 7.347, de 24-7-1985) que, a partir de setembro de 1997, passou a ter a seguinte redação:

"Art. 16. A sentença civil fará coisa julgada *erga omnes*, nos limites da competência territorial do órgão prolator, exceto se o pedido for julgado improcedente por insuficiência de provas, hipótese em que qualquer legitimado poderá intentar outra ação com idêntico fundamento, valendo-se de nova prova"[9].

Mas a verdade é que o art. 16 da Lei da Ação Civil Pública não tem como vingar no sistema jurídico constitucional brasileiro, uma vez que está em plena contradição com as normas e os princípios do Código de Defesa do Consumidor. Aliás, ele contradiz a própria estrutura da LACP, enquanto o Código de Defesa do Consumidor é firme, claro e coerente ao dizer que os efeitos são *erga omnes* e, pois, estendem-se a todo o território nacional, gerando conteúdo formal adequado e condizente com os princípios e normas constitucionais e para além dos limites de competência territorial do órgão prolator da decisão.

48.4. Exercício

48.4.1. Associação de Consumidores de São Paulo ingressa com ação coletiva na capital, para que seja declarada nula cláusula contratual abusiva impressa em contrato de adesão, que permitia ao plano de saúde cancelar o fornecimento dos serviços se o consumidor atrasasse um único pagamento em 24 horas. O plano de saúde tem abrangência nacional e o contrato de adesão é o mesmo em todo o País. A ação é julgada procedente e transita em julgado.

Na mesma época outra Associação de Consumidores de Pernambuco ingressa com idêntica ação em Recife contra a mesma operadora do plano de saúde. A ação é julgada improcedente e transita em julgado.

Pergunta-se:

Como resolver o aparente paradoxo? Levante todos os problemas envolvidos.

---

9. Redação dada pela Lei n. 9.494, de 10-9-1997. Do texto original que vigeu até então não constava a expressão "nos limites da competência do órgão julgador".

49. ASPECTOS DA LITISPENDÊNCIA E CONTINÊNCIA DA AÇÃO COLETIVA COM A AÇÃO INDIVIDUAL

49.1. Litispendência

A litispendência entre duas ações caracteriza-se pela ocorrência da tríplice identidade: das partes, do objeto (pedido) e da causa de pedir (próxima e remota)[1].

E por nenhum dos tipos — ação coletiva de proteção ao direito difuso, coletivo ou individual homogêneo — ocorre essa identificação com a ação individual. Apenas a causa de pedir pode ser a mesma, mas as partes não são (entidades do art. 82 × consumidor individual; apenas o réu é o mesmo) e o objeto das ações também não: enquanto nas ações individuais busca-se o ressarcimento do dano, nas coletivas o pedido é diverso.

Nas ações coletivas para defesa dos direitos difusos e coletivos *lato sensu*, os objetos são indivisíveis e elas resolvem-se em obrigação de fazer ou não fazer em benefício dos consumidores indeterminados (difuso) ou determináveis (coletivo), mas remanescendo indivisíveis. Na ação coletiva de proteção ao direito individual homogêneo, o objeto é o da fixação da responsabilidade com condenação genérica (art. 95[2]), liquidável por habilitação dos interessados.

49.1.1. Efeitos especiais da sentença

De qualquer maneira a Lei n. 8.078/90 contém dispositivo que, apesar de acertadamente declarar a não indução à litispendência, aponta certas consequências para as ações individuais. Trata-se do art. 104, que dispõe:

> "Art. 104. As ações coletivas, previstas nos incisos I e II do parágrafo único do art. 81, não induzem litispendência para as

---

1. Cf. art. 337, VI e §§ 1º a 3º, do CPC.
2. No Capítulo 51, ao tratarmos da liquidação de sentença, comentaremos esse artigo.

ações individuais, mas os efeitos da coisa julgada *erga omnes* ou *ultra partes* a que aludem os incisos II e III do artigo anterior não beneficiarão os autores das ações individuais, se não for requerida sua suspensão no prazo de 30 (trinta) dias, a contar da ciência nos autos do ajuizamento da ação coletiva".

Diz a lei, então, que para os consumidores que propuserem ações individuais para poderem se beneficiar dos efeitos da coisa julgada *ultra partes* e *erga omnes* das ações coletivas de proteção ao direito coletivo *lato sensu* e direito individual homogêneo, devem requerer a suspensão da ação individual.

O intuito da lei é evidente: quer, em primeiro lugar, fazer funcionar o princípio da economia processual, pois prefere ver julgada uma ação coletiva que possa beneficiar todos os consumidores individuais e depois quer também evitar decisões conflitantes, em especial a da procedência da ação coletiva com a da improcedência da individual.

Mas, como dar efetividade ao final da proposição do art. 104 ("se não for requerida sua suspensão no prazo de 30 dias, a contar da ciência nos autos do ajuizamento da ação coletiva")? Vejamos no próximo subitem.

49.1.2. Risco do consumidor depende da prova de sua ciência

Fica claro, pelo dispositivo legal do art. 104, que se o consumidor que demanda individualmente não requerer a suspensão de sua ação judicial no prazo de 30 dias, terá sua demanda prosseguindo por sua conta e risco, abrindo mão do eventual benefício da procedência da ação coletiva.

Todavia, para que isso seja verdade é necessário que na ação coletiva haja prova de sua ciência real e inequívoca. Não basta, para suprimir-se seu direito, a publicação do edital previsto no art. 94[3] e/ou a divulgação em órgãos de comunicação. Tem que haver intimação pessoal do consumidor.

Poder-se-á objetar em como fazê-lo, e a resposta é bastante simples: o réu na ação coletiva e na individual é o mesmo. Logo, cabe a ele — é ônus dele — requerer na ação coletiva a intimação do consumidor ou sucessor que lhe está movendo a ação individual, para que, no prazo de 30 dias, contados da intimação, esse consumidor ou sucessor requeiram a suspensão do processo individual.

---

3. Relembre-se o texto: "Art. 94. Proposta a ação, será publicado edital no órgão oficial, a fim de que os interessados possam intervir no processo como litisconsortes, sem prejuízo de ampla divulgação pelos meios de comunicação social por parte dos órgãos de defesa do consumidor".

Somente com essa providência, e se o consumidor ou sucessor resolver não suspender o andamento do feito, é que ele será atingido pela prejudicialidade. Caso contrário, ainda que sua demanda seja julgada improcedente, se na ação coletiva se der pela procedência, ele, consumidor ou sucessor, receberá os benefícios da sentença.

Anote-se, por fim, que a suspensão se faz por ordem legal, de modo que, uma vez requerida pelo consumidor ou sucessor, tem o magistrado que concedê-la.

49.2. Continência

A continência entre duas ações caracteriza-se pela ocorrência da identidade de partes e das causas de pedir, sendo que o objeto de uma, por ser mais amplo, abrange o da outra[4].

E aqui, também, não há continência entre as ações coletivas tratadas pelo CDC e as ações individuais.

Novamente apenas a causa de pedir pode ser a mesma. Os autores não são os mesmos (entidades do art. 82 × consumidor individual; apenas o réu é o mesmo). E o objeto das ações coletivas não é mais abrangente que o das individuais. Eles são diferentes.

Nas ações coletivas para defesa dos direitos difusos e coletivos *lato sensu,* os objetos são indivisíveis e elas resolvem-se em obrigação de fazer ou não fazer de afetação aos consumidores indeterminados (difuso) ou determináveis (coletivo), mas remanescendo indivisíveis. Na ação coletiva de proteção ao direito individual homogêneo, o objeto é o da fixação da responsabilidade com condenação genérica (art. 95[5]), liquidável por habilitação dos interessados.

49.3. Exercício

49.3.1. Compare litispendência e continência existente nas relações jurídicas de direito privado com as relativas às relações jurídicas de consumo. Apresente as diferenças e as semelhanças.

---

4. Código de Processo Civil, art. 56: "Art. 56. Dá-se a continência entre 2 (duas) ou mais ações quando houver identidade quanto às partes e à causa de pedir, mas o pedido de uma, por ser mais amplo, abrange o das demais.".

5. No Capítulo 51, ao tratarmos da liquidação de sentença, comentaremos esse artigo.

50. DENUNCIAÇÃO DA LIDE, CHAMAMENTO DO PROCESSO E ASSISTÊNCIA

50.1. Responsabilidade do comerciante

Lembremos o que está estabelecido no art. 13:

"Art. 13. O comerciante é igualmente responsável, nos termos do artigo anterior, quando:

I — o fabricante, o construtor, o produtor ou o importador não puderem ser identificados;

II — o produto for fornecido sem identificação clara do seu fabricante, produtor, construtor ou importador;

III — não conservar adequadamente os produtos perecíveis.

Parágrafo único. Aquele que efetivar o pagamento ao prejudicado poderá exercer o direito de regresso contra os demais responsáveis, segundo sua participação da causação do evento danoso".

A regra do art. 88 veda expressamente a denunciação da lide na hipótese do comerciante que sofre a ação de indenização e pretende exercer seu direito de regresso:

"Art. 88. Na hipótese do art. 13, parágrafo único, deste Código, a ação de regresso poderá ser ajuizada em processo autônomo, facultada a possibilidade de prosseguir-se nos mesmos autos, vedada a denunciação da lide".

50.2. Denunciação da lide

A regra de denunciação da lide é aquela do art. 125 do Código de Processo Civil (CPC), que dispõe:

"Art. 125. É admissível a denunciação da lide, promovida por qualquer das partes:

I — ao alienante imediato, no processo relativo à coisa cujo domínio foi transferido ao denunciante, a fim de que possa exercer os direitos que da evicção lhe resultam;

II — àquele que estiver obrigado, por lei ou pelo contrato, a indenizar, em ação regressiva, o prejuízo de quem for vencido no processo.

§ 1º O direito regressivo será exercido por ação autônoma quando a denunciação da lide for indeferida, deixar de ser promovida ou não for permitida.

§ 2º Admite-se uma única denunciação sucessiva, promovida pelo denunciado, contra seu antecessor imediato na cadeia dominial ou quem seja responsável por indenizá-lo, não podendo o denunciado sucessivo promover nova denunciação, hipótese em que eventual direito de regresso será exercido por ação autônoma."

Para o caso do art. 13 do CDC, a incidência seria, então, a do inciso II do art. 125 do CPC.

São duas as razões para que a lei consumerista impeça a denunciação:

a) para evitar o retardamento do feito;

b) porque a responsabilidade do comerciante para com o consumidor é objetiva, enquanto a do comerciante para com os demais corresponsáveis é subjetiva. Isso traria um acréscimo e maior atraso no processamento, pois na lide secundária que se instalaria entre o comerciante-denunciante e o outro fornecedor-denunciado estar-se-ia discutindo culpa ou dolo.

De qualquer modo, por questão de economia processual, o comerciante poderá, após ressarcir o consumidor, prosseguir nos mesmos autos em face do(s) outro(s) responsável(is).

E foi exatamente para impedir o retardamento da ação judicial que o STJ ampliou as hipóteses de restrição à denunciação da lide, estendendo-a aos casos de responsabilidade civil por acidentes de consumo, previstos nos arts. 12, 14 e 17 do CDC[1].

50.3. Chamamento ao processo

São duas, portanto, as bases que fluem da redação do art. 88. De um lado o princípio de economia processual, já que permite o prosseguimento da ação de regresso nos mesmo autos; mas, de outro lado, e antes desse princípio, a norma impede a aglutinação de ações indiretas no mesmo feito, ao proibir a

---

1. REsp 1.165.279, Rel. Min. Paulo de Tarso Sanseverino, v.u., j. 22-5-2012.

denunciação da lide. Na verdade, a norma do art. 88 é incompleta. Obviamente está vedada a denunciação da lide e também o chamamento ao processo. Se a regra pretende evitar o prolongamento do processo com ações paralelas, tem de proibir tanto a denunciação da lide quanto o chamamento ao processo[2].

50.4. Assistência

A saída para o terceiro interessado é o ingresso nos autos como assistente da parte.

Com efeito, o instituto da assistência tem previsão no art. 119 do Código de Processo Civil, que dispõe:

"Art. 119. Pendendo causa entre 2 (duas) ou mais pessoas, o terceiro juridicamente interessado em que a sentença seja favorável a uma delas poderá intervir no processo para assisti-la.

Parágrafo único. A assistência será admitida em qualquer procedimento e em todos os graus de jurisdição, recebendo o assistente o processo no estado em que se encontre."

Lembre-se, de todo modo, que o interesse do terceiro para ingressar no feito como assistente há de ser jurídico. Ou, como dizem Nelson Nery Junior e Rosa Nery[3]:

"Somente pode intervir como assistente o terceiro que tiver *interesse jurídico* em que uma das partes vença a ação. Há interesse jurídico do terceiro quando a relação jurídica da qual seja titular possa ser *reflexamente* atingida pela sentença que vier a ser proferida entre assistido e parte contrária. Não há necessidade de que o terceiro tenha, efetivamente, relação jurídica com o assistido, ainda que isto ocorra na maioria dos casos. Por exemplo, há interesse jurídico do sublocatário em ação de despejo movida contra o locatário. O interesse meramente econômico ou moral não enseja a assistência, se não vier qualificado como interesse também jurídico".

50.5. Exercício

50.5.1. Faça pesquisa de jurisprudência e apresente ao menos um caso envolvendo relação de consumo no qual se discuta denunciação da lide, chamamento ao processo ou assistência.

---

2. Ver, no mesmo sentido, Nelson Nery Junior e Rosa Nery, *Código de Processo Civil comentado*, p.1874, notas 1, 2 e 3.

3. *Código de Processo Civil comentado*, p. 479, nota 3.

51. LIQUIDAÇÃO DE SENTENÇA NAS AÇÕES COLETIVAS

O modelo de sentença que propiciará a liquidação é aquele previsto no art. 95 da Lei n. 8.078/90, que dispõe:

> "Art. 95. Em caso de procedência do pedido, a condenação será genérica, fixando a responsabilidade do réu pelos danos causados".

Primeiro, diga-se que o fato da sentença ser genérica não implica incerteza. A sentença é genérica e certa. Dizemos isso porque ainda se faz uma enorme confusão entre o sentido de genérico com o de certo. Por exemplo, o pedido inicial com base no art. 324 do Código de Processo Civil pode ser genérico, o que significa que cabe ao magistrado na sentença fixar o valor devido. O pedido é, então, genérico, mas certo.

Nesse sentido, está a jurisprudência: "Ocorre que, o valor indenizatório nas ações de indenização por danos morais somente será arbitrado pelo Magistrado no momento da prolação da sentença, quando já encerrada a instrução, quando, então, serão apurados todos os elementos que permitirão uma justa estimativa, levando em consideração:

    a) a natureza específica da ofensa sofrida;

    b) a intensidade real, concreta, efetiva do sofrimento da vítima;

    c) a repercussão da ofensa, no meio social em que vive o ofendido;

    d) a existência de dolo — má-fé — por parte do ofensor, na prática do ato danoso e o grau de sua culpa;

    e) a situação econômica do ofensor;

    f) a capacidade e a possibilidade real e efetiva do ofensor voltar a ser responsabilizado pelo mesmo fato danoso;

    g) a prática anterior do ofensor relativa ao mesmo fato danoso, ou seja, se ele já cometeu a mesma falta;

h) as práticas atenuantes realizadas pelo ofensor visando diminuir a dor do ofendido.

Por isso, a petição inicial, para estar correta, deve conter pedido genérico (art. 324 do CPC), sendo que o valor da causa é sempre mera estimativa para fins fiscais, apenas não podendo ser exagerado.

No caso dos autos, a petição inicial apresentada às fls. 08/12 continha — como contém — pedido determinado quanto aos danos materiais — R$ 710,00 (fls. 11), não se mostrando desarrazoado o valor de R$ 1.000,00.

Ademais, o pedido de ressarcimento dos danos morais apresentado de forma genérica não implicará cerceamento ao direito de defesa da ré-agravada, que poderá discutir a incidência ou não do ressarcimento dos prejuízos morais sofridos.

De outro lado, mesmo que a parte apresente pedido certo, este é feito por mera estimativa, não vinculando o Magistrado aos seus limites, já que, como dito, a indenização do dano moral tem características muito diversas daquela relativa aos danos materiais. O caráter satisfativo-punitivo de sua base implica fixação somente ao final da instrução. Por isso o valor somente será fixado após regular instrução da lide, no momento da prolação da sentença.

Assim, se o *quantum* virá a ser fixado pelo Estado-juiz, mediante a conjugação de todos os parâmetros acima esposados, o pedido deveria ter sido mesmo — como o foi — apresentado de forma genérica"[1].

Assim, analogamente, se dá a sentença na ação coletiva: o magistrado julga a ação procedente e apenas fixa a responsabilidade do réu pelos danos causados. Os valores a serem pagos advirão da fase posterior de liquidação, conforme se verá na sequência.

Portanto, a sentença é certa e genérica, mas ilíquida, demandando liquidação.

51.1. Liquidação e execução individual

Dispõe o art. 97 do CDC:

> "A liquidação e a execução de sentença poderão ser promovidas pela vítima e seus sucessores, assim como pelos legitimados de que trata o art. 82".

---

1. AI 968.797-6, j. 22-11-2001, v. u., 4ª Câm. do 1º TAC, de nossa relatoria.

Trata-se de verdadeira habilitação dos interessados. A vítima e seus sucessores devem promover liquidação, incidindo a regra dos arts. 509 a 512 do Código de Processo Civil[2].

É que a vítima e sucessores têm de provar fato novo não levado à ação coletiva; por isso a liquidação tem que ser feita por artigos. Há necessidade de prova do nexo de causalidade entre o acidente e o dano sofrido pela vítima, assim como do montante dos danos sofridos.

51.2. Liquidação e execução pelos legitimados do art. 82

Para que os legitimados do art. 82 liquidem e executem a sentença (conforme previsto no final da proposição do art. 97), necessário se faz que tenham sido liquidados os danos das vítimas individualizadamente, pois, caso contrário, não há o que executar, já que a sentença é genérica e ilíquida.

É a hipótese do art. 98, que dispõe:

"Art. 98. A execução poderá ser coletiva, sendo promovida pelos legitimados de que trata o art. 82, abrangendo as vítimas

---

2. "Art. 509. Quando a sentença condenar ao pagamento de quantia ilíquida, proceder-se-á à sua liquidação, a requerimento do credor ou do devedor:

I — por arbitramento, quando determinado pela sentença, convencionado pelas partes ou exigido pela natureza do objeto da liquidação;

II — pelo procedimento comum, quando houver necessidade de alegar e provar fato novo.

§ 1º Quando na sentença houver uma parte líquida e outra ilíquida, ao credor é lícito promover simultaneamente a execução daquela e, em autos apartados, a liquidação desta.

§ 2º Quando a apuração do valor depender apenas de cálculo aritmético, o credor poderá promover, desde logo, o cumprimento da sentença.

§ 3º O Conselho Nacional de Justiça desenvolverá e colocará à disposição dos interessados programa de atualização financeira.

§ 4º Na liquidação é vedado discutir de novo a lide ou modificar a sentença que a julgou.

Art. 510. Na liquidação por arbitramento, o juiz intimará as partes para a apresentação de pareceres ou documentos elucidativos, no prazo que fixar, e, caso não possa decidir de plano, nomeará perito, observando-se, no que couber, o procedimento da prova pericial.

Art. 511. Na liquidação pelo procedimento comum, o juiz determinará a intimação do requerido, na pessoa de seu advogado ou da sociedade de advogados a que estiver vinculado, para, querendo, apresentar contestação no prazo de 15 (quinze) dias, observando-se, a seguir, no que couber, o disposto no Livro I da Parte Especial deste Código.

Art. 512. A liquidação poderá ser realizada na pendência de recurso, processando-se em autos apartados no juízo de origem, cumprindo ao liquidante instruir o pedido com cópias das peças processuais pertinentes."

cujas indenizações já tiverem sido fixadas em sentença de liquidação, sem prejuízo do ajuizamento de outras execuções[3].

§ 1º A execução coletiva far-se-á com base em certidão das sentenças de liquidação, da qual deverá constar a ocorrência ou não do trânsito em julgado.

§ 2º É competente para a execução o juízo:

I — da liquidação da sentença ou da ação condenatória, no caso de execução individual;

II — da ação condenatória, quando coletiva a execução".

Portanto, a lei prevê que, apesar de haver necessidade de liquidações individualizadas, nada impede que o responsável sofra ação coletiva, que neste caso funciona como litisconsórcio, posto que serão apenas somas das liquidações individuais que gerarão a execução forçada.

51.3. Ação individual: distribuição e custas

Uma questão que tem gerado dúvidas no Poder Judiciário é a que diz respeito à obrigação ou não de o consumidor ter de pagar custas judiciais quando intenta a liquidação.

Como demonstraremos, pensamos que há sim necessidade de pagamento das custas no ato da distribuição (a não ser, claro, que o consumidor tenha direito e pleiteie isenção como beneficiário da assistência judiciária gratuita).

Os que argumentam que não se deve pagá-las se utilizam do art. 18 da Lei da Ação Civil Pública (Lei n. 7.347/85 — LACP), que dispõe:

"Art. 18. Nas ações de que trata esta lei, não haverá adiantamento de custas, emolumentos, honorários periciais e quaisquer outras despesas, nem condenação da associação autora, salvo comprovada má-fé, em honorários de advogado, custas e despesas processuais".

Acontece que esse dispositivo legal não diz respeito às ações individuais. Ele foi estabelecido para facilitar a demanda coletiva, estimulando-a. Aliás, lembramos que, quando a ação civil pública é julgada procedente, caso haja recurso do réu, este deve recolher o preparo. Vê-se, pois, que a hipótese do art. 18 diz respeito aos elementos processuais da ação coletiva para defesa dos direitos difusos e coletivos e não meramente individuais.

---

3. Redação do *caput* dada pela Lei n. 9.008, de 21 de março de 1995.

Já no caso da ação proposta para liquidação do direito individual, a hipótese é diferente.

Como envolve direitos individuais homogêneos, mister se faz que cada lesado instaure outro processo (de liquidação), com nova distribuição de sua ação, totalmente despregada da coletiva que gerou a sentença genérica.

Ademais, o beneficiário da execução individual — porque encerra direito individual homogêneo — é o próprio consumidor lesado, e não a sociedade, cujo beneficiário seria o Fundo de Direitos Difusos, previsto no art. 13 da Lei da Ação Civil Pública[4].

Conclui-se, portanto, que a isenção no pagamento da taxa judiciária diz respeito apenas à ação civil pública, na fase cognitiva ou executiva, não se aplicando às ações ligadas a direitos individuais homogêneos.

Nesse mesmo sentido, opina Ada Pellegrini Grinover: "não há dúvida de que o processo de liquidação da sentença condenatória, que reconheceu o dever de indenizar e nesses termos condenou o réu, oferece peculiaridades com relação ao que normalmente ocorre nas liquidações de sentença. Nestas, não mais se perquire a respeito do *an debeatur*, mas sobre o *quantum debeatur*. Aqui, cada liquidante, no processo de liquidação, deverá provar, em contraditório pleno e com cognição exauriente, a existência de seu dano pessoal e o nexo etiológico com o dano globalmente causado (ou seja, o *an*), além de quantificá-lo (ou seja, o *quantum*)"[5].

E, confirmando a necessidade de distribuição da ação de liquidação individual, dispõe o art. 515 do Código de Processo Civil:

"Art. 515. São títulos executivos judiciais, cujo cumprimento dar-se-á de acordo com os artigos previstos neste Título:

I — as decisões proferidas no processo civil que reconheçam a exigibilidade de obrigação de pagar quantia, de fazer, de não fazer ou de entregar coisa;

II — a decisão homologatória de autocomposição judicial;

III — a decisão homologatória de autocomposição extrajudicial de qualquer natureza;

---

4. Art. 13 da Lei n. 7.347/85: "Havendo condenação em dinheiro, a indenização pelo dano causado reverterá a um fundo gerido por um Conselho Federal ou por Conselhos Estaduais de que participarão necessariamente o Ministério Público e representantes da comunidade, sendo seus recursos destinados à reconstituição dos bens lesados".

5. *Código Brasileiro de Defesa do Consumidor comentado pelos autores do Anteprojeto*, 9. ed. Rio de Janeiro: Forense Universitária, 2007, p. 906.

IV — o formal e a certidão de partilha, exclusivamente em relação ao inventariante, aos herdeiros e aos sucessores a título singular ou universal;

V — o crédito de auxiliar da justiça, quando as custas, emolumentos ou honorários tiverem sido aprovados por decisão judicial;

VI — a sentença penal condenatória transitada em julgado;

VII — a sentença arbitral;

VIII — a sentença estrangeira homologada pelo Superior Tribunal de Justiça;

IX — a decisão interlocutória estrangeira, após a concessão do exequatur à carta rogatória pelo Superior Tribunal de Justiça;

X — (*Vetado*).

§ 1º Nos casos dos incisos VI a IX, o devedor será citado no juízo cível para o cumprimento da sentença ou para a liquidação no prazo de 15 (quinze) dias.

§ 2º A autocomposição judicial pode envolver sujeito estranho ao processo e versar sobre relação jurídica que não tenha sido deduzida em juízo."

Ou, em outros termos, mesmo quando se trata de procedimento que visa cumprir ou liquidar a sentença genérica, a medida segue os requisitos usuais da ação individual, com distribuição, citação do réu etc., estando liberada apenas da desnecessidade de apuração do *an debeatur*.

O Tribunal de Justiça de São Paulo, apesar das divergências, já decidiu nesse sentido:

"AÇÃO COLETIVA — SENTENÇA GENÉRICA — PROPOSITURA DE LIQUIDAÇÃO E EXECUÇÃO INDIVIDUAL REFERENTE A DIREITOS INDIVIDUAIS HOMOGÊNEOS — TAXA JUDICIÁRIA — CUSTAS INICIAIS DEVIDAS — Na liquidação de sentença genérica, proferida em ação coletiva, visando à reparação dos danos individualmente sofridos, inaugura-se novo processo, com nova distribuição, sendo, pois, devida a taxa judiciária, nos moldes do art. 4º da Lei paulista n. 11.608/2003. Inaplicabilidade do art. 18 da Lei n. 7.347/85 (LACP) — RECURSO DESPROVIDO" (Agravo de instrumento n. 990.10.552389-7, rel. Des. Sérgio Shimura, 23ª Câmara de Direito Privado, TJSP, j. 6-4-2011, m. v.).

51.4. Exercício

51.4.1. Apresente os efeitos da coisa julgada numa ação penal, na qual se condenou um fornecedor que tinha praticado um delito de consumo, para fins de liquidação na esfera civil.

52. A CONCILIAÇÃO JUDICIAL NO SUPERENDIVIDAMENTO

52.1. A recuperação judicial do consumidor superendividado – a conciliação

O consumidor superendividado poderá ir a Juízo requerer uma espécie de recuperação judicial, conforme previsto no art. 104-A. Penso que, certamente, antes do ingresso do pedido, o consumidor deverá ter orientação jurídica (de advogado e/ou órgão de proteção ao consumidor) e, também, de contador ou perito contábil. Isso porque a norma permite proposta de repactuação das dívidas para um prazo de até 5 anos. Além disso, há de ser preservado o mínimo existencial (que como demonstrei no subitem 6.23, exige melhor detalhamento. E a proposta, que envolve todos os credores, além de tudo, deve preservar as garantias e as formas de pagamento originalmente pactuadas. Nada muito fácil de ser feito, especialmente, envolvendo interesses de credores diversos que, por sua vez, venderam produtos e serviços diversos, com preços e prazos de pagamento diversos.

Examinado o pleito, o Juiz poderá instaurar o processo de repactuação de dívidas visando realizar a audiência conciliatória. Não é uma conciliação simples de ser executada ainda que as intenções sejam legítimas.

O credor, por sua vez, tem obrigação de comparecer à audiência de conciliação ou enviar procurador com poderes para transigir, sob pena de suspensão da exigibilidade do débito existente e interrupção da contagem dos encargos da mora. Além disso, se o consumidor souber o montante devido a este credor que não compareceu nem se fez representar, ele (o credor) estará sujeito ao plano de pagamento que vier a ser fixado, mas receberá seu crédito somente após o pagamento feito aos demais credores que compareceram à audiência.

A norma fala também do óbvio. Diz que havendo "conciliação, com qualquer credor, a sentença judicial que homologar o acordo descreverá o plano de pagamento da dívida e terá eficácia de título executivo e força de coisa julgada", algo natural e decorrente da sentença.

De todo modo, a norma também impõe que a conciliação seja feita com certos parâmetros. Da sentença devem constar: a) as medidas de dilação dos prazos de pagamento e de redução dos encargos da dívida ou da remuneração do fornecedor e todas as demais alternativas negociadas visando o pagamento da dívida; b) referência à suspensão ou à extinção das ações judiciais em curso; c) a data a partir da qual será providenciada a exclusão do consumidor de bancos de dados e dos cadastros de inadimplentes. Esses elementos decorrem do estado de endividamento do consumidor no momento da conciliação.

Mas, além deles, deve constar também da sentença a determinação para que o consumidor não faça novas transações nem se comporte de modo que possa gerar o agravamento de sua situação de superendividamento. E essa determinação é condicionante: o pacto amigável homologado tem seus efeitos ligados à essa abstenção do consumidor devedor.

Importante realçar que nem todas as dívidas estão sujeitas à repactuação. São excluídas as operações oriundas de dívidas provenientes de contratos de crédito com garantia real, de financiamentos imobiliários e de crédito rural.

E estão excluídas ainda aquelas operações celebradas "dolosamente pelo consumidor, que as realizou sem o propósito de realizar o pagamento". Essa situação fatalmente exigirá apuração judicial, nem sempre fácil de executar.

Por fim, a norma deixa claro que o pedido de repactuação não importa em declaração de insolvência civil e que somente poderá ser repetido após decorrido o prazo de 2 (dois) anos, contado da liquidação das obrigações previstas no plano de pagamento orginalmente homologado.

52.2. *A recuperação judicial do consumidor superendividado – o processo de revisão*

A norma do art. 104-B diz que se não houver êxito na conciliação em relação a quaisquer credores, o juiz, a pedido do consumidor, instaurará processo por superendividamento para revisão e integração dos contratos e repactuação das dívidas remanescentes mediante plano judicial compulsório e procederá à citação de todos os credores cujos créditos não tenham integrado o acordo porventura celebrado.

Ou seja, a conciliação pode se dar com todos os credores ou apenas parcialmente. O procedimento litigioso será instaurado contra todos (no caso de a conciliação restar 100% infrutífera) ou contra apenas aqueles credores que não firmaram o acordo.

O prazo para defesa é de 15 dias sendo que o credor poderá juntar documentos e deve indicar as razões para não ter aceitado o plano de repactuação.

O Juiz poderá nomear administrador para a fixação do plano de repactuação, desde que sem ônus para as partes. Caberá ao administrador apresentar plano de pagamento contemplando medidas que atenuem os encargos existentes. De todo modo, esse plano compulsório tem limites próprios: a) deve garantir o valor do principal devido, corrigido monetariamente pelos índices oficiais; b) preverá a liquidação total da dívida após a quitação do plano de pagamento firmado consensualmente (na audiência de conciliação regulada pelo art. 104-A) em, no máximo, 5 anos; c) a primeira parcela será devida no prazo máximo de 180 dias, contado da data da homologação judicial; o restante do saldo será devido em parcelas iguais, mensais e sucessivas.

52.3. A competência concorrente para a fase conciliatória da recuperação judicial do consumidor superendividado

No art. 104-A a lei permitiu que os órgãos públicos integrantes do Sistema Nacional de Defesa do Consumidor possam, facultativa e concorrentemente, participar da fase conciliatória e preventiva do processo de repactuação de dívidas. Aliás, poderá fazê-lo mesmo sem a intervenção do Poder Judiciário. Isso porque a norma permite que a conciliação possa ser feita por intermédio de convênios específicos celebrados entre esses órgãos e as próprias instituições credoras ou suas associações.

Como se sabe, integram o Sistema Nacional de Defesa do Consumidor (SNDC), os Procons, o Ministério Público, a Defensoria Pública e as entidades civis de defesa do consumidor.

Esses órgãos têm competência concorrente e atuam de forma complementar para receber denúncias, apurar irregularidades e promover a proteção e defesa dos consumidores.

As entidades civis desenvolvem importante papel na proteção e defesa do consumidor. No entanto, para os fins de conciliação no processo de repactuação de dívidas a norma as deixou de fora. Somente os órgãos públicos poderão fazê-lo.

Para deixar aqui consignadas as atribuições de cada um deles, lembro que os Procons são órgãos estaduais e municipais de proteção e defesa do consumidor, criados especificamente para este fim, com competências, no âmbito de sua jurisdição, para exercer as atribuições estabelecidas pelo CDC. São, portanto, órgãos que atuam no âmbito local, atendendo diretamente os consumidores e monitorando o mercado de consumo de seu território, tendo papel fundamental na execução da Política Nacional de Defesa do Consumidor.

O Ministério Público e a Defensoria Pública, no âmbito de suas atribuições, também atuam na proteção e na defesa dos consumidores e na construção da Política Nacional das Relações de Consumo. O Ministério Público, de acordo com sua competência constitucional, além de fiscalizar a aplicação da lei, instaura inquéritos e propõe ações coletivas.

E a Defensoria, além de propor ações, defende os interesses dos desassistidos, promovendo acordos e conciliações.

A conciliação poderá ser feita de forma global, a partir de reclamações individuais do consumidor. Neste caso, o órgão público designará audiência global de conciliação com todos os credores.

No acordo firmado perante esses órgãos deverá necessariamente constar a data a partir da qual será providenciada a exclusão do consumidor dos bancos de dados e dos cadastros de inadimplentes, bem como o condicionamento de seus efeitos à abstenção, pelo consumidor, de condutas que importem no agravamento de sua situação de superendividamento, especialmente a de contrair novas dívidas.

52.4. *Negativa de crédito ao idoso por conta do superendividamento*

O Estatuto do Idoso (Lei n. 10.741/2003) no seu art. 96 estabelece o seguinte:

> "Art. 96. Discriminar pessoa idosa, impedindo ou dificultando seu acesso a operações bancárias, aos meios de transporte, ao direito de contratar ou por qualquer outro meio ou instrumento necessário ao exercício da cidadania, por motivo de idade:
>
> Pena – reclusão de 6 (seis) meses a 1 (um) ano e multa.
>
> § 1º Na mesma pena incorre quem desdenhar, humilhar, menosprezar ou discriminar pessoa idosa, por qualquer motivo.
>
> § 2º A pena será aumentada de 1/3 (um terço) se a vítima se encontrar sob os cuidados ou responsabilidade do agente".

Para evitar problemas no que diz respeito à negativa de concessão de crédito ao idoso (sempre lembrando, como já disse aqui antes, que ser idoso não é ser doente) o legislador acrescentou um § 3º a esse artigo, nesses termos: "§ 3º Não constitui crime a negativa de crédito motivada por superendividamento do idoso".

52.5. Vigência das novas regras

A Lei estabeleceu expressamente que a validade dos negócios e dos demais atos jurídicos de crédito constituídos antes de sua entrada em vigor (dia 2-7-2021) obedece ao disposto em lei anterior, mas os efeitos produzidos após essa subordinam-se aos seus preceitos.

E, de fato, como se trata de regime especial de recuperação, visando o pagamento de dívidas, a norma está correta.

ANEXO A
A PANDEMIA DA COVID-19 E
O DIREITO DO CONSUMIDOR

A extraordinária situação gerada no mundo inteiro, por conta da pandemia da Covid-19, trouxe no Brasil uma série de problemas envolvendo todos os setores do Direito, Público e Privado. Na sequência, teço considerações em relação a algumas dessas alterações legislativas e, também, aponto certas questões jurídicas relevantes que envolvem o Direito do Consumidor.

1. A Lei n. 14.010, de 10-6-2020

A Lei n. 14.010 dispõe sobre o Regime Jurídico Emergencial e Transitório das relações jurídicas de Direito Privado no período da pandemia do coronavírus (Covid-19). Foram várias as alterações feitas, mas o que aqui me interessa comentar é uma delas, que atingiu o Código de Defesa do Consumidor (CDC).

Com efeito, dispõe o art. 8º da Lei, *verbis*:

> "Art. 8º Até 30 de outubro de 2020, fica suspensa a aplicação do art. 49 do Código de Defesa do Consumidor na hipótese de entrega domiciliar (delivery) de produtos perecíveis ou de consumo imediato e de medicamentos."

Vou aproveitar a oportunidade para lembrar alguns comentários a respeito do art. 49 do CDC, cujo teor nem sempre é bem compreendido.

De início afirmo: se era para alterar algo no art. 49, o legislador poderia ter feito de forma definitiva, pois, como já demonstrei neste livro, a regra já não poderia ser utilizada para esse tipo de serviço, dentre outros.

Como já vimos, nas compras feitas fora do estabelecimento comercial, os contratos firmados seguem as regras básicas estabelecidas no art. 49, que assim dispõe:

"Art. 49. O consumidor pode desistir do contrato, no prazo de 7 (sete) dias a contar de sua assinatura ou do ato de recebimento do produto ou serviço, sempre que a contratação de fornecimento de produtos e serviços ocorrer fora do estabelecimento comercial, especialmente por telefone ou a domicílio.

Parágrafo único. Se o consumidor exercitar o direito de arrependimento previsto neste artigo, os valores eventualmente pagos, a qualquer título, durante o prazo de reflexão, serão devolvidos, de imediato, monetariamente atualizados."

Essa norma foi criada para dar maior proteção aos consumidores que adquirem produtos ou serviços fora do estabelecimento comercial, sobretudo:

a) via web e/ou internet ou aplicativos;

b) em seu domicílio, recebendo a visita do vendedor;

c) pelo telefone (vendas por *telemarketing*);

d) mediante correspondência (mala direta, carta-resposta etc..);

Pensemos, mais uma vez, nos detalhes: a lei parte do pressuposto de que, nesse tipo de compra, o consumidor está ainda mais desprevenido e despreparado porque não tem acesso direto ao produto ou serviço. Para o legislador, o consumidor que faz a compra desse modo está mais fragilizado. No entanto, como já demonstrei, não é verdade que as aquisições feitas "no" estabelecimento comercial são mais bem estudadas, refletidas e decididas do que as que são feitas "fora".

Muitas vezes se dá o contrário: os vendedores são treinados para provocar e influenciar o consumidor, estimulando-o a fazer a compra. São utilizadas várias técnicas de aproximação, sugestão e indução para a aquisição.

Nem mesmo as chamadas "compras por impulso" ocorre mais via web que na visita ao estabelecimento comercial. Quem compra por impulso o faz por qualquer meio.

E mais: há casos de compras de produtos ou serviços que, por sua natureza, podem ser excluídos da hipótese de incidência do art. 49.

Veja-se que, no início da redação do art. 49, está disposto que "o consumidor pode desistir do contrato, no prazo de 7 (sete) dias ...". É o chamado prazo de reflexão ou arrependimento: no período de 7 dias o consumidor que adquire produto ou serviço ou assina algum contrato pode desistir do negócio quando feito fora do estabelecimento comercial.

A ideia de um prazo de "reflexão" pressupõe, como adiantei, o fato de que, como o consumidor não esteve em contato real com o produto ou serviço, isto é, como ainda não "tocou" concretamente o produto ou "testou" o serviço, pode querer desistir do negócio depois que o avaliar melhor. Ou, em outros termos, a lei dá oportunidade para que o consumidor, uma vez tendo recebido o produto ou avaliado melhor o serviço, possa, no prazo de 7 dias, desistir da aquisição feita.

Embora seja evidente a intenção do legislador, a regra dos 7 dias para o exercício do arrependimento não funciona para o caso da compra de alguns produtos e serviços. Digo mais: se fosse mesmo para permitir prazo de reflexão, a regra deveria ser estendida para compras no próprio estabelecimento, pois, como apontei, no local o consumidor está sujeito a muitas formas de sugestão.

A verdade é que, em muitas hipóteses, a aquisição feita pelo consumidor no conforto de sua casa e no tempo que ele deseje para pensar é muito mais segura do que as feitas no local físico. Um gerente de banco tem muito mais condições de influenciar uma decisão olhando para o consumidor e com ele conversando do que esse mesmo consumidor decidindo o que fazer diretamente em sua conta via web, onde pode obter informações mais objetivas.

Esse é exatamente o ponto: certos produtos e serviços podem ser adquiridos diretamente via web/internet sem que isso modifique os critérios de decisão ou possa alterar a qualidade do que foi adquirido. E, como já referi, do conforto do lar pode ser ainda mais seguro.

Em alguns casos, não tem sentido algum permitir o cancelamento da compra por violar o princípio da boa-fé objetiva, base das relações jurídicas de consumo, e, também, por não representar nenhum benefício nem garantia ao consumidor. Imagine-se um consumidor que, entrando em sua conta bancária pela internet, faça uma aplicação em ações. Teria 7 dias para se arrepender?

E na questão das passagens aéreas? Adquirindo a passagem aérea via web/internet ou aplicativo, o consumidor está muito, mas muito mais protegido do que se estivesse num balcão físico da companhia aérea para fazer a compra.

De forma tranquila, em casa, o consumidor tem completo conhecimento de todas as informações necessárias para a tomada de decisão. Examina datas, horários e comodidades de cada voo existente, descobre as opções de assentos e classe, checa trechos e condições de cada decolagem, localidade, aeroportos etc. E mais: pode comparar com as ofertas das companhias aéreas concorrentes. Do conforto de seu lar, ele compara tudo isso mais preços, tarifas, taxas oferecidas pelas várias empresas. E aqui, repito, para colocar um fato notório: o consumidor não tem essas opções para decidir num estabelecimento físico da companhia aérea. Trata-se de exemplo típico de compra mais vantajosa sendo feita fora do estabelecimento. E, claro, se é mais vantajosa, como de fato é, não há que se falar em incidência do art. 49 do CDC.

E a questão das compras de produtos para consumo imediato via web/internet/aplicativos/telefone e que a nova lei diz não sofrer a incidência do art. 49?

Como antecipei, penso que essa norma do CDC não foi feita para esse tipo de compra. De fato, se é para consumo imediato, não tem sentido falar em 7 dias de prazo para reflexão. Aliás, esse prazo de reflexão colocado na norma é a prova de que ela não foi feita para esse tipo de compra.

Nada impede, naturalmente, que o consumidor devolva o produto que recebe por inadequação ou vício. Mas poder desistir como se a compra estivesse inserida no contexto do art. 49, penso que não.

2. A Lei n. 14.015, de 15-6-2020

A Lei n. 14.015 alterou duas outras leis para regular a interrupção e a religação ou o restabelecimento de serviços públicos. Alterou o art. 5º, introduzindo o inciso XVI e o parágrafo único, e o art. 6º, introduzindo o inciso VII e o parágrafo único, ambos da Lei n. 13.460, de 26-6-2017. São regras que dão proteção ao consumidor que se torne inadimplente do pagamento das contas dos serviços públicos, regulando a interrupção dos serviços e o retorno destes. A redação é clara:

> "Art. 5º O usuário de serviço público tem direito à adequada prestação dos serviços, devendo os agentes públicos e prestadores de serviços públicos observar as seguintes diretrizes:
>
> (...)
>
> XVI — comunicação prévia ao consumidor de que o serviço será desligado em virtude de inadimplemento, bem como do dia a partir do qual será realizado o desligamento, necessariamente durante horário comercial.

Parágrafo único. A taxa de religação de serviços não será devida se houver descumprimento da exigência de notificação prévia ao consumidor prevista no inciso XVI do *caput* deste artigo, o que ensejará a aplicação de multa à concessionária, conforme regulamentação.

Art. 6º São direitos básicos do usuário:

(...)

VII — comunicação prévia da suspensão da prestação de serviço.

Parágrafo único. É vedada a suspensão da prestação de serviço em virtude de inadimplemento por parte do usuário que se inicie na sexta-feira, no sábado ou no domingo, bem como em feriado ou no dia anterior a feriado."

Em complemento, a Lei n. 14.015 introduziu, também, uma modificação no art. 6º da Lei n. 8.987, de 13-2-1995, incluindo o § 4º, para a regra ficar alinhada com a aquela transcrita:

"Art. 6º Toda concessão ou permissão pressupõe a prestação de serviço adequado ao pleno atendimento dos usuários, conforme estabelecido nesta Lei, nas normas pertinentes e no respectivo contrato.

(...)

§ 4º A interrupção do serviço na hipótese prevista no inciso II do § 3º deste artigo não poderá iniciar-se na sexta-feira, no sábado ou no domingo, nem em feriado ou no dia anterior a feriado."

3. Viagens e hospedagens: os direitos envolvidos

Cuido agora dos efeitos jurídicos nas relações de consumo por conta da pandemia gerada pela Covid-19, especialmente no que respeita às viagens aéreas, hospedagens, passeios agendados etc.

Começo tratando do risco da atividade, especialmente no que diz respeito à sua extensão. Como demonstrei, o sistema de responsabilidade civil no Código de Defesa do Consumidor (CDC) foi estabelecido tendo por base a teoria do risco da atividade: o empresário tem a liberdade de explorar o mercado de consumo — que, diga-se, não lhe pertence — e, nessa empreitada, na qual almeja o sucesso, assume o risco do fracasso. Ou, em outras palavras, ele se estabelece visando ao lucro, mas corre o risco natural de obter prejuízo. É algo inerente ao processo de exploração.

O risco tem relação direta com o exercício da liberdade: o empresário não é obrigado a empreender; ele o faz porque quer; é opção dele. Mas, se o faz, assume o risco de ganhar ou de perder e, por isso, responde por eventuais danos que os produtos e os serviços por ele colocados no mercado possam ocasionar.

Decorre disso que, quem se estabelece deve de antemão calcular os potenciais danos que irá causar, não só para buscar evitá-los, mas também para se prevenir sobre suas eventuais perdas com a composição necessária dos prejuízos que advirão da própria atividade. Quer dizer, o empreendedor não pode alegar desconhecimento, até porque faz parte de seu mister. Por exemplo, se alguém quer se estabelecer como transportador terrestre de pessoas, deve saber calcular as eventuais perdas que terá em função de acidentes de trânsito que fatalmente ocorrerão.

O CDC, fundado na teoria do risco do negócio, estabeleceu, então, para os fornecedores em geral, a responsabilidade civil objetiva (com exceção do caso dos profissionais liberais, que respondem por culpa). O transportador, como prestador de serviço que é, está enquadrado no art. 14 do CDC, cujo § 3º cuida das excludentes de responsabilidade (na verdade, tecnicamente, regula as excludentes do *nexo de causalidade*). São elas: a) demonstração de inexistência do defeito (inciso I); e b) prova da culpa exclusiva do consumidor ou de terceiro (inciso II).

Vê-se, portanto, que a lei consumerista não inclui como excludente do nexo de causalidade o caso fortuito e a força maior (aliás, nem poderia porque essas excludentes têm relação com a culpa).

Acontece que, no que respeita ao transporte, o Código Civil de 2002 regulou amplamente o serviço de transporte e firmou no *caput* do art. 734 o seguinte:

> "Art. 734. O transportador responde pelos danos causados às pessoas transportadas e suas bagagens, salvo motivo de força maior, sendo nula qualquer cláusula excludente da responsabilidade."

Pergunto: existe incoerência ou contradição entres esses dois textos legais? A resposta é não. Isso porque, quando o Código Civil fala em força maior, está se referindo ao fortuito externo, isto é, o elemento exterior ao próprio risco específico da atividade do prestador do serviço de transporte. E quando o CDC afasta a força maior e o caso fortuito, certamente os está afastando quando digam respeito aos elementos intrínsecos ao risco da atividade do transportador, ou seja, o fortuito interno.

Assim, tanto o Código de Defesa do Consumidor quanto o Código Civil mantêm o nexo de causalidade e a responsabilidade objetiva do transportador toda vez que o dano for ocasionado por força maior e fortuito interno. Isso vale para o serviço de transporte, para o serviço de hospedagem, para os pacotes de viagem etc.

Veja-se bem. A força maior e o caso fortuito interno, é verdade, não podem ser antecipados (apesar de possíveis de serem previstos no cálculo) pelo transportador ou pelo administrador do hotel, nem por eles evitado. Todavia, não elidem a responsabilidade. É o caso, por exemplo, do motorista do ônibus que sofre um ataque cardíaco e com isso gera um acidente: apesar de fortuito e inevitável, por fazerem parte do próprio risco da atividade, não eliminam o dever de indenizar.

Examine-se um outro exemplo para reforçar esse aspecto: o caso de certas ocorrências da natureza, tais como chuvas e nevoeiros, no caso do transportador aéreo. Ainda que o transporte aéreo seja afetado por esse tipo de evento climático, o transportador não pode se escusar de indenizar os passageiros que sofreram danos porque o fenômeno — que, aliás, ocorre constantemente — é integrante típico do risco daquele negócio.

Contudo, quando se trata de fortuito externo, está se fazendo referência a um evento que não tem como fazer parte da previsão pelo empresário na determinação do seu risco profissional. A erupção de um vulcão é típica de fortuito externo porque não pode ser previsto. Ocorre igualmente em caso de terremoto ou maremoto (ou, como se diz modernamente, tsunami). E, claro, o mesmo se dá na eclosão de uma pandemia, como esta da Covid-19.

Desse modo, penso que não respondem as companhias aéreas pelos atrasos e cancelamentos forçados por causa das medidas de segurança adotadas.

Todavia, os consumidores que cancelam os voos marcados ou mudam a data da viagem também não podem ser responsabilizados, estando livres do pagamento de multas e, aliás, se não puderem mais viajar, podem simplesmente pedir o reembolso dos valores pagos.

Eis o ponto importante: o evento incerto, isto é, o fortuito externo, atinge inteiramente a relação jurídica de consumo. Vale dizer, afeta os dois lados da relação, o do fornecedor e o do consumidor. Se não se pode responsabilizar o companhia aérea pelo cancelamento do voo, também não se pode responsabilizar o consumidor.

Acontece a mesma coisa com o cancelamento que o consumidor faça em hotéis e outras atividades atreladas à viagem afetada pela circunstância excepcional. Não pode o hotel ou os demais agentes cobrarem multas por mudanças de datas e devem devolver os eventuais valores já adiantados caso haja cancelamento definitivo pelo consumidor.

Sei que há outros argumentos a favor do consumidor, por exemplo, o de referência ao inciso V do art. 6º do CDC, que dispõe ser direito básico do consumidor "a modificação das cláusulas contratuais que estabeleçam prestações desproporcionais ou sua revisão em razão de fatos supervenientes que as tornem excessivamente onerosas". Tudo bem. É mais um argumento favorável, mas penso que a constatação da existência de um caso fortuito externo que atinge a relação jurídica de consumo como um todo é suficiente para resolver a situação.

Durante a pandemia, foi a promulgada a Lei n. 14.034, de 5-8-2020 (alterada pela Lei n. 14.174, de 17-6-2021), que dispõe sobre as medidas emergenciais para a aviação civil, cuidando de vários temas e regulamentando a questão dos cancelamentos de voos, remarcações de viagens, reembolso de valores etc. E, também, foi promulgada a Lei n. 14.046, de 24-8-2020, que dispõe sobre o adiamento e o cancelamento de serviços, de reservas e de eventos dos setores de turismo e de cultura.

4. As mensalidades escolares em tempos de pandemia

Agora, trato de alguns efeitos jurídicos nas relações de consumo por conta da pandemia gerada pela Covid-19 no que respeita às mensalidades escolares, num ponto especial: o da questão do desconto nas mensalidades e também sobre os argumentos de escolas que dizem que continuam oferendo os serviços e, por isso, continuam cobrando regularmente.

Não vou repetir o que já está publicado nas redes e nos informativos de imprensa. Naturalmente, há argumentos a favor dos descontos. Concordo com boa parte deles: muitas escolas acabaram tendo diminuição de seus custos e, numa situação como esta, é justo que ofereçam descontos nas mensalidades.

Levanto alguns pontos para reflexão e que envolvem o outro lado da relação: o das escolas que não tiveram redução de seus custos.

Primeiramente, repriso as questões jurídicas essenciais.

Já escrevi que o evento da Covid-19 — pandemia que gerou consequências jamais vistas no mundo — é algo extraordinário e assim deve ser encarado do ponto de vista jurídico.

Sabemos que o CDC não apresenta como excludente do nexo de causalidade o caso fortuito e a força maior. Mas, como já o demonstrei, essas hipóteses são de fortuito interno e força maior interna.

Repito: a força maior e o caso fortuito interno não podem ser antecipados (apesar de possíveis de serem previstos no cálculo do negócio) pelo fornecedor nem por eles evitado. Todavia, não elidem a responsabilidade. Cito o exemplo que vale por todos: o do motorista do ônibus que sofre um ataque cardíaco e com isso gera um acidente: apesar de fortuito e inevitável, por fazerem parte do próprio risco da atividade, não eliminam o dever de indenizar.

Contudo, quando se trata de fortuito externo, está se fazendo referência a um evento que não tem como fazer parte da previsão pelo empresário na determinação do seu risco profissional. A erupção de um vulcão é típica de fortuito externo porque não pode ser previsto. Ocorre igualmente em caso de terremoto ou maremoto (ou, como se diz modernamente, tsunami).

E, claro, o mesmo se deu e se dá na eclosão de uma pandemia, como esta da Covid-19. Evento absolutamente fora de qualquer possibilidade de previsão e, infelizmente, inevitável.

Todas as relações jurídicas foram afetadas. Falo de todas porque sim, ninguém escapou. A diferença para alguns é que o evento acabou trazendo benefícios, pois puderam produzir e vender mais, os estoques acabaram etc. Porém, em milhares, aliás, milhões de relações jurídicas (de consumo ou não), a situação, de fato, foi e é de prejuízo para os dois lados da relação (ou para os vários lados da relação).

Eis o ponto importante: o evento incerto, isto é, o fortuito externo, atinge inteiramente a relação jurídica de consumo. Vale dizer, afeta os dois lados da relação, o do fornecedor e o do consumidor.

Há, também, outros argumentos a favor do consumidor, por exemplo, o de referência ao inciso V do art. 6º do CDC, que dispõe ser direito básico do consumidor "a modificação das cláusulas contratuais que estabeleçam prestações desproporcionais ou sua revisão em razão de fatos supervenientes que as tornem excessivamente onerosas".

Agora, voltemos à questão das escolas postas no início. Vamos imaginar que, impedida de oferecer aulas presenciais por conta da pandemia, a escola consiga substituí-las por aulas *on-line*, por sistemas de rede social, internet etc. Lembro que algumas já têm um sistema funcionando porque oferecem cursos a distância (EAD). Mas, já tendo um sistema e tendo que ampliá-lo para acolher os alunos dos cursos presenciais ou não tendo um sistema e tendo que criá-lo desde o início, o que se percebe é que a escola, provavelmente, teve que arcar com custos não previstos.

Pode acontecer, como acontece, de a escola, inclusive, continuar pagando os professores regularmente, pois eles continuarão a dar aulas (ao invés de presenciais, no sistema EAD, comparecendo aos estúdios que foram produzidos ou mesmo dando aulas diretamente de suas residências). Naturalmente, não estou esquecendo que existem outros custos de manutenção, tais como água, energia elétrica, segurança, pagamento de outros funcionários etc. que podem ter diminuído ou aumentado. E, também, que a escola pode sofrer com a inadimplência dos estudantes.

De todo modo, num quadro como este, muitas escolas podem ter tido aumento de suas despesas, o que, somado ao fato de que elas não deixaram de fornecer os serviços contratados, justificaria que não reduzissem as mensalidades.

Como regra, cada caso é um caso, mas, significativamente neste momento crucial da pandemia, certamente é preciso examinar cada uma das situações com muito critério e sempre tendo em vista o fim pretendido na relação jurídica, que é fundada no princípio da boa-fé objetiva e que deve ser interpretada com critérios de razoabilidade, bom senso e justiça do caso concreto.

ANEXO B

O Decreto n. 10.417, de 7-7-2020 instituiu o Conselho Nacional de Defesa do Consumidor, com a finalidade de assessorar o Ministro de Estado da Justiça e Segurança Pública na formulação e na condução da Política Nacional de Defesa do Consumidor, e, ainda, formular e propor recomendações aos órgãos integrantes do Sistema Nacional de Defesa do Consumidor para adequação das políticas públicas de defesa do consumidor.

ANEXO C

O Decreto n. 11.034, de 5-4-2022, regulamenta a Lei n. 8.078, de 11-9-1990, o Código de Defesa do Consumidor – CDC, para estabelecer diretrizes e normas sobre o Serviço de Atendimento ao Consumidor – SAC.

REFERÊNCIAS

AGUIAR JR., Ruy Rosado de. A boa-fé na relação de consumo. *Revista Direito do Consumidor*, São Paulo: Revista dos Tribunais, n. 14, 1995.

ALMEIDA, Carlos Ferreira de. Interpretação do contrato. *Revista Direito do Consumidor*, São Paulo: Revista dos Tribunais, n. 17, jan./mar. 1996.

_____. *Os direitos dos consumidores*. Coimbra: Livr. Almedina, 1982.

ALMEIDA, João Batista de. *A proteção jurídica do consumidor*. São Paulo: Saraiva, 1993.

ALVIM, Thereza et al. *Código do Consumidor comentado*. 2. ed. São Paulo: Revista dos Tribunais, 1991.

ALVIM, Thereza; ARRUDA ALVIM, José Manuel. *Código do Consumidor comentado*. 2. ed. São Paulo: Revista dos Tribunais, 1995.

AMARAL, Ana Lúcia. O conceito jurídico do consumidor. *Revista Direito do Consumidor*, São Paulo: Revista dos Tribunais, n. 2.

AMARAL, Luiz. O Código, a política e o sistema nacional de defesa do consumidor. *Revista Direito do Consumidor*, São Paulo: Revista dos Tribunais, v. 6.

AMARAL JR., Alberto. A abusividade da cláusula mandato nos contratos financeiros, bancários e de cartões de crédito. *Revista Direito do Consumidor*, São Paulo: Revista dos Tribunais, n. 19, 1997.

_____. *Proteção do consumidor no contrato de compra e venda*. São Paulo: Revista dos Tribunais, 1993. v. 2.

_____. A boa-fé e o controle das cláusulas contratuais abusivas nas relações de consumo. *Revista Direito do Consumidor*, São Paulo: Revista dos Tribunais, v. 6.

AMARAL NETO, Francisco dos Santos. As cláusulas contratuais gerais, a proteção ao consumidor e a lei portuguesa sobre a matéria. *Revista de Informação Legislativa*, n. 98, 1988.

ARAUJO, Luiz Alberto David. *A proteção constitucional da própria imagem: pessoa física, pessoa jurídica e produto.* Belo Horizonte: Del Rey, 1996.

_____. *A proteção constitucional das pessoas portadoras de deficiência.* Brasília: Corde, 1994.

_____. Direito constitucional e meio ambiente. *AASP,* São Paulo. n. 37.

ARAUJO, Luiz Alberto David; SERRANO NUNES JÚNIOR, Vidal. *Curso de direito, constitucional.* São Paulo: Saraiva, 1998.

ARISTÓTELES. Ética a Nicômaco. In: *Os pensadores.* São Paulo: Nova Cultural, 1987.

ASSIS, Araken de. *Manual do processo de execução.* 6. ed. São Paulo: Revista dos Tribunais, 2000.

ATALIBA, Geraldo. *Hipótese de incidência tributária.* 5. ed. São Paulo: Malheiros Ed., 1992.

_____. *República e Constituição.* São Paulo: Revista dos Tribunais, 1985.

AZEVEDO, Álvaro Villaça. *Contratos inominados ou atípicos e negócio fiduciário.* 3. ed. Belém: Cejup, 1988.

AZEVEDO, Antonio Junqueira de. A boa-fé na formação dos contratos. *Revista Direito do Consumidor*, São Paulo: Revista dos Tribunais, v. 3.

_____. *Curso de direito civil;* teoria geral das obrigações. 4. ed. São Paulo: Revista dos Tribunais, 1987.

AZEVEDO, Noé. O dirigismo na vida contratual — aplicação da cláusula "rebus sic stantibus". *RT.* São Paulo: Revista dos Tribunais, v. 45.

BANDEIRA DE MELLO, Celso Antônio. *Conteúdo jurídico do princípio da igualdade.* 3. ed. 4. tir. São Paulo: Malheiros Ed., 1997.

_____. *Elementos de direito administrativo.* São Paulo: Revista dos Tribunais, 1984.

_____. *Curso de direito administrativo.* 4. ed. São Paulo: Malheiros Ed., 1993.

BARBOSA MOREIRA, José Carlos; OLIVEIRA JÚNIOR, Waldemar Mariz de. *A tutela dos interesses difusos.* Rio de Janeiro: Max Limonad, 1984.

BARROSO, Luís Roberto. *Interpretação e aplicação da Constituição.* São Paulo: Saraiva, 1996.

BASTOS, Celso Ribeiro. *Comentários à Constituição do Brasil.* São Paulo: Saraiva, 1990. v. 1.

_____. *Curso de direito constitucional.* 11. ed. São Paulo: Saraiva, 1989.

BASTOS, Celso Ribeiro; MARTINS, Ives Gandra da Silva. *Comentários à Constituição do Brasil.* São Paulo: Saraiva, 1989. v. 2.

BAUDRILLARD, Jean. *A sociedade de consumo.* Lisboa: Edições 70, 1981.

BETTI, Emilio. *Teoria geral dos negócios jurídicos.* Coimbra: Coimbra Ed., 1969. t. 1.

BORGES, José Souto Maior. Princípio da isonomia e sua significação na Constituição de 1988. *Revista de Direito Público,* São Paulo, n. 93, mar. 1990.

_____. Sobre a atualização de créditos do sujeito passivo contra o Fisco. *Revista Dialética de Direito Tributário,* n. 32.

BOURGOIGNIE, Thierry. O conceito jurídico de consumidor. *Revista Direito do Consumidor,* São Paulo: Revista dos Tribunais, n. 2, 1992.

_____. O conceito de abusividade em relação aos consumidores e a necessidade de seu controle através de uma cláusula geral. *Revista Direito do Consumidor,* São Paulo: Revista dos Tribunais, v. 1.

BURLE FILHO, José Emmanuel. Principais aspectos do inquérito civil como função institucional do Ministério Público. In: *Ação civil pública — Lei 7.347/85*; reminiscências e reflexões após dez anos de aplicação (Coord. Édis Milaré). São Paulo: Revista dos Tribunais, 1995.

CABRAL, Plínio. *Propaganda: técnica da comunicação industrial e comercial.* São Paulo: Atlas, 1986.

CÁCERES, Eliana. Os direitos básicos do consumidor: uma contribuição. *Revista Direito do Consumidor,* São Paulo: Revista dos Tribunais, n. 10, 1994.

CALDEIRA, Mirella D'Angelo. *O controle das práticas abusivas pelo princípio da boa-fé*. Monografia apresentada no Programa de Pós-Graduação em Direito da PUCSP, 1998.

CALDEIRA, Mirella D'Angelo; RIZZATTO NUNES, Luiz Antonio. *O dano moral e sua interpretação jurisprudencial*. São Paulo: Saraiva, 1999.

CALMON DE PASSOS, J. J. *Inovações do Código de Processo Civil*. 2. ed. Rio de Janeiro: Forense, 1995.

CAMPOS, José. A cláusula "rebus sic stantibus" e o surto inflacionário no País. *RT*. São Paulo: Revista dos Tribunais, v. 252.

CANOTILHO, Gomes. *Direito constitucional*. 5. ed. Coimbra: Livr. Almedina, 1991.

CAPPELLETTI, Mauro. O acesso dos consumidores à justiça. *Revista de Processo*, São Paulo: Revista dos Tribunais, n. 62, 1991.

CARRAZZA, Roque Antonio. *Curso de direito constitucional tributário*. 12. ed. São Paulo: Malheiros Ed., 1999.

CARRIÓ, Genaro Ruben. *Notas sobre derecho y lenguaje*. 2. ed. Buenos Aires: Abeledo-Perrot, s. d.

CAVANILLAS MUGICA, Santiago; TORRES LANA, José Angel. *Código de derecho del consumo*. Madrid: Trivium, 1989.

CENEVIVA, Walter. *Publicidade e direito do consumidor*. São Paulo: Revista dos Tribunais, 1991.

_____. *Direito constitucional brasileiro*. São Paulo: Saraiva, 1989.

COELHO, Fábio Ulhoa. *Desconsideração da personalidade jurídica*. São Paulo: Revista dos Tribunais, 1989.

_____. *O empresário e os direitos do consumidor*. São Paulo: Saraiva, 1994.

COMPARATO, Fábio Konder. A proteção ao consumidor na Constituição brasileira de 1988. *Revista de Direito Mercantil*, n. 80.

_____. *A proteção do consumidor: importante capítulo do direito econômico, defesa do consumidor*. Brasília: Ministério da Justiça (Textos Básicos), 1987.

CONGRESSO INTERNACIONAL DE NORMALIZAÇÃO E QUALIDADE, *Anais*. Rio de Janeiro: ABNT, 1990.

CORDEIRO, Antonio Menezes; COSTA, Mario de Almeida. *Cláusulas contratuais gerais*. Coimbra: Livr. Almedina, 1986.

COSSIO, Carlos. *La teoría de la imprevisión*. Buenos Aires: Abeledo-Perrot, 1960.

COSTA, Judith H. Martins. A teoria da imprevisão e a incidência dos planos econômicos governamentais na relação contratual. *RT,* São Paulo: Revista dos Tribunais, v. 670.

COUTURE, Eduardo. *Los mandamientos del abogado*. 13. ed. Buenos Aires: Depalma, 1999.

COVELLO, Sérgio Carlos. *Contratos bancários*. 2. ed. São Paulo: Saraiva, 1991.

DANTAS, San Tiago. Evolução contemporânea do direito contratual — dirigismo — imprevisão. *RT,* São Paulo: Revista dos Tribunais. v. 195.

DIAS, José de Aguiar. *Da responsabilidade civil*. 4. ed. Rio de Janeiro: Forense, 1960. v. 2.

DÍEZ-PICAZO, Luis. *Fundamentos del derecho civil patrimonial*. 2. ed. Madrid: Tecnos, 1983. v. 1.

DINAMARCO, Cândido Rangel. *A reforma da reforma*. São Paulo: Malheiros, 2002.

DINIZ, Maria Helena. *Código Civil anotado*. São Paulo: Saraiva, 1997.

_____. *Curso de direito civil brasileiro;* teoria das obrigações contratuais e extracontratuais. 10. ed. São Paulo: Saraiva, 1995. v. 3.

_____. *Tratado teórico e prático dos contratos*. São Paulo: Saraiva, 1993. v. 1.

DONATO, Maria Antonieta Zanardo. *Proteção ao consumidor. Conceito e extensão*. São Paulo: Revista dos Tribunais, 1994.

DONNINI, Rogério José Ferraz. Jurisprudência comentada — compromisso de compra e venda — rescisão — cumulação com devolução das quantias pagas. *Revista Direito do Consumidor,* São Paulo: Revista dos Tribunais, n. 11, jul./set. 1994.

ENTERRÍA, Eduardo García de; FERNANDEZ, Tomás-Ramón. *Curso de derecho administrativo*. Madrid: Civitas, 1977.

ESPÍNOLA, Eduardo. A cláusula "rebus sic stantibus" no direito contemporâneo. *RF,* v. 137.

FAGUNDES, Miguel Seabra. *O controle dos atos administrativos pelo Poder Judiciário*. 4. ed. Rio de Janeiro: Forense, 1967.

FERRAZ JÚNIOR, Tercio Sampaio. *Função social da dogmática jurídica*. São Paulo: Saraiva, 1980.

FERREIRA FILHO, Manoel Gonçalves. *Comentários à Constituição brasileira de 1988*. São Paulo: Saraiva, 1990. v. 1.

FIGUEIREDO, Lúcia Valle. Direitos difusos na Constituição de 1988. *Revista de Direito Público*, v. 21, n. 88, 1988.

FILOMENO, José Geraldo Brito. *Manual de direitos do consumidor*. São Paulo: Atlas, 1991.

FIORILLO, Celso Antonio Pacheco. A ação civil pública e a defesa dos direitos constitucionais difusos. In: *Ação civil pública — Lei 7.347/85;* reminiscências e reflexões: após dez anos de aplicação (Coord. Édis Milaré). São Paulo: Revista dos Tribunais, 1995.

_____. Ação popular e a defesa do meio ambiente. *Revista do Advogado*, São Paulo: AASP, n. 37, set. 1992.

_____. *O direito de antena em face do direito ambiental no Brasil*. São Paulo: Saraiva, 2000.

_____. *Os sindicatos e a defesa dos interesses difusos no direito processual civil brasileiro*. São Paulo, 1995.

_____. Fundamentos constitucionais da política nacional do meio ambiente: comentários ao art. 1º da Lei 6.938/81. *Revista do Programa de Pós--Graduação em Direito da Pontifícia Universidade Católica de São Paulo*, São Paulo: Max Limonad, n. 2, 1995.

FIORILLO, Celso Antonio Pacheco; ABELHA RODRIGUES, Marcelo. *Direito ambiental e patrimônio genético*. Belo Horizonte: Del Rey, 1996.

_____. *Manual de direito ambiental e regulação aplicável*. São Paulo: Max Limonad, 1997.

FIORILLO, Celso Antonio Pacheco; ABELHA RODRIGUES, Marcelo; NERY, Rosa Maria Andrade. *Direito processual ambiental brasileiro*. Belo Horizonte: Del Rey, 1996.

FONSECA, Arnoldo Medeiros da. *Caso fortuito e teoria da imprevisão.* 2. ed. Imprensa Nacional, 1943.

FONSECA, João Bosco Leopoldino da. *Cláusulas abusivas nos contratos.* 2. ed. Rio de Janeiro: Forense, 1995.

FRAGA, Mirtô. *O conflito entre tratado internacional e norma de direito interno.* Rio de Janeiro: Forense, 1997.

FRANÇA, Rubens Limongi. *Teoria e prática da cláusula penal.* São Paulo: Saraiva, 1988.

FREITAS, Arystóbulo de Oliveira. Contrato de construção — rescisão — cláusula penal — art. 53 do CDC, jurisprudência comentada. *Revista Direito do Consumidor,* São Paulo: Revista dos Tribunais, n. 10, abr./jun. 1994.

FRONTINI, Paulo Salvador. Contrato de adesão. *Revista do Advogado,* n. 33, 1990.

FURTADO, Paulo; BULOS, Uadi Lammêgo. *Lei da Arbitragem comentada.* São Paulo: Saraiva, 1997.

GEORGAKILAS, Ritinha Alzira Stevenson. Isonomia e igualdade material na Constituição brasileira. *Revista de Direito Público,* n. 72.

_____. *Constituição de 1988*: legitimidade, vigência e eficácia, supremacia. São Paulo: Atlas.

GOMES, Orlando. *Contrato de adesão.* São Paulo: Revista dos Tribunais, 1972.

_____. *Novos temas de direito civil.* Rio de Janeiro: Forense, 1983.

_____. *Contratos.* 12. ed. Rio de Janeiro: Forense, 1987.

_____. *Transformações gerais do direito das obrigações.* São Paulo: Revista dos Tribunais, 1980.

GRAU, Eros Roberto. Interpretando o Código de Defesa do Consumidor: algumas notas. *Revista Direito do Consumidor,* São Paulo: Revista dos Tribunais, n. 5, 1993.

_____. *A ordem econômica na Constituição de 1988.* 3. ed. São Paulo: Malheiros Ed., 1997.

GRINOVER, Ada Pellegrini. *As garantias constitucionais do direito de ação.* São Paulo: Revista dos Tribunais, 1975.

_____. A problemática dos interesses difusos. In: *A tutela dos interesses difusos*. São Paulo: Max Limonad, 1984.

_____. As garantias constitucionais do processo nas ações coletivas In: *Novas tendências do direito processual*. Rio de Janeiro: Forense Universitária, 1990.

_____. Ações coletivas para a defesa do ambiente e dos consumidores: a Lei n. 7.347, de 24/07/1985. In: *Novas tendências do direito processual*. Rio de Janeiro: Forense Universitária. 1990.

_____. A ação civil pública e a defesa de interesses individuais homogêneos. *Revista Direito do Consumidor*, São Paulo: Revista dos Tribunais, n. 5. 1993.

_____. et al. *Código Brasileiro de Defesa do Consumidor comentado pelos autores do Anteprojeto*. 5. ed. Rio de Janeiro: Forense Universitária, 1998.

GUERRA, Marcelo Lima. *Execução indireta*. São Paulo: Revista dos Tribunais, 1999.

GUERRA FILHO, Willis Santiago. *Introdução à filosofia e à epistemologia jurídica*. Porto Alegre: Livraria do Advogado, 1999.

_____. *Processo constitucional e direitos fundamentais*. São Paulo: Celso Bastos, 1999.

_____. *Dos direitos humanos aos direitos fundamentais*. Porto Alegre: Livraria do Advogado, 1997.

_____. Sobre princípios constitucionais gerais: isonomia e proporcionalidade. *RT*, São Paulo: Revista dos Tribunais, n. 719, 1995.

_____. Metodologia jurídica e interpretação constitucional. *RP*, São Paulo: Revista dos Tribunais, n. 62, 1991.

_____. *Estudos jurídicos — teoria do direito, direito civil*. Fortaleza: Imprensa Oficial do Ceará, 1985.

HEERDT, Paulo. Os contratos de adesão no Código de Defesa do Consumidor. *Revista Direito do Consumidor*, São Paulo: Revista dos Tribunais, v. 6.

HESSE, Konrad. *A força normativa da Constituição*. Trad. Gilmar Ferreira Mendes. Porto Alegre: Sergio A. Fabris, Editor, 1991.

KLANG, Marcio. *A teoria da imprevisão e a revisão dos contratos.* 2. ed. São Paulo: Revista dos Tribunais, 1991.

KLOTER, Philip A. *Administração e "marketing":* análise, planejamento e controle. São Paulo: Atlas, 1985.

LARENZ, Karl. *Base del negocio jurídico y cumplimiento de los contratos.* Trad. Carlos Fernandez Rodríguez. Madrid: Revista de Derecho Privado, 1956.

LEÃES, Luiz Gastão Paes de Barros. *A responsabilidade do fabricante pelo fato do produto.* São Paulo: Saraiva, 1987.

LIMA, Alcides de Mendonça. *Comentários ao Código de Processo Civil.* Rio de Janeiro: Forense, 1974. v. 6, t. 2.

LISBOA, Roberto Senise. *Contratos difusos e coletivos.* São Paulo: Revista dos Tribunais, 1997.

LÔBO, Paulo Luiz Netto. *Condições gerais dos contratos e cláusulas abusivas.* São Paulo: Saraiva, 1991.

_____. *O contrato — exigências e concepções atuais.* São Paulo: Saraiva, 1986.

_____. Contratos no Código do Consumidor: pressupostos gerais. *Revista Direito do Consumidor,* São Paulo: Revista dos Tribunais, v. 6.

_____. *Comentários ao novo Estatuto da Advocacia da OAB.* Brasília: Brasília Jurídica, 1994.

_____. *Responsabilidade por vício do produto ou do serviço.* Brasília: Brasília Jurídica, 1996.

_____. *Direito das obrigações.* Brasília: Brasília Jurídica, 1999.

LUCCA, Newton de. A proteção contratual no Código de Defesa do Consumidor. *Revista Direito do Consumidor,* São Paulo: Revista dos Tribunais, n. 5, 1993.

_____. O Código de Defesa do Consumidor: discussões sobre o seu âmbito de aplicação. *Revista Direito do Consumidor,* São Paulo: Revista dos Tribunais, v. 6.

LUHMANN, Niklas. *Legitimação pelo procedimento.* Brasília: Ed. Universidade de Brasília, 1980.

MACEDO JUNIOR, Ronaldo Porto. *Contratos relacionais e defesa do consumidor.* São Paulo: Max Limonad, 1998.

MAGALHÃES, Tereza Ancona Lopes de. *O dano estético.* 2. ed. São Paulo: Revista dos Tribunais, 1999.

MAIA, Paulo Carneiro. Cláusula *rebus sic stantibus.* In: *Enciclopédia Saraiva do Direito,* São Paulo: Saraiva, 1978. v. 15.

MALANGA, Eugênio. *Publicidade:* uma introdução. São Paulo: Edima, 1987.

MANCUSO, Rodolfo de Camargo. Defesa do consumidor: reflexões acerca da eventual concomitância de ações coletivas e individuais. *Revista Direito do Consumidor,* São Paulo: Revista dos Tribunais, n. 2, 1992.

_____. *Interesses difusos.* 3. ed. São Paulo: Revista dos Tribunais, 1994.

MARANHÃO, Jorge. *A arte da publicidade estética, crítica e "kitsch".* Campinas: Papirus, 1988.

MARINONI, Luiz Guilherme. *Tutela inibitória individual e coletiva.* 2. ed. São Paulo: Revista dos Tribunais, 2000.

MARQUES, Cláudia Lima. *Contratos no Código de Defesa do Consumidor.* 2. ed. São Paulo: Revista dos Tribunais, 1995.

_____. Novas regras sobre a proteção do consumidor nas relações contratuais. *Revista Direito do Consumidor,* São Paulo: Revista dos Tribunais, n. 1, 1992.

MARTINS, Fran. *Contratos e obrigações comerciais.* 14. ed. rev. atual. Rio de Janeiro: Forense, 1997.

MATTOS NETO, Antonio José. A cláusula "rebus sic stantibus" e a cláusula de escala móvel. *Revista de Direito Civil,* São Paulo: Revista dos Tribunais, n. 63.

MAXIMILIANO, Carlos. *Hermenêutica e aplicação do direito.* 14. ed. Rio de Janeiro: Forense, 1994.

MAZZILLI, Hugo Nigro. *A defesa dos interesses difusos em juízo.* 3. ed. São Paulo: Revista dos Tribunais, 1991.

MELLO, Celso Duvivier de Albuquerque. *Curso de direito internacional público.* 9. ed. Rio de Janeiro: Renovar, 1992.

MELLO, Oswaldo Aranha Bandeira de. *Os princípios gerais de direito administrativo*. Rio de Janeiro: Forense, 1969. v. 1.

MILARÉ, Édis. *A ação civil pública na nova ordem constitucional*. São Paulo: Saraiva, 1990.

MIRANDA, Pontes de. *Tratado de direito privado;* parte geral. Rio de Janeiro: Borsoi, 1954. t. 3.

MONTEIRO, Antonio Pinto. *Cláusulas limitativas e de exclusão de responsabilidade civil*. Coimbra: Coimbra Ed., 1985.

MONTEIRO, Osvaldo de Carvalho. Cláusula "rebus sic stantibus". *RF,* v. 94.

MONTEIRO, Washington de Barros. *Curso de direito civil*. 14. ed. São Paulo: Saraiva, 1979. v. 5.

MORAES, Alexandre de. *Direito constitucional*. 5. ed. rev. ampl. atual. São Paulo: Atlas, 1999.

MOREIRA, José Carlos Barbosa. A defesa do consumidor em juízo. *Revista Direito do Consumidor,* São Paulo: Revista dos Tribunais, n. 5, 1993.

_____. Tutela sancionatória e tutela preventiva. In: *Temas de direito processual civil*. Segunda Série. 2. ed. São Paulo: Saraiva, 1988.

MOURA, Mário Aguiar. Ruptura do princípio da relatividade dos contratos no Código de Defesa do Consumidor. *Repertório IOB de Jurisprudência,* n. 16, 2. quinz. ago. 1992.

NERY JUNIOR, Nelson. Intervenção do Ministério Público nos procedimentos especiais de jurisdição voluntária. *RP*, v. 12, n. 46, 1987.

_____. Cambial ineficaz: interesse exclusivo do mandatário. *RP,* v. 13, n. 50, 1988.

_____. Os princípios gerais do Código Brasileiro de Defesa do Consumidor. *Revista Direito do Consumidor,* São Paulo: Revista dos Tribunais, v. 3, 1992.

_____. Aspectos do processo civil no Código de Defesa do Consumidor. *Revista Direito do Consumidor,* São Paulo: Revista dos Tribunais, v. 1, 1992.

_____. Aspectos da responsabilidade civil do fornecedor no Código de Defesa do Consumidor (Lei 8.078). *Revista do Advogado,* v. 33, 1990.

_____. *Atualidades sobre o processo civil*. São Paulo: Revista dos Tribunais, 1995.

_____. *Princípios do processo civil na Constituição Federal.* 3. ed. São Paulo: Revista dos Tribunais, 1996.

NERY JUNIOR, Nelson; NERY, Rosa Maria Andrade. *Código de Processo Civil e legislação processual civil extravagante em vigor.* São Paulo: Revista dos Tribunais, 1994.

_____. *Código de Processo Civil comentado.* 2. ed. São Paulo: Revista dos Tribunais, 1996.

NEVES, Geraldo Serrano. *Teoria da imprevisão e cláusula* "rebus sic stantibus". *RF*, v. 142/513.

NOGUEIRA, Tania Liz Tizzoni. Direitos básicos do consumidor: a facilitação da defesa dos consumidores e a inversão do ônus da prova. *Revista Direito do Consumidor*, São Paulo: Revista dos Tribunais, n. 10, 1994.

OLIVECRONA, Karl. *Lenguaje jurídico y realidad.* Buenos Aires: Centro Editor de América Latina, 1968.

PASQUALOTTO, Adalberto. Os serviços públicos no Código de Defesa do Consumidor. *Revista Direito do Consumidor,* São Paulo: Revista dos Tribunais, n. 1, 1992.

_____. *Os efeitos obrigacionais da publicidade no Código de Defesa do Consumidor*, São Paulo: Revista dos Tribunais, 1997.

PEREIRA, Caio Mário da Silva. *Responsabilidade civil.* 2. ed. Rio de Janeiro: Forense, 1990.

_____. *Instituições de direito civil.* 5. ed. Rio de Janeiro: Forense, 1976. v. 3.

PEZZELLA, Maria Cristina Cereser. O princípio da boa-fé objetiva no direito privado alemão e brasileiro. *Revista Direito do Consumidor*, São Paulo: Revista dos Tribunais, v. 23-24.

PIETRO, Maria Sylvia Zanella di. *Do direito privado na Administração Pública.* São Paulo: Atlas, 1989.

PINHO, J. B. *Comunicação em "marketing".* Campinas: Papirus, 1988.

PINO, Augusto. *La excesiva onerosidad de la prestación.* Trad. Frederico de Mallol. Barcelona: Bosch, 1959.

PIOVESAN, Flávia. *Direitos humanos e direito constitucional internacional.* São Paulo: Max Limonad, 1996.

PRATA, Ana. *Cláusulas de exclusão e limitação da responsabilidade contratual.* Coimbra: Livr. Almedina, 1985.

RANS, John. *Uma teoria da justiça.* Lisboa: Presença, 1993.

REQUIÃO, Rubens. *Curso de direito comercial.* São Paulo: Saraiva, 1995. 2 v.

REZZÓNICO, Juan Carlos. *Contratos con cláusulas predispuestas: condiciones negociales generales.* Buenos Aires: Ed. Astrea, 1987.

RIOS, Josué. *A defesa do consumidor e o direito como instrumento de mobilização social.* São Paulo: Mauad, 1998.

RIZZARDO, Arnaldo. *Contratos de crédito bancário.* São Paulo: Revista dos Tribunais, 1990.

RIZZATTO NUNES, Luiz Antonio. *Empresa & Código de Defesa do Consumidor.* São Paulo: Artpress, 1991.

_____. *Curso prático de direito do consumidor.* São Paulo: Revista dos Tribunais, 1992.

_____. *Compre bem — manual de compras e garantias do consumidor.* 2. ed. São Paulo: Saraiva, 1998.

_____. *Comentários à Lei de Plano e Seguro-Saúde.* São Paulo: Saraiva, 1999.

_____. *O Código do Consumidor e sua interpretação jurisprudencial.* São Paulo: Saraiva, 1997.

_____. *A lei, o poder e os regimes democráticos.* São Paulo: Revista dos Tribunais, 1991.

_____. *Liberdade — norma, consciência, existência.* São Paulo: Revista dos Tribunais, 1995.

_____. *Manual de introdução ao estudo do direito.* 3. ed. São Paulo: Saraiva, 1999.

_____. A publicidade enganosa e o direito do consumidor. *Revista do Ministério Público do Estado de São Paulo,* São Paulo, dez. 1993.

_____. O que você precisa saber para ter férias tranquilas. *Revista do Consumidor Moderno,* São Paulo, dez. 1997 e jan. 1998.

_____. Como comprar produtos importados. *Revista do Consumidor Moderno,* São Paulo, jun. 1998.

_____. A reparação do dano moral. *Folha de S.Paulo,* 2 set. 1997.

_____. Os planos de saúde e a Lei estadual n. 9.495. *Tribuna do Direito,* abr. 1997.

_____. Orçamento. *A Tribuna,* 25-5-1998 (Suplemento *Em Defesa do Consumidor*).

_____. *Comentários à Lei de Plano Privado de Assistência à Saúde.* 2. ed. São Paulo: Saraiva, 2000.

_____. A inversão do ônus da prova no Código de Defesa do Consumidor. *Folha de S.Paulo,* 30 set. 1997.

_____. Da legalidade do cheque pré-datado. *Tribuna do Direito,* set. 1996.

_____. *Comentários ao Código de Defesa do Consumidor.* 2 ed. reformulada. São Paulo: Saraiva, 2005.

_____. *O princípio constitucional da dignidade humana.* São Paulo: Saraiva, 2002.

_____. *Os juros no novo Código Civil e suas implicações para o direito do consumidor.* Disponível em <www.saraivajur.com.br/doutrina>.

_____. *A ANEEL engana o consumidor.* Disponível em <www.saraivajur.com.br>, 7-1-2003; *Tribuna do Direito,* jan. 2003.

_____. *O Código de Defesa do Consumidor e o novo Código Civil.* Disponível em <www.saraivajur.com.br>, 8-11-2002.

_____. *Os consumidores sequestrados.* Disponível em <www.saraivajur.com.br>, 11-3-2002.

_____. *O Código de Defesa do Consumidor e o art. 192 da Constituição Federal: conflito entre a lei ordinária e lei complementar?* Disponível em <www.saraivajur.com.br>, 31-1-2002.

_____. *O cheque pré-datado e a falência do fornecedor.* Disponível em <www.saraivajur.com.br>, 26-10-2001.

_____. *É inconstitucional qualquer medida provisória que pretenda afastar o Código de Defesa do Consumidor.* Disponível em <www.saraivajur.com.br>, 28-5-2001.

_____. *As ações coletivas e a defesa do consumidor, da ordem econômica e da economia popular.* Disponível em <www.saraivajur.com.br>, 5-3-2001.

_____. *O consumidor-idoso em face do Estatuto do Idoso*. Disponível em <www.saraivajur.com.br>, 4-11-2003.

_____. *O Código de Defesa do Consumidor e os planos de saúde*: o que importa saber. Disponível em <www.saraivajur.com.br>, 10-9-2003.

_____. *O consumidor empregado do fornecedor*. Disponível em <www.migalhas.com.br>, coluna ABC do CDC, 20-9-2002.

_____ & CALDEIRA, Mirella D'Angelo. *O dano moral e sua interpretação jurisprudencial*. São Paulo: Saraiva, 1999.

RODAS, João Grandino. *Direito internacional privado*. São Paulo: Revista dos Tribunais, 1990.

_____. *A publicidade dos tratados internacionais*. Rio de Janeiro: Freitas Bastos, 1980.

_____. *A nacionalidade da pessoa física*. São Paulo: Revista dos Tribunais, 1990.

_____. *Tratados internacionais*. São Paulo: Revista dos Tribunais, 1991.

_____. *Contratos internacionais*. 2. ed. São Paulo: Revista dos Tribunais, 1995.

_____. *Sociedade comercial e Estado*. São Paulo: Saraiva, 1995.

RODRIGUES, Silvio. *Direito civil;* parte geral. São Paulo: Max Limonad, 1964.

_____. *Direito civil;* dos contratos e das declarações unilaterais da vontade. 9. ed. São Paulo: Saraiva, 1980. v. 3.

_____. *Direito civil;* dos contratos e das declarações unilaterais da vontade. São Paulo: Saraiva, 1985. v. 3.

_____. *Direito civil.* 20. ed. São Paulo: Saraiva, 1993. v. 1 e 2.

SCAFFI, Fernando. *O poder constituinte e o constituído*. Resenha Tributária/Instituto de Direito Tributário, 1990.

_____. *Cidadania e imunidade tributária*. São Paulo: Revista dos Tribunais, 1998.

_____. *Responsabilidade do estudo intervencionista*. São Paulo: Saraiva, 1990.

SERPA LOPES, Miguel Maria de. *Curso de direito civil;* fontes das obrigações: contratos. 4. ed. Rio de Janeiro: Freitas Bastos, 1991. v. 3.

SERRANO NUNES JÚNIOR, Vidal. *A proteção constitucional da informação e o direito à crítica jornalística.* São Paulo: FTD, 1997.

SERRANO NUNES JÚNIOR, Vidal; ARAUJO, Luiz Alberto David. *Curso de direito constitucional.* São Paulo: Saraiva, 1998.

SIDOU, J. M. Othon. *Proteção ao consumidor.* Rio de Janeiro: Forense, 1977.

_____. *A revisão judicial dos contratos e outras figuras jurídicas.* 2. ed. Rio de Janeiro: Forense, 1978.

SILVA, Agathe E. Schmidt da. Cláusula geral de boa-fé nos contratos de consumo. *Revista Direito do Consumidor,* São Paulo: Revista dos Tribunais, v. 17, 1996.

_____. Cláusula geral de boa-fé nos contratos de adesão. *Revista Direito do Consumidor,* São Paulo: Revista dos Tribunais, jan./mar. 1996.

SILVA, Clóvis do Couto e. O juízo arbitral no direito brasileiro. *RT,* v. 620, 1987.

_____. O princípio da boa-fé e as condições gerais dos negócios. *Anais Jurídicos,* Curitiba: Ed. Juruá, 1988.

SILVA, José Afonso da. *Curso de direito constitucional positivo.* 14. ed. São Paulo: Malheiros Ed., 1997.

SILVA, Wilson Melo. *O dano moral e sua reparação.* 3. ed. Rio de Janeiro: Forense, 1983.

SILVEIRA, Alípio. A boa-fé no Código Civil. São Paulo: Ed. Universitária de Direito, 1973. v. 1 e 2.

STIGLITZ, Gabriel A. *Protección jurídica del consumidor.* 2. ed. Buenos Aires: Depalma, 1990.

_____. Las acciones colectivas en protección del consumidor. *Revista Direito do Consumidor*, São Paulo: Revista dos Tribunais, n. 15, 1995.

_____. *Responsabilidad precontractual.* Buenos Aires: Abeledo-Perrot, s. n.

STIGLITZ, Rubém S. Aspectos modernos do contrato e da responsabilidade civil. *Revista Direito do Consumidor,* São Paulo: Revista dos Tribunais, n. 13, jan./mar. 1995.

TEMER. Michel. *Elementos de direito constitucional.* 10. ed. São Paulo: Malheiros Ed., 1993.

THEODORO JÚNIOR, Humberto. *Curso de direito processual civil.* v. 2.

_____. *Processo de execução.* 18. ed. atual. LEUD, 1997.

TOMASETTI JR., Alcides. Aspectos da proteção contratual do consumidor no mercado imobiliário urbano. Rejeição das cláusulas abusivas pelo direito comum. *Revista Direito do Consumidor,* São Paulo: Revista dos Tribunais, n. 2.

WARAT, Luís Alberto. *O direito e sua linguagem.* Porto Alegre: Sérgio A. Fabris, Editor, 1984.

WATANABE, Kazuo. Tutela antecipatória e tutela específica das obrigações de fazer e não fazer — arts. 273 e 401, CPC. *Revista Direito do Consumidor,* São Paulo: Revista dos Tribunais, n. 19, 1996.

WIEACKER, Franz. *El principio general de la buena fe.* 2. ed. Madrid: Civitas, 1986.

ÍNDICE ALFABÉTICO-REMISSIVO

(Os números referem-se aos itens)

Abatimento — v. Preço
Abusividade — 23.2.2, 25.12 e 25.14
Abuso do direito — 27.1, 31.2.8 e 39.6
Ação(ões)
— coletivas; *astreinte* — 44.3.11
— coletivas; coisa julgada — 48
— coletivas; competência — 47.1
— coletivas; legitimidade ativa — 42
— coletivas; liquidação de sentença — 51
— individual: distribuição e custas — 51.3
— judiciais — 43
— proibidas — 29.3
— regular de cobrança — 29.2
— todas as espécies — 43.2
Aceitação de outro produto ou serviço — 21.14.4
Acesso — v. Justiça
Acidentes — 22.5.6 e 25.8
— de consumo — v. Fato do produto e do serviço
Acréscimos legais — 37.6
Adequação — 19.5

Administradoras de cartão de crédito
— v. Cartão de crédito
Afirmações falsas, incorretas ou enganosas — 29.3.4
Agência
— responsabilidade — 22.5.18.1, 24.6.2, 24.6.3, 25.16.2 e 25.16.3
Alienação fiduciária — 38.3
Alternativas
— cumulação — 12.8.4.7
— do consumidor — 21.14.2
Aluguel — 22.5.19.3
Ambiguidade — 24.3.2 e 25.13.2
Âmbito regional
— como definir — 47.4.2
Ameaça — 29.3.1
— do objeto — 36.8.3
Amostra grátis — 5.3.5
Anunciante
— responsabilidade — 22.5.18.1, 24.6.2, 25.16.2 e 25.16.3
Anúncio — 22.5.1.1
— abusivo; supressão e impedimento — 25.17
— categorias especiais — 22.5.19

— enganoso; supressão e impedimento — 24.7
— honesto — 22.5.2.1
— julgamento — 24.3.1 e 25.13.1
— objetivo — 22.5.2.3
— origem — 22.5.18.4
— reconhecimento da influência — 22.5.17
— responsabilidade — 22.5.18
— transparência — 22.5.2.4
— verdadeiro — 22.5.2.2
Apresentação — v. Oferta 21.11
Arbitragem compulsória — 36.11
Arma de fogo — 22.5.19.15
Arquivo — v. Reclamações
Aspectos processuais — 40
Assembleia
— autorização — 42.7.2
Associação(ões)
— civis; legitimidade — 42.7
— responsabilização dos diretores — 45.4.2
Astreintes — 24.8.4, 25.18.4 e 44.3
— ação principal sem valor econômico — 44.3.7
— caráter objetivo — 44.3.4
— função — 44.3.2
— nas ações coletivas — 44.3.11
— natureza — 44.3.3
— previsão legal — 44.3.6
Atendimento — v. Recusa
Atestado — v. Endosso
Atividade(s)
— de meio — v. Profissionais liberais
— e relação jurídica de consumo — 5.2.2

— ilegais — 22.5.4.2 e 25.4
— serviço — 5.4.2
Ato ilícito — 39.8
Autodeterminação — 3.1.1
Autorização
— do consumidor — 18.6
— governamental — 14.9 e 15.9
Bancos de dados — 30
— caráter público — 30.2.2
Bebidas alcoólicas — 22.4.2 e 22.5.19.1
Benfeitorias necessárias
— renúncia à indenização — 36.20
Boa-fé — 6.9
— cláusula geral — 36.9 e 31.2.3.3
— objetiva — 6.9.1 e 31.2.3.1
— princípio — 31.2.3
— subjetiva — 31.2.3.1
Cadastros — 30
— cadastro negativo — 30.1
— cadastro positivo — 30.2
Calão — 22.5.10.3
Caráter público — 30.2.2 e 30.6
Cartão de crédito
— solidariedade das administradoras — 35.10
Caso fortuito
— interno e externo — 14.15.3 e 15.16.3
— não exclui responsabilidade — 14.15.2 e 15.16.2
Certidão de sentença — 51.2
Chamariz — 24.1.2
Cláusula(s)
— abusiva — 38.1

— abusivas; proibição — 36 e 6.14
— conceito — 36.3
— de não indenizar — 36.5
— gerais — 32.4
— geral da boa-fé e equidade — 36.9
— inserção — 33.3
— modificação — 6.16 e 31.2.2.1
— redigidas com destaque — 33.6
Coação — 29.3.2
Cobrança
— custo (ressarcimento) — 36.16
— da taxa de visita — 28.7
— de dívidas — 29
— do orçamento — 28.7
Código Brasileiro de Autorregulamentação Publicitária — 22.5
Código Civil de 1916 — 38.2.3
Código de Defesa do Consumidor — 41.2
— aspectos processuais — 40
— controle do resultado da produção — 9.5
— interpretação (pressupostos) — 4.2
— lei principiológica — 4.1
— princípios — 6
Coisa julgada — 48
— amplitude e extensão territorial — 48.3.4
— nas ações coletivas de proteção aos direitos coletivos — 48.2
— nas ações coletivas de proteção aos direitos difusos — 48.1
— nas ações coletivas de proteção aos direitos individuais homogêneos — 48.3
Coletividade de pessoas — 5.1.6
Comerciante — 14.6
— responsabilidade — 14.19
Competência — 47
— dano de âmbito local — 47.3
— dano de âmbito nacional ou regional — 47.4
— no Direito individual — 47.4.3
— para execução — 51.2
Componente(s)
— originais — 18.3
— original adequado e novo — 18.4
Comportamento socialmente típico — 32.3 e 33.7
Composição — 21.11.12
Compras feitas fora do estabelecimento comercial — 35
Comunicação ao consumidor — 30.4
Conclusão do negócio
— opção — 36.13
Condições gerais — 32.4
Conselho Nacional de Defesa do Consumidor — Anexo B
Consertos — 18.2
Conservação — v. Princípio da conservação
— inadequada — 14.19.6
Consórcios — 38.4
Constituição Federal — 1.2 e 41.1
Constituição há um ano — 42.7.3
— dispensa — 42.7.4
Constrangimento físico ou moral — 29.3.3

925

Consumidor(es) — 22.5.1.3
— autorização de emprego de peças usadas — 18.6
— comunicação — 30.4
— conceito — 5.1
— culpa exclusiva — 14.15.4 e 15.16.4
— dados — 30
— dados; inexatidão e correção — 30.5
— defesa em juízo — 40.1
— destinatário final — 5.1.2
— direitos básicos — 6
— efeito da publicidade abusiva — 25.1
— efeito da publicidade enganosa — 24.1
— em detrimento do — 39.4
— entidade de defesa — 20.8.2
— entrega sem sua solicitação — 27.8
— equiparados — 10.2
— expectativa — 13.7
— hipossuficiência — 31.2.7
— idoso — 27.9.1
— inadimplência nos serviços públicos — 5.5.3.3
— inadimplente — 30.2.3
— não encontrado — 8.2
— órgãos de defesa — 30.8.2
— ou contribuinte — 5.5.3.7
— por equiparação — 5.1.7
— real — 24.2 e 25.12
— reclamação — 20.8
— testemunhal — 22.5.12.4
— vítimas do evento — 5.1.7
— vulnerabilidade — 31.2.7
Consumo — v. Relação jurídica — 5
Continência — 49.2
Contrapropaganda — 24.8 e 25.18
Contratação
— formas — 32
Contrato(s)
— cancelamento — 36.15
— conhecimento prévio — 34.2
— conservação — 36.21
— de adesão — 32.2 e 33
— de consumo; princípios — 31.2
— desistência — 35
— desistência; manifestação — 35.5
— difícil compreensão — 34.3
— em moeda corrente nacional — 38.5
— escrito ou verbal — 33.7
— fechamento — 28.5
— interpretação — 34.4
— modificação unilateral — 36.17
— preço em moeda corrente nacional — 37.3
— redação — 33.5
— redação; caracteres legíveis — 33.5.4
— redação; caracteres ostensivos — 33.5.3
— rescisão — 21.14.5
— sentido — 35.6
— social; violação — 39.9
— transparência — 34.1
Contribuinte — v. Consumidor ou contribuinte

Cooperação — 31.2.8.1
Correção
— da publicidade — 26
— de dados inexatos — 30.5
Covid-19 — Pandemia e direito do consumidor — Anexo A
Crédito
— outorga — 37
Crianças — 22.5.7 e 25.9
Critério do juiz — 46.2
Cuidado — 31.2.8.2
Culpa
— ausência — 9.7
— exclusiva de terceiro — 14.15.4 e 15.16.4
— exclusiva do consumidor — 14.15.3 e 15.16.3
— profissionais liberais — 17
Cumprimento forçado da oferta — 21.14.3
Curso — 22.5.19.2
Custas — 45
Dano(s)
— à imagem — 16.5
— de âmbito local; competência — 47.3
— de âmbito nacional ou regional; competência — 47.4
— estético — 16.4
— informação causadora — 14.4.2
— materiais e morais — v. Indenização
— materiais e morais; direitos individuais coletivos e difusos — 6.18.4
— materiais e morais; prevenção e reparação — 6.18
— materiais, morais, estéticos e à imagem — 16
— materiais, morais, estéticos e à imagem; pessoa jurídica — 16.6
— material — 16.1
— moral — 16.2
— oferta e publicidade causadoras — 14.4.1
— prova — 14.14 e 15.15
Data — v. Serviço
Decadência — 20
Decência — 22.5.4.3 e 25.5
Declarações de vontade — 31.2.1
Defeito — 11.2, 14.1, 14.4 e 15.1
— característica da produção em série — 9.4
— de quantidade — 12.13.3
— distinção de vício — 15.4
— profissional liberal — 17.7
Defesa
— do consumidor em juízo — 40.1
— do fornecedor — 12.8.4.5 e 12.13.18
— do prestador de serviço — 13.10.4.3 e 13.18
Dentistas — 22.5.19.7
Denunciação da lide
— obrigatória — 50.2
— vedação — 14.19.9 e 50.1
Descanso
— interferência — 29.3.6
Desconsideração — 39.3
— da personalidade jurídica — 39

— da personalidade jurídica; dever do magistrado — 39.2
Despesas
— processuais — 45
— sem (desistência do contrato) — 35.9
Desproporcionais — v. Modificação de cláusulas
Destinatário final — 5.1.2
— pessoa jurídica — 5.1.4
Desvantagem exagerada — 36.8
Dever
— de cooperação — 31.2.8.1
— de cuidado — 31.2.8.2
— de informar — 6.11 e 31.2.6
— do magistrado — v. Desconsideração da personalidade jurídica
Diet — 21.12
Dietas — 22.5.19.7
Dignidade — 6.1
— da pessoa humana — 3.2
— valor preenchido — 3.2.3
Direito(s)
— a repetição — 29.4.5
— a repetir — 29.4.2
— básicos do consumidor — v. Princípio(s) — 6
— coletivo; espécie — 41.6.5
— coletivos — 41.5
— coletivos; distinção dos direitos individuais homogêneos — 41.5.5
— coletivos; reparação dos danos materiais e morais — 6.18.4
— de informar — 3.9.1
— de revisão — 6.17 e 31.2.2.2
— de se informar — 3.9.2
— de ser informado — 3.9.3
— difusos — 41.4
— difusos; ações coletivas; coisa julgada — 48.1
— difusos; reparação de danos materiais e morais — 6.18.4
— difusos, coletivos e individuais homogêneos — 41
— difusos e coletivos; legitimação autônoma — 42.3
— do consumidor; após trinta dias — 12.8.4
— do consumidor; desconstituição — 14.17 e 15.17
— do consumidor inadimplente — 30.2.4
— individuais; reparação de danos materiais e morais — 6.18.4
— individuais coletivos e difusos; reparação e proteção — 6.18.4
— individuais homogêneos — 41.6
— individuais homogêneos; legitimação extraordinária — 42.4
— individuais homogêneos, difusos e coletivos; ações coletivas — 47.1
— individuais homogêneos, difusos e coletivos; coisa julgada — 48.1, 48.2 e 48.3
— ou interesse — 41.3
Discriminação — 22.5.4.1 e 25.3
Dissolução — 39.3
Dívida — v. Cobrança de dívidas

Domicílio do autor — 47.3.2
Educação — 22.5.19.2
Efeito
— *erga omnes* — 48.1.1 e 48.3.1
— *ex tunc* — 35.8
— *ultra partes* — 48.2.1
v. também Prova (insuficiência)
Eficiência — v. Serviços públicos
Empréstimos — 22.5.19.4 e 37
Endosso — 22.5.12.5
Enfermeiros — 22.5.19.7
Engano justificável — 29.4.3
Enganosidade — 22.5.3, 23.2.2, 24.2 e 24.3.5
Ensino — 22.5.19.2
Equidade — 3.4.2
— e boa-fé — 31.2.3.4
Equilíbrio — 6.9.3
— contratual — 36.8.3
Equivalência — 31.2.4
Erro na oferta — 21.8
Escolha
— do consumidor — 12.13.13 e 13.10
— do fornecedor a ser acionado — 12.8.5
Especialista — v. Perito
Especificações técnicas — 18.5
Estabelecimento comercial — v. Compras feitas fora do estabelecimento comercial
Estado — v. Intervenção do Estado
Estatuto social — v. Contrato social
Evento — v. Vítimas do evento
Exagero — 24.3.3 e 25.13.3
Excesso de poder — 39.7

Excursões — 22.5.19.13
Execução — 51.1 e 51.2
— por terceiros — 13.19
Expectativa — v. Consumidor
Exposição ao ridículo — 29.3.5
Fato do produto — e do serviço — v. Responsabilidade — 9.8, 14 e 15
Finalidade — 19.5
Financiamentos — 37
— liquidação antecipada — 37.10
— total a pagar com ou sem — 37.8
Fins institucionais — 42.7.1
Força maior
— não exclui responsabilidade — 14.15.2 e 15.16.2
Formulário — 33.2
Fornecedor
— conceito — 5.2
— defesa — 12.8.4.5
— de produtos; defesa — 12.13.18
— de serviço; responsabilidade — 15.5
— ente despersonalizado — 5.2.4
— entrega de reclamação — 20.8.3
— escolha de qual será acionado — 12.8.5
— exoneração vedada — 19.6
— gênero — 5.2.6
— imediato — 12.13.19
— pessoa física — 5.2.5
— qualquer pessoa jurídica — 5.2.3
— vinculação — 28.4

929

Fumar
— proibição — 7.5
Fundamento do ordenamento jurídico — 3.4.2
Garantia — 21.11.14
— ampla — 24.1.1
— complementar — 19.7.1 e 20.6.2
— constitucional — 43.1
— constitucional (serviço público) — 5.5.3.4
— contratual — 19.7 e 20.6
— dos produtos e serviços — 19
— legal — 19.1.1
— oferta — 19.4
— prazo — 19.1
— produtos usados — 19.3
— sem prazo — 12.10
— termo — 19.7.2
— vícios — 13.16
Harmonia — 6.5
Hipossuficiência — 31.2.7 e 46.4
Honorários
— advocatícios — 45
— periciais — 45
Honra — 3.8.2
Hotelaria — 22.5.19.13
Identificação
— do fabricante; impossibilidade — 14.19.3
— do fabricante; inexistência — 14.19.4
— publicitária — 22.5.16
Idoso — v. Consumidor idoso
Igualdade — 31.2.5
— de todos — 3.6.1

— nas contratações — 6.10
Ilegitimidade de parte — 14.18
Imagem — 3.8.3
Imóveis
— compra — 35.7
— compra e venda em prestações — 38
Importador — 14.8
Imposição — v. Representante
Imprescritibilidade — 36.2
Impressos — 7.6
Indébito — v. Repetição do indébito
Indenização — 12.11.5
— cláusula de não indenizar — 36.5
— partição — 14.19.7
— por cobrança indevida — 29.4.4
— por dano estético — 16.4
— por dano moral — critérios para fixação — 16.3
— por danos materiais e morais — 29.4.4
— reparação integral — 6.18.3
Informação — 3.9 e 43
— causadora do dano — 14.4.2 e 15.7
— depreciativa — 27.12
— distorcida — 24.1.3
— em língua portuguesa — 21.11.7
— e publicidade — 21.3
— e publicidade; vício de qualidade — 12.5.5
Informações
— cabais — 7.8

— claras — 21.11.3
— corretas — 21.11.2
— necessárias e adequadas — 7.4
— ostensivas — 21.11.5
— precisas — 21.11.4 e 33.5.2
Informar — v. Dever de informar
Inquérito civil — 20.9
Inserções indiretas, mas permitidas — 23.2.3
Interpretação — v. Código de Defesa do Consumidor
Interrupção
— dos serviços públicos — 5.5.3.2
Intervenção do Estado — 6.8
Intimidade — 3.8.1, 22.5.4.4 e 25.6
Investimentos — 22.5.19.4
Isonomia — 3.6
Jovens — 22.5.7 e 25.9
Juros de mora — 37.4
Justiça — 3.4
— acesso — 6.19 e 45.1
— fundamento do ordenamento jurídico — 3.4.2
— real — 3.4.1
Justiça Federal
— competência — 47.2
Lazer — interferência — 29.3.6
Legitimação
— autônoma — 42.3
— concorrente — 42.1
— disjuntiva — 42.2
— extraordinária — 42.4
Legitimidade
— ativa — 42
— das associações civis — 42.7

— do Ministério Público — 42.6
Lei
— consumerista — problemas com a redação — 7.1
— infração — 39.8
— principiológica — 4.1
Liberação automática — 45.2
Liberdade — 3.3
— de escolha — 6.7
— de expressão na publicidade — 24.3.5 e 25.14
Licença publicitária — 24.3.4 e 25.13.4
Light — 21.12
Liminar — 44.2
— momento da concessão — 44.2.3
Linguagem — 22.5.10
— compreensível — 30.3.1
— legível — 21.11.8
Língua portuguesa — 21.11.7
Liquidação
— antecipada — 37.10
— de sentença; individual — 51.1
— de sentença; pelos legitimados do art. 82 — 51.2
Litispendência — 49.1
Lojas — 22.5.19.5
Má administração — 39.10
Má-fé — 45.4
— exclusiva — inexistência — 45.4.3
Mala-direta — 21.13
Manifestação da vontade
— ausência — 31.2.1
Manual de instrução — 19.7.3

Mão de obra
— valor — 28.2.1
Massagistas — 22.5.19.7
Medicamentos — 22.4.3
Médicos — 22.5.19.7
Medida judicial — 12.8.4.3, 13.13 e 13.20
Medo — 22.5.5 e 25.7
Meio ambiente — 22.5.8 e 25.10
Meio de comunicação — 21.5
Mercado de capitais — 22.5.19.4
Merchandising — 22.5.14 e 23.2
— tipo proibido — 23.2.1
Ministério Público
— intervenção obrigatória — 42.8
— legitimidade — 42 e 42.6
— representação — 36.22
Modificação de cláusulas — 6.16 e 31.2.2.1
Moeda corrente nacional — 37.3 e 38.5
Multa — v. *Astreintes*
— *quantum* — 44.3.5
Necessidade
— e proteção — 6.3
Negativação — 30.2.1
Nexo de causalidade — 14.14 e 15.15
— desconstituição — 14.13
— excludentes — 14.15
Nocividade
— responsabilidade objetiva — 10.1
— v. também Potencialidade de nocividade e periculosidade

Norma(s)
— ambientais; violação — 36.18
— autônoma — 14.19.8
— autorregulamentares — 24.3.6
— constitucionais — 2.2
— técnicas — 27.13
Nulidade absoluta — 36.1
Objeto
— ameaça — 36.8.3
— divisível — 41.6.4
— indivisível — 41.4.4 e 41.5.4
Obrigação de fazer — 44
— publicidade — 22.6
Obrigações
— de fazer ou não fazer — 44
— iníquas — 36.8
Oferta — 21
— características — 21.2 e 21.11.9
— cumprimento forçado — 21.14.3
— de garantia — 19.4
— elementos — 21.11
— erro — 21.8
— informação e publicidade — 21.3
— por telefone — 21.13
— que não constou do contrato — 21.9
— recusa de cumprimento — 21.14
— regime jurídico vinculante — 21
Oferta e publicidade
— causadoras do dano (produto) — 14.4.1

— causadoras do dano (serviço) — 15.6
Onerosidade excessiva — 36.8.4
Ônus da prova
— inversão — 13.10.4.2, 45.3 e 46
— inversão; critério do juiz — 46.2
— inversão; hipossuficiência — 46.4
— inversão; momento — 46.5
— inversão; verossimilhança das alegações — 46.3
— inversão nas ações coletivas — 45.3
— profissional liberal — 17.9
— proibição da inversão — 36.10
Ônus econômico — 46.6
Opção — v. Conclusão do negócio
Oposição — v. Proibição
Orçamento — 28
— cobrança — 28.7
— itens obrigatórios — 28.2
— prazo de validade — 28.3
— prévio — 27.11 e 28.1
Ordem pública — v. Lei
Origem — 21.11.16
Pagamento
— a prazo (substituição do produto) — 12.11.3 e 12.13.16.3
— condições — 28.2.3
Pandemia — Covid-19 e direito do consumidor — Anexo A
Para-hospitalares — 22.5.19.7
Paramédicos — 22.5.19.7
Parceiros de negócios — 39.12
Parcelas

— perda total — 38.2
Parteiras — 22.5.19.7
Patrimônio cultural — 22.5.9 e 25.11
Peça jornalística — 22.5.15
Peças originais e usadas — 28.8
Perdas e danos — 12.8.4.4, 13.10.4, 13.17 e 44.4
Periculosidade — v. Potencialidade de nocividade e periculosidade
— responsabilidade objetiva — 7.9
Perito
— testemunhal — 22.5.12.2
Personalidade judiciária — 42.5
Personalidade jurídica — v. Desconsideração da personalidade jurídica
Peso ou medida
— complementação — 12.13.15
Pessoa(s)
— coletividade — 5.1.6
— comum; testemunhal — 22.5.12.4
— expostas às práticas comerciais — 5.1.8
— famosa; testemunhal — 22.5.12.3
— física — 5.1.2
— física (fornecedor) — 5.2.5
— física; responsabilidade — 22.5.18.3
— jurídica; danos materiais, morais e à imagem — 16.6
— jurídica; destinatária final — 5.1.4
— jurídica; fornecedor — 5.2.3
— jurídica; honra e imagem — 3.8.4

— jurídica; profissional liberal — 17.5
Piso vital mínimo — 3.2.2
Pobreza — 3.4.3
Poder Público
— estipulações — 33.2
Potencialidade de nocividade e periculosidade — 7.7
Práticas
— abusivas — 27
— abusivas; proibição — 6.13
— anteriores — 28.9
— comerciais; pessoas expostas — 5.1.8
Prazo — 12.13.12
— aumento — 12.9.2
— como contar — 12.8.1.2
— contagem (reclamação, decadência e prescrição) — 20.5
— contagem (reflexão) — 35.4
— contratual (garantia) — 20.6.1
— da negativação — 30.3.2
— de arrependimento — 35.2
— de garantia — 12.8.2 e 19.1
— de reflexão — 35.2
— de validade — 12.6.1, 21.11.15 e 28.3
— diminuição — 12.9
— falta — 27.17
— garantias sem — 12.10
— legal (garantia) — 20.6.1
— limite mínimo — 12.9.1
— maior — 35.3
— para desistência do contrato — 35
— para reclamar — 20
— para sanar vício — 12.8
— problemas — 12.8.1.1
Preço
— abatimento proporcional — 12.8.4.6, 12.11.5, 12.13.14, 12.13.16.5 e 13.11
— alteração unilateral — 36.14
— do serviço público — 5.5.3.5
— dos equipamentos empregados — 28.2.2
— dos materiais empregados — 28.2.2
— elevação — 27.15
— em moeda corrente nacional — 37.3
— na oferta — 21.11.13
— pagamento em prestações — 38
— reajuste — 27.16
— sempre à vista — 21.11.13.1 e 21.11.13.3
— visível — 21.11.13.2
Prerrogativas — uso imediato — 12.10.1
Prescrição — 20.11
Pressupostos fundamentais — 1
Prestação(ões)
— de serviço de massa — 17.4
— desproporcionais; modificação de cláusulas — 6.16
— dos serviços de reparação — 18
— número e periodicidade — 37.7
— pagamento em — 38.2.2
Prestador

— de serviços; defesa — 13.10.4.3 e 13.18
— de serviços de reparação — 18.1
— do serviço; vício — 13.3
— do serviço público; responsabilidade — 5.5.3.8
Princípio(s) — 6
— acesso à justiça — 6.19
— adequada e eficaz prestação de serviços públicos — 6.20
— basilares dos contratos de consumo — 31.2
— boa-fé — 6.9 e 31.2.3
— boa-fé objetiva — 6.9.1 e 31.2.3.1
— boa-fé subjetiva — 31.2.3.1
— conservação — 6.15
— constitucionais — 2.1
— constitucionais de proteção ao consumidor — 3
— dever de cooperação — 31.2.8.1
— dever de cuidado — 31.2.8.2
— dever de informar — 6.11 e 31.2.6.1
— dignidade — 6.1
— dignidade da pessoa humana — 3.2
— direito à intimidade, vida privada, honra e imagem — 3.8
— direito à vida — 3.7
— direito de revisão — 6.17 e 31.2.2
— eficiência — 3.11
— equidade — 31.2.3.4
— equilíbrio — 6.9.3
— equivalência — 31.2.4
— fundamentais — 36.8.2
— fundamental — 3.2.1
— gerais da atividade econômica — 3.10
— harmonia — 6.5
— hipossuficiência — 31.2.7
— igualdade — 31.2.5
— igualdade nas contratações — 6.10
— informação — 3.9
— intervenção do Estado — 6.8
— isonomia — 3.6
— justiça — 3.4
— liberdade — 3.3
— liberdade de escolha — 6.7
— modificação das cláusulas que estabeleçam prestações desproporcionais — 6.16
— pobreza — 3.4.3
— prevenção e reparação de danos materiais e morais — 6.18
— proibição de cláusulas abusivas — 6.14
— proibição de práticas abusivas — 6.13
— proteção à vida, saúde e segurança — 6.2
— proteção contra publicidade enganosa ou abusiva — 6.12
— proteção e necessidade — 6.3
— protecionismo — 31.2.9
— publicidade — 3.12
— responsabilidade solidária — 6.21
— soberania — 3.1

— de cláusulas abusivas — 6.14
— da publicidade clandestina — 23.1
— absoluta — 36.5.1
Proibição
— serviços de massa — 17.4
— geral — 17.1
— razão de exclusão do sistema
— na pessoa jurídica — 17.5
— *intuitu personae* — 17.2
— defeito e vício — 17.7
— culpa — 17
— caracterização — 17.6
— atividade de meio — 17.3
— anúncios — 22.5.19.11
Profissionais liberais — 17
— vícios — 12
— tência — 5.4.4
— venda sem serviço — inexis-
— variações da natureza — 12.7
— usado — 19.3
— substituição (pagamento a prazo) — 12.11.3 e 12.13.16
— substituição — 12.8.4.2 e 12.11
— serviço público — 5.5.3.6
— sentido — 35.6
— segurança — 7
— qualidade — 7
— protéticos — 22.5.19.7
— prazo de garantia — 12.8.2
— não durável — 5.3.4, 12.4 e 12.13.4
— nacional ou estrangeiro — 14.7
— móvel ou imóvel — 5.3.1
— material ou imaterial — 5.3.2

— solidariedade — 3.5
— transparência — 6.4 e 31.2.6.2
— vulnerabilidade — 6.6 e 31.2.7
Produção
— característica: vício e defeito — 9.4
— em série — 9.3
— e publicidade — 22.2
Produto(s) — 22.5.1.2
— aceitação de outro — 21.14.4
— acidente de consumo — 14
— alimentícios — 22.5.19.6
— alterado — 12.6.2
— conceito — 5.3
— de espécie, marca ou modelo diversos — 12.11.4 e 12.13.16.4
— defeito — 14.4
— de fumo — 22.5.19.9
— desgaste — 12.8.3
— dietéticos — 22.5.19.7
— durável — 5.3.3
— durável e não durável — 12.4, 12.13.4, 19.1.2 e 20.4
— escolha de outro — 12.11.2 e 12.13.16.2
— essencial — 12.10.5
— falta — 12.11.1 e 12.13.16.1
— farmacêuticos populares — 22.5.19.8
— fato do — 14
— fumígenos — 22.4.1
— garantia — 19
— gratuito — v. Amostra grátis
— inibidores do fumo — 22.5.19.10
— *in natura* — 12.12

— de fumar — 7.5
— de oposição — 12.8.4.2
— de práticas abusivas — 6.14
— relativa — 36.5.2
Pronúncia — 22.5.10.2
Propaganda — v. Publicidade
Proteção
— à vida, saúde e segurança — 6.2
— contra publicidade enganosa ou abusiva — 6.12
— contratual — 31
— coletiva — 40.2
— e necessidade — 6.3
Protecionismo — 31.2.9
Protéticos — v. Produtos
Prova — v. Ônus da prova
— da verdade (publicidade) — 26
— do dano e do nexo de causalidade — 14.14 e 15.15
— insuficiência — efeito — 48.1.2, 48.2.2 e 48.3.2
— inversão do ônus — 13.10.4.2 e 46
Publicidade — v. Anúncio — 3.12 e 22
— abusiva — 25
— abusiva (proteção contra) — 6.12
— bebidas alcoólicas — 22.4 e 22.5.19.1
— causadora do dano — 14.4.1 e 15.6
— chamariz — 24.1.2
— clandestina — 23
— comparativa — 22.5.11, 24.3.6 e 25.15

Qualidade
— controle — 14.19.1
— dos produtos e serviços — 7
— elemento da oferta — 21.11.10
— óbvio — 19.5
— vício no produto — 12.5
— vício de qualidade — 12.5.5
— testemunhais — 22.5.12
— *teaser* — 22.5.13
— responsabilidade — 22.5.18 e 24.6
— prova da verdade — 26
— produtos fumígenos — 22.4.1
— peça jornalística — 22.5.15
— ou propaganda — 3.12.1 e 22.1
— oferta — 21.3
— obrigação de fazer — 22.6
— *merchandising* — 22.5.14 e 23.2
— medicamentos e terapias — 22.4.3
— identificação publicitária — 22.5.16
— fumo — 22.5.19.9
— enganosa por omissão — 24.4
— enganosa (proteção contra) — 6.12
— enganosa — 24
— e verdade — 3.12.3 e 22.3
— e produção — 3.12.2 e 22.2
— e informação — 12.5.5
— de expressão na publicidade — 24.3.5 e 25.14
— correção — 26
— contrapropaganda — 24.8 e 25.18

— vício no serviço — 13.6
Quantia paga
— reembolso — 36.6
— restituição — 12.8.4.4, 12.11.5, 12.13.17 e 13.10.3
Quantidade
— defeito — 12.13.3
— elemento da oferta — 21.11.11
— menor, mas sem vício — 12.13.11
— vício — 12.13
Recall — 8
— consumidor não encontrado — 8.2
— modos de efetuar — 8.1
Reclamações
— arquivo — 30.8
— lista — 30.8.1
Recusa
— da venda — 27.14
— de atendimento — 27.7
Reembolso postal — 22.5.19.12
Reexecução
— parcial — 13.10.2
— quando possível — 13.10.1
— via terceiros — 13.12
Reflexão
— prazo — 35.2
Relação jurídica — 41.4.3, 41.5.3 e 41.6.3
— de consumo — 5
— de consumo e atividade (fornecedor) — 5.2.2
— serviços públicos — 5.6
Reparação
— de danos materiais e morais

— por fato do produto — 14.3
— pelo anúncio publicitário — 22.5.18, 24.6 e 25.16
— objetiva — 7.9 e 9
— não excludentes — 14.15.2 e 15.16.2
— excludente — 14.15.3, 14.15.4, 14.15.5, 15.16.3, 15.16.4 e 15.16.5
— dos profissionais liberais — 17
— dos órgãos de defesa do consumidor — 30.8.2
— do prestador do serviço público — 5.5.3.8
— do fornecedor do serviço — 15.5
— do fornecedor-anunciante — 24.6
— do comerciante — 14.19
— desconstituição — 15.14
— das pessoas físicas — 22.5.18.3
— civil objetiva — consumidores equiparados — 10.2
— civil objetiva — 10
Responsabilidade
Respeitabilidade — 22.5.4 e 25.2
Rescisão do contrato — 21.14.5
— imposição — 36.12
Representante
Repetição do indébito — 29.4
— integral — 10.1
— por fato do serviço — 15
— de danos materiais e morais por fato do produto — 14
— 6.18

— por vício de qualidade e também quantidade (serviços) — 13.1
— por vício de quantidade (produtos) — 12.13.1
— reparação integral — 10.1
— solidária — 6.21, 22.5.18.1, 22.5.18.2, 24.6.1, 24.6.2, 24.6.3, 25.16.1, 25.16.2 e 25.16.3
— transferência a terceiros — 36.7
Responsabilização
— dos diretores da associação — 45.4.2
— excludentes — 15.16
Responsável
— fornecedor do serviço — 15.5
— por fato do produto — 14.3
— vício de quantidade — 12.13.1
— vícios dos produtos — 12.3
Ressarcimento — v. Cobrança
Revisão
— direito — 6.17
Risco(s)
— à saúde ou segurança — 7.2
— do consumidor — 49.1.2
— normal e previsível — 7.3
— razoáveis — 15.11.2
— teoria — 9
Saúde
— proteção — 6.2
— riscos — 7.2
Segurança — 22.5.6 e 25.8
— dos produtos e serviços — 7
— proteção — 6.2

Sentença
— efeitos especiais — 49.1.1
— liquidação — 51
Serviço(s) — 22.5.1.2
— aceitação de outro — 21.14.4
— bancário — 5.4.1
— com atenção normativa especial — 15.10
— conceito — 5.4
— data de início e término — 28.2.4
— de crédito — 5.4.1
— de massa — v. Prestação de serviço de massa
— de reparação — 18
— de terceiros — 28.6
— defeito — 15.1
— durável — 5.4.3, 13.5 e 20.4
— essencial — 5.5.3.1
— execução por terceiros — 13.19
— fato do — 15
— financeiro — 5.4.1
— garantia — 19
— hospitalares — 22.5.19.7
— impróprio ou inadequado — 13.6.2
— não durável — 5.4.3, 13.5 e 20.4
— público — 5.5
— qualidade — 7
— reexecução — 13.10.1 e 13.10.2
— securitário — 5.4.1
— segurança — 7

Sistema de proteção ao consumidor
— caráter público — 30.2
Serviços de proteção ao crédito — 30.2
Serviço de Atendimento ao Consumidor - SAC — Anexo C
— serviço ou produto — 5.5.3.2
— 5.5.3.4
— responsabilidade do prestador — 5.6
— relação jurídica — 5.6
— prestados direta ou indiretamente — 5.5.1
— 5.5.3.4
— garantia constitucional — 5.5.3.4
— essencial contínuo — 5.5.3
— essencial — 5.5.3.1
— eficiência — 5.5.2
— 5.5.3.3
— consumidor ou contribuinte — 3.11 e 6.20
— adequada e eficaz prestação — 5.5
Serviço(s) público(s) — 5.5
— vícios de quantidade — 13.14
— dade — 13.1
— vícios de qualidade e quantidade — 13.1
— vício oculto — 13.6.7
— 15.4
— vício e defeito; distinção — 15.4
— vício de qualidade — 13.6
— vício aparente — 13.6.6
— vício — 13
— natureza — 13.8
— variações decorrentes de sua natureza — 13.8
— sentido — 35.6
— sem remuneração — 5.4.5

— desacordo — 36.19
Sistema jurídico
— interpretação — 2.3
— posição dos tratados — 3.1.2.4
Soberania — 3.1
Solidariedade — 3.5, 12.5.2, 12.13.2, 13.4, 14.5, 14.19.2 e 15.8
— das administradoras de cartão de crédito — 35.10
Substituição do produto — 12.8.4.2, 12.11 e 12.13.16
Sucessores — 48.3.3
Sujeito
— ativo determinado e plural — 41.6.1
— ativo indeterminado — 41.4.1
— ativo indeterminado, mas determinável — 41.5.1
— passivo — 41.4.2, 41.5.2 e 41.6.2
Superstição — 22.5 e 25.7
Tabaco — 22.4
Tarifamento
— proibição na reparação de danos — 6.18.1
Taxa
— de visita — 28.7
— efetiva — 37.5
"Telos" legal — 35.1
Tempo
— recontagem proibida — 12.8.1.2
Teoria do risco do negócio — 9
— ausência de culpa — 9.7
— negócios implicam risco — 9.1
— produção em série — 9.3

— receita deve arcar com os prejuízos — 9.6
— risco/custo/benefício — 9.2
Terapias — 22.4.3
Terceiro
— culpa exclusiva — 14.15.5 e 15.16.5
— execução — 13.19
— reexecução — 13.12
Termo de garantia — 19.7.2
Termos claros — 33.5.1
Testemunhais — 22.5.12
Tipos penais — 30.7
Total a pagar — 37.8
Trabalho — interferência — 29.3.6
Transparência — 6.4 e 31.2.6.2
— do anúncio — 22.5.2.4
Tratados internacionais — 3.1.2
Tratamentos — 22.5.19.7
Turismo — 22.5.19.13
Turista — 3.6.2
Tutela específica — 44.1
Uso
— e consumo — 12.6
— e riscos razoáveis — 14.10.2
Validade — v. Prazo de validade
Valor da mão de obra — 28.2.1
Vantagem excessiva — 27.10
Varejo — 22.5.19.5
Veículo
— motorizado — 22.5.19.14
— responsabilidade — 22.5.18.2, 24.6.3 e 25.16.3
Venda — 22.5.19.3
Verdade e publicidade — 22.3
— recusa — 27.14
Vernáculo — 22.5.10.1
Veterinários — 22.5.19.7
Viagens — 22.5.19.13
Vício — 11.1
— aparente (produto) — 12.1
— aparente (serviço) — 13.6.6
— característica da produção em série — 9.4
— de fácil constatação — 19.2 e 20.3
— de qualidade (produtos) — 12.5
— de qualidade; resumo — 12.5.6
— de qualidade (serviços) — 13.6
— de qualidade e também de quantidade (serviços) — 13.1
— de quantidade — 12.13
— de quantidade; definição — 12.13.8
— de quantidade (serviços) — 13.14
— de quantidade; minus do direito — 12.13.6
— distinção de defeito — 11 e 15.4
— dos produtos — 12
— dos serviços — 13
— dos serviços (escolha do consumidor) — 13.10
— equívoco — 12.5.1

- fontes simultâneas — 13.15
- garantia — 13.16
- oculto — 12.2, 13.6.7, 19.2 e 20.10
- problema do prazo para saneamento — 12.8
- produtos duráveis e não duráveis — 12.4
- profissional liberal — 17.7
- publicidade e informação — 12.5.5
- responsável (produtos) — 12.3
- responsável (serviços) — 13.2

Vida
- direito — 3.7
- privada — 3.8.1
- proteção — 6.2
Vinculação pré-contratual — 34.5
Violência — 22.5.5 e 25.7
Vítimas do evento — 5.1.7
Vulnerabilidade — 6.6 e 31.2.7
- excepcional — 27.9

- saneamento — problema do prazo — 12.8
- solidariedade — 12.5.2